westermann

Martin Voth, Gernot Hesse

Leistungsprozesse Spedition und Logistik

Informationshandbuch

17. Auflage

Bestellnummer 31428

Die in diesem Produkt gemachten Angaben zu Unternehmen (Namen, Internet- und E-Mail-Adressen, Handelsregistereintragungen, Bankverbindungen, Steuer-, Telefon- und Faxnummern und alle weiteren Angaben) sind i. d. R. fiktiv, d. h., sie stehen in keinem Zusammenhang mit einem real existierenden Unternehmen in der dargestellten oder einer ähnlichen Form. Dies gilt auch für alle Kunden, Lieferanten und sonstigen Geschäftspartner der Unternehmen wie z. B. Kreditinstitute, Versicherungsunternehmen und andere Dienstleistungsunternehmen. Ausschließlich zum Zwecke der Authentizität werden die Namen real existierender Unternehmen und z. B. im Fall von Kreditinstituten auch deren IBANs und BICs verwendet.

Materialien für Lehrerinnen und Lehrer

Lehrerhandbuch Download: 978-3-427-31432-5

BiBox für Lehrerinnen und Lehrer (Einzellizenz) 978-3-427-85378-7
BiBox für Lehrerinnen und Lehrer (Kollegiumslizenz) 978-3-427-85615-3

BiBox westermann inkl. E-Book

Materialien für Schülerinnen und Schüler

Lernsituationen: 978-3-427-31430-1

BiBox (Laufzeit 1 Jahr) 978-3-427-31433-2
BiBox (Laufzeit 4 Jahre) 978-3-427-85844-7
BiBox PrintPlus (Laufzeit 1 Jahr) 978-3-427-88071-4

BiBox westermann inkl. E-Book

westermann GRUPPE

Druck und Bindung: Westermann Druck GmbH, Braunschweig

ISBN 978-3-427-**31428**-8

Vorwort

Das Informationshandbuch Leistungsprozesse Spedition und Logistik enthält die Inhalte der Lernfelder 4 – 6 sowie 9 – 14 des Rahmenlehrplans für den Ausbildungsberuf Kaufmann/Kauffrau für Spedition und Logistikdienstleistung.

Lernfeld	Inhalte
4	Verkehrsträger vergleichen und Frachtaufträge im Güterkraftverkehr bearbeiten
5	Speditionsaufträge im Sammelgut- und Systemverkehr bearbeiten
6	Frachtaufträge eines weiteren Verkehrsträgers bearbeiten
9	Lagerleistungen anbieten und organisieren
10	Exportaufträge bearbeiten
11	Importaufträge bearbeiten
12	Beschaffungslogistik anbieten und organisieren
13	Distributionslogistik anbieten und organisieren
14	Marketingmaßnahmen entwickeln und durchführen

Gleichzeitig deckt das Buch alle Anforderungen der **IHK-Abschlussprüfung** ab, sowohl des verkehrsträgerübergreifenden Teils einschließlich logistischer Dienstleistungen und Marketing, als insbesondere auch der fünf verkehrsträgerspezifischen Prüfungsteile.

Die Lerninhalte werden in systematischer Weise dargestellt. Dabei haben wir uns bemüht, Sachverhalte möglichst anschaulich darzustellen und die Texte durch Übersichten und Abbildungen aufzulockern.

Optisch hervorgehobene **Definitionen** fassen die wichtigsten Fachbegriffe in kompakter Form zusammen. Regelmäßige grafische **Zwischenzusammenfassungen** erleichtern die Texterfassung. Tabellarische **Zusammenfassungen** am Ende der Kapitel schaffen für den Leser Überblick.

Parallel zum Informationshandbuch ist ein **Lernsituationsband** (Leistungsprozesse Spedition und Logistik – Lernsituationen) entwickelt worden, in dem Prozesse aus der speditionellen Praxis in pädagogisch aufbereiteter Form zur Verfügung gestellt werden. Ganzheitliche Sichtweise, praxisnahe Arbeitsaufträge und selbst organisiertes Lernen zur Förderung der beruflichen Handlungskompetenz waren die Leitlinien bei der Entwicklung der Lernsituationen.

Außerdem steht in einer **BiBox** umfangreiches digitales Begleitmaterial zur Verfügung. Die Box enthält:

- Das **Informationshandbuch** in digitaler Form
- **Lernlandkarten:** zur Anmoderation der Lernsituationen im Distanzunterricht
- **Digitale Vorlagen:** Es handelt sich um WORD-, EXCEL- und POWERPOINT-Dateien für ausgewählte Lernsituationen. Sie unterstützen den Lernprozess bei der Bearbeitung der Arbeitsaufträge und Aufgaben. Vor allem entlasten die Dateien die Auszubildenden von formalen Tätigkeiten und ermöglichen eine Konzentration auf die eigentliche Problemlösung.
- **Interaktive Wissensaufgaben:** Mit diesen Zuordnungsaufgaben kann die Beherrschung zentraler Begriffe aus dem Informationshandbuch überprüft werden. Bei falschen Lösungen werden Hilfen angeboten. Die Aufgaben bieten eine wichtige Hilfe zur Vorbereitung auf Lernerfolgsmessungen und auf die IHK-Abschlussprüfung.
- **Selbsttests:** Die Selbsttests aus dem Lernsituationsband werden in der BiBox zusätzlich in digitaler Form angeboten.

Das Bündel aus analogen und digitalen Materialien bildet eine ideale Basis für modernen, mediengestützten Unterricht in Präsenz- und Distanzlernphasen.

Autoren und Verlag im Frühjahr 2021

Inhaltsverzeichnis

Lernfeld 4
Verkehrsträger vergleichen und Frachtaufträge im Güterkraftverkehr bearbeiten

1 Verkehrsträgervergleich

1.1 Grundbegriffe

Der Güterverkehr befördert Güter vom Ort der Produktion zum Ort des Verbrauchs. Dies kann auf unterschiedliche Arten geschehen. Man unterscheidet daher:

Verkehrsmittel, -wege, -träger	
Verkehrs**mittel**	Das technische Beförderungs-/Transportgefäß (Eisenbahn, Lkw, Schiff, Flugzeug, Rohrleitung), das zur Aufnahme der Güter für die Beförderung dient. Außerdem nimmt es die krafterzeugenden Aggregate (Lokomotive, Sattelzugmaschine, Hochseeschlepper usw.) auf.
Verkehrs**wege**	Ausschnitte aus der Erdoberfläche, aus dem Wasser und aus der Luft, die der Fortbewegung der Verkehrsmittel dienen (Straßen, Schienen, Schifffahrtswege, Luft, Rohrleitungen)
Verkehrs**träger**	Verkehrsunternehmen in ihrer Gesamtheit, die mit gleichartigen Verkehrsmitteln auf gleichen Verkehrswegen technisch gleichartige Güterbeförderungen durchführen. Man unterscheidet: ▪ Straßengüterverkehr ▪ Schienengüterverkehr ▪ Binnenschifffahrt ▪ Seeschifffahrt ▪ Luftfrachtverkehr ▪ Rohrleitungsverkehr

1.2 Anteil der Verkehrsträger am Verkehrsaufkommen

In den letzten Jahrzehnten haben sich die einzelnen Verkehrsträger sehr unterschiedlich entwickelt. Die untenstehende Grafik macht den Verlauf deutlich.

Tonnenkilometer = Produkt aus Sendungsgewicht in Tonnen und zurückgelegter Entfernung in km

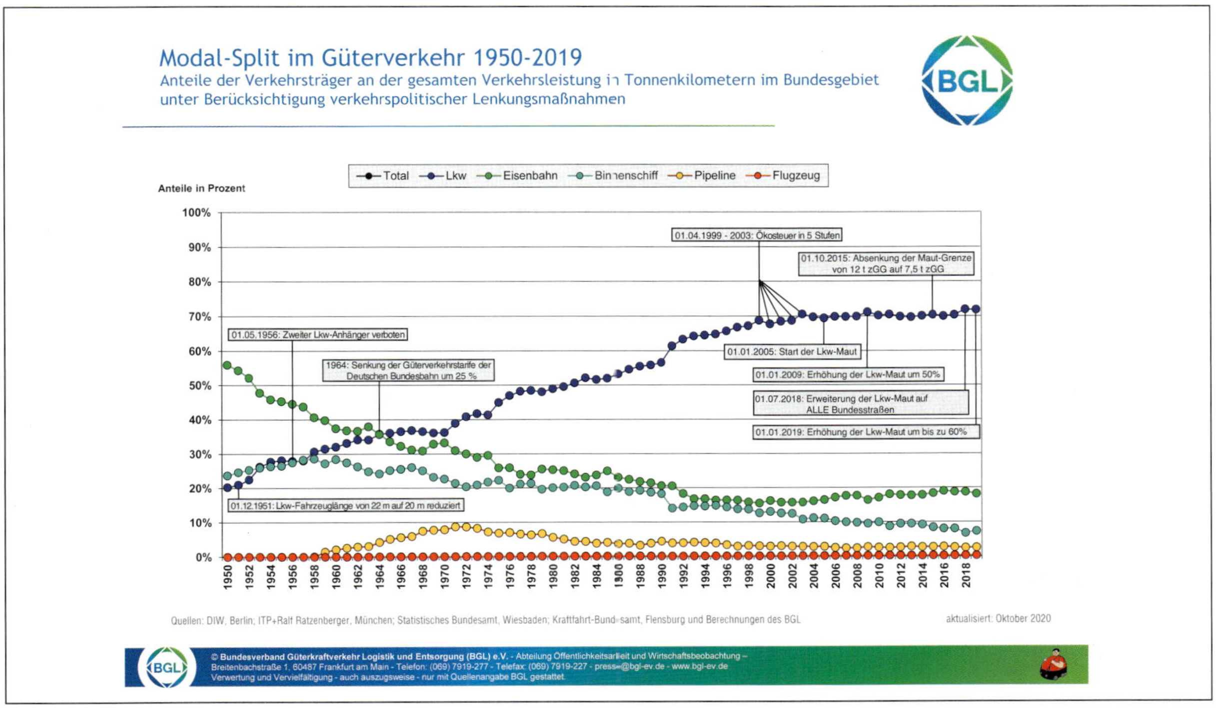

Quelle: Bundesverband Güterkraftverkehr Logistik und Entsorgung (BGL) e. V. 2020

Die Abbildung zeigt, wie sich im Laufe der Jahrzehnte der Verkehrsträger Straßengüterverkehr einen immer größeren Anteil am Güterverkehrsaufkommen gesichert hat. Diese Expansion ging zulasten aller übrigen Verkehrsträger, insbesondere des Schienengüterverkehrs.
Die Verkehrsprognosen sagen voraus, dass der Lkw seine dominierende Stellung im Güterverkehr der Europäischen Union weiter ausbauen wird.

1.3 Stärken-Schwächen-Vergleich der Verkehrsmittel

Bei der Organisation von Güterbeförderungen sind die wirtschaftliche und die natürliche Transportfähigkeit des zu transportierenden Gutes zu beachten.

- **Wirtschaftliche Transportfähigkeit:** Sie zielt ab auf die Frage, mit welchen Transportkosten ein Gut belastet werden kann. Geringwertige Massengüter wie Erze oder Baustoffe sind im Regelfall für den relativ teuren Lufttransport ungeeignet, weil die Transportkostenbelastung die Marktfähigkeit dieser Produkte infrage stellt.
- **Natürliche Transportfähigkeit:** Sie bringt zum Ausdruck, dass Gewicht, Größe oder besondere Eigenschaften des Gutes ein spezielles Verkehrsmittel erfordern. Frische Schnittblumen aus Afrika können z. B. nur per Flugzeug auf den deutschen Markt gelangen, weil sie nur eine sehr kurze Beförderungszeit verkraften. Andererseits begrenzen die Maße und die Transportkapazität eines Flugzeuges die natürliche Transportfähigkeit von Gütern für den Lufttransport.

Die wirtschaftliche und natürliche Transportfähigkeit der Güter ist folglich mit den technischen Eigenschaften der verschiedenen Transportmittel abzustimmen und das am besten geeignete Verkehrsmittel auszuwählen. Dies setzt voraus, dass die Besonderheiten der jeweiligen Verkehrsmittel bekannt sind. Die nachfolgende Übersicht stellt die Vor- und Nachteile der einzelnen Verkehrsmittel in knapper Form vor. Für den Vergleich sind im Wesentlichen sechs Kriterien ausgewählt worden:

- Kapazität
- Kosten
- Sicherheit
- Entfernung
- Schnelligkeit
- Umweltverträglichkeit

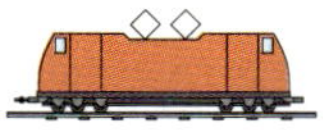

Eisenbahnverkehr, siehe Seite 316

Eisenbahn

Vorteile

- Eine große Zahl unterschiedlicher **Waggontypen** ermöglicht eine produktgerechte Auswahl der Beförderungseinheit.
- Die **Ladekapazität** (Nutzlast) der Eisenbahnwaggons ist höher als beim Lkw: ca. 26–55 t je nach Waggontyp, bei Spezialwaggons für Schwergut auch bis zu 77 t. Die Bahn ist ideal für Massengüter mit höheren Terminansprüchen (etwa im Vergleich zum Binnenschiff).
- Die Waggons bieten guten Schutz gegen die Beförderungsrisiken; Eisenbahntransporte haben daher ein geringes **Schadenrisiko**.
- Aufgrund des geringen Reibungswiderstandes zwischen Rad und Schiene ist der **Energieverbrauch** geringer als beim Lkw, sodass Güter preisgünstig befördert werden können.
- Geringerer CO_2-Ausstoß im Vergleich zum Lkw
- Die Vorzüge des Bahntransportes werden erst auf **langer Strecke** mit durchgehender Beförderung deutlich, da Rangieren und das erneute Zusammenstellen von Zügen äußerst zeitaufwendig sind.

Nachteile

- Die Eisenbahn ist **an die Schiene gebunden**. Haben Versender und Empfänger ein Anschlussgleis, kann auf ihrem Firmengelände beladen und entladen werden. Andernfalls sind Vor- und Nachläufe zum Bahnhof erforderlich.
- Das **Netz** der Güterbahnhöfe ist in den letzten Jahren immer weiter ausgedünnt worden; Vor- und Nachläufe werden daher immer aufwendiger. Zusätzliches Umladen ist schadenträchtig und erfordert eine aufwendigere Verpackung der Güter.
- Hoher Anteil an gebrochenen Verkehren; Zeitverluste durch Rangieren

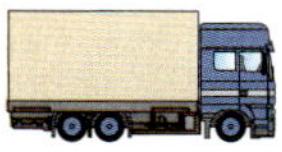

Lkw-Verkehr, siehe Seite 80

Lastkraftwagen

Vorteile

- Aufgrund des dichten Straßennetzes kann man mit einem Lkw fast jeden gewünschten Ort anfahren. Der Lkw-Verkehr zeichnet sich daher durch eine hohe „**Flächigkeit**“ aus.
- Der Lkw ermöglicht den **Haus-Haus-Verkehr**. Verpackungs- und Umschlagkosten lassen sich dadurch einsparen.
- Für den **Sammelladungsverkehr** ist der Lkw im Vor- und Nachlauf wegen seiner Flächigkeit und Beweglichkeit kaum zu ersetzen.
- Im Gegensatz zum Eisenbahnzug, in dem zahlreiche Waggons miteinander gekoppelt sind, ist Lkw-Verkehr viel stärker „**Individualverkehr**“. Der Auftraggeber kann daher Sonderwünsche leichter geltend machen (hohe Flexibilität) und mit einer individuelleren Betreuung seiner Sendung rechnen.
- Im Regelfall ist die **Transportdauer** im Vergleich zur Bahn und zum Binnenschiff kürzer. Das gilt vor allem für kurze Entfernungen.

Lastkraftwagen

Nachteile

- Gesetzlich festgelegte **Kapazitätsbegrenzungen** machen den Lkw ungeeignet für den Massengutverkehr und für besonders sperrige Güter. Aufgrund der Längen- und Breitenbegrenzungen des Fahrzeugs ergeben sich deutliche Beschränkungen in der natürlichen Transportfähigkeit der Güter. Das höchstzulässige Gesamtgewicht des Lkw von 40 t führt zu einer Nutzlast von ca. 25 t.
- Der **Energieverbrauch** ist deutlich höher als bei der Eisenbahn und dem Binnenschiff (siehe unten).
- Der Lkw ist stärker von den **Witterungsbedingungen** und den Straßenverkehrsverhältnissen abhängig als der Eisenbahnverkehr.

Binnenschiff

Binnenschifffahrt, siehe Seite 330

Vorteile

- Es eignet sich besonders für den Transport transportkostenempfindlicher **Massengüter**. Auch sehr schwere und sperrige Güter sind im Binnenschiff gut aufgehoben, weil es über große Laderäume verfügt oder Güter auf Deck befördern kann. Die Beförderung von Containern per Binnenschiff wird immer bedeutsamer.
- Der **geringe Energieverbrauch** schont die Umwelt und führt außerdem zu niedrigen Frachtpreisen.
- geringer CO_2-Ausstoß
- Das Binnenschiff nutzt weitestgehend **natürliche Verkehrswege**, dadurch entstehen ein geringer Flächenverbrauch und ein niedriger Unterhaltungsaufwand.
- Der Transport auf Binnenwasserstraßen ist besonders sicher.

Nachteile

- Verglichen mit dem Lkw und der Eisenbahn sind die Transportzeiten oft erheblich länger.
- Es existiert nur eine geringe Netzdichte.
- Ein Haus-Haus-Verkehr (Direktverkehr) ausschließlich mit dem Binnenschiff ist in der Regel nicht möglich, weil Absender und Empfänger nur ausnahmsweise an das Binnenwassernetz angeschlossen sind. Daher sind Umladungen notwendig (gebrochener Verkehr).
- Termingebundene Transporte sind mit einem Binnenschiff schwieriger durchzuführen, weil Niedrigwasser, Hochwasser und Eisgang zu Behinderungen des Verkehrsflusses führen können.

Flugzeug

Luftverkehr, siehe Seite 236

Vorteile

- Die kurzen Beförderungszeiten im Luftverkehr ermöglichen es, leicht verderbliche Güter international abzusetzen, z. B. Blumen, Obst, Gemüse. Oft macht erst der Lufttransport bestimmte Güter transportfähig, z. B. frisches Obst oder Schnittblumen in den Wintermonaten aus Afrika für Europa.
- Wertvolle und empfindliche Güter sowie lebende Tiere erreichen mit dem Flugzeug schnell und sicher ihren Bestimmungsort.
- Güter, die ihren Wert durch ihre Aktualität besitzen, z. B. Tageszeitungen, Filmmaterial, erweitern ihren Absatzbereich durch den Luftverkehr.
- Statt aufwendige Lagerhaltung zu betreiben, sichern **schnelle** Flugverbindungen die Versorgung mit Ersatzteilen und die direkte Belieferung von Kunden weltweit.
- Kurze Lieferzeiten erhöhen den Kapitalumschlag und vermindern den Kapitalbedarf, weil Kapital weniger lange gebunden wird.
- Das Flugzeug bietet ein hohes Maß an **Sicherheit** und Zuverlässigkeit.
- Der Luftfrachtverkehr verfügt über ein weltweites und dichtes Netz von Luftverkehrslinien.

Nachteile

- Der wichtigste Nachteil des Luftverkehrs sind die deutlich höheren Frachtkosten im Vergleich zum Land- oder Seeverkehr. Allerdings lassen sich auch Einsparungen erzielen (z. B. im Vor- und Nachlauf, bei Verpackungs-/Versicherungs- und Kapitalbindungskosten), sodass der Lufttransport im Einzelfall mit dem Land- und Seetransport konkurrieren kann.
- Flugzeuge haben eine begrenzte ZuladEmöglichkeit (Gewicht, Volumen).
- Lärm und Abgase belasten die Umwelt im Luftverkehr stärker als bei den übrigen Verkehrsträgern.

Seeschifffahrt, siehe Seite 281

Multimodaler Verkehr, siehe Seite 342

Seeschiff	
Vorteile	▪ Von der Kapazität her ist das Seeschiff für große Gütermengen ausgelegt. Ein modernes Containerschiff kann heute fast 24 000 20-Fuß-Container aufnehmen. ▪ Verglichen mit den anderen Verkehrsmitteln ist der Transport per Seeschiff sehr preisgünstig. ▪ Dichte Netze ermöglichen regelmäßige Verkehre in die wichtigsten Seehandelszentren der Welt. ▪ Die Containerisierung in der Seeschifffahrt verkürzt die Umschlagzeiten und schafft durchgehende, multimodale Transportketten vom Absender bis zum Empfänger.
Nachteile	▪ Die Beförderungszeiten sind wegen der geringen Schiffsgeschwindigkeit relativ lang. ▪ Die Belastungen der Seereise verlangen eine aufwendigere Verpackung der Güter als z. B. bei einem Lufttransport. ▪ lange Vor- und Nachläufe

Zusammenfassung	Verkehrsträgervergleich	
	+	–
Schienengüterverkehr:	▪ relativ hohe Nutzlast ▪ geringes Schadensrisiko ▪ relativ geringer Energieverbrauch ▪ geringer CO_2-Ausstoß ▪ vorzugsweise für lange Strecken geeignet	▪ Bindung an die Schiene ▪ hoher Rangieraufwand
Straßengüterverkehr:	▪ Flächigkeit ▪ Haus-Haus-Verkehr ▪ Individualverkehr ▪ kurze Transportdauer	▪ geringe Kapazität ▪ hoher Energieverbrauch ▪ witterungs-/verkehrsabhängig
Binnenschifffahrt:	▪ für Massengüter geeignet ▪ zunehmend für Container ▪ geringer Energieverbrauch ▪ geringer CO_2-Ausstoß ▪ weitgehend natürliche Verkehrswege	▪ lange Transportdauer ▪ geringe Netzdichte ▪ witterungsabhängig
Luftfrachtverkehr:	▪ kurze Beförderungszeiten ▪ sicher ▪ für wertvolle/empfindliche Güter ▪ hohe Netzdichte	▪ hohe Beförderungskosten ▪ hoher Energieverbrauch ▪ begrenzte Kapazität
Seeschifffahrt:	▪ hohe Ladungskapazität ▪ preisgünstig ▪ durchgehende Transportketten ▪ hohe Netzdichte	▪ relativ langsam ▪ höherer Verpackungsaufwand ▪ lange Vor- und Nachläufe

natürliche ← **Transportfähigkeit** → wirtschaftliche

2 Der Spediteur als Organisator von Verkehrsleistungen

2.1 Der Spediteur nach HGB

Spediteure sind Kaufleute des Verkehrs. Sie verkaufen ihrem Auftraggeber (Versender oder Empfänger) eine Dienstleistung, die die **Organisation** von Güterversendungen zum Gegenstand hat.

→ **Spediteur** = Dienstleistungsanbieter, der sich zur Besorgung einer Gütersendung verpflichtet.

§ 453 HGB

(1) Durch den Speditionsvertrag wird der Spediteur verpflichtet, die Versendung des Gutes zu besorgen.

Den eigentlichen Transport übernehmen **Frachtführer** (durch Lkw, Eisenbahn, Binnenschiff, Seeschiff, Flugzeug). Der Spediteur kauft die Frachtführerleistungen ein.

Beispiel:
Ein Industrieunternehmen in Düsseldorf (Versender) möchte seine Fertigprodukte nach München befördern lassen. Es beauftragt einen Spediteur, diesen Transport zu einem vereinbarten Preis zu organisieren. Der Spediteur wendet sich an Frachtführer und bietet ihnen diese Beförderung an. Aus den Angeboten wählt der Spediteur – je nach Interessenlage des Versenders – den preisgünstigsten, schnellsten oder zuverlässigsten Frachtführer aus. Die Differenz zwischen dem Einkaufspreis (für die Frachtführerleistung) und dem Verkaufspreis (für die Versendung der Güter) ist das Rohergebnis des Spediteurs.

Frachtführer = Dienstleistungsanbieter, der sich zur Beförderung eines Gutes verpflichtet.

Spediteure, die ausschließlich die Beförderungen organisieren („besorgen“), nennt man auch klassische Spediteure, HGB-Spediteure oder auch **Schreibtisch-Spediteure** (weil man praktisch nur einen Schreibtisch, ein Telefon und einen PC benötigt, um diese Tätigkeit auszuüben).

Frachtführer, siehe Seite 94

Heute beschränken sich Spediteure aber häufig nicht auf die reine Besorgertätigkeit, sondern werden als Frachtführer (z. B. Lkw-Frachtführer) tätig oder organisieren komplexe logistische Dienstleistungen, indem sie z. B. den gesamten Vertrieb eines Industrieunternehmens in eigener Verantwortung übernehmen. Das Speditionsrecht ist daher im HGB auch in enger Anlehnung an das Frachtführerrecht geregelt.

Das Handelsgesetzbuch legt fest: Ein Spediteur, der sich wie ein Frachtführer betätigt, soll auch wie ein Frachtführer behandelt werden. Der Aufbau des Transportrechts im HGB macht diesen Sachverhalt bereits deutlich. Zunächst wird das Frachtgeschäft behandelt, anschließend das Speditionsgeschäft. Zahlreiche Verweise des Speditionsrechts auf das Frachtrecht zeigen auf, wo der Gesetzgeber eine Gleichstellung von Frachtführer und Spediteur sieht.

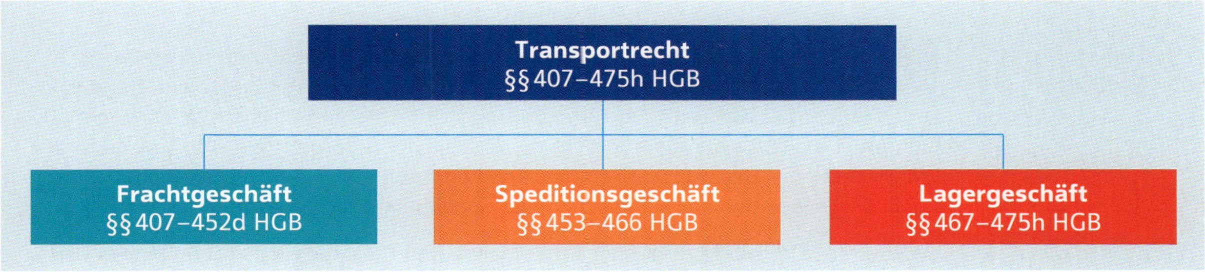

Ob ein Speditions- oder ein Frachtvertrag vorliegt, hängt zunächst von der vertraglichen Verpflichtung ab, die der Spediteur eingegangen ist:

Die vertragliche Verpflichtung ist entscheidend.

- Hat sich der Spediteur verpflichtet, eine Güterversendung zu **besorgen**, liegt ein **Speditionsvertrag** vor. Es gelten die §§ 453–466 HGB.
- Hat sich der Spediteur verpflichtet, die **Beförderung** des Gutes zu übernehmen, liegt ein **Frachtvertrag** vor und die §§ 407–452d HGB sind anzuwenden.

Die Lagerung von Gütern ist eine typische Spediteurtätigkeit.

Lagerhaltung, siehe Seite 350

Lagerhalter = Spediteur, der sich zur Einlagerung und Aufbewahrung von Gütern verpflichtet.

Dieser Sachverhalt ist in den §§ 467–475h des HGB geregelt.

Flurfördermittel, siehe Seite 358

Befördern – Umschlagen
Der Lagerumschlag wird – obwohl man das Gut bewegt – nicht als „Beförderung" angesehen. Beförderung ist Güterbewegung mit einem **Fahrzeug**. Hubwagen und Gabelstapler sind keine Fahrzeuge, sondern Fördermittel (**Flurfördermittel**).

Der Spediteur in der Position des Frachtführers

Auch wenn ein Speditionsvertrag vorliegt, kann der Spediteur wie ein Frachtführer behandelt werden. Der Gesetzgeber geht dabei von folgender Grundüberlegung aus:

Ein Spediteur handelt normalerweise

- für Rechnung seines Auftraggebers, d. h., er stellt ihm die Kosten in Rechnung, die tatsächlich entstanden sind (zuzüglich einer Provision für die von ihm erbrachte Dienstleistung),
- im Interesse seines Auftraggebers.

Man spricht in diesem Zusammenhang vom Prinzip der **Fremdnützigkeit**. **Eigennützig** handelt ein Spediteur jedoch,

- wenn er die Beförderung mit eigenen Fahrzeugen durchführt, anstatt einen fremden (und vielleicht preisgünstigeren) Frachtführer zu beauftragen;
- wenn er mit dem Versender einen Komplettpreis vereinbart, der auch die Beförderung einschließt (Fixkostenspedition). Je preisgünstiger der Spediteur die Frachtführerleistung einkaufen kann, desto mehr verbleibt ihm als Differenz zwischen Ertrag und Aufwand;
- wenn er die Güter mehrerer Versender zu einer Sammelladung zusammenstellt und diese dann durch einen Frachtführer befördern lässt. Zwischen der Einzelabrechnung mit den Versendern und der Abrechnung mit dem Frachtführer über die gesamte Ladung entsteht eine Differenz zugunsten des Spediteurs.

Der Gesetzgeber hat daher bestimmt, dass ein Spediteur in diesen drei Fällen (Selbsteintritt, Fixkostenspedition, Sammelladung) wie ein Frachtführer zu behandeln ist.

Der Spediteur wird wie ein Frachtführer behandelt.

1. Selbsteintritt **§ 458 HGB**	Der Spediteur hat das Recht, eine Güterbeförderung, die im Rahmen seines Besorgungsauftrages erforderlich ist, auch selber durchzuführen. Als selbst eintretender Spediteur hat er **während der Beförderung** die Rechte und Pflichten eines Frachtführers. Das HGB sagt ausdrücklich „hinsichtlich der Beförderung", d. h., soweit für die Abwicklung des Besorgungsauftrages speditionelle Leistungen zu erbringen sind (z. B. die Disposition der Sendung), bleibt Speditionsrecht wirksam.
2. Fixkostenspedition § 459 HGB	Vereinbaren Versender und Spediteur einen festen Preis für ein zu erbringendes Leistungspaket, das die Besorgung der Versendung und die Beförderung umfasst, liegt Spedition zu festen Kosten vor (Fixkostenspedition). Für die versprochene **Beförderungsleistung** verlangt das HGB, dass der Spediteur wie ein **Frachtführer** zu behandeln ist, insbesondere wie ein Frachtführer für den Erfolg seiner Leistung zu haften hat. Der Spediteur ist Frachtführer für die Beförderungsstrecke, die durch die Festpreisvereinbarung erfasst wird. Da im Rahmen der Fixkostenspedition üblicherweise ein Preis „von Haus zu Haus" vereinbart wird, hat auch die Beförderungsleistung des Spediteurs diese Reichweite: Der Spediteur gilt als Frachtführer für die Beförderung der Sendung vom Haus des Versenders bis zum Haus des Empfängers. Eine Fixkostenvereinbarung liegt vor, wenn Versender und Spediteur einen Pauschalpreis für eine Güterversendung vereinbaren oder dem Speditionsvertrag eine Preisliste zugrunde legen, aus der sich ein Festpreis für eine Sendung errechnen lässt.
3. Sammelladung § 460 HGB	Der Spediteur hat das Recht, Güter mehrerer Versender (mindestens zwei) zu einer Sammelladung zusammenzufassen. Er schließt auf eigene Rechnung einen Frachtvertrag über den Hauptlauf der Gesamtsendung mit einem Frachtführer ab, der die Beförderung durchführt. Der Spediteur hat wieder hinsichtlich der **Beförderungsleistung** die Stellung eines Frachtführers.

Beförderung von Haus zu Haus

Sammelladung, siehe Seite 204

Die Beförderungsleistung beginnt mit dem „**Bewirken**“ (Zusammenstellen) und endet mit dem „**Entwirken**“ (Verteilen) der Sammelladung. Demnach wird der Spediteur auch für den Umschlag von Sammelgutsendungen bereits als Frachtführer angesehen. Dies deckt sich mit der Obhutshaftung des Spediteurs, führt also zu keinem Abgrenzungsproblem.

Obhutshaftung, siehe unten und Seite 32

Vorlauf und Nachlauf im Sammelladungsverkehr unterliegen aus Sicht des organisierenden Hauptspediteurs speditionsrechtlichen Bestimmungen. Führt der Spediteur den Vor- und/oder Nachlauf selber durch, gilt für ihn Frachtrecht (Selbsteintritt). Auch ein beauftragter Frachtführer für den Vor- und Nachlauf arbeitet selbstverständlich nach HGB-Frachtrecht.

Die Frage, ob der Spediteur wie ein Spediteur oder wie ein Frachtführer anzusehen ist, ist vor allem wegen der unterschiedlichen Haftung bedeutsam.

Spediteurhaftung

Verschulden, siehe Seite 32

Generell gilt: Der Spediteur haftet nur für die Leistungen, die er **selber** ausgeführt hat. Selbstverständlich benötigt er die Unterstützung von Mitarbeitern und Zwischenspediteuren für die Ausführung seiner Besorgertätigkeit. Für deren Leistungen hat er demnach auch zu haften.
Der Spediteur haftet, wenn er nicht mit der Sorgfalt eines ordentlichen Kaufmanns handelt und man ihm schuldhaftes Verhalten vorwerfen kann. Man spricht daher von der sogenannten **Verschuldenshaftung**. Kann der Spediteur beweisen, dass er einen entstandenen Schaden nicht abwenden konnte, ist er von der Haftung befreit.

Haftung für andere, siehe Seite 35

Zwischenspediteur, siehe Seite 29

Frachtführerhaftung

Frachtführerhaftung, siehe Seite 103

Generell gilt: Der Frachtführer haftet für **alle vertraglich vereinbarten Leistungen**, also auch für Leistungen, die er nicht selber ausgeführt hat, sondern die von einem weiteren Frachtführer im Rahmen des Gesamtauftrages erbracht worden sind.

Der Frachtführer haftet für Schäden am Gut (Verlust, Beschädigung) in der Zeit von der Übernahme der Sendung bis zur Ablieferung. Das heißt, er hat alle **Gefahren** zu tragen, denen das Gut ausgesetzt ist, solange er es in seiner **Obhut** hat. Man spricht daher auch von der **Gefährdungs**- oder **Obhutshaftung**. Die Frage des Verschuldens spielt keine Rolle. Es genügt, dass ein Schaden beim Frachtführer entstanden ist. Eine Haftungsbefreiung ist nur in äußerst seltenen Ausnahmefällen möglich.
Demnach ist die Frachtführerhaftung bedeutend schärfer als die Spediteurhaftung, vor allem

- wegen der Haftung für alle vereinbarten Leistungen
- und des verschuldensunabhängigen Gefährdungsprinzips.

Spediteurhaftung	**Schreibtisch-Spediteur** verschuldensabhängige Haftung mit umgekehrter Beweislast für die selbst erbrachten Leistungen **Spediteur mit Obhut am Gut** verschuldens**un**abhängige Haftung (Gefährdungshaftung) für alle Leistungen des Spediteurs bei Güterschäden
Frachtführerhaftung	verschuldens**un**abhängige Haftung (Gefährdungshaftung) für alle vertraglich vereinbarten Leistungen

Verschärfend kommen weitere Überlegungen zur Frachtführerhaftung hinzu:

- Ein Frachtführer, der sich zur Beförderung einer Sendung von A nach B verpflichtet, haftet nach dem Gefährdungsprinzip auf der gesamten Strecke. Setzt er auf dieser Strecke oder auf einem Teil davon **fremde Frachtführer** ein, ist das für seinen Auftraggeber ohne Bedeutung. Der auftragnehmende (**vertragliche**) Frachtführer haftet für den Transport und damit auch für die von ihm eingesetzten (**ausführenden**) Frachtführer.
- Bei internationalen Transporten kann das bedeuten, dass eine ganze Kette von Frachtführern am Transport beteiligt ist, für die der Erstfrachtführer geradezustehen hat.
- Für einen Spediteur, der in den drei oben beschriebenen Fällen wie ein Frachtführer angesehen wird (Selbsteintritt, Fixkostenspedition, Sammelladung), gilt das Gleiche: Er haftet für die gesamte Kette der Frachtführer, die er für die Beförderung einsetzt.

Vertraglicher Frachtführer – ausführender Frachtführer siehe § 437 HGB und Seite 94

Weltweite Haftung

Beispiel:
Ein Spediteur verpflichtet sich, zu einem festen Preis (Fixkostenspedition) einen Container von Düsseldorf nach Bucaramanga in Kolumbien zu befördern. Auch für die Tätigkeit des einheimischen Frachtführers, der den Container (auf einem etwas älteren Lkw) vom venezolanischen Hafen Maracaibo bis zum Empfangsort im kolumbianischen Hochland befördert, hat der deutsche Spediteur zu haften.

- Darüber hinaus sagt der Gesetzgeber, ob ein Spediteur oder ein Frachtführer ein Gut in seiner **Obhut** hat, darf für den Vertragspartner keinen Unterschied in der Haftung ausmachen. Spediteure, die nicht nur vom Schreibtisch aus Versendungen besorgen, sondern die Güter über ihr Lager nehmen (in ihrer Obhut haben), sollen wie Frachtführer haften.
- Die Höhe der Haftung richtet sich nach dem Gewicht der Sendung und beträgt knapp 10,00 EUR pro Kilogramm des Bruttogewichts.[1] Konkret bedeutet das: Ein Lkw mit einer Nutzlast von 25 000 kg kann im Falle eines Totalschadens eine Haftung bis ca. 250 000,00 EUR auslösen.

Fasst man zusammen, ergeben sich für den Spediteur bedeutende Haftungsverschärfungen,
a) wenn er wie ein Frachtführer angesehen wird:
  1. bei **Selbsteintritt** (für die Beförderung),
  2. bei **Sammelladung** (für die Beförderung),
  3. bei **Fixkostenspedition** (von Haus zu Haus) oder
b) wenn er
  4. Güter in seiner **Obhut** hat.
Er übernimmt außerdem in den Fällen 1–3 die Haftung für alle beauftragten Frachtführer in der Kette.

Der Spediteur haftet aufgrund seiner Tätigkeit weitgehend wie ein Frachtführer.

Betrachtet man unter diesem Gesichtspunkt die tägliche Arbeit eines Lkw-Spediteurs, so wird sichtbar, dass er für einen Großteil seiner Tätigkeiten wie ein Frachtführer behandelt wird.

Beispiel:
Ein Spediteur betreibt mit eigenem Fahrzeugpark Sammelladungsspedition. Er holt die Güter bei seinen Versendern mit eigenen Fahrzeugen ab (Selbsteintritt), verteilt die Güter (Obhut) auf seinem Lager nach den einzelnen Sammelladungsrelationen und transportiert die Sendungen wiederum mit eigenen Fahrzeugen (Selbsteintritt) zu den Empfangsspediteuren, die die Verteilung bis zu den Empfängern übernehmen. Mit seinen Versendern vereinbart der Spediteur einen festen Preis für die Beförderung vom Haus des Versenders bis zum Haus des Empfängers (Fixkostenspedition von Haus zu Haus).

Sammelladung liegt vor, wenn ein Spediteur Güter mehrerer Versender zu einer Sendung zusammenfasst, siehe Seite 204

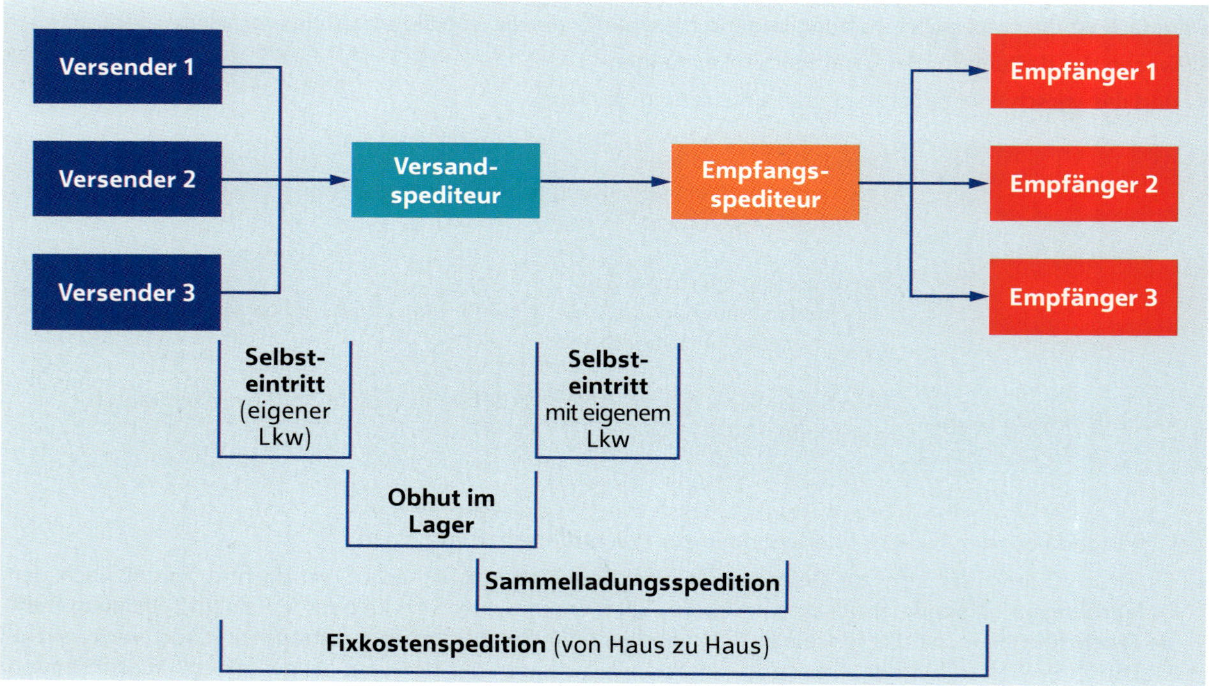

[1] *Im HGB ist nicht von Euro die Rede, sondern von Rechnungseinheiten. Diese Rechnungseinheit wird zurzeit mit einem Sonderziehungsrecht (SZR) gleichgesetzt. Das SZR ist eine Kunstwährung des Internationalen Währungsfonds, deren Wert in Abhängigkeit von den beteiligten Währungen (USD, EUR, GBP, JPY sowie CNY (chinesischer Renminbi)) täglich schwankt. Da der Wert eines SZR augenblicklich (20.03.2020) bei 1,25983 EUR liegt, beträgt der Haftungshöchstbetrag pro Kilogramm ca. 10,49 EUR (8,33 · 1,25983 EUR = 10,49 EUR). Zur Berechnung des Sonderziehungsrechts siehe www.tis-gdv.de/tis/bedingungen/szr/szr.htm.*

Es gilt daher für den allergrößten Teil der speditionellen Praxis:

> Spediteure haften so lange, bis das Gut wohlbehalten beim Empfänger angekommen ist. Kommt es bei irgendeinem der folgenden Partner in der Kette zu einem Schaden, dann haftet der Spediteur gegenüber dem Versender für alle Beteiligten.

Zusammenfassung	Spediteur
Spediteur:	besorgt Güterversendungen (Schreibtischspediteur) ▪ Selbsteintritt ▪ Fixkostenspedition ▪ Sammelladung ▪ Obhut am Gut → Spediteur wird wie ein Frachtführer behandelt (insbesondere bei der Haftung)
Spediteurhaftung:	Verschuldenshaftung mit umgekehrter Beweislast
Frachtführerhaftung:	Gefährdungs- oder Obhutshaftung (= Haftungsverschärfung)

2.2 Speditionsvertrag – Frachtvertrag

2.2.1 Vertragsbeteiligte/Vertragsabschluss

Die Beteiligten an einer Güterversendung können die Position eines Versenders, eines Spediteurs, eines Absenders, eines Frachtführers oder eines Empfängers einnehmen.

> Der **Versender** ist der Auftraggeber des Spediteurs, der mit ihm einen **Speditionsvertrag** abschließt. Der **Spediteur** verpflichtet sich im Speditionsvertrag, eine Güterversendung zu besorgen.

Versender = Vertragspartner des Spediteurs

Der Speditionsvertrag ist abgeschlossen, sobald sich Versender und Spediteur über die Besorgung des Transportes durch den Spediteur geeinigt haben. Entscheidend ist daher die Vereinbarung der Vertragspartner, nicht etwa das tatsächliche Handeln. Man spricht deshalb auch von einem **Konsensualvertrag** (Konsens = Meinungsübereinstimmung). In der Praxis kommt ein Speditionsvertrag auf unterschiedliche Weise zustande:

Vertrag = zwei übereinstimmende Willenserklärungen

Beispiel 1:
Der Versender ist Stammkunde. Er übersendet dem Spediteur ein ausgefülltes Speditionsauftrag-Formular (erste Willenserklärung). Der Spediteur erledigt den Auftrag in gewohnter Weise. Die zweite Willenserklärung besteht in der schlüssigen (konkludenten) Handlung des Spediteurs.

Absender = Vertragspartner des Frachtführers

Beispiel 2:
Ein Versender erteilt per Fax einen Speditionsauftrag (erste Willenserklärung). Der Spediteur bestätigt den Auftrag per Fax oder E-Mail (zweite Willenserklärung).

Frachtvertrag nach § 407 HGB: Im Frachtvertrag verpflichtet sich der Frachtführer, eine Beförderung durchzuführen, siehe Seite 94

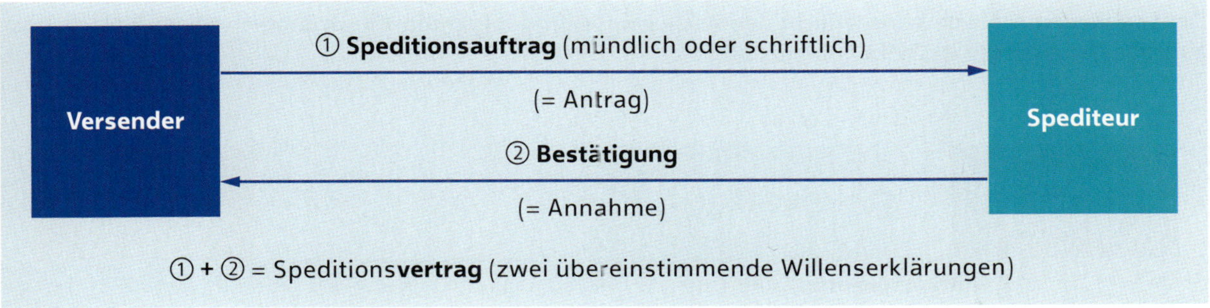

> Speditions**auftrag** = Willenserklärung des Versenders zur Anbahnung des Speditionsvertrages

> Speditions**vertrag** = zwei übereinstimmende Willenserklärungen von Versender und Spediteur zur **Besorgung** einer Güterversendung

> **Absender** = Vertragspartner des Frachtführers. Der Absender schließt mit dem Frachtführer einen Frachtvertrag

Frachtvertrag = zwei übereinstimmende Willenserklärungen zwischen Absender und Frachtführer über die Beförderung von Gütern (**Durchführung** einer Güterversendung)

Empfänger = derjenige, zu dessen Gunsten ein Frachtvertrag/Speditionsvertrag abgeschlossen wird.

Empfänger = Begünstigter des Frachtvertrages
Rechte:
- Ablieferung des Gutes,
- Weisungsrecht, siehe Seite 101

Der Empfänger ist nicht unmittelbar an diesen Verträgen beteiligt. Er kann jedoch aufgrund des Frachtvertrages bestimmte Rechte geltend machen: Er kann vom Frachtführer an der Ablieferungsstelle die Übergabe des Gutes verlangen und er kann Weisungen an den Frachtführer erteilen.
Der Empfänger kann auch als Auftraggeber auftreten, der mit dem Spediteur einen Speditionsvertrag abschließt. Der Empfänger ist dann zugleich der Versender bzw. im Falle eines Frachtvertrages der Absender. Unabhängig davon, ob ein Vertragsbeteiligter als Warenabsender am Anfang oder als Warenempfänger am Ende der Transportkette steht, kann man unter juristischer Betrachtung sagen:

- **Der Versender ist der Vertragspartner des Spediteurs.**
- **Der Absender ist der Vertragspartner des Frachtführers.**

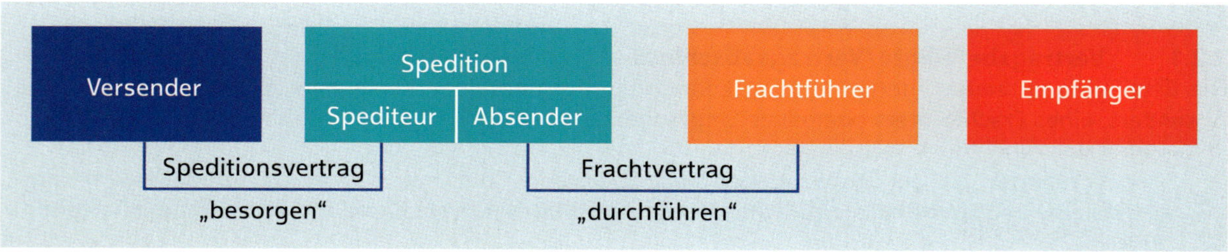

2.2.2 Vertragsbeziehungen bei Selbsteintritt, Sammelladung, Fixkostenspedition

Beispiele für Vertragsbeziehungen:

Namen	verkehrsrechtliche Bezeichnung
WENDERING AG	Versender
Spedition BERGER/Spedition HOMBERG	Spediteure (§ 453 HGB)
EUROTRANS GmbH	Frachtführer (§ 407 HGB)
ENDERS	Empfänger

Selbsteintritt

Der Spediteur macht von seinem Recht Gebrauch, eine Güterbeförderung, die im Rahmen seines Besorgungsauftrages erforderlich ist, selber durchzuführen.

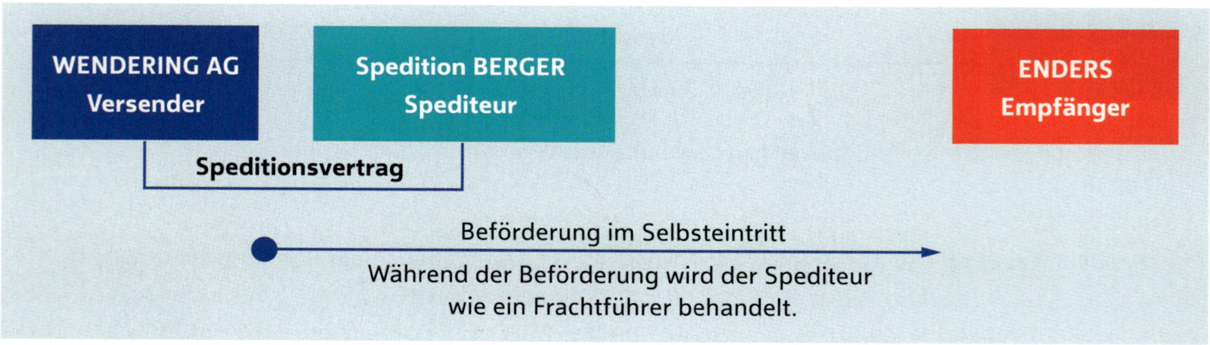

Sammelladung

Der Spediteur fasst die Güter mehrerer Versender zu einer Sammelladung zusammen.

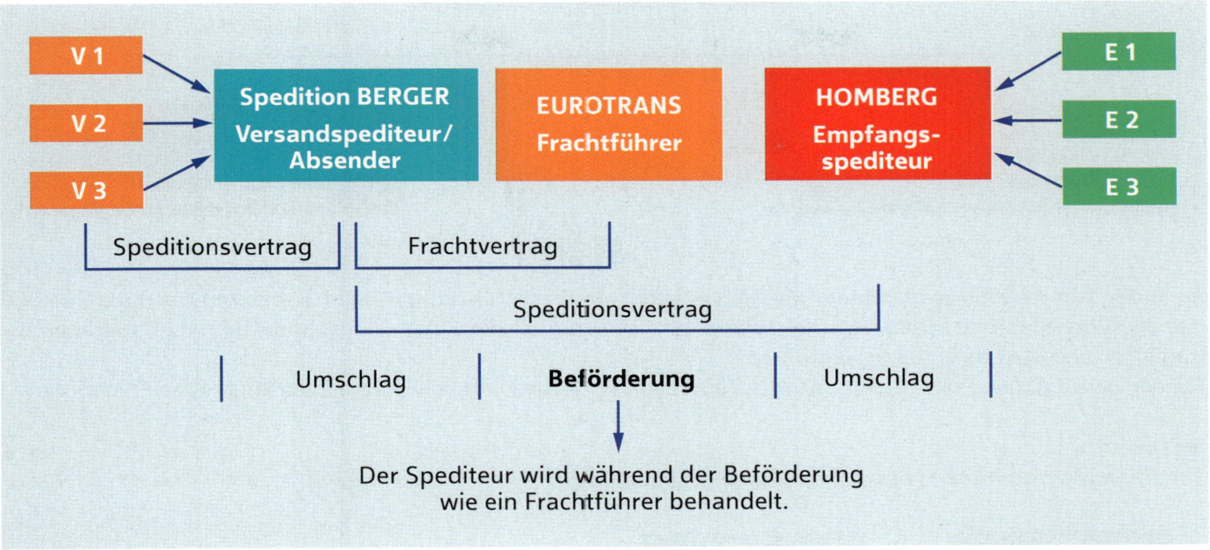

V = Versender
E = Empfänger

Einsatz eines fremden Frachtführers oder Selbsteintritt

Fixkostenspedition

Versender und Spediteur vereinbaren einen festen Preis für ein zu erbringendes Leistungspaket, das die Besorgung der Versendung und die Beförderung umfasst.

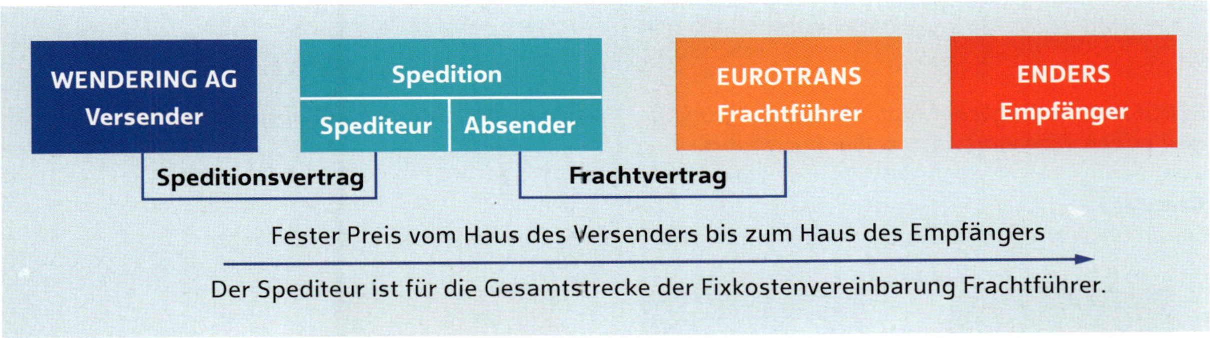

2.2.3 Der Spediteur als vertraglicher und ausführender Frachtführer

Das HGB berechtigt den Spediteur, die Beförderung mit eigenen Fahrzeugen durchzuführen. Logischerweise erhält er dann auch – für die Beförderung – die Rechtsposition eines Frachtführers.

Auch der Fixkostenspediteur hat die Rechtsposition eines Frachtführers, weil er mit seinem Auftraggeber im **Speditionsvertrag** einen festen Preis vereinbart hat. Er kann die Beförderung selbst durchführen, ist dazu aber nicht verpflichtet. Er ist lediglich durch die Vertragsvereinbarung für seine Beförderungstätigkeit zum Frachtführer geworden. Das HGB unterscheidet daher zwischen dem **vertraglichen** und dem **ausführenden** Frachtführer.

→ **Vertraglicher** Frachtführer = Frachtführer, der sich durch einen Vertrag zur Beförderung verpflichtet hat.

→ **Ausführender** Frachtführer = Frachtführer, der die Beförderung tatsächlich durchführt.

Wenn sich der Spediteur entschließt, eine Beförderung selbst durchzuführen, bleibt der ursprüngliche Speditionsvertrag erhalten; es wird kein zusätzlicher Frachtvertrag abgeschlossen. Der bestehende Speditionsvertrag wird lediglich um frachtvertragliche Elemente angereichert.

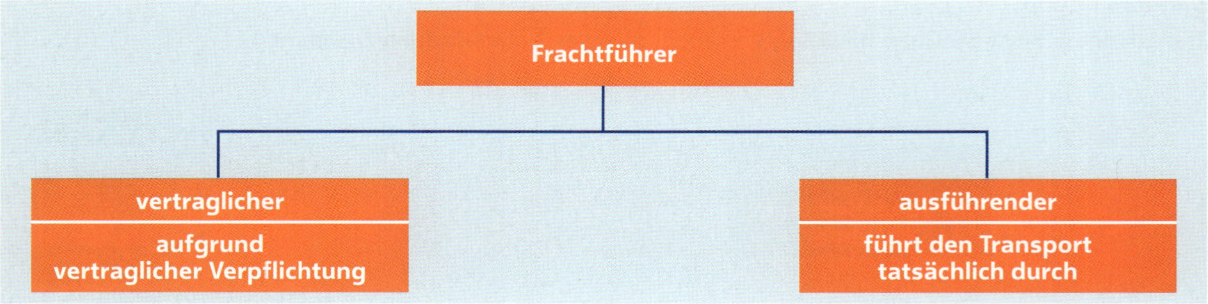

Auch der Sammelladungsspediteur gilt als vertraglicher Frachtführer, der nicht unbedingt auch die Position des ausführenden Frachtführers innehaben muss. Befördert er die Güter im Selbsteintritt, ist er zugleich vertraglicher und ausführender Frachtführer.

Für den vertraglichen Frachtführer gelten die gleichen Rechtsvorschriften wie für den ausführenden Frachtführer.

Siehe auch die Ausführungen zum Frachtvertrag, Seite 94

Beispiel 1:
Speditionsvertrag mit Fixkostenspedition und Selbsteintritt

BERGER ist vertraglicher Frachtführer aufgrund der Fixkostenvereinbarung und ausführender Frachtführer, weil er den Transport auch selber durchführt.

Beispiel 2:
Speditionsvertrag mit Fixkostenspedition, Beförderung durch einen fremden Frachtführer

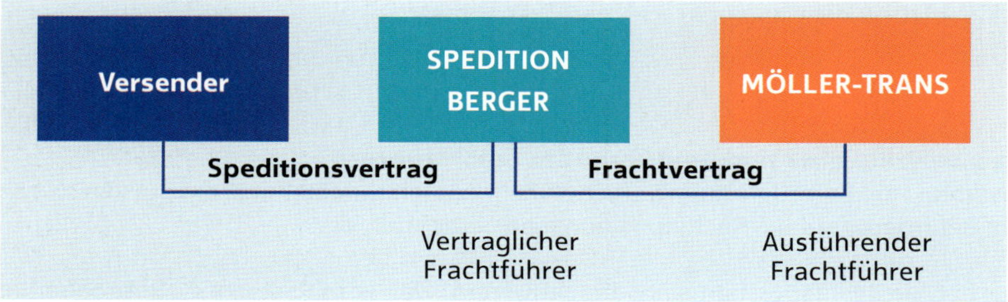

BERGER ist vertraglicher Frachtführer aufgrund der Fixkostenvereinbarung; MÖLLER-TRANS führt die Beförderung aus und ist damit ausführender Frachtführer.

Beispiel 3:
Speditionsvertrag mit Fixkostenspedition. Frachtvertrag mit MÖLLER-TRANS, dieser gibt den Antrag weiter an EUROTRANS.

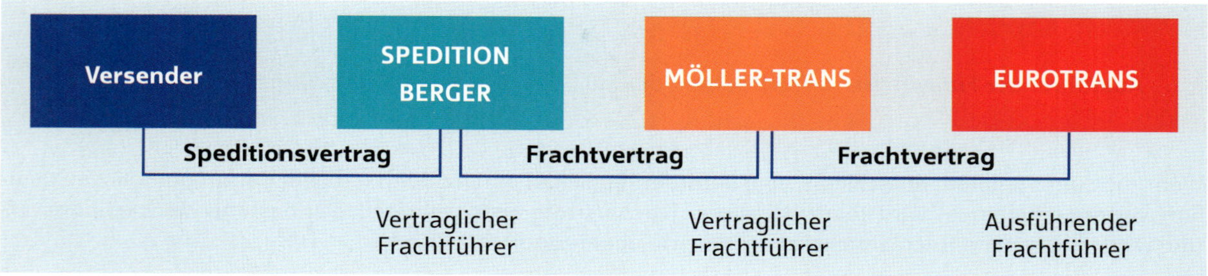

BERGER ist vertraglicher Frachtführer aufgrund der Fixkostenvereinbarung; MÖLLER-TRANS verpflichtet sich, die Beförderung auszuführen, und ist damit ebenfalls vertraglicher Frachtführer; EUROTRANS führt die Beförderung aus und ist folglich ausführender Frachtführer.

Der Versender wird sich immer an seinen Vertragspartner halten, den Spediteur in der Position des vertraglichen Frachtführers, denn nur auf der Grundlage von Vertragsbeziehungen lassen sich auch Ansprüche begründen.

2.2.4 Rechtsebenen des Speditionsvertrages

Der Speditionsvertrag kann auf drei verschiedenen Rechtsebenen geregelt werden:

1. Individualvereinbarung

Die Vertragsparteien (Versender und Spediteur) können ihr Vertragsverhältnis durch eine **einzelne Vereinbarung** individuell gestalten. Man spricht von der sogenannten einzelvertraglichen Dispositionsfreiheit. „Einzelvertraglich" bedeutet, es muss wirklich eine individuelle Vereinbarung zwischen Versender und Spediteur getroffen werden, und beide Vertragspartner haben die Möglichkeit, auf den konkreten Regelungsinhalt Einfluss zu nehmen. Die Schriftform gibt Sicherheit bei Auslegungsproblemen. Es gilt der Grundsatz, dass Kaufleute wissen, worauf sie sich einlassen, wenn sie z. B. bestimmte Haftungsbeschränkungen oder Lieferfristen vereinbaren. Kaufleute benötigen daher keinen Schutz durch gesetzliche Vorschriften. Die HGB-Vorschriften zum Transportrecht sind nicht anzuwenden. Es sei denn, der Einzelvertrag weist Regelungslücken auf, die dann durch Rückgriff auf das HGB ausgefüllt würden. Die Vertragspartner könnten auch wenige zentrale Punkte individuell regeln (z. B. die Haftungsfrage) und im Übrigen die Anwendung des HGB vereinbaren.

Rechtsebenen:
- Individualvereinbarung
- vorformulierte Vertragsbedingungen als AGB (ADSp)
- Gesetz (HGB)

→ **Individualvereinbarung** = Vertragsvereinbarung, die die Vertragspartner im Einzelnen ausgehandelt haben und auf deren Inhalt beide Partner Einfluss nehmen konnten.

2. Vorformulierte Vertragsbedingungen (Allgemeine Geschäftsbedingungen)

Dem Speditionsvertrag werden vorformulierte Vertragsbedingungen (**Allgemeine Geschäftsbedingungen**, AGB) zugrunde gelegt. Diese gelten für eine Vielzahl von Verträgen. Damit liegt keine individuelle Vereinbarung mehr vor.
Im Regelfall werden die vom Verband des Speditionsgewerbes in Zusammenarbeit mit der Verladerseite entwickelten Geschäftsbedingungen der Spediteure, die **Allgemeinen Deutschen Spediteurbedingungen (ADSp)**, wirksam. Vom Versender können aber auch eigene AGB in das Vertragsverhältnis eingebracht werden.

ADSp = Allgemeine Geschäftsbedingungen (AGB) des Spediteurs

→ Die ADSp gelten neben den gesetzlichen Vorschriften (HGB), müssen aber mit dem Versender wirksam vereinbart werden.

Ausführlich zur Vereinbarung von AGB, siehe Seite 38 und 42

Die ADSp lehnen sich an das HGB an, präzisieren aber vielfach allgemein gehaltene Formulierungen des Gesetzes.

Beispiel: Verpackung und Kennzeichnung von Gütern
Ein Spediteur befördert Güter mit eigenem Lkw. In diesem Fall gelten für ihn die frachtrechtlichen Regelungen des HGB. Gleichzeitig hat der Spediteur die ADSp als seine Allgemeinen Geschäftsbedingungen wirksam vereinbart.
Die nachfolgenden Auszüge aus dem HGB und den ADSp 2017 machen deutlich, wie unterschiedlich der Sachverhalt der Verpackung und Kennzeichnung von Gütern geregelt sein kann, die einem Spediteur zur Beförderung übergeben werden.

Aktuell gültig sind die ADSp in der Fassung von 2017 (ADSp 2017)

HGB § 411	ADSp 2017
Verpackung. Kennzeichnung Der Absender hat das Gut, soweit dessen Natur unter Berücksichtigung der vereinbarten Beförderung einer Verpackung erfordert, so zu verpacken, dass es vor Verlust und Beschädigung geschützt ist und dass auch dem Frachtführer keine Schäden entstehen. ...	**6. Verpackungs- und Kennzeichnungspflichten des Auftraggebers** 6.1 Das Gut ist vom Auftraggeber zu verpacken und, soweit dies erforderlich ist, mit deutlich und haltbar angebrachten Kennzeichen für seine auftragsgemäße Behandlung zu versehen. Alte Kennzeichen sind zu entfernen oder unkenntlich zu machen. Gleiches gilt für Packstücke. 6.2 Darüber hinaus ist der Auftraggeber verpflichtet, 6.2.1 zu einer Sendung gehörende Packstücke als zusammengehörig erkennbar zu kennzeichnen, 6.2.2 Packstücke, soweit erforderlich, so herzurichten, dass ein Zugriff auf den Inhalt ohne Hinterlassen äußerlich sichtbarer Spuren nicht möglich ist.

Das Beispiel zeigt, wie Allgemeine Geschäftsbedingungen den Text des HGB an die Bedürfnisse der Praxis anpassen. Ferner wird deutlich, dass Speditionsverträge, die nach ADSp abgewickelt werden, weiterhin in hohem Maße den Bestimmungen des Handelsgesetzbuches unterliegen. Allgemeine Geschäftsbedingungen präzisieren und ergänzen die gesetzlichen Vorschriften, halten sich aber an den „Geist" des Gesetzes.

→ Die ADSp präzisieren und ergänzen die gesetzlichen Vorschriften, halten sich aber an den „Geist" des Gesetzes.

3. Vertrag nach HGB

Siehe auch die Zusammenfassung der Vertragsgrundlagen, Seite 379

Die Vertragsparteien schließen weder einen individuell gestalteten Einzelvertrag, noch wollen sie nach den ADSp arbeiten. In diesem Falle richtet sich die Vertragsbeziehung ausschließlich nach dem **Handelsgesetzbuch**.

Beispiel:
Ein Großversender will die Regelungen zugunsten des Spediteurs in den ADSp nicht hinnehmen und verlangt daher einen Speditionsvertrag nach HGB.

Rechtsebenen des Speditionsvertrages
1 Individuelle Vereinbarungen
2 Allgemeine Geschäftsbedingungen (ADSp)
3 Gesetzliche Vorschriften (HGB)

Die unterschiedlichen Rechtsebenen des Speditionsvertrages finden sich in ähnlicher Form auch im täglichen Leben, z. B. bei Kaufverträgen, wieder. Dies soll am Beispiel eines Pkw-Kaufs deutlich gemacht werden.

Beispiel: Autokauf
Frau Steinig hat die Absicht, bei ihrem Autohändler, Herrn Enders, ein neues Auto zu kaufen. Beim letzten Modell gab es jedoch einigen Ärger. Sie verlangt daher von ihrem Händler, dass er sich verpflichtet, ein neues Auto zu liefern, falls Fehler am Fahrzeug auftauchen. Man einigt sich schließlich darauf, dass der Verkäufer einen Reparaturversuch haben soll, bevor eine Ersatzlieferung fällig wird.

Durch AGB vereinbart: zwei Nachbesserungsversuche des Verkäufers

*Solche **(individuellen) Vereinbarungen** geht der Autohändler normalerweise nicht ein. Auf der Rückseite seiner Kaufvertragsformulare ist (in Form **Allgemeiner Geschäftsbedingungen**) festgehalten, welche Rechte der Käufer hat, wenn das Fahrzeug fehlerhaft ist. Für alle seine Kunden gilt: Der Verkäufer hat zunächst **zwei Nachbesserungsversuche**. Schlagen sie fehl, hat der Käufer Anspruch auf Rücktritt vom Kaufvertrag, Preisnachlass und/oder Schadenersatz.*

BGB: zunächst Wahlrecht des Käufers (Nachbesserung oder Ersatzlieferung)

*Würden keine individuellen Vereinbarungen getroffen und auch keine Allgemeinen Geschäftsbedingungen vereinbart, richtete sich der Kaufvertrag nach dem **Bürgerlichen Gesetzbuch**. Das BGB sieht bei mangelhafter Lieferung zunächst das Recht des Käufers auf **Nacherfüllung** vor. Dabei hat er ein **Wahlrecht** zwischen **Nachbesserung** (Reparatur) und **Ersatzlieferung**. Hat die Nacherfüllung keinen Erfolg, kann der Käufer vom Kaufvertrag zurücktreten, einen Preisnachlass verlangen und/oder Schadenersatz fordern.*

Rechtsebenen beim Kaufvertrag	
1. Ebene: individuelle Vereinbarung zwischen Verkäufer und Käufer	Vereinbarung zwischen Frau Steinig und Herrn Enders: „Stellt sich ein Fehler am Pkw ein, hat Herr Enders einen Versuch, den Fehler zu beheben. Danach erhält Frau Steinig ein gleichwertiges Neufahrzeug (Ersatzlieferung).“
2. Ebene: Allgemeine Geschäftsbedingungen des Autohändlers	Auszug aus der AGB des Autohauses Enders: „**1** Der Käufer hat Anspruch auf Nachbesserung (Reparatur). **2** Kann der Fehler nicht beseitigt werden oder sind weitere Nachbesserungsversuche unzumutbar, hat der Käufer folgende Rechte: **a** Rücktritt vom Kaufvertrag oder **b** Preisnachlass (Minderung) und/oder **c** Schadenersatz. Ein Anspruch auf Ersatzlieferung besteht nicht.“
3. Ebene: Bürgerliches Gesetzbuch (BGB)	Rechte des Käufers bei mangelhafter Lieferung: **1** Nacherfüllung (Nachbesserung oder Ersatzlieferung) **2** Rücktritt vom Kaufvertrag **3** Preisnachlass (Minderung) **4** Schadenersatz (unter bestimmten Umständen) (Wahlrecht des Käufers)

2.2.5 Anwendungspriorität beim Speditionsvertrag

1. **Individuelle Vereinbarung**
   Freie Vertragsgestaltung nach den Wünschen der Vertragspartner
2. **Vorformulierte Vertragsbedingungen** (Allgemeine Geschäftsbedingungen, ADSp)
   Präzisieren und erweitern die HGB-Bestimmungen.
3. **HGB-Speditionsrecht**
   Es gilt ergänzend zu individuellen Vereinbarungen oder zu Allgemeinen Geschäftsbedingungen.

In einem Vertrag haben die individuellen Vereinbarungen grundsätzlich Vorrang vor gesetzlichen Bestimmungen, es sei denn, dass gesetzliche Regelungen zwingend anzuwenden sind (z. B. im grenzüberschreitenden Güterkraftverkehr). Sollten individuelle Vereinbarungen oder die ADSp in Verbindung mit dem HGB einen Einzelfall nicht genau regeln, würde man auf andere gesetzliche Bestimmungen zurückgreifen. Grundlegende Fragen der Vertragsbeziehung sind z. B. auch im Bürgerlichen Gesetzbuch (BGB) festgelegt.

Die CMR ist zwingend anzuwenden, siehe Seite 149

Bestimmungen des Grundgesetzes oder (zunehmend) europäisches Recht spielen ebenfalls bei Auslegungsproblemen eines Vertrages eine Rolle. Zur Klärung von Rechtsfragen wird häufig auf eine Abfolge von Gesetzen zugegriffen:

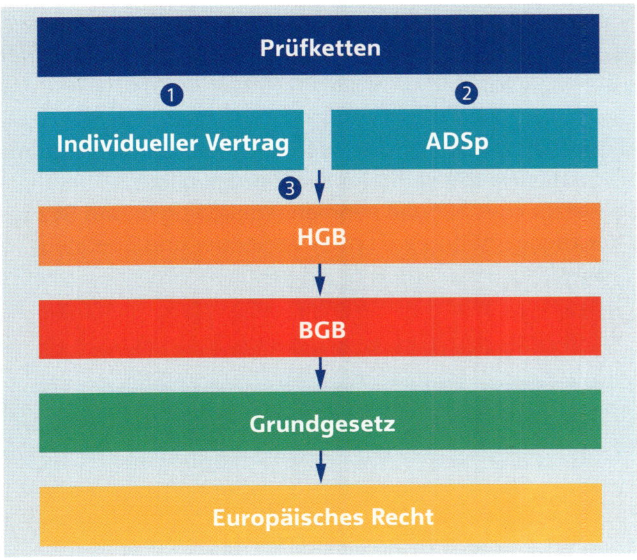

Beispiel: Autokauf

Auch die individuelle Vereinbarung zwischen Frau Steinig und ihrem Autohändler würde die entsprechende Regelung in den Allgemeinen Geschäftsbedingungen außer Kraft setzen. Aus Beweisgründen ist es angebracht, diesen Passus unter „Besondere Vereinbarungen" im Kaufvertragsformular (mit den AGB auf der Rückseite) festzuhalten. Die Allgemeinen Geschäftsbedingungen des Autohändlers wiederum (sofern Frau Steinig mit ihnen einverstanden war) hätten Vorrang vor den gesetzlichen Bestimmungen.

2.2.6 Speditions- oder Frachtrecht?

Siehe §§ 453 und 407 HGB

Die Frage, ob Speditions- oder Frachtrecht anzuwenden ist, richtet sich nach der **Verpflichtung**, die der Spediteur eingegangen ist. Der Spediteur verpflichtet sich im **Speditionsvertrag**, eine Güterversendung zu **besorgen**. Der Frachtführer verpflichtet sich im Frachtvertrag, eine Güterbeförderung **durchzuführen**. Der Spediteur wird aber wie ein Frachtführer behandelt, wenn er die Beförderung (wie ein Frachtführer) selber ausführt oder wenn er Sammelladungs- bzw. Fixkostenspedition betreibt. Gleiches gilt, wenn er Güter in seiner Obhut hat. Man kann daher auch die **Tätigkeiten** des Spediteurs näher betrachten und daraufhin die Frage entscheiden, ob Speditions- oder Frachtrecht gilt.

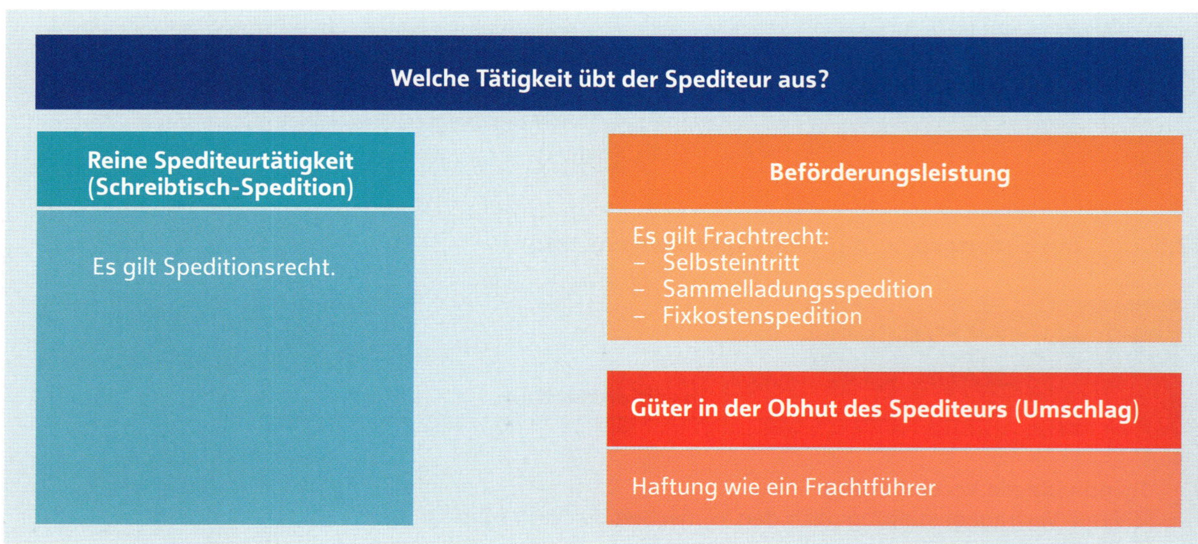

→ Regelfall: die ADSp in Verbindung mit dem HGB als Vertragsgrundlage

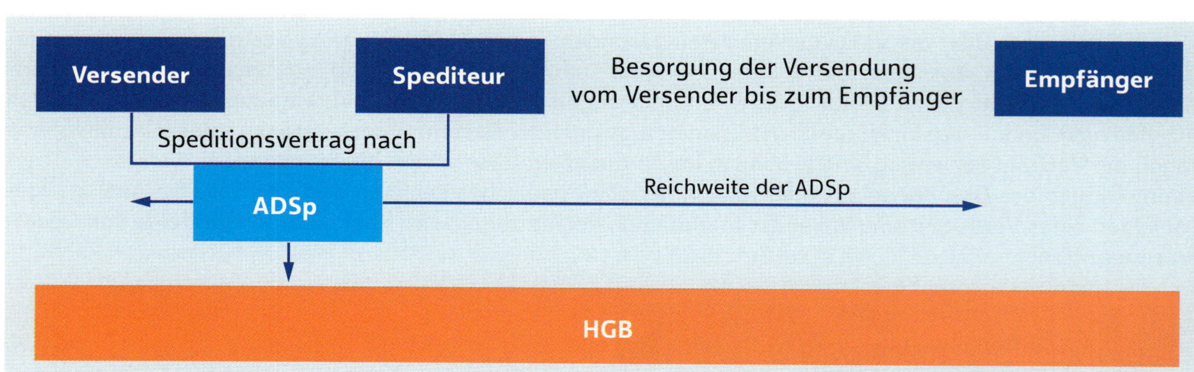

Die ADSp gelten für die gesamte Reichweite der speditionellen Dienstleistung, also auch z. B. für die Leistung eines Zwischenspediteurs, der in den Besorgungsauftrag des Hauptspediteurs eingebunden ist.

Die ADSp bauen auf dem Transportrecht des Handelsgesetzbuches auf und nehmen regelmäßig darauf Bezug. Neben den ADSp bestimmt daher auch das HGB das Vertragsverhältnis zwischen Versender und Spediteur.

2.2.7 Erst- und Zwischenspediteur

Wer vom Versender den Besorgungsauftrag erhält, wird als **Erstspediteur** (auch Hauptspediteur) bezeichnet. Ist für die Abwicklung des Auftrages die Mithilfe anderer Spediteure notwendig oder üblich, bezeichnet man diese als **Zwischenspediteure**. Notwendig wird die Einschaltung eines Zwischenspediteurs z. B. bei der Abwicklung von Sammelgutverkehren, weil es einem Erstspediteur nicht zugemutet werden kann, überall in Deutschland mit Zweigniederlassungen vertreten zu sein.

→ **Erstspediteur:** Er erhält vom Versender den Besorgungsauftrag und schließt mit ihm einen Speditionsvertrag.

→ **Zwischenspediteur:** Er ist ein vom Erstspediteur beauftragter Spediteur, der für die Abwicklung des Besorgungsauftrags notwendig ist.

<table>
<tr><th>Zusammenfassung</th><th colspan="4">Speditionsvertrag – Frachtvertrag</th></tr>
<tr><td rowspan="2">Speditionsvertag:</td><td colspan="3">zwei übereinstimmende Willenserklärungen über die Besorgung einer Güterversendung</td><td rowspan="2">Rechtsebenen beim Speditionsvertrag:
1. Individualvereinbarung
2. AGB (ADSp)
3. HGB</td></tr>
<tr><td>Versender =
Vertragspartner des Spediteurs</td><td>Spediteur:
verpflichtet sich zur Besorgung einer Güterversendung</td><td>Empfänger:
begünstigter Dritter</td></tr>
<tr><td>Erstspediteur:
Zwischenspediteur:</td><td colspan="4">Vertragspartner des Versenders
Ein vom Erstspediteur beauftragter Spediteur

Regelfall für den Speditionsvertrag: HGB + AGB (ADSp)
Speditions- oder Frachtrecht?
▪ Tätigkeit des Spediteurs betrachten
▪ reine Besorgertätigkeit: Speditionsrecht
▪ Selbsteintritt, Sammelladung, Fixkostenspedition (+ Obhut am Gut): Frachtrecht</td></tr>
<tr><td rowspan="2">Frachtvertrag:</td><td colspan="4">Zwei Übereinstimmende Willenserklärung über die Durchführung einer Güterversendung</td></tr>
<tr><td>Absender = Vertragspartner des Frachtführers</td><td colspan="2">Frachtführer (FF): verpflichtet sich zur Durchführung einer Beförderung</td><td></td></tr>
<tr><td>Vertraglicher FF:
Ausführender FF:</td><td colspan="4">hat sich durch den Frachtvertrag zur Beförderung verpflichtet
führt die Beförderung tatsächlich aus</td></tr>
</table>

2.3 Speditionsrecht nach HGB

2.3.1 Pflichten und Rechte des Spediteurs nach HGB

Die wichtigsten Rechte und Pflichten des Spediteurs nach HGB sind folgende:

§§ 453 – 454 HGB Besorgung der Versendung

Durch einen Speditionsvertrag wird der Spediteur verpflichtet, die Versendung eines Gutes zu **besorgen**, d. h., die organisatorischen Abläufe zu gestalten, die mit der Beförderung eines Gutes verbunden sind. Dies ist nach dem HGB die Hauptpflicht des Spediteurs und selbstverständlicher Inhalt eines Speditionsvertrages. Der § 454 HGB präzisiert die im § 453 HGB beschriebene Hauptpflicht. Das HGB unterteilt die Besorgungsleistung in drei Abschnitte.

Hauptpflicht: Besorgen von Güterversendungen

Verkehrsverträge:
- Speditionsvertrag
- Frachtvertrag
- Lagervertrag
- sonstige zum Speditionsgewerbe gehörende Geschäfte

Beförderungs-(Verkehrs-)mittel, Beförderungs-(Verkehrs-)wege, siehe Seite 13

Hauptpflicht

„Besorgen“		
Abschnitt	**Tätigkeiten**	**Beispiele**
1. Planung	▪ Bestimmung des Beförderungsmittels und des Beförderungsweges	Ein Spediteur entscheidet, für den Transport einer Sendung von Düsseldorf nach Chicago zunächst einen Lkw und ab Hamburg ein Seeschiff einzusetzen.
2. Ausführung	▪ Auswahl geeigneter Frachtführer, die die Beförderung durchführen	Der Lkw-Frachtführer EUROTRANS wird den Transport bis Hamburg durchführen, die Seestrecke übernimmt die Reederei TRANS-WORLD.
	▪ Abschluss der erforderlichen Fracht-, Lager- und Speditionsverträge	Für die Beförderung schließt der Spediteur Frachtverträge mit EUROTRANS und TRANS-WORLD. Durch einen Lagervertrag stellt er die Zwischenlagerung im Seehafen bis zum Weitertransport mit einem Seeschiff sicher. Für die Organisation im Seehafen (Übergabe an das Seeschiff) beauftragt er einen Seehafenspediteur in Hamburg, mit dem er einen Speditionsvertrag abschließt.
	▪ Information des ausführenden Unternehmers mit den erforderlichen Anweisungen	Der Lkw-Frachtführer wird z. B. darüber informiert, wo und wann er die Güter abholen soll. Die Reederei benötigt Informationen über Gewicht und Umfang der Sendung. Der Seehafenspediteur erhält ebenfalls Informationen über die Sendung und Anweisungen, welche Papiere er von der Reederei zu besorgen hat.
3. Kontrolle	▪ Sicherung von Schadenersatzansprüchen des Versenders	Im Schadensfall sorgt der Spediteur für eine genaue Dokumentation des Schadens, damit der Versender auf dieser Grundlage seine Ersatzansprüche gegen den Verursacher des Schadens oder gegenüber seiner Versicherung geltend machen kann.

Der Spediteur schließt die bei der Abwicklung des Speditionsvertrages erforderlichen Verträge mit Dritten (Speditions-, Fracht-, Lagerverträge) **im eigenen Namen** ab. So wird z. B. ein Frachtvertrag zwischen dem Spediteur als Absender und dem Frachtführer abgeschlossen. Nur wenn eine besondere Vollmacht vorliegt, kann der Spediteur Verträge im Namen des Versenders (als dessen Agent) vereinbaren.
Grundsätzlich gilt, dass der Spediteur bei seiner Besorgertätigkeit die **Interessen des Versenders** zu wahren und dessen **Weisungen** zu befolgen hat.

§ 454 (2) HGB: „... auf die Beförderung bezogene Leistungen ...“

Vertragliche Nebenpflichten
Der Spediteur kann im Speditionsvertrag auch verpflichtet werden, Leistungen zu erbringen, die nicht dem Kernbereich der speditionellen Besorgertätigkeit zuzurechnen sind, die aber als beförderungsnahe Leistungen gelten. Beispiele für diese sogenannten Nebenpflichten sind

- **Verpackung**,
- **Versicherung**,
- **Kennzeichnung** und
- **Verzollung** von Gütern.

Nebenpflichten müssen vereinbart werden.

Nebenpflichten müssen im Vertrag ausdrücklich **vereinbart** werden.

Wichtig ist aber, dass die Nebenpflichten im HGB (beispielhaft) aufgeführt sind. Damit unterliegen sie auch den speditionsrechtlichen Vorschriften des Handelsgesetzbuches, vor allem den Haftungsbeschränkungen. Nur speditionsfremde Leistungen des Spediteurs, wie sie vor allem im Rahmen von Logistikverträgen vorkommen (z. B. Preisauszeichnung von Gütern, Aufstellen von Möbeln, Aufbügeln von Textilien u. Ä.) unterliegen dann den Bestimmungen des Bürgerlichen Gesetzbuches (BGB) zum Werk- oder Dienstvertrag. Als **speditionsfremd** sind Nebenpflichten immer dann einzustufen, wenn sie zu einer **Veränderung an der Ware** führen.

Zum Verhältnis ADSp und Logistikverträgen, siehe Seite 464

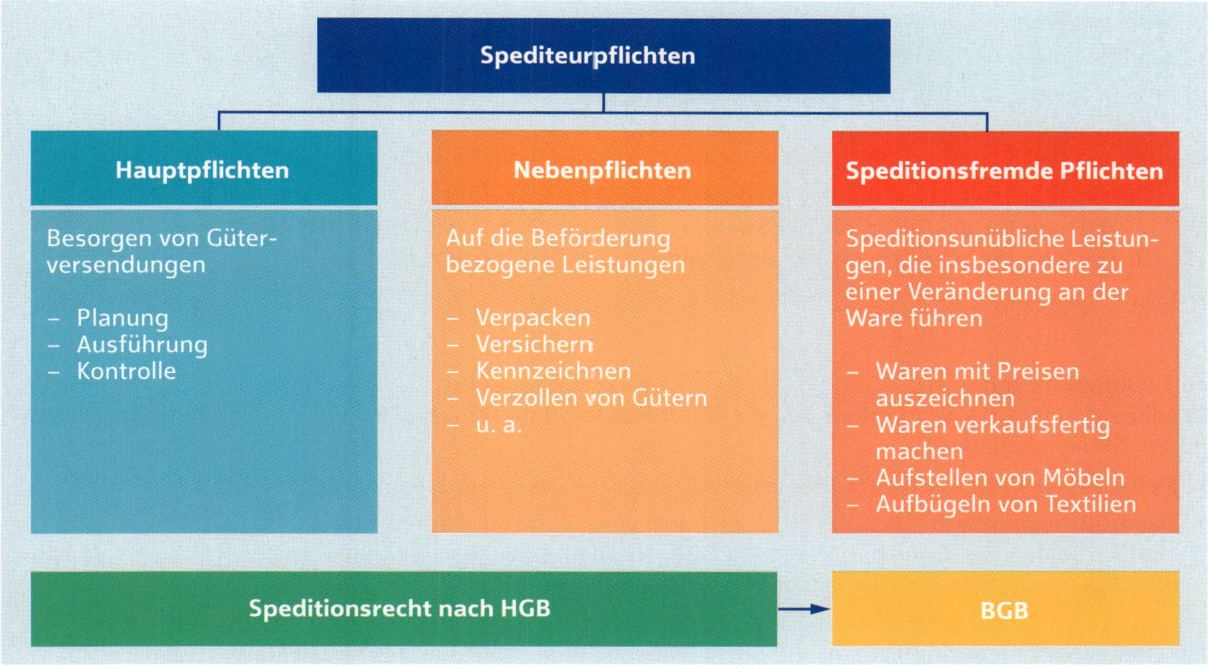

§ 456 HGB Fälligkeit der Vergütung

Der Vergütungsanspruch des Spediteurs entsteht, sobald das Gut dem Frachtführer übergeben worden ist und der Spediteur damit seine wesentliche Besorgungsleistung erbracht hat.[1] In der Praxis erstellt der Spediteur aber gewöhnlich erst dann die Rechnung, wenn der Beförderungsvorgang abgeschlossen ist.

§§ 458, 459, 460 HGB Selbsteintritt, Spedition zu festen Kosten, Sammelladung

Der Spediteur hat das Recht, eine Güterbeförderung, die im Rahmen seines Besorgungsauftrages erforderlich ist, auch selber durchzuführen (**Selbsteintritt**). Neben seiner Vergütung für die Besorgertätigkeit kann er vom Versender die gewöhnliche Fracht verlangen, d. h. die Fracht, die ein Frachtführer in vergleichbarer Situation berechnen würde. Der Spediteur kann mit dem Versender einen festen Preis für die Besorgungsleistung vereinbaren, der die Kosten für die Beförderung der Güter einschließt (Festpreis von Haus zu Haus, **Spedition zu festen Kosten**). Ferner hat der Spediteur das Recht, Güter mehrerer Versender zu einer **Sammelladung** zusammenzufassen. Das HGB verlangt, dass der Spediteur dem Versender in diesem Fall eine „angemessene Vergütung" in Rechnung stellt. Die Zusammenfassung mehrerer Einzelsendungen zu einer Ladung führt zu geringeren Beförderungskosten pro Sendung. Der Spediteur soll seine Versender an den Kostenvorteilen beteiligen und einen Teil der Einsparungen weitergeben. Wie oben dargestellt, hat der Spediteur in diesen drei Fällen **für die Beförderung** die Position eines Frachtführers.

§ 461 HGB Haftung des Spediteurs

Spediteure haften für den Verlust und die Beschädigung von Gütern, die sich in ihrem Verfügungsbereich (ihrer „Obhut") befinden (Ersatz für Güterschäden). Darüber hinaus sind sie zum Ersatz aller Schäden verpflichtet, die dadurch entstehen, dass sie ihren Besorgungsauftrag (nach § 454 HGB) nicht mit der Sorgfalt eines ordentlichen Spediteurs ausführen.

Mögliche Schadensarten

1. **Güterschäden:** Schäden durch Verlust oder Beschädigung des Gutes
2. **Vermögensschäden**
   a **reine Vermögensschäden:** Der Geschädigte ist in seinem Vermögen geschädigt, ohne dass das beförderte Gut betroffen ist.

   Beispiel:
   Durch eine Lieferfristüberschreitung kommt es zu einer Produktionsverzögerung.

[1] *Im HGB ist an verschiedenen Stellen neben dem Frachtführer auch vom „Verfrachter" die Rede. Als Verfrachter bezeichnet man den Frachtführer in der Seeschifffahrt.*

b Güterfolgeschäden: Der Vermögensschaden ist das Ergebnis eines Güterschadens.
Beispiel:
Durch den Verlust einer Sendung entsteht ein Produktionsausfall.

Schadensarten

Güterschäden

Vermögensschäden
1 reine Vermögensschäden
2 Güterfolgeschäden

Die Haftung des Spediteurs nach HGB ist demnach in zweifacher Hinsicht zu unterscheiden:

1. Haftung für die Güter, die der Spediteur in seiner Obhut hat (Obhutshaftung)
2. Haftung für Schäden aus der Besorgertätigkeit des Spediteurs

zu 1. Obhutshaftung

Obhutshaftung = Gefährdungshaftung

Spediteurhaftung = Verschuldenshaftung (siehe unten)
Ausnahme: Die Obhutshaftung des Spediteurs bezieht sich nicht auf Lieferfristüberschreitung.

Siehe auch CMR-Regelung auf Seite 149

Spediteure haften für den **Verlust** und die **Beschädigung** von Gütern, die sich in ihrem Verfügungsbereich (ihrer „Obhut") befinden.

- Es handelt sich demnach um **Güterschäden**, für die der Spediteur Ersatz leisten muss.
- Das HGB verlangt nicht, dass der Schaden durch einen Fehler des Spediteurs (durch sein Verschulden) entstanden sein muss. Vielmehr haftet er für Güterschäden, solange er die Güter in seinem Gewahrsam hat. Er haftet demnach nach dem Prinzip der **Gefährdungshaftung**.

Die Obhutshaftung des Spediteurs entspricht weitgehend der **Haftung des Frachtführers**, nämlich:

- **Haftungshöchstbetrag:** Der Schadenersatz für Verlust oder Beschädigung des Gutes ist auf 8,33 Sonderziehungsrechte für jedes Kilogramm des Rohgewichts (Bruttokilogramm) begrenzt. Maßgebend ist der Wert des Gutes (Marktpreis) am Ort und zurzeit der Übernahme durch den Spediteur.
- **Haftungsausschlüsse:** Der Spediteur ist von der Haftung befreit, sofern
  - der Verlust oder die Beschädigung des Gutes auf Umständen beruht, die der Spediteur nicht vermeiden und deren Folgen er nicht abwenden konnte, sogenannte **„unabwendbare Ereignisse"**. Ein Ereignis ist dann als unabwendbar anzusehen, wenn es der Spediteur unter **Beachtung der äußersten zumutbaren Sorgfalt** nicht abwenden konnte. Unabwendbare Ereignisse sind z. B. Naturkatastrophen oder Streiks, die den Verkehr zum Erliegen bringen. Generell gilt: Gerichte legen den Einwand, dem Vorgang liege ein unabwendbares Ereignis zugrunde, sehr eng aus. Es ist daher schwer, sich auf diese Weise von der Haftung zu befreien;
  - der Schaden von anderen (Versender, Empfänger) zu vertreten ist;
  - der Schaden in der natürlichen Beschaffenheit des Gutes (z. B. Rost, normaler Schwund durch Verdunsten) begründet ist.

Was heißen „Vorsatz" und „leichtfertiges" Handeln?

Die Haftungsbefreiungen (§§ 426, 427) und -begrenzungen (§§ 431–434) des HGB gelten nicht, wenn ein Schaden auf eine Handlung oder Unterlassung zurückzuführen ist, die

- vorsätzlich oder
- leichtfertig und in dem Bewusstsein begangen wurde, dass ein Schaden mit Wahrscheinlichkeit eintreten wird.

Vorsätzlich handelt,

- wer bewusst und gewollt schädigt (bewusster Vorsatz),
- wer bei seinem rechtswidrigen Handeln oder Unterlassen irgendeinen Schaden voraussieht und diesen billigend in Kauf nimmt (bedingter Vorsatz).

Der Begriff „**leichtfertig**" knüpft an das fahrlässige Handeln an. Das BGB versteht unter Verschulden vorsätzliches und fahrlässiges Handeln.

§ 276 BGB [Haftung für eigenes Verschulden]

(1) Der Schuldner hat Vorsatz und Fahrlässigkeit zu vertreten ...

(2) Fahrlässig handelt, wer die im Verkehr erforderliche Sorgfalt außer Acht lässt. ...

Fahrlässig handelt, wer die im Verkehr erforderliche Sorgfalt außer Acht lässt.

Grobe Fahrlässigkeit liegt vor, wenn die im Verkehr erforderliche Sorgfalt in ungewöhnlich hohem Maße verletzt wird (**qualifiziertes Verschulden**). Im Speditionsbereich spricht man auch von **grobem Organisationsverschulden**.

Die Formulierung „leichtfertig und in dem Bewusstsein, dass ein Schaden mit Wahrscheinlichkeit eintreten wird“, ist mit der groben Fahrlässigkeit vergleichbar. Das heißt:

- Schäden, die entstehen, weil ein Frachtführer/Spediteur oder seine Leute nicht mit der nötigen Sorgfalt arbeiten, unterliegen den Haftungsbegrenzungen und -befreiungen des HGB-Transportrechtes. einfaches Verschulden
- Ist die Ursache in leichtfertigem oder vorsätzlichem Verhalten zu finden, haftet der Frachtführer/Spediteur unbegrenzt. qualifiziertes Verschulden

Beispiele für qualifiziertes Verschulden:
- *fehlende Temperaturkontrolle bei verderblichen Gütern*
- *fehlende Diebstahlvorsorge*

Nur die schwächste Form des Verschuldens, das fahrlässige Handeln, ermöglicht es dem Frachtführer/Spediteur, sich auf die Haftungseinschränkungen des HGB zu berufen. Alle anderen Ursachen führen zu einer deutlichen Haftungsverschärfung.

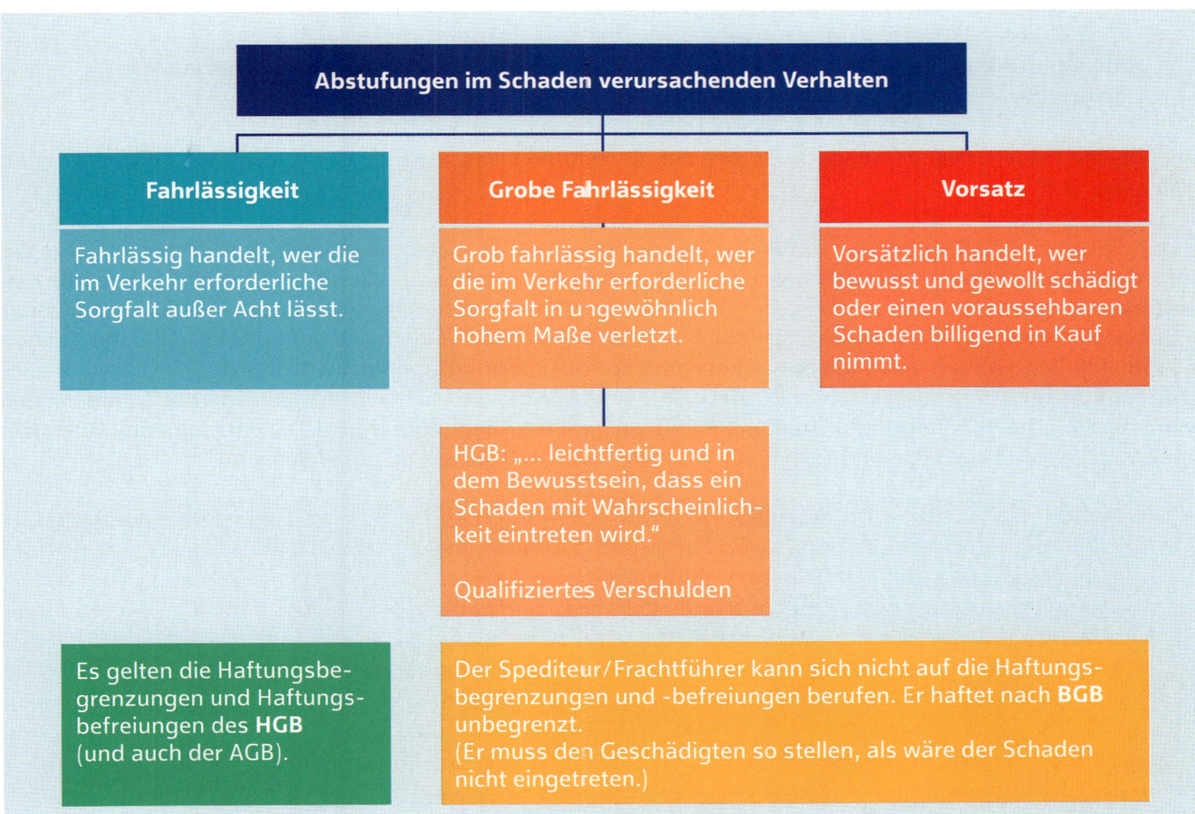

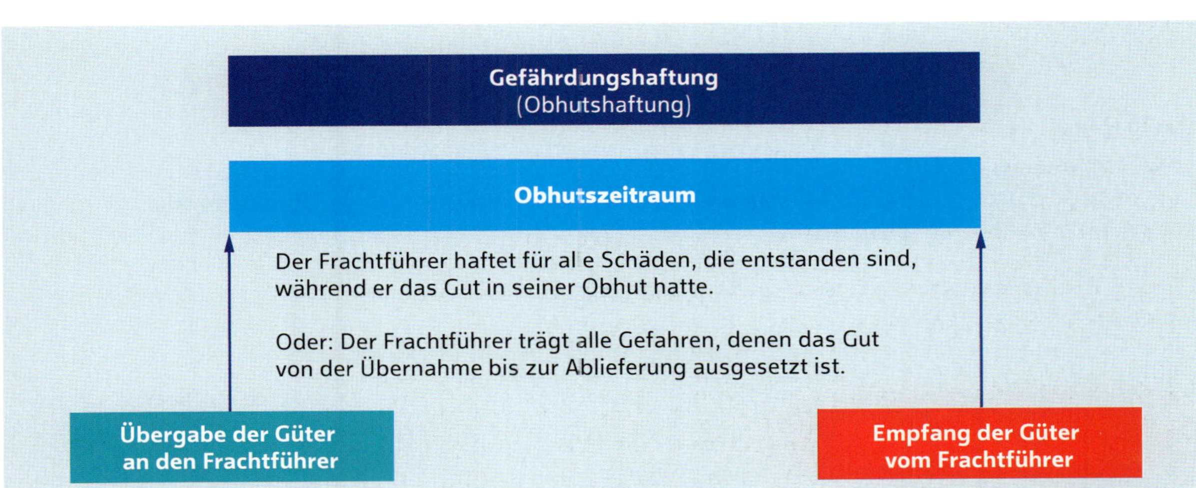

zu 2. Haftung für Schäden aus Besorgertätigkeit
Neben dem Ersatz für Schäden an Gütern, die der Spediteur in seiner Obhut hat, ist er zum Ersatz aller Schäden verpflichtet, die dadurch entstehen, dass er seinen Besorgungsauftrag (nach § 453 HGB) nicht mit der Sorgfalt eines ordentlichen Spediteurs ausführt. Vier Gesichtspunkte sind hervorzuheben:

- Hier handelt es sich um den Ersatz für **Vermögensschäden**, und zwar **reine** Vermögensschäden. Güterfolgeschäden werden nach HGB nicht ersetzt.

  Beispiele:
  Durch die Fehlleitung von Gütern kommt es zu einer Lieferfristüberschreitung, die einen Produktionsstillstand zur Folge hat, oder ein Schaden entsteht durch Fehler bei der Verzollung von Gütern.
- Der Spediteur haftet nicht für Schäden an Gütern, die sich im Gewahrsam von Dritten befinden.
- Dem Spediteur muss vorgeworfen werden können, nicht sorgfältig gearbeitet zu haben, d. h., ihn muss ein Verschulden treffen.
- Das Gesetz sieht für Vermögensschäden keine Haftungsbeschränkungen vor (unbegrenzte Haftung).

Umkehrung der Beweislast

Für die Tätigkeit des besorgenden Spediteurs („Schreibtisch-Spediteur“) gilt nach HGB das Verschuldensprinzip mit **umgekehrter Beweislast**. Das bedeutet: Wer einen anderen beschuldigt, einen Schaden verschuldet zu haben, muss normalerweise den Beweis für seine Behauptung erbringen. Da ein Versender aber nur schwer die betrieblichen Abläufe beim Spediteur überschauen kann, kehrt der Gesetzgeber die Beweislast um und verlangt, dass der Spediteur im Schadensfall beweisen muss, dass er mit der Sorgfalt eines ordentlichen Kaufmanns gearbeitet hat, wenn er für den Schaden nicht haftbar gemacht werden will.

Haftung des besorgenden Spediteurs: Verschuldenshaftung mit umgekehrter Beweislast
Haftung für Vermögensschäden: unbegrenzt

Ein Mitverschulden des Versenders ist bei der Berechnung der Ersatzleistung aber zu berücksichtigen (§ 461 Abs. 3 HGB).

Frachtführerhaftung, siehe Seite 103, Spediteurhaftung, siehe Seite 31

In den Fällen des Selbsteintritts, der Fixkostenspedition und der Sammelladung haften Spediteure **für die Beförderungsleistung** bei Verlust, Beschädigung und Lieferfristüberschreitung nach den **frachtrechtlichen Bestimmungen** des Handelsgesetzbuches. Das heißt, der Spediteur haftet in diesen drei Fällen verschuldensunabhängig für Güter- und Verspätungsschäden, auch ohne dass er Obhut am Gut hat. Diese Bestimmungen (§§ 458–460 HGB) haben Vorrang vor der Regelung zur Spediteurhaftung nach § 461 HGB.
Allerdings bleibt durch die einschränkende HGB-Formulierung „hinsichtlich der Beförderung“ immer noch Raum für typische Spediteurtätigkeiten und damit auch für die Spediteurhaftung. Die nachfolgende Übersicht zeigt, welche Haftungsbestimmungen je nach Tätigkeit des Spediteurs anzuwenden sind:

Tätigkeit	Haftung	Haftungsbestimmungen
Besorgender Spediteur (Schreibtisch-Spediteur)	für speditionelle Schäden (Besorgungsschäden)	Speditionsrecht
Spediteur mit Obhut am Gut	für Güterschaden in der Obhut	Frachtrecht
	bei sonstigen speditionellen Tätigkeiten	Speditionsrecht
Selbsteintritt	während der Beförderung	Frachtrecht
	bei sonstigen speditionellen Tätigkeiten	Speditionsrecht
Fixkostenspedition	bei allen Tätigkeiten, welche zu Fixkosten vereinbart wurden	Frachtrecht
	bei sonstigen speditionellen Tätigkeiten	Speditionsrecht
Sammelladung	bei der Beförderung im Sammelladungshauptlauf	Frachtrecht
	bei sonstigen speditionellen Tätigkeiten	Speditionsrecht

§ 462 HGB Haftung für andere

Der Spediteur verpflichtet sich im Speditionsvertrag zur Besorgung einer Güterversendung. Er muss diese Leistung aber nicht persönlich erbringen, sondern kann die Dienste anderer in Anspruch nehmen. Der Spediteur ist verantwortlich für Fehler von Leuten, die er einsetzt, um seine vertraglichen Besorgerverpflichtungen zu erfüllen. Der Spediteur haftet also für Fehler seiner Mitarbeiter so, als hätte er den Fehler selbst verursacht.

Kernpflichten aus dem Besorgungsvertrag nach § 454 HGB:
- Beförderungsmittel und -wege bestimmen
- Frachtführer auswählen, erforderliche Verträge abschließen
- Schadenersatzansprüche des Versenders sichern

Das HGB unterscheidet zwei Personengruppen:

- **Leute:** Das sind Mitarbeiter des Spediteurs; es können aber auch mithelfende Familienangehörige sein.
- **Andere Personen:** Hier handelt es sich um natürliche oder juristische Personen, die der Spediteur zur Erfüllung seiner **Besorgertätigkeit** einsetzt, z.B. Zwischenspediteure, die der Spediteur mit seinen Teilaufgaben beauftragt.

Der Erstspediteur haftet nur in Ausnahmefällen für den eingeschalteten Zwischenspediteur, nämlich nur dann, wenn der Erstspediteur seine Kernpflichten auf den Zwischenspediteur überträgt. Ist ein Zwischenspediteur für die Besorgung des Auftrages unabdingbar, haftet der Erstspediteur nur für die sorgfältige Auswahl des „anderen“.

Beispiel 1:
Der Besorgungsauftrag für den Erstspediteur schließt die zolltechnische Abfertigung der Sendung im Bestimmungsland (USA) ein. Da der deutsche Erstspediteur die Verzollung in den USA nicht selbst durchführen kann, muss er einen Empfangsspediteur in den USA mit dieser Aufgabe betrauen. Der Erstspediteur ist für die sorgfältige Auswahl des Zwischenspediteurs verantwortlich, nicht für dessen Fehler bei der Verzollung.

Beispiel 2:
Ein Partnerspediteur lässt temperaturempfindliches Gut nicht – wie vorgeschrieben – mit einem Kofferfahrzeug zum Empfänger zustellen, sondern mit einem normalen Planen-Fahrzeug. Es kommt zu einem Güterschaden aufgrund des Fehlers des Partnerspediteurs. Der Erstspediteur hat für den Schaden zu haften, weil die Auswahl des Frachtführers zu den Kernpflichten des Erstspediteurs gehört. Überträgt er diese Aufgabe auf einen Zwischenspediteur, trägt der Erstspediteur die Verantwortung. Der Erstspediteur kann den Zwischenspediteur allerdings regresspflichtig machen.

Regress = Rückgriff auf den Schadenverursacher, siehe auch Seite 65

Der Erstspediteur ist nicht verantwortlich für Schäden, die eingesetzte Frachtführer oder Partnerspediteure während ihrer Obhut am Gut (Beförderung, Umschlag) zu vertreten haben, weil der Schreibtisch-Spediteur lediglich die sorgfältige Auswahl der Frachtführer schuldet und auch nur für die Schreibtischtätigkeit des Partnerspediteurs haften muss.

Siehe dazu auch Seite 53

Sonderfall Sammelladung/Fixkostenspedition
Ganz anders stellt sich die Situation dar, wenn der Erstspediteur Sammelladung oder Fixkostenspedition betreibt. Dann haftet er verschuldensunabhängig für alle Beteiligten im Transportablauf.

Spediteur	Frachtführer
Er haftet für die sorgfältige Auswahl der Frachtführer.	Er haftet für alle Beteiligten, die er bei der Erledigung seines Besorgungsauftrages einsetzt.

§ 463 HGB Verjährung

Je länger ein Sachverhalt zurückliegt, desto schwerer lässt er sich rekonstruieren. Darum hat der Gesetzgeber Verjährungsfristen festgelegt. Das bedeutet, dass es der Schuldner nach Ablauf dieser Verjährungsfrist ablehnen kann, eine Schuld zu begleichen. Der Gläubiger kann sie dann auch nicht mehr gerichtlich einklagen. Die Fristen sollen die Vertragspartner zwingen, ihre Forderungen in überschaubaren Zeiträumen geltend zu machen.
Der speditionsrechtliche Teil des HGB-Transportrechtes übernimmt die frachtrechtlichen Verjährungsvorschriften (§ 439 HGB).

Vorsatz, grobe Fahrlässigkeit, siehe Seite 32

Ansprüche aus einem Speditionsvertrag verjähren nach **einem Jahr**. Bei Vorsatz und grober Fahrlässigkeit beträgt die Verjährungsfrist jedoch drei Jahre.

§ 466 HGB Abweichende Vereinbarungen

Siehe Regelungsmöglichkeiten von AGB, Seite 39, und Rechtsebenen des Speditionsvertrages, Seite 25

Das Frachtrecht des HGB ist **teildispositives Recht**, d. h.:

- Das HGB ist kein zwingendes Recht, das von den Vertragspartnern unverändert übernommen werden muss.
- Von bestimmten HGB-Bestimmungen, insbesondere zur Haftung, kann nur durch **einzelvertragliche** Vereinbarungen abgewichen werden, nicht aber generell durch Allgemeine Geschäftsbedingungen (AGB), die für eine Vielzahl von Verträgen gelten, z. B. die ADSp als Allgemeine Geschäftsbedingungen für Spediteure.
- Andere Regelungen können in **vorformulierten Geschäftsbedingungen** (AGB) den Bedürfnissen der Vertragspartner für eine Vielzahl von Verträgen angepasst werden.

Für den speditionsrechtlichen Teil des HGB-Transportrechtes gilt:

- Spediteur und (gewerblicher) Versender können in **Einzelverträgen**, die tatsächlich individuell ausgehandelt werden, von den HGB-Bestimmungen beliebig abweichen.
- Hinsichtlich der **Obhutshaftung** des Spediteurs kann in **Allgemeinen Geschäftsbedingungen** (z. B. ADSp) von den Haftungsgrenzen des HGB (8,33 SZR/kg) innerhalb eines Haftungskorridors von 2 bis 40 SZR/kg abgewichen werden.

Haftungskorridor: Festlegung von Haftungsbegrenzungen für Güterschäden in Allgemeinen Geschäftsbedingungen innerhalb eines Rahmens von 2 bis 40 SZR pro Kilogramm.

- Der Haftungskorridor darf in Allgemeinen Geschäftsbedingungen verlassen werden, wenn dadurch der Vertragspartner des Spediteurs (der Versender) begünstigt wird.
- Gegenüber **Verbrauchern** sind keine Regelungen zulässig (auch nicht in individuellen Verträgen), die die Obhutshaftung des Spediteurs, die Haftung des Spediteurs für andere und die Verjährung, wie in § 461 (1) sowie in den §§ 462 und 463 HGB festgelegt, verschlechtern. Der Spediteur kann aber Vereinbarungen treffen, die den Verbraucher besser stellen, als das Gesetz es vorsieht.

In § 13 BGB wird festgelegt, wer Verbraucher ist:

Verbraucher ist jede natürliche Person, die ein Rechtsgeschäft zu Zwecken abschließt, die überwiegend weder ihrer gewerblichen noch ihrer selbständigen beruflichen Tätigkeit zugerechnet werden können.

2.3.2 Pflichten des Versenders nach HGB

§ 455 HGB Behandlung des Gutes, Begleitpapiere, Mitteilungs- und Auskunftspflichten

Der Versender ist verpflichtet,

- das Gut ordnungsgemäß zu verpacken und zu kennzeichnen,
- erforderliche Urkunden zur Verfügung zu stellen sowie
- alle Auskünfte zu erteilen, die der Spediteur benötigt, um seine Vertragspflichten vereinbarungsgemäß erfüllen zu können.

Ist **Gefahrgut** zu versenden, ist der Spediteur schriftlich über die Art der Gefahr und über eventuell notwendig werdende Vorsichtsmaßnahmen zu informieren.

Haftung des Versenders: Kommt der Versender diesen Pflichten nicht nach, so hat er Schäden, die sich daraus ergeben, zu ersetzen, unabhängig davon, ob ihn ein Verschulden trifft, d. h., für den Versender gilt das Prinzip der **Gefährdungshaftung** wie für den Frachtführer (**spiegelbildliche Haftungsregelung**).
Ist der Versender allerdings **Verbraucher**, haftet er nur, wenn ihn ein Verschulden trifft (Verschuldenshaftung).

Versender haftet wie ein Frachtführer nach dem Gefährdungsprinzip

§ 456 HGB Fälligkeit der Vergütung

Die Vergütung ist zu zahlen, sobald das Gut dem Frachtführer übergeben worden ist. Zu diesem Zeitpunkt hat der Spediteur seine wesentlichen organisatorischen Arbeiten erledigt. In der Praxis berechnet der Spediteur seine Leistungen gewöhnlich erst nach Abschluss des Transportes.
Es gehört zu den zentralen Aufgaben des Versenders, die vereinbarte Vergütung zu bezahlen.

Siehe § 453 (2) HGB

Zusammenfassung:	Spediteur nach HGB
Besorgung der Versendung §§ 453–454	Regeln die Hauptpflicht („Besorgen“) und die Nebenpflichten des Spediteurs, z. B. Sendungen versichern.
Fälligkeit der Vergütung § 456	Der Spediteur hat Anspruch auf die Vergütung seiner Leistungen, sobald er das Gut dem Frachtführer übergeben hat.
Selbsteintritt, Spedition zu festen Kosten, Sammelladung §§ 458–460	Der Spediteur kann einen Besorgungsauftrag auch selbst durchführen (**Selbsteintritt**); er kann mit dem Versender einen **festen Satz** für alle Leistungen vereinbaren und er darf Güter mehrerer Versender zu einer **Sammelladung** zusammenfassen. Er hat dann aber auch die Position eines Frachtführers.
Haftung des Spediteurs § 461	siehe unten
Haftung für andere § 462	Der Spediteur haftet für seine Mitarbeiter und für „andere Personen“, z. B. Zwischenspediteure (i. d. R. nur für die sorgfältige Auswahl).
Verjährung § 463	Ansprüche aus einem Speditionsvertrag verjähren nach einem Jahr (bei Vorsatz und grober Fahrlässigkeit nach 3 Jahren).
Abweichende Vereinbarungen § 466	Legen fest, in welchem Umfang vor allem von den Haftungsregelungen des HGB abgewichen werden kann. ▪ durch einzelvertragliche Vereinbarung beliebig ▪ in AGB hinsichtlich der Obhutshaftung in einem Korridor zwischen 2 und 40 SZR
Behandlung des Gutes, Begleitpapiere, Mitteilungs- und Auskunftspflichten § 455	Der Versender muss die Güter ordnungsgemäß verpacken und kennzeichnen sowie die erforderlichen Dokumente zur Verfügung stellen. Ferner sind dem Spediteur alle Informationen zu geben, die er für die ordnungsgemäße Abwicklung der Besorgung benötigt (im Falle von Gefahrgut schriftlich).
Fälligkeit der Vergütung § 456	Die Vergütung für den Spediteur ist fällig, sobald er die Güter dem Frachtführer übergeben hat.

Haftung des Spediteurs nach HGB	
Rechtsgrundlage	§§ 453–466 HGB
Haftungsgrundsatz	Verschuldenshaftung mit umgekehrter Beweislast; bei Obhut, Fixkosten, Sammelladung, Selbsteintritt: Gefährdungshaftung
Haftungsumfang	Güterschäden, Vermögensschäden
Haftungsgrenzen	unbegrenzte Haftung, durch AGB (z. B. ADSp) einschränkbar; bei Obhut, Fixkosten, Sammelladung, Selbsteintritt: ▪ Güterschäden: Wert, max. 8,33 SZR/kg ▪ Vermögensschäden: frachtrechtliche Haftungsgrenzen
Änderung der Haftungsgrenzen	▪ durch Individualabrede: ohne Einschränkung ▪ durch AGB: in einem Korridor zwischen 2 und 40 SZR/kg
Wegfall der Haftungsgrenzen	bei Obhut, Fixkosten, Sammelladung, Selbsteintritt: Vorsatz/Leichtfertigkeit und in dem Bewusstsein, dass ein Schaden mit Wahrscheinlichkeit eintreten werde
Haftungsausschlüsse	▪ mangelndes Verschulden ▪ bei Obhut, Fixkosten, Sammelladung, Selbsteintritt: unabwendbares Ereignis etc.

2.4 Allgemeine Geschäftsbedingungen nach BGB

2.4.1 Begriffsbestimmung

Nach § 305 BGB sind Allgemeine Geschäftsbedingungen (AGB) wie folgt definiert:

§ 305 BGB

§ 305 BGB Einbeziehung Allgemeiner Geschäftsbedingungen in den Vertrag

(1) Allgemeine Geschäftsbedingungen sind alle für eine Vielzahl von Verträgen vorformulierten Vertragsbedingungen, die eine Vertragspartei (Verwender) der anderen Vertragspartei bei Abschluss eines Vertrages stellt.

Siehe Ziffer 2.4 ADSp sowie die Erläuterungen zu § 466 HGB, Seite 36, und zu den Rechtsebenen beim Speditionsvertrag Seite 25

Diese Regelung wurde vor allem zum Schutz von **Verbrauchern** erlassen. Besonders wichtig ist die Vorschrift, dass AGB nur wirksam werden, wenn der Vertragspartner in zumutbarer Weise vom Inhalt der AGB Kenntnis nehmen konnte. Auch sind bestimmte Inhalte in AGB nicht zulässig, z. B. „überraschende Klauseln", kurzfristige Preiserhöhungen zwischen Vertragsabschluss und Lieferung sowie die Verpflichtung des Vertragspartners zu Vertragsstrafen, wenn er bestimmte Vertragspflichten nicht erfüllt.
Auf diese Weise sollen Verbraucher vor Überraschungen im „Kleingedruckten", den Allgemeinen Geschäftsbedingungen von Unternehmen, geschützt werden. AGB werden gegenüber Verbrauchern nur wirksam, wenn folgende Bedingungen erfüllt sind:

- Die AGB müssen ausdrücklich vereinbart werden (eine stillschweigende Unterwerfung ist nicht möglich).
- Der Verbraucher muss in zumutbarer Weise vom Inhalt der AGB Kenntnis nehmen können.
- Er muss sich ausdrücklich mit dem Inhalt der Allgemeinen Geschäftsbedingungen einverstanden erklären.

ADSp-Text im Anhang des Informationsbandes

In der speditionellen Praxis wäre ein solches Verfahren zu aufwendig. Die AGB der Spediteure (die ADSp) gelten daher nicht gegenüber Verbrauchern.

Für **selbstständig Tätige** ist nach Meinung des Gesetzgebers der umfassende Schutz der BGB-Bestimmungen zu Allgemeinen Geschäftsbedingungen nicht erforderlich. Für sie gelten daher weniger strenge Regelungen. So genügt es unter Kaufleuten z. B., dass der Verwender von AGB im Vertragsangebot auf seine Allgemeinen Geschäftsbedingungen verweist. **Nimmt der Vertragspartner das Angebot an und widerspricht er den AGB nicht, so sind die AGB Vertragsbestandteil geworden.**

Für das Verkehrsgewerbe sind vor allem die Allgemeinen Deutschen Spediteurbedingungen in der Fassung von 2017 (ADSp 2017) von Bedeutung. Die ADSp sind für Speditionen entwickelt worden, gelten aber für alle Verkehrsverträge von Spediteuren, also auch für Frachtverträge des selbst eintretenden Spediteurs.

2.4.2 Verbandsempfehlung

Nach dem Gesetz gegen Wettbewerbsbeschränkungen (GWB, auch Kartellgesetz genannt) haben Wirtschaftsverbände das Recht, Allgemeine Geschäftsbedingungen für die Unternehmen ihrer Branche zu erarbeiten und – nachdem sie beim Bundeskartellamt angemeldet worden sind – ihren Mitgliedern zur Anwendung zu empfehlen. Diese Empfehlung darf nur unverbindlich sein.
Die ADSp sind vom Bundesverband Spedition und Logistik (DSLV) zur Anwendung empfohlen worden.

Eine Übersicht zu den Verkehrsverbänden befindet sich auf Seite 235

2.4.3 Regelungsmöglichkeiten der ADSp

Von den Bestimmungen des HGB-Transportrechts kann durch Vereinbarungen abgewichen werden, d. h., es ist kein zwingendes Recht (wie z. B. das CMR-Übereinkommen für den grenzüberschreitenden Güterkraftverkehr), sondern (teil-)**dispositives Recht**. Allerdings sind die Möglichkeiten, vom HGB abzuweichen, durch ein abgestuftes System eingeschränkt:

Abweichende Regelungen vom HGB-Transportrecht
- einzelvertragliche Vereinbarungen
- vorformulierte Vertragsbedingungen, z. B. ADSp
- zugunsten von Verbrauchern

CMR = zwingendes Recht (siehe Seite 150)
HGB = abgestuftes dispositives Recht (siehe §§ 449, 452d, 466 HGB)

- Bestimmte Vorschriften des HGB sind nur durch **einzelvertragliche Vereinbarungen** abänderbar.

= AGB-freie Regelungen des HGB

Beispiele:
Frachtrechtliche *Vorschriften: §§ 425–438 Haftung des Frachtführers für Verlust, Beschädigung und Lieferfristüberschreitung sowie sonstige Schäden*
Speditionsrechtliche *Vorschriften: § 461 Haftung für Güter, die der Spediteur in seiner Obhut hat*

= AGB-feste Regelungen des HGB

- Durch **vorformulierte Vertragsbedingungen** (AGB) (und selbstverständlich durch einzelvertragliche Vereinbarungen) dürfen folgende abweichende Vereinbarungen getroffen werden (gilt für Fracht- und Speditionsrecht):

  § 431 Abs. 1 und. 2 — (Haftung für Güterschäden) Der im Gesetz vorgesehene Haftungshöchstbetrag von 8,33 SZR/kg darf auf einen Betrag **zwischen 2 und 40 SZR** festgelegt werden.
  Ohne Beschränkungen dürfen Regelungen in vorformulierten Vertragsbedingungen aufgenommen werden, die für den **Verwender ungünstiger** sind. Dieser Fall ist aber eher unwahrscheinlich, weil die Verwender von AGB ihre Haftung im Regelfall niedriger ansetzen wollen, als das Gesetz es vorschreibt.

Haftungskorridor 2–40 SZR

Verwender ist derjenige, der die AGB als Vertragsgrundlage verwenden möchte, siehe oben.

- Ist der Vertragspartner **Verbraucher**, so können auch einzelvertragliche Vereinbarungen nur zugunsten des Verbrauchers vom HGB abweichen.

Eine wesentliche Aufgabe der ADSp ist die Festlegung der **Haftung** und die Regelung von **Versicherungsfragen**. Auch der Umgang mit **Beförderungspapieren**, **Ansprüche** auf Vergütung für Sonderleistungen und der **Ersatz von Aufwendungen** werden in AGB geregelt.
Darüber hinaus regeln die Allgemeinen Geschäftsbedingungen all jene Punkte eines Verkehrsvertrages in detaillierter Form, die im Handelsgesetzbuch bewusst allgemein gehalten worden sind, weil ein Gesetz, das für alle Landtransporte gelten soll, nicht die **Besonderheiten einzelner Verkehrsträger** festlegen kann.
Bei der Formulierung der AGB haben die gesetzlichen Bestimmungen die Bedeutung eines gesetzlichen Leitbildes, an dem sich die Allgemeinen Geschäftsbedingungen zu orientieren haben. In den AGB werden die Rechte und Pflichten der Vertragspartner (Versender/Spediteur) auf der Linie des Gesetzes detailliert und konkretisiert. Regeln die AGB einen Sachverhalt nicht, gilt das HGB.

Wenn zwei AGB aufeinandertreffen

Es kann durchaus vorkommen, dass ein Versender bei der Auftragsvergabe auf seine eigenen AGB verweist und der Spediteur als Auftragnehmer auf die ADSp. Welche AGB gelten in diesem Fall? Zunächst ist der bestehende Vertrag wirksam. Aus beiden AGB gelten die Regelungen, die identisch sind. Gegensätzliche Aussagen sind unwirksam. Für diese Vertragsgesichtspunkte gelten dann die gesetzlichen Bestimmungen (HGB-Fracht- und Speditionsrecht).

Zusammenfassung:	Allgemeine Geschäftsbedingungen nach BGB
AGB:	Vorformulierte Vertragsbedingungen, die für eine Vielzahl von Verträgen gelten. ▪ konkretisieren die gesetzlichen Bestimmungen (HGB) ▪ orientieren sich am HGB ▪ Abwandlungen der HGB-Bestimmungen sind in AGB möglich, allerdings nur in bestimmten Grenzen (HGB = teildispositives Recht)
Vertragswirksam?	▪ Vertragspartner muss in zumutbarer Weise von den AGB Kenntnis nehmen können ▪ „überraschende Klauseln" u. Ä. sind nicht zulässig ▪ unter Kaufleuten: Verweis auf die AGB genügt; wirksam, falls kein Widerspruch
Verkehrs-/ Speditions gewerbe:	ADSP = Verbandsempfehlungen

2.5 Die Allgemeinen Deutschen Spediteurbedingungen (ADSp 2017)

2.5.1 Rechtscharakter

An der Entwicklung der Vertragsgrundlage sind die Spitzenverbände der verladenden Wirtschaft beteiligt, z. B. Deutscher Industrie- und Handelskammertag (DIHK), Bundesverband der Deutschen Industrie (BDI), Bundesverband Möbelspedition und Logistik (AMÖ), Bundesverband Güterkraftverkehr Logistik und Entsorgung (BGL) sowie – für Spediteure – der Bundesverband Spedition und Logistik (DSLV). Daraus wird deutlich, dass die ADSp in Zusammenarbeit von Verladerseite und Spediteuren geschaffen wurden. Ihr Ziel ist es, als fertig bereitliegende Vertragsordnung einen Interessenausgleich zwischen den Vertragspartnern herzustellen. Das schließt aber nicht aus, dass die Vertragspartner die vereinbarten ADSp durch individuelle Regelungen ergänzen.

2.5.2 Anwendung auf Verkehrsverträge

Die ADSp werden als Vertragsgrundlage für alle **Verkehrsverträge** mit Spediteuren empfohlen. Unter „Spediteur" wird aber nicht allein der rein besorgende Spediteur verstanden, wie er im § 453 HGB beschrieben wird. Vielmehr ist der speditionelle Gemischtbetrieb das Leitbild. Es bezeichnet ein Verkehrsunternehmen, das neben der Besorgung von Güterversendungen auch Beförderungen im Selbsteintritt durchführt und verfügte Lagerungen übernimmt.

Als speditionsübliche Geschäfte gelten:

- **Speditionsverträge:** Sie haben die Besorgung einer Güterversendung zum Gegenstand.
- **Frachtverträge (einschließlich Seefrachtverträge):** Der Spediteur erhält den Auftrag, eine Beförderung durchzuführen. Auch ein **Lohnfuhrvertrag** gilt als Frachtvertrag nach ADSp. Dabei wird ein bemanntes Kraftfahrzeug gestellt und nach Weisung des Auftraggebers eingesetzt.
- **Lagerverträge:** Der Spediteur wird beauftragt, Güter (in der Regel längerfristig) einzulagern. Diese sogenannte **verfügte** Lagerung ist von der **verkehrsbedingten** Lagerung zu unterscheiden. Verkehrsbedingt sind Vor-, Zwischen- und Nachlagerungen im Zusammenhang mit einer Güterbeförderung. Kurzfristige Vor- und Nachlagerungen finden z. B. im Sammelladungsverkehr auf den Umschlaglägern der Versand- und Empfangsspediteure statt. Eine Zwischenlagerung kann z. B. notwendig werden, wenn ein Lkw während der Beförderung ausfällt und die Güter bis zum Eintreffen eines Ersatzfahrzeuges bei einem befreundeten Spediteur vorübergehend untergebracht werden. Verkehrsbedingte Vor-, Zwischen- und Nachlagerungen sind Teil des Speditionsvertrages.

Lagerhaltung, siehe Seite 373
- verfügte Lagerung
- verkehrsbedingte Vor-, Zwischen-, Nachlagerung

- **Sonstige Geschäfte**, die üblicherweise zum Speditionsgewerbe gehören, sind beispielsweise
  - das Zusammenstellen von Ladeeinheiten,
  - die transportsichere Verpackung einer Überseesendung vor dem Versand durch den Spediteur,
  - das Etikettieren von Sendungen,
  - das Kommissionieren und
  - die Sendungsverfolgung

  Zu den sonstigen Geschäften zählen auch logistische Dienstleistungen, wenn sie mit der Beförderung und Lagerung von Gütern in Zusammenhang stehen. Als speditionsübliche logistische Leistungen bezeichnet man langfristig angelegte Rahmenverträge über die Gesamtorganisation eines Güterstromes von der Beschaffung (Rohstoffe, Vorprodukte) bis zum Absatz (Endprodukte).

Beispiel:
Eine Spedition übernimmt sämtliche Produkte eines Süßwarenherstellers, lagert die Güter in großen Partien im eigenen Lager ein, stellt nach den Wünschen des Herstellers Sendungen für Einzelhandelsgeschäfte sowie Großverbraucher zusammen und befördert sie zu den Empfängern.

Diese Tätigkeiten unterscheiden sich kaum von den Leistungen, die im üblichen Speditionsvertrag vereinbart werden. Daher sind die ADSp für solche Rahmenverträge auch eindeutig anwendbar. Zunehmend werden Spediteure aber im Zusammenhang mit Logistikverträgen mit Aufgaben betraut, die weder zu den speditionellen Haupt- noch zu den Nebenaufgaben gehören, sogenannten **value added services**.

Zur Unterscheidung von Haupt- und Nebenaufgaben des Spediteurs, siehe Seite 30

Beispiele:
- *Güter auf Paletten verkaufsfertig vorbereiten (mit Preisen auszeichnen, dekorieren)*
- *Möbel aufstellen*
- *Textilien aufbereiten (Schutzverpackung entfernen, auf Mängel kontrollieren, bügeln)*
- *Warenrechnungen erstellen*
- *Navigationsgeräte länderspezifisch einstellen*

Speditionsübliche logistische Dienstleistungen – echte Logistikverträge, siehe Seite 464

Für diese **speditionsfremden** (speditions**un**üblichen) Zusatzleistungen sind die ADSp nicht anzuwenden. Es gilt vielmehr das Werkvertragsrecht des Bürgerlichen Gesetzbuches (BGB). In der Praxis wird über das Gesamtpaket der logistischen Dienstleistung gewöhnlich ein Logistik-Rahmenvertrag ausgehandelt, der insbesondere Haftungs- und Versicherungsfragen individuell regelt, sodass anstelle von ADSp und BGB eine einheitliche Vertragsgrundlage geschaffen wird. Darüber hinaus existieren für Logistikverträge eigene Allgemeine Geschäftsbedingungen (**Logistik-AGB**), die zusätzlich zu den ADSp vereinbart werden können.

Logistik-AGB, siehe Seite 465

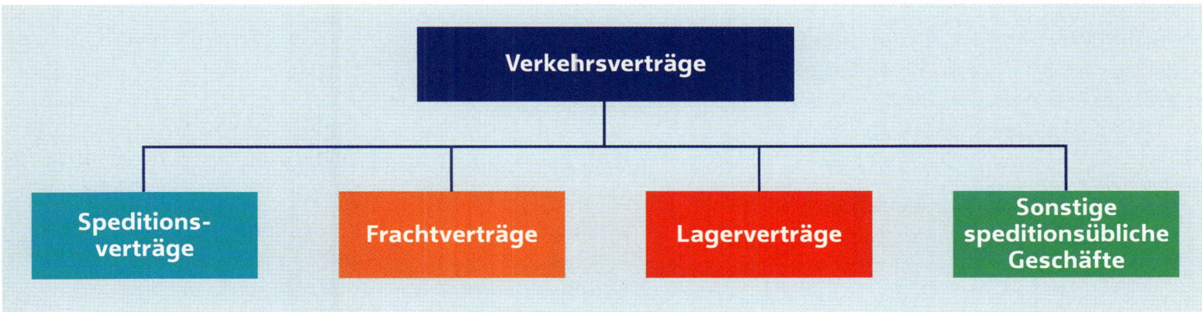

Auch im Verhältnis zwischen Erst- (Haupt-) und Zwischenspediteur bilden die ADSp die Vertragsgrundlage. In diesem Fall ist der Erstspediteur nicht der Auftragnehmer, sondern der Auftraggeber des Zwischenspediteurs. Folglich beruft sich der Zwischenspediteur als Auftragnehmer gegenüber dem Erstspediteur auf die ADSp.

Schließt ein **ausländischer Auftraggeber** mit einem deutschen Spediteur einen Speditionsvertrag ab, gelten die ADSp, sofern sich die Vertragspartner auf diese Vertragsgrundlage einigen. Der deutsche Spediteur sollte in diesem Fall die ADSp ausdrücklich und am besten schriftlich vereinbaren.

→ **ADSp** = Allgemeine Geschäftsbedingungen für alle Verkehrsverträge mit Spediteuren als **Auftragnehmer**

→ **Verkehrsverträge** = Verträge, die sich auf speditionsübliche Geschäfte beziehen

2.5.3 Anwendungsausschlüsse

Die ADSp gelten nicht, wenn der Vertrag z. B. ausschließlich folgende Geschäfte betrifft:

- reine Verpackungsarbeiten durch spezialisierte Verpackungsunternehmen
- Kran- und Montagearbeiten
- Schwer- und Großraumtransporte

Für diese Tätigkeiten existieren gewöhnlich eigene Allgemeine Geschäftsbedingungen.
Für Verkehrsverträge mit Privatpersonen (das HGB spricht von „**Verbrauchern**") sind die ADSp ebenfalls nicht vorgesehen. Ziffer 2.4 stellt fest:

Definition von „Verbraucher" nach HGB, siehe Seite 36

> Die ADSp 2017 finden keine Anwendung auf Verkehrsverträge mit Verbrauchern. ...

Für diese Verträge gilt ausschließlich das HGB, weil viele Regelungen in den ADSp gegenüber Nichtkaufleuten als „überraschende Klauseln" einzustufen sind.

2.5.4 Einbeziehung der ADSp in den Verkehrsvertrag

Spediteure weisen auf ihren Geschäftspapieren und elektronischen Mitteilungen (z. B. E-Mails) darauf hin, dass sie nach den Allgemeinen Deutschen Spediteurbedingungen (ADSp 2017) arbeiten.
Ein Spediteur, der heute einem Verkehrsvertrag mit seinem Versender die ADSp zugrunde legen will, muss den Versender **qualifiziert** darüber **informieren**, dass die Haftung des Spediteurs nach § 431 Abs. 1 und 2 HGB in der Ziffer 23 ADSp zugunsten des Spediteurs verringert wird.

Vergleich ausgewählter Haftungsbestimmungen nach HGB und ADSp

HGB § 431 Haftungshöchstbetrag	ADSp Ziffer 23 (gekürzt)
(1) Die nach den §§ 429 und 430 zu leistende Entschädigung wegen Verlust oder Beschädigung der gesamten Sendung ist auf einen Betrag von 8,33 Rechnungseinheiten für jedes Kilogramm des Rohgewichts der Sendung begrenzt. (2) Sind nur einzelne Frachtstücke der Sendung verloren oder beschädigt worden, so ist die Haftung des Frachtführers begrenzt auf einen Betrag von 8,33 Rechnungseinheiten für jedes Kilogramm des Rohgewichts 1 der gesamten Sendung, wenn die gesamte Sendung entwertet ist, 2 des entwerteten Teils der Sendung, wenn nur ein Teil der Sendung entwertet ist.	**23. Haftungsbegrenzungen** 23.1 Die Haftung des Spediteurs für Güterschäden in seiner Obhut gemäß § 431 Abs. 1, 2 und 4 HGB ist mit Ausnahme von Schäden aus Seebeförderungen und verfügten Lagerungen der Höhe nach wie folgt begrenzt: 23.1.1 auf 8,33 Sonderziehungsrechte für jedes Kilogramm, wenn der Spediteur ■ Frachtführer im Sinne von § 407 HGB, ■ Spediteur im Selbsteintritt, Fixkosten- oder Sammelladungsspediteur im Sinne von §§ 458 bis 460 HGB oder ■ Obhutsspediteur im Sinne von § 461 Abs. 1 HGB ist; 23.1.2 auf 2 statt 8,33 Sonderziehungsrechte für jedes Kilogramm, wenn der Auftraggeber mit dem Spediteur einen Verkehrsvertrag über eine Beförderung mit verschiedenartigen Beförderungsmitteln unter Einschluss einer Seebeförderung geschlossen hat ... 23.1.3 Übersteigt die Haftung des Spediteurs aus Ziffer 23.1.1. einen Betrag von 1,25 Million Euro je Schadenfall ist seine Haftung außerdem begrenzt aus jedem Schadenfall höchstens auf einen Betrag von 1,25 Million Euro oder 2 Sonderziehungsrechte für jedes Kilogramm, je nachdem, welcher Betrag höher ist. 23.3. . . . 23.3.3 Außerdem ist die Haftung des Spediteurs begrenzt aus jedem Schadenfall höchstens auf einen Betrag von 1,25 Million Euro. 23.4 . . . 23.5 Übersteigt die Haftung des Spediteurs aus den Ziffern 23.1, 23.3 und 23.4 einen Betrag von 2,5 Millionen Euro je Schadenereignis, ist seine Haftung ... außerdem begrenzt auf höchstens 2,5 Millionen Euro je Schadenereignis oder 2 Sonderziehungsrechte für jedes Kilogramm der verlorenen und beschädigten Güter, je nachdem, welcher Betrag höher ist; ...

Der Schadenersatz muss – trotz der ausgesprochenen Begrenzung von 1,25 bzw. 2,5 Millionen EUR – mindestens 2 SZR pro Kilogramm betragen (wegen des Haftungskorridors von 2–40 SZR). Dies muss im Einzelfall geprüft werden.

Im **HGB** wird die Haftung des Spediteurs bei **Güterschäden** auf maximal 8,33 SZR pro Kilogramm begrenzt. Die ADSp übernehmen diese Höchsthaftung pro Kilogramm, reduzieren sie jedoch in bestimmten Fällen auf 2 SZR pro Kilogramm und legen auch noch absolute Höchstgrenzen fest:

- Bezieht sich der Verkehrsvertrag auf die Beförderung von Gütern mit verschiedenartigen Beförderungsmitteln (multimodaler Verkehr) unter Einschluss einer Seebeförderung, wird die Haftungsobergrenze auf 2 SZR/kg reduziert (Ziffer 23.1.2).
- Insgesamt wird die Spediteurhaftung pro Schadens**fall** auf höchstens 1,25 Millionen EUR (Ziffer 23.1.3), je Schadens**ereignis** auf 2,5 Millionen EUR (Ziffer 23.5) bzw. auf 2 SZR/kg beschränkt.

Zur Unterscheidung von Schadensfall und Schadensereignis siehe Seite 53

Dem Versender müssen die Haftungsabweichungen in besonderer Weise verdeutlicht werden („qualifizierte Information“). Dem Spediteur stehen dafür verschiedene Wege zur Verfügung, z. B.:

1. Wird ein Speditionsvertrag **unter Anwesenden** abgeschlossen, kann der Spediteur dem Versender den gesamten Text der ADSp aushändigen oder die ADSp werden deutlich sichtbar im Büro des Spediteurs ausgehängt.
2. Der Spediteur **übersendet** seinem Versender den ADSp-Text und bittet um eine schriftliche Bestätigung, dass der Versender die AGB des Spediteurs zur Kenntnis genommen hat. Für weitere Vertragsabschlüsse reicht diese Bestätigung dann aus, um die ADSp wirksam in den Vertrag einzubeziehen.

3. Der Spediteur verweist in allen vertragsbegründenden **Schriftstücken** (Geschäftsbriefe, Speditionsauftrag-Formulare, E-Mails) auf die ADSp („Wir arbeiten ausschließlich aufgrund ...“), ergänzt diesen Verweis aber mit den zentralen Haftungseinschränkungen der ADSp (siehe Beispiel unten).
4. Im **elektronischen Geschäftsverkehr** (z. B. auf der Internet-Homepage) verweist der Spediteur auf die ADSp (und stellt den Text eventuell zum Download zur Verfügung); außerdem bietet er dem Nutzer die Möglichkeit, durch einen Mausklick die Kenntnisnahme der Haftungsbeschränkung zu bestätigen.

Beispiel: Auszug aus einem Speditionsauftrag-Formular

Wir arbeiten ausschließlich auf Grundlage der Allgemeinen Deutschen Spediteurbedingungen 2017 – ADSp 2017.
Hinweis: Die ADSp 2017 weichen in Ziffer 23 hinsichtlich des Haftungshöchstbetrages für Güterschäden (§ 431 HGB) vom Gesetz ab, indem sie die Haftung bei multimodalen Transporten unter Einschluss einer Seebeförderung und bei unbekanntem Schadenort auf 2 SZR/kg und im Übrigen die Regelhaftung von 8,33 SZR/kg zusätzlich auf 1,25 Millionen Euro je Schadenfall sowie 2,5 Millionen Euro je Schadenereignis, mindestens aber 2 SZR/kg, beschränken.

Im Schadensfall muss der Spediteur beweisen können, dass er den Versender „qualifiziert“ über die Haftungsbeschränkungen der ADSp informiert hat. Die Übersendung der ADSp in Verbindung mit einer Kenntnisbestätigung des Versenders ist daher als sicherste Form der qualifizierten Information zu betrachten.

Der Vertragspartner des Spediteurs muss die ADSp aber nicht ausdrücklich akzeptieren. Unter Kaufleuten genügt es, wenn der Vertragspartner nicht widerspricht. Dann sind die ADSp Bestandteil des Verkehrsvertrages.

2.6 Ausgewählte Pflichten und Rechte von Spediteur und Versender

Ziffer 1 Begriffsbestimmungen

In der Ziffer 1 der ADSp 2017 werden Begriffsbestimmungen in alphabetischer Reihenfolge vorangestellt.

Beispiele:

Auftraggeber:	Die Rechtsperson, die mit dem Spediteur einen Verkehrsvertrag abschließt.
Lademittel:	Mittel zur Zusammenfassung von Packstücken und zur Bildung von Ladeeinheiten, z. B. Paletten, Container, Wechselbrücken, Behälter.
Verlader:	Die Rechtsperson, die das Gut nach dem Verkehrsvertrag oder aufgrund wirksamer Weisung zur Beförderung übergibt.

Ziffer 3 Pflichten des Auftraggebers bei Auftragserteilung, Informationspflichten, besondere Güterarten

Der Spediteur ist nicht verpflichtet, jedes Gut, das ihm zur Besorgung angedient wird, auch anzunehmen. Oftmals sind Spediteure stark spezialisiert, sodass die Sendungsstruktur eines Auftrages zu prüfen ist.

Beispiel:
Ein Spediteur besorgt ausschließlich die Versendung von frischen Schnittblumen vom Großmarkt zum Einzelhandel.

Die ADSp verpflichten daher den Versender, dem Spediteur rechtzeitig vor der **Auftragserteilung** die wichtigen Informationen zu geben, die er für die sachgerechte Organisation des Auftrages benötigt:

- Adressen (Versender, Empfänger), Zeichen, Nummern, Anzahl der Packstücke
- Rohgewicht; Verpackung und Lademittel (z. B. Paletten) sind Bestandteil des Rohgewichts
- Art, Beschaffenheit und Eigenschaften des Gutes
- (konkret definierte) Lieferfristen
- Warenwert (z. B. für eine Versicherung des Gutes)
- spezielle Anforderungen an das Beförderungsmittel oder an die Ladungssicherung

Gefahrgutrecht, siehe Seite 170

- Bei **gefährlichen Gütern** hat der Auftraggeber dem Spediteur in **Textform**, d. h. per Fax oder E-Mail mitzuteilen:
  - Menge und Art der Gefahr
  - zu ergreifende Vorsichtsmaßnahmen
  - die Gefahrgutklassifizierung des Gutes

  Außerdem hat der Auftraggeber die erforderlichen Unterlagen zu übergeben.
- Informationspflicht des Auftraggebers bei **wertvollen und diebstahlgefährdeten Gütern** (siehe nachfolgende Tabelle)

Aufgrund dieser Informationen kann der Spediteur entscheiden, ob er den Auftrag annehmen will.

Siehe Haftungsversicherung des Spediteurs, Versicherungsausschlüsse, Seite 60

Der Wert 100,00 EUR pro kg ergibt sich aus der Definition in Ziffer 1.17 ADSp.

Besonders wertvolle und diebstahlgefährdete Güter		
Beispiele	**Pflichten des Versenders**	**Rechte des Spediteurs**
Wertvolle Güter ▪ Güter mit einem Wert ab 100,00 EUR pro kg **Diebstahlgefährdete Güter** ▪ erhöhtes Raub- und Diebstahlrisiko ▪ Geld, Edelmetalle, Schmuck, Uhren, Edelsteine, Kunstgegenstände, Antiquitäten, Spirituosen, Tabakwaren, Unterhaltungselektronik, Telekommunikationsgeräte u. a.	Information des Spediteurs in **Textform** über ▪ die Art und den Wert des Gutes ▪ bestehende Risiken	▪ Er muss ausreichend Zeit haben, um zu entscheiden, ob er die Sendung annehmen will. ▪ Er muss ausreichend Zeit haben, um Maßnahmen für eine sichere und schadenfreie Abwicklung des Auftrages zu treffen. ▪ (Er sollte auch prüfen, ob er für die Sendung ausreichenden Versicherungsschutz hat.)

Speditionsauftrag Formular, siehe Seite 46

Das vom Bundesverband Spedition und Logistik (DSLV) herausgegebene **Speditionsauftrag-Formular** enthält alle notwendigen Felder, um die nach ADSp erforderlichen Informationen einzutragen.

Beispiel: Auszug aus dem Speditionsauftrag-Formular

Zeichen und Nr.	Anzahl	Packstück		Inhalt		Bruttogewicht kg
DEU1 – 5	5	Paletten		Farben		4 000

29 Gefahrgut			
UN-Nr.	Gefahrgut-Bezeichnung		
Gefahrzettel-Nr.	Verpackungs-gruppe	Tunnelbeschrän-kungscode	Nettomasse kg/l
Hinweise auf Sondervorschriften			

Das Speditionsauftrag-Formular
Der DSLV hat das auf Seite 46 abgebildete Formular als Speditionsauftrag entwickelt und für die Speditionsbetriebe zur Anwendung empfohlen. Es ist genormt und hat die Nummer DIN 5018. Der Vordruck besteht aus fünf Blättern, die folgendermaßen verteilt werden:

1. Blatt für den Empfänger der Sendung
2. Blatt für den Spediteur (dient gleichzeitig als Empfangsbestätigung des Empfängers für den Spediteur)
3. Blatt für den Spediteur als Abrechnungsformular
4. Blatt für den Spediteur
5. Blatt für den Versender (mit Übernahmebestätigung durch den Lkw-Fahrer)

DFÜ, siehe Seite 225

Es handelt sich aber nicht allein um ein Papierformular, das als Beleg und Begleitpapier für Spediteursendungen eingesetzt wird. Der Speditionsauftrag ist gleichzeitig Maske für einen elektronischen Speditionsauftrag, der als EDIFACT-Nachricht bei der Datenfernübertragung eingesetzt wird.

Erläuterungen zu den Feldern des Speditionsauftrag-Formulars	
Feld 1	Postanschrift des Versenders
Feld 2	Nummer zur Identifikation des Versenders (Ident-Nummer), die z. B. der Empfänger einem Versender zuordnet
Feld 3	interne Bezugsnummer des Spediteurs für die Auftragsabwicklung
Feld 4	Ident-Nummer, die z. B. der Versandspediteur einem Versender zuordnet
Feld 5	Einzutragen sind Ort und/oder Stelle (als Straßenbezeichnung mit Hausnummer), sofern Abweichung zu Feld 1 vorliegt.
Feld 6	Datum im Format Jahr-Monat-Tag (JJJJ-MM-TT)
Feld 7	Hier wird eine interne Relationsnummer des Spediteurs (z. B. Sammelladungsrelation) eingetragen.
Feld 8	Nummer, die der Versender der Sendung zuteilt
Feld 9	Anschrift des Versandspediteurs, darunter Telefon- und Telefax-Nummer
Feld 10	Ident-Nummer, die der Versender für einen Spediteur verwendet
Feld 11	Anschrift des Empfängers
Feld 12	Ident-Nummer, die der Versender seinem Kunden (= Empfänger) zuteilt
Feld 13	interne Nummer des Versandspediteurs für das eingesetzte Bordero oder die Ladeliste
Feld 14	Eintrag der Abladestelle (Straßenname und Nr.), sofern Abweichung zu Feld 11 besteht
Feld 15	Das Feld nimmt Vermerke des Versenders für den Spediteur auf (ebenso Feld 16 und 17).
Feld 16	spätestes Eintreff-Datum der Sendung beim Empfänger
Feld 17	wie Feld 16 (die Uhrzeit ist anzugeben)
Feld 18	Markierung (Zeichen und Nummer der Versandeinheit), mit der das Packstück gekennzeichnet ist
Feld 19	Anzahl der Packstücke je Positionszeile (bei bis zu zehn Positionszeilen)
Feld 20	Art der Packstücke als Packmittelbeschreibung (z. B. Karton, Palette) oder als Packmittelnummer
Feld 21	SF = Stapelfaktor = Stapelfähigkeit des Packstücks (Stapelfaktor 0 = nicht stapelbar, 1 = einmal stapelbar usw.*)
Feld 22	Inhalt der Packstücke
Feld 23	Lademittel-Gewicht je Positionszeile
Feld 24	Brutto-Gewicht je Positionszeile
Feld 25	Summe von Feld 19 (Summe der Packstücke/Lademittel)
Feld 26	Rauminhalt bzw. Lademeter der Sendung in Kubikdezimeter oder Lademeter (**Lademeter:** Abrechnungsgrundlage für die Frachtberechnung auf der Basis der Ladelänge eines Transportbehälters, z. B. Lkw, Container).
Feld 27	Summe aus Feld 23
Feld 28	Summe aus Feld 24
Feld 29	Beschreibung des Gefahrgutes nach ADR (= Europäisches Übereinkommen über die internationale Beförderung gefährlicher Güter auf der Straße) oder RID (= Internationale Ordnung für die Beförderung gefährlicher Güter mit der Eisenbahn); Reihenfolge in der Gefahrgutbeschreibung: UN-Nr., offizielle Benennung, Gefahrzettel-Nummer, Verpackungsgruppe, Tunnelbeschränkungscode
Feld 30	Frankatur: Vereinbarung zwischen Versender und Empfänger über die Verteilung der Beförderungskosten (z. B. unfrei, frei Haus)
Feld 31	Der Versender gibt hier den Wert der Ware an. Bei wertvollen und diebstahlgefährdeten Gütern ist dies eine Pflichtangabe. Eine Werteingabe in diesem Feld begründet für den Spediteur die **Vermutung**, dass der Versender eine Güterversicherung wünscht (Ziff. 21 ADSp, siehe Seite 57).
Feld 32	Hier ist ein Euro-Betrag einzutragen, wenn der Versender wünscht, dass die Sendung nur gegen Nachnahme an den Empfänger ausgeliefert wird.
Feld 33	Das Feld kann nach eigener Wahl genutzt werden, z. B. für ▪ Empfangsquittungen, ▪ Informationen über getauschte Paletten, ▪ beigefügte Anlagen (Dokumente).
Feld 34	Hinweis auf die Vertragsgrundlage (ADSp) und auf die wesentlichen Abweichungen der vertraglichen Haftung nach ADSp im Vergleich zur gesetzlichen Haftung nach HGB

*) *In der Praxis gibt es abweichende Regelungen, z. B.: 1 = einlagig = nicht stapelbar (wie "0").*

Speditionsauftrag

1 Versender/Lieferant 2 Lieferanten-Nr.
WOLTERS GmbH
Bau-Keramik
Eichendorfstraße 18
40474 Düsseldorf

3 Speditionsauftrag-Nr. 000365-20(0)

4 Nr. Versender beim Versandspediteur

6 Datum 31.08.20(0) 7 Relations-Nr. 2

5 Beladestelle

9 Versandspediteur 10 Spediteur-Nr..

Gerd Berger Spedition e. K.
Merkurstraße 14
40223 Düsseldorf
Telefon: 0221 56742-0
Telefax: 0221 56733
E-Mail: info@berger.de

8 Sendungs-/Ladungs-Bezugs-Nr.

11 Empfänger 12 Empfänger-Nr.
BBS BAUSTOFFE
Annaberg 122
13127 Berlin

13 Bordero-/Ladelisten-Nr.

14 Anliefer-/Abladestelle

15 Versendervermerke für den Versandspediteur

16 Eintreff-Datum 02.09.20(0) 17 Eintreff-Zeit

18 Zeichen und Nr.	19 Anzahl	20 Packstück	21 SF	22 Inhalt	23 Lademittel-gewicht in kg	24 Brutto-gewicht in kg
WO1 – WO2	2	Euroflach-palette		Fliesen		1 700
	25 Summe:	26 Rauminhalt cdm/Lademeter		Summen:	27	28

29 **Gefahrgut**

UN-Nr. ______ Gefahrgut-Bezeichnung ______

Gefahrzettel-Nr. ______ Verpackungsgruppe ______ Tunnelbeschränkungscode ______ Nettomasse kg/l ______

Hinweise auf Sondervorschriften

30 Frankatur frei Haus | 31 Warenwert für Güterversicherung | 32 Versender-Nachnahme

33
WOLTERS GmbH
i. A. Kemmler

Datum, Unterschrift

34 Wir arbeiten ausschließlich auf Grundlage der Allgemeinen Deutschen Spediteurbedingungen 2017 – ADSp 2017 –. **Hinweis:** Die ADSp 2017 weichen in Ziffer 23 hinsichtlich des Haftungshöchstbetrages für Güterschäden (§ 431 HGB) vom Gesetz ab, indem sie die Haftung bei multimodalen Transporten unter Einschluss einer Seebeförderung und bei unbekanntem Schadenort auf 2 SZR/kg und im Übrigen die Regelhaftung von 8,33 SZR/kg zusätzlich auf 1,25 Millionen Euro je Schadenfall sowie 2,5 Millionen Euro je Schadenereignis, mindestens aber 2 SZR/kg, beschränken.

Ziffer 4 Rechte und Pflichten des Spediteurs

Die Ziffer 4 erläutert die Rechte und Pflichten des Spediteurs aus dem Speditionsvertrag. Im Vertrag wird der Spediteur mit der Besorgung einer Güterversendung beauftragt. Der Besorgungsauftrag umfasst vor allem folgende **Pflichten:**

- generell die Interessen des Auftraggebers wahrzunehmen
- einen erteilten Auftrag zu prüfen und auf offensichtliche Mängel hinzuweisen sowie Weisungen einzuholen
- sicherzustellen, dass die eingesetzten Fahrzeuge in technisch einwandfreiem Zustand sind
- zuverlässiges und fachlich geschultes Personal zu beschäftigen

Siehe auch die HGB-Regelung zur Ver- und Entladung auf Seite 99

> Wenn der Fahrer auf Bitten von Versender/Empfänger bei der Ver- oder Entladung hilft,
> - handelt er auf Weisung des Auftraggebers,
> - trägt der Auftraggeber das Risiko.
>
> **Ausnahme:** Der Fahrer handelt eigenmächtig, damit z. B. die Entladung schneller geht und er seine Termine einhalten kann.

In Ziffer 4 ADSp wird auch klargestellt, welche Leistungen im Regelfall **nicht** zum Besorgungsauftrag gehören. Genannt werden z. B.:

- Gestellung und Tausch von Paletten und
- Ver- und Entladung der Güter.

Der Spediteur ist aber in folgenden Fällen zur Ver- oder Entladung verpflichtet:

1. Der Spediteur hat sich ausdrücklich zur Verladung der Güter vertraglich verpflichtet.
2. Es ist üblich (Verkehrssitte), dass der Spediteur (vertreten durch den Fahrer) das Fahrzeug ver- und entlädt.
3. Die Umstände erfordern, dass der Fahrer die Ver- oder Entladung übernimmt.

Beispiel:
Bei einem Tankfahrzeug erfordert die Entladung bordeigene technische Hilfsmittel wie Pumpen und Schläuche.

Ziffer 6 Verpackungs- und Kennzeichnungspflichten des Auftraggebers

Der Versender hat das Gut so zu verpacken, dass es den Belastungen von Transport und Lagerung gewachsen ist. Außerdem hat der Versender dafür zu sorgen, dass jedes einzelne Packstück alle erforderlichen Angaben enthält, die für eine ordnungsgemäße Auftragsabwicklung notwendig sind. Dadurch sollen Verwechslungen und Fehlverladungen vermieden werden und das Wiederauffinden verloren gegangener Packstücke soll erleichtert werden.

Das bedeutet:

- Das Gut ist vom Versender deutlich und haltbar mit den erforderlichen **Kennzeichen** zu versehen, z. B.
  - Versender- und Empfängeradresse,
  - Zeichen (z. B. DEU),
  - fortlaufende Nummern (1–5),
  - Symbole für die Handhabung (z. B. „OBEN“).
- **Alte Kennzeichen** sind zu entfernen oder unkenntlich zu machen.
- Zu **einer** Sendung gehörende Packstücke müssen als **zusammengehörig** erkennbar sein, z. B. durch die fortlaufende Nummerierung DEU1 bis DEU5.
- Packstücke sind so zu übergeben, dass ein **Zugriff** auf den Inhalt jederzeit erkennbar ist, z. B. durch Verschweißen mit Folie, individuelles Klebeband, Umreifung u. Ä.).

Was als **Packstück** anzusehen ist, wird in Ziffer 1.10 ADSp definiert:

> Packstücke: Einzelstücke oder vom Auftraggeber zur Abwicklung des Auftrags gebildete Einheiten mit und ohne Lademittel, die der Spediteur als Ganzes zu behandeln hat (Frachtstück im Sinne von §§ 409, 431, 504 HGB).

Packstück ist alles, was der Spediteur anfassen oder bewegen kann.

Das heißt: Auch die komplett übergebene und verplombte Wechselbrücke ist ein Packstück, das nach Ziffer 6 ADSp zu kennzeichnen ist.

Wechselbrücke = Fahrzeugaufbau mit vier genormten Stützbeinen, die ohne Chassis an der Ladestelle verbleiben können. Siehe Seite 114.

Ziffer 7 Ladungssicherungs- und Kontrollpflichten des Spediteurs

Die ADSp verpflichten den Spediteur, Güter nach deren Übernahme an allen Schnittstellen zu kontrollieren und Unregelmäßigkeiten zu dokumentieren. Die Schnittstellenkontrolle hat zum Ziel, die papiermäßig (oder elektronisch) dokumentierten Güter mit den tatsächlich verladenen Gütern abzustimmen, damit z. B. fehlverladene Güter frühzeitig erkannt und nicht einfach weiterversendet werden. Die Schnittstellenkontrolle hat folglich die Aufgabe, Verluste zu vermeiden.

Eine Schnittstelle liegt vor, wenn eine der folgenden Bedingungen erfüllt ist:

1. **Bedingung: Rechtspersonenwechsel**
   Das Gut wechselt von einer Rechtsperson auf eine andere (z. B. vom Nahverkehrsunternehmer im Sammelladungsvorlauf auf das Lager des Versandspediteurs). Dabei geht die persönliche Verantwortung für das Gut von einer Person aus einem Unternehmen auf eine Person aus einem anderen Unternehmen über. Für den Versandspediteur, der das Gut übernimmt, entsteht eine Schnittstelle. Auch wenn das Gut vom Lager des Versandspediteurs an den Fernverkehrsunternehmer übergeben wird, findet ein Rechtspersonenwechsel statt und es liegt eine Schnittstelle vor.
2. **Bedingung: Umladung auf ein Fahrzeug**
   Eine (weitere) Schnittstelle entsteht, wenn das Gut von einem Fahrzeug auf ein anderes umgeladen wird. Auch wenn das mit dem Gut beladene Fahrzeug komplett umgeschlagen wird, besteht eine Schnittstelle.
3. **Bedingung: Zwischenlagerung innerhalb einer Transportkette**
   Muss das Gut während des Transportverlaufs gelagert (zwischengelagert) werden, entsteht am Beginn und am Ende der Lagerung jeweils eine Schnittstelle.

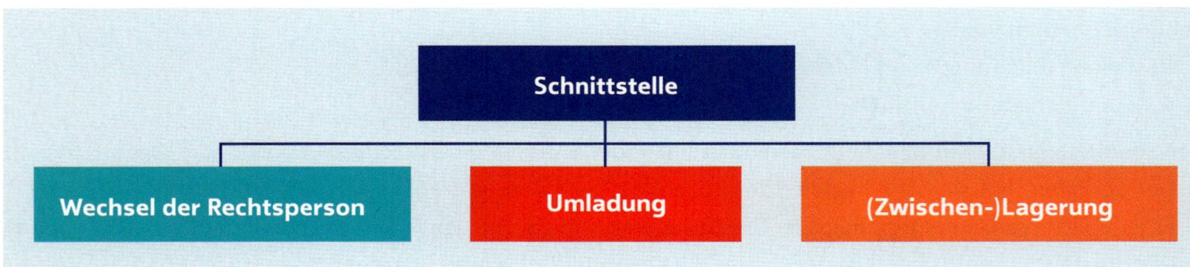

Es gibt allerdings zwei Punkte im Beförderungsablauf, bei denen zwar jeweils die Rechtsperson wechselt, trotzdem aber keine Schnittstellen nach ADSp vorliegen:

1. **Übernahme** des Gutes beim Versender

   Nach Ziffer 8.1 ADSp ist der Spediteur verpflichtet, die Übernahme des Gutes beim Versender zu quittieren. In der Quittung bestätigt der Spediteur die Anzahl und Art der Packstücke. Abweichungen oder Beschädigungen sind durch einen Vorbehalt zu dokumentieren.
2. **Ablieferung** des Gutes beim Empfänger

   Mit der Übergabe des Gutes ist der Empfänger verpflichtet, dem Spediteur eine Ablieferungsquittung zu erteilen (Ziffer 8.3 ADSp).

Ergebnis: Die Verpflichtung zur Schnittstellenkontrolle und -dokumentation bezieht sich nur auf Schnittstellen **innerhalb einer Transportkette**, also **nach** der Übernahme des Gutes beim Versender und **vor** der Ablieferung beim Empfänger. Die quittungsmäßige Dokumentation von Übernahme und Ablieferung des Gutes hat reine Beweisfunktion aufgrund der Ziffern 8.1 und 8.3 ADSp.

Schnittstelle = Übergabepunkt eines Gutes **innerhalb der Transportkette** (nach Übernahme des Gutes beim Versender und vor Ablieferung beim Empfänger), an dem die Rechtsperson wechselt oder das Gut umgeschlagen bzw. gelagert wird.

Beispiel
Eine Sammelgutsendung wird mit einem Lkw des Versandspediteurs beim Versender abgeholt, zum Lager des Versandspediteurs transportiert, umgeschlagen und in den Hauptlauf-Lkw eines fremden Frachtführers verladen zum Transport bis zum Empfangsspediteur.

Lkw-Vorlauf (durch Versandspediteur)	Umschlaglager Versandspediteur	Hauptlauf (fremder Frachtführer)
①	②	③

zu ①: Übernahmequittung nach Ziffer 8.1 ADSp durch den Versandspediteur (keine Schnittstelle)
*zu ②: **Schnittstelle**, da das Gut für eine Zwischenlagerung umgeschlagen wird*
*zu ③: **Schnittstelle** für den Versandspediteur, weil die Rechtsperson wechselt (vom Versandspediteur zum fremden Frachtführer) und weil das Gut umgeschlagen wird*

Fortsetzung: Der Frachtführer liefert die Sammelgutsendung im Umschlaglager des Empfangsspediteurs ab. Die Sendung wird in einen eigenen Lkw des Empfangsspediteurs umgeschlagen und zum Empfänger befördert.

Hauptlauf (fremder Frachtführer)	Umschlaglager Empfangsspediteur	Lkw-Nachlauf (durch Empfangsspediteur)	Empfänger
	④	⑤	⑥

*zu ④: **Schnittstelle** für den Empfangsspediteur, weil die Rechtsperson wechselt (vom Frachtführer zum Empfangsspediteur) und weil das Gut umgeschlagen wird*
*zu ⑤: **Schnittstelle** für den Empfangsspediteur, da das Gut umgeschlagen wird*
zu ⑥: Ablieferungsquittung nach Ziffer 8.3 ADSp durch den Empfänger

Es liegt im Interesse des Spediteurs, die Güter innerhalb seines Obhutzeitraums an allen Schnittstellen zu scannen und zu kontrollieren, damit er jederzeit belegen kann, in welchem Transportabschnitt ein Schaden entstanden ist. Andernfalls kann dem Spediteur **grobes Organisationsverschulden** vorgeworfen werden, das zu einer Haftungsverschärfung führt.

Grob fahrlässiges Verhalten/grobes Verschulden, siehe Seite 33

Kontrollarbeiten: An den Schnittstellen sind folgende Punkte zu kontrollieren:

Fünf Kontrollaufgaben an der Schnittstelle

- **Vollzähligkeit:** Stimmt die Anzahl der Packstücke? Werden vom Auftraggeber Einzelstücke zu größeren Einheiten zusammengefasst (z. B. Container, Wechselbrücken, Paletten), ist nur die Anzahl der Packstücke zu kontrollieren. Es ist nicht der Inhalt der Packstücke, z. B. die Zahl der Kartons auf der Palette, zu überprüfen.
- **Identität:** Hier ist festzustellen, ob die Adressierung (Name, Anschrift) und die Kennzeichnung der Packstücke (Auftragsnummer, fortlaufende Nummerierung u. Ä.) dem Auftrag entsprechen. Allgemein ausgedrückt, wird bei der Identitätsprüfung ermittelt, ob die tatsächliche Beschaffenheit der Sendung und ihre Beschreibung im Speditionsauftrag übereinstimmen.
- Es ist zu überprüfen, ob **äußerlich erkennbare Schäden** vorhanden sind.
- Ist die **Unversehrtheit von Labeln, Plomben und Verschlüssen** (bei Wechselbehältern, Sattelaufliegern, Containern) gegeben?
- Unregelmäßigkeiten sind zu **dokumentieren**.

Schnittstellenkontrolle
1. Vollzähligkeit
2. Identität
3. Äußerlich erkennbare Schäden
4. Unversehrtheit von Plomben und Verschlüssen
5. Dokumentation von Unregelmäßigkeiten

Beispiel: Schnittstellenkontrolle
Laut Speditionsauftrag sollen fünf Paletten mit je 20 Kartons Farben vom Auftraggeber übernommen werden. Dann ist im Rahmen der Identitätskontrolle zu prüfen, ob tatsächlich fünf Paletten übernommen worden sind; die Anzahl der Kartons ist nicht zu kontrollieren, weil die Paletten z. B. mit Folie eingeschweißt sind. Ferner ist festzustellen, ob die Adressierung und Kennzeichnung der Packstücke mit den Angaben im Speditionsauftrag übereinstimmen. Außerdem sind die Paletten auf äußerliche Unversehrtheit zu überprüfen. Gegebenenfalls ist auch der Zustand von Plomben und Verschlüssen zu prüfen.

Mehrere Be- und Entladestellen
Werden Sendungen an mehreren Stellen ver- oder entladen, muss der Spediteur nach der beförderungssicheren Verladung durch den Versender die **Ladungssicherheit** der auf dem Fahrzeug befindlichen Sendungen bis zur letzten Entladestelle sicherstellen (aufrechterhalten).

Schnittstellenkontrolle = Verpflichtung des Spediteurs aus Ziffer 7 ADSp, an allen Schnittstellen Anzahl, Identität und den äußeren Zustand der Packstücke (einschließlich Plomben und Verschlüsse) zu kontrollieren sowie Unregelmäßigkeiten zu dokumentieren

Ziffer 10 Frachtüberweisung, Nachnahme

Je nach **Frankatur** sendet der Spediteur dem Versender oder dem Empfänger die Rechnung. Frankaturen sind Anweisungen des Auftraggebers, wem die Beförderungskosten zu berechnen sind. Die Frankaturen sind aus der Sicht des Versenders formuliert. Üblich sind folgende Formulierungen:

Typische Frankaturen in der Praxis:
- frei Haus
- unfrei

- **frei Haus:** Der Versender trägt die gesamten Kosten.
- **unfrei:** Der Empfänger trägt die gesamten Kosten.

Wenn der Versender den Spediteur durch eine entsprechende Frankatur beauftragt, die Beförderungskosten beim Empfänger einzuziehen, muss der Spediteur diese Weisung ausführen.

Ablieferungshindernis, siehe Seite 101

Weigert sich der Empfänger, die Beförderungskosten zu tragen, kann der Spediteur die Sendung trotzdem abliefern, denn es liegt kein Ablieferungshindernis vor.

In diesem Fall, bleibt der Auftraggeber des Spediteurs trotz anderslautender Frankatur jedoch zahlungspflichtig.

Geldeinzug beim Empfänger:
- Frachtüberweisung
- Nachnahme

Von einer **Frachtüberweisung** spricht man, wenn der Versender die Beförderungskosten auf den Empfänger der Sendung überträgt. Will der Versender erreichen, dass seine Sendung nur gegen Zahlung eines bestimmten Betrages ausgehändigt wird, muss er seine Sendung als **Nachnahmesendung** deklarieren und dem Spediteur eine entsprechende Anweisung erteilen.

Bestätigter Bankscheck = eine Bank garantiert die Scheckeinlösung

Der wesentliche Unterschied:
- Eine **Frachtüberweisung** muss nicht in bar kassiert werden.
- Eine **Nachnahmesendung** darf dem Empfänger nur gegen Bargeld oder gegen ein vergleichbares Zahlungsmittel (z. B. einen bestätigten Bankscheck) ausgehändigt werden (siehe § 422 HGB).

Weigert sich der Empfänger, den Nachnahmebetrag zu bezahlen, liegt ein Ablieferungshindernis vor. Der Spediteur ist verpflichtet, die Sendung wieder zu seinem Lager zurückzuführen und Weisungen einzuholen. Siehe auch Ziffer 12 ADSp.

Frankatur: Anweisung des Auftraggebers, wem die Beförderungskosten in Rechnung zu stellen sind.

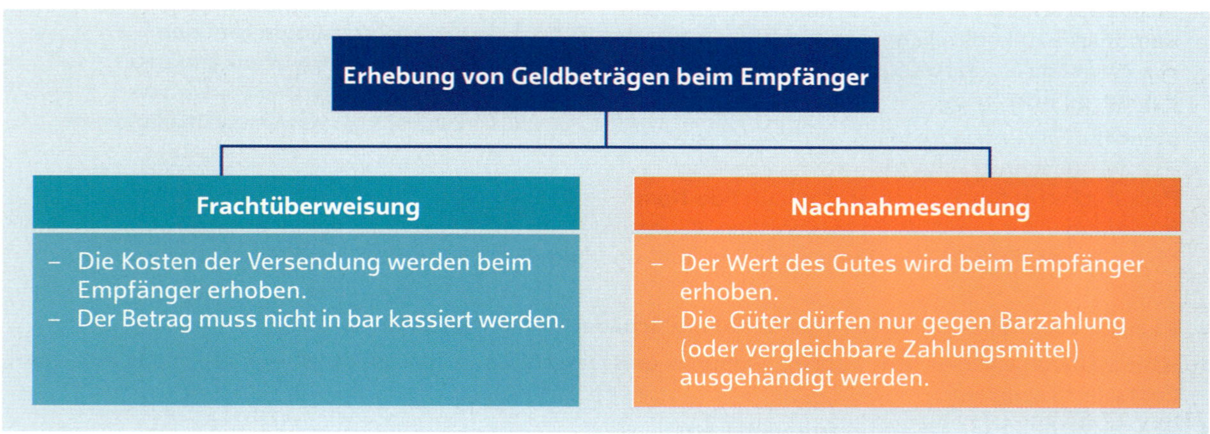

Ziffer 11 Nichteinhaltung von Ver- und Entladezeiten, Standgeld

Nach HGB § 412 hat der Absender das Gut beförderungssicher zu verladen und auch zu entladen. Dafür steht ihm jeweils eine „angemessene“ Frist zur Verfügung, sofern keine diesbezüglichen Vereinbarungen getroffen worden sind.

Die ADSp konkretisieren die HGB-Vorschrift und räumen dem Auftraggeber in Ziffer 11 bestimmte Fristen ein, sofern keine Vereinbarung über Verlade- und Entladezeiten getroffen worden ist.
Für **Straßenfahrzeuge** gelten demnach die folgenden **maximalen** Verlade- und Entladezeiten:

Siehe Erläuterungen zur Ver- und Entladung nach HGB § 412, Seite 99

Bei Fahrzeugen mit **40 Tonnen** zulässigem Gesamtgewicht jeweils **2 Stunden** für die Verladung bzw. Entladung.

Bei Fahrzeugen mit niedrigerem Gesamtgewicht verringern sich die Verlade- und Entladezeiten in angemessenem Umfang.

Die Ver- und Entladezeit beginnt mit der Ankunft des Fahrzeugs an der Verlade- oder Entladestelle („Gestellung“) und umfasst die gesamte Aufenthaltsdauer des Lkw (Anmeldung, Papiere übergeben, Palettentausch, Nachbereitungszeit u. Ä.). Sie endet, sobald der Auftraggeber die Abfahrt des Fahrzeugs freigegeben hat. „Auftraggeber“ in juristischer Betrachtung ist der **Versender** als Vertragspartner des Spediteurs. Nur er kann zur Verladung und Entladung verpflichtet werden. In der Praxis wird die Entladung jedoch gewöhnlich vom **Empfänger** vorgenommen.

Überschreitet der Auftraggeber die oben genannten oder die vereinbarten Zeiten, steht dem Spediteur ein **Standgeld** zu. Sowohl HGB als auch ADSp sprechen von „angemessener“ Höhe. Um Klarheit über die Höhe des Standgeldes zu haben, ist den Vertragsbeteiligten zu empfehlen, einen bestimmten Betrag zu vereinbaren. Das Standgeld ist eine Zusatzvergütung, kein Schadenersatz.

Ziffer 13 Ablieferung

Mit der Empfangsbestätigung des Empfängers ist der physische Beförderungsverlauf abgeschlossen. Eine Empfangsbestätigung dient dazu, einen Nachweis zu liefern, an wen und in welchem Zustand eine Ware dem Empfänger übergeben worden ist. Die Empfangsquittung muss daher deutlich erkennbar den Namen desjenigen wiedergeben, der die Sendung übernommen hat. Damit dem zustellenden Fahrer aufwendige Prüfarbeiten erspart bleiben, legt Ziffer 13 ADSp fest, an wen der Fahrer eine Sendung aushändigen darf, wenn der eigentliche Empfänger nicht angetroffen wird:

Siehe auch Ziffer 8 ADSp

- in einer **Wohnung**: an erwachsene Familienangehörige, an in der Familie beschäftigte Personen oder an erwachsene ständige Mitbewohner
- in **Geschäftsräumen**: an eine dort beschäftigte Person
- in **Gemeinschaftseinrichtungen**: an den Leiter der Einrichtung oder an eine ermächtigte Person

Bestehen begründete Zweifel an der Empfangsberechtigung einer Person, darf der Fahrer die Sendung nicht aushändigen.

Beispiele:
Die Sendung darf nicht ausgehändigt werden an Gäste, Besucher oder Mitarbeiter anderer Firmen, die als solche zu erkennen sind (z. B. der Raumpflegerin einer Reinigungsfirma).

Kommt es bei der Ablieferung zu Problemen, sind zwei Situationen zu unterscheiden:

1. Der Spediteur (der Lkw-Fahrer) erkennt vor der Ablieferung, dass er den vereinbarten Ablieferungstermin nicht einhalten kann. Er hat dann Weisungen vom Auftraggeber oder vom Empfänger zu beschaffen. Mit dem Empfänger könnte er sich z. B. auf einen späteren Ablieferungstermin einigen.
2. Der Empfänger kann die in Ziffer 11 festgelegte oder die vereinbarte Entladezeit nicht einhalten. In diesem Fall ist der Auftraggeber zu informieren, und es sind seine Weisungen einzuholen.

Ziffer 16 Vergütung

Der Spediteur hat Anspruch auf die im Verkehrsvertrag vereinbarte Vergütung. Mit dieser Vergütung sind alle regelmäßig anfallenden Kosten abgedeckt, die zum Zeitpunkt der Angebotsabgabe **vorhersehbar** waren. Nachforderungen von vorhersehbaren Zusatzkosten durch den Spediteur sind nicht möglich. Auch Kalkulationsfehler gehen zu Lasten des Spediteurs. Die ADSp nehmen mit dieser Formulierung die in der Praxis weit verbreitete Fixkostenvereinbarung auf. Durch sie sind alle nach dem Verkehrsvertrag zu erbringenden Leistungen abgegolten.

Ziffer 17 Aufwendungs- und Freistellungsansprüche

In Ziffer 17 geht es um Kosten, die der Spediteur nicht mit seinem Auftraggeber vereinbart hat. Der Spediteur hat in solchen Fällen Anspruch auf Ersatz der Aufwendungen, die er den Umständen nach für erforderlich halten durfte. Ist z. B. für die Ausfuhr von Fleisch eine tierärztliche Bescheinigung erforderlich, kann der Spediteur die Ausstellung dieser Bescheinigung veranlassen und dem Auftraggeber die Kosten berechnen, damit der Auftrag ordnungsgemäß abgewickelt werden kann. „Freistellung“ bedeutet in diesem Zusammenhang: Der Auftraggeber hat den Spediteur von Kosten freizustellen, der Auftraggeber hat die Kosten zu tragen.

Der Auftrag, ankommendes Gut in Empfang zu nehmen, ermächtigt den Spediteur, verpflichtet ihn aber nicht, auf dem Gut ruhende Frachten, Wertnachnahmen, Zölle, Steuern und sonstige Abgaben sowie Spesen auszulegen. Die ADSp geben dem Spediteur das Recht zu prüfen, ob er im Einzelfall die vorgelegten Beträge vom Zahlungspflichtigen auch mit großer Wahrscheinlichkeit zurückerhält. Sind Zweifel über die Zahlungsfähigkeit des Auftraggebers angebracht, kann der Spediteur es ablehnen, die auf dem Gut ruhenden Kosten zu übernehmen. Er könnte in solchen Fällen vom Zahlungspflichtigen z. B. eine Vorauszahlung verlangen.

Kosten, die durch fehlerhaftes Handeln des Spediteurs entstanden sind, gehen zu seinen Lasten.

Ziffer 18 Rechnungen, fremde Währungen

Über die erbrachte Leistung stellt der Spediteur eine Rechnung aus. Rechnungen des Spediteurs sind **sofort** fällig. „Sofort“ bedeutet ohne schuldhafte Verzögerung, d. h., der Versender ist verpflichtet, den Rechnungsausgleich im Rahmen seines normalen Geschäftsablaufs unmittelbar nach Rechnungseingang zu veranlassen. **30 Tage** nach Rechnungseingang befindet sich der Versender nach den Bestimmungen des Bürgerlichen Gesetzbuches ohne Mahnung im **Zahlungsverzug**. Die Regelung zum Zahlungsverzug ist für Spediteure besonders wichtig, weil sie für ihre Kunden häufig Geldbeträge vorlegen müssen (z. B. Frachten oder Zölle).

Rechnungen des Spediteurs sind sofort fällig.

Bei ausländischen Auftraggebern oder Empfängern kann der Spediteur nach eigener Wahl Zahlung in deren Landeswährung oder in Euro verlangen.

Ziffer 22 bis 24 Haftung

Siehe auch Ausführungen zur Spediteurhaftung auf den Seiten 19 und 31
Für internationale Transporte kommen weitere Rechtsvorschriften zum Tragen, z. B. die CMR.

Die ADSp legen zunächst fest, dass der Spediteur bei all seinen Tätigkeiten nach gesetzlichen Vorschriften haftet. Das sind die Bestimmungen des Handelsgesetzbuches (§§ 461, 462 mit Bezugnahme auf die Haftung des Frachtführers). Die Tätigkeiten des Spediteurs lassen sich jedoch in vier Teilbereiche mit unterschiedlichen Haftungsregelungen einteilen:

1. Ein Spediteur ist als reiner **Schreibtisch-Spediteur** tätig, der ausschließlich Güterversendungen besorgt (Geschäftsbesorger). Der Spediteur ist dann zum Ersatz aller Schäden verpflichtet, die dadurch entstehen, dass er seinen Besorgungsauftrag nicht mit der Sorgfalt eines ordentlichen Spediteurs ausführt. Die Haftung unterliegt dem Verschuldensprinzip. Der Geschäftsbesorger haftet nicht für Schäden, die die von ihm beauftragten Frachtführer verursachen. Hier ist der Spediteur nur für die **sorgfältige Auswahl** der Frachtführer verantwortlich.

Beispiel:
Ein Spediteur beauftragt einen Frachtführer, der nicht über geeignete Kofferfahrzeuge für empfindliche Güter verfügt. Der Spediteur haftet für die beim Frachtführer entstandenen Schäden.

Schaltet der Spediteur bei seiner Besorgungstätigkeit andere Spediteure (Zwischenspediteure) ein, so haftet er auch hier nur für die sorgfältige Auswahl der Spediteure. Nach dem HGB ist die Haftung des besorgenden Spediteurs der Höhe nach nicht begrenzt. Die ADSp schränken die Haftung des Spediteurs für **Vermögensschäden** aber in dreifacher Hinsicht ein:

Dreifacher Verlustersatz in Anlehnung an die Frachtführerhaftung für sonstige Vermögensschäden nach § 433 HGB, siehe Seite 105

Haftungshöchstbeträge für Vermögensschäden nach ADSp:
- das Dreifache des Betrages, der bei Verlust des Gutes zu zahlen wäre (**dreifacher Verlustersatz**)
- höchstens **125 000,00 EUR** pro Schadens**fall**
- maximal **2,5 Millionen EUR** pro Schadens**ereignis**

Zur Unterscheidung von Schadensfall und Schadensereignis siehe unten

Beispiel:
Eine Sendung (500 kg, Wert 6 000,00 EUR) wird durch einen Fehler des Spediteurs auf dessen Umschlaglager fehlverladen. Es kommt zu einer Lieferverzögerung, die einen Vermögensschaden von 10 000,00 EUR zur Folge hat. Die Haftungshöchstgrenze des Spediteurs wird wie folgt berechnet (Annahme: 1 SZR = 1,26419 EUR):
500 kg · 8,33 SZR · 1,26419 EUR = 5 265,35 EUR · 3 = 15 796,05 EUR
Alternativrechnung:
8,33 SZR · 3 = ***24,99 SZR*** *· 1,26419 EUR · 500 kg = 15 796,05 EUR*
Ergebnis: Der Schaden würde komplett ersetzt werden.

Erläuterungen zur Höchsthaftungsberechnung

Frachtführerhaftung nach HGB, siehe Seite 103

Das Gewicht der Sendung wird mit dem Haftungshöchstbetrag multipliziert, der nach ADSp für Güterschäden, entstanden beim Umschlag, zu leisten ist. Das sind 8,33 SZR pro Bruttokilogramm · Kurs des SZR. Die Haftungshöchstgrenze des Spediteurs erhält man, wenn der Betrag von 5 265,35 EUR mit 3 multipliziert wird (**dreifacher** Verlustersatz). Die zweite Haftungsgrenze von 125 000,00 EUR kommt wegen der geringeren Schadenshöhe nicht zum Zuge. Läge der Vermögensschaden z. B. bei 5 000,00 EUR, würde nur dieser Betrag ersetzt, weil selbstverständlich nicht mehr Schadenersatz geleistet wird, als Schäden entstanden sind.

→ **Haftungsbegrenzung** = Sendungsgewicht · ADSp-Höchsthaftung (8,33 SZR · SZR-Kurs) · 3, maximal 125 000,00 **EUR**

Die ADSp begrenzen damit die unbeschränkte HGB-Haftung des Schreibtisch-Spediteurs für Vermögensschäden deutlich. Dies ist besonders wichtig, weil eine unbeschränkte Haftung immer ein hohes Risiko darstellt.

2. Ein Spediteur **schlägt Güter** auf seinem Lager **um:** Er haftet dann für den Verlust und die Beschädigung der Güter, die sich in seinem Verfügungsbereich (seiner **Obhut**) befinden (Ersatz für Güterschäden als **Obhutsspediteur**).

Wie nach HGB hat der Spediteur mit bis zu 8,33 SZR pro Bruttokilogramm (Höchsthaftung) Schadenersatz zu leisten, und zwar nach dem Prinzip der Gefährdungshaftung.

Haftung des Spediteurs ADSp Ziff. 22-24

- 1. als Schreibtisch-Spediteur
- 2. beim Umschlag
- 3. bei der Beförderung
- 4. als Lagerhalter

ADSp-Haftungsgrenzen bei Beförderungen mit verschiedenartigen Beförderungsmitteln (multimodale Transporte), siehe Seite 343

Palettierte Sendungen: Das Palettengewicht gehört zum Bruttogewicht.

3. Ein Spediteur **befördert Güter** (im Selbsteintritt oder weil er im Falle der Sammelladung und der Fixkostenspedition als vertraglicher Frachtführer angesehen wird): Der Spediteur wird wie ein Frachtführer behandelt und haftet demnach auch nach den Frachtführerbestimmungen des HGB für **Güterschäden** mit bis zu **8,33 SZR pro Bruttokilogramm**.

   Aus 2. und 3. wird deutlich:
   Es existiert eine durchgehende gewichtsbezogene Haftungsbegrenzung in Höhe von 8,33 SZR/kg für Güterschäden während des Umschlags und während der Beförderung.

   Bei **Vermögensschäden** ist zu unterscheiden:

   a Entsteht der Vermögensschaden (z.B. ein Verspätungsschaden) während der **Beförderung** (z.B. wegen eines Staus), sind die frachtrechtlichen Bestimmungen des HGB anzuwenden (Haftungshöchstgrenze ist **dreifaches Frachtentgelt**).

   b Hat der Vermögensschaden einen Fehler des Spediteurs als Ursache (z.B. Verspätungsschaden aufgrund einer Fehlverladung der Sendung durch den Spediteur), ist Speditionsrecht anzuwenden, d.h. Haftung pro Schadensfall bis zum dreifachen Verlustersatz (3 x 8,33 SZR/kg), maximal 125 000,00 EUR bzw. 2,5 Millionen EUR pro Schadensereignis.

4. Ein Spediteur wird als **Lagerhalter** für verfügte Lagerungen tätig. Dieser Fall wird später näher betrachtet.

Berechnung des Schadenersatzes, siehe Seite 52

Lagerhaltung, Seite 350

Schadensfall – Schadensereignis

In den ADSp wird die Haftung des Spediteurs weiter pro Schadensfall und Schadensereignis begrenzt.

→ **Schadensfall:** Ein Geschädigter kann aufgrund eines äußeren Vorgangs einen Anspruch aus einem Verkehrsvertrag geltend machen.

→ **Schadensereignis:** Aufgrund eines äußeren Vorgangs können mehrere Geschädigte aus mehreren Verkehrsverträgen Ansprüche erheben.

Beispiel 1:
Eine Palette, auf der sich die Sendung eines Auftraggebers befindet, fällt vom Gabelstapler. Die Sendung wird beschädigt. Es liegt ein Schadensfall vor.

→ Die Höchsthaftung für **Güterschäden** pro Schadensfall beträgt **1,25 Millionen EUR** oder **2 Sonderziehungsrechte (SZR) pro Kilogramm**, je nachdem, welcher Betrag höher ist.

Beispiel 2:
Eine Palette fällt vom Gabelstapler auf eine andere Sendung. Vom Handeln des Spediteurmitarbeiters sind zwei Sendungen betroffen. Folglich liegt ein Schadensereignis vor.

Unabhängig von der Frage, wie viele Anspruchsteller sich aus einem Schadensereignis ergeben, begrenzen die ADSp die Höchsthaftung pro Schadensereignis.

→ Die Haftungshöchstgrenze je Schadensereignis liegt bei **2.5 Millionen EUR** bzw. **2 SZR pro Kilogramm** der verlorenen oder beschädigten Güter, je nachdem, welcher Betrag höher ist.

Der Spediteur als vertraglicher Frachtführer

Im Falle von Selbsteintritt, Sammelladung und Fixkostenspedition hat der Spediteur die Position eines vertraglichen Frachtführers.

Beispiel: Fixkostenspedition
Der Spediteur vereinbart mit seinem Versender einen festen Preis für die Beförderung der Sendung vom Haus des Versenders bis zum Haus des Empfängers. Für die Reichweite der Preisvereinbarung ist der Spediteur wie ein Frachtführer zu behandeln.

Für die Haftung des Spediteurs hat das zur Folge, dass er nicht mehr nur für seine eigenen Tätigkeiten haften muss, sondern für alle vertraglich geschuldeten Leistungen, die z.B. von eingesetzten Frachtführern und Zwischenspediteuren erbracht werden.

Haftung bei Lieferfristüberschreitung

Lieferfrist = Zeitspanne, die dem Spediteur für die Abwicklung des Besorgungsauftrages zur Verfügung steht

Ein Spediteur organisiert Güterversendungen. Der Transport wird vom Frachtführer durchgeführt. Folglich kann eigentlich nur der Frachtführer Lieferfristen gewährleisten. Falls nichts anderes vereinbart wurde, ist der Spediteur nicht für die Einhaltung einer Lieferfrist verantwortlich. Eine Verantwortung des Spediteurs besteht jedoch, wenn eine spezielle Vereinbarung zwischen Auftraggeber und Spediteur über eine Lieferfrist getroffen wird.

Beispiel:
Ein Versender trägt auf einem per Fax übermittelten Speditionsauftrag den Terminwunsch „20.05.20.., 10:00 Uhr, fix" ein. Die Sendung trifft erst am 21.05. beim Empfänger ein. Kann der Spediteur wegen Lieferfristüberschreitung haftbar gemacht werden?

Die Terminangabe des Versenders ist eine einseitige Willenserklärung, die vom Spediteur nicht bestätigt worden ist. Daher liegt keine wirksame vertragliche Lieferfrist-Vereinbarung vor.

Hätte der Spediteur allerdings den Terminwunsch des Auftraggebers z. B. durch eine Fax-Bestätigung akzeptiert, läge eine wirksame Terminvereinbarung zwischen den Vertragspartnern vor. Der Spediteur hätte für Schäden, die durch eine Überschreitung der Lieferfrist entstünden, zu haften.

In diesem Zusammenhang ist allerdings zu unterscheiden, ob der Spediteur mit seinem Auftraggeber eine Lieferfrist**vereinbarung** getroffen oder ob er gegenüber dem Versender eine Lieferfrist**garantie** ausgesprochen hat. Eine **Lieferfristvereinbarung** liegt vor, wenn der Spediteur sich verpflichtet, einen Termin im Rahmen der geplanten regulären Transportabläufe einzuhalten, und dies in einer verbindlichen „Fahrplanauskunft" formuliert.

Beispiel:
„Für den Hauptlauf benötigt unser Frachtführer planmäßig sechs Stunden, der Empfangsspediteur verteilt die eintreffenden Sammelgutsendungen im Regelfall innerhalb von drei Stunden, sodass Ihre Sendung am ... um ... beim Empfänger eintreffen wird."

Kommt es zu einer Lieferfristüberschreitung und entsteht dadurch ein Schaden, hat der Spediteur für den Schaden zu haften, allerdings nur im Rahmen der gesetzlichen Haftungsbeschränkungen (nach HGB bis zum dreifachen Betrag der Fracht, nach ADSp bis zum dreifachen Verlustersatz).
Eine **Lieferfristgarantie** ist eine außerhalb des Verkehrsvertrages bestehende besondere Verpflichtung des Spediteurs. Die Vertragspartner müssen der Einhaltung des Termins einen besonderen Rang einräumen, um von einem Garantieversprechen ausgehen zu können. Die Formulierung „Fixtermin" im Speditionsauftrag reicht dafür z. B. nicht aus. Die Lieferfristgarantie ist als speditions**unübliche** Vereinbarung anzusehen, die nicht unter den Anwendungsbereich der ADSp fällt und auch nicht den verkehrsvertraglichen Haftungsbegrenzungen unterworfen ist. Der Spediteur, der die Einhaltung einer Lieferfrist garantiert, unterliegt einer verschuldensunabhängigen Erfolgshaftung nach BGB, die einen vollen (d. h. unbegrenzten) Schadenersatz vorsieht. Lieferfristgarantien sind daher für den Spediteur mit besonderen Risiken behaftet.

Viele Speditionen, die Lieferfristen garantieren, z. B. eine generelle 24- oder 48-Stunden-Garantie geben, verpflichten sich in zusätzlichen Allgemeinen Geschäftsbedingungen, die Frachtkosten zu erstatten, falls die Frist nicht eingehalten wird. Damit bleibt das Haftungsrisiko für dieses Service-Angebot überschaubar.

Eine Sammelgutkooperation hat in ihren speziellen Allgemeinen Geschäftsbedingungen, die neben den ADSp gelten, z. B. die unten stehende Formulierung gewählt, um trotz Lieferfristgarantie die Haftung zu begrenzen.

Beispiel:
„4. Ersatzleistung bei Überschreitung der Zustelltermine
Erfolgt die Zustellung ... nicht innerhalb der Zustelltermine, werden die vereinbarte Fracht bzw. die Zuschläge der Preisliste zurückvergütet.
Die vorstehend erwähnten Ersatzleistungen setzen ein schuldhaftes Verhalten des Spediteurs oder des eingesetzten Frachtführers voraus."

Zur Haftung bei Vermögensschäden nach ADSp siehe Seite 52

Lieferfrist

Lieferfristvereinbarung
- Terminverpflichtung des Spediteurs in Form einer „Fahrplanauskunft"
- HGB-Haftungsbegrenzung auf die dreifache Fracht
- Haftungsbegrenzung nach ADSp: bis zum dreifachen Betrag, der bei Verlust zu ersetzen wäre, maximal 125 000,00 EUR

Lieferfristgarantie
- verkehrsunübliche Garantieverpflichtung
- verschuldensunabhängige Erfolgshaftung nach BGB ohne Haftungsbegrenzung

Auch ohne Lieferfristvereinbarung haftet der Spediteur nach dem Handelsgesetzbuch (§ 461 [2] sowie Ziffer 23 [4] und 24 [3] ADSp), wenn der Frachtführer durch ein Verschulden des Spediteurs eine gewünschte Lieferfrist nicht einhalten konnte (z. B. fehlende Papiere, die vom Spediteur auszustellen sind, oder eine Verstapelung der Sendung im Lager verhindern den rechtzeitigen Beginn einer Beförderung).

Zusammenfassung **Haftungsgrenzen nach ADSp**

Position des Spediteurs	Haftungsgrenzen nach ADSp	Zum Vergleich: HGB-Regelung
Organisierender Spediteur **(Schreibtisch-Spediteur)**	**(Reine) Vermögensschäden** ▪ Haftung für verschuldete Schäden ▪ höchstens bis zum dreifachen Verlustersatz ▪ maximal bis zu 125 000,00 EUR je Schadensfall	**(Reine) Vermögensschäden** ▪ Verschuldenshaftung ▪ der Höhe nach unbegrenzt
Spediteur hat Obhut am Gut **(Umschlag)**	**Güterschäden** ▪ Haftung für verursachte Schäden (Gefährdungshaftung) ▪ höchstens bis 8,33 SZR pro Bruttokilogramm ▪ pro Schadens**fall** maximal 1,25 Millionen EUR, mindestens 2 SZR pro Kilogramm ▪ pro Schadens**ereignis** maximal 2,5 Millionen EUR, mindestens 2 SZR/kg **(Reine) Vermögensschäden** ▪ bis zum dreifachen Verlustersatz ▪ maximal 125 000,00 EUR pro Schadensfall ▪ maximal 2,5 Millionen EUR pro Schadensereignis.	**Güterschäden** ▪ Gefährdungshaftung ▪ Haftung bis zu 8,33 SZR pro Bruttokilogramm **(Reine) Vermögensschäden** ▪ Verschuldenshaftung ▪ unbegrenzt
Spediteur **befördert** selbst	**Güterschäden** ▪ Haftung für verursachte Schäden (Gefährdungshaftung) ▪ höchstens bis 8,33 SZR pro Bruttokilogramm ▪ maximal 1,25 Millionen EUR pro Schadens**fall**, mindestens 2 SZR pro Kilogramm ▪ pro Schadens**ereignis** maximal 2,5 Millionen EUR, mindestens 2 SZR/kg **(Reine) Vermögensschäden** ▪ bis zum dreifachen Verlustersatz ▪ maximal 125 000,00 EUR pro Schadensfall ▪ maximal 2,5 Millionen EUR pro Schadensereignis.	**Güterschäden** ▪ Gefährdungshaftung ▪ Haftung bis zu 8,33 SZR pro Bruttokilogramm **(Reine) Vermögensschäden** ▪ Verschuldenshaftung ▪ unbegrenzt

Keine Haftung für Güterfolgeschäden

Im § 429 HGB wird festgelegt, dass im Schadensfall nicht der entstandene Schaden, sondern der Wert des beschädigten oder verloren gegangenen Gutes zu ersetzen ist **(Wertersatzprinzip)**. Daraus lässt sich folgern, dass über den Güterwert hinausgehende Schäden (also die Güterfolgeschäden) nicht zu ersetzen sind. Der Ersatz für reine Vermögensschäden wird in gesonderten Paragrafen des HGB geregelt.
Die ADSp verweisen auf die Haftungsregelungen der gesetzlichen Vorschriften, also auch auf das HGB.

Zur Abgrenzung der Schadensarten siehe Seite 32

Wertersatzprinzip, siehe Seite 106, siehe auch Ziffer 22.2 ADSp

ADSp Ziffer 22.1

Der Spediteur haftet für Schäden nach Maßgabe der gesetzlichen Vorschriften ...

Daraus folgt, dass auch für die Haftung nach ADSp das Wertersatzprinzip gilt. Der Spediteur haftet demnach nur für Güterschäden und reine Vermögensschäden.

> HGB und ADSp: **Wertersatz**, nicht Schadenersatz
> Kein Ersatz für **Güterfolgeschäden!**

Generell lässt sich feststellen, dass in den Haftungsregelungen der verschiedenen Verkehrsträger im Regelfall nur Güterschäden ersetzt werden, ausnahmsweise – und der Höhe nach gewöhnlich stark begrenzt – reine Vermögensschäden. Die Begründung liegt in dem Bemühen der Gesetzgeber und der Verfasser von Allgemeinen Geschäftsbedingungen, die Haftung für Frachtführer (und für Spediteure als vertragliche Frachtführer) überschaubar zu halten. Frachtführer werden gewöhnlich für ihre Leistungen nach dem Gewicht einer Sendung bezahlt. Da ist es fair, auch die Haftung an das Gewicht zu koppeln. Ein Lkw-Frachtführer ermittelt seine Haftungshöchstgrenze also, indem er das Sendungsgewicht mit dem Gegenwert von 8,33 SZR multipliziert.

Vorteile der ADSp-Haftung

- Für den **Spediteur:**
  - starke Eingrenzung der Haftung für Vermögensschäden (HGB: unbegrenzt, ADSp: dreifacher Verlustersatz, maximal 125 000,00 EUR)
  - Begrenzung der Haftung je Schadensfall (1,25 Millionen EUR) und je Schadensereignis (2,5 Millionen EUR). Allerdings muss mindestens ein Ersatz von 2 SZR/kg geleistet werden.
- Für den **Versender:**
  - Zunächst stellen die Haftungsbegrenzungen Nachteile für den Versender dar. Aber: Die Pflicht des Spediteurs, sich gegen Haftungsansprüche zu versichern, garantiert, dass der, der haften muss, auch haften kann.
  - Über eine Güterversicherung besteht für den Versender die Möglichkeit, Haftungslücken abzudecken.

Haftungsversicherung des Spediteurs, siehe Seite 60

Ziffer 27 Qualifiziertes Verschulden

Vorsatz, grobe Fahrlässigkeit, siehe Seite 33

Kann man dem Spediteur **qualifiziertes Verschulden** (Vorsatz, grobe Fahrlässigkeit, grobes Organisationsverschulden, Verletzung vertragswesentlicher Pflichten) vorwerfen, entfallen alle Haftungsbegrenzungen der ADSp. Das bedeutet, dass alle in der obigen Tabelle aufgeführten Haftungsgrenzen nach ADSp hinfällig sind.

Beispiel für qualifiziertes Verschulden:

Ein ehemaliger Mitarbeiter einer Spedition veranlasst den Wachdienst im Lager, die Alarmanlage auszuschalten. Dann entwendet er wertvolle Güter aus dem Lager.
Der Vorwurf eines qualifizierten Verschuldens wegen vorsätzlicher Verletzung vertragswesentlicher Pflichten wurde von einem Gericht wie folgt begründet:
- *Fehlende Information des Wachdienstes über aktuelle Zugangsberechtigungen.*
- *Passwort für die Alarmanlage zu lange unverändert.*
- *Zu viele Mitarbeiter verfügen über einen Schlüssel zum Lager.*

Auch das Frachtrecht (§ 435 HGB) sieht bei Vorsatz und grober Fahrlässigkeit eine Aufhebung der Haftungsgrenzen vor, siehe Seite 106.

Qualifiziertes Verschulden: Verhalten, das einen Schaden vorsätzlich herbeiführt oder den Schaden in grob fahrlässiger Weise in Kauf nimmt. Grob fahrlässig handelt, wer grundlegende, auf der Hand liegende Sorgfaltspflichten in ungewöhnlich hohem Maße verletzt.

Vertragswesentliche Pflichten: Pflichten, deren Erfüllung die ordnungsgemäße Durchführung des Verkehrsvertrages erst ermöglicht und auf deren Einhaltung der Vertragspartner vertrauen darf.

Güterversicherung, siehe Seite 68

HGB-Haftung des Spediteurs, siehe Seite 31

Die 2,5 Millionen-EUR-Grenze gilt für alle drei Schadensarten.

Ziffer 29 Auftraggeberhaftung

Nach HGB muss der Versender (Auftraggeber) für Schäden haften, die er zu vertreten hat, und zwar unabhängig von einem Verschulden.

Beispiel

Gefährliche Güter werden unzureichend verpackt und gekennzeichnet. Das Gefahrgut tritt aus und beschädigt andere Sendungen.

In Ziffer 29 ADSp wird die Haftung des Versenders auf 200 000,00 EUR pro Schadens**ereignis** begrenzt. Die Haftungsgrenze gilt nicht bei Vorsatz und grober Fahrlässigkeit des Auftraggebers (qualifiziertes Verschulden) bzw. Verletzung vertragswesentlicher Pflichten.

Ziffer 21 und 28 Güter- und Haftungsversicherung

Die ADSp sehen zwei Versicherungslösungen vor, die sich grundsätzlich unterscheiden. In Ziffer 21 geht es um die Versicherung der Güter der Versender, Ziffer 28 regelt die Versicherung des Spediteurs gegen Haftungsansprüche, die gegen ihn geltend gemacht werden.

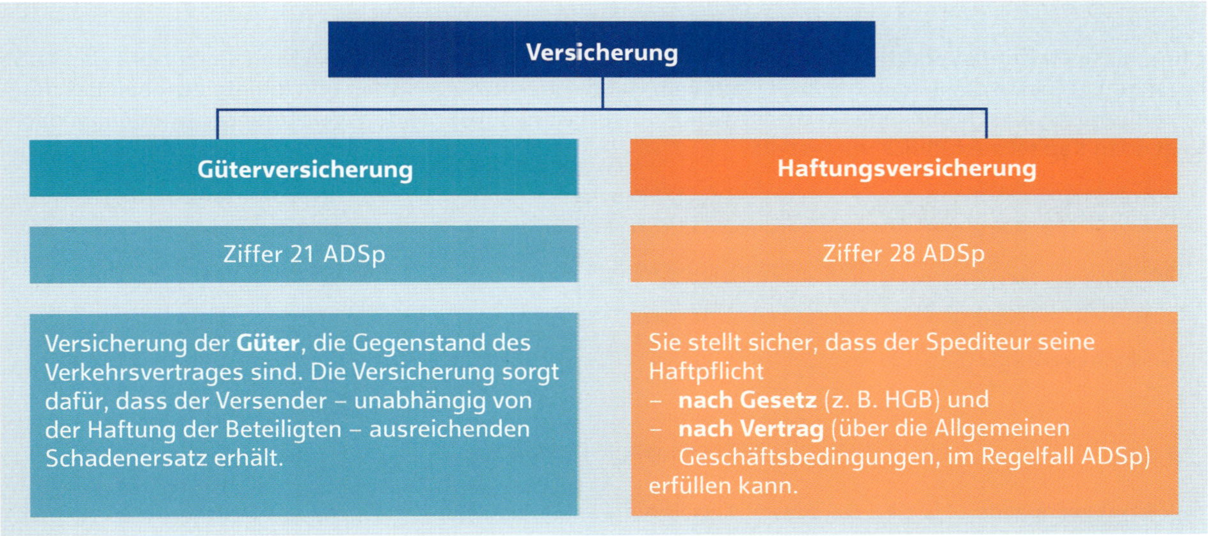

Güterversicherung: Die Haftung des Spediteurs und der beauftragten Frachtführer ist durch Haftungshöchstgrenzen und Haftungsausschlüsse oft niedriger als der Güterwert. Will der Versender im Schadensfall den kompletten Schaden ersetzt bekommen, eventuell auch Güterfolge- oder reine Vermögensschäden, ist dies im Regelfall nur durch eine **Güterversicherung** gewährleistet. Die Kosten für diese Versicherung trägt der Versender.

Bei grenzüberschreitenden Transporten ist es üblich, eine **Güter- (Transport-)versicherung** abzuschließen. Sie ersetzt Güterschäden, die irgendwo auf der Welt entstanden sind . Werden Güter langfristig gelagert (verfügte Lagerung), ist es ratsam, typische Lagergefahren („Elementarrisiken"), die durch Feuer, Sturm, Leitungswasser und Einbruchdiebstahl entstehen können, mit einer **Lagerversicherung** abzudecken. Die Auftraggeber von Spediteuren haben ihre Güter in diesen Fällen häufig durch eigene Versicherungen geschützt. Es gehörte aber schon immer zu den Nebenpflichten des Spediteurs, für die Versicherung der ihm anvertrauten Güter zu sorgen (siehe § 454 Abs. 2 HGB).

Güterversicherung im internationalen Verkehr, siehe Seite 392

Ziffer 21 der ADSp bezieht sich auf diese Nebenpflicht. Liegt ein entsprechender **Auftrag** des Versenders vor, die Güter zu versichern, und sind bestimmte Voraussetzungen erfüllt, so hat der Spediteur diesen Auftrag auszuführen.

Die ADSp geben dem Spediteur das Recht, die Versicherung des Gutes zu besorgen, wenn dies im Interesse des Auftraggebers liegt. Dies darf der Spediteur **vermuten**, wenn

- der Spediteur bei einem früheren Verkehrsvertrag eine Versicherung besorgt hat,
- der Auftraggeber im Speditionsauftrag einen Warenwert angegeben hat.

Die Vermutungsregel ist für Spediteure mit Risiken verbunden, weil die Versicherer in ihren Vertragsbedingungen gewöhnlich einen ausdrücklichen Auftrag des Versenders zur Eindeckung einer Versicherung verlangen. Der Spediteur sollte sich daher von seinem Auftraggeber einen Versicherungsauftrag für alle Sendungen geben lassen und alle Daten rund um den Versicherungsvertrag dokumentieren. Die Vermutung des Spediteurs, dass sein Auftraggeber eine Versicherung seiner Sendung wünscht, ist vor allem dann **nicht begründet**, wenn

Speditionsauftrag-Formular, siehe Seite 46

- der Auftraggeber die Eindeckung einer Versicherung schriftlich untersagt hat,
- der Auftraggeber ein Spediteur, Frachtführer oder Lagerhalter ist.

Der Auftraggeber wird auf eine Versicherung vor allem verzichten, wenn er eine eigene Güter-Transportversicherung abgeschlossen hat oder wenn ihm die Haftung des Spediteurs nach ADSp und HGB ausreicht. Man spricht dann vom sogenannten „**Verzichtskunden**".

Treten Probleme bei der Besorgung einer Güterversicherung für den Versender auf, ist dieser umgehend zu informieren und seine Weisungen sind einzuholen.

Verzichtskunde: Versender, der auf den Abschluss einer Güterversicherung durch den Spediteur verzichtet.

Haftungsversicherung: Der Spediteur ist nach dem HGB und nach den ADSp zur Haftung verpflichtet. Ziffer 28 ADSp verlangt vom Spediteur, durch Abschluss einer Versicherung zu gewährleisten, dass er seine Pflicht zum Schadenersatz erfüllen kann. Es handelt sich daher um eine Haftpflichtversicherung, vergleichbar mit der Haftpflichtversicherung, die jeder Fahrzeughalter abschließen muss. Die Kosten für diese Versicherung trägt der Spediteur.

ADSp Ziffer 28.3

Ohne diese **Haftungsversicherung** darf sich der Spediteur nicht auf die Haftungsbestimmungen der ADSp berufen. Er müsste dann ausschließlich nach dem Handelsgesetzbuch haften und könnte die oben beschriebenen Haftungsbeschränkungen nicht für sich in Anspruch nehmen. Beide Versicherungen werden im nachfolgenden Kapitel ausführlich vorgestellt.

Zusammenfassung	ADSp
ADSp:	AGB für alle Verkehrsverträge mit Spediteuren (nicht für Verkehrsverträge mit Verbrauchern)
Verkehrsverträge:	▪ Speditionsvertrag ▪ Frachtvertrag ▪ Lagervertrag ▪ sonstige speditionsübliche Geschäfte
Vertragswirksam:	▪ i. d. R. durch Hinweis auf allen Dokumenten des Spediteurs (mit speziellen Hinweisen auf bestimmte Haftungsbeschränkungen ▪ kein Widerspruch des Vertragspartners
ADSp-Ziffern:	**Wichtige Inhalte:**
3	Versender muss den Spediteur über wichtige Sendungsdaten informieren.
6	Die Güter sind vom Versender sorgfältig zu verpacken und zu kennzeichnen.
ADSp-Ziffern:	**Wichtige Inhalte:**
7	Schnittstellenkontrolle durch den Spediteur (Schnittstelle = Wechsel der Rechtsperson oder jede Umladung bzw. (Zwischen-)Lagerung)
10	Der Spediteur muss Anweisungen des Versenders beachten, die Beförderungskosten beim Empfänger zu erheben (Frachtüberweisung) oder die Sendung nur gegen Zahlung eines Betrags (Nachnahme) auszuhändigen.
11	Dem Auftraggeber stehen je 2 Stunden für die Verladung und Entladung der Güter bei einem Straßenfahrzeug mit 40 Tonnen zulässigem Gesamtgewicht zur Verfügung.
13	Der Fahrer darf eine Sendung an bestimmte im Geschäft oder Haushalt anwesende Person abliefern, falls keine begründeten Zweifel an der Empfangsberechtigung bestehen.
16	Mit der vereinbarten Vergütung sind alle vorhersehbaren Kosten zum Zeitpunkt der Angebotsabgabe abgegolten. Nachforderungen durch den Spediteur sind nicht möglich.
17	Der Spediteur hat Anspruch auf ausgelegte Kosten, die für die reibungslose Organisation der Güterbeförderung notwendig sind, nicht vorhersehbar waren und nicht vereinbart wurden.

Zusammenfassung	ADSp
18	Rechnungen des Spediteurs sind sofort fällig.
22–24	Haftung des Spediteurs (siehe unten) Durch spezielle Vereinbarung kann der Spediteur zur Einhaltung einer Lieferfrist verpflichtet werden (Lieferfristvereinbarung). Lieferfristgarantien können schwerwiegende Folgen für den Spediteur haben.
27	Aufhebung aller ADSp-Haftungsbegrenzungen bei qualifiziertem Verschulden.
21+28	Der Spediteur ist zur Eindeckung einer Haftungsversicherung verpflichtet, wenn er sich auf die Haftungsbestimmungen der ADSp berufen will. Auf Wunsch des Versenders schließt der Spediteur eine Güterversicherung ab.
29	Der Versender (Auftraggeber) haftet für Schäden, die er verursacht, nach dem Gefährdungsprinzip (verschuldensunabhängig). Die Haftungshöhe wird auf 200000,00 EUR pro Schadensereignis begrenzt.
Haftung des Spediteurs nach ADSp:	
Haftungsgrundsatz:	Verschuldenshaftung mit umgekehrter Beweislast bei reiner speditioneller Tätigkeit; Gefährdungshaftung bei Obhut, Fixkosten, Sammelladung und Selbsteintritt
Haftungsumfang:	Güterschäden (Verlust, Beschädigung), reine Vermögensschäden (kein Ersatz für Güterfolgeschäden)
Haftungsgrenzen:	▪ Umschlagsschäden: 8,33 SZR je kg (gesetzliche Haftung) ▪ beförderungsbedingte Güterschäden 8,33 SZR/kg (gesetzliche Haftung) ▪ pro Schadensfall mindestens 2 SZR je kg, maximal 1,25 Millionen EUR ▪ pro Schadensereignis maximal 2,5 Millionen EUR bzw. 2 SZR/kg ▪ sonstige Vermögensschäden: 3-facher Verlustersatz, max. 125000,00 EUR
Wegfall der Haftungsgrenzen:	Vorsatz, bewusste Leichtfertigkeit und in dem Bewusstsein, dass der Schaden mit Wahrscheinlichkeit eintreten werde
Haftungsausschlüsse:	unabwendbares Ereignis, höhere Gewalt Verpackungs-/Kennzeichnungsfehler, Be- und Entladefehler des Auftraggebers
Schadensfall:	Ein Geschädigter kann aufgrund eines äußeren Vorgangs einen Anspruch aus einem Verkehrsvertrag geltend machen.
Schadensereignis:	Aufgrund eines äußeren Vorgangs können mehrere Geschädigte aus mehreren Verkehrsverträgen Ansprüche erheben.

3 Versicherungen in der Spedition

3.1 Beteiligte am Versicherungsvertrag

Die Vertragspartner eines Versicherungsvertrages werden wie folgt bezeichnet:

Versicherungsnehmer	Der Versicherungsnehmer schließt den Versicherungsvertrag mit der Versicherungsgesellschaft ab.
Versicherter	Der Versicherte ist der Begünstigte aus dem Versicherungsvertrag. Im Falle der Haftungsversicherung versichert sich der Spediteur gegen Haftungsansprüche. Damit ist er Versicherungsnehmer und Begünstigter. Bei der Güterversicherung ist der Auftraggeber des Spediteurs (Versender oder Empfänger) der Begünstigte.
Versicherer	Das sind die Versicherungsgesellschaften als Vertragspartner der Versicherungsnehmer.

3.2 Haftungsversicherung

Haftung des Spediteurs nach ADSp, siehe Seite 52

Frachtführerhaftung des Spediteurs, siehe Seiten 31 und 62

Haftungskorridor, siehe Seite 36

(Güterschaden-) Haftpflichtversicherung nach GüKG, siehe Seite 88

DTV = Deutsche Transport-Versicherung, Text unter www.tis-gdv.de

Siehe auch Gütertransportversicherung, Seite 392

Die Haftungsversicherung stellt sicher, dass der Spediteur seine Haftungsverpflichtungen

- aus den Allgemeinen Deutschen Spediteurbedingungen (**vertragliche Haftung**) und
- nach den gesetzlichen Bestimmungen (z. B. HGB, **gesetzliche Haftung**)[1]

erfüllen kann. Die ADSp sehen z. B. vor, dass der Spediteur für Güter, die er in seiner Obhut hat, mit bis zu 8,33 Sonderziehungsrechten pro Bruttokilogramm haften muss. Tritt ein Schaden während der Beförderung auf, verweisen die ADSp auf die Haftungsbestimmungen des Handelsgesetzbuches (Haftungshöchstgrenze ebenfalls 8,33 SZR pro Kilogramm des Bruttogewichts = **HGB-Grundhaftung**).
Die Haftungsversicherung bietet dem Spediteur damit einen umfassenden Schutz vor Haftungsansprüchen aus seinen **Verkehrsverträgen**. Befördert der Spediteur Güter im Selbsteintritt, ist keine gesonderte (Güterschaden-)Haftpflichtversicherung nach § 7a GüKG mehr erforderlich.
Der GDV (Gesamtverband der deutschen Versicherungswirtschaft) hat ein Versicherungsmodell (GDV-Modell) für diese Haftungsversicherung entwickelt, das als marktüblich gilt.

DTV-Verkehrshaftungsversicherung = Versicherungsmodell der deutschen Versicherungswirtschaft für Verkehrsbetriebe zum Schutz vor Haftungsansprüchen aus Verkehrsverträgen

DTV-Verkehrshaftungsversicherung für Frachtführer, Spedition und Lagerhalter

Aus diesem Modell haben verschiedene Versicherungmakler eigene Produkte entwickelt, die sie am Versicherungsmarkt anbieten.

Im Folgenden werden die Grundzüge der DTV-Verkehrshaftung dargestellt.

3.2.1 Gegenstand der Versicherung

Die DTV-Verkehrshaftungsversicherung bezieht sich auf alle Verkehrsverträge des Spediteurs. Das sind Speditions-, Fracht- und Lagerverträge, wie sie im HGB festgelegt sind. Es gelten aber folgende Einschränkungen:

- Spediteure im **Selbsteintritt** sind nur versichert, wenn sie im **Straßengüterverkehr** tätig sind. Für den Selbsteintritt in der Binnenschifffahrt, im Eisenbahnverkehr oder in der Luftfahrt sowie für reine Frachtführer, die in diesen Verkehrszweigen arbeiten, ist das DTV-Modell nicht gedacht.
- Der Spediteur muss die Tätigkeiten, die Gegenstand seiner Verkehrsverträge sind, in einer **Betriebsbeschreibung** dokumentieren. Dabei handelt es sich um einen Fragebogen, den der Versicherungsnehmer für seine Versicherung ausfüllen muss. Aus der Betriebsbeschreibung ergibt sich ein Tätigkeitsprofil der Spedition und die Versicherung kann die Versicherungsrisiken aufgrund der Beschreibung abschätzen.

Betriebsbeschreibung = Dokumentation der Tätigkeiten von Speditionen als Grundlage für die Risikoeinschätzung durch Versicherungen

Die Versicherungsanbieter haben unterschiedliche Fragebögen entwickelt. Nachfolgend werden einige typische Inhalte und Fragen aus diesen Fragebögen vorgestellt.

Beispiel:

Auszug aus einem Fragebogen

2 Betriebsbeschreibung

2.1 Die Betriebsbeschreibung ist zu Beginn eines jeden Versicherungsjahres innerhalb eines Monats nach Aufforderung durch den Versicherer oder dessen Bevollmächtigten zu erstellen und unterzeichnet an den Versicherer bzw. dessen Bevollmächtigten zurückzusenden. ...

[1] *Neben dem HGB kommen hier weitere gesetzliche Vertragsgrundlagen zum Zuge, z. B. die CMR im grenzüberschreitenden Güterkraftverkehr, siehe Seite 149.*

Betriebsbeschreibung (Auszug)

1. Angaben zum Versicherungsnehmer (Firma, Anschrift, Kommunikationsadressen, Handelsregistereintrag usw.)
2. Allgemeine Geschäftsbedingungen
   - [ ] ADSp 2017
   - [ ] ....
   - [ ] ....
   - [ ] keine
3. Vereinbarung von Sonderverträgen, z. B. Outsourcing-, Projektverträge, sonstige Individualvereinbarungen (Kopien dieser Verträge sind beizufügen, der Jahresumsatz aus diesen Verträgen ist anzugeben)
4. Letzter Jahres-Bruttoumsatz
   - aus Spediteurtätigkeit ______ EUR
   - aus Frachtführertätigkeit ______ EUR
   - mit eigenen Fahrzeugen ______ EUR
   - mit fremden Unternehmern ______ EUR
   - aus Lagerhaltertätigkeit ______ EUR
   - aus sonstigen Leistungen ______ EUR
4. Auskünfte zu den Mitarbeitern (Zahl, kaufmännische/gewerbliche Mitarbeiter, Lohn- und Gehaltssumme)
5. Mitgliedschaft in einer Spediteurkooperation?
6. Vorschadenverlauf der letzten 3 Jahre (Jahr, Anzahl der Schäden, Versicherungsleistungen, Großschäden über 50 000,00 EUR, Erläuterungen zu der Schadenssituation [besondere Ereignisse, Großschäden usw.]).
7. Tätigkeitsbeschreibung der **Spedition**

[ ]	Geschäftsbesorgungsspediteur	[ ] % vom Speditionsumsatz
[ ]	Fixkostenspedition	[ ]
[ ]	Sammelladung	[ ]
[ ]	Ladungsverkehr	[ ]
[ ]	Luftfrachtspedition	[ ]
[ ]	Seehafenspedition	[ ]
[ ]	Binnenschifffahrtsspedition	[ ]
[ ]	Gefahrgutspedition	[ ]
[ ]	[und weitere]	[ ]

- Räumlicher Geltungsbereich

[ ]	**Deutschland**	[ ] % vom Speditionsumsatz
[ ]	**Europa (geografisch)**	[ ]

Die Betriebsbeschreibung hat für den Spediteur eine besondere Bedeutung, weil er nur für die Tätigkeiten Versicherungsschutz erwirbt, die tatsächlich in der Betriebsbeschreibung aufgeführt sind.

Outsourcing = Fremdvergabe einer Leistung, siehe Seite 453

Kooperationen, siehe Seite 208

3.2.2 Vorsorgeversicherung

Weitet eine Spedition ihren Leistungskatalog aus, muss dies der Versicherungsgesellschaft angezeigt werden, damit die neuen Tätigkeiten – die noch nicht in der Betriebsbeschreibung enthalten sind – auch unter den Versicherungsschutz fallen. Für diese neuen Tätigkeiten (neue Risiken) bietet die Vorsorgeversicherung Schutz, allerdings zeitlich und der Höhe nach begrenzt. Es müssen aber zwei Bedingungen erfüllt sein, damit die Vorsorgeversicherung wirksam wird:

1. Der Spediteur muss der Versicherung die neuen Tätigkeiten innerhalb eines Monats nach Beginn **anzeigen**.
2. Innerhalb eines weiteren Monats muss der Spediteur durch eine **Prämienvereinbarung** mit der Versicherung eine wirksame vertragliche Einbeziehung der neuen Risiken erreicht haben. Dies geschieht über einen Nachtrag zum Versicherungsvertrag.

Beide Bedingungen müssen erfüllt sein, andernfalls sind die neuen Risiken **von Anfang an nicht** eingeschlossen.

Die Versicherungen sehen als „neue Risiken" an, wenn ein Spediteur z. B.

- gewerbsmäßige Lagerung betreiben will (neue Tätigkeit),
- eine Niederlassung gründet (neuer Versicherungsort),
- neben der Lkw-Sammelladung auch Luftfracht-Sammelladung organisiert (neue Haftungsgrundlage).

Gelingt es einem Spediteur, in seinem bestehenden Sammelgutgeschäft neue Kunden zu gewinnen, oder erzielt er mit seinen vorhandenen Kunden höhere Umsätze, liegen keine neuen Risiken vor.
Neben der zeitlichen Begrenzung der Vorsorgeversicherung gibt es auch eine Beschränkung in der Höhe. Im Regelfall leisten die Versicherer nur Schadenersatz bis zu 250 000,00 EUR.

Vorsorgeversicherung = Versicherung von Verkehrsbetrieben für neue Tätigkeiten, die nach Abschluss eines Versicherungsvertrags (DTV-Verkehrshaftungsversicherung) begonnen worden sind.

Versicherungspolice = Urkunde über einen Versicherungsvertrag

Beispiel für die Anwendung der Vorsorgeversicherung:
Die ACX-Spedition weitet ihren Leistungskatalog auf das Lagergeschäft aus.

*Innerhalb eines Monats muss der Versicherung dieser Sachverhalt gemeldet werden. Nun hat die Spedition einen weiteren Monat Zeit, mit der Versicherung eine Zusatzvereinbarung zu treffen. Kommt diese Vereinbarung nicht zustande, sind die neuen Risiken **rückwirkend** nicht versichert.*

Monat 1	Anzeige der neuen Risiken innerhalb eines Monats nach Beginn
Monat 2	wirksame Einbeziehung der neuen Risiken in den Versicherungsvertrag durch einen Nachtrag zur Versicherungspolice und Prämienvereinbarung

3.2.3 Anwendungsausschlüsse

Gegenstand der Versicherung, siehe Seite 60

Anwendungsausschlüsse: Die Versicherungsbedingungen gelten nicht.

Versicherungsausschlüsse: Diese Gefahren sind nicht versichert, siehe Seite 63

Wie oben bereits festgestellt worden ist, bezieht sich die DTV-Verkehrshaftungsversicherung auf **alle Verkehrsverträge** des Spediteurs, **selbsteintretende** Spediteure sind jedoch nur im **Straßengüterverkehr** versichert. In Ziffer 3 der DTV-Bedingungen wird dieser Sachverhalt noch einmal bekräftigt und detaillierter dargestellt. Demnach gelten die Bedingungen vor allem für folgende Sachverhalte **nicht** (es sei denn, sie werden speziell vereinbart):

- (tatsächlicher) **Selbsteintritt** des Spediteurs in den Bereichen Seeschifffahrt, Binnenschifffahrt, Luftfracht und Eisenbahn
- Beförderung und Lagerung von **Umzugsgut**
- Beförderung und Lagerung von **Schwergut**
- **Großraumtransporte**, **Kran- und Montagearbeiten**

Für diese Art von Tätigkeiten existieren besondere Haftungsbestimmungen und auch spezielle Allgemeine Geschäftsbedingungen (z. B. Allgemeine Lagerbedingungen des Deutschen Möbeltransports, ALB-Mö). Das erfordert auch eigene Versicherungslösungen (z. B. in Form des Universal-Möbel-Versicherungsscheins).

Darüber hinaus werden die Bedingungen der DTV-Verkehrshaftungsversicherung in folgenden Fällen nicht angewandt:

- Individuell können Verträge über die **Beförderung und Lagerung bestimmter**, in der Regel besonders schadensanfällige **Güter** von der Anwendung der DTV-Bedingungen ausgeschlossen werden. Ob und welche Güter an dieser Stelle genannt werden, hängt von der Versicherung ab, mit der der Spediteur den Versicherungsvertrag abschließt.
- wenn ein Spediteur mit seinem Auftraggeber **speditionsunübliche** (speditionsfremde) Leistungen vereinbart

Zur Abgrenzung von Haupt- und Nebenpflichten bzw. speditionsunüblichen Pflichten siehe Seite 29

3.2.4 Versicherte Haftung

Die Haftungsversicherung stellt sicher, dass der Spediteur seinen Haftungsverpflichtungen aufgrund gesetzlicher oder vertraglicher Vorschriften nachkommen kann. Diese allgemeine Aussage wird in Ziffer 3 der DTV-Bedingungen präzisiert, indem alle üblicherweise infrage kommenden Haftungsgrundlagen eines Verkehrsunternehmens aufgelistet werden. Das heißt aber nicht, dass jeder konkrete Versicherungsvertrag diese Grundlagen zum Gegenstand hat. Entscheidend ist vielmehr die Betriebsbeschreibung nach Ziffer 1. Danach wird der einzelne Vertrag mit der Versicherung gestaltet. Aus dem speziellen Leistungsumfang der Spedition ergibt sich der darauf zugeschnittene Leistungsumfang der Versicherung.

Versicherte Haftung nach Ziffer 3 DTV-Verkehrshaftungsversicherung (Beispiele)

- **HGB**, insbesondere §§ 407 ff. (siehe Seite 94)
- **AGB**, z. B. ADSp (siehe Seite 40)
- **CMR** (Übereinkommen über den Beförderungsvertrag im internationalen Straßengüterverkehr, siehe Seite 149)
- **COTIV** (Übereinkommen über den internationalen Eisenbahnverkehr), **CIM** (einheitliche Rechtsvorschriften für den Vertrag über die internationale Eisenbahnbeförderung von Gütern, siehe Seite 328
- **MÜ** (Montrealer Übereinkommen) bzw. **WA** (Warschauer Abkommen), siehe Seite 240
- **Haager Regeln** (Haag-Visby-Rules, siehe Seite 301)
- **FBL**-Bedingungen (Standard Conditions, siehe Seite 346)

Ein Spediteur, der nach seiner Betriebsbeschreibung ausschließlich nationale Lkw-Transporte besorgt, würde auch nur Versicherungsschutz nach den Haftungsbestimmungen des **HGB** und seiner (vom Versicherer genehmigten) **AGB** (i. d. R. ADSp) bekommen. Würde er zusätzlich internationale Lkw-Beförderungen organisieren, müsste er diesen Sachverhalt in seiner Betriebsbeschreibung ergänzen. Dann würde er auch Versicherungsschutz nach **CMR** erhalten.

3.2.5 Umfang des Versicherungsschutzes

Der Spediteur schließt eine Haftungsversicherung ab, damit er gegen Haftungsansprüche, die an ihn gestellt werden, versichert ist.
Verursacht ein Spediteur einen Schaden, so kann der Versender vom Spediteur den Ersatz des Schadens verlangen, allerdings nur im Rahmen der Haftungsbestimmungen, die dem Vertragsverhältnis von Spediteur und Versender zugrunde liegen. Das sind häufig das HGB und die ADSp.

Beispiel:

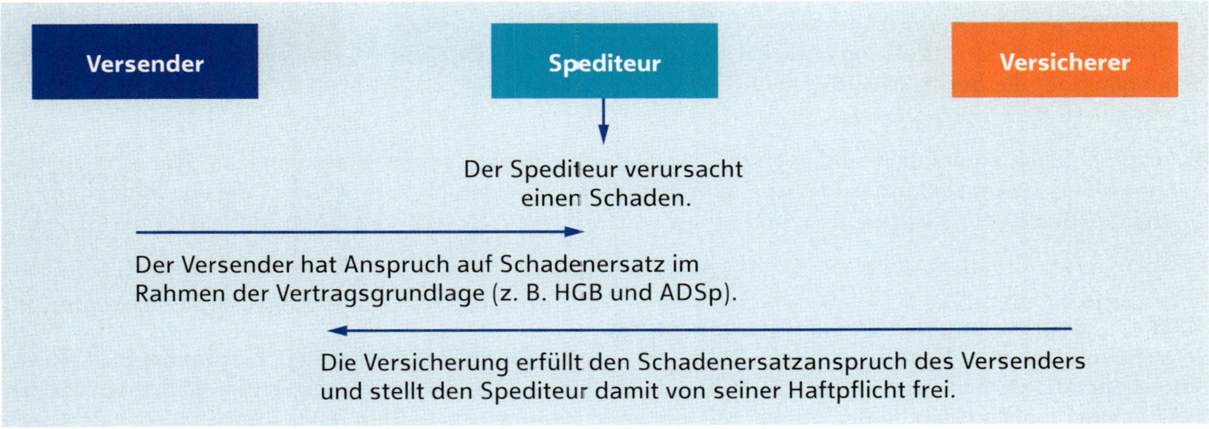

1. Die Versicherung übernimmt den Ausgleich **berechtigter** Schadenersatzansprüche, die gegen den Versicherungsnehmer (den Spediteur) im Rahmen eines Verkehrsvertrages erhoben werden (**Leistungspflicht** der Versicherung).
2. Ist die Versicherung der Meinung, dass die Haftungsansprüche gegen den Spediteur **unbegründet** sind, ist sie verpflichtet, diese Ansprüche abzuwehren (**Abwehrpflicht der Versicherung**). Dies ist vergleichbar mit einer Rechtsschutzversicherung.
3. Darüber hinaus ersetzt sie auch (sinnvolle) Aufwendungen, die dem Spediteur dadurch entstehen, dass er sich darum bemüht, einen drohenden ersatzpflichtigen **Schaden abzuwehren** oder einen Schaden der Höhe nach zu **verringern**. Dazu zählen auch Aufwendungen für einen Schadenssachverständigen (**Havariekommissar**), der ab einer bestimmten Schadenshöhe einzuschalten ist.

Havariekommissar = Schadenssachverständiger, siehe Seite 67

3.2.6 Räumlicher Geltungsbereich

Der Versicherungsschutz erstreckt sich auf Verkehrsverträge innerhalb und zwischen den Staaten des **Europäischen Wirtschaftsraumes** (EWR) sowie der Schweiz. Der EWR umfasst die EU-Staaten sowie um die Länder Island, Norwegen und Liechtenstein. In den Bedingungen der verschiedenen Marktanbieter werden die EU-Beitrittsländer gewöhnlich nicht automatisch mit erfasst. Durch individuelle Vereinbarung mit der Versicherungsgesellschaft kann der räumliche Geltungsbereich ausgeweitet werden.

EWR und EU-Länder, siehe Seite 87

3.2.7 Versicherungsausschlüsse

In Ziffer 6 der DTV-Bedingungen werden insgesamt 20 Ausschluss-Tatbestände aufgeführt. Vorangestellt wird jedoch der Hinweis, dass diese Ausschlüsse nicht gelten, wenn zwingende gesetzliche Vorschriften solche Ausschlüsse verbieten oder wenn anderslautende individuelle Vereinbarungen getroffen worden sind.

Siehe zum Vergleich: Anwendungsausschlüsse, Seite 62

Beispiel:
Ein Spediteur, der im Inland Güterbeförderungen mit Fahrzeugen über 3,5 t im Selbsteintritt durchführt, ist nach dem Güterkraftverkehrsgesetz verpflichtet, eine (Güterschaden-)Haftpflichtversicherung abzuschließen. Diese Versicherung stellt sicher, dass der Spediteur seiner Haftungsverpflichtung nach den Bestimmungen des Handelsgesetzbuches nachkommen kann. Haftungsausschlüsse der DTV-Bedingungen, die gegen diese Verpflichtung des Spediteurs verstoßen, dürfen daher nicht angewendet werden.

Güterschadenhaftpflichtversicherung, siehe Seite 88

Fasst man die Versicherungsausschlüsse in Gruppen zusammen, ergibt sich folgende Grobeinteilung:

1. **unabwendbare und unverschuldete Ereignisse** wie z.B. Naturkatastrophen, Krieg, Streik, behördliche Beschlagnahme
2. **besondere Güter** wie z.B. wertvolle Waren (Unterhaltungselektronik, Kunstgegenstände, Edelmetalle, Edelsteine u.Ä.), Dokumente, lebende Tiere und Pflanzen
3. **Schäden aus der Beschaffenheit der Güter**, z.B. innerer Verderb, natürliche Verluste durch Verdunsten oder übliche Temperaturschwankungen

Unabwendbares Ereignis, siehe Seite 32

Weitere Versicherungen, siehe Seite 74

Lieferfristgarantien, siehe Seite 54

4. **Ansprüche**, die üblicherweise von **anderen Versicherungen** gedeckt werden, wie z. B. Betriebs-, Umwelt- oder Kraftfahrzeugversicherung, oder die tatsächlich durch andere Verkehrshaftungsversicherungen des Versicherungsnehmers gedeckt sind

5. Ansprüche aufgrund von **Vereinbarungen**, die im Verkehrsgewerbe **nicht üblich** sind, z. B. Vertragsstrafen, Lieferfristgarantien, Haftungserhöhungen über die gesetzliche Höchstgrenze von 8,33 SZR/kg hinaus

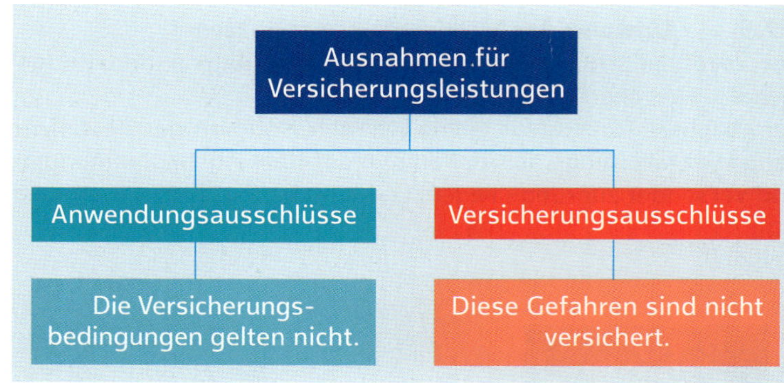

6. Ansprüche, die entstanden sind, weil der Spediteur als Inhaber seines Unternehmens oder ein leitender Angestellter (Repräsentant) einen Schaden **vorsätzlich** herbeigeführt hat. Schäden, die von Mitarbeitern in einer Spedition verursacht werden, sind versichert, auch wenn Vorsatz oder grobe Fahrlässigkeit festzustellen ist.

Vorsatz und grobe Fahrlässigkeit, siehe Seite 32

3.2.8 Begrenzung der Versicherungsleistung

Versicherungen legen Höchstgrenzen der Ersatzleistung fest, damit Risiken für sie überschaubar bleiben. Die Ziffer 8 der DTV-Bedingungen ist als Bausteinsystem aufgebaut. Der Text gibt lediglich einen Rahmen vor, der dann in einer individuellen Vereinbarung mit einer Versicherungsgesellschaft durch konkrete Höchstgrenzen zu ergänzen ist. Der Text ist in drei Abschnitte eingeteilt:

Schadensfall, Schadensereignis, Schadensarten, siehe Seiten 31 und 53

1. Schadensfall

In Abhängigkeit von der Schadensart sind folgende Versicherungshöchstgrenzen **üblich:**

- Güter-, Güterfolgeschäden[1] 1,25 Million EUR
- reine Vermögensschäden 250 000,00 EUR
- Lager-Inventurdifferenzen 70 000,00 EUR

2. Schadensereignis

Die Versicherer begrenzen ihre Versicherungsleistung pro Schadensereignis auf einen Betrag zwischen 2 und 5 Millionen EUR.

3. Jahresmaximum

Zwei weitere Höchstgrenzen beziehen sich auf die **pro Jahr** der Versicherung gemeldeten Schäden:

- Die Summe aller Ersatzleistungen für Schadensfälle und -ereignisse darf im Jahr – je nach Versicherungsgesellschaft – einen Betrag zwischen 4 und 6 Millionen EUR nicht überschreiten.
- Wird ein Spediteur aufgrund **„qualifizierten Verschuldens“** in Anspruch genommen (weil er leichtfertig und in dem Bewusstsein gehandelt hat, dass ein Schaden mit Wahrscheinlichkeit eintreten wird [HGB-Formulierung], wegen grober Fahrlässigkeit oder wegen groben Organisationsverschuldens), gelten die Haftungsgrenzen z. B. des HGB oder der ADSp nicht mehr. Die Ersatzleistung, die die **gesetzliche und vertragliche Haftung des Spediteurs übersteigt**, ist pro Jahr auf Summen zwischen 100 000,00 EUR und 250 000,00 EUR begrenzt.

Verschuldensarten, siehe Seite 33

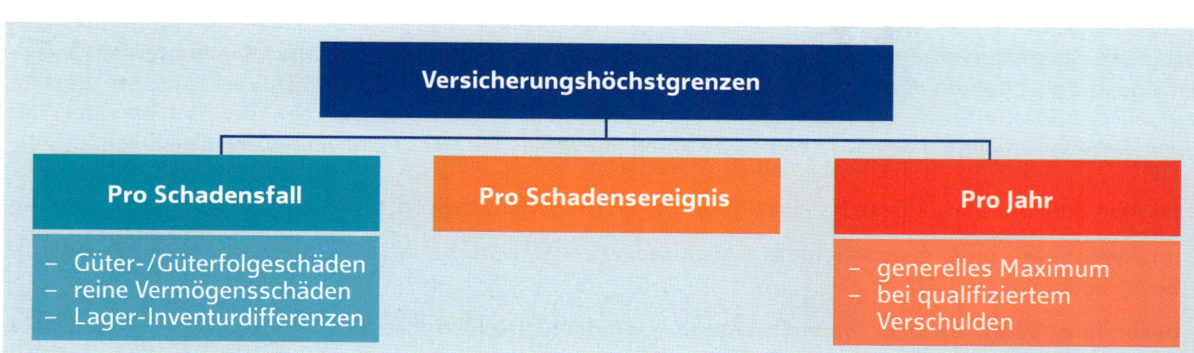

[1] *Dass hier Güterfolgeschäden in die Versicherung eingeschlossen sind, ist kein Widerspruch zu den Aussagen über die Haftung des Spediteurs (siehe Seite 55 „Keine Haftung für Güterfolgeschäden“). Denn nur dann sind die Versicherungen berechtigt, Haftungsansprüche, die gegen den Spediteur wegen Güterfolgeschäden gestellt werden, abzuwehren (passiver Rechtsschutz).*

3.2.9 Schadensbeteiligung

Wer seinen Pkw auch gegen selbst verschuldete Schäden versichern will, schließt eine Kasko-Versicherung ab. Die Prämie für diese Versicherung kann deutlich verringert werden, wenn man sich bereit erklärt, einen bestimmten Teil der Schäden selber zu tragen. Man spricht in diesem Zusammenhang von Selbstbeteiligung. In der Verkehrshaftungsversicherung ist es ähnlich: Der Spediteur kann mit seiner Versicherungsgesellschaft vereinbaren, dass er sich mit einem bestimmten Betrag an jedem Schaden beteiligt. Diese Regelung hat für beide Seiten Vorteile:

Fahrzeugversicherungen, siehe Seite 74

- Die Versicherungsprämie sinkt.
- Der Spediteur hat ein höheres Schadensbewusstsein, da jeder Schaden für ihn finanzielle Folgen hat.
- Sogenannte Bagatellschäden werden der Versicherung erst gar nicht gemeldet. Das erspart Verwaltungsaufwand und lässt kundenfreundliche Lösungen zu, wenn der Spediteur Schadenersatz leistet, obwohl er dazu nicht verpflichtet ist.

Es kann für einen Spediteur durchaus sinnvoll sein, die Selbstbeteiligung hoch anzusetzen und Versicherungsschutz nur noch für mögliche Großschäden einzukaufen.

Die meisten Versicherungsgesellschaften haben folgende Regelung zur Schadensbeteiligung in ihre Bedingungen aufgenommen:

„15 % der Versicherungsleistung, mindestens **150,**00 EUR, höchstens **2 500,**00 EUR“

Eine Schadensbeteiligung kommt aber nur zum Tragen, wenn der Versender **Verzichtskunde** ist, sodass der Schaden allein über die Haftungsversicherung des Spediteurs ersetzt wird, oder wenn der Spediteur als Schadenverursacher (z. B. von einer Transportversicherung des Versenders) im Rahmen seiner Haftungsversicherung in Regress genommen wird. Hat der Spediteur für seinen Kunden eine Güterversicherung abgeschlossen, wird der Schaden ausschließlich über diese Versicherung reguliert. Die Haftungsversicherung des Spediteurs ist nicht betroffen, folglich gibt es auch keine Schadensbeteiligung, vorausgesetzt, beide Versicherungen wurden beim selben Versicherer abgeschlossen.

Verzichtskunde, siehe Seite 57

Regressschutz durch Güterversicherung, siehe Seite 73

3.2.10 Rückgriff, Regress

Mit der Haftungsversicherung schützt sich der Spediteur vor Haftungsansprüchen. Die Versicherung übernimmt für ihn die Regulierung von Schäden, für die er verantwortlich ist. In einem zweiten Schritt wendet sich die Versicherung an den Verursacher des Schadens und macht Schadenersatzansprüche gegen ihn geltend. Sie nimmt den Schadenverursacher in **Regress**.

Rückgriff = Haftbarmachung des Schadenverursachers (z. B. Frachtführer) durch den (zunächst) Schadenersatzpflichtigen (z. B. Versicherung, Spediteur).

Beispiel:

Im Rahmen eines Speditionsvertrages entsteht ein Güterschaden durch den Verlust von Gütern während des Lkw-Transportes. Der Spediteur hat einen fremden Frachtführer mit dem Transport beauftragt. Aufgrund von Fixkostenspedition haftet der Spediteur für den eingesetzten Frachtführer. Die Haftungsversicherung des Spediteurs ersetzt den Schaden. Im Rückgriff macht die Versicherung den Frachtführer für den Schaden verantwortlich. Der Frachtführer ist nach HGB zum Schadenersatz für den Güterschaden verpflichtet und nach dem Güterkraftverkehrsgesetz zwingend haftpflichtversichert.

(Güterschaden-) Haftpflichtversicherung nach GüKG, siehe Seite 88

Bei einem Schaden, der auf dem Lager des Spediteurs passiert, wäre es aber widersinnig, wenn die Versicherung nach dem Ersatz des Schadens an den Spediteur heranträte und von ihm als Verursacher Regress verlangte. Schließlich hat er die Haftungsversicherung abgeschlossen, damit diese Situation nicht eintritt. Die Versicherer verzichten daher im Regelfall in ihren Bedingungen auch ausdrücklich auf den Regress gegen den Versicherungsnehmer und auch seine Arbeitnehmer (**Regressverzicht**).

Es gibt aber Ausnahmesituationen, in denen sie sich den Regress gegen den Spediteur und seine Mitarbeiter vorbehalten. Vor allem wenn ein Schaden **vorsätzlich** herbeigeführt worden ist, z. B. durch den Diebstahl eines Lagermitarbeiters, wird sich die Versicherung bemühen, den Verursacher zu finden und ihn zum Schadenersatz zu verpflichten.

3.2.11 Prämie, Anmeldung, Zahlung und Sanierung

In den DTV-Bedingungen werden zu diesen vier Punkten keine Aussagen gemacht, weil sie von jedem Marktanbieter individuell geregelt werden. Allgemein lässt sich aber Folgendes feststellen:

Prämie

Auf der Grundlage der Betriebsbeschreibung nimmt die Versicherungsgesellschaft eine Risikoeinschätzung vor. Daraus leitet sie ein vermutetes Schadensaufkommen ab, das auf den **Bruttojahresumsatz** des Spediteurs bezogen wird. Das Ergebnis ist eine Versicherungsprämie, die in **Promille** des jährlichen Bruttoumsatzes ausgedrückt wird. Auf die Prämien wird noch die **Versicherungsteuer** von zurzeit 19 % hinzugerechnet. Die Prämie ist in der Regel in monatlichen oder vierteljährlichen Teilbeträgen zu bezahlen.

Versicherungsprämie = Entgelt, das eine Versicherungsgesellschaft für den Versicherungsschutz berechnet, i. d. R. als Promillesatz.

Versicherungssteuer = Steuer auf Prämien aus Versicherungsverträgen.

Sanierung

Versicherung bedeutet vom Grundgedanken her, Risiken auf viele Schultern zu verteilen. Dieser Solidaritätsgedanke wird jedoch zunehmend von einer Einzelbetrachtung verdrängt. Die Versicherer beurteilen jeden Versicherungsnehmer hinsichtlich erzielter Prämieneinnahmen und geleisteter Schadenersatzzahlungen.

Prämieneinnahmen eines Jahres ⟷ **Versicherungsleistungen eines Jahres**

Das Ergebnis dieser Betrachtung ist die sogenannte **Schadenquote**. Setzt man die Prämieneinnahme von einem Spediteur mit 100 % an, lassen sich die gezahlten Schadenersatzleistungen als Prozentsatz der Prämien ausdrücken.

Beispiel:

Prämieneinnahmen 20 000,00 EUR/Jahr
Schadenersatzleistungen der Versicherung 15 000,00 EUR/Jahr

$$\text{Schadenquote} = \frac{100 \cdot 15\,000{,}00}{20\,000{,}00} = 75\,\%$$

Übersteigen die Versicherungsleistungen einen bestimmten Anteil der Prämieneinnahmen, verlangen die Versicherer Sanierungsmaßnahmen. Das sind Maßnahmen, die zukünftig Schäden vermeiden sollen (z. B. verbesserte Lagerorganisation, stärkere Sicherung von Gütern, mehr Schnittstellenkontrollen usw.), oder höhere Prämien.

Eine Versicherungsgesellschaft hat z. B. folgende Sanierungsregel in ihren Vertragsbedingungen:

„Beträgt die Schadenquote mehr als 65 %, wird für das laufende Jahr ein Zuschlag erhoben."

Beispiel:

Schadenquote	***Zuschlag***
65 % bis 80 %	*25 %*
80 % bis 100 %	*40 %*
über 100 %	*nach Vereinbarung*

Auf der anderen Seite sehen Versicherungsverträge aber häufig auch einen Prämiennachlass vor, wenn die Schadenquote besonders niedrig ausfällt.

3.2.12 Obliegenheiten des Versicherungsnehmers

In den Versicherungsbedingungen existieren umfangreiche Regelungen, die der Spediteur beachten muss, damit die Versicherungsgesellschaft im Schadensfall auch Ersatz leistet. Die Obliegenheiten werden in zwei Gruppen eingeteilt, je nachdem, ob sie vor oder nach Eintritt des Schadens zu erfüllen sind.

Vor Eintritt des Schadens

Diese Pflichten des Spediteurs dienen der Schadensverhütung. Dazu gehören u. a.

- **technische** Obliegenheiten:
  - Einsatz geeigneter Fahrzeuge, Wechselbrücken und Container
  - Verwendung einwandfreier Umschlagsgeräte, DV-Anlagen (Hard- und Software, Datensicherung)
  - Diebstahlsicherungen an Fahrzeugen im Selbsteintritt
  - einwandfreie Temperaturregelungen in Kühlfahrzeugen
- **personenbezogene** Obliegenheiten:
  - sorgfältige Auswahl und Überwachung von Mitarbeitern
  - sorgfältige Auswahl und Überwachung von eingesetzten Frachtführern (Subunternehmer)
- **kaufmännisch-verwaltende** Obliegenheiten:
  - Durchführung der vorgeschriebenen Schnittstellenkontrollen und ihre Dokumentation
  - Mitführung der erforderlichen Berechtigungen (Erlaubnis, Genehmigung) sicherstellen Berechtigungen, siehe Seite 80
  - behördliche Vorschriften beachten (z. B. über den Einsatz ausländischer Kraftfahrer)
  - Meldung von Risikoveränderungen an die Versicherungsgesellschaft und Einbeziehung dieser Risiken in die Betriebsbeschreibung

Nach Eintritt des Schadens

Der Versicherungsnehmer soll durch die Beachtung dieser Obliegenheiten sicherstellen, dass die Umstände des Schadens einwandfrei geprüft und Regressansprüche gegenüber dem Schadenverursacher gestellt werden können. Zu den Pflichten gehören vor allem:

- die rechtzeitige Meldung des Schadens an die Versicherung und die Bereitstellung aller notwendigen Unterlagen (Belege, Erklärungen, Protokolle)
- alles zu unternehmen, um den Schaden möglichst gering zu halten, und entsprechende Weisungen des Versicherers zu beachten
- Der Versicherungsnehmer hat den Versicherer zu benachrichtigen, wenn gerichtlich gegen ihn vorgegangen wird, und erforderliche Rechtsmittel (z. B. Widersprüche) einzulegen.
- sich auf Verlangen und Kosten der Versicherungsgesellschaft auf einen Prozess mit dem Anspruchsteller einzulassen
- die Polizei zu informieren, wenn Diebstahl, Raub oder ein Verkehrsunfall Ursache des Schadens sind, sowie bei höheren Schäden (gewöhnlich ab 2500,00 EUR) einen **Havariekommissar** (Schadenssachverständiger) einzuschalten
- Der Spediteur muss mögliche Regressansprüche geltend machen und Reklamationsfristen beachten.

Siehe auch Schadensabwicklung auf Seite 75

Verletzt der Spediteur seine Obliegenheiten, ist die Versicherungsgesellschaft unter bestimmten Umständen berechtigt, ihre Leistungen zu verweigern. Dies gilt insbesondere für die Obliegenheiten, die der Schadensverhütung dienen.

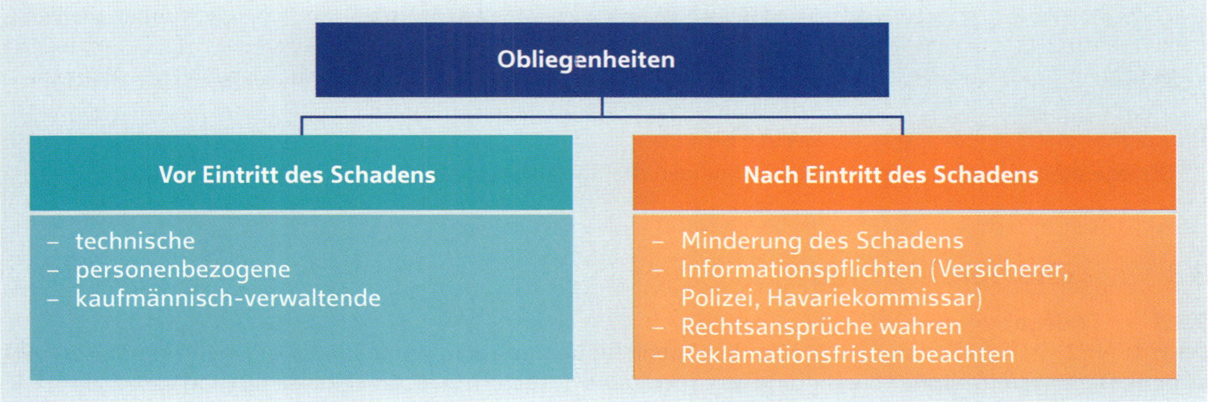

Übliche Höchstgrenzen in der Haftungsversicherung

	in EUR
1. Schadensfall	
Güterschaden, Güterfolgeschaden	1,25 Millionen
reiner Vermögensschaden	250 000,00
Lager-/Inventurdifferenzen	70 000,00
2. Schadensereignis	2–5 Millionen
3. Jahresmaximum	
generelles Maximum	4–6 Millionen
qualifiziertes Verschulden (über die gesetzliche und vertragliche Haftung hinausgehend)	100 000,00–250 000,00
4. Schadensbeteiligung	15 % mindestens 150,00 höchstens 2 500,00
5. Vorsorgeversicherung	250 000,00

Zusammenfassung	Haftungsversicherung	
Haftungsversicherung:	Stellt die Haftung des Spediteurs sicher ▪ nach Gesetz (z. B. HGB) und ▪ nach Vertrag (ADSp) (wie eine Haftpflichtversicherung).	
Betriebsbeschreibung:	→ Tätigkeitsprofil → Risiken	
Vorsorgeversicherung:	vorübergehend für neue Geschäftsfelder	
Räumlicher Geltungsbereich:	i. d. R. europäischer Wirtschaftsraum	
(Übliche) Versicherungshöchstgrenzen:	▪ Güter-, Güterfolgeschäden, pro Schadensfall	1,25 Mio. EUR
	▪ reine Vermögensschäden	250 000,00 EUR
	▪ Lager-Inventurdifferenzen	70 000,00 EUR
	▪ pro Schadenereignis	2 Mio.–5 Mio. EUR
	▪ Jahresmaximum	4 Mio.–6 Mio. EUR
	▪ qualifiziertes Verschulden	100–250 TEUR
Regressverzicht:	Verzicht des Versicherers, den schadenverursachenden Spediteur haftbar zu machen	
Schadensbeteiligung:	Eine Schadensbeteiligung des Spediteurs kann vereinbart werden (z. B. 15 %, mind. 150,00 EUR, max. 2 500,00 EUR)	
Prämie:	ein bestimmter Promillesatz aufgrund einer Risikobewertung (Betriebsbeschreibung) und des Bruttojahresumsatzes	
Obliegenheiten:	Verpflichtungen des Spediteurs vor und nach Eintritt des Schadens	

3.3 Güterversicherung

3.3.1 Aufgaben der Güterversicherung

Verzichtskunden, siehe Seite 57

Nach Ziffer 21 ADSp kann der Versender den Spediteur beauftragen, seine Sendung gegen Schäden zu versichern. Dies ist sinnvoll, weil die Haftung des Spediteurs gesetzlich (z. B. durch das HGB) und vertraglich (z. B. über die Einbeziehung der ADSp in den Verkehrsvertrag) in bestimmten Fällen eingeschränkt oder sogar völlig ausgeschlossen wird.

Unabwendbares Ereignis, siehe Seite 32

Reine Vermögensschäden und Güterfolgeschäden, siehe Seite 34

- Vielfach liegt der Wert der Güter, die dem Spediteur übergeben werden, höher als die maximale Haftungshöhe des Spediteurs (8,33 SZR/kg im Rahmen der Obhutshaftung und bei Beförderungen). Es entstehen also ungedeckte Differenzen zwischen der Höhe des Schadens und der Ersatzleistung des Spediteurs.
- Außerdem kann sich der Spediteur in bestimmten Fällen der Haftung entziehen, z. B. wenn ein sogenanntes „unabwendbares Ereignis“ vorliegt. Über die Güterversicherung kann der Versender auch in diesen Fällen vollen Ersatz für beschädigte oder in Verlust geratene Güter erhalten.
- Die ADSp sehen für reine Vermögensschäden eine sehr starke Haftungsbegrenzung vor (bis zur Höhe des dreifachen Verlustersatzes); Güterfolgeschäden werden überhaupt nicht ersetzt.

→ **Güterversicherung:** Stellt im Schadensfall – bei entsprechendem Versicherungsumfang – den vollständigen Ersatz von Güter- und Vermögensschäden für den Versender sicher.

3.3.2 Beteiligte am Versicherungsvertrag

Die Güterversicherung wird vom Erstspediteur als Versicherungsnehmer abgeschlossen. Begünstigter (Versicherter) ist der Auftraggeber des Spediteurs.

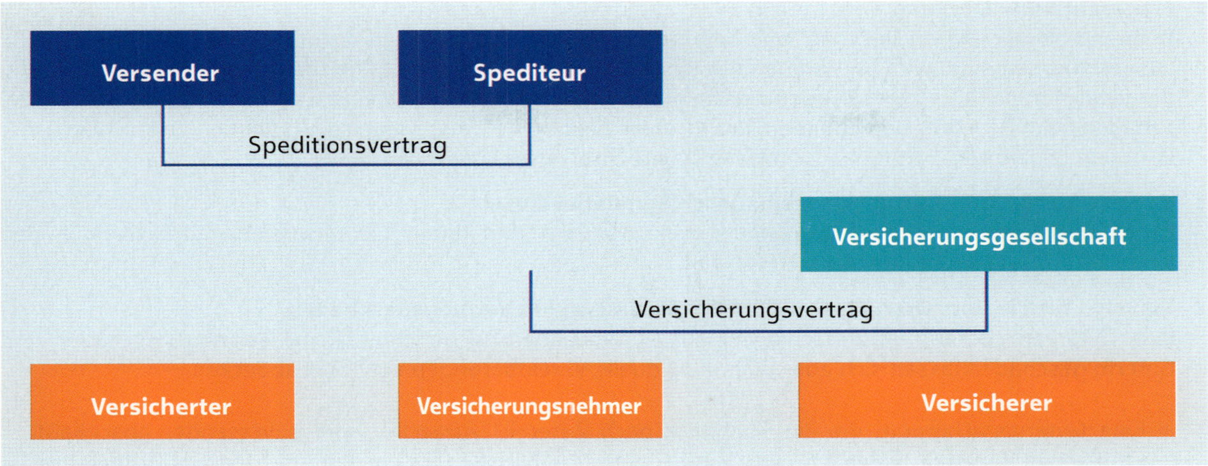

3.3.3 Spediteur-Transport-Generalpolice

Die Versicherungsgesellschaften haben – wie bei der Haftungsversicherung – unterschiedliche Versicherungsmodelle entwickelt, die unter der Bezeichnung **Spediteur-Transport-Generalpolice** zusammengefasst werden. Generalpolice bedeutet, dass gleichartige Gütertransporte gegen gleichartige Risiken versichert werden (auch laufende Police genannt).
Die Angebote der Versicherungsgesellschaften werden unter verschiedenen Bezeichnungen geführt.

Zur Unterscheidung von Einzel- und Generalpolice siehe Seite 395

Beispiele:

Aktiv-Assekuranz	Warentransportversicherung – Transport-Versicherungsschein (TVSplus)
Oskar Schunck KG	SLVS-Plus Waren-Transportversicherung
Aon Jauch & Hübener GmbH	Aon Transport-Versicherungs-Police (Aon HRTS 2003 TV)
WÜBA	Risiko 0002 – Open Cover
KRAVAG-Logistic Versicherungs-AG	Speditions-Güterversicherung KRAVAG-LOGISTIC-POLICE
Mannheimer Versicherung AG	Warentransportversicherung (ADS-Güterschaden-Versicherung)

Nachfolgend werden Gemeinsamkeiten und wesentliche Unterschiede dieser Versicherungsangebote vorgestellt.

Grundlagen der Versicherung

Grundlage fast aller Güterversicherungen für Spediteure sind die **DTV-Güterversicherungsbedingungen (DTV-Güter 2000/2011)**. Es handelt sich um allgemeine Geschäftsbedingungen, die der Gesamtverband der Deutschen Versicherungswirtschaft (GDV) seinen Mitgliedern zur Anwendung empfiehlt. Die Versicherungsgesellschaften verändern diesen Basistext aber – wie bei der DTV-Verkehrshaftungsversicherung – nach ihren eigenen Vorstellungen.
Manche Gesellschaften legen ihrer Spediteur-Police die **ADS** (Allgemeine Deutsche Seeversicherungsbedingungen) von 1994 zugrunde. Die Unterschiede zwischen diesen Bedingungen sind gering, sodass hier nur die DTV-Güter 2000 (in der Fassung von 2011) näher betrachtet werden.
Die DTV-Güterversicherungsbedingungen 2000/2011 umfassen insgesamt 17 unterschiedliche Regelungen (**Klauseln**) als ein Versicherungspaket, aus dem der Kunde nach seinen Ansprüchen auswählen kann. Für die Güterversicherung des Spediteurs sind vor allem folgende Klauseln von Bedeutung:

Nähere Ausführungen zur Transportversicherung befinden sich im speziellen Kapitel zu diesem Thema auf Seite 392.

- **Volle Deckung**
  Wird diese Klausel gewählt, sind „alle Gefahren gedeckt, denen die Güter während der Dauer der Versicherung ausgesetzt sind". Das heißt, der Kunde erhält einen umfassenden Versicherungsschutz für seine Güter. Bestimmte Versicherungsausschlüsse, z. B. Kriegs- und Streikrisiken, Vermögensschäden oder Güterfolgeschäden, können durch besondere Vereinbarungen in den Leistungsumfang der Versicherung aufgenommen werden.
  Der Versicherungsschutz besteht **von Haus zu Haus**. Verkehrsbedingte Vor-, Zwischen- und Nachlagerungen bis zu 30 Tagen werden ebenfalls erfasst; ferner verfügte Lagerungen bis zu 120 Tagen – sofern besonders vereinbart.

- **Eingeschränkte Deckung**
  Während bei der „vollen Deckung“ alle Gefahren versichert sind, die nicht ausdrücklich vom Schadenersatz ausgeschlossen sind, wird im Rahmen der eingeschränkten Deckung Ersatz für Verlust und Beschädigung der versicherten Güter **nur für genau definierte Schadensursachen** geleistet, z. B. Transportmittelunfälle, Schäden beim Be-, Um- und Entladen, Brand sowie bestimmte Naturereignisse (Erdbeben, Blitzschlag u. Ä.). Die oben genannten Haftungsausschlüsse (Krieg, Streik usw.) gelten auch hier.
- **Kriegs-, Streik- und Aufruhrklauseln, Beschlagnahmeklausel**
  Durch besondere Vereinbarung können diese Klauseln und damit die beschriebenen Risiken in den Versicherungsvertrag aufgenommen werden.
- **Klauseln für die Versicherung von Güterfolge- und reinen Vermögensschäden**
  Eine Güterversicherung ist zunächst nur auf Güterschäden ausgerichtet. Reine Vermögensschäden und Güterfolgeschäden lassen sich aber über individuelle Vereinbarungen ebenfalls abdecken.

Siehe auch Prämientabelle, Seite 71

Eine Güterversicherung, die ein Spediteur nach Ziffer 21 ADSp für seinen Versender abschließt, umfasst im Regelfall **„volle Deckung“** und schließt die Klauseln für die Versicherung von **Güterfolge- und reinen Vermögensschäden** ein.

Versicherte Güter

Die Versicherungsgesellschaften differenzieren in der Güterversicherung nach bestimmten Warengruppen. Oft werden grundsätzlich alle Güter versichert, bestimmte, besonders aufgeführte aber vom Versicherungsschutz ausgeschlossen. Damit werden die speziellen Risiken einiger Waren berücksichtigt. Ein Anbieter bildet z. B. vier unterschiedliche Warengruppen und verlangt vom Spediteur abgestufte Verhaltensweisen, um Versicherungsschutz zu erhalten. Außerdem variiert der Versicherer die Haftungshöchstgrenzen.

Beispiele für Warengruppen:

Warengruppe A	Warengruppe B	Warengruppe C	Warengruppe D
Allgemeine Handelsgüter	Besondere Handelsgüter	Besonders gefährdete Handelsgüter	Nicht versicherbare Handelsgüter
Beispiele: alle Handelsgüter, soweit nicht in Gruppe B bis D aufgeführt	***Beispiele:*** alkoholische Getränke, Computerbauteile, Foto- und Filmapparate, Unterhaltungselektronik	***Beispiele:*** unverzollter Alkohol, frisches Gemüse, Kunstgegenstände, Mobiltelefone, Schnittblumen, lebende Tiere	***Beispiele:*** Antiquitäten, Dokumente, echte Perlen, Edelmetalle, Geldmünzen, -scheine, Wertpapiere, Juwelen, Urkunden
Versicherungsschutz: ohne besondere Anfrage	**Versicherungsschutz:** ohne besondere Anfrage	**Versicherungsschutz:** besondere Anfrage vor Risikobeginn	**Versicherungsschutz:** nicht möglich
Haftungshöchstgrenze: bis 750 000,00 EUR je Transportmittel	**Haftungshöchstgrenze:** bis 50 000,00 EUR je Transportmittel		

Prämienstrukturen

Die Preismodelle der Versicherungen unterscheiden sich deutlich. Grundsätzlich lässt sich feststellen, dass die verschiedenen Anbieter die Versicherungsprämien nach folgenden Risikomerkmalen differenzieren:

- Güterarten (z. B. Warengruppe A und B)
- Länderrelationen (z. B. Beförderungen innerhalb Deutschlands oder von Deutschland nach Polen)
- Art des eingesetzten Beförderungsmittels im Hauptlauf (Land-, See- oder Lufttransporte)

Legt man die nachfolgend abgebildete Prämientabelle einer Versicherungsgesellschaft zugrunde, lässt sich die Versicherungsprämie z. B. wie folgt berechnen:

Beispiel für eine Prämienberechnung:
Sendung: 800 kg Unterhaltungselektronik von Düsseldorf nach München, Entfernung 610 km, Wert der Sendung 28 500,00 EUR

Prämie: 1,850 ‰ (innerdeutsch, Warengruppe B) von 28 500,00 EUR =	*52,73 EUR*
+ 19 % Versicherungssteuer	*10,02 EUR*
Bruttoprämie	*62,75 EUR*

Prämientabelle

1 Land-, See- und Lufttransporte von und nach Deutschland
Warengruppe A
allgemeine Speditionsgüter, die nicht in der Warengruppe B sowie „Auflistung der Waren mit erhöhtem Risikograd (Warenkatalog)" gesondert aufgeführt sind

Warengruppe B
- elektrische Haushaltsgeräte
- Nahrungsmittel
- Flüssigkeiten in Flaschen
- Kosmetikartikel
- Tabakwaren
- Spirituosen
- Arzneien
- Neumöbel
- Daten-, Ton- und Musikträger
- Foto- und Filmapparate
- Unterhaltungselektronik (z. B. Fernseh-, Video-, Rundfunkgeräte)
- weiße Ware (z. B. Waschmaschinen, Kühlschränke etc.)
- Maschinen mit hohem Elektroanteil
- Computer (Hardware und Software) und Peripheriegeräte
- temperaturgeführte Güter
- medizinisch-technische Geräte

		Prämien in Promille	
		Warengruppe A	**Warengruppe B**
1.1	Deutschland	0,700	1,850
1.2	geografisches Europa (ohne Staaten der ehemaligen UdSSR)	0,850	2,850
1.3	Nordamerika	2,500	5,000
1.4	Mittelamerika	5,500	11,000
1.5	Südamerika	6,000	12,000
1.6	Mittelmeeranrainerstaaten und Südafrika	4,000	8,000
1.7	übriges Afrika	7,000	auf Anfrage
1.8	Japan, Taiwan, Hongkong, Südkorea, Singapur, Australien, Neuseeland	3,500	7,000
1.9	übriges Asien	5,000	10,000
1.10	Länder der ehemaligen UdSSR	auf Anfrage	auf Anfrage
2	Lufttransporte	70 % der genannten Prämiensätze	
3	eingeschränkte Deckung	60 % der Transportprämie	
4	Zuschlag politische Risiken	0,5 ‰	
5	Spediteurrabatt	10 %	
6	Lagerungen	auf Anfrage	
7	Mindestprämie je Transport	2,50 EUR	

Güter mit einem Versicherungswert über 100 000,00 EUR sind anfragepflichtig.
Nicht aufgeführte Länderrelationen sind anfragepflichtig.
Prämien einschließlich „Klauseln für Güterfolgeschäden und reine Vermögensschäden".
Bei innerdeutschen Transporten zuzüglich der gesetzlichen Versicherungssteuer von zurzeit 19 %.

Spediteurprovision

Es ist üblich, dem Spediteur für die Vermittlung des Versicherungsvertrages zwischen Versender und Versicherungsgesellschaft und für das Inkasso der Prämie eine Provision von z. B. 10 % der eingenommenen Prämien zu gewähren.

Versicherungsteuer

Die Prämienzahlungen an Versicherungen unterliegen der Versicherungsteuer. Der Steuersatz beträgt zurzeit 19 %. Bestimmte Versicherungen (z. B. Lebens- und Krankenversicherungen) sind von der Versicherungsteuer befreit, andere in der Höhe reduziert (z. B. Hausratversicherung 14 %).
Die Versicherungsprämie ist vom eingenommenen Versicherungsentgelt (Grundprämie = Bemessungsgrundlage) zu berechnen.
Die Spediteurprovision wird ebenfalls von der Grundprämie berechnet und anschließend abgezogen. Grundprämie + Versicherungssteuer – Spediteurprovision ergeben den Zahlungsbetrag des Spediteurs an die Versicherung.

Beispiel

	Prämie EUR
	...
Grundprämie	*2500,00*
+ Versicherungssteuer 19%	*475,00*
Bruttoprämie	*2975,00*
– 10% Spediteurprovision von der Grundprämie	*250,00*
Zahlungsbetrag	***2725,00***

Besteuert werden inländische Versicherungsverhältnisse bzw. Versicherungsverträge, die sich auf inländische Sachverhalte beziehen. **Grenzüberschreitende Transporte** sind von der Versicherungsteuer befreit. Die Versicherungsteuer stimmt zwar in der Höhe mit dem Umsatzsteuersatz überein, unterscheidet sich aber wesentlich von der Umsatzsteuer.
Die Versicherungsteuer in der **Güterversicherung** ist für den Spediteur – wie die Prämie selbst – nur ein durchlaufender Posten. Er kassiert die Prämie einschließlich Versicherungsteuer von seinem Auftraggeber und reicht sie an die Versicherung weiter (unter Abzug von z. B. 10% Spediteurprovision).
Die Prämie für die **Haftungsversicherung** ist vom Spediteur zu tragen. Obwohl der Spediteur eine Leistung einkauft, ist die Versicherungsteuer keine Vorsteuer, die der Spediteur von der eingenommenen Umsatzsteuer abziehen kann. Die Versicherungsteuer zählt kostenrechnerisch zu den Aufwendungen.

Umsatzsteuerliche Behandlung der Versicherungsprämie

Alle Lieferungen (z. B. Verkäufe von Waren) oder Leistungen (z. B. die Dienstleistung eines Spediteurs) gegen Entgelt unterliegen der Umsatzsteuer. Grundlage der Berechnung ist das **vereinbarte Entgelt**. Der Umsatzsteuersatz beträgt zurzeit 19% (für Lebensmittel und Verlagserzeugnisse 7%). Die Güterversicherung wird zugunsten und für Rechnung des Kunden abgeschlossen. Der Auftraggeber ist daher auch der Prämienzahler. Die Leistung des Spediteurs besteht darin, dem Versender Versicherungsschutz zu verschaffen. Eine solche Versicherungsleistung ist nach § 4 (10b) Umsatzsteuergesetz von der Umsatzsteuer befreit.

Beispiel:

Rechnung Nr. 12477-07			
Pos.-Nr.	**Text**	**EUR**	**EUR**
001	800 kg Unterhaltungselektronik von Düsseldorf nach München, Entfernung 610 km		289,20
002	**Nettobetrag** + 19% USt		289,20 54,95
003	**Bruttobetrag** Güterversicherung einschließlich Versicherungsteuer Rechnungsbetrag		344,15 62,75 406,90

3.4 Versicherungswert/Versicherungssumme

Versicherungs**wert** = Wert des Gutes (Verkaufspreis oder allgemeiner Handelswert) am Ort und zur Zeit des Beginns der Versicherung, zuzüglich Fracht und sonstiger Kosten, die bei der Beförderung des Gutes anfallen.

Versicherungs**summe** = Eurobetrag, von dem die Prämie berechnet wird.

Versicherungswert und Versicherungssumme sollten sich decken, weil die Versicherungssumme im Regelfall die Höchstgrenze für die Ersatzleistung der Versicherung ist. Ein Spediteur, der von der Vermutungsregel nach Ziffer 21.2 ADSp Gebrauch macht und die Sendung eines Auftraggebers auch ohne ausdrücklichen Auftrag versichert, kann den Güterwert durchaus zu niedrig einschätzen. Schätzfehler können auch dem Versender bei der Wertangabe seiner Sendung unterlaufen. Die Versicherungssumme liegt in solchen Fällen unter dem Versicherungswert, man spricht daher von Unterversicherung.

3.5 Unterversicherung

Unterversicherung = unvollständiger Versicherungsschutz, weil die Versicherungssumme niedriger ist als der Versicherungswert.

In diesem Fall hat der Spediteur keinen vollen Versicherungsschutz für die Güter eingekauft. Der Versicherer leistet demnach auch nur teilweise Schadenersatz, nämlich nach dem Verhältnis von Versicherungswert zu Versicherungssumme.

$$\text{Ersatz} = \frac{\text{Versicherungssumme} \cdot \text{Schaden}}{\text{Versicherungswert}}$$

$$\text{Ersatz} = \frac{5000{,}00 \cdot 8000{,}00}{10000{,}00} = 4000{,}00\,\text{EUR}$$

Beispiel:

Versicherungswert:	10 000,00 EUR
Versicherungssumme:	5 000,00 EUR
Schaden:	8 000,00 EUR
Schadenersatz:	4 000,00 EUR

(50 % des Schadens werden ersetzt, weil auch nur 50 % des Güterwertes versichert waren.)

3.6 Regressschutz durch Güterversicherung

Schließt der Spediteur für seinen Versender eine Güterversicherung ab, wird ein Schaden ausschließlich von dieser Versicherung getragen. Sie wird versuchen, Regress auf den Schadenverursacher oder dessen Versicherung zu nehmen. Ist aber der Spediteur der Schadenverursacher, wird der Regressverzicht seiner Haftungsversicherung wirksam, mit der Folge, dass die Haftungsversicherungspolice des Spediteurs durch den Schaden nicht „belastet" wird. Obwohl also der Spediteur durch sein Fehlverhalten (gewöhnlich Fehler seiner Mitarbeiter) einen Schaden zu vertreten hat, ist er wegen der bestehenden Güterversicherung vor einem Regress geschützt. Konkret geht es um die Schadensbeteiligung und um die Prämienhöhe, weil Anzahl und Höhe der gemeldeten Schäden die Prämie beeinflussen.

Schadensbeteiligung in der Haftungsversicherung und Regressverzicht, siehe Seite 65

Ein Spediteur ist demnach gut beraten, seinen Kunden den Abschluss einer Güterversicherung dringend zu empfehlen, weil dann nicht nur der Kunde umfassenden Schutz vor Güter-, Güterfolge- und reinen Vermögensschäden erhält, sondern auch der Spediteur als Schadenverursacher keinerlei finanzielle Konsequenzen zu tragen hat. Er könnte folglich ein Angebot mit eingeschlossener Güterversicherung anders kalkulieren als ein Angebot für Verzichtskunden.

3.7 Abgrenzung der Versicherungsarten

(Güterschaden-) Haftpflichtversicherung: Lkw-Frachtführer haben sich nach § 7a GüKG gegen alle Schäden zu versichern, für die sie nach dem HGB-Frachtrecht haften.

Siehe Seite 88

Haftungsversicherung des Spediteurs: Hier handelt es sich ebenfalls um eine Haftpflichtversicherung. Der Spediteur versichert sich gegen alle Schäden, für die er nach dem Gesetz (z. B. HGB) und nach dem Speditionsvertrag (ADSp) zu haften hat.

Siehe Seite 60 sowie Seite 68

Güterversicherung, abgeschlossen durch den Spediteur: Diese Versicherung sorgt dafür, dass auch Schäden ersetzt werden, die über die Haftung des Spediteurs nach ADSp und HGB hinausgehen. Der Spediteur schließt die Versicherung für seinen Auftraggeber auf dessen Kosten ab, sofern der Versender diese Versicherung wünscht. Unter bestimmten Umständen kann der Spediteur vermuten, dass der Auftraggeber eine Güterversicherung wünscht.

Die Güterversicherung entspricht der traditionellen **Transportversicherung** (Gütertransportversicherung, Warentransportversicherung). Es handelt sich um eine Versicherung, die alle Gefahren, denen Güter beim Transport ausgesetzt sind, abdeckt. Sie ist vorzugsweise auf Güterschäden ausgerichtet. Güterfolgeschäden und reine Vermögensschäden können über spezielle Klauseln gesondert vereinbart werden, ebenso spezielle Risiken wie Krieg oder Streik. Bei internationalen Transporten ist der Abschluss einer Gütertransportversicherung üblich, und zwar vom Haus des Absenders bis zum Haus des Empfängers (Haus-Haus-Versicherung). Die Versicherung wird gewöhnlich vom Versender/Absender abgeschlossen. In diesem Fall ist der Abschluss einer Güterversicherung durch den Spediteur nicht erforderlich. Der Versender kann aber auch den Spediteur beauftragen, eine Güterversicherung (= Transportversicherung) für ihn abzuschließen.

Siehe Seite 392

Anwendungsfall: Ein weltweit operierendes Industrieunternehmen hat für seine gesamten Transporte eine einheitliche Transportversicherung abgeschlossen.

Versicherungen nach ADSp

Güterversicherung

Ziffer 21 ADSp

Versicherung der **Güter**, die Gegenstand des Verkehrsvertrages sind. Die Versicherung sorgt dafür, dass der Versender – unabhängig von der Haftung der Beteiligten – ausreichenden Schadenersatz erhält.

Paketlösung
- volle Deckung*
- Klausel für die Versicherung von Güterfolge- und reinen Vermögensschäden*
- eingeschränkte Deckung
- Kriegs-, Streik- und Aufruhrklausel, Beschlagnahmeklausel
- u. a.

Versicherte Güter
- Warengruppe A (normale Handelsgüter)
- Warengruppe B (besondere Handelsgüter)
- Warengruppe C (gefährdete Handelsgüter)
- Warengruppe D (nicht versicherbare Güter)

Prämien
Warengruppe A: z. B. 0,7 ‰ des Güterwertes
Warengruppe B: z. B. 1,85 ‰ des Güterwertes

Haftungsversicherung

Ziffer 28 ADSp

Sie stellt sicher, dass der **Spediteur** seine Haftpflicht
- **nach Gesetz** (z. B. HGB) und
- **nach Vertrag** (über die Allgemeinen Geschäftsbedingungen, im Regelfall ADSp)

erfüllen kann.

Betriebsbeschreibung
Vorsorgeversicherung
In Abhängigkeit von der Schadensart sind folgende Versicherungshöchstgrenzen **üblich**:

– Güter-, Güterfolgeschäden	1,25 Million EUR
– reine Vermögensschäden	250 000,00 EUR
– Lager-Inventurdifferenzen	70 000,00 EUR
– pro Schadenereignis	2–5 Millionen EUR
– Jahresmaximum	4–6 Millionen EUR
– qualifiziertes Verschulden	100–250 TEUR

TEUR = 1 000 EUR

** Regelleistungen einer Güterversicherung nach ADSp*

3.8 Weitere Versicherungen

Speditionsunternehmen, die sich auch als Frachtführer betätigen, haben neben der Haftungs- und Güterversicherung gewöhnlich mit weiteren Versicherungen zu tun.

Beispiele:

→ **Betriebshaftpflichtversicherung:** Haftpflichtversicherungen haben die Aufgabe, den Versicherten von Schadenersatzansprüchen Dritter freizustellen. Eine Betriebshaftpflichtversicherung leistet Schadenersatz für Schäden, die im Rahmen der betrieblichen Tätigkeit eines Unternehmens entstehen.

Anwendungsfall: Ein Lagerarbeiter beschädigt beim Beladen mit seinem Gabelstapler das Fahrzeug eines Nahverkehrsunternehmers.

→ **Umwelthaftpflichtversicherung:** Sie leistet Schadenersatz für Umweltschäden im gewerblich-beruflichen Bereich, für die ein Spediteur z. B. nach dem Umwelthaftungsgesetz oder dem Wasserhaushaltsgesetz in Anspruch genommen wird.

Anwendungsfall: Ein sorgloser Umgang mit Treibstoff und Öl an der Betriebstankstelle einer Spedition führt zu hohen Entsorgungskosten bei der Sanierung des Geländes.

→ **Kraftfahrversicherung:** Haftpflicht-, Fahrzeug- und Unfallversicherung im Zusammenhang mit dem Betrieb von Kraftfahrzeugen.

- Die **Kfz-Haftpflichtversicherung** ist eine Pflichtversicherung des Fahrzeughalters, die sicherstellt, dass der Fahrzeughalter für Schäden, die durch den Betrieb des Fahrzeugs verursacht worden sind, aufkommen kann.
- Die **Fahrzeugversicherung** (Kasko-Versicherung) kommt für Schäden am versicherten Fahrzeug auf und
- die **Unfallversicherung** bietet Versicherungsschutz für Insassen und Berufsfahrer im Falle eines Kraftfahrzeugunfalls.

Siehe Fahrzeugkostenrechnung auf Seite 132

Anwendungsfall: Durch einen Unfall, den der Fahrer eines Lkw verursacht, entstehen Personen-, Sach- und Vermögensschäden. Die Versicherung schützt die Opfer des Unfalls vor den wirtschaftlichen Folgen.

- **Rechtsschutzversicherung:** Es handelt sich hier um eine Schadenversicherung, die die Kosten (Vermögensschaden) eines Rechtsstreites übernimmt.

Anwendungsfall: Eine Spedition wird von einem Transportversicherer auf Schadenersatz wegen eines Güterschadens verklagt.

Universal-Versicherung

Zunehmend bieten Versicherungsgesellschaften den Spediteuren und Frachtführern einen globalen Versicherungsschutz für alle in einem Unternehmen auftretenden Risiken an – sogenannte Universal-Policen.

Beispiel für den Umfang einer Frachtführer-Universal-Police:

Police = Urkunde über den abgeschlossenen Versicherungsvertrag

- *Verkehrshaftung: Versichert ist die Haftung aus gewerblicher Tätigkeit als Straßenfrachtführer mit der Deckungssumme von 2,5 Millionen EUR, europaweit nach den jeweiligen nationalen Rechtsvorschriften.*
- *Betriebshaftpflicht*
- *Umwelthaftpflicht*
- *Kraftfahrzeughaftpflicht: Versichert sind alle auf den Versicherungsnehmer zugelassenen Kraftfahrzeuge, Anhänger, Auflieger und zulassungspflichtigen Arbeitsmaschinen. Versicherbar sind auch die Gefahrgutrisiken.*
- *Rechtsschutz (Schadenersatz-Rechtsschutz im Vertrags- und Sachenrecht, Steuer-Rechtsschutz, Verwaltungsrechtsschutz, Strafrechtsschutz, Ordnungswidrigkeiten-Rechtsschutz)*

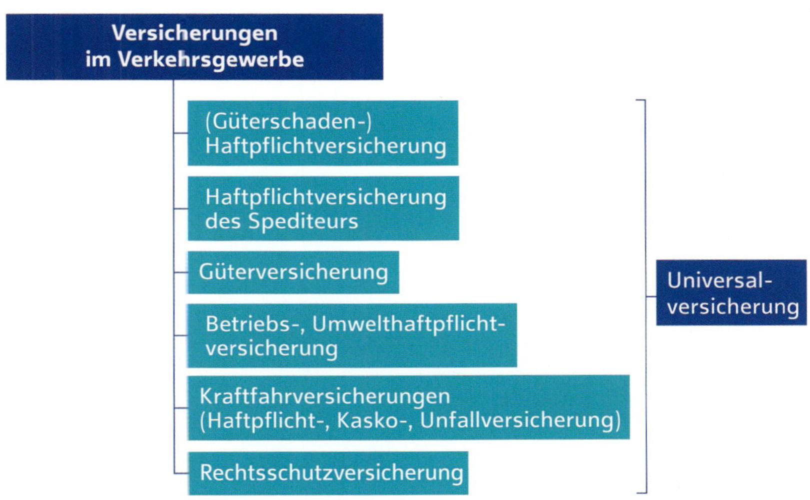

- *All-Risks-Warentransportversicherung (Der Frachtführer bietet seinem Auftraggeber auch eine Gütertransportversicherung an.)*

Vorteile für den Versicherten

- Verwaltungsvereinfachung, weil nur noch ein Ansprechpartner existiert
- Die Einzeldokumentation im Fahrzeugpark entfällt.
- Pro Jahr sind zwölf gleichmäßige Monatsprämien zu zahlen, statt bisher individuell anzumeldende zahllose Einzelprämien, die meist unterschiedliche Stichtage haben.

3.9 Schadensabwicklung

3.9.1 Pflichten des Spediteurs

Die Versicherungsbedingungen verpflichten den Spediteur zu verschiedenen Maßnahmen („Obliegenheiten“), sobald ein Schaden eingetreten ist. Die Hauptpflichten sind:

- alles zu unternehmen, um einen entstandenen Schaden zu mindern oder weitere Schäden abzuwehren
- zeitnahe Meldung des Schadens an die Versicherung
- die erforderlichen Unterlagen zur Verfügung stellen

- Regressansprüche gegen einen fremden Schadenverursacher sicherstellen, indem z. B. die Reklamationsfristen eingehalten werden

Mahnbescheid = gerichtliche Zahlungsaufforderung

- Wird der Spediteur verklagt, hat er die Versicherung darüber zu unterrichten. Gegen Mahnbescheide hat er fristgemäß Widerspruch einzulegen.
- Transportmittelunfälle und Schäden, bei denen eine strafbare Handlung vermutet werden kann, sind der Polizei zu melden. Übersteigt der vermutete Schaden 2500,00 EUR, ist ein Schadenssachverständiger (Havariekommissar) hinzuzuziehen.

3.9.2 Verhaltensweisen am Beispiel eines Lkw-Transportes

Schäden lassen sich bei den zahlreichen Güterbewegungen im Verkehrsgewerbe nicht vermeiden. Die Beachtung einiger Grundsätze bei der Schadensabwicklung kann jedoch helfen, Schäden zu begrenzen und den Ersatz des Schadens durch Versicherungen zu gewährleisten.

Siehe §§ 409, 438 HGB

Grundsätze zur Schadensabwicklung	
1.	Wenn der Fahrer eine Sendung beim **Absender/Versender** übernimmt, muss er prüfen, ob ▪ die Anzahl der Güter und ihre Verpackung mit den Angaben im Begleitpapier übereinstimmen, ▪ die Güter unbeschädigt sind, ▪ die im Frachtbrief genannten Begleitpapiere beigefügt sind. Fehlmengen oder beschädigte Produkte sind vom Absender/Versender zu ergänzen bzw. zu ersetzen. Können beschädigte Güter nicht ausgetauscht werden, muss der Absender dies auf dem Frachtbrief vermerken und mit Stempel und Unterschrift versehen. Dasselbe gilt für unzureichende Begleitpapiere, weil sie zu einer Verzögerung im Transportablauf führen können, die man dem Frachtführer anlastet, wenn der Fahrer die ordnungsgemäße Übernahme der Papiere bestätigt.
2.	Der **Empfänger** muss bei der Übernahme der Sendung ▪ die Vollständigkeit und Unversehrtheit der Güter prüfen sowie ▪ feststellen, ob die Begleitpapiere für den Empfänger vorhanden sind. Fehlmengen und Beschädigungen sind auf dem Frachtbrief **möglichst genau** festzuhalten.
3.	Für die **Übernahmequittung** (beim Absender) und die Ablieferungsquittung (beim Empfänger) gilt: ▪ Die Unterschrift muss lesbar sein (andernfalls ist sie in Druckbuchstaben zu ergänzen). ▪ Der Firmenstempel ist zu ergänzen. ▪ Das Datum ist hinzuzufügen. Fehlmengen und Beschädigungen sollten Fahrer und Absender bzw. Empfänger gemeinsam durch ihre Unterschriften dokumentieren. Auf diese Weise werden klare Verantwortungen geschaffen, die eine eventuell erforderlich werdende Schadensabwicklung erleichtern.

Schadensmeldung

Schadensmeldung = Mitteilung an die Versicherung über einen eingetretenen Schadensfall

Ist ein Schaden entstanden, muss er der zuständigen Versicherung gemeldet werden, damit die Versicherung ihre Schadenersatzpflicht prüfen kann. In der Schadensmeldung sind vor allem folgende Informationen von Bedeutung:

- eine möglichst genaue Beschreibung des Vorgangs, der zum Schaden führte
- Name des Anspruchsstellers
- Belege, die die Höhe des Ersatzanspruchs begründen
- Belege, die den Verursacher des Schadens sichtbar machen

Die Versicherer erwarten außerdem eine Erklärung des Anspruchsstellers, aus der hervorgeht, dass der Schaden nicht durch eine andere Versicherung ersetzt wird.

Ablauf der Schadensabwicklung

Werden bei der Übergabe einer Sendung an den Empfänger Schäden festgestellt, ist folgende Vorgehensweise angebracht:

- Gemeinsame Schadenbesichtigung und Dokumentation des Schadens von Fahrer und Empfänger, bei offenen Schäden muss das sofort geschehen, bei versteckten Schäden sind die Reklamationsfristen zu beachten.
- geeignete Maßnahmen ergreifen, um eine Ausweitung des Schadens zu verhindern
- Bei größeren Schäden (höher als 2500,00 EUR) ist ein Schadenssachverständiger hinzuzuziehen. Gut und Verpackung dürfen bis zu seinem Eintreffen nicht verändert werden.
- Anmeldung des Schadens bei der zuständigen Versicherung. Der Anmeldung sind gewöhnlich folgende Unterlagen beizufügen:
  - Frachtbrief (mit Übernahme- und Ablieferungsquittung)
  - Schadensprotokoll
  - Schriftverkehr zum Schaden
  - Warenrechnung
  - Schadensrechnung
  - Speditionsauftrag
  - eventuell ein Gutachten des Sachverständigen
  - Versicherungserklärung

Unterlagen zur Schadensmeldung	
Speditionsauftrag	Er dokumentiert das Vertragsverhältnis, aus dem der Vertragspartner des Spediteurs Ansprüche ableiten kann.
Schadensrechnung	Damit spezifiziert der Geschädigte die Höhe der geforderten Ersatzleistung.
Warenrechnung	Sie beweist die Richtigkeit der Schadensrechnung, weil sich der Schadenersatz nach dem Rechnungsbetrag der Warenrechnung richtet.
Versicherungserklärung	Erklärung des Anspruchsstellers, dass keine andere Versicherung ersatzpflichtig ist
Übernahmebestätigung(en)	Sie macht (machen) es möglich, den Verlauf der Sendung zu verfolgen und den Verursacher des Schadens ausfindig zu machen. Der Schaden ist zwischen der letzten reinen (einwandfreien) und der unreinen Übernahmebestätigung entstanden.
Schadensprotokoll	Darin wird der genaue Ablauf der Schadensentstehung beschrieben.

- Regulierung des Schadens je nach Anerkennung durch die Versicherung. Die Versicherung überweist gewöhnlich dem Spediteur/Transportunternehmer den Schadenersatz, der dann an den Anspruchsberechtigten weiterzuleiten bzw. gutzuschreiben ist.

Verbindlichkeit von Quittungen

Die Rechtsprechung geht davon aus, dass eine Quittung nur so viel beweist, wie der Quittierende (Empfänger, Lkw-Fahrer) auch tatsächlich überprüfen kann.

Beispiel:
Ein Empfänger übernimmt eine Sendung mit zehn verschweißten Paletten, die laut Frachtbrief 600 Kartons enthalten sollen. Eine genaue Überprüfung der Kartonanzahl ist bei der Übernahme der Sendung nicht möglich. Trotzdem quittiert der Empfänger den Empfang dieser 600 Kartons. Am nächsten Tag wird bei der genauen Feststellung der Karton-Stückzahl eine Fehlmenge von zehn Kartons ermittelt.
Der Empfänger könnte in diesem Fall einen Gegenbeweis führen, weil die Beschaffenheit des Gutes und die Betriebsverhältnisse eine genaue Stückzahlprüfung nicht zugelassen haben. Die Beweispflicht, tatsächlich nur 590 Kartons erhalten zu haben, liegt jetzt allerdings beim Empfänger. In der Praxis ist dieser Gegenbeweis oft nur noch schwer zu erbringen.

Umsatzsteuer auf Schadensrechnungen

Basis für die Umsatzsteuerberechnung ist das vereinbarte Entgelt zwischen Verkäufer und Käufer. Eine mangelhafte Lieferung führt zu einer Minderung oder völligen Stornierung des vereinbarten Entgelts. In gleichem Maße verringert sich die Umsatzsteuer. Schadensrechnungen, die einen Wertverlust beim Anspruchsteller ausgleichen sollen, enthalten daher keine Umsatzsteuer. Für eine Neulieferung wird wie gewohnt Umsatzsteuer fällig.
Auch nach dem Umsatzsteuergesetz sind „Leistungen aufgrund eines Versicherungsverhältnisses“ von der Umsatzsteuerpflicht befreit.

§ 4 Abs. 10a) Umsatzsteuergesetz

Zusammenfassung	Güterversicherung	
Güterversicherung:	Stellt im Schadensfall – bei entsprechendem Versicherungsumfang – den vollständigen Ersatz von Güter- und Vermögensschäden für den Versender sicher.	
Notwendigkeit:	Haftungsbeschränkungen und Haftungsausschlüsse nach ADSp und gesetzlicher Haftung	
Beteiligte:	(1) Versender – (2) Spediteur (Versicherungsnehmer) – (3) Versicherungsgesellschaft Vertrag zwischen Spediteur und Versicherungsgesellschaft	
Rechtsgrundlage:	DTV-Güter 2000/2011 (= AGB)	
Klauseln:	▪ volle Deckung ▪ eingeschränkte Deckung ▪ Klausel für Güterfolge- und reine Vermögensschäden (in der Güterversicherung durch den Spediteur eingeschlossen) ▪ Kriegs-, Streik-, Beschlagnahmeklausel u. a.	
Warengruppen:	A + B (Versicherung ohne Anfrage), C (spezielle Anfrage erforderlich), D (nicht versicherbar)	
Prämie:	Güterart + Länderrelation + Beförderungsmittel	
	Bruttoprämie = Prämie + Versicherungssteuer (umsatzsteuerfrei)	
	z. B. 0,7 Promille der Versicherungssumme	
Regressverzicht:	Kein Rückgriff auf den schadenverursachenden Spediteur und seine Haftungsversicherung	
Versicherungswert:	Wert des Gutes zum Beginn der Versicherung (zuzüglich Fracht u. a.)	
Versicherungssumme:	Prämienbasis	
Unterversicherung:	Versicherungssumme ist niedriger als der Versicherungswert (nur anteiliger Ersatz)	
Weitere Versicherungen:	▪ Betriebshaftpflichtversicherung ▪ Umwelthaftpflichtversicherung ▪ Kraftfahrversicherung	**Universalpolice** (fasst alle Versicherungen zusammen)
Schadensabwicklung:	▪ Obliegenheiten des Spediteurs (z. B. zeitnahe Schadensmeldung, Regressansprüche sichern) ▪ Schadensmeldung an die Versicherung ▪ Unterlagen bereitstellen (z. B. Schadensrechnung)	

Haftung und Versicherung im Überblick

Verträge	Verträge: Frachtvertrag (national)	Verträge: Speditionsvertrag – Selbsteintritt Sammelladung Fixkostenspedition	Verträge: Speditionsvertrag – Spedition mit Obhut über das Gut / Spedition ohne Obhut über das Gut
Beteiligte	Absender/Frachtführer	Versender/Spediteur	Versender/Spediteur
Gesetzliche Regelung	**HGB Frachtrecht** §§ 407–450 HGB	Frachtrecht „hinsichtlich der Beförderung" (→ HGB Frachtrecht)	**HGB Speditionsrecht** § 453–466 HGB
Geschäftsbedingungen	**ADSp**	**ADSp**	**ADSp**
	§ 425 ff. HGB	§§ 425 ff. HGB und Ziffer 23.1.1 ADSp	Ziffer 23 ADSp
Haftung	1. **Güterschaden** – Güterschaden – max. Wert (nach § 429) – max. 8,33 SZR je kg 2. **Lieferfristüberschreitung** Verspätungsschaden max. dreifache Fracht 3. **Nachnahmefehler** (§ 422) 4. **sonstige Vermögensschäden** (§ 433)		1. **Güterschaden** – Güterschaden – max. 8,33 SZR/kg – je Schadensfall max. 1,25 Millionen EUR/2 SZR/kg (höherer Betrag) – **kumulative Höchstgrenze** je Schadensereignis max. 2,5 Millionen EUR/2 SZR je kg (höherer Betrag) 2. **reine Vermögensschäden** max. dreifacher Betrag, der bei Verlust zu ersetzen wäre, höchstens 125 000,00 EUR je Schadensfall
Versicherung	**(Güterschaden-)Haftpflichtversicherung** (§ 7a GüKG) Sie deckt die gesetzliche Haftung des Lkw-Frachtführers ab.	**Speditionsversicherung** – **Güterversicherung** Versicherung der **Güter** des Versenders mit dem Ziel, ausreichenden Schadenersatz sicherzustellen.	**Speditionsversicherung** – **Haftungsversicherung** Sie stellt sicher, dass der Spediteur seine Haftpflicht nach Gesetz und Vertrag erfüllen kann.

4 Der Spediteur als Frachtführer im Güterkraftverkehr

4.1 Güterkraftverkehrsgesetz (GüKG)

4.1.1 Allgemeine Vorschriften

Das Gesetz regelt die Beförderung von Gütern mit Kraftfahrzeugen in den grundlegenden Fragen.

Güterkraftverkehrsgesetz (GüKG) ist anzuwenden auf
- gewerbsmäßigen und
- geschäftsmäßigen Güterkraftverkehr
- mit Fahrzeugen über 3,5 t zulässigem Gesamtgewicht

§ 1 GüKG [Begriffsbestimmungen]

(1) Güterkraftverkehr ist die geschäftsmäßige oder entgeltliche Beförderung von Gütern mit Kraftfahrzeugen, die einschließlich Anhänger ein höheres zulässiges Gesamtgewicht als 3,5 Tonnen haben.

Mit **„entgeltlich"** ist der gewerbliche Güterkraftverkehr gemeint, wie er von Frachtführern betrieben wird. **„Geschäftsmäßiger"** Güterkraftverkehr ist der sogenannte Werkverkehr (siehe Seite 91).

Ausnahmen: Die gelegentliche, nicht gewerbsmäßige Beförderung von Gütern durch Privatpersonen, durch Vereine oder für gemeinnützige Zwecke fällt nicht unter das Güterkraftverkehrsgesetz. Transporte von Städten und Gemeinden zur Erfüllung ihrer öffentlichen Aufgaben (z. B. städtische Müllabfuhr) sind ebenfalls vom GüKG ausgenommen. Ebenso sind Lkw-Leerfahrten nicht erlaubnispflichtig, da sie i. d. R. nicht entgeltlich sind. Die Rückführung leerer Container oder die Beförderung von Leerpaletten ist allerdings wiederum erlaubnispflichtig.

4.1.2 Erlaubnis und Berechtigungen zum Güterkraftverkehr

4.1.2.1 Nationaler Güterkraftverkehr

Erlaubnis nur für den gewerblichen Güterkraftverkehr; Werkverkehr (= geschäftsmäßiger Güterkraftverkehr) ist erlaubnisfrei

Erlaubnis = behördliche Bewilligung, gewerbsmäßigen (= entgeltlichen) Güterkraftverkehr zu betreiben

Der Antrag auf Erteilung einer Erlaubnis wird vom **„Unternehmer"** beim zuständigen Straßenverkehrsamt gestellt. „Unternehmer" sind vor allem
- die einzelne natürliche Person, die ein Güterkraftverkehrsgewerbe betreibt,
- die Offene Handelsgesellschaft/Kommanditgesellschaft,
- die juristische Person (z. B. Kapitalgesellschaft).

Nationaler Güterkraftverkehr mit der EU-Lizenz, siehe Seite 83

Die Erlaubnis wird dem Unternehmer für seine Person erteilt. Sie ist nicht übertragbar. Sie gilt für die Dauer von bis zu **zehn Jahren**, sofern die subjektiven **Berufszugangsvoraussetzungen** erfüllt sind:

1. Der Unternehmer **und** der Verkehrsleiter müssen **zuverlässig** sein.
2. Die **finanzielle Leistungsfähigkeit** des Unternehmens muss gewährleistet sein.
3. Der Unternehmer **oder** der Verkehrsleiter muss **fachlich geeignet** sein.

Beachte: Die Bedingungen 1 und 3 sind an Personen, die zweite Bedingung ist an das Unternehmen gerichtet. Wer die Voraussetzungen zur Erteilung einer Erlaubnis erfüllt, hat einen Anspruch darauf. Die Zahl der Erlaubnisse ist nicht begrenzt (nicht kontingentiert).

Ältere Erlaubnisse können eine unbegrenzte Gültigkeitsdauer haben.

Der Unternehmer darf mit der Erlaubnis so viele Fahrzeuge einsetzen, wie er möchte, sofern die finanzielle Leistungsfähigkeit für alle Fahrzeuge gewährleistet ist. Er kann dazu weitere Erlaubnisausfertigungen beantragen, die jeweils auf den Fahrzeugen mitzuführen sind.

Verkehrsleiter = natürliche Person, die die Verkehrstätigkeiten eines Kraftverkehrsunternehmens leitet.

Zu den Aufgaben eines Verkehrsleiters gehören u. a. die Prüfung von Beförderungsverträgen und -dokumenten, das Fuhrparkmanagement sowie die Überwachung von Lenk- und Ruhezeiten, der Ladungssicherung und der Einhaltung von Gefahrgutvorschriften.

Der Verkehrsleiter wird ausdrücklich für diese Position bestellt und der Verkehrsbehörde sowie dem BAG gemeldet. Er muss folgende Voraussetzungen erfüllen:
- Er ist dauerhaft mit dem Unternehmen verbunden (z. B. als Eigentümer, Angestellter); mit gewissen Einschränkungen kann auch ein externer (unternehmensfremder) Verkehrsleiter ernannt werden.
- Er erfüllt die Merkmale der Zuverlässigkeit und fachlichen Eignung (siehe unten).
- Er hat seinen Aufenthaltsort in der EU.

Ein Verkehrsleiter kann seine Zulassung verlieren, wenn die Fahrer, für die er zuständig ist, wiederholt schwere Verstöße begehen. Dazu gehören z. B. das Fahren ohne Führerschein oder Erlaubnis, Lenkzeitüberschreitungen von mehr als 25 % pro Woche, manipulierte Fahrtenschreiber oder Fahrerkarten, die Überschreitung des zulässigen Fahrzeuggesamtgewichtes oder die Missachtung von Gefahrgutvorschriften.

Hat ein Unternehmer eine Erlaubnis erhalten und sind die Berufszugangsvoraussetzungen nach Ablauf der Gültigkeitsfrist weiterhin gegeben, verlängert sich die Gültigkeitsdauer um weitere 10 Jahre. Die Erlaubnisbehörde muss sich regelmäßig, mindestens jedoch alle **zehn Jahre** vergewissern, dass der Unternehmer die Berufszugangsvoraussetzungen weiterhin erfüllt. Es ist der Erlaubnisbehörde freigestellt, wie sie diese Kontrollaufgabe durchführt. Eine Erlaubnis kann widerrufen werden, wenn die Bedingungen des Berufszuganges nicht mehr gegeben sind. Ein beim Bundesamt für Güterverkehr (BAG) eingerichtetes zentrales elektronisches Register sämtlicher Kraftverkehrsunternehmen (**Verkehrsunternehmensdatei**, VUDat) dient dazu, insbesondere europaweit tätige Unternehmen zu überwachen. Die Daten stehen den Verkehrsbehörden zur Verfügung; ausgewählte Daten sind der Öffentlichkeit zugänglich (www.verkehrsunternehmensdatei.de).
Die Zugangsvoraussetzungen sind auf EU-Ebene und auf der Ebene der EU-Staaten im Detail geregelt (EU-VO 1071/2009 – Berufszugangsverordnung; national für Deutschland: Berufszugangsverordnung für den Güterkraftverkehr, GBZugV). Danach sind die drei Zugangsbedingungen unter folgenden Umständen erfüllt:

BAG, siehe Seite 91
https://www.bag.bund.de/DE/Navigation/Verkehrsunternehmensdatei/vunternehmensdatei_node.html

1. Persönliche Zuverlässigkeit

Der Unternehmer und der Verkehrsleiter gelten als zuverlässig, wenn davon ausgegangen werden kann, dass sie das Unternehmen unter Beachtung der für den Güterkraftverkehr geltenden Vorschriften führen sowie die Allgemeinheit bei dem Betrieb des Unternehmens vor Schäden oder Gefahren bewahren. Die Zuverlässigkeit ist zu verneinen

- bei einer rechtskräftigen Verurteilung wegen schwerer Verstöße gegen strafrechtliche Vorschriften,
- bei schweren Verstößen gegen
  - Vorschriften des Güterkraftverkehrsgesetzes und damit zusammenhängenden Rechtsverordnungen (z. B. Güterkraftverkehr ohne Versicherungsnachweis),
  - arbeits- und sozialrechtliche Pflichten, insbesondere gegen Vorschriften über die Lenk- und Ruhezeiten des Fahrpersonals,
  - Vorschriften, die im Interesse der Verkehrs- und Betriebssicherheit erlassen wurden, insbesondere gegen Vorschriften über die Abmessungen und Gewichte der Nutzfahrzeuge (z. B. Überladung des Lkw),
  - Pflichten des Abgabenrechts (z. B. wenn es versäumt wird, die Sozialversicherungsbeiträge für die Arbeitnehmer an die Krankenkassen abzuführen),
  - Pflichten des Pflichtversicherungsrechts (z. B. Güterkraftverkehr ohne Güterschadenhaftpflichtversicherung) sowie
  - umweltschützende Vorschriften (Abfall- und Emissionsschutzrecht, Recht der Beförderung gefährlicher Güter).

Die Genehmigungsbehörde kann vom Antragsteller Unbedenklichkeitsbescheinigungen und Auszüge aus Registern verlangen, in denen derartige Verstöße dokumentiert werden, nämlich:

- **Auszug aus dem Gewerbezentralregister**
  Das Gewerbezentralregister erfasst Vergehen gegen das Gewerberecht. Der Auszug ist demnach ein Führungszeugnis für Gewerbetreibende. Da das Register negative Verhaltensweisen festhält, ist es vorteilhaft, keinen Eintrag im Gewerbezentralregister zu haben.
  Registerbehörde ist das Bundeszentralregister beim Bundesamt für Justiz in Bonn. Ein Auszug aus dem Register kann aber nicht direkt bei der Registerbehörde beantragt werden, sondern über die Meldebehörde des Wohn- oder Geschäftssitzes.
- **Führungszeugnis**
  Das Führungszeugnis gibt Auskunft über Vorstrafen von Privatpersonen. Es wird ebenfalls vom Bundeszentralregister in Bonn ausgestellt.

2. Finanzielle Leistungsfähigkeit

Der Gesetzgeber verlangt, dass das Unternehmen mit finanziellen Mitteln ausgestattet ist, die zur Aufnahme und zur ordnungsgemäßen Führung eines Verkehrsbetriebes erforderlich sind.
Die finanzielle Leistungsfähigkeit ist gegeben, wenn

- die Zahlungsfähigkeit gewährleistet ist und
- ein Eigenkapital zuzüglich der Reserven des Unternehmens von mindestens 9000,00 EUR für das erste **Kraftfahrzeug** und je 5000,00 EUR für jedes weitere **Kraftfahrzeug**, das eingesetzt wird, vorhanden ist.

Kraftfahrzeug = Zugfahrzeug; ein Gliederzug gilt demnach als ein Fahrzeug (Motorwagen und Anhänger).

Zum Nachweis der finanziellen Leistungsfähigkeit sind folgende Bescheinigungen vorzulegen:

- Unbedenklichkeitsbescheinigungen des Finanzamtes, der Gemeinde, der Träger der Sozialversicherung und der Berufsgenossenschaft
- eine Eigenkapitalbescheinigung eines Wirtschaftsprüfers, Steuerberaters o. Ä. oder eines Kreditinstitutes

Als Reserven können z. B. Bewertungsdifferenzen zwischen Buch- und Verkehrswert bei Anlagegütern oder zugunsten des Unternehmens beliehene Gegenstände des Privatvermögens der Gesellschafter dienen.

3. Fachliche Eignung

Der Verkehrsleiter muss über die Kenntnisse verfügen, um innerstaatliche und grenzüberschreitende Verkehre zu leiten. Durch eine Fachkundeprüfung vor der Industrie- und Handelskammer kann er seine fachliche Eignung nachweisen. Ältere Fachkundenachweise müssen von der IHK durch eine neue Bescheinigung ersetzt werden, da jede Bescheinigung eine Registriernummer besitzen muss.
In (kleinen) Einzelunternehmen kann der Unternehmer selbst der Verkehrsleiter sein. Folglich muss er dann auch die fachliche Eignung nachweisen.

Muster Erlaubnisurkunde

Ausfertigung Nr.

Erlaubnisurkunde für den gewerblichen Güterkraftverkehr

Nummer | Land | Bezeichnung der zuständigen Stelle

Dem Unternehmer
Name, Rechtsform und Anschrift

wird aufgrund § 3 des Güterkraftverkehrsgesetzes (GüKG) die Erlaubnis für den gewerblichen Güterkraftverkehr erteilt.
Besonderheiten

Diese Urkunde ist bei allen Beförderungen mitzuführen und Kontrollberechtigten auf Verlangen zur Prüfung auszuhändigen. Sie ist nicht übertragbar.

Ändern sich unternehmerbezogene Angaben, die in der Erlaubnisurkunde genannt sind, so sind das Original und die Ausfertigungen der Erlaubnisbehörde vorzulegen.

Diese Erlaubnis gilt ☐ unbefristet ☐ befristet vom ________ bis zum ________

Erteilt in ________ am ________

Unterschrift der Erlaubnisbehörde und Dienstsiegel

Siehe auch Seite 88

Neben den drei oben beschriebenen Zugangsbedingungen für die Erteilung einer Erlaubnis schreibt das GüKG noch zwei weitere Voraussetzungen vor , wenn man am nationalen Güterkraftverkehr teilnehmen möchte:

- Der Antragsteller muss seinen Unternehmenssitz im Inland haben (GüKG § 3 Abs. 2).
- Das Unternehmen muss eine (Güterschaden-)Haftpflichtversicherung abgeschlossen haben (GüKG § 7a).

Erlaubnis-Voraussetzungen

Nach Berufszugangsverordnung

1. Persönliche Zuverlässigkeit
2. Finanzielle Leistungsfähigkeit
3. Fachliche Eignung

Nach Güterkraftverkehrsgesetz

1. Geschäftssitz im Inland
2. Abschluss einer (Güterschaden-)Haftpflichtversicherung

Die Gemeinschaftslizenz als Erlaubnis: Das GüKG legt in § 3 fest, dass die Gemeinschaftslizenz in Deutschland als Erlaubnis nach dem Güterkraftverkehrsgesetz gilt. Der deutsche Frachtführer hat daher die Wahl, ob er nationalen Güterkraftverkehr mit einer Erlaubnis oder einer Gemeinschaftslizenz durchführt. Die Bedingungen für die Erteilung einer Erlaubnis nach der Berufszugangsverordnung sind mit den Voraussetzungen für die Gemeinschaftslizenz identisch.

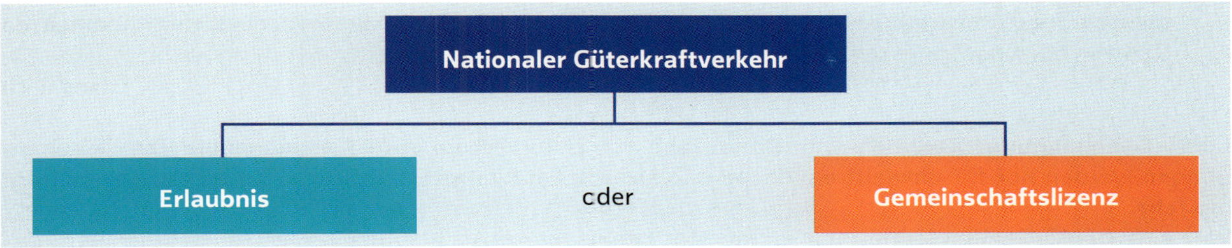

Teilnahme am Verkehrsmarkt: Die Berufszugangsverordnung hat zur Folge, dass kein freier Marktzugang für die Anbieter von Transportleistungen besteht. Nur wer die Bedingungen der Berufszugangsverordnung erfüllt, darf Güter per Lkw gewerbsmäßig befördern.

4.1.2.2 Berechtigungen im grenzüberschreitenden Güterkraftverkehr

Inländische Frachtführer

Für grenzüberschreitende Beförderungen stehen dem deutschen Frachtführer drei Arten von Berechtigungen zur Verfügung:

Gemeinschaftslizenz (EU-Lizenz)

EU- und Drittländer, siehe Seite 87

Die Europäische Union hat als Berechtigung für den Güterkraftverkehr eine Gemeinschaftslizenz (EU-Lizenz) entwickelt. Mit ihr können grenzüberschreitende Beförderungen auf dem Gebiet der EU durchgeführt werden, z. B. zwischen der Bundesrepublik Deutschland und Frankreich. Sie berechtigt aber auch zu Gütertransporten **in** den Ländern der EU (Kabotage-Verkehr, siehe unten).
Die EU-Lizenz ist bis zu **zehn Jahre** gültig; sie kann jeweils um 10 Jahre verlängert werden. Die EU-Lizenz wird – je nach Bundesland – von der unteren (Straßenverkehrsamt) oder oberen Verkehrsbehörde (Bezirksregierung, Regierungspräsident) ausgegeben. Die Lizenzen sind zahlenmäßig unbeschränkt (nicht kontingentiert). Die Zugangsvoraussetzungen entsprechen denen der Erlaubnis. Daher kann die EU-Lizenz auch als Erlaubnis im nationalen Güterkraftverkehr verwendet werden. Auf der Fahrt ist im Lkw eine beglaubigte Abschrift der Lizenz mitzuführen.

EWR, siehe Seite 86

Die Schweiz, Norwegen, Island und Liechtenstein – obwohl keine EU-Länder – erkennen die Gemeinschaftslizenz aufgrund des Abkommens über den Europäischen Wirtschaftsraum (EWR) bzw. nach dem Landverkehrsabkommen (Schweiz) für ihre Gebiete an. Man kann daher die Berechtigung der EU-Lizenz umfassend wie folgt formulieren:

Gemeinschaftslizenz (EU-Lizenz): Berechtigung, Gütertransporte innerhalb der EU durchzuführen. Darüber hinaus berechtigt die Gemeinschaftslizenz zu Beförderungen im inländischen Güterkraftverkehr sowie zu Beförderungen zwischen allen EWR-Mitgliedstaaten (einschließlich Schweiz) und zum Kabotageverkehr in den EU-Ländern.

Kabotage-Verkehr

Die Gemeinschaftslizenz berechtigt zu Gütertransporten in den Ländern der EU. Dieser sogenannte Kabotage-Verkehr ist in der Europäischen Union aber nur mit gewissen Einschränkungen möglich.

- Im Anschluss an eine **beladene** grenzüberschreitende Beförderung in ein anderes EU-Land (z. B. von Deutschland nach Frankreich) und die vollständige Entladung des Fahrzeugs darf ein Unternehmer **drei** Kabotage-Beförderungen innerhalb von **sieben** Kalendertagen durchführen (im Beispiel in Frankreich).
- Ist das Fahrzeug (im Anschluss an eine grenzüberschreitende Beförderung) beim Grenzübertritt **nicht beladen**, ist dem Unternehmer innerhalb von **drei** Tagen nur **eine** Kabotage-Beförderung erlaubt.

Beispiel:
Grenzüberschreitende Beförderung von Deutschland nach Frankreich, vollständige Entladung des Fahrzeugs in Frankreich, Überqueren der Grenze nach Belgien mit leerem Fahrzeug: Eine Kabotage-Beförderung in Belgien ist möglich.

Kabotage-Verkehr: Innerstaatliche Güterbeförderung durch ausländische Frachtführer

CEMT-Genehmigung

CEMT = Konferenz der europäischen Verkehrsminister

CEMT-Genehmigung: berechtigt zu Transporten in Fahrzeugen mit mehr als 3,5 t zulässigem Gesamtgewicht, bei denen die Be- und Entladeorte im Hoheitsgebiet **verschiedener CEMT-Mitgliedstaaten**[1] liegen, einschließlich Transitverkehr (Durchgangsverkehr); reiner Binnenverkehr (Kabotage-Verkehr) ist ausgeschlossen.[2]

Emissionsklassen, siehe Seite 143

Die genauen Vergabebedingungen sind in einer Richtlinie für die Erteilung von CEMT-Genehmigungen festgelegt.

CEMT-Genehmigungen werden vom Bundesamt für Güterverkehr (BAG) ausgegeben. Die Genehmigungen werden nur für umweltfreundliche und sichere Fahrzeuge erteilt. Die Gültigkeitsdauer beträgt **ein Jahr**.
Wer eine CEMT-Genehmigung zum ersten Mal beantragt, muss glaubhaft machen, dass er Beförderungen durchführen möchte, bei denen entweder der Be- oder der Entladeort in einem CEMT-Staat liegt, in dem die Gemeinschaftslizenz nicht gilt (für eine Wiedererteilung ist mindestens eine Fahrt nachzuweisen).
Außerdem ist die Nutzung der CEMT-Genehmigungen eingeschränkt: Nach einer Fahrt zwischen dem Heimatstaat des Unternehmens und einem weiteren CEMT-Mitgliedsstaat darf der Unternehmer höchstens drei Fahrten ohne Berührung des Heimatstaates durchführen (sogenannte 2+3-Regelung).
Aus dem Kontingent werden auch **Kurzzeit-Genehmigungen** ausgegeben. Sie haben eine Gültigkeitsdauer von einem Monat. Unternehmer, die eine Erlaubnis oder eine Gemeinschaftslizenz besitzen und die einen besonderen Bedarf glaubhaft geltend machen, können eine solche Genehmigung beim BAG beantragen.

Zur CEMT-Genehmigung, die auf der gesamten Beförderungsstrecke mitgeführt werden muss, gehört ein Fahrtenberichtsheft, in dem jede Fahrt einzutragen ist.

Bilaterale Genehmigung

Bilaterale Genehmigung = Berechtigung zu grenzüberschreitenden Beförderungen aufgrund zweiseitiger (bilateraler) Vereinbarungen zwischen zwei Staaten.

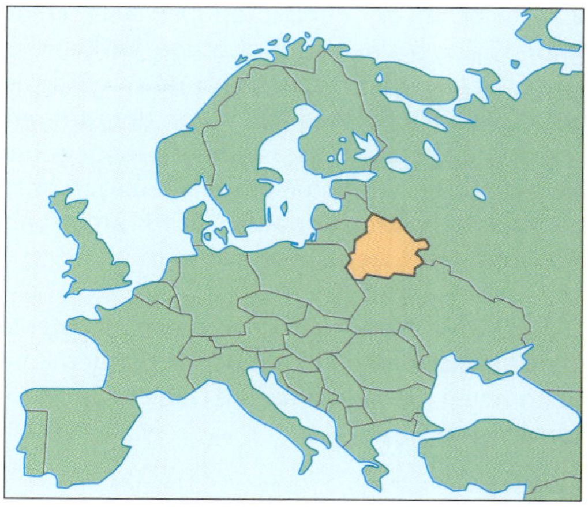

Drittstaaten, siehe Seite 87

Mit einer CEMT-Genehmigung wäre die gesamte Strecke abgedeckt.

In zweiseitigen Vereinbarungen zwischen der Bundesrepublik Deutschland und **Drittstaaten** (z. B. Belarus) wird die gegenseitige Ausgabe einer bestimmten Zahl von Genehmigungen für grenzüberschreitende Transporte beschlossen. Die Genehmigungen berechtigen zu Transporten zwischen den Vertragsstaaten (z. B. Deutschland – Belarus) einschließlich verkehrsüblicher **Transitverkehre** durch den Vertragsstaat, z. B. **Deutschland** – (Polen) – **Belarus** – Russland mit der Belarus-Genehmigung für den Transit und mit der Russland-Genehmigung für die Beförderung bis zum Bestimmungsort in Russland.

Beispiel:

- *Deutschland – Polen: EU-Lizenz (einschließlich deutscher Streckenteil)*
- *Polen – Belarus: bilaterale Belarus-Genehmigung*
- *Belarus – Russland: bilaterale Russland-Genehmigung*

---

1 ***CEMT-Mitgliedstaaten**, in denen CEMT-Genehmigungen gelten: Albanien (AL), Armenien (ARM), Aserbaidschan (AZ), Belarus (BY). Belgien (B), Bosnien und Herzegowina (BIH), Bulgarien (BG), Dänemark (DK), Deutschland (D), Estland (EST), Finnland (FIN), Frankreich (F), Georgien (GE), Griechenland (GR), Irland (IRL), Italien (I), Kroatien (HR), Lettland (LV), Liechtenstein (FL), Litauen (LT), Luxemburg (L), Nordmazedonien (MK), Malta (M), Moldau (MD), Montenegro (MNE), Niederlande (NL), Norwegen (N), Österreich (A), Polen (PL), Portugal (P), Rumänien (RO), Russische Förderation (RUS), Schweden (S), Schweiz (CH), Serbien (SRB), Slowakische Republik (SK), Slowenien (SLO), Spanien (E), Tschechische Republik (CZ), Türkei (TR), Ukraine (UA), Ungarn (H), Vereinigtes Königreich (UK).*

2 *Für Österreich, Italien, Griechenland und die Russische Förderation gilt nur eine beschränkte Anzahl der Genehmigungen.*

Grundsätzlich sind in diesem Zusammenhang folgende Begriffe zu unterscheiden:

Wechselverkehr: Eine Güterbeförderung wird zwischen zwei benachbarten Staaten durchgeführt, z. B. Polen – Belarus. Weil Deutschland keine EU-Außengrenze mehr besitzt,[1] ist Wechselverkehr mit einer bilateralen Genehmigung für deutsche Unternehmer nicht mehr möglich.

Transitverkehr: Von einer grenzüberschreitenden Güterbeförderung sind drei Länder betroffen; eines wird lediglich auf dem verkehrüblichen Weg durchfahren, ohne dass in diesem Land eine Be- oder Entladung stattfindet.

Beispiel:
Transport von Deutschland nach Russland mit Transit durch Belarus (siehe rechts).

Dreiländerverkehr: Ein Unternehmer befördert Güter zwischen zwei Drittstaaten, ohne dass der Heimatstaat durchfahren wird.

Beispiel:
Ein deutscher Unternehmer befördert Güter von Minsk (Belarus) nach Moskau (Russland), ohne einen deutschen Streckenanteil.

Dieser Dreiländerverkehr ist im Regelfall durch eine bilaterale Genehmigung nicht abgedeckt. Es existieren allerdings geringe Kontingente bilateraler Genehmigungen für reinen Dreiländerverkehr.
Die Genehmigungen werden als Zeit- (z. B. ein Jahr) oder Fahrtengenehmigungen (z. B. eine Fahrt) von den oberen Verkehrsbehörden (Bezirksregierungen, Regierungspräsidenten, oft in Grenznähe zum Vertragsstaat) ausgegeben. Genehmigungen für Einzelfahrten werden sofort in größerer Stückzahl bewilligt.
Für Zeitgenehmigungen ist ein Fahrtenberichtsheft mitzuführen, in dem die Ein- und Ausreisen vermerkt werden können.

Berechtigungen für Güterkraftverkehr:
- Erlaubnis
- EU-Lizenz
- CEMT-Genehmigung
- bilaterale Genehmigung
- Drittstaatengenehmigung

Die bilaterale Genehmigung deckt auch die Beförderung auf der **Teilstrecke innerhalb Deutschlands** ab, sodass in diesem Fall keine zusätzliche Erlaubnis mitgeführt werden muss.

Es gilt die 3,5 t-Regelung wie bei der Erlaubnis und der CEMT-Genehmigung.

Straßengüterverkehr zwischen Deutschland und der Schweiz
Man benötigt nur noch eine gültige EU-Lizenz für den Güterkraftverkehr zwischen Deutschland und der Schweiz.

Ausländische Frachtführer

Ausländische Frachtführer benötigen bei grenzüberschreitenden Transporten für die deutsche Teilstrecke eine der folgenden Berechtigungen:

- **Gemeinschaftslizenz:** Sie gilt für Unternehmer aus der EU, die damit nicht nur grenzüberschreitenden, sondern auch Kabotage-Verkehr innerhalb Deutschlands durchführen dürfen.
- **CEMT-Genehmigung** (siehe oben)
- **Drittstaaten-Genehmigung:** Sie entspricht der bilateralen Genehmigung für den deutschen Frachtführer. So wie sich der inländische Unternehmer an die zuständige Verkehrsbehörde wendet, um eine bilaterale Genehmigung zu beantragen, erhält der ausländische Frachtführer (z. B. ein belarussischer) von seiner zuständigen Stelle (z. B. Verkehrsbehörde in Minsk) eine Drittstaatengenehmigung für einen grenzüberschreitenden Transport von Belarus nach Deutschland (eine zusätzliche Polen-Drittstaatengenehmigung ist erforderlich).

[1] *Ausnahme Schweiz; für den Güterverkehr mit der Schweiz gilt aber die EU-Lizenz.*

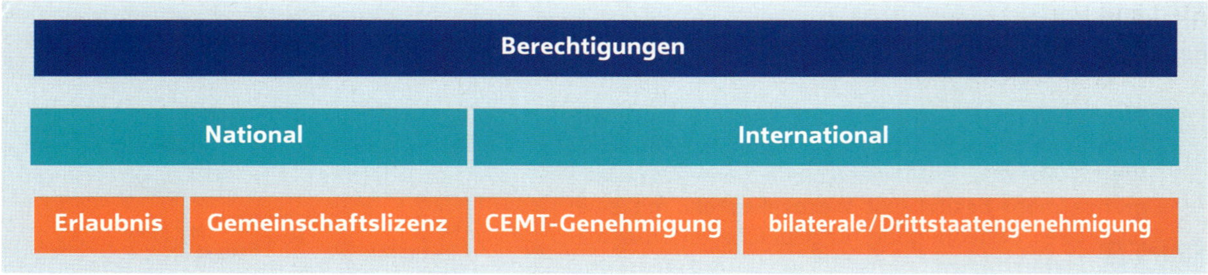

Erlaubnis – Genehmigung
Eine Erlaubnis unterscheidet sich grundlegend von einer Genehmigung.

Erlaubnis	Genehmigung
Sie wird in unbegrenzter Zahl erteilt (sie ist nicht kontingentiert) und der Antragsteller hat Anspruch auf die Zuteilung einer Erlaubnis, wenn er die Voraussetzungen erfüllt.	Eine Genehmigung ist kontingentiert und der Antragsteller hat keinen Anspruch auf die Erteilung einer Genehmigung.

4.1.3 Einsatz von Erlaubnis und Berechtigungen

Beispiele:

❶ Düsseldorf – Berlin: Erlaubnis/EU-Lizenz

❷ Düsseldorf – Warschau: EU-Lizenz

❸ Düsseldorf – Minsk (Belarus):
- EU-Lizenz für Deutschland und Polen, bilaterale Genehmigungen für Belarus oder
- CEMT-Genehmigung (für die Gesamtstrecke)

❹ Minsk – Düsseldorf (durch einen ausländischen Unternehmer):
- Drittstaatengenehmigung für die deutsche Strecke; zusätzlich eine Drittstaatengenehmigung für Polen
  oder
- CEMT-Genehmigung für die Gesamtstrecke

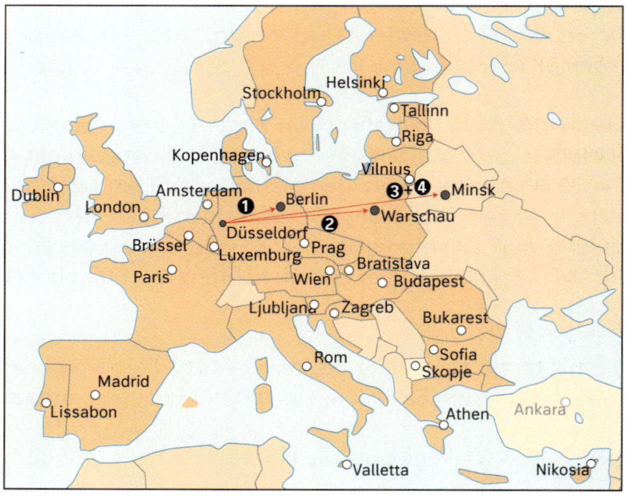

Zur Unterscheidung der Berechtigungen für den internationalen Güterkraftverkehr ist nach EU-Staaten und Nicht-EU-Staaten zu trennen.

Europäischer Einigungsprozess	
EWG	**Europäische Wirtschaftsgemeinschaft (1957):** Zusammenschluss europäischer Kernstaaten mit dem Ziel, einen gemeinsamen europäischen Markt zu schaffen
EG	**Europäische Gemeinschaft:** Ausdehnung der Einigungsbestrebungen über wirtschaftliche Fragen hinaus. Gleichzeitig wird die Zahl der Mitglieder schrittweise erhöht.
EWR	**Europäischer Wirtschaftsraum (1994):** Die EG und Island, Norwegen sowie Liechtenstein (ohne die Schweiz) vereinbaren eine weitreichende Zusammenarbeit.
EU	**Europäische Union (2009):** Ziel des Zusammenschlusses der Mitgliedstaaten ist die Schaffung einheitlicher Regelungen für die Bereiche Wirtschaft, Außen- und Sicherheitspolitik sowie Justiz- und Innenpolitik. Aus der Europäischen Gemeinschaft wird die Europäische Union.

EU-Länder/Drittländer

Staaten, die nicht der EU angehören, werden als **Drittländer** bezeichnet. Dazu zählen auch die EFTA-Staaten, die aber besonders eng mit der EU verbunden sind. Da Drittländer im Regelfall besondere Zollvergünstigungen (Zollpräferenzen) genießen, lassen sie sich auch nach Präferenzzonen ordnen.

Präferenzen, siehe Seite 434

EU-Staaten		Drittländer	
		EFTA-Staaten	andere Drittländer
1. Belgien **2.** Bundesrepublik Deutschland **3.** Bulgarien **4.** Dänemark **5.** Estland **6.** Finnland **7.** Frankreich **8.** Griechenland **9.** Irland **10.** Italien **11.** Kroatien **12.** Lettland **13.** Litauen **14.** Luxemburg	**15.** Malta **16.** Niederlande **17.** Österreich **18.** Polen **19.** Portugal **20.** Rumänien **21.** Slowakei **22.** Slowenien **23.** Schweden **24.** Spanien **25.** Tschechische Republik **26.** Ungarn **27.** Zypern	**1.** Island **2.** Norwegen **3.** Schweiz **4.** Liechtenstein	▪ **AKP**-Staaten (afrikanische, karibische und pazifische Staaten) ▪ **Mittelmeerländer** (Israel, Algerien usw.) ▪ **APS**-Staaten (Entwicklungsländer) ▪ andere (z. B. Türkei, Bosnien-Herzegowina, Nordmazedonien)

EU + EFTA = EWR (ohne Schweiz)

Großbritannien ist am 31. Januar 2020 aus der EU ausgetreten. Die Verhandlungen über die künftige Zusammenarbeit werden voraussichtlich noch über einen längeren Zeitraum andauern.

Die Europäische Union ist zu einem einheitlichen Binnenmarkt zusammengewachsen, in dem **Dienstleistungsfreiheit** gilt. Das heißt, jeder, ob Einzelperson oder Unternehmen, der in einem Mitgliedsstaat der EU ansässig ist, darf in allen diesen Staaten Dienstleistungen anbieten. Für den Transportsektor bedeutet dies: Jeder Frachtführer, der in seinem Heimatland zur Güterbeförderung berechtigt ist (weil er die europaeinheitlichen Berufszugangsvoraussetzungen erfüllt), darf in jedem anderen EU-Staat nationale Güterbeförderungen durchführen.

Liberalisierung des europäischen Binnenmarktes

Hauptstädte der EU-Staaten

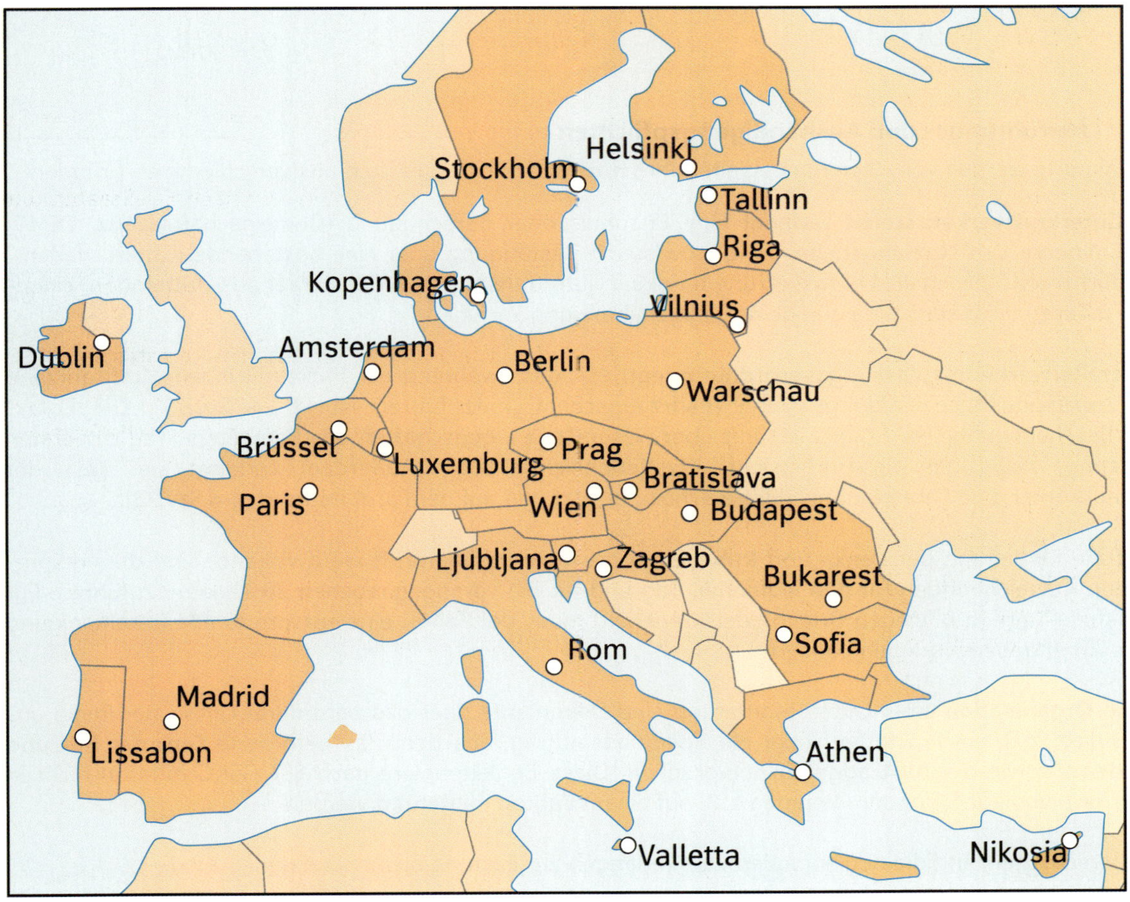

Das GüKG (§ 7a) spricht von „Haftpflichtversicherung“.

Frachtführerhaftung, siehe Seite 103

CMR, siehe Seite 149

4.1.4 (Güterschaden-) Haftpflichtversicherung

Der Unternehmer hat sich nach § 7a GüKG bei **binnenländischen** Transporten für alle Schäden zu versichern, für die er nach dem Handelsgesetzbuch (Frachtführerhaftung) zu haften hat. Der Gesetzgeber verlangt, dass die Mindestversicherungssumme 600 000,00 EUR beträgt. Eine Versicherungsbestätigung ist bei jedem Transport mitzuführen.
Abgrenzung zur Haftungs- und Güterversicherung, siehe Seite 73.
Die Rechtsgrundlage für grenzüberschreitende Transporte (CMR) sieht keine Versicherungspflicht vor.

Muster für eine Versicherungsbestätigung

SECURIA Versicherungsgesellschaft — **Graacher Straße 15, 50969 Köln**

VERSICHERUNGSBESTÄTIGUNG
(für das Bundesamt für Güterverkehr bestimmt)

Der unterzeichnende Versicherer bestätigt hiermit, dass nach Maßgabe des Versicherungsvertrages und der folgenden Kennziffern eine Versicherung gemäß § 7a des Güterkraftverkehrsgesetzes gegen alle Schäden besteht, für die der Unternehmer nach dem Vierten Abschnitt des Handelsgesetzbuches in Verbindung mit dem Frachtvertrag haftet:

1 Nummer der Erlaubnis/Lizenz: 23344NW/DUS
Gültig von 10.02.20(0) bis 09.02.20(+5)
Erteilungsbehörde: Stadt Düsseldorf – Straßenverkehrsamt

2 Versicherungsnehmer (Name und Anschrift)
INTERSPED GmbH, Internationale Spedition, Merkurstraße 14, 40223 Düsseldorf

3 Beginn des Versicherungsschutzes: 01.07.20(0)

4 Nummer des Versicherungsscheines: INT 40-43-0125

Die Rechte des Geschädigten aus der Pflicht-Haftpflichtversicherung des Unternehmens werden durch die §§ 158b – k des Versicherungsvertragsgesetzes bestimmt.

SECURIA Versicherungsgesellschaft — Köln — 25.06.20(0)
Scherner — ppa. Heinen

4.1.5 Mitführungs- und Aushändigungspflichten

Gütertransporte werden von Papieren begleitet. Ihre Notwendigkeit ergibt sich aus verschiedenen Gründen:

- Das **Güterkraftverkehrsrecht** verlangt eine Erlaubnis oder Berechtigung (Gemeinschaftslizenz, CEMT-Genehmigung, Drittstaatengenehmigung) sowie eine Bestätigung über eine bestehende (Güterschaden-) Haftpflichtversicherung als Voraussetzung für einen Gütertransport. Werden Fahrer aus Drittländern eingesetzt, müssen diese über eine gültige Arbeitsgenehmigung verfügen.

Lenk- und Ruhezeiten, siehe Seite 121

- Die **Straßenverkehrszulassungsverordnung** legt fest, dass während der Fahrt mit einem Kraftfahrzeug eine Zulassungsbescheinigung, Teil I (Fahrzeugschein) mitzuführen ist (§ 24 StVZO). Die Zulassungsbescheinigung, Teil I gibt Auskunft über wesentliche Eigenschaften des Fahrzeugs (Tag der ersten Zulassung, zulässiges Gesamtgewicht, Kfz-Kennzeichen u.a.). Außerdem verlangt sie, dass der Fahrzeugführer eine Fahrerlaubnis (Führerschein) besitzt und auf der Fahrt mitführt (§ 4 StVZO).

- Damit die Einhaltung der **Lenk- und Ruhezeiten** des Fahrers überprüft werden kann, sind die entsprechenden Aufzeichnungen für den laufenden Tag und für die vorangegangenen 28 Tage mitzuführen. Für arbeitsfreie Tage (z.B. wegen Urlaub oder Krankheit) muss der Fahrer eine entsprechende Bescheinigung seines Arbeitgebers vorlegen können.

- Für die **Organisation** einer Güterbeförderung sind Dokumente über das beförderte Gut in der Regel unentbehrlich, z.B. ein Frachtbrief oder ein Speditionsauftrag, aus dem das beförderte **Gut**, der **Be- und Entladeort** sowie der **Auftraggeber** hervorgehen. Diese Begleitpapiere nach § 7 GüKG müssen nicht in Papierform vorliegen, sondern könnten z.B. auf einem Laptop mitgeführt werden.

Kontrollberechtigten sind die Begleitpapiere auf Verlangen zur Prüfung auszuhändigen.

Die Begleitpapiere des Güterkraftverkehrs lassen sich einteilen in:

- **Beförderungspapiere:** Das sind rechtlich notwendige oder organisatorisch sinnvolle Begleitdokumente für einen Gütertransport, z. B. Erlaubnis/EU-Lizenz, Nachweis der (Güterschaden-) Haftpflichtversicherung nach GüKG, Frachtbrief.
- **Fahrzeugpapiere:** Sie geben Auskunft über wesentliche Eigenschaften des Fahrzeugs (z. B. Zulassungsbescheinigung, Teil I) oder sie dokumentieren, dass das Fahrzeug bestimmte Anforderungen erfüllt (z. B. die Prüfbescheinigung von Tankfahrzeugen).
- **Persönliche Papiere:** Dokumente, die der Fahrer des Fahrzeugs während der Fahrt mitführen muss, z. B. Personalausweis, Führerschein, Gefahrgutschein, Fahrerkarte des digitalen Tachografen.

Gefahrgutschein, siehe Seite 192

EG-Tachograf, siehe Seite 123

Fasst man die verschiedenen Regelungen zu den Papieren zusammen, die im **binnenländischen** Güterkraftverkehr mitzuführen sind, ergibt sich folgende Übersicht:

Lkw-Maut, siehe Seite 145

Im Güterkraftverkehr mitzuführende Papiere (Binnenverkehr, gewerblicher Güterkraftverkehr, zulässiges Gesamtgewicht des Fahrzeugs über 3,5 t)	
1.	Führerschein
2.	Personalausweis
3.	Zulassungsbescheinigung, Teil I (Kraftfahrzeugschein)
4.	Anhängerschein (falls Anhänger vorhanden)
5.	Fahrerkarte bzw. Tagesausdrucke (Originale für den laufenden Tag und die vorausgegangenen 28 Tage); bei älteren Fahrzeugen: EG-Kontrollgerät-Schaublätter
6.	Erlaubnis oder EU-Lizenz (EU-Lizenz als Kopie, nicht als Original)
7.	Nachweis der (Güterschaden-) Haftpflichtversicherung nach GüKG
8.	Beförderungs- und Begleitpapiere gemäß GüKG
9.	Maut-Nachweis (für mautpflichtige Strecken und für Fahrzeuge ab 7,5 t), Toll-Collect-Beleg
10.	Bei Fahrpersonal aus Drittstaaten: Arbeitsgenehmigung

Zulassungsbescheinigung, Teil II = Kfz-Brief

4.1.6 Mitführungspflichten von Lkw-Fahrern aus Drittländern

4.1.6.1 Inländische Beförderungen

Durch das Gesetz zur Bekämpfung der illegalen Beschäftigung im gewerblichen Güterkraftverkehr wurde das Güterkraftverkehrsgesetz geändert. Anlass für die Gesetzesänderung war die Erkenntnis, dass Transportunternehmen innerhalb des europäischen Binnenmarktes verstärkt Fahrpersonal aus Nicht-EU-Staaten beschäftigen, ohne die erforderlichen Regelungen des Aufenthalts-, Arbeitsgenehmigungs- und Sozialversicherungsrechts zu beachten. Das heißt vor allem: Frachtführer mit Sitz im EU- und EWR-Raum setzten auf ihren Fahrzeugen Fahrer aus Osteuropa zu extrem niedrigen Löhnen für Beförderungen innerhalb der EU und des EWR ein. Ferner wurde festgestellt, dass Beförderungsverträge mit Frachtführern abgeschlossen wurden, die nicht die erforderliche Berechtigung besaßen.

Siehe § 7c GüKG

Die Folgen dieser Handlungen waren

- Wettbewerbsverzerrungen auf dem Verkehrsmarkt,
- Ausfälle bei Steuern und Sozialbeiträgen,
- negative Auswirkungen auf den Arbeitsmarkt.

Unternehmer mit Sitz in einem EU-/EWR-Staat dürfen **Fahrer aus Drittstaaten** nur dann in **Deutschland** einsetzen, wenn der Fahrer eine **Arbeitsgenehmigung** besitzt, die im Standortland des Unternehmers gültig ist.

Fahrer aus Drittstaaten benötigen auch ein Dokument, das sie zum Aufenthalt in Deutschland berechtigt, z. B. einen gültigen Ausweis.

Das GüKG überträgt dem **Auftraggeber von Speditions- und Frachtverträgen** die **Verantwortung** dafür, dass der ausführende Unternehmer

- Fahrer aus Drittstaaten nur mit einer gültigen **Arbeitsgenehmigung** beschäftigt und
- über die erforderliche **Berechtigung** (Erlaubnis, EU-Lizenz, bilaterale Genehmigung usw.) verfügt.

Ein Spediteur darf demnach Leistungen aus einem abgeschlossenen Frachtvertrag nicht ausführen lassen, wenn er weiß oder fahrlässig nicht weiß, dass der Unternehmer nicht über die entsprechenden Dokumente verfügt.
Die Arbeitsgenehmigung ist im Original und – falls erforderlich – mit einer amtlich beglaubigten Übersetzung in deutscher Sprache mitzuführen.
Ist in dem Staat, in dem das Unternehmen seinen Sitz hat, eine Arbeitserlaubnis nicht erforderlich, muss dies durch ein sogenanntes **Negativattest** nachgewiesen werden.

Arten von Berechtigungen, siehe Seite 86

BAG, siehe Seite 91

Verstöße gegen diese Bestimmungen können sehr wirksam geahndet werden: Der Kontrollbeamte kann den Fahrer an der Weiterfahrt so lange hindern, bis die Unterlagen vorgelegt werden. Außerdem können Bußgelder bis zu 250 000,00 EUR verhängt werden.
Um diese Risiken auszuschließen, sollte der Spediteur die Einhaltung der Regeln im eigenen Hause sorgfältig beachten und regelmäßig Kontrollen bei den Fahrern von Fremdunternehmern durchführen. Verschiedene Verkehrsverbände und das BAG haben gemeinsam den Text einer Vereinbarung entworfen, die der Spediteur (als Auftraggeber) mit dem Frachtführer (als Auftragnehmer) in den Frachtvertrag einbeziehen sollte.

Vereinbarung über die praxisgerechte Handhabung von § 7c GüKG

zwischen der Firma .... (im Folgenden Auftraggeber)

und der Firma .... (im Folgenden Auftragnehmer)

wird folgende Vereinbarung getroffen:

- Der Auftragnehmer versichert, über die für den Transport erforderlichen Erlaubnisse und Berechtigungen nach §§ 3, 6 GüKG (Erlaubnis, Eurolizenz, Drittlandgenehmigungen, CEMT-Genehmigung, Schweizerische Lizenz) zu verfügen.
- Der Auftragnehmer verpflichtet sich, ausländische Fahrer aus Drittstaaten nur mit der erforderlichen Arbeitsgenehmigung oder Fahrerbescheinigung einzusetzen.
- Der Auftragnehmer verpflichtet sich, dem Auftraggeber alle mitzuführenden Dokumente bei Kontrollen durch den Auftraggeber auf Verlangen zur Prüfung auszuhändigen.
- Der Auftragnehmer verpflichtet sich zur Erteilung entsprechender genereller Weisungen an sein Personal.
- Der Auftragnehmer verpflichtet sich, diese Vorlagepflicht und die weiteren vorstehend bereits beschriebenen Pflichten in den Frachtvertrag mit ausführenden Frachtführern aufzunehmen und nur solche Frachtführer einzusetzen, die die Voraussetzungen des § 7b GüKG bzw. der Verordnung (EWG) Nr. 881/92, ggf. in Verbindung mit der Verordnung (EG) Nr. 31 18/93, zuverlässig erfüllen: der Auftragnehmer verpflichtet sich zur Kontrolle der Einhaltung dieser Vorschriften durch die ausführenden Frachtführer.

....
(Datum) (Auftraggeber) (Auftragnehmer)

Quelle: Industrie- und Handelskammer Nordschwarzwald, Pforzheim (Hrsg.): Vereinbarung über die praxisgerechte Handhabung von § 7c GüKG (Formular), abgerufen am 24.08.2020, unter www.nordschwarzwald.ihk24.de/servicemarken/branchen/verkehr/strassenverkehr/werkverkehr-gueterkraftverkehr/kontrollpflichten_auftraggeber/2609006

4.1.6.2 Grenzüberschreitende Beförderungen innerhalb der EU

Eine EU-Fahrerbescheinigung ist nicht erforderlich, wenn eine CEMT- oder eine bilaterale Genehmigung eingesetzt wird.

Ein Lkw-Fahrer benötigt eine **EU-Fahrerbescheinigung**, wenn folgende Bedingungen erfüllt sind:

- Die grenzüberschreitende Beförderung wird mit einer **EU-Lizenz** durchgeführt.
- Es handelt sich um eine **grenzüberschreitende Beförderung** innerhalb des EU-/EWR-Raumes.
- Der Unternehmer hat seinen Sitz im **EU-/EWR-Raum**.
- Der Fahrer stammt aus einem **Drittland**.

Mit der EU-einheitlichen Fahrerbescheinigung wird nachgewiesen, dass der Fahrer aus dem Drittland nach den Rechtsvorschriften und den tarifvertraglichen Regelungen des Staates beschäftigt wird, in dem das Unternehmen seinen Sitz hat.

Beispiel:
Ein deutscher Unternehmer, der einen weißrussischen Fahrer für Güterbeförderungen von Berlin nach Madrid einsetzt, muss den Arbeitsvertrag mit seinem Fahrer nach deutschen Vorschriften und Tarifregelungen abwickeln.

Erlaubnis, siehe Seite 80

Das Verkehrsunternehmen muss die Fahrerbescheinigung bei der Behörde beantragen, die auch die Erlaubnis ausgibt. Die Fahrerbescheinigung wird für längstens **fünf Jahre** erteilt und kann danach verlängert werden. Verstöße gegen diese Bestimmung können zum Verlust der EU-Lizenz führen.

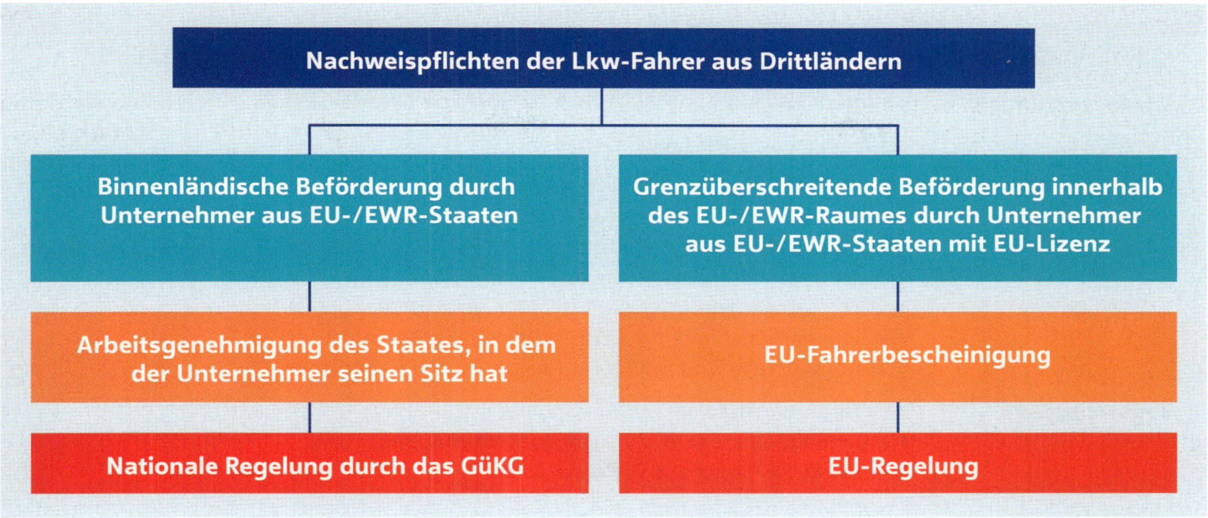

4.1.7 Werkverkehr

Werkverkehr = Güterkraftverkehr für eigene Zwecke = geschäftsmäßiger Güterkraftverkehr

Werkverkehr ist Güterkraftverkehr für eigene Zwecke. Hierbei handelt es sich z. B. um Unternehmen, die ihre Fertigprodukte mit eigenen Fahrzeugen zu ihren Kunden transportieren. Das Gesetz legt genau fest, welche Voraussetzungen vorliegen müssen, damit von Werkverkehr gesprochen werden kann:

- Die beförderten Güter müssen Eigentum des Unternehmens oder von ihm gekauft, verkauft, produziert u. Ä. worden sein.
- Die Beförderung muss eine Anlieferung von Gütern zum Unternehmen oder ein Versand vom Unternehmen sein.
- Das verwendete Kraftfahrzeug muss von eigenem Personal geführt werden.
- Die Beförderung darf für das Unternehmen nur eine Hilfstätigkeit gemessen am eigentlichen Unternehmenszweck sein.

Werkverkehr ist erlaubnisfrei.

Der Werkverkehr ist erlaubnisfrei und es besteht keine Versicherungspflicht. Fahrzeuge mit einem zulässigen Gesamtgewicht von mehr als 3,5 t (einschließlich Anhänger) sind allerdings dem BAG (siehe unten) zu melden. Das BAG fasst die Meldungen zu einer **Werkverkehrsdatei** zusammen.

4.1.8 Bundesamt für Güterverkehr (BAG)

Das Bundesamt für Güterverkehr ist eine selbstständige Bundesoberbehörde im Geschäftsbereich des Bundesministeriums für Verkehr. Es erledigt Verwaltungsaufgaben des Bundes auf dem Gebiet des Verkehrs. Dazu gehören z. B.:

- **Überwachungsaufgaben:**
  - die Einhaltung der verkehrsrechtlichen Vorschriften, z. B. GüKG, HGB, CMR
  - die Beachtung der Umweltschutzbestimmungen (z. B. der Gefahrgutverordnung Straße)
  - die Einhaltung der Fahrerpersonalvorschriften (z. B. Lenk- und Ruhezeiten)
  - das Mitführen der Berechtigung und der vorgeschriebenen Nachweise
  - die Umsetzung der Lkw-Maut-Regelungen
  - zulässige Maße der eingesetzten Lkw
  - Arbeitsgenehmigung nach § 7c GüKG
- **Statistische Aufgaben:** Es erfasst die Verkehrsmarktdaten und veröffentlicht die Ergebnisse in Statistiken (z. B. über den Straßengüterverkehr).

Das BAG ist befugt, zur Durchführung seiner Aufgaben Straßenkontrollen durchzuführen und Bücher, Geschäftspapiere sowie Unterlagen über den Fahrzeugeinsatz in den Unternehmen einzusehen.

Zusammenfassung	Güterkraftverkehrsgesetz		
Güterkraftverkehr:	gewerbsmäßige Beförderung von Gütern mit Kraftfahrzeugen über 3,5 t zul. GG		
Voraussetzungen:	**national**: Erlaubnis oder: Gemeinschaftslizenz gültig: 10 Jahre	■ persönliche Zuverlässigkeit ■ finanzielle Leistungsfähigkeit ■ fachliche Eignung	**Verkehrsleiter:** Person, die die Verkehrstätigkeiten eines Kraftfahrtunternehmens leitet
	grenzüberschreitend: ■ Gemeinschaftslizenz: Bedingungen wie Erlaubnis ■ CEMT-Genehmigung: gültig für 1 Jahr, vom BAG ■ bilaterale Genehmigung: Zeit- oder Fahrtengenehmigung ■ Drittstaatengenehmigung: für ausländische Frachtführer		
Begleitpapiere:	■ Beförderungspapiere (z. B. Erlaubnis) ■ Fahrzeugpapiere (z. B. Zulassungsbescheinigung, Teil I) ■ persönliche Papiere (z. B. Personalausweis, Führerschein, Fahrerkarte)		
Lkw-Fahrer aus Drittländern:	■ inländische Beförderung: Arbeitsgenehmigung ■ grenzüberschreitende Beförderung innerhalb der EU: EU-Fahrerbescheinigung		
BAG:	Bundesamt für Güterverkehr		
(Güterschaden-) Haftpflichtversicherung:	■ Haftpflichtversicherung des Lkw-Frachtführers ■ für inländische Transporte ■ Versicherung der HGB-Haftung (Mindestversicherungssumme: 600 000,00 EUR)		
Werkverkehr:	Güterkraftverkehr für eigene Zwecke		

4.2 Das Frachtrecht nach HGB

4.2.1 Geltungsbereich

Allgemeines HGB-Transportrecht = verkehrsträgerübergreifendes, einheitliches Transportrecht für vier Verkehrsträger. Die Seeschifffahrt wird in den §§ 481 ff. behandelt (5. Buch des HGB).

Das allgemeine Frachtrecht des Handelsgesetzbuches ist im 4. Buch des HGB (§§ 407 bis 452d) geregelt. Es gilt für den **Straßengüterverkehr**, den **Eisenbahnverkehr**, die **Binnenschifffahrt** und den **Luftfrachtverkehr**. Es handelt sich somit um ein verkehrsträgerübergreifendes, einheitliches Transportrecht für vier Verkehrsträger. Außerdem werden der Umzugsverkehr und der „multimodale Transport" (Beförderung mit verschiedenartigen Beförderungsmitteln, z. B. Lkw und Eisenbahn) gesondert geregelt.
Es steht den Vertragsbeteiligten frei, besondere Anforderungen ihres Verkehrsträgers durch individuelle Vereinbarungen oder durch Allgemeine Geschäftsbedingungen zu berücksichtigen.

Allgemeines HGB-Frachtrecht
- Straßengüterverkehr
- Eisenbahnverkehr
- Binnenschifffahrt
- Luftfrachtverkehr

4.2.2 Rechtsebenen des Frachtvertrages

Der Frachtvertrag im Güterkraftverkehr kann auf vier Ebenen geregelt sein:

Rechtsebenen individueller Vereinbarungen:
- vorformulierte Vertragsbedingungen (AGB)
- HGB
- CMR

Siehe dazu auch Seite 25.

1. Individuelle Vereinbarungen

Die Vertragsparteien (Absender und Frachtführer) gestalten ihr Vertragsverhältnis **durch individuelle Vereinbarungen**. Individuell bedeutet, dass tatsächlich eine einzelvertragliche Absprache stattgefunden haben muss. Da Kaufleute wissen, worauf sie sich bei vertraglichen Absprachen einlassen, sind sie in der inhaltlichen Gestaltung ihrer Verträge frei.

2. Allgemeine Geschäftsbedingungen

Dem Frachtvertrag werden vorformulierte Vertragsbedingungen (**Allgemeine Geschäftsbedingungen**, AGB) zugrunde gelegt, mit der Einschränkung, dass die sogenannten AGB-festen Bestimmungen des HGB (insbesondere zur Haftung, siehe oben) nicht verändert werden dürfen. Im Übrigen gilt: Allgemeine Geschäftsbedingungen müssen sich nach dem Grundgedanken des Gesetzes (HGB) richten.

In der deutschen Verkehrswirtschaft existiert eine Vielzahl von Allgemeinen Geschäftsbedingungen für Frachtführer. Beispielhaft sollen genannt werden:

IVTB, siehe Seite 335

- **ALB** (Allgemeine Leistungsbedingungen der DB Cargo AG)
- **IVTB** (Internationale Verlade- und Transportbedingungen für Binnenschiffstransporte)

- **ABBH** (Allgemeine Bedingungen der deutschen Möbelspediteure für Beförderungen von Handelsmöbeln)
- **AGB Kombiverkehr KG**
- AGB verschiedener KEP-Dienste

3. Handelsgesetzbuch

Im **Handelsgesetzbuch** (HGB) ist das Frachtrecht für alle Landverkehrsmittel (Kraftfahrzeug, Eisenbahn, Binnenschiff, Flugzeug) festgelegt.

Siehe auch die Zusammenfassung der Vertragsgrundlagen auf Seite 379

Wann gilt das HGB?

- Die Vertragspartner haben individuelle Vereinbarungen getroffen. Die einzelvertragliche Regelung tritt an die Stelle des HGB. Stellt sich allerdings heraus, dass eine spezielle Frage im Einzelvertrag nicht geregelt worden ist, greift man auf das Handelsgesetzbuch zurück.

- Die Vertragspartner vereinbaren Allgemeine Geschäftsbedingungen. Sie verdrängen die HGB-Bestimmungen oder ergänzen sie, weil bestimmte HGB-Regelungen präzisiert und auf die Bedürfnisse eines speziellen Verkehrsmittels bezogen werden.

Ladezeiten nach ADSp, siehe Seite 50

  Beispiel:
  Die im HGB nur sehr ungenau beschriebene Ladezeit für das Verladen einer Sendung wird in den ADSp konkretisiert.

  Die AGB-festen Bestimmungen des HGB können durch Allgemeine Geschäftsbedingungen nicht verändert werden und bleiben daher wirksam.

  Die Vertragssituation stellt sich demnach wie folgt dar: Spediteur (als Absender) und Frachtführer vereinbaren, den Frachtvertrag nach Allgemeinen Geschäftsbedingungen abzuwickeln. Da die oben genannten AGB regelmäßig auf das HGB verweisen, ist auch das HGB als Vertragsgrundlage wirksam. Damit wird der Frachtvertrag in seiner gesamten Reichweite nach Allgemeinen Geschäftsbedingungen in Verbindung mit dem HGB abgewickelt.

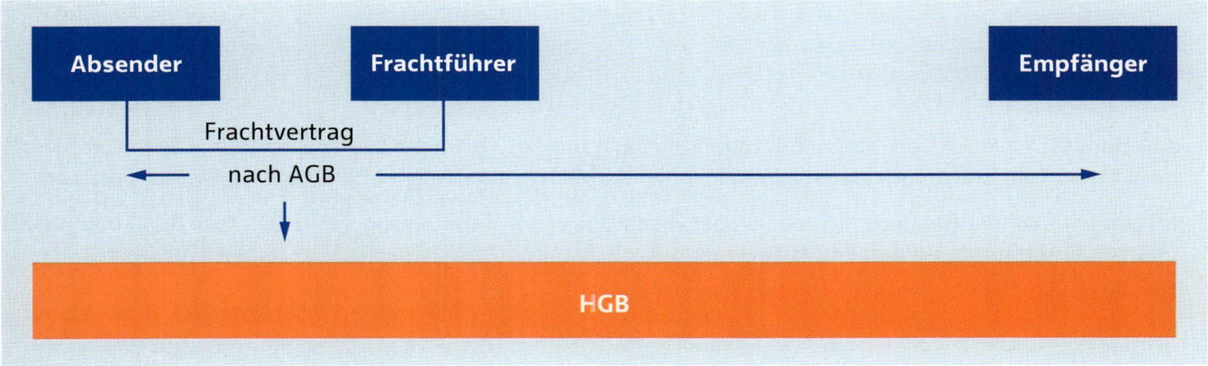

- Die Vertragspartner einigen sich nicht individuell und legen ihrem Vertrag keine AGB zugrunde. Es gilt das Frachtrecht nach HGB.

4. CMR

Im grenzüberschreitenden Güterkraftverkehr ist die **CMR** als Vertragsgrundlage zwingend vorgeschrieben. Die CMR (Convention relative au contrat de transport international de Marchandises par Route = Übereinkommen [Convention] über den Beförderungsvertrag im internationalen Straßengüterverkehr) gilt für Transporte, bei denen Abgangs- und Bestimmungsort in zwei verschiedenen Staaten liegen, von denen mindestens einer die CMR ratifiziert (= anerkannt) hat.

CMR, siehe Seite 149

Rechtsfragen, die in der CMR nicht geregelt sind, müssen durch Zugriff auf nationales Recht, z. B. das HGB, geklärt werden. Auch andere nationale Rechtsvorschriften sind im Einzelfall zurate zu ziehen. Generell gilt: Kann das Handelsgesetzbuch, d. h. das Gesetz, das speziell für Kaufleute und deren Tätigkeiten entwickelt worden ist, eine Einzelfrage nicht klären, greift man auf allgemeinere gesetzliche Bestimmungen zurück, z. B. das Bürgerliche Gesetzbuch (BGB).

Vertragsgrundlage bei Logistikverträgen mit Spediteuren, siehe Seite 40

Beispiel:
Der Frachtvertrag ist ein sogenannter Werkvertrag, d.h., der Frachtführer verpflichtet sich, eine bestimmte Leistung (ein Werk, einen Erfolg) zu erbringen, z.B. den Transport einer Sendung von A nach B. In den §§ 631–644 des BGB werden grundlegende Fragen zum Werkvertrag geregelt. Im Einzelfall bietet das BGB vielleicht eine Lösung für ein Vertragsproblem zwischen Absender und Frachtführer.

Rechtsebenen beim Speditionsvertrag, siehe Seite 25

Rechtsebenen nach Speditions- und Frachtrecht
Vergleicht man die Rechtsebenen nach dem Speditions- und Frachtrecht des HGB, zeigt sich folgender Unterschied:

4.2.3 Frachtrechtliche Regelungen

§ 407 Frachtvertrag

- **Beteiligte:** Der Frachtvertrag wird zwischen dem **Absender** (Auftraggeber) und dem **Frachtführer** (Auftragnehmer) abgeschlossen.

  Der Absender muss nicht der tatsächliche Warenabsender (Verlader) sein. So kann z.B. ein Spediteur den Auftrag zum Transport erteilen oder der Empfänger ist der Vertragspartner („Abholauftrag").

Verlader: Rechtsperson, die das Gut zur Beförderung übergibt.

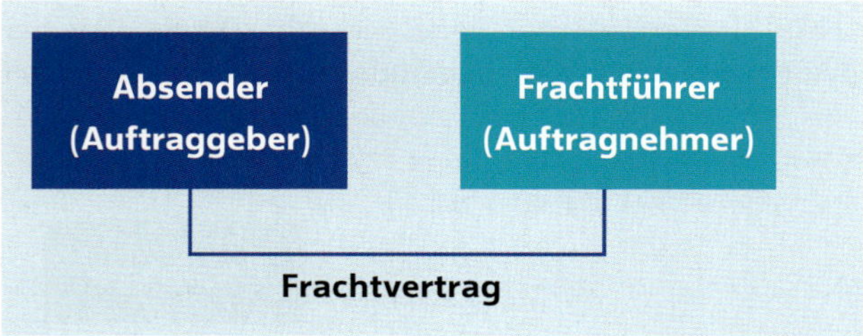

- **Abschluss:** Der Frachtvertrag kommt durch die Einigung der Vertragsparteien zustande. Die Vereinbarung der Partner (der erzielte Konsens) ist entscheidend. Der Frachtvertrag ist daher ein **Konsensualvertrag**.
- **Inhalt:** Im Frachtvertrag verpflichtet sich der Frachtführer zur Beförderung des Gutes zum Bestimmungsort und zur Auslieferung an den Empfänger.
  Der Absender hat vor allem die Pflicht, die vereinbarte Fracht zu zahlen.

Frachtführer ist der, der sich zur Beförderung des Gutes verpflichtet, siehe auch „Speditionsvertrag" auf Seite 21.

§ 407 HGB Frachtvertrag

(1) Durch den Frachtvertrag wird der Frachtführer verpflichtet, das Gut zum Bestimmungsort zu befördern und dort an den Empfänger abzuliefern.

(2) Der Absender wird verpflichtet, die vereinbarte Fracht zu zahlen.

Entscheidend ist die eingegangene **Verpflichtung**. Der Frachtführer muss die vertragliche Leistung nicht selber erbringen, sondern kann einen anderen Frachtführer mit dieser Aufgabe betrauen. Das HGB unterscheidet daher zwischen vertraglichem und ausführendem Frachtführer.

- **Vertraglicher Frachtführer:** Er hat sich gegenüber dem Absender vertraglich zur Beförderung verpflichtet. Wenn im HGB von „Frachtführer" gesprochen wird, ist vor allem der vertragliche Frachtführer gemeint. Der Absender macht seine Rechte auch gegen seinen Vertragspartner, den vertraglichen Frachtführer, geltend.
- **Ausführender Frachtführer:** Er führt die Beförderung tatsächlich durch. Nach § 437 HGB gilt das Frachtrecht auch für den ausführenden Frachtführer.

Geltungsbereich des allgemeinen HGB-Frachtrechts

Das allgemeine HGB-Frachtrecht gilt für alle Transporte per Lkw, Eisenbahn, Binnenschiff und Flugzeug. Außerdem muss die Beförderung **gewerbsmäßig** durchgeführt werden. Auch die sogenannten KEP-Dienste (Kurier-, Express- und Paketdienste; sogar Fahrrad-Kuriere) fallen unter das HGB-Frachtrecht. Private Beförderungen unterliegen nicht dem HGB.

Grundsätzlich kann man das HGB-Frachtrecht auch auf internationale Transporte anwenden. Allerdings haben gewöhnlich zwingende internationale Rechtsvorschriften Vorrang. Die Bundesrepublik Deutschland hat u. a. folgende internationale Abkommen anerkannt (ratifiziert) und damit für Deutschland in Kraft gesetzt:

1. CMR für den internationalen Straßengüterverkehr
2. COTIF für internationale Eisenbahnbeförderungen
3. MÜ für den internationalen Luftverkehr

Gewerbsmäßig, siehe Seite 80

KEP-Dienste, siehe Seite 232

CMR, siehe Seite 149

COTIF, siehe Seite 328

MÜ, siehe Seite 240

§ 408 Frachtbrief

Frachtbrief = Begleitpapier im Frachtgeschäft, das den Abschluss des Frachtvertrags zwischen Absender und Frachtführer dokumentiert.

Frachtbrief:
- Absenderpapier
- normaler Frachtbrief
- Dokument mit erhöhter Beweiskraft, siehe Seite 98

Der Frachtführer kann verlangen, dass der Absender einen Frachtbrief mit bestimmten Angaben ausstellt. Über dieses Papier erhält der Frachtführer Informationen über das zu befördernde Gut und Details zur Transportorganisation (z. B. die Be- und Entladestellen). Der Frachtbrief wird daher als Absenderpapier bezeichnet. Es besteht aber kein Frachtbriefzwang. Bei Bedarf kann der Frachtbrief zu einem Dokument mit erhöhter Beweiskraft ausgestaltet werden.

Inhalt

Nach § 408 HGB hat ein Frachtbrief folgenden Inhalt:

1. Ort und Tag der Ausstellung
2. Name und Anschrift des Absenders
3. Name und Anschrift des Frachtführers
4. Ladestelle und Tag der Übernahme des Gutes sowie die Entladestelle. Das HGB verlangt nicht nur die Angabe eines Belade- und Bestimmungsortes, sondern eine genaue Bezeichnung der Belade- und Entladestelle, z. B. Straße und Hausnummer.
5. Name und Anschrift des Empfängers und eine etwaige Meldeadresse. Die Meldeadresse ist z. B. in der Binnenschifffahrt wichtig, damit der Frachtführer dort seine Entladebereitschaft anzeigt (meldet).
6. die Bezeichnung des Gutes und die Art der Verpackung
7. Anzahl, Zeichen und Nummern der Frachtstücke
8. das Rohgewicht (Bruttogewicht) der Sendung
9. die vereinbarte Fracht, eventuell bis zur Ablieferung entstehende Kosten sowie ein en Vermerk über die Frachtzahlung (Frankatur, aber auch Vermerke über Art, Höhe und Zeitpunkt der Zahlung)
10. Nachnahmebetrag
11. Weisungen, wie das Gut für den Zoll oder sonstige amtliche Verfahren zu behandeln ist
12. Vereinbarungen, die eine Beförderung in offenem, nicht mit Planen abgedecktem Fahrzeug oder – in der Binnenschifffahrt – eine Decksverladung zulassen. Da das Gut in solchen Fällen einem erhöhten Transportrisiko ausgesetzt ist, soll dieser Sachverhalt gesondert im Frachtbrief festgehalten werden.

Die Vertragspartner können im Frachtbrief weitere Angaben eintragen, die sie für zweckmäßig ansehen.

Elektronischer Frachtbrief

Ein Frachtbrief kann auch in elektronischer Form (als Datei) ausgestellt werden. Allerdings ist sicherzustellen, dass auch die Funktionen eines Frachtbriefes erfüllt werden. Das ist zurzeit aber noch nicht geklärt.

Beispiele:

- Damit ein Frachtbrief eine erhöhte Beweiskraft erhält, muss er von beiden Vertragspartnern unterzeichnet werden (siehe Seite 98). Es ist noch näher festzulegen, wie dies in der elektronischen Form geschehen kann. Über eine Verordnung des Justizministeriums sollen die Details zur Handhabung elektronischer Frachtbriefe bestimmt werden.
- Eine Ausfertigung des Frachtbriefes soll das Gut begleiten. Es ist unklar, wie das technisch umgesetzt werden kann.

Beladeort/ Beladestelle
Das HGB spricht in § 412 von „Verladen“.

Entladeort/ Entladestelle

Erläuterungen zu den Feldern des Frachtbriefes	
Feld 1–3	Postanschrift von Absender, Empfänger und Frachtführer
Feld 4	Anschrift, an die sich der Frachtführer am Empfangsort wendet, um nähere Informationen über die Ablieferung der Sendung zu erhalten. Die Meldeadresse ist vor allem in der Binnenschifffahrt von Bedeutung, weil der Frachtführer dort seine Entladebereitschaft anzeigen muss.
Feld 5	Postanschrift weiterer Frachtführer, die an der Transportdurchführung beteiligt sind
Feld 6	Einzutragen sind Ort und/oder Stelle (als Straßenbezeichnung mit Hausnummer), wo die Güter vom Frachtführer übernommen werden sollen.
Feld 7	Mit seiner Unterschrift bescheinigt der Frachtführer, dass er die im Frachtbrief aufgeführten Güter in äußerlich gutem Zustand übernommen hat und dass die Anzahl der Frachtstücke sowie ihre Zeichen und Nummern mit den Angaben im Frachtbrief übereinstimmen. In dieses Feld muss der Frachtführer Vorbehalte eintragen, wenn er Abweichungen zwischen den Frachtbriefangaben und den übernommenen Gütern feststellt.
Feld 8	Einzutragen sind Ort und/oder Stelle (als Straßenbezeichnung mit Hausnummer), wo die Güter vom Frachtführer abzuliefern sind.
Feld 9	Einzutragen sind Dokumente, die dem Frachtführer vom Absender übergeben worden sind und die der Frachtführer für die Transportabwicklung benötigt (z. B. Dokumente für die Verzollung).
Feld 10	Anzahl der Packstücke je Positionszeile
Feld 11	Markierung (Zeichen und Nummer der Versandeinheit), mit der das Packstück gekennzeichnet ist
Feld 12	Art der Verpackung als Packmittelbeschreibung (z. B. Karton, Palette) oder als Packmittelnummer
Feld 13	Beschreibung des Inhalts der Packstücke
Feld 14	Angabe des Bruttogewichtes in Kilogramm
Feld 15	Umfang der Sendung in Meter
Feld 16	Bei Gefahrgut ist das Gut hier mit seinen gefahrgutrechtlichen Bezeichnungen (nach GGVSEB-/ADR-Vorschriften) näher zu kennzeichnen.
Feld 17	In diesem Feld kann der Absender besondere Weisungen für die Verzollung der Güter geben (z. B. Wahl des Zollverfahrens).
Feld 18	Sofern beim Empfänger eine Nachnahme zu erheben ist, ist der Betrag hier einzusetzen.
Feld 19	Die Angabe einer Frankatur gibt Auskunft, wer die Beförderungskosten übernimmt, z. B. ▪ unfrei (Empfänger zahlt die Kosten), ▪ frei Haus (der Absender übernimmt die Kosten der Beförderung).
Feld 20	Wenn die Güter in offenem, nicht mit Planen abgedecktem Fahrzeug befördert werden sollen, unterliegt die Sendung besonderen Gefahren (Nässe, Witterung, Verlust). Der Frachtführer kann verlangen, dass diese Vereinbarung im Frachtbrief festgehalten wird, damit er sich im Schadensfall auf entsprechende Haftungsausschlüsse berufen kann (§ 427 HGB). Entsprechendes gilt für die Beförderung von Gütern auf Deck eines Binnenschiffes.
Feld 21	Ort, Datum der Ausstellung des Frachtbriefes
Feld 22	Stempel und Unterschrift des Absenders
Feld 23	Stempel und Unterschrift des Frachtführers
Feld 24	Datum sowie Stempel und Unterschrift des Empfängers
Feld 25	amtliches Kennzeichen des transportierenden Fahrzeugs
Feld 26	Nutzlast des transportierenden Fahrzeugs

Die Felder des Frachtbriefes lassen sich in folgende Gruppen einteilen:

Absenderdaten	Sie geben Auskunft über den Absender der Sendung (Adresse).
Empfängerdaten	Sie informieren über den Empfänger der Sendung (Adresse).
Sendungsdaten	Sie beschreiben das zu befördernde Gut und geben Auskunft über Belastungen der Sendung mit Frachtkosten und Nachnahmen.
Transportdaten	Sie informieren über die technische Abwicklung der Beförderung von der Übernahme der Sendung bis zu ihrer Ablieferung, einschließlich der Fahrzeugangaben.
Formulardaten	Sie erleichtern die Identifizierung des Formulars (Frachtbriefnummer, Ort und Tag der Ausstellung des Frachtbriefs).

1 Absender (Name, Anschrift) INTERSPED GmbH Merkurstraße 14 40223 Düsseldorf	**FRACHTBRIEF für den gewerblichen Güterkraftverkehr**
2 Empfänger (Name, Anschrift) Spedition HOMBERG GmbH Erdener Straße 45 14193 Berlin	3 Frachtführer (Name, Anschrift) MÖLLER-TRANS GmbH Merowingerstraße 8 40223 Düsseldorf
4 Meldeadresse	5 nachfolgende Frachtführer (Name, Anschrift)
6 Übernahme des Gutes Versandort: Düsseldorf Beladestelle: Merkurstraße 14 8 Ablieferung des Gutes Ort: Berlin Entladestelle: Erdener Straße 45 9 beigefügte Dokumente	7 Vorbehalte und Bemerkungen der Frachtführer

10 Anzahl der Packstücke	11 Zeichen und Nummern	12 Art der Verpackung	13 Bezeichnung des Gutes	14 Bruttogewicht in kg	15 Volumen in m³
28		Paletten	Sammelgut	18 000	
	27 Paletten übernommen 20.03.2(0) Gräber		Bestätigung Theiß		

16 Gefahrgut-Klassifikation				Nettomasse kg/l	
UN-Nr.		offizielle Benennung			
Nummer Gefahrzettel		Verpackungsgruppe		Tunnelbeschränkungscode	

17 Weisungen des Absenders (Zoll- und sonstige amtliche Behandlung des Gutes)

18 Nachnahme:		20 besondere Vereinbarungen
19 Frankatur	frei Haus	

21 ausgefertigt in Düsseldorf am 20.03.20(0)		Gut empfangen am
INTERSPED GmbH Merkurstraße 14 40223 Düsseldorf Baumeister 22 Unterschrift und Stempel des Absenders	MÖLLER-TRANS GmbH Merowingerstraße 8 40223 Düsseldorf Gräber 23 Unterschrift und Stempel des Frachtführers	24 Unterschrift und Stempel des Empfängers

	25 amtl. Kennzeichen	26 Nutzlast in kg
Kfz		
Anhänger		

Originale

Der Frachtbrief wird in drei Originalen ausgestellt, die vom Absender unterzeichnet werden. Eine Ausfertigung ist für den Absender bestimmt, eine begleitet das Gut bis zum Empfänger, das dritte Exemplar behält der Frachtführer.

§ 409 Beweiskraft

Der Absender kann verlangen, dass auch der Frachtführer den Frachtbrief unterzeichnet. Durch die Unterschrift **beider** Vertragspartner wird der Frachtbrief zu einem Dokument mit erhöhter Beweiskraft, das folgende Sachverhalte dokumentiert:

1. Das Papier dient als Nachweis für den Abschluss und den Inhalt des **Frachtvertrages** (Beweisfunktion).
2. Es dokumentiert, dass der Frachtführer das **Gut übernommen** hat (Übernahmefunktion).
3. Durch die Unterschrift wird angenommen,
   a dass das Gut und seine Verpackung bei der Übernahme durch den Frachtführer in **äußerlich gutem Zustand** waren,
   b dass die **Anzahl** der Frachtstücke und
   c ihre **Zeichen** und **Nummern** mit den Angaben im **Frachtbrief** übereinstimmen.

   Diese drei Sachverhalte sind vom Frachtführer gewöhnlich im täglichen Geschäft kontrollierbar. Bevor er seine Unterschrift leistet, sollte er die Sendung auch in diesen drei Punkten überprüfen.

   Die Beweiskraft des Frachtbriefes entfällt, wenn der Frachtführer auf dem Frachtbrief einen begründeten **Vorbehalt** eingetragen hat (z. B. über äußere Beschädigungen). Der Vorbehalt kann auch damit begründet werden, dass dem Frachtführer keine angemessenen Mittel zur Verfügung standen, die Richtigkeit der Angaben zu überprüfen (weil die Güter z. B. in einem geschlossenen Container oder in einer Wechselbrücke übergeben werden).
4. Wenn der **Absender** es (ausnahmsweise) verlangt, ist der Frachtführer auch verpflichtet, zu prüfen, ob **Gewicht**, **Menge** und **Inhalt** der übernommenen Güter mit den Angaben im Frachtbrief übereinstimmen. Das Ergebnis dieser Prüfung ist im Frachtbrief festzuhalten oder anderweitig zu dokumentieren (z. B. durch einen Wiegeschein).

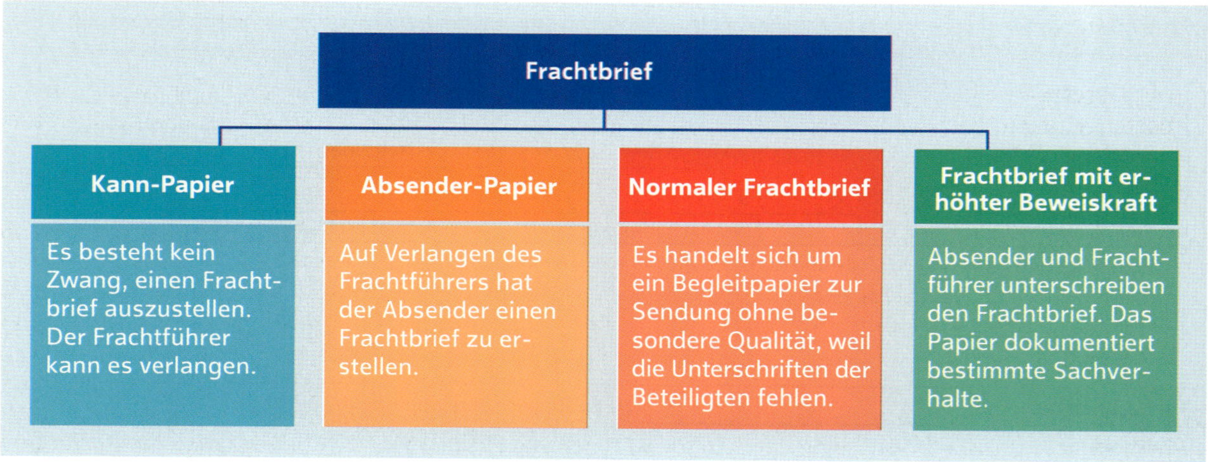

Funktionen des Frachtbriefes

Der Frachtbrief ist ein Dokument, dem unterschiedliche Aufgaben (Funktionen) zugerechnet werden können:

Funktion	ERLÄUTERUNG
1. Beweisurkunde	Einzelheiten zu den Beteiligten am Frachtvertrag, zur Sendung und zum Ablauf des Transportes können dem Frachtbrief entnommen werden. Durch die Unterschrift der Beteiligten haben die Angaben Beweiskraft.
2. Übernahmebestätigung	Der Frachtführer bestätigt durch seine Unterschrift die Übernahme der Sendung vom Absender.

Diese beiden Funktionen ergeben sich aus § 409 HGB (siehe oben). Dem Frachtbrief können aber noch weitere Funktionen zugesprochen werden.

3. Begleitpapier	Das Empfänger- und das Unternehmerexemplar begleiten den Transport.
4. Ablieferungs-nachweis	Der Empfänger quittiert auf dem Frachtbrief den Erhalt der Sendung.
5. Sperrpapier	Gibt der Absender sein Frachtbriefexemplar aus der Hand, kann er keine Weisungen mehr an den Frachtführer erteilen. Er ist damit von der Sendung abgesperrt.

Weisungsrecht und Sperrpapierfunktion, siehe unten § 418 HGB, Seite 101

§ 411 Verpackung/Kennzeichnung

Der Absender muss die Güter so **verpacken**, dass sie die normalen Transportbelastungen (Fliehkraft, Erschütterungen, Druck beigeladener Güter) aushalten. Die Verpackung muss auch sicherstellen, dass dem Frachtführer oder anderen Absendern kein Schaden zugefügt wird (z. B. Verschmutzung des Fahrzeugs oder anderer Güter). Auch Güter, die sich auf oder in einem Lademittel befinden (z. B. Paletten, Container), sind vom Absender beförderungssicher zu stauen und zu sichern.
Außerdem hat der Absender die Güter so zu **kennzeichnen** (mit Aufklebern oder Anhängern zu versehen), dass ihre vertragsgemäße Handhabung sichergestellt ist.

§ 412 Verladen und Entladen

Das HGB unterscheidet das **Verladen** nach zwei Gesichtspunkten:

1. **Beförderungssichere Verladung:** Es ist Aufgabe des **Absenders**, die Güter ordnungsgemäß
   - zu **verladen**, d. h., das Gut in das Fahrzeug zu bringen,
   - zu **verstauen**, d. h., das Gut auf der Ladefläche zu positionieren und so zu sichern, dass es den normalen Belastungen eines Transportes (Fliehkraft, Erschütterung) gewachsen ist. Das Gut muss so befestigt werden, dass es auch die Risiken von Notbremsung und schlechten Straßenverhältnissen ohne Beschädigung übersteht (**Ladungssicherung**).

Beförderungssichere – betriebssichere Verladung

Der Absender muss die Güter beförderungssicher verladen.

Der Frachtführer ist für die betriebssichere Verladung verantwortlich.

> **Beförderungssichere Verladung**: Verladen und Verstauen des Gutes in der Weise, dass es die normalen Belastungen eines Transportes (Fliehkraft, Erschütterung, schlechte Straßenverhältnisse, Notbremsung) ohne Beschädigung übersteht.

Der Gesetzgeber hat sich von der Vorstellung leiten lassen, dass der Absender als **Warenfachmann** am besten in der Lage ist, die beförderungsgerechte Verladung der Güter durchzuführen. Eine fehlerhafte Verladung fällt in den Risikobereich des Absenders und ist von ihm zu verantworten.

Sonderfall: Der Spediteur ist der Absender.
Zum Besorgungsauftrag des Spediteurs gehört es, Frachtführer mit der Besorgung von Transporten zu beauftragen. Dann ist der Spediteur der Vertragspartner des Frachtführers und damit rechtlich gesehen Absender. Da der Spediteur aber im Regelfall (z. B. aufgrund von Fixkostenspedition) im Verhältnis zum Versender vertraglicher Frachtführer ist, bleibt der Versender aus dem Speditionsvertrag heraus zur Verladung verpflichtet.

2. **Betriebssichere Verladung:** Der **Frachtführer** muss überprüfen, ob die Betriebssicherheit (= Verkehrssicherheit) seines Fahrzeuges im Sinne der Straßenverkehrsordnung durch die Verladearbeiten des Absenders gewährleistet ist (zulässige Maße des Fahrzeugs, Sicherung überragender Teile, Gewichtsverteilung u. Ä.) und kein Dritter gefährdet wird.

> **Betriebssichere Verladung**: Verladung des Gutes in der Weise, dass die Sicherheit des Lkw und anderer Verkehrsteilnehmer im Straßenverkehr nicht gefährdet ist.

Der Gesetzgeber ging bei der Formulierung des § 412 davon aus, dass der Frachtführer als **Beförderungsexperte** und durch seine Kenntnisse über das Fahrzeug die Verkehrssicherheit eines beladenen Fahrzeugs am besten beurteilen kann.
Der Frachtführer (vertreten durch den Fahrer) hat bei der Verladung nicht selber Hand anzulegen, sondern durch Hinweise an das Verladepersonal des Absenders für die Verkehrssicherheit des Fahrzeugs Sorge zu tragen.
Übernimmt der Frachtführer die Güter in geschlossenen Behältern (z. B. Wechselbrücken), hat er sich durch Rückfragen beim Absender (z. B. zur Gewichtsverteilung) über die Betriebssicherheit des Fahrzeugs zu vergewissern.
Folgt der Absender den Weisungen des Fahrers nicht oder lassen Rückfragen über die durchgeführte Verladung Zweifel an der Betriebssicherheit des Fahrzeugs aufkommen, darf der Fahrer die Fahrt nicht antreten.

Der Absender ist für das Entladen verantwortlich.

Auch für das **Entladen** ist der Absender zuständig, weil der Frachtführer mit diesem den Frachtvertrag abgeschlossen hat. Der Absender muss die Entladung aber nicht selber durchführen, sondern kann sie z. B. durch den Empfänger vornehmen lassen.

Durch **vertragliche Vereinbarung** kann der Frachtführer verpflichtet werden, das Verladen und auch Entladen der Güter zu übernehmen. Die Vertragspartner können diese Verpflichtung z. B. im Frachtbrief schriftlich festhalten. Im Einzelfall ist aber zu prüfen, ob die Übernahme der Beladung durch den Fahrer oder dessen Mithilfe nicht auch durch eine stillschweigende Abrede begründet worden ist, vor allem wenn sich bestimmte Erwartungen an den Fahrer herausbilden oder Frachtführer die Mithilfe ihrer Fahrer als Serviceleistung ansehen. Klare Absprachen beugen in diesen Fällen Rechtsstreitigkeiten vor.

Kommt es zu Schadensfällen, so gilt – nach vorherrschender Meinung – der Grundsatz, dass derjenige für Schäden im Zuge der Verladung und Entladung verantwortlich ist, der die Arbeiten **tatsächlich durchführt**.

Beginn und Ende der Obhut am Gut, siehe auch Seite 155

Werden die Güter beim Empfänger abgeliefert, endet die Haftung des Frachtführers, sobald er die Obhut am Gut verliert. Dabei ist zu unterscheiden:

- Der **Empfänger** entlädt: Die Haftung des Frachtführers ist beendet, wenn er die Güter auf dem Fahrzeug entladebereit zur Verfügung stellt.
- Der **Fahrer** entlädt: Mit dem Abschluss der Entladearbeiten geht die Obhut am Gut auf den Empfänger über.

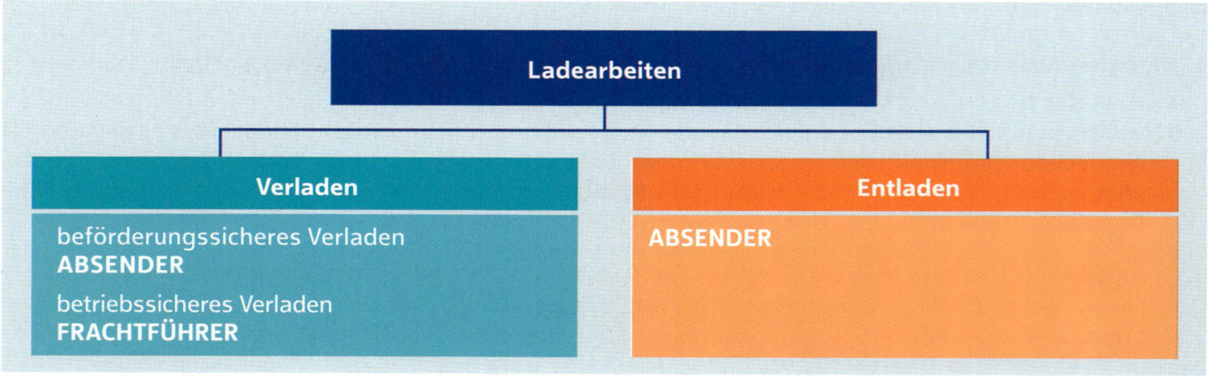

§§ 412, 417 Ladezeit/Rechte des Frachtführers bei Nichteinhaltung der Ladezeit

Der Frachtführer hat dem Absender für das Verladen eine angemessene Zeit einzuräumen. Dafür kann keine zusätzliche Vergütung verlangt werden. Der Frachtführer kann aber ein Standgeld berechnen, wenn die Wartezeit über die angemessene Ladezeit hinausgeht. Das HGB legt nicht fest, was als „angemessen“ anzusehen ist. Die Länge der Ladezeit kann im Frachtvertrag vereinbart werden.

Kündigungsrecht des Absenders, siehe HGB § 415 unten

Verlädt der Absender das Gut nicht innerhalb der üblichen oder vereinbarten Ladezeit, kann der Frachtführer eine angemessene Nachfrist setzen und erklären, dass er nicht länger warten werde, wenn das Gut nicht bis zum Ablauf der Frist verladen ist. Hält der Absender die Nachfrist nicht ein, kann der Frachtführer den Frachtvertrag kündigen (siehe unten).

§ 414 Haftung des Absenders

Der Absender haftet verschuldensunabhängig.

Der Absender haftet für Schäden, die durch ihn entstanden sind, auch wenn ihn kein Verschulden trifft (verschuldensunabhängige Haftung).

Wie entstehen Schäden oder Aufwendungen durch einen Absender? Das HGB nennt vier Risikobereiche, für die der Absender aufzukommen hat:

1. Er **verpackt** z. B. die Sendung unzureichend oder er **kennzeichnet** die Sendung nicht richtig.
2. Falsche oder unvollständige **Angaben im Frachtbrief**
3. Fehlerhafte **Auskünfte** und **Begleitpapiere**
4. Unterlassene Mitteilungen über die **Gefährlichkeit** des Gutes

Ist der Absender ein Verbraucher, haftet er nur, soweit ihn ein Verschulden trifft.

§415 Kündigung

Der Absender kann den Frachtvertrag einseitig und ohne Einhaltung einer Frist kündigen (z. B. weil die zu befördernden Güter nicht fristgerecht produziert werden konnten). Der Frachtführer ist in diesem Fall für den entstandenen „Vertrauensschaden" zu entschädigen. Das HGB sieht zwei Möglichkeiten vor:

- Der Frachtführer erhält das **vereinbarte Entgelt**, muss aber **ersparte Aufwendungen** davon abziehen. Dies ist eine schwierige Lösung, weil die Höhe der Ersparnisse nur schwer zu ermitteln ist.
- Der Frachtführer erhält eine sogenannte **Fautfracht** (Fehlfracht) in Höhe von einem Drittel der vereinbarten Fracht.

Fautfracht (Fehlfracht): Pauschale Entschädigungszahlung des Absenders an den Frachtführer für eine vorzeitige Kündigung des Frachtvertrages. Nach HGB beträgt die Fautfracht ein Drittel der vereinbarten Fracht.

Während der Absender jederzeit und ohne Angabe von Gründen kündigen kann, ist das Kündigungsrecht des Frachtführers (§417 HGB, siehe oben) an bestimmte Voraussetzungen gebunden.

§418 Nachträgliche Weisungen

Nachträgliche Weisungen = Einseitige, nachträgliche Vertragsänderungen

Weisungsrecht des **Absenders:** Der Absender ist berechtigt, über das (rollende oder schwimmende) Gut zu verfügen. Er kann insbesondere vom Frachtführer verlangen, dass das Gut nicht weiterbefördert wird oder dass er es an einen anderen Bestimmungsort, eine andere Ablieferungsstelle oder an einen anderen Empfänger abliefert. Es sind auch andere Weisungen möglich; z. B. kann der Absender eine Sendung nachträglich mit einer Nachnahme belegen. Das Weisungsrecht des Absenders ist beendet, sobald das Gut an der Ablieferungsstelle, d. h. an der Rampe des Empfängers, angekommen ist.

Bestimmungs**ort** – Entlade**stelle**

Das Weisungsrecht des Absenders endet an der Entladestelle.

Weisungsrecht des **Empfängers:** Nach Ankunft des Gutes an der Ablieferungsstelle kann der Empfänger Weisungen erteilen. Verfügt der Empfänger, dass die Sendung einem Dritten abgeliefert wird, so ist dieser Dritte nicht berechtigt, seinerseits Weisungen zu erteilen.

Der Frachtführer kann die Ausführung der Weisungen jedoch ablehnen, wenn seinem Unternehmen oder anderen Sendungen Nachteile drohen. Entstehen dem Frachtführer durch die Weisungen Mehraufwendungen, so sind Absender bzw. Empfänger verpflichtet, diese Mehraufwendungen zu ersetzen. Außerdem ist dem Frachtführer für seine Bemühungen eine angemessene Vergütung zu zahlen.

Das Weisungsrecht des Empfängers geht nicht auf einen Dritten über.

Weisungen gegen Vorlage des Frachtbriefes – Sperrpapierfunktion des Frachtbriefes

Unter folgenden Bedingungen darf der Frachtführer Weisungen des Absenders nur gegen Vorlage der Absenderausfertigung des Frachtbriefes durchführen:

1. Der Frachtbrief wurde von beiden Vertragsbeteiligten unterschrieben.
2. Die Vorschrift, dass der Frachtbrief für die Erteilung einer Absenderweisung vorgelegt werden muss, wurde bereits bei der Ausstellung im Frachtbrief festgehalten.

Wenn der Absender unter diesen Bedingungen sein Absenderexemplar des Frachtbriefes aus der Hand gibt, hat er kein Weisungsrecht mehr über die Sendung. Man sagt, der Absender ist von der Sendung abgesperrt. Der Frachtbrief wird auf diese Weise zu einem sogenannten **Sperrpapier**.

Die Sperrwirkung wird erzielt, indem der Absender sein Frachtbriefexemplar

- dem Frachtführer als Begleitpapier zur Sendung übergibt oder
- dem Empfänger übersendet.

Der Empfänger hat dadurch die Sicherheit, dass er die Sendung auf jeden Fall erhält, weil sie nicht mehr durch eine Absenderanweisung umverfügt werden kann. Der Frachtführer haftet für einen entstandenen Schaden, wenn er die Weisung des Absenders missachtet.

Sperrpapierwirkung: Der Absender kann keine Weisungen mehr über das Gut ausüben.

§419 Beförderungs- und Ablieferungshindernisse

Zur Abgrenzung der Begriffe:

Umstände, die den Frachtführer **vor Erreichen des Bestimmungsortes** erkennen lassen, dass er seinen Beförderungsvertrag nicht vertragsgemäß durchführen kann, nennt man **Beförderungshindernisse.**

Ereignisse, die die Ablieferung des Gutes an der Ablieferungsstelle verhindern (z. B. Annahmeverweigerung, Weigerung des Empfängers, die Kosten zu bezahlen, Nichtauffinden des Empfängers), sind **Ablieferungshindernisse**.

Der Frachtführer hat in diesen Fällen Weisungen des Verfügungsberechtigten nach §418 HGB einzuholen. Wer ist verfügungsberechtigt?

1. Im Regelfall hat der Absender das Weisungsrecht über die Sendung. Der Frachtführer wendet sich daher gewöhnlich an den Absender.
2. Nach Ankunft des Gutes an der Ablieferungsstelle erhält der Empfänger das Verfügungsrecht. Im Falle eines Ablieferungshindernisses sind daher vom Empfänger Weisungen einzuholen.
3. Wurde im von beiden Vertragspartnern unterzeichneten Frachtbrief die Vorschrift aufgenommen, dass Weisungen nur nach Vorlage des Absenderexemplars des Frachtbriefes durchgeführt werden dürfen, muss das Verfügungsrecht erst nachgewiesen werden.

Ist der verfügungsberechtigte Empfänger nicht zu ermitteln oder verweigert er die Annahme der Sendung, so gilt
- im Fall 2: Das Verfügungsrecht fällt an den Absender zurück,
- im Fall 3: Die Vorlage eines Frachtbriefes ist nicht notwendig.

Sind Weisungen des Verfügungsberechtigten nicht oder nicht rechtzeitig zu bekommen, muss der Frachtführer Maßnahmen ergreifen, die ihm im Interesse des Verfügungsberechtigten die besten zu sein scheinen. Das HGB gibt ihm das Recht,
- die Güter zu entladen und zu verwahren,
- die Güter für Rechnung des Verfügungsberechtigten einem Dritten anzuvertrauen,
- die Ware zurückzubefördern,
- verderbliche Ware zu verkaufen.

§421 Rechte des Empfängers, Zahlungspflicht

Der Empfänger erhält als begünstigter Dritter Rechte aus dem Frachtvertrag.

Sobald das Gut an der **Ablieferungsstelle** eingetroffen ist und der Empfänger alle Verpflichtungen aus dem Frachtvertrag erfüllt hat, ist er berechtigt, vom Frachtführer die Ablieferung der Güter zu verlangen. Ablieferungsstelle ist der Ort, an dem die Obhut am Gut vom Frachtführer auf den Empfänger übergeht.
Obwohl der Empfänger nicht Beteiligter im Frachtvertragsverhältnis ist, erwirbt er als begünstigter Dritter trotzdem Rechte aus dem Frachtvertrag. Neben dem oben erwähnten **Herausgabeanspruch** hat der Empfänger auch das Recht, Ansprüche auf **Schadenersatz** im **eigenen Namen** gegenüber dem Frachtführer geltend zu machen, wenn Schäden am Gut aufgetreten sind.

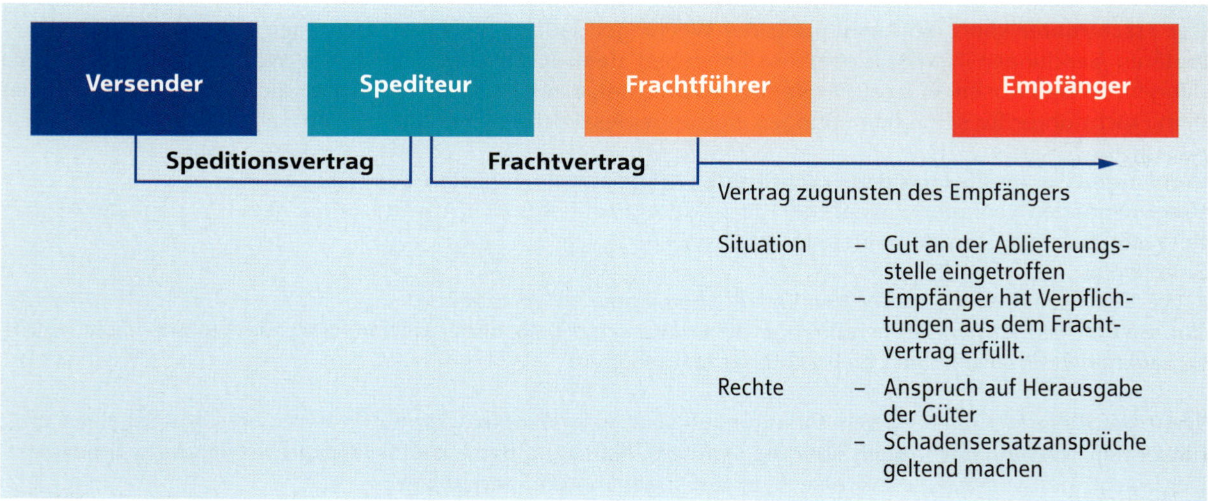

Dem Herausgabeanspruch des Empfängers steht – Zug um Zug – der Anspruch des Frachtführers auf Fracht gegenüber. Mit der Zurverfügungstellung der Güter an der Ablieferungsstelle hat der Frachtführer seine Pflichten aus dem Frachtvertrag erfüllt und damit einen Vergütungsanspruch erworben. In der Praxis wird das Entgelt des Frachtführers häufig nicht bei der Ablieferung eingezogen, sondern in Rechnung gestellt. Das HGB geht allerdings von einer Barzahlung an der Ablieferungsstelle aus. Der Frachtführer trägt das Zahlungsrisiko, wenn er dem Empfänger die Güter ausliefert und die Zahlung stundet.

Siehe auch Ziffer 10 ADSp, Seite 50

Sollte der Empfänger die Kostenübernahme ablehnen, bleibt der Absender (nach Absatz 4) verpflichtet, das vereinbarte Entgelt zu bezahlen, sofern der Frachtführer vom Empfänger Barzahlung verlangt hat.

Will der Frachtführer neben der Fracht auch Standgeld für die Überschreitung der **Ladezeit** bei der **Be**ladung durch den **Absender** geltend machen, muss er den Empfänger bei Ablieferung des Gutes über die geschuldeten Beträge informieren. Der Empfänger soll auf diese Weise davor geschützt werden, nach seiner Erklärung über die Annahme des Gutes mit unvorhergesehenen Kosten belastet zu werden.

Wird bei der Entladung der Güter die (angemessene) **Entladezeit** überschritten, hat der Frachtführer Anspruch auf **Standgeld** gegenüber dem Empfänger. Der mögliche Einwand des Empfängers, er habe keine Vertragsbeziehung mit dem Frachtführer, ist hier nicht anwendbar, weil der Empfänger durch die Annahmeerklärung Rechte und auch Pflichten aus dem Frachtvertrag erwirbt.

§ 422 Nachnahmen

Vereinbaren Absender und Frachtführer, die Sendung nur gegen Nachnahme an den Empfänger auszuliefern, ist der Nachnahmebetrag **bar** oder in Form eines gleichwertigen Zahlungsmittels einzuziehen. Demnach kann eine Nachnahmesendung z. B. gegen eine Bankbürgschaft ausgeliefert werden.
Andere Zahlungsarten bei Nachnahmen (z. B. Auslieferung der Ware gegen Rechnung) sind nur dann möglich, wenn sie vereinbart wurden.
Der Frachtführer haftet für die korrekte Ausführung der Nachnahmevorschrift bis zur Höhe des Nachnahmebetrages.

Zur Unterscheidung von Frachtüberweisung und Nachnahme siehe Seite 50

§ 423 Lieferfrist

Das HGB geht davon aus, dass Absender und Frachtführer eine Lieferfrist vereinbaren können. Wenn eine solche Vereinbarung fehlt, hat der Frachtführer die Beförderung innerhalb der üblichen Transportdauer durchzuführen.
Der Frachtführer kann sich bei einer Lieferfristüberschreitung ggf. darauf berufen, dass die Verzögerung Folge eines unabwendbaren Ereignisses gewesen ist, z. B. wegen eines Streiks der Lkw-Fahrer. Er kann damit seine Haftung wirksam ausschließen.[1]

Lieferfrist = Zeitspanne, die dem Frachtführer für die Beförderung der Güter (von der Übernahme bis zur Ablieferung) zur Verfügung steht

§ 424 Verlustvermutung

Ist der Frachtführer nicht in der Lage, das Gut zum vereinbarten Liefertermin abzuliefern, gilt das Gut zunächst als „verschollen“, nicht als endgültig verloren. Dem Frachtführer steht nun eine bestimmte Zeit zur Verfügung („Verschollenheitszeit“), in der er die Chance hat, das Gut aufzufinden und doch noch abzuliefern. Dies ist für den Frachtführer von Bedeutung, weil die Ablieferung des Gutes in dieser Zeit nur zu einem Schadenersatz aus Lieferfristüberschreitung führt (maximal dreifaches Frachtentgelt).

> Ein Gut gilt als (endgültig) verloren, wenn
> - die (vereinbarte oder übliche) Lieferfrist abgelaufen ist und
> - das Gut auch innerhalb eines **weiteren Zeitraumes**, der der Lieferfrist entspricht, nicht abgeliefert wird.

Der „weitere Zeitraum“ beträgt mindestens 20 Tage, bei grenzüberschreitender Beförderung 30 Tage.[2]

Weiterer Zeitraum:
- noch einmal die Lieferfrist
- mindestens 20 bzw. 30 Tage

Beispiele (für Binnentransporte):
1. *vereinbarte Lieferzeit vier Tage, Verlustvermutung nach 24 Tagen*
2. *vereinbarte Lieferzeit 30 Tage, Verlustvermutung nach 60 Tagen*

Danach gilt das Gut als verloren und der Anspruchsberechtigte (Absender oder Empfänger) kann Schadenersatz wegen Verlusts geltend machen.

§ 425 Haftung für Güter- und Verspätungsschäden/Schadenteilung

Dieser Paragraf legt grundlegend fest, in welchen Fällen der Frachtführer vor allem haftet:

- **Verlust** oder **Beschädigung** des Gutes (Güterschäden) in der Zeit von der Übernahme zur Beförderung bis zur Ablieferung
- **Überschreitung der Lieferfrist** (reiner Vermögensschaden)

> Ein Verlust liegt vor, wenn der Frachtführer nicht nur vorübergehend, sondern langfristig nicht in der Lage ist, dem Empfänger das Gut auszuliefern.
>
> Als **Vermögensschaden** bezeichnet man eine Beeinträchtigung der wirtschaftlichen Lage des Betroffenen. Sie zeigt sich in einer Vermögenseinbuße (z. B. als Gewinnausfall) oder als zusätzlicher Aufwand in Form von Kosten, die der Betroffene zu tragen hat (z. B. Kosten für einen Stillstand des Produktionsbandes, Kosten für Personal usw.). Ein **reiner Vermögensschaden** entsteht unabhängig von einem Güterschaden. Vermögensschäden können auch als Folge eines **Güterschadens** auftreten. Dann handelt es sich um einen Güterfolgeschaden. Für diese Schadensart hat der Frachtführer nach den Bestimmungen des HGB nicht zu haften.

Siehe § 424 HGB

- Güterschaden
- Güterfolgeschaden
- reiner Vermögensschaden

Siehe Schadensarten, Seite 31

[1] *Vorsicht ist bei Lieferfristgarantien (im Gegensatz zur Lieferfristvereinbarung) geboten, weil diese Garantie eine eigenständige vertragliche Verpflichtung neben dem Frachtvertrag darstellt. Sie führt zu einer verschuldensunabhängigen Erfolgshaftung nach BGB ohne Haftungsbegrenzung (siehe auch Seite 54).*
[2] *Bei grenzüberschreitenden Lkw-Transporten gilt die CMR, siehe Seite 149.*

Beispiel für einen Güterfolgeschaden:
Vorprodukte für die Pkw-Produktion gehen verloren. Wegen geringer Lagerhaltung des Produzenten und weil eine Ersatzlieferung nicht schnell genug herangeschafft werden kann, kommt es zu einem Bandstillstand in der Produktion.

Obhutshaftung, Gefährdungshaftung, siehe auch Seiten 19 und 155

Die Haftung ist **verschuldensunabhängig**, d. h., der Frachtführer hat für die drei Schadensarten (Verlust, Beschädigung, Lieferfristüberschreitung) zu haften, solange er die Güter in seiner Obhut hat („... in der Zeit von der Übernahme zur Beförderung bis zur Ablieferung ..."). Man spricht daher auch von der **Obhutshaftung** des Frachtführers. Die Haftung des Frachtführers wird ausgelöst, wenn die Ursache des Schadens seinem Obhutszeitraum zuzurechnen ist: Die **Verursachung** des Schadens durch den Frachtführer ist entscheidend, nicht sein Verschulden.

Weil er für alle Gefahren zu haften hat, denen das Gut in dieser Zeit ausgesetzt ist, wird auch der Begriff **„Gefährdungshaftung"** verwendet.

Haftungsprinzipien	
Verschuldenshaftung	Ein Verschulden muss vorliegen.
Obhuts- oder Gefährdungshaftung	Es genügt, dass die Ursache des Schadens dem Obhuts-/Gefährdungszeitraum des Frachtführers zuzurechnen ist.

Siehe §§ 426, 427 HGB

Vom strengen Prinzip der Obhutshaftung weicht das HGB allerdings in einigen Fällen ab, vor allem, wenn es sich um sogenannte „unabwendbare Ereignisse" handelt oder wenn der Schaden der Risikosphäre des Absenders zuzurechnen ist.

§ 426 Haftungsausschluss

Der Frachtführer ist von der Haftung befreit, sofern der Verlust, die Beschädigung des Gutes oder die Überschreitung der Lieferfrist auf Umständen beruht, die der Frachtführer nicht vermeiden und deren Folgen er nicht abwenden konnte, sogenannte **„unabwendbare Ereignisse"**.

Siehe auch CMR-Regelung, Seite 155

Der Frachtführer muss nachweisen, dass der in seinem Obhutszeitraum entstandene Schaden bei äußerster zumutbarer Sorgfalt nicht vorhersehbar und nicht vermeidbar war. Der Nachweis des Frachtführers bezieht sich auf drei Punkte:

- Das Ereignis als solches war Ursache des Schadens,
- das Ereignis war nicht vermeidbar und
- die Folgen des unabwendbaren Ereignisses waren nicht abzuwenden.

Man muss im Einzelfall prüfen, ob ein Ereignis als „unabwendbar" anzusehen ist.

Beispiele für unabwendbare Ereignisse:
- Ein Lkw-Fahrer wird mit vorgehaltener Waffe gezwungen, das Fahrzeug zu verlassen. Die Ladung wird komplett geraubt. Wenn dieser Vorgang z. B. in Deutschland stattfindet, geht man davon aus, dass der Frachtführer den Schaden weder vorhersehen noch vermeiden konnte.
- Aufgrund eines Lkw-Defektes müssen die geladenen Güter zwischengelagert werden. Während der Lagerung verbrennen die Güter durch Blitzeinschlag, obwohl das Lager durch eine Blitzschutzanlage gesichert ist.

§ 427 Besondere Haftungsausschlussgründe

Der Frachtführer haftet ferner nicht für Schäden aufgrund

- vereinbarter oder üblicher Verwendung von offenen, nicht mit Planen gedeckten Fahrzeugen,
- ungenügender Verpackung durch den Absender,
- von Fehlern des Absenders oder Empfängers bei der Be- und Entladung des Fahrzeugs sowie sonstiger Behandlung des Gutes durch diese,
- der natürlichen Beschaffenheit des Gutes (z. B. Rost, normaler Schwund durch Verdunsten),
- ungenügender Kennzeichnung der Frachtstücke durch den Absender,
- der besonderen Gefahren bei der Beförderung lebender Tiere.

Die aufgelisteten Gefahren rechnet der Gesetzgeber der Risikosphäre des Absenders zu, für die der Frachtführer nicht haften soll. Diese besonderen Gründe für einen Haftungsausschluss sind daher mit einer **Beweiserleichterung** für den Frachtführer verbunden: Kann der Frachtführer darlegen, dass ein Schaden aus den oben genannten Gefahren entstehen konnte, dann wird vermutet, dass der Schaden auch aus dieser Gefahr entstanden ist. Den Gegenbeweis muss der Geschädigte führen.

§ 426: Frachtführer muss beweisen.
§ 427: Beweispflicht liegt beim Geschädigten.

§§ 431, 433 und 422 Haftungshöchstgrenzen

1. Bei **Verlust** oder **Beschädigung** des Gutes wird der entstandene Schaden ersetzt. Der Schadenersatz ist auf 8,33 Sonderziehungsrechte für jedes Kilogramm des Rohgewichts (Bruttokilogramm) begrenzt.
   Maßgebend ist der Wert des Gutes (Marktpreis) am Ort und zur Zeit der Übernahme durch den Frachtführer. Sind im Rechnungspreis des Gutes **Frachtkosten** enthalten, müssen diese zur Wertberechnung abgezogen werden. Bei Beschädigung wird angenommen, dass die zur Behebung des Schadens entstandenen Kosten mit dem entstandenen Schaden deckungsgleich sind. Es reicht daher im Normalfall, wenn eine Reparaturrechnung vorgelegt wird.
   Zu diesem Schadenersatz, der unter Beachtung der genannten Höchstgrenzen errechnet wird, sind bei **Verlust** einer Sendung neben dem Warenwert auch die Frachtkosten, öffentliche Abgaben (z. B. Zölle, Steuern) und sonstige Kosten zu ersetzen, die aus Anlass der Beförderung entstanden sind. Bei Beschädigung werden diese Kosten nur anteilig ersetzt.
2. Die Haftungshöchstgrenze für **Lieferfristüberschreitung** liegt beim Dreifachen des Betrages, der mit dem Frachtführer als Frachtentgelt vereinbart wurde.
3. Bei **Nachnahmefehlern** haftet der Frachtführer verschuldensunabhängig bis zur Höhe der Nachnahme.
4. Für die Verletzung von vertraglichen Nebenpflichten (**sonstige Vermögensschäden**, die nicht Verlust, Beschädigung oder Lieferfristüberschreitung sind, die aber mit der Hauptpflicht des Frachtführers, der Beförderung des Gutes, zusammenhängen) beträgt die Haftungshöchstgrenze maximal den dreifachen Betrag, der bei Verlust zu zahlen wäre. Sonstige Vermögensschäden können z. B. im Zusammenhang mit der Beförderung zollpflichtiger Waren entstehen. Dabei stellt die Zollbehörde bestimmte Anforderungen an die Transportorganisation. Werden diese Anforderungen nicht eingehalten, kann es unter Umständen zu sonst vermeidbaren Abgabenbelastungen kommen, die auf **Fehler des Frachtführers** zurückzuführen sind. Eine Schadenersatzpflicht des Frachtführers ist nur gegeben, wenn ihm schuldhaftes Handeln vorgeworfen werden kann. Im Gegensatz zu den Schadensarten 1–3 (siehe oben) gilt in diesem Falle also das **Verschuldensprinzip**. Die Begrenzung der Haftung auf den dreifachen Ersatzwert bei Verlust des Gutes soll das Haftungsrisiko für den Frachtführer überschaubar halten.

Verschuldenshaftung, siehe Seite 34

* *Maximal entstandener Schaden*

§§ 428, 437 Haftung für andere

Der Frachtführer haftet für Handlungen und Unterlassungen seiner Leute und für Personen, die er für die Ausführung der Beförderung einsetzt. Unter „Leute" sind die Mitarbeiter (Betriebsangehörige) des Frachtführers zu verstehen; als „andere Personen" werden jene bezeichnet, mit denen der Frachtführer nicht arbeitsvertraglich verbunden ist.

„Leute", „andere Personen"

Darüber hinaus haftet der Frachtführer auch gegenüber dem Absender, wenn er die Beförderung ganz oder teilweise von einem Dritten (ausführender Frachtführer) durchführen lässt.

Der Absender kann sich aber auch direkt an den ausführenden Frachtführer (d. h. auch an jeden beliebigen Frachtführer in einer Transportkette) wenden und von ihm Schadenersatz verlangen. Vertraglicher und ausführender Frachtführer haften gesamtschuldnerisch.

Vertraglicher/ausführender Frachtführer

§ 429 Wertersatz

Kein Ersatz für Güterfolgeschäden

Hat der Frachtführer für Verlust oder Beschädigung eines Gutes Schadenersatz zu leisten, so ist die Ersatzleistung auf den **Wert des Gutes** am Ort und zur Zeit der Übernahme zur Beförderung begrenzt. Das heißt: Im Schadensfall hat der Frachtführer den Wert des Gutes, nicht den entstandenen „Schaden" zu ersetzen. Wenn von „Schadenersatz" gesprochen wird, trifft das nicht exakt das Ersatzprinzip des Handelsgesetzbuches: Der Güterwert wird ersetzt, nicht etwa der (insgesamt) entstandene Schaden. Damit sind **Güterfolgeschäden** von der (Schaden-)Ersatzpflicht ausgeschlossen. Für den Frachtführer wird auf diese Weise das Haftungsrisiko bei Übernahme eines Transportes überschaubar, weil er den Wert eines Gutes aus den Beförderungspapieren erkennen oder abschätzen kann.

Güterwert bei:

Wertersatz, nicht Schadenersatz

Verlust/Teilverlust	Wert des Gutes am Ort und zur Zeit der Übernahme zur Beförderung (Wertersatz nach dem **Versandwert**).
Beschädigung	Unterschied zwischen ▪ dem Wert des unbeschädigten Gutes am Ort und zur Zeit der Übernahme zur Beförderung und ▪ dem Wert des beschädigten Gutes am Übernahmeort. ▪ Reparaturkosten (zur Schadensbehebung oder -minderung) können daher auch nur bis zur Höhe dieses Differenzbetrages anfallen. Schlägt eine Reparatur fehl, werden die zusätzlichen Kosten nicht ersetzt, da Wertersatz gilt, nicht Schadenersatz.

Als Güterwert wird der Marktpreis angesetzt (= der in der Rechnung des Verkäufers des Gutes ausgewiesene Rechnungspreis, abzüglich darin enthaltener Beförderungskosten, z. B. bei einem Frei-Haus-Preis). Existiert kein Marktpreis, orientiert sich die Ersatzleistung am „gemeinen Wert" von Gütern gleicher Art und Beschaffenheit.

→ **Wertersatz:** Berechnungsmethode des Ersatzwertes bei Güterschäden, wonach die Ersatzleistung auf den Wert des Gutes beschränkt ist. Das schließt die Haftung für Güterfolgeschäden aus.

§ 430 Schadenfeststellungskosten

8,33 SZR/kg als Obergrenze

Die Schadenfeststellungskosten dienen dazu, den Umfang des Schadens zu ermitteln. Diese Kosten sind untrennbar mit dem Schadensfall verknüpft. Der Frachtführer hat auch die Kosten der Schadenfeststellung (z. B. durch einen Sachverständigen) zu ersetzen, nicht aber mehr als 8,33 SZR pro Kilogramm.

→ Der Schadenersatz für den Güterwert richtet sich folglich nach den §§ 429 und 431 (Verkaufspreis am Übernahmeort), zuzüglich Schadenfeststellungskosten nach § 430, höchstens aber 8,33 SZR pro Kilogramm.

§ 432 Ersatz sonstiger Kosten

Im Falle eines Güterschadens muss der Frachtführer auch sonstige Kosten ersetzen, die **im Zusammenhang mit der Beförderung** anfallen. Das sind Kosten, die bei ordnungsgemäßem Beförderungsverlauf ohnehin entstanden wären. Zu diesen Kosten gehören

- Frachtkosten für das beschädigte oder verlorene Gut,
- öffentliche Abgaben wie Zölle und Steuern,
- sonstige Kosten, z. B. für eine Bescheinigung eines Veterinärs bei Fleischtransporten.

Ersatz auch über 8,33 SZR/kg hinaus

Diese Kosten werden über § 432 HGB ausgeglichen. Da sich die Haftungsbegrenzung nach § 431 (zuzüglich Schadenfeststellungskosten nach § 430) lediglich auf den Wert des Gutes bezieht, kann die Ersatzleistung für sonstige Kosten die Höchstgrenze von 8,33 SZR/kg übersteigen.

§ 435 Wegfall der Haftungsbefreiungen und -begrenzungen

Vorsatz – leichtfertiges Handeln, siehe Seite 32

Handelt der Frachtführer **vorsätzlich** oder **leichtfertig** und in dem Bewusstsein, dass ein Schaden mit Wahrscheinlichkeit eintreten wird, haftet er unbegrenzt. In diesen Fällen wird auch von **qualifiziertem Verschulden** gesprochen. Nach deutscher Rechtsauffassung entfällt bei qualifiziertem Verschulden der Schutz des Frachtführers durch Haftungsbegrenzungen.

§ 438 Schadensanzeige

Fristen:
- sofort
- sieben Tage
- 21 Tage

Eine Schadensanzeige informiert den Frachtführer darüber, dass beim Transport eine Unregelmäßigkeit aufgetreten ist und um welche Art von Schaden es sich handelt.

Das HGB legt Fristen für die Schadensanzeige (Reklamationsfristen) fest, damit Schadensfälle möglichst schnell bearbeitet werden können; denn mit zunehmendem Zeitablauf verschlechtert sich die Beweislage des Frachtführers. Es gelten folgende Fristen:

- **Äußerlich erkennbare** Schäden, die durch bloßen Augenschein wahrnehmbar sind, sind **sofort** bei der Ablieferung (mündlich) zu reklamieren. Die Dokumentation des Schadens auf dem Beförderungspapier ist aus Beweisgründen dringend zu empfehlen.
- Bei **äußerlich nicht erkennbaren** Schäden hat der Empfänger für die schriftliche Reklamation eine Frist von **sieben Tagen** nach Ablieferung des Gutes. Der Empfänger trägt die Beweislast dafür, dass der Schaden während der Beförderung entstanden ist.
- Bei **Lieferfristüberschreitung** muss der Empfänger binnen **21 Tagen** nach der Zurverfügungstellung der Sendung schriftlich reklamieren.

Für die Fristberechnung gelten die §§186–193 BGB:
- Fristbeginn: am Tag nach der Ablieferung
- Fristende: mit Ablauf des letzten Tages; eventuell Verschiebung auf den nächsten Werktag

Es gilt der Absendetag der Anzeige, nicht der Ankunftstag.

Die Anzeige ist an keine Formvorschriften gebunden. Das äußere Schadenbild muss aber so präzise beschrieben werden, dass der Frachtführer die Berechtigung des Schadenersatzanspruches prüfen kann, und zwar hinsichtlich des Schadensgrundes (Teilverlust, Verlust, Beschädigung, Lieferfristüberschreitung) und der Schadenshöhe.

Ein Stempelaufdruck mit dem Vermerk „Angenommen unter Vorbehalt“ hat keine rechtliche Wirkung.

§ 439 Verjährung

Ansprüche aus dem Beförderungsvertrag müssen innerhalb eines Jahres nach Ablieferung des Gutes geltend gemacht werden, sonst verjähren sie, d. h., die Ansprüche können gerichtlich nicht mehr eingeklagt werden.

Verjährung siehe, Seite 36

§ 449 Abweichende Vereinbarungen

Wie im speditionsrechtlichen Teil des HGB gilt auch für das Frachtrecht, dass bestimmte Vorschriften des Handelsgesetzbuches nicht durch vorformulierte Vertragsbedingungen (AGB) abweichend vereinbart werden können. Auch hier sind die Haftungsgrundsätze (neben Verjährungs- und Reklamationsfristen) AGB-fest, während die Höhe der Haftung in AGB innerhalb eines vorgegebenen Korridors verändert werden kann.

AGB-feste und AGB-freie HGB-Regelungen, siehe Seite 39

4.2.4 HGB-Frachtführerhaftung im Überblick

Schadensarten		Haftungshöchstgrenzen	Haftungsprinzip
Güterschäden	▪ Verlust (§ 425)	▪ entstandener Güterschaden ▪ 8,33 SZR pro Bruttokilogramm* ▪ Wert nach § 429 HGB	**Gefährdungshaftung**
	▪ Beschädigung (§ 425)	▪ entstandener Güterschaden ▪ 8,33 SZR pro Bruttokilogramm* ▪ Wertminderung nach § 429 HGB	
(Reine) Vermögensschäden**	▪ Überschreitung der Lieferfrist (§ 425)	▪ dreifaches Frachtentgelt	
	▪ Nachnahmefehler (§ 422)	▪ Höhe der Nachnahme	
	▪ sonstige Vermögensschäden (§ 433)	▪ dreifacher Verlustwert	**Verschuldenshaftung**

* *In AGB innerhalb eines Korridors zwischen 2 und 40 SZR/kg veränderbar*

** *Kein Ersatz für Güterfolgeschäden*

„Korridorlösung“

Zusammenfassung	Frachtrecht nach HGB		
Geltungsbereich:	Straßengüterverkehr, Eisenbahnverkehr, Binnenschifffahrt, Luftfrachtverkehr		
Rechtsebenen:	Individualvereinbarung AGB HGB CMR	**Frachtbrief:**	■ normaler Frachtbrief ■ Frachtbrief mit erhöhter Beweiskraft
		Funktionen:	■ Beweisurkunde ■ Übernahmebestätigung ■ Begleitpapier ■ Ablieferungsnachweis ■ Sperrpapier
Pflichten:	■ Verpackung + Kennzeichnung: ■ beförderungssichere Verladung: ■ betriebssichere Verladung: ■ Entladen:	Absender Absender Frachtführer Absender	
Nachträgliche Weisungen:	Absenderrecht; nach Ankunft des Gutes: Recht des Empfängers		
Beförderungshindernis:	vor Erreichen des Ablieferungsortes	in beiden Fällen: Weisungen einholen	
Ablieferungshindernis:	nach Erreichen des Ablieferungsortes		
Nachnahme:	in bar oder mit gleichwertigem Zahlungsmittel		
Haftung:			
Rechtsgrundlage:	§§ 407–450 HGB		
Haftung:			
Haftungsgrundsatz:	überwiegend Gefährdungshaftung		
Haftungsumfang:	Güterschäden, Vermögensschäden keine Haftung für Güterfolgeschäden (Wertersatzprinzip)		
Haftungsgrenzen:	■ Güterschäden: Wert, max. 8,33 SZR/kg ■ Lieferfristüberschreitung: dreifache Fracht ■ sonstige Vermögensschäden: dreifacher Betrag, der bei Verlust zu zahlen wäre ■ Nachnahme: Höhe der Nachnahme		
Änderung der Haftungsgrenzen:	■ durch Individualabrede: ohne Einschränkung ■ durch AGB: in einem Korridor zwischen 2 und 40 SZR/kg		
Wegfall der Haftungsgrenzen:	■ Vorsatz ■ Leichtfertigkeit und in dem Bewusstsein, dass ein Schaden mit Wahrscheinlichkeit eintreten werde		
Haftungsausschlüsse:	■ unabwendbares Ereignis ■ ungenügende Kennzeichnung ■ mangelhafte Verpackung etc.		
Reklamationsfristen:	■ äußerlich erkennbare Schäden: sofort ■ äußerlich nicht erkennbare Schäden: sieben Tage nach Ablieferung ■ Lieferfristüberschreitung: 21 Tage nach Ablieferung		

4.3 Ladeschein (§§ 444–448)

4.3.1 Wesen des Ladescheins

Nach § 408 HGB kann der Frachtführer vom **Absender** die Ausstellung eines Frachtbriefes verlangen. Im Regelfall wird für die Transportorganisation ein **Papier** benötigt, das die wesentlichen Sendungsdaten und Vereinbarungen (z. B. Frankaturen, Termine) enthält. Zunehmend wird aber auf Frachtbriefe verzichtet, weil elektronische Aufzeichnungen rationeller zu handhaben sind.

Wünschen die Vertragsparteien ein **Dokument**, das den Abschluss des Frachtvertrages dokumentiert und verbindliche Aussagen über die Sendung enthält, muss ein Frachtbrief von beiden unterschrieben werden.

Nach § 443 HGB kann vom **Frachtführer** ein Ladeschein ausgestellt werden, der die Verpflichtung des Frachtführers verbrieft, die Güter auszuliefern. Im Ladeschein, der vom Frachtführer zu unterschreiben ist, verpflichtet sich der Frachtführer, die Güter gegen Rückgabe des Ladescheins auszuhändigen. Der berechtigte Besitzer des Ladescheins ist Eigentümer der im Papier beschriebenen Ware. Damit wird der Ladeschein zu einem **Wertpapier.**

Ladeschein: Wertpapier, das die Verpflichtung des Frachtführers verbrieft, das Gut gegen Rückgabe des Ladescheins abzuliefern.

Abgestufte Qualitäten von Frachtbrief und Ladeschein	
Ein nicht unterschriebener Frachtbrief	Papier, das die Beförderungsorganisation erleichtert
Von beiden Vertragspartnern unterschriebener Frachtbrief	Dokument mit erhöhter Beweiskraft
Ladeschein	Warenwertpapier

Elektronischer Ladeschein

Ein Ladeschein kann auch in elektronischer Form (als Datei) ausgestellt werden. Allerdings ist sicherzustellen, dass auch die Funktionen eines Ladescheins erfüllt werden. Es ist z. B. im Moment nicht klar, wie die Wertpapierfunktion des Ladescheins technisch umgesetzt werden kann.

Elektronischer Frachtbrief, siehe Seite 95

4.3.2 Inhalt des Ladescheins

Der Ladeschein soll die in § 408 HGB genannten Angaben enthalten. Das sind dieselben Angaben, die auch für den Frachtbrief gelten: Ort und Tag der Ausstellung, Name/Anschrift von Absender und Frachtführer usw.

Siehe Seite 95

Der legitimierte Besitzer des Ladescheins, der dem Frachtführer das Dokument präsentieren muss, damit ihm die Güter ausgehändigt werden, kann davon ausgehen („begründete Vermutung“), dass

1. der Frachtführer das **Gut** wie im Ladeschein beschrieben **übernommen** hat,
2. das Gut und seine Verpackung bei der Übernahme durch den Frachtführer in **äußerlich gutem Zustand** waren und dass die **Anzahl** der Frachtstücke und ihre **Zeichen** und **Nummern** mit den Angaben im Ladeschein übereinstimmen.

Bei Weitergabe des Ladescheins an einen Dritten: hohe Garantieverpflichtung des Frachtführers

Wie beim Frachtbrief kann der Frachtführer aber auch Vorbehalte in den Ladeschein eintragen (z. B. über äußere Beschädigungen). Der Vorbehalt kann auch damit begründet werden, dass dem Frachtführer keine angemessenen Mittel zur Verfügung standen, die Richtigkeit der Angaben zu überprüfen (weil z. B. die Güter in einem geschlossenen Container oder in einer Wechselbrücke übergeben werden).
Wird der Ladeschein einem **„gutgläubigen Dritten“** übertragen, sind die beiden oben genannten „begründeten Vermutungen“ durch den Frachtführer nicht widerlegbar.
Der Frachtführer wird durch diese Vorschrift im Grundsatz verpflichtet, **die Güter so auszuliefern, wie sie im Wertpapier beschrieben sind**. Für Abweichungen hat er zu haften.
Über den **Ladeschein** wird das Rechtsverhältnis zwischen Frachtführer und berechtigtem Besitzer des Ladescheins geregelt, während der **Frachtvertrag** das Rechtsverhältnis zwischen Absender und Frachtführer bestimmt.

Einsatz eines Ladescheins bei der Güterbeförderung

Auf Wunsch des Absenders stellt der Frachtführer einen Ladeschein aus, nachdem er die Güter übernommen und geprüft hat, ob die Beschreibung der Güter im Ladeschein mit den übernommenen Gütern übereinstimmt. Ist alles ordnungsgemäß, unterschreibt der Frachtführer den Ladeschein und übergibt ihn dem Absender. Während der Transport anläuft, versendet der Absender den Ladeschein an den im Papier genannten Empfänger.

Bei der Ankunft der Güter an der Abladestelle präsentiert der Empfänger dem Frachtführer den Ladeschein. Damit ist er zum Empfang der Güter legitimiert. Der Frachtführer zieht den Ladeschein ein und übergibt dafür die Ware. Der Empfänger quittiert den Empfang der Güter auf dem Ladeschein.

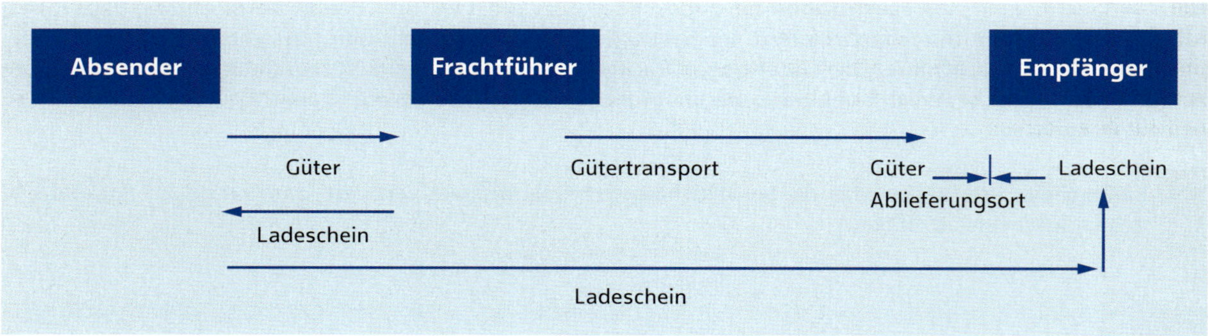

4.3.3 Arten von Ladescheinen

Der Ladeschein kann als Namens- oder als Orderladeschein eingesetzt werden.

Namensladeschein	Der Empfänger ist im Ladeschein namentlich genannt.
Orderladeschein	Anstelle des Empfängernamens steht die Klausel „an Order“ oder der Name ist mit dem Zusatz „oder dessen Order“ versehen.

Legitimation durch Ladeschein

Der Anspruch, die Güter am Bestimmungsort in Empfang zu nehmen, wird durch den Ladeschein begründet:

- Bei einem **Namensladeschein** ist Anspruchsberechtigter der auf dem Ladeschein genannte Empfänger.
- Bei einem **Orderladeschein** ist zu unterscheiden:
  - Ist der Empfänger aufgeführt mit dem Orderzusatz, ist der Genannte auch der legitimierte Empfänger, es sei denn, er hat das Papier durch Indossament auf einen Dritten übertragen. Dann muss das Indossament auf dem Ladeschein vermerkt sein, sodass der berechtigte Empfänger anhand des Ladescheins zu erkennen ist.
  - Trägt der Ladeschein im Empfängerfeld lediglich den Vermerk „an Order“, ist davon auszugehen, dass das Papier an die Order des Absenders gestellt ist. Der Absender muss daher durch ein Indossament auf dem Ladeschein das Eigentum am Papier auf den gewünschten Empfänger übertragen.

Indossament = Erklärung zur Übertragung des Eigentums
Zession = Erklärung zur Übertragung von Ansprüchen

4.3.4 Funktionen des Ladescheins

Der berechtigte Inhaber des Ladescheins ist der Eigentümer der im Dokument beschriebenen Ware. Dadurch wird der Ladeschein zu einem **Wertpapier:** Der berechtigte Inhaber hat einen Herausgabeanspruch gegen den Frachtführer.
Der legitimierte Besitzer kann außerdem über die bezeichneten Güter verfügen (**Verfügungspapier**). Lautet die Verfügung allerdings, die Güter an einen anderen als den durch den Ladeschein legitimierten Empfänger auszuliefern, braucht der Frachtführer dieser Weisung nur Folge zu leisten, wenn ihm der Ladeschein zurückgegeben wird.
Eigentum an beweglichen Sachen, die sich beim Veräußerer befinden, erwirbt man durch Einigung und Übergabe, wobei die Einigung zumeist stillschweigend geschieht, z. B. beim Kauf in einem Einzelhandelsgeschäft. Befinden sich die Gegenstände bei einem Dritten (z. B. einem Frachtführer), sind für den Eigentumserwerb eine Einigung (z. B. im Kaufvertrag) und eine Abtretung des Herausgabeanspruchs erforderlich. Der Herausgabeanspruch kann durch Zession oder durch Übergabe eines mit einem Übertragungsvermerk versehenen Wertpapiers (z. B. eines Ladescheins) übertragen werden.
Das HGB legt daher fest:

„Tradition“, aus dem Lateinischen tradere = übergeben oder lat. traditio = Übergabe

§ 448 HGB Traditionspapier

Die Begebung des Ladescheins an den darin benannten Empfänger hat ... für den Erwerb von Rechten an dem Gut dieselben Wirkungen wie die Übergabe des Gutes. Gleiches gilt für die Übertragung des Ladescheins an Dritte.

Die Übergabe eines Wertpapiers kommt damit der Übergabe der Güter (z. B. Handelswaren) gleich. Der Ladeschein ist somit ein **Handelspapier**.
Eine Bank, die einen Ladeschein z. B. zur Absicherung eines Kredits einbehält, nutzt den Ladeschein als **Sicherungsmittel**. Da mit dem Ladeschein ein Herausgabeanspruch verbunden ist, hat die Bank eine hohe Sicherheit für ihre Forderung.

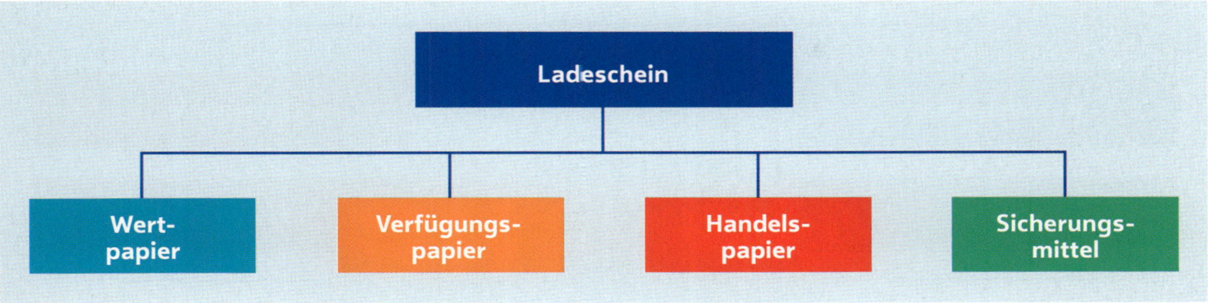

4.3.5 Die Übertragung von Wertpapieren

I. Wertpapierarten

1. nach Art des verbrieften Rechts
- **a** Mitgliedspapiere (z. B. Aktien)
- **b** sachenrechtliche Papiere (z. B. Hypothekenbrief)
- **c** forderungsrechtliche Wertpapiere (z. B. Scheck)

2. nach der Art, wie der Berechtigte aus dem Papier bestimmt wird
- **a** **Inhaberpapiere**
  Das verbriefte Recht kann von jedem Inhaber geltend gemacht werden (das Recht aus dem Papier folgt dem Recht am Papier).
- **b** **Namenspapiere** (Rektapapiere)
  Berechtigter ist nur der im Papier namentlich Genannte (das Recht am Papier folgt dem Recht aus dem Papier).
- **c** **Orderpapiere**
  Berechtigter ist der im Papier Genannte oder der von diesem durch „Order" Benannte (das Recht aus dem Papier folgt dem Recht am Papier).
  - **ca** Geborene Orderpapiere können ohne nähere Bestimmung durch den Aussteller indossiert werden (z. B. Wechsel).
  - **cb** Gekorene Orderpapiere werden nur durch die Orderklausel zu Orderpapieren (z. B. Ladeschein).

Anwendungsbeispiel: Scheck
*Der Scheck ist durch das Scheckgesetz zu einem **Orderpapier** bestimmt worden. Der rechtmäßige Eigentümer des Papiers kann die Ansprüche geltend machen, die sich aus dem Papier ergeben (Zahlung einer bestimmten Geldsumme). Durch die Überbringerklausel wird der Scheck zu einem **Inhaberpapier**, d. h., der Inhaber des Papiers kann die aus dem Papier sich ergebenden Rechte in Anspruch nehmen. Durch die Ergänzung „Nicht an Order" kann ein Scheck zu einem **Namenspapier** gemacht werden. Der namentlich Genannte erwirbt einen Herausgabeanspruch gegen das bezogene Kreditinstitut; dieser Anspruch wird durch den Scheck dokumentiert.*

II. Übertragungsverfahren

1. Inhaberpapiere: durch Übergabe
2. Namenspapiere: durch Abtretung (Zession)
3. Orderpapiere: durch Indossament

Beispiel: Ladeschein

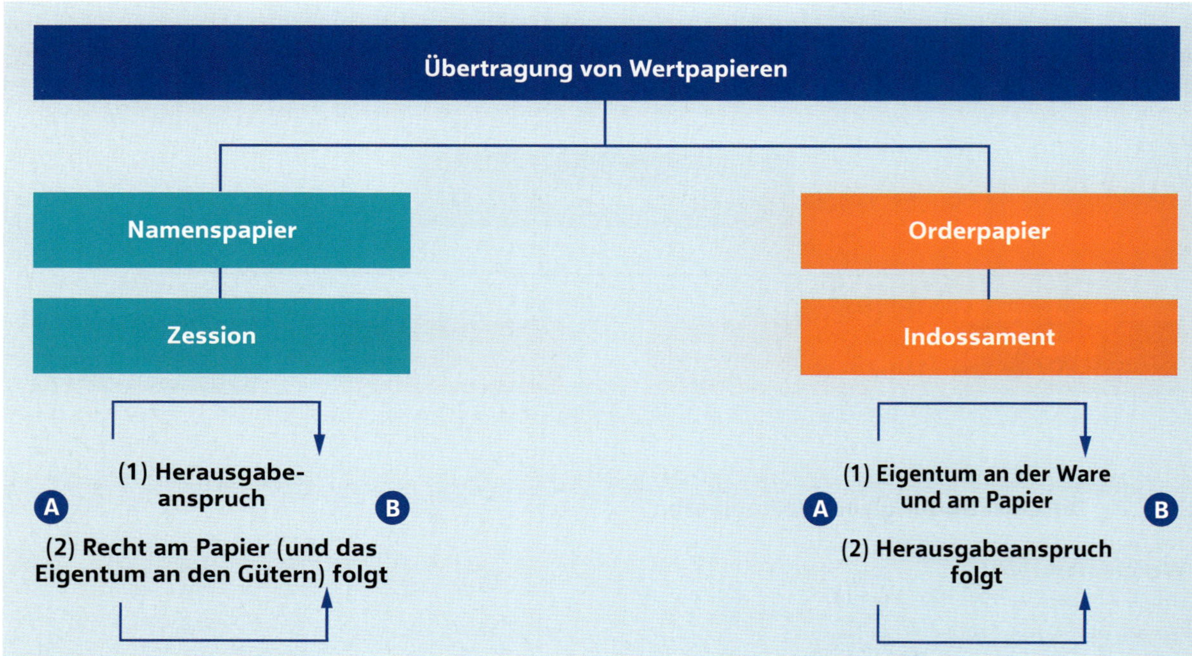

Im Namensladeschein ist der Empfänger namentlich genannt. Durch den Zusatz „an Order" oder durch den alleinigen Ordervermerk wird ein Ladeschein zu einem **Orderpapier**. Der wesentliche Unterschied zwischen dem Order- und dem Namensladeschein besteht darin, dass mit dem Indossament das Eigentum am Papier übertragen wird. Der Erwerber kann sich daher auf den Inhalt des Papiers berufen, d. h., der Herausgabeanspruch bezieht sich auf die **im Papier genannte Gütermenge**.
Beim **Namensladeschein** wird der Herausgabeanspruch übertragen, und zwar der Anspruch, der **zum Zeitpunkt der Abtretung** bestand. Dieser Anspruch kann (z. B. wegen Aufrechnungsansprüchen des Frachtführers) geringer sein als auf dem Ladeschein ausgewiesen.
Der Orderladeschein gibt dem Erwerber des Papiers daher größere Sicherheit.

Allerdings kann sich ein gutgläubiger Dritter, der einen Ladeschein erworben hat, nach § 444 Abs. 3 HGB darauf verlassen, dass die im Ladeschein beschriebenen Güter auch tatsächlich ausgehändigt werden (siehe oben, Seite 109). Damit erhält auch der Namensladeschein eine dem Orderladeschein vergleichbare Sicherheit.

***Beispiel* für eine Zession**	***Beispiel* für ein Indossament**
Ich übertrage meine Ansprüche gegenüber der Reederei RHEINTRANS auf die BAUER und Co. KG, Im Berg 17, Mainz. *Düsseldorf, 15.04.20(0)* *ALWO-Chemie* *Kölner Straße 17, Düsseldorf* *(Unterschrift)*	*Für mich an die Order der BAUER und Co. KG, Im Berg 17, Mainz.* *Düsseldorf, 15.04.20(0)* *ALWO-Chemie* *Kölner Straße 17, Düsseldorf* *(Unterschrift)*

Zusammenfassung	Ladeschein
Ladeschein:	Verbriefte Verpflichtung des Frachtführers, das Gut gegen Rückgabe des Ladescheins an den legitimierten Besitzer abzuliefern.
Namensladeschein:	▪ Der Empfänger ist im Ladeschein genannt. ▪ Übertragung/Weitergabe durch Zession
Orderladeschein:	▪ Anstelle des Empfängernamens steht die Klausel „an Order" oder: Der Name ist mit dem Zusatz „oder dessen Order" versehen ▪ Übertragung durch Indossament
Funktionen:	▪ Wertpapier ▪ Verfügungspapier ▪ Handelspapier (Traditionspapier) ▪ Sicherungsmittel

5 Fahrzeuge im Güterkraftverkehr

5.1 Fahrzeugmaße

Die höchstzulässigen Maße von Lastkraftwagen sind in der Europäischen Union einheitlich geregelt und in Deutschland durch die Straßenverkehrs-Zulassungsordnung (StVZO) vorgeschrieben. Die maximal erlaubten Außenmaße betragen 18,75 m Länge, 2,55 m Breite und 4,00 m Höhe.

Die nachstehende Abbildung nennt die wichtigsten Maße von zwei der gebräuchlichsten Lkw-Typen.

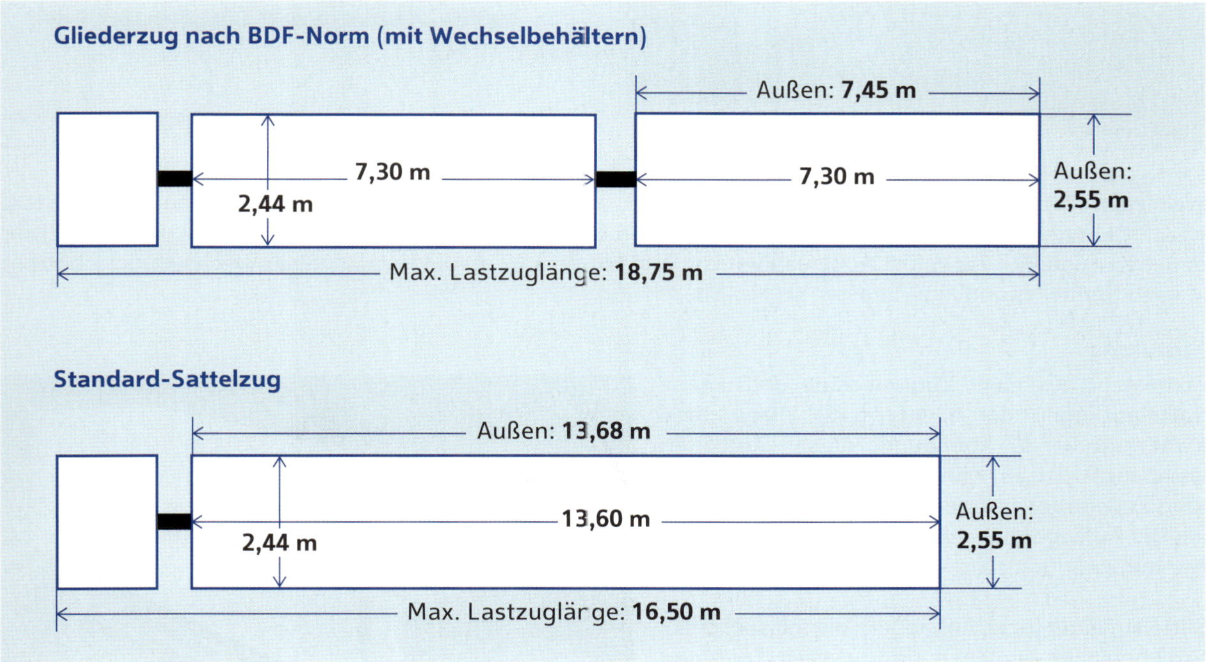

Für beide Typen gilt:

Höhe innen:	ca. 2,40 – 2,60 m	**Höhe außen:**	max. **4,00 m**
Zuladung (je nach Gewicht der Zugeinheit):	ca. 23 – 25 t	**Zulässiges Gesamtgewicht:**	**40 t** (bzw. 44 t im Vor-/Nachlauf zum kombinierten Verkehr)

5.2 Fahrzeugtypen

Konventioneller Lkw (Gliederzug)

Er besteht aus einem Motorwagen mit Anhänger und wird i. d. R. für verpackte und palettierte Waren verwendet. Die Länge der beiden Fahrzeugeinheiten kann im Rahmen der erlaubten Gesamtlänge von 18,75 m variieren.

Der Aufbau besteht aus einer **Plane** (vgl. Abbildung) oder einem festen **Kofferaufbau** mit stabilen Seitenwänden aus Holz, Aluminium oder Kunststoff.

Wechselbrücken-Lkw

Kombination aus Motorwagen und Anhänger mit je einem Wechselbehälter (= Wechselbrücke).

BDF = Bundesverband des Deutschen Güterfern-verkehrs e. V. (heute: BGL = Bundesverband Güterkraftverkehr, Logistik und Entsorgung e. V., siehe Seite 233)

Wechselbrücken besitzen vier klappbare Stützbeine, auf denen sie für Be- und Entladevorgänge abgestellt werden können. Die meistgebräuchliche Wechselbrücke nach BDF-Norm hat ein Außenmaß von 7,45 m, daneben existieren Typen mit Außenlängen von 7,15 m und 7,82 m. Die Nutzlast einer Wechselbrücke beträgt je nach Hersteller und Lkw-Chassis bis zu 13 t.

Sattelzug

Er besteht aus einer **Zugmaschine** und einem **Sattelauflieger**, der ebenfalls mit Plane oder Kofferaufbau (s. Abbildung, dieser Auflieger weist zusätzlich ein **Kühlaggregat** für die Einhaltung konstanter Temperaturen auf) ausgestattet ist. Der Auflieger hat eine durchgehende Ladefläche mit einer Standard-Innenlänge von 13,60 m.

Sattelauflieger (bzw. Anhänger), die mit seitlichen Schiebeplanen versehen sind, werden **Tautliner** (auch **Curtainsider**, deutsch: Schiebe- oder Gardinenplanenauflieger) genannt. Die Gardinenplanen lassen sich einfach öffnen und schließen, fehlende Bordwände und verschiebbare Rungen erlauben komfortable Be- und Entladevorgänge über die gesamte Aufliegerlänge.

Wenn bei einem Lkw-Aufbau das gesamte Dach zusammen mit den Seitenwänden aufgeschoben werden kann, spricht man von einem **Edscha-Aufbau** (benannt nach dem Erfinder und Hersteller). Diese Aufbauform eignet sich insbesondere für kranbare Ladungen.

Eine weitere Aufbauform, speziell für nicht stapelbare Paletten ist der Doppelboden- bzw. **Doppelstock-Auflieger**, der auf einer höhenverstellbaren zweiten Ladeebene bis zu 32 weitere Europaletten aufnehmen kann.

Sattelanhänger für die Aufnahme von einem 40-Fuß- bzw. zwei 20-Fuß-Containern werden als **Container-Chassis** bzw. **Container-Lafette** bezeichnet.

Jumbo-Lkw

Bezeichnung für Fahrzeuge, die durch eine Ladehöhe von ca. 3 m ein besonders großes Ladevolumen von rund 100 m^3 aufweisen. Sie werden für sperrige Güter, z. B. in der Automobilzulieferung eingesetzt.

Der hier abgebildete Anhänger mit zwei Zentralachsen wird als **Tandemanhänger** bezeichnet.

Sattelzüge, die eine Ladehöhe von 3 m aufweisen, werden **Megatrailer** genannt.

Lang-Lkw

Lkw-Kombination mit bis zu 25,25 m Fahrzeuglänge, bestehend z. B. aus Sattelzug mit Tandem-Anhänger (s. Abbildung) oder aus Motorwagen mit Wechselbrücke plus Sattelauflieger. Aufgrund dieser speziellen Konfiguration gilt die Faustformel, dass zwei Lang-Lkw drei konventionelle Lkw ersetzen können.

Nach einem fünfjährigen Feldversuch, der von kontroversen Diskussionen begleitet wurde, erfolgte 2017 die Zulassung für ausgewählte Strecken, insbesondere Autobahnen.

Lang-Lkw sind in erster Linie für den Transport voluminöser Güter zwischen speditionellen Umschlagzentren und den Lagern großer Unternehmen vorgesehen.

Das zulässige Gesamtgewicht bleibt daher auf 40 Tonnen beschränkt.

7,5-Tonnen-Lkw

Im Speditions-Nahverkehr sind unterschiedlichste Lkw-Typen im Einsatz. Ein häufig eingesetztes Modell ist der 7,5-Tonner, der vor allem in der Ausstattungsvariante mit **Hebebühne** ein flexibles Entladen mittels mitgeführtem Gabelhubwagen ermöglicht.

Je nach Hersteller weist dieser Lkw-Typ – bei einer Nutzlast von bis zu 3,5 t – maximal 15 Palettenstellplätze auf.

Elektrofahrzeuge

Zunehmend sind Elektrofahrzeuge am Markt verfügbar. Allerdings meist als Sprinter oder als Lkw mit verminderter Nutzlast. Solche Fahrzeuge werden heute vorzugsweise für den täglichen Lieferverkehr in Innenstädten eingesetzt.

Beispiel:
Lkw mit elektrischem Antrieb, Nutzlast vier bis fünf Tonnen, Ladefläche für 18 Paletten, Reichweite 200 Kilometer, zwei Stunden Batterie-Ladezeit

Darüber hinaus existiert eine Vielzahl von Lkw-Typen, die in Abhängigkeit von den Beförderungsanforderungen eingesetzt werden, wie z. B.

- Tankfahrzeuge für die Beförderung von Flüssigkeiten, wie z. B. Benzin oder Milch, sowie Gasen,
- Silofahrzeuge für rieselfähiges Schüttgut, wie z. B. Mehl oder Getreide,
- Autotransporter für den Transport von Fahrzeugen oder
- Kippfahrzeuge für die Beförderung von Schüttgütern, die z. B. auf Baustellen im Einsatz sind.

5.3 Paletten

Lademittel, siehe Seite 358

Paletten: Lademittel in Form unterfahrbarer und stapelbarer Ladeplattformen

Paletten haben die Aufgabe, einzelne Packstücke zu Ladeeinheiten zusammenzufassen, die Güter zu schützen sowie das Handling bei Umschlag und Transport zu vereinfachen. Paletten ermöglichen zudem eine höhere Produktivität, weil Güter schneller durch den Betrieb fließen können.

Unterfahrbare Paletten können von allen Seiten (daher auch Vierwegpaletten genannt) mit Fördermitteln wie Staplern oder Hubwagen aufgenommen werden. Das vereinfachte Handling führt u. a. zu geringeren Lohn- und Transportkosten sowie zu einer optimierten Ausnutzung des Lagerraums beim Stapeln von Paletten oder bei der Verwendung eines Palettenregals.

5.3.1 Europalette

Diese in der Logistik wichtigste genormte Palettenart besteht aus Holz und ist u. a. an der Kennzeichnung „**EPAL**“ (für *European Pallet Association*) in ovaler Umrandung sowohl auf dem linken als auch auf dem rechten Klotz zu erkennen.

- Maße: 800 × 1 200 mm, Höhe 144 mm
- Grundfläche: 0,96 m²
- Eigengewicht: ca. 25 kg
- Preis: ca. 10,00 EUR

Die Tragfähigkeit einer Europalette beträgt 1 500 kg bei gleichmäßiger Verteilung auf der Oberfläche. Die zusätzliche Auflast auf die unterste Palette im Stapel beträgt 4 000 kg.

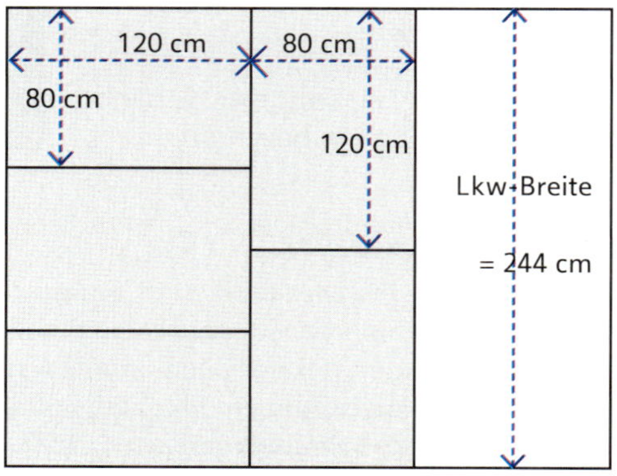

Das Palettenmaß von 1,20 m × 0,80 m ist ideal auf die Lkw-Innenbreite von 2,44 m abgestimmt. Es können entweder 3 Paletten längs oder 2 Paletten quer geladen werden (vgl. nebenstehende Skizze).

Europalette = 0,4 Lademeter

Teilt man die benötigten Lademeter durch die Anzahl der Paletten (1,20 m : 3 bzw. 0,80 m : 2), ergibt sich ein Wert von 0,4 Lademeter pro Europalette.

Die beiden gebräuchlichsten Lkw-Aufbauten fassen folgende maximale Anzahl an Europaletten:

Transportgefäß	Innenlänge	Berechnung	Maximale Anzahl
Wechselbrücke (BDF-Norm)	7,30 m	7,3 : 0,4 = 18,25	**18 Europaletten**
Sattelauflieger	13,60 m	13,6 : 0,4 = 34	**34 Europaletten**

Palettentausch

Ein wesentlicher Vorzug der Europaletten ist die Möglichkeit des Tausches zwischen allen Nutzern, da sich zahlreiche europäische Eisenbahngesellschaften zum Europäischen Flachpaletten-Pool zusammengeschlossen haben, dem auch Vereinigungen des Güterkraftverkehrs wie BSL und BGL angehören. Aufgrund ihrer Tauschfähigkeit und der damit verbunden mehrfachen Nutzung gehören Europaletten zu den **Mehrwegpaletten**.

Beispiel:
Ein Lkw-Fahrer entlädt bei einem Kunden 33 Europaletten mit Ware. Im Zuge des Palettentausches nimmt er 33 gleichwertige leere Europaletten aus dem Bestand des Kunden auf. An der nächsten Ladestelle holt er 25 beladene Europaletten ab und lässt im Tausch 25 seiner Leerpaletten dort.

Ein häufiger Diskussionsgegenstand beim Palettentausch ist die **Gebrauchsfähigkeit** von Europaletten. Diese ist abhängig vom Zustand der Europalette. Gebrauchte Paletten werden in die Klassen A, B und C sowie „nicht gebrauchsfähig" eingeteilt:

Klasse A

- gebrauchsfähig für Lagerung, Transport sowie MFH (= **M**aschinengängig, **F**ördertechniktauglich, **H**ochregallagerfähig)
- Gebrauchsspuren erlaubt, aber keine Verschmutzung
- alle vorgeschriebenen Kennzeichen lesbar
- keine abstehenden Splitter sowie keine verdrehten Klötze

Klasse C

- gebrauchsfähig für Lagerung, Transport, MFH-Fähigkeit nicht garantiert
- Gebrauchsspuren – bereits für mehrere Umläufe genutzt
- frei von verpackungstechnischen Anhaftungen
- mindestens je ein Markenzeichen sowie die Herstellerkennung lesbar
- geruchsneutral

Klasse B

- Qualitätsstandards wie Klasse A mit dem Unterschied, dass das Holz der Paletten deutlich nachgedunkelt sein darf.

Nicht gebrauchsfähig

- fehlende oder gebrochene Bauteile
- Klötze um mehr als 1 cm verdreht
- hervorstehende Nagelköpfe
- Paletten kontaminiert oder stark verschmutzt

Digitalisierung

Im Zuge der Industrie 4.0 treibt die Organisation EPAL die Digitalisierung ihres Palettenpools voran. Die Nachfrage nach Paletten, die nicht nur Ladungsträger, sondern auch Informationsträger sind, steigt in der verladenden Wirtschaft rapide an. Sogenannte **Intelligente Paletten** überwachen beispielsweise die Temperatur oder die Beschleunigungskraft während des Transportes, weiterhin erleichtern sie das Tracking und automatisieren das Führen von Palettenkonten.

Eine weitere – in der Entwicklung befindliche – Methode, insbesondere den Palettentausch durch Digitalisierung zu vereinfachen, basiert auf der **Blockchain-Technologie**. Blockchain („Blockkette") bezeichnet die Speicherung von miteinander verketteten Datenblöcken auf mehreren dezentralen Computern gleichzeitig. Weil dadurch nachträglich keine Inhalte mehr geändert werden können, gilt diese Technik als besonders manipulationssicher.

Anstatt wie bisher den Palettentausch mithilfe von manuell erstellten Palettenscheinen (die später von jedem Tauschpartner digital erfasst werden müssen) durchzuführen, kann ein Palettentauschvorgang nunmehr z. B. per Smartphone in wenigen Klicks dokumentiert und in Echtzeit gespeichert werden. Das Ziel einer effizienten Abwicklung an der Laderampe sowie einer jederzeit verlässlichen Führung der Palettenkonten soll mit der beschriebenen Technologie erheblich näher rücken.

Schädlingsbekämpfung

Holz kann Schädlinge enthalten, die in anderen Ländern nicht vorkommen und durch ihre dortige Verbreitung erheblichen Schaden anrichten können. Immer mehr Länder verlangen daher, dass Holzpaletten einer Hitzebehandlung (Heat Treatment, HT) zu unterziehen sind, welche Schädlinge abtötet.

Der mittlere Klotz einer Europalette enthält als wesentliche Information die **IPPC-Kennung** („International Plant Protection Convention", das IPPC-Sekretariat ist eine UN-Unterorganisation) gemäß ISPM 15-Standard mit Länder- und Regionskennung, Registriernummer sowie Art der Behandlung einer Palette.

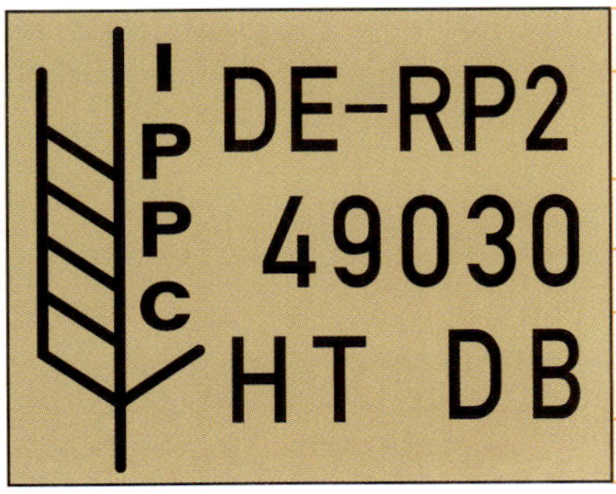

Links	**IPPC- Symbol (stilisierte Ähre)**
DE	**Ländererkennung nach ISO 3166 (DE für Deutschland)**
RP2	**Kennung der Region (RP für Rheinland Pfalz)**
49030	**amtliche Registriernummer**
HT	**Behandlungsart (Heat Treatment, hitzebehandelt)**
DB	**ggf. debarked (entrindet)**

Eine weitere Methode der Schädlingsbekämpfung ist die Begasung mit Methylbromid (Kennzeichnung MB), welche innerhalb der EU mittlerweile verboten ist; dennoch ist die Verwendung von Holzpackmitteln, die in Drittländern derart behandelt wurden, weiterhin erlaubt.

5.3.2 Gitterboxpalette

- Konstruktion aus Stahlrohr und Stahldraht
- Maße innen: 1 200 x 800 mm (Höhe 800 mm)
- Maße außen 1 240 x 835 mm (Höhe 970 mm)
- Eigengewicht: 70 kg
- Tragfähigkeit: 1 500 kg
- Stapelung: maximal 5 Gitterboxen
- Kapazität eines 13,60-m-Aufliegers: rechnerisch 26 Gitterboxen (10 längs und 16 quer), in der Praxis wird für Gitterboxen häufig ein Gardinenaufbau (Tautliner) mit 2 Gitterboxen nebeneinander eingesetzt (= 32 Gitterboxen)

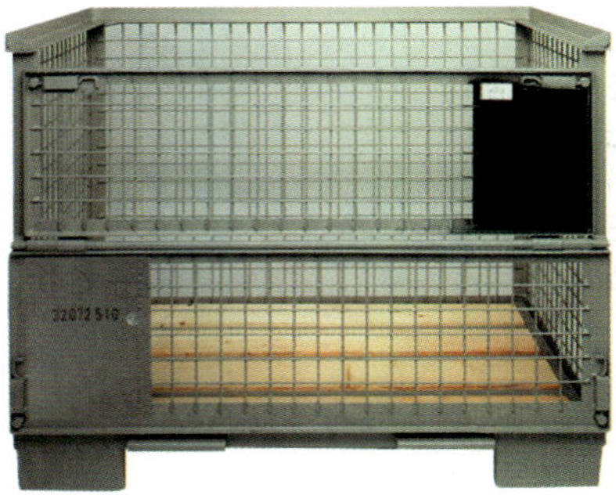

Gitterboxen eignen sich besonders für kleine, für ungleichförmige oder für besonders schutzbedürftige Güter. Sie sind an der Vorderseite zur leichteren Be- und Entladung aufklappbar. Für Gitterboxen besteht ein Pool analog zu den Europaletten.

Industriepalette = 0,5 Lademeter

5.3.3 Industriepalette

Eine weitere gebräuchliche Palettenart ist die Industriepalette mit den Maßen 1 000 x 1 200 mm. Bei zwei quer nebeneinander gestellten Industriepaletten auf 2,40 m Innenbreite ergibt sich somit ein Maß von 0,5 Lademetern pro Industriepalette (Berechnung: 1 Lademeter : 2 Paletten = 0,5).

Bei dieser Lademeterberechnung ist zu beachten, dass bei einer ungeraden Palettenanzahl die letzte Palette einen ganzen Lademeter benötigt, während der Stellplatz daneben frei bleibt. So sind z. B. für 7 Industriepaletten nicht etwa 3,5 Lademeter erforderlich, sondern 4 Lademeter.

5.3.4 Abweichende Palettenmaße

Je nach Bedarf werden Paletten mit den unterschiedlichsten Maßen verwendet. In Abgrenzung zu den einem Pool zugehörigen, tauschfähigen und genormten Mehrwegpaletten werden diese für gewöhnlich als **Einwegpaletten** bezeichnet. Der Begriff Einweg steht allerdings nicht zwingend für die nur einmalige Verwendung, es obliegt letztlich dem Empfänger, eine Palette wiederzuverwenden oder zu entsorgen.

Die Lademeter-Berechnung bei Paletten mit individuellen Maßen ist immer im Einzelfall vorzunehmen.

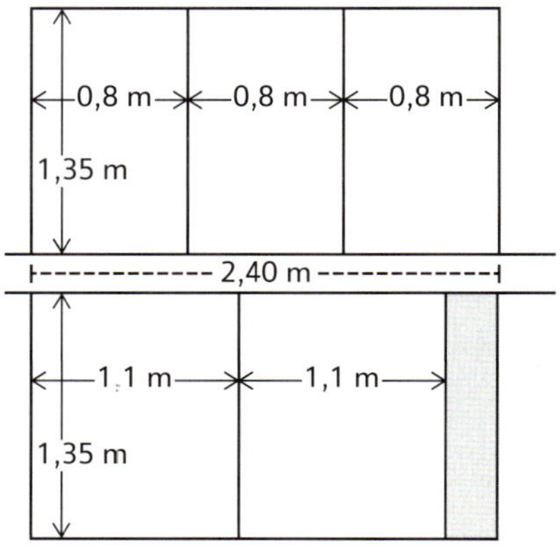

Beispiel 1:
Palettenmaß 1,35 x 0,80 m
3 Paletten in der Breite
3 x 0,80 = 2,40 m = Lkw-Breite innen
1,35 m Ladelänge : 3 = 0,45 Lademeter pro Palette

Beispiel 2:
Palettenmaß 1,35 x 1,10 m
2 Paletten in der Breite
2 x 1,10 = 2,20 m (20 cm bleiben frei)
1,35 m Ladelänge : 2 = 0,675 Lademeter pro Palette

Im Fall von Beispiel 2 wird häufig wie folgt gerechnet: 1,35 m x 1,10 m = 1,485 m² : 2,40 m (Lkw-Breite) = 0,62 Lademeter, folglich also 1,24 Lademeter für 2 Paletten. Damit wird deutlich, dass dieses Verfahren zu einem falschen Ergebnis führt, weil die Berechnung unterstellt, dass die gesamte Lkw-Breite ausgenutzt wird. Im Beispiel aber bleiben 20 cm der Lkw-Breite ungenutzt und die zwei Paletten nebeneinander beanspruchen tatsächlich 1,35 Lademeter.

Generell ist zu beachten, dass die Lademeterberechnung bei abweichenden Palettenmaßen in der Praxis nicht immer umsetzbar ist, es handelt sich zumeist um Näherungswerte. Um sicherzugehen, ist in diesen Fällen die Anfertigung eines Ladeplans empfehlenswert.

Paletten

Bezeichnung	Maße in cm	LM	Bezeichnung	Maße in cm	LM
Euroflachpalette	120 x 80 cm	0,4	Halbpalette	80 x 60 cm	0,2
Industriepalette	120 x 100 cm	0,5	Gitterboxpalette	124 x 83,5 cm	---

5.4 Ladungssicherung

Eine ausreichende Ladungssicherung ist unabdingbar zum Schutz der Verkehrsteilnehmer sowie für die Unversehrtheit der geladenen Güter, der Fahrzeuge und der Fahrwege. Letztlich ist eine sorgfältige Ladungssicherung ein wesentlicher Beitrag zur qualifizierten logistischen Leistung eines Spediteurs bzw. Frachtführers.

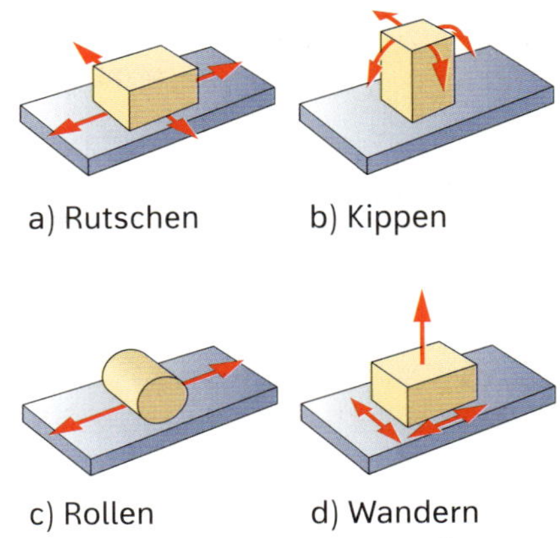

> **Ladungssicherung** = Fixierung der Ladung, um Bewegungen des Gutes zu minimieren.

Zentrale Aufgabe der Ladungssicherung ist es, unerwünschte Bewegungen der geladenen Güter auf der Ladefläche zu vermeiden. Dazu gehören das Rutschen, Kippen, Rollen und Wandern des Ladungsgutes.
Während der Fahrt eines Lkw wirken Bewegungskräfte auf die Ladung. Dies sind im Einzelnen:

- horizontale Bewegungskräfte, die beim Anfahren, Beschleunigen und Bremsen entstehen. Sie wirken in Fahrtrichtung und entgegengesetzt.
- Spurwechsel, Ausweichmanöver und Kurvenfahren bewirken seitliche Bewegungen der geladenen Güter.
- Unebenheiten in der Fahrbahn, aber auch die Federung des Fahrzeugs führen zu vertikalen Bewegungen.

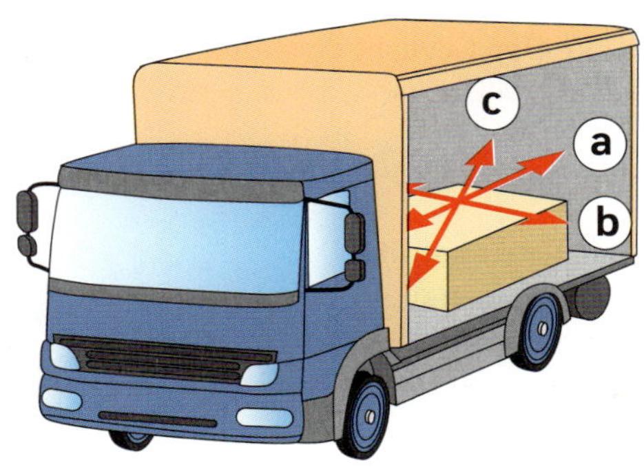

Durch geeignete Maßnahmen zur Ladungssicherung kann die Bewegung der geladenen Güter beeinflusst werden.

Verfahren zur Ladungssicherung

Grundsätzlich lassen sich Ladungssicherungsmaßnahmen in zwei Verfahren einteilen:

- **Formschluss:** Die Bewegungskraft wird **direkt** von Wänden, dem Boden oder Halteelementen (z.B. Kantholz, Sperrbalken oder Zurrgurte) aufgenommen.
- **Kraftschluss:** Die Bewegungskraft wird **indirekt** von Reibungskräften (Ladungsgut – Fahrzeugboden) absorbiert.

In der Praxis treten beide Verfahren aber in der Regel in Kombination auf, weil z.B. das Gewicht eines Ladungsgutes immer eine kraftschlüssige Reibungskraft bewirkt.

Formschlüssiges Stauen

> **Stauen** = Anordnung der Ladungsgüter auf der Ladefläche und im Laderaum eines Fahrzeugs.

> **Formschlüssiges Stauen** = lückenloses Anstellen der Güter an die Wände des Fahrzeugs oder an Halteelemente (z.B. Sperrbalken).

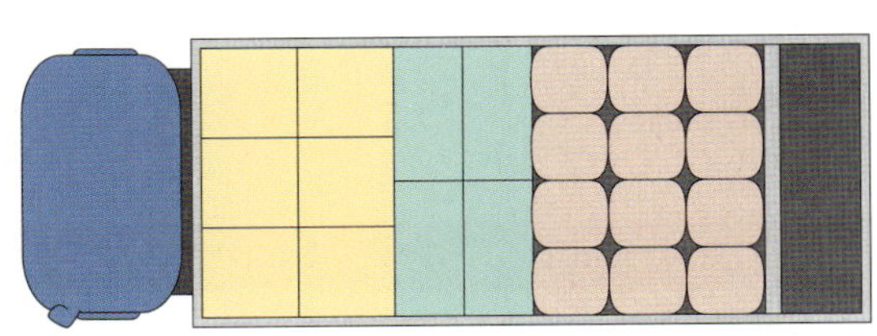

Formschlüssig gesicherte Güter mit hinterem Sperrbalken

Stauregeln

- eventuell vorgegebene Reihenfolge bei der Be- und Entladung beachten
- leichte Ladungsgüter auf schwere
- formschlüssiges Auffüllen hat Vorrang vor dem Stapeln der Güter
- Beladung an der vorderen Stirnwand beginnen
- Lücken zwischen den Gütern vermeiden

Kraftschlüssiges Stauen

Kraftschlüssiges Stauen = Fixierung von Ladungsgütern auf der Ladungsfläche, um die Reibungskraft zu erhöhen.

Festlegen
Güter werden mithilfe von Sicherungsmitteln auf der Ladefläche befestigt. Als Sicherungsmittel eignen sich z. B. Keile und Kanthölzer. Dies ist eine formschlüssige Ladungssicherung. Die durch das Gewicht der Ladung erzeugte Reibungskraft unterstützt das Verfahren kraftschlüssig.

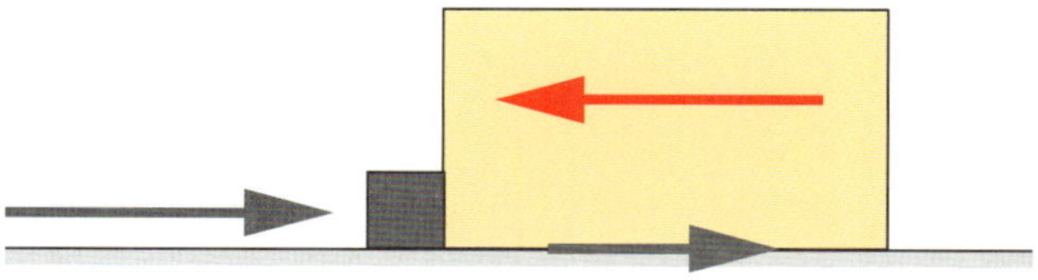

Festlegen durch ein Kantholz

Niederzurren
Ladungsgüter werden mithilfe von Zurrmitteln auf die Ladefläche gepresst, sodass durch die erhöhte Reibungskraft eine kraftschlüssige Sicherung der Ladung entsteht. Die Fixierung auf der Ladefläche ist gleichzeitig eine formschlüssige Sicherung. Das Gewicht der Güter unterstützt (über den Reibungswiderstand) zusätzlich die kraftschlüssige Sicherung.

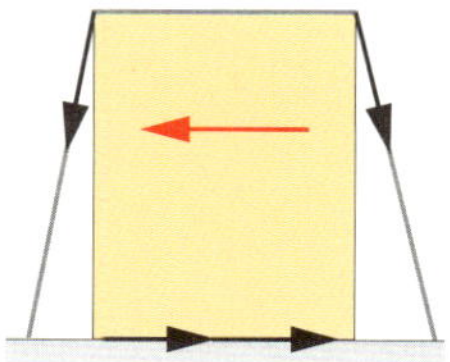

← = Bewegungskraft;
→ = Halte- und Reibungskraft

Sicherungsmittel

Es gibt vielfältige Möglichkeiten, Ladungsgüter zu sichern, z. B.:

- Paletten
- Trennwände
- Luftkissen/Schaumstoffpolster
- Sperrbalken
- Metallstreben
- Haltenetze
- Trenn-Netze
- rutschhemmendes Material
- Kanthölzer
- Holzkeile
- Zurrgurte

Sicherung von Gefahrgutfässern mit einer Palette (formschlüssig) und einem Zurrgurt (kraftschlüssig)

Zurrgurte und Antirutschmatten

Ladungssicherung	
Ladungssicherung durch	Fixierung der Ladung auf der Ladefläche
Formschluss:	Bewegungskraft wird direkt von den Wänden, dem Boden oder Halteelementen aufgenommen
Kraftschluss:	Fixierung der Ladung auf der Ladefläche, um die Reibungskraft zu erhöhen
Festlegen:	Befestigen der Ladung auf der Ladefläche durch Sicherungsmittel
Niederzurren:	Anpressen der Ladung auf die Ladefläche durch Zurrgurte

6 Lenk- und Ruhezeiten

6.1 EG-Sozialvorschriften zu den Lenk- und Ruhezeiten

In den Ländern der Europäischen Union gelten für die Fahrer von Kraftfahrzeugen über 3,5 t zulässigem Gesamtgewicht einheitliche Regeln für die Lenk- und Ruhezeiten („EG-Sozialvorschriften"). Die Sozialvorschriften haben zum Ziel, gleiche Wettbewerbsbedingungen innerhalb der EU zu schaffen, die Verkehrssicherheit zu verbessern und die Arbeitnehmer zu schützen.

In Deutschland müssen auch für Lkw zwischen 2,8 t und 3,5 t Aufzeichnungen über die Lenkzeit gemacht werden.

Die Vorschriften binden den Fahrer und den Frachtführer. Der Lkw-Unternehmer hat die Pflicht, den Fahrbetrieb so zu organisieren, dass die Einhaltung der Lenk- und Ruhezeiten durch das Fahrpersonal ermöglicht wird. Er ist ferner zur regelmäßigen Überwachung und zur Schulung der Fahrer verpflichtet. Um den Unternehmen eine flexible Handhabung der Sozialvorschriften zu ermöglichen, sind die Regeln sehr variabel gestaltet worden. Das macht sie im Einzelfall kompliziert. Hier können daher nur grundlegende Vorschriften vorgestellt werden. Den nachfolgenden Ausführungen liegt die Annahme zugrunde, dass der Lkw mit nur einem Fahrer besetzt ist.

Lenkzeit	Zeit, in der das Fahrzeug tatsächlich durch die Tätigkeit des Fahrers bewegt wird.
Lenkzeitunterbrechung	kein Lenken des Fahrzeugs, keine anderen Arbeiten (z. B. Be- und Entladen); die Mindestdauer beträgt 15 Minuten.
Tageslenkzeit	summierte Gesamtlenkzeit zwischen zwei Tagesruhezeiten einschließlich kurzer, verkehrsbedingter Standzeiten (z. B. an der Ampel), hilft der Fahrer beim Beladen, liegt Arbeitszeit vor, aber keine Lenkzeit und keine Lenkzeitunterbrechung.
Tagesruhezeit	täglicher Zeitraum, in dem der Fahrer frei über seine Zeit verfügen kann; im Regelfall 11 Stunden, Aufteilung in 3 + 9 Stunden möglich
Woche	Abfolge von sechs 24-Stunden-Zeiträumen
Bezugszeitraum	Die Berechnung von Lenk- und Ruhezeiten bezieht sich auf einen Zeitraum von 24 Stunden. Der Bezugszeitraum beginnt nach einer ausreichenden Tagesruhezeit.

1-Minuten-Regelung siehe Seite 125

Die Arbeitszeit eines Lkw-Fahrers darf maximal zehn Stunden betragen.

6.2 Übersicht zu den wichtigsten Lenk- und Ruhezeiten

Lenkzeit	täglich	9 Stunden	zwei mal wöchentlich 10 Stunden
	wöchentlich Doppelwoche	56 Stunden 90 Stunden	maximal (höchstens 6 Tageslenkzeiten pro Woche, d. h. maximal 6 24-Stunden-Zeiträume hintereinander)
Unterbrechung der Lenkzeit	nach einer Lenkzeit von	4 ½ Stunden	mindestens 45 Minuten Ruhezeit (aufteilbar in höchstens zwei Unterbrechungen): ▪ 1. Unterbrechung mind. 15 Minuten ▪ 2. Unterbrechung mind. 30 Minuten (in dieser Reihenfolge)
Tagesruhezeit	jeweils innerhalb von 24 Stunden (nicht pro Kalendertag) nach einer Ruhezeit oder	elf Stunden (zusammenhängend); normale tägliche Ruhezeit	Verkürzungen bis zu drei mal wöchentlich auf neun Stunden sind möglich (reduzierte tägliche Ruhezeit, ein **Ausgleich ist nicht erforderlich**)
	wegen Wartezeiten (beim Be- und Entladen oder an der Grenze, sofern echte Ruhezeit)	zwölf Stunden (aufgeteilt)	Aufteilung in höchstens zwei Abschnitte von mindestens drei Stunden (erster Abschnitt) und mindestens neun Stunden für den zweiten Abschnitt. 3 Std. + 9 Std. = 12 Stunden
Wöchentliche Ruhezeit	zusammenhängende Stunden nach spätestens sechs Tagen	45 Stunden (dürfen nicht im Fahrzeug verbracht werden)	Im grenzüberschreitenden Verkehr sind zwei hintereinanderliegende Verkürzungen auf 24 Stunden (im Fahrzeug erlaubt) möglich; ein Ausgleich erfolgt vor der darauffolgenden Wochenruhezeit.

Warum maximal 56 Std.?
6 Tage · 9 Std. = 54
2 · 1 Std. extra = 2
Summe = 56

Fahrer müssen in einem Zeitraum von 4 Wochen mindestens eine 45-Stunden-Ruhezeit an ihrem Heimatort oder am Unternehmensstandort verbringen.

Alternativen bei der Tagesruhezeit

Grundsatz: Der Bezugszeitraum, der betrachtet wird, beträgt **24 Stunden**. Diese Zeit beginnt, sobald der Fahrer seine Tagesruhezeit beendet hat (also zu einer beliebigen Tages- oder Nachtzeit).

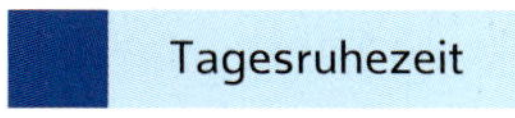

a Regelmäßige Tagesruhezeit von elf Stunden

Am Ende des Bezugszeitraumes nimmt der Fahrer eine Tagesruhezeit von (ununterbrochen) elf Stunden.

b Verkürzung auf drei mal wöchentlich neun Stunden

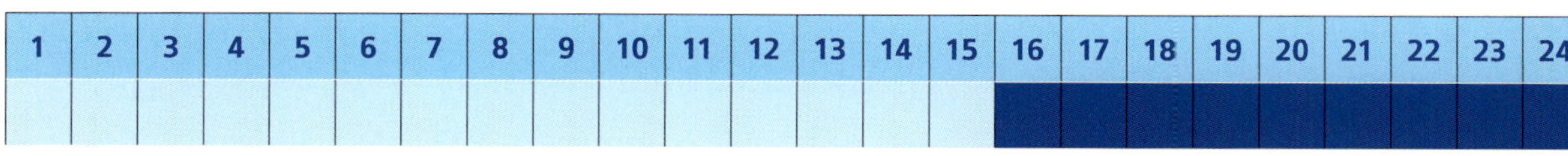

Der Fahrer verkürzt die Tagesruhezeit auf (ununterbrochen) neun Stunden. Dies darf er dreimal in der Woche durchführen.

c Blockbildung (zwei Blöcke von insgesamt zwölf Stunden, der letzte Block dauert mindestens neun Stunden)

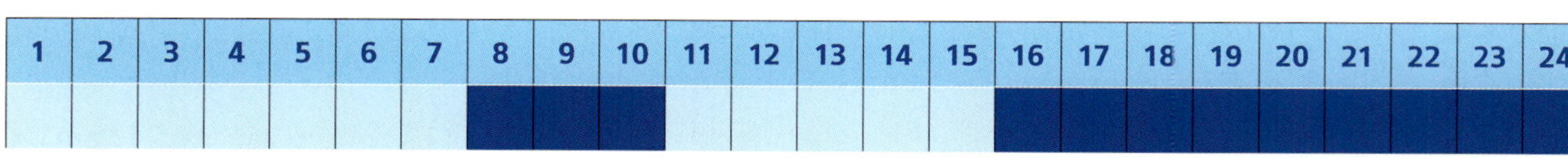

Die gesamte Ruhezeit beträgt zwölf Stunden. Sie kann in maximal zwei Blöcke aufgeteilt werden. Dabei gilt:

- Der erste Block dauert mindestens drei Stunden.
- Am **Ende des Bezugszeitraums** liegt ein Block von mindestens **neun Stunden**.

Die Blockbildung entspricht häufig den Anforderungen der **Praxis**.

Beispiel:
Ein Fahrer fährt mit leerem Lkw von Köln nach Münster, um dort bei einem Produzenten eine Sendung für Magdeburg zu laden. Die Fahrtzeit bis Münster dauert 3 Stunden. An der Rampe des Produzenten hat der Fahrer allerdings 3 Stunden zu warten. Er stellt den Tachografen auf „Ruhezeit“ und nimmt damit den 1. Teil seiner Tagesruhezeit. Anschließend befördert er die Sendung nach Magdeburg. Die Fahrzeit beträgt 6 Stunden ohne Berücksichtigung der Pause. Anschließend nimmt er die weiteren 9 Stunden Tagesruhezeit.

An die Bedingungen der Praxis angepasst wurde auch eine Ausnahmeregelung im Zusammenhang mit **dem Fähr- und Eisenbahnverkehr**. Fahrer, die oft stundenlang warten müssen, bis sie vom Parkplatz auf die Fähre auffahren können, dürfen für die Wartezeit eine ununterbrochene Tagesruhezeit ansetzen, auch wenn sie das Fahrzeug kurzzeitig vom Parkplatz auf die Fähre bewegen.

Beispiele für die Handhabung der EG-Sozialvorschriften:
Bei einer täglichen Lenkzeit von neun Stunden:

Bei Verlängerung der Tageslenkzeit auf zehn Stunden:

▮▮▮	45 Min.	Lenkzeit
▯▯▯	45 Min.	Pause/Lenkzeitunterbrechung

6.3 EG-Kontrollgerät

Die EG-Sozialvorschriften verlangen, dass das Fahrzeug mit einem sogenannten EG-Kontrollgerät ausgestattet ist, das die Tätigkeit des Lkw-Fahrers aufzeichnet.

6.3.1 Digitaler Tachograf (digitales Kontrollgerät)

6.3.1.1 Nutzungskonzept

Alle neu zugelassenen Lkws ab 3,5 t zulässigem Gesamtgewicht sind mit einem digitalen Tachografen auszurüsten. Es speichert u. a. Lenk- und Ruhezeiten, Geschwindigkeit sowie die zurückgelegte Entfernung elektronisch. Zudem werden die wichtigsten Informationen auch in einem Speicherchip auf der Fahrerkarte abgelegt, die beim Start des Lkw in den Tachografen eingeführt werden muss.

> **Digitaler Tachograf** = Gerät, das die tätigkeitsbezogenen Daten des Fahrers aufzeichnet und speichert.

Der Tachograf hat zwei Leser für die Chipkarten von Fahrer und Beifahrer, siehe Abbildung.

Der digitale Tachograf wurde geschaffen, um die Überwachung der Lenk- und Ruhezeiten zu erleichtern und Manipulationen zu verhindern. Die aufgezeichneten Daten können ausgelesen und im Speditionsunternehmen ausgewertet werden.

Das Auslesen kann z. B. mit einem Download Key durchgeführt werden (siehe nebenstehende Abbildung), der die Daten über eine USB-Schnittstelle auf einen Computer überträgt.

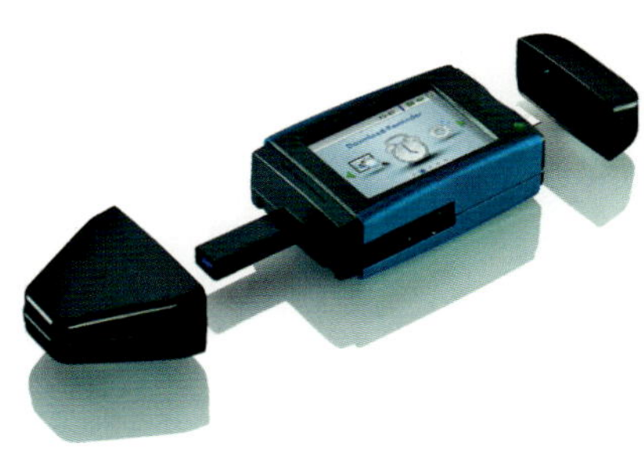

Pflichten des Unternehmers

- spätestens alle 28 Tage die Daten von der Fahrerkarte kopieren
- alle drei Monate die Daten aus dem Speicher des digitalen Tachografen kopieren und ein Jahr lang sicher aufbewahren
- die Daten durch Sicherungskopien vor Verlust und Beschädigung schützen

Gemäß Arbeitszeitgesetz sind die Arbeitszeiten der Beschäftigten allerdings mind. zwei Jahre aufzubewahren.

Kontrollgerätekarten

Für die Einrichtung, den Betrieb und das Auslesen der digitalen Daten sind vier unterschiedliche Karten erforderlich:

Fahrerkarte	Jeder Fahrer, der ein Fahrzeug mit digitalem Tachografen fährt, muss diese Karte benutzen. Auf ihr können die Lenk- und Ruhezeiten für mindestens 28 Tage gespeichert werden. Die Karte ist ein persönliches Dokument des Fahrers, das er bei jeder Kontrolle vorzuweisen hat. Der Fahrer darf nur über eine einzige gültige Karte verfügen. Spätestens nach 28 Tagen muss der Fahrer seine persönlichen Daten dem Arbeitgeber zum Datendownload zur Verfügung stellen.
Unternehmenskarte	Die Unternehmenskarte dient der Identifikation als Voraussetzung für die Anzeige, das Herunterladen und den Ausdruck der Daten, die im Tachografen gespeichert sind.

Werkstattkarte	Diese Karte dient der Prüfung und Einstellung des digitalen Tachografen. Außerdem können damit Daten aus dem Gerät heruntergeladen und gesichert werden.
Kontrollkarte	Sie berechtigt Mitarbeiter der Polizei, des BAG und der Gewerbeaufsicht zu einem Zugriff auf die gespeicherten Daten des digitalen Tachografen.

BAG = Bundesamt für Güterverkehr, siehe Seite 91

Die Karten haben eine Gültigkeitsdauer von fünf Jahren (Werkstattkarte ein Jahr). Sie werden – je nach Bundesland – von unterschiedlichen Behörden ausgegeben. Alle Kontrollgerätekarten sind beim Kraftfahrtbundesamt gespeichert und europaweit abfragbar.

Smarte Tachografen

Neue Lkw werden mit technisch leistungsfähigeren („smarten") Tachografen ausgestattet, die sich z. B. durch folgende Merkmale auszeichnen:

- genauere Geschwindigkeits- und Standortbestimmung
- Die Positionsdaten des Fahrzeugs werden bei alle 3 Stunden (kumulierte Lenkzeit des Fahrzeuges) und bei Arbeitsbeginn und -ende gespeichert; sie können zur weiteren Verarbeitung digital übertragen werden.
- Polizei und BAG können ausgewählte Informationen während des Vorbeifahrens an einem Lkw auslesen; die Kontrollen lassen sich somit auf akute Verdachtsfälle beschränken. Die Weitergabe persönlicher Daten verlangt die ausdrückliche Genehmigung des Fahrers.

6.3.1.2 Handhabung des Kontrollgerätes

Bedienelemente

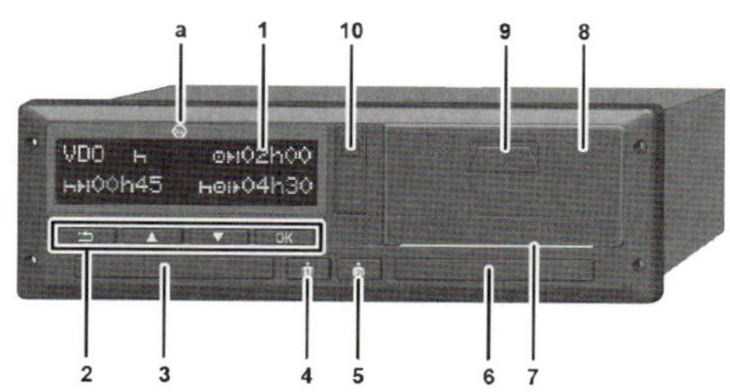

(1)	**Display**	(5)	**Kombitaste Fahrer-2***
(2)	**Menütasten**	(6)	**Kartenschacht-2**
▲ / ▼	Funktion wählen	(7)	**Abreißkante Drucker**
OK	Funktion bestätigen	(8)	**Druckerschublade**
↩	Menü abbrechen	(9)	**Entriegelungsfläche**
(3)	**Kartenschacht-1**	(10)	**Downloadschnittstelle**
(4)	**Kombitaste Fahrer-1***	(a)	⟨Ex⟩: ADR-Variante

* Aktivitäten einstellen oder Fahrerkarte auswerfen

Fahrtbeginn

Die Beschreibung bezieht sich auf eine Ein-Personen-Fahrzeugbesatzung.

Durch das Einstecken der Fahrerkarte in das Kontrollgerät meldet sich der Fahrer an. Diese Anmeldung ist erforderlich, sobald der Fahrer das Fahrzeug übernimmt.

Lenken (Kürzel: LZ)

Zunächst hat der Fahrer die Gewichtsklasse des Fahrzeugs anzugeben (z. B. 12 bis 18 t zulässiges Gesamtgewicht) sowie bei Fahrzeugen über 18 t zGG die Anzahl der Achsen. In diesen beiden Fällen spricht man von **Mitwirkungspflichten** des Fahrers. Beladearbeiten, Abfahrtskontrolle, Abholen von Papieren u. Ä. gehören zur Arbeitszeit („sonstige Arbeit"). Diese Tätigkeit ist im Kontrollgerät einzustellen. Dazu tippt der Fahrer auf seiner Fahrertaste [1] so lange, bis das entsprechende Symbol erscheint.

Sonstige Arbeit (AR)

Bereitschaft (BE)

Außerdem hat er zu Beginn eines Arbeitstages den Ort und die Zeit des Arbeitsbeginns einzugeben. Unter „Ort" ist aber lediglich das Landessymbol über die Fahrertaste auszuwählen (für Deutschland „D").

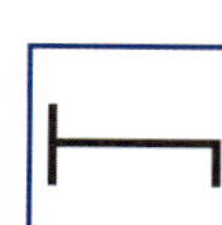
Unterbrechung/ Pause/Ruhezeit (RZ)

UTC = Universal Time Coordinated (Koordinierte Weltzeit)

Das digitale Kontrollgerät ist auf UTC-Zeit eingestellt, d. h., alle Speicherungen und Ausgaben des Gerätes basieren auf der UTC-Zeit.

Die UTC-Zeit entspricht der Greenwich Mean Time (GMT).

unbekannte Zeit

Von der UTC-Zeit leiten sich die übrigen Zeitzonen ab:

Zeitzonen, siehe auch Seite 274

Zeit	Zone	Staaten	Berechnungsbeispiele
00:00	UTC = GMT	Großbritannien, Irland, Island, Portugal	*1. Fahrt ab Düsseldorf, Ortszeit 16:00 Uhr* **a** *Berechnung im Winter:* *MEZ = 16:00 – 1 Std. => UTC =* ***15:00 Uhr*** **b** *Berechnung im Sommer:* *MESZ = 16:00 – 2 Std. => UTC =* ***14:00 Uhr*** *2. Fahrt ab Lissabon/Portugal im Winter:* *Ortszeit 8:00 Uhr* *GMT = 8:00 => UTC =* ***8:00 Uhr***
UTC + 1 Std.	MEZ (mitteleuropäische Zeitzone)	die meisten europäischen Staaten	
UTC + 2 Std.	OEZ (osteuropäische Zeitzone)	Bulgarien, Estland, Finnland, Griechenland, Lettland, Litauen, Rumänien, Türkei	
UTC + 3 Std.	Moskauer Zeit	Russland	

MESZ = Mitteleuropäische Sommerzeit

Zu beachten ist noch, ob Sommer- oder Normalzeit gilt. In der Sommerzeit erhöht sich der Abstand zur UTC-Zeit um eine weitere Stunde.

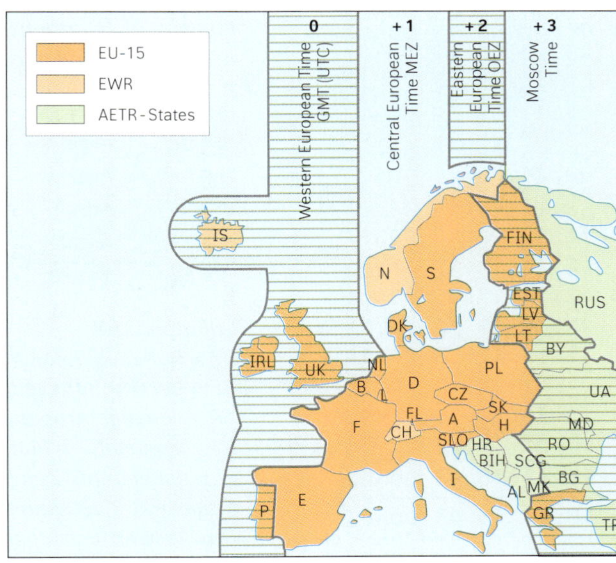

Zeitzonen in Europa

Alle Mitgliedstaaten des EWR (ohne Island) sowie viele andere europäische Staaten haben die Sommerzeit eingeführt, siehe https://de.wikipedia.org/wiki/Sommerzeit

Lenkzeit

Der digitale Tachograf schaltet automatisch auf „Lenken", wenn vom Fahrzeug ein Bewegungsimpuls ausgeht. Die Aktivitäten des Fahrzeugs werden nun minutenweise überprüft (**1-Minuten-Regelung**).
Bei einem Halt (z.B. vor einer Ampel, im Stau, an Kreuzungen) schaltet der Tachograf automatisch auf „Arbeitszeit" um. Danach überprüft der Tachograf, welche Tätigkeit jeweils innerhalb einer Minute überwiegt. Dazu gibt es noch die 3-Minuten-Regel: (1 Minute Lenken – 1 Minute Arbeit – 1 Minute Lenken = 3 Minuten Lenken). Diese Zeit wird gespeichert.

Diverse Warnungen erinnern den Fahrer z.B. an Geschwindigkeitsüberschreitungen oder an die Einhaltung der Pausen (15 Minuten vor Ende einer 4½-stündigen Lenkzeit oder wenn der Fahrer nach 4½ Stunden Lenkzeit weiterfährt).

Fahrtende

Bevor der Fahrer das Fahrzeug verlässt, muss er den aktuellen Ort manuell eingeben. Bei stehendem Fahrzeug und ggf. eingeschalteter Zündung kann der Fahrer seine Karte entnehmen.

6.3.1.3 Auswertungen

Mit dem digitalen Kontrollgerät werden die Lenk- und Ruhezeiten des Fahrers präziser – und umfangreicher – aufgezeichnet. Die Ausgabe der Daten über den Drucker erleichtert darüber hinaus die Auswertung im Vergleich zu den bisher benutzten Diagrammscheiben.

Zwei Arten von Ausdrucken sind zu unterscheiden:

- Ausdruck von der **Fahrerkarte:** Damit werden allein die Aktivitäten des Fahrers dokumentiert. Dem Ausdruck rechts sind z. B. zu entnehmen:
  - Lenkzeiten, Lenkzeitunterbrechung und sonstige Arbeit (siehe Legende zu den Piktogrammen oben)
  - Kilometerstand beim stecken und Entnahme der Karte
  - gefahrene Kilometer

```
-----------1-----------
A D  /  D-BT 844
       18 027 km
h 20:21 20:24
o 20:24 23:28
x 23:28 23:35
o 23:35 23:43
x 23:43 23:57
o 23:57 23:58
x 23:58 00:00
       18 261 km;     234 km
-----------Σ-----------
```

- Ausdruck vom **Massenspeicher** der Fahrzeugeinheit: Er bezieht sich auf alle Fahrer, die mit dem Fahrzeug gefahren sind. Kontrollierende Beamte können sich z.B. aus dem Massenspeicher die letzten zehn Geschwindigkeitsüberschreitungen ausdrucken lassen, die von dem digitalen Kontrollgerät registriert worden sind.

Auswertungsprogramme

Den Speditionen stehen heute Programme zur Verfügung, mit denen sich die Fahrerdaten auswerten lassen.

Beispiele für Auswertungsfunktionen:

- *Auslesen über Kartenleser*
- *Dateiimport Fahrerkarte*
- *Auslesen Fahrerkarte*
- *Dateiimport Fahrzeugeinheit*
- *Auslesen der Fahrzeugeinheit*
- *Archivübersicht Fahrerkarte*
- *Tätigkeitsprotokoll Fahrerkarte*
- *Tagesprotokoll Fahrerkarte*
- *Prüfung EG-Sozialvorschriften*
- *Daten per Mail versenden*

Beispiel:

Tagesausdruck von einer Fahrerkarte (Auszug):

```
⚒ 03:48 03:56 00h08
⊙ 03:56 04:00 00h04
⚒ 04:00 04:20 00h20
⊙ 04:20 04:28 00h08
⚒ 04:28 04:31 00h03
⊙ 04:31 06:32 02h01
⚒ 06:32 06:34 00h02
⊙ 06:34 06:40 00h06
h 06:40 06:43 00h03
⊙ 06:43 06:45 00h02
h 06:45 06:47 00h02
⊙ 06:47 06:58 00h11
⊠ 06:58 07:17 00h19
h 07:17 07:59 00h42
⊙ 07:59 08:05 00h06
h 08:05 08:24 00h19
⊙ 08:24 08:29 00h05
h 08:29 09:16 00h47
⊙ 09:16 12:12 02h56
⚒ 12:12 12:19 00h07
⊙ 12:19 12:26 00h07
h 12:26 12:34 00h08
⊙ 12:34 12:35 00h01
⚒ 12:35 12:37 00h02
⊙ 12:37 12:44 00h07
h 12:44 12:58 00h14
⊙ 12:58 13:04 00h06
h 13:04 13:20 00h16
⊙ 13:20 14:39 01h19
⚒ 14:39 15:24 00h45
⊙ 15:24 15:41 00h17
⚒ 15:41 15:43 00h02
-------------------------
? 15:43 15:45 00h02
-----------1-------------
⚒ 15:45 15:49 00h04
-------------------------
? 15:49 15:50 00h01
-----------1-------------
h 15:50 15:58 00h08
⊙ 15:58 17:22 01h24
⚒ 17:22 17:29 00h07
⊙ 17:29 17:31 00h02
        1 435 km;   558 km
-------------------------
? 17:31
-----------Σ-------------
```

Der Tagesausdruck enthält auch einen Auswertungsteil (Auszug):

```
 ⊙ 09h02    558 km
 ⚒ 01h40 ⊠ 00h19
 h 02h39 ? 03h51
⊙⊙ 00h00
```

Mit dem Auswertungsprogramm können die Daten der Fahrerkarte exakt nachgebildet und auch ausgewertet werden (Tätigkeitsprotokoll):

h RZ	Anzahl	9	2:39
⊠ BE	Anzahl	1	0:19
⚒ AR	Anzahl	10	1:40
⊙ LZ	Anzahl	17	9:02
? ??	Anzahl	4	10:20
Sum	Anzahl	41	24:00

Erläuterungen:
RZ = Ruhezeit: neun einzelne Ruhezeiten, zusammen 2:39 Stunden
BE = Bereitschaftszeit, ein mal, 0:19 Stunden
AR = sonstige Arbeitszeit, zehn Mal, 1:40 Stunden
LZ = Lenkzeit, 17-Mal, 9:02 Stunden
?? = unbekannte Zeit (in der Regel Fahrerkarte nicht eingesteckt), vier Mal, insgesamt 10:20 Stunden
Das Auswertungsprogramm betrachtet immer einen Zeitraum von 24 Stunden, daher fällt die unbekannte Zeit höher aus als auf dem Tagesausdruck. Aus der Auswertung des Tagesausdrucks ist noch zu erkennen, dass der Fahrer 558 km zurückgelegt hat.

Die Daten lassen auch eine **Arbeitszeitprüfung** des Fahrers zu. Das Programm gibt Hinweise,
- welche Verstöße vorliegen und
- gegen welche Vorschrift verstoßen wurde.

ArbZG = Arbeitszeitgesetz

FPersG = Gesetz über das Fahrpersonal von Kraftfahrzeugen und Straßenbahnen

Arbeitszeitprüfung des Fahrers				
Soll	**Ist**	**Abw.**	**Verstoß**	**Hinweis**
Std.	Std.	Std.		Arbeitsbeginn (Ende einer Tages-/Wochenruhezeit)
4:30	6:19	1:49	x	LENKZEITUNTERBRECHUNG ZU SPÄT EINGELEGT §8 FPersG i. V. m. §22 FPersV; Art. 7 (1) VO(EG) 3820/85
9:00	9:02	0:02		Tageslenkzeit
10:00	10:42	0:42	x	TÄGL. ARBEITSZEIT ZU LANG, tägliche Arbeitszeit von max. 10 Std. überschritten. §§22 + 23 ArbZG, §3 ArbZG
				Arbeitsende (Beginn einer Tages-/Wochenruhezeit)
	13:43			Gesamtzeit zwischen ausreichenden Ruhezeiten
11:00	10:17	0:43		Tagesruhezeit verkürzt
	10:42			durchschnittliche wöchentliche Arbeitszeit

Aufzeichnungsfristen

Die Daten eines digitalen Kontrollgerätes werden im Massenspeicher des Gerätes für 365 Tage und auf der Fahrerkarte für 28 Tage gespeichert.

6.3.1.4 Mitführungspflichten

Bei einer Kontrolle hat der Fahrer vorzulegen:

- Fahrerkarte,
- handschriftliche Aufzeichnungen und Tagesausdrucke des laufenden Tages und der vorausgegangenen 28 Tage, wenn es zu Störungen des Kontrollgerätes gekommen ist

Eventuell ist durch eine Bescheinigung nach § 20 Fahrpersonalverordnung nachzuweisen, dass der Fahrer in den vergangenen 28 Tagen nicht gefahren ist (z. B. wegen Krankheit oder Urlaub).

FPersV = Fahrpersonalverordnung

→ **Analoges Kontrollgerät** = Aufzeichnung der Fahreraktivitäten auf einer Diagrammscheibe

Fährt der Fahrer im **„Mischbetrieb"**, d. h. mit Fahrzeugen, die analoge und digitale Kontrollgeräte besitzen, hat er die Unterlagen beider Kontrollgeräte (Schaublätter, Fahrerkarte, eventuell Tagesausdrucke und handschriftliche Aufzeichnungen) für die genannten Zeiten vorzulegen.

Die Kontrolleure können mit der Kontrollkarte (siehe oben) die relevanten Daten aus dem digitalen Kontrollgerät auslesen.

6.3.2 Arbeits- und Bereitschaftszeit

Während die Lenk- und Ruhezeiten EU-weit nach den EG-Sozialvorschriften geregelt werden, richtet sich die Arbeitszeit für angestellte Lkw-Fahrer nach dem deutschen Arbeitszeitgesetz (ArbZG). In Tarifverträgen können zudem branchenbedingte Abweichungen vom ArbZG vereinbart werden.

Als **Arbeitszeit** eines Kraftfahrers wird die Zeitspanne zwischen Arbeitsbeginn und Arbeitsende – ohne Ruhepausen – verstanden, wobei üblicherweise folgende Tätigkeiten ausgeübt werden:

- Fahren (= **Lenkzeit**)
- Be- und Entladen bzw. die Überwachung dieser Tätigkeiten
- Besprechung des Fahrtverlaufes mit der Disposition
- Ausfüllen von fahrer-, fahrzeug- und ladungsbezogenen Dokumenten
- Reinigung und Wartung des Fahrzeuges
- Warten auf Beladen bzw. Entladen, sofern die Wartezeit nicht bekannt ist

Alle diese Tätigkeiten – außer der Lenkzeit – werden vom Tachografen als **sonstige Arbeitszeit** erfasst. Gemäß ArbZG darf die maximale tägliche Arbeitszeit zehn Stunden nicht überschreiten, die wöchentliche Arbeitszeit beträgt maximal 48 Stunden; sie kann bis auf 60 Stunden verlängert werden. Ein Ausgleich über einen Zeitraum von sechs Monaten ist zulässig.

Unter **Bereitschaftszeit** für einen Lkw-Fahrer wird in erster Linie diejenige Wartezeit verstanden, bei der die Dauer der Wartezeit im Voraus bekannt ist. Dies gilt beispielsweise für den Einsatz als Beifahrer im Lkw sowie mitunter beim Warten auf das Be- oder Entladen oder an Grenzübergängen. Bei entsprechender Dauer kann der Fahrer diese Wartezeiten auch als Lenkzeitunterbrechung oder als Ruhezeit angeben. Für die Bereitschaftszeit gibt es keine gesetzliche Höchstgrenze, ihr Umfang ergibt sich aus der Betrachtung der Elemente Arbeitszeit, Lenkzeitunterbrechung und Tagesruhezeit.

Die EU-Verordnung schreibt vor, dass spätestens 24 Stunden nach Ablauf einer **Tagesruhezeit** die nächste Tagesruhezeit genommen sein muss. Da die Tagesruhezeit elf Stunden beträgt, verbleiben somit maximal 13 Stunden, die als **Schichtzeit** bezeichnet werden können (in den maßgeblichen Vorschriften ist dieser Begriff tatsächlich nicht existent). Diese Schichtzeit kann aus maximal zehn Stunden Arbeitszeit (= Obergrenze gemäß ArbZG) sowie zusätzlich drei Stunden Bereitschaftszeit bestehen. Zu beachten ist dabei, dass Lenkzeitunterbrechungen ebenfalls der Schichtzeit anzurechnen sind, da sie definitionsgemäß nicht zur Tagesruhezeit zählen. Bei einer Verkürzung der Tagesruhezeit auf neun Stunden kann die tägliche Schichtzeit somit 15 Stunden (mit fünf Stunden Bereitschaftszeit) betragen.

Die nachstehende Übersicht verdeutlicht nochmals die grundlegenden Zusammenhänge.

Übersicht zu Arbeits- und Bereitschaftszeit

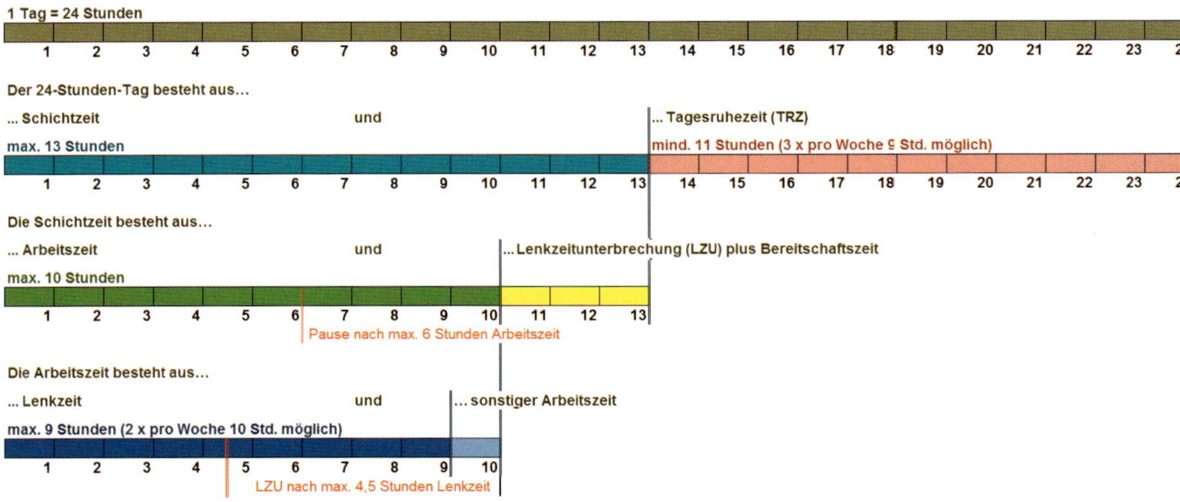

Zusammenfassung	Lenk- und Ruhezeiten
Lenkzeit:	täglich 9 Std. **Lenkzeit** (2 x 10 Std.) wöchentlich maximal 56 Stunden (Doppelwoche: max. 90 Std.)
Lenkzeitunterbrechung:	nach 4½ Std. Lenkzeit 45 Min. (oder 15 + 30 Min.)
Tagesruhezeit:	11 Std. **Tagesruhezeit** (dreimal wöchentlich 9 Std.) oder 12 Std. (3 + 9 Std.)
Wöchentliche Ruhezeit:	45 Std. (oder 24 Std. mit Ausgleich)
Kontrolle:	EG-Kontrollgerät (digitaler Tachograf), UTC-Zeit Fahrerkarte (Aufzeichnung der Daten für 28 Tage) Unternehmenskarte, Werkstattkarte, Kontrollkarte
Arbeitszeit:	Nach Arbeitszeitgesetz pro Woche maximal 48 Std. (6 x 8 Std.) auf 60 Std. wöchentlich verlängerbar, pro Tag maximal 10 Std.

7 Fahrzeugdisposition

Fahrzeugdisposition = Organisation des Fahrer- und Fahrzeugeinsatzes.

Der Disponent organisiert den Einsatz der Fahrzeuge und der Fahrer. Dabei sind zwei wichtige Gesichtspunkte zu beachten:

- Pünktliches, regelmäßiges und flexibles Abholen und Zustellen von Sendungen schaffen zufriedene Kunden.
- Der wirtschaftliche Einsatz der Fahrzeuge und Fahrer verlangt eine möglichst hohe Auslastung der Lkw und minimierten Kilometeraufwand.

Es ist Aufgabe der Fahrzeugdisposition, den Mittelweg zwischen Kunden- und Betriebsinteresse zu finden.

Die Fahrzeugdisposition lässt sich in folgende Teilbereiche zerlegen.

7.1 Mittel- und langfristige Einsatzplanung

„Täglich Berlin“, „einmal wöchentlich Moskau“ – mit solchen regelmäßigen Linienverkehren geben Speditionen ihren Kunden Planungssicherheit. Je nach Ladungsaufkommen haben Disponenten dafür die erforderlichen Transportkapazitäten zur Verfügung zu stellen.
Das Gleiche gilt für den Nahverkehr beim Abholen und Verteilen von Sammelgut: Ein Teil der Versender wird regelmäßig angefahren. Dies erfordert längerfristige Überlegungen zum Fahrzeugeinsatz.
Die übrigen Touren werden je nach Auftragslage disponiert. Der durchschnittlich erforderliche Fahrzeug- und Personalbedarf muss aber mittel- und langfristig sichergestellt werden.

7.2 Tägliche Fahrzeug- und Personal-Disposition

In der Tagesdisposition werden Fahrzeuge und Fahrer für die Abwicklung der zu erbringenden Transportleistungen eingeteilt. Typische Fragestellungen des Disponenten sind:

- Welches Fahrzeug ist für die Tour geeignet?
  - Reicht die Nutzlast/Ladefläche aus?
  - Entspricht die Fahrzeugausrüstung dem zu befördernden Gut (Planen-, Koffer-, Thermofahrzeug)?
  - Dürfen die zu transportierenden Güter zusammen verladen werden?
  - Ist eine Gefahrgutausrüstung erforderlich?
  - Können mit dem Fahrzeug die Termine eingehalten werden?
  - Soll ein eigenes Fahrzeug eingesetzt werden oder wird ein Fremdunternehmer beauftragt?
- Welcher Fahrer soll für die Tour eingesetzt werden?
  - Kann er mit dem Fahrzeug umgehen?
  - Kennt er die Tour und die Kunden?
  - Benötigt er eventuell einen Gefahrgutschein?
  - Hat er die gesetzlich erforderlichen Ruhezeiten eingehalten?

7.3 Tourenkontrolle

Tourenkontrolle = regelmäßige Erfassung und Auswertung der Leistungsdaten eines Fahrzeugs.

Dadurch ist es möglich, die Wirtschaftlichkeit der Fahrzeuge und auch einzelner Touren zu überwachen. Dabei sind unterschiedliche Sichtweisen bei der Erfassung der Leistungsdaten denkbar:

Fahrzeugkostenrechnung, siehe Seite 132

fahrzeugbezogen	**tourenbezogen**	**kundenbezogen**
Die Wirtschaftlichkeit des einzelnen Fahrzeugs wird betrachtet. Erforderliche Daten: ■ Einsatzzeit ■ Fahrstrecke ■ beförderte Menge ■ Auslastungsgrad ■ Fahrzeugaufwendungen (siehe Fahrzeugkostenrechnung) ■ erzielte Erträge	Die gesamte Tour wird betrachtet. Aufzuzeichnende Leistungsdaten: ■ Fahrzeiten ■ Standzeiten ■ Be- und Entladestellen ■ Fahrstrecke ■ Sendungszahl ■ beförderte Menge ■ Auslastungsgrad ■ Fahrzeugaufwendungen ■ erzielte Erträge	Einzelne Kunden werden analysiert. Erforderliche Daten: ■ Zahl der Anfahrten pro Periode ■ durchschnittliches Mengenaufkommen pro Anfahrt (in Tonnen, Lademetern, Paletten, Volumen) ■ Standzeit pro Anfahrt ■ kundenbezogene Fahrzeit ■ kundenbezogene Fahrstrecke Analyseergebnisse: z. B. ein optimierter Abholrhythmus oder eine Mindestauftragsmenge.

Berechnung der Auslastung

Fahrzeugauslastung = Verhältnis von beförderter Gütermenge zu Nutzlast.

Die Auslastung ist für die Wirtschaftlichkeit eines Fahrzeugs von großer Bedeutung. So kann z. B. die Annahme eines Auftrages davon abhängen, ob auch Rückladung vorhanden ist und eine Leerfahrt vermieden wird. Die Auslastung eines Fahrzeugs wird errechnet, indem man die Nutzlast zur beförderten Menge in Beziehung setzt (siehe Formel).

$$\frac{\textbf{Beförderte Menge}}{\textbf{Nutzlast}} \cdot 100 = \textbf{Auslastung in \%}$$

Beispiele:
Befördert ein Fahrzeug mit einer Nutzlast von 25 t eine Sendung im Gewicht von 18 t auf einer Strecke von A nach B, so ergibt sich folgende Auslastung:

$$\frac{18\,t}{25\,t} \cdot 100 = 72\,\%$$

Betrachtet man eine Tour mit mehreren Anlaufpunkten, sind die Gewichte der Teilstrecken zu addieren.

Beispiel:
Ein Fernverkehrsfahrzeug (Nutzlast 25 t) befördert 18 t von Düsseldorf nach Berlin, anschließend 22 t von Berlin nach Hamburg und 11 t von Hamburg zurück nach Düsseldorf.

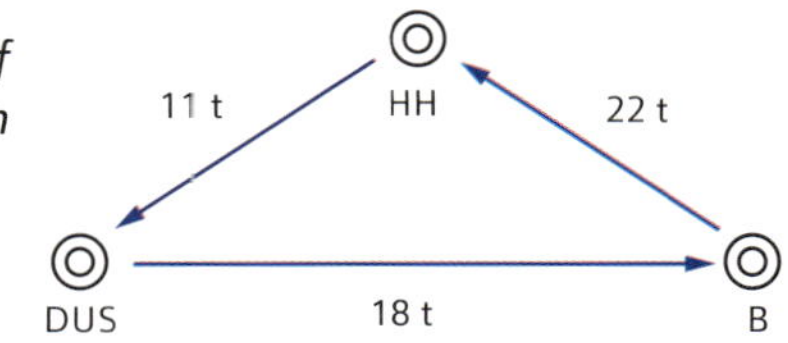

Das ergibt folgenden ***Auslastungsgrad:*** $\frac{18\,t + 22\,t + 11\,t}{25\,t + 25\,t + 25\,t} \cdot 100 = 68\,\%$

Im Nahverkehr ist ähnlich zu verfahren.

Beispiel:
Ein Nahverkehrsfahrzeug (Nutzlast 4 t) transportiert auf zwei Touren 2,7 bzw. 3,6 t Sammelgut. Der Auslastungsgrad beträgt dann:
$\frac{2{,}7\,t + 3{,}6\,t}{4\,t + 4\,t} \cdot 100 = 78{,}75\,\%$

7.4 Routenplanung

Zur Routenplanung nutzen Speditionen Standardsoftware, wie z. B. **Map & Guide** oder **Microsoft Autoroute**. Diese ermöglicht eine umfassende Routenplanung unter Berücksichtigung verschiedener Einflussfaktoren, wie z. B. Durchschnittsgeschwindigkeit oder Kraftstoffverbrauch.
Neben der Standardsoftware stehen auch Routenplanungsprogramme im Internet zur Verfügung, z. B. **map24, Google Maps** oder **telemap**. Nach der Auswahl der bevorzugten Seite müssen Start- und Zieladresse eingegeben werden. Bei nicht eindeutigen Angaben erfolgt entweder eine Aufforderung zur erneuten korrekten Angabe der jeweiligen Adresse oder die Möglichkeit, zwischen mehreren alternativen Start- oder Zieladressen zu wählen.

Postleitzahlen

Die Kenntnis der Postleitzahlen-Systematik bietet dem Spediteur – neben allen elektronischen Hilfen – eine ideale Orientierungsmöglichkeit hinsichtlich der geographischen Lage eines jeden Ortes in Deutschland.

So kann ein Disponent, auch wenn er den Namen zum ersten Mal hört, beispielsweise den Ort 72582 Grabenstetten dem Großraum Stuttgart zuordnen, weil Stuttgart im Zentrum der PLZ-Zone 7 liegt. Bei Kenntnis der zweistelligen **Postleitregionen** kann er den Ort noch genauer der Region um Tübingen (Leitregion 72) zuordnen.

Die aufsteigende Nummerierung der fünfstelligen Postleitzahlen beginnt in Sachsen mit 01 (Großraum Dresden) und setzt sich dann – bezogen auf die Deutschlandkarte – gegen den Uhrzeigersinn über Berlin (Zone 1), Hamburg (Zone 2) usw. bis Nürnberg (Zone 9) fort.

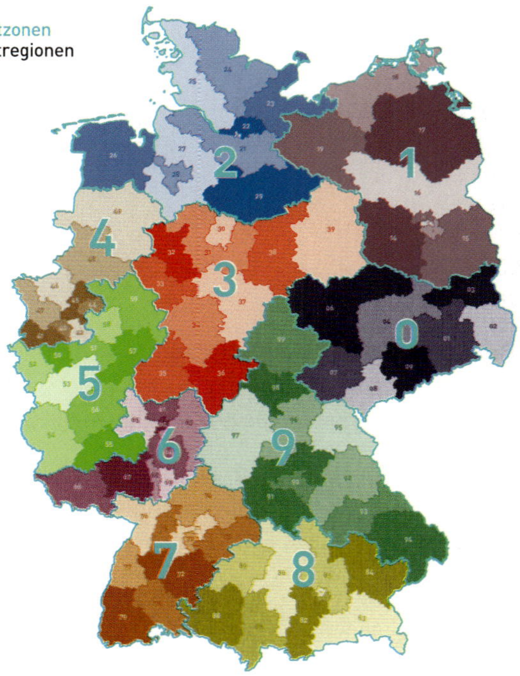

Einteilung der Postleitzonen

01	Dresden	**10**	Berlin	**20**	Hamburg	**30**	Hannover	**40**	Düsseldorf
50	Köln	**60**	Frankfurt/M.	**70**	Stuttgart	**80**	München	**90**	Nürnberg

Postleitzahlen bilden häufig auch die Basis für die Relations-Benennung in Speditionsnetzwerken. Fernverkehrsrelationen werden dabei durch die ersten zwei Ziffern des Standortes des Empfangsspediteurs definiert, während die Abhol- und Zustellgebiete aufgrund der feineren Gliederung der Nahverkehrstouren durch die ersten drei Stellen einer Postleitzahl gebildet werden können.

Beispiel
Aus Sicht einer Münchener Spedition könnten die Relationsbenennungen somit wie folgt aussehen:

Fernverkehr		Nahverkehr	
...	...	**803**	München-Innenstadt
50	Köln	**...**	...
52	Aachen	**823**	Starnberg
56	Koblenz	**824**	Garmisch-Partenkirchen
58	Hagen	**...**	...
60	Frankfurt/Main	**854**	Erding
...	...	**866**	Donauwörth

7.5 Frachtenbörsen

Wesentlich für eine wirtschaftliche Fahrzeugdisposition ist die Frage der Rückladung. Wenn das eigene Sendungsaufkommen nicht ausreicht, um ein Fahrzeug für die Hin- und Rücktour auszulasten, muss sich der Disponent am Markt nach Ladung umsehen.
Das Internet bietet heute eine ausgezeichnete Möglichkeit, die Nachfrager und die Anbieter von Sendungen zusammenzuführen. Sogenannte Frachtenbörsen richten dazu „virtuelle Marktplätze" ein, auf denen sich die Marktteilnehmer auf elektronischem Weg treffen.

Über eine Suchmaske gibt man die Daten zur Be- und Entladestelle sowie Informationen zur Sendung ein. Daraufhin stellt das System alle Ladungsangebote zur Verfügung, die zu den Suchkriterien passen. Klickt man ein passendes Ladungsangebot an, erhält man nähere Informationen über den Anbieter.

Der Disponent kann mit dem Unternehmen Kontakt aufnehmen oder sich zunächst ein genaueres Bild über den Anbieter machen (Firmenporträt).

Beispiele für Frachtenbörsen:

- *TimoCom*
- *123Cargo*
- *box24*
- *teleroute*
- *LKWOnline*
- *Saloodo*

Online-Speditionen haben ein umfangreicheres Leistungsangebot als Frachtenbörsen, siehe Seite 522.

Trusted Carrier

Immer häufiger tauchen Betrüger in Frachtenbörsen auf. Sie schleichen sich unter falscher Identität oder als Briefkastenfirma in den Vermittlungsprozess ein und haben es auf das Fahrzeug oder die Ladung abgesehen. Als Gegenmaßnahme hat der BGL ein System für vertrauenswürdigen Straßengütertransport entwickelt. Güterkraftverkehrsunternehmen lassen sich beim BGL als **Trusted Carrier** zertifizieren. In einer Datenbank können die Verlader überprüfen, ob ein beauftragter Frachtführer als vertrauenswürdiger (trusted) Transportunternehmer gelistet ist und seine Fahrzeuge im System registriert sind.

Zusammenfassung	Fahrzeugdisposition
Fahrzeugdisposition:	Organisation des Einsatzes von Fahrer und Fahrzeug ▪ mittel- und langfristig ▪ täglich ▪ Routenplanung per Internet
Frachtenbörsen:	virtuelle Markplätze, die Nachfrager und Anbieter von Sendungen zusammenführen Ziel: verbesserte Fahrzeugauslastung
Tourenkontrolle:	Erfassung und Auswertung der Leistungsdaten eines Fahrzeugs ▪ fahrzeugbezogen ▪ tourenbezogen ▪ kundenbezogen
Auslastung:	Verhältnis von beförderter Gütermenge zu Fahrzeugnutzlast
Trusted Carrier:	Zertifizierungssystem für vertrauenswürdige Transportunternehmen

8 Fahrzeugkostenrechnung

8.1 Die Sichtweise des Frachtführers

Fahrzeugkostenrechnung = Ermittlung der Kosten, die durch den Betrieb eines Fahrzeuges im Güterkraftverkehr entstehen

Die Fahrzeugkostenrechnung, ist die typische Sichtweise des Frachtführers. Er ist daran interessiert festzustellen, welche Kosten durch den Einsatz eines Fahrzeuges entstehen, damit er dem Absender einen Preis nennen kann, der die tatsächlich angefallenen Kosten deckt und einen angemessenen Gewinn erbringt.

8.2 Die Sichtweise des Spediteurs

Liberalisierung des Verkehrsmarktes = Erleichterung des Marktzugangs

Speditionen verstehen sich heute zunehmend als Organisatoren („Architekten") des Verkehrs. Frachtführerleistungen werden dort eingekauft, wo sie am preisgünstigsten, zuverlässigsten oder am schnellsten sind. Dies entspricht der eigentlichen Aufgabe des Spediteurs, nämlich für seinen Auftraggeber die **optimale Transportlösung** zu besorgen. Durch die weitgehende Abschaffung von Tarifen und die zunehmende Liberalisierung des Verkehrsmarktes konnten Frachtführerleistungen in den letzten Jahren zunehmend preisgünstiger eingekauft werden. Dies veranlasste viele Speditionen, den Selbsteintritt zu reduzieren oder ganz aufzugeben und ihre Leistungspalette mit logistischen Dienstleistungen anzureichern. „Wer nur transportiert, wird ausrangiert" – dieses Motto macht den Marktdruck sichtbar, unter dem Speditionen stehen, die vorzugsweise ihren Lkw-Fuhrpark und ihre Frachtführertätigkeit im Auge haben.

Make-or-buy-Entscheidung = Selbsteintritt oder fremder Frachtführer?

Nicht immer jedoch sind Frachtführerleistungen am Markt günstiger als selbst erstellte Leistungen. Auch wenn Zuverlässigkeit und Termintreue im Vordergrund stehen, kann die Entscheidung des Spediteurs zugunsten des Selbsteintritts fallen. Man spricht hier von **Make-or-buy-Entscheidungen** des Spediteurs. Das bedeutet, der Spediteur prüft bei jedem Auftrag, ob er die mit dem Auftrag verbundene Frachtführerleistung selbst erbringen oder von fremden Frachtführern einkaufen soll. Dazu ist es aber erforderlich, dass der Spediteur die Kosten, die ihm durch das Betreiben eines eigenen Fahrzeuges entstehen, genau kennt.

8.3 Beförderungspreise

Der Preis für eine Beförderungsleistung kann auf unterschiedlicher Basis festgesetzt werden:

- Auf kurzen Strecken, z.B. beim Abholen und Zustellen von Sammelgutsendungen im Vor- und Nachlauf, wird der Preis gewöhnlich auf der Basis von **100 kg** festgelegt, weil die zurückgelegte Strecke von geringerer Bedeutung ist.
- Im Fernverkehr richtet sich der Preis nach dem **Gewicht** des beförderten Gutes und nach der zurückgelegten Strecke in **Kilometern**.
- Bei sehr geringer Fahrleistung kann allein die **Zeit** zugrunde gelegt werden, in der das Fahrzeug dem Kunden zur Verfügung steht.

Bei der Fahrzeugkostenrechnung ist zu beachten, dass hier eine reine **Kostenbetrachtung** vorgenommen wird. Dient die Fahrzeugkostenrechnung dazu, Angebotspreise für Beförderungsleistungen zu ermitteln, ist auf die Selbstkosten noch ein Gewinn aufzuschlagen. In der Rechnung wird zu diesem Preis noch die Umsatzsteuer ergänzt.

8.4 Kilometer- und zeitabhängige Fahrzeugkosten

Kilometerabhängige Kosten = variable Kosten

Bei der Ermittlung der Fahrzeugkosten ist zu bedenken, dass ein Lkw Kosten durch die eigentliche Fahrleistung verursacht (z.B. Kraftstoffkosten), dass aber auch Kosten entstehen, wenn sich das Fahrzeug nicht bewegt. So erhält der Lkw-Fahrer z.B. in der Regel einen festen Monatslohn, der auch zu zahlen ist, wenn man wenige Aufträge hat und der Lkw nur selten eingesetzt wird.

- **Kilometerabhängige Kosten:** Sie entstehen nur, wenn das Fahrzeug fährt. Dazu zählen vor allem Kraftstoff- und Reifenkosten sowie Reparaturkosten. Weil diese Kosten abhängig sind von der Fahrleistung, spricht man auch von **variablen Kosten** (sie variieren je nach Fahrleistung).

Zeitabhängige Kosten
= fixe Kosten
= Kosten der Betriebsbereitschaft

- **Zeitabhängige Kosten:** Sie fallen unabhängig von der Fahrleistung an. Kosten für das Fahrerpersonal, feste Fahrzeugkosten wie Kfz-Steuer, Versicherungen und Gebühren sind hier besonders zu nennen. Zu berücksichtigen sind aber auch die Kosten, die durch die Disposition und Verwaltung des Fahrzeugs entstehen, z.B. die Kosten für das kaufmännische Personal, Mieten, betriebliche Steuern, Werbung und Kommunikationskosten. Es handelt sich um Kosten der Betriebsbereitschaft, die auch entstehen, wenn das Fahrzeug nicht bewegt wird. Daher bezeichnet man die zeitabhängigen Kosten auch als **fixe Kosten**. „Zeitabhängig" bedeutet, die Kosten entstehen in einem bestimmten Zeitraum, z.B. die Kfz-Versicherung für ein Jahr.

8.5 Einzelkosten/Gemeinkosten

In der Fahrzeugkostenrechnung sind **Einzelkosten** solche Kosten, die man einem Fahrzeug direkt zuordnen kann. Dazu zählen z. B. die Kraftstoff- oder die Reifenkosten.
Gemeinkosten fallen hingegen für das gesamte Unternehmen oder den gesamten Fuhrpark an. Sie müssen auf die einzelnen Fahrzeuge verteilt werden, häufig in Form von Prozentzuschlägen.

Beispiele:
Gehälter für das kaufmännische Personal, Miete, Kommunikationskosten.

Ein typischer Anwendungsfall ist die Güterschadenversicherung nach dem GüKG: Schließt man mit der Versicherungsgesellschaft einen Versicherungsvertrag ab, der auf das Fahrzeug bezogen ist (z. B. in Abhängigkeit von der Nutzlast), könnte man die Prämie auch jedem Fahrzeug zuordnen. Wird hingegen eine Pauschalversicherung für den gesamten Fuhrpark abgeschlossen, wäre die Prämie nach einem bestimmten Schlüssel (z. B. der Nutzlast) auf die Fahrzeuge aufzuteilen. Im Falle einer Universalversicherung, die die unterschiedlichen Risiken einer Spedition einschließt, fiele die Prämie unter die Gemeinkosten.

8.6 Kilometersatz/Tagessatz

Kilometersatz = Kosten pro gefahrenen Kilometer

Sind die kilometerabhängigen Kosten ermittelt worden, lässt sich aus ihnen berechnen, wie viel Kosten pro gefahrenem Kilometer entstanden sind (**Kilometersatz**). Dazu sind die gesamten kilometerabhängigen Fahrzeugkosten eines Jahres durch die Jahreskilometerleistung des Fahrzeugs zu teilen.

Beispiel:
kilometerabhängige Fahrzeugkosten eines Jahres: 20 250,00 EUR, Jahreskilometerleistung des Fahrzeugs: 60 000 km

$$\frac{\textbf{Kilometerabhängige Fahrzeugkosten}}{\textbf{Jahreskilometerleistung}} = \textbf{Kilometersatz}$$

$$\frac{20\,250{,}00\,\text{EUR}}{60\,000\,\text{km}} = 0{,}338\,\text{EUR/km}$$

Entsprechend verfährt man bei der Berechnung der Fahrzeugkosten pro Einsatztag (**Tagessatz**), indem man die zeitabhängigen Fahrzeugkosten (unabhängig von der Fahrleistung) durch die tatsächlichen Einsatztage (ohne Feiertage u. Ä.) eines Jahres dividiert.

Tagessatz = zeitabhängige (fixe) Fahrzeugkosten pro Einsatztag

Beispiel:
zeitabhängige Fahrzeugkosten eines Jahres: 72 000,00 EUR, Einsatztage pro Jahr: 240 Tage

$$\frac{\textbf{Zeitabhängige Fahrzeugkosten}}{\textbf{Einsatztage pro Jahr}} = \textbf{Tagessatz}$$

$$\frac{72\,000{,}00\,\text{EUR}}{240\,\text{Tage}} = 300{,}00\,\text{EUR pro Tag}$$

Der Tagessatz lässt sich weiter in einzelne Stundensätze zerlegen. Geht man von einem achtstündigen Arbeitstag aus, lässt sich der **Stundensatz** errechnen, indem man den Tagessatz durch acht teilt.

Beispiel:
300,00 EUR : 8 Std. = 37,50 EUR

Bei der Berechnung des Stundensatzes ist zu berücksichtigen, dass Fahrzeuge im Fernverkehr in der Regel am Tag länger unterwegs sind als Nahverkehrsfahrzeuge. In der Fahrzeugkostenrechnung geht man gewöhnlich von folgenden Zahlen aus:

- Fernverkehr: **zwölfstündiger** Arbeitstag
- Nahverkehr: **achtstündiger** Arbeitstag

Dabei ist zu beachten, dass Kosten nicht nur durch die reine Fahrzeit entstehen, sondern auch durch Wartezeiten (vor dem Be- und Entladen), Ladezeiten (der eigentliche Be- und Entladevorgang) und durch Pausenzeiten (gesetzlich vorgeschriebene Ruhezeiten des Fahrers).

8.7 Vorkalkulation/Nachkalkulation

Die Fahrzeugkostenrechnung kann in zweierlei Weise genutzt werden:

- Als **Vorkalkulation** (Plankalkulation) für das kommende Geschäftsjahr: Auf der Basis der Vergangenheitswerte und unter Berücksichtigung zu erwartender Kostenveränderungen erstellt man eine Fahrzeugkostenrechnung, die möglichst exakt die zukünftigen Kosten erfasst. Diese Zahlen bilden die Grundlage für Kilometer- und Tagessätze, die dann der Preiskalkulation zugrunde gelegt werden. Liegen aus dem eigenen Rechnungswesen noch keine Zahlen vor, kann man auf Muster-Fahrzeugkostenrechnungen zurückgreifen, die von den Verkehrsverbänden zur Verfügung gestellt werden. Diese Musterrechnungen sind aber auch für Unternehmen mit eigenen Fahrzeugdaten von Interesse, weil sie einen Vergleich der eigenen Kostensituation mit den Durchschnittszahlen der Branche zulassen. Größere Abweichungen zwischen den eigenen und den Durchschnittszahlen zeigen Handlungsbedarf auf.
- Als **Nachkalkulation** (Ist-Kalkulation) am Ende eines Geschäftsjahres: Sobald die tatsächlichen Fahrzeugkosten vorliegen, kann überprüft werden, ob die für die Preisbildung angenommenen Kilometer- und Tagessätze realistisch waren. Abweichungen, aber auch zu erwartende Kostensteigerungen in der nächsten Planungsperiode führen zu einer Anpassung der Sätze. Die Überlegungen münden somit wieder in eine Vorkalkulation.

Die nachfolgenden Betrachtungen zur Fahrzeugkostenrechnung sind als Vorkalkulation aufzufassen.

8.8 Tabellen zur Fahrzeugkostenrechnung

Mithilfe von PC-Kalkulationsprogrammen lassen sich Fahrzeugkostenrechnungen einfach und schnell durchführen. Folgende Positionen sind gewöhnlich Bestandteil von Fahrzeugkostenrechnungen:

Basisdaten, die die Grundlagen für die Kostenrechnung liefern

A technische Daten
B Kalkulationsdaten
C Kapitalwerte

Das eigentliche Rechenverfahren

D Kostenrechnung

Nachfolgend wird beispielhaft eine **Fahrzeugkostenrechnung für ein Nahverkehrsfahrzeug** dargestellt. Der angegebene Betrag für die Kaskoversicherung ist die Vollkasko-Prämie für ein Jahr. Das Fahrzeug wird nur in den ersten beiden Jahren kaskoversichert.

Spriegel = Bügel zum Stützen der Plane

Die einzelnen Positionen der Kalkulation werden weiter unten erläutert.

A	Technische Angaben	
1	Erstzulassung	20(0)
2	Kaufdatum	20(0)
3	Aufbau	Plane mit Spriegel
4	Motorleistung	97 kW/Euro II
5	Anzahl der Reifen	6
6	Gesamtgewicht in t	7,49
7	Nutzlast in t	3,3
8	Anzahl der Achsen	3

B	Kalkulationsdaten	
9	Jahreslaufleistung/km	50000
10	Jahreseinsatzzeit (Tage)	240
11	Tageseinsatzzeit (Stunden)	8
12	Nutzungsdauer/Jahre	9
13	Reifenlaufleistung/km	90000
14	Kraftstoffverbrauch (l/100 km)	19
15	Kraftstoffpreis (EUR/l)	0,68

Weitere Daten		
Schmierstoffe/Öle	3	%
Reparatur/Wartung	4000,00	EUR/Jahr
sonstige Betriebskosten	0,00	EUR/Jahr
Fahrerlohn	26400,00	EUR/Jahr
Weihnachtsgeld	1000,00	EUR/Jahr
Urlaubsgeld	400,00	EUR/Jahr
Sozialaufwendungen	24,80	%
Personalfaktor	1,20	
Spesen	1200,00	EUR/Jahr
Zinssatz	7,50	%
Kfz-Steuer	355,68	EUR/Jahr
Kfz-Haftpflichtversicherung	3200,00	EUR/Jahr
Kfz-Kaskoversicherung	1400,00	EUR/Jahr
Güterschadenhaftpflichtvers.	400,00	EUR/Jahr
Maut	0,00	EUR/Jahr
Verwaltungskosten	17	%
kalk. Unternehmerlohn	0,00	%
kalk. Wagnisse	0,00	%

C	Kapitalwerte	
16	Fahrzeugkaufpreis ohne Reifen	36 225,00
17	Kaufpreis Bereifung	1 125,00
18	Umlaufvermögen	3 745,00
19	betriebsnotwendiges Vermögen	22 420,00

D	Kostenrechnung	EUR/Jahr	EUR/km	EUR/Tag
	Variable Fahrzeugkosten			
20	Abschreibung (Abnutzung)	2 012,50	0,04	8,39
21	Kraftstoffkosten	6 460,00	0,13	26,92
22	Schmierstoffe/Öle	193,80	0,00	0,81
23	Reifenkosten	625,00	0,01	2,60
24	Reparatur/Wartung	4 000,00	0,08	16,67
25	sonstige Betriebskosten	0,00	0,00	0,00
26	Maut	0,00	0,00	0,00
27	**km-abhängige Kosten**	**13 291,30**	**0,27**	**55,38**
	Zeitabhängige Fahrzeugkosten			
28	Fahrerlohn	26 400,00	0,53	110,00
29	Weihnachtsgeld	1 000,00	0,02	4,17
30	Urlaubsgeld	400,00	0,01	1,67
31	Sozialaufwendungen	6 894,40	0,14	28,73
32	Zwischensumme	34 694,40	0,69	144,56
33	Personalfaktor	41 633,28	0,83	173,47
34	Spesen	1 200,00	0,02	5,00
35	**Fahrpersonalkosten**	**42 833,28**	**0,86**	**178,47**
36	Abschreibung (Entwertung)	2 012,50	0,04	8,39
37	Verzinsung	1 681,50	0,03	7,01
38	Kfz-Steuer	355,68	0,01	1,48
39	Kfz-Haftpflichtversicherung	3 200,00	0,06	13,33
40	Kfz-Kaskoversicherung	311,11	0,01	1,30
41	Güterschadenhaftpflichtvers.	400,00	0,01	1,67
42	**feste Fahrzeugkosten**	**7 960,79**	**0,09**	**33,17**
43	**Fahrzeugeinsatzkosten**	64 085,37	1,21	267,02
44	Verwaltungskosten	10 894,51	0,22	45,39
45	Kalk. Unternehmerlohn	0,00	0,00	0,00
46	Kalk. Wagnisse	0,00	0,00	0,00
47	**Gemeinkosten**	10 894,51	0,22	45,39
48	**Zeitabhängige (fixe) Kosten**	61 688,58	1,16	**257,04**
49	**Fahrzeugkosten insgesamt**	74 979,88	1,43	312,42

Fahrzeugeinsatzkosten: fixe und variable Kosten, die durch den Betrieb eines Fahrzeuges entstehen

	Auswertung Gesamtübersicht	EUR/Jahr	EUR/km	EUR/Tag	%
50	km-abhängige Kosten	13 291,30	**0,27**		17,73 %
51	Fahrpersonalkosten	42 833,28		178,47	57,13 %
52	Feste Fahrzeugkosten	7 960,79		33,17	10,62 %
53	Fahrzeugeinsatzkosten	64 085,37			85,47 %
54	Gemeinkosten	10 894,51		45,00	14,53 %
55	Fixe (zeitabhängige) Kosten	61 688,58		**257,04**	82,27 %
56	Gesamtkosten	74 979,88			100,00 %

Bei der Auswertung der Fahrzeugkostenrechnung (siehe Tabelle „Auswertung/Gesamtübersicht" oben) ist die Aufteilung der Gesamtkosten in fixe und variable Kosten zu beachten. In der Übersicht sind Zwischenzusammenfassungen, die es nicht erlauben, die gesamten Zahlen einfach zu addieren.

Leichte Rundungsdifferenz aus dem Tabellenkalkulationsprogramm

Beispiel:

Zusammenfassung der Fahrzeug-Einsatzkosten			
50	km-abhängige Kosten	13 291,30	17,73 %
51	Fahrpersonalkosten	42 833,28	57,13 %
52	Feste Fahrzeugkosten	7 960,79	10,62 %
53	**Fahrzeugeinsatzkosten**	**64 085,37**	**85,47 %**

Zusammenfassung der fixen und variablen Kosten zu den Gesamtkosten			
50	km-abhängige Kosten	13 291,30	17,73 %
55	Fixe (zeitabhängige Kosten)	61 688,58	82,27 %
56	**Gesamtkosten**	**74 979,88**	**100,00 %**

Ermittlung der Gesamtkosten aus Fahrzeug-Einsatzkosten und Gemeinkosten			
53	Fahrzeugeinsatzkosten	64 085,37	85,47 %
54	Gemeinkosten	10 894,51	14,53 %
56	**Gesamtkosten**	**74 979,88**	**100,00 %**

Zusammenfassung der fixen Kosten			
51	Fahrpersonalkosten	42 833,28	57,13 %
52	Feste Fahrzeugkosten	7 960,79	10,62 %
54	Gemeinkosten	10 894,51	14,53 %
55	**Fixe (zeitabhängige) Kosten**	**61 688,58**	**82,27 %**

Gesamtübersicht

Die nachstehende Gesamtübersicht verdeutlicht die Zusammenhänge zwischen den ermittelten Summen.

Die **kilometerabhängigen Kosten**, die **Fahrpersonalkosten** und die **festen Fahrzeugkosten** lassen sich zu den **Fahrzeugeinsatzkosten** zusammenfassen, die durch Existenz und Einsatz eines Lkw verursacht werden. Zusammen mit den – vom Fahrzeug unabhängigen – **Gemeinkosten**, ergeben sie die **Gesamtkosten**, die pro Jahr für den Lkw anzusetzen sind.

Andererseits lassen sich die **Gesamtkosten** als Summe der **variablen (km-abhängigen) Kosten** und der **fixen (zeitabhängigen) Kosten**, die demnach auch bei stehendem Fahrzeug anfallen, darstellen. Im vorliegenden Beispiel ergeben sich variable Kosten in Höhe von **0,27 EUR pro gefahrenem km (= Kilometersatz)** sowie fixe Kosten in Höhe von **257,04 EUR pro Einsatztag (= Tagessatz)**. Diese beiden Größen bilden die wesentliche Grundlage zur Durchführung einer Angebotskalkulation.

<table>
<tr><th colspan="4">Auswertung Gesamtübersicht</th></tr>
<tr><td>(27) km-abhängige Kosten
13 291,30 EUR/Jahr
17,73 %</td><td>(35) Fahrpersonalkosten
42 833,28 EUR/Jahr
57,13 %</td><td>(42) feste Fahrzeugkosten
7 960,79 EUR/Jahr
10,62 %</td><td>(47) Gemeinkosten
10 894,51 EUR/Jahr
14,53 %</td></tr>
<tr><td colspan="3">(27) + (35) + (42) Fahrzeugeinsatzkosten = (43)
64 085,37 EUR/Jahr
85,47 %</td><td>(47) Gemeinkosten
10 894,51 EUR/Jahr
14,53 %</td></tr>
<tr><td>(27) km-abhängige Kosten
13 291,30 EUR/Jahr
= 0,27 EUR/km
17,73 %</td><td colspan="3">(35) + (42) + (47) Fixe (zeitabhängige) Kosten = (48)
61 688,58 EUR/Jahr
= 257,04 EUR/Tag
82,27 %</td></tr>
<tr><td colspan="4">(27) + (35) + (42)+ (47) Fahrzeugkosten insgesamt = (49)
74 979,88 EUR/Jahr
100,00 %</td></tr>
</table>

Das oben dargestellte Formular bezieht sich auf ein Nahverkehrsfahrzeug. Für ein **Fernverkehrsfahrzeug** mit Zugmaschine und Anhänger bzw. Sattelzug und Auflieger muss das Formular umgestellt werden.

Beispiel:

Fahrzeugkostenrechnung Sattelzug			
Fahrzeugkostenrechnung	**Zugmaschine**	**Auflieger**	**Sattelzug**
A Technische Angaben			
1 Erstzulassung	20(0)	20(0)	20(0)
2 usw.			

Die Positionen der Kostenrechnungstabelle im Einzelnen

Fahrzeugkostenrechnung		
A	**Technische Angaben**	
1	Erstzulassung	Datum, zu dem das Fahrzeug zum ersten Mal für den Straßenverkehr zugelassen worden ist
2	Kaufdatum	Beim Kauf eines gebrauchten Lkw kann sich das Datum der Erstzulassung vom Kaufdatum wesentlich unterscheiden.
3	Aufbau	Beim Kauf eines Lastkraftwagens wird gewöhnlich vom Kfz-Händler die Zugeinheit erworben, während die Aufbauten (am Motorwagen und am Anhänger bzw. Auflieger) von spezialisierten Unternehmen gekauft werden.
4	Motorleistung (PS)	Anzugeben sind die Motorleistung in PS oder in Kilowatt und die Zahl der Reifen, die sich am Fahrzeug befinden.
5	Anzahl der Reifen	
6	Gesamtgewicht in Tonnen	In Zeile 6 wird das zulässige Gesamtgewicht des Fahrzeugs eingetragen; Zeile 7 enthält die reine Nutzlast, also das Gewicht, das für Beförderungszwecke zur Verfügung steht. Die Nutzlast hängt ab von Motor-, Fahrerhaus- und Fahrgestellgewicht sowie vom Aufbau. Das Gesamtgewicht des Fahrzeugs darf 40 t (in Ausnahmefällen 44 t) nicht überschreiten.
7	Nutzlast in Tonnen	
8	Anzahl der Achsen	Die Zahl der Achsen ist den Fahrzeugpapieren zu entnehmen. Die Zahl ist von Bedeutung, wenn die Abnutzung der Reifen getrennt nach den Achsen durchgeführt wird, weil der Verschleiß unterschiedlich ausfällt.

B	**Kalkulationsdaten**	
9	Jahreslaufleistung/km	Anzugeben ist die Strecke in Kilometern, die das Fahrzeug in einem Jahr voraussichtlich zurücklegen wird (Vorkalkulation) oder laut Fahrtenschreiber zurückgelegt hat (Nachkalkulation).
10	Jahreseinsatzzeit (Tage)	Fahrzeuge des Güterkraftverkehrs können etwa 240 Tage im Jahr eingesetzt werden.
11	Tageseinsatzzeit (Stunden)	Fahrzeuge, die im Nahverkehr fahren, kommen auf eine Tageseinsatzzeit von ca. acht Stunden; im Fernverkehr werden üblicherweise zwölf Stunden angesetzt. Diese Zahlen sind von Bedeutung, wenn nicht nur ein Tagessatz, sondern auch ein Stundensatz für das Fahrzeug ermittelt werden soll.
12	Nutzungsdauer/Jahre	Zeitraum, in dem das Fahrzeug eingesetzt wird (vom Kauf bis zum Verkauf bzw. bis zur Stilllegung). Ziehende und gezogene Einheiten haben eine unterschiedliche Nutzungsdauer. Die Nutzungsdauer muss nicht mit der steuerlichen Abschreibungsdauer übereinstimmen.
13	Reifenlaufleistung	Angenommene Kilometerzahl, die mit den Reifen zurückgelegt werden kann. An dieser Stelle könnte auch die unterschiedliche Laufleistung der einzelnen Achsen berücksichtigt werden.
14	Kraftstoffverbrauch (l/100 km)	Verbrauch je 100 km im Jahresdurchschnitt. Die Verbräuche der Fahrzeuge müssen exakt aufgezeichnet werden, um realistische Wertansätze zu erhalten.
15	Kraftstoffpreis (EUR/l)	Aktueller Preis für Dieselkraftstoff. Wird eine eigene Tankanlage betrieben, ist hier zu differenzieren nach Eigen- und Fremdtanken. Eventuell ist ein Mischpreis anzusetzen.

C	Kapitalwerte	
16	Fahrzeugkaufpreis ohne Reifen	Anzugeben ist der Nettokaufpreis, der für das Fahrzeug aufgewendet wurde, einschließlich Zusatzausstattung, Überführung, Zulassung, abzüglich Rabatt bzw. Skonto. Der Kaufpreis für die Reifen darf nicht berücksichtigt werden. Der Fahrzeugkaufpreis wird für die Berechnung der Abschreibung benötigt.
17	Kaufpreis Bereifung	Die aktuellen Reifenpreise sind einzutragen. Der Reservereifen gehört zum Fahrzeugpreis.
18	Umlaufvermögen	Diese Position berücksichtigt die finanziellen Vorleistungen, die der Frachtführer zu erbringen hat, bevor die Zahlung des Auftraggebers für die Transportleistung eintrifft. Gewöhnlich werden hier pauschal 500,00 EUR pro Tonne zulässigem Gesamtgewicht (Motorwagen, Anhänger/Auflieger) angesetzt.
19	Betriebsnotwendiges Vermögen	Darunter versteht man das gebundene Anlagekapital durch den Betrieb eines Fahrzeugs. Es wird gebildet als Summe aus dem durchschnittlich gebundenen **Anlage**vermögen und dem **Umlauf**vermögen. Für das Anlagevermögen ist der **halbe** Kaufpreis des Fahrzeugs **einschließlich** Bereifung anzusetzen ((Fahrzeugpreis + Reifenpreise) : 2). Man geht davon aus, dass – bei linearer Abschreibung – das halbe eingesetzte Kapital im Laufe der Nutzungsdauer gebunden ist. Hier werden – im Gegensatz zur Abschreibung – die Reifenkosten einbezogen, weil auch sie zu finanzieren sind.

D	Kostenrechnung	
Variable Fahrzeugkosten (Auswertung)		
20	Abschreibung (Abnutzung)	Abschreibungen sind Wertminderungen von Vermögensgegenständen z. B. durch Alterung oder Verschleiß. In der Fahrzeugkostenrechnung wird ein Teil der Gesamtabschreibung als kilometerabhängig angesehen (je mehr gefahren wird, desto höher ist der Verschleiß), der andere Teil als zeitabhängig (auch ein Fahrzeug, das steht, unterliegt der Entwertung). In der Regel wird die Gesamtabschreibung halbiert (jeweils 50 % der Jahresabschreibung). Grundlage für die Berechnung ist der Fahrzeugkaufpreis ohne Bereifung (Zeile 16), weil die Nutzungsdauer von Reifen erheblich niedriger liegt als die des Fahrzeugs. In der Fahrzeugkostenrechnung wird die Abschreibung errechnet, indem man den Fahrzeugkaufpreis durch die Nutzungsdauer des Fahrzeugs teilt und die so errechnete Jahresabschreibung auf die Abnutzung (Zeile 20) und Entwertung (Zeile 36) aufteilt (z. B. je 50 %). Es ist auch denkbar, hier **kalkulatorische Abschreibungen** anzusetzen. Dabei würde nicht der Anschaffungswert, sondern der jeweilige Zeitwert (Wiederbeschaffungswert) als Grundlage für die Abschreibung angesetzt. **Restwertproblematik:** Falls das Fahrzeug am Ende seiner Nutzungsdauer verkauft wird, ist der Restwert bei der Berechnung der Abschreibung zu beachten.
21	Kraftstoffkosten	$\frac{\text{Verbrauch in Litern je 100 km} \cdot \text{Durchschnittspreis} \cdot \text{Jahreskilometerleistung}}{100}$
22	Schmierstoffe/Öle	Als Erfahrungswert wird ein Prozentwert der Kraftstoffkosten angesetzt, gewöhnlich 3 %.
23	Reifenkosten	Die angenommene gesamte Reifenlaufleistung ist auf die Jahreslaufleistung umzurechnen. Der Reifenpreis ist anteilmäßig zu berücksichtigen. Hier können auch die jeweiligen Achsen gesondert betrachtet werden, wenn unterschiedliche Laufleistungen je Achse vorliegen. ***Beispiel:*** *Reifenkosten 1 800,00 EUR, Reifenlaufleistung 100 000 km, Jahreslaufleistung des Fahrzeugs 45 000 km* $\text{Reifenkosten} = \frac{1\,800{,}00\,\text{EUR} \cdot 45\,000\,\text{km}}{100\,000\,\text{km}} = 810{,}00\,\text{EUR}$
24	Reparaturen/Wartung	Anzusetzen sind die Reparatur- und Wartungskosten (Instandsetzung, TÜV, Inspektionen, Ersatzteile) des Fahrzeugs. Hier kann auch nach eigenen (betriebseigene Werkstatt) und fremden Kosten unterschieden werden.

D	Kostenrechnung	
Variable Fahrzeugkosten (Auswertung)		
25	Sonstige Betriebskosten	Hierunter fallen alle weiteren Kosten, die auf das Fahrzeug direkt entfallen und von den geleisteten Kilometern abhängig sind, z. B. Fährkosten, Parkgebühren, Tankreinigungskosten.
26	Lkw-Maut	Für Fahrzeuge, die im gewerblichen Güterkraftverkehr eingesetzt werden und deren zulässiges Gesamtgewicht mindestens 7,5 t beträgt, ist eine Maut zu zahlen, sofern mautpflichtige Straßen befahren werden. Die Höhe der Maut ist entfernungsabhängig. Deshalb wird die Maut in der Kalkulation zu den variablen Kosten gerechnet. Es ist auch möglich, die Maut bei den fixen Kosten kalkulatorisch zu berücksichtigen, und zwar als Sondereinzelkosten, weil auch Einbaukosten für das Erfassungsgerät (On-Board-Unit) und zusätzliche Verwaltungskosten anfallen. Sollte es gelingen, die Mautkosten auf die Auftraggeber abzuwälzen, indem sie den Auftraggebern gesondert in Rechnung gestellt werden, wäre die Maut als durchlaufender Posten anzusehen, der kalkulatorisch nicht zu berücksichtigen wäre.
27	**km-abhängige Kosten**	Die Kosten in den Zeilen 20 bis 26 entstehen, sobald das Fahrzeug fährt. Die Höhe der Kosten variiert mit der Fahrleistung (variable Kosten). Diese Summe bildet die Grundlage für die Ermittlung des Kilometersatzes.
Fixe Fahrzeugkosten (Auswertung)		
28	Fahrerlohn	Hier ist der Bruttoarbeitslohn des Fahrers pro Jahr einzusetzen. Er wird aus dem Stundenlohn, der täglichen Arbeitszeit und den Einsatztagen im Jahr ermittelt.
29	Weihnachtsgeld	Es werden die tatsächlich zu zahlenden Bruttobezüge von Weihnachts- und Urlaubsgeld eingetragen.
30	Urlaubsgeld	
31	Sozialaufwendungen	Prozentzuschlag auf den Bruttoarbeitslohn (einschließlich Weihnachts- und Urlaubsgeld) für gesetzliche, tarifliche und freiwillige Sozialaufwendungen (z. B. Arbeitgeberanteil zur Sozialversicherung, Berufsgenossenschaft, vermögenswirksame Leistungen)
32	Zwischensumme	Die Summe aus den Zeilen 28 bis 31 bildet die Basis für die Berechnung der Personalkosten unter Berücksichtigung von Fehlzeiten und dem Einsatz eines zweiten Fahrers (siehe Zeile 33).
33	Personalfaktor	Anzahl der Fahrer, die für ein Fahrzeug angerechnet werden (z. B. 1,20 = 20 % Zuschlag). Durch die mögliche Besetzung mit zwei Fahrern, Krankheits- und Urlaubsausfälle muss die Summe der Positionen 28 bis 31 um diesen Faktor erhöht werden. Hier erscheint der **Gesamtbetrag** aus Zeile 28 bis 31 multipliziert mit dem Personalfaktor.
34	Spesen	Ersatz für Aufwendungen, die dem Fahrer unterwegs entstehen. Die Zahlen werden dem Rechnungswesen entnommen und mit einem Durchschnittsbetrag angesetzt.
35	**Fahrpersonalkosten**	Kosten der Zeilen 33 bis 34. Es handelt sich (vorzugsweise) um zeitabhängige Kosten, die unabhängig von der Fahrleistung entstehen.
36	Abschreibung (Entwertung)	Zeitabhängige Abschreibung für das Fahrzeug, unabhängig von der Fahrleistung: Hier ist im Vergleich zur leistungsabhängigen Abnutzung (siehe Zeile 20) die Differenz zu 100 % (in der Regel 50 %) anzusetzen. Basis für die Berechnung ist auch hier der Fahrzeugkaufpreis (oder der Wiederbeschaffungswert) ohne Bereifung.
37	Verzinsung	Das in Abschnitt C (Zeile 19) ermittelte betriebsnotwendige Vermögen wird zu einem Zinssatz verzinst, der gewöhnlich eine Mischung aus Kontokorrent- und Darlehenszins darstellt.
38	Kfz-Steuer	Anzusetzen ist die jährlich zu zahlende Kraftfahrzeugsteuer. Ihre Berechnung ist im Kraftfahrzeugsteuergesetz geregelt. Beachten Sie: Die Steuer wird **je angefangene 200 kg zulässiges Gesamtgewicht in Stufen** berechnet.

Kfz-Steuer-Berechnung, siehe Seite 144

Kraftfahrversicherungen, siehe Seite 145

Prämientabelle, siehe Seite 145

D	Kostenrechnung	
	Fixe Fahrzeugkosten (Auswertung)	
39	Kfz-Haftpflichtversicherung	Jeder Fahrzeughalter ist verpflichtet, sich gegen Schadenersatzansprüche, die aus dem Betrieb des Fahrzeugs entstehen, zu versichern. Dies geschieht durch die Haftpflichtversicherung. Sie deckt alle Personen-, Sach- und Vermögensschäden (z. B. Verdienstausfall), sofern die Versicherung in ausreichender Höhe abgeschlossen wurde. Der Gesetzgeber hat folgende Mindestversicherungssummen festgelegt: ▪ 2,5 Millionen EUR für Personenschäden ▪ 500 000,00 EUR für Sachschäden ▪ 50 000,00 EUR für reine Vermögensschäden Üblich ist aber die Eindeckung höherer Versicherungssummen, weil die Mindestbeträge schnell überschritten werden können.
40	Kfz-Kaskoversicherung	Darüber hinaus kann auch das Fahrzeug selbst durch eine Fahrzeugversicherung (Kaskoversicherung, Kasko [spanisch] = Fahrzeug) versichert werden. Man unterscheidet: ▪ **Teil-Kaskoversicherung:** Sie kommt vorzugsweise für Diebstahl und Brand auf. ▪ **Voll-Kaskoversicherung:** Sie deckt zusätzlich Schäden durch selbstverschuldete Unfälle. Der Versicherte kann seine Prämie durch eine Selbstbeteiligung (Übernahme von Schäden bis zur Höhe von z. B. 500,00 EUR) verringern. Neufahrzeuge werden im Regelfall nur für die ersten zwei Jahre kaskoversichert, weil der starke Wertverlust des Fahrzeugs in den Anfangsjahren die Ersatzleistung der Versicherungen in den Folgejahren stark einschränkt. Die Prämie wird daher auf die gesamte Nutzungsdauer des Fahrzeugs verteilt. ***Beispiel:*** *Kasko-Jahresprämie: 1 800,00 EUR, Nutzungsdauer des Fahrzeugs neun Jahre, Kasko-Versicherung für die ersten beiden Jahre:* *1 800,00 EUR · 2 Jahre = 3 600,00 EUR (Gesamtprämie)* *3 600,00 EUR: 9 Jahre = 400,00 EUR Kasko-Versicherungsprämie pro Jahr* Es ist auch möglich, das Fahrzeug in den ersten zwei Jahren Vollkasko und in den nachfolgenden Jahren Teilkasko zu versichern.
41	(Güterschaden-) Haftpflichtversicherung	Der Frachtführer hat für Schäden an **Gütern** zu haften, die er in seiner Obhut hat. Nach dem GüKG hat er sich gegen diese Haftungsansprüche zu versichern. Die Prämie kann pro Fahrzeug als fester Euro-Betrag berechnet werden oder sie wird vom Fahrzeugumsatz (z. B. 0,5 bis 0,8 %) abhängig gemacht. Zunehmend setzen sich pauschale „Flottenprämien" durch. Sofern die Prämienberechnung auf **ein Fahrzeug** bezogen wird, ist sie auch jedem Fahrzeug als Einzelkosten zurechenbar. Andernfalls gehen die Prämien als Gemeinkosten (Zeilen 44, 47) in die Fahrzeugkostenrechnung ein. Auch die Prämie für die Haftungsversicherung des **Spediteurs** gehört zu den Gemeinkosten, weil sie den Spediteur gegen Haftungsansprüche nach HGB und ADSp versichert und auch die Güterschadenhaftpflichtversicherung nach GüKG umfasst.
42	**Feste Fahrzeugkosten**	Die fixen Fahrzeugkosten der Zeilen 36 bis 41 sind zeitabhängig, d. h., sie entstehen unabhängig von der Fahrleistung und fallen z. B. jährlich in wiederkehrenden Beträgen an.
43	**Fahrzeug-Einsatzkosten**	Addiert man die kilometerabhängigen Kosten (Zeile 27), die Fahrpersonalkosten (Zeile 35) und die festen Fahrzeugkosten (Zeile 42), erhält man die Einsatzkosten. Fahrzeug-Einsatzkosten sind demnach die variablen und fixen Kosten, die einem Fahrzeug direkt zugerechnet werden können (Einzelkosten).
44	Verwaltungskosten	Die Verwaltung und Disposition der Fahrzeuge verursacht Kosten, die von allen Fahrzeugen zu tragen sind, die aber nicht dem einzelnen Fahrzeug direkt zuzurechnen sind. Diese Kosten sind mithilfe von Schlüsseln auf jedes einzelne Fahrzeug zu verteilen. Üblich ist es, sie als Prozentsatz **von den Fahrzeug-Einsatzkosten** zu berechnen. Im Allgemeinen kann man einen Verwaltungskostenzuschlag von etwa 15 % bis 30 % ansetzen. ***Beispiele für Verwaltungskosten:*** *kaufmännisches Personal, Miete, Energie, Steuern, Versicherungen, Werbung, Kommunikationskosten, Büromaterial, Rechts- und Beratungskosten.*

D	**Kostenrechnung**	
Fixe Fahrzeugkosten (Auswertung)		
45	Kalkulatorischer Unternehmerlohn	Die Geschäftsbuchführung erfasst die entstandenen Kosten nicht immer vollständig oder nicht immer in der richtigen Höhe. Arbeitet ein Unternehmer in einer Einzelunternehmung oder in einer Personengesellschaft in der Leitung des Unternehmens, erhält er kein Gehalt (wie z. B. der Geschäftsführer einer GmbH), sondern entnimmt aus seinem Gewinn die Mittel zum Lebensunterhalt. Daher wird in diesen Fällen ein kalkulatorischer Unternehmerlohn angesetzt. Für besondere Risiken des Unternehmers (z. B. das Forderungsausfallrisiko) kann ebenfalls ein kalkulatorisches Wagnis angesetzt werden, wenn diese Risiken nicht durch Versicherungen abgedeckt sind. Kalkulatorische Kosten werden auf die Fahrzeuge aufgeteilt und normalerweise als Prozentsatz der Fahrzeug-Einsatzkosten angegeben.
46	Kalkulatorische Wagnisse	
47	**Gemeinkosten**	Aus den Zeilen 44 bis 46 ergibt sich die Summe der Gemeinkosten. Das sind jene Kosten, die nicht einem einzelnen Fahrzeug direkt, sondern nur der Gesamtheit aller Fahrzeuge zugeordnet werden können. Sie müssen nach einem bestimmten Schlüssel (häufig ein Prozentsatz) auf das einzelne Fahrzeug verteilt werden.
48	**Summe fixe (zeitabhängige) Kosten**	Fahrpersonalkosten (35), feste Fahrzeugkosten (42) und Gemeinkosten (47) bilden zusammen die Kosten, die unabhängig von der Fahrleistung pro Jahr (also zeitabhängig) für ein Fahrzeug entstehen. Diese Summe bildet die Grundlage für die Ermittlung des Tagessatzes.
49	**Fahrzeugkosten insgesamt**	Die Summe der variablen (27) und fixen (48) Kosten ergibt die gesamten Fahrzeugkosten. Diese Kosten entstehen dem Frachtführer durch den Betrieb des Fahrzeugs. Sie sind von ihm selbst zu tragen (Selbstkosten).

Fahrzeugkostenrechnung in verkürzter Form

Zeilen		**Kosten**			
20–26		variable (kilometerabhängige) Kosten			: Jahreslaufleistung = **Kilometersatz**
28–34	+	Fahrpersonalkosten (fixe Kosten)		Fahrpersonalkosten	
36–41	+	feste Fahrzeugkosten (fixe Kosten)	+	feste Fahrzeugkosten	
	=	Fahrzeug-Einsatzkosten (Einzelkosten)			
44–46	+	Gemeinkosten (fixe Kosten)	+	Gemeinkosten	
			=	zeitabhängige Kosten	: Einsatzzeit = **Tagessatz**
49	=	Gesamtkosten (Selbstkosten)			

Von der Fahrzeugkostenrechnung zum Angebotspreis

① Variable Fahrzeugkosten

- Abschreibung (Abnutzung)
- Kraftstoffkosten
- usw.

Summe : gefahrene Kilometer = Kilometersatz

② Zeitabhängige (fixe) Fahrzeugkosten

- Fahrpersonalkosten
- Abschreibung (Entwertung)
- Kfz-Steuer
- Versicherungen
- Verwaltungskosten (Gemeinkosten)
- usw.

Summe : Einsatztage = Tagessatz

Preiskalkulation (Selbstkostenpreis)

Beispiel:

– *Kilometersatz:* *0,35 EUR*
– *Tagessatz:* *400,00 EUR*

Sendungsdaten: 750 km/1,25 Einsatztage

Selbstkostenpreis =		*750 km*	·	*0,35 EUR*	=	*262,50 EUR*
	+	*1,25 Tage*	·	*400,00 EUR*	=	*500,00 EUR*
	=					*762,50 EUR*

Angebotskalkulation
Annahme: 20 % Gewinn und 19 % Umsatzsteuer

Selbstkostenpreis	*762,50 EUR*
+ Gewinn 20 %	*152,50 EUR*
= Nettopreis	*915,00 EUR*
+ Umsatzsteuer 19 %	*173,85 EUR*
= Bruttopreis (Angebotspreis)	***1 088,85 EUR***

8.9 Berechnung eines 100-kg-Preises

Die Zustell- und Abholkosten im Sammelladungsverkehr lassen sich gewöhnlich nur schwer einer einzelnen Sendung zuordnen, weil in der Regel mehrere Sendungen mit unterschiedlichen Be- und Entladestellen zu befördern sind. Man rechnet daher mit Durchschnittskosten auf der Basis eines Gewichtes von 100 kg. Diese 100-kg-Kosten sind von folgenden Größen abhängig:

- Kilometersatz
- Tagessatz
- durchschnittliche Kilometerleistung der Abrechnungsperiode (z. B. pro Tag)
- durchschnittlich transportierte Gütermenge pro Abrechnungsperiode (Nutzung)

Von einer 100-%-Nutzung spricht man, wenn die Nutzlast des Fahrzeugs voll ausgenutzt wird.

Will man die errechneten Kilometer- und Tagessätze benutzen, um einen 100-kg-Preis (z. B. für das Abholen von Sammelgutsendungen) zu berechnen, muss man Annahmen über die Abholsituation treffen (bei einer Vorkalkulation) oder die Ist-Zahlen aus dem Rechnungswesen auswerten.

Beispiele für solche Annahmen:
1 *Das Nahverkehrsfahrzeug mit einer Nutzlast von 4 t legt an einem Tag 90 km zurück.*
2 *Das Nahverkehrsfahrzeug befördert an einem Tag Güter im Gewicht von 5 t (Nutzung).*
Legt man einen Kilometersatz von 0,25 EUR und einen Tagessatz von 150,00 EUR zugrunde, lassen sich die Fahrzeugkosten pro 100 kg in Abhängigkeit von der Nutzung errechnen.

150,00 EUR : 5 000 kg · 100 kg = 3,00 EUR

Beispielrechnung:
- *Die Kilometerkosten betragen für 5 000 kg bei 90 km 22,50 EUR (90 km · 0,25 EUR). Für 100 kg errechnet sich ein Betrag von 0,45 EUR (22,50 EUR : 5 000 kg · 100 kg).*
- *Der Tagessatz beträgt für 5 000 kg 150,00 EUR. Umgerechnet auf 100 kg ergibt sich ein Betrag von 3,00 EUR.*
- *Bei einer Nutzung des Fahrzeugs von 125 % hat der Frachtführer mit Gesamtkosten in Höhe von 3,45 EUR pro 100 kg zu rechnen.*

Unterschiedliche Nutzungsgrade verbessern oder verschlechtern die 100-kg-Kosten (siehe Berechnung für 4 500 kg auf Seite 145).

Fahrzeugkosten pro 100 kg bei unterschiedlichen Nutzungsgraden in EUR						
Entfernung pro Tour		**Transportgewicht pro Tag (kg)**				
		3000	**3500**	**4000**	**4500**	**5000**
90	km-Kosten				0,50	**0,45**
	Tageskosten				3,33	**3,00**
	gesamt				3,83	**3,45**
100	km-Kosten					
	Tageskosten					
	gesamt					
usw.	km-Kosten					
	Tageskosten					
	gesamt					
Nutzungsgrad		75 %	87,50 %	100 %	112,5 %	125 %

Zusammenfassung	Fahrzeugkostenrechnung	
Fahrzeugkostenrechnung:	Ermittlung der Kosten, die durch den Einsatz eines Fahrzeugs entstehen	
Make or Buy:	eigenes Fahrzeug einsetzen oder fremde Frachtführer-Leistungen einkaufen	
Kilometersatz:	kilometerabhängige Kosten: Jahreslaufleistung (variable Kosten)	
Tagessatz:	zeitabhängige Fahrzeugkosten: Einsatztage (fixe Kosten)	
Kalkulationsschema:	variable Kosten + Fahrerpersonalkosten (fix) + feste Fahrzeugkosten (fix) = Fahrzeugeinsatzkosten + Gemeinkosten (fix) = Gesamtkosten (Selbstkosten)	**100-kg-Kosten** Kombination aus: ▪ Kilometer- und Tagessatz ▪ Ø-Kilometer pro Tag ▪ Ø-Gütermenge ▪ Fahrzeug-Nutzlast

8.10 Kraftfahrzeugsteuer und -versicherung

Der Betreiber eines Kraftfahrzeugs unterliegt der Kfz-Steuer. Die Höhe der Kraftfahrzeugsteuer richtet sich nach zwei Merkmalen:

- nach dem **zulässigen Gesamtgewicht** des Fahrzeugs,
- nach der **Emissionsklasse**, in die das Fahrzeug eingestuft worden ist. Unter Emissionen fallen die Schadstoffabgabe (Schadstoffklasse S1 oder S2) und die Geräuschentwicklung (Geräuschklasse G1). Erfüllt ein Fahrzeug die Anforderungen der Klassen S1, S2 oder G1 nicht, ist eine höhere Kraftfahrzeugsteuer zu zahlen.

Ein Fahrzeug wird einer bestimmten Schadstoffklasse nach der Straßenverkehrszulassungsverordnung (StVZO) zugeordnet, wenn die Stickoxide (NOx), Kohlenwasserstoffe (HC), Kohlenmonoxide (CO) und die Rußpartikel bestimmte Grenzwerte nicht überschreiten.
Der Gesetzgeber fördert mit den Emissionsklassen die Entwicklung schadstoff- und geräuscharmer Fahrzeuge.

Die Emissionsklassen sind auch auf europäischer Ebene normiert worden. Dabei gelten folgende Entsprechungen:

Schadstoffklassen (Emissionsklassen)

Kategorie	A	B	C	D	E	F
Schadstoffklasse nach StVZO	S6	S5	S4	S3	S2	S1 keine SSK
Euro-Schadstoffklasse	Euro 6	Euro 5 EEV	Euro 4	Euro 3	Euro 2	Euro 1 Euro 0

SSK = Schadstoffklasse
EEV = enhanced environmentally friendly vehicle (besonders umweltfreundliche Fahrzeuge)

Die Darstellung berücksichtigt nicht die Möglichkeit der Höherstufung, wenn beim Lkw ein Partikelfilter nachgerüstet worden ist (Partikelminderungsklassen, PKM).

Kraftfahrzeugsteuer-Tabelle (§ 9 Kraftfahrzeugsteuergesetz)

Für Fahrzeuge über 3,5 t sind **pro angefangene 200 kg** Gesamtgewicht zu zahlen:

Zulässiges Gesamtgewicht (Motorfahrzeug)	Schadstoffklasse S2 und besser	Schadstoffklasse S1	Geräuschklasse G1	Alle übrigen	Anhänger
	EUR	EUR	EUR	EUR	EUR
Bis zu 2 t	6,42	6,42	9,64	11,25	
Über 2 t bis zu 3 t	6,88	6,88	10,30	12,02	
Über 3 t bis zu 4 t	7,31	7,31	10,97	12,78	
Über 4 t bis zu 5 t	7,75	7,75	11,61	13,55	
Über 5 t bis zu 6 t	8,18	8,18	12,27	14,32	
Über 6 t bis zu 7 t	8,62	8,62	12,94	15,08	7,46
Über 7 t bis zu 8 t	9,36	9,36	14,03	16,36	
Über 8 t bis zu 9 t	10,07	10,07	15,11	17,64	
Über 9 t bis zu 10 t	10,97	10,97	16,44	19,17	
Über 10 t bis zu 11 t	11,84	11,84	17,74	20,71	
Über 11 t bis zu 12 t	13,01	13,01	19,51	22,75	
Über 12 t bis zu 13 t	14,32	14,32	21,47	25,05	
Über 13 t bis zu 14 t	14,32	15,77	23,67	27,61	
Über 14 t bis zu 15 t	14,32	26,00	39,01	45,50	
Über 15 t	14,32	36,23	54,35	63,40	
Insgesamt nicht mehr als	556,00	914,00	1 425,00	1 681,00	373,24

Anwendung der Tabelle

Die Steuertabelle ist stufenweise anzuwenden.

Im Internet bieten Kfz-Steuer-Rechner ihre Dienste an, z. B. unter www.kfz-steuer.de/kfz-steuer_nutzfahrzeuge35t.php.

Beispiel: Lkw, zulässiges Gesamtgewicht 12 t, Schadstoffklasse Euro 5 = S2 und besser (hier S5)				
Je angefangene 200 kg	**Faktor**	**Gewicht (summiert)**	**Steuer pro 200 kg**	**Kfz-Steuer**
200	10	2000	6,42	64,20
200	5	3000	6,88	34,40
200	5	4000	7,31	36,55
200	5	5000	7,75	38,75
200	5	6000	8,18	40,90
200	5	7000	8,62	43,10
200	5	8000	9,36	46,80
200	5	9000	10,07	50,35
200	5	10000	10,97	54,85
200	5	11000	11,84	59,20
200	5	12000	13,01	65,05
			Summe	534,15
			abgerundet*	**534,00**

Die Fahrzeugeinstufung ist der Zulassungsbescheinigung, Teil I (Fahrzeugschein) zu entnehmen.

** Kfz-Steuer immer auf volle Euro abrunden*

Die nachfolgende Tabelle zeigt das Ausmaß der Schadstoffreduktion von Euro 1 bis Euro 6.

	Stickoxide (NOx) in g pro Kilowattstunde	Kohlenwasserstoff (HC) in g pro Kilowattstunde	Kohlenmonoxid (CO) in g pro Kilowattstunde	Rußpartikel (PM) in g pro Kilowattstunde
EURO 1	8,0–9,0	1,1	4,5	0,36
EURO 2	7,0	1,1	4,0	0,15
EURO 3	5,0	0,6	2,0	0,1
EURO 4	3,5	0,46	1,5	0,02
EURO 5	2,0	0,46	1,5	0,02
EURO 6	2,0	0,25	1,5	0,02

Fahrzeugeinsatz in der Praxis
Von Januar bis Juli 2020 wurden 98 Prozent der mautpflichtigen Fahrleistung mit schadstoffarmen Fahrzeugen durchgeführt (EURO 5 und besser).

Quelle: vgl. Bundesamt für Güterverkehr, Monatliche Mautstatistik für Juli 2020, abgerufen am 12.10.2020 unter www.bag.bund.de/SharedDocs/Downloads/DE/Statistik/Lkw-Maut/20_Monatstab_07.html

Kraftfahrzeugversicherung

Beispiel:
Versicherungsprämien einer Versicherungsgesellschaft für Lkw im gewerblicher Güternahverkehr einschließlich 19 % Versicherungssteuer

Wagnis	Haftpflichtdeckungssummen		Teilkasko				Vollkasko			
Nutzlast	Unbegrenzt	2,5 Mio. EUR	Ohne	Mit 150,00 EUR	Mit 500,00 EUR	Mit 2 500,00 EUR	Ohne	Mit 150,00 EUR	Mit 500,00 EUR	Mit 2 500,00 EUR
Bis 2 t	3 481,8	3 450,9	181,0	99,9	72,4	38,7	1 734,9	1 462,4	1 260,4	852,9
Bis 3 t	4 325,1	4 286,8	203,1	107,2	80,4	42,9	1 734,9	1 462,4	1 260,4	852,9
Bis 4 t	4 325,1	4 286,8	203,1	107,2	80,4	42,9	1 734,9	1 462,4	1 260,4	852,9
Bis 5 t	4 325,1	4 286,8	203,1	107,2	80,4	42,9	1 893,4	1 580,4	1 354,2	916,1
Bis 6 t	4 325,1	4 286,8	221,5	116,0	87,0	46,4	1 988,9	1 635,4	1 407,6	951,9
Bis 8 t	5 045,2	5 000,4	241,9	125,9	94,4	50,3	2 306,8	1 948,5	1 672,0	1 129,6
Bis 10 t	5 045,2	5 000,4	241,9	125,9	94,4	50,3	2 524,6	2 190,1	1 868,0	1 260,8
Über 10 t	5 237,9	5 191,5	290,0	149,1	111,8	59,6	2 539,3	2 405,4	1 881,8	1 269,6

8.11 Lkw-Maut

Lkw-Maut = streckenbezogene Gebühr für die Nutzung von Autobahnen und allen Bundesfernstraßen für Lkw ab 7,5 t zGG

Die Lkw-Maut hat zum Ziel, eine verursachergerechte Beteiligung der Lkw am Bau, an der Erhaltung und am Betrieb von Autobahnen und Bundesstraßen zu erreichen. Die Mautpflicht gilt auf Bundesautobahnen und auf allen Bundesfernstraßen einschließlich Tank- und Rastanlagen.

Das mautpflichtige Straßennetz beträgt ca. 52 000 km.

zGG = Summe aus Leergewicht plus maximaler Zuladung eines Fahrzeuges

Das zGG wird auch als zGM (zulässige Gesamtmasse) bezeichnet.

Nur bestimmte Fahrzeuge (z. B. von Polizei und Feuerwehr oder Elektro-Lkw) sind von der Maut befreit.
Die Mauthöhe ist abhängig

- von der zurückgelegten Strecke,
- von der Fahrzeugkategorie (Euro 1–6),
- vom zulässigen Gesamtgewicht (zGG) des Fahrzeugs (**Gewichtsklasse**) und
- von der Anzahl der Achsen (bei Fahrzeugen über 18 t zGG).

Der Gesetzgeber hat die Maut im **Bundesfernstraßenmautgesetz** in drei Teilbereiche untergliedert:

- Ein Maut-Teilsatz wird für die (Verkehrs-)**Infrastrukturkosten** erhoben. Seine Höhe ist vom zulässigen Gesamtgewicht des Fahrzeugs und von der Anzahl der Achsen abhängig.
- Der zweite Maut-Teilsatz bezieht sich auf die verursachte **Luftverschmutzung**; er orientiert sich an der Fahrzeugkategorie.
- Der dritte Maut-Teilsatz erfasst die Kosten durch Lärmbelästigung. Sie werden auf alle Fahrzeuge mit einem einheitlichen Satz umgelegt.

Die Kosten für Luftverschmutzung und Lärm werden auch als **externe Kosten** bezeichnet.

Maut-Teilsätze

1. Infrastruktur
2. Luftvermutzung } externe Kosten
3. Lärm

Lkw-Mautsätze in Cent pro Kilometer ab 1. Januar 2019

Fahrzeugkategorie	7,5 t bis unter 12 t zGG	12 t bis 18 t zGG	mehr als 18 t zGG und weniger als 4 Achsen	mehr als 18 t zGG, 4 und mehr Achsen
EURO 0, 1	16,7	20,2	24,7	26,1
EURO 2	15,6	19,1	23,6	25,0
EURO 3	14,6	18,1	22,6	24,0
EURO 4	11,4	14,9	19,4	20,8
EURO 5	10,4	13,9	18,4	19,8
EURO 6	9,3	12,8	17,3	18,7

Beispiel: Verteilung der Maut-Anteile in Cent pro Kilometer bei Fahrzeugen
– der Kategorie 5 und 6,
– ab 18 t zGG und
– ab 4 Achsen

Fahrzeugkategorie	Infrastruktur	Luftverschmutzung	Lärm	Summe Maut
Euro 5	17,4	2,2	0,2	19,8
Euro 6	17,4	1,1	0,2	18,7

Die Schlechterstellung umweltbelastender Fahrzeuge soll die Fahrzeughalter ermuntern, ihre Fahrzeuge auf schadstoffärmere Klassen umzustellen.
Elektrisch angetriebene Lkw sind von den Mautkosten befreit.

8.11.1 Erfassung der Mautgebühren

Für die Erfassung der gefahrenen Kilometer und die Berechnung der Maut wurde ein technisch neuartiges System von der Betreibergesellschaft **Toll Collect** entwickelt. Es erfordert weder eine Geschwindigkeitsbegrenzung noch ein Anhalten des Fahrzeugs oder die Benutzung vorgeschriebener Fahrspuren.

Toll Collect betreibt das Mautsystem in Deutschland und sorgt für die Erhebung und Abrechnung der Maut. Die Überwachung liegt beim BAG, siehe Seite 91.

Verkehrsunternehmen, deren Fahrzeuge auf mautpflichtigen Strecken fahren, haben vier Möglichkeiten, die Mauterfassung in die Wege zu leiten:

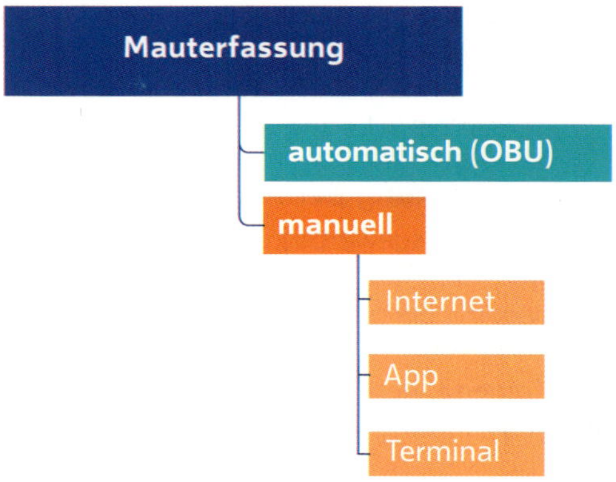

Automatische Mauterfassung über ein spezielles Fahrzeuggerät

Die automatische Mauterhebung ist besonders einfach. Das Fahrzeuggerät (**On-Board-Unit**, OBU) ist in der Lage, anhand von Satellitensignalen (GPS) und anderen Ortungssensoren die zurückgelegte mautpflichtige Strecke zu berechnen. Die Fahrdaten werden zusammen mit den relevanten Fahrzeugmerkmalen (Schadstoffklasse, Achszahl) per Mobilfunk an das Toll-Collect-Rechenzentrum übermittelt. Dort wird die Maut berechnet, die für die zurückgelegte Strecke zu bezahlen ist.

GPS = Global Positioning System

OBU-Nutzer können die Maut per Kredit- oder Tankkarte sowie durch Banküberweisung oder Banklastschrift begleichen.

Manuelles Einbuchen

Toll Collect bietet verschiedene Möglichkeiten, sich bis zu 24 Stunden vor Fahrtantritt per Hand in das Mautsystem einzubuchen.

- **über das Internet**

  Der Benutzer gibt über das Internet (per PC, Tablet-Computer oder Smartphone) die relevanten Fahrzeugdaten sowie die Fahrtroute (Start-/Zwischen-/Endpunkt) in das System der Betreibergesellschaft ein. Das System ermittelt dann die Fahrtroute. Den Einbuchungsbeleg kann man sich ausdrucken oder per E-Mail zuschicken lassen. Die Einbuchungsnummer wird auf Wunsch auch per SMS z. B. auf das Smartphone des Fahrers übermittelt.

- **über eine App**

  Mithilfe eines Smartphones oder eines Tablet-Computers und einer App von Toll Collect kann sich der Fahrer von überall und zu jeder Zeit Zugang zum manuellen Einbuchungssystem verschaffen.

  Beispiel:
  Der Lkw-Fahrer bucht direkt aus dem parkenden Fahrzeug eine mautpflichtige Strecke, die ihm der Disponent gerade angewiesen hat.

- **über Mautstellen-Terminals**

  Lkw, die mautpflichtige Straßen seltener nutzen, können ihre geplante Strecke vor Fahrantritt an einem Mautstellen-Terminal einbuchen. Die Mautstellen befinden sich an großen Tankstellen, Autohöfen und Rastplätzen. Bei der Einbuchung sind die relevanten Fahrzeugdaten, Starttermin und Fahrtroute anzugeben. Das Terminal gibt nach der Bezahlung einen Einbuchungsbeleg aus. Manuell gebuchte Routen können durch Kredit- bzw. Tankkarten oder auch bar an den Mautstellen-Terminals bezahlt werden. Zusätzlich wird die Bezahlung mittels paysafecard angeboten.

paysafecard = elektronisches Zahlungsmittel auf Prepaid-Basis

Stornierung/Streckenänderung: Eine gebuchte Strecke kann storniert oder auch geändert werden. Dazu stehen alle drei manuellen Einbuchungswege zur Verfügung.

8.11.2 Mautkontrolle

Die ordnungsgemäße Entrichtung der Lkw-Maut wird stationär und mobil kontrolliert. Stationäre Kontrollbrücken überprüfen den fließenden Verkehr mittels Fotoauswertung oder – falls eingebaut – über eine elektronische Kommunikation mit dem Fahrzeuggerät. Auf den Bundesstraßen übernehmen Kontrollsäulen am Straßenrand diese Aufgabe. Die Kontrollsäulen prüfen, ob ein vorbeifahrendes Fahrzeug mautpflichtig ist.
In der Nähe der Kontrollbrücken sind Standkontrollen des BAG eingerichtet, die als zweifelhaft eingestufte Fahrzeuge aus dem Verkehr herausleiten können. Das BAG setzt außerdem mobile Kontrollfahrzeuge ein, die jederzeit Zugriff auf die Daten der Betreibergesellschaft haben.

8.11.3 Kostenbelastung des Verkehrsgewerbes

Auf das Verkehrsgewerbe kommt durch die Maut eine erhebliche Kostenbelastung zu. Das nachfolgende Rechenbeispiel, das von einem durchschnittlichen Mautsatz von 20 Cent pro km ausgeht, soll dies verdeutlichen.

Beispiel:

Mautgebührenberechnung	*0,20 EUR*	*je Autobahn- und Bundesstraßenkilometer*
	120 000	*km im Jahr je Lkw*
davon mautpflichtig	*90*	*%*
entspricht	*108 000*	*km im Jahr · 0,20 EUR = 21 600,00 EUR Mautgebühr je Lkw im Jahr*

Zusätzlich sind noch die Kosten für das Einbaugerät (On-Board-Unit) sowie der Aufwand im eigenen Unternehmen zu berücksichtigen.

Weiterbelastung der Maut

Da im Verkehrsgewerbe im Regelfall nur geringe Gewinnmargen erzielt werden, ist es für die Unternehmen unumgänglich, die Maut an die Auftraggeber weiterzubelasten. Verkehrsunternehmen entwickeln zu diesem Zweck Tabellen, mit deren Hilfe die Mautgebühren auf die Preise für die Verkehrsleistung aufgeschlagen werden können.

Die vollständigen Tabellen befinden sich im Haustarif, abgebildet im Lernsituationenband

Nachfolgend werden beispielhaft Auszüge aus Tabellen für Sammelgut (bis 3000 kg), für Ladungen (über 3000 kg) und für Sendungen über 3 Lademeter vorgestellt.

Mautgebühren* für Sendungen von 1 bis 3000 kg (Auszug)

Gewicht** in kg	Entfernung in km										
	1–100	101–200	201–300	301–400	401–500	501–600	601–700	701–800	801–900	901–1000	1001–1100
1–50	1,00	1,00	1,00	1,00	1,00	1,00	1,00	1,00	1,00	1,00	1,00
51–100	1,00	1,00	1,00	1,00	1,00	1,03	1,22	1,41	1,59	1,78	1,97
101–200	1,00	1,00	1,00	1,31	1,69	2,06	2,44	2,81	3,19	3,56	3,94
201–300	1,00	1,00	1,56	2,19	2,81	3,44	4,06	4,69	5,31	5,94	6,56
301–400	1,00	1,31	2,19	3,06	3,94	4,81	5,69	6,56	7,44	8,31	9,19
401–500	1,00	1,69	2,81	3,94	5,06	6,19	7,31	8,44	9,56	10,69	11,81
usw.											

* *Beträge in Euro ohne Umsatzsteuer*
** *Frachtpflichtiges Gewicht*

Mautgebühren* für Sendungen ab 3001 kg (Auszug)

Gewicht** in kg	Entfernung in km										
	1–100	101–200	201–300	301–400	401–500	501–600	601–700	701–800	801–900	901–1000	1001–1100
3001–4000	2,91	8,75	14,60	20,41	26,25	32,10	37,91	43,75	49,60	55,41	61,25
4001–5000	3,74	11,25	18,77	26,24	33,75	41,27	48,74	56,25	63,77	71,24	78,75
5001–6000	4,57	13,75	22,94	32,07	41,25	50,44	59,57	68,75	77,94	87,07	96,25
usw.											

* *Beträge in Euro ohne Umsatzsteuer*
** *Frachtpflichtiges Gewicht*

Mautgebühren* für Sendungen über 3 Lademeter (Auszug)

Lademeter	Entfernung in km										
	1–100	101–200	201–300	301–400	401–500	501–600	601–700	701–800	801–900	901–1000	1001–1100
3,10–4,00	3,50	10,50	17,50	24,50	31,50	38,50	45,50	52,50	59,50	66,50	73,50
4,10–5,00	4,50	13,50	22,50	31,50	40,50	49,50	58,50	67,50	76,50	85,50	94,50
5,10–6,00	5,50	16,50	27,50	38,50	49,50	60,50	71,50	82,50	93,50	104,50	115,50
usw.											

* *Beträge in Euro ohne Umsatzsteuer*

Beispiel: Berechnung des Mautbetrages von 3,06 EUR

Mautgebühren für Sendungen von 1–3000 kg (in EUR ohne Umsatzsteuer)						
	Entfernung in km					
Gewicht in kg	**1–100**	**101–200**	**201–300**	**301–400**	**401–500**	**usw.**
...	...	...	...	...	...	...
301–400	1,00*	1,31	2,19	**3,06**	3,94	usw.
usw.	...	...	...	...	...	...

** Mindestbetrag*

Sendungsdaten: 320 kg, 340 km
Durchschnittsauslastung des Lkw 8000 kg, angenommener Durchschnitts-Mautbetrag: 0,20 EUR

***1.** Schritt Lkw-Maut für 350 km (Mittel zwischen 301 und 400 km)* $350 \cdot 0{,}20\,\text{EUR} = 70{,}00\,\text{EUR}$

***2.** Schritt Maut per 100 kg (bei einer Lkw-Auslastung von 8000 kg)* $\frac{70{,}00\,\text{EUR} \cdot 100\,\text{kg}}{8000\,\text{kg}} = 0{,}875\,\text{EUR}$

***3.** Schritt Maut für 320 kg (mittleres Gewicht von 350 kg)* $\frac{0{,}875\,\text{EUR} \cdot 350\,\text{kg}}{100\,\text{kg}} = \mathbf{3{,}06\,EUR}$

Zusammenfassung	Lkw-Maut	
Maut:	streckenbezogene Gebühr für die Nutzung der Autobahn und alle Bundesfernstraßen durch Lkw über 7,5 t zulässiges Gesamtgewicht	
Mautberechnung:	▪ zurückgelegte Strecke ▪ Fahrzeugkategorie (Euro 1–6) ▪ zulässiges Gesamtgewicht (zGG) des Fahrzeugs (Gewichtsklassen) ▪ Anzahl der Achsen (bei Fahrzeugen über 18 t zGG)	**Erfassung** ▪ automatisch über On-Board-Unit ▪ Einbuchen über das Internet/eine App ▪ Einbuchen über Maut-Terminals
Gebührentabellen:	zur Weiterbelastung der Maut an die Kunden (nach kg oder Lademeter)	

9 Grenzüberschreitender Güterkraftverkehr

Grenzüberschreitender Güterkraftverkehr = Güterbeförderungen, bei denen Abgangs- und Bestimmungsort in zwei unterschiedlichen Staaten liegen

Transporte dieser Art unterliegen den Bestimmungen der CMR. Überschreitet die Beförderung die EU-Grenzen, sind besondere Genehmigungen erforderlich.

Berechtigungen, siehe Seite 80

9.1 Die CMR als Rechtsgrundlage

CMR = Convention relative au **C**ontrat de Transport International de **M**archandises par **R**oute; Übereinkommen über den Beförderungsvertrag im internationalen Straßengüterverkehr

Die CMR ist ein völkerrechtliches Übereinkommen, das von der Bundesrepublik Deutschland ratifiziert (= anerkannt) und damit als nationales Recht übernommen worden ist. Die CMR gilt für fast alle grenzüberschreitenden Güterbeförderungen auf europäischen Straßen.[1]

HGB-Frachtrecht, siehe Seite 94

Siehe auch Zusammenfassung der Vertragsgrundlagen, Seite 379

[1] ***Vertragsstaaten (Länderkürzel nach ISO):*** *Albanien (AL), Armenien (AM), Aserbaidschan (AZ), Belarus (BY), Belgien (BE), Bosnien-Herzegowina (BA), Bulgarien (BG), Dänemark (DK), Deutschland (DE), Estland (EE), Finnland (FI), Frankreich (FR), Georgien (GE), Griechenland (GR), Großbritannien (UK), Iran (IR), Irland (IE), Italien (IT), Jordanien (JO), Kasachstan (KZ), Kirgisistan (KG), Kroatien (HR), Lettland (LV), Libanon (LB), Litauen (LT), Luxemburg (LU), Malta (MT), Marokko (MA), Nordmazedonien (MK), Moldau (MD), Mongolei (MN), Montenegro (ME), Niederlande (NL), Norwegen (NO), Österreich (AT), Polen (PL), Portugal (PT), Rumänien (RO), Russland (RU), Schweden (SE), Schweiz (CH), Serbien (RS), Slowakei (SK), Slowenien (SI), Spanien (ES), Syrien (SY), Tadschikistan (TJ), Tschechische Republik (CZ), Tunesien (TN), Türkei (TR), Turkmenistan (TM), Ukraine (UA), Ungarn (HU), Usbekistan (UZ), Zypern (CY)*

Die nachfolgende Übersicht stellt die wichtigsten Bestimmungen der CMR dar, vor allem soweit sie sich von den HGB-Regelungen unterscheiden. Der Vergleich zum Frachtrecht des HGB ist sinnvoll, da sich das HGB-Frachtrecht stark an die CMR angelehnt hat. Daher können die Erläuterungen zu den HGB-Paragrafen auch zur Interpretation der CMR herangezogen werden. Andererseits regelt die CMR nicht alle bedeutsamen Fragen des Güterkraftverkehrs. So findet man in der CMR z. B. keine Aussage zur Be- und Entladung. Nationale Regelungen (vor allem das HGB) müssen daher ergänzend hinzugezogen werden.

9.2 Ausgewählte CMR-Regelungen (im Vergleich zu entsprechenden HGB-Bestimmungen)

Multimodaler Verkehr, siehe Seite 342

CMR-Inhalt	HGB-Inhalt
Artikel 1 Geltungsbereich Die CMR ist **zwingend** anzuwenden, wenn folgende Bedingungen erfüllt sind: ▪ gewerbsmäßiger (entgeltlicher) Gütertransport auf der Straße ▪ Übernahme- und Ablieferungsort des Gutes liegen in zwei unterschiedlichen Staaten. ▪ Mindestens einer dieser Orte liegt in einem Vertragsstaat (= Staat, der die CMR ratifiziert hat). Die CMR gilt auf der **gesamten** Beförderungsstrecke, also auch für den inländischen Streckenteil	▪ gilt für gewerbliche nationale Transporte per Lkw, Binnenschiff, Eisenbahn und Flugzeug ▪ Bei einem Frachtvertrag mit einem ausländischen Frachtführer, der ausländischem Recht unterliegt, gilt das HGB auch dann, wenn die Beförderung ausschließlich in der Bundesrepublik stattfindet (Kabotage-Verkehr).
Artikel 2 Gemischter Verkehr Wird der mit dem Gut beladene Lkw oder Auflieger/Anhänger auf einem Teil der Strecke von einem **anderen Verkehrsmittel** befördert (z. B. von einem Seeschiff im Fährverkehr, von der Eisenbahn im kombinierten Verkehr Straße/Schiene oder von einem Binnenschiff), so gilt die CMR trotzdem für die gesamte Beförderungsstrecke. Das Gut darf dabei nicht umgeladen werden. Beim kombinierten Verkehr ist diese Überlegung aber nur auf den grenzüberschreitenden Verkehr anzuwenden. Inländische kombinierte Beförderung mit Lkw und Eisenbahn ist – wegen der einheitlichen Geltung des HGB-Frachtrechts – unimodaler Verkehr.	Transporte mit verschiedenen Beförderungsmitteln werden in den §§ 452–452 d geregelt.
Artikel 4 Frachtbrief Durch die Einigung von Absender und Frachtführer kommt der Frachtvertrag zustande (Konsensualvertrag). Artikel 4 stellt fest: „Der Beförderungsvertrag wird in einem Frachtbrief festgehalten." Gemeint sind die wesentlichen Angaben, die den jeweiligen Vertrag betreffen (Daten zu den beteiligten Personen, den Gütern, besondere Abmachungen, Weisungen usw.). Der Frachtbrief bestätigt den wesentlichen Inhalt des Frachtvertrages. Er ist Beweisurkunde über den Vertrag, nicht Voraussetzung, damit der Vertrag gültig wird. Es besteht daher kein Frachtbriefzwang. Es liegt im Interesse des Frachtführers, dass ein Frachtbrief ausgestellt wird, weil beim Fehlen eines Frachtbriefes vermutet wird, dass der Frachtführer das Gut in einwandfreiem Zustand erhalten hat und es folglich auch in diesem Zustand abliefern muss. Außerdem belegen einige Staaten das Fehlen eines CMR-Frachtbriefs mit einem hohen Bußgeld.	Es gilt: ▪ Konsensualvertrag ▪ kein Frachtbriefzwang ▪ Frachtbrief erhält erhöhte Beweiskraft durch die Unterschrift der Vertragspartner (§§ 408, 409 HGB).
Artikel 5 Ausfertigungen des Frachtbriefes Der Frachtbrief ist in drei Originalausfertigungen zu erstellen. Absender und Frachtführer unterzeichnen den Frachtbrief (Druck und Stempel sind auch möglich). Die **erste** Ausfertigung erhält der Absender, die **zweite** begleitet das Gut (und wird dem Empfänger ausgehändigt), die **dritte** behält der Frachtführer.	Der Absender stellt den Frachtbrief aus und unterzeichnet ihn. Er kann verlangen, dass der Frachtführer das Papier ebenfalls unterschreibt. Drei Originale sind zu erstellen (für Absender, Frachtführer, Empfänger).

CMR-Inhalt	HGB-Inhalt
Artikel 8 Frachtführerpflichten bei Übernahme des Gutes Der Frachtführer ist verpflichtet, bei der Übernahme der Güter zu prüfen, ▪ ob die **Anzahl** der **Frachtstücke** und ihre **Zeichen** und **Nummern** mit den Angaben im Frachtbrief übereinstimmen, ▪ den **äußeren Zustand** des Gutes und seiner Verpackung. Stehen dem Frachtführer keine angemessenen Mittel zur Verfügung, um diese Angaben zu überprüfen, hat er einen entsprechenden **Vorbehalt** in den Frachtbrief einzutragen und zu **begründen**. Der Absender kann vom Frachtführer verlangen, dass dieser außerdem prüft: ▪ das **Rohgewicht** bzw. die **Menge** des Gutes, ▪ den **Inhalt** der Frachtstücke. Das Ergebnis der Prüfung ist im Frachtbrief festzuhalten. **Be- und Entladen** des Fahrzeugs sind in der CMR nicht geregelt, weil die eigentliche Tätigkeit des Frachtführers die Beförderung ist. Im Zweifelsfall (wenn die Vertragspartner keine Vereinbarung getroffen haben) fallen Be- und Entladen in den Aufgabenbereich von Absender und Empfänger. Verpflichtet sich der Frachtführer zur Beladung, setzt seine Haftung (von der Übernahme der Sendung bis zur Ablieferung) auch früher ein, weil er die Sendung frühzeitiger übernimmt. Gleiches gilt für das Entladen.	Ist der Frachtbrief von Absender und Frachtführer unterzeichnet worden, so wird nach § 409 HGB vermutet, dass ▪ **Anzahl, Zeichen und Nummern** mit den Frachtbriefangaben übereinstimmen, ▪ **Gut** und **Verpackung** in **äußerlich gutem Zustand** übernommen worden sind. Es liegt im Interesse des Frachtführers, diese Angaben zu prüfen. Vorbehalte sind in den Frachtbrief einzutragen. Die Aussagen zur Gewichts-/Mengen- bzw. Inhaltsprüfung entsprechen der CMR. Be- und Entladen sind nach § 412 HGB Aufgabe des Absenders.
Artikel 9 Beweiskraft des Frachtbriefes Mit der Unterzeichnung des Frachtbriefes liegt – bis zum Beweis des Gegenteils – eine Urkunde vor, die ▪ Abschluss und Inhalt des Beförderungsvertrages nachweist, ▪ die Übernahme des Gutes durch den Frachtführer bestätigt. Sind keine Vorbehalte des Frachtführers in den Frachtbrief eingetragen worden, wird vermutet, dass ▪ Gut und Verpackung in äußerlich gutem Zustand übernommen worden sind, ▪ Anzahl, Zeichen und Nummern mit den Frachtbriefangaben übereinstimmen.	entspricht dem § 409 HGB (siehe Anmerkungen zu Artikel 8)
Artikel 10 Verpackung Der Absender hat nicht nur zum Schutz seiner Güter, sondern auch zur Abwehr von Schäden bei anderen Gütern, Personen und Betriebsmaterial auf eine sachgemäße Verpackung zu achten und bei mangelhafter Verpackung für entstehende Schäden zu haften. Nach Artikel 17 (siehe unten) ist die Haftung des Frachtführers ausgeschlossen, wenn der Schaden durch mangelhafte Verpackung der Güter entstanden ist.	In § 411 HGB wird der Absender ausdrücklich verpflichtet, die Güter so zu verpacken, dass sie vor Verlust und Beschädigung geschützt sind und dem Frachtführer keine Schäden entstehen. In der CMR wird der Absender zur Haftung verpflichtet; die Pflicht zur sorgfältigen Verpackung kann daraus abgeleitet werden.
Artikel 12 Verfügung über das Gut Der **Absender** kann über die Sendung verfügen (z. B. Beförderung anhalten, neuer Ablieferungsort, anderer Empfänger), sofern folgende Bedingungen erfüllt sind: ▪ Der Absender kann dem Frachtführer die erste Ausfertigung des Frachtbriefes (Absenderexemplar) vorlegen (Sperrpapierfunktion). ▪ Die nachträgliche Verfügung wird in diesen Frachtbrief eingetragen. ▪ Die Weisung des Absenders ist ausführbar. ▪ Die Verfügung führt nicht zu einer Teilung der Sendung. Kann der Frachtführer die erteilte Verfügung nicht ausführen, hat er den Verfügenden unverzüglich zu benachrichtigen. Der Absender verliert sein Verfügungsrecht, sobald dem Empfänger die zweite Ausfertigung des Frachtbriefes (das Begleitexemplar) übergeben worden ist.	Abweichungen (§ 418 HGB): ▪ Das HGB spricht von nachträglichen Weisungen und unterscheidet nicht in „nachträgliche Verfügung" und „Empfängeranweisung". ▪ Das Weisungsrecht des Absenders endet bei der Ankunft des Gutes an der Ablieferungsstelle und der Übernahme des Gutes durch den Empfänger. ▪ Eine Übertragung des Absender-Weisungsrechtes auf den Empfänger durch Frachtbriefeintrag ist nicht vorgesehen.

Sperrpapierfunktion, siehe Seite 101

Unabwendbares Ereignis, siehe Seiten 32 und 104

CMR-Inhalt	HGB-Inhalt
Dem **Empfänger** kann bereits bei der Ausstellung des Frachtbriefes das Verfügungsrecht übertragen werden. Ein entsprechender Vermerk über diese Vereinbarung ist im Frachtbrief einzutragen. Will der Empfänger von seinem Recht Gebrauch machen, muss er ebenfalls das **Absenderexemplar** des Frachtbriefes vorlegen. Im Übrigen kann der Empfänger, nachdem ihm das zweite Exemplar des Frachtbriefes übergeben worden ist, **Weisungen** (Empfängeranweisungen) an den Frachtführer erteilen (z. B. dass das Gut einem anderen Empfänger übergeben wird). Ein neuer Empfänger kann seinerseits keinen weiteren Empfänger bestimmen.	Die Vertragspartner können vereinbaren, dass die Weisungen nur gegen Vorlage des Absenderexemplars ausgeführt werden dürfen. Der Frachtbrief muss dann von beiden Partnern unterschrieben worden sein und die Vereinbarung muss im Frachtbrief festgehalten werden.
Artikel 17 Haftungsumfang Der Frachtführer haftet ■ für **Verlust** bzw. **Teilverlust** und ■ für **Beschädigung** des Gutes, sofern diese Schäden zwischen der Übernahme des Gutes und seiner Ablieferung entstanden sind, sowie ■ für Überschreitung der **Lieferfrist**.	entspricht den §§ 425, 426, 427, 429 HGB
Ein Verschulden des Frachtführers muss nicht vorliegen. Folglich ist die CMR-Haftung nach dem Prinzip der **Gefährdungshaftung** geregelt. Wird ein Gut nicht binnen 30 Tagen nach Ablauf der vereinbarten Lieferfrist abgeliefert, gilt es als verloren. Wurde keine Frist vereinbart, beträgt die Zeit 60 Tage, nachdem der Frachtführer das Gut übernommen hat (Artikel 20). Der Frachtführer ist von der Haftung für die drei Schadensarten **befreit**, wenn der Schaden (Artikel 17 Absatz 2) ■ durch das Verschulden des Verfügungsberechtigten entstanden ist (z. B. fehlerhafte Zolldokumente des Absenders führen zur Lieferfristüberschreitung), ■ durch eine Weisung des Verfügungsberechtigten verursacht wurde (z. B. eine Umverfügung des Empfängers führt zu Wartezeiten, die zum Verderben der Güter führen), ■ seine Ursache in besonderen Mängeln des Gutes hatte (z. B. durch Lackierschäden sind Güter dem Rost besonders ausgesetzt), ■ durch Umstände verursacht wurde, die der Frachtführer nicht vermeiden und deren Folgen er nicht abwenden konnte (**„unabwendbare Ereignisse“**, z. B. ein scharfer Gegenstand auf der Straße führt zum Druckverlust und zur Entzündung eines Reifens sowie zu einem Brandschaden am Gut). In diesen vier Fällen muss der Frachtführer **beweisen**, dass derartige Gründe die Ursache des Schadens waren (Artikel 18). **Fahrzeugmängel** und die daraus sich ergebenden Gefahren führen nicht zu einer Haftungsbefreiung.	
Legt der Frachtführer dar, dass ein Güterschaden (Verlust oder Beschädigung) aus folgenden Gefahren entstehen **konnte**, wird **vermutet**, dass er aus dieser Gefahr entstanden ist: ■ (vereinbarter) Transport mit offenem (nicht mit Planen gedecktem) Fahrzeug ■ Verpackungsmängel ■ Ladefehler (Be- oder Entladen) durch Absender oder Empfänger ■ natürliche Beschaffenheit des Gutes (z. B. unvermeidbare Verdunstungsverluste bei Fleischtransporten) ■ Fehler bei der Kennzeichnung der Frachtstücke ■ Beförderung lebender Tiere Den Gegenbeweis muss der **Verfügungsberechtigte** führen (Artikel 18).	

<table>
<tr><th>CMR-Inhalt</th><th>HGB-Inhalt</th></tr>
<tr><td>Artikel 23 Ersatzwert
Der Schadenersatz ist wie folgt geregelt:
Güterschäden
▪ Maßgebend ist der Wert des Gutes am Ort und zur Zeit der Übernahme zur Beförderung.
▪ Der Wert des Gutes richtet sich nach dem Marktpreis.
▪ Die Haftungshöchstgrenze beträgt 8,33 Sonderziehungsrechte pro Kilogramm des Rohgewichtes (Bruttokilogramm).
▪ Bei Beschädigung (Artikel 25) ist die Wertminderung zu ersetzen, höchstens der Betrag, der bei Verlust zu zahlen wäre.
▪ Aus Anlass der Beförderung entstandene Kosten (Fracht, Zölle, Gutachterkosten u. Ä.) sind ebenfalls zu ersetzen, und zwar zusätzlich zu der Haftungshöchstgrenze von 8,33 SZR.
Vermögensschäden
▪ Für bewiesene Schäden aus Lieferfristüberschreitung hat der Frachtführer höchstens bis zur Höhe der Fracht Ersatz zu leisten.
▪ Der Ersatz für Nachnahmeschäden ist bis zur Höhe der Nachnahme begrenzt.</td><td>Abweichung: Bei Lieferfristüberschreitung kann Schadenersatz bis zum Dreifachen der Fracht verlangt werden.

entspricht § 429 bis 432 HGB</td></tr>
<tr><td>Artikel 24 Werterhöhung
Durch die Angabe eines Lieferwertes im Frachtbrief kann die Haftung des Frachtführers erhöht werden. Dieser Wert ersetzt die Haftungshöchstgrenze von 8,33 SZR je Bruttokilogramm.
Bei hochwertigen Gütern kann die Haftung für Güterschäden durch Vereinbarung erhöht werden, sofern
▪ der neue Haftungshöchstwert (Lieferwert) im Frachtbrief eingetragen und
▪ ein Zuschlag zur Fracht gezahlt wird.
Nur wenn diese beiden Voraussetzungen erfüllt sind, wird eine neue Haftungshöchstgrenze wirksam. Der Frachtführer ist nicht verpflichtet, auf den entsprechenden Wunsch des Absenders einzugehen. Vor seiner Zustimmung sollte er sich die Deckungszusage einer Versicherung einholen, die ihm auch eine Prämie nennt, die als „Zuschlag“ vom Absender erhoben werden kann.</td><td>Möglichkeiten zur Haftungserhöhung sieht das HGB nicht vor.
Ausnahme:
Korridorlösung auf der Basis Allgemeiner Geschäftsbedingungen, siehe Seite 36</td></tr>
<tr><td>Artikel 26 Interesse an der Lieferung
Außer durch die Angabe eines Lieferwertes (nach Artikel 24) lässt sich die Haftung des Frachtführers für Verlust, Beschädigung und Lieferfristüberschreitung heraufsetzen, indem im Frachtbrief ein Betrag für ein besonderes Interesse an der Lieferung (d. h. vorzugsweise an der pünktlichen Lieferung) eingetragen wird. Voraussetzung ist wieder, dass ein Euro-Betrag in den Frachtbrief eingetragen und ein Zuschlag gezahlt wird.
Ein nachgewiesener Schaden (Güter- und reine Vermögensschäden) kann auf diese Weise bis zum Betrag geltend gemacht werden, der als Interesse an der Lieferung eingetragen ist. Alle Haftungsbeschränkungen (8,33 SZR/kg, Marktpreis, Höhe der Frachtkosten) sind aufgehoben.
Der Absender will sich durch die Angabe eines Interesses an der Lieferung vor Schäden schützen, die über den Güterwert hinausgehen, z. B. Gewinnsicherung, Vertragsstrafen, Kosten durch Produktionsstillstand, entgangene Geschäfte bei Messegut usw.). Der Artikel 26 zielt demnach vor allem auf die Abdeckung von reinen Vermögensschäden.</td><td>keine entsprechende Regelung im HGB</td></tr>
<tr><td>Artikel 30 Reklamationen
Der Empfänger muss Schäden rechtzeitig reklamieren.
▪ Äußerlich erkennbare Schäden, die durch bloßen Augenschein wahrnehmbar sind, sind sofort bei der Ablieferung (mündlich) zu reklamieren.
▪ Bei äußerlich nicht erkennbaren Schäden hat der Empfänger für die schriftliche Reklamation eine Frist von sieben Werktagen.
▪ Bei Lieferfristüberschreitung muss der Empfänger binnen 21 Tagen nach der Zurverfügungstellung der Sendung einen schriftlichen Vorbehalt formulieren.
Im Vorbehalt müssen konkrete Mängel (Teilverlust, Verlust, Beschädigung, Lieferfristüberschreitung) reklamiert und ausreichend beschrieben werden. Ein Stempelaufdruck mit dem Vermerk „Angenommen unter Vorbehalt“ hat keine rechtliche Wirkung.</td><td>entspricht § 438 HGB</td></tr>
</table>

Die „Fracht“ ist der mit dem Absender vereinbarte Beförderungspreis.

Die wichtigsten Unterschiede zwischen CMR- und HGB-Frachtrecht

- Die CMR ist bei grenzüberschreitenden Lkw-Beförderungen zwingend vorgeschrieben.
- Die CMR unterscheidet in „nachträgliche Verfügung" (durch den Absender) und „Empfängeranweisung"
- Höchsthaftung nach CMR bei Lieferfristüberschreitung bis zur Höhe der Fracht, nach HGB dreifache Fracht
- Nur nach CMR ist eine Haftungserhöhung durch Wertangabe oder Angabe eines Interesses an der Lieferung möglich.

CMR-Haftung = Gefährdungshaftung

Die Gefährdungshaftung der CMR ist vor allem auf **Güterschäden** (Sachschäden) ausgerichtet. (Reine) **Vermögensschäden** werden nur bei Lieferfristüberschreitung und bei Nachnahmefehlern ersetzt. **Güterfolgeschäden** sind von der Haftpflicht des Frachtführers ausgenommen (Ausnahme: bei Angabe eines „Interesses an der Lieferung", siehe Artikel 26 CMR).

Gefährdungshaftung/Verschuldenshaftung = Haftungsprinzipien, siehe Seite 19

Der Frachtführer ist nach der CMR verpflichtet, die Güter in dem Zustand abzuliefern, in dem er sie zur Beförderung übernommen hat. Ist er dazu nicht in der Lage, hat er den entstandenen Verlust oder die eingetretene Beschädigung zu ersetzen – unabhängig davon, ob ihn ein Verschulden trifft. Der Frachtführer ist demnach so lange für die Unversehrtheit der Güter verantwortlich, wie er sie in seiner **Obhut** hat („... zwischen dem Zeitpunkt der Übernahme des Gutes und dem seiner Ablieferung ..."). Man spricht daher auch von der **Obhutshaftung** des Frachtführers. Der Begriff **„Gefährdungshaftung"** lässt sich aus der Tatsache ableiten, dass der Frachtführer für alle Gefahren haften muss, denen das Gut von der Übernahme bis zur Ablieferung ausgesetzt ist.

Unabwendbares Ereignis, siehe Seiten 32 und 104

(Wichtigste) Ausnahme: Der Frachtführer kann nachweisen, dass der in seinem Obhutszeitraum entstandene Schaden bei äußerster zumutbarer Sorgfalt nicht vorhersehbar und nicht vermeidbar war (**„unabwendbares Ereignis"**).

Man muss im Einzelfall prüfen, ob ein Ereignis als „unabwendbar" anzusehen ist. Die Abgrenzung soll an zwei Beispielen (Gerichtsentscheidungen) deutlich gemacht werden:

- Ein geplatzter Reifen, der zu einem Brandschaden an der Ladung führt, ist nicht als unabwendbares Ereignis anzusehen, auch wenn der Frachtführer den Lkw vor Fahrtantritt überprüft und in gutem Zustand befunden hat. Es ist nicht auszuschließen, dass der Schaden durch einen Fahrzeugmangel oder durch Unvorsichtigkeit und Fahrlässigkeit des Fahrers entstanden ist.
- Waren die Reifen eines Lkw vor Fahrtantritt in gutem Zustand, sind die Reifen während der Fahrt kontrolliert worden und ist es trotzdem zu einem Reifenbrand gekommen, weil ein schneidender Gegenstand auf der Fahrbahn lag, so kann sich der Frachtführer auf ein unabwendbares Ereignis berufen. Das Ereignis war trotz größter Sorgfalt nicht vorhersehbar und nicht vermeidbar.

Generell lässt sich sagen: Trifft den Frachtführer auch nur ein **geringes Verschulden** an dem Schaden, so ist der Einwand, Ursache des Schadens sei ein unabwendbares Ereignis, nicht möglich. Das Gleiche gilt, wenn **Mängel am Fahrzeug** vorliegen. Die nachfolgenden Beispiele verdeutlichen noch einmal den Unterschied:

Unabwendbares Ereignis (keine Haftung des Frachtführers)	**Abwendbares Ereignis (da vorhersehbar und vermeidbar; der Frachtführer muss für den Schaden haften)**
1. Ein Alpentunnel ist bei der Ankunft des Fahrzeugs gesperrt, obwohl sich der Fahrer von unterwegs telefonisch erkundigt und eine anderslautende Mitteilung erhalten hat. **2.** Ein Spediteur befördert Lederprodukte von Italien nach Deutschland. Auf einem Rastplatz in der Nähe von Modena wird der Lkw überfallen. Begründungen: – Der Fahrer hat einen Rastplatz aufgesucht, auf dem nach seiner Kenntnis bisher alles gut ging. – Der Fahrer hat nur zur Bedienung des digitalen Tachografen geparkt (ca. 25 m neben einer stark frequentierten Tankstelle entfernt, neben anderen Lkw). **3.** Ein Lkw fährt mit einer den Wetter- und Straßenverhältnissen angepassten Geschwindigkeit. Er wird von einem entgegenkommenden Fahrzeug erfasst, das ins Schleudern geraten ist.	**1.** Technisches Versagen einer Diebstahlsicherung führt zum Verlust des Lkw. **2.** Ein Lkw, der für eine Stunde unbeaufsichtigt in der Nähe eines italienischen Zollhofs abgestellt war, wird entwendet. **3.** Unfall mit Güterschaden, weil der Fahrer (trotz Einhaltung der Ruhezeiten) eingeschlafen war. **4.** Ein schweres Gewitter im August auf der Strecke Antwerpen – Basel führt zu einem Unfall mit Güterschaden.

Die Frage, ob ein unabwendbares Ereignis im Schadensfall vorgelegen hat, beschäftigt häufig die Gerichte, weil in der CMR detaillierte Regelungen zu diesem Sachverhalt fehlen und immer auf den Einzelfall abgestellt werden muss. Die Gerichte prüfen dabei in dreierlei Hinsicht:

- Handelt es sich um ein unabwendbares Ereignis, braucht der Frachtführer nicht zu haften.
- Handelt es sich um ein abwendbares Ereignis und hat der Frachtführer **fahrlässig** gehandelt, haftet er nur im Rahmen der CMR-Haftungsgrenzen (8,33 SZR/kg).
- Ist dem Frachtführer **grobe Fahrlässigkeit** vorzuwerfen, kann er sich nicht auf die CMR-Haftungsbegrenzung berufen und er haftet für den vollen Schaden.

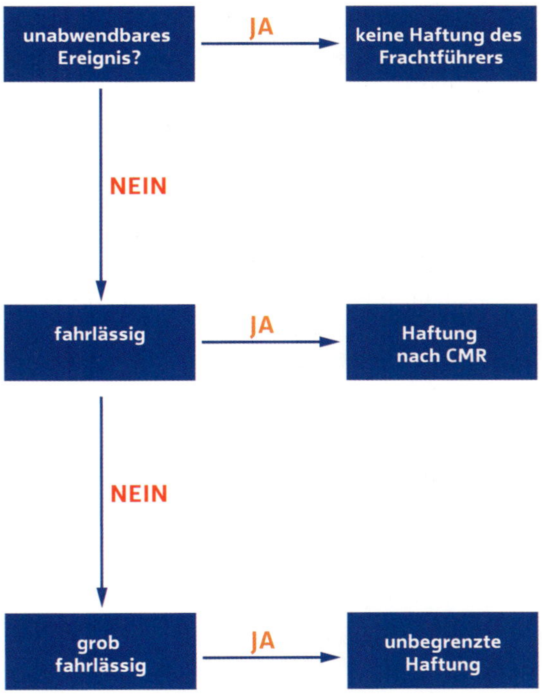

Beginn und Ende der Obhut am Gut

Eine Sendung gilt als **übernommen**, wenn der Frachtführer das Gut tatsächlich in seine Obhut genommen hat, d. h. ab Rampe/Halle, wenn der Fahrer (ausnahmsweise) die Güter verlädt oder (im Regelfall) nach Ende des Beladevorgangs durch den Absender.

Eine Sendung gilt als **abgeliefert**, wenn der Empfänger signalisiert hat, dass er die Sendung übernehmen will und der Frachtführer (Fahrer) den Empfänger in die Lage versetzt, die Güter körperlich in seine Obhut zu übernehmen. Dies geschieht im Regelfall durch das Bereitstellen und Öffnen des Fahrzeugs an der Rampe (die Güter werden entladebereit zur Verfügung gestellt). Entlädt der Fahrer, endet die Obhut des Frachtführers erst mit Schluss der Entladearbeiten.

Ausnahmen und Begrenzungen der Obhuts-/Gefährdungshaftung

Die strenge Obhuts- (Gefährdungs-)haftung wird gemildert durch eine Reihe von Ausnahmen:

- **Ausnahmen nach Artikel 17 Absatz 2 CMR** (Verschulden des Verfügungsberechtigten, besondere Mängel des Gutes, unabwendbare Umstände): Hier ist der **Frachtführer** beweispflichtig, dass ein Schaden durch einen solchen Umstand verursacht worden ist.
- **Ausnahmen nach Artikel 17 Absatz 4 CMR** (Transport mit offenen Fahrzeugen, Verpackungs- und Lademängel usw.): Hier genügt es, wenn der Frachtführer darlegen kann, dass der Schaden aus einer solchen Gefahr hätte entstehen **können**. Es wird dann angenommen, dass der Schaden durch diese Gefahr entstanden ist. Nun muss der **Anspruchsteller** beweisen, dass diese Annahme nicht richtig ist (Umkehrung der Beweislast).
- Eine weitere Haftungsmilderung liegt in der Festlegung von Haftungshöchstgrenzen:
  - **Nachnahmefehler:** maximal der Nachnahmebetrag (Artikel 21)
  - **Güterschäden:** höchstens 8,33 Sonderziehungsrechte (Artikel 23)
  - **Lieferfristüberschreitung:** bis zur Höhe der Fracht (Artikel 23)

Güterschadenhaftpflichtversicherung

Keine Versicherungspflicht nach CMR

Der Frachtführer ist nach der CMR nicht verpflichtet, sich gegen Schadenersatzansprüche aufgrund der CMR zu versichern. Angesichts der möglichen Haftungshöhe ist es jedem Frachtführer (und Spediteur, der wie ein Frachtführer behandelt wird) anzuraten, sich gegen diese Haftungsansprüche zu versichern. Die Versicherungsgesellschaften bieten dazu eine Güterschadenhaftpflichtversicherung (CMR-Versicherung) an. Die Prämie muss der Frachtführer bezahlen.

Zum Vergleich: § 7a GüKG, siehe Seite 88

Der Spediteur ist durch seine Haftungsversicherung gegenüber Ansprüchen aus CMR-Haftung abgesichert.

Haftungsversicherung, siehe Seite 57

CMR-Frachtbrief

Der CMR-Frachtbrief (siehe nachfolgende Seite) ist wie der HGB-Frachtbrief aufgebaut.

Frachtbrief-Funktionen

Siehe auch Funktionen des HGB-Frachtbriefes auf Seite 98

Der Frachtbrief dient als Nachweis über den Abschluss und den Inhalt des Beförderungsvertrages. Er hat daher die Funktion einer **Beweisurkunde**. Außerdem bescheinigt der Frachtführer in ihm die Übernahme einer genau bezeichneten Sendung (**Übernahmequittung**). Darüber hinaus begleiten das Frachtführer- und das Empfängerexemplar die Sendung (**Begleitpapier**). Schließlich bescheinigt der Empfänger auf dem Frachtbrief die Ablieferung der Sendung (**Ablieferungsnachweis**).

Sperrpapierfunktion, siehe Seite 101

Eine besondere Funktion erhält der CMR-Frachtbrief dadurch, dass der Absender nur gegen Vorlage seines Frachtbriefexemplars über die rollende Sendung nachträglich verfügen kann. Gibt der Absender sein Exemplar aus der Hand, kann er nicht mehr über die Sendung verfügen. Er ist von ihr abgesperrt. Man spricht daher auch von der **Sperrpapierfunktion** des CMR-Frachtbriefes.

In einigen EU-Ländern, z. B. Frankreich, Spanien und den Benelux-Staaten ist der elektronische CMR-Frachtbrief (E-CMR) bereits getestet worden. Erfolgversprechend sind weitere Tests mit dem Ziel, eine Erleichterung und Beschleunigung der Beförderungsabwicklung zu erreichen und zugleich Kosten von ca. 5 Euro pro Sendung zu sparen. Mit einer EU-weiten Regelung ist in den nächsten Jahren zu rechnen.

CMR-Frachtbrief

weiß – Exemplar für Auftraggeber; blau – Exemplar für Empfänger; grün – Exemplar für Frachtführer; rosa – Exemplar für Absender
blanc – Exemplaire pour commettant; bleu – Exemplaire du destinataire; vert – Exemplaire du transporteur; rose – Exemplaire de l'expéditeur
wit – Exemplaar voor lastgever; blauw – Exemplaar voor geadresseerde; groen – Exemplaar voor vervoerder; rose – Exemplaar voor afzender
bianco – Esemplare per committente; blu – Esemplare per destinatario; verde – Esemplare per trasportatore; rosa – Esemplare per mittente
white – Copy for orderer; blue – Copy for consignee; green – Copy for carrier; pink – Copy for sender
hvid – Eksemplar for ordregiver; blaa – Eksemplar for modtager; grön – Eksemplar for befordrer; rosa – Eksemplar for afsender

1 Absender (Name, Anschrift, Land) / Expéditeur (nom, adresse, pays)
Ernst Kaulmann KG
Bismarckstraße 8
42659 Solingen

INTERNATIONALER FRACHTBRIEF
LETTRE DE VOITURE INTERNATIONAL
Diese Beförderung unterliegt trotz einer gegenteiligen Abmachung den Bestimmungen des Übereinkommens über den Beförderungsvertrag im internat. Straßengüterverkehr (CMR).
Ce transport est soumis, nonobstant toute clause contraire, à la Convention relative au contrat de transport international de marchandises par route (CMR).

2 Empfänger (Name, Anschrift, Land) / Destinataire (nom, adresse, pays)
HanMet Jawna Export-Import
Maurycow 176
97-425 Zelow
Polen

16 Frachtführer (Name, Anschrift, Land) / Transporteur (nom, adresse, pays)
INTERSPED GmbH
Merkurstraße 14
40223 Düsseldorf

3 Auslieferungsort des Gutes / Lieu prévu pour la livraison de la marchandise
Ort/Lieu: Zelow
Land/Pays: Polen

17 Nachfolgende Frachtführer (Name, Anschrift, Land) / Transporteurs successifs (nom, adresse, pays)

4 Ort und Tag der Übernahme des Gutes / Lieu et date de la prise en charge de la marchandise
Ort/Lieu: Solingen
Land/Pays: Deutschland
Datum/Date: 16.03.20(0)

18 Vorbehalte und Bemerkungen der Frachtführer / Réserves et observations des transporteurs

5 Beigefügte Dokumente / Documents annexés

6 Kennzeichen und Nummern / Marques et numéros	7 Anzahl der Packstücke / Nombre des colis	8 Art der Verpackung / Mode d'emballage	9 Offiz. Benennung f. d. Beförderung / Désignation officielle de transport	10 Statistiknummer / No. statistique	11 Bruttogewicht in kg / Poids brut, kg	12 Umfang in m³ / Cubage m³
HM01-10	10	Paletten	Gewebe		4 200	

UN-Nummer / Numéro UN	Ben. s. Nr. 9 / Nom voir No 9	Gefahrzettelmuster-Nr. / Numéro d'étiquette	Verp.-Gruppe / Groupe d'emballage	Tunnelbeschränkungscode / Code de restriction en tunnels
UN				

13 Anweisungen des Absenders (Zoll- und sonstige amtliche Behandlung) Sondervorschriften / Instructions de l'expéditeur (formalités douanières et autres) Prescriptions particulières

19 Zu zahlen vom: / À payer par:	Absender / L'expéditeur	Währung / Monnaie	Empfänger / Le Destinataire
Fracht / Prix de transport			
Ermäßigungen / Réductions –			
Zwischensumme / Solde			
Zuschläge / Suppléments			
Nebengebühren / Frais accessoires			
Sonstiges / Divers +			
Zu zahlende Gesamtsumme / Total à payer			

14 Rückerstattung / Remboursement

15 Frachtzahlungsanweisungen / Prescription d'affranchissement
Frei / Franco
Unfrei / Non Franco: unfrei

20 Besondere Vereinbarungen / Conventions particulières

21 Ausgefertigt in / Etablie à: Solingen am / le: 16.03.20(0)

24 Gut empfangen / Réception des marchandises — Datum / Date — am / le

22 Ernst Kaulmann KG
Bismarckstraße 8
42659 Solingen
Unterschrift und Stempel des Absenders / (Signature et timbre de l'expéditeur)

23 INTERSPED GmbH
Merkurstraße 14
40223 Düsseldorf
Unterschrift und Stempel des Frachtführers / (Signature et timbre du transporteur)

Unterschrift und Stempel des Empfängers / (Signature et timbre du destinataire)

25 Angaben zur Ermittlung der Entfernung mit Grenzübergängen

von	bis	km

Paletten-Absender – Expéditeur des palettes

Art	Anzahl	Kein Tausch	Tausch
Euro-Palette			
Gitterbox-Palette			
Einfach-Palette			

Bestätigung des Empfängers/Datum/Unterschrift

Paletten-Empfänger – Destinataire des palettes

Art	Anzahl	Kein Tausch	Tausch
Euro-Palette			
Gitterbox-Palette			
Einfach-Palette			

Bestätigung des Fahrers/Datum/Unterschrift

26 Vertragspartner des Frachtführers

27	Amtl. Kennzeichen	Nutzlast in kg
Kfz		
Anhänger		

Benutzte Gen.-Nr. ☐ National ☐ Bilateral ☐ EG ☐ CEMT

Les parties encadrées de lignes grasses doivent être remplies par le transporteur. Die mit fett gedruckten Linien eingerahmten Rubriken müssen vom Frachtführer ausgefüllt werden.

21 + 22 einschließlich y compris et 1–15

Auszufüllen unter der Verantwortung des Absenders. A remplir sous la responsabilité de l'expéditeur.

WILHELM KÖHLER VERLAG Bestell-Nr. 296

* Bei gefährlichen Gütern ist in der letzten Zeile der Rubrik anzugeben: UN-Nummer, Gefahrzettelmuster-Nummer, Verpackungsgruppe und Tunnelbeschränkungscode. Güter der Klasse 1 und 7: siehe Sonderdokumentation Absatz 5.4.1.1.1 ADR. En cas de marchandises dangereuses, indiquer à la dernière ligne du cadre: Numéro ONU, Numéro d'étiquette, Groupe d'emballage et le code de restriction en tunnels. Marchandises des classes 1 et 7: voir demande spéciale dans ADR, Chapitre 5.4.1.1.1.

2009

Zusammenfassung	Grenzüberschreitender Güterkraftverkehr
Grenzüberschreitender Güterkraftverkehr:	Lkw-Transport, bei dem Abgangs- und Bestimmungsort in zwei unterschiedlichen Staaten liegen.
CMR:	Übereinkommen über den Beförderungsvertrag im internationalen Straßengüterverkehr
	▪ Abgangs- und Bestimmungsort liegen in zwei unterschiedlichen Staaten.
	▪ Mindestens einer dieser Orte liegt in einem Vertragsstaat.
Reichweite:	Gilt auf der gesamten Strecke, auch bei gemischten Verkehren (z. B. Fährverkehr eingeschlossen).
Frachtbrief:	dokumentiert den Beförderungsvertrag, ist aber nicht zwingend ▪ 1. Ausfertigung: Absender ▪ 2. Ausfertigung: begleitet das Gut bis zum Empfänger ▪ 3. Ausfertigung: Frachtführer
Versicherung:	keine Versicherungspflicht für den Frachtführer
Haftung:	
Rechtsgrundlage:	CMR
Haftungsgrundsatz:	Gefährdungshaftung
Haftungsumfang:	Güterschäden, Vermögensschäden
Haftungsgrenzen:	▪ Güterschäden: Wert des Gutes, maximal 8,33 SZR/kg ▪ Lieferfristüberschreitung: bis zur Höhe der Fracht ▪ Nachnahme: bis zur Höhe der Nachnahme
Änderung der Haftungsgrenzen:	▪ Wertdeklaration, Artikel 24 CMR ▪ Interessendeklaration, Artikel 26 CMR
Wegfall der Haftungsgrenzen:	▪ Vorsatz ▪ Leichtfertigkeit und in dem Bewusstsein, dass ein Schaden mit Wahrscheinlichkeit eintreten werde (nationales Recht)
Haftungsausschlüsse:	▪ unabwendbares Ereignis ▪ ungenügende Kennzeichnung ▪ mangelhafte Verpackung etc.
Reklamationsfristen:	▪ äußerlich erkennbare Schäden: sofort ▪ äußerlich nicht erkennbare Schäden: sieben Tage nach Ablieferung ▪ Lieferfristüberschreitung: 21 Tage nach Ablieferung

9.3 Ausgewählte Verkehrslinien in Europa

9.3.1 Bundesautobahnen

Die Bundesautobahnen sind in drei Kategorien unterteilt:

- Die **einstelligen Autobahnen** gelten als erstrangige Autobahnen und bilden somit das Grundnetz in Deutschland. Mehrheitlich finden sie zudem eine Fortführung in den angrenzenden Staaten: beispielsweise wird aus der deutschen A 8 nach dem Grenzübergang Bad Reichenhall bei Salzburg die österreichische A 10.

  Die Autobahnen mit geraden Nummern verlaufen in West-Ost-Richtung in aufsteigender Reihenfolge von Nord nach Süd: die **A 2** (Oberhausen – Berlin) verläuft am weitesten nördlich, dann folgen die **A 4** (Aachen – Görlitz) und die **A 6** (Saarbrücken – Waidhaus) sowie schließlich die **A 8** (Saarbrücken – Salzburg), die am weitesten südlich verläuft.

  Die Autobahnen mit den ungeraden Nummern verlaufen in Nord-Süd-Richtung in aufsteigender Reihenfolge von West nach Ost, wobei die **A 1** (Lübeck – Saarbrücken) eher diagonal von Nordost nach Südwest verläuft und die **A 3** (Emmerich – Passau) diagonal von Nordwest nach Südost. Es folgen die **A 5** (Bad Hersfeld – Basel), mit der **A 7** (Flensburg – Füssen) die längste Bundesautobahn und schließlich am weitesten östlich die **A 9** (Berlin – München).

- **Zweistellige Autobahnen** bilden wichtige Verbindungsstrecken zwischen einstelligen Autobahnen oder Großstädten und haben ebenfalls überregionale Bedeutung, wie z. B. die A 24 zwischen den beiden größten deutschen Städten Berlin und Hamburg oder die A 99, die dem Fernverkehr als Autobahnring eine weitläufige Umfahrung des Münchener Stadtgebietes ermöglicht.

  Zahlreiche zweistellige Autobahnen werden ebenfalls im Nachbarland fortgeführt; z. B. wird die deutsche A 12 an der Grenze bei Frankfurt/Oder zur polnischen A 2 Richtung Warschau.

  Bei den zweistelligen Autobahnen gilt ebenfalls die Regel, dass gerade Nummern tendenziell von West nach Ost verlaufen und ungerade Nummern von Nord nach Süd.

- **Dreistellige Autobahnen** haben grundsätzlich regionale Bedeutung.

  Es handelt es sich meist um kurze Verbindungsstrecken, wie z. B. die A 261, die südwestlich von Hamburg eine Abkürzung von der A 7 auf die A 1 ermöglicht, oder um Stadtautobahnen wie die A 111 und die A 115, die vom Berliner Autobahnring (A 10) in die Hauptstadt führen.

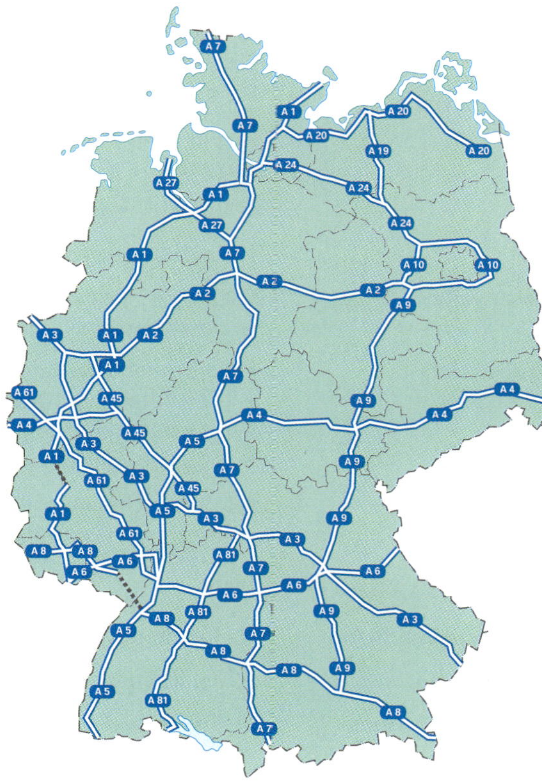

Insgesamt umfasst das deutsche Straßennetz ca. 13 000 Autobahnkilometer. Schnittpunkte von zwei Autobahnen nennt man **Autobahnkreuz**, wenn sich zwei Autobahnen kreuzen, bzw. **Autobahndreieck**, wenn eine der Autobahnen an diesem Schnittpunkt beginnt bzw. endet.

Beispiele:

- *Kamener Kreuz: Schnittpunkt zwischen A 1 und A 2*
- *Dreieck Karlsruhe: Schnittpunkt der A 5 mit der A 8, die hier endet*

9.3.2 Europastraßen

Ein ca. 50 000 km langes Netz von Durchgangsstraßen, das nach einem einheitlichen System ausgebaut ist, erstreckt sich über Europa. Europastraßen dienen der Erschließung von Wirtschaftszentren. Man erkennt sie durch ein weißes E mit zugehöriger weißer Nummer auf einem grünen Schild.
Die wichtigsten Routen haben als Endziffer „5“ oder „0“, wobei die Straßen, die auf „5“ enden, in Nord-Süd-Richtung verlaufen, und diejenigen, die auf „0“ enden, in Ost-West-Richtung verlaufen. Sie werden jeweils von West nach Ost bzw. von Nord nach Süd nummeriert.

Als Beispiele für die Ausdehnung der Europastraßen seien die E 30 und die E 45 genannt:
Verlauf der **E 30** über 5 800 km von Irland nach Sibirien: Cork – Rosslare – (Fähre) – Swansea – Cardiff – Bristol – London – Felixstowe – (Fähre) – Hoek van Holland – Den Haag – Utrecht – Hengelo – Osnabrück – Hannover – Berlin – Frankfurt/Oder – Posen – Warschau – Brest – Minsk – Smolensk – Moskau – Ufa – Omsk

E 30

E 45

Verlauf der **E 45** über 4920 km von der finnisch-schwedischen Grenze nach Sizilien: Karesuvanto – Gällivare – Östersund – Göteborg – (Fähre) – Frederikshavn – Aalborg – Arhus – Kolding – Flensburg – Hamburg – Hannover – Kassel – Würzburg – Nürnberg – München – Rosenheim – Innsbruck – Bozen – Verona – Bologna – Perugia – Rom – Neapel – Salerno – Reggio Calabria – (Fähre) – Messina – Catania – Agrigento

Durch die zentrale Lage Deutschlands bilden Bundesautobahnen häufig Teilstrecken der Europastraßen; im obigen Beispiel der E 45 handelt es sich dabei um die A 7 von Flensburg bis Würzburg, weiter um die A 3 bis Nürnberg, die A 9 bis München, die A 99 (Autobahnring München), die A 8 bis Rosenheim und schließlich die A 93 bis Kufstein an der österreichischen Grenze.

Dreistellige Europastraßen stellen ergänzende Verbindungen zwischen den Hauptrouten dar, wie z. B. die **E 451** von Gießen über Frankfurt/Main und Darmstadt nach Mannheim oder die **E 533** von München über Garmisch-Partenkirchen nach Innsbruck.

9.3.3 Grenzübergänge im europäischen Straßen-Güterverkehr

Mit der Schaffung des Europäischen Binnenmarktes sind die Grenzkontrollen an den EU-Binnengrenzen entfallen. Eine zollamtliche Überwachung des innergemeinschaftlichen Warenverkehrs findet dort nicht mehr statt. Grenzübergänge mit Zollabfertigung sind an den EU-Außengrenzen gegeben.

Wichtige Grenzübergänge an der deutschen EU-Außengrenze

Land	deutscher Grenzort	schweizerischer Grenzort
Schweiz	Weil Autobahn Lörrach Waldshut Rheinbrücke Konstanz Friedrichshafen (Fähre)	Basel Riehen Koblenz Kreuzlingen Romanshorn

Wichtige Grenzübergänge an den EU-Außengrenzen

von	nach	Grenzübergang	Strecke
Polen	Belarus	Terespol – Brest	Warschau – Moskau
Italien	Schweiz	Como – Chiasso	Mailand – Basel
Kroatien	Serbien	Bajakovo – Batrovci	Zagreb – Belgrad
Bulgarien	Türkei	Kapitan Andreewo – Kapikule	Sofia – Istanbul

9.3.4 Alpenübergänge

Der zunehmende Straßengüterverkehr zwischen Nordeuropa und Italien bzw. dem Balkan führt insbesondere für die Schweiz und Österreich zu erhöhten Umwelt- und Verkehrsproblemen. Mit einer Reihe von Reglementierungen wie Gewichtsbeschränkungen, Fahrverboten und Verkehrsabgaben wird der Transitverkehr über die Alpen beeinträchtigt. Die Schweiz und Österreich wollen den Verkehr von der Straße auf die Schiene verlagern. In der Schweiz sind diesbezüglich unter der Bezeichnung NEAT (Neue Eisen-Alpentransversale) der Lötschberg-Basistunnel sowie der Gotthard-Basistunnel (mit 57 km der längste Tunnel der Welt) gebaut worden. In Österreich soll bis zum Jahr 2025 der mit 64 km noch längere Brenner-Basistunnel fertiggestellt werden.

Nachfolgende Hauptverkehrsachsen sind die bedeutenden Transitwege für den Nord-Süd-Straßengüterfernverkehr über die Alpen.

Wichtige Alpenübergänge

Nr.	Straßentunnel/Pässe	Verbindung
1	Fréjus-Straßentunnel	Grenoble – Turin
2	Montblanc-Straßentunnel	Genf – Turin
3	Großer-St.-Bernhard-Straßentunnel	Bern – Turin
4	Gotthard-Straßentunnel	Basel – Mailand
5	San-Bernardino-Straßentunnel	Bregenz – Mailand

Nr.	Straßentunnel/Pässe	Verbindung
6	Arlberg-Straßentunnel	Bregenz – Innsbruck
7	Brenner-Autobahn	Innsbruck – Verona
8	Tauern-Autobahn: Tauern- und Katschberg-Straßentunnel	Salzburg – Villach
9	Karawanken-Straßentunnel	Villach – Ljubljana
10	Pyhrn-Autobahn: Bosruck- und Gleinalm-Straßentunnel	Linz – Graz

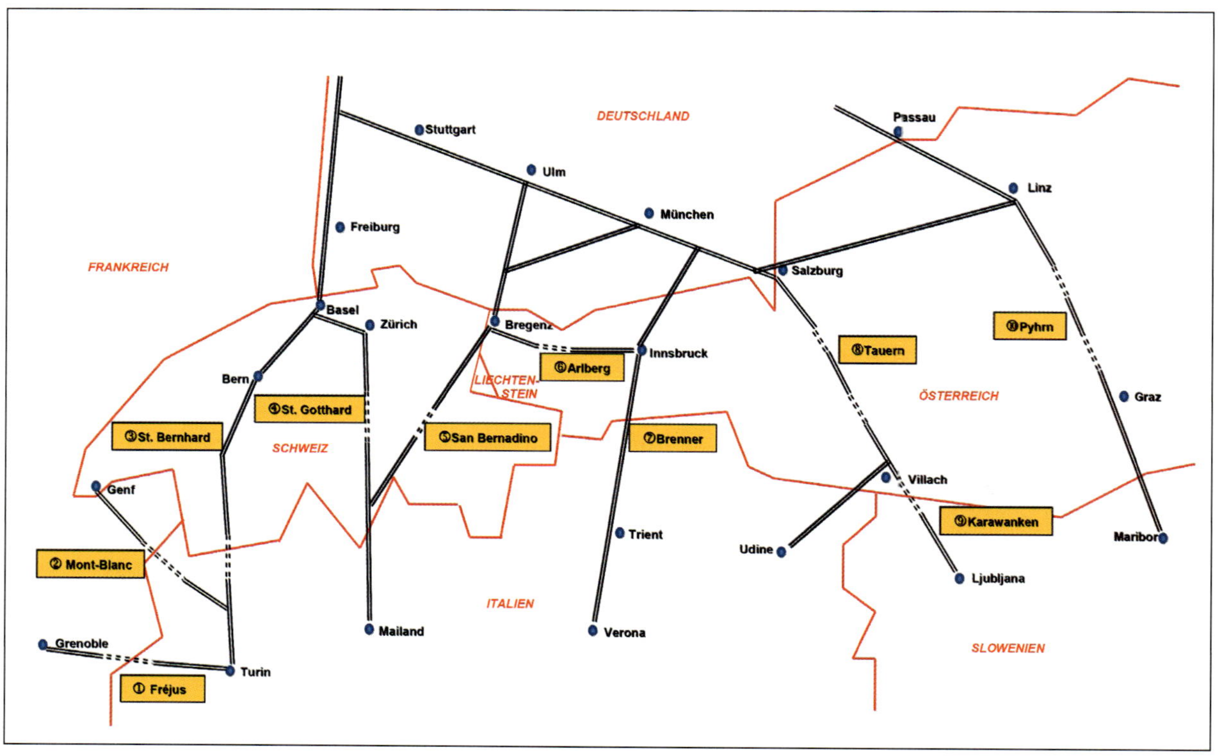

9.3.5 Fährverbindungen

Dort, wo das Wasser die Landverbindung unterbricht, bilden zahlreiche Fährverbindungen die schwimmende Brücke, z. B. im Mittelmeerraum nach Nordafrika oder im Nord- und Ostseeraum nach Großbritannien und Skandinavien. Fährverbindungen werden auch zur Erreichung rationeller Transportabläufe genutzt, z. B. bei Transporten in die Türkei oder in das Baltikum. Indem die Fahrer auf der Fähre ihre Ruhezeiten einhalten können, ergeben sich Laufzeitverkürzungen gegenüber dem durchgehenden Lkw-Landverkehr. Von den zahllosen Fährverbindungen in Europa sind nachfolgend einige der meistfrequentierten aufgeführt.

Nordeuropa/Ostsee (vgl. nachstehende Karte)		
Start	**Ziel**	**Fahrtdauer**
DK-Frederikshavn	S-Göteborg	3 h 15 m
D-Kiel	N-Oslo	19 h 30 m
S-Helsingborg	DK-Helsingör	25 m
SF-Helsinki	EST-Tallinn	1 h 30 m
DK-Hirtshals	N-Kristiansand	4 h 15 m
D-Travemünde	SF-Helsinki	36 h
D-Mukran	LT-Klaipèda	18 h
D-Puttgarden	DK-Rödby	1 h
D-Travemünde	S-Trelleborg	7 h

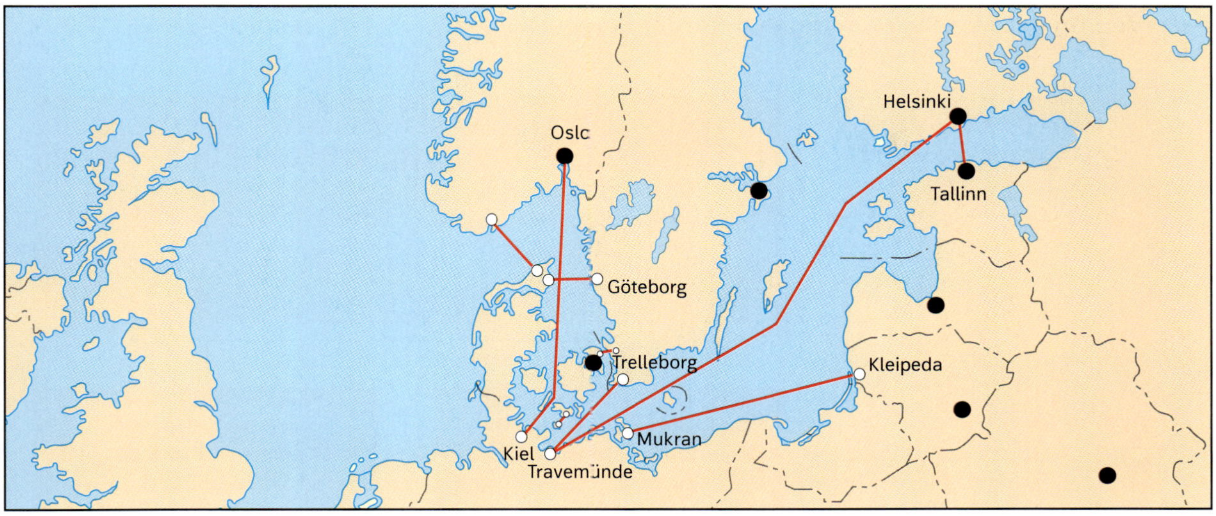

Nordwesteuropa/Nordsee		
Start	**Ziel**	**Fahrtdauer**
F-Calais	GB-Dover	1 h 15 m
NL-Hoek van Holland	GB-Harwich	10 h
F-Roscoff	IRL-Cork	14 h
NL-Rotterdam	GB-Hull	14 h

Südeuropa/Mittelmeer		
Start	**Ziel**	**Fahrtdauer**
E-Algeciras	MA-Tanger	2 h 30 m
I-Genua	TN-Tunis	24 h
I.Ancona	GR-Patras	33 h
I-Brindisi	GR-Igioumenitsa	8 h

10 Kombinierter Verkehr

10.1 Begriffsbestimmung

Im kombinierten Verkehr werden Ladeeinheiten (z.B. Wechselbehälter, Sattelauflieger oder Container) mit mindestens zwei **unterschiedlichen Verkehrsmitteln** befördert. Ziel des kombinierten Verkehrs ist es, die Verkehrsmittel zu einer durchgängigen Transportkette zu verbinden. Dabei findet ein Wechsel der Ladeeinheit statt, aber kein Umschlag der transportierten Güter.
Charakteristisch für die Beförderungsart ist die Verknüpfung der **Systemvorteile** der Verkehrsträger. Eisenbahn und Schifffahrt sind durch ihre Massenleistungsfähigkeit ideal für die Überbrückung großer Distanzen. Der Güterkraftverkehr eignet sich besonders auf kurzen und mittleren Entfernungen für Sammel- und Verteilverkehre. Angestrebt wird, den überwiegenden Teil der Strecke mit der Eisenbahn, dem Binnen- oder dem Seeschiff zurückzurückzulegen mit einem möglichst kurzen Straßenvor- und Straßennachlauf.

> **Kombinierter Verkehr** = Verbindung von mindestens zwei unterschiedlichen Verkehrsmitteln zu einer Transportkette, wobei die Ware das Transportgefäß nicht wechselt.

Verkehrsmittel, siehe Seite 13
Das HGB spricht in § 452 von Beförderungsmitteln.

Kombinierter Verkehr kann als nationaler und als internationaler Verkehr durchgeführt werden. Im nationalen Bereich stehen die deutschen Transporteure vor dem Problem einer oft nicht ausreichenden Länge für die Hauptstrecke.
Hier soll daher vorzugsweise der internationale kombinierte Verkehr aus der Sicht von Lkw und Eisenbahn betrachtet werden. Das heißt, es geht um den kombinierten Verkehr Straße/Schiene.

Kombinierter Verkehr = technische Betrachtung, multimodaler Verkehr = juristische Betrachtung. In beiden Fällen werden verschiedenartige Beförderungsmittel eingesetzt.

Beförderung mit verschiedenartigen Beförderungsmitteln

Gebrochener Verkehr
- verschiedenartige Beförderungsmittel
- Güter werden umgeladen

eigene Frachtverträge für jeden Transport

Kombinierter Verkehr
- verschiedenartige Beförderungsmittel
- Gut bleibt im Transportgefäß (Wechselbrücke, Sattelauflieger, Container).

Multimodaler Verkehr (nach HGB)

1. mindestens zwei unterschiedliche Beförderungsmittel
2. unterschiedliche Vertragsgrundlagen
3. durchgehender, einheitlicher* Beförderungsvertrag für die Gesamtstrecke (z. B. wegen Fixkostenspedition)

Haftung nach dem Netzwerkprinzip:
- bekannter Schadensort: Haftung nach dem Recht der Teilstrecke
- unbekannter Schadensort: Haftung nach der Grundhaftung des HGB

Unimodaler Verkehr

Mindestens eine der drei nebenstehenden Bedingungen ist nicht erfüllt.

* Einheitlich: nur ein Übernahme- und Ablieferungsort

10.2 Rechtsgrundlagen

Nationaler kombinierter Verkehr Straße/Schiene

Im nationalen kombinierten Verkehr richtet sich die Vertragsbeziehung nach dem **HGB** zusammen mit den **Allgemeinen Geschäftsbedingungen** der Kombi-Operateure, die den Schienentransport vom Versand- zum Empfangsumschlagbahnhof (Terminal) organisieren. Die Kombi-Operateure sind Dienstleister für Speditions- und Transportunternehmen.

Beispiel:
Kombiverkehr KG (Kombiverkehr Deutsche Gesellschaft für kombinierten Güterverkehr mbH & Co. KG)

Die **Kombiverkehr KG** tritt als Spediteur auf, der seine Leistungen zu festen Preisen anbietet. Folglich hat die Kombiverkehr KG als Fixkostenspediteur die Position eines Frachtführers nach HGB.
Beim nationalen kombinierten Verkehr Straße/Schiene setzt der Lkw-Unternehmer zur Durchführung der von ihm übernommenen Beförderung ganz oder teilweise die Eisenbahn ein. Als Ladeeinheiten werden komplette Lkw, Sattelauflieger, Wechselbrücken oder Container verwendet.
Es gilt einheitlich nationales Frachtrecht nach HGB, sodass kein multimodaler Verkehr vorliegt, obwohl unterschiedliche Beförderungsmittel eingesetzt werden. Nationaler kombinierter Verkehr ist **unimodaler** Verkehr.

Multimodaler Verkehr, siehe auch Seite 342

Internationaler kombinierter Verkehr Straße/Schiene

Grundsätzlich gilt auch für den internationalen kombinierten Verkehr das allgemeine Frachtrecht nach Handelsgesetzbuch (§§ 407 ff. HGB). Allerdings gibt es zwei Ausnahmen von diesem Grundsatz:

1. Wenn der **Schadensort bekannt** ist, gilt das Recht des Schadensortes und nicht das allgemeine Frachtrecht nach HGB.
2. Wenn für die Gesamtbeförderung ein internationales Übereinkommen wie z. B. die **CMR** gilt. In der CMR ist geregelt, dass das Übereinkommen auch für Transporte gilt, bei denen das Fahrzeug auf einer Teilstrecke z. B. mit der Eisenbahn befördert wird. Dann handelt es sich um **Huckepackverkehr** – eine Sonderform des kombinierten Verkehrs. Als **Fahrzeuge** gelten:
   - komplette Lkw,
   - Sattelauflieger und
   - Wechselbrücken.

Artikel 2 CMR

Wird das mit dem Gut beladene Fahrzeug auf einem Teil der Strecke zur See, mit der Eisenbahn, auf Binnenwasserstraßen oder auf dem Luftwege befördert und wird das Gut (...) nicht umgeladen, so gilt dieses Übereinkommen trotzdem für die gesamte Beförderung (...)

Eine Besonderheit ergibt sich aus dem weiteren Wortlaut von Artikel 2 CMR. Danach haftet der Straßenfrachtführer zwar durchgehend, aber nach unterschiedlichen Vertragsgrundlagen:

- Nach den Bestimmungen der CMR haftet er nur für seine Handlungen oder Unterlassungen.
- Schäden, die vom weiteren Beförderungsmittel verursacht worden sind, sind hingegen vom Lkw-Frachtführer nach der Vertragsgrundlage des schadenverursachenden Frachtführers zu ersetzen.

Beispiel:
Werden die im Lkw geladenen Güter durch einen Rangierstoß während des Eisenbahntransportes beschädigt, haftet der Straßenfrachtführer für den entstandenen Schaden nach den Bestimmungen der CIM (Einheitliche Rechtsvorschriften für den Vertrag über die internationale Eisenbahnbeförderung von Gütern) bis zu einer Haftungshöchstgrenze von 17 SZR pro Bruttokilogramm.

CIM, siehe Seite 328

Folglich ist beim internationalen kombinierten Verkehr zu unterscheiden:

- Beförderung von **Fahrzeugen** im Huckepackverkehr: Es gilt durchgängig die CMR, sofern der Schadensort unbekannt ist. Bei **bekanntem** Schadensort ist das Recht des anderen Beförderungsmittels (im Eisenbahnverkehr die CIM, im Straßenverkehr mit Einschluss einer Seestrecke das Seerecht) anzuwenden.
- Beförderung von **Containern**: Bei unbekanntem Schadensort ist das HGB-Frachtrecht maßgebend, bei **bekanntem** Schadensort das Recht des schadenverursachenden Verkehrsmittels.

Schadensort	Beförderung von Containern	Beförderung von Fahrzeugen
unbekannt	HGB	CMR
bekannt	Recht des schadenverursachenden Verkehrsmittels	Recht des schadenverursachenden Verkehrsmittels

Neben HGB bzw. CMR sind weiterhin die Allgemeinen Geschäftsbedingungen der jeweiligen Kombi-Operateure zu beachten. Als Allgemeine Geschäftsbedingungen können auch die AGB der **Internationalen Vereinigung für den Kombinierten Verkehr Schiene-Straße** (**UIRR**) verwendet werden.

www.uirr.com

Huckepackverkehr: = Beförderung von Fahrzeugen (Lkw, Sattelauflieger, Wechselbrücken) im Hauptlauf auf der Schiene.

Bedingungen für das Vorliegen multimodalen Verkehrs, siehe Seite 342

Da im internationalen kombinierten Verkehr Schiene/Straße

- verschiedene Beförderungsmittel eingesetzt werden,
- ein durchgehender, einheitlicher Beförderungsvertrag für die Gesamtstrecke gilt,
- auf den Teilstrecken (Straße, Schiene) aber unterschiedliche Vertragsordnungen wirksam sind, handelt es sich hierbei um **multimodalen Verkehr**.

Weitere Kombi-Operateure:
- CEMAT
- HUPAC
- Transfracht
- TX Logistik

Nachfolgend wird der kombinierte Verkehr in Anlehnung an die Prozessabwicklung der Kombiverkehr KG dargestellt.

Transportkette im kombinierten Verkehr Straße/Schiene

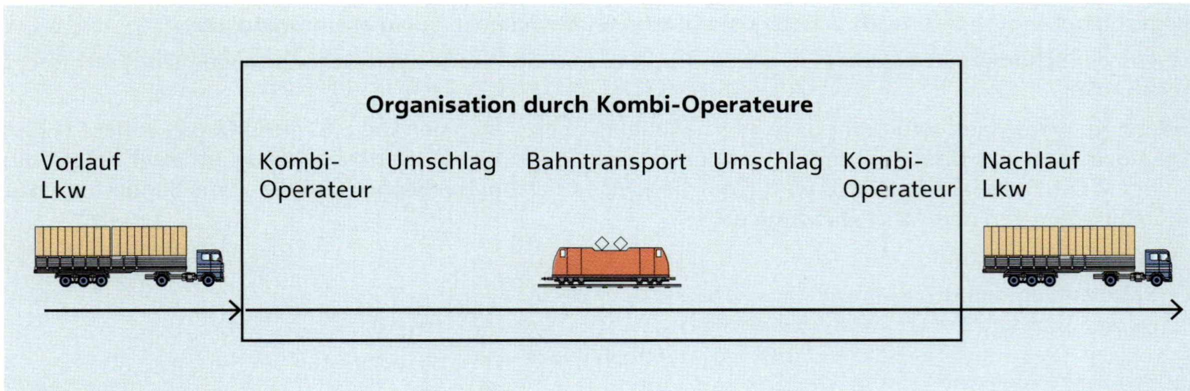

10.3 Teilnahme am kombinierten Verkehr

Teilnahmevoraussetzungen

Technische Anforderungen	▪ vier Beschläge zur Befestigung und Sicherung der Ladeeinheiten auf dem Waggon ▪ vier Greifkanten zum Anheben und Umschlagen der Ladeeinheiten mittels Greifzangen ▪ Sattelanhänger müssen kranbar und mit klappbarem Unterfahrschutz ausgerüstet sein.
Anforderungen nach dem GüKG	Der Frachtführer muss für den Vor- und Nachlauf per Lkw über eine Erlaubnis verfügen.

Technische Anforderungen

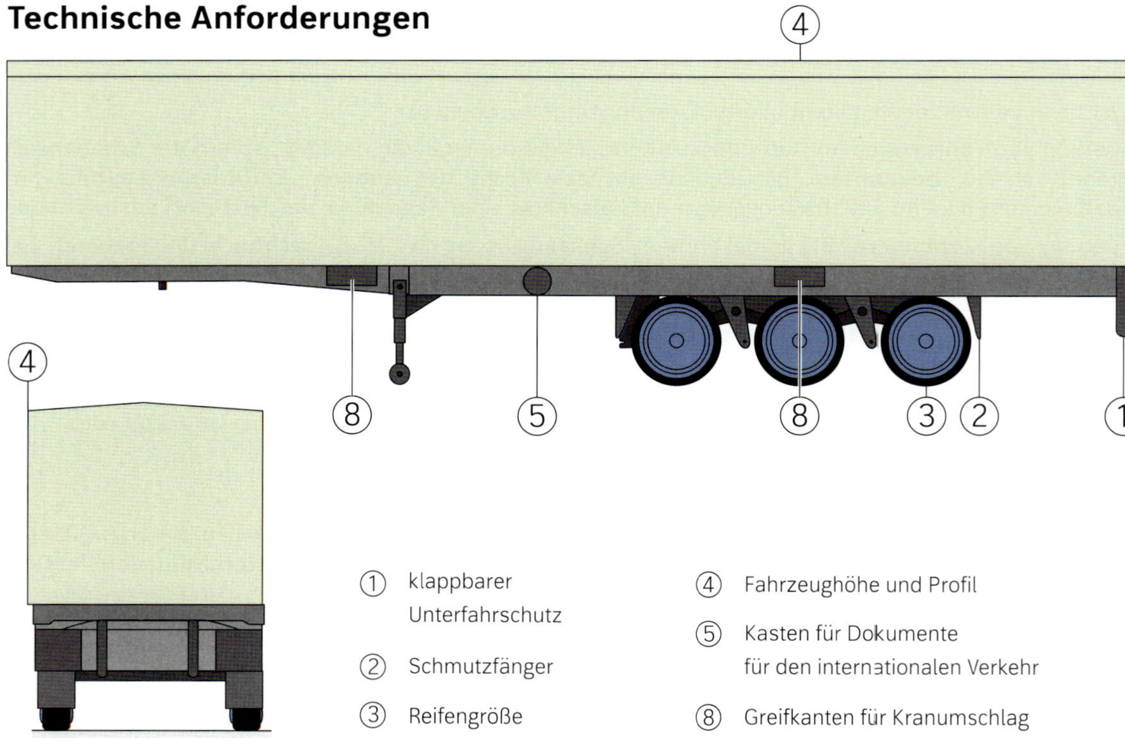

Technischer Ablauf

Wer am Kombiverkehr teilnehmen möchte, benötigt zunächst eine **Verkehrsfreigabe** der Kombiverkehr KG. Dazu sind folgende Voraussetzungen zu erfüllen:

- Es ist ein Stundungskonto bei der **Deutschen Verkehrsbank** (DVB) einzurichten, eine Bürgschaft in Höhe eines voraussichtlich zu erwartenden Monatsumsatzes zu hinterlegen und eine Einzugsermächtigung zu erteilen. Von diesem Konto werden die Entgelte in regelmäßigen Abständen abgebucht.

- Die Ladeeinheiten müssen für den Kombiverkehr technisch geprüft und zugelassen (**kodifiziert**) werden. Ein Kodenummernschild an der Ladeeinheit gibt die technischen Eigenschaften an.
- Sattelanhänger und Wechselaufbauten müssen zudem mit dem **ILU-Code** versehen sein. ILU steht für Intermodale Ladeeinheit, englisch: Intermodal Loading Unit. Der Code dient der Eigentümeridentifizierung. Er ist wie nebenstehend aufgebaut. Der Code ist mindestens an den beiden Seitenwänden und auf dem Dach anzubringen.
  Durch den Code soll die EDV-mäßige Erfassung und Verwaltung der Ladeeinheiten verbessert werden. Da die Codes öffentlich registriert werden, unterstützen sie Maßnahmen zur Sicherheit und zur Gefahrenabwehr, insbesondere an den EU-Außengrenzen.

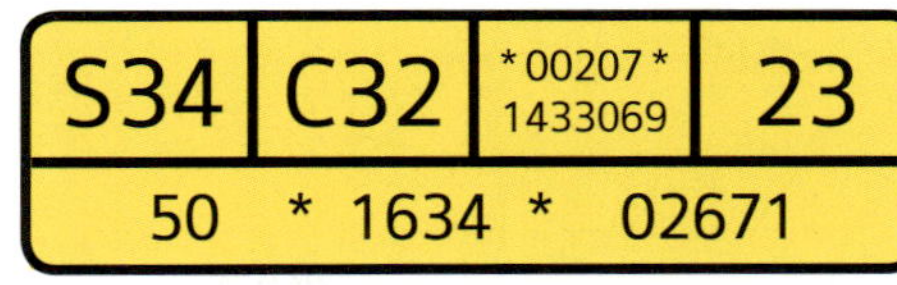

Der Spediteur/Frachtführer bucht bei der Kombiverkehr KG seine Ladeeinheiten für die gewünschten Relationen. Die Anmeldefristen sind dem Kombifahrplan zu entnehmen. Vor Ablauf der Anmeldefrist kann eine Buchung rückgängig gemacht werden, andernfalls ist eine Stornogebühr fällig.

Die gebuchten Ladeeinheiten werden vom Spediteur/Frachtführer spätestens zum Ladeschluss (vgl. Kombifahrplan) am Umschlagbahnhof abgeliefert. Der Fahrer übergibt der Kombi-Agentur des Terminals den ausgefüllten **Versandauftrag.** Die Ladeeinheiten werden äußerlich auf Betriebssicherheit geprüft und anschließend zur Ladestelle gefahren, wo sie mit einem Kran oder einem mobilen Umschlaggerät auf die Waggons verladen werden.

Kombifahrplan, siehe Seite 166

Die Daten des Auftrages werden in das EDV-System der Kombiverkehr KG eingegeben und an den Empfangsbahnhof zur Vormeldung des Transports weitergeleitet. Dort können die Ladeeinheiten frühestens mit dem Abladebeginn (siehe Kombifahrplan) von Abholfahrzeugen übernommen werden.

Beförderungszeiten

Im unbegleiteten Kombiverkehr existieren zurzeit in Deutschland rund 45 Umschlagbahnhöfe; im europäischen Ausland sind über 100 Terminals an dieses Netz angebunden. Allerdings sind nicht zwischen allen Umschlagbahnhöfen Verbindungen eingerichtet. Entscheidend ist hier das Sendungsaufkommen. Außerdem ist kombinierter Verkehr erst ab ca. 300 km Schienenstrecke wirtschaftlich. Die Beförderungszeiten sind den jeweiligen Fahrplänen zu entnehmen.

Umschlag von Ladeeinheiten im kombinierten Verkehr

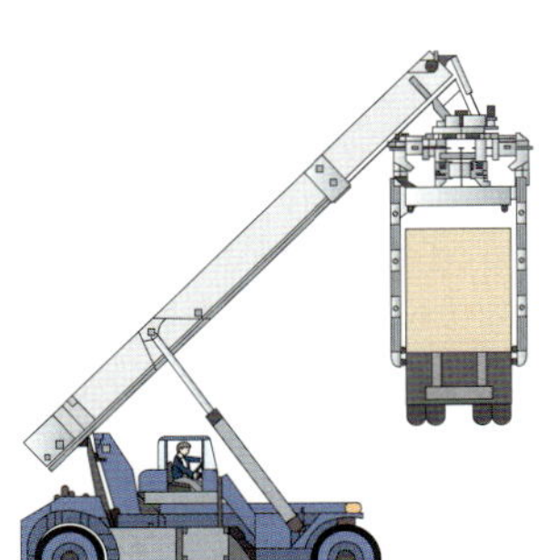

Auflieferungsarten

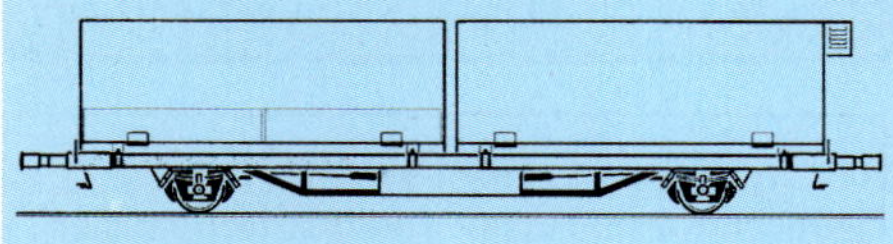

Unbegleiteter kombinierter Verkehr
Wechselbehälter, Container und Sattelauflieger werden von einem Kran oder einem mobilen Umschlaggerät auf den Bahn-Waggon verladen (ca. 80 % des Aufkommens).

Wechselbehälter (bis zu 33 t)

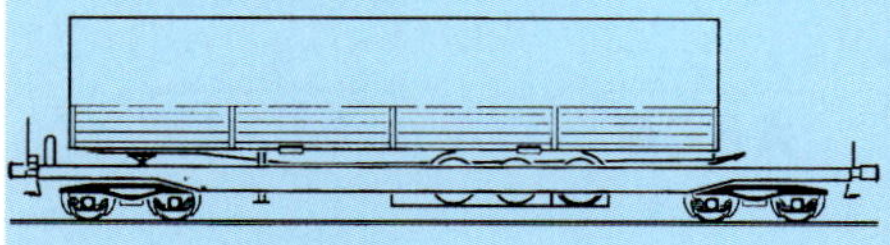

Sattelanhänger (bis zu 33 t)

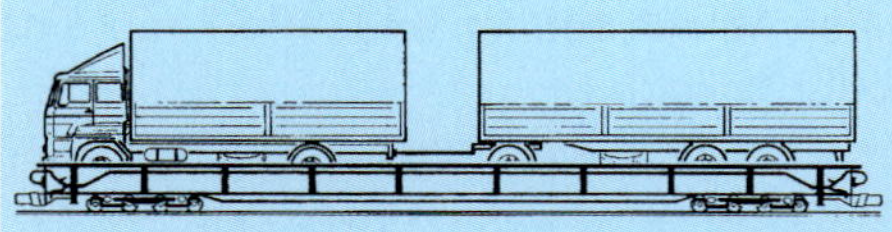

Begleiteter kombinierter Verkehr:
Die kompletten Fahrzeuge (Lkw, Lkw-Züge, Sattelfahrzeuge) werden vom Fahrer über eine Rampe auf sehr niedrige Spezialwaggons (Niederflurwagen) aufgefahren; der Fahrer begleitet den Schienentransport im mitgeführten Liegewagen. Man spricht auch von der **„Rollenden Landstraße“** (ca. 20 % des Aufkommens).

komplette Lastzüge (= „Rollende Landstraße“; bis zu 40 t)

Fahrplan

Kombifahrplan Köln (Ausschnitt)

	von Köln				Profile	
	Abfahrtstage (1 = Montag)	Ladeschluss	Empfangstag (B = nächster Tag)	Abladebeginn	Wechselbehälter ≤ 2,55 m Breite **Profilnummer**	Wechselbehälter ≤ 2,60 m Breite **Profilnummer**
Empfangsbahnhof						
I-Busto Arsizio (Mailand)	2–4	11:15	B	07:30	C 50	C 380
I-Busto Arsizio (Mailand)	1–5	12:45	B	09:30	C 50	C 364
I-Busto Arsizio (Mailand	1–5	16:30	B	10:30	C 50	C 364
I-Busto Arsizio (Mailand)	1–4	18:45	B	15:00	C 50	C 364
I-Busto Arsizio (Mailand)	5	18:45	D	05:00	C 50	C 364
I-Busto Arsizio (Mailand)	1–4	22:30	B	18:00	C 50	C 364
I-Busto Arsizio (Mailand)	5	22:30	D	05:00	C 50	C 364
I-Busto Arsizio (Mailand)	6	11:45	C	15:30	C 50	C 380

Erläuterungen zum Kombifahrplan

Abfahrtstage	Tage, an denen die Verkehrsverbindung bedient wird (1 = Montag ... 6 = Samstag)
Ladeschluss	Uhrzeit, zu der das Verladen für diese Relation abgeschlossen wird
Empfangstag	Tag, an dem die Ladeeinheit am Empfangsbahnhof frühestens abgeholt werden kann. Es gilt Versandtag = Tag A, nächster Tag = Tag B usw.
Abladebeginn	Uhrzeit, zu der die Ladeeinheit am Empfangsbahnhof frühestens abgeholt werden kann

Profile

Für die Durchfahrt durch Tunnel darf – je nach Fahrstrecke – eine bestimmte Eckhöhe nicht überschritten werden. Aus dem Fahrplan lässt sich die Eckhöhe errechnen, die durch eine Buchstaben-Zahlen-Kombination (= Profil) codiert ist.
Für 2,55 m breite kranbare Sattelanhänger (P) und Wechselbehälter (C) steht eine zweistellige Profilnummer (z. B. P 50 oder C 50).

von der Profilnummer zur Eckhöhe

Beispiel:
Wechselbehälter (C) 2,55 m breit, Profilnummer C 50:
Das Grundmaß für den Behälter ist 2,45 m Höhe.
Die Eckhöhe ergibt sich aus dem Grundmaß zuzüglich Profilnummer.

Beispiel:
Profilnummer C 50

C	*= Wechselbehälter*
50	*= zweistellige Profilnummer, d. h., der Wechselbehälter ist 2,55 m breit, zum Grundmaß müssen 50 cm **hinzugerechnet** werden, um die Eckhöhe zu erhalten*

Grundmaß	***+ zweistellige Profilnummer***	***= Eckhöhe***
245 cm	*+ 50 cm*	*= 295 cm = maximale Eckhöhe des Behälters*

Für 2,60 m breite Ladeeinheiten ist die Profilnummer dreistellig.

Beispiel:
Wechselbehälter 260 cm breit, Profilnummer C 380

C	*= Wechselbehälter*
380	*= dreistellige Profilnummer, d. h. 2,60 m breiter Wechselbehälter, von der Profilnummer müssen 85 cm **abgezogen** werden*

dreistellige Profilnummer	***– 85***	***= Eckhöhe***
380	*– 85*	*= 295 cm*

Preise/Kostenvergleich

Grundlage der Preisbildung im kombinierten Verkehr Straße/Schiene ist die **Ladeeinheit**. Das sind Wechselbrücken, Container, Sattelauflieger oder komplette Lkws.

Preisliste der Kombiverkehr KG (Auszug)

Köln – Busto Arsizio (Mailand) Preise in EUR					
	Gesamtgewicht der Ladeeinheit				
Außenlänge der Ladeeinheit	bis 8 t	bis 16,5 t	bis 22 t	bis 34 t	über 34 t
bis 6,15 m/20‘ (20-Fuß-Container)	252	355	433	591	670
bis 7,82 m	292	394	433	591	670
bis 9,15 m/30‘	331	433	591	591	670
bis 10,90 m	552	591	788	788	788
bis 12,19 m/40‘	394	591	630	630	788
bis 13,75 m/45‘	552	591	788	788	788

Preisermittlung: Der Bruttopreis ergibt sich aus der Außenlänge und dem Gewicht pro Ladeeinheit.

Abschläge: Die Kombiverkehr KG gewährt Mengenrabatte, Firmenboni zum Jahresende und Rabatte für Kommanditisten der KG (Spediteure und Frachtführer können sich an der KG beteiligen).

Nebengebühren: Für Vorgänge, die vom üblichen Betriebsgeschehen abweichen, werden Nebengebühren erhoben:

- Abbestellgebühren für die Zwischenlagerung von Ladeeinheiten an den Terminals
- Stornogebühr, wenn eine Buchung nicht bis zum Anmeldeschluss am Auflieferungstag rückgängig gemacht wird

Gefahrgut

Siehe Seite 170

Grundsätzlich können alle Gefahrgüter befördert werden, die nach GGVSEB bzw. ADR/RID (Gefahrgutvorschriften für den Straßen- und den Eisenbahnverkehr) zugelassen sind.

Befreiung von Straßenfahrverboten

Lastkraftwagen mit einem zulässigen Gesamtgewicht über 7,5 t dürfen zu folgenden Zeiten nicht am Straßenverkehr teilnehmen:

- **Sonntagsfahrverbot**
  Nach § 30 Straßenverkehrsordnung (StVO) an Sonn- und Feiertagen in der Zeit von 0:00 bis 22:00 Uhr.

- **Ferienfahrverbot**
  Aufgrund der Ferienreiseverordnung vom 01.07. bis 31.08. an Samstagen von 7:00 bis 20:00 Uhr auf bestimmten Autobahnabschnitten und Bundesstraßen, z. B. auf der A 2 vom Autobahnkreuz Oberhausen bis zum Autobahnkreuz Bad Oeynhausen.

Genaueres zu Verbotsstrecken, siehe www.bmvbs.de

Die **Verbote gelten nicht**

- für den **kombinierten Güterverkehr** Schiene/Straße vom Versender bis zum nächstgelegenen Verladebahnhof bzw. vom nächstgelegenen Entladebahnhof bis zum Empfänger,
- für die Beförderung bestimmter **Frischeprodukte** (Milch und Milcherzeugnisse, Fleisch, Fisch, leichtverderbliches Ost und Gemüse).

Die Karte unten zeigt die Verbindungsdichte im aktuellen Netzwerk **de.NET**direkt+.

10.4 Vor- und Nachteile des kombinierten Verkehrs Straße/Schiene

Betriebswirtschaftliche Vorteile

1. Einsparung von Steuern und Gebühren:
   - **a** Kfz-Steuer-Befreiung oder -Einsparung (z. B. 124 Fahrten pro Jahr führen zu 100 % Erstattung)
   - **b** Vermeidung von Straßenbenutzungsgebühren, Maut oder ähnlichen Abgaben
2. Personaleinsparung: Im **begleiteten** Kombiverkehr ist kein zweiter Fahrer erforderlich; Mitnahme des Personals im Zug. Beim **unbegleiteten** Verkehr ist Fahrpersonal nur für den Vor- und Nachlauf erforderlich:
   - **a** Abbau von Nachtarbeit
   - **b** weniger Probleme bei der Einhaltung der Lenk- und Ruhezeiten für Lkw-Fahrer, da die Zugfahrt im begleiteten Kombiverkehr als Ruhezeit anerkannt wird
3. bessere Nutzung der Investitionen infolge einer verlängerten Lebensdauer des Fahrzeugparks:
   - **a** Abbau des Fuhrparks und in der Folge verringerte Kapitalbindung und höhere Liquidität
   - **b** volle Ausnutzung des zulässigen Lkw-Gesamtgewichts von 40 t im Alpentransit

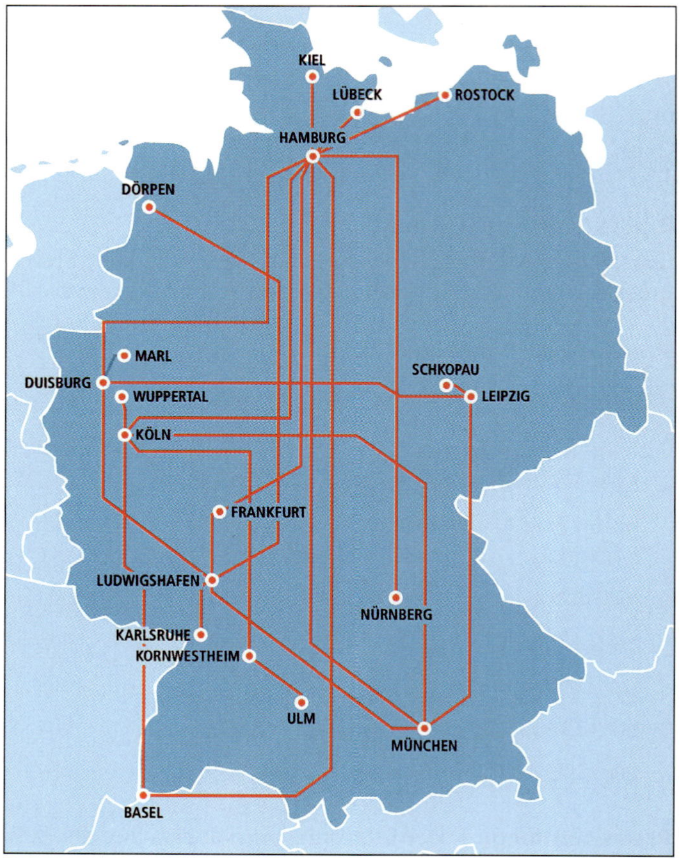

   - **c** höheres Lkw-Gesamtgewicht (44 t statt 40 t) bei Fahrzeugen im Vor- und Nachlauf zum nächstgelegenen Umschlagbahnhof innerhalb einer Zone von 150 km Luftlinie
4. geringeres Transportrisiko
5. größere Schnelligkeit
6. unabhängig vom Wetter, von den Verkehrsverhältnissen, keine Wartezeiten an den Grenzen (nur an der Schweizer Grenze)
7. Ausnahme von Straßenfahrverboten für den Straßenvor- und -nachlauf

Volkswirtschaftliche Vorteile

8. umweltfreundlicher als Straßenverkehr durch die Reduzierung von Schadstoffen wie Stickoxide, Ruß, Kohlenmonoxid und Kohlendioxid
9. Energieeinsparung (bis zu 30 % im Vergleich zum durchgehenden Straßengüterfernverkehr)
10. Entlastung des Straßenverkehrs
11. Landschaftsschutz: Durch die Entlastung der Fernverkehrsstraßen reicht das vorhandene Straßennetz länger aus.
12. ideale Kombination eines Transportmittels für große Mengen und für lange Strecken (Eisenbahn) mit einem Transportmittel, das sich in der Erschließung der Fläche auszeichnet

Nachteile des kombinierten Verkehrs

1. genau festgelegte Abfahrts- und Ankunftszeiten
2. Voranmeldung beim Kombi-Operateur erforderlich
3. Verspätete Stornierungen sind kostenpflichtig.
4. Umschlag nur an bestimmten Umschlagterminals
5. An den Umschlagbahnhöfen bestehen oft Kapazitätsengpässe (Waggons fehlen).
6. Der Fahrplan kann nicht immer eingehalten werden.

Zusammenfassung	Kombinierter Verkehr	
Kombinierter Verkehr:	Verbindung von mindestens zwei Verkehrsträgern zu einer Transportkette ohne Umladung des Gutes	
Multimodaler Verkehr:	1. verschiedenartige Beförderungsmittel 2. unterschiedliche Vertragsordnungen 3. durchgehender, einheitlicher Beförderungsvertrag über die Gesamtstrecke (z. B. Fixkostenspedition)	
Unimodaler Verkehr:	mindestens eine der drei Bedingungen zum multimodalen Verkehr nicht erfüllt	
Gebrochener Verkehr:	Verbindung von mindestens zwei Verkehrsträgern zu einer Transportkette mit Umladung des Gutes	
Huckepackverkehr:	Beforderung von Fahrzeugen (Lkw, Sattelauflieger, Wechselbrücken) im Hauptlauf auf der Schiene.	
Kombi-Operateure:	Kombiverkehr KG, CEMAT, HUPAC, Transfracht, TX Logistik u. a.	
Rechtsgrundlagen:	▪ national: HGB (einheitliche Rechtsgrundlage der beteiligten Verkehrsträger) + AGB ▪ international: CMR + AGB	
Teilnahmevoraussetzungen:	▪ technische Anforderungen an den Lkw (Kodierung mit Profilnummern) ▪ Erlaubnis für den Lkw-Vor- bzw. -Nachlauf ▪ Stundungskonto bei der Deutschen Verkehrsbank	
Auflieferungsarten:	▪ unbegleitet: Wechselbrücken, Sattelauflieger ▪ begleitet: kompletter Lkw, „Rollende Landstraße“	
Besonderheiten:	Befreiung von Sonntags- und Ferienfahrverboten im Vor- und Nachlauf	
Vorteile/Nachteile:	+ ▪ Kfz-Steuer- und Maut-Einsparung ▪ Personaleinsparung im unbegleiteten Verkehr ▪ bessere Einhaltung der Lenk- und Ruhezeiten ▪ höheres Lkw-Gesamtgewicht (44 t) im Vor- und Nachlauf ▪ Ausnahme von Fahrverboten ▪ geringeres Transportrisiko ▪ Unabhängigkeit vom Wetter ▪ Energieeinsparung/Umweltschutz ▪ Entlastung des Straßenverkehrs	– ▪ feste Fahrpläne ▪ Umschlag nur an bestimmten Terminals ▪ Kapazitätsengpässe an den Terminals

11 Lkw-Gefahrguttransporte

UN-Modellvorschriftenwerk = Recommendations on the Transport of Dangerous Goods – Model Regulations

Gefahrgut = Güter, bei deren Beförderung Gefahren für Mensch und Umwelt entstehen.

Gefährliche Güter stellen für Mensch und Umwelt besondere Risiken dar. Feuerwerkskörper sind ein einsichtiges Beispiel für explosive Stoffe, aber auch die Airbag-Module für einen Pkw können bei unsachgemäßer Behandlung explodieren. Der Gesetzgeber (national und international) hat – vor allem in der Folge schwerer Unfälle – ein umfangreiches Regelwerk erlassen, das die Beförderung solcher Güter bis ins Detail festlegt.

11.1 Rechtsgrundlagen für Gefahrguttransporte

Generell gilt für nationale Gefahrguttransporte das **Gesetz über die Beförderung gefährlicher Güter** als allgemeine Rechtsgrundlage. Daneben existieren für den nationalen und internationalen Verkehr Rechtsvorschriften, die die Besonderheiten der jeweiligen Verkehrsträger berücksichtigen. Von besonderer Bedeutung ist das UN-Modellvorschriftenwerk der Vereinten Nationen, das zu einer weltweiten Vereinheitlichung und damit auch Vereinfachung von Gefahrgutvorschriften beigetragen hat.

IATA-DGR, siehe Seite 265

1. die **GGVSEB**	**Verordnung** über die innerstaatliche und grenzüberschreitende Beförderung gefährlicher Güter auf der Straße, mit Eisenbahnen und auf Binnengewässern (**G**efahr**g**ut**v**erordnung **S**traße, **E**isenbahn und **B**innenschiffahrt). Mit der Verordnung werden ADR, RID und ADN (siehe unten) für die Bundesrepublik Deutschland in Kraft gesetzt. Die GGVSEB enthält darüber hinaus vielfach detailliertere Regelungen als ADR und RID, z. B. bei der Festlegung der Sicherheitspflichten der Beteiligten (siehe Seite 174).
2. das **ADR**	**Übereinkommen** über die internationale Beförderung gefährlicher Güter auf der Straße. Das ADR gilt zudem auch für innerstaatliche Transporte in den Vertragsstaaten.[1]
3. das **RID**	Internationale Ordnung für die Beförderung gefährlicher Güter mit der Eisenbahn. Auch das RID ist für innerstaatliche Eisenbahntransporte anzuwenden. ADR und RID sind weitgehend ähnlich aufgebaut, unterscheiden sich inhaltlich aber durch ihre verkehrsträgerbezogenen Regelungen.
4. das **ADN**	europäisches Übereinkommen über die internationale Beförderung von gefährlichen Gütern auf Binnenwasserstraßen
5. die **GGVSee**	Verordnung über die Beförderung gefährlicher Güter mit Seeschiffen. Der IMDG-Code (siehe unten) ist Teil der GGVSee.
6. der **IMDG-Code**	International **M**aritime **D**angerous **G**oods-Code. Es handelt sich um Bestimmungen, die von der IMO (= International Maritime Organization) herausgegeben worden sind und die für Seetransporte gelten. Der IMDG-Code hat die UN-Modellvorschriften übernommen.
7. die **IATA-DGR**	Die IATA-**D**angerous **G**oods **R**egulations gelten für die Beförderung von Gefahrgut mit Flugzeugen. Auch die IATA-DGR lehnen sich sehr stark an die UN-Modellvorschriften an.

Neben diesen grundlegenden Vorschriften existieren noch zahlreiche Durchführungsvorschriften und weitere zu beachtende Gesetze und Verordnungen (siehe unten). Insgesamt gesehen liegt eine Fülle von Regelungen vor, die sich ein Speditionsmitarbeiter nur durch Spezialisierung auf Gefahrguttransporte aneignen kann.

Sonstige Vorschriften im Zusammenhang mit Gefahrguttransporten

Neben den Vorschriften für die Beförderung gefährlicher Güter existieren weitere Gesetze und Verordnungen, die bestimmte Gesichtspunkte gesondert regeln, u. a.:

- **Gefahrstoffverordnung** (GefStoffV): Bei Gefahrstoffen handelt es sich um gefährliche Substanzen. Den Umgang mit diesen Materialien regelt diese Verordnung.
- Gefährden die gefährlichen Güter das Wasser, ist das **Wasserhaushaltsgesetz** (WHG) betroffen.
- Handelt es sich beim Gefahrgut um Abfälle, sind die Vorschriften des **Abfallgesetzes** (Gesetz zur Vermeidung und Entsorgung von Abfällen, AbfG) zu beachten.

[1] *Die ADR-Vertragsstaaten sind: Albanien, Andorra, Aserbaidschan, Belarus Bosnien und Herzegowina, Georgien, Großbritannien, Island, Kasachstan, Liechtenstein, Marokko, Nordmazedonien, Moldau, Montenegro, Nigeria, Norwegen, Russische Föderation, San Marino, Schweiz, Serbien, Tadschikistan, Türkei, Tunesien, Ukraine, Usbekistan, sowie alle Mitgliedstaaten der Europäischen Union.*

- Bei Explosivstoffen (Güter der Gefahrgutklasse 1) ist das **Sprengstoffgesetz** (SprengG) wirksam.
- Die **Technischen Regeln für brennbare Flüssigkeiten** (TRbF) sind anzuwenden, wenn das Gefahrgut solche Flüssigkeiten enthält.

Im Weiteren werden ausschließlich die Bestimmungen des ADR, also die Beförderung von Gefahrgut auf der Straße, betrachtet.

Verpflichtungen aus dem Speditions- und Frachtvertragsverhältnis

HGB und Allgemeine Geschäftsbedingungen verlangen vor allem vom Versender/Absender, dass er seinen Vertragspartner umfassend über Gefahrgut informiert.

§410 HGB Gefährliches Gut

(1) Soll gefährliches Gut befördert werden, so hat der Absender dem Frachtführer rechtzeitig schriftlich oder in sonst lesbarer Form die genaue Art der Gefahr und, soweit erforderlich, zu ergreifende Vorsichtsmaßnahmen mitzuteilen.

(2) Der Frachtführer kann, sofern ihm nicht bei Übernahme des Gutes die Art der Gefahr bekannt war oder jedenfalls mitgeteilt worden ist,
1 gefährliches Gut ausladen, einlagern, zurückbefördern oder, soweit erforderlich, vernichten oder unschädlich machen, ohne dem Absender deshalb ersatzpflichtig zu werden, und
2 vom Absender wegen dieser Maßnahmen Ersatz der erforderlichen Aufwendungen verlangen.

Ziffer 3 ADSp Pflichten des Auftraggebers bei Auftragserteilung; Informationspflichten, besondere Güterarten

Bei gefährlichem Gut hat der Auftraggeber rechtzeitig dem Spediteur in Textform die Menge, die genaue Art der Gefahr und – soweit erforderlich – die zu ergreifenden Vorsichtsmaßnahmen mitzuteilen. Handelt es sich um Gefahrgut im Sinne des Gesetzes über die Beförderung gefährlicher Güter ..., so hat der Auftraggeber die für die ordnungsgemäße Durchführung des Auftrags erforderlichen Angaben, insbesondere die Klassifizierung nach dem einschlägigen Gefahrgutrecht, mitzuteilen und spätestens bei Übergabe des Gutes die erforderlichen Unterlagen zu übergeben.

Gefährliche Güter/Beförderung

§ 2 Abs. 1 Gesetz über die Beförderung gefährlicher Güter

Gefährliche Güter ... sind Stoffe und Gegenstände, von denen aufgrund ihrer Natur, ihrer Eigenschaften oder ihres Zustandes im Zusammenhang mit der Beförderung Gefahren für die öffentliche Sicherheit oder Ordnung ... ausgehen können.

Der Begriff „Beförderung" wird vom Gesetz sehr weit gefasst:

„Befördern" nach Transportrecht ist Güterbeförderung mit Fahrzeugen.

§ 2 Abs. 2 Gesetz über die Beförderung gefährlicher Güter

Die Beförderung im Sinne dieses Gesetzes umfasst nicht nur den Vorgang der Ortsveränderung, sondern auch die Übernahme und die Ablieferung des Gutes sowie zeitweilige Aufenthalte im Verlauf der Beförderung, Vorbereitungs- und Abschlusshandlungen (Verpacken und Auspacken der Güter, Be- und Entladen) ..., auch wenn diese Handlungen nicht vom Beförderer ausgeführt werden.

11.2 Begriffsbestimmungen

11.2.1 Wichtige Beteiligte an der Gefahrgutbeförderung

Absender	Als Absender wird das Unternehmen bezeichnet, das selber oder für einen Dritten gefährliche Güter versendet. Liegt dem Gefahrgutversand ein Beförderungsvertrag zugrunde, ist der frachtvertragliche Absender gleichzeitig Absender im gefahrgutrechtlichen Sinne.
Beförderer	Das Unternehmen, das die Beförderung mit oder ohne Beförderungsvertrag durchführt. Der Fahrzeugführer handelt im Auftrag des Unternehmens, das letztlich für die Einhaltung der Gefahrgutvorschriften verantwortlich ist.
Empfänger	Das ADR versteht darunter den frachtvertraglichen Empfänger. Liegt kein Beförderungsvertrag vor, ist der Empfänger das Unternehmen, welches die gefährlichen Güter bei der Ankunft übernimmt.
Verlader	Unternehmen, das gefährliche Güter in ein Fahrzeug oder einen Großcontainer verlädt

11.2.2 Verpackungen und Tanks

Verpackung	Gefäß und alle anderen Bestandteile und Werkstoffe, die notwendig sind, damit das Gefäß seine Behältnisfunktion erfüllen kann	
Innenverpackung	Verpackung, für deren Beförderung eine Außenverpackung erforderlich ist. *Beispiel: Alubehälter*	
Außenverpackung	Der äußere Schutz einer Kombinationsverpackung oder einer zusammengesetzten Verpackung: Sie dient dazu, Innengefäße und Innenverpackungen zu umschließen und zu schützen. *Beispiel: Karton*	
Zusammengesetzte Verpackung	Eine oder mehrere Innenverpackungen sind zum Zwecke der Beförderung in eine Außenverpackung eingesetzt. *Beispiel: Die Innenverpackung (Alubehälter, siehe oben) wird von einer Außenverpackung (Karton, siehe oben und rechts) umhüllt. Diese zusammengesetzte Verpackung wird noch durch einen weiteren Karton (siehe rechts) geschützt = Umverpackung (siehe auch Seite 172 oben).*	
Kombinationsverpackung	Sie besteht aus einem Innengefäß (aus Kunststoff, Glas, Porzellan o. Ä.) und einer Außenverpackung (aus Metall, Kunststoff, Holz o. Ä.). Innengefäß und Außenverpackung bilden eine untrennbare Einheit. (Das Innen**gefäß** ist keine Innenverpackung.)	
Großverpackung	eine aus einer Außenverpackung bestehende Verpackung, die Gegenstände oder Innenverpackungen enthält, für eine mechanische Handhabung ausgelegt ist und ein Höchstvolumen von 3 m^3 hat	

Umverpackung	Umschließung, die vom Absender für die Aufnahme von Versandstücken und für die Bildung einer Einheit zur leichteren Handhabung und Verladung während der Beförderung verwendet wird. ***Beispiele:*** ▪ *Versandstücke werden auf einer Palette mit Schrumpffolie für den Umschlag gesichert (siehe Abbildung rechts).* ▪ *eine Kiste als äußere Schutzverpackung*	
Großcontainer	Container mit einem Fassungsraum von mehr als 3 m³	
Kleincontainer	Container mit einem Fassungsraum von mindestens 1 m³ und höchstens 3 m³	
Großpackmittel (IBC)	IBC = **I**NTERMEDIATE **B**ULK **C**ONTAINER starre oder flexible transportable Verpackung aus Metall, Kunststoff, Holz oder Pappe	
Ortsbeweglicher Tank	multimodaler Tank mit einem Fassungsraum von mehr als 450 l	
Aufsetztank	Tank mit einem Fassungsraum von mehr als 450 l, der durch seine Bauart nicht dazu bestimmt ist, Güter ohne Umschlag zu befördern	
Tankcontainer	Container, der für die Beförderung von gasförmigen, flüssigen, pulverförmigen oder körnigen Stoffen verwendet wird und der ein Fassungsvermögen von mehr als 450 l hat	
MEGC	**M**ultiple **E**lement **G**as **C**ontainer (Gascontainer mit mehreren Elementen, Flaschenbündel)	
Versandstück	versandfertiges Endprodukt des Verpackungsvorganges, bestehend aus der Verpackung, der Großverpackung oder dem Großpackmittel (IBC) und ihrem bzw. seinem Inhalt	
Beförderungseinheit	Kraftfahrzeug ohne Anhänger oder eine Einheit aus Kraftfahrzeug mit Anhänger	
Verpackungsgruppe	eine Gruppe, der gewisse Stoffe aufgrund ihres Gefahrengrades während der Beförderung für Verpackungszwecke zugeordnet sind	

11.2.3 Beförderungsarten

Das Gefahrgutrecht unterscheidet drei Beförderungsarten:

1. Beförderung als **Stückgut:** Versandfertig verpackte Güter (Versandstücke) werden befördert.
2. Beförderung in **loser Schüttung:** Feste Stoffe werden ohne Verpackung transportiert (z. B. im Silofahrzeug oder als Schüttgut in einem Container).
3. Beförderung in **Tanks:** Tanks sind Behältnisse, die für die Beförderung von gasförmigen, flüssigen, pulverförmigen oder körnigen Stoffen verwendet werden.

11.3 Sicherheitspflichten der Beteiligten

Gliederung des ADR-Textes:
1. Teil
2. Kapitel
3. Abschnitt
4. Unterabschnitt
5. Absatz
Beispiel: 1.4.1.1.1

Das ADR[1] legt zunächst in einer Generalklausel eine umfassende Sicherheitspflicht für alle Beteiligten fest:

Unterabschnitt 1.4.1.1 des ADR

Die an der Beförderung gefährlicher Güter Beteiligten haben die nach Art und Ausmaß der vorhersehbaren Gefahren erforderlichen Vorkehrungen zu treffen, um Schadensfälle zu verhindern und bei Eintritt eines Schadens dessen Umfang so gering wie möglich zu halten.

Siehe auch Pflichten aus dem Fracht- bzw. Speditionsvertrag auf Seite 171

Im Anschluss daran werden die Pflichten der Hauptbeteiligten als Konkretisierung dieser allgemeinen Sicherheitsvorsorge definiert. Die Verwendung des Wortes „insbesondere“ macht deutlich, dass der Pflichtenkatalog nicht vollständig ist, sondern dass im konkreten Einzelfall weitere Pflichten hinzutreten können.

Schriftliche Weisungen, siehe Seite 186

Placards, siehe Seite 182

Absender	Der Absender gefährlicher Güter ist verpflichtet, eine den Vorschriften des ADR entsprechende Sendung zur Beförderung zu übergeben. Diese Pflicht beinhaltet insbesondere, **a** sich zu vergewissern, dass die gefährlichen Güter gemäß ADR klassifiziert und zur Beförderung zugelassen sind, **b** dem Beförderer die erforderlichen Angaben und Informationen und ggf. die erforderlichen Beförderungspapiere und Begleitpapiere (Genehmigungen, Zulassungen, Benachrichtigungen, Zeugnisse, usw.) zu liefern, **c** nur Verpackungen, Großverpackungen, Großpackmittel (IBC) und Tanks zu verwenden, die für die Beförderung der betreffenden Güter zugelassen und geeignet sowie mit den im ADR vorgeschriebenen Kennzeichnungen und Bezettelungen versehen sind, **d** die Vorschriften über die Versandart und die Versandbeschränkungen zu beachten.
Beförderer	Der Beförderer hat insbesondere zu prüfen bzw. sich zu vergewissern, **a** ob die zu befördernden gefährlichen Güter gemäß ADR zur Beförderung zugelassen sind, **b** dass die vorgeschriebenen Unterlagen (z. B. die schriftlichen Weisungen) in der Beförderungseinheit mitgeführt werden, **c** dass die Fahrzeuge und die Ladung keine offensichtlichen Mängel, keine Undichtheiten oder Risse aufweisen, dass keine Ausrüstungsteile fehlen usw., **d** dass bei Tanks das Datum der nächsten Prüfung nicht überschritten ist, **e** dass die Fahrzeuge nicht überladen sind, **f** dass die für die Fahrzeuge vorgeschriebenen Großzettel (Placards) und **Kennzeichnungen** angebracht sind, **g** dass die in den schriftlichen Weisungen für den Fahrzeugführer vorgeschriebenen **Ausrüstungen** (Schutzausrüstung) im Fahrzeug mitgeführt werden. Der Beförderer erfüllt seine Prüfpflichten anhand der Beförderungsdokumente und der Begleitpapiere, durch eine Sichtprüfung des Fahrzeugs oder des Containers und ggf. der Ladung. Stellt der Beförderer einen Verstoß gegen die Vorschriften des ADR fest, so hat er die Sendung nicht zu befördern, bis die Vorschriften erfüllt sind. Werden Verstöße während der Beförderung festgestellt, ist die Sendung unter Beachtung der öffentlichen Sicherheit abzustellen, bis die Sicherheitsanforderungen erfüllt sind.

[1] *Die GGVSEB geht in der Zuweisung von Pflichten an manchen Stellen über das ADR hinaus.*

Empfänger	Der Empfänger ist verpflichtet, die Annahme des Gutes nicht ohne zwingenden Grund zu verzögern und nach dem Entladen zu prüfen, ob die ihn betreffenden Vorschriften des ADR eingehalten sind. Im Rahmen der allgemeinen Sicherheitsvorsorge hat der Empfänger insbesondere **a** die in den gemäß ADR vorgesehenen Fällen vorgeschriebene Reinigung und Entgiftung von Fahrzeugen und Containern vorzunehmen, **b** dafür zu sorgen, dass bei vollständig entladenen, gereinigten und entgifteten Containern keine Gefahrenkennzeichnungen mehr sichtbar sind. Nimmt der Empfänger die Dienste anderer Beteiligter (Entlader, Reiniger, Entgiftungsstelle usw.) in Anspruch, hat er geeignete Maßnahmen zu ergreifen, damit gewährleistet ist, dass den Vorschriften des ADR entsprochen wird. Ergeben diese Prüfungen einen Verstoß gegen die Vorschriften des ADR, darf der Empfänger den Container dem Beförderer erst dann zurückgeben, wenn diese Vorschriften erfüllt sind.

Neben den Hauptbeteiligten (Absender, Beförderer, Empfänger) legt das ADR auch die Pflichten „anderer Beteiligter“ fest. Letztere sind der Verlader, der Verpacker, der Befüller und der Betreiber eines Tankcontainers oder eines ortsbeweglichen Tanks sowie der Entlader. Nur der Verlader soll hier näher betrachtet werden, weil der Spediteur diese Position häufig einnimmt.

Verlader	Im Rahmen der allgemeinen Sicherheitsvorsorge hat der Verlader insbesondere folgende Pflichten: Der Verlader **a** darf gefährliche Güter dem Beförderer nur übergeben, wenn sie gemäß ADR zur Beförderung zugelassen sind, **b** hat bei der Übergabe verpackter gefährlicher Güter oder ungereinigter leerer Verpackungen zur Beförderung zu prüfen, ob die Verpackung beschädigt ist. Er darf ein Versandstück, dessen Verpackung beschädigt ist, zur Beförderung erst übergeben, wenn der Mangel beseitigt worden ist; Gleiches gilt für ungereinigte leere Verpackungen, **c** hat beim Verladen von gefährlichen Gütern in Fahrzeuge, Großcontainer oder Kleincontainer die Vorschriften für die Beladung und Handhabung zu beachten, **d** hat nach dem Verladen gefährlicher Güter in Container die Vorschriften für die Gefahrenkennzeichnungen (Anbringen von Großzetteln [Placards] und orangefarbenen Tafeln) zu beachten, **e** hat beim Verladen von Versandstücken die Zusammenladeverbote auch unter Berücksichtigung der bereits im Fahrzeug oder Großcontainer befindlichen gefährlichen Güter sowie die Vorschriften über die Trennung von Nahrungs-, Genuss- und Futtermitteln zu beachten.

Die Ladungssicherung ist nach Gefahrgutrecht gemeinsame Aufgabe von Verlader und Fahrzeugführer. Siehe GGVSEB § 29 und Abschnitt 7.5.7 ADR. Es gibt keine Unterscheidung in betriebs- und beförderungssichere Verladung wie im HGB.

Gefährliche Güter mit hohem Gefahrenpotenzial

In der Nachfolge der Anschläge vom 11.09.2001 in den USA sind weltweit Vorschriften für die Beförderung von Gütern erlassen worden, die ein besonders hohes Gefahrenpotenzial besitzen. Dabei handelt es sich um Gefahrgüter, bei denen die Möglichkeit eines Missbrauchs für terroristische Zwecke besteht.

Die Vorschriften verlangen auch vom Spediteur besondere Maßnahmen beim Umgang mit diesen Gütern. Es ist z. B. ein umfangreicher **Sicherungsplan** zu erstellen, der gemäß Kapitel 1.10 ADR detailliert festlegt,

- wer für den Umgang mit diesen Gefahrgütern verantwortlich ist,
- welche Gefahrgüter mit hohem Gefahrenpotenzial im Unternehmen bewegt werden,
- welche Maßnahmen getroffen werden, um diese Risiken zu minimieren, z. B.
  - Sicherheitsüberprüfung von Mitarbeitern,
  - Zugangsregelungen für das Lager,
  - Überwachung des Lagers und der Transportdurchführung.

Bußgelder

Verstöße gegen Gefahrgutvorschriften stellen **Ordnungswidrigkeiten** dar, die mit Bußgeldern belegt werden. Um einen Eindruck von der Höhe der Bußgelder zu bekommen, werden nachfolgend beispielhaft einige Fälle dargestellt.

Siehe GGVSEB-Durchführungsrichtlinien (RSEB).

Ordnungswidrigkeit	Sachverhalt	EUR
des Absenders	Beförderungspapier wird nicht mitgegeben.	500,00
des Verladers	Er versäumt es, Gefahrengüter zu kennzeichnen und zu bezetteln.	500,00
des Beförderers	Er unterlässt es, die erforderlichen Begleitpapiere oder Ausrüstungsgegenstände mitzugeben: ▪ Beförderungspapier ▪ schriftliche Weisungen (Unfallmerkblatt) ▪ Ausrüstungsgegenstände	 500,00 300,00 200,00
des Fahrzeugführers	▪ Orangefarbene Tafeln werden nicht aufgeklappt. ▪ ADR-Schulungsbescheinigung fehlt (Basis- und Aufbaukurs).	300,00 500,00

11.4 Sicherheitsberater/Gefahrgutbeauftragter

Gefahrgutbeauftragter = Sicherheitsberater, der helfen soll, Risiken zu verhüten, die sich durch Gefahrgutbeförderungen für Personen, Sachen und die Umwelt ergeben

Das ADR verlangt, dass jedes Unternehmen, dessen Tätigkeit die Beförderung gefährlicher Güter auf der Straße oder das mit dieser Beförderung zusammenhängende Verpacken, Beladen, Befüllen oder Entladen umfasst, einen oder mehrere **Sicherheitsberater** ernennt. Im weiteren Text werden die Sicherheitsberater als **„Gefahrgutbeauftragte"** bezeichnet.

Auf EU-Ebene sind zwei Richtlinien für die Bestellung, Befähigung sowie die Prüfung von Sicherheitsberatern erlassen worden, die das ADR übernommen hat. Für Deutschland sind diese Richtlinien durch die **Gefahrgutbeauftragtenverordnung** (GbV) in nationales Recht umgesetzt worden.
Unternehmen, die an der Beförderung gefährlicher Güter beteiligt sind, müssen nach dieser Verordnung mindestens einen Gefahrgutbeauftragten schriftlich bestellen.

Beförderung geringer Mengen Gefahrgut, siehe Seite 197

Von dieser Pflicht befreit sind Unternehmen, die
- ausschließlich Gefahrgut in begrenzten und freigestellten Mengen befördern oder
- ein Gefahrgutaufkommen von weniger als 50 t (netto) im Jahr für den **Eigenbedarf** zur Erfüllung betrieblicher Aufgaben haben.

Auch wenn nur geringe Mengen Gefahrgut befördert werden, sind Mitarbeiter nach Ziffer 8.2.3 ADR entsprechend ihren Verantwortlichkeiten und Funktionen zu unterweisen.
Der Gefahrgutbeauftragte muss an einer **Schulung** teilnehmen. Am Ende des Lehrgangs steht eine **Abschlussprüfung**, die mit Erfolg bestanden werden muss. Der Schulungsnachweis gilt **fünf Jahre**. Er wird um weitere fünf Jahre verlängert, wenn der Gefahrgutbeauftragte vorher eine Prüfung abgelegt und bestanden hat.

Aufgaben des Gefahrgutbeauftragten

Der Gefahrgutbeauftragte nimmt laut GbV insbesondere folgende Aufgaben wahr:
1. Überwachung der Einhaltung der Vorschriften für die Gefahrgutbeförderung
2. unverzügliche Anzeige von Mängeln, die die Sicherheit beim Transport gefährlicher Güter beeinträchtigen
3. Beratung des Unternehmens bei den Tätigkeiten im Zusammenhang mit der Gefahrgutbeförderung
4. Erstellung eines Jahresberichtes über die Tätigkeiten des Unternehmens in Bezug auf die Gefahrgutbeförderung innerhalb eines halben Jahres nach Ablauf des Geschäftsjahres.
   Der Jahresbericht sollte insbesondere enthalten:
   a Art und Menge der gefährlichen Güter unterteilt nach Klassen
   b Zahl und Art der Unfälle mit gefährlichen Gütern
   c sonstige Angaben, die nach Auffassung des Gefahrgutbeauftragten für die Beurteilung der Sicherheitslage wichtig sind
   d Angaben, ob das Unternehmen an der Beförderung besonders gefährlicher Güter nach Abschnitt 1.10.3 ADR beteiligt gewesen ist

Gefahrgüter mit hohem Gefahrenpotenzial, siehe Seite 175

5. Überprüfung unterschiedlichster Maßnahmen und Verfahren, die zusammenfassend mit **Gefahrgutmanagement** bezeichnet werden können. Wichtig ist dabei, dass der Gefahrgutbeauftragte die genannten Tätigkeiten nicht selber durchführen soll, sondern dass er die gefahrgutbezogenen Verfahren und Abläufe eines Unternehmens überwacht. Beispiele für Verfahren, die vom Gefahrgutbeauftragten zu überprüfen sind:

   a Vorgehen des Unternehmens beim Kauf von gefahrgutgeeigneten Beförderungsmitteln

   b Organisation der Personalschulung über Gefahrgut

   c Maßnahmen, die die Wiederholung von Zwischenfällen mit Gefahrgut verhindern sollen

d Verfahren bei der Auswahl von Fremdunternehmern für die Gefahrgutbeförderung

e Verfahren, die sicherstellen, dass die Gefahrgutfahrzeuge mit den erforderlichen Papieren und Ausrüstungsgegenständen ausgestattet sind

f Verfahren, die dafür sorgen, dass Mitarbeiter mit Arbeitsanweisungen zur Verladung und Beförderung von Gefahrgut ausgestattet sind

Zur Erledigung seiner Aufgaben kann sich der Gefahrgutbeauftragte durch sogenannte „beauftragte Personen" unterstützen lassen, denen spezielle Aufgaben im Umgang mit Gefahrgut übertragen worden sind.

Neben den Fahrzeugführern, die über einen Gefahrgutschein (ADR-Schulungsbescheinigung) verfügen müssen, sind auch **alle Mitarbeiter** eines Betriebes, die mit der Beförderung gefährlicher Güter auf der Straße befasst sind, je nach ihrer Verantwortung und Aufgabenstellung über Gefahrgutvorschriften zu schulen. Dies gilt nicht nur für den Verkehrsbetrieb, sondern auch für Personal, das der Absender beschäftigt oder das an der Be- und Entladung von Gefahrgut beteiligt ist.

ADR-Schulungsbescheinigung, siehe Seite 192

11.5 Klassifizierung von Gefahrgut

Dieser Teil des ADR richtet sich an Personen, die Gefahrgut für die Beförderung klassifizieren müssen. Das sind in der Regel die Hersteller. Der Spediteur erhält von seinem Auftraggeber gewöhnlich klassifiziertes Gefahrgut, weil nur der Hersteller die chemischen und physikalischen Eigenschaften seiner Produkte mit der nötigen Intensität kennt.

11.5.1 Gefahrgutklassen

Gefahrgutklassen: Einteilung von Gefahrgütern nach grundlegenden Eigenschaften (z. B. entzündlich, gasförmig, giftig usw.)

Im ADR gibt es folgende Klassen gefährlicher Güter:

Klasse	Bezeichnung	*Beispiele*
1	explosive Stoffe und Gegenstände mit Explosivstoff	*Feuerwerkskörper, Patronen, Schwarzpulver*
2	Gase	*Spraydosen, Feuerzeuge, Sauerstoffflaschen*
3	entzündbare flüssige Stoffe	*leichtes Heizöl, Klebstoffe, Farben, Lacke*
4.1	entzündbare feste Stoffe, selbstzersetzliche Stoffe, polymerisierende und desensibilisierte explosive feste Stoffe	*Zündhölzer, Schwefel, Magnesium*
4.2	selbstentzündliche Stoffe	*Phosphor, Kohle*
4.3	Stoffe, die in Berührung mit Wasser entzündbare Gase entwickeln	*Calciumcarbid, Magnesiumpulver*
5.1	entzündend (oxidierend) wirkende Stoffe	*chlorathaltige Unkrautvertilgungsmittel*
5.2	organische Peroxide	*Kunststoffkleber, Reingungsmittel*
6.1	giftige Stoffe	*Pestizide, Arsen, Blausäure*
6.2	ansteckungsgefährliche Stoffe	*Krankenhausabfälle*
7	radioaktive Stoffe	*Teile von Röntgengeräten*
8	ätzende Stoffe	*Ätznatron, Salzsäure, Quecksilber*
9	verschiedene gefährliche Stoffe und Gegenstände	*Asbest, selbstaufblasende Rettungsmittel, Trockeneis*

Polymerisation = chemische Reaktion

UN-Nummer: vierstellige Zahl als Nummer zur Kennzeichnung von Stoffen oder Gegenständen gemäß UN-Modellvorschriftenwerk, siehe Seite 170

11.5.2 Gefahrguteintragung

Jedes Gefahrgut wird den Klassen über eine UN-Nummer zugeordnet („eingetragen"). Angesichts der großen Zahl von Stoffen und Gegenständen, die weltweit existieren, müssen Produkte mit ähnlichen chemischen und physikalischen Eigenschaften unter einer gemeinsamen UN-Nummer geführt werden („Sammeleintragung"). Das ADR sieht vier Arten von Eintragungen vor:

n. a. g. = nicht anderweitig genannte Stoffe oder Gegenstände

Eintragungsart	*Beispiele*
A Einzeleintragungen für genau definierte Stoffe oder Gegenstände	*UN 1090 ACETON* *UN 1104 AMYLACETATE* *UN 1194 ETHYLNITRIT, LÖSUNG*
B Gattungseintragungen für genau definierte Gruppen von Stoffen oder Gegenständen, die nicht unter n. a. g.-Eintragungen (siehe nachfolgend C und D) fallen	*UN 1133 KLEBSTOFFE* *UN 1266 PARFÜMERIEERZEUGNISSE* *UN 2757 CARBAMAT-PESTIZID, FEST, GIFTIG*
C Spezifische n. a. g.-Eintragungen, die Gruppen von nicht anderweitig genannten Stoffen oder Gegenständen einer bestimmten chemischen oder technischen Beschaffenheit umfassen	*UN 1477 NITRATE, ANORGANISCH, N. A. G.* *UN 1987 ALKOHOLE, N. A. G.*
D Allgemeine n. a. g.-Eintragungen, die Gruppen von nicht anderweitig genannten Stoffen oder Gegenständen mit einer oder mehreren gefährlichen Eigenschaften umfassen	*UN 1325 ENTZÜNDBARER ORGANISCHER FESTER STOFF, N. A. G.* *UN 1993 ENTZÜNDBARER FLÜSSIGER STOFF, N. A. G.*

Die unter B, C und D aufgeführten Eintragungen werden als **Sammeleintragungen** bezeichnet.

11.5.3 Klassifizierungscodes

Während die Klasseneinteilung die Hauptgefahr eines Stoffes oder Gegenstandes zum Ausdruck bringen soll, kennzeichnen die Klassifizierungscodes das Gefahrenpotenzial eines Stoffes näher. Die Stoffe und Gegenstände der Klasse 3 sind z. B. wie folgt unterteilt:

Flammpunkt = Temperatur, ab der brennbare Flüssigkeiten so viele Dämpfe bilden, dass sie durch eine fremde Zündquelle entflammt werden können; je niedriger der Flammpunkt, desto gefährlicher der Stoff

desensibilisieren = dem Gefahrgut werden andere Stoffe beigemengt, z. B. mit Wasser verdünnt, um seine Gefährlichkeit herabzusetzen

F		entzündbare flüssige Stoffe ohne Nebengefahr und Gegenstände, die solche Stoffe enthalten
	F1	entzündbare flüssige Stoffe mit einem Flammpunkt von höchstens 60 °C
	F2	entzündbare flüssige Stoffe mit einem Flammpunkt über 60 °C, die auf oder über ihren Flammpunkt erwärmt zur Beförderung aufgegeben oder befördert werden (erwärmte Stoffe)
	F3	Gegenstände, die entzündbare flüssige Stoffe enthalten
FT		entzündbare flüssige Stoffe, giftig
	FT1	entzündbare flüssige Stoffe, giftig
	FT2	Mittel zur Schädlingsbekämpfung (Pestizide)
FC		entzündbare flüssige Stoffe, ätzend
FTC		entzündbare flüssige Stoffe, giftig, ätzend
D		desensibilisierte explosive flüssige Stoffe

Über alle Gefahrgutklassen werden folgende Buchstaben – mit weiteren Unterteilungen wie z. B. oben F1 und F2 – verwandt.

F	entzündbar („flammable")	**R**	radioaktiv
S	selbstentzündlich	**C**	ätzend („corrosive")
W	mit Wasser reagierend	**M**	verschiedenartig („miscellaneous")
O	entzündend (oxidierend) wirkend	**D**	desensibilisierter explosiver Stoff
T	giftig („toxic")	**SR**	selbstzersetzlicher Stoff („self-reactive")
I	ansteckungsgefährlich („infectious")	**P**	organisches Peroxid
A	erstickend („asphyxiant")		

11.6 Verzeichnis der gefährlichen Güter

Der Teil 3 des ADR ist für den Spediteur von besonderer Bedeutung. Er enthält eine Übersicht über alle Gefahrgüter, denen eine UN-Nummer – nach den oben beschriebenen Arten A bis D – zugeordnet ist (Verzeichnis der gefährlichen Güter).

Verzeichnis gefährlicher Güter = Tabelle mit Beförderungsvorschriften für alle Gefahrgüter

Aus dem Verzeichnis ist in Form von Codes ablesbar, welche Beförderungsvorschriften für den Transport der jeweiligen Gefahrgüter gelten. Querverweise machen auf die Stellen im ADR aufmerksam, die für die Übersetzung der Codes nachgeschlagen werden müssen.

Beispiel:
Aufbau und Inhalt des Verzeichnisses der gefährlichen Güter sollen am Beispiel des Gefahrgutes
800 kg UN 1288 SCHIEFERÖL, Verpackungsgruppe II, (D/E)
deutlich gemacht werden.

Kapitel 3.2 ADR, Tabelle A Verzeichnis der gefährlichen Güter (Auszug)

UN-Nummer	Benennung und Beschreibung	Klasse	Klassifizierungscode	Verpackungsgruppe	Gefahrzettel	Sondervorschriften	begrenzte und freigestellte Mengen		Verpackungsanweisungen	Sondervorschriften für die Verpackung	Sondervorschriften für die Zusammenpackung	...
	3.1.2	2.2	2.2	2.1.1.3	5.2.2	3.3	3.4.6/3.5.1.2		4.1.4	4.1.4	4.1.10	
(1)	(2)	(3a)	(3b)	(4)	(5)	(6)	(7a)	(7b)	(8)	(9a)	(9b)	10–14
...	...	...	...	...	...	...	...	...	...		...	...
1288	Schieferöl	3	F1	II	3		1 L	E2	P001 IBC02 R001		MP19	...
1288	Schieferöl	3	F1	III	3		5 L	E1	P001 IBC03 LP01 R001		MP19	...
...	...	...	...	...	...	...	...		...		...	...

Die fehlenden Spalten 10–14 beziehen sich auf Tanks.

Fortsetzung der Tabelle

Beförderungskategorie (Tunnelbeschränkungscode)	Sondervorschriften für die Beförderung				Nummer zur Kennzeichnung der Gefahr	UN-Nummer
	Versandstücke	lose Schüttung	Be- und Entladung, Handhabung	Betrieb		
1.1.3.6 (8.6)	7.2.4	7.3.3	7.5.11	8.5	5.3.2.3	
(15)	(16)	(17)	(18)	(19)	(20)	(1)
...	...	...	...	...	...	...
2 (D/E)	V12			S2, S20	33	1288
3 (D/E)				S2	30	1288
...	...	...	...	...	...	...

Zusammenfassung	Gefahrguttransporte – Grundlagen	
Gefahrgut:	Güter, durch deren Beförderung Gefahren für Mensch und Umwelt entstehen	
Rechtsgrundlagen:	▪ Straße: ADR ▪ Eisenbahn: RID ▪ Binnenschifffahrt: ADN	+ GGVSEB
	▪ Seeschifffahrt: IMDG-Code + GGVSee ▪ Luftfahrt: IATA-DGR	
Absender/Versender:	Informationspflicht gegenüber dem Frachtführer/Spediteur	

Zusammenfassung	Gefahrguttransporte – Grundlagen
Verpackungen:	große Vielfalt, z. B. Innen- und Außenverpackungen
Sicherheitspflichten:	z. B. für Absender, Beförderer und Empfänger; im ADR umfassend beschrieben
Gefahrgutbeauftragter:	Sicherheitsberater, der Gefahrgutrisiken verhüten soll
Gefahrgutklassen:	von 1 (explosiv) bis 9 (verschiedene gefährliche Stoffe und Gegenstände)
Verzeichnis der gefährlichen Güter:	Tabelle, in der in Form von Codes ablesbar ist, welche Beförderungsbedingungen für jedes Gefahrgut gelten.

11.7 Organisation von Gefahrguttransporten durch den Spediteur

Fünf Gesichtspunkte sind bei der Abwicklung von Gefahrguttransporten zu beachten:

Gefahrguttransporte: Darauf achtet der Spediteur

① Kennzeichnung und Bezettelung
② Dokumentation
③ Ausrüstung des Fahrzeugs
④ Qualifikation des Personals
⑤ Besonderheiten in der Durchführung

1. **Kennzeichnung** und **Bezettelung** des Gefahrgutes und der Fahrzeuge bzw. Tanks
2. **Dokumentation** der Gefahrgutsendung (Begleitpapiere):
   - **a** Beförderungspapier
   - **b** schriftliche Weisungen

   Darüber hinaus kann im Einzelfall z. B. eine besondere **Beförderungsgenehmigung** (radioaktive, explosive Stoffe) oder eine spezielle **Beförderungserlaubnis** (für explosionsgefährliche Stoffe) erforderlich sein.

   Im nationalen Verkehr schreibt die GGVSEB in bestimmten Fällen eine **Fahrwegbestimmung** (Streckenvorschrift) für besonders gefährliche Güter vor.
3. **Ausrüstung des Fahrzeugs**
4. **Qualifikation des Fahrzeugführers:** Nachweis durch den Gefahrgutschein (ADR-Schulungsbescheinigung)
5. **Durchführung** der Beförderung unter Beachtung der verschiedenen Gefahrgutvorschriften. Der Spediteur bzw. der Frachtführer ist darüber zu informieren, wenn ihm gefährliche Güter übergeben werden. Die Pflichten des Versenders bzw. Absenders sind außer in den Gefahrgutvorschriften auch im HGB und in den ADSp geregelt.

11.7.1 Kennzeichnung und Bezettelung

Auch das Anbringen der orangefarbenen Tafel an den Gefahrgut-Lkw wird „Kennzeichnung" genannt, siehe Seite 190
Eintragungsarten, siehe Seite 178

Werden Gefahrgüter mit der richtigen UN-Nummer versehen, spricht man von **Kennzeichnung** des Gefahrgutes. Darüber hinaus sind Gefahrgüter zu bezetteln. Die **Bezettelung** geschieht durch Gefahrzettel oder Großzettel (Placards).

- Kennzeichnung: UN-Nummer anbringen
- Bezettelung: Gefahrzettel (10 x 10 cm) oder Großzettel (25 x 25 cm) anbringen

Spalte (1) (des Verzeichnisses der gefährlichen Güter, siehe oben)
UN-Nummer
(1)
...
1288

UN-Nummer = vierstellige Zahl zur **Kennzeichnung** von Stoffen oder Gegenständen gemäß UN-Modellvorschriftenwerk

Dem Stoff oder Gegenstand kann eine spezifische UN-Nummer zugeordnet werden, wie in diesem Fall (1288 SCHIEFERÖL), oder die UN-Nummer bezieht sich auf eine Gattungseintragung (z. B. UN 1133 KLEBSTOFFE) bzw. auf eine n. a. g.-Eintragung (z. B. UN 1477 NITRATE, ANORGANISCH, N. A. G.).

Sofern im ADR nichts anderes vorgeschrieben ist, ist jedes Versandstück deutlich und dauerhaft mit der entsprechenden UN-Nummer zu versehen. Der Ziffer sind die Buchstaben „UN" voranzustellen.

Spalte (5)
Gefahrzettel
5.2.2
(5)
...
3

In dieser Spalte ist ablesbar, welcher **Gefahrzettel** nach Kapitel 5.2.2 an dem Versandstück angebracht werden muss.
In diesem Fall ist der Gefahrzettel Nr. 3 (für entzündbare flüssige Stoffe) anzubringen. Sind mehrere Gefahrzettel-Nummern angegeben, wird die erste Nummer aufgeführt und die übrigen im Beförderungspapier in Klammern gesetzt (siehe Seite 182).

Gefahrgüter müssen bezettelt werden. Dazu dienen **Gefahrzettel**, die die Gefahrgutklasse des Gutes ausweisen. Einheitliche Gefahrsymbole (z. B. das Flammensymbol für entzündbare flüssige Stoffe, Gefahrklasse 3) signalisieren die Hauptgefahr, die von einem Gut ausgeht. Eventuell weisen weitere Gefahrzettel auf Nebengefahren hin.

Gefahrzettel = am Versandgut anzubringender Zettel, der durch Nummerierung und Symbole auf die Gefahrgutklasse eines Gutes hinweist

Für das **Anbringen der Gefahrzettel** gelten folgende Regeln:

- Alle Gefahrzettel müssen auf derselben Fläche des Versandstückes angebracht werden, sofern die Abmessungen des Versandstückes dies zulassen.
- Sie sind so anzubringen, dass sie nicht durch Teile der Verpackung u. Ä. abgedeckt werden.
- Sind mehrere Gefahrzettel vorgeschrieben, müssen sie sich nahe beieinander auf dem Packstück befinden.
- Bei kleineren Versandstücken sind die Gefahrzettel in geeigneter Weise (z. B. mit einer Schnur) zu befestigen.
- Großpackmittel (IBC) und Großverpackungen mit mehr als 450 l Fassungsvermögen sind auf zwei gegenüberliegenden Seiten mit Gefahrzetteln zu versehen.

Gefahrzettel (Auswahl)

Klasse 1 Symbol: explodierende Bombe (eigene Gefahrzettel für die Unterklassen 1.4, 1.5 und 1.6)	**Klasse 2** Symbol: Gasflasche für nicht entzündbare, nicht giftige Gase für entzündbare Gase Flammensymbol wie für Klasse 3	**Klasse 3** S **Klasse 3** Symbol: Flamme	**Klasse 4.1** Symbol: Flamme mit sieben senkrechten roten Streifen (eigene Gefahrzettel für die Unterklassen 4.2 und 4.3)	**Klasse 5.1** Symbol: Flamme über einem Kreis (farblich abweichendes Symbol für Klasse 5.2)	
			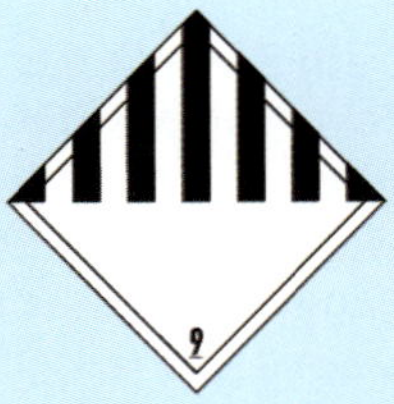		
Klasse 6.1 Symbol: Totenkopf mit gekreuzten Gebeinen (6.2: Kreis, der von drei sichelförmigen Zeichen überlagert wird)	**Klasse 7** Strahlensymbol (1–3 senkrechte rote Striche für Gefahrenkategorien)	**Klasse 8** Symbol: Flüssigkeiten, die aus zwei Reagenzgläsern ausgeschüttet werden und eine Hand und ein Metall angreifen	**Klasse 9** Symbol: sieben senkrechte Streifen in der oberen Hälfte	**Klasse 9** Symbol: Lithiumbatterien Gefahrzettel 9A	Kennzeichen für Versandstücke mit umweltgefährdenden Stoffen

Maße der Gefahrzettel: 10 · 10 cm

Das Kennzeichen für umweltgefährdende Stoffe ist kein Gefahrzettel nach ADR, sondern ein zusätzlicher Hinweis auf Umweltgefahren, die von den gekennzeichneten Produkten ausgehen.

Großzettel

Werden Gefahrgüter in Containern, in Tanks oder in Fahrzeugen in loser Schüttung befördert, sind große Gefahrzettel (**Großzettel** oder **Placards**) anzubringen.

Die Großzettel sind an **beiden Längsseiten** und an **jedem Ende** des Containers und des Tanks anzubringen (also rundum). Befinden sich Tanks auf Trägerfahrzeugen und sind die Placards von außen nicht sichtbar, müssen sie noch einmal an beiden Seiten des Fahrzeugs und hinten angebracht werden.

Diese Regelung gilt **nicht** für **Wechselbehälter**.

Muster Großzettel für Stoffe der Klasse 7

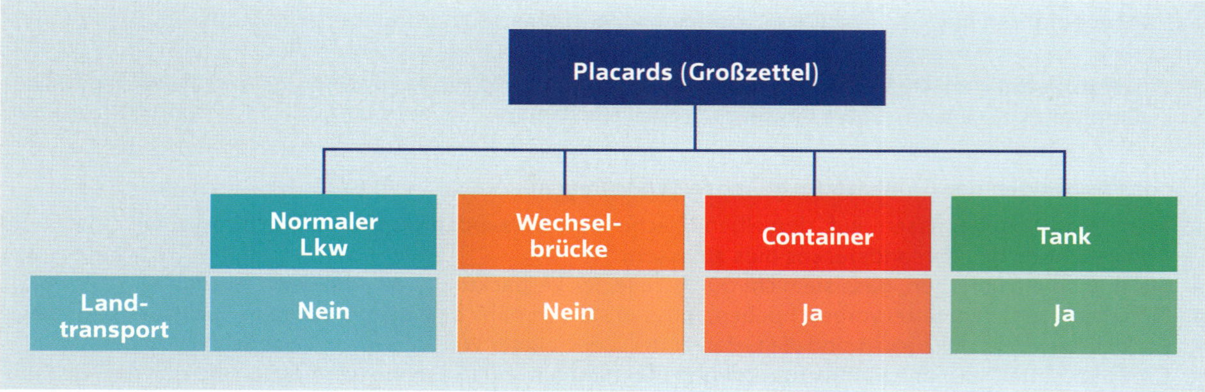

11.7.2 Begleitpapiere

Jeder Gefahrgutsendung sind Begleitpapiere beizugeben. Diese Papiere haben zwei Aufgaben:

- Sie **unterrichten den Fahrer** über das Gut und den technischen Ablauf der Beförderung. Anhand der schriftlichen Weisungen (siehe unten) kann er sich darüber informieren, welche Maßnahmen bei einem Unfall zu ergreifen sind. Sollte für den Transport ein Fahrweg festgelegt worden sein, muss sich die Streckenführung aus den Begleitpapieren ergeben.
- Sie sind das **Dokumentationsmaterial** für die Überwachungsbehörde, mit deren Hilfe sie feststellen kann, ob der Transport ordnungsgemäß durchgeführt wird.

Für einen Gefahrguttransport sind u. a. folgende Begleitpapiere erforderlich:

- ein Beförderungspapier und
- schriftliche Weisungen.

11.7.2.1 Beförderungspapier

Ein Beförderungspapier kann z. B. ein Frachtbrief sein mit folgenden Angaben über das Gefahrgut:

a **UN-Nummer** (wie in Spalte 1 des Verzeichnisses der gefährlichen Güter) einschließlich der vorangestellten Buchstaben „UN“
b **offizielle Benennung** des Stoffes oder Gegenstandes (nach Spalte 2)
c **Nummer der Gefahrzettel** (Spalte 5); wenn mehrere Nummern der Gefahrzettel angegeben sind, ist jede weitere in Klammern anzugeben.
d **Verpackungsgruppe** (Spalte 4); die Buchstaben „VG“ (für Verpackungsgruppe) dürfen vorangestellt werden.
Hinweis: Nicht allen Gefahrgütern ist eine Verpackungsgruppe zugeordnet.

Verbindliche Reihenfolge

Verpackungsgruppe, siehe Seite 183

e Anzahl und Beschreibung der Versandstücke (z. B. drei Kisten)
f Gesamtmenge der gefährlichen Güter (als Volumen, Brutto- oder Nettomasse); gegebenenfalls für jede Beförderungskategorie die errechnete Punktzahl (siehe Tabelle auf Seite 200)
g Name und Anschrift des Absenders
h Name und Anschrift des Empfängers
i, j ...

k Angabe des Tunnelbeschränkungscodes in Großbuchstaben und in Klammern, z. B. (C/D). Die Angabe ist nicht erforderlich, wenn vor Beginn der Beförderung bekannt ist, dass kein Tunnel durchfahren wird. In der Praxis wird der Tunnelcode aber standardmäßig in der Auftragsverwaltung hinterlegt und damit ausgedruckt.

Verbindlich

Die Stelle und die Reihenfolge der Angaben im Beförderungspapier sind freigestellt; die Positionen a) bis d) und k) müssen jedoch in der Reihenfolge a), b), c), d), k) angegeben werden, jeweils durch Komma getrennt.

Beispiel:

UN 1098	***ALLYLALKOHOL***	***6.1 (3)***	***I***	***(C/D)***
UN-Nummer	*offizielle Benennung*	*Nummer des/der Gefahrzettel(s)*	*Verpackungsgruppe*	*Tunnelbeschränkungscode*

oder

UN 1098 ALLYLALKOHOL, 6.1 (3), VG I, (C/D)

Spalte (2)
Benennung und Beschreibung
3.1.2
(2)
...
SCHIEFERÖL

Diese Spalte enthält die **offizielle Benennung für die Beförderung**. Die Benennung in Großbuchstaben ist nicht mehr erforderlich. Bei Sammelbenennungen ist die offizielle Benennung für die Beförderung durch die technische Benennung des Gutes zu ergänzen.

Beispiel: *UN 2902 PESTIZID, FLÜSSIG, GIFTIG, N. A. G. (Drazoxolon)*

Manchmal bietet das Verzeichnis mehrere Benennungen an. Dann ist die zutreffendste Bezeichnung zu wählen.

Im Folgenden werden die Gefahrgutbenennungen entsprechend dem Verzeichnis der gefährlichen Güter in Großbuchstaben aufgeführt, obwohl dies nicht mehr vorgeschrieben ist.

Beispiel:
UN 1057 FEUERZEUGE mit entzündbarem Gas oder NACHFÜLLPATRONEN FÜR FEUERZEUGE mit entzündbarem Gas
Als offizielle Benennung für die Beförderung kommen infrage:
UN 1057 FEUERZEUGE oder UN 1057 NACHFÜLLPATRONEN FÜR FEUERZEUGE
Die Zusätze in Kleinschrift (mit entzündbarem Gas) sind entbehrlich.

Spalte (3a)
Klasse
2.2
(3a)
...
3

Diese Spalte enthält die Nummer der **Klasse**, unter deren Begriff der gefährliche Stoff oder Gegenstand fällt. Hier handelt es sich um die Klasse 3 entzündbare flüssige Stoffe.
Die Klasseneinteilung ist im Abschnitt 2.2 des ADR näher erläutert.
In der Dokumentation ist nicht die Gefahrgutklasse, sondern die Nummer des Gefahrzettels anzugeben.

Siehe Übersicht zu den Gefahrgutklassen, Seite 177

Gefahrzettel, siehe oben Seite 181

Spalte (4)
Verpackungsgruppe
2.1.1.3
(4)
...
II

Die **Verpackungsgruppe** drückt den Gefahrengrad eines Stoffes aus. Die Verpackungsgruppe hat folgende Abstufungen:

- Verpackungsgruppe I: Stoffe mit hoher Gefahr
- Verpackungsgruppe II: Stoffe mit mittlerer Gefahr
- Verpackungsgruppe III: Stoffe mit geringer Gefahr

Gleichzeitig gibt die Verpackungsgruppe auch die Ansprüche an die Verpackung von Gefahrgütern wieder. Verpackungen sind entsprechend codiert (X = Verpackungsgruppe I, II, III; Y = II und III; Z = III, siehe Seite 193).

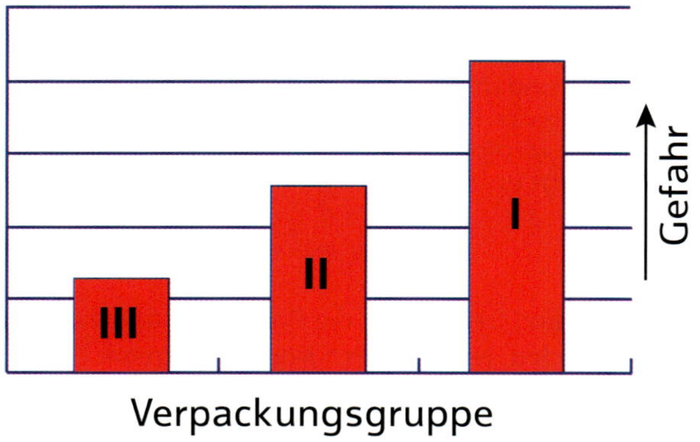

Verpackungsgruppe: Maß für den Gefahrengrad eines Stoffes und für die Anforderungen an Gefahrgutverpackungen

11.7.2.2 Tunnelbeschränkungscode

Nachdem es wiederholt in Tunneln zu schweren Unfällen gekommen ist, haben sich die Verkehrsbehörden das Ziel gesetzt, alle Tunnel nach ihrer Risikohöhe zu klassifizieren und sie für bestimmte gefährliche Güter zu sperren.

Tunnelkategorie = Klassifizierung von Tunneln nach der Höhe ihres Risikos

Die Klassifizierung bezieht sich auf die Frage, inwieweit ein Tunnel Folgendes bewältigen kann:

- Explosionen,
- das Freiwerden giftiger Stoffe oder
- Brände.

Daraus ist eine fünfstufige Klassifizierung entwickelt worden:

Tunnelkategorie	Beschränkung (Verbot) für Gefahrguttransporte mit orangefarbenen Tafeln
A	Kein Verbot; alle für den Straßentransport zugelassenen Gefahrgüter dürfen den Tunnel passieren.
B	Verbot für Gefahrgüter mit sehr großer Explosionsgefahr
C	Verbot wie B + große Explosionsgefahr + Freisetzung giftiger Stoffe
D	Verbot wie C + große Feuergefahr
E	Verbot aller kennzeichnungspflichtigen Beförderungseinheiten mit Gefahrgütern

Die Klassifizierung eines Tunnels wird durch ein Schild am Tunneleingang sichtbar gemacht.

Die europäischen Tunnel werden zurzeit klassifiziert. In Deutschland ist dieser Prozess noch nicht abgeschlossen.

Die Klassifizierung der Tunnel kann jederzeit geändert werden.

Beispiele für Tunnelklassifizierungen

Bezeichnung der Straße und/ oder des Tunnels	Streckenkilometer und ggf. Ortslage	Tunnelkategorie und ggf. Zeitfenster
Bayern Pferseer Unterführung	Augsburg-Zentrum	B
Hamburg Elbtunnel/A 7		E von 5:00 bis 23:00 Uhr, C in der übrigen Zeit
Niedersachsen Emstunnel/A 31		B
Nordrhein-Westfalen B 9 – Tunnel Bad Godesberg	Bonn-Bad Godesberg	E
Thüringen A 71 – Tunnel Rennsteig	km 114,8–122,7	E

Auf der anderen Seite werden alle Gefahrgüter in der Regel mit einem bestimmten **Tunnelbeschränkungscode** (TBC) versehen.

Tunnelbeschränkungscode = Einteilung von Gefahrgütern nach ihrer Eignung, durch Tunnel transportiert zu werden

Tunnelbeschränkungscode (TBC)	Beschränkung für ein spezielles Gefahrgut
– (ohne Code)	Durchfahrt durch jeden Tunnel erlaubt
E	Durchfahrt lediglich durch den Tunnel der Tunnelkategorie E verboten (erlaubt: A, B, C, D)
D	Durchfahrt verboten durch Tunnel der Kategorien E und D (erlaubt: A, B, C)
C	Durchfahrt verboten durch Tunnel der Kategorien E, D und C (erlaubt: A, B)
B	Durchfahrt verboten durch Tunnel der Kategorien E, D, C und B (erlaubt: A)

Gefahrgüter mit dem Tunnelbeschränkungscode „B“ dürfen durch Tunnel mit der Kategorie „A“ fahren. Das bedeutet, dass – bei alphabetischer Betrachtung – alle Tunnel für ein Gefahrgut erlaubt sind, die unterhalb des eigenen Buchstabens liegen (A liegt unterhalb von B, A und B liegen unterhalb von C usw.).

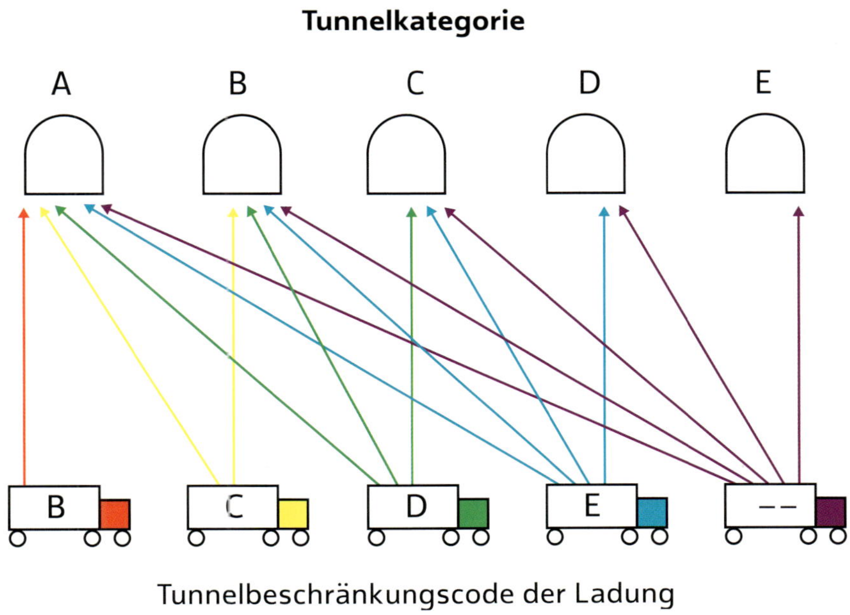

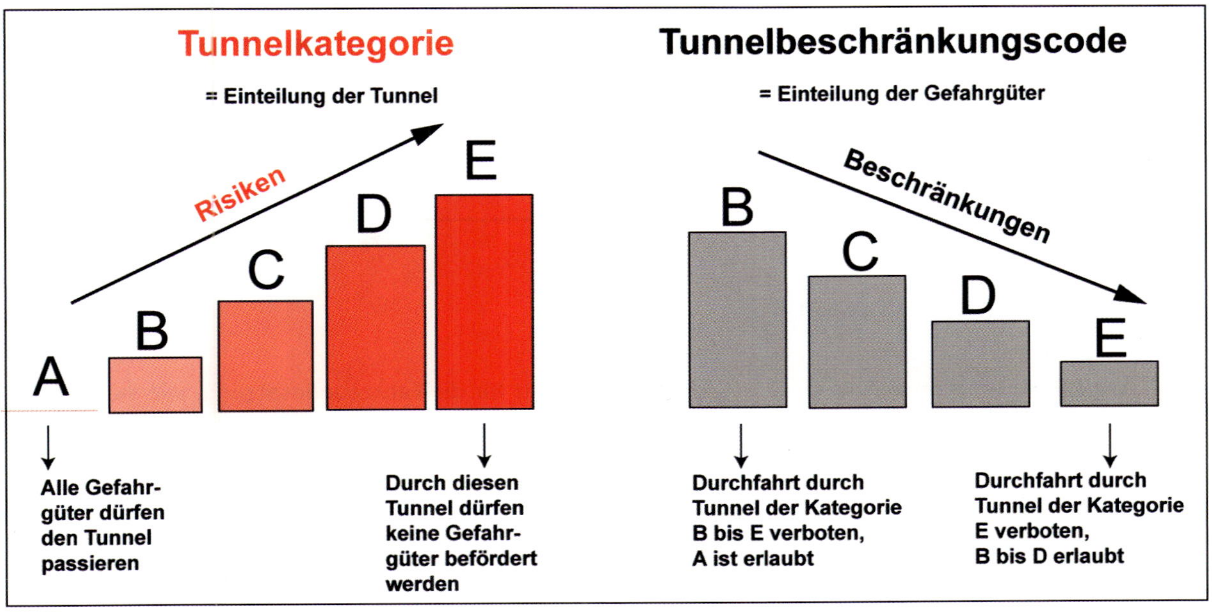

Weil bestimmte Gefahrgüter in Tanks eine höhere Gefahr aufweisen als in Versandstücken, wird diesen Gefahrgütern ein **kombinierter Tunnelbeschränkungscode** zugewiesen. Für Klasse 1 werden im Code auch noch Mengenbeschränkungen sichtbar.

D/E: erster Buchstabe Beförderung in Tanks; B1000C: erster Buchstabe für Nettoexplosivmasse über 1 000 kg

Beispiele:

Tunnelbeschränkungscode (TBC)	*Beschränkung für ein spezielles Gefahrgut*
D/E	*Durchfahrt durch Tunnel der Kategorie E verboten (A bis D erlaubt); bei einer Beförderung in Tanks überdies verboten für Tunnel der Kategorie D (A bis C erlaubt)*
B/E	*Verbot für Tunnel der Kategorie E (A bis D erlaubt); in Tanks zusätzlich für die Kategorien D, C und B (A erlaubt)*
B1000C	*Verbot für Tunnel der Kategorie E, D und C (erlaubt für A und B). Ist die Nettoexplosivmasse pro Beförderungseinheit größer als 1 000 kg, Verbot zusätzlich für Kategorie B (erlaubt: A)*

Anwendung des Tunnelbeschränkungscodes „D" für einzelne Sendungen

Sendung 1:			
3 Fässer mit je 120 l	UN 1230 METHANOL, 3 (6.1), II, (D/E)		zulässig
Sendung 2:			
1 Fass 25 l	UN 1244 METHYLHYDRAZIN, 6.1 (3, 8), I, (C/D)		nicht zulässig

Begründung
Der TBC für **Sendung 1** lautet D/E. „D" gilt für Tankfahrzeuge; anzuwenden ist daher „E". Alle Tunnelkategorien, die unterhalb von „E" liegen (A, B, C, D), sind für Sendung 1 möglich.
Sendung 2 hat den TBC C/D. „C" gilt für Tankfahrzeuge; anzuwenden ist daher „D". Eine Sendung mit dem Tunnelbeschränkungscode „D" darf einen Tunnel mit der Kategorie „D" nicht durchfahren. Möglich wären Tunnel mit den Kategorien A, B und C.

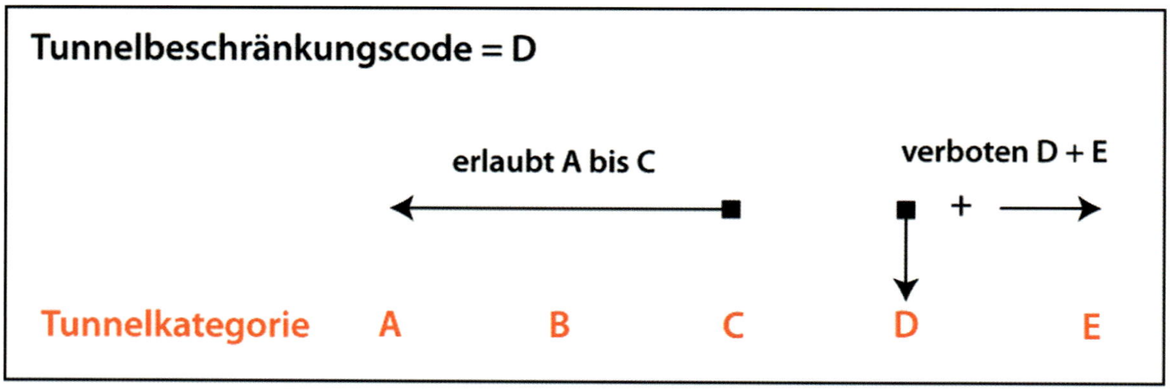

Alte Bezeichnung: Unfallmerkblatt

11.7.2.3 Schriftliche Weisungen

> **Schriftliche Weisungen** = vierseitiges Informationsblatt für die Fahrzeugbesatzung, wie sie sich in bestimmten Gefahrensituationen verhalten soll, einschließlich einer Auflistung der Gefahrgutausrüstung für das Fahrzeug

Für das Verhalten bei Unfällen, die sich während der Beförderung ereignen können, sind dem Fahrzeugführer **vom Beförderer** schriftliche Weisungen mitzugeben. Sie gelten für **alle Arten** von Gefahrgut. Die Fahrzeugbesatzung muss die schriftliche Weisung lesen und verstehen können. Der **Beförderer** ist dafür verantwortlich, dass sich die schriftlichen Weisungen (an leicht zugänglicher Stelle) im Fahrzeug befinden.

Die erste Seite enthält allgemeine Hinweise, welche Maßnahmen die Fahrzeugbesatzung bei einem Unfall oder einem Notfall ergreifen muss.

D	SCHRIFTLICHE WEISUNGEN GEMÄSS ADR
	Maßnahmen bei einem Unfall oder Notfall

Bei einem Unfall oder Notfall, der sich während der Beförderung ereignen kann, müssen die Mitglieder der Fahrzeugbesatzung folgende Maßnahmen ergreifen, sofern diese sicher und praktisch durchgeführt werden können:

- Bremssystem betätigen, Motor abstellen und Batterie durch Bedienung des gegebenenfalls vorhandenen Hauptschalters trennen
- Zündquellen vermeiden, insbesondere nicht rauchen oder elektronische Zigaretten oder ähnliche Geräte verwenden und keine elektronische Ausrüstung einschalten;
- die entsprechenden Einsatzkräfte verständigen und dabei so viele Informationen wie möglich über den Unfall oder Zwischenfall und die betroffenen Stoffe liefern;
- Warnweste anlegen und selbststehende Warnzeichen an geeigneter Stelle aufstellen;
- Beförderungspapiere für die Ankunft der Einsatzkräfte bereithalten;
- nicht in ausgelaufene Stoffe treten oder berühren und das Einatmen von Dunst, Rauch, Staub und Dämpfen durch Aufhalten in der dem Wind zugewandten Seite vermeiden;
- sofern dies gefahrlos möglich ist, Feuerlöscher verwenden, um kleine Brände/Entstehungsbrände an Reifen, Bremsen und im Motorraum zu bekämpfen;
- Brände in Ladeabteilen dürfen nicht von Mitgliedern der Fahrzeugbesatzung bekämpft werden;
- sofern dies gefahrlos möglich ist, Bordausrüstung verwenden, um das Eintreten von Stoffen in Gewässer oder in die Kanalisation zu verhindern und um ausgetretene Stoffe einzudämmen;
- sich aus der unmittelbaren Umgebung des Unfalls oder Notfalls entfernen, andere Personen auffordern, sich zu entfernen und die Weisungen der Einsatzkräfte befolgen;
- kontaminierte Kleidung und gebrauchte kontaminierte Schutzausrüstung ausziehen und sicher entsorgen.

Auf den Seiten 2 und 3 der schriftlichen Weisungen werden für die jeweiligen Gefahrklassen (veranschaulicht durch die Gefahrzettel) zusätzliche Hinweise gegeben, wie sich die Fahrzeugbesatzung in bestimmten Situationen verhalten soll.

Seite 2 der schriftlichen Weisungen

Zusätzliche Hinweise für die Mitglieder der Fahrzeugbesatzung über die Gefahreneigenschaften von gefährlichen Gütern nach Klassen und über die in Abhängigkeit von den vorherrschenden Umständen zu ergreifenden Maßnahmen		
Gefahrzettel und Großzettel (Placards)	**Gefahreneigenschaften**	**zusätzliche Hinweise**
(1)	(2)	(3)
explosive Stoffe und Gegenstände mit Explosivstoff  1 1.5 1.6	Kann eine Reihe von Eigenschaften und Auswirkungen wie Massendetonation, Splitterwirkung, starker Brand/Wärmefluss, Bildung von hellem Licht, Lärm oder Rauch haben. schlagempfindlich und/oder stoßempfindlich und/oder wärmeempfindlich	Schutz abseits von Fenstern suchen.
explosive Stoffe und Gegenstände mit Explosivstoff  1.4	leichte Explosions- und Brandgefahr.	Schutz suchen.
entzündbare Gase  2.1	Brandgefahr Explosionsgefahr Kann unter Druck stehen. Erstickungsgefahr Kann Verbrennungen und/oder Erfrierungen hervorrufen. Umschließungen können unter Hitzeeinwirkung bersten.	Schutz suchen. Nicht in tief liegenden Bereichen aufhalten.
nicht entzündbare, nicht giftige Gase 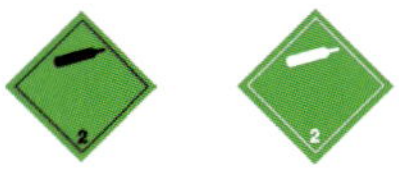 2.2	Erstickungsgefahr Kann unter Druck stehen. Kann Erfrierungen hervorrufen. Umschließungen können unter Hitzeeinwirkung bersten.	Schutz suchen. Nicht in tief liegenden Bereichen aufhalten.
giftige Gase  2.3	Vergiftungsgefahr Kann unter Druck stehen. Kann Verbrennungen und/oder Erfrierungen hervorrufen. Umschließungen können unter Hitzeeinwirkung bersten.	Notfallfluchtmaske verwenden. Schutz suchen. Nicht in tief liegenden Bereichen aufhalten.
entzündbare flüssige Stoffe  3	Brandgefahr Explosionsgefahr Umschließungen können unter Hitzeeinwirkung bersten.	Schutz suchen. Nicht in tief liegenden Bereichen aufhalten.
entzündbare feste Stoffe, selbstzersetzliche Stoffe, polymerisierende Stoffe und desensibilisierte explosive feste Stoffe  4.1	Brandgefahr; entzündbar oder brennbar, kann sich bei Hitze, Funken oder Flammen entzünden. Kann selbstzersetzliche Stoffe enthalten, die unter Einwirkung von Hitze, bei Kontakt mit anderen Stoffen (wie Säuren, Schwermetallverbindungen oder Aminen), bei Reibung oder Stößen zu exothermer Zersetzung neigen. Dies kann zur Bildung gesundheitsgefährdender und entzündbarer Gase oder Dämpfe oder zur Selbstentzündung führen. Umschließungen können unter Hitzeeinwirkung bersten. Explosionsgefahr desensibilisierter explosiver Stoffe bei Verlust des Desensibilisierungsmittel	
selbstentzündliche Stoffe  4.2	Brandgefahr durch Selbstentzündung bei Beschädigung von Versandstücken oder Austritt von Füllgut Kann heftig mit Wasser reagieren.	
Stoffe, die in Berührung mit Wasser entzündbare Gase entwickeln  4.3	bei Kontakt mit Wasser Brand- und Explosionsgefahr	Ausgetretene Stoffe sollten durch Abdecken trocken gehalten werden.

Seite 3 der schriftlichen Weisungen

Zusätzliche Hinweise für die Mitglieder der Fahrzeugbesatzung über die Gefahreneigenschaften von gefährlichen Gütern nach Klassen und über die in Abhängigkeit von den vorherrschenden Umständen zu ergreifenden Maßnahmen		
Gefahrzettel und Großzettel (Placards)	**Gefahreneigenschaften**	**zusätzliche Hinweise**
(1)	(2)	(3)
entzündend (oxidierend) wirkende Stoffe  5.1	Gefahr heftiger Reaktion, Entzündung und Explosion bei Berührung mit brennbaren oder entzündbaren Stoffen	Vermischen mit entzündbaren oder brennbaren Stoffen (z. B. Sägespäne) vermeiden.
organische Peroxide  5.2	Gefahr exothermer Zersetzung bei erhöhten Temperaturen, bei Kontakt mit anderen Stoffen (wie Säuren, Schwermetallverbindungen oder Aminen), Reibung oder Stößen; dies kann zur Bildung gesundheitsgefährdender und entzündbarer Gase oder Dämpfe oder zur Selbstentzündung führen.	Vermischen mit entzündbaren oder brennbaren Stoffen (z. B. Sägespäne) vermeiden.
giftige Stoffe  6.1	Gefahr der Vergiftung beim Einatmen, bei Berührung mit der Haut oder bei Einnahme Gefahr für Gewässer oder Kanalisation	Notfallfluchtmaske verwenden.
ansteckungsgefährliche Stoffe  6.2	Ansteckungsgefahr Kann bei Menschen oder Tieren schwere Krankheiten hervorrufen. Gefahr für Gewässer oder Kanalisation	
radioaktive Stoffe  7A 7B  7C 7D	Gefahr der Aufnahme und der äußeren Bestrahlung	Expositionszeit beschränken.
spaltbare Stoffe  7E	Gefahr nuklearer Kettenreaktion	
ätzende Stoffe  8	Verätzungsgefahr Kann untereinander, mit Wasser und mit anderen Stoffen heftig reagieren. Ausgetretener Stoff kann ätzende Dämpfe entwickeln. Gefahr für Gewässer oder Kanalisation	
verschiedene gefährliche Stoffe und Gegenstände 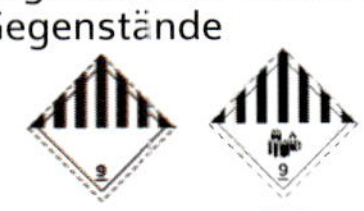 9 9A	Verbrennungsgefahr Brandgefahr Explosionsgefahr Gefahr für Gewässer oder Kanalisation	
Bem. 1 Bei gefährlichen Gütern mit mehrfachen Gefahren und bei Zusammenladungen muss jede anwendbare Eintragung beachtet werden. **2** Die in der Spalte 3 der Tabelle angegebenen zusätzlichen Hinweise können angepasst werden, um die Klassen der zu befördernden gefährlichen Güter und die Beförderungsmittel wiederzugeben.		

Seite 4 der schriftlichen Weisungen

Zusätzliche Hinweise für Mitglieder der Fahrzeugbesatzung über die Gefahreneigenschaften von gefährlichen Gütern, die durch Kennzeichen angegeben sind, und über die in Abhängigkeit von den vorherrschenden Umständen zu ergreifenden Maßnahmen		
Kennzeichen	**Gefahreneigenschaften**	**zusätzliche Hinweise**
(1)	(2)	(3)
 umweltgefährdende Stoffe	Gefahr für Gewässer oder Kanalisation	
 erwärmte Stoffe	Gefahr von Verbrennungen durch Hitze	Berührung heißer Teile der Beförderungseinheit und des ausgetretenen Stoffes vermeiden.

11.7.3 Ausrüstung von Beförderungseinheiten (mit oder ohne Anhänger)

Lastwagen, mit denen Gefahrgüter befördert werden, benötigen spezielle Ausrüstungsgegenstände für den Umgang mit Gefahrgut. Außerdem sind die Lastwagen ab einer bestimmten Gefahrgutmenge durch orangefarbene Tafeln zu kennzeichnen.

11.7.3.1 Feuerlöschmittel

für Beförderungseinheiten bis 3,5 t: 2 Geräte mit zusammen 4 kg; von 3,5 bis 7,5 t: 2 Geräte mit zusammen 8 kg

Jede Beförderungseinheit über 7,5 t zulässigem Gesamtgewicht, mit der gefährliche Güter in kennzeichnungspflichtigen Mengen (Warntafel!) transportiert werden, muss mit zwei tragbaren Feuerlöschgeräten ausgerüstet sein, die zusammen mindestens 12 kg Löschpulver enthalten (z. B. 2 x 6 kg).
Bei nicht kennzeichnungspflichtigen Mengen genügt ein tragbares Feuerlöschgerät mit einem Mindestfassungsvermögen von 2 kg Pulver.

11.7.3.2 Gefahrgut-Ausrüstungen

Die Seite 4 der schriftlichen Weisungen listet auf, mit welchen Ausrüstungsgegenständen neben den Feuerlöschmitteln eine Beförderungseinheit ausgestattet sein muss:

Seite 4 (Teil 2) der schriftlichen Weisungen

Ausrüstung für den persönlichen und allgemeinen Schutz für die Durchführung allgemeiner und gefahrenspezifischer Notfallmaßnahmen, die sich gemäß Abschnitt 8.1.5 des ADR an Bord der Beförderungseinheit befinden muss

Die folgende Ausrüstung muss sich an Bord der Beförderungseinheit befinden:
- ein Unterlegkeil je Fahrzeug, dessen Abmessungen der höchstzulässigen Gesamtmasse des Fahrzeugs und dem Durchmesser der Räder angepasst sein müssen
- zwei selbststehende Warnzeichen
- Augenspülflüssigkeit[a)]

Für jedes Mitglied der Fahrzeugbesatzung:
- eine Warnweste
- ein tragbares Beleuchtungsgerät
- ein Paar Schutzhandschuhe und
- eine Augenschutzausrüstung

Für bestimmte Klassen vorgeschriebene zusätzliche Ausrüstung:
- an Bord von Beförderungseinheiten für die Gefahrzettel-Nummer 2.3 oder 6.1 muss sich für jedes Mitglied der Fahrzeugbesatzung eine Notfallfluchtmaske befinden
- eine Schaufel[b)]
- eine Kanalabdeckung[b)]
- ein Auffangbehälter[b)]

a) Nicht erforderlich für Gefahrzettel der Muster 1, 1.4, 1.5, 1.6, 2.1, 2.2 und 2.3
b) Nur für feste und flüssige Stoffe mit Gefahrzettel-Nummer 3, 4.1, 4.3, 8 oder 9 vorgeschrieben.

Der **Beförderer** muss dem Fahrzeugführer die notwendigen Ausrüstungsgegenstände vor Beginn der Fahrt aushändigen.

11.7.3.3 Orangefarbene Tafeln (Warntafeln)

Muss ein Fahrzeug mit orangefarbenen Tafeln gekennzeichnet werden, spricht man auch von einer kennzeichnungspflichtigen Beförderungseinheit.

Orangefarbene Tafeln = neutrale oder stoffbezogene Kennzeichnung des Fahrzeugs bei Gefahrgutbeförderungen

Beförderungseinheiten, in denen gefährliche Güter befördert werden, müssen mit zwei **orangefarbenen Tafeln** gekennzeichnet sein. Sie sind vorn und hinten an der Beförderungseinheit anzubringen. Die Tafeln signalisieren den Verkehrsteilnehmern, dass in der Nähe des Fahrzeugs besondere Vorsicht angebracht ist.
Tankfahrzeuge müssen die Tafeln auch an den Seiten des Fahrzeugs führen. Außerdem müssen die Tafeln mit der Nummer zur Kennzeichnung der Gefahr (nebenstehend 33) und mit der UN-Nummer versehen sein (stoffbezogene Warntafel). Diese Regelung gilt auch für Fahrzeuge und Container, die gefährliche feste Stoffe in loser Schüttung befördern. Voraussetzung ist allerdings, dass in Spalte 20 des Verzeichnisses eine Nummer zur Kennzeichnung der Gefahr angegeben ist (siehe Seite 191).

Muster orangefarbene Tafel

Spalte (20)
Nummer zur Kennzeichnung der Gefahr
5.3.2.3
(20)
...
33

Hier erscheint die (obere) Nummer mit zwei oder drei Ziffern (eventuell um ein „X“ ergänzt), die für die Beförderung in Tanks und in loser Schüttung auf der orangefarbenen Tafel vorgeschrieben ist.

Zusammensetzung der Nummer zur Kennzeichnung der Gefahr

Die Nummer zur Kennzeichnung der Gefahr besteht aus zwei oder drei Ziffern, die im Allgemeinen auf folgende Gefahren hinweisen:

2 Entweichen von Gas durch Druck oder durch chemische Reaktion
3 Entzündbarkeit von flüssigen Stoffen (Dämpfen) und Gasen oder selbsterhitzungsfähiger flüssiger Stoff
4 Entzündbarkeit von festen Stoffen oder selbsterhitzungsfähiger fester Stoff
5 oxidierende (brandfördernde) Wirkung
6 Giftigkeit oder Ansteckungsgefahr
7 Radioaktivität
8 Ätzwirkung
9 Gefahr einer spontanen heftigen Reaktion

Die Ziffern orientieren sich an den Gefahrklassen, siehe Seite 177. Für die Klasse 1 gelten besondere Vorschriften.

→ Die Verdoppelung einer Ziffer weist auf die Zunahme der entsprechenden Gefahr hin. Wenn die Gefahr eines Stoffes ausreichend durch eine einzige Ziffer angegeben werden kann, wird die Ziffer durch eine Null ergänzt.

→ Wenn der Nummer zur Kennzeichnung der Gefahr der Buchstabe „X“ vorangestellt ist, bedeutet dies, dass der Stoff in gefährlicher Weise mit Wasser reagiert.

Beispiele für übliche Ziffernkombinationen:

20 *erstickendes Gas oder Gas, das keine Zusatzgefahr aufweist*
22 *tiefgekühlt verflüssigtes Gas, erstickend*
223 *tiefgekühlt verflüssigtes Gas, entzündbar*
225 *tiefgekühlt verflüssigtes Gas, oxidierend (brandfördernd)*
23 *entzündbares Gas*
239 *entzündbares Gas, das spontan zu einer heftigen Reaktion führen kann*
26 *giftiges Gas*
268 *giftiges Gas, ätzend*

Informationen einer orangefarbenen Tafel (z. B. für Rettungskräfte)

Beispiel:

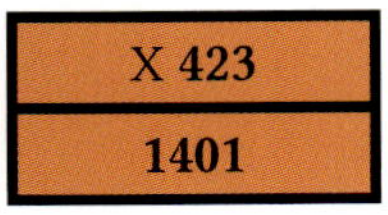

fester Stoff, der mit Wasser gefährlich reagiert und entzündbare Gase bildet (darum „X“)
UN-Nummer für CALCIUM

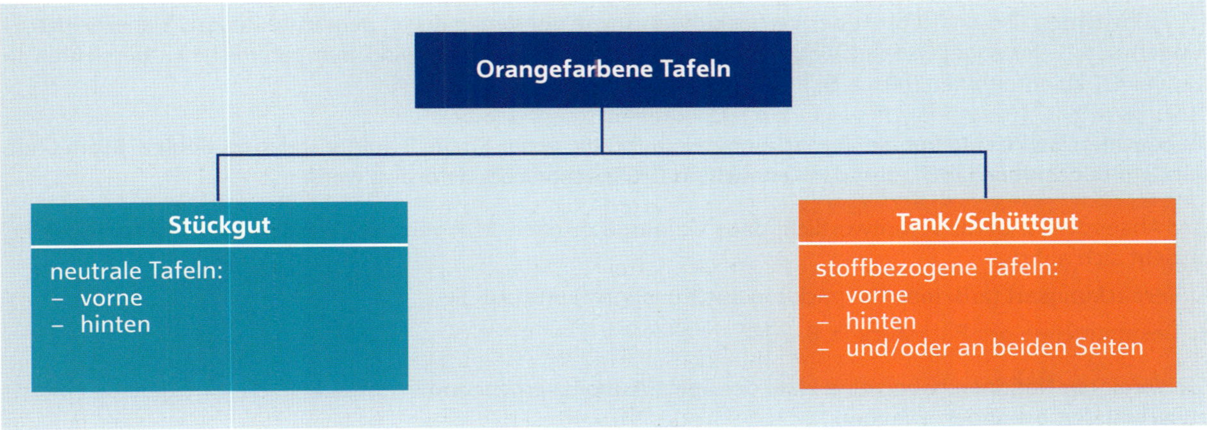

11.7.4 Qualifikation des Fahrpersonals

Lkw-Fahrer, die Gefahrgut befördern, müssen über eine gültige ADR-Schulungsbescheinigung („Gefahrgutschein") verfügen. Sie wird von der zuständigen Industrie- und Handelskammer erteilt, wenn der Lkw-Fahrer eine Gefahrgutschulung erfolgreich (mit bestandener Abschlussprüfung) abgeschlossen hat. Für eine Verlängerung ist eine Nachschulung mit Prüfung erforderlich.

ADR-Schulungsbescheinigung (Gefahrgutschein) = Erlaubnis zum Befördern von Gefahrgut auf der Straße aufgrund einer Gefahrgutschulung für Transporte mit orangefarbenen Tafeln

Die **Geltungsdauer** der Bescheinigung beträgt fünf Jahre; sie hat heute die Form einer Scheckkarte.

Vergleiche Regelung zum Gefahrgutbeauftragten, siehe Seite 176

Beispiel für eine ADR-Schulungsbescheinigung:

D **ADR-SCHULUNGSBESCHEINIGUNG FÜR FAHRZEUGFÜHRER**

Lichtbild

1. 102-0000-10006
2. Siemens
3. Gerd
4. 20.09.1967
5. deutsch
6. Gerd Siemens
7. IHK Frankfurt
8. gültig bis 24.05.20(+5)

GÜLTIG FÜR KLASSE(N) ODER UN-NUMMERN:

IN TANKS	AUSGENOMMEN IN TANKS
9. 2, 3, 4.1, 4.2, 4.3, 5.1, 5.2, 6.1, 6.2, 8, 9	**10.** 2, 3, 4.1, 4.2, 4.3, 5.1, 5.2, 6.1, 6.2, 8, 9

11.7.5 Durchführung der Beförderung

11.7.5.1 Gefahrgüter verpacken

Spalten (8), (9a), (9b)		
Verpackung		
Anweisungen	Sondervorschriften	Zusammenpackung
4.1.4	4.1.4	4.1.10
(8)	(9a)	(9b)
...	...	...
P001 IBC03 LP01 R001		MP19

Gefährliche Güter müssen entsprechend ihrem Gefahrengrad **verpackt** werden, damit sie den Belastungen während des Umschlags und der Beförderung standhalten. Das ADR legt in diesen Spalten fest, welche Verpackungen, Großpackmittel (IBC), Großverpackungen und Feinstblechverpackungen für die einzelnen Gefahrgüter verwendet werden dürfen.

Da das Verpacken von Gefahrgütern vor allem Aufgabe des Herstellers ist, wird das Thema nur im Überblick dargestellt.

Beim Verpacken der Gefahrgüter sind zunächst die einleitenden **allgemeinen Vorschriften** aus dem Kapitel 4.1 zu beachten (Beschaffenheit der Verpackungen sowie der Verschlüsse, genormte Bauart, Sicherheitsprüfungen u. a.). Die zugelassenen Verpackungsarten und Gütermengen sind den zahlreichen Übersichten in Kapitel 4.1 zu entnehmen (hier z. B. P001, IBC03, LP01 und R001).

Zu beachten ist: Es sind nur die Verpackungen erlaubt, die in der Spalte 8 aufgeführt sind. Fehlt z. B. ein Code mit dem Buchstaben „IBC", darf das Gut nicht in Großpackmitteln befördert werden.

Der Absender ist dafür verantwortlich, dass Gefahrgüter nach ADR verpackt werden. Seine Verantwortung bezieht sich auf die

- Verpackungsart (z. B. Innenverpackung aus Kunststoff) und auf die
- Gesamtmenge pro Packstück (z. B. 30 l).

Die Vereinten Nationen haben eine Liste der Spezifikationsverpackungen entwickelt, die eine genaue Einordnung von Verpackungen erlauben.

Beispiele aus der UN-Liste der Spezifikationsverpackungen:

Beschreibung	Spezifikations-nummer	Beschreibung	Spezifikations-nummer
Innenverpackungen		**Außenverpackungen**	
Steingut, Glas oder Wachs	IP1	Stahlfass	1A1
Kunststoff	IP2	Aluminiumfass	1B2
Metallkannen, Dosen, Tuben	IP3	Naturholzkiste	4C1
Pappdosen und Schachteln	IP6	Kiste aus Pappe/Karton	4G
Beutel, Papier mit Kunststoff	IP10	Kunststoffkiste	4H2

Allgemein unterscheidet die UN-Nummerierung nach

- **Innenverpackung:** Verpackung, die eine Außenverpackung erfordert, damit sie ihre Umschließungsaufgabe erfüllen kann. Die UN-Nummer beginnt mit IP; daran schließt sich eine Ziffer an, die die Art der Innenverpackung anzeigt;
- **Außenverpackung:** Sie umschließt und schützt eine Innenverpackung. Die Nummerierung setzt sich zusammen aus
  - Verpackungs**typ**, z. B. 1 = Fass, 3 = Kanister, 4 = Kiste usw. und
  - Verpackungs**material**, z. B. A = Stahl, B = Aluminium, C = Naturholz, G = Pappe, H = Kunststoff usw.

Ein Code, der auf allen Verpackungen angebracht wird, gibt Auskunft über die UN-Spezifikationsnummer und weitere Eigenschaften.

Codierung auf der Verpackung:
X = für die Verpackungsgruppen I, II und III
Y = für die Verpackungsgruppen II und III
Z = für die Verpackungsgruppe III

Beispiel für einen Verpackungscode:

UN	*baumustergeprüfte Verpackung*
4	*Kiste*
G	*Werkstoff Pappe*
Y	*Verpackungsgruppe II*
30	*Bruttogewicht, mit dem der Karton geprüft wurde*
S	*solid (fest)*
20	*Herstellungsjahr*
D	*Zulassungsland*
Hersteller	*Kaysersberg*
BVT	*geprüft durch BVT*
172864	*Registriernummer*

Die alphanumerischen Codes, die in der Spalte 8 aufgelistet sind, sind in Gruppen eingeteilt, erkennbar an ihrem Anfangsbuchstaben, z. B.:

Anfangsbuchstabe	Vorschrift
„P"	erlaubte Verpackungen oder Gefäße
„IBC"	erlaubte Großpackmittel
„LP"	erlaubte Großverpackungen

In der Spalte 9b ist die Zusammenpackung von Gefahrgütern geregelt. Wichtig ist in diesem Zusammenhang für den Spediteur die Unterscheidung zwischen Zusammenpacken und Zusammenladen:

Zusammenpacken	Verschiedene gefährliche Güter werden zu einem Versandstück zusammengefügt.
Zusammenladen	Versandstücke mit verschiedenen gefährlichen Gütern werden auf der Ladefläche eines Fahrzeugs bzw. eines Containers zusammengefasst.

Das Zusammenpacken ist demnach für den Absender bedeutsam, nur in Ausnahmefällen für den Spediteur. Das ADR hält eine Liste von Zusammenpackvorschriften bereit (MP1 bis MP24).

Beispiel für Zusammenpackvorschriften:

MP15	Darf in Mengen von höchstens 3 l je Innenverpackung ▪ mit Gütern, die unter einen anderen Klassifizierungscode derselben Klasse fallen, oder mit Gütern der übrigen Klassen, soweit eine Zusammenpackung auch für diese Güter zugelassen ist, und/oder ▪ mit Gütern, die den Vorschriften des ADR nicht unterliegen, in einer zusammengesetzten Verpackung ... zusammengepackt werden, wenn sie nicht gefährlich miteinander reagieren.

11.7.5.2 Be- und Entladen

Das Frachtrecht regelt diese Pflichten anders!

Wie oben beschrieben umfasst die Beförderung auch das Be- und Entladen. Die Gefahrgutvorschriften regeln die Verantwortlichkeit wie folgt:

- Für das Beladen ist der Verlader verantwortlich.
- Die ordnungsgemäße Entladung ist Aufgabe des Empfängers.

Zusammenladeverbote

Bei der Beladung ist zu beachten, dass für bestimmte Gefahrgüter **Zusammenladeverbote** bestehen, d. h., werden verschiedene Gefahrgüter zu einer Ladung zusammengefasst, sind die Gefahrgutvorschriften daraufhin zu prüfen, ob sie eine solche Zusammenfassung überhaupt zulassen.
Werden einzelne Sendungen zu einer Sammelladung zusammengefasst, hat der Erstspediteur Zusammenladeverbote zu beachten.
Es existieren aber auch Tabellen, aus denen relativ einfach abzulesen ist, welche Gefahrgutklassen miteinander verladen werden dürfen und bei welchen Klassen es verboten ist. Maßgebend ist der Gefahrzettel auf dem Gut, der die Gefahreigenschaften anzeigt.

Anmerkung zum Verweis auf den Unterabschnitt 7.5.2.2: Für Güter der Gefahrklasse 1 gelten – nach sogenannten Verträglichkeitsgruppen geordnet – spezielle Zusammenladebestimmungen.

Zusammenladetabelle (ADR, Unterabschnitt 7.5.2.1)

Gefahrzettel	1	1.4	1.5	1.6	2.1, 2.2, 2.3	3	4.1	4.1 + 1	4.2	4.3	5.1	5.2	5.2 + 1	6.1	6.2	7A, 7B, 7C	8	9, 9A
1	siehe Unterabschnitt 7.5.2.2										d)							b)
1.4					a)	a)	a)		a)	a)	a)	a)		a)	a)	a)	a)	a), b), c)
1.5																		b)
1.6																		b)
2.1, 2.2, 2.3		a)			X	X	X		X	X	X	X		X	X	X	X	X
3		a)			x	X	X		X	X	X	X		X	X	X	X	X
4.1		a)			X	X	X		X	X	X	X		X	X	X	X	X
4.1 + 1								X										
4.2		a)			X	X	X		X	X	X	X		X	X	X	X	X
4.3		a)			X	X	X		X	X	X	X		X	X	X	X	X
5.1	d)	a)			X	X	X		X	x	x	X		x	X	X	X	X
5.2		a)			X	X	X		X	X	X	X	X	X	X	X	X	X
5.2 + 1													X					
6.1		a)			X	X	X		X	X	X	X		X	X	X	X	X
6.2		a)			X	X	X		X	X	X	X		X	X	X	X	X
7A, 7B, 7C		a)			X	X	X		X	X	X	X		X	X	X	X	X
8		a)			X	X	X		X	X	X	X		X	X	X	X	X
9, 9A	b)	a), b), c)	b)	b)	X	X	X		X	X	X	X		X	X	X	X	X

X Zusammenladung zugelassen
a) Zusammenladung mit Stoffen und Gegenständen der Verträglichkeitsgruppe 1.4S zugelassen
b) Zusammenladung mit Gütern der Klasse 1 und Rettungsmitteln der Klasse 9 (UN-Nummern 2990, 3072 und 3268) zugelassen
c) und d) stellen Sonderfälle dar.

Beispiel für die Anwendung der Tabelle:
Die Güter der Sendung 2 aus der Lernsituation zum Gefahrgut (CHLORWASSERSTOFFSÄURE, UN-Nummer 1789, Gefahrgut-Klasse 8, Verpackungsgruppe II)
– dürfen z. B. mit Zündhölzern (Klasse 4.1, entzündbare feste Stoffe),
– dürfen z. B. ***nicht*** *mit Feuerwerkskörpern (Klasse 1, explosive Stoffe und Gegenstände mit Explosivstoff) zusammengeladen werden.*

Siehe Lernsituation 10: Gefährliche Güter transportieren

Trenngebote

Neben den Zusammenladeverboten sind im Zusammenhang mit der Beförderung von Nahrungs-, Genuss- und Futtermitteln auch bestimmte **Trenngebote** zum Gefahrgut zu beachten. Es betrifft die Gefahrzettel 6.1, 6.2 und bestimmte UN-Nummern der Klasse 9.

Abfahrtskontrolle

Bevor der eigentliche Transport beginnt, hat der Fahrzeugführer eine Abfahrtskontrolle durchzuführen. Sie umfasst
- den Fahrzeugzustand und die Betriebsbereitschaft (z. B. Bremsen, Lichtanlage, Reifen, Ölstand, Kühlwasser, Kraftstoff),
- die Ladungssicherung (betriebssichere Beladung),
- die Kennzeichnung der Gefahrgüter und des Fahrzeugs,
- die Begleitpapiere sowie
- die sonstige Ausrüstung des Fahrzeugs (Feuerlöscher, sonstige Ausrüstung laut schriftlichen Weisungen).

Diese Kontrollpflichten und weitere Vorschriften für die Beförderung gefährlicher Güter werden in der Regel in Fahreranweisungen festgehalten.

Beispiel für eine Fahrer-Anweisung zum Gefahrguttransport:

Erhalten Sie von einem Kunden gefährliche Güter (erkennbar z. B. an den Gefahrgutzetteln auf den Versandstücken), beachten Sie bitte folgende Punkte:

1 Bevor Sie aufladen:
- Die Versandstücke müssen unbeschädigt sein; verweigern Sie sonst die Annahme.
- Ladefläche vor dem Beladen eventuell reinigen.
- Versandstücke gegen Beschädigung durch andere Versandstücke schützen, z. B. durch Klemmbalken, Transportkissen u. Ä.
- Handbremse anziehen.
- Motor beim Be- und Entladen abstellen.
- Prüfen Sie das Beförderungspapier (z. B. Speditionsauftrag, Frachtbrief), ob das Gefahrgut mit UN-Nummer, Gefahrgutbezeichnung, Nummer des Gefahrzettels und der Verpackungsgruppe vom Absender eingetragen ist.
- Bei Überschreiten der begrenzten Menge die Ausrüstungs- und Kennzeichnungspflicht des Fahrzeugs unbedingt beachten.

2 Bevor Sie losfahren:
- Achten Sie unbedingt auf die fahrzeugbezogene Ausrüstung:
- mindestens 1 Unterlegkeil je Fahrzeug,
- 2 selbststehende Warnzeichen (z. B. Warndreiecke),
- geeignete Warnweste oder Warnkleidung für jedes Mitglied der Fahrzeugbesatzung,
- 1 Handlampe für jedes Mitglied der Fahrzeugbesatzung sowie die erforderliche Ausrüstung nach den Angaben der schriftlichen Weisungen.
- Schriftliche Weisungen sorgfältig durchlesen, insbesondere die Notmaßnahmen.
- Werden die begrenzten Mengen überschritten, orangefarbene Tafeln sichtbar machen.

3 Während der Fahrt:
- Nehmen Sie – außer der Fahrzeugbesatzung – keine weiteren Personen mit.
- Überwachen Sie das Fahrzeug beim Parken.
- Halten Sie unbedingt die vorgeschriebene Höchstgeschwindigkeit sowie die Lenk- und Ruhezeiten ein.
- Im Falle eines Unfalls: Notmaßnahmen ausführen.

4 Vor dem Entladen:
- Melden Sie sich zuerst im Büro beim Disponenten oder Wareneingang. Händigen Sie die Beförderungspapiere aus. Weisen Sie auf das gefährliche Gut hin.
- Informieren Sie den Lagermeister und das Entladepersonal über die Gefährlichkeit der Güter und die Notwendigkeit der sorgfältigen Behandlung.
- Verdecken Sie nach Beendigung des Transports die orangefarbenen Tafeln.

5 Ihre Verantwortung:

- Der Fahrer trägt die Verantwortung dafür, ob mit sichtbaren oder mit verdeckten orangefarbenen Tafeln gefahren wird und dass die Vorschriften der schriftlichen Weisungen eingehalten werden.
- Im eigenen Interesse wird empfohlen, sich nach den gesetzlichen Vorschriften zu richten. (Für Bußgelder und Strafen müssen Sie persönlich aufkommen!)
- Bei Rückfragen im Zusammenhang mit gefährlichen Gütern ist Ihr Ansprechpartner Herr Klaßen, unser Gefahrgutbeauftragter.

11.7.5.3 Verschiedene Vorschriften für die Fahrzeugbesatzung

- **Fahrgäste:** Die Fahrzeugbesatzung darf keine Fahrgäste in Beförderungseinheiten mit gefährlichen Gütern mitnehmen.
- **Gebrauch der Feuerlöschgeräte:** Die Fahrzeugbesatzung muss mit der Bedienung der Feuerlöschgeräte vertraut sein.
- **Verbot der Öffnung von Versandstücken:** Das Öffnen eines Versandstücks mit gefährlichen Gütern durch den Fahrzeugführer oder Beifahrer ist verboten.
- **Tragbare Beleuchtungsgeräte:** Das Betreten eines Fahrzeugs mit Beleuchtungsgeräten mit offener Flamme ist untersagt. Außerdem dürfen die verwendeten Beleuchtungsgeräte keine Oberfläche aus Metall haben, durch die Funken erzeugt werden könnten.
- **Rauchverbot:** Während der Ladearbeiten ist das Rauchen in der Nähe der Fahrzeuge und in den Fahrzeugen verboten.
- **Betrieb des Motors während des Beladens oder Entladens:** Abgesehen von den Fällen, in denen der Motor zum Betrieb von Pumpen oder anderen für das Beladen oder Entladen des Fahrzeugs erforderlichen Einrichtungen benötigt wird und die Rechtsvorschriften des Staates, in dem sich das Fahrzeug befindet, diese Verwendung gestatten, muss der Motor während der Belade- und Entladevorgänge abgestellt sein.
- **Verwendung der Feststellbremse:** Beförderungseinheiten mit gefährlichen Gütern dürfen nur mit angezogener Feststellbremse halten oder parken.

Zusammenfassung	Gefahrguttransporte – Organisation
Organisationsschritte:	**1.** Kennzeichnung und Bezettelung des Gefahrgutes (Anbringen der UN-Nummer/Anbringen der Gefahrzettel bzw. Placards **2.** Dokumentation (Beförderungspapier, schriftliche Weisungen) **3.** Ausrüstung des Fahrzeugs **4.** Qualifikation des Fahrers **5.** Besonderheiten in der Durchführung
Beförderungspapier:	▪ Beispiel für UN-Nummer: UN 1098 ALLYLALKOHOL, 6.1 (3), I, (C/D) ▪ Verpackungsgruppe: Gefahrengrad eines Stoffes/Anforderungen an die Verpackung von Gefahrgütern ▪ Tunnelkategorie: Klassifizierung von Tunneln nach der Höhe ihres Risikos (ansteigend von A bis E) ▪ Tunnelbeschränkungscode: Einteilung von Gefahrgütern nach ihrer Tunneleignung (absteigend von A bis E)
Schriftliche Weisungen:	Vierseitiges Informationsblatt für die Fahrzeugbesatzung, wie sie sich in bestimmten Gefahrensituationen verhalten soll, einschließlich einer Auflistung der Gefahrgutausrüstung für das Fahrzeug.
Fahrzeugausrüstung:	**Feuerlöschmittel** (mindestens 2 x 6 kg) **Gefahrgutausrüstung** laut schriftlichen Weisungen **Orangefarbene Tafeln:** neutrale oder stoffbezogene Nummer zur Kennzeichnung der Gefahr + UN-Nummer; Kennzeichnung des Fahrzeugs bei Gefahrguttransporten
Qualifikation des Fahrers:	durch ADR-Schulungsbescheinigung zu belegen
Durchführung der Beförderung:	Verpackungsvorschriften, Zusammenladen, Zusammenpacken, weitere Vorschriften (z. B. Rauchverbot)

11.8 Beförderung geringer Mengen Gefahrgut

Das ADR sieht verschiedene Befreiungsmöglichkeiten von den Gefahrgutbestimmungen vor. Die **Privatperson**, die eine brennbare Flüssigkeit der Gefahrgutklasse 3 im Supermarkt erwirbt und nach Hause transportiert, unterliegt nicht dem ADR. Auch der Campingfreund, der eine Gasflasche für die Energieversorgung seines Campingwagens in seinem Auto befördert, braucht sich um das Gefahrgutrecht keine Gedanken zu machen.

Für den **Spediteur** sind in dieser Hinsicht vor allem drei Bestimmungen von Bedeutung, weil sie zur vollständigen bzw. teilweisen Freistellung von Gefahrgutvorschriften führen können:

Unterabschnitt 1.1.3.4 und 1.1.3.6 ADR

1. Freistellung in Zusammenhang mit (geringen) Mengen (Gefahrgut), die **je Beförderungseinheit** befördert werden. Die Gewichtsgrenze liegt hier bei maximal 1 000 kg/l (bzw. bei mehreren Gefahrgütern unterschiedlicher Beförderungskategorien bei 1 000 ADR-Punkten).
2. Freistellung von in **begrenzten Mengen verpackten** gefährlichen Gütern (**Limited Quantities, LQ**, bis 30 kg, in Trays maximal 20 kg).
3. Freistellung von in **freigestellten Mengen verpackten** gefährlichen Gütern (**Excepted Quantities, EQ**, bis zu 1 000 g/ml).

Statt von „Excepted Quantities" wird auch von „Exempted Quantities" gesprochen. Die Begriffswahl des ADR „Freistellung von ... freigestellten Mengen ..." ist misslungen.

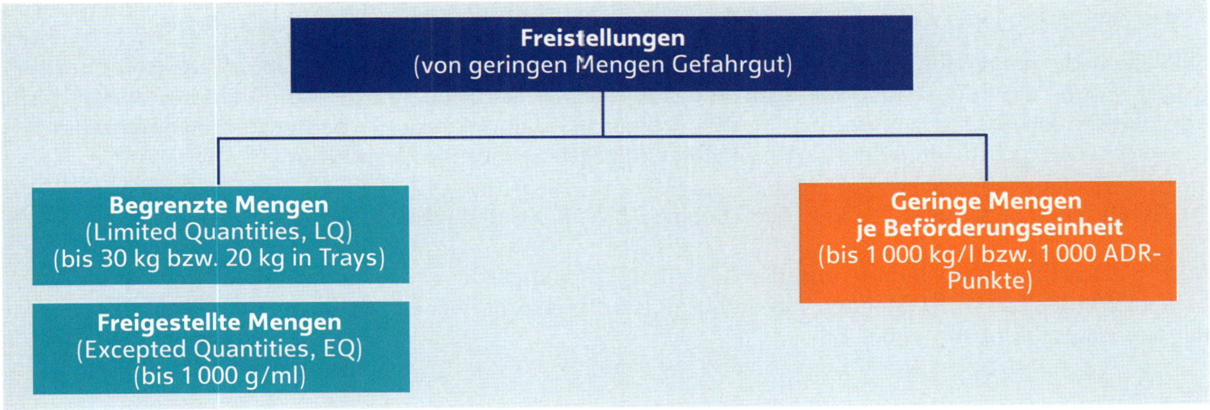

11.8.1 Freistellung von begrenzten Mengen

Hersteller von Gefahrgütern, die ihre Produkte in genau definierten kleinen („begrenzten") Mengen (englisch: **Limited Quantities, LQ**) und vorschriftsmäßig **verpackt** befördern, können die Vorschriften des ADR vollständig oder teilweise unbeachtet lassen.

Anforderungen an die Verpackung:

- Es muss sich um **zusammengesetzte Verpackungen** handeln (Innen- und Außenverpackung) oder
- um **Trays**, die mit Schrumpf- oder Stretchfolien umhüllt sind.

Verpackungen, siehe Seite 192

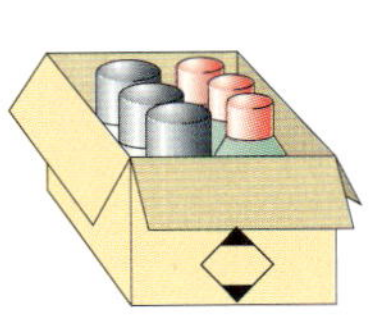
Zusammengesetzte Verpackung

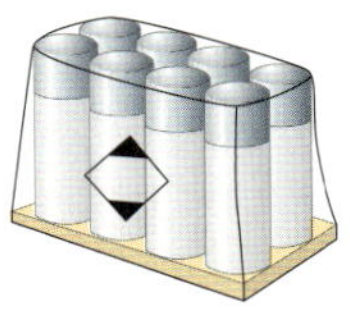
Tray

Tray = Schale, Kasten

In der Spalte 7a („begrenzte Mengen") der Gefahrgutliste ist angegeben, bis zu welcher Menge Gefahrgüter als Limited Quantities anzusehen sind. Es handelt sich dabei um die Höchstmenge des Stoffes je **Innenverpackung**.

Spalte 7a
begrenzte Mengen
3.4.6
(7a)
...
1 L

Darüber hinaus gelten für alle LQ-Gefahrgüter Höchstgrenzen je **Versandstück:**

- zusammengesetzte Verpackungen: 30 kg Bruttomasse
- Trays in Dehn- oder Schrumpffolie: 20 kg Bruttomasse

LQ = engl.: Limited Quantities, begrenzte Mengen

Beispiel:
In einem Karton befinden sich 40 Flaschen mit Schieferöl. Jede Flasche enthält 1 l und wiegt 1 kg. Der Karton (das Versandstück) hat demnach ein Gesamtgewicht von 40 kg.
Aufgrund des Gewichts je Innenverpackung liegt eine begrenzte Menge vor, da aber die Höchstgrenze von 30 kg je Versandstück überschritten wird, kann der Karton nicht als LQ-Gefahrgut behandelt werden.

Ist in Spalte 7a eine „0“ angegeben, bedeutet das, dass für das in begrenzten Mengen verpackte gefährliche Gut keine Freistellung von den Vorschriften des ADR besteht. Obwohl also nur eine geringe Menge des Gefahrgutes befördert wird, gelten die gesamten Vorschriften des ADR für dieses Gut.

Im Luftverkehr müssen begrenzte Mengen von Gefahrgut mit dem gleichen Label gekennzeichnet werden, allerdings befindet sich in der Mitte des Zeichens noch ein „Y“.

Kennzeichnung der Versandstücke

Versandstücke von Gefahrgütern in begrenzten Mengen sind mit nebenstehendem Kennzeichen zu versehen.
Sind mehrere LQ-Packstücke auf einer Palette gepackt und die LQ-Kennzeichen nicht mehr gut erkennbar (z. B. durch Stretchfolie), sind außen eine weitere schwarz-weiße Raute sowie ein Aufkleber mit dem Hinweis „Umverpackung/**Overpack**“ anzubringen.

Kennzeichnung der Beförderungseinheit

Beförderungseinheiten mit einem höchstzulässigen Gesamtgewicht über **12 t**, mit denen Versandstücke mit gefährlichen Gütern in begrenzten Mengen befördert werden, müssen vorne und hinten mit einem Großzettel in Form einer Raute (siehe nebenstehend) gekennzeichnet werden. Diese Verpflichtung besteht nicht, wenn

- die in begrenzten Mengen verpackten Güter unter **8 t** betragen,
- das Fahrzeug bereits wegen anderer Ladung mit orangefarbenen Tafeln gekennzeichnet ist.

Sind alle Bedingungen für begrenzte Mengen erfüllt, sind die Gefahrgüter von den übrigen ADR-Vorschriften befreit. Ein Beförderungspapier mit allen Angaben, wie sie auf Seite 182 genannt wurden, ist zwar nicht erforderlich, der Absender muss aber den Beförderer auf das Gefahrgut in begrenzten Mengen schriftlich hinweisen. Dies geschieht in der Praxis z. B. durch folgenden Hinweis in Schriftform:

„Gefahrgut in begrenzten Mengen gem. Kapitel 3.4 ADR, Bruttogewicht ..... kg.“

Auch die Zusammenladeverbote und die Tunnelbeschränkungscodes müssen nicht beachtet werden. Ausnahme: Werden begrenzte Mengen von Gefahrgütern im Gewicht über 8 t mit einem Fahrzeug befördert, gilt der Tunnelbeschränkungscode „E“.

Dokumentation, siehe Seite 180

Beispiel:
Ein Hersteller von Brennspiritus (UN 3295 KOHLENWASSERSTOFF, Eintrag in Spalte 7a des Verzeichnisses der gefährlichen Güter „1 L“) darf als Innenverpackung eine Flasche mit maximal 1 l Inhalt verwenden. Die höchstzulässige Bruttomasse je Versandstück ist durch die allgemeine Obergrenze von 30 kg (siehe ADR 3.4.2) festgelegt. Werden diese Gewichtsgrenzen nicht überschritten, ist für die Beförderung lediglich die Außenverpackung mit der auf die Spitze gestellten Raute (siehe oben) zu kennzeichnen. Die übrigen ADR-Vorschriften sind nicht anzuwenden. Der Spediteur kann diesen Karton (und auch weitere Kartons mit Gefahrgütern in begrenzten Mengen bis zur Höchstgrenze von 8 t) wie normales Sammelgut behandeln.

11.8.2 Freistellung von in freigestellten Mengen verpackten gefährlichen Gütern

Exepted Quantities werden auch als De Minimis Quantities bezeichnet (= unbedeutende Menge)

Sehr kleine Gefahrgutmengen, die ebenfalls in einer Innen- und Außenverpackung verpackt sind, sind fast vollständig von den Gefahrgutbestimmungen befreit (Excepted Quantities). Der Lkw-Spediteur ist von dieser Regelung gewöhnlich nur im Vor- oder Nachlauf von Luftfrachtsendungen betroffen.

Spalte 7b	Diese Spalte enthält einen alphanumerischen Code mit folgender Bedeutung:
freigestellte Mengen	■ „E0“ bedeutet, dass für das in **freigestellten Mengen** verpackte gefährliche Gut keine Freistellung von den Vorschriften des ADR besteht. Obwohl also nur eine geringe Menge des Gefahrgutes befördert wird, gelten die gesamten Vorschriften des ADR für dieses Gut.
3.5.1.2	
(7b)	■ Für die übrigen Codes (E1 bis E5, siehe Tabelle unten) gilt, dass die Beförderung des Gefahrgutes unter bestimmten Bedingungen (Art der Verpackung, Menge des Gefahrgutes) von den normalen Verpackungs- und Kennzeichnungsvorschriften freigestellt ist.
...	
E2	

Kennzeichnung

* Name des Absenders oder Empfängers
** Gefahrzettelnummer des verpackten Gefahrgutes

Die Höchstzahl von Versandstücken pro Fahrzeug beträgt allerdings 1 000 Stück. Im Beförderungspapier sind zu vermerken: 1. GEFÄHRLICHE GÜTER IN FREIGESTELLTEN MENGEN und 2. die Anzahl der Versandstücke. Außerdem ist das Versandstück mit der nebenstehenden Kennzeichnung (rotes „E“, siehe Randspalte) zu versehen.

Beispiel:
Angabe von Anzahl (1/one) und Gefahrguthinweis in einem Luftfrachtbrief

Handling Information
1/ONE COLLO DANGEROUS GOODS IN EXCEPTED QUANTITIES
SPX/INTERSPED/LBA-REGISTRATION-NO. DE.RAC.0210
(For USA only): These commodities, technology or software were exported from the United States in accordance with the Export Administration Regulations. Diversion contrary to USA law prohibited.

Tabelle der freigestellte Mengen

Code	**Höchste Nettomenge je Innenverpackung** (für feste Stoffe in g und für flüssige Stoffe und Gase in ml)	**Höchste Nettomenge je Außenverpackung** (für feste Stoffe in g und für flüssige Stoffe und Gase in ml oder bei Zusammenpackung die Summe aus Gramm und ml)
E0	in freigestellten Mengen nicht zugelassen	
E1	30	1000
E2	30	500
E3	30	300
E4	1	500
E5	1	300

11.8.3 Freistellung geringer Mengen Gefahrgut je Beförderungseinheit

Hier geht es um die Frage, wann von einer „geringen Menge **je Beförderungseinheit**“ gesprochen werden kann, mit der Folge, dass wesentliche Erleichterungen von den Gefahrgutvorschriften wirksam werden.
Das ADR stellt auch in diesem Fall eine Tabelle zur Verfügung, aus der die Freistellungsbedingungen ablesbar sind (siehe Seite 200).

Definition Beförderungseinheit, siehe Seite 173

Bei der Anwendung der Tabelle sind zwei Fälle zu unterscheiden:

Fall 1: Werden gefährliche Stoffe **derselben Beförderungskategorie** in derselben Beförderungseinheit befördert, darf die höchstzulässige **Gesamtmenge** in dieser Kategorie nicht überschritten werden. Diese Menge ist aus der Tabelle in Spalte 3 („höchstzulässige Gesamtmenge je Beförderungseinheit“) ablesbar.

Fall 2: Werden gefährliche Stoffe in derselben Beförderungseinheit transportiert, die **unterschiedlichen Kategorien** angehören, darf die **Punktzahl** von **1000** nicht überschritten werden. Die Punkte ermittelt man, indem man die Stoffmenge mit dem jeweiligen Multiplikator (siehe nachfolgende Übersicht) multipliziert.

Beförderungskategorie = Gruppierung von Gefahrgütern nach ihrem Gefährdungspotenzial.

Beförderungskategorie
1.1.3.6
(15)
...
2

Die Beförderungskategorie ist der Gefahrgutliste zu entnehmen (Spalte 15).

Anwendung der Tabelle „Höchstgrenzen geringer Mengen Gefahrgut je Beförderungseinheit“

Die Tabelle (siehe Seite 200) richtet sich im Prinzip nach den Verpackungsgruppen:

Verpackungsgruppe	Beförderungskategorie	Höchstzulässige Gesamtmenge je Beförderungseinheit	Multiplikator
I	1	20 kg/l	50
II	2	333 kg/l	3
III	3	1000 kg/l	1

Spezielle Zuordnungen bestimmter Gefahrstoffe nach Gefahrgutklassen, Produktgruppen oder UN-Nummern sind zusätzlich zu beachten, insbesondere auch für die Beförderungskategorien 0 und 4.

Wird die höchstzulässige Gesamtmenge oder die Punktzahl 1000 (= ADR-Punkte) überschritten, ist das Gefahrgut den kompletten Vorschriften für Gefahrgutbeförderungen unterworfen.

Wenn in der Beförderungskategorie 0 die Höchstmenge auf 0 festgesetzt ist, bedeutet das, dass diese Güter niemals als freigestellte Menge anzusehen sind. Umgekehrt sind Güter der Beförderungskategorie 4 immer freigestellte Mengen von Gefahrgut, unabhängig vom tatsächlichen Gewicht, sofern keine anderen Gefahrgüter beigegeben werden.

Beispiel 1:
In einer Sammelladung sollen 20 Liter UN 3101 ORGANISCHES PEROXID, TYP B, FLÜSSIG (Klasse 5.2), befördert werden. Die höchstzulässige Beförderungsmenge beträgt 20 Liter. Damit fällt die Sendung unter die Bestimmungen zur Beförderung freigestellter Mengen je Beförderungseinheit.

Beispiel 2:
Ein Nahverkehrsfahrer holt 200 Liter UN 3010 KUPFERHALTIGES PESTIZID, FLÜSSIG, GIFTIG (Klasse 6.1, Verpackungsgruppe II), bei einem Versender ab. Von einem zweiten Versender erhält er weiteres Gefahrgut, nämlich 250 Liter UN 1760 ÄTZENDER FLÜSSIGER STOFF, N. A. G., Klasse 8, Verpackungsgruppe III.

Berechnung der Punktzahl und der höchstzulässigen Beförderungsmenge				
	UN 3010	**UN 1760**	**Summe Gesamtmenge**	**Summe ADR-Punktzahl**
Menge	200	250	450	
Multiplikationsfaktor	3	1		
Punktzahl	600	250		850

Die Punktzahl liegt unter 1 000; es handelt sich um die Beförderung einer freigestellten Menge Gefahrgut je Beförderungseinheit.

Beförderungskategorie 2: Wie ist der Text zu lesen?
Zur Beförderungskategorie 2 gehören Stoffe und Gegenstände, die der Verpackungsgruppe II zugeordnet sind, sowie Stoffe und Gegenstände der Klasse 1, 1.4 B bis 1.4 G und 1.6 N, Klasse 2 usw.
Nicht zur Beförderungskategorie 2 gehören Stoffe und Gegenstände der Verpackungsgruppe II, die unter die Beförderungskategorien 0, 1 oder 4 fallen.

Höchstgrenzen geringer Mengen Gefahrgut je Beförderungseinheit (gekürzt)		
Beförderungskategorie	**Stoffe oder Gegenstände Verpackungsgruppe oder Klassifizierungscode/-gruppe oder UN-Nummer**	**Höchstzulässige Gesamtmenge je Beförderungseinheit (in kg oder l)[b]**
0	Klasse 1: 1.1 A, 1.1 L, 1.2 L, 1.3 L, 1.4 L, UN-Nummer 0190 Klasse 3: UN-Nummer 3343 Klasse 4.2: Stoffe, die der Verpackungsgruppe I zugeordnet sind Klasse 4.3: UN-Nummern 1183, 1242, 1295, 1340, 1390, 1403, 1928, 2813, 2965, 2968, 2988, 3129, 3130, 3131, 3132, 3134, 3148, 3396, 3398 und 3399 Klasse 5.1: UN-Nummer 2426 Klasse 6.1: UN-Nummern 1051, 1600, 1613, 1614, 2312, 3250 und 3294 Klasse 6.2: UN-Nummern 2814, 2900 und 3549 Klasse 7: UN-Nummern 2912 bis 2919, 2977, 2978, 3321 bis 3333 Klasse 9: UN-Nummern 2315, 3151, 3152 und 3432 sowie Gegenstände, die solche Stoffe oder Gemische enthalten, sowie ungereinigte leere Verpackungen, die Stoffe dieser Beförderungskategorie enthalten haben ...	0
1	Stoffe und Gegenstände, die der Verpackungsgruppe I zugeordnet sind und nicht unter die Beförderungskategorie 0 fallen, sowie Stoffe und Gegenstände der folgenden Klassen: Klasse 1: 1.1 B bis 1.1 J[a], 1.2 B bis 1.2 J, 1.3 C, 1.3 G, 1.3 H, 1.3 J und 1.5 D[a] Klasse 2: Gruppen T, TC[a)], TO, TF, TOC[a] und TFC Klasse 4.1: UN-Nummern 3221 bis 3224, 3231 bis 3240, 3533 und 3534 Klasse 5.2: UN-Nummern 3101 bis 3104 und 3111 bis 3120	20
2	Stoffe und Gegenstände, die der Verpackungsgruppe II zugeordnet sind und nicht unter die Beförderungskategorien 0, 1 oder 4 fallen, sowie Stoffe und Gegenstände der folgenden Klassen: Klasse 1: 1.4 B bis 1.4 G und 1.6 N Klasse 2: Gruppe F Klasse 4.1: UN-Nummern 3225 bis 3230, 3531 und 3532 Klasse 4.3: UN-Nummer 3292 Klasse 5.1: UN-Nummer 3356 Klasse 5.2: UN-Nummern 3105 bis 3110 Klasse 6.1: UN-Nummern 1700, 2016 und 2017 sowie Stoffe und Gegenstände, die der Verpackungsgruppe III zugeordnet sind Klasse 9: UN-Nummer 3090, 3091, 3245, 3480 und 3481	333

Höchstgrenzen geringer Mengen Gefahrgut je Beförderungseinheit (gekürzt)		
Beförderungskategorie	**Stoffe oder Gegenstände Verpackungsgruppe oder Klassifizierungscode/-gruppe oder UN-Nummer**	**Höchstzulässige Gesamtmenge je Beförderungseinheit (in kg oder l)[b]**
3	Stoffe und Gegenstände, die der Verpackungsgruppe III zugeordnet sind und nicht unter die Beförderungskategorien 0, 2 oder 4 fallen, sowie Stoffe und Gegenstände der folgenden Klassen: Klasse 2: Gruppen A und O Klasse 3: UN-Nummer 3473 Klasse 4.3: UN-Nummer 3476 Klasse 8: UN-Nummern 2794, 2795, 2800, 3028, 3477 und 3506 Klasse 9: UN-Nummern 2990 und 3072	1000
4	Klasse 1: 1.4 S Klasse 2: UN-Nummern 3537 bis 3539 Klasse 3: UN-Nummer 3540 Klasse 4.1: UN-Nummern 1331, 1345, 1944, 1945, 2254, 2623 und 3541 Klasse 4.2: UN-Nummern 1361 und 1362 der Verpackungsgruppe III sowie die UN-Nummer 3542 Klasse 4.3: UN-Nummer 3543 Klasse 5.1: UN-Nummer 3544 Klasse 5.2: UN-Nummer 3545 Klasse 6.1: UN-Nummer 3546 Klasse 7: UN-Nummern 2908 bis 2911 Klasse 8: UN-Nummer 3547 Klasse 9: UN-Nummer 3268, 3499, 3508, 3509 und 3548 sowie ungereinigte leere Verpackungen, die gefährliche Stoffe enthalten haben, ausgenommen solche Verpackungen, die unter die Beförderungskategorie 0 fallen.	unbegrenzt

[a] Für die UN-Nummern 0081, 0082, 0084, 0231, 0331, 0332, 0482, 1005 und 1017 beträgt die höchstzulässige Gesamtmenge je Beförderungseinheit 50 kg.
[b] Die höchstzulässige Gesamtmenge für jede Beförderungskategorie entspricht einem berechneten Wert von 1000.

Eine mit gefährlichen Gütern beladene Beförderungseinheit darf höchstens einen Anhänger haben. Das heißt, Gefahrgüter dürfen mit einer Kombination aus Motorwagen und Anhänger oder Sattelzug und Auflieger befördert werden.

Zur Definition von Beförderungseinheit siehe Seite 173

Befreiungen von den Gefahrgutvorschriften

Für die Transportabwicklung führt das Vorliegen einer freigestellten Menge Gefahrgut je Beförderungseinheit zu folgenden Befreiungen von den Gefahrgutvorschriften:

- Der Lkw-Fahrer benötigt keine ADR-Schulungsbescheinigung, er ist aber aufgabenspezifisch zu **unterweisen** (ohne offiziellen Lehrgang, ohne Prüfung).
- Großzettel (Placards) und orangefarbene Tafeln müssen nicht am Fahrzeug angebracht werden.
- Schriftliche Weisungen sind nicht erforderlich.
- Das Fahrzeug muss nicht gefahrguttauglich sein (gemäß Teil 9 ADR: Vorschriften für den Bau und die Zulassung der Fahrzeuge).
- Die Regelung der Tunnelbeschränkungscodes sind nicht zu beachten.

Siehe Tunnelbeschränkungscode auf Seite 184

Erforderlich sind nur noch:

- **Kennzeichnung** (UN-Nr.) und **Bezettelung** (Gefahrzettel) der Gefahrgüter
- **Angabe des Gefahrgutes im Beförderungspapier**; werden mehrere Gefahrgüter befördert, ist für jede Beförderungskategorie die Gesamtmenge und der berechnete Wert der Gefahrgüter in ADR-Punkten anzugeben.
- tragbares **Feuerlöschgerät** mit einem Mindestfassungsvermögen von 2 kg Pulver
- Bestimmte **Sondervorschriften** sind zu beachten (z. B. Verbot von offenem Licht im Fahrzeug, Überwachung des abgestellten Fahrzeugs, Zusammenladeverbot).

Im einführenden Beispiel [800 Liter UN 1288 SCHIEFERÖL, Klasse 3, Verpackungsgruppe II, (D/E)] sind alle Gefahrgutvorschriften anzuwenden, weil die höchstzulässige Gesamtmenge 333 l beträgt.

Freigestellte Mengen (Excepted Quantities): nur 2 Angaben im Beförderungspapier:
- „gefährliche Güter in freigestellten Mengen“
- Anzahl der Versandstücke

Kennzeichnung des Versandstücks mit rotem „E“. Die Tunnelbeschränkungen sind nicht zu beachten.

Der Beförderer muss aber auf das Gefahrgut in begrenzten Mengen und das Bruttogewicht schriftlich (z. B. auch per E-Mail) hingewiesen werden. (siehe Seite 198)

Sonderregelungen für geringe Mengen Gefahrgut

	Begrenzte Mengen (Limited Quantities)	Freigestellte Mengen je Beförderungseinheit
Bezeichnung nach ADR	Freistellung in Zusammenhang mit ... in begrenzten Mengen verpackten gefährlichen Gütern	Freistellung in Zusammenhang mit Mengen, die je Beförderungseinheit befördert werden
Fundstelle im ADR	Verzeichnis gefährlicher Güter, Kapitel 3.2 ADR, Spalte 7a (LQ, Limited Quantities = begrenzte Mengen), 1.1.3.4 und 3.4.1	mithilfe der Tabelle zu geringen Mengen Gefahrgut je Beförderungseinheit und Absatz 1.1.3.6.3 ADR
Kennzeichnung des Versandstücks	Kennzeichnung mit dem Rautensymbol	UN-Nummer einschließlich der Buchstaben „UN“ ist erforderlich.
Bezettelung	nicht erforderlich	Bezettelung mit Gefahrzettel
Dokumentation	keine (siehe Randspalte)	Beförderungspapier nach Kapitel 5.4 ADR mit folgenden Angaben: – UN-Nummer – offizielle Benennung – Nummer Gefahrzettel – Verpackungsgruppe – Tunnelbeschränkungscode – Absender, Empfänger, Gefahrgutmenge, Versandstücke (bei mehreren Gefahrgütern: Je Beförderungskategorie Angabe der Gesamtmenge sowie des berechneten Werts der gefährlichen Güter in ADR-Punkten)
Schriftliche Weisungen	keine	keine
Fahrzeugausrüstung	keine	nur Mindestausrüstung 2-kg-Feuerlöscher
Orangefarbene Tafeln	keine	keine
Tunnelbeschränkungscode	bleibt unbeachtet Ausnahme: über 8 000 kg	bleibt unbeachtet
Fahrerqualifikation	lediglich Unterweisung	lediglich Unterweisung

Zusammenfassung: Freistellung von geringen Mengen Gefahrgut				
ADR-Bezeichnung		**Abkürzung**	**Gewichtsgrenze**	**Verpackung**
①	Freistellungen in Zusammenhang mit Mengen, die je Beförderungseinheit befördert werden	freigestellte Mengen **je Beförderungseinheit**	bis zu **1 000 kg/l bzw. 1 000 Punkte** (Ausnahme: Beförderungskategorie 4 = unbegrenzte Menge)	–
②	Freistellungen in Zusammenhang mit in begrenzten Mengen **verpackten** gefährlichen Gütern	**begrenzte** Mengen (**Limited Quantities**, LQ)	bis zu **30 kg/** in Trays **20 kg**	Innen- und Außenverpackung
③	Freistellungen in Zusammenhang mit in freigestellten Mengen **verpackten** gefährlichen Gütern	**freigestellte** Mengen (**Excepted Quantities**, EQ)	bis zu **1 000 g/ml**	Innen- und Außenverpackung

Befreiungen von Gefahrgutvorschriften:	①	freigestellte Mengen je Beförderungseinheit	Kennzeichnung und Bezettelung, Dokumentation im Begleitpapier, 2 kg-Feuerlöscher
	②	Limited Quantities, LQ	Hinweispflicht und Gewichtsangabe; Versandstück kennzeichnen
	③	Excepted Quantities, EQ	Vermerk im Beförderungspapier; Versandstück kennzeichnen

Lernfeld 5
Speditionsaufträge im Sammelgut- und Systemverkehr bearbeiten

12 Lkw-Sammelgutverkehr

Viele Versender haben Güter zu befördern, die keinen ganzen Lkw füllen, sondern oft nur aus einem bzw. wenigen Packstücken bestehen. Solche Sendungen sind nur dann wirtschaftlich zu transportieren, wenn sie mit anderen Sendungen zusammengefasst werden. Spediteure übernehmen die Aufgabe, Stückgüter zu sammeln und nach gleichen Verkehrsrichtungen (Relationen) zu bündeln.

Dies entspricht der Intention des § 460 HGB, nach der ein Spediteur Güter eines Versenders zusammen mit Gütern anderer Versender in Sammelladungen zusammenfassen und befördern lassen darf.

Dem **Versender** kann auf diese Weise ein tragbarer Stückgut-Beförderungspreis angeboten werden. Der Frachtführer erhält eine komplette Ladung zum Transport von einem Abgangsort zu einem Bestimmungsort und nicht etwa eine Vielzahl von Einzelaufträgen. Dadurch ist der **Frachtführer** in der Lage, einen vergleichsweise günstigen Ladungspreis für den Transport auf der Hauptstrecke zu kalkulieren.

HGB-Definition

Spediteursammelgut liegt vor, wenn die Güter mehrerer Versender (mindestens zwei) von einem Spediteur (Versandspediteur) auf der ganzen Strecke oder auf einem Teil der Strecke zu einer Sendung zusammengefasst werden.

Unterscheidung Verkehrsträger, Verkehrsmittel, siehe Seite 13

Diese Definition ist verkehrsträgerneutral. Beim Sammelgutverkehr werden Einzelsendungen im Regelfall per Lkw abgeholt und zu einer Sammelladung zusammengefasst. Der anschließende Hauptlauf findet häufig ebenfalls mit dem Lkw statt. Der Spediteur kann aber für die Hauptstrecke auch andere Verkehrsmittel (Eisenbahn, Binnenschiff, Seeschiff, Flugzeug) einsetzen. Im nachfolgenden Kapitel wird das Sammelgutgeschäft des Spediteurs am Beispiel des Lkw-Sammelgutverkehrs dargestellt.

Paketdienst, vgl. Seite 228

Zuvor ist noch die grundsätzliche Frage zu klären welche **Sendungsgrößen** für eine Lkw-Sammelladung geeignet sind. Während eine sehr kleine bzw. leichte Sendung eher für einen Paketdienst geeignet ist, fällt eine sehr große bzw. schwere Sendung unter den **Ladungsverkehr**, der möglichst ohne aufwendigen Sendungsumschlag abgewickelt werden sollte.

Eindeutig definierte Abgrenzungen existieren nicht, im Speditionsalltag hat sich die nachstehende Einteilung der Sendungsgrößen bewährt. Die einzelne einer Sammelladung zugehörige Sendung wird dabei auch als **Stückgut** bezeichnet.

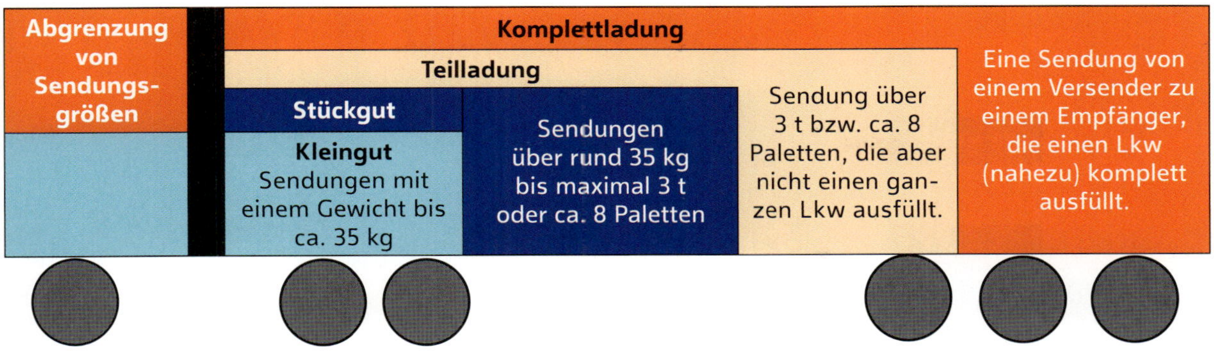

12.1 Beteiligte am Sammelgutverkehr

1. **Urversender:** Er gibt dem Versandspediteur den Besorgungsauftrag.
2. **Versandspediteur:** Er organisiert die Zusammenstellung der einzelnen Sendungen zu einer Sammelladung; er wird auch Erstspediteur genannt.
3. **Frachtführer:** Der Versandspediteur kann Frachtführer für den Hauptlauf einsetzen. Häufig transportieren Spediteure aber im Selbsteintritt.
4. **Empfangsspediteur:** Er nimmt die Sammelladung in Empfang und sorgt für die weitere Verteilung.
5. **Empfänger:** Sie sind die Endempfänger der Einzelsendungen einer Sammelladung.

Beteiligte
1. Urversender
2. Versandspediteur
3. Frachtführer
4. Empfangsspediteur
5. Empfänger
6. Beilader
7. Briefspediteur

Holt der Versandspediteur die Sendungen nicht selber bei den Urversendern ab, ist noch ein **Nahverkehrsunternehmer** (als weiterer **Frachtführer**) in den Ablauf eingebunden. Ebenso könnte der Empfangsspediteur das Ausrollen an einen Frachtführer übergeben.

Am Sammelgutverkehr können auch noch weitere Spediteure beteiligt sein:

6. **Beilader:** Er übergibt dem Erstspediteur Sendungen verschiedener Urversender, die vom Beilader besorgt worden sind. Weil das Aufkommen für eine eigene Sammelladungsrelation nicht ausreicht, beauftragt er einen befreundeten Erstspediteur mit der weiteren Behandlung seiner Sendungen.
7. **Briefspediteur:** Er ist häufig der Hausspediteur des Empfängers (z. B. eines Warenhauses, das alle eingehenden Sendungen nur über den eigenen Spediteur annimmt). Er kann auch der Vertragspartner des Beiladers sein, der dessen Sendungen vom Empfangsspediteur abholt und an die Endempfänger verteilt.

12.2 Abwicklung des Lkw-Sammelgutverkehrs

Der Lkw-Sammelgutverkehr wird in die drei Kernabschnitte Vorlauf, Hauptlauf und Nachlauf unterteilt, die wiederum von Umschlagtätigkeiten auf dem Lager des Spediteurs unterbrochen werden.

Zur Unterscheidung von Nah- und Fernverkehr, siehe Seite 206

Vorlauf Abholen der Sendungen bei den Versendern	Einzelsendungen werden bei verschiedenen (Ur-)Versendern abgeholt und zum Lager des Versandspediteurs befördert. Die Fahrer fahren die Versender entweder täglich oder je nach Bedarf an.
Umschlag auf dem Lager des Versandspediteurs	Vom Nahverkehrsfahrzeug werden die Einzelsendungen im Lager entladen und auf die verschiedenen Sammelgutrelationen verteilt, d. h. auf bestimmten Stellplätzen zwischengelagert. Von dort werden sie später in die Fernverkehrs-Lkw verladen.
Hauptlauf Beförderung der Sammelladung zum Empfangsspediteur	Die zu einer Ladung zusammengefassten Einzelsendungen werden in der Nacht zum Empfangsspediteur transportiert, entweder im Direktrelationsverkehr oder mit einem zusätzlichen Umschlag in einem zentralen Verteillager (HUB).
Umschlag auf dem Lager des Empfangsspediteurs	Vom Fernverkehrs-Lkw werden die Einzelsendungen entladen und auf die Stellplätze der verschiedenen Nahverkehrsrelationen verteilt. Dieser Vorgang wird auch als „Entladen und Verteilen (EuV)“ bezeichnet.
Nachlauf Zustellen der Sendungen bei den Empfängern	Die nach Relationen sortierten Sendungen werden mit Nahverkehrsfahrzeugen zu den verschiedenen Empfängern transportiert. Für gewöhnlich bedient jedes Nahverkehrsfahrzeug einen bestimmten Bezirk, die sogenannte Nahverkehrstour.

Sammelgutrelation = Verkehrslinien, die von einem Spediteur im Sammelgutverkehr bedient werden

HUB-and-SPOKE-System, siehe Seite 218

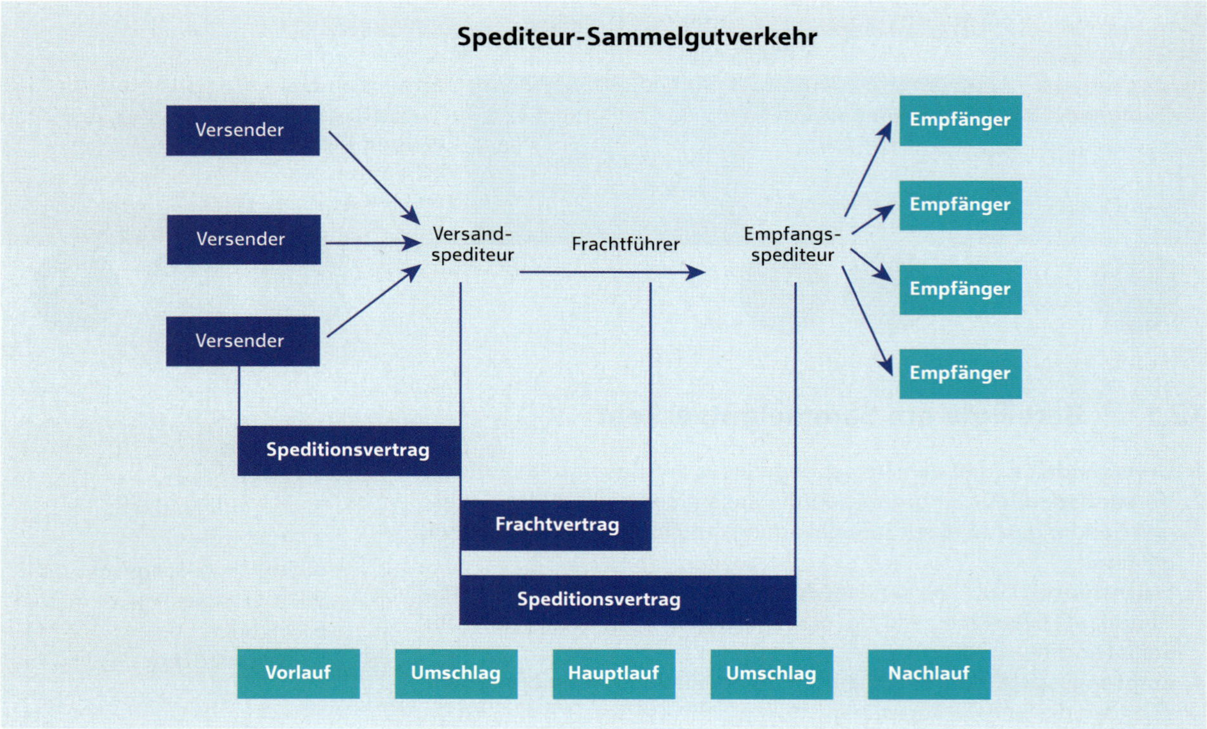

Speditionsnahverkehr

Das Güterkraftverkehrsgesetz unterscheidet nicht mehr Güternah- und Güterfernverkehr. Die Begriffe Nah- und Fernverkehr sind aber noch in der Praxis gebräuchlich. Sie werden daher hier nicht juristisch, sondern in geografischer Bedeutung gebraucht. Unter **Nahverkehr** ist demnach Lkw-Verkehr im regionalen Umfeld des Spediteurs/Frachtführers zu verstehen.

> Als **Speditionsnahverkehr** bezeichnet man das Abholen und Verteilen von Stückgutsendungen im Vor- und Nachlauf von Sammelgutverkehren.

Begegnungsverkehr

Für die Organisation des Hauptlaufs ist es oft vorteilhafter, wenn nicht ein Fahrzeug für die gesamte Strecke eingesetzt wird, sondern wenn sich zwei Fahrzeuge unterwegs an einem vereinbarten Ort (z. B. auf einem Autobahnrastplatz) treffen und dort ihre Wechselbrücken (Wechselaufbauten) tauschen. In diesem Falle spricht man von **Begegnungsverkehr**. Voraussetzungen sind:

- geeignete Entfernung zur Einhaltung der Lenkzeiten
- genügend Sendungsaufkommen in beide Richtungen
- abgestimmtes Equipment (Wechselbrücken)
- erfahrene Fahrer (zum Umbrücken auf ggf. engem Raum bei wenig Beleuchtung)
- geeigneter Treffpunkt (Rastplatz, Parkplatz, Autohof u. Ä.)
- straffe Organisation: Zeitfenster, pünktliche Abfahrten

Vorteile des Begegnungsverkehrs

- hohe Fahrzeugauslastung
- Vermeidung von Leerfahrten
- Lkw kann tagsüber mit anderem Fahrer eingesetzt werden
- bessere Einhaltung der Lenk- und Ruhezeiten
- fahrerfreundliche Lösung (Fahrer kehrt nach Hause zurück)

> **Begegnungsverkehr:** Transportkonzept, bei dem standardisierte Ladeeinheiten (Wechselbrücken oder Sattelauflieger) etwa in der Mitte einer Beförderungsstrecke getauscht werden und die Fahrzeuge an ihren Ursprungsort zurückkehren.

Sammelguteingang/Sammelgutausgang

Sammelgutsendungen, die eine Spedition von ihren Partnerspediteuren zur Verteilung erhält, bezeichnet man auch als Sammelgut**eingang**. Umgekehrt werden die Sendungen, die eine Spedition von ihren Versendern abholt und im Umschlag auf die verschiedenen Relationen zur Weiterleitung an die jeweiligen Empfangsspediteure verteilt, Sammelgut**ausgang** genannt.

12.3 Begleitpapiere im Sammelgutverkehr

Für die organisatorische Abwicklung von Sammelgutverkehren werden verschiedene Papiere eingesetzt. Die nachfolgende Übersicht zeigt grundlegende Begleitpapiere. Zunehmend verdrängen elektronische Mitteilungen das Papier. Viele Speditionen streben eine papierlose Transportorganisation an.

Vorlauf	**Abholauftrag** Es handelt sich um eine Anweisung des Disponenten an den Fahrer des Nahverkehrsfahrzeugs. Er enthält die Daten, die notwendig sind, damit der Fahrer eine Sendung beim Versender **abholen** kann.
Hauptlauf	**Frachtbrief** Das ist ein Absenderpapier, das dem Frachtführer wichtige Informationen über die geladenen Güter gibt, z. B. Absender- und Empfängeradressen, eine Beschreibung des Gutes, Abrechnungsvereinbarungen u. a. Der Frachtbrief dokumentiert den Inhalt des Frachtvertrages. **Bordero** Das Bordero ist eine Anweisung des Versandspediteurs an den Empfangsspediteur, wie eine Sendung mit Sammelgut weiterbehandelt werden soll. Im Bordero werden die Sendungen näher beschrieben (Versender, Empfänger, Art der Güter) und Besonderheiten (z. B. vom Empfänger zu erhebende Entgelte, Terminsendungen, Nachnahmen) kenntlich gemacht. Darüber hinaus kann das Bordero weitere Aufgaben übernehmen: ▪ Es dient als Dispositionsunterlage für den Disponenten. ▪ Es nimmt die Entgeltberechnung bei Unfrei-Sendungen auf. ▪ Es ist Grundlage für die Rückrechnung des Empfangsspediteurs. ▪ Es ist Buchungsbeleg.
Nachlauf	**Rollkarte** Die Rollkarte ist eine Anweisung des Disponenten an den Fahrer des Nahverkehrsfahrzeugs, wie er die **auszurollenden** Sammelgutsendungen zu behandeln hat. Auch hier sind die wichtigsten Sendungsdaten aufgeführt. Der Empfänger dokumentiert auf der Rollkarte den Erhalt der Sendung.
Durchgehende Begleitpapiere	**Speditionsauftrag** Im Regelfall werden alle eingehenden Aufträge als Speditionsaufträge in der Datenverarbeitung des Speditionsbetriebes erfasst. Ein Ausdruck des Speditionsauftrages kann die Sendung auf ihrem gesamten Weg begleiten. **Lieferschein** Viele Versender fügen ihrer Sendung einen Lieferschein bei. Der Lieferschein ist demnach ein Begleitpapier für eine Warenlieferung. Er enthält gewöhnlich die Adressen der Beteiligten sowie eine Beschreibung der Ware nach Anzahl und Art. Weitere Angaben, die für die Beteiligten von Interesse sind (z. B. Bestelldatum, Liefertag, besondere Vereinbarungen u. Ä.), können zusätzlich enthalten sein. Der Lieferschein kann bei der Ablieferung der Sendung beim Empfänger als Quittung über den Empfang der Ware benutzt werden.

Speditionsauftrag, siehe Seite 46

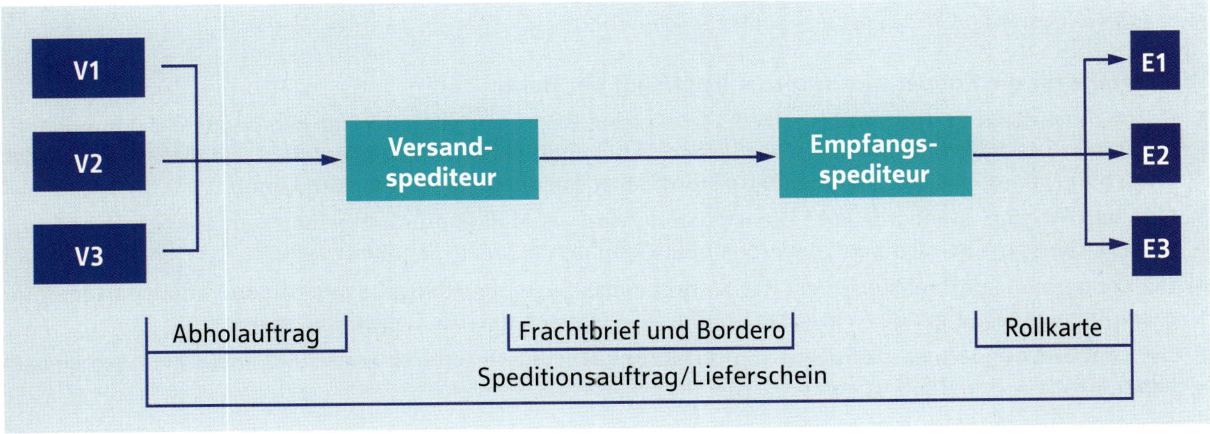

12.4 Rechtsstellung des Spediteurs

Siehe auch Seite 23

Ein Spediteur verpflichtet sich gegenüber dem Versender, eine Güterversendung zu besorgen. Er schließt demnach mit seinem Auftraggeber einen Speditionsvertrag ab.

Allgemeine Geschäftsbedingungen für Spediteure und Frachtführer, siehe Seite 26

Betreibt ein Spediteur Sammelgutverkehr, hat er nach §460 HGB für die Beförderungsleistung (d.h. vom Zusammenstellen bis zum Verteilen der Sammelladung) die Rechtsstellung eines (**vertraglichen**) Frachtführers, ohne dass der ursprüngliche Speditionsvertrag mit dem Versender verändert wird. Für die Organisation des Vor- und Nachlaufs gelten die speditionsrechtlichen Bestimmungen des HGB. Führt der Spediteur die Beförderungen im Vor- und Nachlauf allerdings selber aus (Selbsteintritt), muss er sich auch für diese Abschnitte des Sammelladungsgeschäftes als (vertraglicher und ausführender) Frachtführer ansehen lassen. Beauftragt der Spediteur Frachtführer für das Abholen und Verteilen von Sammelgut oder für den Hauptlauf, schließt er mit den Frachtführern Frachtverträge ab. Diese Verträge richten sich nach den Bestimmungen des Handelsgesetzbuches. Ergänzend vereinbaren die Vertragsbeteiligten im Regelfall Allgemeine Geschäftsbedingungen (AGB), die die Regelungen des Handelsgesetzbuches ergänzen und präzisieren. Spediteure arbeiten mit ihren Vertragspartnern gewöhnlich nach den ADSp.

Siehe auch Regelungsebenen für den Frachtvertrag, Seite 94

Der eingesetzte Frachtführer verpflichtet sich zur Durchführung des Transportes. Er ist daher vertraglicher Frachtführer. Führt er die übernommene Verpflichtung auch selber aus (er könnte auch einen anderen Frachtführer einsetzen), ist er gleichzeitig **ausführender** Frachtführer.

Im Verhältnis zwischen Versand- und Empfangsspediteur besteht ein Speditionsvertrag, weil es um die Besorgung von Güterversendungen geht. Der Empfangsspediteur verpflichtet sich gegenüber dem Versandspediteur, die eintreffenden Sammelgutsendungen nach den Weisungen des Versandspediteurs zu behandeln. Zwischen dem Versandspediteur und dem Endempfänger jeder einzelnen Sammelgutsendung besteht keine Vertragsbeziehung. Der Endempfänger ist begünstigter Dritter des Speditionsvertrages zwischen Versender und Versandspediteur.

12.5 Sammelgut-Kooperationen

Im harten Wettbewerb auf dem Verkehrsmarkt können kleine, mittelständisch organisierte Speditionen oft nur durch Kooperation überleben. Aber auch größere Speditionen schließen sich zusammen und bündeln ihre Aktivitäten, um neue Geschäftsfelder zu bedienen. Bei einer Sammelgutkooperation bringen die Partnerspediteure ihr Sammelgutaufkommen in eine gemeinsame Organisation ein.

CargoLine
LogisticsNetwork

IDS
LOGISTIK
VON MENSCHEN GELEBT

Von **Kooperation** spricht man, wenn Unternehmen zusammenarbeiten, die rechtlich und auch wirtschaftlich weitgehend unabhängig bleiben. **Konzentration** hingegen findet statt, wenn Unternehmen von anderen übernommen werden (z.B. durch Kauf, Erwerb der Aktienmehrheit oder freiwilligen Zusammenschluss) und der übernommene Betrieb seine wirtschaftliche, eventuell auch seine rechtliche Selbstständigkeit verliert.

Soll sich die Zusammenarbeit von Speditionen im Rahmen einer eigens gegründeten Unternehmung bewegen, kommt dafür z.B. die Kommanditgesellschaft infrage (die beteiligten Speditionen sind Komplementäre). Es könnte auch eine GmbH gegründet werden.

Die Vorteile für die Kooperationspartner liegen auf der Hand:

- Durch die Aufteilung des Bundesgebietes in einzelne Bezirke erhält jeder Partnerspediteur ein kundengeschütztes Geschäftsfeld mit ausschließlicher Gebietshoheit. Gleichzeitig entsteht ein flächendeckendes Transportsystem, das ein einzelner mittelständischer Spediteur kaum anbieten könnte.
- Eine hochwertige, standardisierte Dienstleistung wird als Markenprodukt gemeinsam entwickelt und vertrieben. Die entstehenden Kosten werden über Gebühren auf viele Schultern verteilt.
- Die Kooperationspartner sind in ein flächendeckendes System niedergelassener Kooperationspartner integriert, können ihre eigenen Aktivitäten aber auf ein überschaubares Gebiet konzentrieren.
- Die Kooperationspartner profitieren vom Erfahrungsaustausch untereinander und entwickeln gemeinsam Ideen.

- Wichtige unternehmerische Funktionen können von der Kooperationszentrale oft effizienter erledigt werden als in einem kleinen oder mittelständischen Unternehmen. Zu diesen Funktionen gehören z. B.:
  - Marketing/Werbung
  - überregionaler Vertrieb
  - Großkundenbetreuung
  - Einkauf von Materialien und Fahrzeugen/Wechselbrücken
  - Entwicklung neuer Produkte und Dienstleistungen
  - Schulungsmaßnahmen und Qualitätssicherung

Qualitätsmanagement, siehe Seite 511

Den Vorteilen stehen allerdings auch Nachteile gegenüber:

- Generell besteht eine Kooperation aus sehr unterschiedlichen Partnern mit unterschiedlichem Leistungsvermögen und Leistungswillen. Dies erschwert die Abstimmung untereinander.
- Die Partner verfügen häufig über ein ausgeprägtes Unabhängigkeitsdenken und legen großes Gewicht auf individuelle Flexibilität und Entscheidungsfreiheit. Dementsprechend wird einer zentralen Geschäftsführung oft nur wenig Spielraum eingeräumt.
- Vielfach werden die Gebiete zu groß gewählt, sodass die Kundenbetreuung darunter leiden kann. Auch kommt es aufgrund gewachsener Kundenbeziehungen gelegentlich zu Überschneidungen der Gebiete mit entsprechenden „Störungen“ im Verhältnis der Kooperationspartner.
- Bei den Partnerspediteuren sind vielfach technische Systeme, z. B. Barcode-Systeme, historisch gewachsen. In einer Kooperation müssen die Systeme aufeinander abgestimmt werden, was häufig nur schwer gelingt.

12.6 Preisvereinbarungen im Sammelgutverkehr

Der Spediteur kann die Preise mit Versendern, Frachtführern und Empfangsspediteuren frei vereinbaren. Verbindliche Tarifvorgaben – in der Vergangenheit üblich – existieren heute nicht mehr. Die Marktteilnehmer entscheiden in eigener Verantwortung, zu welchen Konditionen sie ihre Leistungen erbringen.
Im Folgenden werden die heute **üblichen** Vereinbarungen im Verhältnis Spediteur – Versender und Spediteur – Frachtführer bzw. Empfangsspediteur näher betrachtet und Abrechnungsmodelle vorgestellt. Die Vertragsgestaltung im konkreten Einzelfall ist Verhandlungssache.

Kostenindex für systemgeführte Sammelgutverkehre

Die Vereinigung der Sammelgutspediteure im DSLV (Versa) veröffentlicht einmal im Jahr einen Kostenindex für ihre Verbandsmitglieder. Der Index gibt die Kostenentwicklung einer Sammelgutsendung im Vergleich zum Vorjahr an. Ermittelt wird die Zahl durch eine Markterhebung, die von der Hochschule Heilbronn wissenschaftlich begleitet wird. Ziel der Veröffentlichung ist es, den Verbandsmitgliedern ein praxisnahes Marktinformationssystem für die eigene Preiskalkulation an die Hand zu geben. Der allgemeine Kostenindex wird noch einmal unterteilt in die zentralen Kostengrößen Personalkosten, Treibstoffkosten und Sachkosten.

Beispiel:
Vom 1. Halbjahr 2018 bis zum 1. Halbjahr 2019 wurden folgende Kostensteigerungen gegenüber dem Vorjahr ermittelt:

Personalkosten:	*+ 1,23 %*
Treibstoffkosten:	*– 9,09 %*
Mautkosten:	*+ 1,25 %*
Sachkosten:	*+ 2,01 %*

Gewichtet man die Kosten nach ihrer Bedeutung für eine Sammelgutsendung, ergibt sich ein Index für die gesamten Abwicklungskosten (= Kostenindex).

Kostenindex: *+ 0,44 %*

Zahlen gemäß DSLV-Kostenindex Sammelgutspedition, September 2020, Zugriff am 12.10.2020 unter https://www.dslv.org/dslv/web.nsf/gfx/E295730AE7A2C906C12585ED002FEBB1/$file/Abschlussbericht_DSLV_Kostenindex_1_Halbjahr_2020.pdf, Seite 23

12.6.1 Preisvereinbarungen mit den Auftraggebern (Versendern)

Individuelle Preislisten (Haustarife)

Spediteure entwickeln eigene Preislisten für den Sammelgutverkehr. Die Preise sind durch Vereinbarung in den Speditionsvertrag aufzunehmen. Dies geschieht durch individuelle Absprachen (eventuell verbunden mit kundenbezogenen Sonderkonditionen) oder durch Zusenden der aktuellen Preisliste (Haustarif) in regelmäßigen Abständen (z. B. jährlich). Bestehen regelmäßige Geschäftsbeziehungen und widerspricht der Kunde nicht, ist die Preisliste Bestandteil zukünftiger Speditionsverträge.

Im Regelfall bestehen die Preislisten der Spediteure heute aus **Haus-Haus-Entgelt**, d. h., die Gesamtstrecke der Beförderung des Sammelgutes vom Haus des Versenders bis zum Haus des Empfängers wird durch das Entgelt abgedeckt. Diese Haus-Haus-Entgelte werden in der Praxis auch **Kundensätze** genannt.

Die Darstellung der Preislisten erfolgt zumeist in Form von zweidimensionalen Tabellen, bei denen die jeweils angewendeten Kriterien der Preisermittlung in der Regel in Stufen eingeteilt werden. Im Schnittpunkt der beiden Kriterien lässt sich dann der Beförderungspreis ablesen oder errechnen.

Nachstehend werden unterschiedliche Möglichkeiten der Tarifbildung im nationalen Sammelgutverkehr erläutert.

Beispiel 1: Sammelgut-Preisliste mit kg-Preis nach Gewichtsstufen und Entfernungszonen
Dieser Tarif zeichnet sich dadurch aus, dass sich der Beförderungspreis mit jedem Kilogramm Sendungsgewicht um einen bestimmten – in der Matrix abzulesenden – Cent-Betrag erhöht.

Gewicht bis ...	Zone 1	Zone 2	Zone 3	Zone 4	Zone 5
	bis 100 km	bis 200 km	bis 350 km	bis 550 km	über 550 km
	EUR	EUR	EUR	EUR	EUR
Mindestbetrag	***21,50***	***21,50***	***24,60***	***24,60***	***29,50***
... 100 kg	0,245	0,258	0,282	0,318	0,350
... 150 kg	0,214	0,239	0,261	0,278	0,322
... 200 kg	0,189	0,216	0,232	0,245	0,297
... 250 kg	0,179	0,205	0,220	0,232	0,281
... 300 kg	0,151	0,198	0,212	0,225	0,275
... 400 kg	0,144	0,192	0,205	0,218	0,268
... 500 kg	0,139	0,185	0,198	0,210	0,258
...	...	...	...	...	...

Berechnungsbeispiel
Eine Sendung mit 325 kg wird von Kiel nach Erfurt (= 450 km) befördert:
Anwendung: *Gewicht = bis 400 kg, Entfernung = Zone 4 bis 550 km: 0,218 EUR x 325 kg = 70,85 EUR*
Der angegebene ***Mindestbetrag*** *kommt nur dann zur Anwendung, wenn der ermittelte Preis darunter liegt (Beispiel: 70 kg in Zone 2 = 70 x 0,258 = 18,06 EUR => Mindestpreis 21,50 EUR).*
Der hier dargestellte Mindestbetrag kann auch als ***Basispreis*** *definiert werden, der grundsätzlich bei jeder Sendung erhoben und dann um den kg-Preis ergänzt wird (Beispiel: 70 kg in Zone 2 = 21,50 + 70 x 0,258 = 39,56 EUR).*

Beispiel 2 vollständig als Haustarif INTER-SPED, siehe Lernsituationenband

Beispiel 2: Sammelgut-Preisliste mit Sendungspreis nach Gewichts- und Entfernungsstufen
Häufig erwarten Kunden von Ihren Speditionspartnern eine Preisliste, aus der sich Beförderungspreis ohne weitere Umstände ablesen lässt. Während in Beispiel 1 der Preis rechnerisch ermittelt werden muss, lässt sich der Beförderungspreis in nachstehender Preisliste im Schnittpunkt von Entfernungs-km und Sendungsgewicht direkt ablesen.

Entfernung in km	Gewicht in kg				
	1 – 50	51 – 100	101 – 200	201 – 300	...
1 – 100	31,50	53,40	75,60	109,60	...
101 – 200	34,10	59,00	86,90	128,30	...
201 – 300	34,70	60,10	88,60	131,40	...
301 – 400	34,80	60,50	89,40	133,10	...
...	...	...	...	...	...

Berechnungsbeispiel
Eine Sendung mit 205 kg wird von Würzburg nach Stuttgart (= 150 km) befördert:
Anwendung: *Entfernung = 101 – 200 km, Gewicht = 201 – 300 kg => 128,30 EUR*

Beispiel 3: Sammelgut-Preisliste mit Sendungspreis nach Gewichtsstufen und Postleitzahl-Bereichen
Eine kundenfreundliche Alternative zur Preisermittlung auf Basis der km-Entfernung ist die Einteilung in (zweistellige) Postleitzahlbereiche. Im Rahmen einer Kalkulation kann der Kunde die Postleitzahl des Empfängers direkt aus den Adressdaten ablesen, während er bei einem km-Preis zunächst die Entfernung zwischen Versand- und Empfangsort ermitteln muss.

Bei Anwendung eines PLZ-Tarifes gilt grundsätzlich: je größer die durchschnittliche Entfernung der zweistelligen PLZ-Bereiche vom Versandort, desto höher ist die Tarifzonen-Einstufung. Nachstehende Preisliste bezieht sich die Zoneneinteilung ausgehend vom Standort Düsseldorf (PLZ-Bereich 40).

Fracht-pflichtiges Gewicht bis	Zone A EUR	Zone B EUR	Zone C EUR	Zone D EUR	Zone E EUR
50 kg	31,20	33,40	35,90	39,20	43,00
75 kg	31,50	34,00	36,90	41,00	46,50
100 kg	32,00	36,10	39,50	44,30	49,80
...	...	...	...	...	...
700 kg	125,40	149,20	169,10	188,50	209,00
800 kg	134,00	159,80	181,20	202,00	231,10
900 kg	144,60	172,00	196,00	220,70	254,50
...	...	...	...	...	...
2 500 kg	248,60	272,60	303,50	334,90	367,20
2 750 kg	259,70	284,00	316,80	348,30	380,20
3 000 kg	271,10	297,50	329,50	362,70	401,40

PLZ	Zone	PLZ	Zone	PLZ	Zone
01 – 29	E	49	C	77 – 89	E
30 – 37	C	50 – 52	A	90 – 91	D
38 – 39	E	53 – 59	B	92 – 96	E
40 – 47	A	60 – 69	C	97	D
48	B	70 – 76	D	98 – 99	E

Berechnungsbeispiel
Eine Sendung mit 850 kg wird von Düsseldorf nach Nürnberg (= PLZ 90) befördert.
Anwendung: *Gewicht = bis 900 kg, Entfernung = PLZ 90 = Zone D => 220,70 EUR*

Die Anwendung eines PLZ-Tarifes hat für den Spediteur den Vorteil, dass die PLZ-Regionen kundenindividuell verschiebbar sind, ohne dass gleich der gesamte Tarif neu kalkuliert werden muss. Wenn zum Beispiel ein Kunde besonders viele Sendungen in den Großraum Nürnberg hat und dem Spediteur somit eine gute Lkw-Auslastung ermöglicht, könnte der PLZ-Bereich 90-91 von Stufe D in Stufe C verschoben werden.

Beispiel 4: Sammelgut-Preisliste mit Sendungspreis pauschal nach Anzahl Paletten
Diese Preisliste eignet sich für Versender, die ausschließlich (Euro-)Paletten versenden. Der Beförderungspreis wird nur durch die Anzahl der zu versendenden Paletten – unabhängig von der Entfernung – bestimmt.

Anzahl Paletten	1	2	3	4	5	6
Preis in EUR	54,00	95,00	141,00	188,00	223,00	255,00

Berechnungsbeispiel:
Die Beförderung von drei Paletten von Hamburg nach Hannover (= 155 km) kostet 141,00 EUR; ebenso wie die Beförderung von drei Paletten von Hamburg nach München (= 770 km).

Die angegebenen Preise werden für gewöhnlich auf Basis einer Mischkalkulation erstellt, welche unterstellt, dass alle Entfernungsstufen relativ gleichmäßig angefahren werden. Würde ein Versender den überwiegenden Teil seiner Sendungen zu weit entfernten Empfängern befördern lassen, bestünde die Gefahr eines Verlustgeschäftes für den Spediteur. Für den Fall einer ungleichmäßigen km-Verteilung lässt der Palettentarif – analog zu den Beispielen 1 bis 3 – auch eine Staffelung nach Entfernungs-km zu.

Haustarif der Gerd Berger Spedition e. K./INTERSPED GmbH

Nachfolgend wird beispielhaft der Haustarif der Modellspedition Gerd Berger Spedition e.K./INTERSPED GmbH vorgestellt. Dieser Tarif wird in den Lernsituationen angewendet.

Im ersten Abschnitt („Bedingungen“) werden zunächst grundlegende Fragen zur Anwendung des Tarifs, zur Berechnung des Haus-Haus-Entgelts und zu Frankaturvorschriften geklärt. Es sind die Rahmenbedingungen, unter denen die Preise im Entgelt-Teil des Tarifs zu verstehen sind.

Haustarif der Gerd Berger Spedition e. K./ INTERSPED GmbH (Auszug)

1 Bedingungen

1.1 Anwendung
Dieser Tarif findet Anwendung im innerdeutschen Spediteursammelgutverkehr auf Speditionsverträge zwischen Auftraggeber (Versender) und der Gerd Berger Spedition e.K./INTERSPED GmbH. Er gilt ergänzend zu den Allgemeinen Deutschen Spediteurbedingungen 2017 (ADSp 2017).

1.2 Spediteursammelgut
Spediteursammelgut im Sinne dieses Tarifs liegt vor, wenn die Güter mehrerer Versender von einem Spediteur (Versandspediteur) auf der ganzen Strecke oder auf einem Teil der Strecke bei der Versendung zusammengefasst werden.

1.3 Abgrenzung des Leistungsbereichs
Der Leistungsbereich des Spediteursammelgutverkehrs beginnt mit Übernahme des Gutes beim Versender und endet mit Übergabe des Gutes an den Empfänger (Haus-Haus-Leistungsbereich).
Selbstanlieferung und Selbstabholung müssen gesondert vereinbart werden.

Anwendung der Bedingungen: Der Haustarif gilt für Speditionsverträge mit Versendern im innerdeutschen Spediteursammelgutverkehr. Er ergänzt die auf diese Verträge ebenfalls anzuwendenden Allgemeinen Deutschen Spediteurbedingungen (ADSp).

Beschreibung des Leistungsbereichs: Der Leistungsbereich des Tarifs beginnt mit Übernahme des Gutes beim Versender und endet mit Übergabe des Gutes an den Empfänger (Haus-Haus-Leistungsbereich).

Selbstanlieferung und Selbstabholung müssen mit dem Spediteur vereinbart werden.
Haus-Haus-Entgelt: Entsprechend dem Haus-Haus-Leistungsbereich wird ein Haus-Haus-Entgelt berechnet. Es umfasst die Vergütung für folgende Leistungen:

- Beförderung der Güter innerhalb des Leistungsbereichs (Haus-Haus)
- büromäßige Bearbeitung der Versandorganisation im normalen Umfang durch den Versand- und Empfangsspediteur

Nebengebühren für Sonderleistungen: Wünscht der Auftraggeber zusätzliche Leistungen, müssen sie zwischen Versender und Spediteur vereinbart werden; sie werden dann gesondert berechnet. Es ist aber zu beachten, dass Nebengebühren oft nur schwer gegenüber dem Auftraggeber durchzusetzen sind. Auch müssen sich Versand- und Empfangsspediteur darüber einigen, wer die Gebühr letztlich erhält.

Als **Sonderleistungen** gelten z. B.:

- **Nachnahmeerhebung:** Der Versender macht die Ablieferung seiner Sendung beim Empfänger von der Einziehung eines bestimmten Geldbetrages abhängig. Die Nachnahmegebühr trägt der Frachtzahler (bei Frei-Haus-Sendungen der Versender, bei Unfrei-Sendungen der Empfänger). Wer sie am Ende erhält (Versandspediteur/Empfangsspediteur oder Teilung des Betrages) ist Verhandlungssache. Der Empfangsspediteur berechnet die Gebühr oder einen Teil davon über die Rückrechnung an den Versandspediteur.
- **Avisierung einer Sendung:** Der Empfänger soll vom Eintreffen der Sendung benachrichtigt werden (die Sendung wird ihm avisiert). Der Auftraggeber bezahlt die Gebühr; der Empfangsspediteur wird in der Regel den Versandspediteur über die Rückrechnung mit dem Betrag belasten.
- **Palettentauschgebühr:** Paletten sind Zug um Zug zu tauschen. Der Aufwand, der dem Spediteur durch den Tauschvorgang entsteht, wird durch eine Palettentauschgebühr abgegolten. Der Frachtzahler trägt die Gebühr.

Berechnung des Haus-Haus-Entgelts: Das Haus-Haus-Entgelt wird für jede Sendung gesondert berechnet. Unter einer „Sendung" ist das von einem Versender für einen Empfänger vom Spediteur gleichzeitig übernommene Gut zu verstehen. Die Berechnung des Haus-Haus-Entgeltes richtet sich nach

- der verkehrsüblichen Entfernung in Kilometern und
- dem Gewicht der Sendung in Kilogramm.

Margen: Versender und Spediteur können sich auch auf Margen (Plus- oder Minusmargen) einigen. Das sind Zuschläge oder Abschläge vom Grundpreis.

Sperrigkeit: Der Haustarif nennt drei verschiedene Betrachtungsweisen, die Sperrigkeit einer Sendung zu prüfen:

- **Volumen:** Eine Sendung muss pro Kubikmeter mindestens ein Gewicht von 200 kg haben.
- **Palettenstellplatz:** Ein Palettenstellplatz (Europalette) auf dem Lkw muss mit mindesten 400 kg Gewicht abgerechnet werden. Für stapelbare Europaletten verringert sich das Gewicht auf 200 kg, für eine stapelbare Eurohalbpalette auf 100 kg; für eine stapelbare Gitterboxpalette (Euromaße) auf 250 kg.
- **Lademeter:** Das Mindestgewicht pro Lademeter beträgt 1 000 kg.

Bei sperrigen Sendungen wird nicht das tatsächliche Gewicht der Sendung zur Entgeltberechnung herangezogen, sondern das Mindestgewicht, dass sich unter Beachtung der Sperrigkeitsregeln ergibt. Welche Regel angewendet wird (z. B. Volumenregelung oder die Mindestanforderungen pro Lademeter), muss mit dem Versender vereinbart werden.

→ **Sperrigkeit** = Eigenschaft von Sendungen, die pro Volumeneinheit oder Flächenbelegung (z. B. Kubikmeter, Stellplatz, Lademeter) ein definiertes Mindestgewicht nicht erreichen

Tatsächliches Gewicht	Gewicht der Sendung laut Waage/Wiegekarte u. Ä.
Mindestgewicht	Gewicht, das sich aus den Sperrigkeitsregelungen ergibt, z. B. 1 m^3 = mindestens 200 kg = Volumengewicht
Frachtpflichtiges Gewicht	Gewicht, das für die Frachtberechnung verwendet wird

Berechnung des frachtpflichtigen Gewichts aufgrund der Volumenregelung

Beispiel:

Sendungsdaten	*512 kg, Maße 200 cm x 150 cm x 110 cm*
Volumenberechnung	*200 cm x 150 cm x 110 cm = 3 300 000 cm^3 = 3,3 m^3*
Berechnung des frachtpflichtigen Gewichts	*Volumenregelung: 1 m^3 = mindestens 200 kg* *3,3 m^3 x 200 kg = 660 kg* *tatsächliches Gewicht: 512 kg* *frachtpflichtiges Gewicht = 660 kg (= Mindestgewicht oder Volumengewicht)*

Da pro Kubikmeter mindestens 200 kg Gewicht abgerechnet werden müssen, ist das Gewicht von 660 kg der Entgeltberechnung zugrunde zu legen.

Zur Erinnerung:		
Länge	**Fläche**	**Raum**
1 m	1 m · 1 m = 1 m^2	1 m · 1 m · 1 m = 1 m^3
= **10** dm	10 dm · 10 dm = **100** dm^2	10 dm · 10 dm · 10 dm = 1 **000** dm^3
= **100** cm	100 cm · 100 cm = **10000** cm^2	100 cm · 100 cm · 100 cm = 1 **000000** cm^3

1 m^3 = 1 000 dm^3 = 1 000 000 cm^3

Auch in anderen Verkehrszweigen werden **Mindestgewichte** (Volumengewichte) bei der Frachtberechnung beachtet:

Mindestgewichtsberechnung in der Luftfahrt, siehe Seite 254 in der Seeschifffahrt, siehe Seite 300

Mindestgewichte nach Verkehrszweigen (Volumengewichte)	
Seeschifffahrt	1 m^3 hat mindestens **1 t** Gewicht.
Luftfahrt	1 m^3 wiegt mindestens **167 kg**.
Lkw-Sammelladung	1 m^3 hat mindestens ein Gewicht von **200 kg**.

Frankaturvorschriften: Der Haustarif lässt im Prinzip nur zwei Frankaturen zu.

Frankatur = Vorschrift über die Verteilung der Beförderungskosten

„frei Haus“	„unfrei“/„ab Werk“
Der Versandspediteur berechnet dem Auftraggeber (Versender) das Haus-Haus-Entgelt sowie ggf. besondere Entgelte für zusätzliche Leistungen.	Haus-Haus-Entgelt und Entgelte für besondere Leistungen werden beim Empfänger nachgenommen oder ihm in Rechnung gestellt.

Umsatzsteuer: Die Entgelte des Tarifs enthalten keine Umsatzsteuer. Sie ist hinzuzurechnen.

Im zweiten Abschnitt sind die eigentlichen Preise des Tarifs abgebildet. Die Preise sind als Schnittpunkte von Gewicht und Entfernung direkt ablesbar.

Haus-Haus-Entgelte

Entfernung in km	Gewicht in kg				
	1–50	51–100	101–200	201–300	301–400
	EUR	EUR	EUR	EUR	EUR
1–100	31,50	53,40	75,60	109,60	140,50
101–200	34,10	59,00	86,90	128,30	166,60
201–300	34,70	60,10	88,60	131,40	171,00
301–400	34,80	60,50	89,40	133,10	173,20
401–500	35,00	61,00	90,50	134,60	175,40
501–600	35,70	61,90	92,20	137,50	179,60
601–700	36,30	63,80	95,90	143,70	188,50
701–800	36,90	64,70	97,80	146,90	192,60
801–1 000	37,50	66,50	101,50	153,20	201,70

Entfernung in km	Gewicht in kg				
	401–500	501–600	601–700	701–800	801–900
	EUR	EUR	EUR	EUR	EUR
1–100	167,90	195,60	229,00	262,10	272,90
101–200	201,70	236,60	277,40	318,00	336,00
201–300	207,00	243,50	285,30	327,40	346,50
301–400	209,60	246,80	289,50	332,10	352,20
401–500	212,60	250,20	293,30	336,50	357,20
501–600	218,50	257,10	301,50	346,00	367,70
601–700	229,40	270,80	317,80	364,80	388,90
701–800	234,90	277,70	325,70	373,80	399,40
801–1 000	246,20	291,20	342,00	392,60	420,70

Entfernung in km	Gewicht in kg					
	901–1 000	**1 001–1 250**	**1 251–1 500**	**1 501–2 000**	**2 001–2 500**	**2 501–3 000**
	EUR	EUR	EUR	EUR	EUR	EUR
1–100	303,40	330,80	358,70	369,00	369,90	370,60
101–200	374,20	414,70	454,70	472,70	493,30	511,80
201–300	386,00	428,80	471,00	490,00	513,80	535,20
301–400	392,00	435,70	479,20	498,50	523,90	547,10

Entfernung in km	Gewicht in kg					
	901–1 000	1 001–1 250	1 251–1 500	1 501–2 000	2 001–2 500	2 501–3 000
	EUR	EUR	EUR	EUR	EUR	EUR
401–500	397,80	442,90	487,20	507,10	534,40	558,80
501–600	409,60	456,80	503,40	524,50	554,90	582,40
601–700	433,20	484,70	535,40	558,90	595,90	629,40
701–800	444,80	498,50	551,50	576,20	616,70	652,90
801–1 000	468,40	526,50	583,70	611,00	657,70	699,80

Zum Teil 2 gehört auch die Auflistung der Nebengebühren, die nicht durch das Haus-Haus-Entgelt abgegolten sind und die demnach gesondert berechnet werden.

Nebengebühren

a	Gebühr für Versendernachnahmen	2% des Nachnahmebetrages, mindestens 15,30 EUR
b	Avisgebühren	pro Sendung 5,10 EUR
c	Palettentauschgebühr für – genormte Flachpaletten, – genormte Gitterboxpaletten	 je Palette 2,60 EUR je Palette 10,20 EUR
d	Stand- und Wartezeiten von mehr als einer halben Stunde	je halbe Stunde 17,90 EUR
e	Versendung gefährlicher Güter: – pro Sendung bis 300 kg – 301 kg bis 1 000 kg – über 1 000 kg	 mindestens 10,20 EUR mindestens 15,30 EUR mindestens 20,50 EUR

Maut: Auch die Maut wird – falls vereinbart – zusätzlich zum Haus-Haus-Entgelt in Rechnung gestellt.

Beispiel (Auszug aus einer Mauttabelle):

Mautgebühren für Sendungen von 1 bis 3 000 kg in EUR

Gewicht in kg	Entfernung in km										
	1–101	101–200	201–300	301–400	401–500	501–600	601–700	701–800	801–900	901–1 000	1 001–1 100
1–50	1,00	1,00	1,00	1,00	1,00	1,00	1,00	1,00	1,00	1,00	1,00
51–100	1,00	1,00	1,00	1,00	1,00	1,03	1,22	1,41	1,59	1,78	1,97
101–200	1,00	1,00	1,00	1,31	1,69	2,06	2,44	2,81	3,19	3,56	3,94
201–300	1,00	1,00	1,56	2,19	2,81	3,44	4,06	4,69	5,31	5,94	6,56

Die kompletten Mauttabellen sind im Haustarif im Lernsituationenband

12.6.2 Preisvereinbarungen mit Frachtführern und Empfangsspediteuren

Die Preise, die der **Frachtführer** für das Abholen der Stückgutsendungen und für den Hauptlauf erhält, müssen ebenfalls vereinbart werden. Üblich ist ein Beförderungspreis, der sich nach dem Gewicht und der Beförderungsstrecke richtet. Im Nahverkehr kann das ein Kilogrammpreis sein, eine Kombination aus Gewicht und Entfernung oder allein der Zeitaufwand wird vergütet.

Entgelte des Empfangsspediteurs:
1. Entladen und Verteilen (EuV)
2. Verteilkosten (Nachlauf)

Der **Empfangsspediteur** erhält ein Entgelt

- für das Umschlagen und Verteilen der eintreffenden Sammelgüter auf dem Umschlaglager (Entladen und Verteilen, EuV),
- für die Beförderung der Sendungen von seinem Lager bis zum Haus des Empfängers (Nachlauf).

Entladen und Verteilen (EuV) = Preis für das Handling von Sammelgut auf dem Lager des Empfangsspediteurs (Entladen, Umschlagen und Verteilen auf die Relationsplätze)

In beiden Fällen (EuV, Nachlauf) müssen sich Versand- und Empfangsspediteur über den Preis einigen. Üblich sind vor allem zwei Preismodelle:

1. **Reiner Kilogramm-Preis**
   Der Empfangsspediteur erhält eine Vergütung, die sich ausschließlich nach dem Gewicht der Sendung richtet, weil man annimmt, dass im Speditionsnahverkehr die Entfernung keine große Rolle spielt.

2. **Gewichts-Entfernungs-Preis**
   Der Preis für das Verteilen des Sammelgutes vom Lager des Empfangsspediteurs bis zum Haus des Empfängers richtet sich nach dem Gewicht und der Entfernung des Gutes. Da es zu aufwendig wäre, den Preis für jede Sendung entfernungsgenau zu berechnen, bildet man im Regelfall Entfernungsstufen (z. B. bis 30 km, 60 km, 90 km).

Der Empfangsspediteur entscheidet, ob er den Nachlauf mit eigenen Fahrzeugen durchführt oder ob er damit fremde Frachtführer beauftragt. Vergibt er den Beförderungsauftrag, muss er sich wiederum mit seinem Frachtführer über die Art der Vergütung einigen. Hier sind die gleichen Überlegungen anzustellen wie im Verhältnis Versand- zu Empfangsspediteur.

Auch der Versandspediteur steht vor der Frage, ob er das Abholen der Sammelgutsendungen in eigener Regie durchführt oder fremde Frachtführer einsetzt.

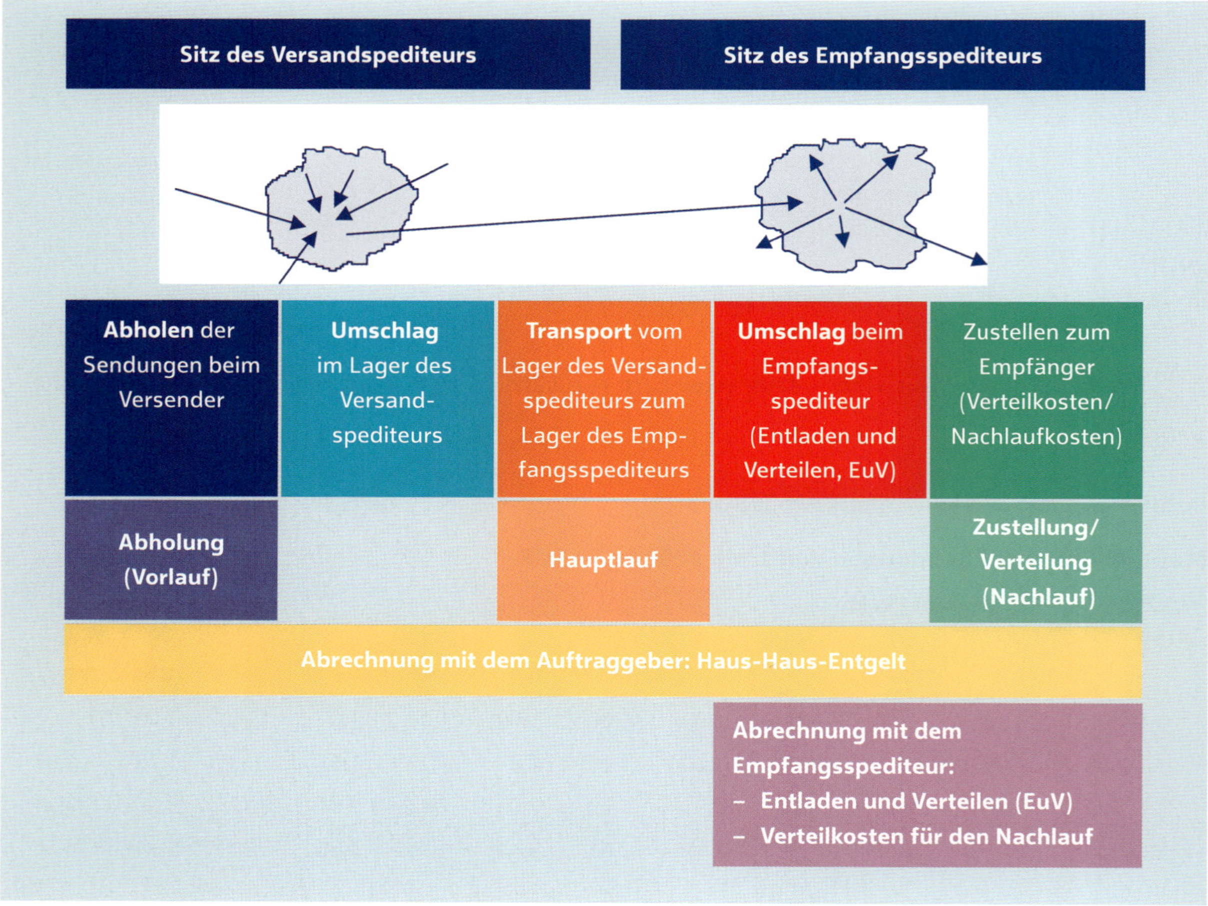

12.7 Leistungsberechnung im Sammelgutverkehr

Die Abrechnung der Leistungen zwischen Versand- und Empfangsspediteur läuft häufig über das Bordero, indem der Versandspediteur dem Empfangsspediteur durch Eintrag in das Bordero mitteilt, welche Beträge bei Unfrei-Sendungen vom Empfänger zu erheben sind. Außerdem gibt der Versandspediteur einen Auftrag des Versenders, die Ware nur gegen Zahlung eines bestimmten Geldbetrages auszuhändigen (Nachnahmesendung), im Bordero an den Empfangsspediteur weiter.
Der Empfangsspediteur berechnet dem Versandspediteur über die sogenannte **Rückrechnung** das Entgelt für das Entladen und Verteilen der Sammelgutsendung auf seinem Lager sowie die Kosten für die Beförderung der Sendung von seinem Lager bis zum Haus des Empfängers.
In der Praxis werden auch andere Formen der Abrechnung genutzt. So können die Beträge, die beim Empfänger zu erheben sind, auch über gesonderte Rechnungen des Versandspediteurs an den Empfangsspediteur eingefordert werden. Der Empfangsspediteur würde seine Leistungen dann ebenfalls über eine separate Rechnung ausweisen. Das Bordero dient dann der Information über die Berechnung der Einzelleistungen.

Aus Sicht des Rechnungswesens ergibt sich für der Versandspediteur folgendes Bild:

	Erlöse	**Haus-Haus-Entgelte**
./.	**Aufwendungen**	**– Vorlaufkosten**
		– Hauptlaufkosten
		– Entladen und Verteilen
		– Nachlaufkosten
=	**Rohergebnis**	

Rohergebnis = Differenz zwischen den auftragsbezogenen Erträgen (Erlöse) und Aufwendungen. Um das Reinergebnis zu erhalten, sind noch die allgemeinen Verwaltungskosten vom Rohergebnis abzuziehen.

Das Rohergebnis wird traditionell auch als „Bruttonutzen" bezeichnet.

Unfrei-Beträge – Versendernachnahmen

Bei **Unfrei-Sendungen (Frachtüberweisungen)** ist das Entgelt vom Empfangsspediteur beim Empfänger zu erheben. Der Empfangsspediteur erhält diese Information über das Bordero. Er muss den Betrag nicht bar einziehen, weil Unternehmen heute nicht unbedingt über eine Bargeldkasse verfügen. Er kann stattdessen auch eine Rechnung schreiben. Wird die Rechnung nicht bezahlt, ist es Aufgabe des auftraggebenden Versenders, die Kosten zu übernehmen.

Ziffer 10.1 ADSp, siehe Seite 50

Frachtüberweisung/Nachnahme

Will der Versender erreichen, dass seine Sendung nur gegen Zahlung eines bestimmten Betrages ausgehändigt wird (**Nachnahmesendung**), hat der Empfangsspediteur den Auftrag genau auszuführen, d.h., die Sendung darf nur gegen Barzahlung oder ein vergleichbares Zahlungsmittel (z.B. einen bestätigten Bankscheck) übergeben werden. Nimmt der Spediteur einen normalen, ungesicherten Scheck an, geht das Risiko der Nichteinlösung auf ihn über.

Im Bordero wird der Nachnahmebetrag als „nicht steuerpflichtig" eingetragen, d. h., der Spediteur behandelt den Betrag als durchlaufenden Posten, den er nicht seiner Umsatzsteuer unterwirft. Dies ist einsichtig, weil es sich beim Nachnahmebetrag gewöhnlich um einen Rechnungsbetrag handelt, der bereits die Umsatzsteuer des Lieferanten enthält.

Vom Empfänger zu erheben	
steuerpflichtig EUR	nicht steuerpflichtig/EUR
	1 500,00

Rechnet der Empfangsspediteur seine Leistungen über das Bordero ab, ergibt sich z.B. folgendes Bild:

Abrechnung über das Bordero

Frachtführer		**Empfangsspediteur**			
Möller TRANS GmbH Merowinger Str. 8, 40223 Düsseldorf		G. Berger Spedition Merkurstraße 14, 40223 Düsseldorf			
Empfänger	Frankatur	Vom Empfänger zu erheben		Rückrechnung	
		steuerpfl. EUR	nicht steuerpfl. EUR	Verteilkosten (Nachlauf)	Sonstiges
Binder Gartencenter Comeniusplatz 148 40547 Düsseldorf	frei Haus			48,00 ③	
Raum & Design Christophstr. 88 40225 Düsseldorf	frei Haus			72,00	
Walter EDV-Training Koppelskamp 34 40489 Düsseldorf	frei Haus		**Nachnahme 1 725,00** ②	48,00	39,60 ④
L. Bäumer GmbH Hoher Weg 6 40878 Ratingen	frei Haus			69,00	
Reise-Verlagsges. Fritz-Erler-Str. 57 40595 Düsseldorf	frei Haus			42,00	
Gerd Lager Ahornstraße 77 40882 Ratingen	unfrei	496,60 ①		98,00	
Ernst Bauer KG Rotdornstr. 24 40472 Düsseldorf	unfrei	449,00		58,00	
E+S Bürotechnik Sandstraße 22 40627 Düsseldorf	frei Haus			80,00	
Gerd Waltermann Teppichboden Paulusstr. 181 40237 Düsseldorf	frei Haus			48,00	
	Summe:	945,60	1 725,00	563,00	39,60

+ Umsatzsteuer	179,66	39,60	
Zwischensumme	1 125,26	202,50	E u V ⑤
Nicht steuerpfl.	1 725,00	805,10	Zwischensumme
Summe gesamt	2 850,26	152,97	Umsatzsteuer
		958,07	Summe gesamt

① **Frachtüberweisung**

② **Nachnahme**

③ **Verteilkosten (Lager – Empfänger)**

④ **Nebengebühren**

⑤ **Entladen und Verteilen (Lager Empfangsspediteur)**

12.8 HUB and SPOKE

Auch HUB = Hauptumschlagsbasis

Ein wesentliches Merkmal heutiger Speditionsleistungen sind kurze Beförderungsfristen. Im Regelfall wird ein 24-Stunden-Service angeboten, der aber häufig noch unterschritten wird. Diese hohe Laufgeschwindigkeit der Sendungen wird durch eine besondere Organisationsform gefördert, das HUB-and-SPOKE-System (Hub = Nabe, Spoke = Speiche).

Orientierung am Raster

Raster-System bedeutet, es bestehen Verkehrsverbindungen von jedem Punkt zu jedem Punkt des Verkehrsnetzes (**Direktrelationsverkehr**). Damit einher geht ein kompliziertes Netz mit zahlreichen Knotenpunkten, Verzweigungen und Relaispunkten. Reicht nämlich das Sendungsaufkommen nicht aus, um einen Lkw für einen Partnerspediteur zu füllen, werden die Sendungen über eine andere Relation als Zwischenstation geleitet.

Rasterverbindungen allgemein: $n \cdot (n-1)$

Direktrelationsverkehr, siehe Seite 219

Ein Raster-Verbundsystem mit 20 Partnerspediteuren, die alle im Direktrelationsverkehr miteinander stehen, hat $20 \cdot (20-1) = 380$ mögliche Verbindungen. Der dispositive Aufwand ist enorm.

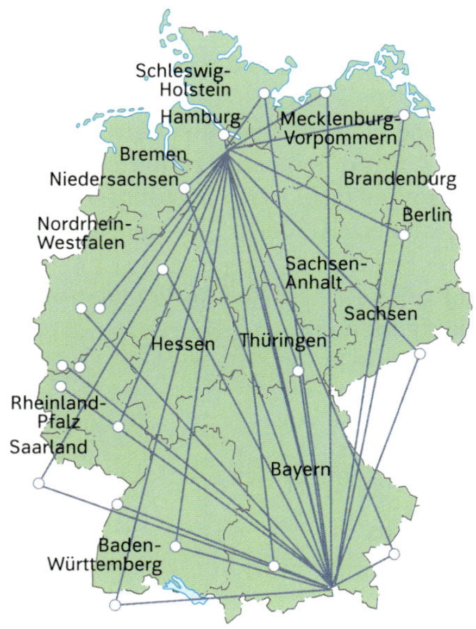

Raster-System (aus der Sicht eines Hamburger und Münchener Spediteurs)

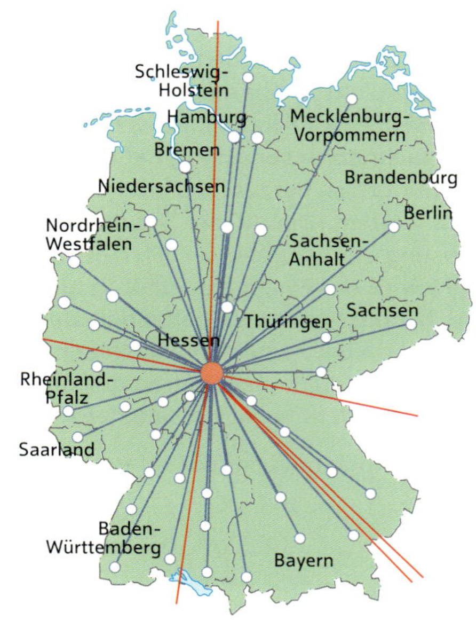

Nabe-Speiche-System

Orientierung am Rad

Ganz anders sieht es aus im **Nabe-Speiche-System:** Dort wird ein **zentraler Terminal (Nabe)** eingerichtet, auf den alle Güter **kleinerer Umschlagterminals (Speichen)** zulaufen. Im HUB (sprich: hab) werden die Güter umgeschlagen und auf die Verkehrsrelationen, die Speichen, verteilt. Die Niederlassungsbetriebe am Ende der Speichen dienen als kundennahe Schnittstellen zwischen Verladern und Verkehrsunternehmen.

Die Organisation gleicht einem Rad: Das zentrale Umschlaglager ist die Nabe, die Linien zu den beteiligten Spediteuren sind die Speichen.

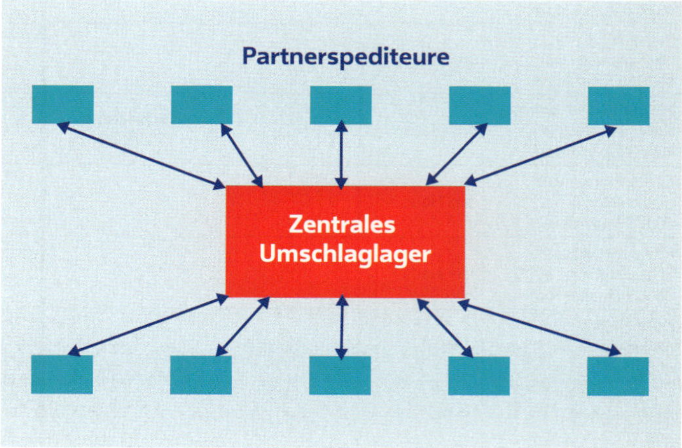

Dieses Konzept bietet zahlreiche Vorteile:

- Der zentrale HUB wird auf der **grünen Wiese** errichtet. Dort sind die Immobilienpreise und die Personalkosten niedrig, zuverlässige Mitarbeiter sind oft leichter verfügbar. Volkswirtschaftlich gesehen werden die Ballungsräume von Verkehrs- und Flächenbeanspruchung entlastet.
- Die geografische Lage des HUB erleichtert die **Fahrer- und Fahrzeugdisposition**, weil die Vorschriften zu den Lenk- und Ruhezeiten häufig gut zum Anliefer- und Abholrhythmus passen.

Lenk- und Ruhezeiten, siehe Seite 121

Beispiel:
Hinfahrt zum HUB mit Ein-Fahrer-Besatzung in 4 ½ Stunden, Lenkzeitunterbrechung, Rückfahrt in 4 ½ Stunden

- Der **Arbeitsfluss** in der Nabe wird nicht durch an- und abfahrende Nahverkehrsfahrzeuge, durch Selbstabholer und Kundenanrufe gestört. Die Nabe – abgepuffert vom Kundenkontakt – ermöglicht die schadensarme Verteilung großer Gütermengen bei günstigen Kosten in einem kontinuierlichen Arbeitsprozess.
- **Moderne** technische **Fördermittel** lassen sich bei der Breite des Güterstromes und der einheitlichen Auslastung der Betriebseinrichtung effizient und kostengünstig einsetzen.
- **Aufgaben** und **Aufbau** der Speichenniederlassungen sind im Vergleich zu traditionellen Speditionsbetrieben in Rastersystemen stark vereinfacht.
- Die einfache Relationsstruktur (Nabe – Speiche) hat auch eine einfache Kommunikationsstruktur zur Folge, weil sich die **Kommunikation** im Wesentlichen zwischen Nabe und Speiche bewegt. Eine EDV-gestützte Sendungsverfolgung und ein elektronischer Datenaustausch lassen sich auf diese Weise ebenfalls leichter und kostengünstiger betreiben.

Sendungs-verfolgung, siehe Seite 220

Konsequent wurde das HUB-and-SPOKE-System 1972 beim US-Luftfracht-Paketdienst FEDERAL EXPRESS umgesetzt. Ein Päckchen von Boston nach Washington (500 km) nahm den Weg über den zentralen HUB Memphis (3000 km), erreichte den Empfänger aber bereits nach 16 Stunden. Diese Idee war der Grundstein für ein Unternehmen, das heute mehrere Milliarden Euro umsetzt.
In der Folgezeit wurde das Prinzip auch abgewandelt, indem man mehrere Regional-HUBs mit jeweils zugeordneten SPOKEs über die Fläche verteilte.

Direktrelationsverkehr oder HUB-and-SPOKE-System?

Spediteurkooperationen müssen sich entscheiden, ob sie ihre Sendungen im Direktrelationsverkehr (Versandspediteur → Empfangsspediteur) austauschen oder ob sie ein zentrales HUB als zusätzliche Verteilstation zwischenschalten.

Kooperationen, siehe Seite 208

Sammelgutkooperation mit zwei HUBs

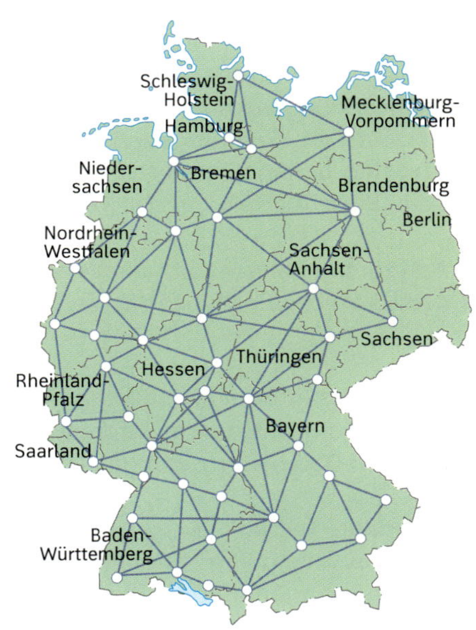

Direktrelationsverkehr

Der **Direktrelationsverkehr** erfordert ein hohes Sendungsaufkommen, damit die Fahrzeuge ausgelastet sind. Wie oben darstellt ist der organisatorische Aufwand im Direktrelationsverkehr größer. Kleinere Speditionen verfügen häufig nicht über die technische, personelle und finanzielle Ausstattung, um sich an einem bundesweiten Raster-System zu beteiligen. Auf der anderen Seite ist der Direktrelationsverkehr kostengünstiger, weil weniger Arbeitsschritte im organisatorischen Ablauf erforderlich sind.

Für kleinere Speditionen mit geringem Sendungsaufkommen ist das **HUB-and-SPOKE-System** unentbehrlich, will man seinen Kunden eine bundesweite Verteilung aller Sendungen anbieten.
In der Praxis sind in der Regel **Mischformen** von Direktrelations- und HUB-Verkehr festzustellen. Reicht das Sendungsaufkommen für einen Empfangsspediteur aus, wird der Direktrelationsverkehr gewählt. Alle übrigen Sendungen laufen über den HUB. Häufig ist es auch lohnend, Teilpartien für mehrere Empfangsspediteure zusammenzustellen, die in Folge im Direktrelationsverkehr angefahren werden.

Direktverkehr: Beförderung einer Sendung von einem beliebigen Versender zu einem beliebigen Empfänger
Direktrelationsverkehr: Der Transport findet innerhalb einer Sammelgutkooperation statt, und zwar vom Versandspediteur zum Empfangsspediteur, die Mitglieder der Kooperation sind. Das HUB wird umgangen.
HUB-Verkehr: Eine Sendung wird über das HUB vom Versand- zum Empfangsspediteur geleitet.

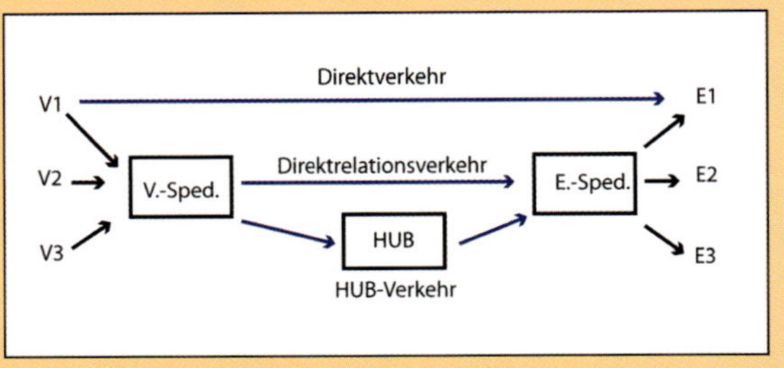

Systemverkehre

Siehe Kombinierter Verkehr Straße/Schiene, Seite 161

Wenn von einem HUB-and-SPOKE-**System** gesprochen wird, soll damit zum Ausdruck gebracht werden, dass sich hinter speditionellem Sammelgutverkehr heute ein komplexes organisatorisches Gebilde verbirgt, in dem jeder Beteiligte seine genau definierten Pflichten exakt erfüllen muss, damit die den Kunden versprochenen Leistungen auch tatsächlich erbracht werden können. Systemverkehre liegen immer dann vor, wenn Transporte in vorgegebene Strukturen eingebunden sind, z. B. in die festen Linienverkehre einer Lkw-Sammelgutkooperation oder in die fixierte Abfolge verschiedener Verkehrsmittel (z. B. Lkw – Eisenbahn – Lkw).

Systemverkehr: von Speditionen entwickelte feste Transportstrukturen mit dem Ziel, den Versendern standardisierte Leistungen anzubieten, z. B. einen 24-Stunden-Service auf bestimmten Relationen.

12.9 Informationslogistik

Während in der Vergangenheit das Hauptproblem des Spediteurs in der Organisation des Güterversandes bestand (Güterlogistik), haben sich die physischen Abläufe in den Speditionen heute weitgehend eingespielt. Immer wichtiger wird die Frage, wie die Beteiligten am Gütertransport jederzeit Informationen über den Stand der Auftragsabwicklung bekommen können. Ziel ist es, zu jedem Zeitpunkt den Zustand (den „Status") einer Sendung festzustellen (**Sendungsverfolgung**). In diesem Zusammenhang werden häufig die Begriffe **Tracking** und **Tracing** genannt. Unter „Tracking" versteht man das Auffinden eines Versandstückes; Tracing bezeichnet die (Rück-)Verfolgung des Versandweges.

- **Tracking**: Wo befindet sich ein Versandstück (Ermittlung des Sendungsstatus)?
- **Tracing**: Welchen Weg hat das Versandstück genommen (Sendungsrückverfolgung)?

Die Organisation des Informationsflusses (Informationslogistik) wird damit viel bedeutsamer als die Organisation des Güterstromes. Moderne Informations- und Kommunikationstechnologien (Computer und Systeme zur elektronischen Datenübertragung) leisten hier entscheidende Hilfestellung.

12.9.1 Barcode-Technik

Daten zur Kennzeichnung von Sendungen lassen sich heute maschinenlesbar anbringen. Die maschinenlesbare Kennzeichnung von Sendungen wird allgemein als Barcode-Technik bezeichnet. Dazu werden die Packstücke z. B. mit einem Strichcode versehen, der das nebenstehende Aussehen (als Barcode-Etikett oder Barcode-Label) haben kann:

420000102187802 - 2

Barcode-Label

Erläuterungen															
4	2	0	0	0	0	1	0	2	1	8	7	8	0	2	2
Nummer des Übernahme-Verteilzentrums			Sendungsnummer										Packstück-Nr.		Prüfziffer

Die Barcode-Technik ist noch nicht vereinheitlicht, sondern vielfach von der verwendeten Software abhängig oder auf eine begrenzte Zahl von Spediteuren beschränkt, die miteinander kooperieren. Ein interessanter Weg wird z. B. mit dem NVE-Code beschritten, der den EAN-Code in den Versandcode integriert.

EAN-Code/GTIN

EAN bedeutet **Europäische-Artikel-Nummerierung**. Der Code wird von Industrie und Handel zur Kennzeichnung von Produkten verwendet, um die Warenbewirtschaftung zu erleichtern.

Der EAN-Code wird umgestellt auf GTIN = Global Trade Item Number. Der Code ist dann weltweit einsetzbar.

Der EAN-Code besteht z. B. aus 13 Ziffern, die jeweils als Kombination aus einem weißen und schwarzen Balken unterschiedlicher Stärke dargestellt werden. Die Balkencodierung ist in beiden Richtungen lesbar.

Aufbau des EAN-Codes

Ziffer	Ziffern im Beispiel unten	Bedeutung
0–1	40	kennzeichnen das Herkunftsland, z. B. 40–43 für Deutschland
3–7	1 2 3 4 5	Diese 5 Ziffern kennzeichnen den Hersteller.
8–12	0 0 3 1 5	Artikelnummer des Herstellers
13	4	Prüfziffer zum sicheren Lesen der EAN: Es handelt sich um eine mathematische Kombination der vorhergehenden zwölf Ziffern. Dadurch wird eine fast 100%ige Lesesicherheit erreicht.

Beispiel:

Länderkennzeichen		Bundeseinheitliche Betriebsnummer „BBN“					individuelle Artikelnummer des Herstellers					Prüfziffer
4	0	0	6	5	1	2	0	0	0	0	6	0
Bundesrepublik Deutschland		Franz Schuster KG Travestraße 20 23569 Lübeck					Lübecker Edelmarzipan Geschenkpackung 100 g					

4 006512 000060

Berechnungsverfahren der Prüfziffer: www.gs1-germany.de

Der Begriff „EAN“ wird schrittweise durch die internationale Bezeichnung „GTIN“ (Global Trade Item Number, globale Artikelnummer) ersetzt. Damit liegt am Ende eines langwierigen Umstellungsprozesses eine weltweit gültige Artikelnummerierung vor.

NVE-Code

NVE bedeutet „Nummer der Versandeinheit“. Der Code hat 18 Stellen, die wie folgt aufgebaut sind:

International: SSCC = Serial Shipping Container Code

0 0 3 4 0 1 2 3 4 5 1 2 3 4 5 6 7 8 9 5

1 2 3 4 5

(1) Datenbezeichner

Die NVE wird durch den zweistelligen Datenbezeichner angekündigt. Für die Nummer der Versandeinheit ist der Schlüssel „00“ reserviert. Der Datenbezeichner ist nicht Teil der NVE.

(2) Kennzeichnung der Verpackung

Nach dem Datenbezeichner ist die erste Stelle der NVE für die Beschreibung der Versandeinheit vorgesehen. Derzeit wird von der EAN International diese Stelle mit dem Schlüssel „3“ gekennzeichnet, was „undefinierte Versandeinheit“ bedeutet.

(3) BBN des Versenders
Nach der Verpackungskennzeichnung folgen die Ländernummer (40) und die „Bundeseinheitliche Betriebsstättennummer" (BBN). Damit ist sichergestellt, dass kein im Umlauf befindliches Packstück die gleiche Nummer eines anderen Unternehmens trägt.

(4) Laufende Nummer der Versandeinheit
Hinter der BBN-Nummer folgen neun Stellen, die für die fortlaufende Nummerierung der Versandeinheit gedacht sind. Versender, die den Strichcode selbst generieren, können diesen Nummernteil auch für Kunden-, Auftrags- oder Rechnungsnummern nutzen.

(5) Prüfziffer
Die letzte Stelle belegt eine Prüfziffer. Das ist eine mathematische Kombination der 17 vorhergehenden Stellen. Sie schafft eine fast 100%ige Sicherheit beim maschinellen Lesen des Codes.

Was ist eine Versandeinheit?
Eine Kiste, Palette, Container o. Ä. kann eine Versandeinheit sein, die beliebig viele (auch unterschiedliche) Artikel enthalten kann. Wichtig ist, dass die Transportbehälter zu einer Transporteinheit zusammengefügt sind. Legt ein Versender z. B. Kartons lose auf eine Palette, dann ist jeder einzelne Karton eine Versandeinheit, die einen eigenen NVE-Code erhält. Packt der Versender dagegen mehrere Kartons zusammen, dann ist dieses Gebinde eine Versandeinheit mit nur einer NVE-Nummer.

Scanner

Lesegeräte (Scanner) können den Strichcode leicht und schnell identifizieren und für die weitere Verarbeitung im Computer zugänglich machen. Die zusätzliche Übersetzung des Strichcodes in Zahlen oder Buchstaben ermöglicht die gleichzeitige Erfassung der Daten durch den Menschen. Die maschinelle Erfassung ist aber bedeutend sicherer, weil Lesefehler durch die Verwendung einer Prüfziffer weitgehend ausgeschlossen sind. Die Prüfziffer wird nach einem bestimmten mathematischen Verfahren aus den vorhergehenden Ziffern gebildet und vom Computer bei jeder Erfassung kontrolliert.
Auch die Fahrer der Abhol- und Zustellfahrzeuge können Sendungen einscannen, wenn sie über **mobile Datenerfassungsgeräte** (MDE) verfügen.

Scan-Punkte
Der Barcode ist der „Fingerabdruck" der Sendung von der Versandfreigabe bis zur Auslieferung an den Empfänger. Er gestattet eine lückenlose Sendungsverfolgung, wenn die Güter an allen relevanten Schnittstellen durch Scannen registriert und die Informationen in einer Sendungsdatenbank gespeichert werden. Die Versandbeteiligten können somit jederzeit Informationen über den Status der Sendung abfragen (Statusreport). Dies setzt voraus, dass an allen vorgesehenen Stellen mit Sorgfalt gearbeitet und z. B. nicht zu früh gescannt wird.

Beispiel:
Lautet der Scan-Punkt „Verladen im Lkw", darf die Sendung nicht bereits auf dem Stellplatz gescannt werden, sondern wirklich erst beim Übergang in den Lkw. Dem Sendungsverfolgungssystem würde sonst eine Information übergeben, die mit der Realität nicht übereinstimmt und auch zu einem späteren Zeitpunkt nicht übereinstimmen muss (weil der Lkw z. B. eine Sendung aus Kapazitätsgründen nicht mehr aufnehmen kann).

Heute werden Sendungen im Sammelladungsverkehr im Regelfall so gescannt, dass eine lückenlose Verfolgung der Sendung möglich ist.

Güter- und Informationslogistik an den Scan-Punkten

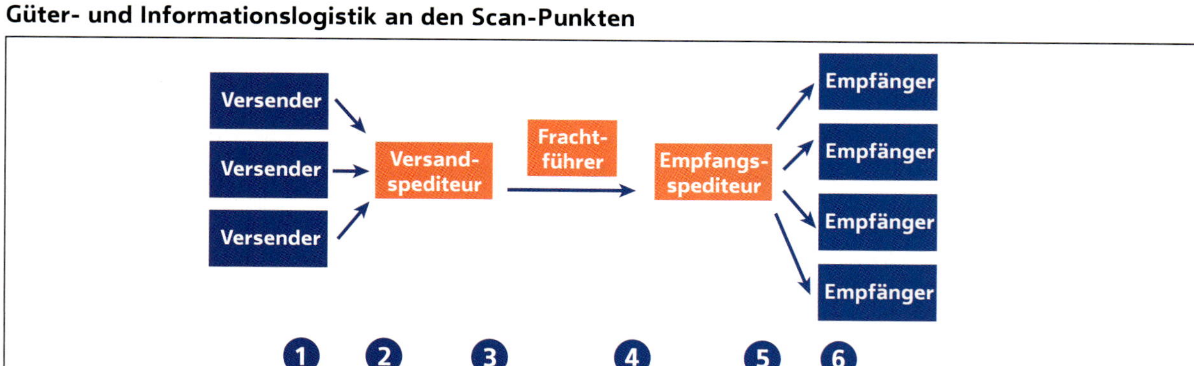

❶ Übernahme der Sendung beim Versender

Güterlogistik	– Die Sendung wird vom Nahverkehrsfahrzeug abgeholt.
Informationslogistik	– Der Versender hat die Packstücke mit Barcode-Labeln versehen. – Bei der Übergabe der Sendung werden die Packstücke eingescannt. – Die Daten werden durch Datenfernübertragung (DFÜ) an einen elektronischen Briefkasten (Mailbox) versandt.

❷ Eingang beim Versandspediteur

Güterlogistik	– Entladen des Nahverkehrsfahrzeugs – Verteilen der Sendungen auf die Sammelgutrelationen
Informationslogistik	– Übernahme der Sendungsdaten aus der DFÜ-Meldung des Versenders – Entladescanning der Nahverkehrsfahrzeuge – Entladebericht per DFÜ an die Mailbox – Kennzeichnen der Sendungen mit einem Relationscode (Routerlabel)

❸ Ausgang beim Versandspediteur

Güterlogistik	– Verladen der Sendungen auf die Fernverkehrsfahrzeuge der Relationen
Informationslogistik	– Verladescanning bei den Fernverkehrsfahrzeugen – Übertragung der Sendungsdaten an die Mailbox (für den Empfangsspediteur)

❹ Eingang beim Empfangsspediteur

Güterlogistik	– Entladen der Fernverkehrsfahrzeuge – Verteilen der Sendungen auf Nahverkehrstouren
Informationslogistik	– Entladescanning der Fernverkehrsfahrzeuge – Entladebericht per DFÜ an die Mailbox (für den Versandspediteur) – Scanning der Nahverkehrstour

❺ Ausgang beim Empfangsspediteur

Güterlogistik	– Verladen der Sendungen auf Nahverkehrsfahrzeuge
Informationslogistik	– Entladescanning der Nahverkehrsfahrzeuge – Sendungen erhalten den Status „in Zustellung". – Übertragung der Statusdaten an die Mailbox (für den Versandspediteur)

❻ Zustellung beim Empfänger

Güterlogistik	– Entladen und Übergabe der Sendung an den Empfänger – Quittung auf der Rollkarte
Informationslogistik	– Ablieferscanning mit Erfassung des Quittunggebers – Übertragung der Statusdaten an die Mailbox

Die Sendungsdaten werden an eine zentrale Mailbox (den Server) der Sammelgutspediteure verschickt. Dabei handelt es sich um einen elektronischen Briefkasten, auf den die Beteiligten – je nach Berechtigung – über das Telefonnetz zugreifen können. Sendungsdaten, die z. B. der Versender an den Versandspediteur sendet, werden so frühzeitig abgerufen, dass dem Versandspediteur die Daten schon vor dem Eintreffen der Sendung zur Verfügung stehen. Der Versender kann den Status seiner Sendung durch eine Abfrage an die Sendungsdatei im Server (Mailbox) der Spediteure erfahren.

Beispiel:

*Ein Paketdienstleister informiert seine Kunden z. B. mithilfe folgender **Statusmeldungen**:*

- *Die Auftragsdaten zu dieser Sendung wurden vom Absender elektronisch an uns übermittelt.*
- *Die Sendung wurde im Start-Paketzentrum bearbeitet.*
- *Die Sendung wurde im Ziel-Paketzentrum bearbeitet.*
- *Die Sendung wurde in das Zustellfahrzeug geladen.*
- *Die Sendung wurde erfolgreich zugestellt.*

Der Empfangsspediteur erhält die Daten per Datenfernübertragung frühzeitig vom Versandspediteur und meldet die Entladeberichte zurück. Der Empfänger kann eventuell ebenfalls auf die Statusinformationen der Sendung zugreifen. Spediteure, die im Sammelgutverkehr im Verbund zusammenarbeiten, sammeln die Informationen in einer zentralen Mailbox, auf die alle verbundenen Spediteure und Versender zugreifen können.

12.9.2 Scanning mit RFID

Der Barcode liefert eine einfache Möglichkeit, Güter für eine spätere Identifikation zu kennzeichnen. Eigentlich ist die Menge an Information, die mit einem Barcode gespeichert werden kann, unendlich. Aber in der Praxis ist es nahezu unmöglich, einen Barcode mit mehr als 30 codierten Zeichen zu verwenden, da dieser dann zu lang und fehleranfällig würde.

Transponder oder auch **Tags** (engl. = elektronisches Etikett) sind winzige Chips mit Antennen, die auf ein eingestrahltes elektronisches Signal hin die in ihnen gespeicherten Daten preisgeben. Heutige Transponder können bereits ohne Probleme die zehnfache Datenmenge eines Barcodes speichern. Wichtige Zusatzinformationen wie z. B. Herstellungs- und Verfallsdatum, Gefahrenhinweise oder Seriennummern finden alle auf einem einzigen Transponder Platz.

Die Technik zur Erfassung der gespeicherten Daten wird **R**adio **F**requency **Id**entification (RFID) genannt. RFID bedeutet „Identifizierung per Funk".

Im nebenstehenden Beispiel enthält der Tag neben dem EAN-Code eine neunstellige Seriennummer und eine achtstellige Datumsangabe, die der Kontrolle des Mindesthaltbarkeitsdatums dient.

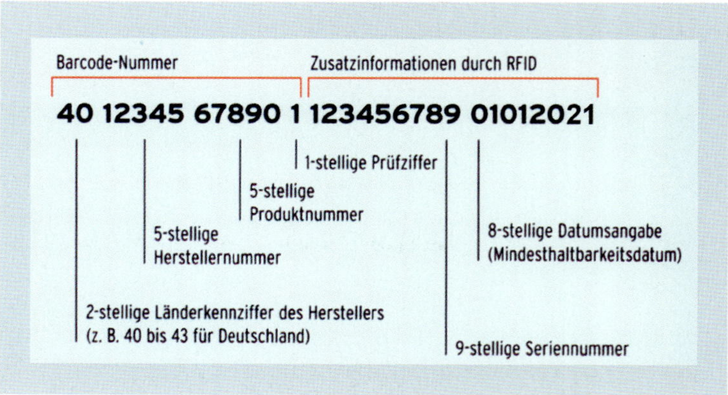

Bereits beim Hersteller können Waren mit diesen **Tags** ausgestattet werden. Auf diese Weise erhalten Artikel ihren individuellen elektronischen Code und können überall auf dem Weg von der Produktion bis zum Endabnehmer „gefunden" werden.

RFID-Technik:
- Transponder (Tags) und
- Lesegerät (RFID-Gate) erforderlich.

Auch Packstücke und Paletten können auf diese Weise gekennzeichnet und somit über die gesamte Transportkette verfolgt werden. Der entscheidende Vorteil der RFID-Technologie liegt in der schnellen, berührungslosen Erfassung der Tag-Information. Während beim Barcode das Lesegerät auf den Code gerichtet werden muss, werden z. B. Paletten mit Tags durch das Passieren einer elektronischen Schleuse (**RFID-Gate**) ausgelesen. Diese Tore ähneln den Sicherheitsschranken in Warenhäusern und erfassen gleichzeitig eine Vielzahl von Tags sekundenschnell.

RFID-Technik

Vorteile	Nachteile
▪ Die Güter werden kontaktlos gescannt. ▪ Scannen erfolgt mit sehr hoher Geschwindigkeit. ▪ Mehrere Transponder sind gleichzeitig lesbar. ▪ Kaum mechanische Beschädigungen an den Tags, dadurch ist die Fehlerquote beim Einlesen gering.	▪ Die Anschaffungskosten sind höher als beim Barcode-System, vor allem für die Tags. ▪ Im Systemverkehr (z. B. in einer Sammelgutkooperation) müssen alle Beteiligten mit der Technik ausgestattet sein.

12.9.3 Datenfernübertragung (DFÜ)

Der logistische Verbund zwischen Versender, Empfänger und Spediteur funktioniert besonders effizient, wenn die Beteiligten eng miteinander kommunizieren. Ein leistungsfähiges Mittel, große Datenmengen schnell zu übermitteln, ist die Datenfernübertragung auf elektronischem Weg, auch EDI genannt (**E**lectronic **D**ata **I**nterchange = elektronischer Datenaustausch). Darunter wird der Austausch von strukturierten Nachrichten von Computer zu Computer verstanden. Die übermittelten Daten können am Computer weiterverarbeitet werden.

Das Hauptproblem im (weltweiten) Datenverbund ist die Verständigung. Während beim Fax-Versand ein Papier vorliegt, das optisch identifiziert werden kann, kommen DFÜ-Daten als Zeichenstrom beim Empfänger an. Es muss daher eine Vereinbarung existieren, wie die empfangenen Daten zu lesen sind. Eine solche Vereinbarung (als Regelsammlung) ist z. B. EDIFACT (**El**ectronic **D**ata **I**nterchange **F**or **A**dministration, **C**ommerce and **T**ransport). Die Verständigungsvereinbarungen sind als Drei-Buchstaben-Codes formuliert, denen bestimmte Inhalte zugewiesen werden. Die Abkürzungen werden ergänzt durch weitere Zeichen, die die Position der Nachricht in einem elektronischen Formular bestimmen.

Datenfernübertragung durch das Internet

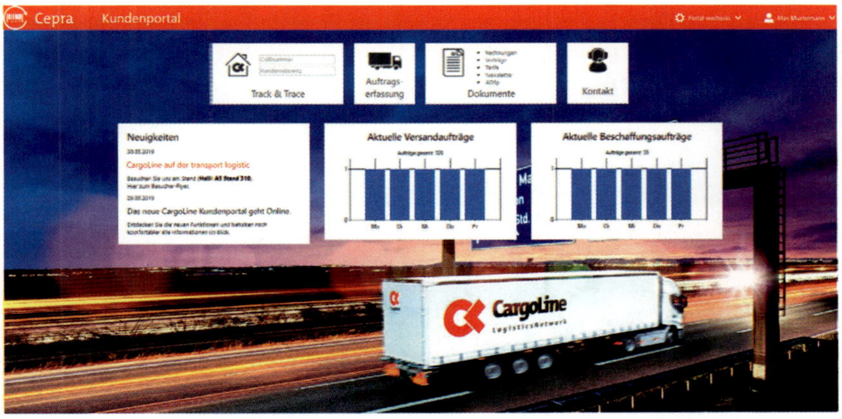

Die modernste Form der Kommunikation geschieht heute über das Internet, welches Computer weltweit verbindet. Speditionen können das Internet benutzen, um Daten von ihren Kunden zu empfangen (z. B. Weisungen des Kunden) oder Daten an Kunden zu übermitteln (z. B. Informationen über den Sendungsstatus). Der Kunde ist dadurch in der Lage, jederzeit festzustellen, an welchem Ort sich seine Sendung befindet. Darüber hinaus kann er Informationen über alle Sendungen anfordern, die er dem Spediteur übergeben hat (Sendungshistorie).
Aus Datenschutzgründen wird der Spediteur seinem Kunden ein Passwort zuweisen, das zum Abruf genau definierter Informationen berechtigt.

12.9.4 Vorteile digitaler Datencodierung und -übertragung

Vorteile für den Versender

- schnelle Auskunft über den Status einer Sendung.
- Auf dem Transport befindliche Waren lassen sich schneller und gezielter lokalisieren und ggf. zurückrufen.
- Mit der „Nummer der Versandeinheit“ (NVE) kann eine Vielzahl von Informationen verknüpft werden, z. B. Gewichtsangaben, Mindesthaltbarkeitsdaten oder Termine.

Vorteile für den Spediteur

- Die Daten müssen nur einmal eingegeben werden, der Datenempfänger kann sie übernehmen und weiterverarbeiten.
- Die Übermittlung geschieht sehr schnell über das Telefonnetz und damit papierlos. Ein lückenloser Datenverbund ermöglicht die papierlose Sendungsdisposition.
- Die Informationen über eine Sendung können der Sendung daher bereits vorauseilen, sodass eine Vorabdisposition möglich ist.

Vorteile für den Empfänger

- Beschleunigung der Abläufe an der Wareneingangsrampe durch den maschinell lesbaren NVE-Code, zeitraubende manuelle Vergleichsarbeiten entfallen.
- Zügiger Abgleich der angelieferten Waren mit den üblichen Eingangs- und Rechnungskontrollinstrumenten; die Ware ist dadurch schneller verfügbar.
- Reduzierung der Rückfragen und Missverständnisse bei der Abrechnung auf ein Minimum; die Kundenzufriedenheit kann dadurch gesteigert werden.

12.10 City-Logistik

12.10.1 Grundgedanke

Wenn in der Fußgängerzone im Zentrum einer Stadt eine Anlieferung z. B. nur morgens zwischen 8:00 und 11:00 Uhr zulässig ist, stauen sich zwangsläufig Lkws vor den Geschäften. Man überlegt daher, wie die Güterversorgung der Stadtzentren sichergestellt werden kann und gleichzeitig möglichst wenig Verkehr die Innenstädte belastet. Aus wirtschaftlichen Gründen sollen auch staubedingte Zeitverluste und unzureichende Fahrzeugausnutzung vermieden werden. Eine Problemlösung wird heute in der koordinierten Zusammenarbeit aller Beteiligten entlang der gesamten logistischen Kette gesehen.

City-Logistik: Bündelung des innerstädtischen Güterverkehrs durch die Einrichtung einer Dispositions- und Kommunikationszentrale, die die Güterversorgung der Innenstadt anstelle zahlreicher Verkehrsunternehmen übernimmt.

In der konventionellen Transportkette von Konsumgütern in die Innenstadt lassen zahlreiche Versender ihre Sendungen durch Verkehrsunternehmen in die Innenstädte transportieren. Zum Teil übernehmen sie diese Aufgabe auch in eigener Regie (Werkverkehr). Der Verbraucher kauft in der City ein und transportiert die Waren zu den Orten des Verbrauchs, die im Regelfall außerhalb der Innenstadt liegen.

Konventionelle Wareneingangslogistik

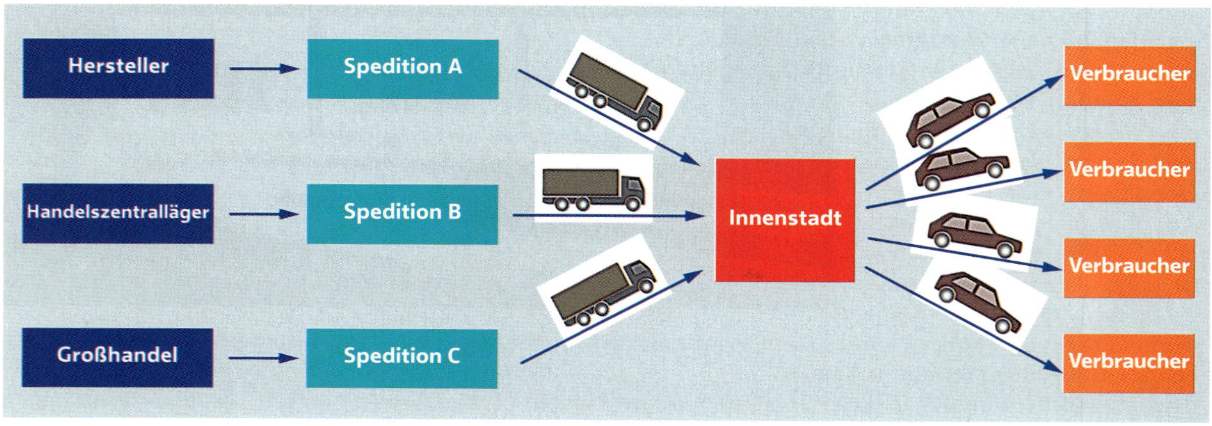

Die City-Logistik will die Wareneingangsströme bündeln, um dadurch eine bessere Ausnutzung der Fahrzeuge und der Ladezeiten (Zeitfenster) zu erreichen. Die Verkehrsunternehmen schließen sich zu diesem Zweck zusammen und übergeben einem neutralen Dienstleister ihre Güter, damit sie von schadstoff- und lärmarmen sowie besonders wendigen Fahrzeugen aus einem City-Terminal in Stadtnähe in die Innenstadt befördert werden. Die Spareffekte sind besonders groß, wenn es gelingt, Versender, Spediteure und Empfänger in ein enges Kommunikationsnetz einzubinden, weil dann die Bündelung der Warenströme (Konsolidierung) besonders intensiv möglich ist.

ÖPNV = öffentlicher Personennahverkehr

Güterversorgung durch City-Logistik

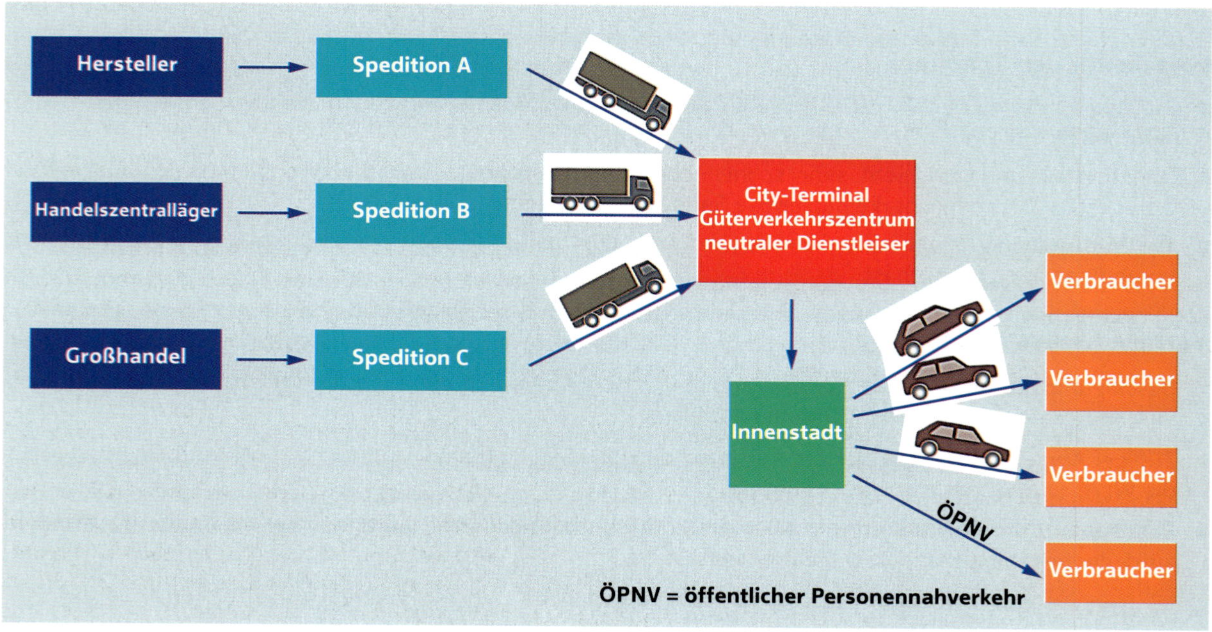

Zeit-Modell

Zeit	Aktivitäten
6:00 bis 8:00 Uhr	Spediteure befördern ihre Innenstadt-Sendungen zum stadtnahen City-Terminal.
8:00 bis ca. 10:00 Uhr	Bündelung der Sendungen auf dem Umschlagslager des neutralen Dienstleisters und Planung der Touren
ab 10:00 Uhr	1. Zustelltermin in der Innenstadt (Vormittagstour)
ab 15:00 Uhr	2. Zustelltermin in der Innenstadt (Nachmittagstour)

12.10.2 Interessenträger der City-Logistik

Neben Versendern (Produktions- und Handelsbetriebe) und Empfängern (Einzelhandelsgeschäfte, Handwerks- und Dienstleistungsbetriebe) sind es vor allem die Verkehrsunternehmen und die Kommunen, die an einer funktionierenden Güterversorgung der Innenstädte interessiert sind. Die Interessenlagen zeigen sich allerdings sehr unterschiedlich.

Versender (Produzenten, Großhandel, Zentralen von Filialunternehmen des Handels): Die großen Handelsbetriebe mit zahlreichen Filialen verfügen in der Regel über Zentralläger, in denen die Bündelung der Warenströme bereits realisiert wird, die durch die City-Logistik erreicht werden soll. Trotzdem gelingt es den Großbetrieben nicht immer, ihre Filialen ausschließlich mit Komplettladungen zu versorgen. Daher sind sie ansprechbar – wie die übrigen Versender – über folgende Vorzüge der City-Logistik:

- bessere Ausnutzung der Ladekapazität von Fahrzeugen
- Verringerung der Wartezeiten beim Empfänger
- Verbesserung des Warenflusses; dies ermöglicht eine bedarfsgesteuerte Disposition und Anlieferung mit der Folge, dass Warenbestände zunehmend durch Warenbewegung ersetzt werden. Bestandsabbau verringert das durch Waren gebundene Kapital, sodass sich die Wirtschaftlichkeit der Warendistribution erhöht.
- verbesserte Zuverlässigkeit in der Güterversorgung
- Reduzierung der Umweltbelastung durch Spezialfahrzeuge (z. B. Elektrofahrzeuge); dies wiederum kann Städte veranlassen, die City stärker für den Güterverkehr zu öffnen, d. h. vor allem Verkehrsbeschränkungen zu entzerren und längere Ladezeiten zu ermöglichen.

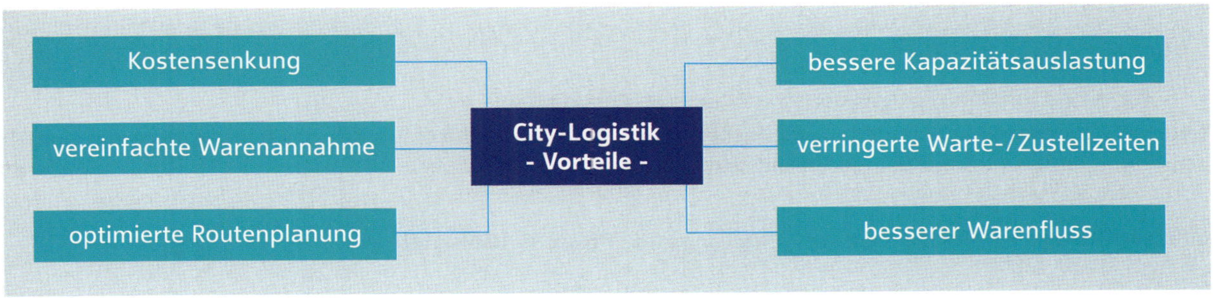

Transportgewerbe (Speditionen, Frachtführer): Das Transportgewerbe hat das größte Interesse an einer Rationalisierung der innerstädtischen Transporte, weil sich der Verkehr in die City durch das steigende Verkehrsaufkommen und zunehmende Verkehrsbeschränkungen immer weniger rentiert. Es gelten dieselben Vorteilsüberlegungen wie bei den Versendern (siehe oben). Die wichtigsten Punkte sind

- bessere Kapazitätsauslastung
- optimierte Routenplanung
- Verkürzung der Zustellzeiten

In die Planungsüberlegungen zur City-Logistik kann auch der Werkverkehr einbezogen werden, weil bei ihm oft eine noch geringere Fahrzeugauslastung gegeben ist als im gewerblichen Güterkraftverkehr.

Empfänger: Empfänger von Sendungen im Innenstadtbereich sind vor allem Einzelhandel, Handwerk, Dienstleistungsanbieter (z. B. Reinigungen) und die Gastronomie (= B2B, Business to Business). Wenn der Lieferant für die Transportkosten aufzukommen hat, ist das Interesse des Empfängers an einer City-Logistik oft gering. Er muss daher von den Vorzügen dieses logistischen Systems überzeugt werden. Dazu zählen vor allem:

B2B siehe Seite 501

- Durch die geringere Zahl der Zustellfahrzeuge (im Idealfall nur ein einziges) wird für ihn die Warenannahme erleichtert.
- Die Verringerung der Umweltbelastung macht die Städte geneigt, Einschränkungen des innerstädtischen Güterverkehrs zurückzunehmen und sogar Fördermaßnahmen einzuführen. So könnte z. B. ein spezielles Güterverkehrsstraßennetz aufgebaut werden, in dem City-Fahrzeuge vorhandene Bus- oder Taxispuren nutzen dürfen. Die damit verbundene Beschleunigung der Güterversorgung liegt im Interesse der innerstädtischen Empfänger (z. B. bei eiligen Nachlieferungen, Terminsendungen u. Ä.).

- Kosten der Warenzustellung – auch wenn sie vom Versender getragen werden – sind letztlich vom Käufer zu zahlen, weil alle Kosten in den Preis einkalkuliert werden. Auch der Empfänger ist daher an Kostensenkungen interessiert.
- Neuere Überlegungen zielen auf eine Ausweitung des Leistungsangebotes in der City-Logistik ab, z. B.:
  - Die Zustellfahrzeuge übernehmen gleichzeitig die Entsorgung von Verpackungsmaterial.
  - Das City-Terminal wird zu einem Lager für Handel, Handwerk und Industrie ausgebaut. Die Empfänger sparen dadurch wertvolle Lagerfläche ein, die sich in Verkaufs- oder Produktionsfläche umwandeln lässt. Produkte, die ohnehin in die Außenbezirke transportiert werden müssen, nehmen erst gar nicht den Umweg über die Innenstadt.

Kommunen: Städte und Gemeinden sind bestrebt, den Verkehr aus den Innenstädten zu verdrängen. Dies geschieht durch eine Fülle von Maßnahmen.

Beispiele:
Schaffung von Fußgängerzonen, Geschwindigkeitsbegrenzungen, Rückbau von Straßen, um den Verkehrsfluss zu verringern, Verringerung von Parkmöglichkeiten, Vermehrung der Halteverbote, Verengung von Zeitfenstern für den Be- und Entladeverkehr.

Diese Maßnahmen bergen allerdings Gefahren in sich. Neben dem Güterverkehr ist auch der Verkehr der Kunden in die Innenstädte von den Maßnahmen betroffen, sodass es zu einer Verödung der Innenstädte kommen kann. Eine City-Logistik verringert den Güterverkehr, der die Zentren in besonderem Maße durch Lärm und Luftbelastung schädigt. Kommunen sind dann eher bereit, die Verkehrsbeschränkungen in den Innenstädten zu lockern. Die City-Logistik kann aber auch als Teil eines umfassenden städtischen Verkehrskonzeptes herangezogen werden, wenn es vor allem um folgende Punkte geht:

- Entlastung der Innenstädte vom Individualverkehr
- Förderung des öffentlichen Personennahverkehrs (ÖPNV)
- Verringerung des Flächenverbrauchs durch Straßen
- Erhöhung der Verkehrssicherheit
- Verbesserung des Verkehrsflusses (der insbesondere durch große Fahrzeuge und durch Parken und Laden in zweiter Reihe beeinträchtigt wird)
- Sicherung der Attraktivität der Innenstadt für Konsumenten und der Standortqualität für ansiedlungswillige Betriebe
- Berücksichtigung von Entsorgungsfragen im Verkehrskonzept

Generell gilt: Je mehr eine ganzheitliche Sicht auf den Wirtschaftsverkehr in den Städten gepflegt wird, umso positiver sind die zu erwartenden Vorteile für alle Beteiligten.

Stufenplan zur Entwicklung eines City-Logistik-Modells (Beispiel)

1. Betroffene Spediteure stimmen ihre Interessen aufeinander ab und suchen nach Gemeinsamkeiten.
2. Vertreter der Versender, der Empfänger und der Kommune sowie der Industrie- und Handelskammer werden in den Abstimmungsprozess einbezogen („Güterverkehrsrunden“).
3. Gründung einer Unternehmung (z. B. als GmbH oder Kommanditgesellschaft)
4. Anschaffung von umweltfreundlichen Lastkraftwagen
5. Entwicklung eines Kommunikationssystems, in das Versender, Spediteure und Empfänger einbezogen sind.

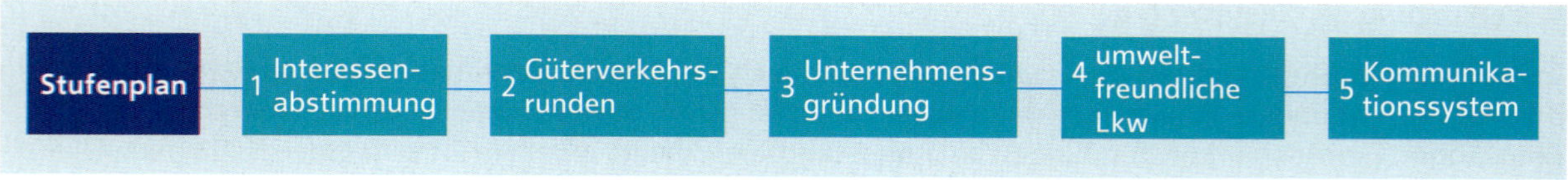

12.10.3 City-Logistik und Onlinehandel

B2C, siehe Seite 501

Onlinehandel, siehe Seite 228 und 476

Traditionelle Konzepte zur City-Logistik waren auf die Versorgung vor allem des innerstädtischen Handels ausgerichtet (B2B). Aufgrund des rasanten Wachstums des Onlinehandels werden die Städte vor neue Herausforderungen gestellt, weil jeder einzelne Stadtbewohner zum Empfänger von Sendungen werden kann (B2C, Business to Consumer). Zwei Probleme stehen dadurch im Mittelpunkt:

- Die Vielzahl von Zustellfahrzeugen unterschiedlicher logistischer Dienstleister überlastet den innerstädtischen Verkehr bis in die Wohnsiedlungen hinein.

- Das hohe Verkehrsaufkommen belastet die Umwelt in den Innenstädten zusätzlich zum Individual- und öffentlichen Verkehr (CO_2, Feinstaub, Lärm usw.) und trifft auf eine Bevölkerung mit verstärktem Umweltbewusstsein.

Die logistischen Dienstleister suchen daher in Kooperation mit den Städten nach gemeinsamen Lösungen zur Entlastung des innerstädtischen Verkehrs. Dabei bleibt der Grundgedanke der City-Logistik erhalten, nämlich die Güterversorgung einer Stadt über ein Güterverkehrszentrum zu bündeln.

Das Konzept wird mit Blick auf den Onlinehandel verfeinert und durch unterschiedliche Varianten aufgelockert.

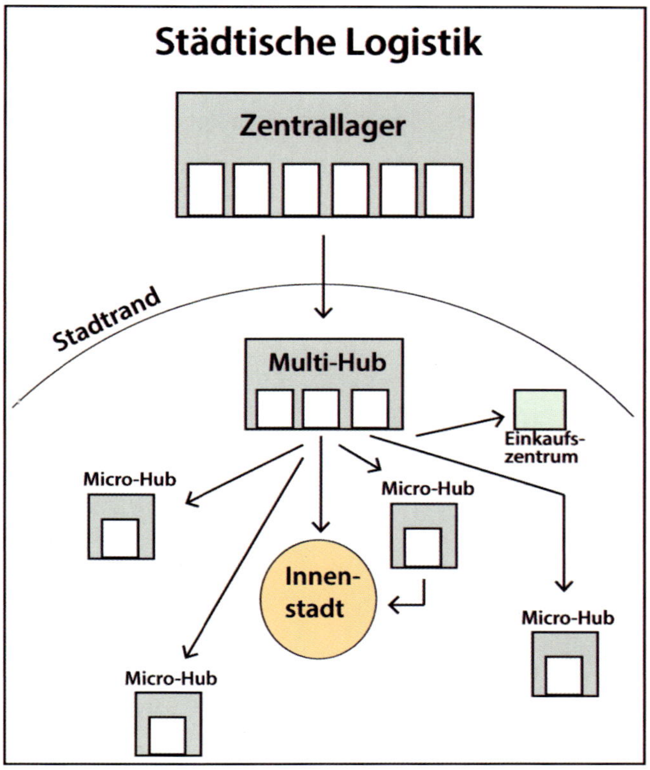

Die Vielzahl der Empfänger macht es notwendig, Sendungen empfängerbezogen zu konsolidieren, z. B. in Zentrumsnähe oder in der Nähe von verdichteten Quartieren. Gerade für zeitkritische Sendungen (Same Day Delivery/Same Hour Delivery) müssen Lagerbestände in die Nähe der Empfänger gebracht werden. Diese Form der **Konsolidierung** bietet vor allem die Möglichkeit, die „letzte Meile" mit **Elektrofahrzeugen** und/oder (elektrisch unterstützten) **Lastenrädern** emissionsarm und leise zu bewältigen. Dazu werden größere Hubs (**Multi-Hubs**) in den Außenbezirken mit **Micro-Hubs** (lokale Verteilzentren) in der Innenstadt oder in deren Nähe kombiniert. Die Multi-Hubs versorgen sowohl die Großabnehmer im Innenstadtbereich (vor allem den Einzelhandel) und die Einkaufszentren am Stadtrand als auch die Micro-Hubs in Innenstadtnähe sowie in den Wohnbezirken.

Micro-Hubs (auch **Micro-Depot** genannt) können von einem Logistikunternehmen oder von mehreren Logistikern gemeinsam genutzt werden. Betreiber ist dann gewöhnlich ein neutraler Dienstleister.

→ **Micro-Hub** (auch Micro-Depot) = Lokales Verteilzentrum für die Zwischenpufferung von Transportgütern in dicht besiedelten Zustellgebieten mit hohem Sendungsaufkommen zur umweltverträglichen, ressourcenschonenden und kundennahen Zustellung von Sendungen.

Varianten	
Container als Micro-Hub	Vorsortierte Container werden als mobile Micro-Hubs abends in der Innenstadt abgesetzt. Die Feinverteilung übernehmen am nächsten Tag Elektrofahrzeuge oder Lastenfahrräder. Auch eine Nachtzustellung ist möglich. In der Erprobung sind auch Wechselbrücken als Depot.
Nutzung des ÖPNV	Da der öffentliche Personennahverkehr ohnehin in den Städten unterwegs ist, lässt er sich auch für Gütertransporte nutzen. ***Beispiele:*** *CargoTram in Dresden: Eine Güterstraßenbahn beliefert ein Automobilwerk mit Bauteilen.* *Paketanhänger für Linienbusse*
Güter-U-Bahnen/ U-Bahn-Nutzung	In der Entwicklung sind neue unterirdische Verkehrswege für den Transport von Gütern (Güter-U-Bahnen, CargoCap). Vorgeschlagen wird auch, die vorhandenen U-Bahnen für die Innenstadtversorgung bis zu den Micro-Hubs einzusetzen.

Das Modell der Multi- und Micro-Hubs wird vielfach kritisiert, weil anstelle einer direkten (kurzen) Belieferung des Empfängers zunächst Hubs anzufahren sind. Dadurch entstehen zusätzlicher Verkehr und weitere Güterumschläge, die zu Kosten und Risiken führen. Vor allem die Städte sehen jedoch vorzugsweise die reduzierte Verkehrsbelastung durch den Einsatz von Elektrofahrzeugen, Lastenrädern und fußläufigen Transporthilfen.

Citylogistik-Projekte scheitern aber oft an mangelnder Rentabilität, weil der Verkehrsaufwand letztlich größer wird. Häufig fehlt es auch an Vertrauen, wenn Logistikpartner miteinander kooperieren sollen, um Verkehrsströme zu bündeln und damit Verkehrsentlastungen zu bewirken.

Organisation der letzten Meile
Der Onlinehandel führt dazu, dass unzählige kleinteilige Sendungen an Privathaushalte verstreut über das gesamte Stadtgebiet zugestellt werden müssen. Die Logistikdienstleister sehen sich mit folgenden Problemen konfrontiert:

- Das Sendungsaufkommen ist riesig und wächst ständig weiter.
- Die Kunden bestellen in unregelmäßiger Folge; die Mengen sind daher kaum planbar.
- Die Sendungen sind oft sehr klein und von geringem Gewicht.
- Die Warenübergabe ist mit Unabwägbarkeiten belastet.

Die logistischen Dienstleister suchen daher ständig nach Alternativen zur Direktzustellung von Sendungen beim Empfänger.

Zustellverfahren	Erläuterungen
Direktzustellung beim Empfänger (Hauszustellung)	Die Sendungen werden an der Empfängeradresse zugestellt. Häufig erhält der Empfänger eine Vorankündigung (Avisierung z. B. per E-Mail oder SMS) oder man ermöglicht ihm vorab, einen Wunschtag, einen Wunschort oder einen Wunschnachbarn festzulegen. Trotzdem gelingt die Erstzustellung in vielen Fällen nicht, sodass eine Zweitzustellung erforderlich ist. Oft wird der Empfänger aber aufgefordert, die Sendung in einem Paketshop abholen.
Paketshops	Das sind alternative Zustelladressen. Wenn die Direktzustellung misslingt, kann der Empfänger seine Sendung im Paketshop abholen. Das macht ihn unabhängig, weil er die Sendung zu einem selbst gewählten Zeitpunkt abholen kann. Das dichte Paketshop-Netz (Standorte sind meistens Einzelhandelsgeschäfte) ermöglicht eine wohnortnahe Abholung.
Paketstationen	Logistische Dienstleister deponieren in Paketstationen ihre Sendungen, sodass sie von den Empfängern abgeholt werden können. Die Empfänger haben den Vorteil, dass sie zeitlich unabhängig sind. Die Dienstleister vermeiden Zweitzustellungen. Paketstationen können auch von mehreren Dienstleistern gemeinsam betrieben werden. Dann ist der Bündelungseffekt besonders groß und die Empfänger haben nur eine Anlaufstelle.
Paketboxen	Sie werden vorzugsweise vor größeren Wohneinheiten aufgestellt und funktionieren wie Briefkästen. Sie ähneln den Paketstationen.
Arbeitsplatzbelieferung	Die Zustellung am Arbeitsplatz des Empfängers bündelt Lieferwege und erhöht die Erstzustellquote. Die Arbeitgeber müssen das Verfahren unterstützen.
Kofferraumzustellung	Der Zusteller erhält einmaligen Zugriff auf den Pkw des Empfängers, um eine Sendung im Kofferraum abzulegen. Der Kofferraum wird zur Paketstation.
Paketroboter und Paketdrohnen	Es ist technisch möglich, Sendungen mit autonom fahrenden Paketrobotern oder mit ferngesteuerten Drohnen zuzustellen. Reichweiten und Ladekapazität sind gewöhnlich gering. Die Umsetzung scheitert aber oft an administrativen Hürden und an mangelnder Akzeptanz bei den Empfängern.

Zusammenfassung Lkw-Sammelgutverkehr						
Beteiligte	**Ablauf**	**Stellung des Versandspediteurs**	**Vertragsbeziehungen des Versandspediteurs**	**Abrechnung des Versandspediteurs**	**Informations-logistik**	**Kooperationen**
1. Urversender **2.** Versandspediteur **3.** Frachtführer **4.** Empfangsspediteur **5.** Empfänger **6.** Beilader **7.** Briefspediteur	▪ **Vorlauf** Umschlag ▪ **Hauptlauf** Umschlag ▪ **Nachlauf**	**vertraglicher** Frachtführer nach HGB (weil der Spediteur an der Fracht verdienen kann)	▪ **zum Versender:** Speditionsvertrag ▪ **zum Frachtführer:** Frachtvertrag ▪ **zum Empfangsspediteur:** Speditionsvertrag ▪ **zum Empfänger:** keine Vertragsbeziehung	▪ Grundsatz: freie Vereinbarung ▪ **Versender:** – Haustarif – Nebengebühren, soweit vereinbart ▪ Frankaturen: – frei Haus – unfrei ▪ **Empfangsspediteur:** – EuV – Nachlauf ▪ Inkasso: – Frachtüberweisung – Nachnahme	▪ Schnittstellenkontrolle ▪ Scanning ▪ Barcode ▪ DFU	▪ **Beispiele:** IDS, Cargoline ▪ **Abwicklung:** – Direktrelationsverkehr – HUB und SPOKE ▪ Variation des Direktrelationsverkehrs: Begegnungsverkehr ▪ City-Logistik ▪ Grundgedanke: Konsolidierung in Güterverkehrszentren ▪ Partner: Versender, Transportgewerbe, Empfänger, Kommunen ▪ Onlinehandel – Multi-Hub – Micro-Hub – Organisation der letzten Meile

13 KEP-Dienste

Die **K**urier-, **E**xpress- und **P**aketdienste sind die Weiterentwicklung der Sammelgutverkehre im Hinblick auf Schnelligkeit und Planbarkeit. Sie entsprechen damit den aktuellen Anforderungen der Wirtschaft, die durch einen liberalisierten Welthandel, durch Integration der globalen Wirtschaftsräume und durch schnellen Strukturwandel geprägt ist. Diese Entwicklungslinien führen zu einem deutlichen Wachstum der Transportleistungen und zu steigenden organisatorischen Anforderungen an die Abwicklung von Transporten.
Auch der rasante Anstieg des elektronischen Handels verlangt nach einem Transportangebot, das kleine Sendungen sehr schnell und mit großer Zuverlässigkeit vom Lieferanten bis zum Haus des Käufers zustellt.

Abgrenzung

- **Kurierdienste**: Im Kurierdienst werden Dokumente, Wertsendungen und sehr eilige Sendungen von einem Kurier befördert. Das Gewicht beträgt oft nur wenige Kilogramm. Merkmal dieses Dienstes ist die **persönliche Begleitung** der Sendung. Die häufigste Form sind Stadtkuriere, die nur lokal tätig sind und Briefe, Pakete oder palettierte Waren mit Fahrrad, Motorrad, Pkw oder Lkw zum Empfänger befördern.

  Beispiel: DHL

  Kurierdienste werden aber auch international tätig, wenn z. B. ein dringend benötigtes Ersatzteil von Deutschland zu einem Automobilwerk in Südamerika gebracht werden muss.

- **Expressdienste**: Hier handelt es sich um beschleunigte Paketverkehre mit verbindlichen Zustellzeiten. In der Regel werden eigene Sammelgutnetze mit zentralen HUBs entwickelt. Im Vergleich zu speditionellen Angeboten zeichnen sich Expressdienste durch fest zugesagte kurze Haus-zu-Haus-Laufzeiten aus. „Sameday-", „Innight-" oder „Overnight-Service" sind typische Angebote von Expressdiensten. In der Regel besteht keine Gewichtsbegrenzung.

  Beispiel: TNT

  Beispiel:
  Dokumente und Pakete werden am nächsten Tag bis 10:30 Uhr in den wichtigsten deutschen Wirtschaftszentren zugestellt; alle anderen Bestimmungsorte werden bis 12:00 Uhr mittags bedient. Express-Plus-Sendungen erreichen über Nacht den Empfänger bis 8:30 Uhr (in über 100 Wirtschaftszentren Deutschlands und Europas).

- **Paketdienste**: Sie befördern Sendungen mit geringem Gewicht, häufig bis ca. 35 kg. Die Laufzeiten (ohne Garantie) ergeben sich aus den bodengestützten Transportsystemen (Zustellung im nationalen Verkehr gewöhnlich am nächsten Werktag).

  Beispiel: dpd

  Die Beförderungen werden über zentrale Depots abgewickelt. Die Leistungen sind stark standardisiert, damit die kurzen Beförderungszeiten eingehalten werden können. Paketdienste sind demnach Systemdienstleister. Ihr Angebot reicht aber häufig bis in den Expressdienst hinein.

Generell ist festzustellen, dass die KEP-Dienste vielfach nicht exakt voneinander zu trennen sind. Auch der speditionelle Sammelgutverkehr bemüht sich zusehends, seinen Kunden typische Leistungen der KEP-Dienste anzubieten.

Umsatz der KEP-Branche (2000 bis 2019)

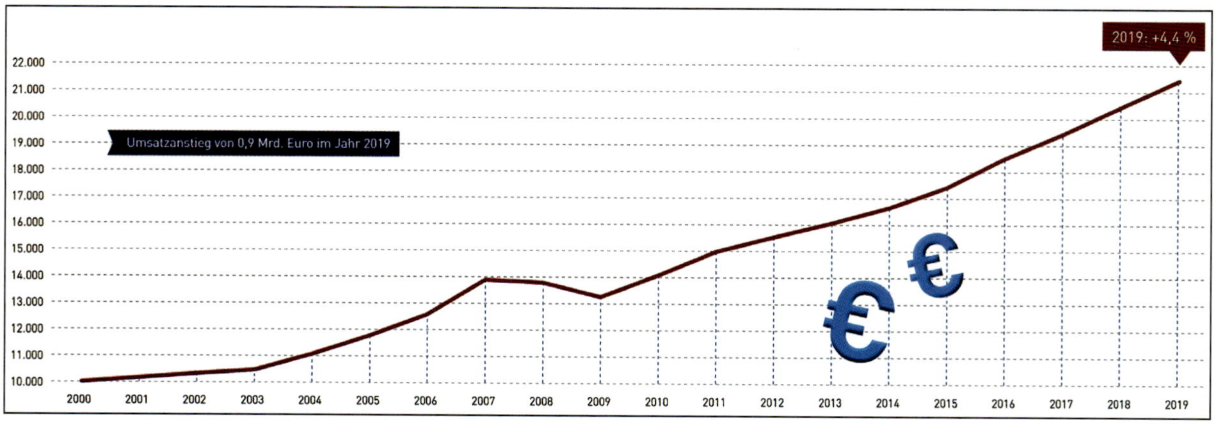

Quelle: Bundesverband Paket und Expresslogistik e. V. (BIEK) (Hg.): KEP-Studie 2019; Befragung der KEP-Unternehmen 2020, KE-CONSULT Marktanalyse

Haftung

KEP-Dienstleister haften wie Spediteure und Frachtführer nach dem Transportrecht des HGB. Im Regelfall haben die Anbieter eigene Allgemeine Geschäftsbedingungen entwickelt, die das Vertragsverhältnis spezifizieren. Die Expressdienste begrenzen in ihren AGB vor allem die Haftung für Lieferfristgarantien.

Lieferfristgarantie, siehe Seite 54

Zusammenfassung	KEP-Dienste
Kurierdienste:	Spezielle Sendungen werden in persönlicher Begleitung durch einen Kurier befördert.
Expressdienste:	beschleunigter Paketverkehr
Paketdienste:	Beförderung von Sendungen mit einem Gewicht bis ca. 35 kg
Haftung:	HGB-Frachtrecht mit eigenen AGB

14 Verkehrsverbände

Mitgliedschaft auf regionaler Ebene

Spediteure oder Frachtführer, die sich einem Verband anschließen wollen, wenden sich an den regionalen Verkehrsverband, z. B. den Verband Spedition und Logistik Baden-Württemberg e. V., und beantragen dort ihre Mitgliedschaft. Gleichzeitig entscheiden sie sich für eine oder mehrere Fachvereinigungen, wobei auf Landesebene bis zu drei Fachvereinigungen gebildet werden können (aber nicht immer auch tatsächlich existieren):

e. V. = eingetragener Verein

Fachvereinigung Spedition und Logistik	Diese Fachvereinigung wird gewählt, wenn das Unternehmen vorzugsweise auf speditionellem Gebiet tätig ist.
Fachvereinigung Güterkraftverkehr	Betreibt eine Spedition vorzugsweise Lkw-Verkehr im Selbsteintritt oder wird das Unternehmen vorzugsweise als Lkw-Frachtführer tätig, ist diese Fachvereinigung angebracht.
Fachvereinigung Möbelspedition	Frachtführer/Spediteure, die sich auf den Möbelverkehr spezialisiert haben, werden Mitglied in der Fachvereinigung Möbelspedition.

Bundesverbände

Die Fachvereinigungen aus 19 regionalen Verkehrsverbänden haben sich zu Bundesverbänden zusammengeschlossen, die die Interessen der Mitglieder auf Bundes- und EU-Ebene vertreten. Die Interessenvertretung geschieht mithin auf zwei Ebenen:

- Die Verkehrsunternehmen sind Mitglied in den regionalen Fachverbänden.
- Die Fachverbände stellen die Mitglieder der Bundesverbände.

Ein einzelnes Unternehmen kann nicht Mitglied in einem Bundesverband sein.

Die Fachverbände aus dem Bereich Spedition haben sich zum **DSLV Bundesverband Spedition und Logistik e. V. (DSLV)**, ausgewählte Fachverbände des Güterkraftverkehrs zum **Bundesverband Güterkraftverkehr Logistik und Entsorgung (BGL) e. V.** zusammengeschlossen.

DSLV Bundesverband Spedition und Logistik	DSLV Bundesverband Spedition und Logistik e. V.
BGL	BGL Bundesverband Güterkraftverkehr Logistik und Entsorgung (BGL) e. V.

Internationale Verbände

Die starke internationale Verflechtung des Verkehrs macht es notwendig, Mitgliederinteressen auf internationaler Ebene zu bündeln. Daher sind die Bundesverbände in internationalen Verbänden organisiert.

FIATA	Fédération Internationale des Associations de Transitaires et Assimilés (Internationale Föderation der Spediteurorganisationen)	Verbund von Spediteurorganisationen, z. B. DSLV
IRU	International Road Transport Union	Zusammenschluss von Verbänden des Güterkraftverkehrs, z. B. BGL

Aufgaben der Verkehrsverbände

Die Verbandsaktivitäten sind vielfältig. Sie reichen von der individuellen Mitgliederberatung bis zur Einflussnahme auf die internationale Verkehrspolitik. Folgende Haupttätigkeiten lassen sich feststellen:

- **Information:** Information der Mitglieder durch Rundschreiben, Zeitschriften und elektronische Medien über neue Entwicklungen im Verkehrsgewerbe
- **Beratung:** Beratung der Mitgliedsfirmen bei verschiedenen betriebswirtschaftlichen Fragestellungen (Unternehmensgründung, Arbeitsrecht, Anwendung von verkehrsbezogenen Rechtsvorschriften, Unternehmensentwicklung u. Ä.). Verbände sind auch bei Verhandlungen mit der verladenden Wirtschaft, Banken und Behörden behilflich.
- **Weiterbildung:** Für die Mitglieder bieten die Verbände eine Vielfalt von technischen und kaufmännischen Fort- und Weiterbildungsmaßnahmen für Fach- und Führungskräfte an, damit die Mitgliedsfirmen dem Wettbewerb auf dem Verkehrsmarkt gewachsen sind. Dazu gehört auch der Erfahrungsaustausch zwischen den Verbandsmitgliedern.
- **Interessenvertretung:**
  - Die Verbände bringen die Mitgliederinteressen bei **politischen Entscheidungen** ein.
  - Auch gegenüber der **Öffentlichkeit** bemühen sich die Verbände um Einflussnahme auf das Bild, das Verkehrsbetriebe in der öffentlichen Meinung haben.
  - Vielfach müssen die Interessen der Verkehrsbetriebe auch **gegenüber anderen Verbänden** (z. B. den Verbänden der Verlader in Industrie, Handel und Landwirtschaft) vertreten werden. Die ADSp sind z. B. in Verhandlungen der Verladerverbände (Deutscher Industrie- und Handelstag, Bundesverband der Deutschen Industrie usw.) mit dem DSLV entstanden.
  - Schließlich sind auch die Mitgliedsinteressen bei den **Tarifverhandlungen** über Löhne und Gehälter mit den Gewerkschaften zu vertreten.

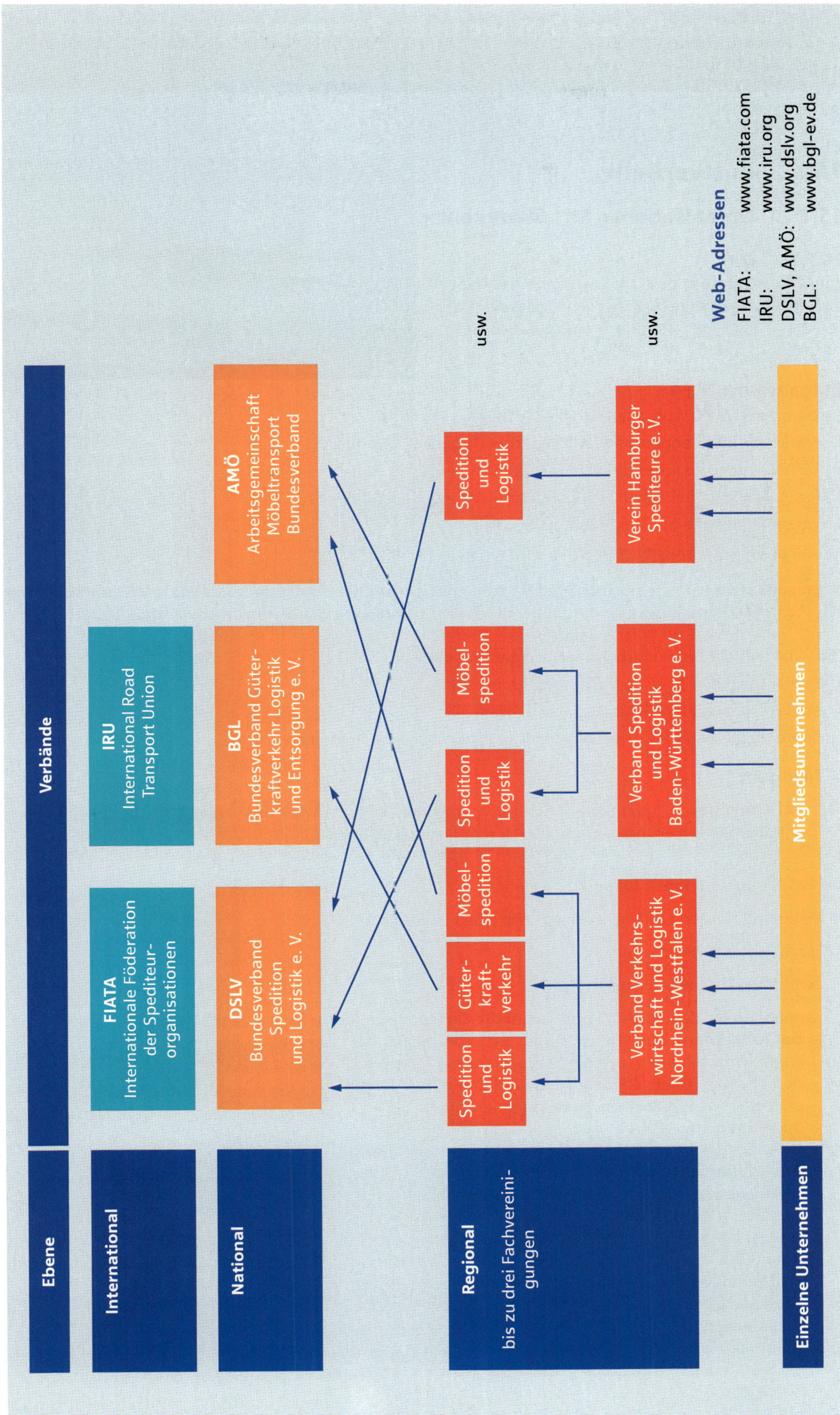
Ebene
Verbände
International
FIATA
Internationale Föderation der Spediteur-organisationen
IRU
International Road Transport Union
National
DSLV
Bundesverband Spedition und Logistik e. V.
BGL
Bundesverband Güter-kraftverkehr Logistik und Entsorgung e. V.
AMÖ
Arbeitsgemeinschaft Möbeltransport Bundesverband
Regional
bis zu drei Fachvereini-gungen
Spedition und Logistik
Güter-kraft-verkehr
Möbel-spedition
Spedition und Logistik
Möbel-spedition
Spedition und Logistik
usw.
Verband Verkehrs-wirtschaft und Logistik Nordrhein-Westfalen e. V.
Verband Spedition und Logistik Baden-Württemberg e. V.
Verein Hamburger Spediteure e. V.
usw.
Einzelne Unternehmen
Mitgliedsunternehmen
Web-Adressen
FIATA: www.fiata.com
IRU: www.iru.org
DSLV, AMÖ: www.dslv.org
BGL: www.bgl-ev.de

Lernfeld 6
Frachtaufträge eines weiteren Verkehrsträgers bearbeiten

15 Luftverkehr

15.1 Organisationen im Luftverkehr

15.1.1 IATA

Die IATA (= **International Air Transport Association**) ist ein Zusammenschluss von Fluggesellschaften. In ihr sind fast alle Linien-Fluggesellschaften der Welt vertreten.

Boeing 747-400F: Nur-Fracht-Flugzeug

Aufgaben der IATA

Zu den wichtigsten Aufgaben der IATA gehören:

- Förderung der Kooperation zwischen den Fluggesellschaften
- Kontaktpflege zu internationalen Organisationen
- Festsetzung einheitlicher Tarife und Beförderungsbedingungen
- Vereinheitlichung der Dokumente
- Entwicklung von Richtlinien für die Zulassung von IATA-Agenten

Neben der zentralen Organisation der IATA in Montreal und Genf existieren **regionale Verkehrskonferenzen** (Traffic Conferences), die sich darum bemühen, die Luftverkehrsprobleme der jeweiligen Region zu lösen.

Karte und genaue Zuordnung zu den Konferenzgebieten, siehe Seite 273

Die IATA teilt die Erde in drei **Konferenzgebiete** ein:

- Konferenzgebiet 1 (TC1): Nord- und Südamerika
- Konferenzgebiet 2 (TC2): Europa und Afrika
- Konferenzgebiet 3 (TC3): asiatischer Raum einschließlich Australien

IATA-Agent

Auch IATA Cargo Agent

> **IATA-Agenten** = Speditionen, die gegenüber den Verladern die Interessen der Luftverkehrsgesellschaften vertreten. Sie werden von den Airlines beauftragt.

Die IATA-Agenten haben folgende Aufgaben:

- Marketing für den Luftfrachtverkehr betreiben
- Frachtaufträge beschaffen
- den Luftfrachtbrief ausstellen
- Sendungen für den Lufttransport versandfertig machen (**„ready for carriage“**), d. h.:
  - **Begleitpapiere** ausstellen: Das ist vor allem der Luftfrachtbrief, aber auch ein Cargo-Manifest kann erforderlich sein oder Zollbehörden verlangen bestimmte Informationen über die zu versendenden Güter.
  - Begleitpapiere, die für den Flug notwendig sind, auf Vollständigkeit prüfen (z. B. Handelsrechnung, **Ausfuhranmeldung**, Ursprungszeugnis)
  - Güter **verpacken** und **bezetteln**: Die Verpackung muss den Beförderungsbestimmungen der IATA entsprechen, das gilt besonders für Gefahrgut, jedes Packstück muss die Adresse des Empfängers aufweisen und mit einem Label versehen sein, das die wesentlichen Versanddaten (z. B. Versand- und Bestimmungsflughafen, die Nummer des Luftfrachtbriefes und bestimmte Produktinformationen) enthält.
  - Vollständigkeit der Güter prüfen: Die Zahl der Packstücke muss den Angaben auf dem Luftfrachtbrief entsprechen.
  - Eventuell wiegen und vermessen: Wenn der Auftraggeber des Agenten Maße und Gewicht der Sendung nicht angegeben hat, ist dies vom IATA-Agenten nachzuholen.
  - Eventuelle Gefahrgutvorschriften sind zu beachten.
  - Auf Wunsch deckt der Agent eine Versicherung für seinen Auftraggeber ein.
- Einziehen der Frachten bei den Absendern

Ready for carriage, siehe auch Seite 248

Cargo Manifest, siehe Seite 262

Ausfuhranmeldung, siehe Seite 415

Ursprungszeugnis, siehe Seite 434

Label, siehe Seite 248

Ready for carriage

- Sendung ist luftfrachttauglich verpackt.
- Notwendige Label befinden sich auf der Sendung.
- Alle Papier liegen vor.
- Sendung ist zur Ausfuhr abgefertigt.
- Etc.

Vorteile des IATA-Agenten
Für seine Dienste werden dem IATA-Agenten Preisvorteile bei den Tarifen eingeräumt, vorzugsweise in Form einer Provision. Darüber hinaus kann er bestimmte Gebühren berechnen, z. B. für das Ausstellen eines Luftfrachtbriefes, für die Abfertigung von Luftfrachtsendungen oder für die Behandlung von Gefahrgut

Vor allem aber ist er anerkannter Partner in einem weltweiten Verbund der Luftverkehrsgesellschaften. Grundsätzlich kann er bei jeder IATA-Luftverkehrsgesellschaft Sendungen aufgeben.

Ernennung zum IATA-Agenten
Auf Antrag kann ein Spediteur (aber auch ein Großverlader), der bereits mindestens sechs Monate lang Luftfrachtsendungen – möglichst mit mehreren Carriern – besorgt hat, von der IATA zum IATA-Agenten ernannt werden. Dazu wird der Bewerber einem aufwendigen Verfahren unterworfen. So muss er u. a. einen umfangreichen Fragebogen ausfüllen, der vor allem folgende Bereiche einer Spedition untersucht:

- **Räumliche Ausstattung**: Größe der Räume, die ausschließlich der Luftfrachtabwicklung dienen. Von Interesse sind auch Sicherheitseinrichtungen im Lager.
- **Technische Ausstattung**, wie z. B. Röntgengeräte für die Sicherheitsüberprüfung oder Gabelstapler für den Umschlag von Luftfrachtsendungen
- **Personelle Ausstattung** des Unternehmens für das Luftfrachtgeschäft. Die IATA erwartet, dass mindestens zwei Personen als Vollzeitkräfte in der Luftfrachtabwicklung tätig sind.

In mehreren Fragen wird die genaue Qualifikation der Mitarbeiter erfragt bezüglich Luftfrachtbrief, Gefahrgut, Routenplanung, Exportdokumentation und Beladungsvorschriften.
Außerdem sind Angaben erforderlich, ob die Mitarbeiter bestimmte Trainingsprogramme der IATA absolviert haben, nämlich

- einen Basiskurs Luftfracht und
- einen Kurs über Gefahrgut.

15.1.2 ICAO
Von der IATA ist die ICAO (International Civil Aviation Organization) zu unterscheiden. Es handelt sich dabei um eine Unterorganisation der UNO, in der sich Luftverkehr betreibende **Staaten** zusammengeschlossen haben. Die Organisation kümmert sich vorzugsweise um die Förderung der Zivilluftfahrt, Sicherheitsvorschriften und die Abstimmung der Interessen der beteiligten Länder, indem z. B. die internationalen Verkehrsrechte einheitlich geregelt werden.

15.2 Flugzeuge und Lademittel

15.2.1 Flugzeuge
Nahezu alle Luftverkehrsgesellschaften befördern Luftfracht in den Unterflurfrachträumen von Passagierflugzeugen. Man spricht in diesem Fall von **Belly-Fracht**, da die Güter im „Bauch" (engl. „belly") des Flugzeugs transportiert werden. Je nach Flugzeugtyp können zwischen 1,5 und 16 t Frachtgut beigeladen werden. Kleinere Kurzstreckenflugzeuge, wie z. B. die Boeing 737–300, können dabei nur lose Stückgutfracht (und keine Ladeeinheiten wie Container) aufnehmen.

Die Größe von Flugzeugen wird unter anderem durch die Begriffe **Wide Body** (= Großraumflugzeug, d. h. mehr als 5 m Kabinenbreite; entspricht 2 Gängen bei Passagierflugzeugen) und **Narrow Body** (Schmalrumpf- bzw. auch Standardrumpfflugzeug; unter 5 m, nur 1 Gang) klassifiziert.

Frachtflugzeuge, auch als Nur-Fracht-Flugzeuge (engl. „freighter") bezeichnet, werden vor allem von Luftverkehrsgesellschaften eingesetzt, bei denen die Luftfracht ein wesentliches Geschäftsfeld des Unternehmens darstellt, so z. B. von Lufthansa Cargo, Emirates, Singapore Airlines oder Cargolux. Ebenso verfügen Integratoren wie UPS oder Federal Express über umfangreiche Frachtflugzeug-Flotten. Bei etwa der Hälfte der weltweit im Einsatz befindlichen Frachtflugzeuge handelt es sich um umgebaute Passagiermaschinen.

Verladung von Belly-Fracht

Hauptdeck eines Nur-Fracht-Flugzeugs

Lademittel (ULD) vgl. 15.2.2

Insbesondere Langstrecken-Frachtflugzeuge können auf dem Haupt- sowie dem Unterdeck rund 100 t Fracht befördern. Die Fracht wird für gewöhnlich in speziellen, auf Form und Maße des Flugzeugs angepassten Lademitteln transportiert. Insbesondere bei Gefahrgut gilt häufig ein Transportverbot in Passagiermaschinen, sodass Frachtflugzeuge hier die einzige Möglichkeit des Lufttransportes darstellen.

Ein Spediteur, der für seine Kunden Luftfracht besorgt, muss Kenntnisse über die wichtigsten Flugzeugtypen und deren Kapazität vorweisen, zudem sollte er wissen, welche Container und Paletten in welchen Flugzugtyp passen und welche Maße die Laderaumtüren haben. So kann sich die Höhenbegrenzung bei den Unterdecktüren (für gewöhnlich 1,63 m) leicht als Engpass herausstellen.

Nachstehend ein Überblick über einige der wichtigsten Langstrecken-Frachtflugzeuge.

Boeing 747-400 F — **IATA-Code: 74F**

Die Boeing 747, auch Jumbo-Jet genannt, war über Jahrzehnte bis zur Indienststellung des Airbus A380 das größte Passagierflugzeug der Welt. Entsprechend groß ist das Volumen der Frachtversion.

Frachtkapazität:	110 t
Frachtraumvolumen:	600 m³
Ladehöhen	
Nose Door:	2,14 m
Main Deck:	3,10 m
Lower Deck:	1,63 m

Boeing MD 11 — **IATA-Code: M1F**

Die Boeing MD11 (bis 1997 McDonnell Douglas MD11) war über Jahre eines der am meisten eingesetzten Frachtflugzeuge. Wird mittlerweile nicht mehr produziert.

Frachtkapazität:	93,2 t
Frachtraumvolumen:	630 m³
Ladehöhen	
Main Deck:	2,45 m
Lower Deck:	1,63 m

Boeing 777 F — **IATA-Code: 77F**

Modernes Nurfracht-Flugzeug, gilt als Nachfolger der MD11.

Frachtkapazität:	103 t
Frachtraumvolumen:	653 m³
Ladehöhen	
Main Deck:	3,00 m
Lower Deck:	1,63 m

Airbus A 330-200 F — **IATA-Code: 33F**

Modernes Nurfracht-Flugzeug des Boeing-Konkurrenten Airbus

Frachtkapazität:	70 t
Frachtraumvolumen:	467 m³
Ladehöhen	
Main Deck:	2,56 m
Lower Deck:	1,63 m

15.2.2 Lademittel

Form und Maße eines Flugzeugs verlangen speziell darauf abgestimmte Lademittel, sogenannte **Unit Load Devices**, abgekürzt **ULD**.

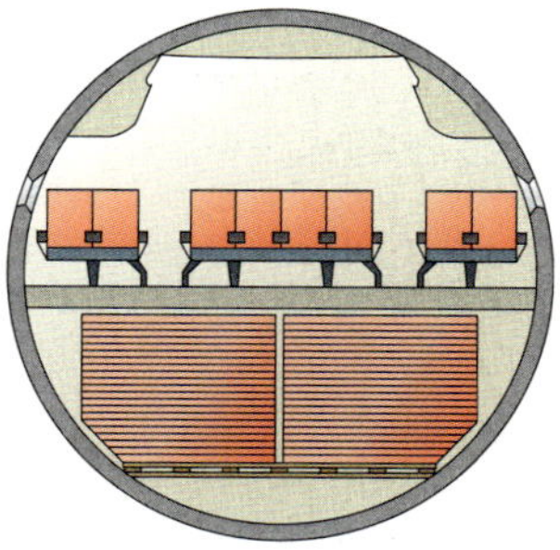

Es gibt zwei Formen von ULDs:
- **Container**: geschlossene Behälter aus Aluminium oder kombiniert aus Aluminium (Rahmen) und Kunststoff (Wände)
- **Paletten**: Platten aus Aluminiumblech mit Ösen zur Befestigung von Frachtnetzen

Um ein reibungsloses Funktionieren von Transport und Umschlag zu gewährleisten, hat die IATA eine zehnstellige **ULD-Nummer** entwickelt. Sie besteht aus einem drei Buchstaben umfassenden Präfix (1. Buchstabe = ULD-Kategorie; 2. Buchstabe = Grundfläche in Zoll; 3. Buchstabe = Kontur und Kompatibilität), einer fünfstelligen fortlaufenden Nummer sowie einem aus zwei Buchstaben bestehenden Eigentumsmerkmal.

Beispiel:
*Bei der ULD-Nummer **AKE 54321 AF** handelt es sich um einen zertifizierten Container (**A**) mit der Grundfläche 60,4 x 61,5 Zoll (**K**, entspricht 153 x 156 cm) und unten abgeschrägter Kontur zur Verladung auf dem Unterdeck (**E**); die fortlaufende Nummer des Lademittels ist **54321**, Eigentümer ist Air France (**AF**).*

Insbesondere beim Umladen zwischen zwei verschiedenen Flugzeugen ist eine genaue Kenntnis dieser Codierung unumgänglich, da nicht jedes Lademittel für jeden Flugzeugtyp zugelassen ist.

Die nachfolgende Übersicht zeigt einige gebräuchliche ULD für unterschiedliche Einsatzzwecke.

Bezeichnung	Abbildung	Abmessungen	Gewicht/ Volumen	Flugzeugtypen
Standard-Palette *IATA-Code: PAG, PAJ*	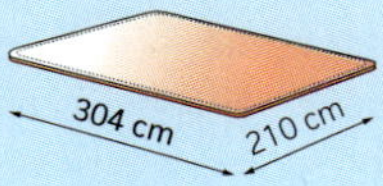	Länge: 318 cm Breite: 224 cm Nutzbare Fläche: 304 x 210 cm	Max. Bruttogewicht: 6 804 kg	A 300, A 330, A 340 B 747, B 767, B 777 MD 11
20-Fuß-Palette mit Netz *IATA-Code: PGA*	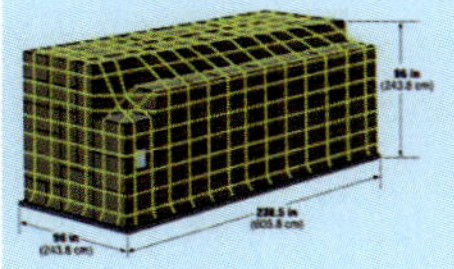	Länge: 606 cm Breite: 244 cm	Max. Bruttogewicht: 11 340 kg	B 747 MD 11
LD3-Container *IATA-Code: AKE, AVE*	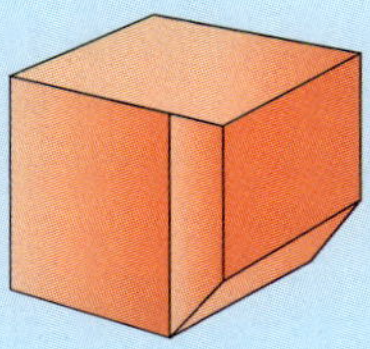	Grundfläche: 156 x 153 cm Höhe: 163 cm Innenmaße: 146 x 144 x 160 cm	Max. Bruttogewicht: 1 588 kg Volumen: 4,3 m³	A 300, A 340 B 747, B 767, B 777 MD 11
LD6-Container *IATA-Code: ALF*	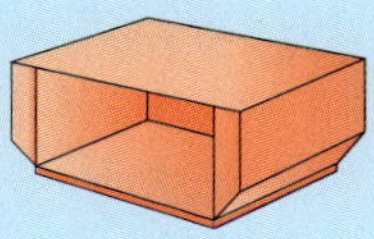	Grundfläche: 318 x 153 cm Höhe: 163 cm Länge oben: 407 cm	Max. Bruttogewicht: 3 174 kg Volumen: 8,9 m³	B 747, B 777, B 787 MD 11
AMD-Container *IATA-Code: AMD*	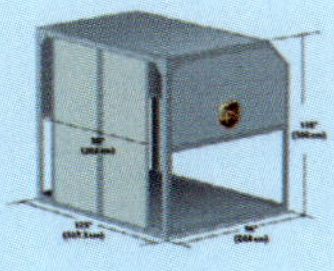	Grundfläche: 318 x 244 cm Höhe: 300 cm	Max. Bruttogewicht: 6 804 kg Volumen: 21,5 m³	B 747F
LD9-Container mit Kühlaggregat *IATA-Code: RAP*		Grundfläche: 156 x 153 cm Höhe: 163 cm	Max. Bruttogewicht: 6 033 kg Volumen: 9,6 m³	A 300, A 330, A 340 B 747, B 767, B 777 MD 11

Flugzeugtypen:
A = Airbus
B = Boeing
MD = McDonnell-Douglas

Bezeichnung	Abbildung	Abmessungen	Gewicht/ Volumen	Flugzeugtypen
Auto-Palette für 2 Pkw *IATA-Code: VRA*	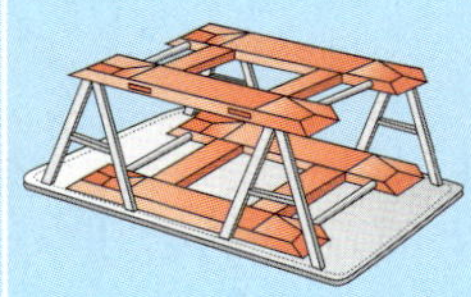	Grundfläche: 498 x 244 cm	Max. Bruttogewicht: 8 900 kg	B 747F, B 777F
Dreier-Pferde-Container *IATA-Code: HMJ*	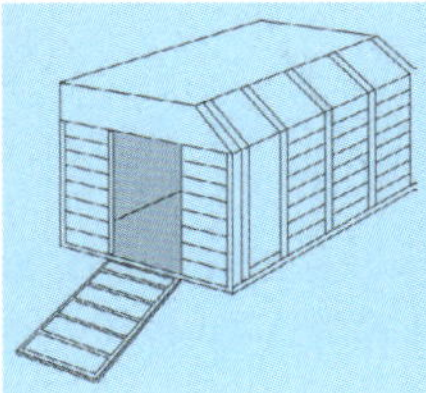	Grundfläche: 309 x 226 cm Höhe: 236 cm	Max. Bruttogewicht: 3 000 kg	A 300F B 747F, B 777F MD 11

15.3 Rechtliche Grundlagen des Luftfrachtvertrages

15.3.1 Vertragsgrundlagen

Im Luftverkehr gelten mehrschichtige Vertragsgrundlagen. Die Anwendung ist abhängig von der Art des Transports (national – international) und von der Frage, welche Vertragswerke die beteiligten Länder (Abgangs-/Bestimmungsland) ratifiziert (anerkannt) haben.

Warschauer Abkommen (**WA**, WA alte Fassung)	Internationales „Abkommen zur Vereinfachung von Regeln über die Beförderung im internationalen Luftverkehr" aus dem Jahre 1929. Es gilt für **internationale** Lufttransporte, sofern die Staaten des Abgangs- und Zielflughafens dieses Abkommen ratifiziert haben.
Montrealer Übereinkommen (MÜ)	„Übereinkommen zur Vereinheitlichung bestimmter Regeln für die Beförderung im internationalen Luftverkehr"; das Übereinkommen ist die Weiterentwicklung des Warschauer Abkommens. Es ist anwendbar für internationale Luftbeförderungen zwischen den Staaten, die das MÜ ratifiziert haben. Nicht alle Staaten der Erde sind Vertragsstaaten des MÜ. Daher ist im Einzelfall zu prüfen, ob ein anderes (älteres) Vertragswerk anzuwenden ist, z. B. das Warschauer Abkommen.
Haager Protokoll (**HP** = WA neue Fassung)	Aktualisierung des Warschauer Abkommens aus dem Jahre 1955. Es ist ebenfalls anwendbar, wenn beide beteiligte Staaten das HP anerkennen. Da das HP eine Fortentwicklung des WA ist, bildet das WA die gemeinsame Vertragsgrundlage, wenn ein Staat das WA, der andere das HP ratifiziert hat.
IATA-Beförderungsbedingungen (Conditions of Carriage)	Beförderungsbedingungen (AGB) der International Air Transport Association, d. h. der Luftverkehrsgesellschaften. Die Bedingungen ähneln dem Warschauer Abkommen, haben aber keinen verbindlichen Charakter. Sie sollen angewandt werden, wenn das MÜ, das WA bzw. das HP nicht zur Vertragsgrundlage gemacht werden kann.
IATA-Vertragsbedingungen (Conditions of Contract)	Auszug aus den IATA-Beförderungsbedingungen; sie sind für alle Fluggesellschaften verbindlich, weil sie von den Regierungen weltweit anerkannt worden sind. Diese Vertragsbedingungen befinden sich auf der Rückseite des Luftfrachtbriefes.
Individuelle Vereinbarungen	Die Beteiligten am Luftfrachtvertrag können spezielle Fragen auch durch individuelle Vereinbarungen regeln.
HGB-Frachtrecht	Der **innerdeutsche** Luftfrachtverkehr richtet sich nach dem allgemeinen Frachtrecht des HGB. Individuelle Vereinbarungen haben Vorrang. In vorformulierten Vertragsbedingungen (AGB) kann die Haftungshöhe innerhalb eines Korridors von 2 bis 40 SZR variiert werden, nicht aber das Haftungsprinzip (Gefährdungshaftung). Wenn Einzelfragen in den Vertragsbedingungen nicht geregelt sind, wird auf das HGB zugegriffen. Im internationalen Verkehr gilt in vergleichbaren Situationen das nationale Recht des Bestimmungslandes.

Die gegenwärtige Vielfalt der Rechtsgrundlagen im internationalen Luftverkehr erfordert in jedem Einzelfall die Prüfung, welcher gemeinsame Nenner zwischen den betroffenen Staaten besteht. Haben Abgangs- und Bestimmungsland das Montrealer Übereinkommen ratifiziert, ist es auch anwendbar. Für Beförderungen von und nach Staaten, die das MÜ nicht ratifiziert, aber das Warschauer Abkommen anerkannt haben, gilt das Warschauer Abkommen als gemeinsame Basis.

Anwendungspriorität

Nationaler Luftverkehr	Internationaler Luftverkehr
1. Individuelle Vereinbarungen 2. AGB (IATA-Beförderungsbedingungen) 3. HGB	1. Montrealer Übereinkommen 2. Warschauer Abkommen bzw. Haager Protokoll 3. IATA-Vertragsbedingungen 4. Individuelle Vereinbarungen 5. Nationales Recht des Bestimmungslandes

15.3.2 Zustandekommen des Luftfrachtvertrages

Der Luftfrachtvertrag richtet sich nach den Bestimmungen des Handelsgesetzbuches. Aufgrund der internationalen Ausrichtung des Luftfrachtgeschäftes sind für die Vertragsbeteiligten englische Bezeichnungen üblich.

Siehe HGB-Frachtrecht auf Seite 93

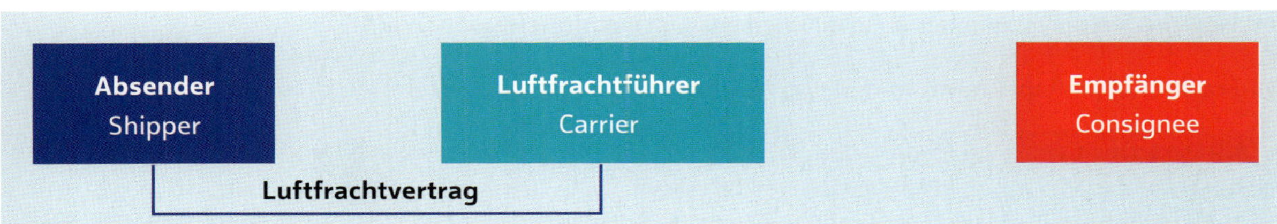

Der **Luftfrachtführer** verpflichtet sich, Güter per Flugzeug zum Bestimmungsort zu befördern und dort dem Empfänger auszuhändigen. Der **Absender** verpflichtet sich, die vereinbarte Fracht zu zahlen. Der **Empfänger** als begünstigter Dritter des Frachtvertrages hat Anspruch auf Aushändigung des Gutes, sobald er alle Verpflichtungen aus dem Frachtvertrag erfüllt hat (siehe § 421 HGB). Wird ein Spediteur (als IATA-Agent) in den Transportablauf eingeschaltet, ergeben sich folgende zwei Möglichkeiten:

1. Luftfrachtsammelladung

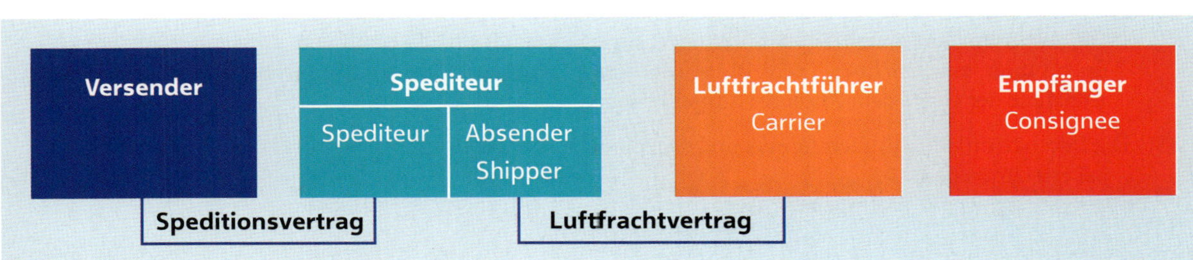

Der Luftfrachtspediteur schließt mit seinen Versendern Speditionsverträge ab, in denen sich der Spediteur verpflichtet, die Versendung der Luftfrachtgüter zu besorgen. Im Rahmen seiner Besorgertätigkeit überträgt der Spediteur einem Luftfrachtführer mit einem Frachtvertrag die Luftbeförderung für die gesamte Sammelladung.

2. Direktauslieferung beim IATA-Agenten

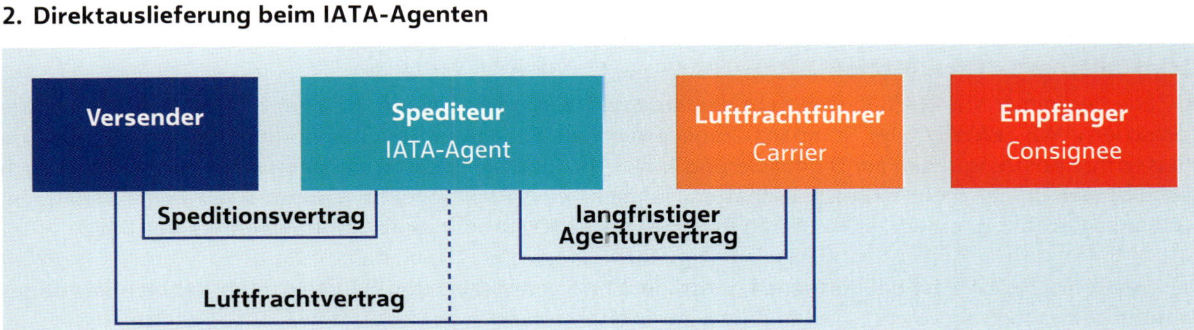

Im Falle einer Direktanlieferung vermittelt der Spediteur lediglich das Zustandekommen des Luftfrachtvertrages zwischen dem Versender und dem Luftfrachtführer. Der Auftraggeber des Spediteurs wird dadurch frachtbriefmäßiger Absender. Der Spediteur übergibt dem Luftfrachtführer die Sendung mit dem Luftfrachtbrief. Gewöhnlich ist der Spediteur als IATA-Agent tätig. Dies wird durch einen einmalig abgeschlossenen Agenturvertrag zwischen ihm und der Luftverkehrsgesellschaft dokumentiert.

Im Luftfrachtbrief auf Seite 246 wird dieser Sachverhalt deutlich:

- Absender (Shipper) ist der Versender des Spediteurs (ERNST KAULMANN KG).
- Frachtführer (Carrier) ist die Lufthansa.

Zwischen diesen beiden Beteiligten besteht der Luftfrachtvertrag.
Allerdings unterschreibt der Spediteur sowohl als Agent des Shippers (Feld 20) als auch als Agent des Luftfrachtführers (IATA-Agent, Feld 21).

Frachtbriefmuster, siehe Seite 246

15.3.3 Der Luftfrachtbrief

Über den abgeschlossenen Luftfrachtvertrag wird ein Luftfrachtbrief (**Air Waybill, AWB**) ausgestellt. Er ist nach Montrealer Übereinkommen (wie auch nach HGB) ein Absenderpapier, d.h., der Absender hat den Frachtbrief auszustellen und mit dem Gut an den Luftfrachtführer zu übergeben. Die Wirksamkeit des Frachtvertrages ist aber nicht von der Ausstellung eines Luftfrachtbriefes abhängig.

Der Frachtbrief (in Papierform) wird in drei Ausfertigungen erstellt (Artikel 7 MÜ):

1. Ausfertigung	(Farbe Grün) Sie ist für den Luftfrachtführer bestimmt. Der Absender hat den Frachtbrief zu unterschreiben.
2. Ausfertigung	(Farbe Rot) Das zweite Exemplar erhält der Empfänger. Frachtführer und Absender unterzeichnen das Papier; es begleitet das Gut.
3. Ausfertigung	(Farbe Blau) Dieses Original wird vom Luftfrachtführer nach der Übernahme der Sendung unterschrieben und ist für den Absender bestimmt.

Artikel 7 Montrealer Übereinkommen

(1) Der Luftfrachtbrief wird vom Absender in drei Ausfertigungen ausgestellt.

(2) Die erste Ausfertigung trägt den Vermerk „für den Luftfrachtführer“; sie wird vom Absender unterzeichnet. Die zweite Ausfertigung trägt den Vermerk „für den Empfänger“; sie wird vom Absender und vom Luftfrachtführer unterzeichnet. Die dritte Ausfertigung wird vom Luftfrachtführer unterzeichnet und nach Annahme der Güter dem Absender ausgehändigt.

(3) Die Unterschrift des Luftfrachtführers und diejenige des Absenders können gedruckt oder durch einen Stempel ersetzt werden.

(4) ...

IATA-Agent, siehe Seite 236

In der Praxis wird der Luftfrachtbrief aber gewöhnlich nicht vom Absender ausgestellt, sondern vom IATA-Agenten oder auch vom Luftfrachtführer. Der Absender bleibt aber in der Verantwortung für den Inhalt des Luftfrachtbriefes.

Siehe Seite 270

Der Absender haftet für die Richtigkeit der Angaben im Luftfrachtbrief. Das ist insbesondere beim Versand von Gefahrgut von Bedeutung.

Elektronischer Luftfrachtbrief

Im Zuge der immer stärkeren Verbreitung digitaler Luftfrachtbriefe hat die IATA am 1. Januar 2019 den elektronischen AWB (**eAWB**) zum Standard-Transportvertrag für alle Luftfrachtsendungen erklärt. Spediteure müssen ihre Anstrengungen zur Digitalisierung von Luftfrachtbriefen somit weiter erhöhen, nicht zuletzt auch deshalb, weil immer mehr Fluggesellschaften nunmehr eine Papiergebühr (**„paper AWB-Fee“**) verlangen; Lufthansa Cargo z. B. erhebt einen Betrag in Höhe von 12,00 Euro für jeden auf Papier erstellten AWB.

Der elektronische AWB ist bei Lufthansa Cargo der erste einer Reihe von Bausteinen im Rahmen des sogenannten eFreight-Programms, einer Initiative zur Digitalisierung in der gesamten Transportkette.

Die nachstehende Übersicht zeigt die vier wesentlichen Bausteine dieses Programms.

eFreight – Digitalisierung in der Luftfracht

- **eAWB** (= electronic Air Way Bill)
  → Elektronischer Luftfrachtbrief
- **eCSD** (= electronic Consignment Security Declaration)
  → Übertragung von Luftsicherheits-Informationen
- **eHM** (= electronic House Manifest)
  → Digitale Version des Cargo Manifests
- **eDGD** (= electronic Dangerous Goods Declaration)
  → Neuer digitaler Standard für die Übermittlung von Gefahrgutdaten

Zu den wesentlichen Voraussetzungen für die Teilnahme am eAWB-Programm von Lufthansa Cargo gehören u. a. die Unterzeichnung des IATA Multilateral Agreements (IATA Resolution 672) als rechtliche Grundlage sowie die Erfüllung der technischen Voraussetzungen zur Gewährleistung einer Datenqualität von mindestens 98 %.

Bei einer darauf basierenden eAWB-Erfassung wird unterschieden in

- **EAW:** hierbei handelt es sich um eine eAWB-Sendung komplett ohne begleitende Papierdokumente (das „W“ steht hier für „without“ = „ohne“ Papier)
- **EAP:** hier werden einer eAWB-Sendung noch begleitende Dokumente in Papierform beigefügt, wie z. B. ein Cargo Manifest („P“ = „Paper/Papier“).

Analog zur mittlerweile etablierten papierlosen Vorgehensweise bei Passagierflügen (mit Online-Buchung, Datencheck durch die Fluglinie, Erhalt der Bordkarte als QR-Code auf dem Smartphone sowie der automatisierten Gepäckabgabe am Flughafen) wird im Luftfrachtbereich ein „**Quick Drop-off**“-Service (sowie analog „Quick Pick-up“ für die Abholung von Luftfrachtsendungen) entwickelt.

Ziel dieses Verfahrens ist es, dass – nach erfolgreichem **Pre-Check** (Vorprüfung der Daten hinsichtlich ihrer Qualität) und der Vorab-Übermittlung von Sendungs- sowie Fahrer- und Fahrzeugdaten – der anliefernde Fahrer die Abfertigung der Luftfrachtsendung eigenständig an einem Self-Service-Terminal am Flughafen übernimmt.

Die Teilnahme am Quick Drop-off-Verfahren erfordert die Registrierung als Reglementierter Beauftragter bzw. Zugelassener Transporteur sowie den Sicherheitsstatus „SPX“ für alle mitgeführten eAWB.

Vgl. die Anforderungen an die Luftsicherheit ab Seite 265

Die Einführung elektronischer AWB’s bringt zahlreiche Vorteile mit sich:

- Die Datenqualität ist besser als in der Papierform, zudem sind die Dokumente stets verfügbar und einfach zu archivieren, sodass die Arbeitsabläufe verbessert werden; insgesamt vermindert sich der Dokumentenaufwand.
- Das einfache Erstellen und Übermitteln des elektronischen AWB führt zu erheblichen Zeit- und Kostenersparnissen.
- Fehler in der Datenübermittlung sowie Unregelmäßigkeiten in der Abrechnung verringern sich; die einmal eingegebenen Daten unterstützen auch die Sendungsverfolgung.
- Die Papierersparnis ist ein Beitrag zum Umweltschutz.

Funktionen des Luftfrachtbriefes

Der AWB hat die üblichen Funktionen eines Frachtbriefes wie Übernahmebescheinigung und Begleitpapier. Auf Wunsch des Absenders schließt der Luftfrachtführer für seinen Auftraggeber eine Transportversicherung ab. Der Luftfrachtbrief weist dann die bestehende Versicherung nach. Damit hat der Luftfrachtbrief die Funktion eines Versicherungszertifikates.

Transportversicherung, Seite 392

Ausfuhranmeldung, siehe Seite 415

Dokumentenakkreditiv, siehe Seite 388

AWB-Funktionen

- Beweisurkunde über den Abschluss des Beförderungsvertrages
- Empfangsbestätigung der Luftverkehrsgesellschaft
- Versicherungszertifikat, wenn eine Transportversicherung mit der Luftverkehrsgesellschaft abgeschlossen worden ist
- Verfügungs-/Sperrpapier (siehe unten)
- Versandanweisung für die Behandlung der Güter („Handling Information“)
- Gestellungsverzeichnis für die Ausfuhranmeldung
- Liefernachweis im Rahmen des Dokumentenakkreditivs

Nachträgliche Weisung nach HGB, siehe Seite 101

Sperrpapierfunktion, siehe Seite 101

Nach Montrealer Übereinkommen und IATA-Beförderungsbedingungen sind **nachträgliche Verfügungen** durch den Absender möglich, sofern er alle Verpflichtungen aus dem Beförderungsvertrag erfüllt hat und weder der Luftfrachtführer noch andere Absender durch die Verfügung benachteiligt werden. Der Absender hat aber die dritte Ausfertigung des Luftfrachtbriefes (Absenderexemplar) vorzulegen (Artikel 12 Abssatz 3 MÜ). Der Luftfrachtbrief kann damit als **Sperrpapier** eingesetzt werden. Im nationalen Verkehr gelten die Regeln des HGB.
Im Feld „Handling Information" kann der Absender Anweisungen erteilen, wie das Gut während der Beförderung zu behandeln ist.

Siehe § 409 HGB, Seite 98

Ähnlich wie in § 409 HGB bestimmt der Artikel 11 des MÜ, dass die Angaben des Luftfrachtbriefes über

- Gewicht, Maße und Verpackung des Gutes sowie
- Anzahl der Frachtstücke

bis zum Beweis des Gegenteils (durch den Frachtführer) richtig sind. Angaben über Menge, Rauminhalt und Zustand des Gutes gelten nur dann als richtig, wenn der Frachtführer diese Sachverhalte in Anwesenheit des Absenders geprüft und dies auf dem Luftfrachtbrief vermerkt hat.

Abbildung eines Luftfrachtbriefes, siehe Seite 246.

AWB-Nummer

Da alle Luftfrachtbriefe weltweit individuell nummeriert werden, erhält der normale Absender anlässlich der Buchung von der Luftverkehrsgesellschaft eine Nummer zugewiesen. Der IATA-Agent hingegen verfügt über einen Vorrat an Nummern, den er ohne weitere Rückfrage verwenden kann.

Auf dem AWB erscheint die Nummer in der Kopfzeile zweifach (oben links und rechts). Sie ist wie folgt aufgebaut:

links			rechts	
Luftverkehrs-gesellschaft	Abgangs-flughafen 3-Letter-Code	Seriennummer 7 Stellen + Prüfziffer*	Luftverkehrs-gesellschaft	Seriennummer
123	ABC	1234 5675	123	1234 5675

** Zwischen der 4. und 5. Stelle kann ein Leerzeichen eingefügt werden.*

020 = Code für Lufthansa Cargo, DUS = Code für Düsseldorf

Beispiel:

020 DUS 5461 0452		020 – 5461 0452
Shipper`s Name and Address	Shipper`s Account Number	Not Negotiable **Air Waybill** Issued by Lufthansa Cargo Frachtzentrum 40474 Düsseldorf

Erläuterungen zu den Feldern des Luftfrachtbrief-Formulars (Seite 246)		
1	**Routing and Destination**	„to" = Bestimmungsflughafen im 3-Letter-Code (Großbuchstaben) oder erster Zwischenflughafen, wenn der Flug in mehreren Etappen durchgeführt wird. „By First Carrier" = erster Luftfrachtführer „to"/„by": weitere Zwischenflughäfen/weitere Luftverkehrsgesellschaften „Airport of Destination" = Bestimmungsflughafen (ausgeschrieben) Im Beispiel-AWB ist Rio de Janeiro (Rio) der erste Zwischenflughafen, durchgeführt von der Lufthansa (LH); die nächste Etappe führt nach Belo Horizonte (BHZ), durchgeführt von Varig S.A. (RG). Bestimmungsflughafen ist Belo Horizonte.
2	**Optional Shipping Information**	
	Currency	Währung, in welcher die Beträge im AWB angegeben sind

Erläuterungen zu den Feldern des Luftfrachtbrief-Formulars (Seite 246)		
	WT/VAL/Other	(Weight Charge/Valuation Charge/übrige Kosten) Durch ein „X" ist zu kennzeichnen, ob Fracht, Wertzuschlag und andere Kosten vorauszubezahlen (Prepaid) oder nachzunehmen (Collect) sind. In der Praxis werden auch die Buchstaben „P" oder „C" eingetragen.
	Declared Value for Carriage	Im ersten Feld kann eine Lieferwertangabe eingetragen werden, mit der die Haftung des Luftfrachtführers erhöht wird (siehe unten); andernfalls ist NVD (No Value Declared) einzutragen.
	Declared Value for Customs	Standardmäßiger Eintrag ist hier NCV (No Commercial Value). Die Angabe eines deklarierten Wertes für die Verzollung ist abhängig von den Zollvorschriften des Ziellandes (zu entnehmen den TACT-Rules „Information by country")
3	**Requested Flight/Date**	Die Flugnummer (LH 884) und der Abflugtag des Monats (23 = 23.10.) werden hier genannt.
4	**Amount of Insurance**	Wird mit der Versicherungssumme ausgefüllt, wenn der **Luftfrachtführer** die Sendung transportversichern soll; die Abkürzung „NIL" steht für einen Nullwert und bedeutet hier „kein Eintrag".
5	**Handling Information**	Nimmt verschiedene Anweisungen an den Luftfrachtführer auf, z. B. Notify Address, Hinweis auf besondere Begleitpapiere, die beiliegenden Fütterungshinweise für Tiere, Angaben zum Sicherheitsstatus der Sendung (z. B. SPX/KC) u. a.
	SCI	Special Customs Information = zollrechtlicher Status der Ware (z. B. X = Unionsware in Drittland oder T1 = Nichtunionsware in Drittland)
6	**No. of Pieces/RCP**	No. of Pieces = Anzahl der Packstücke RCP = Rate Combination Point = Ratenkombinationspunkt für spezielle Frachtberechnungen
7	**Gross Weight**	Bruttogewicht, anzugeben in Kilogramm (kg) oder amerikanischen Pfund (lb)
8	**Rate Class**	nimmt die Ratenklasse des Tarifs auf (N = Normal, Q = Quantity usw.)
9	**Commodity Item No.**	Warenklassennummer für die Anwendung von Spezialraten
10	**Chargeable Weight**	Einzutragen ist das frachtpflichtige Bruttogewicht. Es kann sich vom Gross Weight unterscheiden (z. B. bei sperrigen Gütern die Volumenkilogramm).
11	**Rate/Charge**	Hier ist die IATA-Rate in der weiter oben angegebenen Währung einzutragen.
12	**Total**	Luftfrachtkosten; Produkt aus Chargeable Weight · Rate Charge
13	**Nature and Quantity of Goods**	Neben einer Produktbeschreibung sind auch die Anzahl der Packstücke, deren Abmessungen (Anzahl/Länge · Breite · Höhe in cm), das Volumen in m^3 sowie das Volumengewicht (Volumen in cm^3 : 6000) anzugeben.
14	**Weight Charge**	Frachtkosten (gemäß Feld 12), einzutragen bei „Prepaid", wenn der Absender diese zahlt, oder bei „Collect", wenn der Empfänger dafür aufkommt.
15	**Valuation Charge**	Zuschlag für die Lieferwertangabe (siehe Feld 2: Declared Value for Carriage)
16	**Tax**	Bestimmte Steuern, die vom Absender oder Empfänger zu erheben sind
17	**Total Other Charges Due Agent**	Kosten (z. B. für die Ausstellung des Luftfrachtbriefes), die dem IATA-Agenten zustehen
18	**Total Other Charges Due Carrier**	Zum Beispiel Kosten für Versicherung, Sonderlagerungen u. Ä., nicht jedoch Fracht und Wertzuschlag (siehe Felder 14 und 15)
19	**Other Charges**	Aufschlüsselung der Kosten, die unter „Total Other Charges" ausgewiesen sind, z. B. Gebühr für den Luftfrachtbrief (AWB-Fee), Abfertigungsgebühr (Handling Fee), Treibstoffzuschlag (Fuel Surcharge), Sicherheitszuschlag (Security Surcharge); der Empfänger kann mit A (Agent) oder C (Carrier) kenntlich gemacht werden.
20	**Signature of Shipper or his Agent**	Unterschrift des Absenders oder seines Agenten; hier unterzeichnet der Spediteur als Agent des Versenders.
21	**Signature of Issuing Carrier or its Agent**	Unterschrift des Luftfrachtführers oder seines Agenten; hier unterschreibt gewöhnlich der IATA-Agent.

Beispiel eines Luftfrachtbriefes:

020 | DUS | 8231 4566 — 020 - 8231 4566

Shipper's Name and Address: Ernst Kaulmann KG, Bismarckstraße 18, 42659 Solingen, Germany	Shipper's Account Number
Not Negotiable **Air Waybill** Issued by	Lufthansa Cargo Frachtzentrum 40474 Duesseldorf

Copies 1, 2 and 3 of this Air Waybill are originals and have the same validity.

Consignee's Name and Address: Wendering Brazil Ltda., Rua Quatorze No. 55, 32000 Contagem, Brazil	Consignee's Account Number

It is agreed that the goods described herein are accepted in apparent good order and condition (except as noted) for carriage SUBJECT TO THE CONDITIONS OF CONTRACT ON THE REVERSE HEREOF. ALL GOODS MAY BE CARRIED BY ANY OTHER MEANS INCLUDING ROAD OR ANY OTHER CARRIER UNLESS SPECIFIC CONTRARY INSTRUCTIONS ARE GIVEN HEREON BY THE SHIPPER, AND SHIPPER AGREES THAT THE SHIPMENT MAY BE CARRIED VIA INTERMEDIATE STOPPING PLACES WHICH THE CARRIER DEEMS APPROPRIATE. THE SHIPPER'S ATTENTION IS DRAWN TO THE NOTICE CONCERNING CARRIER'S LIMITATION OF LIABILITY. Shipper may increase such limitation of liability by declaring a higher value for carriage and paying a supplemental charge if required.

Issuing Carrier's Agent Name and City: INTERSPED Luftfracht GmbH, Flughafenstraße 68, 40474 Duesseldorf/Germany

Accounting Information

Agent's IATA Code: 23-4 7445/3012 — Account No.

Airport of Departure (Addr. of First Carrier) and Requested Routing: DUS Duesseldorf

Reference Number — Optional Shipping Information ❷

To	By First Carrier	Routing and Destination ❶	to	by	to	by	Currency	CHGS Code	WT/VAL PPD	WT/VAL COLL	Other PPD	Other COLL	Declared Value for Carriage	Declared Value for Customs
RIO	LH		BHZ	RG			EUR			C	P		NVD	NCV

Airport of Destination: BELO HORIZONTE — Requested Flight/Date: LH 884/23 ❸ — Amount of Insurance: NIL ❹

INSURANCE – If carrier offers insurance, and such insurance is requested in accordance with the conditions thereof, indicate amount to be insured in figures in box marked "Amount of Insurance".

Handling Information ❺

SPX by KC, LBA-Registrierung DE/KC/29017-01/1126 — SCI

(For USA only): These commodities, technology or software were exported from the United States in accordance with the Export Administration Regulations. Diversion contrary to USA law prohibited.

No. of Pieces RCP	Gross Weight	kg/lb	Rate Class ❽	Commodity Item No. ❾	Chargeable Weight	Rate/Charge	Total	Nature and Quantity of Goods (incl. Dimensions or Volume)
1 ❻	84 ❼	K	C	9735	100 ❿	3,60 ⓫	360,00 ⓬	MACHINE OIL DIM 1/120x80x30 cm VOL.WGHT.: 48 KG 0,288 cbm ⓭
							360,00	

Prepaid	Collect
Weight Charge ⓮	360,00
Valuation Charge ⓯	
Tax ⓰	
Total Other Charges Due Agent ⓱: 20,00	
Total Other Charges Due Carrier ⓲	50,40
Total Prepaid: 20,00	Total Collect: 410,40
Currency Conversion Rates	CC Charges in Dest. Currency
For Carrier's Use only at Destination	Charges at Destination — Total Collect Charges

Other Charges: AWB-FEE 20,00 (A), FUEL SURCHARGE 37,80 (C), SECURITY SURCHARGE 12,60 (C) ⓳

Shipper certifies that the particulars on the face hereof are correct and that **insofar as any part of the consignment contains dangerous goods, such part is properly described by name and is in proper condition for carriage by air according to the applicable Dangerous Goods Regulations.**

INTERSPED LUFTFRACHT GMBH
FLUGHAFENSTRASSE 68
40474 DUESSELDORF / GERMANY — *Neuberger* ⓴
Signature of Shipper or his Agent

22.10.20(0) — Duesseldorf — *Neuberger* ㉑
Executed on (date) — at (place) — Signature of Issuing Carrier or its Agent

ORIGINAL 3 (FOR SHIPPER)

Hinweise zur Frachtberechnung im oben stehenden Luftfrachtbrief:

- tatsächliches Gewicht 84 kg
- Mindestgewicht der Spezialrate 100 kg (hier angewendet)
- Volumengewicht 48 kg

15.3.4 Codierungen

Heute werden viele Begriffe mit Zwei- oder Drei-Buchstaben-Folgen codiert. Sie sind international genormt (ISO-Alpha-2-Code, ISO-Alpha-3-Code). Ihre englische Bezeichnung lautet **Designator** (Bezeichner).

Beispiele:

- *Währungsangaben: USD, EUR, CHF*
- *Länderangaben: DE, IT, JP*
- *Zeitzonen: UTC, GMT, MEZ*
- *INCOTERMS® 2020: EXW, FCA, CIF*
- *Dateitypen: DOC, TIF, JPG*

Die IATA verwendet eine Vielzahl von Codierungen für ihre Geschäftsprozesse, z. B. für Angaben im AWB oder für ihre Flugpläne. Nachfolgend werden die wichtigsten Arten beispielhaft aufgeführt:

Länder-Codes	
Land	**2-Letter-Code**
Deutschland	DE
Australien	AU
Kuba	CU
Mexiko	MX
usw.	

Fluggesellschaften	
Airline	**2-Letter-Code**
Lufthansa Cargo	LH
Air France	AF
British Airways	BA
Korean Air Lines	KE
usw.	

Flughäfen	
Flughafen	**3-Letter-Code**
Frankfurt	FRA
Chicago	ORD
Houston	IHA
Beijing (Peking)	PEK

Verschiedene Codes	
3-Letter-Code	**Bedeutung**
AWB	Air Waybill
EQV	Equipment Varies
ECD	Enclosed Documents
GCR	General Cargo Rates
HWB	House Waybill
MYC	Miscellaneous = Fuel Surcharge (Carrier)
NCV	No Customs Value/No Commercial Value
NVD	No Value Declared
OAG	Official Airline Guide
PER	Perishable cargo (verderbliche Güter)
RAC	Dangerous Goods Fee (Carrier)
RFS	Road Feeder Service
SCC	Security = Security Charge (Carrier)
SCI	Special Customs Information
SCR	Specific Commodity Rate
SPX	Secured for Passenger Aircraft
ULD	Unit Load Device
744	Boeing 744-400 (Flugzeugtyp)
310	Airbus 310

15.4 Abwicklung eines Luftfrachtvertrages als Direktverkehr

Direktverkehr liegt vor, wenn Güter von einem Absender zu einem Empfänger befördert werden. Fasst ein Luftfrachtspediteur mehrere Sendungen zusammen, spricht man von **Luftfrachtsammelladung** (Consolidation, Consol).

Luftfrachtsammelladung, siehe Seite 261

Vertragsbeziehung, siehe Seite 241

Gefahrgut, siehe Seite 270

1. Transporteignung des Gutes prüfen

Der Absender hat zu prüfen, ob die Güter nach ihrer Art und Beschaffenheit (vor allem bei Gefahrgut) für den Transport in Flugzeugen geeignet sind. Er hat dabei zu bedenken, dass die Güter während der Beförderung großen Temperatur- und Luftdruckschwankungen ausgesetzt sind und Beschleunigungskräfte sowie Erschütterungen auf das Gut einwirken.

2. Güter verpacken und labeln

Auch die lufttransportgerechte Verpackung der Güter ist Aufgabe des Absenders. Die oben erwähnten besonderen Belastungen des Luftverkehrs sind auch bei der Verpackung der Güter zu beachten. Der Luftfrachtführer haftet nicht für Schäden aus mangelhafter Verpackung. Darüber hinaus hat der Absender für Schäden Ersatz zu leisten, die seine Güter aufgrund unzureichender Verpackung dem Transportmittel, anderen Gütern oder Personen zufügen.

Informationslogistik, Seite 220

Die Packstücke sind gut leserlich mit den Absender- und Empfängeradressen sowie mit der Nummer des Frachtbriefes zu beschriften (siehe Barcode-Label unten). Güter sind heute auch so zu etikettieren, dass eine Sendungsverfolgung möglich ist. Dazu werden die Frachtstücke mit einem **Router-Label** versehen. Das Label ist Voraussetzung für die Annahme einer Sendung durch die Luftverkehrsgesellschaft.

Mithilfe eines Kippindikators kann überwacht werden, ob ein Packstück tatsächlich aufrecht transportiert und gelagert worden ist.

Handhabungsmarkierungen

Neben dem Router-Label werden Packstücke auch vielfach mit Handhabungsmarkierungen versehen. Sie machen auf eine erhöhte Sorgfalt beim Umschlag der Güter aufmerksam. Das Umschlagpersonal soll z. B. erkennen,

- dass das Packstück hitze- oder nässeempfindlich ist,
- dass es bruchgefährdet ist,
- wo oben und unten ist, dass ein Kippverbot besteht und
- wo das Ladegeschirr angeschlagen werden kann.

zerbrechliches Packgut Fragile, handle with care	oben This way up	vor Hitze und radioaktiven Strahlen schützen Protect from heat and radioactive sources	vor Nässe schützen Keep dry	Stechkarre hier nicht ansetzen No hand truck here

3. Begleitpapiere ausstellen

Artikel 4 MÜ

Ausfuhrabfertigung, Seite 415

Verzollungspapiere, Seite 410

Der Absender hat den Luftfrachtbrief (man spricht hier auch von einem **Direkt-AWB**) auszufüllen und alle Dokumente beizufügen, die erforderlich sind, damit das Gut den Zoll-, Steuer- oder Polizeivorschriften der am Transport beteiligten Länder (Ausfuhr-, Transit-, Einfuhrland) entspricht. Zu den Dokumenten gehören neben dem AWB z. B. Ausfuhranmeldung, Handelsrechnung, Präferenznachweis und Importlizenz. Bei Transporten in Länder außerhalb der EU ist vorher noch eine Ausfuhrabfertigung erforderlich, die ebenfalls vom Absender oder vom IATA-Agenten durchführt werden muss. Der Luftfrachtführer muss die Richtigkeit der Dokumente nicht prüfen. Der Absender hat für Schäden, die durch falsche oder fehlende Begleitpapiere entstehen, zu haften.

Ready for carriage
- luftfrachttaugliche Verpackung
- notwendige Label befinden sich auf der Sendung
- alle Papier liegen vor
- Sendung ist zur Ausfuhr abgefertigt

Siehe auch Seite 236

Sind die Punkte 1 bis 3 korrekt erfüllt worden, ist für eine Sendung keine weitere Bearbeitung durch den Luftfrachtführer erforderlich: Die Sendung ist versandfertig (**ready for carriage**). Wenn der Absender einen **IATA-Agenten** einschaltet, gehört es zu dessen wesentlichen Aufgaben, die Sendung abflugfertig zu machen. Der Carrier ist durch die Tätigkeit des IATA-Agenten von Abfertigungsarbeiten befreit und kann sich voll auf die eigentliche Luftbeförderung konzentrieren. Dies dient einem schnellen Transport der Güter – das zentrale Merkmal einer Beförderung per Flugzeug.

4. Sendung an den Luftfrachtführer übergeben

Zusammen mit dem Frachtbrief und weiteren Dokumenten übergibt der Absender dem Luftfrachtführer die Sendung zur Beförderung. Die Verladung der Güter in das Flugzeug ist Sache des Luftfrachtführers, der diese für die Sicherheit eines Flugzeuges wichtige Aufgabe nicht den Absendern überlassen kann.

5. Beförderung

Der Luftfrachtführer befördert die Sendung vom Abgangs- zum Bestimmungsflughafen. Nach HGB sind Lieferfristen durch die Vertragspartner zu vereinbaren, andernfalls gilt die Frist, die einem „sorgfältigen Frachtführer unter Berücksichtigung der Umstände vernünftigerweise zuzubilligen ist“ (§ 423 HGB). Nach MÜ werden keine Lieferfristen gewährt. Sie können aber individuell vereinbart werden. Die Attraktivität der Luftbeförderung liegt jedoch gerade in der kurzen Beförderungszeit. Die Luftfrachtführer sind daher aus eigenem Interesse bemüht, die Beförderungszeiten, die sich aus den Flugplänen ergeben, einzuhalten.

6. Auslieferung der Sendung

Nach MÜ hat der Luftfrachtführer dem Empfänger die Ankunft des Gutes unverzüglich anzuzeigen, sofern keine anderen Vereinbarungen getroffen worden sind. Wenn das Gut am Bestimmungsort angekommen ist, hat der Empfänger das Recht, vom Luftfrachtführer die Auslieferung des Gutes und des Frachtbriefes zu verlangen, sobald er die Kosten, die auf der Sendung ruhen, beglichen hat.

Artikel 13 MÜ

Der Luftfrachtführer hat seinen Vertrag mit der Bereitstellung der Güter am Bestimmungsflughafen erfüllt. Absender und Carrier können aber auch den Vorlauf zum Abgangsflughafen und den Nachlauf vom Bestimmungsflughafen zum Empfänger in den Frachtvertrag einbeziehen.

Zur Haftung bei Door-Door-Vereinbarungen siehe Seite 269

Luftfrachtersatzverkehr

→ **Luftfrachtersatzverkehr** = Beförderung einer Luftfrachtsendung per Lkw (Road Feeder Service, RFS)

Für Luftverkehrsgesellschaften kann es sinnvoll sein, den Vor- oder Nachlauf eines Lufttransportes per Lkw zu organisieren, z. B. weil die Treibstoffkosten oder die Landegebühren für eine Luftbeförderung zu hoch sind. Insbesondere bei Entfernungen unter 500 km werden daher Sendungen anstatt per Flugzeug per Lkw mit Luftfrachtbrief und eigener Flugnummer im Nachtsprung befördert. Um reibungslose Be- und Entladevorgänge zu gewährleisten, sind die eingesetzen Lkw u. a. mit sogenannten **Rollerbeds** zur Aufnahme der speziellen Luftfrachtcontainer ausgestattet.

Beispiel:
Güter werden für eine Luftbeförderung am Flughafen Hannover angenommen, aber per Lkw zum Flughafen Frankfurt-Rhein-Main transportiert und dort für die Beförderung zum Zielflughafen in ein Flugzeug umgeladen.

15.5 Flugplan (Air Cargo Guide)

Damit ein Spediteur seinem Kunden Auskunft über bestehende Flugverbindungen geben kann, ist es notwendig, den Aufbau des Luftfrachtflugplanes (Air Cargo Guide) zu kennen.

Origin:	**ORD**	Earliest Departure:	10.09.20(0)
Destination:	**FRA**	Latest Departure:	11.09.20(0)
Airline:			

No.	Flight		Origin	Dest	Date	Dept Time	Arr Time	Stops	Equipment	Days of Op	Elapsed
1	LH 9153		ORD	FRA	10/09/..	02:35	17:50	0	777	1234567	08:15
2	UA 3415 [LH]		ORD	FRA	10/09/..	02:35	17:50	0	777	1234567	08:15
3	LH 8045		ORD	FRA	10/09/..	14:35	05:55 +1	0	77F	------7	08:20
4	UA 2043		ORD	IAH	10/09/..	15:08	17:48	0	73G	123---7	02:40
↳	via UA 8867		IAH	FRA	10/09/..	19 50	12:35 +1	0	388	123---7	09:45
5	EK 9962		ORD	BRU	11/09/..	13:55	04:45 +1	0	77F	1------	07:50
↳	via UA 8627		BRU	FRA	11/09/..	08:15	15:15	0	RFS	-2-----	07:00
6	LH 8231		ORD	FRA	11/09/..	16:40	13:00 +1	1	M1F	1-----	13:20

Erläuterungen zum Flugplan

Origin/Destination	Abflug-/Zielflughafen
Airline	Eine gewünschte Fluggesellschaft kann als Suchkriterium angegeben werden.
ORD	Flughafen Chicago O'Hare International Alle Flughäfen sind mithilfe eines 3-Letter-Codes eindeutig gekennzeichnet.
FRA	Flughafen Frankfurt/Main
IAH	George Bush Intercontinental Airport Houston
BRU	Brussels Airport
Earliest/Latest Departure	frühestes/spätestes Abflugdatum, kann eingegrenzt werden
Flight	Flugnummer. Die ersten zwei Zeichen stellen den 2-Letter-Code der Fluggesellschaft dar (z.B. LH für Lufthansa). Es folgen laufende Nummern, die von den Fluggesellschaften vergeben werden. UA = United Airlines, EK = Emirates Ein in eckigen Klammern angegebener 2-Letter-Code (siehe [LH] bei Flugverbindung Nr. 2) beschreibt einen Code-Sharing-Flug: der Flug UA 3415 wird unter der Flugnummer LH 9153 von Lufthansa durchgeführt.
	Transferverbindungen werden in zwei Zeilen dargestellt. Die Güter werden am Verbindungsort umgeladen. Flug Nr. 4: Der Flug UA 2043 startet in Chicago (ODR) und fliegt bis Houston (IAH), dort werden die Güter umgeladen in den Flug UA 8867 nach Frankfurt.
Date	Abflugdatum
  	Passagierflugzeug/Frachtflugzeug/Luftfrachtersatzverkehr (Road Feeder Service)
Dept Time	Abflugzeit (Departure Time)
Arr Time	Ankunftszeit (Arrival Time), +1 bedeutet einen Tag nach dem Abflugtag
Stops	Anzahl der Zwischenlandungen
Equipment	Flugzeugtyp, z. B. 777 = Boeing 777, 77F = Frachtversion der Boeing 777 (Freighter), 73G = Boeing 737, 388 = Airbus A380, RFS = Road Feeder Service, M1F= McDonnell Douglas MD-11 (Fracht)
Days of Op	Wochentage (Days of Operation) mit Flugdienst; 1 = Montag, 2 = Dienstag usw.
Elapsed	Reine Flugzeit Betrachtet man die Differenz zwischen Abflug- und Ankunftszeit, muss noch die Zeitverschiebung (im Beispiel oben -7 Stunden) berücksichtigt werden.

Zeitverschiebung, siehe Seite 274

15.6 Haftung des Luftfrachtführers

Die Haftung des Luftfrachtführers ist zu unterscheiden nach nationalen und internationalen Transporten.

15.6.1 Haftung im nationalen Luftverkehr

HGB-Haftung des Frachtführers, siehe Seite 103

Der **innerdeutsche Luftverkehr** richtet sich nach den Bestimmungen des **Handelsgesetzbuches**. Demnach haftet der Frachtführer für

- Verlust, Beschädigung und Lieferfristüberschreitung sowie für sonstige Vermögensschäden und Nachnahmefehler.

Der Frachtführer haftet verschuldensunabhängig nach dem Prinzip der Gefährdungs- bzw. Obhutshaftung, d.h., der Frachtführer haftet für Schäden und Verluste, solange er das Gut in seiner Obhut hat.
Die Haftungshöchstgrenzen nach HGB betragen 8,33 SZR/kg für Güterschäden und das dreifache Frachtentgelt für Lieferfristüberschreitung. Sonstige Vermögensschäden werden maximal bis zum dreifachen Verlustersatz beglichen, Nachnahmefehler bis zur Höhe der Nachnahme.

15.6.2 Haftung im internationalen Luftverkehr

Siehe Rechtsgrundlagen des Luftfrachtvertrages, Seite 240

Sofern im **internationalen Luftverkehr** das **Montrealer Übereinkommen** anwendbar ist, haftet der Frachtführer für Schäden durch

- Verlust, Beschädigung und Verspätung,

Artikel 17–32 MÜ

sofern diese Schäden während der Luftbeförderung entstanden sind. Das ist die Zeit zwischen der Übernahme der Güter zur Luftbeförderung am Abflughafen bis zur Ablieferung der Güter am Bestimmungsflughafen. Übernahme- und Ablieferungsort sind dabei die **Umschlagsanlagen** des Luftfrachtführers, die sich auf dem Flughafengelände, aber durchaus auch in der Nähe von Flughäfen befinden können. Der Transport von der

Umschlagsanlage zum Flugzeug unterliegt demnach ebenfalls den Bestimmungen des Montrealer Übereinkommens. Die Haftungsreichweite des Luftfrachtführers erstreckt sich also von seiner Umschlagsanlage am Abgangsflughafen bis zur Umschlagsanlage am Bestimmungsflughafen (**terminal to terminal**).
Schließt der Frachtvertrag mit dem Luftfrachtführer den Flughafenvor- und -nachlauf z. B. per Lkw ein, so liegt ein multimodaler Vertrag vor, auf den – falls deutsches Recht anzuwenden ist – die Vorschriften der §§ 452–452d HGB anzuwenden sind. Danach haftet der Luftfrachtführer bei bekanntem Schadensort nach dem Recht der Teilstrecke, bei unbekanntem Schadensort nach HGB (§§ 425 ff.).
Das Haftungsprinzip der Luftfrachtführerhaftung ist eine **Gefährdungshaftung**. Der Luftfrachtführer haftet aber nicht, wenn er nachweisen kann, dass der Verlust oder die Beschädigung der **Güter** durch folgende Umstände verursacht wurde:

- die Eigenart des Gutes oder ein ihm innewohnender Mangel
- mangelhafte Verpackung der Güter, verursacht z. B. durch den Absender
- Kriegshandlungen oder bewaffnete Konflikte
- hoheitliches Handeln in Verbindung mit der Einfuhr, Ausfuhr oder Durchfuhr der Güter

Näheres siehe unten „Haftung des Luftfrachtspediteurs“, Seite 264; multimodale Transporte, siehe Seite 342

Siehe auch Gefährdungshaftung des Frachtführers auf Seite 104 und die Regelungen für den nationalen Luftverkehr oben

Verspätungsschäden

Im Luftfrachtverkehr werden gewöhnlich keine Lieferfristen vereinbart. Auch gelten Flugpläne nicht als verbindliche Lieferfristen. Es ist daher schwierig, einen Luftfrachtführer wegen einer verspäteten Ablieferung einer Sendung haftbar zu machen. Ist eine Verspätung aber durch einen Fehler des Luftfrachtführers entstanden, z. B. weil er eine Fehlverladung zu vertreten hat, kann man Haftungsansprüche geltend machen. Für Verspätungsschäden haftet der Luftfrachtführer nicht, wenn er nachweisen kann, dass sie unvermeidbar waren (z. B. wegen technischer Probleme des Flugzeugs oder aufgrund der Witterungsbedingungen). Damit gilt für Verspätungsschäden das **Verschuldensprinzip**.

Güterfolgeschäden werden nach dem Montrealer Übereinkommen nicht ersetzt.

Die Haftung des Luftfrachtführers ist begrenzt auf **22 Sonderziehungsrechte** pro Bruttokilogramm. Diese Begrenzung gilt sowohl für den Güter- als auch für den Vermögensschaden (Verspätung), d. h., die gewichtsabhängige Haftung des Luftfrachtführers gilt auch für Vermögensschäden als Folge einer Verspätung. Eine Aufhebung der Haftungsbegrenzung (22 SZR/kg) bei **Vorsatz** und **grober Fahrlässigkeit** kennt das MÜ für Güterbeförderungen nicht (wohl aber bei Personenbeförderungen, Artikel 22 Absatz 5).

Siehe „Vorsatz“ und „leichtfertiges Handeln“ nach HGB und BGB, Seite 32

Versicherung

Die Luftverkehrszulassungsordnung verpflichtet deutsche Luftverkehrsgesellschaften, sich gegen Haftungsansprüche nach dem Montrealer Übereinkommen zu versichern (siehe auch Artikel 50 MÜ). Diese Versicherungspflicht gilt auch für Luftfrachtspediteure, die aufgrund von Fixkostenspedition, Sammelladung oder Selbsteintritt die Position eines vertraglichen oder ausführenden Frachtführers haben.

Haftung des Luftfrachtspediteurs, siehe Seite 264

Reklamationsfristen

Nach dem Montrealer Übereinkommen müssen Ansprüche an den Luftfrachtführer innerhalb folgender Fristen gestellt werden:

Schaden	Fristen
Beschädigung (Artikel 31 MÜ)	▪ **offene Mängel**: unverzüglich nach Entdeckung des Schadens ▪ **versteckte Mängel**: spätestens innerhalb von 14 Kalendertagen nach der Annahme der Sendung
Verspätung (Artikel 31 MÜ)	21 Kalendertage, nachdem das Gut dem Empfänger zur Verfügung gestellt worden ist
Verlust (Artikel 13 MÜ)	Sieben Tage nach dem planmäßigen Ablieferungstermin gilt eine Sendung als verloren.

Nach den Conditions of Contract (siehe Rückseite AWB) beträgt die Reklamationsfrist wegen Verlustes 120 Tage nach Ausstellung des AWB. Es gilt jedoch Artikel 13 MÜ.

Schadensabwicklung

Wird bei einer Luftfrachtsendung ein Schaden entdeckt, sind folgende Maßnahmen zu ergreifen:

- Art und Umfang des Schadens auf der Ablieferungsquittung vermerken oder eine Tatbestandsaufnahme durch den Luftfrachtführer veranlassen
- Schaden dokumentieren, z. B. durch Schadenfotos
- Luftfrachtführer schriftlich beim zuständigen Verkaufsbüro am Empfangs- oder Abgangsflughafen für den Schaden haftbar machen

Haftungserhöhung durch Wertangabe („Interesse an der Ablieferung“)

Der Absender hat im Luftfrachtbrief die Möglichkeit, einen Lieferwert anzugeben (Declared Value for Carriage). Dies ist aber nur sinnvoll, wenn der Güterwert höher liegt als 22 SZR pro Kilogramm, da der Luftfrachtführer bis zu diesem Betrag ohnehin zu haften hat.

Declared Value for Carriage	Declared Value for Customs

siehe TACT Rules Nr. 3.2 Valuation Charges

Der Absender trägt dann „NVD“ ein („No Value Declared“). Liegt der Güterwert höher und gibt der Absender einen Lieferwert an, haftet die Luftverkehrsgesellschaft zusätzlich (über ihre MÜ-Haftung hinaus) bis zur Höhe des Lieferwertes. Die Wertdeklaration erfordert einen Wertzuschlag (Valuation Charge, siehe AWB) in Höhe von mindestens 0,75 % des Differenzbetrages zwischen Güterwert und Frachtführerhaftung.

→ Der Wertzuschlag wird wie folgt berechnet:
Lieferwert – gesetzliche Höchsthaftung = Differenz (davon 0,75 %)

Beispiel:
*Anwendbarer SZR-**Kurs**: 1,21191 EUR*

Sendungsdaten: Gewicht 50 kg, Wert =	2500,00 EUR
Haftungshöchstgrenze nach MÜ (50 · 22 SZR · 1,21191 EUR)	1333,10 EUR
ungedeckter Güterwert	1166,90 EUR
Wertzuschlag: 0,75 % von 1166,9 EUR =	8,75 EUR

Aufhebung der Haftungsgrenzen

Absender und Luftfrachtführer können nach Artikel 25 MÜ auch höhere Haftungssummen vereinbaren, als das MÜ vorsieht. Die Haftungsgrenzen des MÜ würden damit aufgehoben. Beide Fälle (Haftungserhöhung durch Interessedeklaration und die Aufhebung der Haftungsgrenzen) kommen in der Praxis selten vor.

Zusammenfassung

Luftfrachtführerhaftung

	National (nach HGB)	International (nach Montrealer Übereinkommen)
Schadensarten	❶ Verlust ❷ Beschädigung	❶ Verlust ❷ Beschädigung
	❸ Lieferfristüberschreitung ❹ Nachnahmefehler ❺ Sonstige Vermögensschäden	❸ Verspätung
Haftungshöchstgrenzen	Zu ❶ und ❷: 8,33 SZR/kg Zu ❸: dreifaches Frachtentgelt Zu ❹: Höhe der Nachnahme Zu ❺: dreifacher Verlustwert	❶ bis ❸ 22 SZR/kg
Haftungsprinzip	Gefährdungshaftung	Gefährdungshaftung (Ausnahme Verspätungsschäden)
		Haftungserhöhung durch Wertangabe möglich

15.7 Versicherung des Luftfrachtgutes

Luftfrachtbeförderungen sind in hohem Maße grenzüberschreitend und multimodal. Für den Absender hat dies viele Unsicherheiten zur Folge. Die Zielländer seiner Sendungen sind häufig sehr weit von seinem Geschäftssitz entfernt, die Rechtsordnungen dieser Länder sind ihm vielfach unbekannt. Im Schadensfall ist oft nicht feststellbar, welcher Verkehrsträger einen Schaden verursacht hat. Organisiert ein Spediteur den Transport als Multimodal Transport Operator, kann der Auftraggeber zwar immer den Spediteur haftbar machen, trotzdem bleiben häufig Deckungslücken, weil Haftungsbegrenzungen bestehen oder Haftungsausschlüsse geltend gemacht werden. Daher entscheiden sich viele Produzenten, ihre Güter unabhängig von der Haftung der Transportbeteiligten zu versichern. Dazu stehen unterschiedliche Angebote zur Verfügung:

Zur Versicherungspflicht des Luftfrachtspediteurs siehe Seite 251

- Abschluss einer eigenen **Transportversicherung**, die im Regelfall als Haus-Haus-Versicherung für alle Güterschäden – auf Wunsch auch für Vermögensschäden – von der Übergabe der Sendung beim Versender bis zur Auslieferung beim Empfänger Versicherungsschutz gewährt.
- Eindeckung der **Güterversicherung** durch den Spediteur
- Weiterhin bietet der Luftfrachtführer eine **Luftfrachtversicherung** an, die auch jene Gefahren einschließt, die durch die Haftung des Carriers dem Grunde und der Höhe nach nicht gedeckt sind. Dazu gehören z. B.
  - Schäden, die über die Haftungshöchstgrenzen des Luftfrachtführers hinausgehen,
  - besondere Gefahren wie Krieg, Beschlagnahme u. Ä., die aber auch zum Teil durch Zusatzvereinbarungen abgedeckt werden müssen.

Transportversicherung, siehe Seite 392

Güterversicherung, siehe Seite 68

Beispiel:
Die Lufthansa-Cargo bietet z. B. folgende Versicherungslösung für ihre Kunden an:
1. *Als versichert gelten alle Risiken von Haus zu Haus.*
2. *Eingeschlossen sind eine Lagerzeit bis 60 Tage sowie Frachten, Zölle und sonstige Gebühren.*
3. *Güterfolgeschäden, einschließlich Liefertermin- und Vertragsstrafen, können mit abgedeckt werden.*
4. *Die Versicherung wird ohne großen Aufwand über den Lufthansa-Cargo-Luftfrachtbrief abgeschlossen.*
5. *Der Versicherungsvertrag kann aber auch ganz speziell auf der Basis von Risikoanalysen und Prämienkalkulationen auf die Anforderungen eines jeden Absenders zugeschnitten werden (für Luft-, See- und Landtransporte).*
6. *Sonderrisiken (Krieg, verderbliche Güter) erfordern eine Zusatzprämie.*

Zusammenfassung	Luftfracht – Direktverkehr		
Rechtsgrundlagen:	Montrealer Übereinkommen (MÜ) u. a.		
Lademittel:	Unit Load Devices, ULD		
Organisation:	ICAO (Staaten) und IATA (Carrier)		
IATA-Agent:	Spediteur, der im Auftrag der Luftverkehrsgesellschaft deren Interessen gegenüber den Verladern vertritt.	**Ready for Carriage:**	Sendung versandfertig machen: ▪ Verpackung ▪ Label ▪ Dokumente ▪ Ausfuhrabfertigung
Konferenzgebiete:	T1: Amerika, T2: Europa/Afrika, T3: Asien/Australien		
AWB:	Luftfrachtbrief	**Funktionen:**	▪ Abrechnungsgrundlage ▪ Beweisurkunde ▪ Versicherungszertifikat ▪ Sperrpapier ▪ Empfangsbestätigung
Codierungen:	2- und 3-Letter-Code		
Abwicklung:	1. Transporteignung des Gutes prüfen 2. Güter verpacken 3. Begleitpapiere erstellen 4. Sendung dem Luftfrachtführer übergeben (Ready for Carriage) 5. Beförderung 6. Auslieferung	**Flugplan** (Air Cargo Guide)	▪ Flug-Nummer ▪ Flugzeugtyp ▪ Abflug-/Ankunftsflughafen ▪ Flugdatum ▪ Abflug-/Ankunftszeit ▪ Zwischenstopps ▪ Flugtage (1–7) ▪ Flugzeit
UTC-Zeit:	UTC = Universal Time Coordinated (koordinierte Weltzeit)		
Luftfrachtersatzverkehr:	Beförderung einer Luftfrachtsendung per Lkw (Road Feeder Service, RFS)		
Versicherung:	▪ des Frachtführers: Versicherung der Haftungsansprüche (wie nach GüKG) ▪ des Versenders: eigene Transportversicherung ▪ Versicherung durch den Spediteur (Güterversicherung) ▪ Versicherung durch die Luftverkehrsgesellschaft (Güter-/Transportversicherung)		

Haftung:	
Rechtsgrundlage:	Montrealer Übereinkommen (MÜ)
Haftungsgrundsatz:	▪ Güterschäden: Gefährdungshaftung ▪ Verspätungsschäden: Verschuldenshaftung
Haftungsumfang:	Güterschäden, Vermögensschäden
Haftungsgrenzen:	22 SZR/kg
Änderung der Haftungsgrenzen:	Wertangabe (Interessendeklaration, Artikel 22 MÜ)
Wegfall der Haftungsgrenzen:	durch vertragliche Vereinbarung möglich (Artikel 25 MÜ)
Haftungsausschlüsse:	▪ Eigenart der Güter ▪ mangelhafte Verpackung ▪ Krieg etc.
Reklamationsfristen:	▪ offene Mängel: sofort ▪ versteckte Mängel: 14 Tage nach Annahme ▪ Lieferfristüberschreitung: 21 Tage nach Annahme ▪ Verlustvermutung: sieben Tage nach planmäßiger Ablieferung

15.8 Luftfrachtberechnung

15.8.1 The Air Cargo Tariff

Die wichtigste Grundlage für die Luftfrachtberechnung ist der **TACT (The Air Cargo Tariff)**, weil er den meisten Luftverkehrsgesellschaften als Richtschnur dient.

→ **TACT** = von der IATA veröffentlichter internationaler Luftfrachttarif, der zur Anwendung empfohlen wird

Die tatsächlich berechneten Luftfrachtraten liegen jedoch häufig niedriger als im TACT angegeben.

Als **Luftfrachtrate** bezeichnet man den Betrag, den eine Luftverkehrsgesellschaft für den Transport einer Sendung in einer bestimmten Richtung per Kilogramm oder pound (lb) nach Gewicht oder Volumen verlangt.

Folgende Regeln sind bei der Berechnung der Luftfracht zu beachten:

1. Sperrigkeitsregel

Mindestbedingung für die Frachtberechnung nach dem Gewicht: 1 kg = 6 cdm = 6000 ccm
Ist das Volumen größer als 6 dm³ (6000 cm³) je Kilogramm, werden 6 dm³ als 1 kg gerechnet (**Volumenkilogramm**) und für die Frachtberechnung (nach Rundung, siehe unten) herangezogen.
Mit folgender Formel prüft man, ob die Volumenkilogrammzahl höher liegt als das tatsächliche Gewicht der Sendung:

Nach dem international gültigen Einheitensystem lautet die Schreibweise cm², cm³ usw.

→ $$\textbf{Volumenkilogramm} = \frac{\textbf{Länge} \cdot \textbf{Breite} \cdot \textbf{Höhe in cm}}{\textbf{6000}}$$

Beispiel Sendungsdaten:
65 kg, Maße 55 · 48 · 195 cm

$$Volumenkilogramm = \frac{55\ cm \cdot 48\ cm \cdot 195\ cm}{6000\ cm^3/kg} = \frac{514800\ cm^3}{6000\ cm^3/kg} = 85{,}8\ Vol.kg$$

Im nächsten Schritt ist vom Volumengewicht auszugehen, da das tatsächliche Gewicht (65 kg) niedriger ist als das Volumengewicht (85,8 Vol.kg). Dadurch stellt die Airline sicher, dass die Mindestbedingung (6000 cm³ haben mindestens ein Gewicht von 1 kg) erfüllt wird.

In der Seeschifffahrt wird die Sperrigkeit jeder Teilsendung geprüft, siehe Seite 308.

Werden Teilsendungen nach der gleichen Rate abgerechnet, addiert man die Gewichte der Teilsendungen und prüft dann die Sperrigkeit.

2. Rundungsregel

Für die Frachtberechnung ist das tatsächliche oder das errechnete Volumengewicht auf das nächste halbe oder volle Kilogramm bzw. lb **aufzurunden**. Dadurch erhält man das frachtpflichtige Gewicht (chargeable weight).

Beispiel:
Das im Beispiel oben errechnete Volumengewicht beträgt 85,8 Vol.kg; der Wert wird auf 86 Vol.kg aufgerundet. Läge des tatsächliche Gewicht bei 64,8 kg, würde es auf 65 kg aufgerundet.

3. Gewichtsstufenregel

Gewöhnlich sind im Tarif neben der Minimum- (M) und Normalrate (N) weitere, nach dem Gewicht gestaffelte Mengenraten angegeben (siehe auch weiter unten).
Über eine **alternative Frachtberechnung** ist jeweils festzustellen, ob die Anwendung der nächsthöheren Gewichtsstufe zu einer niedrigeren Fracht führt. Dabei ist zu beachten, dass das Mindestgewicht der Stufe anstelle des tatsächlichen oder des Volumengewichts anzuwenden ist.

KGS	EUR	
M	75,00	*M = Minimumrate (Minimum Charge)*
N	4,80	*N = Normalrate (Normal Rate) unter 45 kg*
45	3,80	*45, 100 = Mengenrabattraten (Quantity Rate)*
100	3,05	

Beispiel:
Nachdem die Sperrigkeit einer Sendung geprüft und die Rundungsregel angewandt worden ist (siehe oben), ergibt sich ein Gewicht von 86 kg.

Frachtberechnung mit der 45-kg-Rate
86 kg · 3,80 EUR = 326,80 EUR

Frachtberechnung mit der 100-kg-Rate
100 kg** · 3,05 EUR = **305,00 EUR

Der Vergleich zeigt, dass die Anwendung der 100-kg-Rate (mit dem Mindestgewicht dieser Rate) zu einer niedrigeren Fracht führt. Dieser Betrag ist für die Luftbeförderung zu bezahlen. Das Gewicht von 100 kg ist als „**chargeable weight**" in den Luftfrachtbrief einzutragen.
Während die Regeln 1 und 2 zu einer Begünstigung des Luftfrachtführers führen, bietet die 3. Regel dem Absender einen Vorteil.

Luftfrachtbrief, siehe Seite 242

Schnittmengenberechnung

Die alternative Frachtberechnung kann auch mit einer Schnittmengenberechnug durchgeführt werden. Die Gewichtsgrenze (Schnittmenge, **weight breakpoint**), ab der es sich lohnt, die höhere Gewichtsstufe für die Frachtberechnung heranzuziehen, lässt sich durch folgende Formel errechnen:

$$\text{Schnittmenge} = \frac{\text{Mindestgewicht der höheren Gewichtsstufe} \cdot \text{Frachtrate dieser Stufe}}{\text{Frachtrate der niedrigeren Gewichtsstufe}}$$

Beispiel:

$$\frac{100 \cdot 3{,}05}{3{,}80} = \mathbf{80{,}26316\ kg}$$

Das heißt, ab einem Gewicht von 80,26316 kg ist es für den Absender günstiger, die 100-kg-Rate anzuwenden.
80,26316 kg · 3,80 EUR = 305,00 EUR

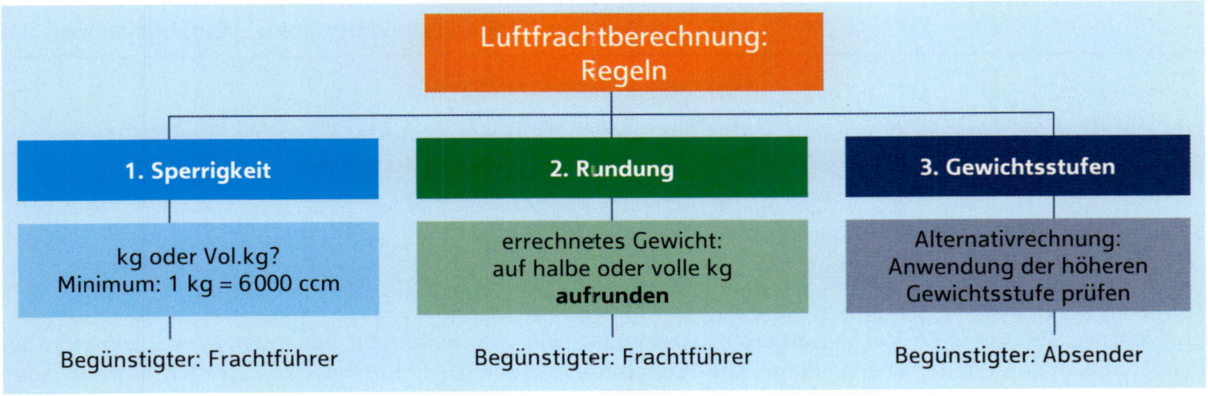

Chargeable weight

Frachtpflichtiges Gewicht (chargeable weight): Gewicht, auf das der Luftfrachttarif angewendet wird

Das frachtpflichtige Gewicht wird grundsätzlich auf halbe bzw. volle kg gerundet; es kann folgende Ursprünge haben:

- das tatsächliche **Bruttogewicht (actual weight)**
- das errechnete **Volumengewicht** (LxBxH : 6000)
- **eine Gewichtsstufe aus dem Tarif:** das Mindestgewicht der nächsthöheren Gewichtsstufe, wenn sich die Alternativabrechnung als günstiger erweist

Aufbau des TACT

Der TACT hat ein differenziertes Preisgefüge und unterscheidet:

Mindestfrachtraten (Minimum Charges)	M	Dieser Betrag darf bei der Frachtberechnung nicht unterschritten werden.
Allgemeine Frachtraten (General Cargo Rates, GCR)		
Normalraten (Normal Rates)	N	Sendungen mit einem frachtpflichtigen Gewicht unter 45 kg werden mit der Normalrate abgerechnet. Die Rate ist im Tarif mit „N" gekennzeichnet. Die Luftfrachtraten werden je Kilogramm angegeben.
Mengenrabattraten (Quantity Rates)	Q	Sie werden für Sendungen ab 45 kg frachtpflichtigem Gewicht (Tarifangabe: „45") angewendet. Oft werden ab 100, 300, 500 oder 1000 kg weitere Ermäßigungen gewährt. Der günstigste Tarif ergibt sich durch Alternativrechnung, wobei die angegebenen Gewichte Mindestgewichte darstellen. ***Beispiel:*** *Bei einer 250-kg-Sendung kann der 300-kg-Frachtsatz (für 300 kg) günstiger sein als der 100-kg-Satz für 250 kg.*
Spezialraten (Specific Commodity Rates)	C	Es handelt sich hierbei um besonders stark ermäßigte Raten (bis zu 80 % gegenüber der Normalrate). Sie gelten für bestimmte Waren oder Warengruppen, auf einer bestimmten Strecke und unter Beachtung bestimmter Mindestgewichte. Im TACT sind die Waren genau beschrieben und mit vierstelligen Warennummern versehen (Commodity Item No., siehe auch AWB).
Warenklassenraten (Class Rates)	R, S	Sie gelten für bestimmte Warengruppen, z. B. lebende Tiere, wertvolle Sendungen oder Bücher. Ausgangspunkt ist die Normalrate. Davon sind bestimmte Zuschläge (Surcharges, S) oder Abschläge (Reductions, R) zu berechnen.
Container- und Palettenraten (Bulk Unitization Charges)	B/C	Frachtraten für den Versand kompletter Container oder Paletten. Der Frachtberechnung wird ein Grundbetrag (B) für ein Mindestgewicht zugrunde gelegt (**Pivot Weight**). Jedes weitere Kilogramm wird mit der Rate C abgerechnet (**Over Pivot Rate**).

Beispiel: Auszug aus dem Luftfrachttarif			**Erläuterungen zum TACT (= The Air Cargo Tariff)**
Düsseldorf	DE	DUS	DUS = Düsseldorf (Drei-Buchstaben-Code des Abgangsflughafens)
	KGS	EUR	KGS = Kilogramm, EUR = Euro (Währung des Abgangslandes)
Los Angeles	M	75,00	M = Minimumrate (Minimum Charge)
	N	4,80	N = Normalrate (Normal rate) **unter** 45 kg
	45	3,80	45, 100, 300, 500 = Mengenrabatt-Raten
	100	3,05	(mindestens 45, 100, 300, 500 kg)
	300	2,40	
	500	1,95	

Im **AWB** werden die **IATA-Raten** aufgeführt. Die tatsächlich vom Versender bezahlten Preise liegen in der Regel deutlich unter den offiziellen Raten. Die Vereinbarungen der Spediteure mit den Luftfrachtführern liegen wiederum unterhalb der Kundenraten, sodass für den Spediteur eine Preisdifferenz entsteht.

Container- und Palettenraten

Container- und Palettenfrachten sind sogenannte **FAK-Rates** (Freight All Kind Rates, artikelunabhängige Pauschalfrachten) und beziehen sich somit auf Waren aller Art. Die Raten gelten für einen Container/eine Palette unabhängig vom Inhalt.

Für Fluggesellschaften ist diese Art der Beförderung attraktiv, da die kostenintensive Beladung durch den Abfertigungsbeauftragten am Flughafen (handling agent) entfällt. Hierzu werden den Speditionen die Ladeeinheiten kostenfrei 48 Stunden zur Verfügung gestellt. Darüber hinaus ermöglicht diese Beförderungsart den Haus-zu-Haus-Verkehr für Versender, spart Verpackungskosten und verkürzt die Be- und Entladezeiten am Flughafen (und verlängert damit die Nutzungszeiten der teuren Flugzeuge: Ladezeiten sind Stillstandszeiten).

Für die jeweiligen Ladeeinheiten wird ein frachtpflichtiges Mindestgewicht festgesetzt („Pivot Weight“, Abkürzung „B“). Wird eine Ladeeinheit über das Mindestgewicht hinaus beladen, wird für das über das Mindestgewicht hinausgehende Gewicht (Over Pivot Weight oder Excess Weight = Mehrgewicht, Übergewicht) die „Over Pivot Rate“ angewendet (Abkürzung „C“). Das **Gewicht der Ladeeinheiten** ist hierbei **nicht frachtpflichtig**.

Beispiel für die Anwendung des TACT:

Sendungsdaten/Tarif

Güter:	*zwei Kartons Ersatzteile (Spare Parts), Gesamtgewicht 52 kg*
Beförderungsstrecke:	*Frankfurt – Sydney (Australien)*
Maße:	*Karton 1: 110 · 34 · 40 cm*
	Karton 2: 85 · 50 · 40 cm

Frankfurt EUR		DE KGS	FRA EUR
Sydney		**AU**	
		M	85,00
		N	14,50
		45	11,30
		100	6,80
		300	5,95
		500	5,40
	9709	100	5,80
	/C		4,48
5	/B	2000	9710,00
9709	CHEMICALS, CHEMICAL PRODUCTS, DRUGS, COSMETICS, PHARMACEUTICALS, ESSENTIAL OILS, TOILET ARTICLES		
	Class-Rates		
Newspapers	50 %	Live Animals	150 %

Frachtberechnung

110 · 34 · 40 cm	*= 149600 cm³*		
85 · 50 · 40 cm	*= 170000 cm³*		
	319600 cm³	*: 6000*	*= 53,3 kg*
Volumen-kg (aufgerundet)			*53,5 kg*
tatsächliches Gewicht der Sendung			*52,0 kg*
Frachtberechnungsgewicht (gerundetes Volumengewicht)			***53,5 kg***
Luftfracht = Minimum aus:			
1. 53,5 kg · 11,30 EUR			*604,55 EUR*
2. 100,0 kg · 6,80 EUR (Alternativrechnung)			*680,00 EUR*
Die Luftfracht beträgt			***604,55 EUR***

Prüfung der übrigen Frachtraten

M	Die angegebene Mindestfrachtrate pro Sendung darf nicht unterschritten werden. Die Mindestfrachtrate ist nicht anwendbar, weil die ermittelte Fracht 85,00 EUR überschreitet.
N	Normalraten (General Cargo Rates) für Sendungen mit einem Gewicht **unter** 45 kg. Hier nicht anwendbar, weil das Gewicht über 45 kg liegt.
45/300/500	Mengenrabattraten (General Cargo Rates) für Sendungen **ab** einem Gewicht von 45 bzw. 100 bzw. 300 bzw. 500 kg (Mindestfrachtberechnungsgewicht je Frachtrate). Die 45-kg-Rate wird angewendet, weil das Sendungsgewicht **über** 45 kg liegt. Die 100-, 300- und 500-kg-Raten führen zu höheren Frachten als die 45-kg-Rate.
9709	Spezialrate für bestimmte Güter. Der Spezialtarif ist nicht anwendbar, weil keine Chemikalien, chemischen Produkte usw. vorliegen.
/B	Container- und Palettenraten (Pivot Rates)/B gelten für Sendungen bis 2000 kg in einem Container Typ LD5 bis zum Mindestgewicht von 2000 kg.
/C	Over Pivot Rate für Container und Paletten. Für jedes weitere Kilogramm wird die Frachtrate/C (4,48 EUR/kg) berechnet. Die Raten sind nicht anwendbar, weil die Güter nicht in einem Container befördert werden.
Class-Rates	Warenklassenraten für speziell bezeichnete Warengruppen. Hier nicht anwendbar, weil weder Zeitungen noch lebende Tiere befördert werden.

Lademittel siehe Seite 239

Beispiel für die Anwendung einer Containerrate:

LD3-Container, Ersatzteile, Bruttogewicht (einschließlich Containergewicht) 945 kg, Leergewicht des Containers 80 kg. Relation: Düsseldorf – Vancouver

Ratenauszug			
Bulk Unitization Charges			
Düsseldorf	DE	DUS	
	CARRIER	LH Cargo	
Vancouver	Pivot Weight	800,00 kg	
	Charge of Pivot Weight per Unit	B	5650,00 EUR
	Over Pivot Rate	C	4,40 EUR

Ausschnitt aus dem Luftfrachtbrief

No. of Pieces RCP	Gross Weight	kg lb	Rate Class	Commodity Item No.	Chargeable Weight	Rate Charge	Total	Nature and Quantity of Goods (incl. Dimensions or Volume)
1	865	kg	B		800	5650,00	5650,00	Spare Parts
			C		65	4,40	286,00	
	80	kg						LD3
1	945	kg					5936,00	

Die Abrechnung der Luftfracht zwischen Airline und Luftfrachtspediteuren wird häufig über eine Verrechnungsstelle der IATA durchgeführt (Cargo Accounts Settlement System, CASS).

Erläuterungen zu den Eintragungen im Luftfrachtbrief

- Das Bruttogewicht (Gross Weight) setzt sich aus dem Warengewicht (865 kg) und dem Leergewicht des Containers (80 kg) zusammen.
- Das Pivot Weight von 800 kg wird mit 5650,00 EUR (B-Rate) abgerechnet. Die darüber hinausgehenden 65 kg fallen unter die Over Pivot Rate (C-Rate) von 4,40 EUR/kg. Dadurch ergibt sich ein Gesamtpreis von 5936,00 EUR.

Kontraktraten – Contract Rates

Kontraktraten sind „Fest-Tonnen-Raten" auf Monatsbasis für Spediteure und Verlader. Diese werden direkt mit den Fluggesellschaften für einzelne Relationen ausgehandelt. Sie sind damit nicht Teil des TACT. Sie bilden in der Regel die Basis für Haustarife der Speditionen.

15.8.2 Frachtraten im Luftfrachtbrief

Dem Luftfrachtbrief lassen sich folgende Informationen zur Gewichtsberechnung entnehmen:

Ausschnitt aus dem Luftfrachtbrief von Seite 246

No. of Pieces RCP	Gross Weight	Kg lb	Rate Class / Commodity Item No.	Chargeable Weight	Rate / Charge	Total	Nature and Quantity of Goods (incl. Dimensions or Volume)
1	84	K	C 9735	100	3,60	360,0	MACHINE OIL DIM 1/120·80·30 cm VOL. WGHT.: 48 KG
1	84					360,00	0,288 cbm

DIM 1/120·80·30 cm

Dimensionen/Maße

VOL.WGHT.: 48 KG

Volumengewicht

$120 \cdot 80 \cdot 30 = 288\,000$ cm ^{3}

$288\,000 : 6\,000 = 48$ Vol.kg

Raummaß

$288\,000$ cm $^3 =$ **0,288 m ^{3}**

100 Der Spezialtarif hat ein Mindestgewicht von 100 kg

Düsseldorf		**DE KGS**	**DUS EUR**
Belo Horizonte		M	75,00
		N	7,80
		45	6,90
		100	6,40
		300	5,90
		500	4,60
	9727	100	3,60
	9735	**100**	**3,60**

C 9735 Auf die Sendung ist eine Spezialrate (C) anzuwenden. Im TACT wird diese Spezialrate wie folgt beschrieben.

Erläuterung zur Spezialrate C 9735 (Auszug)
FOODSTUFFS, SPICES, BEVERAGES, TOBACCO, SKINS, LEATHER, FLOWERS, PLANTS, OILS, WODD MANUFACTURES, TEXTILES, CHEMICALS, DRUGS, PHARMACEUTICALS, PAINTS

K Abrechnungseinheit ist das Kilogramm (und nicht das pound [lb], 453,6 g)

84 Das tatsächliche Gewicht der Sendung beträgt 84 kg

Da für die Anwendung der Spezialrate C 9735 aber ein Mindestgewicht von 100 kg anzusetzen ist, kommt das tatsächliche Gewicht nicht zum Tragen. Zur Kontrolle kann noch eine Alternativberechnung durchgeführt werden:
84 kg · 6,90 EUR = 579,60 EUR bzw. 100 kg · 6,40 EUR = 640,00 EUR.
Diese Beträge liegen deutlich über der Fracht, die bei Anwendung der Spezialrate anfällt.

15.8.3 Nebengebühren für Exportsendungen (Auszug)

Die Luftverkehrsgesellschaften empfehlen, die nachfolgend abgebildeten Gebühren für spezielle Leistungen zu erheben. Spediteure können sich an diese Empfehlung halten. Sie berechnen den Versendern im Regelfall aber höhere Gebühren. Fuel Surcharge und Security Surcharge werden gewöhnlich in ursprünglicher Höhe an den Versender weiter berechnet.

Die Abkürzungen MY und SC werden noch durch „C“ (Carrier) oder „A“ (Agent) zu einem Drei-Buchstaben-Code ergänzt.

Anforderungen an die Luftsicherheit bei Güterversendungen, siehe nachfolgend.

1 Allgemeine Gebühren		
1.1 Air-Waybill-Ausstellung	pro AWB	10,00 EUR
1.2 Air-Waybill-Berichtigung	pro AWB	50,00 EUR
2 Spezielle Gebühren		
2.1 Fuel Surcharge (MY) Gebühr für gestiegene Kraftstoffpreise	pro kg tatsächliches Gewicht	0,45 EUR*
2.2 Security Surcharge (SC) Gebühr für Sicherheitsvorkehrungen	pro kg tatsächliches Gewicht	0,15 EUR
2.3 Dangerous Goods Fee (RA) Gebühr für Gefahrgut		100,00 EUR
3 usw.		

* *Die Gebühr ändert sich fortlaufend in Abhängigkeit von der Ölpreisentwicklung.*

Die Gebühr für die AWB-Ausstellung erhält gewöhnlich der Luftfrachtspediteur (**A**gent). Fuel Surcharge und Security Surcharge bekommt der Luftfrachtführer (**C**arrier). SCC bedeutet z. B., dass der Luftfrachtführer (C) den Sicherheitszuschlag (SC) erhält.

Volume-Weight-Ratio = Volumen-Gewichts-Verhältnis

15.8.4 Volume-Weight-Ratio im Luftverkehr

Frage: Warum wird das Volumengewicht durch 6000 geteilt?

Der Betrieb von Flugzeugen ist mit hohen Kosten verbunden, daher wird eine möglichst hohe Auslastung der Kapazität angestrebt. Es gibt zwei Kapazitätsbegrenzungen:

1. das Laderaumvolumen (in Kubikmetern) und
2. die zulässige Nutzlast (in Kilogramm).

Die Luftverkehrsgesellschaften haben das Ziel, den Frachtraum sowohl nach Gewicht als auch nach Volumen maximal zu nutzen.
Wichtig für die Kapazitätsbetrachtung ist die Volume-Weight-Ratio (das Volumen-Gewichts-Verhältnis).

Das Verhältnis zwischen Sendungsgewicht und Sendungsvolumen beträgt 1 : 6, d. h., pro Kubikmeter Laderaum (Volumen) wird ein durchschnittliches Gewicht von 167 kg angenommen (1 000 kg/m³ dividiert durch 6 = 166,67 kg = gerundet 167 kg). Bei der Frachtberechnung wird das Volumen (in cm³) daher durch 6000 geteilt.

Sendungen, die nicht das Mindestgewicht von 167 kg/m³ aufweisen, werden nicht nach dem tatsächlichen Gewicht, sondern nach dem Mindestgewicht (der Volume-Weight-Ratio) abgerechnet.

Beispiel:

Produkt 1:	Produkt 2:	Flugzeug: Boing 747-400F
Textilien Gewicht: 50 kg/m³ Frachtberechnungsbasis: 167 kg/m³	Stahl-Maschinenteile Gewicht: 124 t	maximale Nutzlast: 124 t maximales Laderaumvolumen: 779 m³ einheitliche Frachtrate: 3 USD/kg

Fall 1: Beladung ausschließlich mit Textilien

Wegen des geringen Eigengewichts wird nicht das tatsächliche Gewicht, sondern das Mindestgewicht (Volume-Weight-Ratio) angesetzt.

Lösung

779 m³ · 167 kg/m³ · 3 USD/kg = 390 279,00 USD

Fall 2: Beladung ausschließlich mit Maschinenteilen
Nun wirkt aufgrund des hohen Eigengewichts nicht das Volumen, sondern die höchstzulässige Nutzlast beschränkend.

Lösung
124 000 kg · 3,00 USD/kg = 372 000,00 USD

Ergebnis
An beiden Lösungen wird deutlich: Die 1:6-Regelung sorgt dafür, dass das Flugzeug auch bei leichten und voluminösen Gütern etwa den gleichen Ertrag erbringt wie bei einer Abrechnung nach dem tatsächlichen Gewicht (Abweichung nur rund 5 %).

Fall 3: Kombination von Textilien und Maschinenteilen
70 % des Volumens werden mit Textilien beladen, 30 % mit Maschinenteilen.

Textilien
70 % von 779 m^3 = rund 545 m^3 = 91 015 kg frachtpflichtiges Gewicht auf Volumenbasis (545 m^3 · 167 kg = 91 015 kg)
91 015 kg · 3 USD/kg = ***273 045,00 USD***

Maschinenteile
tatsächliches Gewicht der Textilien: Eigengewicht 50 kg/m^3 · 545 m^3 = 27,250 t
124 t Nutzlast – 27,250 t = 96,750 t restliche Nutzlast für den Transport von Maschinenteilen
96 750 kg · 3 USD/kg = ***290 250,00 USD***
Gesamterlös: ***563 295,00 USD***

Ergebnis
Eine Kombination aus leichten/voluminösen und schweren Sendungen bringt über den Volumen- und Gewichtsausgleich eine deutlich höhere Frachteinnahme.

15.9 Luftfracht-Sammelladung

15.9.1 Prozesse

Die Luftfracht-Sammelladung (**Consolidation, konsolidierte Güter**) unterscheidet sich nicht grundlegend von der Lkw-Sammelladung. In beiden Fällen bündelt der Spediteur kleinere Sendungen zu einer größeren. Der Luftfracht-Sammelladungsspediteur profitiert in zweierlei Hinsicht von der Bündelung der Sendungen:

Luftfracht-Sammelgut = consolidated airfreight

- Größere Gewichte führen zu günstigeren Raten pro Kilogramm (**Gewichtsdegression** des Tarifs).
- Schwere und leichte Sendungen führen zu einem **Volumenausgleich**, sodass es häufig vermieden werden kann, die Sendung nach Volumenkilogramm abzurechnen.

In beiden Fällen wird mit den Kunden nach den vereinbarten Preisen abgerechnet, die für kleinere Sendungen z. B. einen Mindestpreis oder für sperrige Sendungen die Abrechnung nach Volumenkilogramm vorsehen. In der Abrechnung der gesamten Sammelladung mit dem Luftfrachtführer kommen aber beide Besonderheiten eventuell nicht zum Tragen.

Luftfrachtberechnung, siehe Seite 254

Beispiel zur Rohergebnisberechnung in der Luftfracht-Sammelladung:

Sendung Nr.	Gewicht kg	Maße cm	Volumenkilogramm	Berechnungsgrundlage: Gewicht/ Volumenkilogramm	EUR pro kg	Gesamtbetrag EUR (Erlöse)
1	6,0	30 · 40 · 20	4,0	**6,0**	MIN	35,00
2	45,0	50 · 30 · 60	15,0	45,0	1,70	76,50
3	110,0	210 · 95 · 95	316,0	**316,0**	1,50	474,00
4	850,0	100 · 90 · 100	150,0	**850,0**	1,45	1 232,50
5	30,0	80 · 40 · 40	21,5	30,0	2,50	75,00
	1 041,0		506,5	**1 247,0**		1 893,00
	Gewicht für die Frachtberechnung des Carriers			Gewicht für die Frachtberechnung gegenüber den Kunden		

Aufwendungen für den Luftfrachtführer: 1 041 kg · 1,10 EUR (Rate + 1 000; Abrechnung nach Gewicht, weil das Volumen nur 506,5 Vol.kg beträgt) = 1 145,10 EUR
Gegenüberstellung von Speditionserlösen und -aufwendungen:

Fracht-Erlöse von Kunden	*1 893,00 EUR*
Fracht-Aufwendungen für Luftfrachtführer	*1 145,10 EUR*
Fracht-Rohergebnis der Sammelladung	*747,90 EUR*

Erläuterungen zu den Teilsendungen

- *Sendung 1 wird z. B. mit der Minimumfracht abgerechnet (eine besonders hohe Fracht), obwohl das Minimum in der Sammelladung gegenüber dem Luftfrachtführer gar nicht zum Zuge kommt.*
- *Sendung 3 ist sehr voluminös, dementsprechend wird nach Volumenkilogramm (316 kg) abgerechnet. Die besonders schwere, aber eher kompakte Sendung 4 gleicht jedoch innerhalb der Sammelladung die Volumensendung aus, sodass wieder eine hohe Frachtrechnung an den Kunden geht, ohne dass ein entsprechender Aufwand beim Einkauf der Frachtführerleistung gegenübersteht.*

15.9.2 Beförderungspapiere

Im Direktverkehr (siehe Seite 247) spricht man vom IATA-Direkt-AWB.

Der Versandspediteur – in der Luftfracht-Sammelladung auch **Consolidator** genannt – erstellt für jeden einzelnen Auftrag einen hauseigenen Luftfrachtbrief (**House-AWB**), für die gesamte Sammelladung einen **Master-AWB** für den Luftfrachtführer sowie ein **Cargo-Manifest.**

- **House-AWB:** Dies ist ein Beförderungspapier im Verhältnis Versender – Versandspediteur. Es ist mit dem Frachtbrief vergleichbar, weil es Daten der Vertragsbeteiligten, der Sendung und Angaben über den Beförderungsverlauf enthält. Das Formular ist ein normaler Luftfrachtbrief (Air Waybill), wobei allerdings der Versandspediteur anstelle des Luftfrachtführers genannt wird. Im House-AWB werden sowohl die Master-AWB-Nummer (links) also auch die eigene AWB-Nummer des Versandspediteurs (rechts) eingetragen.

Kopfzeile links: Master-AWB-Nummer, Kopfzeile rechts: House-AWB-Nummer

Beispiel: Auszug aus einem House-AWB

020 DUS 2440 4266		ISL-4000 0328
Shipper's Name and Address JEVIC-MEDIZINTECHNIK MUENSTERSTRASSE 14 40476 DUESSELDORF GERMANY	Shipper's Account Number	Not Negotiable **Air Waybill** Issued by INTERSPED LUFTFRACHT GMBH FLUGHAFENSTRASSE 68 40474 DUESSELDORF/GERMANY FAX +49 (0)211 488 929 Copies 1, 2 and 3 of this Air Waybill are originals and have the same validity.

Luftfrachtspediteure, die ein House-AWB ausstellen, haben die Rechtsposition des vertraglichen Luftfrachtführers.

- **Master-AWB:** Der Luftfrachtführer erhält über die Gesamtsendung ein Master-AWB, das den Frachtvertrag zwischen Versandspediteur und Carrier dokumentiert. Im **Master-AWB** (Hauptluftfrachtbrief) wird der Empfangsspediteur als Empfänger eingesetzt. Er ist das Beförderungspapier für den Lufttransport. Im Feld „Nature and Quantity of Goods" wird im Master-AWB durch nachstehenden Eintrag – inklusive Nennung des Gesamtvolumens der Sammelladung – auf das zugehörige Cargo-Manifest verwiesen:

No. of Pieces RCP	Gross Weight	Kg Lb	Rate Class / Commodity Item No.	Chargeable Weight	Rate Charge	Total	Nature and Quantity of Goods (incl. Dimensions or Volume)
							Consolidated Cargo as per attached Manifest **1 832 000,0 cm³**

Manifest = Ladeliste

- **Cargo-Manifest:** Der Empfangsspediteur erhält – wie beim Bordero – zusätzlich eine Auflistung aller Einzelsendungen. In dieser Ladeliste (**Cargo-Manifest**) wird auch festgehalten, wie die einzelnen Sendungen zu behandeln sind (Frankaturen, Benachrichtigungen usw.). Wie der Luftfrachtbrief wird heute auch das Cargo-Manifest zunehmend in elektronischer Form zur Verfügung gestellt (**E-Manifest**).

Ausschnitt aus einem Cargo-Manifest

INTERSPED LUFTFRACHT **IATA** Accredited Agent Code: 23-4 7445/3012	Flughafenstr. 68 40474 Düsseldorf Germany	Telefon: +49 (0) 211 4234 530 Telefax: +49 (0) 211 4234 540 E-Mail: info@intersped-luftfracht.de	
Cargo Consolidation	**Manifest No.: 08-079**	**Master-AWB: 020-23462544**	
Consigned to:	MCN – Air & Ocean Shipping Inc. 42, Kennedy Ave. New York 10094 NY U.S.A.	**Date:** **Page:**	08.10.20(0) 1 of 1
Airport of Departure: DUS	**Airport of Destination: JFK**	**Flight: LH 433/08**	

No	HAWB	Pcs/ pack.	Weight kg	Contents incl. dims.	Shipper Name and Address	Consignee Name and Address	Inco-term	CCPP
1	ISL 40000368	1	248	Operation Instruments 1 484 000 cm³	Dieter Aalten GmbH Bunsenstr. 40 40215 Düsseldorf Germany	Gendax Corporation 56, Water Plant Road New York 10031 NY U.S.A	DAP	PP
2	ISL 40000369	2	90	Shoes and Boots 1 024 000 cm³	Abel Schuhmanufaktur Helmholtzstr. 44 41464 Neuss Germany	G&P Shopping Centre 822, Seventh Avenue New York 10152 NY U.S.A.	FCA	CC
(...)	(...)							
Total		(...)	(...)					

Grafische Darstellung der Vertragsbeziehungen und der eingesetzten Beförderungspapiere

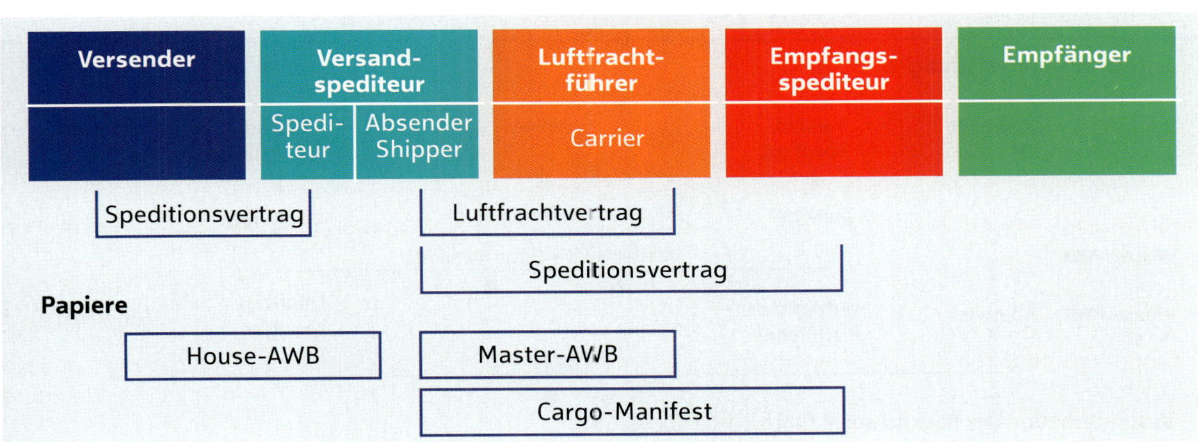

Preisangaben im House- und Master-AWB

Im **House-AWB** werden gewöhnlich keine Abrechnungsdaten mit dem Versender angegeben, sondern nur das frachtpflichtige Gewicht. In der Spalte „Total" erscheint der Hinweis „as agreed", ebenso in den Feldern „Total prepaid" bzw. „Total collect".

Im **Master-AWB** wird gegenüber der Luftverkehrsgesellschaft der offizielle IATA-Tarif deklariert, einschließlich Nebengebühren, die dem Luftfrachtführer zustehen (z. B. Fuel Surcharge und Security Surcharge). Abgerechnet wird die vereinbarte Rate in der Regel über eine separate Rechnung oder über eine Gutschrift (als Differenz zwischen der vereinbarten Rate und dem offiziellen Tarif).

Nebengebühren, siehe Seite 259

House-/Master-AWB				
	Preisangaben	**Absender**	**Frachtführer**	**Empfänger**
House-AWB	„as agreed"	Versender (Auftraggeber des Spediteurs)	Versandspediteur (als vertraglicher Frachtführer)	Empfänger der Ware
Master-AWB	IATA-Tarif (TACT)	Versandspediteur	Luftfrachtführer	Empfangsspediteur

Arten von Luftfrachtbriefen

Betrachtet man den Direktverkehr (siehe Seite 247) und die Luftfrachtsammelladung, so gibt es drei Arten von Luftfrachtbriefen:

Direkt-AWB:	Luftfrachtbrief, der sich auf einen Luftfrachtversand von einem Absender zu einem Empfänger bezieht.
House-AWB:	Beförderungspapier in der Luftfrachtsammelladung im Verhältnis Versender – Versandspediteur, das für eine Teilsendung ausgestellt wird.
Master-AWB:	Hauptluftfrachtbrief, der den Frachtvertrag zwischen Versandspediteur und Luftfrachtführer über die gesamte Sammelladung dokumentiert.

15.9.3 Back-to-back-Luftfrachtbeförderung

Manche Fluggesellschaften akzeptieren keine Unfrei-Sendungen („collect"). Man kann das Problem lösen, indem man die Sendung wie eine Sammelgutsendung behandelt, und zwar mit folgenden Arbeitsschritten:

1. Zunächst wird die Sendung über ein Master-AWB „prepaid" mit der Airline befördert und abgerechnet. Das Master-AWB hat als Absender den Luftfrachtspediteur und ist an den Empfangsspediteur im Zielland adressiert.
2. Gleichzeitig wird ein House-AWB über die Sendung erstellt. Das House-AWB hat als Absender den Versender und ist auf den Endempfänger ausgestellt sowie mit der Frankatur „collect" aufgemacht.
3. Das Cargo Manifest weist nur diese eine Sendung aus.
4. Die Beförderungskosten werden bei der Zustellung durch den Empfangsspediteur beim Empfänger nachgenommen.

Damit ist der Versandspediteur zunächst mit der Fracht gegenüber dem Luftfrachtführer in Vorleistung gegangen („prepaid") und erhält über den Empfangsspediteur den Beförderungspreis vom Empfänger („collect").

Back-to-back-Luftfrachtbeförderung = Sammelgutsendung, mit der Collect-Sendungen im Luftverkehr abgewickelt werden können

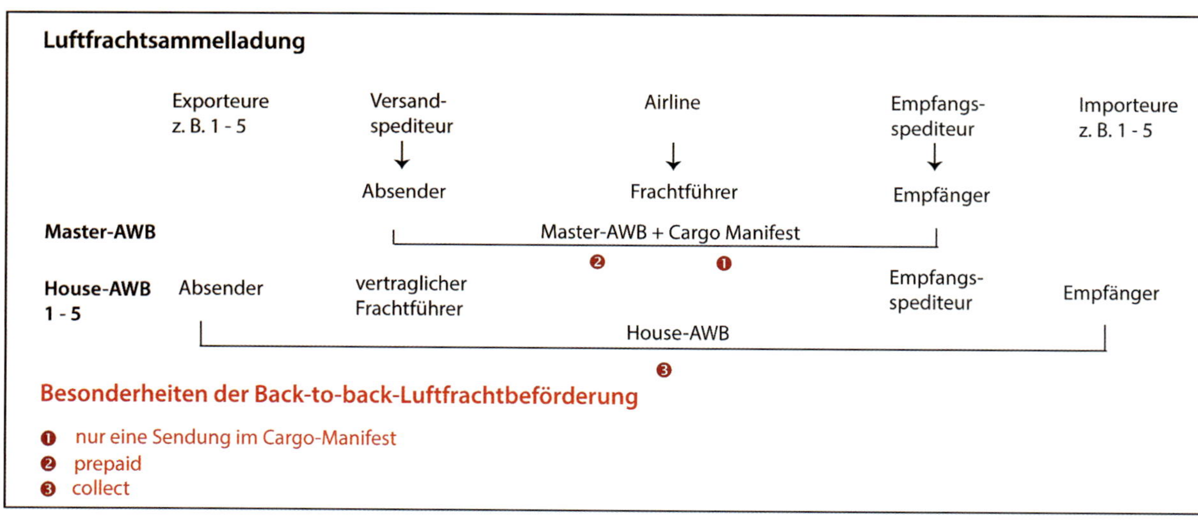

15.9.4 Haftung des Luftfrachtspediteurs

Luftfrachtspediteur = airfreight forwarder

Die typische Situation eines Luftfrachtspediteurs lässt sich wie folgt beschreiben:
Sein Kerngeschäft ist **Luftfrachtsammelladung**. Nach § 460 HGB hat der Sammelladungsspediteur für die Beförderung die Rechtsposition eines Frachtführers. Gleichzeitig vereinbart er mit seinem Versender einen festen Preis für seine Leistungen. Dabei handelt es sich im Regelfall um einen Haus-Haus-Preis (door to door). Für die Reichweite der **Fixkostenvereinbarung** gilt der Spediteur ebenfalls als Frachtführer (§ 459 HGB).

Konsequenzen für die Haftung des Spediteurs

- Im **nationalen Luftverkehr** ergeben sich gegenüber der Beförderung mit Lkw keine Unterschiede, weil innerdeutsche Güterbeförderungen per Flugzeug auch dem HGB-Frachtrecht unterliegen. Das HGB in Verbindung mit den Allgemeinen Geschäftsbedingungen des Spediteurs (ADSp) bildet die Grundlage:
  - **Vor- und Nachlauf:** Haftung nach HGB-Frachtrecht (Haftungshöchstgrenze 8,33 SZR/kg für Güterschäden)
  - **Umschlag:** Obhutshaftung nach HGB und ADSp ebenfalls 8,33 SZR/kg für Güterschäden
  - **Hauptlauf:** wie beim Vor- und Nachlauf; Lieferfristüberschreitung maximal bis zum Dreifachen der Fracht

Für Leistungen außerhalb der Beförderung (für typische Speditionsfehler) gilt das Speditionsrecht des HGB, vor allem hier die Haftungsregelung des §461 Absatz 2 HGB, begrenzt durch die Haftungsbestimmungen der ADSp.

Haftung des Spediteurs, siehe Seite 31

- **Internationale Güterbeförderungen** mit dem **Flugzeug** sind gemäß deutschem Recht zwingend nach dem Montrealer Übereinkommen abzuwickeln, wenn auch das Empfangsland dieses Abkommen ratifiziert hat. Obwohl der Spediteur die Luftbeförderung nicht selber durchführt, ist er nach HGB-Frachtrecht aufgrund der Fixkostenvereinbarung in der Position des vertraglichen Frachtführers. Das bedeutet, er haftet nach MÜ wie ein Luftfrachtführer von der Übernahme des Gutes in seiner Luftfrachtumschlagsanlage bis zur Ablieferung in der Luftfrachtumschlagsanlage des Empfangsspediteurs (**terminal to terminal**).

  Vor- und Nachlauf unterliegen den frachtrechtlichen Bestimmungen der beteiligten Verkehrsträger.

Anwendung des MÜ, siehe Seite 240
Multimodaler Luftfrachtverkehr, siehe Seite 269.

Sonderfall: Luftfrachtspediteur stellt ein House-AWB aus

Haftungsreichweite des Luftfrachtführers, siehe Seite 250

Über die Sammelgutsendungen stellt der Spediteur gewöhnlich ein House-AWB aus. Nach einer Gerichtsentscheidung bringt ein Spediteur in diesem Falle zum Ausdruck, dass er für die im House-AWB genannte Beförderungsstrecke (Abgangs- bis Zielflughafen) die Position eines Frachtführers einnehmen will. Da der Spediteur hier – im Gegensatz etwa zum Güterkraftverkehr – nicht tatsächlich selbst befördert, spricht man von **unechtem Selbsteintritt** (§ 458 HGB). Als vertraglicher Frachtführer hat er in diesem Fall wie ein Luftfrachtführer zu haften (terminal to terminal).

15.10 Luftsicherheit – Sichere Lieferkette

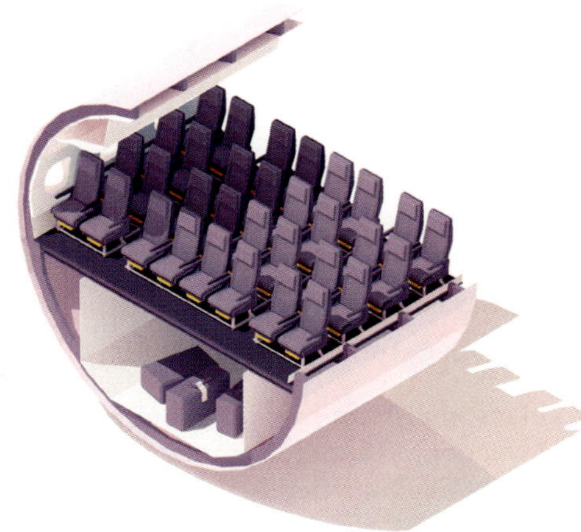

Flugzeuge sind – vor allem durch Terrorbedrohungen – besonders gefährdet, speziell wenn Luftfrachtgüter als Bellyfracht auf dem Unterdeck von Passagierflugzeugen befördert werden (vgl. Abbildung).

Insbesondere seit den Terroranschlägen vom 11. September 2001 wurden die Bemühungen zum Schutz der zivilen Luftfahrt erheblich verstärkt. Im Zuge dessen hat auch die EU maßgebliche Sicherheitsverordnungen erlassen deren Umsetzung in Deutschland seit 2005 das Luftsicherheitsgesetz (LuftSiG) regelt. Die Rechtsvorschriften sehen vor, dass möglichst alle Beteiligten an der Lieferkette Verantwortung für Sicherheitsmaßnahmen übernehmen.

Obwohl die Luftverkehrsgesellschaften grundsätzlich die Verantwortung dafür tragen, dass nur kontrollierte („sichere") Luftfrachtsendungen in ein Flugzeug verladen werden, sollen die immer umfangreicheren Kontrollen aus Kapazitätsgründen nicht erst bei der Sendungsübergabe an die Airlines, sondern bereits möglichst weit im Vorfeld stattfinden.

Für die an der Lieferkette beteiligten Unternehmen wurde die Möglichkeit geschaffen, sich vom **Luftfahrt-Bundesamt (LBA)** als zuständiger Behörde zertifizieren zu lassen. Nach eingehender Überprüfung erteilt das LBA bei positivem Ergebnis eine Zulassung, die ein Unternehmen befähigt, als **„Reglementierter Beauftragter", „Bekannter Versender"** oder **„Zugelassener Transporteur",** einen wesentlichen Beitrag zur Sicherheit der Lieferkette zu leisten.

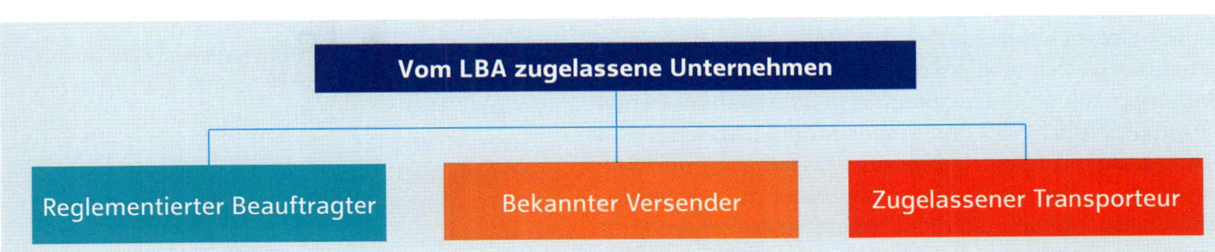

Reglementierter Beauftragter

Reglementierte Beauftragte (RegB, englisch **Regulated Agent**) sind Speditionen oder andere Unternehmen, die in geschäftlicher Beziehung zu Luftfahrtunternehmen stehen und in der Lage sind, Sicherheitskontrollen gemäß den Vorschriften des LuftSiG durchzuführen. Für die behördliche Zulassung durch das LBA sind bestimmte Voraussetzungen zu erfüllen; insbesondere:

- die Erarbeitung eines **Luftfracht-Sicherheitsprogramms**, welches die einzelnen Arbeitsabläufe einschließlich Lagerung und Übergabe der Güter am Flughafen näher beschreibt. Zum Programm gehört auch die Beschreibung des Verfahrens zur Überwachung dieser Abläufe.

- für jede Betriebsstätte die Benennung eines **Sicherheitsbeauftragten**, der eine Zuverlässigkeits-überprüfung **(ZuvÜP)** gemäß §7 LuftSiG sowie eine Schulung für Sicherheitspersonal durchlaufen hat.

Mit der Zulassung wird das Unternehmen in die „Datenbank der (Europäischen) Union zur Sicherheit der Lieferkette" eingetragen, was eine Tätigkeit in der gesamten EU ermöglicht. Außerdem wird eine Identifikationsnummer mit folgenden Aufbau vergeben: **DE/RA/12345-01/1025**. Dabei bedeutet

- DE = Zulassung in Deutschland durch das LBA
- RA = Regulated Agent; Status als reglementierter Beauftragter
- 12345 = fünfstellige Unternehmensnummer
- 01 = Betriebsstätte, für welche die Zulassung gilt
- 1025 = Gültigkeit der Zertifizierung; hier bis Oktober 2025

Reglementierter Beauftragter: Vom Luftfahrtbundesamt zertifiziertes Unternehmen, welches die Sicherheitskontrollen für eine Luftfrachtsendung gewährleistet.

Bekannter Versender

Hier handelt es sich um Hersteller oder andere Unternehmen, die als erste eine identifizierbare Luftfracht in den Sendungslauf geben und die Sicherheitsvorschriften für eine Luftfrachtbeförderung erfüllen. Das bedeutet idealerweise, dass die Luftfrachtsendung eines bekannten Versenders bis zur Verladung ins Flugzeug keiner weiteren Kontrolle unterzogen werden muss.

Auch der bekannte Versender (**Known Consignor**) muss vom Luftfahrt-Bundesamt zertifiziert werden, nachdem er zuvor ein detailliert beschriebenes Zulassungsverfahren durchlaufen hat. Wesentliche Schritte dieses Verfahrens sind:

- Ernennung und Schulung (inklusive ZuvÜP) eines Sicherheitsbeauftragten,
- Erstellung eines Sicherheitsprogramms, das unter anderem beschreibt, wie Luftfrachtgüter manipulationssicher verpackt und in abgetrennten Sicherheitsbereichen gelagert werden,
- Schulung und Zuverlässigkeitsüberprüfung des Personals, welches Zugriff auf Luftfracht-sendungen hat,
- Audit (Überprüfung) und Zulassung durch das LBA.

Die Zulassung ist auf fünf Jahre befristet und muss nach Ablauf entsprechend verlängert bzw. erneuert werden. Auch der bekannte Versender wird in der EU-weiten Datenbank zur Sicherheit der Lieferkette registriert. Seine Identifikationsnummer weist den gleichen Aufbau auf wie die des RegB, nur dass anstelle des Kürzels RA das Kürzel **KC** (für Known Consignor) verwendet wird

Bekannter Versender: Vom LBA zugelassenes Unternehmen, das Luftfracht erstmalig in Umlauf bringt und dessen Betriebsabläufe den Luftfracht-Sicherheitsvorschriften entsprechen.

Zugelassener Transporteur

Hierbei handelt es sich um Frachtführer, die sichere Luftfracht z. B. von einem bekannten Versender zu einem reglementierten Beauftragten befördern oder direkt am Flughafen der Airline übergeben.

Als Teil der sicheren Lieferkette stellt der zugelassene Transporteur sicher, dass das Handling von Luftfrachtsendungen nur von geschultem und überprüftem Personal durchgeführt wird und insbesondere, dass der Lkw während des Transportes sicher verschlossen und versiegelt ist, um einen Zugriff Unbefugter zu verhindern. Bei Anlieferung von Luftfracht bei einem reglementierten Beauftragten müssen Name, Geburtsdatum und Ausweisnummer des Fahrers dokumentiert werden.

Zuverlässigkeitsüberprüfung (ZuvÜP)

Gemäß § 7 LuftSiG benötigen alle in luftsicherheitsrelevanten Bereichen von Unternehmen tätigen Personen sowie alle Fahrer, die sichere Luftfracht transportieren, eine behördliche Überprüfung der Zuverlässigkeit.
Die Gültigkeit für diese sehr umfangreiche Überprüfung beträgt 5 Jahre.

Ähnlich wie der reglementierte Beauftragte und der bekannte Versender muss auch der zugelassene Transporteur einen Sicherheitsbeauftragten benennen, ein Transportsicherheitsprogramm (TSP) erstellen und das Personal, insbesondere alle Fahrer, einer ZuvÜP unterziehen.

Die Zertifizierung durch das LBA gilt ebenfalls für fünf Jahre; sie ist gemäß Luftsicherheitsgesetz nur für deutsche Unternehmen verpflichtend. Ausländische Transporteure müssen für den Transport von sicherer Luftfracht eine **Transporteurserklärung** vorlegen, in der sie bestätigen, dass sie bei der Beförderung von Luftfrachtsendungen die vorgeschriebenen Sicherheitsmaßnahmen einhalten.

> **Zugelassener Transporteur**: Vom LBA zugelassenes Unternehmen, welches sichere Luftfracht unter Einhaltung strenger Sicherheitsvorschriften befördert.

Sichere Lieferkette

Durch die Verlagerung von Verantwortung für die Sicherheitskontrollen in das Vorfeld der Luftbeförderung entsteht im Idealfall eine reibungslose und zeiteffiziente Lieferkette vom Hersteller bis zur Verladung in das Flugzeug.

> **Sichere Lieferkette**: Versand einer Luftfrachtsendung, bei der alle Beteiligten die gesetzlich vorgeschriebenen Sicherheitsanforderungen erfüllen.

Beispiel 1 der nachstehenden Übersicht stellt diesen Idealfall dar. Das Tagesgeschäft ist aufgrund einer bestehenden Sicherheitsarchitektur weitgehend von den Sicherheitskontrollen entlastet.

Beispiel 5 dagegen zeigt den typischen Zustand zum Zeitpunkt vor den Zulassungsregelungen des LuftSiG: alle bis zur Anlieferung am Flughafen beteiligten Unternehmen sind nicht zertifiziert; die Sendung ist daher am Flughafen durch die Airline zu kontrollieren.

	Versender		**Frachtführer**		**Spediteur**		**Airline**
1	Bekannter Versender	→	Zugelassener Transporteur	→	Reglementierter Beauftragter	→	Airline bzw. deren Handling Agent (Reglementierter Beauftragter)
2	Bekannter Versender	→	Nicht zertifizierter Frachtführer	→	Reglementierter Beauftragter	→	
3	Bekannter Versender	→	Zugelassener Transporteur	→	nicht zertifizierter Spediteur	→	
4	Unknown Shipper	→	Zugelassener Transporteur	→	Reglementierter Beauftragter	→	
5	Unknown Shipper	→	Nicht zertifizierter Frachtführer	→	nicht zertifizierter Spediteur	→	

→ = *sichere Sendung* → = *unsichere Sendung*

In **Beispiel 4** wird deutlich, dass ein zugelassener Transporteur einer unsicheren Sendung nicht den Status „sicher" verschaffen kann, diese Möglichkeit besteht erst wieder beim reglementierten Beauftragten.

> Eine Luftfrachtsendung kann grundsätzlich nur an folgenden Stellen der Lieferkette „sicher" („secured") gemacht werden:
>
> - direkt beim Inverkehrbringen durch den bekannten Versender,
> - im Zuge der Lieferkette durch die Sicherheitskontrollen eines reglementierten Beauftragten,
> - und schließlich am Flughafen durch die Airline selbst oder deren Handling Agent.

Unsichere Sendungen

In der Praxis können die strengen Vorgaben einer sicheren Lieferkette nicht immer durchgehend gewährleistet werden. Der Kontrollmechanismus ist zwingend in Gang zu setzen, wenn z. B.

- ein Unternehmen ohne LBA-Zulassung an der Lieferkette beteiligt ist (**Beispiele 2 – 4**),
- der Laderaum des Lkw geöffnet wurde,

- ein nicht vorhandener oder beschädigter Verschluss am Lkw vorliegt,
- am Handling auch nur eine Person beteiligt war, die nicht die zwingend vorgeschriebene Zuverlässigkeitsüberprüfung (ZuvÜP) der Luftsicherheitsbehörden durchlaufen hat oder
- ein Packstück identifiziert wurde, welches eine Beschädigung oder einen sonstigen Verdacht auf Manipulation aufweist.

Bei der Verpackung ist die Manipulationssicherheit von besonderer Bedeutung; gewährleistet wird diese z. B. durch

- Verschweißen von Packstücken in Folie,
- Verwendung von Sicherheitsklebeband,
- Verschluss von Packstücken mit einer Plombe.

Diese Maßnahmen erlauben es, einen unerlaubten Zugriff schnell zu erkennen.

Kontrollarbeiten

Die Kontrolle von Luftfrachtsendungen geschieht auf unterschiedliche Weise:

- Durchleuchtung mit Röntgengeräten (**X-Ray**),
- Beschau („**visual check**") und „händische" Durchsuchung („**hand search**"),
- Kontrolle mit technischen Mitteln (Sprengstoff-Spurendetektoren, sogenannte **Sniffer**),
- Kontrolle mit biosensorischen Mitteln (Sprengstoff-**Spürhunde**).

Die Durchleuchtung ist die bevorzugte Kontrollmethode und zudem die einzige, deren alleinige Anwendung eine Sendung als „sicher" einstufen kann. Hand Search, Sniffer oder Spürhunde werden für gewöhnlich erst bei einem unklaren Röntgenbefund eingesetzt.

Beispiel:
Im Passagierbereich kommt die gleiche Vorgehensweise zum Tragen: nach der obligatorischen Durchleuchtung per Röntgengerät wird das Handgepäck nur in Zweifelsfällen zusätzlich per Hand durchsucht und/oder per Sniffer kontrolliert.

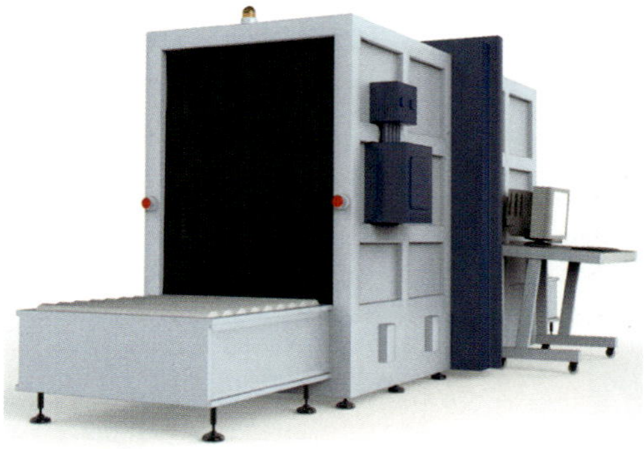

Bei der Durchsuchung einer Luftfrachtsendung per Hand ist zu beachten, dass das Öffnen Beschädigungen (insbesondere der Verpackung) hervorrufen kann, die auch das notwendige sichere Wiederverschließen einschränken können. Es sollte daher unbedingt vorab eine Einverständniserklärung des Versenders eingeholt werden.

Sicherheitsstatus der Sendung

Frachtsendungen dürfen nur dann als Luftfracht befördert werden, wenn eine entsprechende Sicherheitskontrolle nachweislich durchgeführt worden ist. Dieser Nachweis ist vom Spediteur im Begleitdokument (z. B. dem AWB) durch folgende Angaben zu vermerken:

- den Sicherheitsstatus **SPX** (Secured for Passenger Aircraft = sicher für Passagier- (und Nurfracht-) Flugzeuge),
- den Zusatz „by **RA**", wenn die Kontrolle durch einen Reglementierten Beauftragten erfolgte,
- den Zusatz „by **KC**", wenn die Sendung von einem Bekannten Versender luftsicher gemacht wurde,
- sowie die vollständige Identifikationsnummer des Luftfahrt-Bundesamtes.

Beispiel:
Vermerk im Feld „Handling Information" des AWB:

Handling Information

SPX by KC, LBA Registrierung DE/KC/57266-01/0824

SCI

(For USA only): These commodities, technology or software were exported from the United States in accordance with the Export Administration Regulations. Diversion contrary to USA law prohibited.

Sind die Sicherheitskontrollen nicht durchgeführt worden, ist die Sendung mit dem Vermerk **„NOT SECURED"** im AWB auszuliefern. Dann muss der Luftfrachtführer die notwendigen Kontrollarbeiten veranlassen und schlussendlich den Eintrag im AWB korrigieren.

15.11 Multimodale Luftfrachtverkehre

Der Luftfrachtvertrag bezieht sich im Regelfall auf die Beförderung vom Abgangsflughafen zum Bestimmungsflughafen. Bei internationalen Transporten ist dies aber gewöhnlich nur eine Teilstrecke des Weges vom Versender zum Empfänger. Die verladende Wirtschaft wünscht heute Komplettlösungen für ihre Transportprobleme. Die Luftverkehrsgesellschaften verpflichten sich daher zum Teil zur Übernahme des Vor- und Nachlaufs von Luftfrachtsendungen. Ganz wesentlich eröffnet sich hier aber ein Betätigungsfeld für den weltweit operierenden Spediteur.

Multimodaler Verkehr, siehe Seite 342

- **Haus-Haus-Verkehr (Door-Door)**: Der Spediteur organisiert als MTO die gesamte Transportkette und steht auch für den Erfolg als Frachtführer gerade, d. h., er verpflichtet sich als Fixkostenspediteur, den Gesamttransport zu einem festen Preis zu organisieren. Als Fixkostenspediteur wird er für die Reichweite der Fixkostenvereinbarung als Frachtführer angesehen und er haftet für alle Beteiligten in der Transportkette. Die Fixkostenvereinbarung ist häufig verbunden mit der Ausstellung eines FBLs über die Gesamtstrecke. Der Spediteur unterzeichnet das FBL mit dem Zusatz „as carrier".

FIATA-FBL, siehe Seite 349

  Ablauf: Der Spediteur holt die Luftfrachtsendung vom Versender per Lkw ab, erledigt alle Arbeiten, die notwendig sind, damit die Sendung abflugfertig am Abgangsflughafen aufgeliefert werden kann („ready for carriage"). Nach dem Lufttransport nimmt er die Sendung im Bestimmungsflughafen in Empfang, sorgt für die zolltechnische Abwicklung und befördert die Sendung z. B. per Lkw zum Endempfänger.

  Im internationalen Verkehr sind damit die Bedingungen für das Vorliegen multimodalen Verkehrs erfüllt:

  - Der Transport wird mit verschiedenen Beförderungsmitteln durchgeführt (z. B. Lkw, Flugzeug, Lkw).
  - Für die Beförderungsmittel gelten unterschiedliche Vertragsordnungen (z. B. HGB, MÜ, Landfrachtrecht des Bestimmungslandes).
  - Über die Gesamtstrecke ist ein einheitliches Beförderungspapier ausgestellt worden (z. B. FBL).

  Nationaler Haus-Haus-Verkehr unter Einschluss einer Luftbeförderung stellt unimodalen Verkehr dar, weil die gesamte Beförderungsstrecke dem allgemeinen Frachtrecht nach HGB unterliegt.

Haftung nach bekanntem/unbekanntem Schadensort

Siehe auch Haftung des Luftfrachtspediteurs, Seite 264

- **Sea-Air-Verkehr:** Hierbei handelt es sich um eine spezielle und ungewöhnliche Form multimodalen Verkehrs, bei dem das schnelle Flugzeug mit dem langsamen Seeschiff (und weiteren Verkehrsmitteln) kombiniert wird. Auf den ersten Blick hebt das Seeschiff den entscheidenden Vorteil der Luftbeförderung wieder auf. Die Integration des Seeschiffes in die Transportkette bringt aber wichtige Preisvorteile gegenüber einer reinen Luftbeförderung, gleichzeitig erzielt man deutliche Geschwindigkeitsvorteile im Vergleich zum reinen Seetransport.

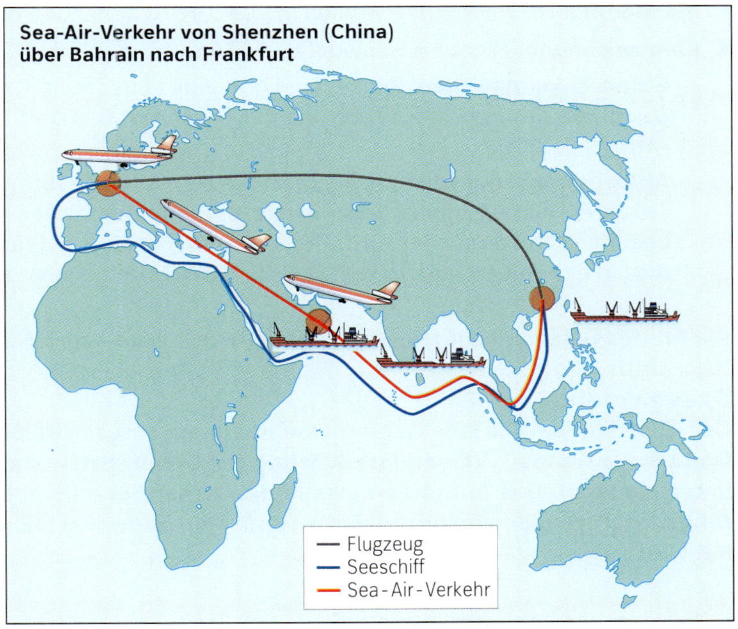

Beispiel:
Stoffe und Zubehörteile, in Shenzhen (China) zu Textilien verarbeitet, werden von China mit einem Seeschiff nach Bahrain befördert, dort in ein Flugzeug umgeladen und nach Frankfurt transportiert. Da in Bahrain dringend Rückfracht gesucht wird, kann der Spediteur den Flug besonders preisgünstig buchen und gleichzeitig einen deutlichen Zeitvorteil erzielen.
Vergleich der Beförderungszeiten (insgesamt vom Abgangs- bis zum Zielort):
Luftfracht 6 Tage
Seebeförderung 26 Tage
Sea-Air-Verkehr 16 Tage

15.12 Luft-Gefahrguttransporte

Der Transport gefährlicher Güter mit Flugzeugen ist in den IATA-Gefahrgutvorschriften (IATA-**Dangerous Goods Regulations**, DGR) geregelt. Die Gefahrgutvorschriften gelten für alle Mitgliedsgesellschaften der IATA, alle Absender und IATA-Agenten, die diesen Luftverkehrsgesellschaften Gefahrgüter anbieten.

Gefahrgut nach DGR

> „Gefahrgüter sind Gegenstände oder Substanzen, welche bedeutsame Gefahren für die Gesundheit, die Sicherheit oder für Sachen ausüben können, wenn sie auf dem Luftweg transportiert werden, und die gemäß Abschnitt 3 klassifiziert sind."

Definition von Gefahrgut, siehe Seite 170

Diese Definition von Gefahrgut weicht ab von der allgemeiner gehaltenen Definition des Gesetzes über die Beförderung gefährlicher Güter. Aufgrund der besonderen Beförderungsbedingungen in einem Flugzeug ist eine deutlich vorsichtigere Betrachtung der Eigenschaften von Gütern notwendig. Folgende Transportbedingungen müssen im Luftverkehr als „normal" angesehen werden:

- **Temperatur:** Bei einem internationalen Transport schwanken die Temperaturen zwischen −40 °C und 55 °C. Werden Behälter bei niedrigen Temperaturen gefüllt, steigt der Innendruck bei höheren Temperaturen an, sodass Flüssigkeiten auslaufen oder Behälter zerbrechen können.
- **Druck:** Aufgrund der Flughöhe kommt es zu einer Druckminderung im Flugzeug, die ebenfalls Flüssigkeiten auslaufen oder Behälter platzen lässt. Besonderes Augenmerk ist auch auf die Verschlüsse von Behältern zu richten.
- **Schwingungen, Beschleunigungskräfte:** Beide physikalischen Kräfte strapazieren Gut und Verpackung stärker als bei Land- oder Seetransporten.

Trotz dieser Besonderheiten werden Gefahrguttransporte im Luftverkehr prinzipiell nicht anders abgewickelt als im Land- oder Seeverkehr. Aufgrund der internationalen Bemühungen um Vereinheitlichung der Gefahrgutvorschriften entsprechen die DGR-Regelungen in hohem Maße dem ADR. Einige wichtige Besonderheiten hat der Spediteur aber zu beachten. Die wichtigsten werden nachfolgend erläutert.

Markierung und Kennzeichnung

Der **Absender** ist für die Markierung und Kennzeichnung der Gefahrgüter verantwortlich.

Gefahrzettel, siehe Seite 181

- **Markierung:** Die Packstücke werden mit der UN-Nummer und der richtigen Versandbezeichnung versehen.
- **Kennzeichnung:** Hier unterscheidet die IATA in
  - **Gefahrenkennzeichen:** Zeichen in Form eines auf die Spitze gestellten Quadrats, das eine Klassifizierung der Gefahrgüter erlaubt (Gefahrzettel nach ADR),
  - **Abfertigungskennzeichen:** Rechteckige Symbole, die für bestimmte Gefahrgüter eine zusätzliche Gefahrenkennzeichnung verlangen, z. B. für magnetisches Material (das die Flugzeuginstrumente beeinflussen kann) oder für Güter, die ausschließlich in Frachtflugzeugen befördert werden dürfen. Auch die Orientierungssymbole (z. B. THIS WAY UP) gehören zu dieser Gruppe.

Die Art des Gefahrenkennzeichens ergibt sich aus einer speziellen Gefahrgutliste für Luftfrachtgüter.

Dokumentation

Der Absender hat für jede Gefahrgutsendung ein vorgeschriebenes Formular **„Shipper's Declaration for Dangerous Goods" (Versendererklärung für Gefahrgut)** in **zweifacher** Ausfertigung auszufüllen und zu unterschreiben. Das Formular muss in englischer Sprache abgefasst sein. Änderungen oder Verbesserungen im Formular sind nur zulässig, wenn jede Änderung mit der Unterschrift des Absenders abgezeichnet wird.

> Die **Versendererklärung** darf nur vom **Absender**, nicht vom Spediteur oder einem IATA-Agenten unterschrieben werden.

Erläuterungen zur Versendererklärung

Siehe Formular auf Seite 272

Feldbezeichnung	Erläuterungen
Shipper	Name und Anschrift des Absenders
Consignee	Name und Anschrift des Empfängers
Air Waybill Number	Nummer des Luftfrachtbriefes, an den die Versendererklärung angeheftet wird. Diese Angabe kann auch der IATA-Agent oder die Luftverkehrsgesellschaft machen.
Page ... of ... Pages	Die Nummer der Seite und die Gesamtzahl der Seiten sind einzutragen.
Aircraft Limitations	Eines der beiden Felder ist zu streichen.
Airport of Departure	Abgangsflughafen (vollständiger Name)
Airport of Destination	vollständiger Name des Bestimmungsflughafens
Shipment Type	Eines der beiden Felder (radioaktives oder nicht radioaktives Material) ist zu streichen.
Nature and Quantity of Goods	Art und Menge der Gefahrgüter
▪ Identification: – UN- or ID-Number – Proper Shipping Name – Class or Division (Subsidiary Risk) – Packing Group	▪ Identifizierung nach: – UN-Nummer oder ID-Nummer der IATA – richtige Versandbezeichnung – Gefahrgutklasse oder -unterklasse (Nebengefahr(en)) – Verpackungsgruppe
▪ Quantity and type of packing	▪ Menge und Typ der Verpackung (in vollem Wortlaut oder mit der UN-Spezifikationsnummer)
▪ Packing instructions	▪ Verpackungsvorschriften (nach Vorschrift der Gefahrgutliste)
▪ Authorization	▪ Genehmigung (von Behörden oder die Nummer von Sonderbestimmungen, nach denen die Beförderung abgewickelt wird)

Siehe Seite 192

Versendererklärung für Gefahrgut

SHIPPER'S DECLARATION FOR DANGEROUS GOODS

Shipper
NRC-Chemie
Buergergasse 20
40219 Duesseldorf
Germany

Air Waybill No. 020-8231 4559

Page 1 of 1 Pages

Shipper's Reference Number
(optional)

Consignee
Florida-Chemical
3975 NR South River Drive
Miami FL 33142
USA

Two completed and signed copies of this Declaration must be handed to the operator.

WARNING

Failure to comply in all respects with the applicable Dangerous Goods Regulations may be in breach of the applicable law, subject to legal penalties.

TRANSPORT DETAILS

This shipment is within the limitations prescribed for:
(delete non-applicable)

PASSENGER AND CARGO AIRCRAFT	~~CARGO AIRCRAFT ONLY~~

Airport of Departure: Duesseldorf

Airport of Destination: Miami

Shipment type: *(delete non-applicable)*

NON-RADIOACTIVE	~~RADIOACTIVE~~

NATURE AND QUANTITY OF DANGEROUS GOODS

Dangerous Goods Identification						
UN or ID No.	Proper Shipping Name	Class or Division (Subsidiary Risk)	Packing Group	Quantity and type of packing	Packing Inst.	Authorization
UN 1263	Paint	3	II	4 Boxes (4 G x 12 kg)	305	–

Additional Handling Information

24-hour Number: 0049 211 774544 Mr. Damm

I hereby declare that the contents of this consignment are fully and accurately described above by the proper shipping name, and are classified, packaged, marked and labelled/placarded, and are in all respects in proper condition for transport according to applicable international and national governmental regulations. I declare that all of the applicable air transport requirements have been met.

Name/Title of Signatory
Mr. Damm

Place and Date
Duesseldorf, 20.05.20(0)

Signature
(see warning above) Damm

Eintrag in den Luftfrachtbrief

Neben der Versendererklärung ist im Luftfrachtbrief deutlich zu machen, dass Gefahrgut befördert werden soll. Dies geschieht durch einen Verweis auf die angeheftete Versendererklärung im Feld „Handling Information“. Folgende Vermerke sind möglich:

- **Normalfall**, Transport im Passagierflugzeug und wenn dem AWB eine Versendererklärung beigefügt ist: „Dangerous Goods as per attached Shipper's Declaration“
- Transport nur im **Frachtflugzeug** erlaubt: „Dangerous Goods as per attached Shipper's Declaration – Cargo Aircraft Only“
- **Sonderfall:** Eine Versendererklärung ist ausnahmsweise nicht erforderlich; kein Eintrag im Feld „Handling Information“ notwendig
- **Gemischte Beförderung** (Gefahrgut und Nicht-Gefahrgut, z. B. Sammelgut): Vor oder hinter dem Dangerous-Goods-Vermerk muss die Anzahl der Packstücke mit Gefahrgut aufgeführt sein (z. B. „5 Packages Dangerous Goods as per attached Shipper's Declaration“).

Beispiel: Ausschnitt aus dem Luftfrachtbrief

Handling Information
1/one package Dangerous Goods as per attached Shipper's Declaration
SCI
(For USA only): These commodities, technology or software were exported from the United States in accordance with the Export Administration Regulations. Diversion contrary to USA law prohibited.

15.13 IATA-Konferenzgebiete

Die Einteilung der Erde in drei Verkehrsgebiete durch die IATA weicht von der üblichen geografischen Einteilung ab. Durch die Schaffung von Konferenzgebieten (Traffic Conference Areas) wird einer Vielzahl wirtschaftlicher Besonderheiten einzelner Fluggebiete mit speziellen Bedürfnissen und Bedingungen besser entsprochen. In den jeweiligen Verkehrskonferenzen treffen sich dann nur jene Fluggesellschaften, die in diesen bestimmten Gebieten fliegen.

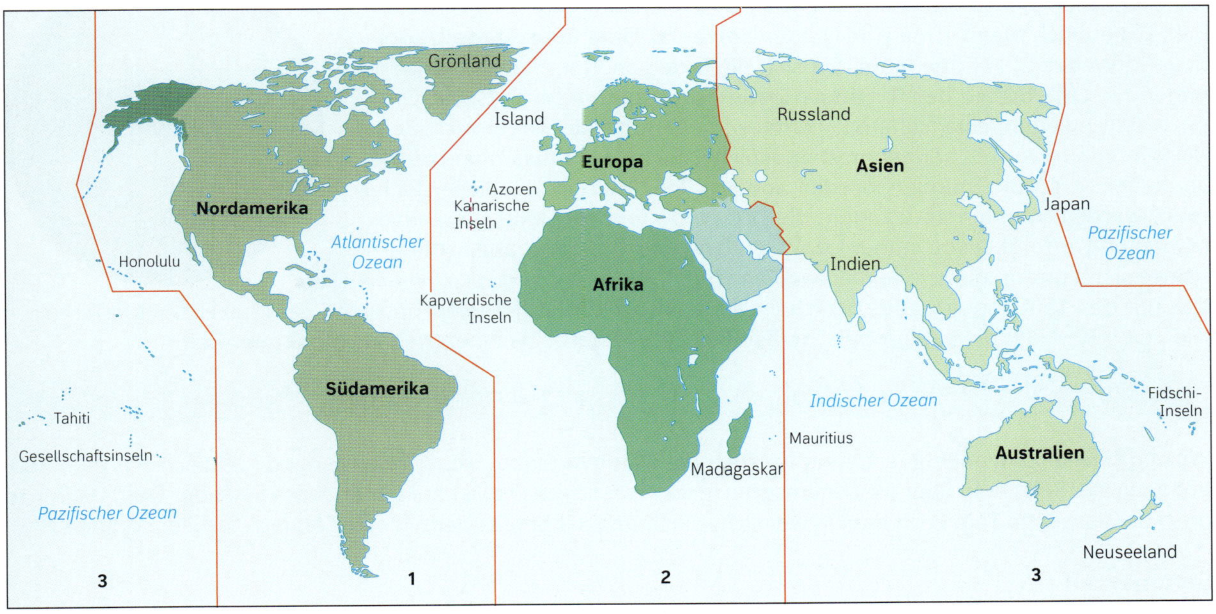

Nach dieser Einteilung ergeben sich drei Konferenzgebiete:

TC1	TC1 umfasst den gesamten nord- und südamerikanischen Kontinent inklusive der benachbarten Inseln (Bermudas, Karibische Inseln und Hawaii-Inseln) sowie Grönland.
TC2	TC2 umfasst Europa mit dem europäischen Teil Russlands (westlich des Urals), die dazugehörigen Inseln (Kanaren, Azoren, Madeira) sowie den afrikanischen Kontinent und den westlichen Teil Asiens einschließlich Iran.
TC3	TC3 umfasst Asien mit Ausnahme des zu TC2 gehörenden Teils, ferner die Ostindischen Inseln, Australien, Neuseeland sowie die Inseln im Pazifischen Ozean mit Ausnahme der zu TC1 gehörenden Inseln.

15.14 Luftfahrtallianzen

Zahlreiche internationale Fluggesellschaften haben sich in Luftfahrtallianzen zusammengeschlossen, in denen sie rechtlich eigenständig bleiben, aber eine intensive Zusammenarbeit in den Bereichen Verkauf, Buchungssysteme, Anschlussflüge, Einkauf, Wartung (sowie auch Catering und Vielfliegerprogramme im Passagierbereich) betreiben. Das sogenannte Codesharing erlaubt es den Mitgliedern einer Allianz, Flüge auf Strecken anzubieten, von denen man aufgrund des in erster Linie national organisierten Luftfahrtrechtes normalerweise ausgeschlossen wäre. Somit kann die deutsche Lufthansa beispielsweise über den amerikanischen Allianzpartner United Airlines auch Routen zwischen Großbritannien und den USA anbieten.

Die drei weltweit operierenden Luftfahrtallianzen sind:

- **STAR ALLIANCE:** ca. 28 Fluggesellschaften, darunter Lufthansa, United Airlines, Singapore Airlines, South African Airways, Air Canada, Air New Zealand, SAS Scandinavian Airlines, Swiss
- **SKY TEAM:** ca. 20 Fluggesellschaften, darunter Air France-KLM, Delta Air Lines, Korean Air, Alitalia, China Southern Airlines, Aeroflot, Saudia
- **ONEWORLD:** ca. 15 Fluggesellschaften, darunter British Airways, American Airlines, Cathay Pacific, Quantas Airways, Iberia, Finnair, Japan Airlines

15.15 Zeitzonen – Flugzeitenberechnung

Die Grundlage für die Zeiteinteilung der Erde sind die Längengrade (Meridiane) und die Drehung der Erde um die Sonne. Die Erde dreht sich in 24 Stunden einmal um sich selbst. Auf 1° Längenunterschied entfallen demnach vier Minuten (24 Stunden : 360 Längengrade = 4 Minuten). Folglich dreht sich die Erde in einer Stunde um 15°. Je Stunde wird eine Zeitzone gebildet. Alle Orte einer Zeitzone haben dieselbe Uhrzeit.

Zeitzone = Teil der Erdoberfläche, in dem Datum und Uhrzeit einheitlich sind

Alle Zeitzonen der Erde: Physikalisch Technische Bundesanstalt www.ptb.de

Aktuelle Weltzeiten: www.weltzeituhr.de

Ausgangspunkt für die Zeitberechnung ist der 0. Längengrad, der durch den Ort Greenwich (bei London) verläuft. Die Zeit des 0. Längengrades wird deshalb **Greenwich Mean Time (GMT)** oder **Universal Time Coordinated**/koordinierte Weltzeit (UTC) genannt. Da sich die Erde von West nach Ost dreht, haben die Orte östlich des 0. Längengrades eine spätere (+) Ortszeit, Orte, die westlich liegen, eine frühere (–) Ortszeit gegenüber der Greenwich-Zeit. Reist man nun vom 0. Längengrad in östlicher Richtung, muss man die Uhr vorstellen, d.h., die Stunden werden addiert. Reist man in westlicher Richtung, werden Stunden abgezogen; die Uhr wird zurückgestellt. Die Zeitoneinteilung erfolgt nicht immer exakt entlang der Längengrade, sondern richtet sich vorrangig nach politischen Grenzen.

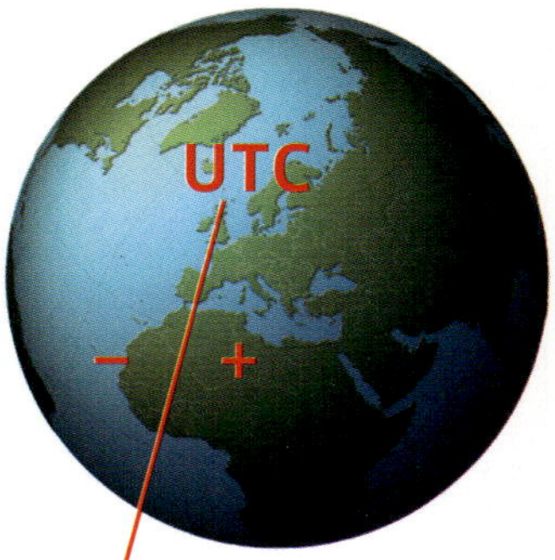

Die Zeit des 15. Längengrades östlicher Länge wird als **MEZ** (Mitteleuropäische Zeit) bezeichnet (UTC +1); Die Zeit UTC +2 ist die osteuropäische Zeit (**OEZ**); UTC +3 bezeichnet man als **Moskauer Zeit**.

GMT = UTC	OEZ = UTC +2	MEZ = UTC +1	Moskauer Zeit = UTC +3

Wichtig für die Zeitzonenberechnung ist auch die Datumsgrenze. Sie ist überwiegend identisch mit dem 180. Längengrad. Reist man über die Datumsgrenze von West nach Ost, ist auf der anderen Seite der Datumsgrenze noch der vorherige Tag. Reist man in westlicher Richtung, ist bereits der nächste Tag (vgl. Abbildung Seite 275).

Sommerzeit

In vielen Ländern der Erde wird zwischen Winter- und **Sommerzeit** unterschieden (allerdings mit unterschiedlichen Anfangs- und Endterminen). Die umgangssprachlich sogenannte Winterzeit ist die „offiziell" koordinierte Weltzeit (Normalzeit). Im Sommer wird die Uhr in der Regel um eine Stunde vorgestellt, um das Tageslicht besser ausnutzen zu können. Für die Mitteleuropäische Zeit (MEZ) bedeutet das z.B., dass die Zeitverschiebung nicht mehr UTC +1, sondern UTC +2 beträgt.

Zeitverschiebung

In Flugplänen wird die Differenz der Ortszeit zur koordinierten Weltzeit (= Zeitverschiebung) hinter dem Flughafen mit den Vorzeichen + oder – gekennzeichnet. Seattle –8 bedeutet: UTC –8 Stunden. Ist es z.B. nach UTC 12:00 Uhr, so ist es nach Ortszeit Seattle 4:00 Uhr. Abflug- und Ankunftszeiten in Flugplänen sind immer als Ortszeiten (local time) angegeben.

Zeitverschiebung = Differenz zwischen Ortszeit und koordinierter Weltzeit (UTC)

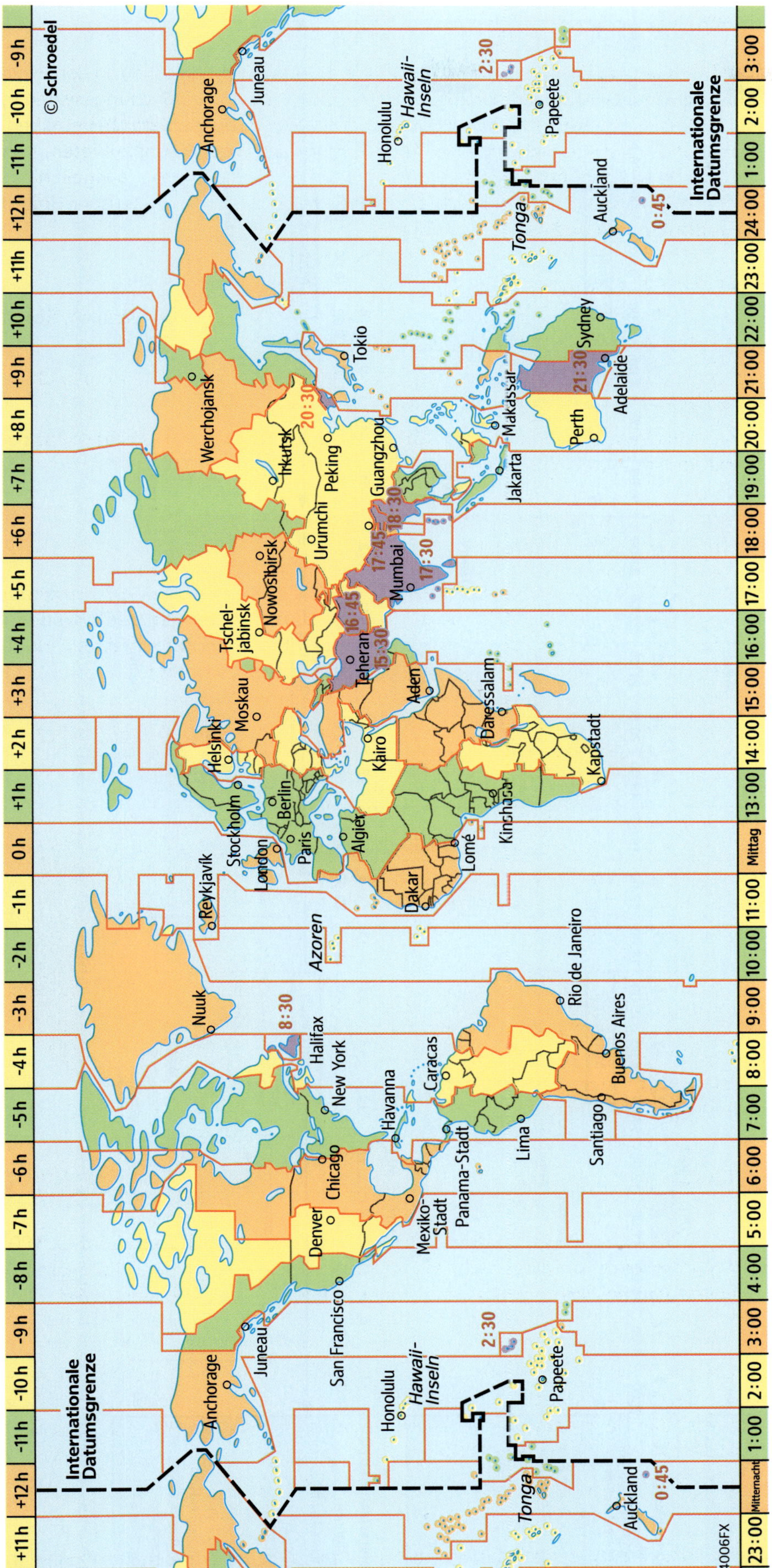

© Schroedel
Internationale Datumsgrenze
+11h
+12h
-11h
-10h
-9h
-8h
-7h
-6h
-5h
-4h
-3h
-2h
-1h
0h
+1h
+2h
+3h
+4h
+5h
+6h
+7h
+8h
+9h
+10h
23:00
Mitternacht
1:00
2:00
3:00
4:00
5:00
6:00
7:00
8:00
9:00
10:00
11:00
Mittag
13:00
14:00
15:00
16:00
17:00
18:00
19:00
20:00
21:00
22:00
24:00
Anchorage
Juneau
San Francisco
Denver
Chicago
New York
Halifax
Havanna
Mexiko-Stadt
Panama-Stadt
Caracas
Lima
Santiago
Buenos Aires
Rio de Janeiro
Nuuk
Reykjavik
Azoren
London
Paris
Stockholm
Berlin
Helsinki
Moskau
Algier
Kairo
Dakar
Lomé
Kinshasa
Daressalam
Kapstadt
Aden
Teheran
Tschel-jabinsk
Nowosibirsk
Mumbai
Urumchi
Werchojansk
Irkutsk
Peking
Guangzhou
Jakarta
Makassar
Perth
Adelaide
Sydney
Tokio
Tonga
Auckland
Honolulu
Hawaii-Inseln
Papeete
8:30
2:30
15:30
16:45
17:45
17:30
18:30
20:30
21:30
0:45
24006FX

Veranschaulichung der Datumsgrenze

DATUMSGRENZE (zwischen +12 und -11)

				UTC	MEZ	OEZ																			
Unterschied zu UTC	-3	-2	-1	0	+1	+2	+3	+4	+5	+6	+7	+8	+9	+10	+11	+12	-11	-10	-9	-8	-7	-6	-5	-4	-3
Uhrzeit	2.00	3.00	4.00	5.00	6.00	7.00	8.00	9.00	10.00	11.00	12.00	13.00	14.00	15.00	16.00	17.00	18.00	19.00	20.00	21.00	22.00	23.00	0.00	1.00	2.00
Situation A: In Berlin ist es 6.00 Uhr morgens am Mittwoch, in New York hat um 0.00 Uhr der Mi. gerade begonnen, in Chicago ist es noch 23.00 Uhr am Di.-Abend. In Amerik.Samoa ist es erst 18 Uhr am Di., während es in Fidschi 17 Uhr ist, allerdings bereits am Mi.							Mittwoch													Dienstag				Mittwoch	
	Rio			London	Berlin		Nairobi					Peking	Tokio	Sydney		Fidschi	Amerik.-Samoa			L.A.		Chicago	New York		Rio

				UTC	MEZ	OEZ																			
Unterschied zu UTC	-3	-2	-1	0	+1	+2	+3	+4	+5	+6	+7	+8	+9	+10	+11	+12	-11	-10	-9	-8	-7	-6	-5	-4	-3
Uhrzeit	8.00	9.00	10.00	11.00	12.00	13.00	14.00	15.00	16.00	17.00	18.00	19.00	20.00	21.00	22.00	23.00	0.00	1.00	2.00	3.00	4.00	5.00	6.00	7.00	8.00
Situation B: 6 Std. später Jetzt ist auf der ganzen Welt Mittwoch. In Amerik.Samoa hat der Tag soeben begonnen, in Fidschi ist er fast vorbei.							Mittwoch														Mittwoch				
	Rio			London	Berlin	Kapstadt	Nairobi					Peking	Tokio	Sydney		Fidschi	Amerik.-Samoa			L.A.		Chicago	New York		Rio

				UTC	MEZ	OEZ																			
Unterschied zu UTC	-3	-2	-1	0	+1	+2	+3	+4	+5	+6	+7	+8	+9	+10	+11	+12	-11	-10	-9	-8	-7	-6	-5	-4	-3
Uhrzeit	14.00	15.00	16.00	17.00	18.00	19.00	20.00	21.00	22.00	23.00	0.00	1.00	2.00	3.00	4.00	5.00	6.00	7.00	8.00	9.00	10.00	11.00	12.00	13.00	14.00
Situation C: weitere 6 Std. später: in Fidschi ist bereits Do., 5.00 Uhr, in Peking 1.00 Uhr am Do. und in Berlin erst 18.00 Uhr, noch Mittwoch. In Amerik.Samoa ist der Tag erst 6 Stunden alt. **Zu jeder Zeit liegt Fidschi 1 Std. hinter Amerik.Samoa, ist aber datumsmäßig immer 1 Tag (bzw. 23 Std.) voraus!**							Mittwoch						Donnerstag								Mittwoch				
	Rio			London	Berlin	Kapstadt	Nairobi					Peking	Tokio	Sydney		Fidschi	Amerik.-Samoa			L.A.		Chicago	New York		Rio

Wenn die Datumsgrenze überquert wird, muss das Datum in Richtung Westen (von Amerik.Samoa nach Fidschi) um 1 Tag vorgestellt werden, in Richtung Osten (von Fidschi nach Amerik.Samoa) um 1 Tag zurückgestellt werden.

Berechnung der Flugdauer

Beispiel 1:

Flug von Düsseldorf (DUS) nach Chicago (CHI, Flughafen O'Hare International, ORD)
Abgangs- und Zielort: Normalzeit
Die angegebenen Zeiten im Flugplan (siehe unten) sind Ortszeiten (local time).
DUS = UTC +1, CHI = UTC –6
Die Zeitverschiebung zwischen DUS und CHI beträgt insgesamt sieben Stunden (eine Stunde MEZ zu UTC und sechs Stunden zwischen UTC und CHI).
0 = kein Zwischenstopp

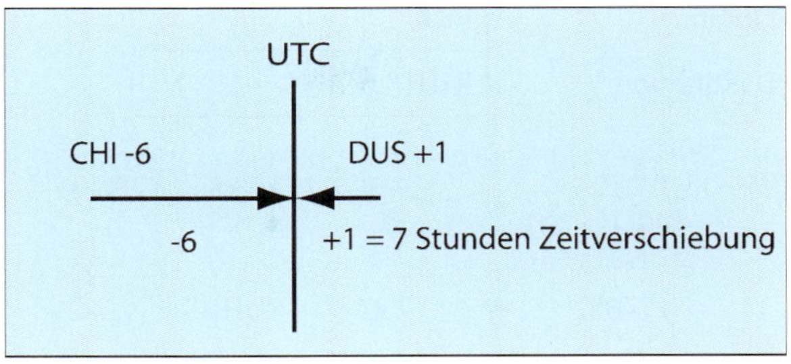

Flugplan (Auszug)

Origin:	**FRA**	Earliest Departure:	
Destination:	**ORD**	Latest Departure:	

No.	Flight		Origin	Dest	Date	Dept Time	Arr Time	Stops	Equipment	Days of Op	Elapsed
1	LH 498	✈	FRA	ORD		08:35	10:35	0	747		09:00

Problem

Der Versender möchte wissen, wann das Flugzeug nach Ortszeit Düsseldorf in Chicago landet. Er will den Empfänger nach Ankunft der Sendung anrufen. Es ist daher festzustellen, wie lange der Flug von Düsseldorf nach Chicago tatsächlich, d. h. aus Düsseldorfer Sicht, gedauert hat.

Bei der Berechnung der Flugdauer ist zwischen Zeitdifferenz und Zeitverschiebung zu unterscheiden:

Zeitdifferenz = Zeitunterschied zwischen Abflug- und Ankunftszeit laut Flugplan (von 8:35 bis 10:35 Uhr = 2 Stunden)
Zeitverschiebung = Zeitunterschied zwischen den Zeitzonen (–6 bis +1 = 7 Stunden)
Flugdauer = Zeit, die das Flugzeug zwischen dem Abflug- und Ankunftsort zurücklegt (wird unter „Elapsed" im Flugplan angegeben).

Die Dauer des Flugs setzt sich zusammen aus dem Zeitunterschied, wie er im Flugplan angegeben ist, und der Zeitverschiebung. Ein Flugzeug kann unmöglich in zwei Stunden von Düsseldorf nach Chicago fliegen. Die Ankunftszeit 10:35 Uhr ergibt sich aus der Zeitverschiebung von sieben Stunden im Vergleich zwischen CHI und DUS. Daher ist die Zeitverschiebung zur Zeitdifferenz von zwei Stunden hinzuzurechnen. Nach MEZ (UTC +1) landet das Flugzeug um 17:35 Uhr in Chicago; die Flugdauer beträgt neun Stunden (siehe Flugplan).

Berechnung

Zeitdifferenz laut Flugplan	*8:35 bis 10:35 Uhr =*	*2 Stunden*
Zeitverschiebung	*UTC –6 bis UTC +1 =*	*+7 Stunden*
	Flugdauer	***9 Stunden***

Ankunft des Flugzeugs in Chicago nach deutscher Zeit (UTC +1): 8:35 Uhr + 9 Stunden = ***17:35 Uhr***

Alternative

Ankunftszeit Bestimmungsort	*10:35 Uhr*
+ Zeitverschiebung	*+7:00 Std.*
= Ankunftszeit Abflugort DUS	***17:35 Uhr***

Ausgangspunkt ist die Ankunftszeit des Flugzeugs am Bestimmungsort. Wird die Zeitverschiebung hinzugerechnet, erhält man die Ankunftszeit am Abflugort.

Beispiel 2:

Flug von Frankfurt (FRA) nach Riad/Riyadh (Saudi-Arabien, IATA-Code RUH)
Abgangsort: Sommerzeit, Zielort: keine Sommerzeit (= Normalzeit)
Die angegebenen Zeiten sind Ortszeiten (local time).
FRA = UTC +1, wegen Sommerzeit UTC +2, RUH = UTC +3

Flugplan (Auszug)

Origin:	**FRA**	Earliest Departure:	
Destination:	**RUH**	Latest Departure:	

No.	Flight		Origin	Dest	Date	Dept Time	Arr Time	Stops	Equipment	Days of Op	Elapsed
1	LH 652	✈	FRA	RUH		12:05	18:25	0			05:20

Das Flugzeug startet um 12:05 Uhr in Frankfurt und trifft um 18:25 Uhr (Ortszeit) in Riad ein. Die Zeitdifferenz beträgt sechs Stunden und 20 Minuten. In dieser Differenz ist aber eine (Plus-)Zeitverschiebung von einer Stunde enthalten (UTC +3 – UTC +2). Daher beträgt die tatsächliche Flugzeit nur fünf Stunden und 20 Minuten.

Berechnung

Zeitdifferenz laut Flugplan	*12:05 bis 18:25 Uhr =*	*6:20 Stunden*
Zeitverschiebung	*UTC +2 bis UTC +3 =*	*–1:00 Stunde*
	Flugdauer	***5:20 Stunden***

Ankunft des Flugzeugs in Riad nach Deutscher Zeit: 12:05 Uhr + 5:20 Stunden = **17:25 Uhr**

Alternative

Ankunftszeit Bestimmungsort	*18:25 Uhr*
– Zeitverschiebung	*–1:00 Std.*
= Ankunftszeit Abflugort FRA	***17:25** Uhr*

Regeln zur Flugzeitenberechnung
- Bei einem Flug in **westlicher** Richtung ist die Zeitverschiebung der Flugplan-Zeitdifferenz hinzuzurechnen.
- Bei einem Flug in **östlicher** Richtung ist die Zeitverschiebung von der Flugplan-Zeitdifferenz abzuziehen.

Frankfurt **0200** ❸

Riad/Riyadh (RUH) 2,670mi

12:05 18:25 ❶ LH652 333 15 0 M 5:20 ❷

❶ = Zeitdifferenz
❷ = Flugdauer
❸ = Zeitverschiebung gegenüber UTC

In Flugplänen wird die Flugzeit häufig angegeben. Die Angaben bestätigen die oben durchgeführte Berechnung.

Berechnung der Ankunftszeit

Um die Ankunftszeit zu ermitteln, müssen der Abflugzeitpunkt, die Flugdauer und die Zeitverschiebung bekannt sein.

Beispiel:
Flug in westlicher Richtung
DUS (UCT +1) – Chicago (UTC –6), Flugdauer 9 Stunden

Flugplan (Auszug)

Origin:	**DUS**	Earliest Departure:	
Destination:	**ORD**	Latest Departure:	

No.	Flight		Origin	Dest	Date	Dept Time	Arr Time	Stops	Equipment	Days of Op	Elapsed
1	LH 498	✈	DUS	ORD		08:35	????	0	747		09:00

Berechnung
*8:35 + 9 Std. Flugdauer = **17:35** Uhr = Ankunft local time DUS – Zeitverschiebung (7 Std.) = **10:35** Uhr*

Beispiel:
Flug in östlicher Richtung
Flug von Frankfurt (FRA) nach Riad/Riyadh (Saudi-Arabien, IATA-Code RUH)
Abgangsort: Sommerzeit, Zielort: keine Sommerzeit (= Normalzeit)
FRA = UTC +2
RUH = UTC +3
Flugdauer: 5:20 Stunden

Flugplan (Auszug)

Origin:	**FRA**	Earliest Departure:	
Destination:	**RUH**	Latest Departure:	

No.	Flight		Origin	Dest	Date	Dept Time	Arr Time	Stops	Equip-ment	Days of Op	Elapsed
1	LH 652	✈	FRA	RUH		12:05	????	0			05:20

Berechnung
12:05 Uhr + 5:20 Stunden = 17:25 Uhr (Ankunftszeit local time FRA)
+1 Stunde Zeitverschiebung = **18:25** Uhr Ortszeit Riad

Regeln zur Berechnung der Ankunftszeit
- Bei einem Flug in **westlicher** Richtung ist die Zeitverschiebung von der errechneten Ankunftszeit des Abflugortes abzuziehen.
- Bei einem Flug in **östlicher** Richtung ist die Zeitverschiebung zur errechneten Ankunftszeit des Abflugortes hinzuzurechnen.

15.16 Vor- und Nachteile des Luftfrachtverkehrs

Vorteile

Siehe auch Verkehrsträgervergleich, Seite 13

- Die kurzen Beförderungszeiten im Luftverkehr ermöglichen es, leicht verderbliche Güter international abzusetzen, z. B. Blumen, Obst, Gemüse. Oft macht erst der Lufttransport bestimmte Güter transportfähig, z. B. frisches Obst oder Schnittblumen in den Wintermonaten aus Afrika für Europa.
- Wertvolle und empfindliche Güter sowie lebende Tiere erreichen mit dem Flugzeug schnell und sicher ihren Bestimmungsort.
- Güter, die ihren Wert durch ihre Aktualität besitzen, z. B. Tageszeitungen, Filmmaterial, erweitern ihren Absatzbereich durch den Luftverkehr.

- Statt aufwendige Lagerhaltung zu betreiben, sichern schnelle Flugverbindungen die Versorgung mit Ersatzteilen und die direkte Belieferung von Kunden weltweit.
- Kurze Lieferzeiten erhöhen den Kapitalumschlag und vermindern den Kapitalbedarf, weil Kapital weniger lange gebunden wird.
- Das Flugzeug bietet ein hohes Maß an Sicherheit und Zuverlässigkeit. Da Flugpläne häufig sehr exakt eingehalten werden, lassen sich Luftfrachtsendungen i. d. R. zeitlich gut disponieren.
- Der Luftfrachtverkehr verfügt über ein weltweites und dichtes Netz von Luftverkehrslinien.

Nachteile

- Der wichtigste Nachteil des Luftverkehrs sind die deutlich höheren Frachtkosten im Vergleich zum Land- oder Seeverkehr. Ursachen sind der deutlich höhere Energieverbrauch im Vergleich zu Lkw und Eisenbahn sowie das teure und technisch aufwendige Transportmittel. Allerdings lassen sich auch Einsparungen erzielen (z. B. im Vor- und Nachlauf, bei Verpackungs-/Versicherungs- und Kapitalbindungskosten), sodass der Lufttransport im Einzelfall mit dem Land- und Seetransport konkurrieren kann.
- Luftfrachtbeförderungen erfordern mindestens zwei zusätzliche Umschlagvorgänge zwischen dem Vorlauf, der Luftfrachtbeförderung und dem Nachlauf. Eine Haus-Haus-Beförderung wie mit dem Lkw ist nicht möglich.

- Flugzeuge haben eine begrenzte Zulademöglichkeit (Gewicht, Volumen).
- Lufttransporte sind in der Regel an Flugpläne gebunden. Das erschwert die Sendungsdisposition im Vergleich zum Lkw.
- Es sind nicht alle Güter für eine Beförderung per Luftfracht geeignet. Das gilt z. B. für Güter, die die Flugzeugmaße überschreiten, oder für Güter, die die hohen Frachtkosten aus wirtschaftlichen Gründen nicht tragen können.
- Lärm und Abgase belasten die Umwelt im Luftverkehr stärker als bei den übrigen Verkehrsträgern.

Luftfrachtverkehr	
+	–
▪ kurze Beförderungszeiten ▪ besonders geeignet für leicht verderbliche, wertvolle und empfindliche Güter ▪ erweiterter Absatzbereich für zeitkritische Güter ▪ verminderte Lagerhaltung ▪ geringere Kapitalbindung ▪ hohe Sicherheit und Zuverlässigkeit ▪ dichtes und weltweites Flugnetz	▪ höhere Kosten ▪ hoher Energieverbrauch, technisch aufwendiges Transportmittel ▪ mehr Umschlagsvorgänge ▪ Bindung an Flugpläne ▪ nicht für alle Güter geeignet ▪ begrenzte Zulademöglichkeiten ▪ höhere Emissionen

Zusammenfassung	Luftfracht und Luftfracht-Sammelladung		
Frachtbasis:	Master-AWB: IATA-Tarife, House-AWB: as agreed (freie Preisbildung)		
Luftfracht:	1. Sperrigkeit prüfen (LxBxH): 6000 2. runden (halbe oder volle KG) 3. günstigste Gewichtsstufe wählen M, N, 45, 100 usw. alternative Frachtberechnung	Raten:	▪ Minimumrate ▪ Normalrate ▪ Mengenrabattraten ▪ Spezialraten ▪ Warenklassenraten ▪ Container- und Palettenraten [Pivot Weight (B), Over Pivot Rate (C)]
Sammelgut:	Consolidation – Consol-Sendung – konsolidierte Güter		
Vorteile:	Gewichtsdegression im Tarif + Volumenausgleich der Einzelsendungen		
Papiere:	Master-AWB: Spediteur – Airline (Spediteur = Absender)	House-AWB: Versender – Spediteur (Spediteur = vertraglicher Frachtführer)	
	Cargo-Manifest: entspricht dem Bordero		
Nebengebühren:	▪ AWB-Fee (A = Agent) ▪ Fuel Surcharge MY (C)	▪ Security Surcharge, SC (C) ▪ DGR-Fee, RA (C)	
Back-to-back-Beförderung:	Sammelgutsendung, mit der Collect-Sendungen im Luftverkehr abgewickelt werden können		
Haftung des Luftfrachtspediteurs	▪ national ▪ international ▪ House-AWB	Haftung nach HGB und ADSp ▪ vertraglicher Frachtführer wegen Fixkostenvereinbarung ▪ Haftung nach MÜ (terminal to terminal) Haftung wie ein Luftfrachtführer (unechter Selbsteintritt)	
Luftsicherheit:	▪ Sicherheitsstatus der Sendung: SPX ▪ reglementierter Beauftragter (RA) ▪ bekannter Versender (KC) ▪ zugelassener Transporteur		
Gefahrgut:	▪ Rechtsgrundlage DGR (Dangerous Goods Regulations) ▪ Versendererklärung (Shippers Declaration of Dangerous Goods) ▪ Passagier-/Nur-Frachtflugzeug		
Flugzeitenberechnung:	Basis = UTC (= GMT) West –/Ost + (D) = UTC+1 oder UTC+2	1. Flugdauer 2. Zeitverschiebung 3. Zeitdifferenz laut Flugplan	

16 Seeschifffahrt

16.1 Rechtsgrundlagen

Das Seefrachtrecht ist im 5. Buch des **Handelsgesetzbuches** geregelt (§§ 476–610). In das Handelsgesetzbuch sind die sogenannten **Haag-Visby-Regeln** eingearbeitet worden. Es handelt sich dabei um ein internationales Übereinkommen, das zur Vereinheitlichung des Seerechts beitragen soll.

Haag-Visby-Regeln, siehe Seite 301

Darüber hinaus sind die **Allgemeinen Geschäftsbedingungen** der Reedereien von Bedeutung.

16.2 Arten von Seefrachtverträgen

Das Handelsgesetzbuch unterscheidet zwei Arten von Seefrachtverträgen:

Stückgut = break bulk cargo

- **Stückgutfrachtvertrag:** Er hat die Beförderung einzelner Güter zum Gegenstand. Auch Zusammenfassungen von Gütern auf Paletten oder in Containern unterliegen den Bedingungen des Stückgutfrachtvertrages.
- **Reisefrachtvertrag:** Er bezieht sich auf das ganze Schiff oder einen Teil davon. Er wird auch als Chartervertrag bezeichnet. Dabei steht zunächst nicht das zu befördernde Gut im Mittelpunkt der Betrachtung, sondern die Zurverfügungstellung eines Schiffes oder eines Teils davon.

Im Folgenden wird vorzugsweise der Stückgutfrachtvertrag betrachtet.

16.3 Beteiligte am Seefrachtvertrag

Befrachter und Verfrachter schließen den Seefrachtvertrag zugunsten des Empfängers ab.

Beteiligte:
- Befrachter
- Ablader
- Verfrachter
- Empfänger

- **Verfrachter** (Carrier): Verfrachter ist, wer sich vertraglich zur Beförderung von Gütern über See verpflichtet. Entscheidend ist die Verpflichtung, nicht die tatsächliche Durchführung des Transportes. Ein Verfrachter muss nicht Eigentümer eines Seeschiffes (Reeder) sein. Auch als sogenannter Non Vessel Operating Common Carrier (**NVOCC**) kann er die Verfrachterposition einnehmen.
  NVOCC: Spediteure, die als NVOCC tätig sind, buchen gewöhnlich bei Bedarf über Stückgutfrachtverträge eine bestimmte Anzahl von Container-Stellplätzen.
  Größere NVOCC schließen aber i.d.R. im Voraus langfristige Reisefrachtverträge (**Slot-Charterverträge**) ab. Diese beziehen sich auf einen bestimmten Teil (Raum) des Schiffes, der durch eine bestimmte Anzahl von Container-Stellplätzen definiert ist.

→ **NVOCC** = Transportunternehmer, der als Verfrachter tätig wird, ohne eigenen Schiffsraum zu besitzen

  Ein **Spediteur** ist dann Verfrachter, wenn er z. B.
  - mit dem Versender einen Frachtvertrag über eine Seebeförderung abschließt,
  - von seinem Selbsteintrittsrecht Gebrauch macht,
  - mit dem Versender einen festen Preis für die gesamte Beförderung einschließlich Seestrecke vereinbart (Fixkostenspedition),
  - ein FBL über einen multimodalen Transport ausstellt, sodass er für die Gesamtstrecke (einschließlich Seebeförderung) zum Verfrachter wird,
  - als NVOCC tätig wird.
- **Befrachter** (Shipper): Der Befrachter ist der Vertragspartner des Verfrachters. Er ist zur Zahlung der vereinbarten Fracht verpflichtet. Ein Spediteur, der für seinen Auftraggeber einen Frachtvertrag mit einem Verfrachter im eigenen Namen abschließt, hat die Position eines Befrachters.

Im HGB werden Verfrachter und Befrachter in enger Anlehnung an das allgemeine HGB-Frachtrecht (§ 407 HGB) definiert.

Frachtführerdefinition, siehe Seite 94

§ 481 HGB: Hauptpflichten. Anwendungsbereich

(1) Durch den Stückgutfrachtvertrag wird der Verfrachter verpflichtet, das Gut mit einem Schiff über See zum Bestimmungsort zu befördern und dort dem Empfänger abzuliefern.

(2) Der Befrachter wird verpflichtet, die vereinbarte Fracht zu zahlen.

(3) ...

- **Empfänger** (Consignee): Frachtverträge sind Verträge zugunsten Dritter. Begünstigter Dritter ist der Empfänger.
- Das deutsche Recht kennt als weitere Rechtsfigur den **Ablader**. Er übergibt die Güter im Seehafen an den Verfrachter und handelt dort als Interessenvertreter des Befrachters.

§ 513 HGB

(1) ...

(2) Ablader ist, wer das Gut dem Verfrachter zur Beförderung übergibt und vom Befrachter als Ablader zur Eintragung in das Konnossement benannt ist. Übergibt ein anderer als der Ablader das Gut oder ist ein Ablader nicht benannt, gilt der Befrachter als Ablader.

Häufig übernehmen Spediteure (**Seehafenspediteure**) die Funktion des Abladers. Dabei ist zu unterscheiden:

Der Importeur bestimmt bei FOB das Seeschiff. Siehe Routingorder Seite 384

- **FOB-Spediteur** (FOB = free on board): Er sorgt dafür, dass die Ware ordnungsgemäß an Bord des Seeschiffes gebracht wird. Man spricht auch von einem echten (reinen) FOB-Geschäft.
- **Verschiffungsspediteur:** Er schließt im eigenen Namen mit dem Verfrachter den Frachtvertrag ab. Häufig erhält der Verschiffungsspediteur den Auftrag, eine Ware an Bord zu liefern (FOB) und den Frachtvertrag mit dem Verfrachter abzuschließen. Er ist dann zugleich FOB-Spediteur und Verschiffungsspediteur. Man spricht in diesem Fall vom erweiterten oder unechten FOB-Geschäft.

Seehafenspediteur = Spediteur, der Seeverladungen im Hafen organisiert

Die Aufgaben eines Seehafenspediteurs lassen sich im Wesentlichen wie folgt beschreiben: Er

- besorgt den Vorlauf Binnenland – Hafen oder führt ihn selber durch,
- stellt Container zur Verfügung,
- wird als Sammelladungsspediteur für Seefrachtsendungen tätig,
- schließt Frachtverträge mit den Verfrachtern,
- führt die FOB-Lieferung der Sendung auf das Seeschiff durch,
- besorgt Transportversicherungen,
- besorgt Konnossemente vom Verfrachter, indem er das Dokument ausstellt und vom Verfrachter unterschreiben lässt,
- erledigt die Verzollung eingehender Sendungen,
- wird als Lagerhalter tätig,
- präsentiert dem Verfrachter das Konnossement für Importsendungen und übernimmt die Güter zur weiteren Verwendung,
- regelt Schadensfälle,
- führt Qualitätskontrollen durch,
- organisiert den Nachlauf für eingehende Sendungen oder übernimmt die Beförderung im Selbsteintritt.

Unterscheidung Spediteur-/Frachtführerhaftung, siehe Seite 19

Der Seehafenspediteur arbeitet vielfach als **Schreibtischspediteur**. Er erhält für seine Leistungen eine Provision. Während seiner Tätigkeit haftet er – sofern er die Güter nicht in seiner Obhut hat – als Spediteur im Rahmen der Verschuldenshaftung für die sorgfältige Auswahl der Verfrachter und Frachtführer. Betreibt er allerdings Sammelladung, Fixkostenspedition oder befördert er Güter im Selbsteintritt, muss er sich wie ein **Frachtführer** (hier: Verfrachter) behandeln lassen.

§ 476 HGB

Im Zusammenhang mit Güterbeförderungen durch Seeschiffe ist auch der **Reeder** von Bedeutung. Er wird im Handelsgesetzbuch definiert als Eigentümer eines ihm zum Erwerb durch die Seefahrt dienenden Schiffes. Zwei Merkmale sind nach der HGB-Definition demnach von Bedeutung:

- Der Reeder ist Eigentümer eines Schiffes.
- Es dient ihm zu gewerblichen Zwecken, d. h., er betreibt Seeschifffahrt mit dem Ziel, Gewinn zu erwirtschaften.

Der vielfach gebräuchliche Begriff **Reederei** kommt im Handelsgesetzbuch nicht vor. Man versteht darunter ein Unternehmen, in dem mehrere Personen (auch in Form von Personen- oder Kapitalgesellschaften) ein Schiff oder mehrere Schiffe gewerbsmäßig einsetzen.

Reedereien sind oft weltweit tätig. Es ist schwer für sie, in jedem Hafen mit einer Niederlassung und mit eigenen Mitarbeitern vertreten zu sein. Sie lassen ihre Interessen daher von Schiffsagenten oder Schiffsmaklern wahrnehmen.

- **Schiffsagent:** Der Agent ist damit betraut, für Reedereien Frachtverträge zu vermitteln oder in deren Namen abzuschließen. Er ist durch einen Agenturvertrag mit der Reederei verbunden. Der Agent kann selbstständiger Handelsvertreter sein. Die Vorschriften des Handelsvertreterrechts sind jedoch nicht zwingend. Diese Art der Interessenvertretung ist heute in der Linienschifffahrt üblich. Sie umfasst im Regelfall mehr als nur den Vertragsabschluss: Erstellen der Dokumente, Zeichnen der Konnossemente, Übergabe der einkommenden Güter an die Empfänger, Abwicklung von Schadensfällen u. Ä.

§ 84 Absatz 1, Satz 2 HGB: „Selbstständig ist, wer im Wesentlichen frei seine Tätigkeit gestalten und seine Arbeitszeit bestimmen kann."

- **Schiffsmakler:** Der Makler vermittelt ebenfalls Frachtverträge zwischen Befrachter und Verfrachter. Er ist jedoch nicht durch ein Vertragsverhältnis mit der Reederei verbunden. Der Makler ist eher der unparteiische Dritte, der die Interessen beider Vertragsparteien vertritt.

Überblick: Beteiligte am Seefrachtvertrag und wichtige Vertragsbeziehungen

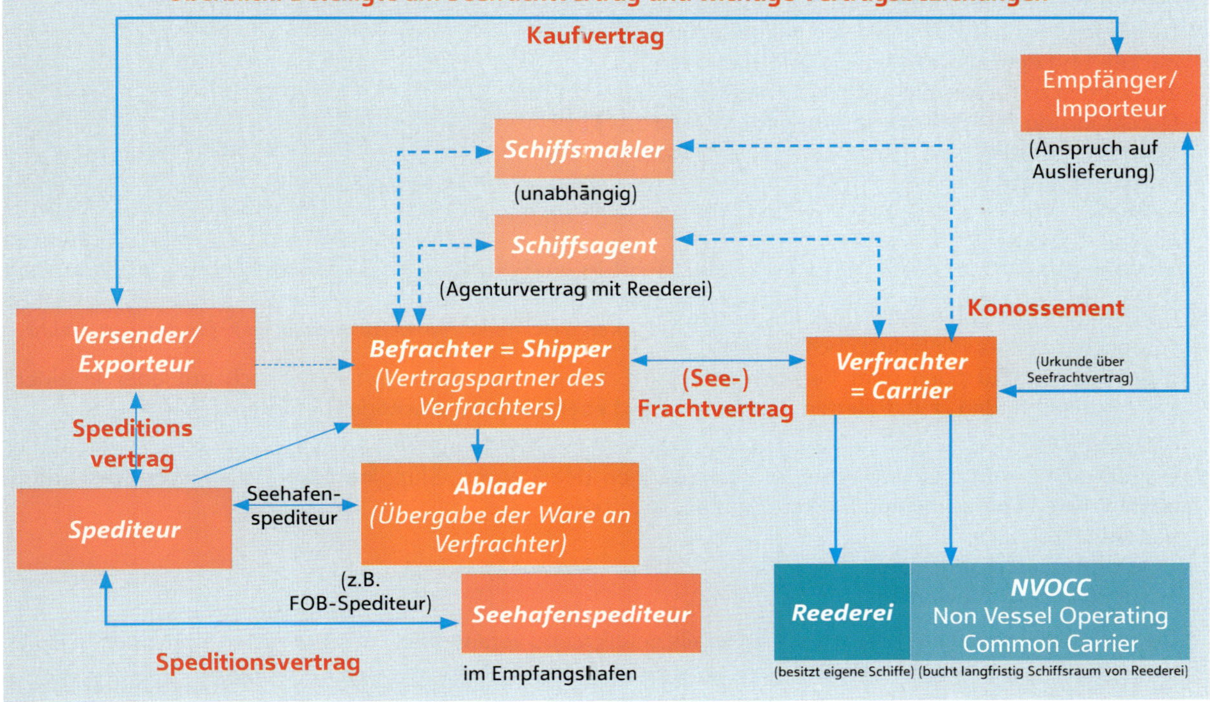

16.4 Zustandekommen des Stückgutfrachtvertrages

Der Abschluss eines Stückgutfrachtvertrages ist formfrei. Er kommt durch zwei übereinstimmende Willenserklärungen zustande.

Häufig wird der Abschluss auf einem Beleg über die Buchung durch den Verfrachter oder seinen Agenten im Hafen dokumentiert. Die Buchung ist eine Vereinbarung zwischen Befrachter und Verfrachter über einen Seetransport zu einer bestimmten Frachtrate. Man unterscheidet:

- **Feste Buchung:** Der Laderaum wird auf einem genau bezeichneten Seeschiff fest gebucht. Wird das Gut nicht angeliefert, hat die Reederei Anspruch auf Fehlfracht.

Fehl- oder Fautfracht, siehe Seite 101

- **Konditionelle Buchung:** Der genaue Ladetermin eines Seeschiffes kann vielfach aufgrund der weiten Beförderungsstrecken und der Unwägbarkeiten im Seeverkehr nicht exakt angegeben werden. Die Reedereien geben ihren Vertragspartnern aber die Möglichkeit, Schiffsraum für einen bestimmten Zeitraum zu einem vereinbarten Preis zu sichern. Steht der Ladetermin fest, wird die konditionelle in eine feste Buchung umgewandelt. Kann der Verfrachter den Ladetermin nicht wahrnehmen, entsteht kein Anspruch auf Fehlfracht.

  Auch dem Befrachter ist oft nicht bekannt, zu welchem Termin er die zu transportierenden Güter tatsächlich anliefern kann, z. B. weil bei einem umfangreichen Investitionsgut der genaue Fertigstellungstermin nicht exakt bestimmt werden kann.

16.5 Pflichten der Beteiligten des Stückgutfrachtvertrages

Pflichten des Verfrachters

- Zunächst hat der Verfrachter die **Seetüchtigkeit** des Schiffes sicherzustellen, d. h., er hat das Schiff so auszurüsten, zu bevorraten und personell auszustatten, dass es die beabsichtigte Fahrt auch übersteht.

§ 485 HGB

- Er hat das Schiff außerdem **ladungstüchtig** bereitzustellen. Das heißt, die Laderäume des Schiffes müssen sich in einem Zustand befinden, der es ermöglicht, die Güter wohlbehalten aufzunehmen und sie während der Reise vor Beeinträchtigungen zu schützen. Die Ladungstüchtigkeit ist vor allem von der Art der Ladung abhängig.

- Die Hauptpflicht des Verfrachters besteht darin, die übernommenen Güter zum vereinbarten Bestimmungshafen zu befördern und dem Empfänger zu übergeben.
- Die Güter sind vom Verfrachter zu verladen und zu löschen (entladen). Allerdings werden die Güter heute nicht mehr direkt am Schiff übernommen, sondern bereits vorher der Reederei übergeben. Häufig wird eine Umschlags- oder Lagerhausgesellschaft zwischengeschaltet.

Konossement, siehe Seite 293

- Der Verfrachter muss Stückgüter grundsätzlich unter Deck im Laderaum verstauen. Nur mit Zustimmung des Befrachters (bei ausgestelltem Konnossement des Abladers) ist eine Decksverladung zulässig. Das gilt nicht für Güter in oder auf Lademitteln, die für eine Decksverladung geeignet sind und wenn das Deck für die Beförderung eines solchen Lademittels ausgerüstet ist. Diese Regelung gilt vor allem für Container.

Pflichten des Befrachters

- Der Befrachter hat die Güter seemäßig zu verpacken und dem Verfrachter die Informationen zukommen zu lassen, die der Verfrachter für die Durchführung der Beförderung benötigt. Dazu gehören vor allem:
  - Art des Gutes
  - Zahl
  - Maß/Gewicht
  - Merkzeichen

Kennzeichnung (Markierung) einer Kiste für den Seeverkehr

- Darüber hinaus hat der Befrachter das Gut so zu verpacken, dass es vor Verlust und Beschädigung geschützt ist und auch dem Verfrachter keine Schäden entstehen. Güter, die sich auf oder in einem Lademittel befinden (z. B. Paletten, Container), sind ebenfalls vom Absender beförderungssicher zu stauen und zu sichern.
- Der Befrachter hat das Gut ferner zu kennzeichnen (Markierung, Shipping Mark). Nach DIN-Vorschriften besteht eine Markierung von Packstücken aus drei Teilen:
  - Leitmarke
  - Informationsmarkierung
  - Handhabungshinweise

  Die nachfolgende Tabelle macht weitere Details deutlich und veranschaulicht sie am oben stehenden Beispiel:

Leitmarke (siehe Markierungen auf der Kiste oben)	Informationsmarkierung	Handhabungshinweise
(1) Kennmarke (z. B. Anfangsbuchstabe des Abs.)	(6) Ursprungsland	(10) oben
(2) Kennnummer (z. B. Auftragsnummer)	(7) Nettogewicht	
(3) Bestimmungsort	(8) Bruttogewicht	
(4) Bestimmungshafen	(9) Abmessungen	
(5) Packstücknummer und Anzahl der Packstücke		

- Hauptpflicht des Befrachters ist die Bezahlung der vereinbarten Fracht. Die Vertragspartner können jedoch vereinbaren, dass die Fracht beim Empfänger erhoben wird.

Pflichten des Empfängers

§ 494 HGB

- Der Empfänger hat keine Verpflichtungen aus dem Frachtvertrag, da der Beförderungsvertrag ein Vertrag zugunsten des Empfängers ist. Er hat aber das Recht, die Auslieferung der Güter zu verlangen.
- Verlangt der Empfänger die Auslieferung der Güter, hat er die Pflicht, die Fracht zu bezahlen.

16.6 Betriebsformen der Seeschifffahrt

16.6.1 Linien- und Trampschifffahrt

Betriebsformen:
- Trampschifffahrt
- Linienschifffahrt

Reedereien setzen ihre Seeschiffe in der Linien- oder in der Trampschifffahrt ein. In der **Linienschifffahrt** werden die Häfen eines bestimmten Fahrgebietes in einem festen Rhythmus angefahren. Der Spediteur kann die Abfahrts- und Ankunftszeiten den Schiffslisten entnehmen. Aufgrund der Abfahrtsdichte und der festen Abfahrtspläne sind Seetransporte mit Linienreedereien besser kalkulierbar.

Vorteile der Linienschifffahrt
- fixierte Fahrtrouten
- fester Fahrplan (mit festgelegten Abfahrtszeiten)
- einheitliche Beförderungsbedingungen

In der **Trampschifffahrt** bestimmt sich der Einsatz des Schiffes nach dem Ladungsangebot: Das Schiff „trampt" über die Weltmeere, wobei häufig das ganze oder große Teile des Schiffes zu günstigeren Bedingungen verchartert werden als in der Linienschifffahrt. Solche Schiffe kommen für Spediteure kaum infrage.

16.6.2 Wettbewerbsproblematik

Seeschifffahrt ist vom Grundsatz her genehmigungsfrei. Neben allgemeinen Sicherheitsvorschriften sind es vor allem zwei Bereiche, die die wirtschaftliche Freiheit im Seeverkehr einschränken:

- **Kabotage-Vorbehalt:** Viele Nationen beschränken die Küstenschifffahrt auf Schiffe, die die eigene Flagge führen. Dies gilt z. B. auch für die Bundesrepublik Deutschland (§ 2 des Gesetzes über die Küstenschifffahrt). Allerdings sind Schiffe, die in einem Mitgliedsland der EU registriert sind, vom Kabotage-Vorbehalt ausgenommen (Seekabotageverordnung der EU).
- **Absprachen der Allianzen:** Dabei handelt es sich um Zusammenschlüsse von Container-Linienreedereien, die den Einsatz ihrer Schiffe in den einzelnen Fahrgebieten koordinieren. Rechtlich handelt es sich um Konsortien, also um Vereinigungen rechtlich und wirtschaftlich selbstständiger Unternehmen für ein gemeinsames, genau abgegrenztes Geschäft.

  Die weltweit größten Container-Reedereien bilden folgende Allianzen:
  - **Ocean Alliance** mit den Reedereien CMA/CGM (Frankreich), Cosco Container Lines (China), Evergreen (Taiwan) sowie OOCL (Orient Overseas Container Line, Hongkong/China)
  - **The Alliance** mit den Reedereien Hapag-Lloyd (Deutschland), Yang Ming (Taiwan), Hyundai Merchant Marine (HMM, Südkorea) sowie Ocean Network Express (ONE, ein Zusammenschluss der japanischen Reedereien NYK (Nippon Yusen Kaisha), MOL (Mitsui O.S.K. Lines) und „K"-Line
  - **2M** Alliance mit den beiden weltgrößten Reedereien Maersk Line (Dänemark) und MSC (Mediterranean Shipping Company, Schweiz), die über einen Marktanteil von ca. einem Drittel an der weltweiten Flottenkapazität von Containerschiffen verfügen

Allianzen aus Sicht der Befrachter

Vorteile, z. B.:
- Aufbau eines globalen Netzwerkes an Liniendiensten
- koordinierter Schiffseinsatz
- höhere Abfahrtfrequenzen für einzelne Häfen u. a.

Nachteil, z. B.:
negative Auswirkungen auf den Wettbewerb unter den Reedereien (und damit auf das Preisniveau und das Dienstleistungsangebot)

Konsortium = Zwei oder mehr Unternehmen schließen sich zusammen, um ein zeitlich begrenztes Projekt gemeinsam zu betreiben.

16.7 Schiffstypen

Schiffe werden üblicherweise wie folgt unterschieden:

- **Stückgutschiffe**

  Dazu zählen vor allem:
  - **konventionelle Schiffe:** Sie befördern Stückgüter der verschiedensten Art.
  - **Container-Schiffe:** In ihnen werden Güter versandt, die in Containern verpackt sind. Die aktuell größten Containerschiffe können fast 24 000 TEU transportieren. Diese Schiffe sind gerade für den Spediteur von Bedeutung, da er seine Güter vor allem mit Containern befördern lässt.
  - **Feederschiffe:** Kleinere Containerschiffe mit einer Kapazität von einigen hundert TEU. Sie betätigen sich als Zulieferer und Verteiler in den großen Containerterminals der Seehäfen.
  - **Ro-Ro-Schiffe:** Über bewegliche Rampen können Straßen- und Schienenfahrzeuge eigenständig auf das Schiff fahren; Roll on/Roll off.
- **Massengutschiffe:** z. B. für flüssige Ladung = Tanker
- **Spezialschiffe:** z. B. Kühlschiffe oder Autotransporter

TEU = twenty foot equivalent unit, siehe Seite 287

Beispiele für Schiffstypen:

Containerschiff

Stückgutfrachter

Gastanker

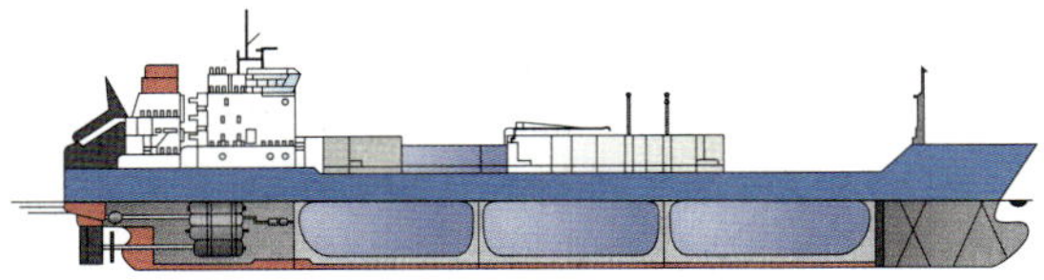

Kühl-Containerschiff

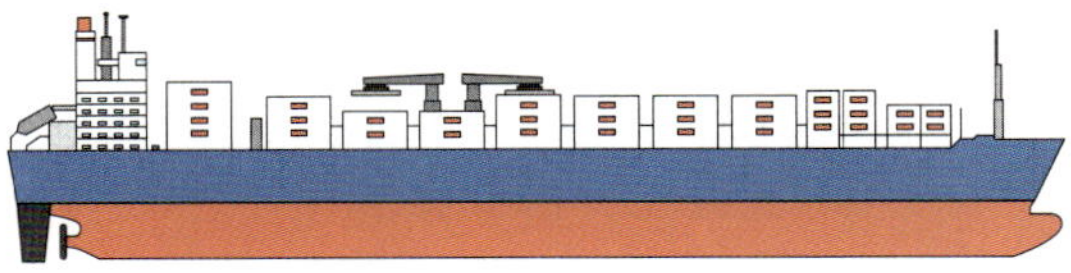

Tankschiff

Schiffsgröße

Die Zahl der Container, die ein Containerschiff laden kann, ist ein anschauliches Maß für die Schiffsgröße. Die genormte Einheit zur Kennzeichnung der Schiffsgröße ist aber die Brutto- und Nettoraumzahl.

Bruttoraumzahl (BRZ): Rauminhalt aller **Schiffsräume** multipliziert mit einem bestimmten Umrechnungsfaktor. Ein großes Containerschiff hat z. B. eine BRZ von 60 000.

Nettoraumzahl (NRZ): Rauminhalt aller **Laderäume** ebenfalls multipliziert mit einem bestimmten Umrechnungsfaktor. Die NRZ gibt die Größe der Räume wieder, die wirklich Ladung aufnehmen können und mit denen folglich Frachteinnahmen erzielt werden. Keine Laderäume sind z. B. Räume für die Besatzung, Maschinenräume und Wasserballasträume.

16.8 Flaggenrecht

Schiffe bewegen sich während ihrer Reise in den Hoheitsgebieten fremder Staaten mit unterschiedlichen Rechtsordnungen und zum großen Teil im hoheitsfreien Raum der offenen See. Die Flagge ordnet ein Schiff einer bestimmten Rechtsordnung zu; die Flagge des Schiffes (z. B. die Bundesflagge) signalisiert dessen Staatsangehörigkeit (**Nationalität**). Alle Schiffe, deren Eigentümer Deutsche mit Wohnsitz im Geltungsbereich des Grundgesetzes sind, haben das Recht und auch die Pflicht, die Bundesflagge zu führen. Diese Schiffe unterliegen damit der Rechtsordnung der Bundesrepublik Deutschland, genießen aber auch deren diplomatischen Schutz.

Mehr als die Hälfte der Schiffstonnage deutscher Reedereien fährt heute aber unter fremder Flagge, insbesondere unter den Flaggen von Zypern, Panama, Liberia, Singapur und Antigua. Die Reeder machen dabei von der Möglichkeit des **Ausflaggens** Gebrauch. Die Rechtsordnungen dieser Flaggenstaaten bieten erhebliche Vorteile bei der personellen Besetzung von Schiffen, den Arbeitszeitvorschriften und der Entlohnung der Besatzungsmitglieder. Dadurch lassen sich bei den Personalkosten große Einsparungen erzielen. In den letzten Jahren sind aber Möglichkeiten geschaffen worden, Schiffe unter deutscher Flagge fahren zu lassen und ihnen trotzdem den Zugang zu ausländischen Arbeitsmärkten zu eröffnen. Durch Steuererleichterungen und veränderte Vorschriften beim Personaleinsatz kommt es sogar zunehmend zu **Rückflaggungen**.
Für den Spediteur ist die Tatsache von Bedeutung, dass manche Versender für die Beförderung ihrer Güter auf Seeschiffen eine bestimmte Flagge vorschreiben. Diese Weisung ist unbedingt einzuhalten, vor allem wenn sie im Rahmen der Zahlungssicherung über ein Dokumentenakkreditiv vorgeschrieben wird.

Dokumentenakkreditiv, siehe Seite 388

16.9 Schiffsregister

Auch Nichtdeutsche dürfen in Ausnahmefällen auf Schiffen die Bundesflagge führen, z. B. EU-Bürger mit Wohnsitz in Deutschland.

Formal erhält ein Schiff eine bestimmte Staatsangehörigkeit durch die Eintragung in das nationale Schiffsregister. Dabei handelt es sich um ein öffentliches Verzeichnis von Seeschiffen, die unter deutscher Flagge fahren. Es wird bei den Amtsgerichten geführt. Das deutsche Schiffsregister ist ein geschlossenes Register, weil es vom Grundsatz her nur Deutschen zugänglich ist, die zur Führung der Bundesflagge berechtigt sind. Länder wie Zypern, Panama u. a. (siehe oben) öffnen ihr Schiffsregister für jeden interessierten Reeder (offene Register).

Weil in den vergangenen Jahren von der Möglichkeit des Ausflaggens immer stärker Gebrauch gemacht wurde, hat die Bundesrepublik Deutschland (wie andere Staaten auch) ein **Internationales Seeschifffahrtsregister (ISR)** geschaffen, in das Seeschiffe eingetragen werden können, die im internationalen Verkehr eingesetzt werden. Diese Schiffe fahren weiterhin unter deutscher Flagge, die Arbeitsverhältnisse der Besatzungsmitglieder müssen aber nicht nach deutschem Recht gestaltet werden. Das ISR wird gelegentlich als **„Zweitregister“** bezeichnet. Es hat aber nicht die rechtliche Wirkung eines Schiffsregisters.

16.10 Container

Container sind genormte Transportbehälter, die auf allen Transportmitteln (Lkw, Binnenschiff, Eisenbahn, Seeschiff) einsetzbar sind. Durch die Normung sind Container leicht von einem Transportmittel zum anderen umzusetzen. Sie sind daher die Voraussetzung für kombinierten oder multimodalen Verkehr.
Am häufigsten sind sogenannte 20- und 40-Fuß-Container (1 Fuß [engl. foot] entspricht 30,48 cm, Schreibweise 20', 40').

Ungefähre Größenverhältnisse (Länge · Breite · Höhe, L·B·H):
20'-Container: 6 m · 2,35 m · 2,40 m
40'-Container: 12 m · 2,35 m · 2,40 m

Maße ausgewählter Container									
Art	Innenabmessungen			Türöffnungen		Gewichte (kg)			Volumen (m³)
	Länge (mm)	Breite (mm)	Höhe (mm)	Breite (mm)	Höhe (mm)	Zul. Gesamtgewicht	Eigengewicht	Max. Zuladung	
20' Standard	5895	2350	2392	2340	2292	30480	2250	28230	33,2
40' Standard	12029	2350	2392	2340	2292	30480	3780	26700	67,7
High-Cube-Container	12024	2350	2697	2340	2597	30480	4020	26460	76,3

Die Maße sind in der ISO-Norm 688 festgelegt (ISO = International Organization for Standardization). Der 20'-Container wird auch als **twenty foot equivalent unit (TEU)** bezeichnet. TEU ist außerdem ein Maß für die Kapazität von Containerschiffen, Umschlagsanlagen und Seehäfen.

TEU = 20-Fuß-(Bezugs-)Einheit

Der 40' Standard Container wird mit **FEU** (forty foot equivalent unit) abgekürzt.

Weil die Innenbreite des Containers nur **2,35 m** beträgt, ist er für eine Beladung mit europäischen Paletten (80 · 120 cm) nicht besonders gut geeignet. Während der 20-Fuß-Bahn-Container (Innenmaß 2,44 m) 14 Paletten aufnehmen kann, lassen sich im ISO-20-Fuß-Container nur elf Paletten unterbringen (25 Paletten im 40-Fuß-Container). Es gibt allerdings auch **Pallet-Wide-Container**. Sie haben eine Innenbreite von 2425 mm, sodass zwei Europaletten nebeneinander untergebracht werden können. In einen 40-Fuß-Container passen dann 30 Europaletten. Die Höhe des Palettenbodens ist mit rund 15 cm zu berücksichtigen.

25 Paletten im 40-Fuß-Container sind eine rechnerische Größe; bei Palettenüberständen eher 24 Paletten.

Binnencontainer, (Bahncontainer) ISO-Container, Bahncontainer, siehe Seite 323

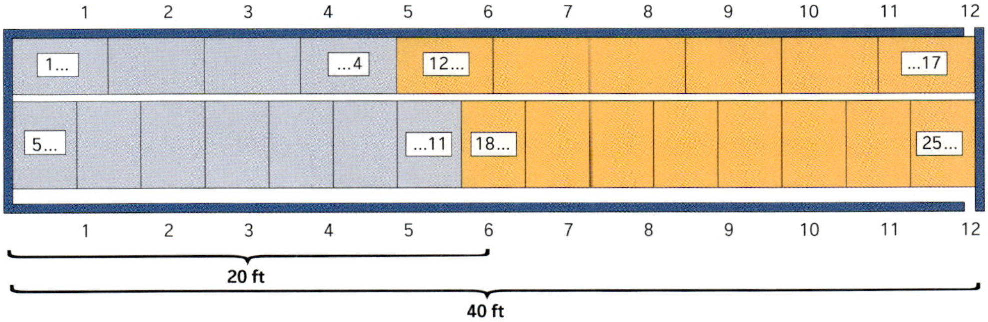

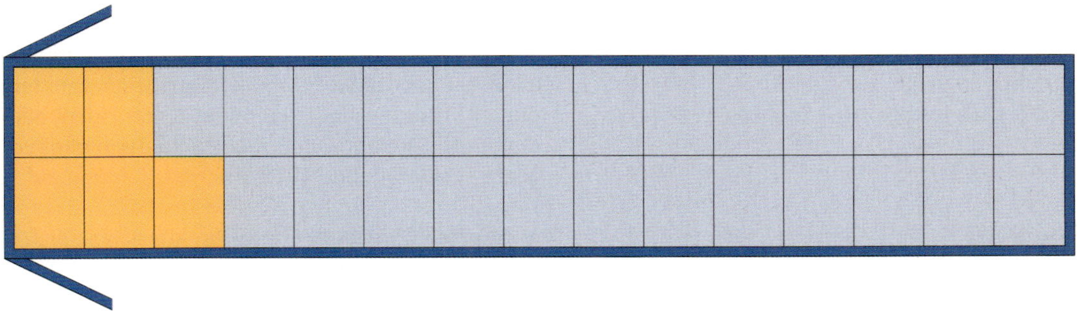

Stauplan eines palettenbreiten 40-Fuß-Containers (30 Paletten)

Container-Identifikation

Die Beschriftung eines Containers gibt Auskunft über einige wesentliche Eigenschaften.

Beispiel:

TEXU 517292 7		*GB*	*Staatenschlüssel*
GB 4510		*45*	*Größenschlüssel*
		10	*Bauartschlüssel*
TEX	*Eigentümerschlüssel*	***Größen- und Bauartenschlüssel***	
U	*Produktgruppenschlüssel (i. d. R. „U“)*	*4*	*40’-Container (= Länge des Containers)*
517292	*Registriernummer*	*5*	*8 Fuß 6 Zoll (8’ 6’’) (= Höhe des Containers)*
7	*Prüfziffer*	*1*	*geschlossener Container mit Lüftungsöffnungen (Typ)*
		0	*Öffnung am Ende des Containers*

ISO-Container-Typen

Für die verschiedenen Verwendungszwecke sind im Laufe der Zeit unterschiedliche Container-Typen entwickelt worden.

Standard-Container 20 Fuß

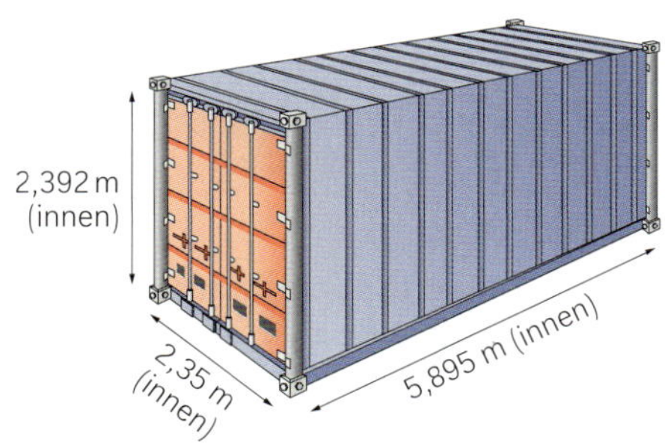

Standard-Container 40 Fuß

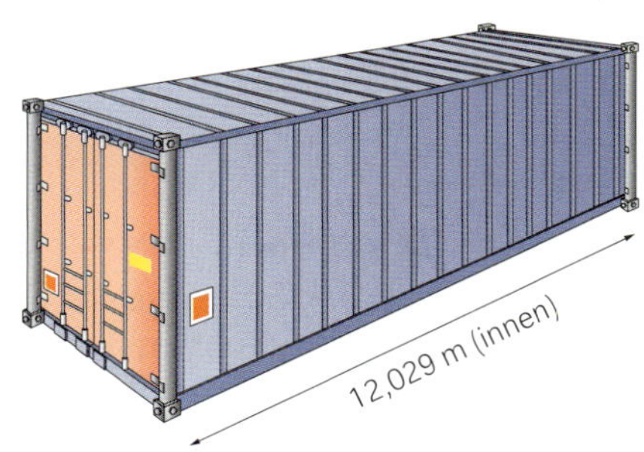

Standard-Container werden auch als General Purpose Container bezeichnet. Sie gehören zu den geschlossenen Containertypen, d. h., sie sind an allen Seiten geschlossen. Sie sind für jede normale Ladung geeignet (engl. dry cargo container, **DC-Container**).

High-Cube-Container

High-Cube-Container entsprechen vom Aufbau den Standard-Containern, sie werden jedoch höher konstruiert. Im Gegensatz zu den maximal 2392 mm hohen Standard-Containern besitzen die High-Cube-Container eine Höhe von 2697 mm (jeweils Innenmaße). Die Länge der High-Cube-Container beträgt zumeist 40’.

Sie sind besonders für leichte, voluminöse Sendungen einsetzbar.

Hardtop-Container

Er zeichnet sich durch das abnehmbare Stahldach aus und dadurch, dass der obere Türquerträger ausgeschwenkt werden kann. Diese beiden Konstruktionsmerkmale vereinfachen den Be- und Entladevorgang des Containers entscheidend. Speziell die Be- und Entladung per Kran oder Laufkatze kann bei geöffnetem Dach und ausgeschwenktem oberen Türquerträger sehr leicht von oben oder durch die Türen erfolgen. Der Container nimmt vor allem Schwergut und auch überhohe Ladung auf.

Open-Top-Container

Ventilierter Container

Er zeichnet sich durch folgende typische Konstruktionsmerkmale aus:
Das Dach besteht aus abnehmbaren Spriegeln und einer abnehmbaren Plane. Der obere Türquerträger kann ausgeschwenkt werden. Es stellen sich die gleichen Vorteile wie beim Hardtop-Container ein. Es ist jedoch zu beachten, dass die Dachspriegel des Open-Top-Containers nicht nur dazu dienen, die Plane zu halten, sondern auch die Stabilität des Containers unterstützen.
Durch die abnehmbare Plane ist er für überhohe Ladung geeignet.

Der ventilierte Container wird auch als passiv (natürlich) belüfteter Ventilated-Container bezeichnet. Die Belüftung wird über Ventilationsöffnungen in den oberen und unteren Dachlängsträgern gewährleistet. Die Öffnungen sind spritzwasserdicht, sodass keine Wertminderung der Ladung z. B. durch Regen- oder Spritzwasser zu erwarten ist.

Der Container ist geeignet für Ladung, die belüftet werden muss.

Isolier-Container

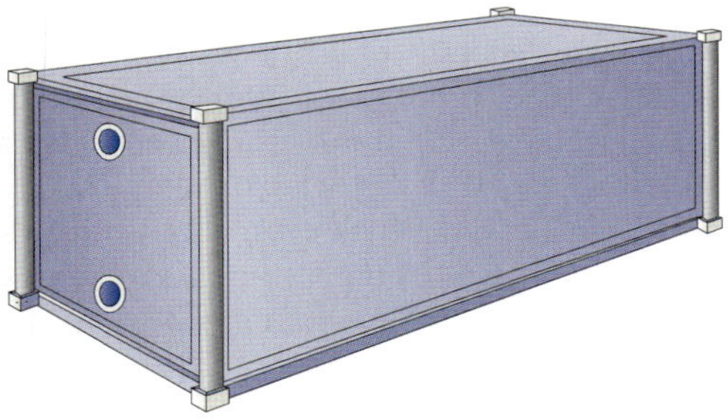

Isolier-Container verfügen über kein eigenes Kühlaggregat. Die Versorgung des Containerinnenraumes mit Kühlluft wird auf dem Schiff durch das bordeigene Kühlsystem gewährleistet. Außerhalb des Schiffes erfolgt die Temperatursteuerung mittels einer Terminalkühlanlage oder sogenannter „Clip-on-Units“, speziell für Ladung, die konstant gehaltene Plus- oder Minus-Temperaturen erfordert.

Kühl-Container (Reefer)

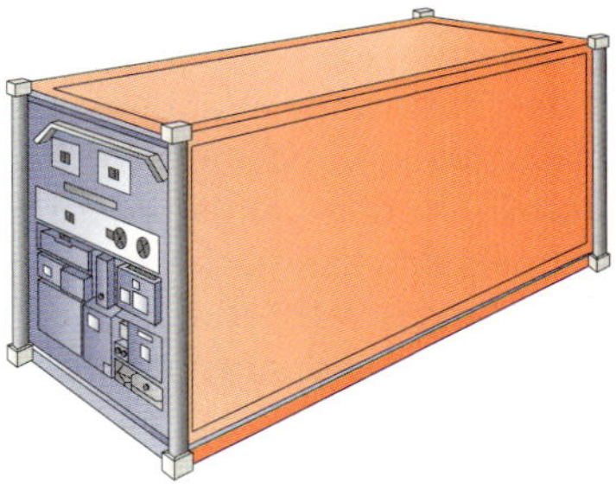

Der Kühl-Container besitzt ein eigenes Kühlaggregat, mit dessen Hilfe die Temperatur des Containerinnenraumes geregelt wird. Das Kühlaggregat ist so angeordnet, dass die Außenabmessungen des Containers den ISO-Normen entsprechen und somit z. B. in die Cell Guides der Containerschiffe passen. Durch das eingebaute Kühlaggregat kommt es zu einem Verlust an Innenvolumen und Nutzlast. Beim Transport auf Schiffen müssen die Integral Units an das bordeigene Stromnetz angeschlossen werden. Ist die Kapazität für die zu transportierenden Kühl-Container zu niedrig, können sogenannte „Power Packs“ eingesetzt werden, die mit größeren Diesel-Generatoren bestückt sind. Auf dem Terminal werden die Container ebenfalls an das dortige Stromnetz angeschlossen. Für den Transport auf Straße und Schiene werden die meisten Kühlaggregate mit einem Diesel-Generator betrieben.
Der Container ist für Ladung geeignet, die konstante Temperaturen erfordert.

Bulk-Container

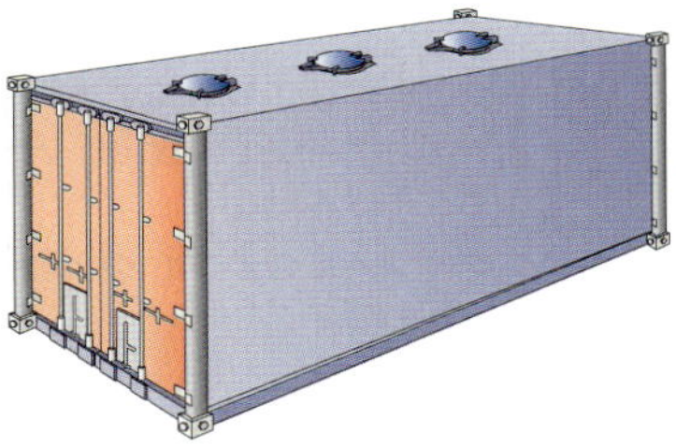

Der Bulk- oder auch Schüttgut-Container verfügt im Dach über drei Einfüllöffnungen. An der Türseite befinden sich zwei Ausschüttöffnungen, die zum Teil mit kurzen Schläuchen zur Lenkung des Schüttgutes ausgestattet sind. Alternativ sind in den Türen zwei Entladeklappen angebracht, durch die die Container entleert werden.

Der Container ist besonders für Schütt- und Sauggüter geeignet.

Tank-Container

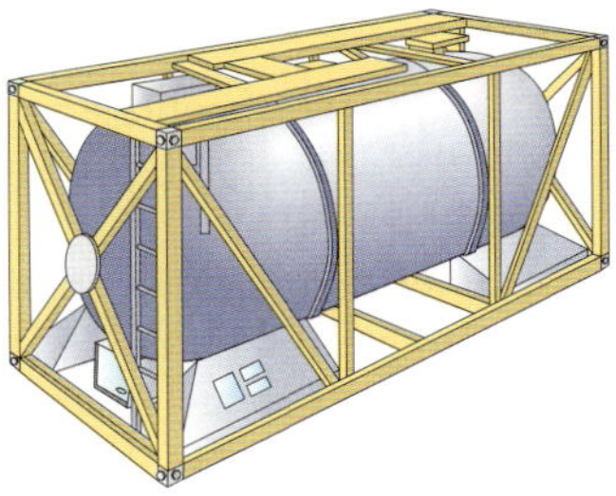

Tank-Container sind transportable Tanks mit den Normmaßen des ISO-Containers. Sie müssen mindestens zu 80 % gefüllt sein, um während des Transports gefährliche Schwallbewegungen der Flüssigkeiten zu vermeiden. Andererseits dürfen sie in der Regel jedoch nicht über 95 % gefüllt sein, um den für die thermische Ausdehnung erforderlichen Freiraum zu gewährleisten.
Tank-Container sind besonders für flüssige Chemikalien und Lebensmittel geeignet.

Flat Rack

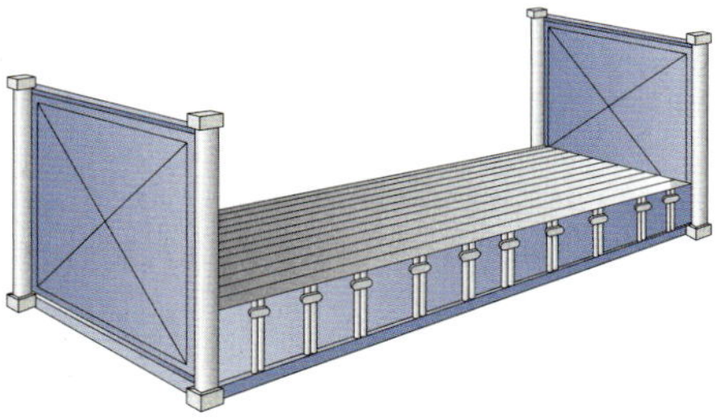

Flat Racks bestehen aus einer hochbelastbaren Bodenkonstruktion, die sich aus einem Stahlrahmen und einem Weichholzboden zusammensetzt, und den zwei entweder fest installierten oder klappbaren Stirnwänden. Die Stabilität der Stirnwände erlaubt es, Ladungssicherungsmittel anzuschlagen und mehrere Flats Racks übereinanderzustapeln. In den Längsträgern, den Eckpfosten sowie im Boden sind zahlreiche Zurrringe installiert, an denen die Ladung gesichert werden kann.
Schwergut und überbreite Sendungen können mit dem Flat befördert werden.

Platform Container

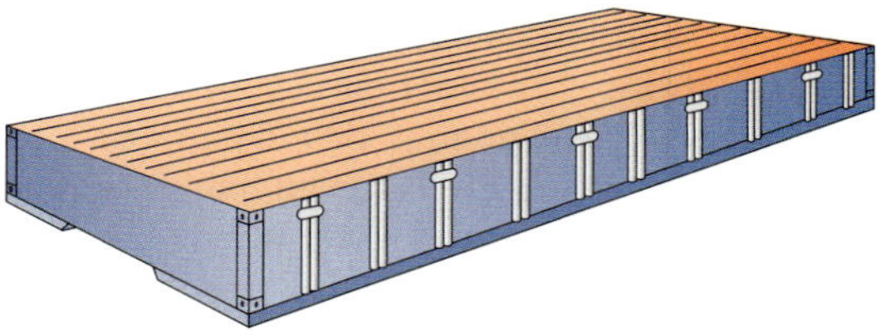

Platform Container bestehen nur aus einer extrem belastungsfähigen Bodenkonstruktion ohne Seiten- und Stirnwände. Durch diese hohe Belastungsfähigkeit ist es möglich, hohe Massen auf kleinen Flächen zu konzentrieren. Der Boden besteht aus einem Stahlrahmen und einer Holzkonstruktion.
Sie sind speziell für Schwergut und übergroße Ladungen geeignet. Auf mehreren zusammengestellten Platform Containern kann auch nicht containerisierbare Ladung untergebracht werden.

Vorteile von Containern

1. Sie sind Transportbehälter und gleichzeitig transportables Lagerhaus.
2. Das stabile Äußere vermindert den Verpackungsaufwand und spart dadurch Kosten.
3. Durch das Zusammenlegen verschiedener Sendungen in Containern wird die Zahl der Umladevorgänge reduziert. Man spart Umschlagkosten.
4. Wegen der leichteren Handhabung ist auch die Land- und Seefracht in der Regel günstiger.
5. Die Stabilität der Hülle und das sichere Verstauen vermindern das Transportrisiko.
6. Die Beförderungsdauer wird durch kurze Lade- und Löschzeiten verringert.
7. Erst der Container macht kombinierten oder multimodalen Verkehr möglich.
8. Bei paarigen Verkehrsströmen fällt kein Leerguttransport an.

Nachteile von Containern

1. Sie sind nicht für alle Güter geeignet.
2. Hohe Investitionskosten für Behälter, Umschlagseinrichtungen und Schiffe sind erforderlich.
3. Zu- und Rückführung sowie das Bewegen der Container sind nur im Spezialfahrzeug möglich.
4. Mindestgewichte bei der Frachtberechnung sind zu beachten.

16.11 Container-Vor- und -Nachläufe

Containerverkehr ist im Regelfall multimodaler Verkehr. Bei einem Seetransport ist daher zu fragen:

1. An welchen Stellen wird der Container be- und entladen?

Stuffing = Beladen eines Containers
Stripping = Entladen eines Containers

Die Beladung (das Stuffing) kann z. B. beim Absender stattfinden oder erst im Verschiffungshafen. Dies ist die Frage nach der Art des **Container-Movements** oder auch nach dem **Verlademodus**.

- **FCL/FCL** (Full Container Load): Der Absender packt den Container und erst beim Empfänger wird er entladen (Entladen = Stripping). Es wird auch der Ausdruck **CY/CY** (CY = Container Yard, Container-Depot) verwendet.
- **LCL/LCL** (Less than Container Load): Der Container wird im Abgangshafen gepackt, weil nur Sendungen mehrerer Absender einen kompletten Container füllen, und im Bestimmungshafen entladen.
- **FCL/LCL:** Der Absender packt den Container und lässt ihn bis zum Bestimmungshafen befördern; Verteilung der Einzelsendungen an verschiedene Empfänger.
- **LCL/FCL:** Der Container wird im Abgangshafen gepackt und erst beim Empfänger entladen.

2. Wer übernimmt beim FCL-Verkehr die Organisation des Vorlaufs zum Seehafen und des Nachlaufs vom Seehafen zum Empfänger?

Haulage = Beförderung

Werden der Vor- und Nachlauf durch den Spediteur organisiert, spricht man von **Merchant's Haulage**. Der Spediteur hat dann einen Leercontainer vom Verschiffungshafen oder von einem binnenländischen Container-Depot der Reederei zu besorgen, dem Absender zur Beladung zur Verfügung zu stellen und anschließend im Lastlauf für den Transport zum Verschiffungshafen zu sorgen. Problematisch (weil kostenträchtig) ist in diesem Fall der Leertransport des Containers.

Übernimmt der Verfrachter des Seeschiffes auch den Vor- und Nachlauf, handelt es sich um **Carrier's Haulage**. Die Reederei stellt in diesem Fall aus ihrem binnenländischen Depot einen Container zur Verfügung und transportiert ihn nach der Beladung zum Seehafen. Auch den Nachlauf kann sie auf diese Weise organisieren. Die Reedereien bieten dem Kunden damit einen Haus-Haus-Containerverkehr an. Dies stärkt die Position der Reedereien im Wettbewerb mit den Spediteuren.

Vorlauf = Pre-Carriage
Hauptlauf = Main Carriage
Nachlauf = On-Carriage

16.12 Abwicklung eines Seefrachtvertrages

16.12.1 Versand eines kompletten Containers

Der Seefrachtvertrag kann die Beförderung von Stückgut zum Gegenstand haben (Stückgutfrachtvertrag) oder sich auf einen bestimmten Schiffsraum beziehen (Reisefrachtvertrag). Im Regelfall nehmen Spediteure am Stückgutverkehr (**konventionelle Verschiffung**) teil, der heutzutage in hohem Maße mittels Containern abgewickelt wird. Der Versand eines kompletten Containers (mit Gestellung des Leercontainers durch die Reederei) könnte wie folgt ablaufen:

Vertragsarten, siehe Seite 281

VGM-Ermittlungsmethoden

VGM1: Wiegen des beladenen Containers
VGM2: Addition der Einzelgewichte von Leercontainer und Ladung sowie der Lade-, Packhilfs- und Sicherungsmittel

1. Auftrag des Versenders an den Spediteur (Erstspediteur), Terminabsprache
2. rechtzeitige Buchung des erforderlichen Schiffsraums und des Leercontainers. Übermittlung der Sendungsdaten an den Seehafenspediteur als Vertragspartner des Erstspediteurs
3. Der Versender erhält einen leeren Container zwecks Beladung (häufig von einem binnenländischen Depot der Reederei).
4. Der Container wird beim Auftraggeber des Spediteurs abgeholt und zum Verschiffungshafen befördert.
5. Im Verschiffungshafen übernimmt der Seehafenspediteur den Container und sorgt mit seinen Verladeeinrichtungen für eine Zwischenlagerung auf dem Containerstellplatz bis zum endgültigen Verladetermin. Bis zu diesem Zeitpunkt muss das Bruttogewicht (die Bruttomasse) des Containers zuverlässig ermittelt (verifiziert) werden. Das Ergebnis ist das verifizierte Bruttogewicht (**Verified Gross Mass, VGM**). Es ist Aufgabe des Befrachters, der Reederei das Gewicht vor Verladung mitzuteilen.
6. Der Container geht in die Verfügungsgewalt der Reederei über. Sie könnte an dieser Stelle ein **Übernahmekonnossement** ausstellen, aus dem hervorgeht, dass sie die Sendung zur Verladung übernommen hat. (Praxis: Sie unterschreibt das vom Seehafenspediteur vorbereitete Papier.)
7. Der Seehafenspediteur versendet das Konnossement nach den Weisungen des Erstspediteurs.
8. Ist das Seeschiff beladebereit, wird der Container mit Spezialfahrzeugen vom Stellplatz zum Seeschiff gebracht und verladen. Die Kosten, die dafür berechnet werden, nennt man Terminal Handling Charges (THC). Vielfach wird erst jetzt das Konnossement von der Reederei unterschrieben, weil der Auftraggeber des Spediteurs ein Papier wünscht, aus dem die Verladung der Güter **an Bord** des Seeschiffes hervorgeht („**An-Bord-Konnossement**"). Dementsprechend würde der Seehafenspediteur nun die Papiere nach Weisung des Erstspediteurs versenden.

Konnossement = Ladeschein in der Seeschifffahrt, siehe Seite 293

9. Transport des Containers zum Bestimmungshafen
10. Entladen des Containers im Bestimmungshafen, Zwischenlagerung auf dem Stellplatz oder sofortige Übergabe an einen Seehafenspediteur gegen Vorlage des Original-Konnossements; auch hier werden für die Bewegung des Containers THC berechnet.
11. Beförderung des Containers per Lkw, Bahn oder Binnenschiff zum Empfänger; Entladen des Containers
12. Transport des Leercontainers zum Depot der Reederei

Der beschriebene Ablauf entspricht dem Verlademodus FCL/FCL. Die Vertragsverhältnisse der Beteiligten stellen sich häufig wie folgt dar:

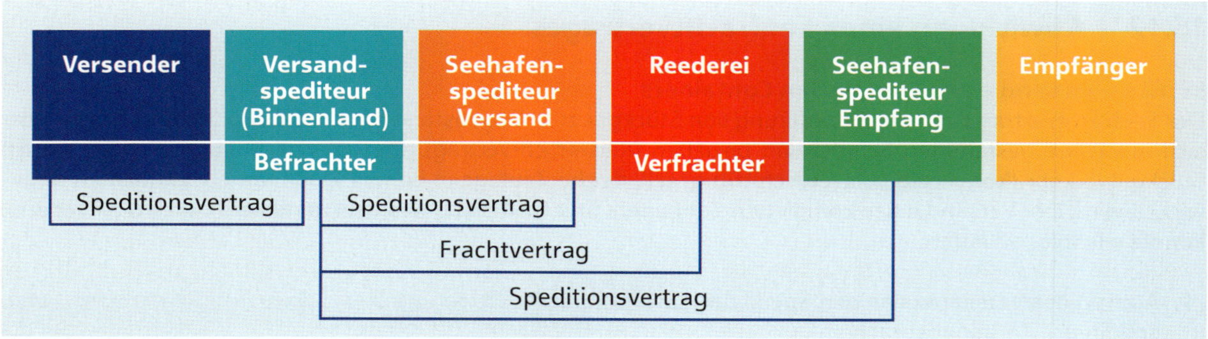

See-Sammelladung = consolidated cargo

FBL, siehe Seite 346; ferner Konnossementarten, siehe Seite 296

16.12.2 Versand einzelner Stückgüter/See-Sammelladung

Füllen die Güter, die ein Spediteur zu versenden hat, keinen ganzen Container, nutzt der Binnenspediteur die Sammelgutfunktion des Seehafenspediteurs.

1. Die Stückgutsendungen werden von verschiedenen Binnenspediteuren zum Seehafenspediteur transportiert. Die Versender des Binnenspediteurs erhalten für ihre Sendung ein Spediteur-Versanddokument, häufig ein FBL.
2. Der Seehafenspediteur fasst die eingehenden Stückgutsendungen zu kompletten Containerladungen zusammen.
3. Er übergibt den Container der Reederei zur Beförderung und erhält dafür ein Konnossement als Warenwertpapier.
4. Transport des Containers zum Bestimmungshafen
5. Entladen des Containers im Bestimmungshafen, Zwischenlagerung auf dem Stellplatz oder sofortige Übergabe an einen Seehafenspediteur gegen Vorlage des Original-Konnossements
6. Entladen des Sammelgutcontainers und Verteilen der Stückgutsendungen an die Empfänger oder an Binnenspediteure, die die weitere Verteilung übernehmen

Der Verlademodus entspricht dem LCL/LCL-Verkehr. Die Vertragsverhältnisse zeigen sich gewöhnlich wie folgt:

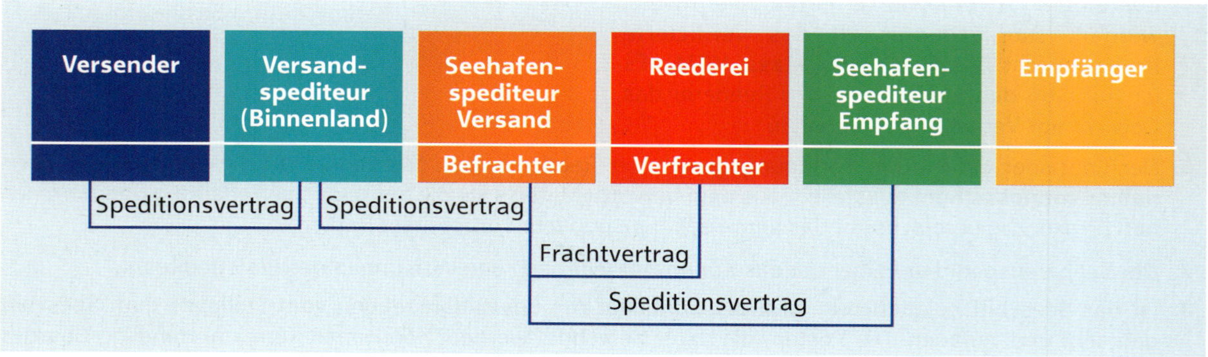

Siehe auch Seite 269 (Luftfahrt)

Kombinierter Verkehr, siehe Seite 261

16.12.3 Sea-Air-Verkehr

Hierbei werden die Vorteile von zwei Verkehrsmitteln miteinander kombiniert, nämlich die Preiswürdigkeit der Seebeförderung mit der Schnelligkeit des Lufttransportes. Bei unpaarigen Verkehrsströmen werden richtungsabhängig häufig äußerst günstige Beförderungspreise angeboten, die es lohnend machen, eine Transportstrecke aufzuteilen.

16.13 Das Konnossement in der Seeschifffahrt

16.13.1 Abgrenzung Frachtvertrag – Konnossement

Der **Seefrachtvertrag** beinhaltet im Kern die vertragliche Verpflichtung des Verfrachters, genau bezeichnete Güter per Seeschiff bis zum Bestimmungshafen zu befördern. Der Befrachter verpflichtet sich im Wesentlichen, das vereinbarte Entgelt zu zahlen. Damit regelt der Frachtvertrag das Verhältnis von **Befrachter** und **Verfrachter**.

Frachtvertrag nach allgemeinem HGB-Frachtrecht siehe Seite 94

Das **Konnossement** (englisch: **Bill of Lading**, B/L) ist eine Urkunde über einen abgeschlossenen Seefrachtvertrag. Es wird vom **Verfrachter** ausgestellt. Er bestätigt darin die Übernahme der Sendung und verpflichtet sich, die im Konnossement aufgeführte Ware dem rechtmäßigen Empfänger im Bestimmungshafen gegen eine quittierte Originalausfertigung des Konnossements auszuliefern.

Da im Außenhandel aus Sicherheitsgründen mehrere Originale ausgestellt werden, erlischt der Auslieferungsanspruch, sobald ein Original erfüllt worden ist (sogenannte **„kassatorische Klausel“**). Üblicherweise werden drei Original-Konnossemente (und eine unbestimmte Zahl von Kopien) verlangt. Lautet die Vorschrift z. B. „3/3“ (= **full set**), so heißt das, dem Auftraggeber sind alle drei Originale (drei von drei) auszuhändigen.

HGB-Frachtbrief = Absenderpapier, siehe Seite 95

Kassatorische Klausel im B/L-Text: „In witness whereof, the Carrier or his Agents has signed Bills of Lading ...“, siehe Seite 293

Das Konnossement begründet einen eigenständigen Anspruch des legitimierten Besitzers (gewöhnlich ist das der Empfänger) gegen den Verfrachter auf Auslieferung der im Konnossement beschriebenen Güter bei gleichzeitiger Zahlung der Fracht oder sonstiger Kosten, soweit sie vom Empfänger zu tragen sind. Das Konnossement ist somit für das Verhältnis **Verfrachter – Empfänger** maßgebend.

„Eigenständiger Anspruch“ heißt in diesem Zusammenhang: Der Anspruch ist zunächst einmal losgelöst vom Frachtvertrag, der zur Ausstellung des Konnossements geführt hat. Konnossementrechtsverhältnis und Frachtvertrag stehen in einer engen Wechselwirkung, sodass man im Zweifelsfall davon ausgehen kann, dass die Inhalte von Frachtvertrag und Konnossement identisch sind. Das Konnossement hat damit auch eine Beweisfunktion für den Inhalt des Frachtvertrages.

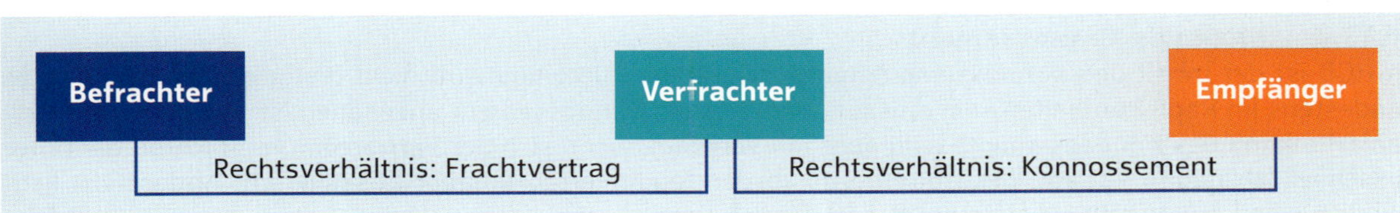

Der Ablader kann die Ausstellung verlangen und auch Einfluss auf den Inhalt nehmen. Vor allem kann er den Empfänger des Papiers bestimmen. In einem Namenspapier wird der Empfänger namentlich genannt (Rekta- oder **Namenskonnossement**); in einem **Orderkonnossement** wird die Empfängeranschrift mit einem Order-Zusatz versehen („oder dessen Order“) oder im Empfänger-Anschriftenfeld steht nur der Vermerk „An Order“. Dann ist das Dokument an die Order des Abladers gestellt.

Siehe Konnossementarten auf Seite 296

16.13.2 Aufgaben/Funktionen des Konnossements

Konnossement = Bill of Lading. B/L (engl.)

Ladeschein und seine Funktionen, siehe Seiten 108 und 109

Dokumentenakkreditiv, siehe Seite 388

1. **Wertpapier:** Der berechtigte Besitzer des Konnossements ist Eigentümer der im Papier bezeichneten Ware. Dadurch wird das Konnossement zu einem Wertpapier: Der Eigentümer des Papiers hat einen Herausgabeanspruch gegenüber dem Frachtführer.
2. **Verfügungspapier:** Der legitimierte Besitzer kann außerdem über die bezeichneten Güter verfügen.
3. **Handelspapier:** Aufgrund der Traditionswirkung des Konnossements kommt die Übergabe des Papiers der Übergabe der Güter gleich. Damit kann das Konnossement gehandelt werden. Die Handelspapierfunktion ist Folge der Wertpapierfunktion des Konnossements.
4. **Sicherungsmittel:** Häufig wird das Konnossement als Liefernachweis im Rahmen der Zahlungssicherung bei internationalen Geschäften eingesetzt, z. B. über ein Dokumentenakkreditiv.
5. **Empfangsbescheinigung:** Der Verfrachter bestätigt den Empfang der Güter so, wie sie auf dem Konnossement beschrieben sind.
6. **Beförderungs- und Ablieferungsversprechen:** Das sind die Hauptpflichten des Verfrachters aus dem Frachtvertrag.
7. **Begleitpapier (als Kopie):** In der Regel begleitet eine Kopie des Konnossements die Sendung (Kapitänskopie). Weitere Kopien können nach Wunsch des Abladers ausgestellt werden.
8. **Beweisurkunde:** Durch die Wechselwirkung von Frachtvertrag und Konnossement gibt das Konnossement Auskunft über zentrale Abmachungen im Frachtvertrag.

Wegen der Wertpapierfunktion sind Konnossemente mit größter Sorgfalt auszufüllen. Änderungen im Papier sind vom Aussteller mit Firmenstempel und Unterschrift zu bestätigen.

16.13.3 Der Weg des Konnossements

Mit der Übergabe der Güter stellt der Verfrachter dem Befrachter ein Konnossement über die Sendung aus (gewöhnlich unter Einbeziehung eines Seehafenspediteurs). Der Befrachter sendet das Konnossement zum Empfänger, der das Papier bei Ankunft der Sendung im Bestimmungshafen präsentiert (ebenfalls in der Regel über einen Seehafenspediteur). Der Verfrachter händigt dem Empfänger die Güter gegen Rückgabe des Original-Konnossements aus.

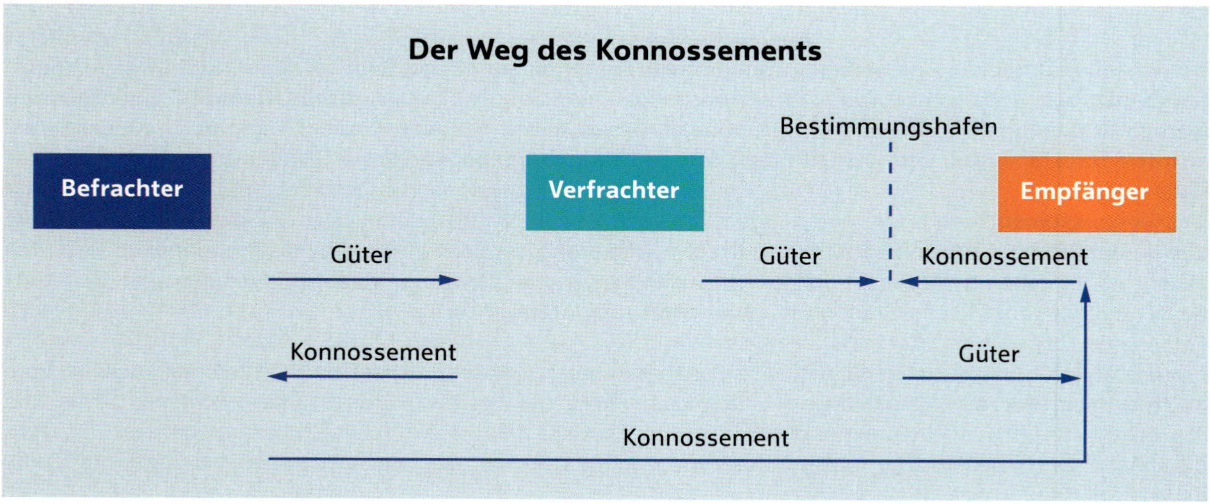

16.13.4 Inhalt des Konnossements

Im HGB ist der Inhalt des Konnossements vorgeschrieben. Allerdings wird nicht festgelegt, welche Inhalte mindestens im Papier enthalten sein müssen, damit es als Konnossement anzusehen ist. Die zentrale Wertpapierfunktion des Konnossements wird aber nur wirksam, wenn sich der Verfrachter verpflichtet, die Güter ausschließlich gegen Vorlage der Urkunde durch den legitimierten Inhaber auszuliefern. Andernfalls liegt lediglich eine Empfangsbescheinigung des Verfrachters vor.

§ 515 HGB Inhalt des Konnossements

(1) Das Konnossement soll folgende Angaben enthalten:
1 Ort und Tag der Ausstellung,
2 Name und Anschrift des Abladers,
3 Name des Schiffes,
4 Name und Anschrift des Verfrachters,
5 Abladungshafen und Bestimmungsort,
6 Name und Anschrift des Empfängers und eine etwaige Meldeadresse,
7 Art des Gutes und dessen äußerlich erkennbare Verfassung und Beschaffenheit,
8 Maß, Zahl oder Gewicht des Gutes und dauerhafte und lesbare Merkzeichen,
9 die bei Ablieferung geschuldete Fracht, bis zur Ablieferung anfallende Kosten sowie einen Vermerk über die Frachtzahlung,
10 Zahl der Ausfertigungen.

(2) ...

Konnossement, siehe Seite 293

Die Punkte des Konnossements, die nach § 515 HGB zum Inhalt eines Konnossements gehören, sind in der nachfolgenden Konnossement-Abbildung mit Zahlen versehen.

1	Ort und Tag der Ausstellung des B/L. Das ist häufig der Tag der Abladung (der Beladung auf das Schiff). Aus dem bestätigten Vermerk „SHIPPED ON BOARD" wird sichtbar, dass der Container am 23.10. an Bord des Seeschiffes verladen wurde.
2	Das deutsche Seerecht schreibt vor, im Konnossement den Namen des Abladers aufzuführen und **nicht** etwa den Namen des Befrachters. Ist der Ablader nicht gleichzeitig Befrachter, bleibt der Vertragspartner des Verfrachters im Dokument unerwähnt. Andererseits begründet das Konnossement keine Ansprüche gegen den Befrachter, sondern gegen den Verfrachter, sodass der Befrachter im Konnossement entbehrlich erscheint. In der Praxis wird im Feld „Shipper" häufig der Vertragspartner des Importeurs (Consignee) genannt (der aus Sicht des Spediteurs der Versender ist). Es ist auch üblich, den Spediteur an dieser Stelle einzutragen, weil er den Frachtvertrag mit der Reederei abgeschlossen hat und damit rechtlich die Position des Befrachters einnimmt. Eventuell trägt der Name des Spediteurs den Zusatz „as Agent". Dadurch kann sich der Spediteur von der Haftung, z. B. für Angaben im Konnossement über die Beschaffenheit der Güter, frei halten. In der Praxis ist die Beschriftung des Feldes „Shipper" sehr uneinheitlich.
3	Der Schiffsname (PROVIDENCE BAY) wird in Konnossementen genannt.
4	Verfrachter ist die Trans-World-Reederei; in der Praxis unterzeichnet der Schiffsagent der Reederei (i. d. R. ein Seehafenspediteur) das Konnossement. Notify address: Meldeadresse, an die sich die Reederei wendet, um die Ankunft des Schiffes im Bestimmungshafen zu melden.
5	Der Abladehafen ist der Hafen, in dem die Güter auf das Schiff geladen werden (Bremerhaven). Bestimmungsort ist Chicago.
6	Da es sich um ein Namenskonnossement handelt, ist der Name des Empfängers angegeben. Ist ein Konnossement ohne Angabe eines Empfängers an Order gestellt, muss ein Ablader genannt sein, da dieser der erste Konnossementsberechtigte ist, der das Papier auf den legitimierten Empfänger der Güter überträgt. In diesem Fall muss auch im Feld „Notify address" eine Meldeadresse vorhanden sein, an die sich der Verfrachter im Bestimmungshafen wenden kann.
7	Die übernommenen Güter sind im Konnossement zu beschreiben. Dies muss vom Befrachter und vom Ablader mit Sorgfalt durchgeführt werden, da diese Angaben z. B. für die Beladung eines Schiffes bedeutsam sein können. Der Verfrachter überprüft lediglich den äußeren Zustand der Güter; bei Container-Transporten kann er nur die äußere Verfassung des Containers feststellen. Macht der Verfrachter keine Vorbehalte auf dem Dokument geltend, wird vermutet, dass er die Güter in ordnungsgemäßem Zustand übernommen hat. S.T.C. = Said to contain, Inhalt wie angegeben HS-Code: HS = Harmonisiertes System; Statistische Waren-(Code-)Nummer für die Außenhandelsstatistik, abgeleitet aus dem Harmonisierten System der Weltzollorganisation
8	Das Gewicht des Gutes ist angegeben und dass es sich um einen 20-Fuß-Standard-Container handelt (dessen Maße bekannt sind).
9	Üblicherweise wird an dieser Stelle der Zahlungsort angegeben, nicht die Höhe der vereinbarten Fracht.
10	Im Muster wurden drei Original-Konnossemente ausgestellt, die dem Ablader komplett übergeben werden sollen (drei von drei, full set). Von einem Konnossement werden im Regelfall mehrere Originale erstellt. Dies geschieht aus Sicherheitsgründen. Banken, die bei internationalen Geschäften an der Zahlungsabwicklung beteiligt sind, verschicken z. B. zwei Originale mit getrennter Post.

Schiffsagent, siehe Seite 283

Zum Vertragsabschluss im Namen des Versenders siehe § 454 Abs. 3 HGB sowie Seite 29

Notify addres = Meldeadresse
Bei Ankunft im Bestimmungshafen kann sich der Verfrachter an diese Adresse wenden. Siehe auch Seite 335

Zusätze „S.T.C" bzw. „SLAC", siehe Seite 297
Harmonisiertes System, siehe Seite 431

Beispiel: Konnossement

TRANS-WORLD-REEDEREI
Hamburg/Bremen

Bill of Lading
Nr. BR 227-88-54

Shipper (2) INTERSPED MERKURSTRASSE 14 40223 DÜSSELDORF as Agent of DEGENER & LUTZ HOLZHEIMER WEG 33 41464 NEUSS	Voyage-No. 3874 — ECB-No. HLCU3-12171882 Shipper`s Reference 1075/6599
Consignee (6) BROWN & CO. LTD. POB 27745, CHICAGO, USA	Carrier: **Trans-World-Reederei** Europe – North America Services
Ocean vessel PROVIDENCE BAY (3) — Port of loading (5) Bremerhaven	Notify address (4)
Port of discharge (5) CHICAGO	

Container Nos. Marks and Nos.	Number and kind of packages; Description of goods	Gross weight (kg)	Measurement (cbm)
EISU 135442-0	1 X 20` STANDARD-CONTAINER, S.T.C MOTOR VEHICLE ACCESSOIRES (7) (TACHOMETER, TANK INDICATOR, OIL PRESSURE INDICATOR) TOTAL: HS-Code: 83850000 SHIPPED ON BOARD AKKREDITIV-NO. 1289/G/177 FREIGHT PREPAID	17 000 KGS (8) TRANS-WORLD-REEDEREI 20(0)-10-23 *Gerdes*	

Received by the Carrier in apparent good order and condition the goods or packages specified herein and to be discharged at the above mentioned port of discharge. The weight, measure, marks, numbers, quality, contents and value, being particular furnished by the Shipper, are not checked by the Carrier on loading. The Shipper, Consignee and the Holder of this Bill of Lading hereby expressly accept and agree to all printed, written or stamped provisions, exceptions and conditions of this Bill of Lading, including those on the back hereof.
In witness whereof the Carrier or his Agents has signed Bills of Lading all of this tenor and date, one of which being accomplished, the others to stand void. Shippers are requested to note particularly the exceptions and conditions of this Bill of Lading with reference to the validity of the insurance upon their goods.

Movement: FCL/FCL	Total No. of containers received by the Carrier: - 1 -	No. of original Bs/L (10) 3/THREE
Freight payable at: (9) BREMEN	Place and date of issue: (1) BREMEN; 20(0)-10-23	
ORIGINAL	*Gerdes*	**Trans-World-Reederei** **Bremen**

16.13.5 Konnossementarten

Die verschiedenen Konnossementarten lassen sich nach unterschiedlichen Gesichtspunkten unterscheiden.

Nach dem Umfang der Übertragung

Unterscheidung Namens- und Orderpapiere sowie die Übertragung von Wertpapieren, siehe Seite 111/112

1. **Orderkonnossement** (Order-B/L): Anstelle des Empfängernamens steht die Klausel „an Order" (Blanko-Orderkonnossement) oder der Name ist mit dem Zusatz „oder dessen Order" versehen. Das Konnossement wird durch Indossament übertragen. Damit geht das Eigentum am Papier auf den neuen Inhaber über. Gleichzeitig erwirbt er den Auslieferungsanspruch gegenüber dem Verfrachter, der mit dem Papier verbunden ist. Ein Orderkonnossement wird gewöhnlich ausgestellt, wenn die schwimmende Ware noch verkauft werden soll oder ein Weiterverkauf nach Ankunft im Bestimmungshafen vorgesehen ist.

2. **Namenskonnossement** (Straight-B/L): Der Empfänger ist im Konnossement namentlich genannt. Soll ein anderer Empfänger berechtigt werden, die Güter in Empfang zu nehmen, muss der Inhaber des Papiers den Auslieferungsanspruch gegen den Verfrachter durch Zession abtreten. Das Eigentum an der Urkunde folgt dem übertragenen Auslieferungsanspruch. Das Namenskonnossement wird ausgestellt, wenn die Handelbarkeit der Ware von vornherein ausgeschlossen werden soll.

Nach dem Zeitpunkt der Übernahme

3. **Bordkonnossement** (Shipped-B/L): Ein Bordkonnossement liegt vor, wenn der Verfrachter im Dokument angibt, wann und in welches Schiff er das Gut an Bord genommen hat. Häufig wird durch Stempel und Unterschrift dokumentiert, dass sich die Güter an Bord des Seeschiffes befinden („Shipped on board"). Der Inhaber des Papiers geht sicher, dass die Güter auch mit dem im Konnossement angegebenen Schiff zum Bestimmungshafen befördert werden.

4. **Übernahmekonnossement** (Received-B/L): Die Güter sind von der Reederei übernommen worden; sie werden nach Ankunft des Seeschiffes an Bord verladen. Dieser Zeitpunkt ist aber ungewiss. Banken akzeptieren Übernahmekonnossemente im Rahmen der Zahlungssicherung gewöhnlich nicht (sie sind nicht „bankfähig").

Zahlungssicherung im Außenhandel, siehe Seite 387

Nach der Beschaffenheit der Ware

5. **Reines Konnossement** (clean B/L): Das reine Konnossement bescheinigt, dass unbeschädigte Güter in der genannten Stückzahl übernommen wurden. Für den Inhalt von Packstücken kann der Frachtführer allerdings keine Garantie übernehmen, da er z. B. den Inhalt eines Containers nicht prüfen kann. Mit zwei Hinweisen (Unbekanntklauseln) kann der Verfrachter diesen Sachverhalt in der Produktbeschreibung auf dem Konnossement zum Ausdruck bringen:
   - mit dem Vermerk **S. T. C.** (= said to contain = Inhalt wie angegeben) oder
   - **SLAC** (Shipper's Load, Stow, Weight and Count = Laden, Stauen sowie Angaben zu Gewicht und Anzahl liegen in der Verantwortung des Befrachters). SLAC wird auch ausgeschrieben mit Shipper's Load and Count.

   Diese Vermerke verweisen nur auf die Verantwortung des Befrachters für den Inhalt des Containers. Sie führen **nicht** zu einer Haftungseinschränkung des Verfrachters. Im Schadensfall haftet er für die vom Befrachter nachgewiesene Stückzahl.

6. **Unreines Konnossement** (foul B/L): Unreine Konnossemente enthalten einschränkende Bemerkungen des Frachtführers (z. B. über eine äußere Beschädigung des Containers). Auch unreine Konnossemente sind in der Regel nicht bankfähig.

Nach Art der Transportstrecke

7. **Durchkonnossement** (Through-B/L): Für den Transport ist mehr als ein Verfrachter erforderlich. Das Konnossement wird aber über die Gesamtstrecke von einem Verfrachter ausgestellt. Unter der Annahme, dass die Beförderung von zwei Seeschiffen durchgeführt wird, liegt kein multimodaler Verkehr vor, weil die Verschiedenartigkeit der Beförderungsmittel fehlt und vermutlich eine einheitliche Vertragsgrundlage anzuwenden ist.

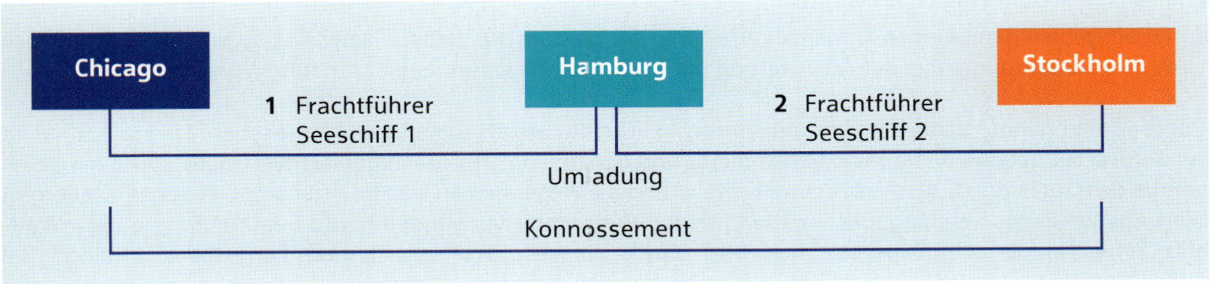

8. **Konnossement für den kombinierten Transport** (Combined Transport B/L): Das Konnossement bezieht sich auf einen Transport mit verschiedenartigen Beförderungsmitteln, wobei der vertragliche Frachtführer die Verantwortung für die gesamte Strecke übernimmt. Die Bedingungen des multimodalen Verkehrs sind dann in der Regel erfüllt.

   Die Aufgabe des vertraglichen Frachtführers könnte auch ein Spediteur übernehmen, der allerdings kein Reederei-, sondern nur ein Spediteurkonnossement ausstellen kann (siehe unten).

   Eine Ausnahme bildet der Spediteur als NVOCC (Non Vessel Operating Common Carrier), der als Verfrachter tätig ist und folglich See-Konnossemente ausgeben darf (siehe Seite 281).

Multimodaler Verkehr, siehe Seite 342

Nach dem Sendungsumfang

Spediteurkonnossemente, siehe Seite 345

9. **Sammelkonnossement:** Konnossement über eine See-Sammelladung. Binnenspediteure, die mit ihren Sendungen für Übersee keinen kompletten Container füllen können, befördern die Stückgutsendungen ihrer Versender zum Seehafenspediteur, der die eingehenden Sendungen zu einer Sammelladung bündelt, in einem Container verstaut und dem Verfrachter zur Beförderung übergibt. Der Seehafenspediteur erhält nach der Übergabe des Containers mit Sammelgut das übliche Reederei-Konnossement, das in diesem Fall als Sammelkonnossement bezeichnet wird. Als Empfänger wird im Konnossement ein Seehafenspediteur im Bestimmungshafen angegeben. Dieser erhält das Original, damit er die Sammelgutsendung beim Verfrachter im Bestimmungshafen einlösen kann. Anschließend verteilt er die Sendungen an die verschiedenen Empfänger.

10. **Teilkonnossement:** Eine umfangreiche Sendung mit Seegütern wird mit einem normalen Konnossement zum Bestimmungshafen befördert. Dort präsentiert der Empfänger das Original aber nicht zur Auslieferung der Güter. Er lässt sich vielmehr gegen Rückgabe des Originalkonnossements für verschiedene Teilsendungen neue Teilkonnossemente ausstellen, die er den jeweiligen Empfängern der Teilmengen übergibt. Diese können ihre Teilpartien gegen Vorlage ihres Teilkonnossements einlösen.

Nach dem Aussteller

11. **Reederei-Konnossement (engl. ocean bill of lading):** Das Konnossement ist von einer Reederei ausgestellt worden. Das bedeutet, eine Reederei, die häufig über hohe Vermögenswerte verfügt, ist der Garant für den Auslieferungsanspruch.
12. **Spediteur-Konnossement:** Aussteller des Dokuments ist eine Spedition. Spediteur-Konnossemente gelten im Geschäftsleben als weniger sicher.

Elektronisches Konnossement

Elektronischer Ladeschein, siehe Seite 109

Ein Konnossement kann auch in elektronischer Form (als Datei) ausgestellt werden. Allerdings ist sicherzustellen, dass auch die Funktionen eines Konnossements erfüllt werden. Es ist z. B. im Moment nicht klar, wie z. B. die Wertpapier- oder die Begleitpapierfunktion des Konnossements technisch umgesetzt werden kann.

16.14 Seefrachtbrief

Muster eines Seefrachtbriefs, siehe Seite 299

Die Abwicklung eines Überseetransportes mit einem Konnossement ist aufwendig und damit kostspielig. Vielfach verzichten Befrachter und Empfänger auf ein Warenwertpapier. Mögliche Gründe:

- Es bestehen laufende und vertrauensvolle Geschäftsbeziehungen zwischen Importeur und Exporteur, die eine Kaufpreissicherung nicht erforderlich machen.
- Gütertransporte werden innerhalb eines weltweit tätigen Konzerns abgewickelt.
- Es sollen Kosten eingespart werden.
- In Fahrgebieten mit kurzen Transitzeiten könnte der postalische Versand eines B/L so langwierig sein, dass es zu Verzögerungen bei der Auslieferung der Ladung im Bestimmungshafen führen würde.

HGB-Frachtbrief, siehe Seite 95

Daher wird zunehmend die Verwendung einfacher Frachtbriefe als ausreichend angesehen. Ein Frachtbrief ist ein Beförderungsdokument, das den Abschluss und den Inhalt eines Stückgutfrachtvertrages sowie die Übernahme des Gutes durch den Verfrachter beweist und die wesentlichen Inhalte des Frachtvertrages wiedergibt (Vertragsbeteiligte, Sendungsbeschreibung usw.). Verfrachter verwenden heute Seefrachtbriefe (**Sea Waybills**) unter Namen wie **„Express Cargo Bill“** (**ECB**), **„Express B/L“** oder **„Short Term Bill of Lading“**. Bei diesen Papieren, die nicht unterschrieben werden müssen, liefert der Verfrachter – wie beim Landfrachtbrief – die Güter an die im Frachtbrief bezeichnete Person aus. Der Empfänger muss kein Dokument präsentieren, um seinen Auslieferungsanspruch geltend zu machen.
Das HGB lässt den Seefrachtbrief auch in elektronischer Form zu (ähnlich wie beim Landfrachtbrief, Ladeschein und Konnossement).

> **Seefrachtbrief:** Beförderungsdokument, das den Abschluss und den Inhalt eines Stückgutfrachtvertrages sowie die Übernahme des Gutes durch den Verfrachter beweist

> **Konnossement (Bill of Lading, B/L):** Urkunde über einen abgeschlossenen Seefrachtvertrag, in der der Verfrachter die Übernahme der Sendung quittiert und sich verpflichtet, die Ware nur dem rechtmäßigen Besitzer des Dokuments gegen eine quittierte Originalausfertigung auszuliefern

Muster Seefrachtbrief (Express Cargo Bill, ECB)

Sea Waybill · Not Negotiable

Carrier:

Sea Waybill Multimodal Transport or Port to Port Shipment

Shipper:
INTERSPED GMBH
MERKURSTRASSE 14
40223 DUESSELDORF
as Agent of
DEGENER & LUTZ GMBH
HOLZHEIMER WEG 33
41464 NEUSS

OCL Shipping

Carrier's Reference:	SWB-No.:	Page:
21453396	HLDMHAM1566784	1

Export References:

Consignee:
WALTON LTD.
19400 WESTERN AVENUE
TORRANCE CA 90501
US

Forwarding Agent:

Notify Address: (Carrier not responsible for failure to notify)

Consignee's Reference:

Place of Receipt:
NEUSS, GERMANY

Vessel(s): PHILADELPHIA EXPRESS
Voyage-No.: 10W11

Place of Delivery:
EL PASO, TX, UNITED STATES

Port of Loading:
HAMBURG, GERMANY

Port of Discharge:
HOUSTON; TX, UNITED STATES

Container Nos., Seal Nos.; Marks and Nos.	Number and Kind of Packages, Description of Goods	Gross Weight:	Measurement:
TRLU 6533915 SEAL: 1002352	1 CONT. 40' GENERAL PURPOSE CONTAINER 1080 CARTON CERTOPLAST TAPES HS CODE 590610 LOADED ON 40 PALLETS SLAC = SHIPPER'S LOAD, STOW, WEIGHT AND COUNT SHIPPED ON BOARD, DATE: 16. MAR.20'(0)	16435,000 KGM	

Shipper's declared Value [see clause 7(2) and 7(3)]

Total No. of Containers received by the Carrier:	Packages received by the Carrier:
1	
Movement: FCL/FCL	Currency:

Charge	Rate	Basis	aWt/Vol/Val	P/C	Amount

Total Freight Prepaid	Total Freight Collect	Total Freight

Above Particulars as declared by Shipper. Without responsibility or warranty as to correctness by Carrier [see clause 11]

RECEIVED by the Carrier from the Shipper in apparent good order and condition (unless otherwise noted herein) the total number or quantity of Containers or other packages or units indicated in the box opposite entitled "Total No. of Containers/ Packages received by the Carrier" for Carriage subject to all the terms and conditions hereof (INCLUDING THE TERMS AND CONDITIONS ON THE REVERSE HEREOF AND THE TERMS AND CONDITIONS OF THE CARRIER'S APPLICABLE TARIFF) from the Place of Receipt or the Port of Loading, whichever is applicable, to the Port of Discharge or the Place of Delivery, whichever is applicable. In accepting this Sea Waybill the Merchant expressly accepts and agrees to all its terms and conditions whether printed, stamped or written, or otherwise incorporated, notwithstanding the non-signing of this Sea Waybill by the Merchant.

Place and date of issue:
HAMBURG 16. MAR 20(0)

Freight payable at:
ORIGIN

OCL SHIPPING, Hamburg
(AS CARRIER)

90140746 L.V. 06/06

Sea Waybill · Not Negotiable

16.15 Fachbezeichnungen und Abkürzungen auf Seefrachtpapieren

In Konnossementen, Seefrachtbriefen, aber auch in Buchungsbestätigungen (siehe unten) und anderen Papieren aus der Seeschifffahrt werden häufig Fachbezeichnungen und Abkürzungen verwendet, deren Bedeutung man kennen muss, wenn man die Papiere funktionsgerecht einsetzen will.

Beispiel: Booking Confirmation

TO	INTERSPED GMBH	
ATTN	MRS. THEBEN	AGENT:
RE	CONFIRMATION	SEA & AIR INTERNATIONAL
		JL THARIN 216
OUR REF.	IN44502	JAKARTA
YOUR REF.	02 10 466686	INDONESIA
DESTINATION	JAKARTA	TEL: 021 338 103 44
Vessel	Everstar/P & O	FAX: 021 338 103 45
Closing	04.04.20(0) – 24:00	
SLD	06.04.20(0)	
ETA	04.05.20(0)	
CONTAINER NO.	PANO 133462-4	
KGS	18400	
Freetime Jakarta Port	1 day	
Detention-Charges	USD 110,00/d	
FAC INTERSPED	2,5%	
Container Movement	Merchant's Haulage	

FAC = forwarding agent's commission (Vermittlungsgebühr für den Spediteur) Abrechnungspositionen, siehe Seite 305

Abkürzung	Langschrift	Übersetzung
	closing	Ladeschluss
CFS	container freight station	Container-Packstation für das Be- und Entladen von (Sammelgut-)Containern im Seehafen
CY	container yard	Containerdepot/-terminal CY/CY: vom Containerdepot Abgangshafen bis zum Containerdepot Bestimmungshafen
DEP	departure	Abfahrt
	destination	Bestimmungsort
ETA	estimated (expected) time of arrival	voraussichtliche Schiffsankunft
ETD	estimated (expected) time of departure	voraussichtliche Schiffsabfahrt
ETS	estimated (expected) time of sailing	voraussichtliche Schiffsabfahrt
	forwarding agent	Spediteur
HS-Code	HS = Harmonisiertes System	Statistische Warennummer, abgeleitet aus dem Harmonisierten System der Weltzollorganisation (siehe Seite 431).
	on-carriage	Nachlauf eines Containers vom Seehafen zum inländischen Bestimmungsort
OOG	Out of Gauge	Bezeichnet Ladungen, deren Abmessungen größer sind als die Standard-Maße von ISO-Containern
POD	place of delivery	Lieferort
POR	place of receipt	Empfangsort
POA	port of arrival	Ankunftshafen
POD	port of destination	Bestimmungshafen

Siehe Seite 306

Ab-kürzung	Langschrift	Übersetzung
POD	port of discharge	Löschhafen
POL	port of loading	Ladehafen
POS	port of shipment	Verlade-/Verschiffungshafen
	port of transhipment	Umladehafen
	pre-carriage	Container-Vorlauf vom Inlandsplatz zum Seehafen
SLD	sailing date/sailed	Abfahrtszeit des Seeschiffes/Schiff hat den Hafen tatsächlich verlassen.
VGM	verified gross mass	verifiziertes Bruttogewicht

16.16 Haftung in der Seeschifffahrt

16.16.1 Die Haftungssituation

Seeverkehr ist internationaler Verkehr, daher sind auch internationale Regeln in Haftungsfragen zu beachten. Folgende Bestimmungen kommen infrage:

- **Haager Regeln:** eine internationale Vereinbarung zum Seerecht mit einer sehr starken Haftungseinschränkung für die Verfrachter (Höchsthaftung 639,11 EUR)
- **Haag-Visby-Regeln:** das Nachfolgevertragswerk zu den Haager Regeln
- **Konnossementbedingungen** der Reederei, die oft weitgehende Haftungsbeschränkungen vorsehen

Im konkreten Einzelfall stellt sich aber die Frage, ob der Verfrachter z. B. nach den Original-Visby-Regeln arbeitet oder nach der Gesetzesfassung des Verschiffungs- oder Bestimmungslandes; eventuell auch nach den Bestimmungen des Landes, in dem der Verfrachter seinen Hauptgeschäftssitz hat. Die Frage „Wer ist eigentlich der Verfrachter?“ könnte sich anschließen. Ist es die Reederei, die im Schiffsregister eingetragen ist, oder der, der das Schiff gechartert hat, oder ist es ein vertraglicher Frachtführer (Verfrachter) ohne eigenen Schiffsraum? Im Containerverkehr könnte z. B. ein Schaden beim Umschlag auf dem Terminal auftreten. Haftet dann der Verfrachter nach seinen Buchungsbedingungen oder verweist er auf den Terminalbetreiber? Nach welchen Bedingungen arbeitet der Terminalbetreiber?
Insgesamt zeigt sich die Rechtslage im Seeverkehr sehr kompliziert. Für den Versender/Befrachter ist daher eine ausreichende Transportversicherung und für den Spediteur eine Haftungsversicherung unumgänglich.

16.16.2 HGB-Haftung

In die HGB-Regelungen zur Haftung bei Stückgutfrachtverträgen sind die **Haag-Visby-Regeln** eingearbeitet worden. So wie im allgemeinen Frachtrecht des HGB kann die Haftung des Verfrachters durch private Vereinbarungen ersetzt oder durch vorformulierte Vertragsbedingungen in Grenzen abgeändert werden.

Verfrachter-Haftung bei Containertransporten:
Haftungsbeginn: Übernahme des Containers durch den Umschlagbetrieb
Haftungsende: Ablieferung durch den Umschlagbetrieb

Haftungszeitraum

Die Haftung beginnt mit der Übernahme der Güter durch die Verladeeinrichtung des Schiffes und endet mit dem Löschen der Ladung, sobald das Gut von der Verladeeinrichtung des Schiffes an Land abgesetzt worden ist. Folglich haftet der Verfrachter so lange, wie er **das Gut in seiner Obhut hat**. Dies ist jedoch eine sehr traditionelle Betrachtung, bei der man davon ausgeht, dass das Schiff die Güter mit eigenem Ladegeschirr verlädt. Im Containerzeitalter erledigen in der Regel Umschlagbetriebe die Verladung. Dann beginnt die Haftung des Verfrachters, sobald der Umschlagbetrieb den Container übernommen hat; denn der Umschlagterminal gilt als **Beauftragter des Verfrachters**. Die Obhut des Verfrachters am Gut (= Haftungsbeginn) fängt folglich mit der Übernahme im Terminal an. Entsprechendes gilt für die Entladung. Das bedeutet, der Umschlag wird der Seebeförderung zugerechnet.

Haftungsfälle – Haftungsprinzip

Der Verfrachter haftet für den Schaden, der durch Verlust oder Beschädigung des Gutes (**Güterschäden**) in der Zeit von der Übernahme zur Beförderung bis zur Ablieferung entsteht (HGB § 498).

Allerdings haftet er nur, soweit ihn ein **Verschulden** trifft, d.h., der Schaden ist entstanden, weil der Verfrachter nicht mit der Sorgfalt eines ordentlichen Verfrachters gehandelt hat.
Das Verschulden seiner Leute und der Schiffsbesatzung hat der Verfrachter in gleicher Weise zu vertreten wie eigenes Verschulden.

Allgemeines HGB-Frachtrecht: Gefährdungshaftung, siehe Seite 104

Folglich ist die Verfrachterhaftung eine Verschuldenshaftung (= Haftungsprinzip), wobei allerdings im Schadensfall ein Verschulden des Verfrachters vermutet wird. Der Verfrachter hat dann zu beweisen, dass er oder seine Leute die verkehrsübliche Sorgfalt an den Tag gelegt haben. Man spricht daher auch **von vermuteter Verschuldenshaftung** oder von einer Verschuldungshaftung mit umgekehrter Beweislast (siehe ADSp).

Im Zusammenhang mit einer Seebeförderung können auch weitere Schäden entstehen, z.B.

- Überschreitung einer vereinbarten Lieferfrist (Vermögensschaden).
- Der Verfrachter stellt einen verschmutzten Container als Lademittel zur Verfügung, der die Güter des Befrachters beschädigt.

Solche Fälle werden aber nicht durch das Seefrachtrecht erfasst, sondern müssen zivilrechtlich aufgrund des Bürgerlichen Gesetzbuchs (BGB) geltend gemacht werden (eine Lieferfristüberschreitung z. B. über den Schuldnerverzug). In diesem Fall gilt eine unbegrenzte Haftung.

Haftungsausschlüsse

Nautisches Verschulden und Feuer an Bord, siehe Seite 303

In bestimmten Fällen ist der Verfrachter von der Haftung befreit. Die wichtigsten Ausschlussgründe sind folgende:

- Schäden aufgrund von Gefahren und Unfällen auf See
- Schäden verursacht durch die natürliche Beschaffenheit des Gutes
- Schäden aufgrund von Krieg, Beschlagnahme, Streik
- Schäden, die der Befrachter oder der Ablader zu vertreten hat (mangelnde Verpackung der Güter, falsche Angaben zur Beschaffenheit des Gutes u.Ä.)

Haftungsbegrenzungen

Die Haftung des Verfrachters ist in vielfältiger Weise begrenzt:

Wertersatzprinzip, siehe Seite 106
Ersatzwerte:
allgemeines HGB-Frachtrecht: Versandwert
Seefrachtrecht: Ablieferwert

- Eine wichtige Grenze bildet der **Güterwert**. Die Haftung des Verfrachters für **Güterschäden** ist auf (Güter-)Wertersatz, nicht Schadenersatz ausgerichtet. Für Güterfolgeschäden haftet der Verfrachter nicht. Der Ersatz bemisst sich nach dem Wert des Gutes am Bestimmungsort zur Zeit des Beginns der Löschung und nicht wie im allgemeinen HGB-Frachtrecht nach dem Wert zum Zeitpunkt der Übernahme des Gutes. Bei Beschädigung wird der Minderwert ersetzt.
- Weiterhin ist die Haftung für **Güterschäden** nach dem **Gewicht** begrenzt: Sie beträgt höchstens **zwei Sonderziehungsrechte pro Bruttokilogramm** des verlorenen oder beschädigten Gutes.
- Außerdem gilt eine Haftungsgrenze in Höhe **von 666,67 SZR pro Stück oder Einheit**. Bei Sendungen mit einem Gewicht unter 333,34 kg führt diese Berechnung zu einem höheren Schadenersatz als die 2-SZR-Regelung. Im konkreten Schadensfall gilt der höhere Betrag im Vergleich zwischen Gewichts- und Stückhaftung.

Werden Güter in oder auf einem Lademittel zusammengefasst (z. B: Container, Palette) gilt folgende Regel:

- Wird der Inhalt des Lademittels im Beförderungsdokument einzeln aufgelistet, gilt jedes Sendungsteil als Stück oder Einheit.
- Fehlen diese Angaben, so ist das Lademittel, z. B. der Container, als „Stück/Einheit“ anzusehen.

Beispiel:
Ein Container mit Gütern im Gewicht von 12000 kg ist durch ein Verschulden der Reederei verloren gegangen. Die 12000 kg sind in 45 Packstücken verpackt, die in einem Anhang zum B/L aufgeführt sind.
Kurs: 1 SZR = 1,105 EUR
Der Geschädigte macht die Reederei haftbar.

Gewichtshaftung: 2 SZR/kg
Stückhaftung: 666,67 SZR pro Stück

Gewichtshaftung: Haftung mit 2 SZR/kg
12000 kg · 2 SZR · 1,105 EUR = 26520,00 EUR
Stückhaftung
45 · 666,67 SZR · 1,105 EUR = 33150,17 EUR
Der Geschädigte wird die höhere Stückhaftung geltend machen.
Wären die 45 Packstücke nicht einzeln aufgelistet worden, wäre der Berechnung nur 1 Stück (= 1 Container) zugrunde zu legen.

Haftung des Verfrachters nach HGB			
Schadensarten	**Voraussetzung**	**Haftungshöchstgrenzen**	**Ausnahmen**
1. Verlust 2. Beschädigung	Verschulden des Verfrachters oder seiner Leute	Wahlrecht des Geschädigten: – 666,67 SZR pro Stück/Einheit – 2 SZR pro kg/brutto	▪ typische Gefahren der See (z. B. Sturm) ▪ Krieg, Streik u. Ä.

Aufhebung der Haftungsbefreiungen und -begrenzungen

Ist dem Verfrachter Vorsatz, Leichtfertigkeit und bewusste Inkaufnahme eines Schadens vorzuwerfen (qualifiziertes Verschulden), entfallen die Haftungsbefreiungen und -begrenzungen. Er hat dann für den vollen Schaden gerade zu stehen. Das gilt auch, wenn er Güter entgegen der Vereinbarung mit dem Befrachter/Ablader auf Deck verlädt und es dadurch zu einem Schaden kommt.

Siehe Seite 33

Ausführender Verfrachter

Verfrachter erfüllen ihre vertraglichen Verpflichtungen gegenüber dem Befrachter gelegentlich, indem sie andere Unternehmen einschalten.

Beispiel:
Ein Verfrachter hat einen Frachtvertrag über einem Containertransport von Rostock nach Milwaukee (USA) abgeschlossen. Der Verfrachter beauftragt den Eigentümer eines Feederschiffs, den Container von Rostock durch den Nord-Ostsee-Kanal nach Hamburg zu transportieren. In Hamburg wird der Container umgeschlagen und zum Bestimmungshafen befördert.

Im Beispiel bedient sich der Verfrachter der Mithilfe eines Dritten bei der Ausführung seines Beförderungsvertrags. Dieser Dritte wird **ausführender Verfrachter** genannt. Er haftet für Schäden durch Verlust und Beschädigung während seines Transportabschnitts wie der Verfrachter im Frachtvertrag mit dem Befrachter.

Haftung bei nautischem Verschulden

In den Allgemeinen Geschäftsbedingungen/Konnossementbedingungen der Reedereien werden im Regelfall Schäden, die durch das Verhalten der Schiffsbesatzung bei der Führung des Schiffes entstehen (**nautisches Verschulden**) von der Haftung ausgenommen. Das Gleiche gilt für **Feuer- und Explosionsschäden** an Bord. Ein Spediteur, der die Besorgung einer Seebeförderung zu einem festen Preis übernimmt, ist vertraglicher Verfrachter und haftet nach den seerechtlichen Haftungsbestimmungen. Kommt es z. B. durch nautisches Verschulden zu einem Güterschaden und hat die Reederei (als Verfrachter) diesen Schaden in ihren AGB ausgeschlossen, ist es für den Spediteur wichtig, dass er ebenfalls nicht für nautisches Verschulden haftbar gemacht werden kann. Andernfalls könnte ihn der Versender für nautisches Verschulden in Anspruch nehmen, der Spediteur wäre aber nicht in der Lage, beim Verfrachter Regress geltend zu machen. Die ADSp 2017 sehen in Ziffer 25 vor, dass der Spediteur ebenfalls nicht für nautisches Verschulden und Feuer/Explosionen an Bord haften muss (siehe unten, Kapitel 16.16.3). Damit haftet der Spediteur wie der Verfrachter, und der **Haftungsgleichlauf** zwischen Verfrachter- und Spediteurhaftung ist wieder hergestellt, sodass der Spediteur keine Regresslücke befürchten muss.

Reklamationsfristen

Im Falle eines Schadens gelten folgende Fristen:
- äußerlich erkennbare Schäden: sofort bei Übernahme der Güter
- äußerlich nicht erkennbare Schäden: drei Tage nach Auslieferung der Güter an den Empfänger
- Die Schadensanzeige muss schriftlich gemacht werden. Es genügt, sie an den zu richten, der die Güter abgeliefert hat (z. B. an den Lkw-Frachtführer).

16.16.3 Haftung des Spediteurs bei Seetransporten

Spediteure arbeiten heute in der Regel auf der Basis fester Preisvereinbarungen (Fixkostenspedition). Außerdem verlangen Seetransporte gewöhnlich einen Vor- und Nachlauf mit anderen Beförderungsmitteln (Lkw, Eisenbahn, Binnenschiff). Aufgrund der internationalen Ausrichtung von Seebeförderungen sind die Bedingungen des multimodalen Verkehrs in der Regel erfüllt.

Multimodaler Verkehr, siehe Seite 342

Vgl. Haftung im multimodalen Verkehr, siehe Seite 343

In den ADSp (Ziffer 23.1.2 und 23.4) wird die Haftung des Spediteurs begrenzt, wenn ein Verkehrsvertrag über die Beförderungen mit verschiedenartigen Beförderungsmitteln unter Einschluss einer Seebeförderung (**multimodale Verkehre**) vorliegt:

- Für **Güterschäden** mit 2 SZR/kg, sofern der Schadensort **unbekannt** ist.
- Bei **bekanntem** Schadensort richtet sich die Haftung nach dem Recht der Teilstrecke (§ 452a HGB). Im Falle eines Schadens während des Seetransportes käme die Seehaftung zum Zuge (2 SZR/kg oder 666,67 SZR pro Stück).

  Gleichzeitig wird in Ziffer 25 ADSp mit Verweis auf § 512 HGB festgelegt, dass der Spediteur nicht für Schäden durch nautisches Verschulden sowie durch Feuer und Explosion an Bord in Anspruch genommen werden kann.
- Für **Vermögensschäden** haftet der Spediteur mit 3 x 2 SZR/kg = 6 SZR/kg (dreifacher Verlustersatz), maximal mit 125 000,00 EUR.

> **Haftungsbegrenzung für Vermögensschäden:** Gewicht x 2 SZR/kg x 3, höchstens 125 000,00 EUR

Besorgt der Spediteur eine **reine Seebeförderung** gelten im Wesentlichen die gleichen Haftungsgrenzen: 2 SZR/kg für Güterschäden, dreifacher Verlustersatz für Vermögensschäden.
Ist die Fixkostenvereinbarung kein Haus-Haus-Preis, sondern z. B. nur der Preis für den Vor- und Hauptlauf, gilt die Frachtführerposition des Spediteurs auch nur für diese Reichweite. Der Spediteur schuldet für den Nachlauf die sorgfältige Auswahl des Empfangsspediteurs, der den Nachlauf besorgt.

16.17 Große Haverei

Abgrenzung Havarie – Haverei

> Als **Havarie** bezeichnet man den Unfall eines Schiffes auf See. **Haverei** nennt man die vermögensrechtliche Abwicklung der Unfallfolgen. Dies ist im HGB geregelt, international gelten die York-Antwerp-Rules.

Merkmale einer großen Haverei

Von einer großen Haverei (gemeinschaftliche Haverei, Havarie-Grosse, General Average) spricht man, wenn folgende Bedingungen erfüllt sind:

- Eine gegenwärtige oder unmittelbar bevorstehende erhebliche Gefahr bedroht Schiff, Treibstoff und Ladung gemeinsam.
- Um Schiff, Treibstoff und Ladung aus einer gemeinsamen Gefahr zu retten, werden vom Kapitän Beschädigungen oder Aufopferungen vorsätzlich herbeigeführt.

  Beispiele: *Überbordwerfen von Ladung, Fluten einer Luke mit einem brennenden Gefahrgutcontainer, vorsätzliche Strandung, Einlaufen in einen Nothafen*
- Mindestens ein Beteiligter (Schiff, Treibstoff oder Ladung) muss gerettet worden sein.

„Große Haverei" bezeichnet demnach die auf Anordnung des Kapitäns erfolgte vorsätzliche Beschädigung oder Aufopferung des Schiffs, des Treibstoffs oder der Ladung zur Errettung dieser drei Haftungsgegenstände aus einer gemeinsamen Gefahr.
Beteiligte an der Großen Haverei sind der Eigentümer des Schiffes und des Treibstoffs sowie diejenigen, die die Gefahr tragen, dass zur Ladung gehörende Frachtstücke oder Frachtforderungen untergehen.

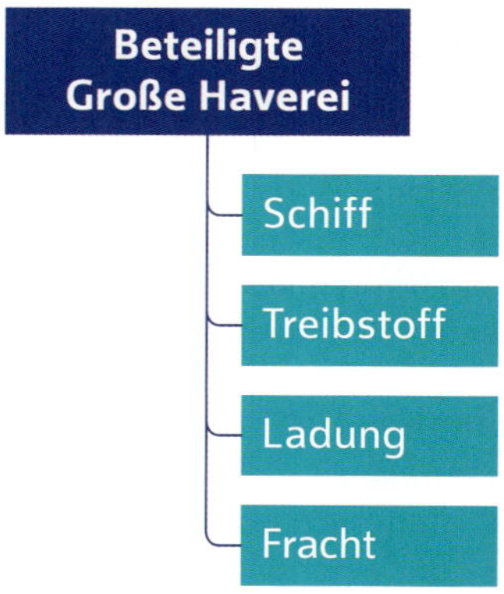

Dispache: sprich dispaasch

Die entstandenen Schäden sind von den Beteiligten gemeinsam zu tragen, weil der Kapitän eine Entscheidung zu deren Gunsten getroffen hat. Nun teilt sich die Haftungsgemeinschaft die Kosten dieser Entscheidung. Der Kapitän muss einen Dispacheur beauftragen, in einem Verteilungsplan (Dispache) die Kostenverteilung durchzuführen. Der Dispacheur errechnet die Beitragsquote, indem er den Schaden auf das Beitragskapital (Wert von Schiff, Treibstoff und Ladung) bezieht.

> **Dispache:** Dokument, in dem die Schäden und Kosten einer großen Haverei festgestellt und im Verhältnis der Beitragswerte auf die Beteiligten (Schiff, Treibstoff, Ladung) verteilt werden
> **Dispacheur:** vereidigter Sachverständiger, der die Kosten einer Havarie-Grosse in einer Dispache zusammenstellt und aufteilt

Beispiel:
Bei einer großen Haverei entsteht durch die vorsätzlich herbeigeführten Maßnahmen des Kapitäns ein Schaden in Höhe von 800 000,00 EUR. Folgende Vermögenswerte tragen diesen Schaden anteilmäßig:

Schiff	*22 000 000,00 EUR*
Ladungswert	*4 250 000,00 EUR*
Frachten	*1 200 000,00 EUR*
Treibstoff	*500 000,00 EUR*
Beitragskapital	*27 950 000,00 EUR*

Dieser Schaden ist von den Beteiligten nach folgender Formel zu tragen:

$$\textbf{Beitragsquote} = \frac{\textbf{Havereischaden} \cdot \textbf{100}}{\textbf{Beitragskapital}}$$

$$\textit{Beitragsquote} = \frac{800\,000\,00 \cdot 100}{27\,950\,000\,00} = 2{,}86\,\%$$

Jeder Ladungsbeteiligte hat sich mit 2,86 % am Schadenersatz zu beteiligen. Für einen Befrachter mit einem Güterwert von 62 500,00 EUR ergäbe sich z. B. ein Beitrag von 1 787,50 EUR (2,86 % von 62 500,00 EUR).

16.18 Seefrachtrechnen

Reedereien geben zwar Preislisten heraus, letztlich bilden sich die Frachtraten in der Seeschifffahrt aber am Markt und sind frei aushandelbar.

16.18.1 Containerversand

Der überwiegende Teil des Seefrachtverkehrs findet heute per Container statt. Dabei werden für die eigentliche Seebeförderung gewöhnlich güterunabhängige Pauschalfrachten berechnet (**FAK-Raten** = Freight-all-Kinds-Raten).

FAK-Raten, siehe Seite 256

Der Preis für die Beförderung eines Containers, den der Spediteur seinem Versender berechnet, setzt sich allerdings aus verschiedenen Bestandteilen zusammen:

- **Vorlauf** zum Seehafen (z. B. per Lkw)
- **Umschlag** des Containers im Verschiffungshafen (Terminal Handling Charges, **THC**) auf das Seeschiff
- **Seefracht** für die Beförderung des Containers mit dem Seeschiff, in der Regel kombiniert mit der Gestellung eines Containers aus dem Bestand der Reederei
- **Umschlag** des Containers im Bestimmungshafen (**THC**)
- **Nachlauf** vom Seehafen zum Empfänger (z. B. per Lkw)

Daneben berechnen Reedereien oft eine Vielzahl von Zuschlägen und Gebühren, z. B.:

Siehe auch Fachbezeichnungen und Abkürzungen auf Seefrachtpapieren, Seite 300

Zuschlag/Gebühr	Kürzel	Erläuterung
Bunker Adjustment Factor	**BAF**	Zuschlag für schwankende Treibstoffpreise
Congestion Surcharge		Frachtzuschlag bei Hafenüberlastungen (congestion = Stau)
Currency Adjustment Factor	**CAF**	Zuschlag für Währungskursschwankungen Große Containerschiffe laufen auf ihrer Reise in der Regel mehrere Häfen an, in denen Container geladen und gelöscht werden. Die Seefracht und andere Dienstleistungen werden in der Währung des jeweiligen Landes abgerechnet. Der CAF hat die Aufgabe, eventuelle Währungsschwankungen während der Reise auszugleichen.
Demurrage		Liegegeld für die verzögerte Abnahme eines Containers im Löschhafen
Detention Charges		Gebühr für die verspätete Rückführung des entladenen Containers in den Bestand der Reederei
Forwarding Agent's Commission	**FAC**	Provision der Reederei für den Spediteur, der die Ladung vermittelt hat

Zuschlag/Gebühr	Kürzel	Erläuterung
Freetime		Kostenfreie Standzeit des Containers (im Hafen oder beim Kunden); nach Ablauf dieser Zeit werden Demurrage- bzw. Detention-Charges fällig.
Heavy Lift Charge	**HLC**	Gewichtszuschlag i. d. R. für Container über 18 t Ladungsgewicht
Import Service Fee	**ISF**	nachträglich erhobener Transportkostenzuschlag für bestimmte Importe (z. B. aus China)
International Ship and Port Facility Security  	**ISPS**	Sicherheitszuschlag zur Gefahrenabwehr Dient der Finanzierung von Maßnahmen zur Gefahrenabwehr bei Schiffen und Häfen und wird pro Sendung (z. B. 3,00 EUR) oder pro Container (z. B. 15,00 EUR) berechnet. Der Zuschlag stellt ein Entgelt für die erhöhten Aufwendungen der Reedereien zur Abwehr terroristischer Gefahren in der Seeschifffahrt dar. Die Reedereien sind verpflichtet, Risikoanalysen und entsprechende Gefahrenabwehrpläne zu erstellen, den Zugang zum Hafen zu überwachen und geschultes Personal für die Sicherheitsmaßnahmen einzusetzen.
Lost Slot		Gebühr für die Einbuße von Containerstellplätzen, wenn Container mit Überhöhe (z. B. Open-Top-Container), Überbreite (z. B. Flat Racks) oder Überlänge (z. B. Platform Container) verladen werden. Für jeden verlorengegangen Stellplatz (Lost Slot) berechnet die Reederei einen bestimmten Betrag.
Low Sulfur (Fuel) Surcharge	**LSF** **LSS**	Zuschlag für schwefelarmen Treibstoff (gemäß IMO-Verordnung über den Schwefelgehalt der Treibstoffe)
Out of Gauge	**OOG**	Zuschlag für Ladungen, deren Abmessungen größer sind als die Maße eines Standard-Containers (engl. gauge = Norm). Das Übermaß führt zu verlorenen Slots (vgl. oben: Lost Slot).
Port Charges Origin	**PCO**	Hafengebühr im Verschiffungshafen
Port Service Charge	**PSC**	wie THC
Positioning Charge		Gebühr der Reederei für die Zurverfügungstellung eines leeren Containers zur Beladung
Terminal Handling Charge	**THC**	Containerumschlaggebühr (/O = Origin, /D = Destination)

Schiffskurse

Reedereien geben ihre Frachtraten häufig in USD an. Die Seefracht und weitere Rechnungsbestandteile sind demnach für den Auftraggeber in die jeweilige Landeswährung umzurechnen. Dies geschieht zum sogenannten Schiffskurs. Das ist der Preis für eine Währung, den die Reederei für die komplette Reise eines bestimmten Schiffes festlegt.

Beispiel:
Preisberechnung Containerversand Hamburg – Jeddah; der Kunde wünscht einen Fixpreis vom Haus des Absenders bis zum Bestimmungshafen.
Vorlaufkosten per Lkw nach Hamburg (Abholung des Containers im Containerdepot, Beladung beim Versender, Transport zum Verschiffungshafen) 430,00 EUR, THC Hamburg 150,00 EUR, Seefracht einschließlich Containergestellung 680,00 USD, 10 % CAF auf die Seefracht, BAF 110,00 USD pro Container, ISPS 15,00 EUR pro Container, Spediteurkommission 2,5 % von der Seefracht.
Der Spediteur schlägt auf die Kosten einen Gemeinkostenzuschlag von 25 % und auf den Zwischenwert einen Gewinn von 5 % auf. Der so ermittelte Preis wird auf 50,00 EUR aufgerundet. Umrechnungskurs: 1,00 EUR = 1,4415 USD.

Berechnung

	Währung	*Rate*	*EUR*
Vorlauf	*EUR*	*430,00*	*430,000*
THC Hamburg	*EUR*	*150,00*	*150,000*
Seefracht einschließlich Containergestellung	*USD*	*680,00*	*471,731*
CAF 10 % auf die Seefracht	*USD*	*68,00*	*47,173*
BAF	*USD*	*110,00*	*76,309*
ISPS	*EUR*	*15,00*	*15,000*
FAC −2,5 %	*USD*	*−17,00*	*−11,793*
			1 178,420
Gemeinkosten 25 %			*294,605*
Zwischensumme			*1 473,025*
Gewinn 5 %			*73,651*
			1 546,676
Gerundeter Preis für den Versender			***1 550,000***

Anstelle eines pauschalen Gemeinkosten- und Gewinnzuschlages könnte der Spediteur dem Kunden auch höhere Einzelbeträge z. B. für den Vorlauf und die Seefracht berechnen, als er selber aufwenden muss. Die Differenz zwischen Kosten und Erlösen wäre dann das Rohergebnis, das der Spediteur aus dem Auftrag erzielt.

16.18.2 Stückgutversand

Die Seefrachttarife der Reedereien oder Schifffahrtskonferenzen unterscheiden zwischen:

1 frt = 1 t oder 1 m³

- **Gewichtsraten:** Die Rate wird auf das Gewicht der Sendung angewendet. Währungseinheit ist bei allen Raten in der Regel der US-Dollar (USD).

  Beispiel: *Sendungsgewicht 4 500 kg; Gewichtsrate 155,00 USD pro 1 000 kg*
  Berechnung: 4,5 ***frt*** *· 155,00 USD =* ***697,50 USD*** *Seefracht (= Grundfracht)*

  Die Frachtrate wird immer auf die **Frachttonne** (abgekürzt **frt**, engl. freight ton) angewendet. Das kann die Gewichtstonne (1 t) bei Gewichtsraten oder die Maßtonne (1 m³) bei Maßraten sein (siehe nachfolgend).

- **Maßraten:** Die Rate gilt für das Volumen der Sendung, z. B. für einen Kubikmeter, d. h., Grundlage ist die Maßtonne. In der Abrechnung wird allerdings wieder mit dem Oberbegriff Frachttonne gearbeitet.

  Beispiel:
  Sendungsmaße 3,75 m³, Maßrate 210,00 USD/m³
  Berechnung: 3,75 ***frt*** *· 210,00 USD =* ***787,50 USD***

  Maßraten können auch als Sperrigkeits-Staffel angegeben werden.

  Beispiel:
  - *bis zweimal messend 75,00 USD je Frachttonne*
  - *bis dreimal messend 72,00 USD je Frachttonne*
  - *bis viermal messend 69,00 USD je Frachttonne*

  Die Berechnung der Sperrigkeit (x-mal messend) wird unten näher erläutert.

- **Maß-/Gewichtsraten (M/G):** Es liegt im Ermessen der Reederei, ob sie nach Maß oder Gewicht abrechnet. Sie wird i. d. R. den für sie günstigeren Wert wählen (Abrechnung „**in Reeders Wahl**"). Die Rate hat im Tarif Zusätze wie M/G (Maß/Gewicht), W/M (Weight/Measurement) oder per Frachttonne (Beispielrechnungen, siehe unten).
- **Lumpsum-Raten:** Pauschalrate pro Einheit, z. B. pro Pkw
- **Wertraten** (ad valorem): Die Seefracht wird als Prozentsatz vom Güterwert (häufig FOB-Wert) berechnet.

FOB = Free on Board, siehe Seite 383

Anwendungen von Maß-/Gewichtsraten

→ Reedereien gehen von der Annahme aus, dass 1 m³ einer Sendung ein Gewicht von 1 t hat. Die Sendung ist dann einmal messend.

Zur Berechnung der Sperrigkeit bei anderen Verkehrsträgern siehe Seite 213 (Lkw-Sammelladung) und Seite 254 (Luftfracht)

→ $\frac{1\ m^3}{1\ t}$ **= 1-mal messend**

Allgemein: $\frac{\textbf{Raummaß in m}^3}{\textbf{Gewicht in t}}$ **= x-mal messend**

Sendungen, die mehr als einmal messend sind, wird die Reederei nach dem Volumen (Maßtonne), Sendungen, die weniger als einmal messend sind, wird sie nach dem Gewicht (Gewichtstonne) abrechnen („in Reeders Wahl“).

Fragerichtung: Welches Maß (Volumen) hat 1 t Gewicht? Oder: Volumen pro Tonne. Daher ist das Volumen in Kubikmetern durch das Gewicht in Tonnen zu teilen, um eine Normierung auf 1 t zu erhalten.
Die Einheit ist nach dieser Betrachtung die **Frachttonne (frt)**; das kann die Maßtonne oder die Gewichtstonne sein.

1 Frachttonne (frt) = 1 m³ oder 1 t

$\frac{2\ m^3}{1\ t}$ **= 2-mal messend → Abrechnung nach Maß (Volumen, 2 m³ = 2 frt)**

$\frac{2{,}75\ m^3}{2{,}8\ t}$ **= 0,98-mal messend → Abrechnung nach Gewicht (2,8 t = 2,8 frt)**

Auf die Frachttonne ist die **Rate** anzuwenden. z. B. 2,8 frt · **84,00 USD M/G** = 235,20 USD.

Beispiel 1:
Ein Packstück wiegt 1 450 kg und misst 1,657 m³; die Rate beträgt 90,25 USD M/G.

M = **M**aß oder **M**easurement, G = Gewicht (englisch **W**eight = w), M/G-Rate oder M/W-Rate

- *M/G-Entscheidung: Das Maß ist größer als das Gewicht.*

$\frac{1{,}657\ m^3}{1{,}450\ t}$ *= 1,14-mal messend*

Die Sendung wird daher nach Maß abgerechnet. Die Einheit ist die Frachttonne (frt).

- *Berechnung: 1,657 frt · 90,25 USD = 149,54 USD*

Beispiel 2:
Die Sendung besteht aus drei Packstücken mit folgenden Maß- und Gewichtsangaben:
1 Kiste, 1 700 kg, Maße 1,40 m · 1,10 m · 1,00 m
1 Kiste, 2 750 kg, Maße 1,60 m · 1,20 m · 1,00 m
1 Kiste, 6 510 kg, Maße 11,80 m · 1,20 m · 0,70 m
Rate der Reederei: 129,50 USD M/G

Berechnung:
Zunächst ist jedes Packstück daraufhin zu prüfen, ob es sperrig ist.*

Sperrigkeit liegt vor, wenn das **Volumen in Kubikmetern größer ist als das Gewicht in Tonnen**, denn dann ist das Packstück mehr als einmal messend. Daraus ergeben sich die Frachttonnen, auf die die Rate anzuwenden ist.

Luftfrachtrechnen, siehe Seite 254

Im Gegensatz zur Vorgehensweise in der Luftfrachtberechnung, bei der die Sperrigkeit der Gesamtsendung mit dem tatsächlichen Gewicht verglichen wird, ermittelt man in der Seefrachtberechnung das Volumen jeder Teilsendung und vergleicht es mit dem Teilgewicht.

Sendung	Volumen (in m³)	Gewicht (in t)	Frachttonne (frt)
1	1,40 m · 1,10 m · 1,00 m = 1,540 m³	**1 700**	1,700
2	1,60 m · 1,20 m · 1,00 m = 1,920 m³	**2 750**	2,750
3	11,80 m · 1,20 m · 0,70 m = **9,912 m³**	6 510	9,912
		Summe frt	**14,362**

*14,362 frt · 129,50 USD = **1 859,88 USD***

* *Die Sperrigkeitsprüfung kann auch auf die Gesamtsendung bezogen werden. Die Vorgehensweise ist nicht einheitlich.*

16.18.3 Zuschläge

Neben der Grundfracht existiert eine Vielzahl von Zu- und Abschlägen. Sie werden in der Regel von der **Grundfracht** berechnet. Spezielle Zuschläge für Stückgutendungen sind z. B.:

- **Längenzuschlag** (Long Length Additionals, LL): Zuschlag wird für besonders lange Frachtstücke und gewöhnlich von der Grundfracht berechnet.
- **Schwergutzuschlag** (Heavy Lift Additionals, H/L): Zuschlag für besonders schwere Güter (in der Regel von der Grundfracht)

Daneben sind die auf Seite 305 aufgeführten Zuschläge (BAF, CAF, ISPS usw.) gebräuchlich.

16.18.4 Rabatte

Beispiele für gebräuchliche Rabatte:

- **Treuerabatt:** Tarife von Reedereien enthalten festgelegte Rabattstufen bei bestimmten Frachtaufkommen, um die Befrachter zu binden. Man unterscheidet:
  - **Sofortrabatt (Immediate Rebate)** = Rabatte, die Befrachtern gewährt werden, die sich für einen bestimmten Zeitraum verpflichten, nur auf Schiffen einer Reederei zu verladen
  - **Zeitrabatt (Deferred Rebate)** = Spediteure/Befrachter erhalten nach einer bestimmten Zeit (z. B. einem Jahr) einen Rabatt, wenn sie nachweisen, dass sie ihre Ladungen ausschließlich auf Schiffen einer bestimmten Reederei verladen haben.
- **Forwarding Agent Commission** (**FAC**) = Rabatt der Reederei an Spediteure, in der Regel 2,5 % von der Seefracht

16.18.5 Sperrigkeitsregeln im Vergleich

Die Frage, ab wann ein Gut als sperrig anzusehen und abzurechnen ist, wird bei den einzelnen Verkehrsträgern unterschiedlich geregelt. Der Vergleich Güterkraftverkehr, Luftfahrt, Seeschifffahrt ergibt folgendes Bild:

Verkehrsträger	Vertragsgrundlage	Mindestregelung pro m^3
Güterkraftverkehr	Preisvereinbarungen	1 m^3 = 200 kg
Luftfahrt	TACT	1 m^3 = 167 kg
Seeschifffahrt	Preisvereinbarungen	1 m^3 = 1 000 kg

Wird die Mindestbedingung (das Mindestgewicht) nicht erfüllt, rechnet man nach dem Volumen der Sendung ab.

16.19 See-Gefahrguttransporte

SOLAS + IMDG-Code = zur Anwendung empfohlene Übereinkommen

Der Transport gefährlicher Güter mit Seeschiffen ist grundlegend im sogenannten SOLAS-Übereinkommen geregelt worden, das neben den Gefahrguttransporten auch weitere Sicherheitsfragen regelt (z. B. Bauvorschriften für Schiffe, den See-Funkverkehr oder die Ausstattung der Schiffe mit Rettungsmitteln). Das SOLAS-Übereinkommen wird den Schifffahrt treibenden Nationen zur Anwendung **empfohlen**.

SOLAS = INTERNATIONAL CONVENTION SAFETY OF LIFE AT SEA (Internationales Übereinkommen zum Schutz des menschlichen Lebens auf See)

Die **IMO** (INTERNATIONAL MARITIME ORGANIZATION) kümmert sich zusammen mit dem **UN-Committee of Experts on the Transport of Dangerous Goods** um die weltweite Angleichung der verschiedenen Gefahrgutvorschriften.

Ausführliche Bestimmungen enthält der **IMDG-Code**. **IMDG-Code** bedeutet INTERNATIONAL MARITIME DANGEROUS GOODS-CODE (Internationaler Code für die Beförderung gefährlicher Güter mit Seeschiffen). Der IMDG-Code ist eine Zusammenfassung und Vereinheitlichung von internationalen Gefahrgutvorschriften für den Seeverkehr. Da im IMDG-Code die UN-Modellvorschriften berücksichtigt worden sind, besteht eine große Übereinstimmung mit den Gefahrgutbestimmungen der übrigen Verkehrsträger. Die Anwendung des Codes wird den Vertragsstaaten empfohlen. In Deutschland ist der IMDG-Code über die Gefahrgutverordnung See in das nationale Recht aufgenommen worden. Aufgrund der starken Übereinstimmung des IMDG-Codes mit den Gefahrgutbestimmungen auf der Straße (ADR) wird auf eine weitergehende Darstellung der Abläufe bei See-Gefahrguttransporten verzichtet.

Siehe Übersicht zu den Rechtsgrundlagen auf Seite 379

Zusammenfassung	Seeschifffahrt		
Vertragsarten:	Stückgutfrachtvertrag – Reisefrachtvertrag		
Vertragsbeteiligte:	Befrachter – Verfrachter – Ablader		
Frachtdokumente:	▪ Konnossement = Wertpapier ▪ Seefrachtbrief (Express Cargo Bill, Short Term Bill of Lading) = Begleitpapier		
Seehafenspediteur:	Spediteur, der Seeverladungen im Seehafen organisiert		
NVOCC:	Spediteur, der als Verfrachter tätig wird, ohne eigenen Schiffsraum zu besitzen.		
Betriebsformen:	Linien- und Trampschifffahrt		
Pflichten:	Verfrachter: ▪ see- und ladungstüchtiges Schiff ▪ Güter unter Deck verladen; Ausnahme Container ▪ Güter befördern	Befrachter ▪ Güter seetüchtig verpacken ▪ Information des Verfrachters über das Gut ▪ Kennzeichnung der Güter (Markierung)	
Schiffstypen:	▪ konventionelle Schiffe ▪ Container-Schiffe ▪ Feederschiffe ▪ Ro-Ro-Schiffe ▪ Massengut- und Spezialschiffe	Container (Maße)	▪ TEU = twenty foot equivalent unit ▪ FEU = forty foot equivalent unit ▪ Ca.-Maße 20'-Container: 6 m x 2,35 (!) m x 2,40 m ▪ Pallet-Wide-Container: Innenbreite: 2,425 m
Container-Typen (Beispiele):	▪ Standard-Container (20'/40') ▪ High-Cube-Container ▪ Hardtop-Container ▪ Open-Top-Container ▪ Flat Rack ▪ Platform Container	Container-Rundlauf	▪ FCL/FCL (kompletter Container) ▪ LCL/LCL (See-Sammelladung) ▪ u. a.
Kosten:	▪ Container-Rate ▪ THC ▪ CAF ▪ BAF	▪ ISPS ▪ B/L-Gebühr ▪ Vorlauf/Nachlauf ▪ FAC u. a.	FAK-Raten (Pauschalfrachten)
Vor- und Nachlauforganisation	▪ Merchant's Haulage ▪ Carrier's Haulage		
Große Havarei:	Kostenteilung durch eine Haftungsgemeinschaft		
See-Air-Verkehr:	Kombination von Seeschiff und Flugzeug für einen Transport von Gütern.		
Flaggenrecht:	Die Flagge ordnet einem Schiff eine Nationalität zu. Es unterliegt damit der Rechtsordnung des (Flaggen-)Landes.		
Schiffsregister:	öffentliches Verzeichnis von Seeschiffen		
Haftung Stückgutfrachtvertrag:			
Rechtsgrundlage:	§§ 476–619 HGB		
Haftungsgrundsatz:	vermutete Verschuldenshaftung		
Haftungsumfang:	Verlust und Beschädigung (Güterschäden)		
Haftungsgrenzen:	2 SZR/Bruttokilogramm oder 666,67 SZR pro Stück/Einheit		
Veränderung der Haftungsgrenzen:	▪ durch Individualabrede unbegrenzt ▪ in AGB nur Erhöhung der Haftungshöchstbeträge und Ausschluss der Haftung für nautisches Verschulden und Feuer/Explosion		
Wegfall der Haftungsgrenzen:	▪ Absicht ▪ Leichtfertigkeit und in dem Bewusstsein, dass ein Schaden mit Wahrscheinlichkeit eintreten wird (qualifiziertes Verschulden)		
Haftungsausschlüsse:	▪ bei Gefahren und Unfällen auf See ▪ Schäden aufgrund von Krieg, Streik, natürliche Beschaffenheit des Gutes usw.		
Reklamationsfristen:	▪ äußerlich erkennbare Schäden: sofort ▪ äußerlich nicht erkennbare Schäden: drei Tage nach Auslieferung der Güter an den Empfänger		

16.20 Seeverkehrswege

Die Seeschifffahrt ist der bedeutendste Verkehrsträger im internationalen Warenhandel. Etwa zwei Drittel aller Welthandelsgüter werden über den Seeweg befördert. Bei den Verbindungen zwischen den Ozeanen und anderen Meeren bzw. Meeresteilen unterscheidet man Seeschifffahrtskanäle und Meerengen (Meeresstraßen). Während Seeschifffahrtskanäle künstliche Wasserstraßen sind, handelt es sich bei Meerengen um natürliche Wasserwege.

16.20.1 Seeschifffahrtskanäle

Von überragender weltwirtschaftlicher Bedeutung sind die drei meeresverbindenden Kanäle Nord-Ostsee-Kanal, Suezkanal und Panamakanal. Sie reduzieren die Fahrzeiten (und die damit verbundenen Kosten) erheblich, sodass die Kanalbetreiber für die Passage Gebühren teils in sechsstelliger Höhe verlangen können.

Die nachstehende Übersicht nennt wesentliche Fakten zu diesen drei Wasserstraßen.

	Nord-Ostsee-Kanal	Suezkanal	Panamakanal
Staat	Deutschland	Ägypten	Panama
Verbundene Meere	Nordsee/Ostsee	Mittelmeer/Rotes Meer	Atlantik/Pazifik
Anfangs-/Endpunkt	Brunsbüttel/Kiel	Port Said/Suez	Colon/Panama-Stadt
Karte		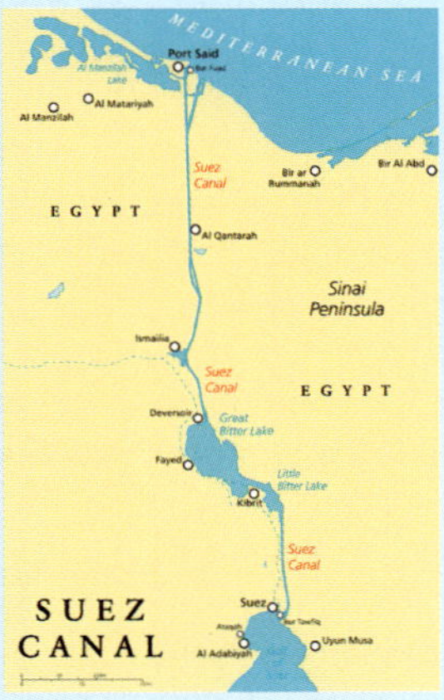	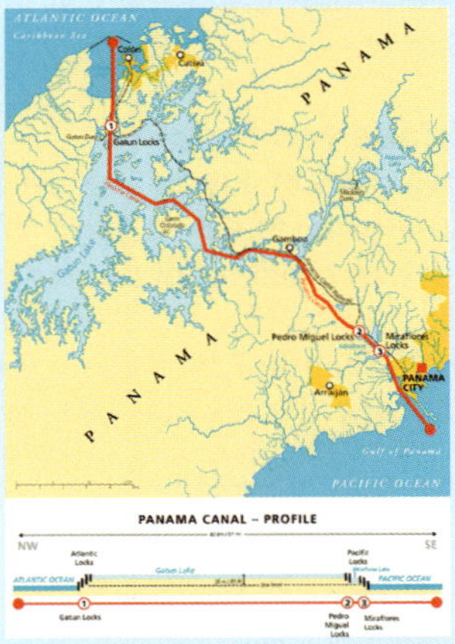
Eingesparte Strecke	Umrundung Dänemarks	Umrundung Afrikas	Umrundung Südamerikas
Abkürzung: Strecke, Zeit	z. B. Hamburg – Danzig: 340 sm; 15 Std.	z. B. Hamburg – Mumbai: 4400 sm; 10 Tage	z. B. Hamburg – San Francisco: 5500 sm; 14 Tage
Fertigstellung	1895	1869	1914
Schleusen	2 – als Abgrenzung zu Nordsee und Ostsee	keine	6 – zur Überwindung von 26 m Höhenunterschied
Länge	98 km	162 km	82 km
Breite/Tiefe	162 m/11 m	200 – 345 m/24 m	100 – 300 m/18 m
Durchfahrtszeit	ca. 8 Stunden	ca. 11 Stunden	ca. 15 Stunden
Containerschiffsgröße	max. 1 200 TEU	Keine Begrenzung	max. 14 000 TEU = „Neopanamax"-Klasse
Anzahl Schiffe	ca. 30 000 pro Jahr	ca. 18 000 pro Jahr	ca. 14 000 pro Jahr
Gebühren	ca. 5 700,00 EUR für ein Containerschiff	Ø 300 000,00 USD je Passage	Basisgebühr: 72,00 USD pro TEU

16.20.2 Meerengen

Einige der für die Seeschifffahrt bedeutsamsten natürlichen Meerengen befinden sich auf der stark frequentierten Schifffahrtsroute zwischen der Nordsee und Südasien.

Ärmelkanal

Der 563 km lange Ärmelkanal zwischen Großbritannien und Frankreich gilt mit rund 300 Schiffen pro Tag als meistbefahrene Wasserstraße der Welt. Fast der gesamte Schiffsverkehr zwischen Nordsee und Atlantik passiert diese Meerenge. Gezeitenstrom und Tidenhub, häufiger Nebel und nicht zuletzt zahlreiche querende Fährlinien bilden ein hohes Gefährdungspotential für die passierenden Seeschiffe, die sich daher strikt an die bestehenden Verkehrslenkungsregeln halten müssen.

Die mit 31 km schmalste Stelle des Ärmelkanals ist die **Straße von Dover**, welche das englische Dover vom französischen Calais trennt.

Straße von Gibraltar

Die einzige natürliche Zufahrt ins Mittelmeer bildet die Straße von Gibraltar, zwischen Spanien und Marokko gelegen. Namensgeber ist die Halbinsel Gibraltar, seit 1704 britische Kolonie, welche aufgrund ihrer strategischen Bedeutung nach wie vor zu Großbritannien gehört. Pro Jahr passieren mehr als 100 000 Schiffe die an ihrer schmalsten Stelle 14 km breite Meerenge.

Bab El Mandeb

Diese Meerenge (arabisch „Tor der Wehklage") zwischen Jemen sowie Eritrea und Dschibuti muss von allen Schiffen durchfahren werden, die auf der Route zwischen Europa und Asien auch den Suezkanal passieren. Der 26 km breite Bab El Mandeb verbindet das Rote Meer mit dem Golf von Aden bzw. dem Indischen Ozean.

Straße von Malakka

Zwischen Malaysia und der zu Indonesien gehörenden Insel Sumatra befindet sich die über 800 km lange Straße von Malakka. Jährlich passieren 85 000 Schiffe diesen kürzesten Seeweg zwischen Indien und Ostasien mit den großen Containerhäfen insbesondere in China.

Die folgende Tabelle zeigt eine Auswahl weiterer wichtiger Meerengen, die anschließende Karte verdeutlicht die Lage der erwähnten sowie einiger weiterer Seeverkehrswege.

Seeschifffahrtsweg	Staaten/Hoheitsgebiete	Verbundene (Teil-)Meere
Öresund	Dänemark/Schweden	Ostsee/Kattegat (Nordsee)
Bosporus/Dardanellen	Türkei	Mittelmeer/Schwarzes Meer
Straße von Hormuz	Oman/Iran	Persischer Golf/Indischer Ozean
Sunda-Straße	Indonesien	Javasee/Indischer Ozean
Formosastraße	China/Taiwan	Süd-/Ostchinesisches Meer
Koreastraße	Korea/Japan	Japanisches Meer/Ostchinesisches Meer
Sankt-Lorenz-Strom	Kanada/USA	Atlantik/Große Seen
Floridastraße	USA/Kuba	Atlantik/Golf von Mexiko
Straße von Yukatan	Mexiko/Kuba	Golf von Mexico/Karibisches Meer
Magellanstraße	Chile/Argentinien	Pazifik/Atlantik

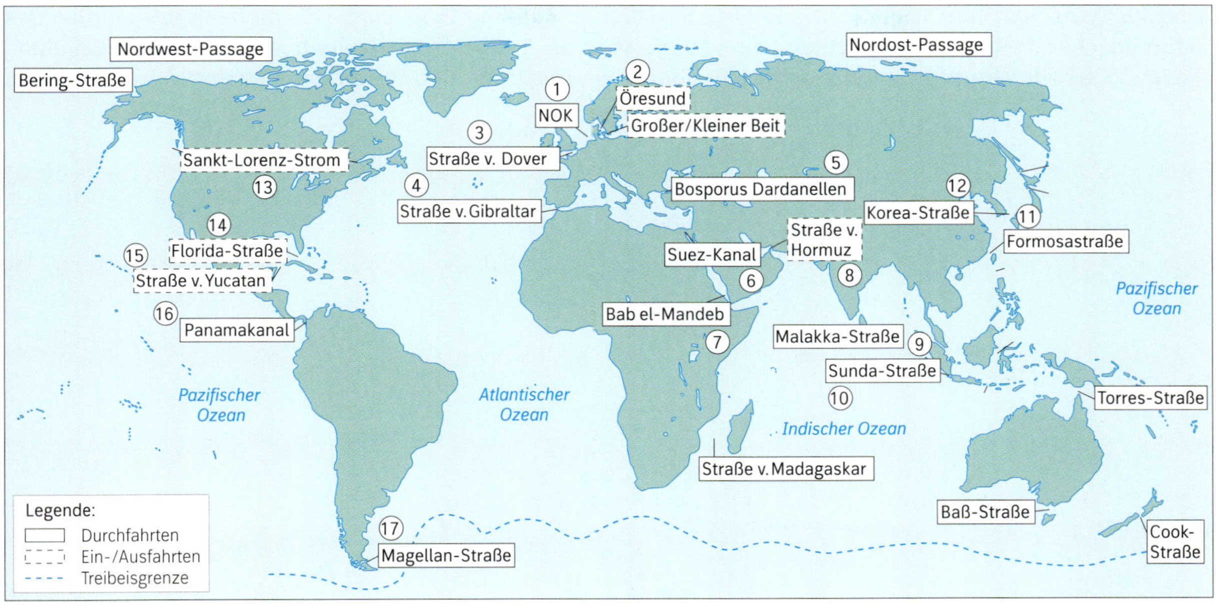

16.20.3 Containerhäfen

Die Vorteile der Seeschifffahrt bestehen nicht zuletzt darin, große Gütermengen über große Entfernungen kostengünstig zu transportieren. Der Einsatz von Containern für Waren aller Art hat diese Entwicklung stark gefördert. Leistungsfähige Containerhäfen mit Straßen-, Bahn- und Schiffsverbindungen ins industrialisierte und bevölkerungsreiche Hinterland sorgen für den Umschlag und die Verteilung der Güter.

Die seeseitige Weiterbeförderung von Containern von den großen Zentralhäfen wird mit sogenannten **Feederschiffen** im Kurzstreckenverkehr **(Short-Sea-Verkehr)** vorgenommen. Somit erweitern sich die Einzugsgebiete der großen Häfen, beispielsweise werden von Hamburg aus zahlreiche Ostseehäfen in Polen, Russland, den Baltischen Staaten und Skandinavien im Short-Sea-Verkehr angefahren.

Die nachfolgende Tabelle listet die 20 weltweit umschlagsstärksten Containerhäfen auf.

TOP 20 Containerhäfen 2018 – Umschlag in Mio. TEU							
Rang	**Hafen**	**Staat**	**Umschlag**	**Rang**	**Hafen**	**Staat**	**Umschlag**
1	Shanghai	China	42,0	**11**	Rotterdam	Niederlande	14,5
2	Singapur	Singapur	36,6	**12**	Port Kelang	Malaysia	12,0
3	Ningbo	China	26,0	**13**	Antwerpen	Belgien	11,1
4	Shenzen	China	25,7	**14**	Xiamen	China	10,7
5	Guangzhou	China	21,9	**15**	Kaohsiung	Taiwan	10,4
6	Busan	Südkorea	21,6	**16**	Dalian	China	9,8
7	Hongkong	China	19,6	**17**	Los Angeles	U.S.A.	9,5
8	Qingdao	China	19,3	**18**	Tanjung Pelepas	Malaysia	9,0
9	Tianjin	China	16,0	**19**	Hamburg	Deutschland	8,7
10	Jebel Ali (Dubai)	V.A.E.	15,0	**20**	Long Beach	U.S.A.	8,1

Nordrange

Unter **Nordrange** werden die wichtigen europäischen Containerhäfen entlang der Nordseeküste verstanden, über die ca. 80 % des Imports und Exports Europas abgewickelt werden. Wichtigste Nordrange-Häfen sind die deutschen Seehäfen Hamburg, Bremerhaven und Wilhelmshaven, die sogenannten ARA-Häfen Antwerpen, Rotterdam und Amsterdam sowie Le Havre und Zeebrügge. Je nach Auslegung werden auch das schwedische Göteborg oder englische Häfen wie z. B. Felixstowe hinzugezählt.

In der nachstehenden Karte sind die genannten Häfen unter Verwendung des **UN/LOCODE** (UN Code for Trade and Transport Locations) eingezeichnet, der neben dem zweibuchstabigen ISO-Länderkürzel einen alphanumerischen 3-Letter-Code aufweist. Die Code-Liste enthält weltweit Tausende von Orten mit Bedeutung für Wirtschaft und Verkehr. Die **IMO** (International Maritime Organisation) empfiehlt im Rahmen des automatischen Identifikationssystems zum Austausch von Schiffs- und Navigationsdaten die Anwendung dieser Codes zur verwechslungsfreien Beschreibung von Abgangs- und Bestimmungshafen.

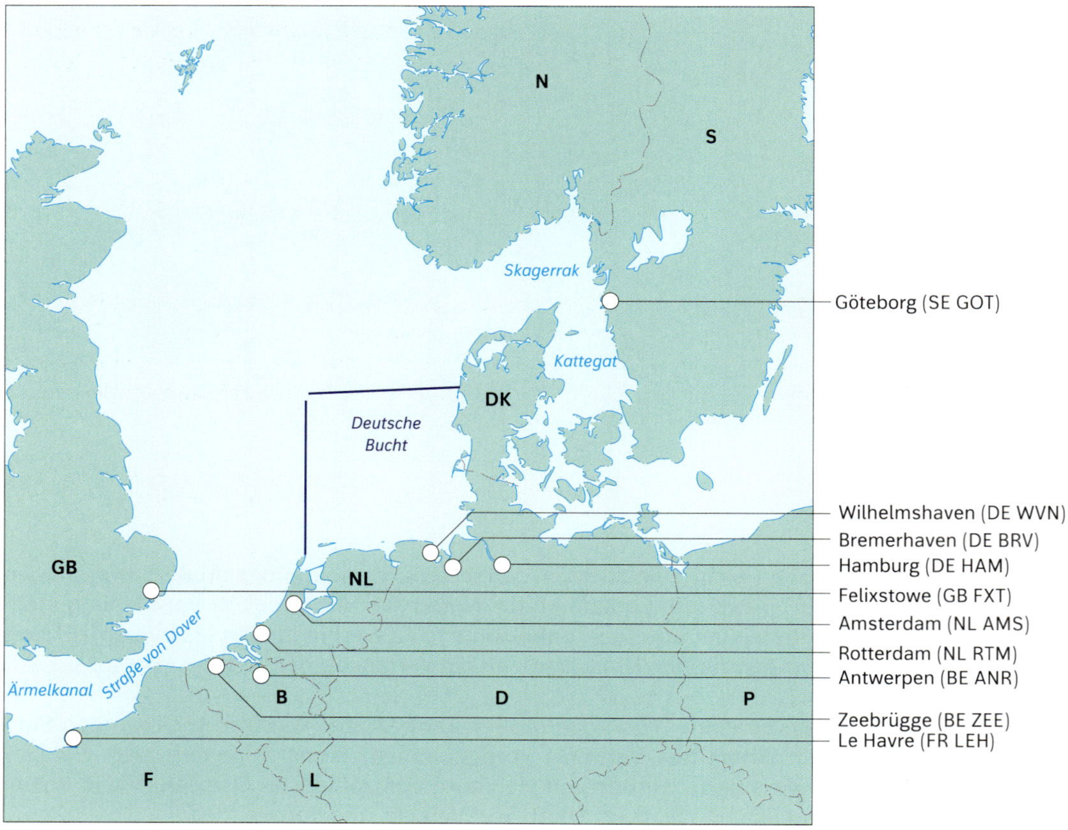

Die Nordrange-Häfen stehen durch ihre geografische Nähe in starker Konkurrenz zueinander und stoßen trotz fortlaufenden Ausbaus immer wieder an ihre Kapazitätsgrenzen, sodass ein Teil der Containerbewegungen aus Übersee auf das Mittelmeer ausweicht. Einige der wichtigsten Containerhäfen des westlichen Mittelmeeres, die alle zu den TOP-20-Containerhäfen in Europa gehören, finden sich unter Nennung ihres UN/LOCODES in der folgenden Karte.

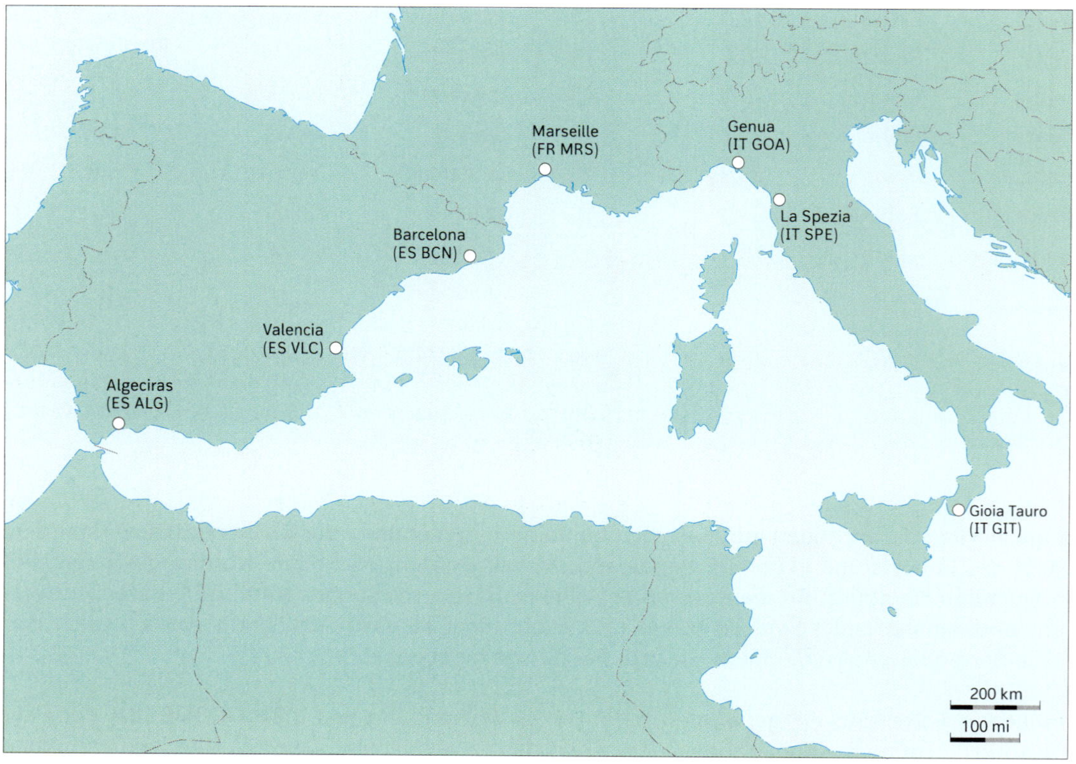

16.20.4 Die Eisenbahn als Transportalternative zum Seeschiffsverkehr

Den vergleichsweise günstigen Preisen im Seeschiffsverkehr als wesentlicher Vorteil steht die lange Transportzeit als entscheidender Nachteil gegenüber, wobei der Luftverkehr aus Kosten- und Kapazitätsgründen häufig keine Alternative zum Seeverkehr darstellt.

Da Europa und Asien eine gemeinsame Landmasse bilden, stellt die Eisenbahn insbesondere für Transporte aus Ostasien eine Alternative dar, welche die Transportzeit erheblich verkürzt, ohne aber an die hohen Kosten eines Luftfrachttransportes heranzureichen.

Neue Seidenstraße

Unter dem Namen „One Belt, One Road" betreibt die Volksrepublik China entlang der historischen Seidenstraße ein gigantisches Infrastrukturprojekt zum Ausbau von Verkehrsverbindungen und Umschlagplätzen sowie Industrieparks.

Ein zentrales Element dieses Projektes ist die durchgehende Eisenbahnverbindung zwischen China und Europa, die sich insbesondere auf zwei Hauptrouten bewegt: dem Südkorridor von Zentral- und Südchina über Kasachstan und den westlichen Teil Russlands sowie dem Nordkorridor aus dem Nordosten Chinas über die Transsibirische Route. Der Ausbau zusätzlicher südlicher verlaufender Routen durch den Mittleren und Nahen Osten bis in die Türkei stellen weitere Teile des Projektes „Neue Seidenstraße" dar.

Nachdem im Jahr 2008 der allererste Containerzug aus Peking Hamburg erreicht hat, verkehren inzwischen jährlich mehr als 2 500 Züge mit rund 100 000 Containern zwischen China und zahlreichen Destinationen in Europa.

Für die bis zu 12 000 km lange Strecke benötigen die Züge mit ca. 14 bis 17 Tagen weniger als die Hälfte der fünfwöchigen Seetransportzeit, wobei die Preise etwa das Zweifache eines Seetransportes betragen.

Die genannte Beförderungszeit beinhaltet dabei noch einen Zeitverlust von zwei bis drei Tagen, da die Eisenbahn in Russland, Belarus und Kasachstan eine größere Spurbreite aufweist als in China und dem Rest Europas. Dies erfordert ein zweimaliges Umladen der Container auf die entsprechenden Waggons.

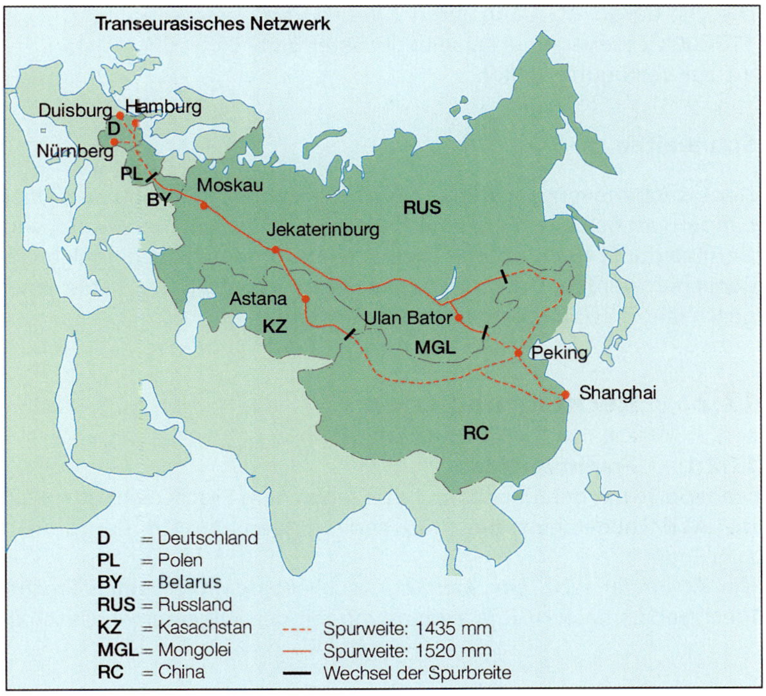

Sea-Rail-Sea

Für eine Bahnbeförderung von Waren aus anderen ostasiatischen Staaten nach Europa besteht im sogenannten Sea-Rail-Sea-Verkehr durch Russland eine weitere Möglichkeit.

Vgl. auch Sea-Air-Verkehr, Seite 269

Beispiel:

Ein Container aus Japan wird per Seeschiff nach Wladiwostok, dem östlichen Endpunkt der Transsibirischen Eisenbahn, befördert. Von dort aus startet die rund 10-tägige Bahnfahrt auf der „Transsib" nach Moskau und weiter nach St. Petersburg, wo der Container schließlich wieder auf ein Seeschiff für den Weitertransport zu einem der zahlreichen Containerhafen an Nord- oder Ostsee geladen wird.

Der wesentliche Vorteil dieser Variante besteht in der rein russischen Eisenbahntrasse ohne Überquerung von Landesgrenzen und ohne Spurbreitenwechsel, wodurch mitunter tagelange Wartezeiten entfallen.

17 Eisenbahnverkehr

17.1 Die Bedeutung des Verkehrsträgers Eisenbahn

Siehe auch Verkehrsträgervergleich, Seite 13

Der Anteil der Eisenbahn am gesamten Güterverkehrsaufkommen ist in den letzten Jahren zurückgegangen. Von dieser Entwicklung hat vor allem der Lkw-Verkehr profitiert. Trotzdem hat der Schienengüterverkehr immer noch beeindruckende Zahlen aufzuweisen. Der Eisenbahn stehen in Deutschland rund 33 500 km Schienenstrecke zur Verfügung, europaweit sind es sogar über 200 000 km. Das Schienennetz reicht von Portugal bis nach Russland und vom Polarkreis bis zum Bosporus.

Der führende Eisenbahnfrachtführer in Deutschland ist die **DB Cargo AG**. Unter dieser Bezeichnung wird der Schienengüterverkehr der Deutschen Bahn geführt.

Die DB Cargo AG kann ihren Kunden rund 110 000 Güterwagen unterschiedlichster Bauart zur Verfügung stellen.

Spurweiten

Der Eisenbahnverkehr von und nach Finnland, Osteuropa und Asien wird dadurch erschwert, dass in diesen Ländern im Schienennetz eine **Breitspur** (1 520 mm) verwendet wird. In der EU findet sich vorzugsweise die Normalspur (1 435 mm). Die Unterschiede können jedoch dank technischer Hilfsmittel heute weitgehend ausgeglichen werden. Umspuranlagen verschieben z. B. die Räder eines Eisenbahnwagens bei langsamer Fahrgeschwindigkeit auf eine andere Spurweite.

17.2 Rechtsgrundlagen

17.2.1 Frachtvertrag

HGB-Frachtrecht, siehe Seite 94

Siehe auch die Zusammenfassung der Vertragsgrundlagen auf Seite 379

Transporte mit der Eisenbahn unterliegen dem Frachtrecht des HGB. Die DB Cargo legt ihren Frachtverträgen die **ALB** (Allgemeine Leistungsbedingungen der DB Cargo AG) als Allgemeine Geschäftsbedingungen zugrunde.

Der Absender (z. B. ein Spediteur) schließt demnach einen Frachtvertrag mit DB Cargo auf der Basis des Frachtrechts nach HGB in Verbindung mit den Allgemeinen Geschäftsbedingungen der DB Cargo.

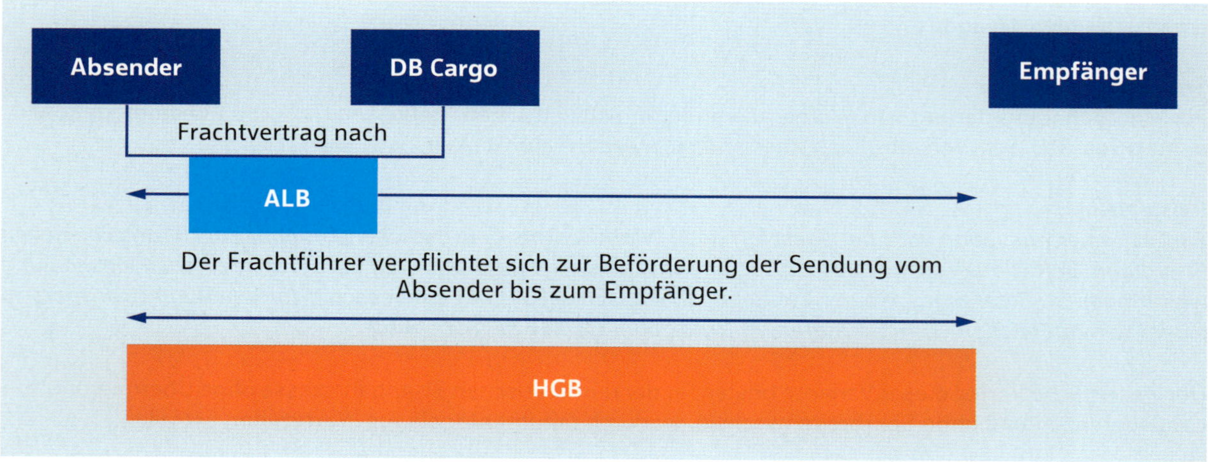

Auszug aus den Allgemeinen Leistungsbedingungen (ALB) der DB Cargo AG

[...] 2 Transportaufträge

2.1 Der Kunde hat bei Erteilung des Transportauftrags die nach § 408 HGB erforderlichen Angaben zu machen und haftet für ihre Richtigkeit und Vollständigkeit entsprechend § 414 HGB auch ohne die Ausstellung eines Frachtbriefs.

2.2 Der Kunde hat zudem im Transportauftrag den Zeitpunkt, ab dem die Übernahme der Wagen durch DB Cargo möglich ist (Bereitstellungszeitpunkt Versand/BZV), anzugeben. [...]

2.3 Soweit nicht anders vereinbart, sind Transportaufträge ausschließlich an den Kundenservice von DB Cargo zu richten. [...]

2.4 Der Transportauftrag gilt als angenommen, wenn DB Cargo nicht innerhalb einer angemessenen Frist widerspricht. [...]

[...]

2.6 Soweit nichts anderes vereinbart ist, ist vom Kunden ein Frachtbrief [...] auszustellen. [...] Der Frachtbrief wird von DB Cargo nicht unterschrieben; [...]

Quelle: DB Cargo AG (Hrsg.): Allgemeine Leistungsbedingungen der DB Cargo AG (ALB). In: DB Cargo.com. Stand 01.01.2020. https://www.dbcargo.com/resource/blob/4983906/7a81d43ac2c9d9a147da9959faf0ba77/ALB_Preisliste-2020_de-data.pdf, Seite 4 (gekürzt) [24.08.2020]

Der Frachtvertrag mit DB Cargo kommt nach den ALB wie folgt zustande:

- Der Absender („Kunde") erteilt der DB einen Transportauftrag unter Angabe der Daten nach § 408 HGB (Name sowie Anschrift des Absenders und des Empfängers, Tag der Übernahme des Gutes, Ladestelle, Beschreibung des Gutes, Anzahl, Zeichen, Nummern usw.
HGB § 408, siehe Seite 95
- Der Absender gibt an, wann der Eisenbahnwagen frühestens von der DB abgeholt werden kann (Bereitstellungszeitpunkt).
- Im Regelfall ist der Transportauftrag an den Kundenservice der DB zu richten.
- Der Frachtvertrag kommt zustande, wenn die DB dem Auftrag nicht innerhalb einer angemessenen Frist widerspricht.
- Gewöhnlich stellt der Absender einen Frachtbrief aus, den die DB aber nicht unterschreibt. Es liegt demnach kein Frachtbrief mit erhöhter Beweiskraft vor.
Siehe Seite 98

Haftung nach Ziffer 12 ALB

- Die Frachtführerhaftung von DB Cargo ist im nationalen Verkehr bei Güterschäden auf einen Betrag von **8,33 SZR** für jedes Kilogramm des Rohgewichtes der Sendung beschränkt.
§§ 425, 431 HGB
- In jedem Fall besteht eine Haftungsobergrenze von **1 Million EUR** oder **2 SZR für jedes Kilogramm** pro **Schadensfall** (je nachdem, welcher Betrag höher ist).

17.2.2 Eisenbahnfrachtbrief

Der Frachtbrief besteht aus vier Blättern:

- Blatt 1: Versandblatt (bleibt beim Versandbahnhof)
- Blatt 2: Frachtbriefdoppel (erhält der Absender)
- Blatt 3: Empfangsblatt (Exemplar für den Empfangsbahnhof)
- Blatt 4: Frachtbrief (Empfängerexemplar)

Zur Bedeutung des Absenderexemplars des Frachtbriefes siehe Seite 98

Frachtbrief der DB Cargo AG

Versandblatt

9

54 Verladebewilligung

10 Absender – Postanschrift
INTERSPED GmbH
Merkurstraße 14
40223 Düsseldorf
Tel. Fax

11 Kundennummer
22750

12 Frachtzahler-Nr. Versand (13)
42876

13 Erklärungen des Absenders (5), Begleitpapier (6)

14 a Referenz-Nr. des Absenders (7)

15 Empfänger – Postanschrift
Stadtwerke Passau
Regensburger Str. 34
94036 Passau
Tel. Fax

16 Kundennummer

17 Frachtzahler-Nr. Empfang (13)

20 Tauschpaletten Anzahl EUR EUR

20 a Palettenschein-Nr.

21 Wagen (8)

55 Lastgrenze | 56 Achsen | 61 Bel.-Art | Code für Tü | Betriebl. Sonderbeh.

23 Für die Eisenbahn unverbindliche Absendervermerke (9)
Im Auftrag von:
Walter Stahlhandel KG
Aachener Straße 77
40223 Düsseldorf

24 Zahlungsvermerk (Zv) (10)
INCOTERMS
unfrei | X frei

57 Code

29 Plz: 40472 – Versandbahnhof: Düsseldorf-Rath

29 a Bahnstellen-Nr.

58 Bahnhof für Zoll- oder Steuerbeh.

29 b Ladestelle Versand: Düsseldorf-Rath, Schuppen 12

29 c Nr. Ladestelle Versand

60 a Spl.-/Zug-Nr. Abgangstag:

14 b Referenz-Nr. des Empfängers (7)

30 Plz: 94032 – Bestimmungsbahnhof (11): Passau Hbf

59 Bahnstellen-Nr.

60 Leitungsweg

30 b Ladestelle Empfang: Anschlussgleis

30 c Nr. Ladestelle Empfang

31 Anzahl | Wagenladung | Inhalt – Bezeichnung des Gutes (12) (15)

32 RID (12) ja

34 Wirkliches Gewicht in kg

Vermerke des Ermittlungsservice

23 Stück Rohre aus Stahl – **37 260**

Benachrichtigt
Bereitgestellt
Datum/Std.
◀ **Summe**

210 Ort und Tag der Ausstellung des Frachtbriefs/Unterschrift des Absenders

26 Vereinbarte Preisliste | 62 Vereinbarter NHM-Code | 26 a Leistungsvertrag Nr.

82 Währung | 39 (14) Nachnahme

50 RKOST | 51 AKNr.

52 Container Z G | 53 Wagen E Gattung | 49 U.-Art V E | 67 Preislisten-Nr. | 68 NHM-Code | 70 S | 72 Frachtber.-Gew. Koeffizient | 71 Frachts. Grundfr. | 71 a Fracht | 73 Freibetrag Code | 74 Überweisung Code

NHM-Code: 730411

46 U-Steuer | 47 Land urspr. endgültig | 48 | 76 km | Summe: | Fracht | Fracht

50 a | 90 Summe Absender netto | 91 Summe Empfänger netto

92 Tagesstempel Abgang
Düsseldorf, 27.04.20(0)
INTERSPED GmbH
i.A. Baumeister

93 Tagesstempel Ankunft

94 Wiegestempel

96 Kontroll-Etikett
Bahnhof-Nr.
Versand-Nr.

131(*) 120.20.1 (09.2000)

17.2.3 Codierungen

Um die datentechnische Abwicklung des Eisenbahnverkehrs zu erleichtern, verwenden die Eisenbahnen im Frachtbrief Codes für die Güter und die Länder. Die Codes lehnen sich an die statistischen Warennummern und die Zolltarifnummern an.

Siehe Seiten 410 und 431

Harmonisiertes Güterverzeichnis (NHM-Nummer; NHM = Nomenclature Harmonisée Marchandises)

NHM-Code: Die NHM-Nummer (NHM = Nomenclature Harmonisée Marchandises, Harmonisiertes Güterverzeichnis) codiert die zu befördernden Waren im Eisenbahngüterverkehr. Sie ist notwendig für die datentechnische Abwicklung des Transports.

Die NHM-Nummer kann über das Internet abgerufen werden.

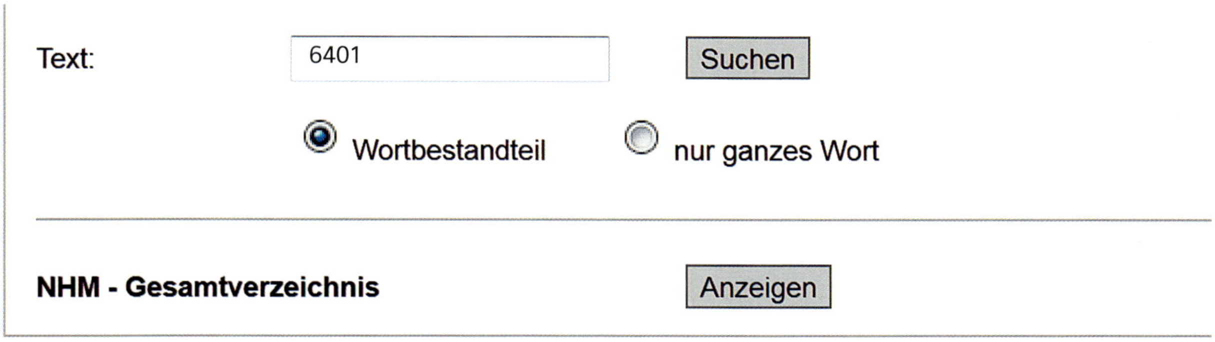

Die Eingabe der der NHM-Nummer 6401 führt z. B. zu folgendem Text:

Sie suchten nach: **6401**

Code	Titel
→ **6401 0000**	**Schuhe, wasserdicht, mit Laufsohlen und Oberteil aus Kautschuk oder Kunststoff, bei denen weder das Oberteil mit der Laufsohle noch das Oberteil selbst, durch Nähen, Nieten, Nageln, Schrauben, Stecken oder ähnl. Verfahren zusammengefügt ist (ausg. orthopädische Schuhe, Schuhe mit Spielzeugcharakter, und Schuhe mit fest angebrachten Schlittschuhen, Schienbeinschützer und ähnl. Sportschutzausrüstungen)**
→ 6401 1000	Schuhe, wasserdicht, mit Laufsohlen und Oberteil aus Kautschuk oder Kunststoff, bei denen weder das Oberteil mit der Laufsohle noch das Oberteil selbst, durch Nähen, Nieten, Nageln, Schrauben, Stecken oder ähnl. Verfahren zusammengefügt ist, mit Metallschutz in der Vorderkappe (ausg. Schuhe mit fest angebrachten Schlittschuhen oder Rollschuhen, Schienbeinschützer und ähnl. Sportschutzausrüstungen)
→ 6401 1010	Schuhe, wasserdicht, mit Laufsohlen aus Kautschuk oder Kunststoff und Oberteil aus Kautschuk, bei denen weder das Oberteil mit der Laufsohle noch das Oberteil selbst, durch Nähen, Nieten, Nageln, Schrauben, Stecken oder ähnl. Verfahren zusammengefügt ist, mit Metallschutz in der Vorderkappe (ausg. Schuhe mit fest angebrachten Schlittschuhen oder Rollschuhen, Schienbeinschützer und ähnl. Sportschutzausrüstungen)

Umgekehrt kann auch für eine bestimmte Güterart (z. B. Schuhe) der entsprechende NHM-Code ermittelt werden.

Internationaler Entfernungszeiger (DIUM = Distancier international uniforme marchandises)

Die Entfernungen im Bahnverkehr können in einem internationalen Entfernungsanzeiger (DIUM) abgelesen werden. Darüber hinaus sind in diesem Verzeichnis auch die offiziellen Länderabkürzungen für den Bahnverkehr aufgeführt.

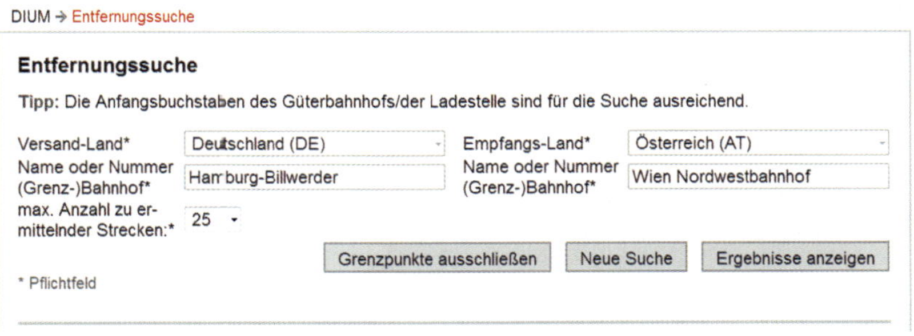

DIUM: Internationaler Entfernungsanzeiger, der die Strecke und die durchfahrenen Länder in Form von Länderkürzeln angibt.

Die Ergebnisse Ihrer Entfernungssuche

Land	von Bahnhof/Grenzpunkt Nummer	Name	1)	nach Bahnhof/Grenzpunkt Nummer	Name	1)	Entfernung (km)
DE	013565	Hamburg-Billwerder	8	0460	Passau Hbf	1,2	818
AT	0460	Passau Hbf	1,2	019588	Wien Nordwestbahnhof CCT		300
							1118

Länderabkürzungen

Albanien	AL	Frankreich	FR	Norwegen	NO
Österreich	AT	Großbritannien	GB	Portugal	PT
Bosnien-Herzegowina	BA	Griechenland	GR	Polen	PL
Belgien	BE	Kroatien	HR	Rumänien	RO
Bulgarien	BG	Ungarn	HU	Serbien	RS
Schweiz	CH	Italien	IT	Schweden	SE
Tschechische Republik	CZ	Litauen	LT	Slowenien	SI
Deutschland	DE	Luxemburg	LU	Slowakische Republik	SK
Dänemark	DK	Montenegro	ME	Ukraine	UA
Spanien	ES	Nordmazedonien	MK		
Finnland	FI	Niederlande	NL		

17.3 Güterwagen

Der Vertrieb der DB Cargo ist auf fünf Marktbereiche ausgerichtet:

NE = Nicht-Eisen

Marktbereich	Branchen-Untergliederung
Montan	Stahl, Kohle, Erze, NE-Metalle
Baustoffe/Entsorgung	Baustoffe, mineralische Rohstoffe, Entsorgung z. B. von Abraum und Bauschutt
Chemie/Mineralöl	chemische Produkte, Mineralöl, Mineralölprodukte, Düngemittel
Automotive	Materialversorgung der Automobilindustrie, Fahrzeugtransport
Regionalvertrieb	Betreuung ausgewählter Kunden

Für jeden dieser Marktbereiche unterbreitet die Bahn individuelle Angebote. Dazu gehört auch ein möglichst spezialisierter Güterwagen nach den Wünschen der Kunden.

Güterwagen = Beförderungsmittel für den Transport mit Eisenbahnen

Beispiele:

Gedeckter Güterwagen (Zuladegewicht 26 t)

*Zum Vergleich **Großraumwagen mit:***
- *drei bzw. sechs verriegelbaren Trennwänden*
- *bis zu 26 t bzw. bis zu 60 t Zuladegewicht*
- *bis zu 31 bzw. bis zu 56 Paletten*

Stauplan für einen gedeckten Güterwagen

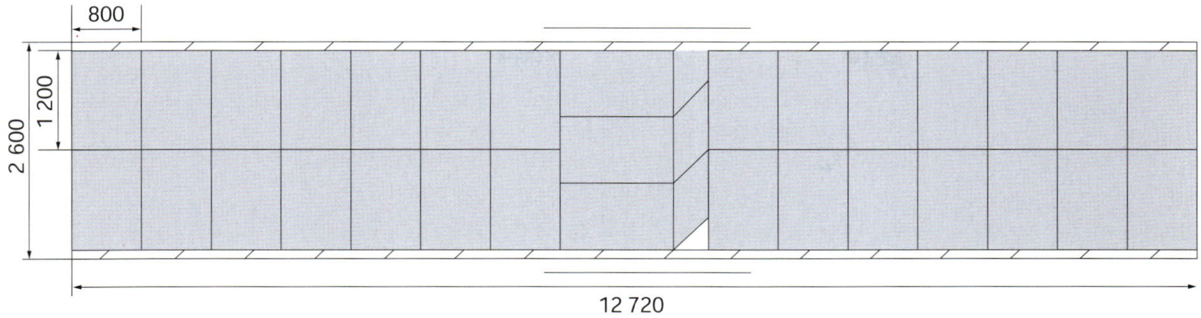

Bestellung eines Güterwagens

Der Absender bestellt den Güterwagen bei der Niederlassung der Bahn, in deren Bereich der Wagen beladen werden soll. Die Bestellung sollte möglichst früh bei der Bahn eingehen, spätestens bis 10:00 Uhr am Tag vor der Beladung. Folgende Angaben sind für eine Waggonbestellung notwendig:

- Verladetag
- Anzahl und Gattung der benötigten Güterwagen
- Art des Ladegutes
- Gewicht der Wagenladung, eventuell Anzahl, Länge und Gewicht von Einzelstücken
- Empfangsbahnhof (bei Auslandstransporten auch das Empfangsland mit eventuell gewünschtem Leitungsweg)
- gewünschte Beförderungsart

„Gattungsbuchstaben" von Bahnwaggons, siehe unten.

Beförderungsarten, siehe Seite 325

Trifft der bestellte Waggon ein, kann man dessen wesentlichen ladetechnischen Eigenschaften im Anschriftenbild, das an der Waggonseite angebracht ist, erkennen.

Anschriftenbild und Lastgrenzenraster

Das **Anschriftenbild** ist sozusagen die „Visitenkarte" eines Güterwagens. Die Zahlen- und Buchstabenkombinationen sagen dem Eingeweihten, ob der Waggon für den geplanten Transport geeignet ist. Das umfangreiche Codierungssystem kann hier aber nur beispielhaft dargestellt werden.

Von Bedeutung ist auch das **Lastgrenzenraster**, weil es dem Absender mitteilt, welches Gewicht in den Waggon geladen werden darf.

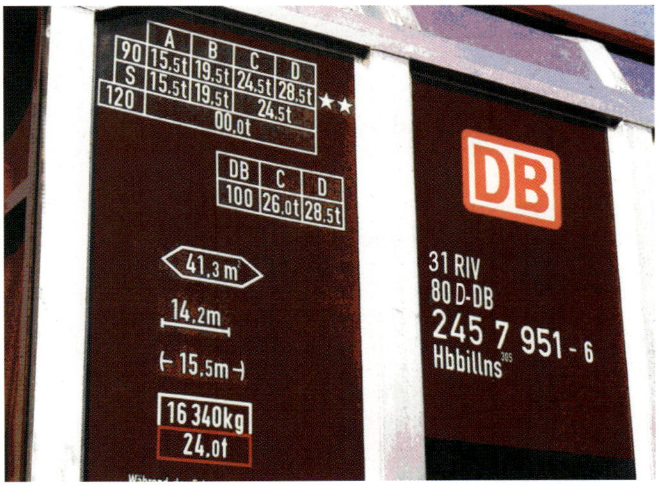

Beispiel:

Anschriftenbild

31 RIV
80 D-DB
245 7 951-6
Hbbillns 305

	Lastgrenzenraster			
	A	**B**	**C**	**D**
90	15,5 t	19,5 t	24,5 t	28,5 t
s	15,5 t	19,5 t	24,5 t	
120		00,0 t		

RIV = Regolamento Internationale Veicoli, PPW = Prawila Polsowanij Wagonami

Erläuterungen zum Anschriftenbild	
31 RIV	Das ist ein **Waggonaustauschverfahren** der Eisenbahnen. Zwei Verfahren sind zu unterscheiden:
	RIV: („Übereinkommen über die gegenseitige Benutzung von Güterwagen im internationalen Verkehr") Dieser Güterwagen ist im internationalen Eisenbahngüterverkehr einsetzbar. **PPW:** Dieser Waggon ist für grenzüberschreitende Transporte in bestimmte osteuropäische und asiatische Länder geeignet.
80 D-DB	**80:** gibt an, in welchem Land der Wagen registriert ist (Deutschland) **D:** Registrierungsland **DB:** **Eigentumsmerkmal:** Die Buchstabenkombination gibt an, wer Halter des Wagens ist, z. B. 80 Deutsche Bahn AG.
245 7 951-6	**Waggonnummer:** Laufende Nummer des Güterwagens. Sie muss in den Frachtbrief eingetragen werden. In der Waggonnummer ist das Gattungszeichen des Güterwagens verschlüsselt (siehe unten).
Hbbillns 305	**Gattungszeichen:** Aus ihm lassen sich wesentliche Merkmale eines Waggons erkennen, z. B. in diesem Fall: ▪ H = gedeckter, großräumiger Schiebewandwagen ▪ bb = mit zwei Achsen, Ladelänge ≥ 14 m ▪ i = mit öffnungsfähigen Seiten-/Schiebewänden ▪ ll = mit verriegelbaren, beweglichen Trennwänden ▪ n = Zuladung > 28 t ▪ s = s-fähig, geeignet für Züge bis zu 100 km/h ▪ 305 = Bauartnummer 305

Erläuterungen zum Lastgrenzenraster	
A, B, C, D	**Streckenklassen**: Die Belastbarkeit des Schienennetzes wird durch die Streckenklassen A bis D zum Ausdruck gebracht. Das deutsche Streckennetz hat im Wesentlichen die Klasse D.
90, s, 120	**Geschwindigkeit**: Aus dem Raster ist das höchstzulässige Zuladegewicht in Abhängigkeit von der Geschwindigkeit ablesbar (90 = 90 km/h, s = 100 km/h, 120 = 120 km/h).
15,5 usw.	**Zulademöglichkeit** in Tonnen

Gattungszeichen: Gattungsbuchstabe und Kennbuchstabe

Die Bahn codiert die wesentlichen Merkmale ihrer Güterwagen durch **Gattungszeichen**. Das Gattungszeichen wird aufgeteilt in Gattungsbuchstaben und Kennbuchstaben.

Gattungsbuchstaben geben die Grundeigenschaften von Güterwagen an; **Kennbuchstaben** machen Aussagen zu weiteren Ausstattungsdetails.

Für den Spediteur sind Güterwagen mit den Gattungsbuchstaben G und H von Interesse. In beiden Fällen handelt es sich um gedeckte Wagen.

Kennbuchstaben werden beispielhaft für Wagen mit dem Gattungsbuchstaben H dargestellt (siehe nebenstehend).

Die Güterwagen der Bahn

Gattung H: gedeckte Wagen		
Kennbuchstaben	a	mit 4 Achsen
	aa	mit 6 Achsen oder darüber
		mit 2 Achsen: 12 m ≤ lu ≤ 14 m und Laderaum ≥ 70 m³ (1)
		mit 4 Achsen oder darüber: 18 m ≤ lu ≤ 22 m
	bb	mit 2 Achsen: lu ≥ 14m
		mit 4 Achsen oder darüber: lu ≥ 22 m
	c	mit Stirnwandtüren
	cc	mit Stirnwandtüren und Inneneinrichtung für Kraftfahrzeugtransport
	d	mit Bodenklappen
	dd	mit umkippbarem Wagenkasten (4)
	e	mit 2 Böden
	ee	mit 3 Böden oder darüber
	f	für den Verkehr mit Großbritannien geeignet (1)
	ff	nur für den Ärmelkanal-Tunnelverkehr mit Großbritannien geeignet
	fff	nur für den Fährverkehr mit Großbritannien geeignet (1)
	g	für Getreide
	gg	für Zement (4)
	h	für Frühgemüse (2)
	hh	für Mineraldünger (4)
	i	mit öffnungsfähigen Seiten-/Schiebewänden
	ii	mit hochfesten, öffnungsfähigen Seiten-/Schiebewänden (5)
	k	mit 2 Achsen: tu < 20 t
		mit 4 Achsen: tu < 40 t
		mit 6 Achsen oder darüber: 50 t tu < 60 t
	kk	mit 2 Achsen: 20 t ≤ tu < 25t
		mit 4 Achsen: 40 t ≤ lu < 50 t
		mit 6 Achsen oder darüber: 50 t ≤ tu < 60 t
	l	mit beweglichen Trennwänden (3)
	ll	mit verriegelbaren beweglichen Trennwänden (3)
	m	mit 2 Achsen: lu < 9 m
		mit 4 Achsen oder darüber: lu < 15 m
	mm	mit 4 Achsen oder darüber: lu > 18 m (4)
	n	mit 2 Achsen: tu > 28 t
		mit 4 Achsen: tu < 60 t
		mit 6 Achsen oder darüber: tu > 75 t
	o	mit 2 Achsen: lu 12 m < 14 m und Laderaum ≥ 70 m³
	p	mit Bremserstand (4)

Weitere Güterwagenanschriften und Zeichen

Für die Beladung eines Güterwaggons durch einen Spediteur können auch die nebenstehenden Zeichen von Bedeutung sein.

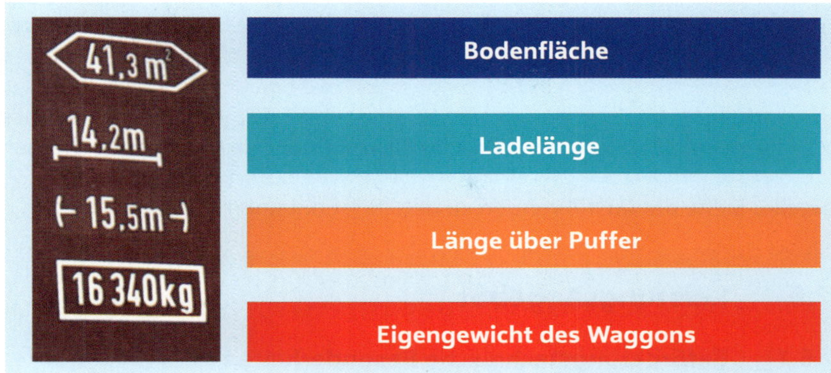

17.4 Lademittel

Die Bahn bietet ihren Kunden Paletten als Lademittel im Tausch an. Lademittel haben die Aufgabe, den schonenden und rationellen Umschlag von Gütern zu unterstützen.
Der internationale Palettentausch ist zurzeit bei Euroflachpaletten mit 18 europäischen Ländern möglich. Euro-Gitterboxpaletten können mit sieben europäischen Ländern getauscht werden.

Näheres zu den Paletten, siehe Seite 116

Der Bahn übernimmt als Serviceleistung für ihre Kunden
- die Palettenvorhaltung für die Transportdauer,
- die Rückgabeüberwachung,
- die Qualitätskontrolle und
- den Leerausgleich.

Der Empfänger hat 48 Stunden Zeit, die Europaletten zurückzugeben. Der Tausch wird nach den „Allgemeinen Bedingungen über den Tausch von Europaletten mit der DB Cargo AG und im Europäischen Paletten-Pool (ATB)“ abgewickelt.

17.5 Großcontainer

Container sind genormte Transportbehälter, die auf verschiedenen Transportmitteln (Lkw, Binnenschiff, Eisenbahn, Seeschiff) einsetzbar sind. Es gibt sie als 20- und 40-Fuß-Container.

Ausführliche Informationen zu ISO-Containern auf Seite 287

Die **Bahn**- oder **Binnencontainer** sind von den ISO-Containern zu unterscheiden. Die Bahn-Container sind größer als die ISO-Container, weil sie auf die Bedingungen des europäischen Straßennetzes abgestimmt sind (Breite außen 2,50 m, innen 2,44 m). Ein 20-Fuß-Container nimmt 14 Flachpaletten auf, ein entsprechender ISO-Container nur elf. Ein 40-Fuß-Container kann mit 29 Flachpaletten beladen werden. Das Zuladegewicht beträgt zwischen 12 und 26 t.

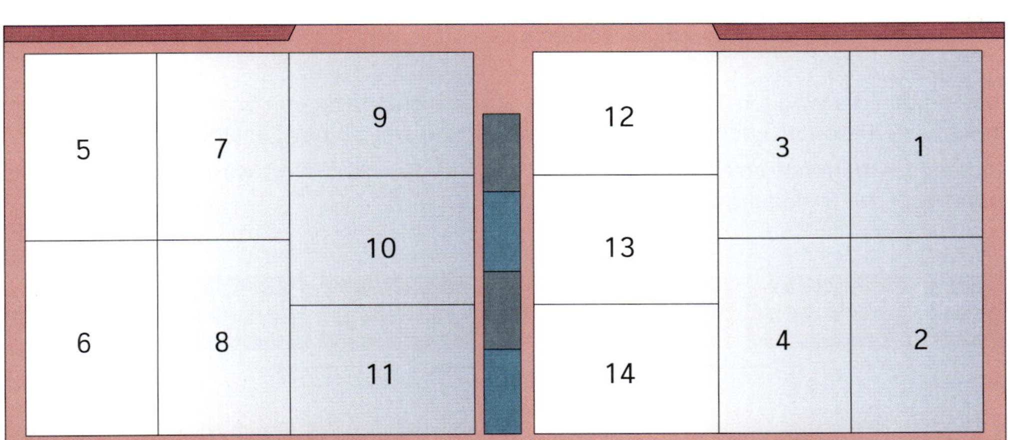

Stauplan:
Euroflachpaletten in 20-Fuß-Container

Organisation: Der Container-Verkehr wird über die TRANSFRACHT Deutsche Transportgesellschaft mbH (TFG) abgewickelt. Die TRANSFRACHT bietet einen Haus-Haus- und einen Terminal-Terminal-Verkehr an. Im ersten Fall übernimmt die TFG die gesamte Organisation einschließlich Vor- und Nachlauf des Containers. Beim Terminal-Terminal-Verkehr organisiert sie nur den Hauptlauf zwischen den Container-Terminals.

Verwendung: Container eignen sich besonders für Güter, die wenig verpackt sind, im Kombinierten Verkehr befördert werden sollen und ein hohes Gewicht oder großes Volumen haben.

Vorteile: Siehe die Ausführungen zu den ISO-Containern auf Seite 287.

17.6 Leistungsangebot

17.6.1 Beförderungstechnische Besonderheiten

Ideale Transportbedingungen für den Einsatz der Eisenbahn sind gegeben, wenn z. B. der Hersteller von Stahlblechen im Ruhrgebiet die Blechrollen (als sogenannte Coils) in seinem Werk in die Bahnwaggons eines kompletten Güterzuges lädt und die Güterwagen direkt zum Automobilhersteller z. B. nach Emden befördert werden.

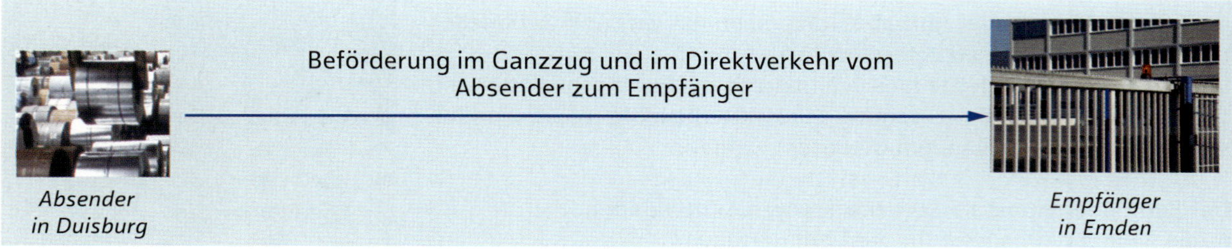

Die Vorteilhaftigkeit der Situation zeigt sich in zweifacher Hinsicht:

- Der Absender füllt mit seinen Produkten einen kompletten Güterzug (**Ganzzugverkehr**). Es müssen also keine weiteren Waggons hinzugefügt werden. Dies würde den Aufenthalt auf einem Rangierbahnhof voraussetzen, auf dem die Güterzüge nach Relationen zusammengestellt werden.
- Die Waggons werden auf dem Werksgelände des Absenders beladen und im Werk des Empfängers entladen. Beide Beteiligten verfügen demnach über einen Gleisanschluss. Die Waggons müssen unterwegs nicht mehr umgestellt werden (**Direktverkehr**). Ein Vor- oder Nachlauf ist ebenfalls nicht erforderlich.

Der Ganzzug im Direktverkehr ist das erstrebenswerte Ziel für die Bahn, um die Kosten gering zu halten und kurze Beförderungszeiten anbieten zu können. Denn Umladen und Rangieren kosten Geld und sind zeitaufwendig.

Der Regelfall für Bahntransporte erfordert gewöhnlich mehrmaliges Umstellen der Waggons in den Güterzügen. Geht man – für den ungünstigsten Fall – von einem kleineren Güterbahnhof (Nebenstelle) aus, ergibt sich folgendes Bild:

- Der Güterwagen wird beim Absender geladen und von der Bahn abgeholt. Verfügt der Absender nicht über einen Gleisanschluss, steht ihm das sogenannte Freiladegleis der Bahn zur Verfügung. Dann ist aber ein Vorlauf per Lkw bis zum Ladeplatz erforderlich.
- Vom Güterbahnhof werden die Waggons ein- oder mehrmals täglich zu einem Knotenpunktbahnhof befördert, dort mit anderen Waggons zu Güterzügen zusammengestellt und zum nächsten Rangierbahnhof transportiert.
- Im Rangierbahnhof werden die Waggons zu Fernrelationen zusammengefasst, mit Schnellgüterzügen zum Ziel-Rangierbahnhof weiterbefördert und dort auf die verschiedenen Ziel-Knotenpunktbahnhöfe verteilt.
- Über den Ziel-Knotenpunktbahnhof erreicht der Waggon den Ziel-Bahnhof. Dort wird der Waggon zum Empfänger befördert oder zur Entladung bereitgestellt.

17.6.2 Beförderungsarten

Die Bahn unterscheidet verschiedene Beförderungsarten, die wiederum jeweils in Produktgruppen unterteilt sind:

kleinere Anzahl Einzelwagen = Wagengruppen

- **Einzelwagenladungsverkehr**: Einzelne Wagen werden regional gesammelt und in Zugbildungsbahnhöfen zu ganzen, richtungsreinen Zügen zusammengestellt. Anschließend werden sie zu zielnahen Zugbildungsbahnhöfen befördert. Dort wird die Wagenzusammenstellung wieder zerlegt und die einzelnen Wagen werden an die Empfangspunkte zugestellt. Der Einzelwagenverkehr erfordert einen hohen Rangier- und Zeitaufwand.
- **Direktzug:** Direktzüge werden auf Strecken mit regelmäßig hohem Sendungsaufkommen zur direkten Verbindung von zwei oder mehr Terminals eingesetzt. Weil Rangieraufenthalte weitgehend entfallen, sind schnelle Laufzeiten möglich.
- **Ganzzug:** Ein ganzer Zug wird durch einen Verlader komplett ausgelastet und direkt von der Belade- zur Entladestelle gefahren. Der Ganzzug ist für große Gütermengen gedacht, die kostengünstig und schnell zwischen zwei Punkten transportiert werden sollen. Die Bahn bietet zwei Varianten an:

  - **Plantrain:** Dieses Angebot der Bahn ist für die Beförderung von Massengut vorgesehen, das regelmäßig in großen Mengen und in festen Relationen befördert werden soll. Der Bedarf kann lange im Voraus geplant werden. Der Kunde legt Mengen, Verkehrstage und -zeiten vor Beginn des ersten Transportes verbindlich fest. Typische Güter sind Kohle, Erz, sonstige Rohstoffe für die Industrieproduktion u. a. Es handelt sich im Wesentlichen um zeitunsensible Güter. Plantrain-Transporte sind im Vergleich zu den übrigen Varianten preisgünstig.
  - **Flextrain:** Dieses Angebot gibt dem Kunden die Möglichkeit, Relationen, Beförderungstermine und Mengen sehr kurzfristig zu bestimmen. Es werden daher keine festen Übergabezeiten und Mindestmengen vereinbart. Der Bestellvorlauf beträgt nur 24 Stunden. Es eignet sich z. B. für landwirtschaftliche Produkte und Konsumgüter (zeitsensible Güter). Bei Flextrain muss die Bahn Kapazitäten auf Abruf bereithalten. Dies erfordert höhere Kosten der Bereitstellung. Folglich hat der Kunde auch einen höheren Preis für die Beförderung zu bezahlen.

Beförderungsarten:
- Einzelwagen-/Warengruppen
- Direktzug
- Ganzzug
- Shuttle-Verkehr
- Logistik-Zug
- Kombinierter Verkehr

  Zusammenfassend lässt sich zu den Preisen feststellen: Je stärker sich der Kunde bindet und Transportmengen und -termine festlegt, desto preisgünstiger ist die Beförderung.
- **Shuttle-Verkehr:** Züge pendeln mit einer festen Waggonarchitektur (Art und Zahl der Waggons) zwischen zwei (oder mehreren) Terminals. Die besonderen Vorteile des Shuttle-Verkehrs sind:
  - Die Waggonzusammenstellung bleibt unverändert. Dadurch verringert sich der Dispositionsaufwand für diese Züge.
  - Der Verlader kann mit der vorgegebenen Zugkapazität gut planen und seine Ladeeinheiten auf die Waggonarten abstimmen.
  - Shuttlezüge sind besonders wirtschaftlich und vor allem für den Kombinierten Verkehr einsetzbar.
- **Logistikzug:** Bei terminsensiblen Transporten kann der Auftraggeber mit der Bahn eine individuelle Lösung vereinbaren. Der Fahrplan des Zuges wird auf die Besonderheiten des Logistik-Projektes abgestimmt.
- **Kombinierter Verkehr:** Hierbei werden verschiedene Verkehrsträger miteinander kombiniert, um deren jeweilige Systemvorteile zu nutzen. Wechselbrücken, Sattelauflieger und Container werden auf Bahnwaggons befördert.

Siehe Kombinierter Verkehr Straße/Schiene und Techniken des Kombinierten Verkehrs, Seite 161

Gateways

Die nationalen und internationalen Zugsysteme werden über sogenannte Gateways miteinander verknüpft. In ihnen können Waggons z. B. aus einer Direktzuglinie ausgegliedert und in eine andere Direktzuglinie überführt werden. Neben dem Umschlag Schiene – Schiene findet in Gateways auch der Umschlag Straße – Schiene statt.

Fahrpläne stellen Eisenbahnunternehmen gewöhnlich im Internet elektronisch zur Verfügung.

Fahrplan-Auszug

von: Düsseldorf Hafen

nach: München Süd

Datum: Di, 12.06.

Zeit: 16:00 Uhr (Abfahrt)

Verbindungen

Versandort/Empfangsort	Datum	Zeit	Dauer	Bemerkungen
Düsseldorf Hafen München Süd	Di, 12.06. Do, 14.06.	ab 17:35 Uhr bis 09:31 Uhr	39:56	Verkehrstage: Mo - Mi Streckenklasse: D4 Tarifentfernung: 623 km
Düsseldorf Hafen München Süd	Di, 12.06. Do, 14.06.	ab 21:05 Uhr bis 09:31 Uhr	36:26	Verkehrstage: Mo - Mi Streckenklasse: D4 Tarifentfernung: 623 km

17.7 Preisbildung

DB Cargo veröffentlicht regelmäßig Preise und Konditionen für ihre jeweiligen Leistungen. Dabei unterscheidet sie:

- **Allgemeine Bestimmungen für Gütertransportleistungen**
  In ihnen wird allgemein festgestellt:
  - Die Preise und Konditionen der Bahn gelten für Transporte zwischen den im Bahnhofsverzeichnis genannten Güterverkehrsstellen.
  - Bei internationalen Transporten sind sie auf den deutschen Streckenabschnitt anzuwenden, sofern nicht internationale Tarife gelten.
  - Die Entfernungen werden dem Entfernungswerk der Bahn für den Eisenbahngüterverkehr entnommen.
  - Die ALB gelten in ihrer jeweils neuesten Fassung.
  - Die in oder auf einem Wagen aufgelieferten Güter bilden eine Sendung (Wagenladung).
  - Geschlossene Züge (Ganzzüge) sind Sendungen aus Wagen, die geschlossen auf der Gesamtstrecke von einem Gleisanschluss/Ladegleis und einem Absender nach einem Gleisanschluss/Ladegleis und einem Empfänger befördert werden.

  Außerdem wird definiert, welcher Leistungsumfang mit den Preisen abgegolten ist:
  - die Bereitstellung der Wagen innerhalb der festgelegten Ladefristen für die Be- und Entladung
  - der Transport der Wagen bis in das öffentliche Ladegleis bzw. bis an die vereinbarte Ladestelle
- Darüber hinausgehende Leistungen (z. B. Güter mit besonderen Maßen, Transport auf Tiefladewagen, Fährstrecken, Verzollung, Nachnahmen) werden gesondert berechnet.
- Schließlich wird noch festgelegt, wie die Beförderungskosten auf Absender und Empfänger aufgeteilt werden können.

INCOTERMS® 2020, siehe Seite 380

Frankaturen (Zahlungsvermerke)

Zahlungsvermerk	Bedeutung
	Der Absender bezahlt:
frei Fracht	▪ die Fracht für die gesamte Beförderungsstrecke
frei Fracht einschließlich ...	▪ die Fracht für die gesamte Beförderungsstrecke und die besonders bezeichneten Kosten
frei	▪ die Fracht für die gesamte Beförderungsstrecke und alle Kosten, die beim Versand berechnet werden können
frei ... (Bezeichnung der Kosten)	▪ nur bestimmte Kosten
frei aller Kosten	▪ für die gesamte Beförderungsstrecke alle Kosten (Fracht, Entgelte, auch Zölle und sonstige während der Beförderung anfallende Kosten), jedoch nicht die vom Empfänger verursachten Kosten
unfrei	Der Empfänger bezahlt die Fracht, Entgelte und alle sonstigen Kosten.

- **Allgemeine Preisliste (APL)**

  Aus ihr ist der Preis für einen Einzelwagen oder eine Wagengruppe ablesbar. Die Höhe des Preises richtet sich nach dem Gewicht, der Entfernung und der Zahl der Waggonachsen.

APL-Preistafel (Auszug, Stand: 1. Januar 2020)

Preistafel 1 für Frachten des WLV (Tarif 0110 007)

Für Transporte in einem Wagen mit zwei Achsen				Für Transporte in einem Wagen mit mehr als zwei Achsen und einer Ladelänge bis zu 26,99 m					
Sendungsgewicht in t	bis 21,499	21,500-30,499	jede weitere Tonne kostet	bis 34,499	34,500 -44,499	44,500 -54,499	54,500 -64,499	64,500 -74,499	jede weitere Tonne kostet
Entfernung bis km	Wagenpreise in EUR								
100	785	964	34	1193	1489	1825	2161	2463	32
150	939	1241	45	1532	1816	2227	2638	3008	44
200	1062	1508	51	1859	2202	2701	3202	3650	49
250	1247	1770	59	2182	2593	3179	3758	4292	57
300	1381	1953	72	2419	2870	3515	4164	4743	70
350	1560	2212	77	2734	3244	3978	4709	5368	74
400	1679	2381	82	2943	3490	4275	5062	5774	80
450	1770	2505	88	3099	3676	4502	5335	6079	82
500	1886	2674	98	3307	3923	4807	5693	6489	89

- **Branchen-Preislisten (BPL)**

  Die Preislisten gelten für bestimmte Marktbereiche der Bahn. Hier sind vor allem auch individuelle Preisvereinbarungen möglich.

- **Bestimmungen für Privatgüterwagen**

  Auftraggeber, die ihre Güter der Bahn in eigenen Güterwagen übergeben (Privatgüterwagen), erhalten besondere Preise.

- **Bestimmungen für den Kombinierten Verkehr**

  Die speziellen Bedingungen des Kombinierten Verkehrs erfordern auch eigene Preisberechnungen. Während im normalen Wagenladungsverkehr Gewicht und Entfernung den Preis wesentlich bestimmen, berechnet die Bahn im Kombinierten Verkehr zunächst einen Grundpreis pro Ladeeinheit (Wechselbehälter, Sattelauflieger, Container), der anschließend mit einem Koeffizienten multipliziert wird, der sich aus Länge und Gewicht der Ladeeinheit ergibt.

Frachtzahlung im Frachtausgleichsverfahren

Im Frachtausgleichsverfahren wird zwischen den Vertragspartnern (z. B. Spediteur – DB Cargo) die DVB Bank (Deutsche Verkehrsbank) eingeschaltet. Die Bank verpflichtet sich, bestehende Zahlungsverpflichtungen des Spediteurs an DB Cargo auszugleichen. Der Spediteur leistet seine Zahlungen an die Bank. Da die Bank mit dem Spediteur dekadenweise abrechnet, ist mit dem Frachtausgleichsverfahren auch eine Stundung der fälligen Frachtzahlungen verbunden.

Abrechnungszeitraum ist jeweils der 1. bis 10., 11. bis 20. und 21. bis 30./31. eines Monats. Die von DB Cargo in Rechnung gestellten Beträge sind jeweils nach sieben Tagen (z. B. zum 17. eines Monats) bei der DVB Bank zu begleichen.

17.8 Internationaler Eisenbahngüterverkehr

17.8.1 Rechtsgrundlagen

Grenzüberschreitende Güterbeförderungen werden schwierig, wenn für einzelne Streckenabschnitte unterschiedliche Rechtsordnungen gelten. Für den Lkw-Verkehr hat man daher die CMR geschaffen. Sie stellt sicher, dass für den gesamten Transport eine einheitliche Rechtsgrundlage anzuwenden ist. Auch das Recht des multimodalen Transports wurde zum selben Zweck entwickelt.

CMR, siehe Seite 149; multimodaler Verkehr, siehe Seite 342

COTIF = **Co**nvention relative aux **t**ransports **i**nternationaux **f**erroviaires

Da im grenzüberschreitenden Eisenbahnverkehr in der Regel an der Grenze der ausführende Frachtführer jeweils wechselt, war eine besondere Dringlichkeit gegeben, den internationalen Eisenbahnverkehr einheitlich zu regeln. Dies geschah durch das „Übereinkommen über den internationalen Eisenbahnverkehr" (**COTIF**). Das COTIF ist ein umfangreiches Regelungswerk, das die Personen-, Gepäck- und Güterbeförderung per Eisenbahn regelt. Nachfolgend werden die für die Güterbeförderung wichtigen Teile dargestellt:

CIM = Convention Internationale concernant le transport des marchandises par chemin de fer

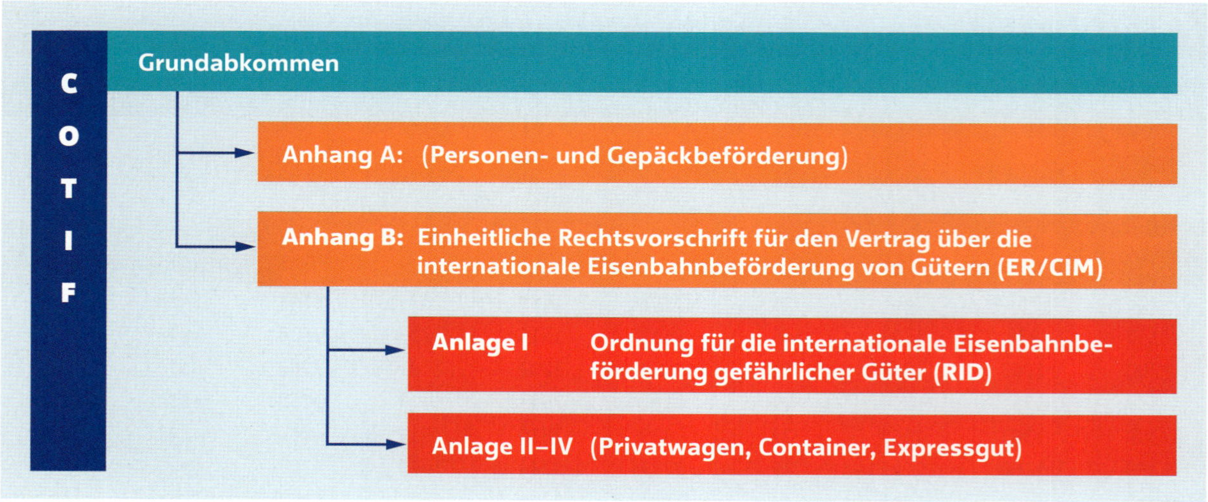

GUS = Gemeinschaft unabhängiger Staaten; Nachfolgestaaten der ehemaligen Sowjetunion

Für einen internationalen Eisenbahnfrachtvertrag gelten demnach die **Einheitlichen Rechtsvorschriften für den Vertrag über die internationale Eisenbahnbeförderung von Gütern (ER/CIM),** vorausgesetzt, die Beförderung betrifft mindestens zwei Staaten, die dem Abkommen beigetreten sind. Dann sind die Vorschriften **zwingend** anzuwenden. Mitgliedstaaten sind die europäischen und einige nordafrikanische Staaten, ohne GUS-Staaten. Verschiedene osteuropäische und asiatische Staaten wickeln ihre Eisenbahntransporte nach dem SMGS-Abkommen ab. In den baltischen Staaten sowie z. B. in Polen, Ungarn und der Ukraine sind CIM und SMGS anwendbar. Grundsätzlich gilt aber: Bei Schienentransporten mit Abgangsort in Westeuropa bis zur GUS-Grenze gilt CIM, auf der GUS-Strecke gelten SMGS-Regeln.

SMGS = Abkommen über den internationalen Eisenbahngüterverkehr osteuropäischer Länder

Viele Bestimmungen des COTIF entsprechen der CMR und dem HGB-Frachtrecht. Der Frachtvertrag kommt durch die Einigung von Beförderer und Absender zustande. In einem Frachtbrief wird die Vertragsvereinbarung dokumentiert.

Spurenweite

Der internationale CIM-Frachtbrief besteht aus fünf Blättern:

- Blatt 1: Frachtbrieforiginal (für den Empfänger)
- Blatt 2: Frachtkarte (dient der Abrechnung der beteiligten Bahnen)
- Blatt 3: Empfangsschein (für die Empfangseisenbahn)
- Blatt 4: Frachtbriefdoppel (für den Absender)
- Blatt 5: Versandschein (für die Versandeisenbahn)

17.8.2 Preisermittlung

Für die Preisfestsetzung im internationalen Eisenbahnverkehr sind zwei Verfahren möglich:

- Die Bahn ermittelt die Preise für die **jeweiligen Streckenabschnitte** in den beteiligten Ländern (z. B. Preisliste der DB Cargo für den inländischen Streckenteil, ausländische Tarife für die nicht deutschen Strecken); die Teilbeträge zusammen ergeben die Gesamtfracht. Die so ermittelte Fracht ist aber unter Umständen für den Auftraggeber ungünstig, weil z. B. die Entfernungsdegression, die üblicherweise in Tarifen eingearbeitet ist, nicht wirksam wird.

- Die Bahn kann auf bestehende **Verbandsgütertarife** zurückgreifen, die zwischen der Bahn und ausländischen Eisenbahngesellschaften gemeinsam vereinbart worden sind. Dabei wird die Fracht nach einheitlichen Grundsätzen (Tarifstrukturen) errechnet. Die errechneten Teilbeträge ergeben die Gesamtfracht für die komplette Beförderungsstrecke.

Beispiel: *Deutsch-Niederländischer Eisenbahn-Gütertarif – 5100.00*

In der Preisgestaltung sind die Eisenbahnunternehmen frei.

17.8.3 Haftung nach CIM

Die CIM verpflichtet den Frachtführer zur Haftung für

- Verlust,
- Beschädigung und
- Lieferfristüberschreitung

nach dem Prinzip der **Gefährdungshaftung**. Die Haftungshöchstgrenze beträgt **17 SZR** pro Bruttokilogramm. Schäden durch Lieferfristüberschreitung werden höchstens bis zum Vierfachen der Fracht ersetzt, Nachnahmefehler bis zur Höhe der Nachnahme.
Durch eine Wertangabe oder die Angabe eines Interesses an der Lieferung kann die Haftung des Eisenbahnfrachtführers erhöht werden (wie in der CMR).
Die Eisenbahngesellschaft, die Gut und Frachtbrief zur Beförderung übernommen hat, haftet zunächst für die gesamte Beförderungsstrecke. Sie kann aber Regress auf die verursachende Bahngesellschaft nehmen.

Haftungsregelungen im Vergleich

Schäden	**Haftungshöchstgrenzen nach**		
	HGB	**ALB**	**CIM**
■ **Güterschäden**			
– Verlust	8,33 SZR/kg	8,33 SZR/kg	17,00 SZR/kg
– Beschädigung	8,33 SZR/kg	8,33 SZR/kg	17,00 SZR/kg
■ **Vermögensschäden**			
– Lieferfristüberschreitung	dreifaches Frachtentgelt	keine Aussage	bis zum Vierfachen der Fracht
– Nachnahmefehler	bis zur Höhe der Nachnahme	keine Aussage	bis zur Höhe der Nachnahme
– sonstige Vermögensschäden	dreifacher Verlustwert	keine Aussage	keine Aussage
Gesamtschaden			
pro Schadensfall	–	1 Million EUR bzw. 2 SZR/kg	

Zusammenfassung	**Eisenbahn**		
Vertrag national:	HGB + Allgemeine Leistungsbedingungen (ALB) als AGB		
Dokument:	Transportauftrag durch den Kunden + stillschweigende Annahme durch die Bahn (kein Widerspruch)		
	Frachtbrief	■ Versandblatt (Versandbahnhof) ■ Frachtbriefdoppel (Absender) ■ Empfangsblatt (Empfangsbahnhof) ■ Frachtbrief (Empfänger)	
Haftung national:	HGB		
Abwicklung:	**Güterwagen:** ■ Anschriftenbild ■ Lastgrenzenraster	**Lademittel:** ■ Paletten ■ Bahn-Container	**Beförderungsarten:** ■ Einzelwagen-/Warengruppen ■ Direktzug ■ Ganzzug ■ Shuttle-Verkehr ■ Logistik-Zug ■ Kombinierter Verkehr
	Codierung der Güter:	**Entfernungsanzeiger:**	
	NHM-Code	DIUM	
Preislisten:	APL, BPL, Privatgüterwagen, Kombinierter Verkehr		
Frankaturen:	spezielle Bahn-Frankaturen		

Zusammenfassung	Eisenbahn
International:	Vertragsgrundlage: CIM (zwingend)
	Preisermittlung
	▪ nach Streckenabschnitten
	▪ nach Verbandsgütertarifen
Haftungsgrundsatz	Gefährdungshaftung
Haftungsumfang	▪ Güterschäden (Verlust/Beschädigung) ▪ Verspätungsschäden
Haftungsgrenzen	▪ Güterschäden: bis zu 17 SZR/kg ▪ Lieferfristüberschreitung: bis zur 4-fachen Fracht ▪ Nachnahmefehler: bis zur Höhe der Nachnahme
Wegfall der Haftungsgrenzen	vorsätzlich oder leichtfertig und in dem Bewusstsein, dass ein solcher Schaden mit Wahrscheinlichkeit eintreten werde
Haftungsausschlüsse	▪ unabwendbares Ereignis ▪ fehlende oder mangelhafte Verpackung ▪ mangelhafte Ladungssicherung ▪ Beförderung in offenen Wagen ▪ natürliche Beschaffenheit des Gutes usw.
Reklamationsfristen	▪ äußerlich erkennbare Mängel: sofort bei Ablieferung ▪ nicht erkennbare Mängel: 7 Tage nach Ablieferung ▪ Lieferfristüberschreitung: 60 Tage nach Ablieferung

18 Binnenschifffahrt

18.1 Bedeutung der Binnenschifffahrt

Die Entwicklung des Transportaufkommens in der Binnenschifffahrt macht die nachfolgende Übersicht deutlich:

Binnenschifffahrt: Beförderte Güter in Millionen Tonnen

Jahr	1991	2000	2005	2010	2015	2019
	230,0	242,2	236,8	229,6	221,4	205,1

Quelle: Statistisches Bundesamt (Destatis) 2020, Verkehr aktuell, Fachserie 8, Reihe 1.1

Die Verkehrsleistung der Binnenschifffahrt geht seit dem Jahr 2000 stetig zurück. Der starke Rückgang im Jahr 2018 ist durch den besonders niedrigen Wasserstand des Rheins aufgrund von monatelanger Trockenheit zu erklären.
Der Anteil der Binnenschifffahrt am gesamten Transportaufkommen beträgt aktuell ca. 5 %.

Von der Güterart her transportiert die Binnenschifffahrt vorzugsweise Massengüter (z. B. Erze, Kohle, Mineralölerzeugnisse). Bedeutsam sind aber auch Schwergüter mit großem Volumen und Gewicht.

TEU, siehe Seite 287

Günstig entwickelt sich auch die Beförderung von Containern per Binnenschiff. 2018 wurden 2,4 Millionen TEU (Twenty-feet-equivalent-unit) transportiert. Die meisten Containertransporte entfielen auf den grenzüberschreitenden Verkehr, vor allem zwischen Amsterdam sowie den Rheinmündungshäfen Rotterdam und Antwerpen (**ARA-Häfen**) und den entlang des Rheins angesiedelten Containerterminals.

18.2 Binnenwasserstraßen

Das deutsche Binnenschifffahrtsnetz hat eine Länge von 7354 km. Etwa drei Viertel der Gesamtlänge entfallen auf natürliche Wasserstraßen. Es stützt sich dabei vor allem auf die Flüsse Rhein, Donau, Ems, Weser und Elbe und deren Nebenflüsse, die durch Kanäle miteinander verbunden sind.
Die Binnenschifffahrt erhält überwiegend dann den Vorzug, wenn Massengüter ohne Rücksicht auf eine kurze Beförderungszeit preisgünstig transportiert werden sollen. Nachteilig wirken sich die geografische Lage der Flussläufe und ihre nicht gleichmäßige Nutzbarkeit aus. In den letzten Jahren ist eine überdurchschnittliche Mengensteigerung im Containerverkehr erkennbar.
Die Hauptumschlagplätze liegen fast ausnahmslos entlang der Rheinschiene. Dies verdeutlicht die Bedeutung dieses Wasserweges für die Binnenschifffahrt.

Bedeutende Binnenhäfen

Binnenhäfen	Umschlag Mio. t	Binnenhäfen	Umschlag Mio. t
Duisburg	48,1	Mannheim	7,5
Köln	8,9	Karlsruhe	6,4
Neuss	7,7	Ludwigshafen	6,1

Quelle: vgl. Bundesamt für Güterverkehr: Marktbeobachtung – Jahresbericht 2018, abgerufen am 16.03.2020 unter https://www.bag.bund.de/SharedDocs/Downloads/DE/Marktbeobachtung/Herbst_und_Jahresberichte/Jahr_2018.html, Seite 37.

Pegel

Siehe www.elwis.de

Pegel = Messstelle, die den Wasserstand von Flüssen und Kanälen angibt

Der Wasserstand ist bedeutsam für die Frage, in welchem Maße ein Schiff beladen werden kann. Daher werden die Wasserstände an zahlreichen Pegeln gemessen und täglich veröffentlicht.

Beispiel:

Pegel SPEYER

	Uhr	23.11.		24.11.		25.11.		26.11.		27.11.	
Speyer 730/220	05:00:00	411	(+1)	408	(−3)	417	(+9)	426	(+9)	399	(−27)
	13:00:00	411	(+3)	408	(−3)	425	(+17)	421	(−4)	405	(−16)
Pegelangaben in cm	21:00:00	412	(+2)	409	(−3)	427	(+18)	408	(−19)	407	(−1)

Eine weitere Größe, die sich auf die Auslastung von Binnenschiffen auswirkt, ist die Brückenhöhe. Die relativ niedrigen Brückenhöhen begrenzen vor allem die Beladung von Binnenschiffen mit Containern.

Karte der Bundeswasserstraßen, siehe Seite 333

Bundeswasserstraßen

Stromgebiet	Wasserweg	schiffbare Länge km	schiffbar von	bis
Rhein und Nebenflüsse	Rhein	623	Rheinfelden	niederl. Grenze
	Neckar	201	Plochingen	Mannheim
	Main	388	Bamberg	Mainz
	Main-Donau-Kanal	171	Bamberg	Kelheim
	Mosel	242	französische Grenze	Koblenz
	Saar	105	französische Grenze	Mosel
	Lahn	67	Rheinmündung	Steeden
Wasserstraßen zwischen Rhein und Elbe	Ruhr	12	Mülheim	Duisburg
	Rhein-Herne-Kanal	49	Duisburg	Dortmund-Ems-Kanal
	Wesel-Datteln-Kanal	60	Wesel	Datteln
	Datteln-Hamm-Kanal	47	Datteln	Hamm
	Dortmund-Ems-Kanal und Unterems	303	Dortmund	Emden
	Küstenkanal und untere Hunte	95	Dörpen DEK	Weser
	Mittellandkanal	326	Bergeshövede DEK	Magdeburg
	Weser und Unterweser	430	Hann. Münden	Bremerhaven
	Elbe-Seiten-Kanal	115	Mittellandkanal	Elbe

Bundeswasserstraßen				
Elbegebiet	Nord-Ostsee-Kanal	109	Brunsbüttel (Elbe)	Kiel
	Elbe-Lübeck-Kanal und Kanaltrave	88	Lauenburg	Seegrenze (Lübeck)
	Elbe und Unterelbe	728	tschechische Grenze (Bad Schandau)	Cuxhaven
	Saale	124	Leuna	Elbe
Wasserstraßen zwischen Elbe und Oder	Oder	162	polnische Grenze	Westoder
	Elbe-Havel-Kanal	56	Magdeburg	Brandenburg
	Havel-Kanal	35	Henningsdorf bei Berlin	Paretz (Havel)
	Teltow-Kanal	38	Köpenick	Potsdam
	Havel-Oder-Kanal	83	Oder	Berlin
	Oder-Spree-Kanal	84	Oder	Berlin
Donau	Donau	213	Kelheim	österr. Grenze

18.3 Schiffstypen

Trockengüterschiff *Tankschiff* *Ro-Ro-Schiff* *Schubboot mit vier Leichtern*

- Selbstfahrer
- Koppelverband
- Schubverband

Den größten Anteil an den Binnenschiffsbeförderungen haben **selbstfahrende Motorgüterschiffe**. Das sind Binnenschiffe mit eigenem Antrieb und Laderaum. Sie können trockene Ladung (Trockenschifffahrt) oder flüssiges sowie gasförmiges Gut (Tankschifffahrt) befördern. Motorgüterschiffe haben einen Anteil von über 70 % an der deutschen Binnenschiffsflotte.

Die Einteilung der Binnenschiffstypen richtet sich nach den Wasserstraßenklassen. Grundlage der Klassifizierung sind die räumlichen Abmessungen (vor allem Länge und Breite) der Schiffstypen. Die nachfolgende Übersicht zeigt die wichtigsten Schiffstypen.

TEU = twenty foot equivalent unit = 20-Fuß-Container, siehe Seite 287

Klasse	Schiffstyp	Ladevermögen	
		in Tonnen	in TEU
I	Spits	300–400	24–36
II	Kempenaar	400–600	24–48
III	Gustav-Koenigs-Schiff	1 200	81–120
IV	Europaschiff	1 350	87
Va	Großes Rheinschiff	2 800	200
Vb/VIa	Schub-oder-Koppelverband	6 000	
VIb	Jowi-Klasse	5 300	500

Beispiele:
Ein Europaschiff kann auf allen europäischen Wasserstraßen der Klasse IV (und höher) fahren.

Schiffsdaten

Die wesentlichen Daten zur Größe eines Binnenschiffs befinden sich an beiden Seiten des Schiffsrumpfs.

Beispiel Europaschiff:
Schiffslänge: 85 (m)
Schiffsbreite: 9,5(m)
Tragfähigkeit: 1 350 (t)

Motorgüterschiffe können heute vielfach mit einem antriebslosen Schiff (Leichter, Barge) gekoppelt werden, sodass sich ein **Koppelverband** von Motorgüterschiff mit Leichter ergibt.
Eine besonders effiziente Beförderung mit einem Binnenschiff lässt sich erreichen, wenn ein Schubboot (ohne eigenen Laderaum) mit mehreren Schubleichtern zu einem **Schubverband** zusammengefügt wird. Für das kostenaufwendige Schubboot ergeben sich lange Betriebszeiten ohne Liegezeiten, weil die Leichter be- und entladen werden können, während die Antriebseinheit andere Transporte durchführt. Der Vergleich mit der Lkw-Wechselbrücke ist hier angebracht.
Auf dem Rhein kann ein Schubboot bis zu sechs Leichter manövrieren. Das ergibt eine Transportkapazität von 16000 t. Ein Binnenschiff der Europaklasse hat z. B. eine Kapazität von 1350 t. Die natürlichen Bedingungen der Wasserstraßen und die Größe der Schleusen setzen der Größenentwicklung der Binnenschiffe aber Grenzen.

In der Praxis wird auch das Motorgüterschiff selbst als Barge bezeichnet (in englischer Aussprache: bɑ:(r)d$_3$).

Formationsbildung in der Schubschifffahrt

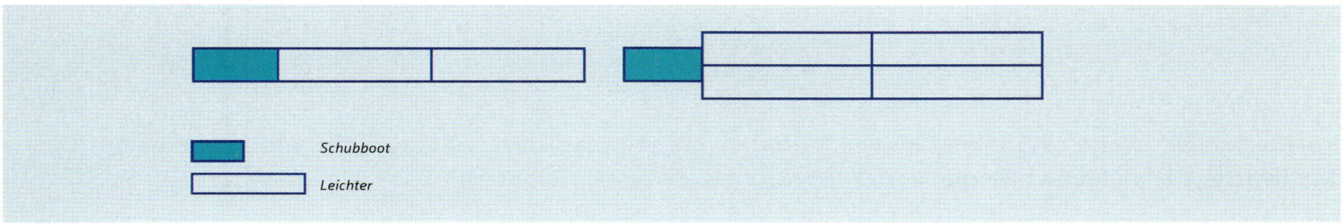

Bundeswasserstraßen
– Wasser- und Schifffahrtsverwaltung des Bundes –

BUNDESWASSERSTRASSEN
- Klassifizierung der Binnenwasserstraßen des Bundes

WSV.de | Bundesministerium für Verkehr und digitale Infrastruktur

Quelle: Kartographie: Fachstelle für Geoinformationen Süd, Regensburg, zur Verfügung gestellt gemäß GeoNutzV
Bundeswasserstraßen, die eine Länge von unter 5 km aufweisen, sind maßstabsbedingt teilweise nicht dargestellt.
Karte W 161 k

Klassifizierte Binnenwasserstraßen

Graphisches Symbol auf der Karte	Klasse der Binnenwasserstraße	MOTORSCHIFFE UND SCHLEPPKÄHNE Typ des Schiffes: Allgemeine Merkmale					SCHUBVERBÄNDE Art des Schubverbandes: Allgemeine Merkmale					Brückendurchfahrtshöhe
		Bezeichnung	Länge L (m)	Breite B (m)	Tiefgang d (m)	Tonnage T (t)	Formation	Länge L (m)	Breite B (m)	Tiefgang d (m)	Tonnage T (t)	
	I	Peniche Westlich der Elbe	38,5	5,05	1,8-2,2	250-400						4,0
		Gross Finow Östlich der Elbe	41	4,7	1,4	180						3,0
	II	Kempenaar Westlich der Elbe	50-55	6,6	2,5	400-650						4,0-5,0
		BM-500 Östlich der Elbe	57	7,5-9,0	1,6	500-630						3,0
	III	Gustav Koenigs Westlich der Elbe	67-80	8,2	2,5	650-1000						4,0-5,0
		Östlich der Elbe	67-70	8,2-9,0	1,6-2,0	470-700		118-132	8,2-9,0	1,6-2,0	1000-1200	4,0
	IV	Johann Welker	80-85	9,5	2,5	1000-1500		85	9,5	2,5-2,8	1250-1450	5,25 od. 7,0
	Va	Große Rheinschiffe	95-110	11,4	2,5-2,8	1500-3000		95-110	11,4	2,5-4,5	1600-3000	5,25 od. 7,00 od. 9,1
	Vb							172-185	11,4	2,5-4,5	3200-6000	
	VIa							95-110	22,8	2,5-4,5	3200-6000	7,0 od. 9,1
	VIb		140	15	3,9			185-195	22,8	2,5-4,5	6400-12000	
	VIc							270-280	22,8	2,5-4,5	9600-18000	9,1
								195-200	33,0-34,2			

nicht klassifizierte BinWaStr — keine BinWaStr

Kapazitätsvergleich

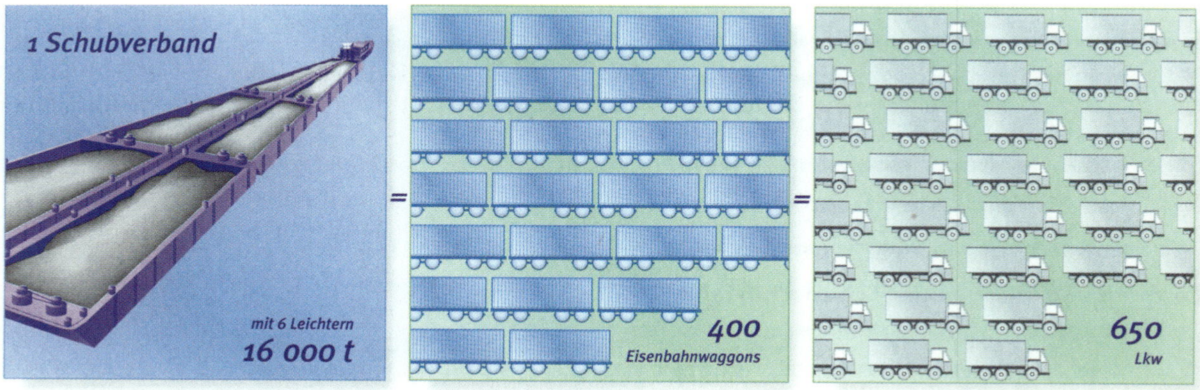

Ro-Ro = Roll on/ Roll off

Ro-Ro-Schiffe können komplette Lkw aufnehmen, die selbstständig auf das Schiff fahren und es auch ohne zusätzliche Verladeeinrichtungen verlassen können.

18.4 Betriebsformen

Vertragspartner eines Binnenschiff-Frachtvertrages sind Absender und Frachtführer. Als Frachtführer können auftreten:

- **Einzelschiffer** (Partikuliere): Partikuliere verdienen ihren Lebensunterhalt mit Binnenschiffstransporten und wohnen in der Regel auch auf ihrem Schiff. Sie übernehmen Aufträge dort, wo sie ihnen angeboten werden. Sie verfügen über keine landgestützte kaufmännische Verwaltung. Von Einzelschiffern spricht man, wenn ein Frachtführer bis zu drei Schiffe besitzt. Um gegenüber den großen Reedereien besser bestehen zu können, haben sich die Partikuliere zu Genossenschaften zusammengeschlossen, die Aufträge akquirieren und die Mitglieder technisch und betriebswirtschaftlich betreuen.
- **Reedereien:** Hierbei handelt es sich um große Schifffahrtsunternehmen, die gewöhnlich über eine große Zahl von Schiffen verfügen, mit denen sie Beförderungsaufträge erledigen. Reedereien wickeln ihre kaufmännischen Abläufe über eigene Betriebsstätten an Land ab.

Befrachter in der Seeschifffahrt, siehe Seite 281

- **Befrachter:** Der Befrachter verpflichtet sich gegenüber dem Absender, eine Binnenschiffsbeförderung durchzuführen, ohne eigenen Schiffsraum zu besitzen. Er hat damit die Rechtsstellung eines Frachtführers. Mit der tatsächlichen Durchführung der Beförderung wird ein Unterfrachtführer beauftragt.

18.5 Rechtsgrundlagen des Frachtvertrages

§§ 407–450, 452–452d HGB siehe Seite 94.

Text zur BinSchLV: www.transport-recht.org

Ladezeit: Auch eine Voranmeldung ist möglich. Sie beginnt dann 2 Stunden nach dem in der Voranmeldung genannten Zeitpunkt.

18.5.1 Nationale Rechtsgrundlagen

- Für den Frachtvertrag gelten die frachtrechtlichen Bestimmungen des **Handelsgesetzbuches.**
- Der § 412 Abs. 4 HGB enthält eine Regelung, wonach das Bundesministerium der Justiz ermächtigt wird, eine Verordnung zur Be- und Entladezeit sowie zur Höhe des Standgeldes zu erlassen. Diese **Verordnung über die Lade- und Löschzeiten sowie das Liegegeld in der Binnenschifffahrt** (**BinSchLV**) wurde 1999 in Kraft gesetzt. Die BinSchLV ist dispositives Recht, d. h., die Vertragspartner können abweichende Vereinbarungen treffen oder in Allgemeinen Geschäftsbedingungen andere Regelungen aufnehmen. Geschieht dies nicht, gilt die Verordnung automatisch.

  Die wichtigsten Bestimmungen der BinSchLV (nur für die Trockenschifffahrt; für die Tankschifffahrt bestehen gesonderte Bestimmungen):

→ **Ladezeit** = Zeit, die dem Absender für das Verladen seiner Sendung in das Binnenschiff zur Verfügung steht. Die Ladezeit beginnt am Tag nach dem Meldetag. Nach BinSchLV steht dem Absender pro 45 Tonnen Rohgewicht 1 Stunde zur Verfügung.

→ **Meldetag** = Tag, an dem der Frachtführer dem Absender seine Ladebereitschaft anzeigt

→ **Löschzeit** = Zeit, die dem Empfänger für das Entladen (Löschen) seiner Sendung aus dem Binnenschiff zur Verfügung steht. Die Zeitvorgaben nach BinSchLV entsprechen der Ladezeit.

→ **Liegegeld** = Entgelt für die Wartezeit des Frachtführers nach Ablauf von Lade- und/oder Löschzeit

Meldeadresse = Adresse, bei der der Frachtführer bei Ankunft im Hafen seine Lade- bzw. Löschbereitschaft anzeigt

Meldeadresse = notify address

- **Beginn der Ladezeit:** Der Frachtführer hat dem Absender zunächst seine **Ladebereitschaft** an der vereinbarten Meldestelle anzuzeigen (**Meldetag**). Die Ladezeit beginnt am Tag nach dem Meldetag.
- **Dauer der Ladezeit:** Als Lade- und Löschtag gelten Werktage zwischen 6:00 und 20:00 Uhr. Die Ladezeit berechnet sich nach dem Gewicht der zu verladenden Güter. Sie beträgt pro **45 t Rohgewicht eine Stunde.**
- **Beginn und Dauer der Löschzeit:** Für das Löschen der Ladung gelten die gleichen Bedingungen wie für das Laden. Der Frachtführer hat – analog zum Laden – dem Empfänger die Löschbereitschaft anzuzeigen.
- **Liegegeld:** Nach Ablauf der Lade- oder Löschzeit hat der Frachtführer für jede Stunde, die er warten muss, Anspruch auf Liegegeld, und zwar in Abhängigkeit von der Tragfähigkeit des Schiffes:
  - Tragfähigkeit bis 1 500 t: für jede angefangene Stunde 0,05 EUR pro Tonne Tragfähigkeit des Schiffes
  - Tragfähigkeit über 1 500 t: 75,00 EUR pro angefangene Stunde, zuzüglich 0,02 EUR für jede über 1 500 t liegende Tonne Tragfähigkeit

Liegegeld entspricht dem Standgeld nach § 412 HGB.

Berechnungsbeispiele

Beispiel 1

Situation: *In ein Binnenschiff mit einer Tragfähigkeit von 1 350 t sollen 1 170 t Profilstahl verladen werden. Aufgrund technischer Probleme kommt es bei der Beladung zu Verzögerungen, sodass die Ladezeit letztlich 30 Stunden beträgt.*
Ladezeit nach BinSchLV: 45 t pro Stunde;
1 170 t : 45 t/Std. = 26 Stunden
Überschreitung der Ladezeit: 4 Stunden

Berechnung des Liegegeldes:

4 x 1 350 t x 0,05 EUR/t = ***270,00 EUR***

Beispiel 2

Situation: *In ein Binnenschiff mit einer Tragfähigkeit von 2800 t sollen 1980 t Profilstahl verladen werden. Aufgrund technischer Probleme kommt es bei der Beladung zu Verzögerungen, sodass die Ladezeit letztlich 48 Stunden beträgt.*
Ladezeit nach BinSchLV: 45 t pro Stunde; 1 980 t : 45 t/Std. = 44 Stunden
Überschreitung der Ladezeit: 4 Stunden
2800 t Tragfähigkeit – 1 500 t = 1 300 t
Berechnung des Liegegeldes:

4 Stunden x 75,00 EUR =	*300,00 EUR*
+ 4 x ***1 300 t*** *x 0,02 EUR/t =*	*104,00 EUR*
Liegegeld =	***404,00 EUR***

Verzögerungen bei der Be- und Entladung, die dem Risikobereich des Frachtführers zuzurechnen sind, begründen – wie in § 412 Abs. 3 HGB – keinen Anspruch auf Liegegeld.

Internationale Verlade- und Transportbedingungen für die Binnenschifffahrt (IVTB)

Zum Vergleich: ADSp, siehe Seite 40; ALB, siehe Seite 317

Wie bei den anderen Verkehrsträgern existieren auch in der Binnenschifffahrt Allgemeine Geschäftsbedingungen. Der Bundesverband der Deutschen Binnenschifffahrt e. V. empfiehlt seinen Mitgliedern, die **Internationalen Verlade- und Transportbedingungen für die Binnenschifffahrt (IVTB)** als AGB für nationale und grenzüberschreitende Transporte anzuwenden. Die IVTB müssen zwischen Frachtführer und Absender vereinbart werden. Wenn Sachverhalte von den IVTB nicht erfasst werden, nicht anwendbar sind oder gegen zwingendes Recht verstoßen, gelten die nationalen Rechtsvorschriften der jeweiligen Wasserstraße. Für einen nationalen Binnenschiffstransport sind daher im Regelfall anzuwenden:

HGB + IVTB (als AGB) + BinSchLV

§ 407 HGB Ablader in der Seeschifffahrt, siehe Seite 282

In den IVTB wird neben den Frachtvertragsbeteiligten nach HGB (Absender, Frachtführer, Empfänger) auch noch die Rechtsperson des Abladers eingebracht. Der **Ablader** ist der Interessenvertreter des Absenders im Binnenhafen (oder auch im Seehafen). In der Binnenschifffahrt werden die zu befördernden Güter nur in geringem Maße direkt beim Absender abgeholt, weil gewöhnlich ein Anschluss an das Wassernetz fehlt. Andere Beförderungsmittel (häufig der Lkw) übernehmen den Vor- und Nachlauf zum und vom Binnenhafen. Das macht es erforderlich, dass jemand im Hafen die Interessen des Absenders wahrnimmt.

Frachtbrief: §§ 408, 409 HGB

Ladeschein: §§ 444–448 HGB

See-Konnossement, siehe Seite 293

Frei A/S Ladehafen:
Der **Absender** trägt die Kosten für Vorlauf, Umschlag Beladen, Ufergeld, evtl. Liegegeld.
Empfänger: Fracht, Umschlag Löschen, Ufergeld, evtl. Liegegeld

Fehlfracht = Entschädigung des Frachtführers für den nicht durchgeführten Teil der Beförderung

Nautisches Verschulden siehe Seite 303

Die wichtigsten Reglungen der IVTB

Frachtbrief und Konnossement (Ladeschein)	Für jede Sendung kann ein Frachtbrief oder ein Konnossement (Ladeschein) ausgestellt werden. Konnossemente sind Wertpapiere. Der Frachtführer darf die Güter nur gegen Vorlage des Originalkonnossements ausliefern.
Ladestellen, Laden und Stauen, Decklast	Absender bzw. Ablader legen die Ladestelle fest. Dort haben sie die Güter in das Schiff zu liefern und nach Anweisung des Frachtführers zu stauen, zu trimmen (für einen Lastausgleich im Schiff sorgen) und zu sichern. Der Frachtführer hat das Recht, die Güter mit der nötigen Sorgfalt auf Deck des Schiffes zu verladen. Nach HGB haftet der Frachtführer nicht für Schäden, die auf eine „vereinbarte oder der Übung entsprechende (...) Verladung auf Deck" zurückzuführen sind.
Löschstelle, Löschung	Der Absender oder Empfänger bestimmt die Löschstelle (Entladestelle). Außerdem hat der Absender oder der Empfänger die Pflicht, dem Frachtführer vor Eintreffen des Schiffes im Löschhafen Weisungen für das Entladen und die Zollabfertigung zu erteilen.
Lade- und Löschzeit sowie Liegegeld	Falls nicht anders vereinbart, gelten die nationalen Regelungen zur Lade- und Löschzeit sowie zur Berechnung des Liegegeldes. Für Deutschland: BinSchLV (siehe oben)
Fracht	Falls nichts anderes vereinbart worden ist, umfasst die Fracht den Transport ab „Binnenschiff gestaut" (Frankatur: **„Frei gestaut Abgangsschiff [A/S] Ladehafen"**) bis zur Ankunft des Binnenschiffs an der Bestimmungsstelle. In diesem Fall trägt der Empfänger die Fracht. Soll der Absender die Frachtkosten tragen, wird die Frankatur **„Frei Ankunftsschiff Löschhafen"** vereinbart. Die Frachtvereinbarung hat offene und unbehinderte Schifffahrt zur Voraussetzung (z. B. kein Niedrigwasser, kein Eisgang). Alle gegenüber einem normalen Verlauf einer Schiffsreise entstehenden Mehrkosten gehen zulasten des Auftraggebers. Sie werden ihm in Form eines Kleinwasserzuschlags berechnet. **Kleinwasserzuschlag** (KWZ): Prozentualer Zuschlag auf die Grundfracht als Ausgleich für die geringere Beladefähigkeit des Schiffes bei Niedrigwasser.
volle Fracht, Fehlfracht	Der Frachtführer hat Anspruch auf die volle Fracht, auch wenn ▪ die Ladung nur teilweise geliefert wird, ▪ Absender oder Empfänger das Ausladen der Güter im Verladehafen oder in einem Zwischenhafen verlangen, ▪ die Fortsetzung der Reise dauernd oder zeitweilig verhindert ist u. Ä. Unter bestimmten Umständen kann der Frachtführer die Hälfte der vereinbarten Fracht verlangen, z. B. wenn der Absender vor Antritt der Reise vom Vertrag zurücktritt.
Haftung des Frachtführers	Der Frachtführer haftet für Verlust oder Beschädigung der Güter von der Übernahme bis zur Ablieferung der Güter sowie für Lieferfristüberschreitung. ▪ Für **Güterschäden** haftet der Frachtführer mit höchstens 2 SZR/kg. ▪ Wird ein vereinbarter **Liefertermin** nicht eingehalten, haftet der Frachtführer höchstens bis zur Höhe der dreifachen Fracht. Diese Haftungsregelungen gelten nur für die nationale Binnenschifffahrt.
Haftungsausschlüsse	Der Frachtführer ist in verschiedenen Fällen von der Haftung befreit, z. B. für Schäden, die durch folgende Ereignisse eingetreten sind: – Verschulden des Absenders oder des Empfängers – Beförderung auf Deck – natürliche Beschaffenheit der Güter – nautische Verschulden – Feuer oder Explosion an Bord

18.5.2 Internationale Rechtsgrundlagen

CMNI = Convention de Budapest relative au contrat de transport de marchandises en navigation intérieure

Grenzüberschreitende Binnenschiffstransporte sind zwingend nach dem **Budapester Übereinkommen** über den Vertrag über die Güterbeförderung in der Binnenschifffahrt (**CMNI**) abzuwickeln, sofern mindestens einer der betroffenen Staaten (Lade-/Löschhafen) das Übereinkommen ratifiziert hat.
Das Übereinkommen übernimmt Regelungen aus HGB, CMR, MÜ und seerechtliche Vorschriften.

Verschuldenshaftung mit umgekehrter Beweislast, siehe Seite 34

Wichtige Bestimmungen des Budapester Übereinkommens (CMNI)	
Frachturkunden	Der Frachtführer ist verpflichtet, eine Frachturkunde auszustellen. Das kann ein **Frachtbrief** oder – auf Verlangen des Absenders – ein **Konnossement** (Ladeschein) sein.
Verfügungsrecht	Der Absender kann nachträglich über die Ware verfügen. Er muss dazu aber die Frachturkunde vorlegen. Durch einen Vermerk auf der Frachturkunde kann der Absender auf sein Verfügungsrecht zugunsten des Empfängers verzichten.
Haftung	Der Frachtführer haftet für **Verlust** und **Beschädigung** des Gutes sowie für **Verspätungsschäden**. Es gilt eine vermutete Verschuldenshaftung (Verschuldenshaftung mit umgekehrter Beweislast). Die Haftung für Güterschäden ist begrenzt auf ▪ 666,67 SZR pro Ladungseinheit oder ▪ 2 SZR/kg bzw. ▪ 26 500,00 SZR pro Container. Für Verspätungsschäden wird maximal bis zur Höhe der Fracht gehaftet. Höhere Haftungsgrenzen können vereinbart werden.

Wichtige Bestimmungen des Budapester Übereinkommens (CMNI)	
Rügefristen	▪ äußerlich erkennbare Schäden: sofort bei Ablieferung ▪ verdeckte Schäden: sieben Tage nach Ablieferung ▪ Lieferfristüberschreitung: 21 Tage nach Ablieferung
Haftungsausschlüsse	Als wichtigste Haftungsausschlüsse sind zu nennen: unabwendbares Ereignis, Verladen auf Deck, Verpackungsmängel. „Nautisches Verschulden“ sowie Feuer oder Explosion an Bord können ebenfalls ausgeschlossen werden, müssen aber zwischen den Vertragsparteien vereinbart werden, z. B. in AGB (IVTB) oder in den Konnossementbedingungen. Nach Ziffer 25.2 ADSp 2017 gelten diese Haftungsausschlüsse als vereinbart.
Aufhebung der Haftungsgrenzen	Vorsatz und grobes Verschulden (bewusste Leichtfertigkeit) führen zu einer Aufhebung der Haftungsgrenzen.

Siehe auch Haftungsausschlüsse nach IVTB auf Seite 336

18.6 Beförderungsdokumente

In der Binnenschifffahrt sind der **Frachtbrief** und der **Ladeschein** (Konnossement) gebräuchlich. Inhalt und rechtliche Qualität beider Papiere sind im HGB geregelt und in den IVTB (siehe oben) weiter ausgestaltet.

Frachtbrief, siehe Seite 95

Ladeschein, siehe Seite 108

18.7 Gefahrgutbeförderung

Rechtsgrundlage für den Transport gefährlicher Güter ist das **ADN** (Europäisches Übereinkommen über die internationale Beförderung von gefährlichen Gütern auf Binnenwasserstraßen). Es regelt detailliert den Umgang mit Gefahrgut beim Binnenschiffstransport im europäischen Binnenwasserstraßennetz von der Beladung über den Transport bis zur Entladung. Das Übereinkommen gilt für alle deutschen Wasserstraßen. Das Klassifizierungssystem von Gefahrgütern entspricht dem ADR und RID. Jährlich werden auf deutschen Wasserstraßen ca. 47 Millionen t gefährliche Güter transportiert, vorzugsweise entzündbare flüssige Stoffe (Benzin, Heizöl).

Beförderung gefährlicher Güter in Mio. t im Jahr 2017

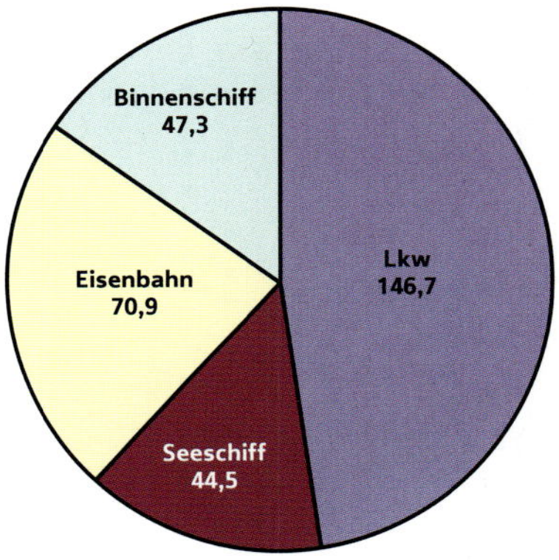

Quelle: vgl. Statistisches Bundesamt, Verkehr – Gefahrguttransporte (Fachserie 8 Reihe 1.4), Wiesbaden 2020, Seite 6

Gefahrguttransporte, siehe Seite 170

18.8 Beispiele für Transportketten

Transportkette = technische und organisatorische Verknüpfung von Beförderungsvorgängen, vorzugsweise mit unterschiedlichen Verkehrsmitteln im Kombinierten Verkehr

Direktverkehr

Beim Direktverkehr liegen Liefer- und Empfangspunkt der Güter direkt an der Wasserstraße. Dadurch brauchen die Güter nicht umgeladen zu werden. In dieser Situation werden die Systemvorteile des Binnenschiffes besonders wirksam: Massenleistungsfähigkeit, Zuverlässigkeit, niedrige Transportkosten.

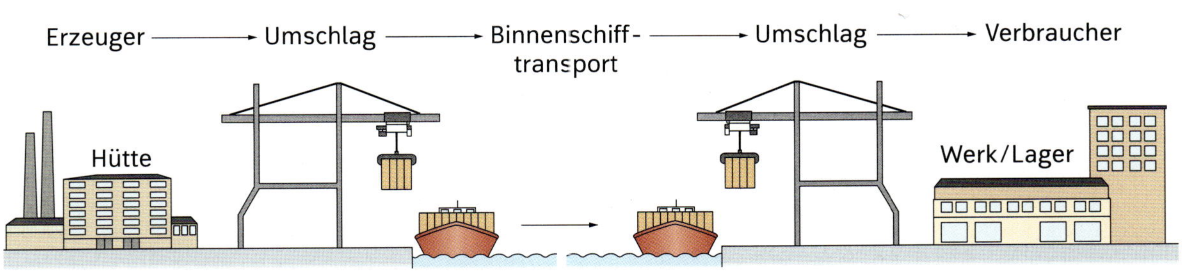

Beispiele für Direktverkehre:

- *Versorgung von Kraftwerken mit Kohle*
- *Sand und Kies für ein Betonwerk*
- *Erze vom Seehafen zum Stahlwerk*

Solche Massenverkehre sind aber wegen der geringen Netzdichte der Wasserstraßen eher selten und für Spediteure, die sich des Verkehrsträgers Binnenschifffahrt bedienen wollen, untypisch.

Gebrochener Verkehr

Hierbei handelt es sich um eine mehrgliedrige Transportkette, die durch mindestens einen Wechsel des Transportmittels gekennzeichnet ist. Den Vor- und Nachlauf eines Binnenschiffstransportes übernehmen im Regelfall der Lkw oder die Eisenbahn. Sie schaffen damit die nötige Flächigkeit, die dem Binnenschiff in besonderer Weise fehlt, weil es an das vorhandene Wasserstraßennetz gebunden ist.

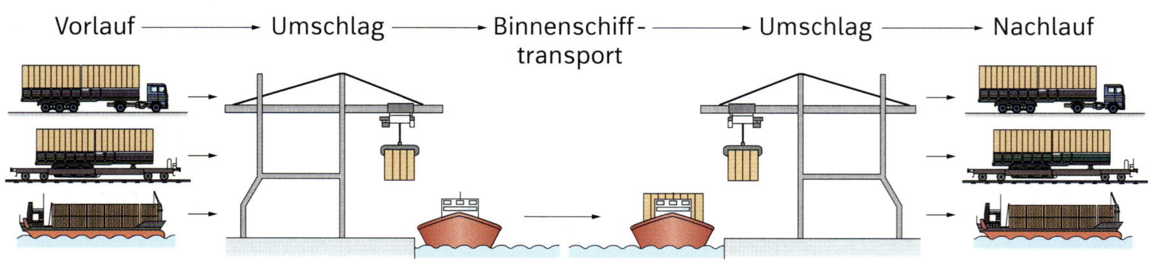

Containerverkehr

Der Containerverkehr ist eine mehrgliedrige Transportkette mit mindestens einem Wechsel des Transportmittels. Im Gegensatz zum gebrochenen Verkehr wird aber nicht das Gut umgeladen, sondern die Ladeeinheit wechselt das Verkehrsmittel. Spediteure können z. B. bei Seetransporten den Zu- und Ablauf von Containern zum und vom Seehafen per Binnenschiff organisieren. Sie profitieren dann von den günstigen Transportkosten des Binnenschiffes und der hohen Planungssicherheit (durchgehende Beförderung auch an Sonn- und Feiertagen).

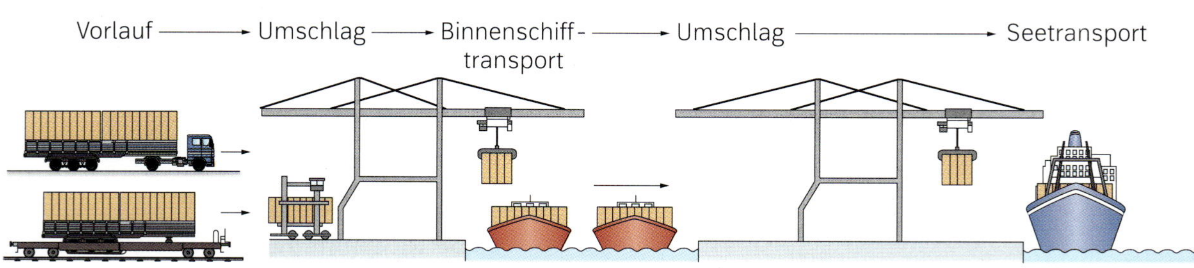

Logistik, siehe Seite 451

Große Handelshäuser und Versandhändler nutzen ebenfalls aus Kosten- und Umweltschutzgründen das Binnenschiff im Rahmen ihrer Beschaffungslogistik. Entscheidend für die Versorgung der Unternehmen mit Waren ist nicht der besonders schnelle Transport, sondern die Zuverlässigkeit. Bei einer Gesamtlaufzeit auf dem Seeweg von rund 30 Tagen spielen zwei zusätzliche Tage für den Einsatz des Binnenschiffs keine Rolle. Die Zeit wird durch eine frühzeitigere Disposition ausgeglichen.

Beispiel: Ablauf Importsendung aus Fernost für ein Warenhaus

- *Transport des Containers von Hongkong bis Rotterdam per Seeschiff*
- *Umschlag auf ein Binnenschiff im Container-Linienverkehr*
- *Transport zum Binnenhafen Frankfurt*
- *Umschlag und Nachlauf per Lkw bis zum Warenhaus-Zentrallager*

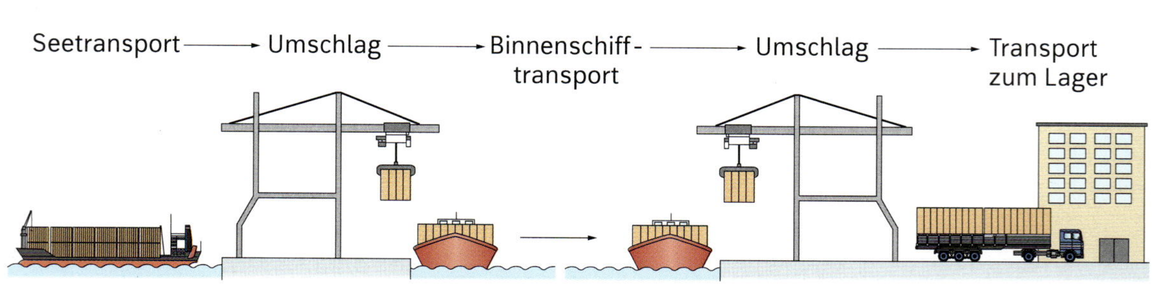

Ro-Ro-Verkehr

Im Roll-on/Roll-off-Verkehr werden begleitete und unbegleitete Sattelauflieger oder komplette Lkws mit dem Binnenschiff befördert. Für den Umschlag auf das Binnenschiff ist kein externes Umschlaggerät erforderlich, weil die Fahrzeuge über Laderampen auf das Schiff fahren können. Vorteile ergeben sich, weil

- Binnenschiffe nicht durch Sonntagsfahrverbote in ihrem Einsatz begrenzt sind,
- keine Lenk- und Ruhezeiten wie im Lkw-Verkehr existieren,
- zahlreiche Anschlussmöglichkeiten an Fähr- und Ro-Ro-Verkehre in Richtung Großbritannien und Skandinavien bestehen.

Siehe Kombinierter Verkehr, Seite 161

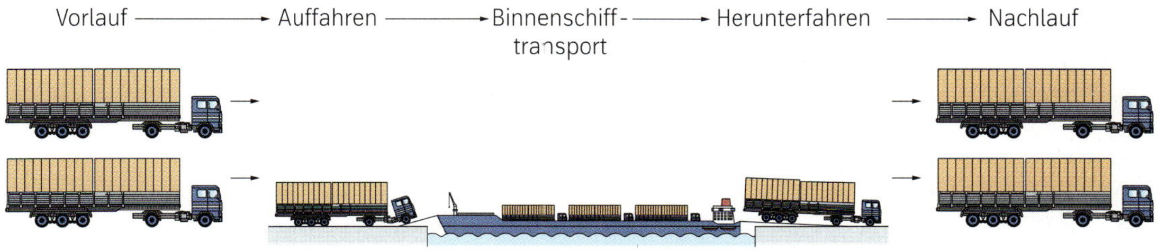

18.9 Kalkulation und Preisbildung

Frachtführer und Auftraggeber können den Preis für die Beförderungsleistung frei aushandeln, weil keine festen Tarife mehr existieren. Der Preis für Binnenschiffstransporte richtet sich grundsätzlich nach dem Gewicht bzw. Volumen der Güter und der zurückzulegenden Strecke.
Daneben sind weitere Preisbestandteile zu berücksichtigen. Folgende Positionen können Einfluss auf den Beförderungspreis haben:

- Kosten für das **Binnenschiff** (Bereithaltungs- und Fortbewegungskosten, siehe folgendes Beispiel, eventuell Zuschläge für Niedrigwasser = Kleinwasserzuschlag und Gasöl bei hohen Gasölpreisen)
  - **Schifffahrtsabgaben**, dazu gehören:
    - **Befahrungsabgaben**: Für die Benutzung des Nord-Ostsee-Kanals und der Mosel fallen Gebühren an. Die übrigen Wasserstraßen sind abgabenfrei.
    - **Schleusengebühren**: Gebühren für eine Schleusendurchfahrt, häufig aber nur für Schleusungen außerhalb der regulären Betriebszeit der Schleuse
- **Binnenhafenkosten** (z. B. Ufergeld)
- **Umschlagkosten** (Be- und Entladen des Binnenschiffs)
- Kosten für den **Vor- und Nachlauf** zum/vom Binnenschiffstransport

Ufergeld = Gebühr für die uferseitige Infrastruktur des Hafens, z. B. für die Kaianlagen

Kostenrechnung für ein Binnenschiff

Wie in der Fahrzeugkostenrechnung wird auch bei der Kostenrechnung für ein Binnenschiff nach fixen (Bereithaltungskosten) und variablen Kosten (Fortbewegungskosten) unterschieden. Nachfolgend wird beispielhaft die Kostenrechnung für ein Binnenschiff vorgestellt.

Siehe Seite 132

Fixe Kosten = Bereithaltungskosten

Variable Kosten = Bewegungskosten

Kalkulation der Bereithaltungskosten (Beispiel)

Motorschiff mit einer Tragfähigkeit von 1 100 t

Erläuterungen	Kalkulation	EUR
■ **Zeitwert:** gegenwärtiger Marktwert des Schiffes ■ **sonstige Kosten:** z. B. Kommunikationskosten, Verbandsbeiträge, Steuerberatung ■ **Zinsen:** 5 % Zinsen für den halben Schiffswert ■ **Einsatztage:** Fahrtage, Lade- und Löschtage, Wartetage auf Ladung ■ **Stundensatz:** Tageskostensatz : 14 Stunden	Zeitwert des Schiffes	800 000,00
	1. Personalkosten	210 000,00
	2. Reparaturen	30 000,00
	3. Versicherung	25 000,00
	4. sonstige Kosten	30 000,00
	5. Abschreibung	42 000,00
	6. Zinsen	20 000,00
	7. Bereithaltungskosten (Summe aus 1. – 6.)	357 000,00
	8. Einsatztage pro Jahr	300 Tage
	9. Tageskostensatz Bereithaltungskosten : Einsatztage	1 190,00
	10. Stundensatz (bei z. B. 14 Stunden pro Tag)	85,00

Kalkulation der Fortbewegungskosten

(Annahmen im Beispiel: Transport ab Minden nach Duisburg, Leerfahrt ab Hannover, 1 000 t)
Für die Vorkalkulation eines Angebotes benötigt der Frachtführer mindestens folgende Angaben:

- Dauer der Leeranfahrt bis zur Ladestelle
- effektive Fahrzeit (ohne Laden und Löschen)
- Lade- und Löschzeiten
- durchschnittlicher Gasölverbrauch pro Stunde Fahrzeit
- näherungsweiser Aufschlag für Schmieröl
- Preis für Gasöl

Beispiel:

Effektive Fahrzeit	
1. Leeranfahrt Hannover – Minden	*4 Std.*
2. Ladungsfahrt Minden – Duisburg	*25 Std.*
	29 Std.
Gasölverbrauch in Liter	
29 Std. · 50 l pro Stunde (effektive Fahrzeit · Gasölverbrauch pro Stunde)	*1 450 l*
Fortbewegungskosten	
1 450 l · 0,50 EUR pro Liter (Gasölverbrauch in Liter · Preis für 1 l Gasöl)	*725,00 EUR*
+ 10 % Aufschlag für Schmierstoffe	*72,50 EUR*
Fortbewegungskosten insgesamt	*797,50 EUR*

Angebotskalkulation (Kalkulation der Gesamtkosten)

effektive Fahrzeit	*29 Stunden*
Zeit für Laden, Löschen, Meldetag	
– Ladezeit für 1 000 t	*1,5 Tage*
– Löschzeit für 1 000 t	*1,5 Tage*
– kein Meldetag beim Laden	*–*
– ein Meldetag beim Löschen	*1 Tag*
	4 Tage
Gesamtdauer des Transports	
29 Stunden + 4 Tage = 6,1 Tage	
(effektive Fahrzeit + Zeit für Laden, Löschen, Meldetag = 29 Stunden bei 14 Stunden pro Tag = 2,1 Tage)	
Bereithaltungskosten	
6,1 Tage · 1 190,00 EUR pro Tag (Gesamtdauer des Transports · Tageskostensatz)	*7 259,00 EUR*
Gesamtkosten des Transports	
– Bereithaltungskosten (fixe Kosten)	*7 259,00 EUR*
– Fortbewegungskosten (variable Kosten)	*797,50 EUR*
Gesamtkosten	*8 056,50 EUR*
Kosten des Transports pro Tonne	
8 056,50 EUR : 1 000 t (Gesamtkosten des Transports : Gesamtgewicht der Ladung)	*8,06 EUR/t*

18.10 Stärken und Schwächen der Binnenschifffahrt

Vorteile

Siehe Verkehrsträgervergleich, Seite 13

Binnenschiffsverkehr findet weitgehend auf natürlichen Verkehrswegen statt. Dadurch entstehen ein geringer Flächenverbrauch und ein niedriger Unterhaltungsaufwand zur Pflege der Wasserstraßen. Außerdem ist der Transport auf Flüssen und Kanälen besonders sicher. Im Gegensatz zur Straße und Schiene verfügt die Binnenschifffahrt über große freie Kapazitäten; das bezieht sich sowohl auf das Angebot von Schiffsraum als auch auf die Befahrbarkeit der Wasserstraßen. Ein Stau auf Binnenschiffswegen ist die große Ausnahme. Die natürlichen Wasserwege fügen sich harmonisch in das Landschaftsbild ein und bieten zusätzlich Raum für Freizeit und Erholung. Als Folge der Siedlungsgewohnheiten der Menschen in der Vergangenheit führen Wasserstraßen oft unmittelbar durch die Ballungszentren, sodass günstige Verkehrsanbindungen gegeben sind.

Aufgrund der großen Kapazität eignet sich das Binnenschiff besonders für die Beförderung transportkostenempfindlicher Massengüter. Auch sehr schwere und sperrige Güter sind im Binnenschiff gut aufgehoben. Der geringe Energieverbrauch sowie die niedrigen Emissionen (Lärm, Abgase) schonen die Umwelt. Energiesparende Beförderung bedeutet gleichzeitig niedrige Frachtpreise.

Nachteile

Die geringe Netzdichte der Wasserstraßen macht den gebrochenen Verkehr zur Regel. Ein Haus-Haus-Verkehr ausschließlich mit dem Binnenschiff ist gewöhnlich nicht möglich, weil Absender und Empfänger nur ausnahmsweise an das Binnenwassernetz angeschlossen sind. Daher sind Umladungen notwendig. Folglich gestalten sich Vor- und Nachläufe bei Binnenschiffstransporten oft erheblich aufwendiger als bei den Verkehrsmitteln Lkw und Bahn. Kennzeichnend für die Beförderung von Gütern mit Binnenschiffen ist auch eine gewisse Trägheit der schwimmenden Einheit. Dies führt zwangsläufig zu längeren Transportzeiten im Vergleich zu Lkw und Bahn, selbst wenn ein Binnenschiff Tag und Nacht ohne Pause im sogenannten **Continue-Einsatz** unterwegs ist. Termingebundene Transporte sind mit einem Binnenschiff auch deshalb schwieriger durchzuführen, weil Niedrigwasser, Hochwasser und Eisgang zu Behinderungen des Verkehrsflusses führen können.

Schließlich führen Eigenarten der Wasserstraße, z. B. Tiefgang, Brückendurchfahrtshöhen u. Ä. dazu, dass die Ladekapazität eines Schiffes (maximales Zuladegewicht, Zahl der Container) nicht vollständig ausgenutzt werden kann.

Zusammenfassung	Binnenschifffahrt
Vertrag:	HGB + IVTB (= AGB) + BinSchLV wichtige Regelungen: Ladezeit, Löschzeit, Liegegeld, Ladebereitschaft, Meldetage
Betriebsformen:	Einzelschiffer, Reedereien, Befrachter (ohne eigenen Schiffsraum)
Dokumente:	Ladeschein (Wertpapier) oder Frachtbrief
Schiffstypen:	▪ selbstfahrendes Motorgüterschiff (Kapazität: z. B. Europaschiff 1 350 t)
	▪ Koppelverband (Motorgüterschiff + Leichter)
	▪ Schubverband (Schubboot + Leichter)
Transportketten:	Direktverkehr – gebrochener Verkehr – Containerverkehr – Ro-Ro-Verkehr
Lade- und Löschzeit (BinSchLV):	▪ Beginn: Tag nach dem Meldetag ▪ Lade- und Löschtage: Werktage zwischen 6:00 und 20:00 Uhr ▪ Lade-/Löschzeit: pro 45 t Rohgewicht 1 Stunde
Liegegeld:	Entgelt für die Wartezeit des Frachtführers nach Ablauf von Lade- und Löschzeit ▪ Tragfähigkeit bis 1 500 t: 0,05 EUR/t ▪ Tragfähigkeit über 1 500 t: 75,00 EUR pro angefangene Stunde, zuzüglich 0,02 EUR für jede über 1 500 t liegende Tonne
Pegel:	Messstelle, die den Wasserstand von Flüssen und Kanälen angibt
Preisbildung:	freie Preisbildung
Kostenrechnung:	Bereithaltungskosten (z. B. Personal, Reparaturen, Abschreibungen, Zinsen)
	+ Fortbewegungskosten (z. B. Gasölverbrauch, Schmierstoffe)
	= Gesamtkosten : beförderte Tonnen = Kosten pro Tonne
	oder: Tagessatz/Stundensatz
Haftung national:	HGB (z. B. für Güterschäden 8,33 SZR/kg)
	IVTB: Güterschäden 2 SZR/kg
	Lieferfristüberschreitung: bis zur 3-fachen Fracht
Haftung international:	CMNI (Budapester Übereinkommen = zwingend): siehe Seite 336.

19 Multimodaler Verkehr

19.1 Begriffsbestimmung

Beispiel:

Ein Spediteur erhält den Auftrag, den Transport eines Containers von Düsseldorf nach Nagpur (Indien) zu besorgen.

Beförderungsstrecke	**Beförderungsmittel**
Düsseldorf – Hamburg	*Lkw*
Hamburg – Bombay	*Seeschiff*
Bombay – Nagpur	*Eisenbahn*
Nagpur – Empfänger	*Lkw*

Außerdem wird der Container in Hamburg, Bombay und Nagpur auf Hafen- und Eisenbahnterminals umgeschlagen.
Der vereinbarte Preis für den Gesamttransport beträgt 2300,00 EUR. Über die Beförderungsstrecke stellt der Spediteur ein einheitliches Dokument aus, ein FBL (FIATA Multimodal Transport Bill of Lading), das er mit dem Zusatz „as carrier" unterzeichnet.

FBL, siehe Seite 346

Die in dem Beispiel beschriebene Beförderung weist folgende Merkmale auf:

- Es werden **verschiedenartige Beförderungsmittel** eingesetzt (Lkw, Seeschiff, Eisenbahn).
- Würde man mit den einzelnen Beförderungsmitteln gesonderte Frachtverträge abschließen, unterlägen diese Verträge **unterschiedlichen Rechtsvorschriften** (Lkw: HGB-Frachtrecht und indisches Recht, Seeschiff: Haager Regeln, Eisenbahn: indisches Recht; auch der Umschlag wird nach unterschiedlichen Vertragsordnungen abgewickelt).
- Für die Gesamtstrecke besteht ein **durchgehender**, einheitlicher **Frachtvertrag** (und nicht nur ein Speditionsvertrag). Der Spediteur ist als Frachtführer für die gesamte Abwicklung verantwortlich (wegen Fixkostenspedition und weil er ein FBL ausgestellt hat). Als Organisator hat er die Position des vertraglichen Frachtführers, der für die ausführenden Frachtführer haftet. Er hat sich verpflichtet, die Güter an den Endempfänger auszuliefern.

Zwei technisch und haftungsrechtlich verschiedene Beförderungsmittel

Seerecht, siehe Seite 281

Damit sind die Bedingungen für das Vorliegen eines sogenannten multimodalen Transportes erfüllt.

multi = viel, Modus = Art, Weise

HGB (§§ 452 bis 452d)

Multimodaler Transport:
1. verschiedenartige Beförderungsmittel
2. unterschiedliche Vertragsordnungen
3. durchgehender, einheitlicher Beförderungsvertrag über die Gesamtstrecke

Neben dem Multimodalen Verkehr lassen sich folgende Verkehre unterscheiden:

Siehe auch Seite 162

Gebrochener Verkehr: Nicht nur die Ladeeinheiten (z. B. Container, Wechselbehälter, Sattelanhänger, komplette Lkws) wechseln in der Transportkette von einem Beförderungsmittel zum anderen, sondern auch die Güter selbst, d. h., die Güter werden beim Wechsel umgeladen. Für jeden Transportabschnitt besteht ein eigener Frachtvertrag.

Kombinierter Verkehr: Unter Kombiniertem Verkehr (KV) versteht man die Verbindung von mindestens zwei Verkehrsträgern zu einer Transportkette, wobei die Ware das Transportgefäß nicht wechselt. Der überwiegende Teil der Strecke wird mit der Eisenbahn, dem Binnen- oder dem Seeschiff zurückgelegt, mit einem möglichst kurzen Straßenvor- und -nachlauf.

unimodal = ein Beförderungsmittel oder eine Vertragsordnung

Unimodaler Verkehr: Wird z. B. ein Lkw (einschließlich Ladung) im nationalen Verkehr auf einer Teilstrecke auf einem Eisenbahnwaggon befördert, werden zwar unterschiedliche Beförderungsmittel eingesetzt, die frachtrechtliche Basis ist aber das allgemeine Frachtrecht des HGB. Da keine unterschiedlichen Vertragsordnungen vorliegen, handelt es sich um unimodalen Verkehr.

CMR-Verkehr

CMR-Regelung, siehe Seite 149; CIM, siehe Seite 328

Grenzüberschreitender Kombinierter Verkehr Straße/Schiene ist multimodaler Verkehr, weil

- verschiedenartige Beförderungsmittel eingesetzt werden,
- unterschiedliche Vertragsordnungen (CMR, CIM) wirksam sind und
- ein einheitlicher Frachtvertrag über die Gesamtstrecke abgeschlossen wird.

Trotzdem sind die HGB-Bestimmungen zum multimodalen Verkehr nicht anzuwenden, weil dem Transport eine zwingend anzuwendende internationale Vereinbarung (CMR) zugrunde liegt (§452 HGB).

Auch wenn ein Lkw im grenzüberschreitenden Verkehr einen Teil der Strecke auf einer Seefähre zurücklegt, handelt es sich um multimodalen Verkehr (zwei Beförderungsmittel, für die unterschiedliche Vertragsnormen gelten [CMR, Seefrachtrecht], mit einheitlichem Frachtvertrag). Wiederum ist das allgemeine HGB-Frachtrecht aber nicht anwendbar, weil die Gesamtbeförderung als CMR-Verkehr anzusehen ist und die internationale Regelung (CMR) Vorrang hat.[1]

Haftung nach Seerecht, siehe Seite 301, sowie Luftfrachtrecht, Seite 250
Ferner: internationaler Kombinierter Verkehr, siehe Seite 161

19.2 MTO

Der Organisator eines multimodalen Transportes wird als **MTO** (**M**ultimodal **T**ransport **O**perator) bezeichnet. Ist eine der beiden folgenden Bedingungen erfüllt, erhält ein Spediteur die Rechtsposition eines MTO:

- Er stellt über die gesamte Strecke ein **FBL** aus. Damit haftet er für die Gesamtbeförderung wie ein Frachtführer.
- Er vereinbart mit seinem Auftraggeber einen festen Beförderungspreis. Als **Fixkostenspediteur** hat er die Position eines Frachtführers vom Haus des Versenders bis zum Haus des Empfängers.

FBL, siehe Seite 346

Als MTO hat er auch für beförderungsnahe Leistungsphasen wie Umschlag und Lagerei innerhalb des Gesamttransportes wie ein Frachtführer zu haften.

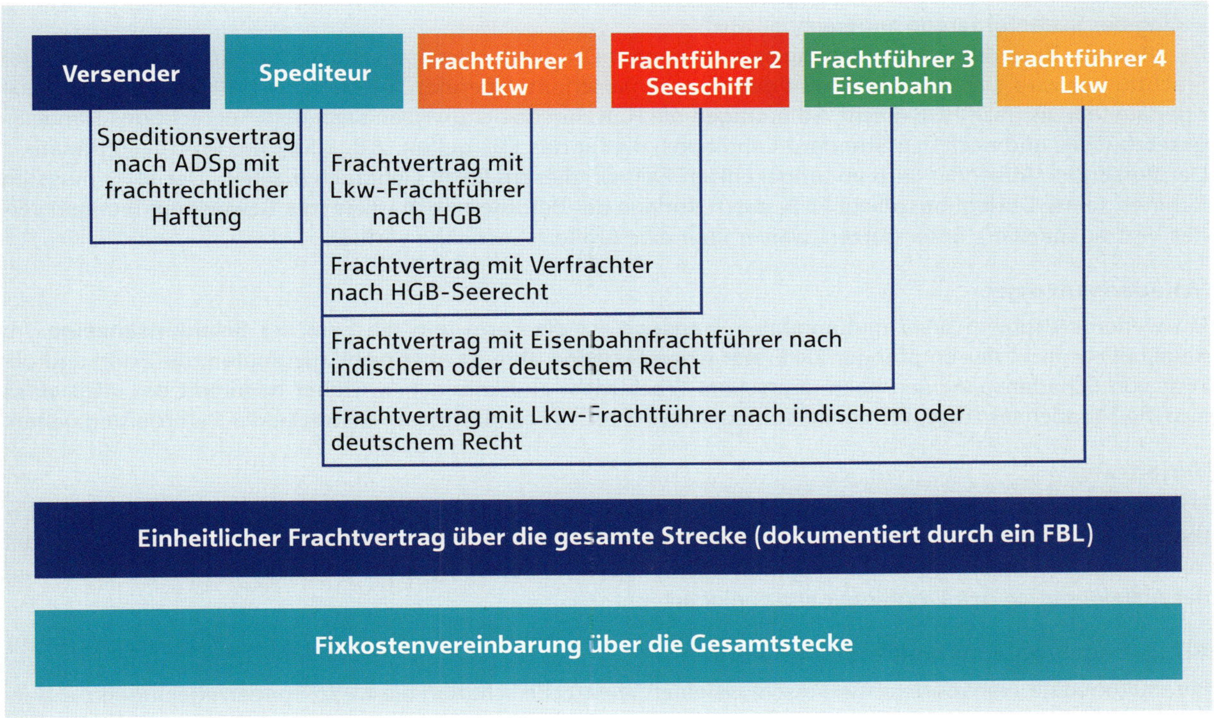

Siehe auch die Ausführungen zu den verschiedenen Verkehrsträgern bei multimodalen Transporten: Luftverkehr, Seite 269; Seeverkehr, Seite 303

19.3 Haftungsproblem beim multimodalen Transport

Auf multimodale Transporte ist das Frachtrecht des Handelsgesetzbuches anzuwenden (§§407 ff. HGB). Der MTO als vertraglicher Frachtführer haftet demnach auch für die Gesamtstrecke nach allgemeinem Frachtrecht.

Das HGB unterscheidet allerdings im Haftungsfall nach unbekanntem und bekanntem Schadensort:

- **Unbekannter Schadensort:** Der MTO haftet nach allgemeinem HGB-Frachtrecht („Einheitshaftung", „Grundhaftung"). In der Praxis ist dies der Normalfall, weil häufig erst am Ende des Transportes, bei der Übergabe der Sendung an den Empfänger, festgestellt wird, dass die Sendung beschädigt ist. Da auch der Verursacher des Schadens fehlt, kann der MTO keinen anderen Frachtführer in Regress nehmen. Er muss den Schaden alleine tragen (der Spediteur ist über seine Haftungsversicherung gegen Haftungsansprüche nach HGB versichert).

---

1 Die CMR gilt zwar auf der gesamten Beförderungsstrecke (einschließlich Seebeförderung); liegt aber ein typischer Seeschaden vor, hat der Frachtführer den Schadenersatz nach Seerecht zu ermitteln. Siehe Artikel 2 CMR.

- **Bekannter Schadensort:** Der MTO haftet nach dem Recht des Schadensortes, d.h., er haftet nach den Beförderungsbedingungen, die auf den Streckenabschnitt anzuwenden sind, auf dem der Schaden entstanden ist (Recht der Teilstrecke). Man spricht hier auch vom **Netzwerkprinzip**, da die Haftung je nach Schadensort und Verursacher anders ausfallen kann.

  „Recht der Teilstrecke" heißt allerdings: Es ist das Frachtrecht „fiktiv" anzuwenden, das infrage käme, wenn der MTO mit seinem Auftraggeber nur für diese Teilstrecke einen Frachtvertrag nach deutschem Recht abgeschlossen hätte.

Beispiel (siehe Transportbeschreibung auf Seite 343)

- *Bei einem Schaden durch den Lkw-Frachtführer 4 würde tatsächlich (effektiv) indisches Recht gelten. Fiktiv ist deutsches Recht anzuwenden; hier allgemeines Frachtrecht nach HGB. Der MTO würde also für den Schaden gegenüber seinem Auftraggeber nach HGB haften.*

> **Netzwerkprinzip:** Haftung nach den Beförderungsbedingungen der Teilstrecke, auf der ein Schaden entstanden ist.

Grundsätzlich lässt sich feststellen: Für den Frachtvertrag im multimodalen Transport gilt zunächst das allgemeine Frachtrecht des Handelsgesetzbuches. Ist der Schadensort bekannt, kann das Recht der Teilstrecke angewendet werden.
Das Recht der Teilstrecke bezieht sich auf die Beförderung des Gutes. Da der **Umschlag** nicht zur Beförderung zählt, kann die Regelung zum bekannten Schadensort hier nicht zum Zuge kommen. Für Umschlagschäden gilt demnach das Recht des Umschlagbetriebes, es sei denn, dass – wie in der Seeschifffahrt – der Hafenumschlag der Seebeförderung zugerechnet wird.

Haftungshöchstgrenzen nach:
- CMR 8,33 SZR
- HGB 8,33 SZR
- HGB-Seerecht 2 SZR

Den **Beweis**, dass der Schaden an einem bestimmten Ort entstanden ist, schuldet der **Anspruchsteller**. Der Frachtführer wird sich auf das „Recht des Streckenabschnitts" berufen, wenn seine Haftung dadurch niedriger ausfällt als nach HGB-Recht. So betragen die Haftungshöchstgrenzen nach dem Seerecht des Handelsgesetzbuches und nach den Standard Conditions, die für das FBL gelten, z. B. 2 SZR pro Bruttokilogramm.
Der Versender/Absender wird im umgekehrten Fall von diesem Recht Gebrauch machen. Der MTO muss im Rahmen seiner Darlegungspflicht (z. B. durch Vorlage der Beförderungspapiere) die Beweisbemühungen seines Vertragspartners unterstützen, weil er über eine größere Sachnähe verfügt.

Schadensanzeige

§ 452b HGB

Ein weiteres Problem beim multimodalen Transport ist die Form und die Frist der **Schadensanzeige**. Im Regelfall entdeckt der Empfänger als Erster einen Schaden. Ihm ist aber nicht zuzumuten, die Form und die Frist von Schadensanzeigen nach deutschem Frachtrecht zu beherrschen. Daher bestimmt das HGB, dass sich die Schadensanzeige nach den Bedingungen richtet, die für die letzte Teilstrecke der Beförderung gelten.

Verjährung

Die **Verjährungsfrist** beträgt bei multimodalen Transporten **mindestens** ein Jahr. Auch wenn sich der ausführende Frachtführer nach seinen Vertragsbedingungen auf eine kürzere Verjährungsfrist berufen kann, gilt mindestens die einjährige Verjährungsfrist nach § 439 HGB. Für den Beginn der Verjährungsfrist ist der Tag der Ablieferung an den Empfänger entscheidend.

ADSp-Regelung zum multimodalen Verkehr

Für multimodale Transporte unter Einschluss einer Seestrecke schaffen die ADSp Sonderregelungen zur Haftung. Die ADSp nutzen die Möglichkeit, in Allgemeinen Geschäftsbedingungen die Haftung für **Güterschäden** innerhalb eines Korridors zwischen 2 und 40 Sonderziehungsrechten festzulegen. Dabei unterscheiden sie im Sinne des Netzwerkprinzips nach bekanntem und unbekanntem Schadensort.

- unbekannter Schadensort

  Der Spediteur haftet durchgehend mit 2 SZR/kg.
- bekannter Schadensort

  Haftung nach Seerecht, siehe Seite 301

  In diesem Fall richtet sich die Haftung nach dem Recht der Teilstrecke (§ 452a HGB). Im Falle eines Schadens während des Seetransportes käme z. B. die Seehaftung zum Zuge (Höchsthaftung 2 SZR/kg oder 666,67 SZR pro Stück). Bei einer Lkw-Beförderung beträgt die Höchsthaftung 8,33 SZR/kg.

Für **Vermögensschäden** haftet der Spediteur mit dem dreifachen Betrag, der bei Verlust zu zahlen wäre. Das heißt z. B.

- mit 3 x 2 SZR/kg = 6 SZR/kg bei unbekanntem Schadensort oder multimodaler Beförderung
- mit 3 x 8,33 SZR/kg = 24,99 SZR bei einer Lkw-Beförderung.

Die Höchsthaftung von 125 000,00 EUR pro Schadensfall ist zu beachten.

Auch wenn der Spediteur ein FBL ausstellt, bedient er sich der Korridorlösung. Mit dem FBL sind Allgemeine Geschäftsbedingungen verbunden, die die Haftung des Spediteurs für Güterschäden auf 2 SZR begrenzen. Durch individuelle Vereinbarungen können die Vertragspartner in beliebiger Weise von den HGB-Bestimmungen abweichen.

FBL, siehe Seite 346
Rechtsebenen des Frachtvertrages, siehe Seite 94

Zusammenfassung	Multimodaler Verkehr
Bedingungen:	■ verschiedenartige Beförderungsmittel ■ unterschiedliche Vertragsordnungen ■ durchgehender, einheitlicher Beförderungsvertrag über die Gesamtstrecke (Fixkostenspedition/FBL)
MTO:	Multimodal Transport Operator: Spediteur, der für die Gesamtstrecke wie ein Frachtführer haftet, weil er Fixkostenspedition betreibt und/oder ein FBL ausgestellt hat.
Haftung:	■ bekannter Schadensort: Recht der Teilstrecke (Netzwerkprinzip) ■ unbekannter Schadensort: HGB-Grundhaftung (8,33 SZR/kg) ADSp (Ziffer 23.1.2, Haftung bei multimodalen Transporten unter Einschluss einer Seebeförderung: ■ bei bekanntem Schadensort: Recht der Teilstrecke ■ bei unbekanntem Schadensort durchgehend mit 2 SZR/kg

20 FIATA-Spediteurversanddokumente

Vorzugsweise im internationalen Güterverkehr benötigen Versender Dokumente, die oft nur der Spediteur ausstellen kann.

Beispiele:

- *Der Verfrachter erstellt ein Konnossement nur für einen kompletten Container und auch nur für die Seestrecke. Der Spediteur fertigt ein Dokument aus, das sich auf eine **Teilsendung** bezieht und die gesamte Transportstrecke (Lkw – Seeschiff – Lkw) abdeckt.*
- *Der Versender wünscht **sofort** bei Übergabe der Güter an den Spediteur ein Dokument. Er will nicht auf das Seekonnossement warten, das erst einige Tage später zur Verfügung steht.*
- *Im **multimodalen Verkehr** stellt der Spediteur ein Dokument für die Gesamtstrecke aus. Mit der Beförderung der Güter auf den einzelnen Teilstrecken beauftragt er verschiedene Frachtführer. Diese wären nur in Ausnahmefällen bereit, Garantien für andere Frachtführer zu übernehmen (vgl. Durchkonnossement oben, Seite 297).*
- *Um dem Empfänger der Ware deren Herkunft zu verschleiern, erhält der Versender ein **neutralisiertes** Spediteurdokument, das er dem Empfänger als Wertpapier zur Einlösung beim Empfang zuschicken kann.*

Die **FIATA** (Internationale Föderation der Spediteurorganisationen) hat für diese Zwecke unterschiedliche Dokumente entwickelt. Die Papiere werden in Deutschland vom Verein Hamburger Spediteure herausgegeben. Wegen der oft weitreichenden haftungsrechtlichen Konsequenzen ist mit den Dokumenten sorgfältig umzugehen.

FIATA-Spediteurversanddokumente = Transportdokumente, die von der FIATA entwickelt worden sind und die es Spediteuren ermöglichen, ihren Auftraggebern frühzeitig Dokumente über die erhaltene Sendung auszustellen.

In der Praxis sind die nachfolgend genannten Papiere gebräuchlich.

20.1 FCR

FCR:
- Sperrpapier
- Haftung nach ADSp

Abbildung, siehe Seite 345

Das **Forwarders Certificate of Receipt (Spediteur-Übernahmebescheinigung**; sprich: risiet) wird vom Spediteur (Forwarder) ausgestellt. Er bescheinigt darin,

- eine genau bezeichnete Sendung in äußerlich guter Beschaffenheit übernommen zu haben und
- sie nur dem genannten Empfänger auszuliefern.

Soll diese Weisung abgeändert oder zurückgenommen werden, hat der Versender das Original-FCR vorzulegen. Gibt der Versender das Original-FCR aus der Hand, kann er keine Weisungen mehr an den Spediteur erteilen. Der Versender ist von der Sendung abgesperrt. Damit hat das FCR die Funktion eines **Sperrpapiers.**
Die ADSp bilden die Vertragsgrundlage für die Ausstellung des FCR. Der Spediteur handelt und haftet demnach wie ein Spediteur und nicht wie ein Frachtführer.

Sperrwirkung des Beförderungspapiers nach HGB und nach CMR, siehe §418 HGB, Seite 101; CMR Artikel 12, siehe Seite 151

Das FCR wird vor allem bei Ab-Werk-Verkäufen eingesetzt, wenn der Verkäufer einen Nachweis über die Erfüllung seiner Lieferverpflichtung gegenüber dem Käufer benötigt.

> **FIATA-FCR** = Empfangsdokument des Spediteurs, in dem er bescheinigt, eine genau beschriebene Sendung mit dem unwiderruflichen Auftrag übernommen zu haben, diese an den im Dokument genannten Empfänger auszuhändigen. Das Dokument hat die Wirkung eines Sperrpapiers.

20.2 FBL

Multimodaler Verkehr, siehe Seite 342

Im **FIATA Multimodal Transport Bill of Lading** verpflichtet sich der Spediteur, die bezeichneten Güter nur gegen Vorlage des Originals an den genannten Empfänger auszuliefern. Es handelt sich daher um ein **Wertpapier.** Aus der Bezeichnung des Papiers geht bereits hervor, dass es für den multimodalen Verkehr eingesetzt werden soll, bei dem der Spediteur die Stellung eines MTO hat, d.h., er hat die Verantwortung für die Gesamtstrecke als **Frachtführer**.

begebbar = handelbar, siehe auch „negozieren“ auf Seite 392

> **FIATA-FBL** = begebbares Warenwertpapier, das von Spediteuren für kombinierte Transporte ausgestellt wird. Der Spediteur hat als Multimodal Transport Operator (MTO) die Rechtsstellung eines Frachtführers.

FBL:
- Wertpapier
- Haftung nach Standard Conditions
- Spediteur = Frachtführer
- Abbildung, siehe Seite 349

Vertragsgrundlage bei ausgestelltem FBL sind die **Standard Conditions** (nicht die ADSp). Die **FBL-Bedingungen** sind Allgemeine Geschäftsbedingungen, die vom internationalen Spediteurverband entwickelt worden sind. Danach haftet der Spediteur bei **Güterschäden** wie folgt:

- Bei **bekanntem Schadensort** richtet sich die Haftung nach der Vorschrift, die für den Streckenabschnitt gilt (auf der Seestrecke sind das 2 SZR/kg oder 666,67 SZR pro Packung oder Einheit gemäß den Haager Regeln bzw. deutschem Seerecht; entsteht der Schaden auf deutschen Straßen, beträgt die Haftung 8,33 SZR/kg nach der HGB-Grundhaftung).
- Bei **unbekanntem Schadensort** ist zu unterscheiden:
  - Schließt der Beförderungsvertrag weder eine Seestrecke noch eine binnenländische Wasserstraße ein, beträgt die Haftung 8,33 SZR/kg.
  - Der MTO haftet mit 2 SZR/kg bzw. 666,67 SZR pro Packung oder Einheit, wenn sich der Vertrag auch auf eine See- oder Binnenwasserstraße bezieht.

Im Falle einer **Lieferfristüberschreitung** haftet der MTO bis zum **Doppelten der Fracht**.

§§ 425, 431, 452–452d HGB

Damit entspricht die Haftung nach Standard Conditions (FBL-Bedingungen) vom Prinzip her dem Teilstreckenrecht (Network-Prinzip) bei multimodalen Transporten, wie es im HGB festgelegt ist (siehe unten).

Siehe auch Seite 346

Besonderheit: Durch eine **Wertangabe** auf dem FBL kann der Vertragspartner des Spediteurs die Haftung erhöhen.

Ausschnitt aus dem FBL

Declaration of Interest of the consignor in timely delivery (Clause 6.2)	Declared Value for ad valorem rate according to the declaration of the consignor (Clauses 7 and 8)

Haftungsversicherung, siehe Seite 60

Der Spediteur, der ein FBL ausstellt, ist verpflichtet, sich für diese Haftungsansprüche zu versichern. Dies geschieht über die Haftungsversicherung des Spediteurs.

Spediteurversanddokument und HGB-Transportrecht/multimodaler Transport

HGB-Haftungskorridor nach § 449: 2–40 SZR

Die FBL-Bedingungen stehen weitgehend im Einklang mit den HGB-Regelungen zur Haftung und zum multimodalen Transport: Der Spediteur, der ein FBL ausstellt, hat die Position eines Frachtführers, haftet also auch wie dieser auf der Gesamtstrecke und für alle am Transport Beteiligten. Die Haftungsbegrenzung der Standard Conditions bewegt sich im Rahmen des zulässigen Haftungskorridors bei vorformulierten Allgemeinen Geschäftsbedingungen.

Folgende Unterschiede zwischen HGB-Frachtrecht und FBL-Bedingungen sind jedoch festzustellen:

Siehe Haftung bei multimodalen Transporten auf Seite 343

- Nach Ziffer 6.2 der FBL-Bedingungen gilt als Haftungsprinzip eine Verschuldenshaftung mit umgekehrter Beweislast, d.h., der MTO muss beweisen, dass ihn am Schaden kein Verschulden trifft. Gelingt ihm dieser Beweis nicht, wird angenommen, dass er der Verursacher des Schadens ist (sogenannte **„vermutete Verschuldenshaftung"**). Nach HGB gilt jedoch eine verschuldensunabhängige **Obhutshaftung**.

  Trotz der unterschiedlichen Haftungsprinzipien ist die praktische Auswirkung aber gering, denn der Spediteur kann sich im Regelfall nur entlasten, wenn der Schadensort bekannt ist. Dann aber gilt ohnehin das Recht der Teilstrecke. Ist auf der Teilstrecke das HGB anzuwenden, gilt auch die Obhutshaftung des HGB.
- Bei **Lieferfristüberschreitung** haftet der Spediteur nach den FBL-Bedingungen bis zum Doppelten der Fracht. Das HGB sieht hier die dreifache Fracht vor. Laut HGB kann die Haftungshöhe bei Lieferfristüberschreitung in Allgemeinen Geschäftsbedingungen nicht verändert werden (AGB-feste Bestimmung). Daher stehen in diesem Punkt die FBL-Bedingungen im Gegensatz zum HGB.
- Durch eine **Wertangabe** im FBL können die Haftungsbegrenzungen der FBL-Bedingungen aufgehoben werden. Das HGB kennt eine solche Möglichkeit nicht. Solange sich die Wertangabe jedoch innerhalb des Haftungskorridors nach § 449 HGB bewegt, verstößt sie nicht gegen das HGB.
- Im Gegensatz zum HGB steht ferner die **Verjährungsfrist** der FBL-Bedingungen. Während das HGB ein Jahr vorschreibt, beträgt die Verjährungsfrist nach FBL nur neun Monate.

Im Einzelfall kann es also zu sich widersprechenden Vertragsgrundlagen kommen. Verpflichtende gesetzliche Bestimmungen (z. B. das HGB) haben jedoch Vorrang vor AGB. Dies besagt auch die sogenannte **Paramount-Klausel** in Ziffer 7 FBL-Bedingungen. Danach gelten die Bestimmungen des FBL nur, soweit nicht zwingendes Recht entgegensteht.

Siehe Vertragsarten im Speditionsgewerbe, Seite 40

Bei bekanntem Schadensort kann der Spediteur den verursachenden Frachtführer in Regress nehmen. Der Spediteur muss jedoch beachten, dass diese Regressansprüche oft nur schwer durchzusetzen sind. So könnte das Konnossement einer Reederei, die nicht deutschem Recht unterworfen ist, z. B. nur den Haftungsmaßstab der Haager Regeln enthalten (Höchsthaftung 639,11 EUR) oder der Verfrachter ist nicht zahlungsfähig und nicht ausreichend gegen Haftungsansprüche versichert. Letztlich muss der Spediteur damit rechnen, Haftungsrisiken nicht weiterreichen zu können. Daher ist eine Versicherung gegenüber Haftungsansprüchen aus den FBL-Bedingungen nicht nur vorgeschrieben, sondern auch unbedingt notwendig.

Im Übrigen entsprechen die Haftungsbestimmungen der Standard Conditions auch der **Ziffer 23.1.2 ADSp**, die besagt, dass der Spediteur im Falle einer Beförderung mit verschiedenartigen Beförderungsmitteln unter Einschluss einer Seebeförderung bei unbekanntem Schadensort für Güterschäden nur bis zu 2 SZR/kg Schadenersatz leistet.

Zusammenfassung	Spediteurversanddokumente
FBL:	▪ Spediteur = Frachtführer ▪ Wertpapier ▪ Rechtsgrundlage: Standard Conditions
FCR:	▪ Spediteur = Spediteur ▪ besonderes Auslieferungsversprechen ▪ Sperrpapier (nachträgliche Verfügung gegen Vorlage des Originals) ▪ Rechtsgrundlage: ADSp

FIATA-FCR

Lieferanten bzw. Auftraggeber des Spediteurs
Suppliers or Forwarders Principals

GISEG
Gesellschaft für Signalanlagen mbH
Marconistraße 46
50769 Köln

DSLV

FIATA FCR

No 23445-07 **DE**

Forwarders Certificate of Receipt
ORIGINAL Ref. No.

Empfänger
Consignee

Versluning Kunigund
Skolavordustig 27
101 Riykjavic
Island

INTERSPED GMBH
Merkurstraße 14
40223 Düsseldorf

Zeichen und Nummern; *Marks and numbers;*	Anzahl / Verpackungsart *Number and kind of packages*	Inhalt *Description of goods*	Bruttogewicht *Gross weight*	Maß *Measurement*
GISEG 1 - 3	**3 pallets**	**Signal boxes** **Freight collect**	**750 KGS**	

laut Angaben des Versenders
according to the declaration of the consignor

Wert für Transportversicherung
Value for transport insurance

Wir bescheinigen hiermit die oben bezeichnete Sendung in äußerlich guter Beschaffenheit übernommen zu haben

We certify having assumed control of the above mentioned consignment in external apparent good order and condition

zur Verfügung des Empfängers ☐
at the disposal of the consignee

mit der unwiderruflichen Weisung*
with irrevocable instructions*

zum Versand an den Empfänger ☐
to be forwarded to the consignee

*** Die Weisung zur Beförderung kann nur gegen Rückgabe der Original-Bescheinigung widerrufen oder abgeändert werden, und nur soweit und solange als der ausstellende Spediteur noch ein Verfügungsrecht über die bezeichnete Sendung besitzt.**
Die Weisung zur Verfügungsstellung an den angegebenen Dritten kann nur gegen Rückgabe der Original-Bescheinigung widerrufen oder abgeändert werden, und nur solange, als die Verfügung, des begünstigten Dritten noch nicht beim ausstellenden Spediteur eingegangen ist.

**** Forwarding instructions can only be cancelled or altered if the original Certificate is surrendered to us, and then only provided we are still in a position to comply with such cancellation or alteration.***
Instructions authorizing disposal by a third party can only be cancelled or altered if the original Certificate of Receipt is surrendered to us, and then only provided we have not yet received instructions under the original authority.

(falls erforderlich, Angaben über den Transportweg und Transportmittel)
Besondere Angaben
Special remarks

Frankatur- und Spesenvorschrift
Instructions as to freight and charges

Wir arbeiten ausschließlich auf Grundlage der Allgemeinen Deutschen Spediteurbedingungen 2017 – ADSp 2017 –. **Hinweis:** Die ADSp 2017 weichen in Ziffer 23 hinsichtlich des Haftungshöchstbetrages für Güterschäden (§ 431 HGB) vom Gesetz ab, indem sie die Haftung bei multimodalen Transporten unter Einschluss einer Seebeförderung und bei unbekanntem Schadenort auf 2 SZR/kg und im Übrigen die Regelhaftung von 8,33 SZR/kg zusätzlich auf 1,25 Millionen Euro je Schadenfall sowie 2,5 Millionen Euro je Schadenereignis, mindestens aber 2 SZR/kg, beschränken.
Der vollständige Wortlaut der ADSp 2017 ist über www.vhsp.de/ADSp_2017_de.pdf abrufbar.

We operate exclusively in accordance with the Allgemeine Deutsche Spediteurbedingungen 2017 – ADSp 2017 – (German Freight Forwarders' General Terms and Conditions 2017). **Note:** In clause 23 the ADSp 2017 deviates from the statutory liability limitation in section 431 German Commercial Code (HGB) by limiting the liability for multimodal transportation with the involvement of sea carriage and an unknown damage location to 2 SDR/kg and, for the rest, the customary liability limitation of 8,33 SDR/kg additionally to Euro 1,25 million per damage claim and EUR 2,5 million per damage event, but not less than 2 SDR/kg. The full text of the ADSp 2017 is available under the following URL: www.vhsp.de/ADSp_2017_en.pdf

FIATA Reg. No. A

Ort und Datum / *Place and date of issue*
Düsseldorf, 15.08.20(0)

Stempel und rechtsgültige Unterschrift
Stamp and authorized signature

INTERSPED GMBH
Merkurstraße 14
40223 Düsseldorf
Baumeister **FOB Rotterdam**

FIATA-FBL

Consignor
DELTA CHEMIE
CORELLISTRASSE 48
40593 DUESSELDORF

DSLV
ORIGINAL

FBL 44987-07 **DE**

NEGOTIABLE FIATA
MULTIMODAL TRANSPORT
BILL OF LADING
issued subject to UNCTAD/ICC Rules for Multimodal Transport Documents (ICC Publication 481).

ICC

Consigned to order of
SILVER CHEMICEL INC.
1151 MILLER HILL
UNIT 14 HAMILTON ONTARIO 7 IV
CANADA

Notify address

INTERSPED GMBH
MERKURSTRASSE 14
40223 DUESSELDORF

	Place of receipt
Ocean vessel **AMBASSADOR**	Port of loading **ROTTERDAM**
Port of discharge **TORONTO**	Place of delivery

Marks and numbers	Number and kind of packages	Description of goods	Gross weight	Measurement
K-19355.77XX **ALWO P.T.I.** **HAMILTON -** **ONTARIO** **VIA TORONTO**	**1 CASE S.T.C.** **2 CANS OF AEROSOLS** **LOADED IN CONTAINER NO. XTRU 490441-0** **FREIGHT PREPAID**		**302 KGS**	

SPECIMEN

according to the declaration of the consignor

Declaration of Interest of the consignor in timely delivery (Clause 6.2.)

Declared value for ad valorem rate according to the declaration of the consignor (Clauses 7 and 8).

The goods and instructions are accepted and dealt with subject to the Standard Conditions printed overleaf.

Taken in charge in apparent good order and condition, unless otherwise noted herein, at the place of receipt for transport and delivery as mentioned above.

One of these Multimodal Transport Bills of Lading must be surrendered duly endorsed in exchange for the goods. In Witness whereof the original Multimodal Transport Bills of Lading all of this tenor and date have been signed in the number stated below, one of which being accomplished the other(s) to be void.

Freight amount	Freight payable at **DUESSELDORF**	Place and date of issue **DUESSELDORF, 10.06.20(0)**
Cargo Insurance through the undersigned ☐ not covered ☐ Covered according to attached Policy	Number of Original FBL's **3/THREE**	Stamp and signature **INTERSPED GMBH** **MERKURSTRASSE 14** **40223 DUESSELDORF AS CARRIER** *Baumeister*
For delivery of goods please apply to: **SCHENKER CANADA LTD.** **304 THE EAST MALL, SUITE 200** **TORONTO, ETOBICOKE (ONT.) M9b** **CANADA**		

I 111.111

Lernfeld 9
Lagerleistungen anbieten und organisieren

21 Lagerlogistik

21.1 Begriffliche Abgrenzung

Siehe die ausführliche Darstellung der Logistik auf Seite 451

Unter Logistik versteht man die Gesamtheit aller Aktivitäten zur Organisation, Planung, Überwachung und Ausführung des Güterflusses von der Beschaffung über die Fertigung und Verteilung bis zum Endabnehmer. Verkürzt kann man sagen:

> Logistik hat die Aufgabe, die bedarfsgerechte Verfügbarkeit von Gütern sicherzustellen.

Um dieser Aufgabe gerecht zu werden, ist ein Güterfluss zu organisieren, der von einem Informations- und Wertfluss begleitet wird.

Güterfluss	Güter müssen vom Ort der Produktion zum Ort des Verbrauchs gebracht werden.
Informationsfluss	Der Güterstrom wird von Informationen über das Gut begleitet; vielfach eilt der Informationsstrom dem Güterstrom sogar voraus.
Wertfluss	Die Leistungen der Beteiligten müssen entgolten werden. So wie Güter- und Informationsströme heute möglichst automatisiert werden sollen, ist man auch bemüht, den Wertfluss zu verstetigen und ihn an den Güterfluss „anzuhängen".

Prozesse zur Überbrückung von Raum (Transport) und Zeit (Lagerung) stehen im Zentrum der logistischen Betrachtung. Läger sind folglich Bestandteile des Güterflusses. An verschiedenen Stellen im logistischen Ablauf werden Güter vor- und zwischengelagert, bis sie ihrer eigentlichen Verwendung, dem nächsten Produktionsschritt oder dem Verbrauch durch den Endabnehmer, zugeführt werden können.

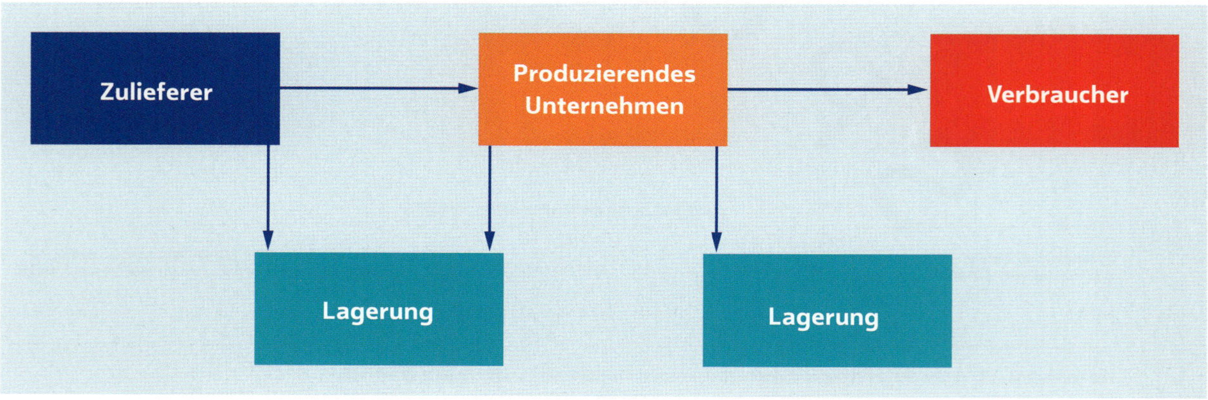

Die Lagerlogistik ist deshalb auch als selbstständiger Teilbereich der Logistik anzusehen.

Vielfach wird nur von Beschaffungs-, Produktions-, Distributions- und Entsorgungslogistik gesprochen, siehe Seite 454

Logistikdienstleister sind Betriebe, die komplexe logistische Aufgaben für Industrie und Handel übernehmen, siehe Seite 452

> **Lagerlogistik** gestaltet den Prozess der Zeitüberbrückung im Güterfluss.
> Das heißt, der Logistikdienstleister hat die eigentliche Lagerung der Güter durchzuführen sowie lagernahe Arbeiten zu erledigen, z. B. Warenannahme und Wareneingangsprüfung, Ein- und Auslagerung, Lagerinventur, verschiedene Aufgaben zur Warenpflege und Warenveränderung. Vor allem aber hat er auf Abruf des Auftraggebers die richtige Ware zur richtigen Zeit am richtigen Ort in einwandfreiem Zustand zu den vereinbarten Kosten zur Verfügung zu stellen.

21.2 Anforderungen an Lagerhaltung

Das Hauptziel wirtschaftlicher Tätigkeit ist es, den Wert vorhandener Güter (z. B. Rohstoffe) durch einen produktiven Prozess zu erhöhen (**Wertschöpfung**). Alle nicht wertschöpfenden Teilprozesse sind daher zu vermeiden oder zu minimieren. Die Lagerung von Gütern trägt in der Regel nicht zur Wertschöpfung bei. Man ist daher bemüht, Lagerungsprozesse innerhalb des logistischen Ablaufs möglichst gering zu halten. Es ist aber kaum möglich, einen stetigen Güterfluss zu organisieren, der nicht durch Lagerung unterbrochen wird. Das Lagern von Gütern ist daher nicht erwünscht, aber unumgänglich.

Just-in-time-Produktion, siehe Seite 452

Wer Lagerleistungen nachfragt, stellt häufig folgende Anforderungen an die Lagerhaltung:

Anforderungen	Beispiele/Konkretisierung
Sachgerechte Lagerung	Schutz vor Beschädigung, Diebstahl, Temperatureinwirkung
Ausreichende Marktabdeckung	ausreichende Bevorratung, um jederzeit Kundenwünsche erfüllen zu können
Kundenfreundliche Lieferzeiten	kurze Lieferzeiten
Kostenoptimierung	möglichst geringer Lagerbestand, Flächenreduzierung, hohe Umschlagshäufigkeit
Minimierung der Umlagerungen	möglichst wenig Warenbewegungen

21.3 Lagerfunktionen

Die Notwendigkeit, Güter zu lagern, lässt sich an den Hauptaufgaben der Lagerhaltung (den Lagerfunktionen) deutlich machen:

Lagerfunktion	Konkretisierung
Ausgleich	Wenn z. B. Rohstoffe nur zeitabhängig produziert werden können (z. B. Rohkaffee zur Erntezeit), muss ein Warenvorrat angelegt werden, um das Endprodukt (Röstkaffee) kontinuierlich produzieren zu können. Auch das mengenmäßige Angebot von Gütern (z. B. Erdöl) unterliegt Veränderungen, sodass Vorräte zum Ausgleich von Angebotsschwankungen angelegt werden müssen.
Sicherung	Sowohl auf der Beschaffungs- als auch auf der Absatzseite müssen vielfach Unwägbarkeiten berücksichtigt werden, die oft nur durch eine Lagerhaltung in den Griff zu bekommen sind. ***Beispiele:*** *Lieferengpässe bei Vorprodukten, Verkehrsprobleme aufgrund von Naturkatastrophen, Fehlbestände in der Lagerhaltung, plötzlicher Boom in der Kundennachfrage.*
Spekulation	Starke Preis- oder Qualitätsschwankungen auf dem Beschaffungsmarkt können zu Einkäufen über den unmittelbaren Bedarf hinaus führen und damit zur Lagerhaltung.
Veredlung	Manche Produkte müssen vor oder nach der Herstellung gelagert werden, damit der gewünschte Qualitätsstandard erreicht wird (z. B. Ablagern von Holz, Nachreifen von Käse oder Wein).
Sortierung/ Sortimentsbildung	Produkte, die aus der Produktion kommen, müssen vielfach im Lager zu verkaufsfähigen Einheiten gebündelt werden. Läger dienen auch dazu, auftragsbezogene Sendungen eines oder verschiedener Hersteller für Endkunden zusammenzufassen, zu kommissionieren (z. B. für die Filialen von Einzelhandelsketten).

21.4 Lagerarten

Läger lassen sich nach unterschiedlichen Gesichtspunkten einteilen, z. B. nach Art der gelagerten Güter (z. B. Rohstoff- und Fertigproduktlager), nach den Marktbeziehungen (Beschaffungs-/Absatzlager) oder nach dem Eigentümer (Eigen-/Fremdlager). Aus Sicht der Spedition ist aber folgende Einteilung sinnvoll:

Siehe Sammelladung, Seite 204

Lagerarten	Beispiele/Konkretisierung
Umschlaglager	Ein Umschlaglager dient der kurzfristigen Lagerung von Gütern. Nach dem Abholen von Gütern beim Versender werden die Produkte auf dem Umschlaglager nur kurz zwischengelagert, gewöhnlich neu zusammengestellt und zu einem Empfangsspediteur oder zum Empfänger weiterbefördert.
Dauerlager	Im Dauerlager stehen die langfristige Lagerung und somit die Zeitüberbrückung im Vordergrund. Die Lagerfunktion „Spekulation" ist vielfach das Hauptmotiv für die Einlagerung der Güter.
Verteillager (Distributions-, Auslieferungslager)	Lager eines Logistikdienstleisters, in dem die Produkte eines Lieferers (oder auch mehrerer Lieferer) gelagert und in dem nach Anweisung des Lieferers Teillieferungen zusammengestellt (kommissioniert) und ausgelagert werden Sonderfall **Konsignationslager**: Lager des Lieferanten, aus dem der Kunde Ware abruft. Der Lieferer bleibt bis zum Abruf Eigentümer der Ware. Das Lager ist gewöhnlich in der Nähe des Kunden oder bei einem Logistikdienstleister eingerichtet.

Die beiden letztgenannten Lagerarten sind **bestandsgeführt**, d. h., die Güter werden physisch eingelagert und verbleiben für eine bestimmte Zeit im Lager. Beim Umschlaglager dagegen handelt es sich um ein **Transitlager**. Dort werden eintreffende Güter nach ihrem Eingang umgeschlagen und sofort wieder ausgelagert. Es handelt sich um eine bestandslose Lagerhaltung.

Siehe auch Transit- und Cross-Docking-Lager Seite 362

→ **Bestandsgeführtes Lager** = Lager, in dem Güter für eine bestimmte Zeit im Lager verbleiben

→ **Bestandsloses Lager** = Lager, in dem Güter nach ihrem Eintreffen sofort umgeschlagen und ausgelagert werden

21.5 Lagerstandort

Der Standort eines Lagers muss sorgfältig überlegt werden, weil es gilt, die Transportwege kurz zu halten und einen störungsfreien Güterfluss sicherzustellen. Die Standortentscheidung hängt stark von den Rahmenbedingungen eines Logistikprojektes ab. Ein Umschlaglager wird sinnvoll im Sammelgebiet eines lokal operierenden Spediteurs angesiedelt; das zentrale Verteilungslager einer Sammelgutkooperation hat in der Mitte eines Landes seinen optimalen Standort.

Grundsätzlich sind aber folgende Bestimmungsfaktoren von Bedeutung:

Externe Bestimmungsfaktoren

Da heute bei Standortentscheidungen nicht mehr nur das eigene Land betrachtet wird, sondern auch europäisch oder gar global gedacht wird, spielen die politischen Rahmenbedingungen eines Landes eine Rolle. Hier geht es um den Umfang staatlicher Auflagen (Bauvorschriften, Umgang mit Gefahrgut, Umweltschutzauflagen usw.), die Energieversorgung, arbeitsrechtliche Vorschriften, aber auch um staatliche Förderung und die Ausstattung mit sozialen Einrichtungen für Mitarbeiter (Schulen, Krankenhäuser, Kultureinrichtungen).

Interne Bestimmungsfaktoren

In diesem Zusammenhang sind Fragen der Verkehrsanbindung, der Arbeitsmarktsituation sowie Ver- und Entsorgungsmöglichkeiten von Bedeutung. Vor allem aber sind das Lagervolumen, die Sendungsstruktur (Gewicht und Zahl der Ein- und Auslagerungen) sowie die zeitliche Verteilung der Lagerbewegungen zu betrachten. Im konkreten Einzelfall ist zu prüfen, ob die vorhandene Lagerfläche des Logistikdienstleisters ausreicht, einen zusätzlichen Lagerauftrag zu übernehmen, oder ob ein Lagerneubau in Erwägung zu ziehen ist. In diesem Zusammenhang ist auch zu prüfen, ob die bisherige Lagerausstattung den Eigenarten des zu lagernden Gutes gerecht wird oder ob spezielle Investitionen notwendig sind (z. B. weil es sich um Gefahrgut handelt).

Grundsätzlich ist die Frage zu klären, ob ein Lager eher in Kunden- oder in Lieferantennähe einzurichten ist.

21.6 Lagerstruktur

Im Rahmen der Lagerstruktur sind vor allem folgende Fragen zu beantworten:

- Welche **Lagerkapazität** (Lagergröße) soll gewählt werden, um aktuelle oder zukünftig zu erwartende Aufträge erfüllen zu können? Zu berücksichtigen ist auch eine mögliche dynamische Entwicklung im Lageraufkommen einzelner Versender.
- Welche **Lagertechnik** ist erforderlich, damit die Anforderungen der Auftraggeber erfüllt werden können?
- In welche **Zonen** ist das Lager aufzuteilen? Hier sind vor allem zu nennen:
  - Wareneingangsbereich
  - Bestandslager
  - Kommissionierbereich
  - Warenausgang

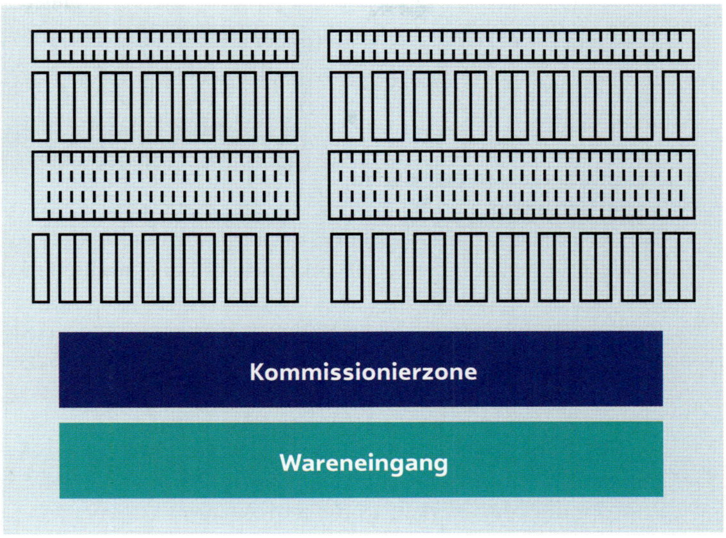

Kommissionieren, siehe Seite 470

Die Lagerarbeiten lassen sich grundsätzlich in drei Teilbereiche aufteilen, die Einlagerung, die Überwachung der gelagerten Bestände und die Auslagerung.

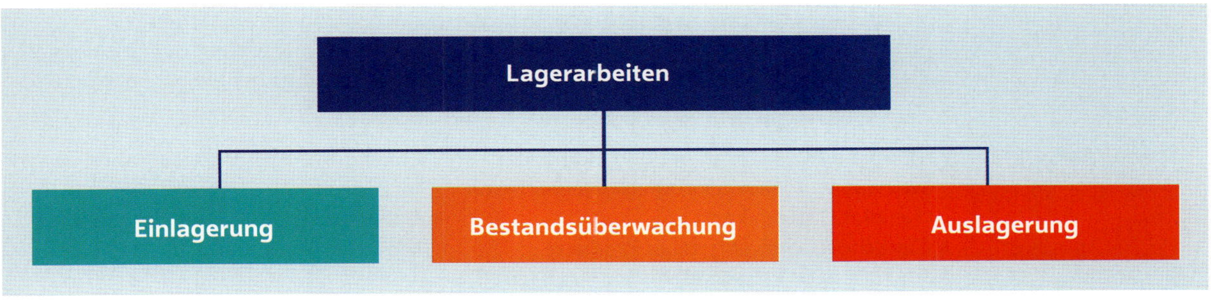

21.6.1 Einlagerung

Bei der Einlagerung sind folgende Tätigkeiten zu unterscheiden:

- **Wareneingang:** Die eintreffende Ware wird zunächst anhand der Frachtpapiere hinsichtlich Art, Menge und äußerer Unversehrtheit überprüft. Anschließend werden die Güter gewöhnlich anhand von Lieferscheinen im Lagerverwaltungsprogramm des Spediteurs erfasst und als Warenzugang gebucht. Da das EDV-System des Spediteurs häufig mit der Datenverarbeitung des Auftraggebers verbunden ist, kann durch eine Rückmeldung der Zugangsbuchungen sofort ein Abgleich mit den Ausgangsdaten des Versenders vorgenommen werden. Inventurdifferenzen werden auf diese Weise in einem sehr frühen Stadium vermieden.
- **Identifizierung:** Je nach Vereinbarung mit dem Lieferer werden die Güter in dieser Phase auch nach bestimmten Kriterien identifiziert, um einen Lagerplatz bestimmen zu können.

ABC-Analyse, siehe Seite 355

Wäre ein Lager z. B. nach A-, B- und C-Gütern gegliedert, müsste an dieser Stelle die Zuordnung zu einer dieser Produktgruppen geschehen.

- **Positionierung:** In einem weiteren Schritt werden die Güter einem Lagerplatz zugewiesen. Die Lagerplätze werden heute durch ein EDV-Programm verwaltet, das jeden Lagerplatz mit einer eindeutig identifizierbaren Nummer belegt.
  Je nach Lagerstruktur werden bei der Zuweisung auf Lagerplätze zwei Verfahren unterschieden:

  1. **Festplatzsystem (statische Lagerhaltung)**
     Bei diesem Verfahren wird jedem Lagergut ein fester Platz zugewiesen, z. B. wird eine bestimmte Getränkesorte in Halle 40, Reihe 5, Platz 034, Ebene 2 untergebracht. Der konkrete Wareneingang von z. B. 40 Paletten ist nun in diesem Lagerbereich auf freie Plätze zu verteilen. Das Festplatzsystem wird auch als geordnete Lagerhaltung bezeichnet.

  2. **Freiplatzsystem (dynamische Lagerhaltung)**
     Es gibt keine festen Lagerplätze für bestimmte Güter. Eingehende Ware wird auf irgendeinem freien Lagerplatz untergebracht. Das computergesteuerte Lagerverwaltungsprogramm übernimmt die Zuordnung. Man spricht in diesem Zusammenhang von **„chaotischer Lagerhaltung“**, weil die Güter nicht nach einer bestimmten Systematik im Lager verteilt werden.

Positionierung	Vorteile	Nachteile
Festplatzsystem	▪ Es ist gut überschaubar, weil das Lager in Zonen für bestimmte Produkte eingeteilt ist. ▪ Artikel sind leicht zu finden. ▪ Es ist keine EDV-Einrichtung erforderlich.	▪ Leere, halbvolle oder überfüllte Lagerflächen können entstehen. ▪ Das Lager muss nach dem maximalen Flächenbedarf der einzelnen Produkte dimensioniert werden.
Freiplatzsystem	▪ Optimale Ausnutzung der Lagerkapazität, weil das Verwaltungsprogramm jeden freien Stellplatz nutzen kann ▪ Einfache Einordnung neuer Produkte ▪ Im Falle von Großschäden (wenn z. B. ein Teil der Lagerhalle in Brand gerät) verteilt sich der Schaden auf die verschiedenen Güterarten, sodass die Lieferfähigkeit im Prinzip erhalten bleibt. ▪ Das Lager kann kleiner dimensioniert werden als im Festplatzsystem.	▪ Ein Lagerverwaltungsprogramm ist erforderlich. ▪ Die Warenanordnung ist unübersichtlich (chaotisch).

Lagermittel: Einrichtungen zur Aufnahme des Lagergutes, z. B. Regale

- **Technische Einlagerung:** Nachdem der Wareneingang erfasst, identifiziert und einem Lagerplatz zugeordnet worden ist, können die Güter aus dem Wareneingang an ihren vorbestimmten Platz gebracht werden. Dem Lagerpersonal stehen für die Bewegung der Güter **Fördermittel** (z. B. Gabelstapler) bereit. Bei der Unterbringung der Güter im Lager stehen verschiedene **Lagermittel** zur Verfügung. Aus der Fülle der Möglichkeiten sollen im Folgenden zwei zentrale Verfahren vorgestellt werden.

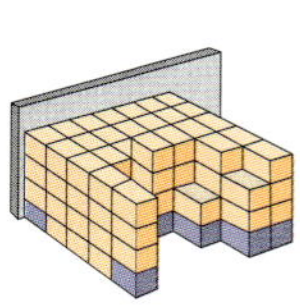

Bodenblocklagerung

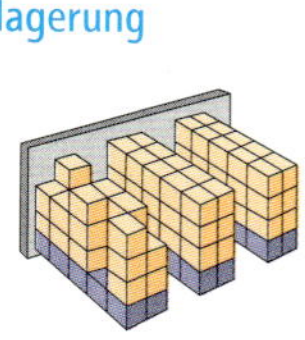

Bodenzeilenlagerung

  1. **Bodenlagerung**
     Es ist die einfachste Form der Lagerung, weil die Güter auf dem Lagerboden abgelegt werden. Sinnvoll ist diese Art der Lagerung vor allem, wenn große Mengen pro Artikel vorliegen. Häufig wird die Form der Blocklagerung gewählt, bei der einzelne Produktgruppen zu Blöcken zusammengefasst werden (**Boden-Blocklagerung**).
     Teilt man die Blöcke in einzelne Zeilen auf, stehen auch die obersten Ladeeinheiten der Stapel in den Gängen zur Verfügung (**Boden-Zeilenlagerung**, siehe Abbildung rechts). Dies ist vor allem bei kleineren Mengen pro Artikel angebracht.

Boden-Zeilenlagerung

2. **Regallagerung**
Für empfindliche oder nicht stapelbare Güter oder für den Fall, dass man den Lagerraum in der Höhe besser ausnutzen will, ist die Regallagerung angebracht. In der Abbildung rechts sieht man auf der linken Seite eine Boden-Blocklagerung und auf der rechten Seite eine Regallagerung.
Bei der Regallagerung hat man auf jede Ladeeinheit Zugriff. Die Ein- und Auslagerung geschieht in der Regel mit Gabelstaplern.
In **Hochregallägern** werden die Güter mit speziellen Bedienfahrzeugen oder mit Hochregalstaplern ein- und ausgelagert. Als Vorteile des Hochregallagers sind vor allem zu nennen:
- optimale Ausnutzung der Lagergrundfläche
- hoher Automatisierungsgrad
- geringe Personalkosten

Boden-Blocklagerung/Regallagerung

Boden-Blocklagerung

Hochregallager

Einlagerung mittels ABC-Analyse

Die ABC-Analyse ist ein Verfahren, um Produkte **nach ihrer Bedeutsamkeit** für ein Unternehmen einzuteilen, z. B. wenn in einem Verteillager die Güter nach den Anweisungen des Auftraggebers für die verschiedenen Empfänger zusammenzustellen (zu kommissionieren, siehe Seite 470) sind.
In diesem Fall ist es sinnvoll, die Waren im Lager nach ihrer Bedeutsamkeit für den Prozess des Kommissionierens zu positionieren. Die Güter können nach ihrer Umschlaghäufigkeit in A-, B- und C-Güter eingeteilt werden. A-Produkte gehören dann in die Nähe der Kommissionierzone, B-Produkte in den sich anschließenden Bereich, C-Produkte können in den Randbereichen des Lagers untergebracht werden.

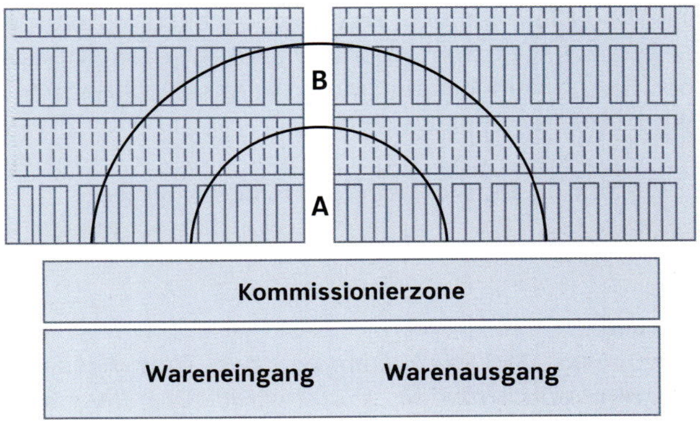

ABC-Analyse nach Güterwert, siehe Seite 461

Kommissionierzone = Fläche im Lager, in der die Kommissionierung vor- und nachbereitet wird

Formel zur Umschlaghäufigkeit, siehe Seite 372

> **ABC-Analyse:** Verfahren zur Klassifizierung von Warenbeständen als Instrument der Lagerplanung. Güter können nach der Umschlagshäufigkeit oder nach dem Wert eingeteilt werden.

21.6.2 Bestandsüberwachung

Der optimale Lagerbestand

Ein großer Warenbestand gewährleistet eine hohe **Lieferbereitschaft**. Den Empfängern (z. B. dem Handel) wird dadurch eine kontinuierliche Belieferung geboten, sodass bei ihnen keine Fehlmengen auftreten. Allerdings verursacht die Lagerung von Waren auch **Kosten**. Der Logistikdienstleister in Kooperation mit seinem Auftraggeber steht vor der Aufgabe, Waren in einer Menge vorrätig zu halten, die einerseits die Endabnehmer zufriedenstellt, auf der anderen Seite aber erträgliche Kosten verursacht. Gelingt dies, spricht man vom optimalen Lagerbestand.

Optimaler Lagerbestand = Lagerbestand, bei dem die Lieferbereitschaft sichergestellt ist und gleichzeitig die Lagerkosten möglichst niedrig sind.

Lieferbereitschaftsgrad, siehe auch Seite 475

Der **Lieferbereitschaftsgrad** bringt zum Ausdruck, inwieweit Kundenanforderungen jeweils erfüllt werden konnten. Erstrebenswert ist ein Wert von 100 %, der aber eventuell mit einem hohen Lagerbestand „erkauft" werden muss. Die ausgeprägte Kundenorientierung, die heute in der Wirtschaft vorherrscht, zwingt Hersteller aber häufig dazu, den Lieferbereitschaftsgrad ohne Rücksicht auf die Kosten der Lagerung zu maximieren.

Kontrolle des Lagerbestandes

Damit die Warenvorräte nicht zu groß werden, Engpässe aber rechtzeitig erkannt und beseitigt werden, muss der Logistikdienstleister stets einen genauen Überblick über die unterschiedlichen Bestände gewährleisten.

Bestandskontrolle mithilfe des Lagerverwaltungsprogramms

Ein Lagerverwaltungsprogramm bietet zahlreiche Möglichkeiten, sich über den Bestand an gelagerten Gütern zu informieren. Da die Produkte im Wareneingang und im Warenausgang exakt erfasst werden, ist es jederzeit möglich, den (Soll-)**Warenbestand** abzurufen. Dies geschieht über Abfragen und Berichte, die ein Programm dem Anwender zur Verfügung stellt. Im Programm können außerdem weitere Zahlen in Form betriebswirtschaftlicher Entscheidungen hinterlegt werden, die z. B. auf drohende Minderbestände frühzeitig aufmerksam machen. Zusammen mit den aktuellen Bestandszahlen lassen sich auf diese Weise z. B. Anforderungsentscheidungen vereinfachen.

Regelbestand

In der Projektbeschreibung und den vertraglichen Vereinbarungen zwischen Logistikdienstleister und Auftraggeber werden bestimmte Lagerbewegungen pro Zeiteinheit vereinbart, z. B. 10000 Paletten pro Jahr. Außerdem besteht eine Absatzplanung des Auftraggebers, die einen gewissen Regelbestand pro Warenart erfordert, damit die Versorgung der Endkunden sichergestellt ist. Der Regelbestand ist demnach erforderlich, um das operative Geschäft reibungslos abzuwickeln.

Mindestbestand

Mindestbestand = Warenbestand, der immer im Lager vorhanden sein sollte

Vielfach wird auch ein Mindestbestand pro Güterart festgelegt, der im Lager nicht unterschritten werden darf und der für Notfälle vorgesehen ist. Letztlich ist der Mindestbestand aber auch die Reserve für nicht vorhergesehene Kundennachfragen oder für den Fall von Verzögerungen bei der Nachbestellung.

Meldebestand

Meldebestand = Warenbestand, der eine Warenanforderung auslöst

Der Hersteller darf nicht erst dann nachliefern, wenn der Mindestbestand erreicht ist, weil im Regelfall eine Lieferzeit zu beachten ist. Daher wird für jeden Artikel eine Stückzahl bestimmt, die den Bestellvorgang auslöst. Dieser Meldebestand muss die Absatzzahlen pro Tag mit der Lieferzeit (in Tagen) multiplizieren und den Mindestbestand hinzurechnen.

Formel für die Berechnung des Meldebestandes:

Meldebestand = (Tagesabsatz · Lieferzeit) + Mindestbestand

Beispiel:
Tagesabsatz 150 Stück, Lieferzeit zwei Tage, Mindestbestand 300 Stück:
Meldebestand Artikel Nr. 15334 = (150 · 2) + 300 = 600 Stück

Höchstbestand

Höchstbestand = Stückzahl eines Artikels, die nicht überschritten werden darf

Während auf der einen Seite durch den Mindestbestand die Lieferbereitschaft zu jeder Zeit gesichert werden soll, wird andererseits für jeden Artikel ein Höchstbestand festgelegt, der nicht überschritten werden darf. Dadurch sollen die Kosten, die mit der Lagerung von Gütern verbunden sind, begrenzt werden. Die Differenz zwischen Höchstbestand und Mindestbestand ergibt die maximale Bestellmenge.

Zusammenhang von Mindest-, Melde- und Höchstbestand

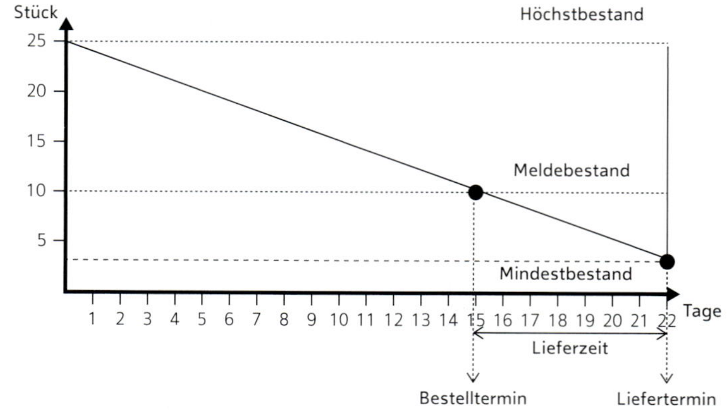

Beispiel:
*Nachdem eine Nachlieferung eingetroffen ist, beträgt der Bestand 25 Stück (**Höchstbestand**). Der Artikel wird laufend ausgeliefert; durchschnittlich ein Exemplar pro Tag. Sobald der **Meldebestand** (zehn Stück) erreicht ist, wird eine Nachbestellung veranlasst (in diesem Fall 22 Stück = maximale Bestellmenge). Es dauert*

Optimale Bestellmenge, siehe Seite 462

sieben Tage, bis die Lieferung im Lager eintrifft. Der Warenvorrat ist in dieser Zeit bis auf den ***Mindestbestand*** *gesunken (drei Stück). Durch die Neulieferung steigt der Warenbestand wieder auf 25 Stück.*

Inventur

Ein wichtiges Hilfsmittel zur Lagerkontrolle sind regelmäßige Inventuren. In einer Inventur wird der Warenbestand durch Zählen, Messen oder Wiegen nach Art und Menge erfasst. Da jeder Gegenstand in Augenschein genommen wird, spricht man auch von körperlicher Inventur.

Über das Lagerverwaltungsprogramm werden alle ein- und ausgehenden Warenbewegungen erfasst. Das Programm kann daher jederzeit Auskunft über den Warenbestand geben, der im Lager sein **soll**. Warenverluste durch Verderb, Ausschuss, Diebstahl, Fehlbuchungen u. Ä. bleiben dabei aber unberücksichtigt. Erst in der Inventur wird der **Ist**-Bestand an Waren festgestellt. Über einen Vergleich der Soll- und Ist-Werte erhält man einen Überblick über die Höhe der **Inventurdifferenzen**.

Der Logistikdienstleister vereinbart gewöhnlich mit seinem Auftraggeber die Anzahl der Inventuren, z. B. monatlich, vierteljährlich oder jährlich.

21.6.3 Auslagerung

Versandanweisungen des Auftraggebers veranlassen den Lagerhalter, Güter nach den Angaben des Auftraggebers zu ausgehenden Sendungen zusammenzustellen. Drei Schritte sind zu unterscheiden:

- **Auftragsvorbereitung:** In der Lagerverwaltung ist zunächst zu prüfen, ob die gewünschten Produkte in ausreichender Menge vorhanden sind. Diese Arbeit erledigt heute das Lagerverwaltungsprogramm. Es legt gleichzeitig fest, in welcher Reihenfolge die Güter an den Stellplätzen zu entnehmen sind. Es optimiert dabei den zurückzulegenden Weg und beachtet auch das FIFO-Prinzip (first in – first out). Es besagt, dass die Ware zuerst auszulagern ist, die zuerst eingelagert worden ist. Auf diese Weise wird immer die älteste Ware verarbeitet. Das Ergebnis der Vorbereitungsprozesse ist eine Kommissionierliste als Arbeitsgrundlage für den Kommissionierer.
- **Kommissionierung:** Beim Kommissionieren wird aufgrund eines Auftrages aus den eingelagerten Gütern eine Teilmenge für einen bestimmten Empfänger zusammengestellt.

Ausführlich siehe Seite 470

- **Warenausgang:** Die kommissionierte Sendung wird zum Versandplatz bewegt und bis zur Verladung in das Beförderungsmittel (z. B. Lkw) zwischengelagert oder auch sofort verladen.

Verbrauchsfolgeverfahren

Die Reihenfolge, in der Güter (Handelswaren, Roh-, Hilfs- und Betriebsstoffe, Fertigprodukte) im Lager ein- und ausgelagert werden, bezeichnet man als Verbrauchsfolgeverfahren. Im Wesentlichen werden zwei Verfahren verwendet:

1. **FIFO**-Verfahren (**f**irst **i**n – **f**irst **o**ut): Die zuerst eingelagerten Produkte werden auch als Erste entnommen.
2. **LIFO**-Verfahren (**l**ast **in** – **f**irst **o**ut): Die zuletzt eingelagerten Güter werden zuerst wieder ausgelagert.

Leicht verderbliche Güter müssen zwangsläufig nach dem FIFO-Verfahren bewirtschaftet werden.

21.6.4 Fördermittel

Werden Güter mithilfe von Fahrzeugen bewegt, liegt ein **Gütertransport** vor. Findet die Güterbewegung auf einem räumlich begrenzten Gebiet statt (z. B. auf einem Lager), spricht man von **Fördern**. Diese Güterbewegung wird mit unterschiedlichen technischen Mitteln (Fördermittel) bewirkt.

Siehe Unterscheidung von Beförderung und Umschlag, Seite 18

Fördermittel: Arbeitsmittel zum Bewegen von Gütern über kurze Entfernungen

Grundlegend werden Fördermittel in Stetigförderer und Unstetigförderer unterschieden.

Stetigförderer: Fördermittel, das einen kontinuierlichen Fördergutstrom auf vorgegebener Strecke erzeugt und vorzugsweise größere Gütermengen bewegt. Es wird während des Betriebs be- und entladen.

Beispiele:

- *Förderbänder*
- *Unterflur-Schleppkettenförderer*
- *Rollenbahnen*

Unstetigförderer erzeugen hingegen einen unterbrochenen Transportstrom. Sie werden bei Bedarf flexibel eingesetzt und sind nicht ortsgebunden. Last- und Leerfahrten sowie Stillstandszeiten wechseln einander ab. Be- und entladen werden sie im Stillstand.

> **Unstetigförderer**: Fördermittel, das einen unterbrochenen Fördergutstrom ortsungebunden erzeugt und nur bei Bedarf eingesetzt wird. Es wird im Stillstand be- und entladen.

Beispiele:

- *Gabelstapler*
- *Gabelhubwagen*
- *Schlepper*

Aus der Vielzahl der Unstetigförderer soll hier nur eine Auswahl von **Flurfördermitteln** näher beschrieben werden, weil diese in der Lagerlogistik am weitesten verbreitet sind.

> **Flurfördermittel** = Transportmittel, die zumeist innerbetrieblich zu ebener Erde eingesetzt werden und die häufig mit Einrichtungen zum Heben und Stapeln von Lasten ausgestattet sind.

- **Gabelhubwagen:** Es handelt sich um ein Flurfördermittel, mit dem man Paletten unterfahren und über eine kurze Entfernung transportieren kann. Man unterscheidet Hand- und Elektro-Gabelhubwagen. Die Elektroversion wird durch Batterien elektrisch angetrieben; damit ist die Belastung für das Lagerpersonal erheblich geringer als beim Hand-Gabelhubwagen.

Hand-Gabelhubwagen

Elektro-Gabelhubwagen

- **Gabelstapler:** Ein Gabelstapler ist ebenfalls ein Flurfördergerät, mit dem insbesondere Paletten bewegt werden. Wesentliches Element des Gabelstaplers ist seine Hubeinheit, welche aus einem Hubmast und einem Gabelträger besteht. Der Gabelträger trägt zwei in ihrem Abstand verstellbare stählerne Zinken, die meistens von einer Hydraulik vertikal und in Sonderfällen auch horizontal bewegt werden können. Folgende Versionen sind zu unterscheiden:
  - **Frontstapler:** Gabelstapler, bei dem der Fahrersitz in Fahrtrichtung angeordnet ist. Der Fahrer kann daher die Ladung ständig beobachten.
    Nachteilig wirken sich der große Wendekreis und die geringe Standfestigkeit aus. Das Fördermittel ist daher in schmalen Gängen und für große Lasten nicht einsetzbar.
  - **Schubmaststapler:** Kennzeichen dieses Flurfördermittels ist die Verschiebung des Lastteils in die Staplermitte. Das Gerät wird dadurch stabiler und kann größere Lasten tragen. Außerdem hat es eine deutlich größere Arbeitshöhe (bis zu 3 m) und einen geringeren Rangierbedarf.
  - **Hochregalstapler:** Sie sind speziell darauf ausgelegt, sich in den schmalen Gängen von Hochregallägern zu bewegen. Die maximale Hubhöhe beträgt bis zu 13 m. Die Gabeln sind seitlich verfahrbar, sodass das Fördergerät die Paletten aus der Längsposition innerhalb der Regalgänge entnehmen kann.
    Die Handhabung des Gerätes wird außerdem durch eine programmierbare Höhenvorwahl verbessert.

Frontstapler

Schubmaststapler

Hochregalstapler

Lademittel
Sie bündeln einzelne Packstücke zu Ladeeinheiten. Ihre wichtigsten Aufgaben sind folgende:

- Schutz des Ladegutes
- Erleichterung bei der Güterbewegung
- Verbesserung der Lagerfähigkeit
- Erleichterung der Identifikation des Gutes

Zu den wichtigsten Lademitteln zählen:

- Paletten (Flach-/Gitterboxpaletten)
- Kästen, Fässer, Kanister, Kartons, Dosen, Flaschen
- Säcke, Beutel
- Container, Wechselbehälter

Lademittel: Mittel zur Zusammenfassung von Packstücken und zur Bildung von Ladeeinheiten

Siehe Ziffer 1.7 ADSp **Packstück** (auch Versandeinheit): Versand- und lagerfähige Packung, siehe Ziffer 1.10 ADSp und Seite 525

Für die Lagerlogistik ist insbesondere die Frage von Bedeutung, in welcher Form die Güter auf Paletten angeliefert werden. Man unterscheidet drei Arten:

- **Artikelreine** Paletten: Auf diesen Paletten befindet sich nur eine Güter-/Artikelart.
- **Gemischte** Paletten: Mindestens zwei Güterarten sind auf diesen Paletten untergebracht. Die Artikel müssen daher für die Einlagerung bereinigt werden. Dies bedeutet erhöhten Aufwand.
- **Sandwich**-Paletten: Es befinden sich zwar mehrere Güter auf einer Palette, die Güterarten sind aber durch eine Palette voneinander getrennt. Die einzelnen „Lagen" lassen sich daher mit einem Stapler relativ leicht trennen.

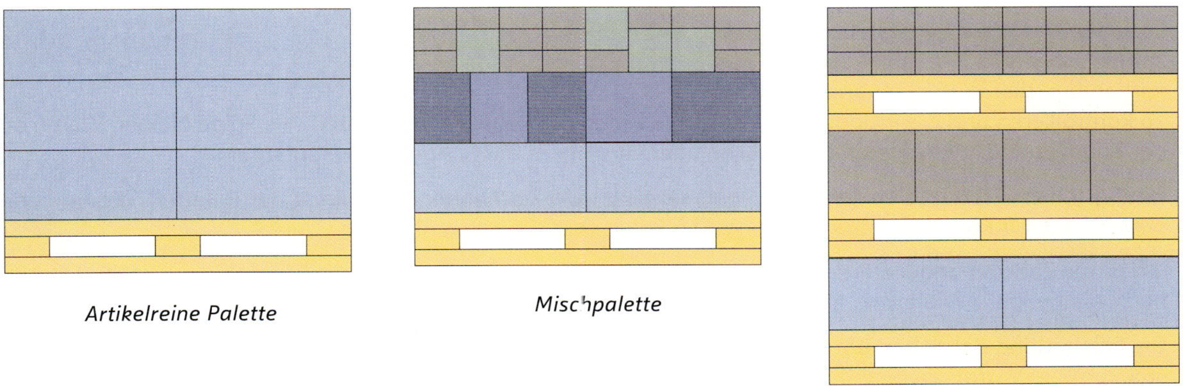

Artikelreine Palette — *Mischpalette* — *Sandwich-Palette*

21.7 Mehrwertdienste (Value-added Services)

Lagerlogistik umfasst heute weit mehr als nur die eigentliche Lagerung von Gütern. Speditionsgeführte Läger sind gerade deshalb für Industrie und Handel so interessant, weil Spediteure neben den traditionellen Lageraufgaben ihren Auftraggebern weiterführende Dienstleistungen anbieten. Logistische Zusatzleistungen (Mehrwertleistungen) weisen i. d. R. folgendes Merkmal auf: Sie führen häufig zu einer **Veränderung an der Ware**. Der Begriff „Zusatzleistung" weist darauf hin, dass es sich **nicht** um typische Spediteurtätigkeiten handelt. Welche Art von Mehrwertdiensten übernommen wird, hängt von der Vereinbarung zwischen Spediteur (Logistikdienstleister) und Auftraggeber ab. Verbreitet sind aber folgende Mehrwertdienste:

- Bestandsführung für den Auftraggeber, einschließlich Inventuren
- Preisauszeichnung
- Etikettierung, Verpackung, Vorbereitung für den Verkauf (z. B. für Einzelhandelsgeschäfte)
- Bearbeitung von Aufträgen, die direkt vom Endabnehmer kommen (manchmal einschließlich Rechnungslegung, Inkasso und Debitorenbuchhaltung)
- Reparaturservice
- Montageleistungen und Reparaturservice beim Endkunden

Siehe auch Logistik-AGB, Seite 465

Mehrwertdienste (Value-added Services): Nicht zum Kerngeschäft einer Spedition gehörende Dienstleitungen, die einen Mehrwert für den Kunden erbringen. Mehrwertdienste führen häufig zu einer Veränderung an der Ware; das macht sie als speditionelle Leistung untypisch.

21.8 Zentrallager im Handel

Logistikdienstleister werden auch in komplexe logistische Prozesse von Handelsunternehmen eingebunden, die die Versorgung ihrer Filialen mit Waren im Prinzip selbst organisieren, sich dabei aber der Mithilfe von Speditionen bedienen, nicht nur beim Transport der Waren, sondern auch bei der Lagerung. Zentralläger können also in der Regie des Handels geführt werden oder man nutzt die Läger von Logistikdienstleistern.

Der Handel steht vor der widersprüchlichen Aufgabe, die **ständige Verfügbarkeit** aller Waren des Sortiments sicherzustellen, gleichzeitig aber den **Warenbestand** möglichst **gering** zu **halten**, weil in der Ware Kapital gebunden ist, für das letztlich Zinsen bezahlt werden müssen. Besonders schwierig stellt sich die Situation für große Filialketten dar, die eine Vielzahl von Filialen durch eine sehr große Zahl von Lieferanten zu versorgen haben. Eine SB-Warenhauskette hat z. B. 1700 Filialen (Märkte) und 4000 Lieferanten.

Werden die Filialen von den Lieferanten direkt beliefert, entstehen dann regelmäßig für die **Filialen** folgende Probleme:

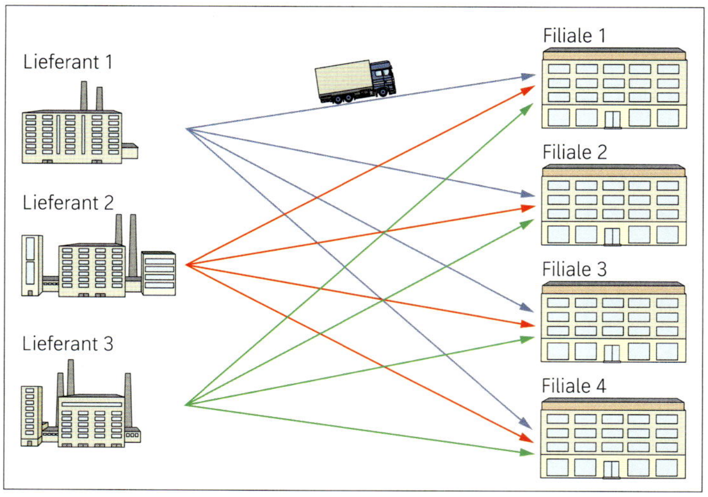

- Täglich treffen viele Lkws bei den Filialen ein, die entladen werden müssen. Das führt zwangsläufig zu Staus an den Laderampen mit entsprechenden Wartezeiten für die Lkw.
- Wartende Transportfahrzeuge blockieren Kundenparkplätze, verstopfen Zufahrtsstraßen und erzeugen einen hohen Schadstoffausstoß.
- Die Filiale muss ständig Personal für das Entladen der Ware bereitstellen. In Stoßzeiten ist dann oft nicht genug Zeit vorhanden, den Wareneingang sorgfältig zu kontrollieren und die Produkte im Verkaufsraum in die Regale einzuräumen. Als Folge bleiben Waren auf der Rampe stehen, blockieren Lagerfläche oder verstopfen die Gänge im Verkaufsraum.
- Häufig fehlen Produkte im Verkaufsregal, sie sind aber vorhanden, allerdings auf Paletten, die im Lager stehen und mit Folie eingeschweißt sind. Die Folge sind Umsatzverluste.
- Oft ist die Zahl der angelieferten Paletten äußerst gering, der Personalaufwand für die Filiale ist aber ähnlich hoch wie bei der Anlieferung eines kompletten Lkw.
- Die Filialen sind daher bemüht, die Zahl der Anlieferungen (die Frequenz) zu reduzieren, müssen dafür aber eine größere Vorratshaltung in Kauf nehmen. Dies wiederum führt zu einer hohen Kapitalbindung durch die eingelagerten Waren.

Auch für die **Lieferanten** ist die Situation häufig ungünstig:

- Wartezeiten an der Rampe kosten Geld (Standzeiten für Fahrpersonal und Fahrzeug).
- Die Bestellmenge einer Filiale ist oft gering. In der Folge sind die Lkws nur wenig ausgelastet, wenn es nicht gelingt, mit einer Tour mehrere Empfänger zu versorgen. Durch die schlechte Lkw-Auslastung entstehen ebenfalls Kosten.
- Der Schadstoffausstoß eines Lkw (z.B. die CO_2-Belastung), der nur mit einer Palette beladen ist, ist fast ebenso hoch wie der eines voll beladenen Lkw mit 34 Paletten. Die geringe Auslastung von Lkw und die damit verbundenen erhöhten Schadstoffbelastungen werden heute öffentlich kritisiert. Hersteller sind daher bemüht, sich als umweltfreundliches Unternehmen darzustellen.

Als Antwort auf die zahlreichen Probleme der Direktbelieferung hat der Handel das Zentrallager-Konzept entwickelt, mit dem die Filialen mit Waren versorgt werden. Die Filiale bestellt die benötigten Produkte in einem bestimmten Rhythmus (z.B. täglich, zweimal wöchentlich, wöchentlich). Im Zentrallager werden die Waren nach der Bestellung der Filiale zusammengestellt („kommissioniert“) und mit eigenen Fahrzeugen oder durch Spediteure ausgeliefert.
Die Hersteller der Waren liefern ihre Produkte im Regelfall nur noch an das Zentrallager, und zwar als Komplettladungen.

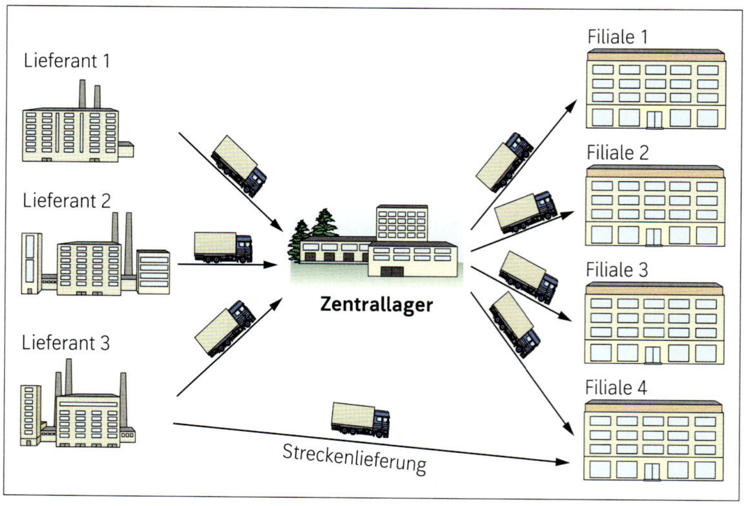

Streckenlieferung: In bestimmten Fällen werden Filialen auch direkt vom Hersteller (Streckenlieferant) beliefert. Müssen z.B. die Filialen einer Baumarktkette im Frühjahr mit Gartenmöbeln versorgt werden, fallen für die Erstausstattung der Märkte häufig so große Mengen an, dass es sich lohnt, einen kompletten Lkw des Herstellers für eine Filiale einzusetzen. Der Umweg über das Zentrallager wäre dann nur mit zusätzlichen (Umschlag-)Kosten verbunden.

Das Hauptziel bei der Einrichtung eines Zentrallagers ist demnach, Sendungen **gebündelt** bei den Filialen anzuliefern.

21.8.1 Bestandsgeführtes Zentrallager

Die Hersteller beliefern das Zentrallager auf Anforderung des Handelsunternehmens mit Komplettladungen. Die Güter werden zunächst eingelagert. Die Filialen melden nun z. B. wöchentlich ihren Bedarf an das Zentrallager. Aus den gelagerten Waren werden die Sendungen für die Filialen zusammengestellt (kommissioniert) und ausgelagert. Wenn es dem Handelsunternehmen gelingt, die Anforderungen der Filialen mit den Bestellungen an die Hersteller zu koordinieren, kann der Warenbestand im Zentrallager gering gehalten werden.

21.8.2 Transitlager

Transit = Durchfuhr von Waren

Ein Transitlager ist umschlagsorientiert, d. h., in ihm sollen keine Lagerbestände vorrätig gehalten werden. Vielmehr soll es ausschließlich den Umschlag von Gütern durchführen. Die Ware wird also auf dem Weg vom Lieferanten zur Filiale durch einen (waren-)bestandslosen Knotenpunkt (Terminal) geschleust, der die Waren verschiedener Hersteller auf die Filialen umverteilt. Voraussetzung ist, dass die Lieferanten genau die Waren anliefern, die von den Filialen aktuell benötigt werden.

Warenumschlag im Transitlager

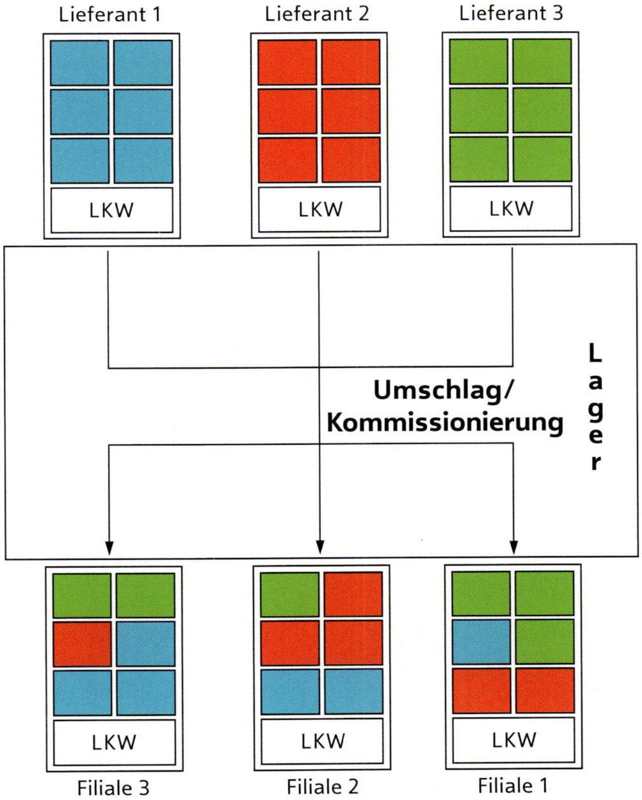

Durch Lagerhaltung entstehen Kosten (Unterhaltung des Lagergebäudes, Personal, Kapitalbindungskosten usw.). Diese Kosten kann man vermeiden, wenn man eintreffende Waren sofort umschlägt und weiterverteilt.

Im Transitlager treffen Paletten mit gleichartigen Produkten ein (sortenreine Paletten). Dort werden die Waren filialgerecht zusammengestellt (kommissioniert) und sofort umgeschlagen, d. h. zu den Filialen befördert. Die Ware bleibt nur während des Entladens des Lkw, beim Kommissionieren und für den Auslagerungsvorgang im Lager.

Push- und Pull-Prinzip, siehe Seite 453

Transitläger ermöglichen die Warenversorgung nach dem **Fließprinzip**. Ware soll möglichst nicht lange lagern, sondern auf dem Weg vom Hersteller zum Kunden „fließen". Das heißt, die Waren werden nicht in großen Lägern vorrätig gehalten und in die Verkaufsstellen „hineingedrückt", bis sie (endlich) abverkauft sind, sondern das (fast) leere Regal in der Filiale „zieht" den Warennachschub „an". In der praktischen Umsetzung bedeutet das:

- Der Warenbestand im Geschäft wird in kurzen Abständen (z. B. täglich) überprüft.
- Die Filiale meldet ihren Bedarf an die Zentrale, die die Bestellungen der Filialen bündelt und an die Lieferanten weiterleitet.
- Die verschiedenen Hersteller schicken ihre Produkte an ein zentrales Transitlager, in dem die Waren auf die Filialen umverteilt werden. Die Waren werden nur für kurze Zeit auf den Stellplätzen für die Filialen zwischengelagert und dann sofort weitergeleitet.
- In den Filialen sind die Bestände in der Zwischenzeit so weit abverkauft, dass genügend Platz vorhanden ist, um die eintreffende Lieferung sofort in den Warenträgern zu verteilen und den Kunden zur Verfügung zu stellen.

Das Konzept funktioniert allerdings nur, wenn der Warenfluss von einem entsprechenden Informationsfluss begleitet wird. Störungen können fatale Folgen haben, weil an keiner Stelle in der logistischen Kette Reservebestände vorhanden sind (außer beim Lieferanten). Der Fluss von Informationen und Waren darf also niemals unterbrochen werden, z. B. durch den Ausfall des Warenwirtschaftssystems, das die Bestelldaten an die Zentrale des Handelsunternehmens weiterleitet.

Synchron = gleichzeitig, zeitgleich, siehe auch Just-in-sequence-Prinzip, (JIS) Seite 453

Noch einen Schritt weiter geht der Handel, wenn er den Hersteller zeitgleich über die Verkaufsdaten, die an der Kasse entstehen und die vorhandenen Lagerbestände informiert. Der Hersteller kann dann seine Produktion auf diese Daten abstimmen und die Auslieferung an das Zentrallager **verkaufssynchron** veranlassen, sobald der Warenbestand in den Filialen z. B. den Meldebestand erreicht hat.

Transitlager: bestandsloses Umschlaglager, das nach dem Fließprinzip arbeitet

Cross Docking = Kreuzverkupplung

Das zweistufige Cross-Docking-Lager entspricht dem Transitlager.

Sonderfall Cross-Docking-Lager

Warenumschlag im Cross-Docking-Lager (einstufig)

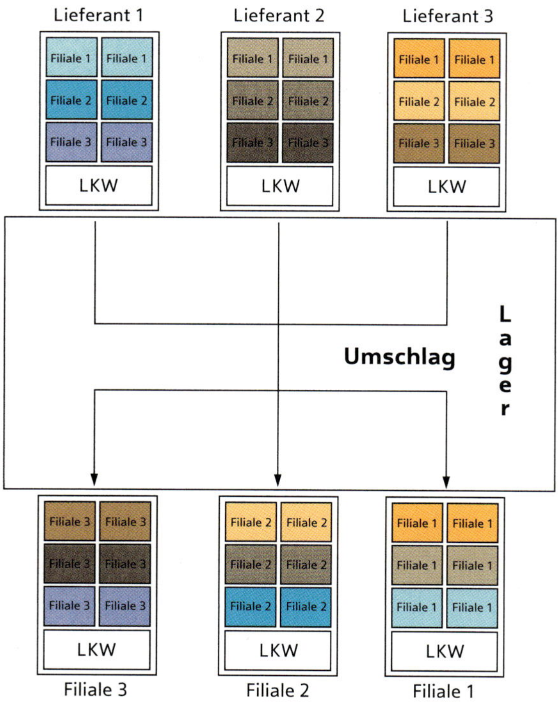

Die Lieferanten bereiten die Waren für die Filialen vor. Es gibt zwei Varianten:
Einstufig: Hersteller liefern vorkommissionierte Paletten, die im Lager mit den Paletten anderer Lieferanten gebündelt und an die Filialen ausgeliefert werden (siehe Abbildung links).
Zweistufig: Sortenreine Paletten der Hersteller werden im Lager kommissioniert und dann an die Filialen ausgeliefert.

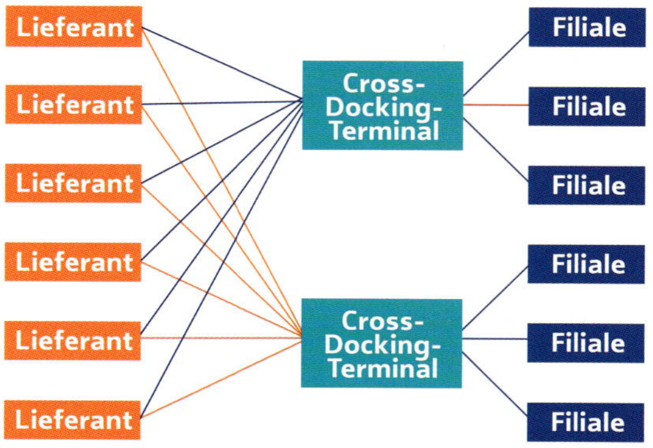

Einstufiges Cross-Docking-Lager: bestandsloses Umschlaglager, in dem von den Lieferanten vorkommissionierte Produkte für die Auslieferung an den Endabnehmer gebündelt werden

Zusammenfassung	Lagerlogistik – Grundlagen		
Lagerlogistik:	Prozess der Zeitüberbrückung im Güterfluss		
Lagerfunktionen:	▪ Ausgleich ▪ Sicherung	▪ Spekulation ▪ Veredlung	▪ Sortierung/Sortimentsbildung
Lagerarten:	▪ Umschlaglager	▪ Verteillager	▪ Transitlager
	▪ Dauerlager	▪ bestandsgeführtes/bestandsloses Lager	
Lagerstandorte:	extern – intern		
Lagerprozess:	**Einlagerung** ▪ Positionierung – Festplatzsystem – Freiplatzsystem ▪ technische Einlagerung – Bodenlagerung – Regallagerung – ABC-Analyse	**Bestandsüberwachung** ▪ optimaler Lagerbestand ▪ Regelbestand ▪ Mindestbestand ▪ Meldebestand ▪ Höchstbestand	**Auslagerung** ▪ Auftragsvorbereitung ▪ Kommissionierung ▪ Warenausgang – FIFO – LIFO
Förder- und Lademittel:	**Fördermittel** ▪ Stetigförderer ▪ Unstetigförderer ▪ Flurfördermittel – Gabelhubwagen – Gabelstapler – Hochregalstapler	**Lademittel** ▪ Paletten – artikelreine – gemischte – Sandwich-Paletten ▪ Kästen, Fässer, Container, Wechselbrücken u. Ä.	
Value-added Services:	= Mehrwertdienste, Merkmal: Veränderung an der Ware		
Zentrallager im Handel:	▪ bestandsgeführte Zentrallager (Einlagerung der Ware) ▪ Transitlager (bestandslose Lager) ▪ Cross-Docking-Lager (Kreuzverkupplung)		

21.9 Kalkulation von Logistik-Lagerleistungen

21.9.1 Cost-Plus-Rechnung

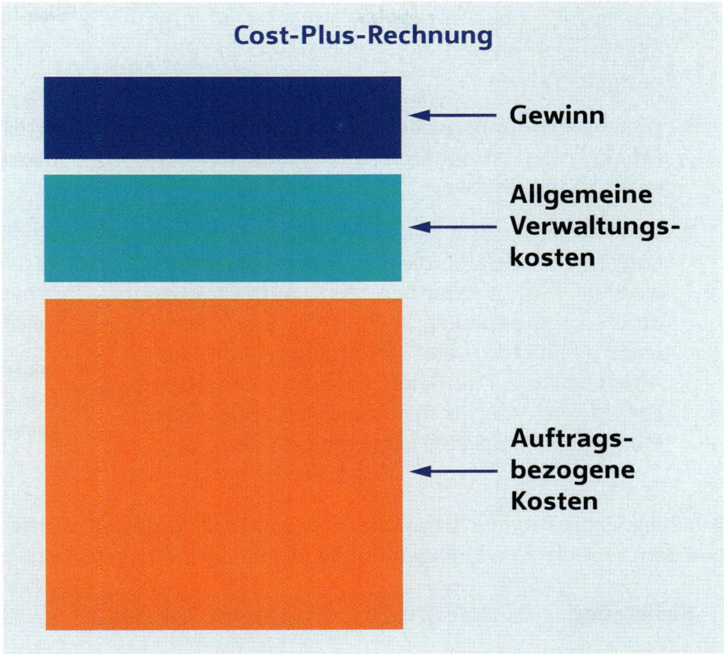

Bei dieser Abrechnungsmethode werden zunächst die auftragsbezogenen Kosten (Abschreibung/Miete für das Lagergebäude, Personalkosten für das Lagerpersonal, Gebäudewartung und -reparatur, Versicherung, Abschreibung/Unterhaltungskosten für Fördermittel usw.) sowie die allgemeinen Verwaltungskosten (Personal- und Sachkosten für Geschäftsleitung, Finanzbuchhaltung, Versicherungsabteilung usw.) ermittelt. Diese Kosten **legt** der Logistikdienstleister dem Auftraggeber **offen** (**„Open-Book-Rechnung"**). Gemeinsam einigen sich die Vertragspartner auf einen Gewinn für den Dienstleister.
Gerade in der Anfangsphase eines großen Logistikprojektes ermöglicht dieses Verfahren eine faire Abrechnung, weil auf beiden Seiten Unklarheit über die entstehenden Kosten herrscht. Indem der Dienstleister Transparenz schafft, erzeugt er gleichzeitig Sicherheit. Der Auftraggeber sieht, dass der Dienstleister nicht übermäßig an dem Projekt verdient, und der Spediteur geht sicher, dass das Projekt nicht die Basis für seine Insolvenz legt.
Weil Logistikprojekte im Regelfall langfristig vereinbart werden, ist besonders für den Spediteur das Risiko einer falschen Abrechnungsgrundlage sehr hoch anzusetzen.

Cost-Plus-Rechnung = Preisfindung auf der Basis der eigenen offengelegten Kosten.

21.9.2 Transaktionskostenrechnung

Transaktionskostenrechnung = Prozesskostenrechnung

Das Entladen von Gütern im Wareneingangsbereich, die Überprüfung des Lieferscheins und der Ware sowie die Erfassung der Ware im DV-System sind Beispiele für Transaktionen. Jede dieser Transaktionen erfordert Einsatzfaktoren (z. B. Personal und technisches Gerät), sodass mit jeder Transaktion Kosten verbunden sind. In diesem Abrechnungsmodell werden die verschiedenen Transaktionen, die im Logistikprojekt anfallen, kostenmäßig erfasst und auf eine vereinbarte Größe zu einem Transaktionskostensatz umgerechnet.

Transaktionskostenrechnung = Preisfindung auf der Basis von Kostenzuordnungen für jede einzelne Transaktion eines Logistikprozesses mit anschließender Umrechnung in einen Kostensatz.

Beispiele für Abrechnungsgrößen:

- *eine Palette, ein Karton, ein Einzelstück (Stückzahlen)*
- *1 kg, 1 m², 1 m³ (Mengen)*

Beispiele für Transaktionen:

- *Entladen der Ware vom Lkw bis in die Kontrollzone*
- *Überprüfung des Lieferscheins*
- *Überprüfung der Ware*
- *eventuell Reklamationsbehandlung*
- *Erfassung der Ware im DV-System*
- *Scanning der Ware*
- *Belabelung der Ware*
- *Übergabe der Ware zur Einlagerung*

Berechnung des Transaktionskostensatzes: $\textbf{Transaktionskostensatz} = \frac{\textbf{Transaktionskosten}}{\textbf{Transaktionsmenge}}$

Das Abrechnungsmodell hat für den Auftraggeber und den Dienstleister Vorteile:

Auftraggeber	Logistikdienstleister
▪ Der Auftraggeber erhält ein individuelles (auf sein Logistikprojekt zugeschnittenes) Abrechnungsverfahren. ▪ Die Abrechnungsgröße nach Mengen oder Stückzahlen ist einfach und kalkulatorisch leicht zu handhaben. ▪ Variabilisierung von Fixkosten, d.h., bevor dem Logistikdienstleister die Lagerung übertragen worden war, entstanden dem Auftraggeber durch Lagergebäude, technische Einrichtung usw. Fixkosten, die unabhängig von der Absatzmenge anfielen. Nun entstehen Lagerkosten nur für die tatsächlich abgesetzte Menge oder Stückzahl (= variable Kosten).	▪ Die einzelne Transaktion wird kostenmäßig exakt erfasst und damit überschaubar. ▪ Die Transaktionskosten sind jederzeit überprüfbar und können kostenrechnerisch angepasst werden. ▪ Die Abrechnungsgröße ist mengen- oder stückgebunden und muss nur noch mit dem vereinbarten (kumulierten) Transaktionskostensatz (Preis des Dienstleisters) multipliziert werden. ▪ Damit lässt sich der Güterstrom im Abrechnungsverfahren mit dem Auftraggeber auf einfache Weise in einen Wertstrom umwandeln.

Am Beispiel der Arbeiten beim Wareneingang soll dargestellt werden, wie der Vorgang des Entladens von Paletten aus dem Lkw bis zum Einlagern im Regal in einzelne Transaktionen aufgeteilt und bewertet werden kann.

Basisdaten	
Anzahl Paletten pro Lkw	*34*
Kaufmännische Mitarbeiter (pro Stunde inkl. Lohnnebenkosten)	*20,00 EUR*
Gewerbliche Mitarbeiter (pro Stunde inkl. Lohnnebenkosten)	*15,00 EUR*
Arbeitstage pro Jahr	*250*
Verteilzeiten	*18 %*
Zeiten der Abwesenheit	*20 %*
Stapler je Stunde	*5,00 EUR*
Allgemeine Verwaltungskosten	*10 %*
Gewinn	*5 %*

Siehe auch Transaktionskostenrechnung bei der Kommissionierung Seite 474

Wareneingangsprozesse (WE)

Tätigkeit/Transaktion	Minuten	Faktor	Minuten/WE	EUR/WE	EUR/Palette
Meldung Fahrer, Koordinierung und Zuweisung der Rampe	2	1	2	2 · 20,00 EUR : 60 Min. = 0,67 EUR	0,67 EUR : 34 Paletten = 0,02 EUR
Öffnen Tor/Papier-Handling	2	1	2	2 · 15,00 EUR : 60 Min. = 0,50 EUR	0,50 EUR : 34 Paletten = 0,01 EUR
Endladung Palette, Abstellen auf definierter Wareneingangspufferfläche	1	34	34	34 · 15,00 EUR : 60 Min. = 8,50 EUR	8,50 EUR : 34 Paletten = 0,25 EUR
Stapler	1	34	34	34 · 5,00 EUR : 60 Min. = 2,83 EUR	2,83 EUR : 34 Paletten = 0,08 EUR
Prüfung der Anlieferungsmenge und Wareneingangskontrolle	1	34	34	34 · 15,00 EUR : 60 Min. = 8,50 EUR	8,50 EUR : 34 Paletten = 0,25 EUR
Vermerk auf Rollkarte und Quittierung	5	1	5	5 · 15,00 EUR : 60 Min. = 1,25 EUR	1,25 EUR : 34 Paletten = 0,04 EUR
Tor schließen	1	1	1	15,00 EUR : 60 Min. = 0,25 EUR	0,25 EUR : 34 Paletten = 0,01 EUR
Verbuchung, Wareneingangskontrolle, administrative Klärungen, Rücksprachen	30	1	30	30 · 20,00 EUR : 60 Min. = 10,00 EUR	10,00 EUR : 34 Paletten = 0,29 EUR
Palettenlabel drucken und anbringen	1	34	34	34 · 15,00 EUR : 60 Min. = 8,50 EUR	8,50 EUR : 34 Paletten = 0,25 EUR

Wareneingangsprozesse (WE)					
Tätigkeit/Transaktion	**Minuten**	**Faktor**	**Minuten/WE**	**EUR/WE**	**EUR/Palette**
Transport der Paletten zum Einlagern, Auf- und Abnahme	1,25	34	42,5	42,5 · 15,00 EUR : 60 Min. = 10,63 EUR	10,63 EUR : 34 Paletten = 0,31 EUR
Stapler	1,25	34	42,5	42,5 · 5,00 EUR : 60 Min. = 3,54 EUR	3,54 EUR : 34 Paletten = 0,10 EUR
Kfm. Mitarbeiter: Verteilzeiten [18 %] + Abwesenheit [20 %]			32*	32 · 38 % · 20,00 EUR : 60 Min. = 4,05 EUR	4,05 EUR : 34 Paletten = 0,12 EUR
Gewerbliche Mitarbeiter: Verteilzeiten [18 %] + Abwesenheit [20 %]			152,5	152,5 · 38 % · 15,00 EUR : 60 Min. = 14,49 EUR	14,49 EUR : 34 Paletten = 0,43 EUR
				EUR/Palette	2,17 EUR
	Allgemeine Verwaltungskosten 10 %				0,22 EUR
	Zwischensumme				2,38 EUR
	Gewinn 5 %				0,12 EUR
	Nettopreis pro Palette				2,50 EUR

** Berechnet von den Tätigkeiten in Zeile 1 und 8 (= kaufmännische Tätigkeiten)*

Verteilzeiten

In einer Transaktionskostenrechnung müssen zwingend auch die Zeiten berücksichtigt werden, in denen die Mitarbeiter zwar anwesend sind, aber nicht produktiv tätig sind. Die Gründe dafür können sowohl persönlicher als auch betrieblicher Natur sein.

Beispiele

- ***Persönliche Verteilzeit:*** *Toilettengang, Kaffee kochen/holen, privates Gespräch mit Kollegen*
- ***Sachliche Verteilzeit:*** *insbesondere Wartezeiten (im Büro auf die Information eines Kollegen oder im Lager auf die Bereitstellung von Ware)*

Diese Zeiten werden auf der Basis von Messungen oder Erfahrungswerten ermittelt und in der Transaktionskostenrechnung in Form eines prozentualen Zuschlages berücksichtigt, weil der logistische Dienstleister seine Mitarbeiter auch für diese unproduktiven Zeiten bezahlen muss.

Analog gilt dies auch für die Zeiten der **Abwesenheit** – wie Urlaub, Krankheit oder Fortbildung – in denen die Mitarbeiter ebenfalls bezahlt werden, aber nicht produktiv tätig sein können.

21.9.3 Traditionelle Lagerkalkulation

Läger werden heute zwar in hohem Maße für logistische Dienstleistungen benötigt, es gibt aber weiterhin das traditionelle Geschäft des Lagerhalters, bei dem die dauerhafte Lagerung von Gütern im Vordergrund steht. In der Kalkulation dieser Leistung betrachtet man insbesondere die Umschlagkosten beim Ein- und Auslagern, die Kosten der eigentlichen Lagerung sowie die anfallenden Verwaltungskosten. Kommissionierkosten fallen nicht an. Ingesamt werden die Leistungsprozesse nicht so detailliert betrachtet wie in der Transaktionskostenrechnung.

Kalkulationsschema	
	EUR
Umschlagkosten	2,10
+ Lagerungskosten	2,29
+ Lagerverwaltungskosten	0,93
= Lagerkosten pro 100 kg	**5,33**

Die Kalkulation für **100 kg** Lagergut hat z. B. nebenstehendes Aussehen. Die Bezugsgröße „100 kg" ist üblich; die Kalkulation kann aber z. B. auch auf eine Tonne, ein Stück oder einen Palettenstellplatz bezogen sein.
Mit diesem Schema werden lediglich die entstandenen Kosten (Selbstkosten) kalkuliert. Für die Erstellung eines Angebotes oder einer Rechnung ist darüber hinaus noch ein Gewinn (und die USt) zu berücksichtigen.

Umschlagkosten

Umschlagkosten entstehen bei der Ein- und Auslagerung der Güter. Es handelt sich vorzugsweise um Lohn- und Lohnnebenkosten für die Lagermitarbeiter. Die Kosten für Umschlaggeräte (z. B. Gabelstapler) können separat ermittelt und den Umschlagkosten hinzugerechnet werden.
Manchmal werden die Umschlagkosten getrennt nach Einlagerung und Auslagerung kalkuliert.

Beispiel für palettiertes Lagergut

Einlagerungskosten	*Auslagerungskosten*
Kalkulationsdaten: ▪ *Lohnkosten pro Stunde:* 70,00 EUR ▪ *durchschnittliches Einlagerungsgewicht pro Palette:* 500 kg ▪ *Einlagerungszeit pro Palette:* 5 Min.	*Kalkulationsdaten:* ▪ *Lohnkosten wie bei der Einlagerung:* 70,00 EUR ▪ *durchschnittliches Auslagerungsgewicht:* 500 kg ▪ *Auslagerungszeit pro Palette:* 4 Min.
Kosten pro Pallete: $\frac{70{,}00\text{ EUR} \times 5{,}00\text{ Min.}}{60\text{ Min.}}$ = **5,83 EUR**	*Kosten pro Pallete:* $\frac{70{,}00\text{ EUR} \times 4{,}00\text{ Min.}}{60\text{ Min.}}$ = **4,67 EUR**
Kosten pro 100 kg: $\frac{5{,}83\text{ EUR} \times 100\text{ kg}}{500\text{ kg}}$ = **1,17 EUR**	*Kosten pro 100 kg:* $\frac{4{,}67\text{ EUR} \times 100\text{ kg}}{500\text{ kg}}$ = **0,93 EUR**

Umschlagkosten: Kosten für die Ein- und Auslagerung von Lagergut, häufig bezogen auf 100 kg. Es handelt sich vornehmlich um Lohnkosten der Lagermitarbeiter, evtl. zuzüglich Gerätekosten.

Lagerungskosten

Lagerungskosten sind die Kosten für die eigentliche Aufbewahrung der Güter im Lagergebäude, ohne Ein- und Auslagerung.

Beispiel:

- *Miete*
- *Abschreibungen*
- *Zinsen*
- *Reparaturen*
- *Versicherungen*
- *Energie- und Reinigungskosten*
- *anteilige allgemeine Verwaltungskosten*

Berechnungsbeispiel für ein eigenes Lagerhaus

monatliche Kosten		*Lagerdaten*	
Abschreibung:	*15000,00 EUR*	*durchschnittlich belegte Fläche:*	*5000,00 m²*
Zinsen:	*4000,00 EUR*	*durchschnittlicher Lagerbestand:*	*2400000 kg*
Reparaturen:	*6000,00 EUR*		
Versicherungen:	*9000,00 EUR*		
Energie/Reinigung:	*18000,00 EUR*		
Verwaltungskosten:	*3000,00 EUR*		

Berechnungen:

Kosten pro m^2: $\frac{55000{,}00\text{ EUR}}{5000\text{ m}^2}$ = ***11,00 EUR***

Lagerungskosten pro 100 kg: $\frac{55000{,}00\text{ EUR} \times 100\text{ kg}}{2400000\text{ kg}}$ = ***2,29 EUR***

Häufig liegen die Kosten nicht pro Monat vor, sondern z. B. für ein Jahr. In diesem Fall sind die Kosten vor der Berechnung auf Monatswerte umzurechnen.

Lagerungskosten = Kosten, die durch die eigentliche Aufbewahrung der Güter im Lagergebäude entstehen, ohne Ein- und Auslagerung.

Lagerverwaltungskosten

Bei den Lagerverwaltungskosten handelt es sich hauptsächlich um die Personalkosten (einschließlich Nebenkosten) der Lagerverwaltung und -disposition. Anteilige Kosten der Geschäftsführung, der allgemeinen Verwaltung, Steuern u. Ä. (= allgemeine Verwaltungskosten) wurden bereits bei den Lagerungskosten berücksichtigt.

Beispiel für die Berechnung von Lagerverwaltungskosten Daten:

Durchschnittlicher Lagerbestand: 2400000 kg
Monatliche Arbeitsstunden in der Lagerverwaltung: 280 Std.
Personalkosten pro Stunde: 80,00 EUR

Berechnung:

Lagerverwaltungskosten für 100 kg pro Monat = $\frac{280\text{ Std.} \times 80{,}00\text{ EUR} \times 100\text{ kg}}{2400000\text{ kg}}$ = ***0,93 EUR***

Lagerverwaltungskosten = Kosten des (kaufmännischen) Personals für die Lagerverwaltung und -disposition.

Lagerkosten = Kosten für Umschlag, Lagerung und Verwaltung von Lagergut

Die Addition von Umschlagskosten (Ein- und Auslagerung), Lagerungskosten und Lagerverwaltungskosten ergibt die Lagerkosten.

21.10 Anforderungen an Anbieter von Lager-Logistikdienstleistungen

„Wer nur transportiert, wird ausrangiert." Dies war bereits vor vielen Jahren das – warnende – Motto eines Verkehrsverbandes. Um am Verkehrsmarkt wirtschaftlich zu überleben, muss ein Logistikanbieter mehr leisten als der klassische Spediteur. Folgende Voraussetzungen sollte er erfüllen:

Systemdenken	Der Logistikdienstleister muss die gesamte Warenwirtschaftskette („Supply Chain") vom Auftraggeber bis zum Endkunden überschauen und seine verantwortliche Position im Gesamtablauf bestimmen können.
Integrationsfähigkeit	Er muss sich mit seiner Teilleistung reibungslos in den logistischen Ablauf einbringen, indem er seine innerbetrieblichen Prozesse entsprechend gestaltet.
Informations- und Kommunikations-kompetenz	In der Logistik sind der Güter- und der Informationsfluss eng miteinander verbunden. Der Logistikdienstleister muss unbedingt über die entsprechende technische Ausstattung und die Informations- und Kommunikationskompetenz verfügen, damit die Informationen über die Warenbewegungen allen Prozessbeteiligten jederzeit zur Verfügung gestellt werden können. Weil häufig unterschiedliche DV-Systeme vorhanden sind, hat gerade dieser Gesichtspunkt oft eine entscheidende Bedeutung für das Gelingen eines Logistikprojektes.
Flexibilität	Auf Schwankungen in der Kundennachfrage, z. B. aus saisonalen Gründen oder wegen technologischer Veränderungen, muss der Logistikdienstleister flexibel reagieren können. Er muss also Lagerkapazitäten vorhalten, die einem Anstieg der Kundennachfrage gewachsen sind, gleichzeitig muss er aber in der Lage sein, seine technische und personelle Ausstattung bei verringerten Aufträgen schnell abzubauen.
Qualifiziertes Personal	Lagerlogistik-Projekte sind komplex und damit technisch und betriebswirtschaftlich anspruchsvoll. Der Dienstleister wird bereits in der Planungsphase gewöhnlich mit einer Fülle von Anforderungen des Auftraggebers konfrontiert, die zu einem funktionierenden Ganzen zusammengefügt werden müssen, wobei auch die Interessen der Endkunden zu beachten sind. Dies erfordert auf allen Ebenen der Betriebshierarchie entsprechend ausgebildetes Personal mit hohem Qualitätsbewusstsein; denn der Auftrag ist in der Regel an eine hohe Quote fehlerfreier Auslieferungen gekoppelt (z. B. 98 % fehlerfreie Sendungen).
Investitionsfähigkeit	Im Normalfall hat der Dienstleister die erforderlichen Investitionen in Lagergebäude, Umschlags- und Transportsysteme sowie die eigene Organisation vorzunehmen. Dies setzt eine hohe Kapitalkraft des Unternehmens voraus und die Fähigkeit, die Risiken solcher Großaufträge tragen zu können.

21.11 Lager-Logistikleistungen anbieten

Telefongespräche, Faxmitteilungen und E-Mails sind die Kommunikationsmittel für das speditionelle Tagesgeschäft, das durch schnelle Entscheidungen geprägt ist. Logistikverträge haben in der Regel eine lange Vorlaufzeit und kommen erst nach sorgfältiger Planung zustande. Dafür ist das Volumen dieser Verträge aber oft beträchtlich, sodass Fehlentscheidungen gravierende Auswirkungen haben können.
Nachfolgend soll an einem Beispiel das Zustandekommen eines Lagerlogistikvertrages in den Grundzügen dargestellt werden.

Beispiel:
Das Unternehmen PLAY & FUN-GmbH – ein Hersteller von Computerspielen – will sein eigenes zentrales Versandlager für Deutschland aufgeben und an einen Logistikdienstleister übertragen. Fünf Logistikdienstleister erhalten eine kurze Beschreibung der Ausgangslage sowie der Zielsetzung und sind aufgefordert worden, einen Fragebogen zu erstellen, damit der Hersteller das erforderliche Datenmaterial für ein Angebot zur Verfügung stellen kann.

Die INTERSPED GmbH ist einer der fünf Anbieter und hat daraufhin folgenden Fragenkatalog an das Unternehmen gesandt:

1. Fragebogen

I. Handling im Wareneingang

① Welche **Artikel** kommen in welchen
- Anlieferarten (z. B. Karton),
- Abliefermengen und in welchen
- Verpackungseinheiten zum Lager?

② Wie sieht eine **durchschnittliche Anlieferung** aus nach den Kriterien
- Menge,
- Anzahl der Artikel,
- Anzahl der Kartons,
- Mischpaletten,
- reine Paletten,
- Abmessungen, Gewicht usw.

③ Sind Besonderheiten beim **Wareneingang zu** beachten, z. B.:
- Liegt Gefahrgut vor?
- Sind die Sendungen zu scannen?
- Wie soll mit Retouren umgegangen werden?
- Werden Zusatzdienstleistungen (Value-added Services) erwünscht?
- Sind die Artikel stapelbar?
- Wird die Bestandsführung für den Auftraggeber gewünscht?

II. Lagerung

④ Welche Lagerungsform soll in welcher Dimensionierung vorliegen?
- Gibt es Restriktionen für die Lagerung (Stapelhöhe, Temperatur u. Ä.)?
- Welches Verbrauchsfolgeverfahren ist anzuwenden?
- Wird Cross-Docking gewünscht?

III. Kommissionierung

⑤ Wie viele Aufträge müssen pro Jahr kommissioniert werden?
- Wie sieht ein durchschnittlicher Kommissionierauftrag aus?
- Werden artikelreine Ganzpaletten kommissioniert?
- Gibt es saisonale Schwankungen?
- Werden Zusatzdienstleistungen gewünscht?
- usw.

IV. Warenausgang

⑥ Existieren besondere Verpackungs- und Versandvorschriften?
- Gibt es Vorgaben für die Versandwege?
- usw.

Der Hersteller hat aufgrund des Fragebogens folgende Informationen übersandt:

Outsourcing = Ausgliederung logistischer Funktionen an spezielle Dienstleister, siehe Seite 453

Pick = Zugriff auf die eingelagerte Ware, siehe Seite 472

1. Play & Fun – Outsourcing Versandlager

zu I. Wareneingang
- 100 verschiedene Artikel
- 20 Stück pro Karton (Masterkarton als Transportverpackung)
- 100 · 40'-Container mit losen Masterkartons (Maße 60 · 40 · 40 cm, 2 – 10 kg, durchschnittlich 10 Artikel pro Karton)
- 50 · Lkw-Komplettladungen mit artikelreinen Europaletten
- Mischpaletten als Luftfracht
- normale Wareneingangsprüfung
- lose Ware wickeln
- Scanning erforderlich
- Bestandsführung notwendig
- Rückmeldung per DFÜ

zu II. Lagerung
- durchschnittlich 1 000 Palettenstellplätze mit geringen saisonalen Schwankungen
- bevorzugte Lagerung: Regal

zu III. Kommissionierung
- ca. 80 000 Aufträge (ein Auftrag = eine Sendung)
- fünf Positionen mit jeweils vier Picks je Auftrag (Pick = Stück oder Masterkarton)
- keine Ganzpaletten im Ausgang
- Sendungen: 50 % Stückgut, 50 % Pakete
- usw.

zu IV. Warenausgang
keine besonderen Anforderungen

Nachdem die Daten in der Spedition INTERSPED eingetroffen waren, konnte das Angebot erstellt werden. Zuvor waren noch einige grundlegende Entscheidungen zu treffen und sorgfältige Berechnungen anzustellen:

- Bonitätsprüfung des Kunden (z. B. durch eine Anfrage bei „Creditreform" und/oder durch Recherchen bei Geschäftsfreunden)
- Entscheidung über die Lagerfläche (vorhanden, anmieten oder neu erstellen?)
- Berechnung der benötigten Lagerfläche
- Kalkulation der Transaktionskosten
- Erstellung eines Projektplans

Die Überlegungen und Berechnungen münden in ein Angebot an den Hersteller, das vor allem folgende Themen enthält:

Beispiel:

Angebot Outsourcing Versandlager Play & Fun (Auszüge)

1 Beschreibung der Ausgangslage und Zielsetzung
Die Play & Fun-GmbH betreibt ein eigenes Versandlager für Deutschland, das sie an einen logistischen Dienstleister im Wege einer Ausschreibung übergeben möchte ...

2 Ausschreibungsgegenstand
Einrichtung und Betreiben eines zentralen Versandlagers für Computerspiele. Die Verwaltung der Lagerbestände soll in enger Kooperation zwischen der Play & Fun-GmbH und dem Logistikdienstleister durchgeführt werden ...

3 Leistungsbeschreibung

3.1 Wareneingang
Die Güter werden im vorhandenen Lager der INTERSPED GmbH in Regalen gelagert.
Erfassung der Ankunftszeit, Lkw-Nummer, Spediteur etc. auf Warenannahmebestätigung durch INTERSPED GmbH.
Prüfung der Bestellung über Wareneingangsavis, ggf. Information an die Sachbearbeitung und Klärung mit Play & Fun-GmbH
Belegprüfung
Entladung der Lkw bzw. Container (palettiert und unpalettiert) ...

3.2 Lagerung
Die Güter werden in Regalen gelagert.
Eine ABC-Klassifizierung ist nicht erforderlich.
...

3.3 Auftragseinspeisung
Auftragsübergabe per DFÜ von Play & Fun-GmbH an INTERSPED
Einlesen der Aufträge in das Lagerverwaltungsprogramm (LVP) von INTERSPED
Plausibilitätsprüfung der Aufträge hinsichtlich Warenverfügbarkeit im LVP
Reservierung der Aufträge gemäß Lieferzeitenschema und vorgegebenem Lieferdatum im LVP.
Ausdruck der Dispositionsliste

3.4 Kommissionierablauf
beleglose Abarbeitung der Kommissionierung
...

3.5 Warenausgang/Endkontrolle
100-%-Kontrolle durch Online-Verwiegung während des Kommissionierprozesses
Endverpackung: Paletten in Stretchfolie, Versandetikett
Gestellung der Ware: Paletten über Sammelgutkooperation C-Line, Pakete über Paketdienst
Rückmeldung abgearbeiteter Aufträge an Play & Fun
...

3.6 Retourenbearbeitung
...

3.7 Lademittel/Paletten
...

3.8 Leistungsmaßstab/Fehlertoleranzen
Die Leistungsanforderungen durch den Auftragnehmer gelten als erfüllt, wenn 98% der Aufträge
- fehlerfrei, d.h. ohne Artikel-Vertauschung,
- vollständig, d.h. ohne Verlust/Fehlmenge,
- unbeschädigt, d.h. ohne Transport- oder Umschlagschaden, und
- pünktlich, d.h. zum festgelegten Liefertag,

ausgeliefert wurden.

3.9 Lagergebäude
Das Lagergebäude muss
a) dem derzeitigen Stand der gesetzlichen und feuerpolizeilichen Vorschriften entsprechen, sowie ausreichend gegen Brand, Wasser, Sturm und Einbruch gesichert sein und
b) entsprechend den dort bevorrateten, vertraglich festgelegten Gütern behördlich genehmigt sein.

3.10 Bestandsführung
Maßgebend für die Buchbestände ist der Bestand im LVP von INTERSPED.
Ein Bestandsabgleich wird täglich durchgeführt. Differenzen aus diesem Bestandsabgleich werden dokumentiert, beidseitig zeitnah geprüft und durch den Verursacher korrigiert.
Körperliche Bestandsaufnahmen (Inventuren) finden nach Absprache statt.
...

4 Mengengerüst
Sendungsstrukturen:
Wareneingang: 100 verschiedene Artikel, 20 Stück pro Karton (Masterkarton als Transportverpackung) ...
Kommissionierung: ...
Warenausgang: ...

5 Vergütungssystem

Transaktionen	Karton/EUR
Wareneingang	0,45
Kommissionieren	0,38
Warenausgang	0,89
Zwischensumme	1,72
Lagergeld	0,08
Summe	1,80

6 Perspektivplanung
Nach einer Auftragserteilung gilt für die Umsetzung des Projektes folgende Zeitplanung:
...

Risikoanalyse

Aus der Größe und aus der Langfristigkeit von Logistikverträgen ergeben sich für den Spediteur hohe Risiken. Er sollte daher vor Abschluss eines Lagerlogistikvertrages alle Risiken sorgfältig erfassen und abwägen. Zu den häufigsten Risiken gehören folgende Tatbestände:

- Der Spediteur hat die hohen IT-Anforderungen des Projektes nicht erkannt oder nicht berücksichtigt.
- Die Entscheidung fußte auf schlechtem oder falschem Datenmaterial.

- Dem Spediteur sind die tatsächlichen eigenen Kosten nicht bekannt.
- Das Projekt ist für die Spedition zu komplex.
- unzureichendes Projektmanagement
- Es existiert zwischen Auftraggeber und Auftragnehmer keine offene Partnerschaft.

Vertragsphase

Logistikverträge, siehe Seite 464

Sind sich Auftraggeber und Auftragnehmer nach vielen Diskussionen und Detailvereinbarungen über ihre Zusammenarbeit einig geworden, werden die Vereinbarungen in einem Vertrag festgehalten.

Projektplanung

Nach Abschluss des Vertrages beginnt die eigentliche Planung des Projektes. Der nachfolgend abgebildete Ausschnitt eines Projektplanes gibt die Arbeitsabläufe im Groben wieder.

Beispiel:

Projektplan				
Nr.	***Vorgang***	***verant-wortlich***	***Start-Datum***	***End-Datum***
1	*Entscheidung von Fa. PLAY & FUN für/gegen INTERSPED*			
2	*Projektteam bilden*			
3	*IT-System aufbauen*			
3.1	*Prozessdefinition mit dem Auftraggeber*			
3.2	*IT-Pflichtenheft*			
	...			
4	*Lagergebäude*			
5	*Beschaffung zusätzlicher Flurfördermittel*			
6	*Personaleinstellung*			
6.1	*Rekrutierung und Einstellung von Personal*			
6.2	*usw.*			

Zusammenfassung	**Lagerhaltung – Kalkulation und Angebot von Lagerleistungen**
Abrechnungsmodelle:	**Cost-Plus-Rechnung:** Preisfindung auf der Basis der eigenen, offen gelegten Kosten Preis = Kosten + vereinbarter Gewinn **Transaktionskostenrechnung:** Erfassung aller Teilleistungen und Umrechnung in einen Transaktionskostensatz (z. B. für 1 Stück, 1 Palette, 1 Karton)
Traditionelle Lager-kalkulation:	Umschlagkosten (Einlagerung, Auslagerung) + Lagerungskosten + Lagerverwaltungskosten = Selbstkosten + Gewinn = Nettopreis
Angebot Lager-logistikvertrag:	Angebotsinhalte: ▪ Gegenstand des Angebotes ▪ Wareneingang ▪ Lagerung ▪ Auftragseinspeisung ▪ Kommissionierablauf ▪ Warenausgang/Endkontrolle ▪ Lademittel/Paletten ▪ Leistungsmaßstab/Toleranzen ▪ Lagergebäude ▪ Bestandsführung ▪ Mengengerüst ▪ Vergütungssystem usw.

21.12 Wirtschaftlichkeit des Lagers/Lagerkennzahlen

Für die Beurteilung der Wirtschaftlichkeit des Lagers ist es wichtig, quantitativ erfassbare Sachverhalte in konzentrierter Form darzustellen. Diese Aufgabe der Informationsverdichtung übernehmen **Kennzahlen**. Sie dienen dazu, den wirtschaftlichen Erfolg der Lagerhaltung (im Nachhinein) näher zu bestimmen, erleichtern aber auch ein zielgerichtetes Verhalten von Entscheidungsträgern für zukünftige Prozesse.

Aus der Fülle möglicher Kennzahlen sollen an dieser Stelle nur die wichtigsten dargestellt werden.

Durchschnittlicher Lagerbestand

Die Grundformel für die Ermittlung des durchschnittlichen Lagerbestandes lautet:

$$\textbf{Ø Lagerbestand} = \frac{\textbf{Anfangsbestand + Endbestand}}{\textbf{2}}$$

Beispiel:

	Lagerbestand (Kartons)
Inventur 31.12.20(–1)	*19000*
Inventur 31.12.20(0)	*18900*

Diese Vorgehensweise ist in vielen Fällen aber zu ungenau, da saisonale Schwankungen auftreten können.

$$\text{Ø Lagerbestand} = \frac{19000 + 18900}{2} \text{ Kartons}$$

Erweiterte Formel:

$$\textbf{Ø Lagerbestand} = \frac{\textbf{Summe aller Lagerbestände}}{\textbf{Anzahl der Datensätze}}$$

Zur Ermittlung des durchschnittlichen Lagerbestandes ist eine möglichst häufige Erfassung der Lagerbestände wünschenswert. Wichtig hierbei: Die Abstände zwischen den einzelnen Erfassungen sollten möglichst gleich sein.

Beispiel: Lagerbestandstabelle aufgrund von Inventurwerten

Zeitpunkt	*Lagerbestand (Kartons)*
Eröffnungsbestand 01.01.20(0)	*19000*
31. Januar	*18100*
28. Februar	*18300*
31. März	*19200*
30. April	*19500*
31. Mai	*19200*
30. Juni	*18900*
31. Juli	*19300*
31. August	*19400*
30. September	*19300*
31. Oktober	*19500*
30. November	*20200*
Inventur 31.12.20(0)	*18900*

Als Ergebnis erhält man eine Berechnung mit einem Eröffnungsbestand und zwölf Monatsendbeständen im Zähler und der Gesamtzahl der Datensätze (13) im Nenner.

$$\text{Ø Lagerbestand} = \frac{19000 + 18100 + 18300 \ldots}{13} = \textbf{19138 K.}$$

Folgende Daten wurden für das Lager erfasst:

Anzahl Palettenstellplätze	*1000*
Durchschnittlicher Lagerbestand	*18950 Kartons*
Kartons pro Palette	*24*

Umschlagsmenge	*129600 Kartons*
Anzahl der Lagerzugänge	*150*
Anzahl der Lagerabgänge	*79800*
Lager- (Sach-)kosten (Flächen- und Betriebskosten)	*30000,00 EUR pro Jahr*
Lagerpersonalkosten	*520000,00 EUR pro Jahr*
Lagerpersonalnebenkosten	*58000,00 EUR pro Jahr*

Umschlaghäufigkeit (Lagerumschlag)

Die Umschlaghäufigkeit bringt zum Ausdruck, wie oft der durchschnittliche Lagerbestand pro Jahr umgeschlagen wird. Umschlagsmenge ist die Auslagerungsmenge.

$$\textbf{Umschlaghäufigkeit} = \frac{\textbf{Umschlagsmenge}}{\textbf{durchschnittlicher Lagerbestand}}$$

Beispiel:
Der durchschnittliche Lagerbestand betrug: 18950 Kartons, insgesamt wurden 129600 Kartons umgeschlagen.

$$\textit{Lagerumschlaghäufigkeit} = \frac{\textit{129600 Kartons}}{\textit{18950 Kartons}} = 6{,}8$$

Durchschnittliche Lagerdauer

Die durchschnittliche Lagerdauer macht deutlich, wie lange die Ware durchschnittlich eingelagert ist. Das Jahr wird aus Gründen der Vereinfachung mit 360 Tagen angesetzt.

$$\textbf{durchschnittliche Lagerdauer} = \frac{\textbf{360 Tage}}{\textbf{Umschlaghäufigkeit}}$$

Beispiel:

$$\textit{durchschnittliche Lagerdauer} = \frac{\textit{360 Tage}}{6{,}8} = \textit{53 Tage}$$

Lagerreichweite

Die Lagerreichweite errechnet die Zeit, die bei durchschnittlichem Abgang bis zum Leerlaufen des Lagers verbleibt.

$$\textbf{Lagerreichweite} = \frac{\textbf{Lagerbestand}}{\textbf{durchschnittlicher Lagerabgang pro Tag}}$$

Beispiel:
Am 30. Juni beträgt der Lagerbestand 18900 Kartons. Durchschnittlich verlassen pro Tag 360 Kartons das Lager.

$$\textit{Lagerreichweite} = \frac{18900}{360} = \textit{52 Tage}$$

Lagerkostensatz

Bei der Ermittlung der Kosten, die ein einzelner Lagerplatz verursacht, sind Flächen- und Betriebskosten eines Lagers zu beachten.

- **Flächenkosten** können dabei Mietkosten bei Gebäuden, die nicht Eigentum des Unternehmens sind, oder Abschreibungen zuzüglich Zinsen bei unternehmenseigenen Gebäuden sein.
- **Betriebskosten** erfassen auf der einen Seite Kosten für Betriebsstoffe wie Energie und Wasser, auf der anderen Seite aber auch Kosten für Wartung und Reinigung.

Der Lagerkostensatz ermittelt die Gesamtkosten pro Lagerplatz (ohne Personalkosten), die bei durchschnittlicher Auslastung verursacht werden.

$$\textbf{Lagerkostensatz} = \frac{\textbf{Lagerkosten (Sachkosten)}}{\textbf{durchschnittlicher Lagerbestand}}$$

Beispiel:
Ausgehend von einem durchschnittlichen Lagerbestand von 18950 Kartons und Lagerkosten pro Jahr von 30000,00 EUR ergibt sich:

$$\textit{Lagerkostensatz} = \frac{\textit{30000,00 EUR}}{\textit{18950 Kartons}} = \textit{1,58 EUR pro Karton im Jahr}$$

Da auf einer Palette 24 Kartons gelagert sind, gilt somit pro Stellplatz:
Lagerkostensatz = 1,58 EUR pro Karton im Jahr · 24 Kartons pro Stellplatz = 37,92 EUR pro Stellplatz im Jahr

Oder bei Betrachtung pro Monat:
Lagerkostensatz = 37,92 EUR pro Stellplatz pro Jahr : 12 Monate = 3,16 EUR pro Stellplatz im Monat

Kosten pro Lagerbewegung

Neben den Kosten für den Lagerplatz entstehen auch Kosten bei den einzelnen Lagerbewegungen.

$$\textbf{Kosten pro Lagerbewegung} = \frac{\textbf{Lagerpersonal- und -nebenkosten}}{\textbf{Lagerzu- und -abgänge}}$$

Beispiel:
Zu- und Abgänge des Lagers summieren sich auf 79950 Vorgänge. Die Kosten für Lagerpersonal und die zugehörigen Nebenkosten ergeben 578000,00 EUR.

$$\text{Kosten pro Lagerbewegung} = \frac{578\,000{,}00\text{ EUR}}{79\,950\text{ Lagerbewegungen}} = 7{,}22\text{ EUR}$$

Auslastungsgrad

Der Auslastungsgrad gibt an, in welchem Umfang die verfügbare Lagerkapazität tatsächlich genutzt wird. Im Idealfall beträgt der Quotient 1 (100 % Auslastung).

$$\textbf{Auslastungsgrad} = \frac{\textbf{tatsächlich genutzte Lagerkapazität}}{\textbf{verfügbare Lagerkapazität}}$$

Auslastungsgrad = Beschäftigungsgrad

Beispiel:
Das Lager verfügt über 1000 Palettenstellplätze. Im Durchschnitt waren 910 Plätze belegt.

$$\text{Auslastungsgrad} = \frac{910}{1\,000} = \mathbf{0{,}91}$$

21.13 Lagervertrag nach HGB

Ein Lagervertrag entsteht durch zwei übereinstimmende Willenserklärungen zwischen dem **Einlagerer** und dem **Lagerhalter**. Lagerhalter ist derjenige, der sich verpflichtet, Güter zu lagern und aufzubewahren. Im HGB wird das Lagergeschäft in den §§ 467 bis 475h geregelt.

§ 467 HGB Lagervertrag

(1) Durch den Lagervertrag wird der Lagerhalter verpflichtet, das Gut zu lagern und aufzubewahren.
(2) Der Einlagerer wird verpflichtet, die vereinbarte Vergütung zu zahlen.
(3) ...

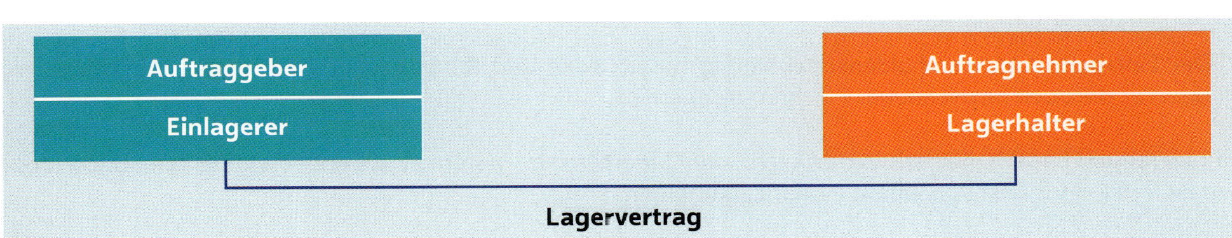

Der auf diese Weise zustande gekommene Lagervertrag wird als **verfügte Lagerung** bezeichnet. Davon zu unterscheiden sind die **verkehrsbedingte** Vor-, Zwischen- und Nachlagerung, die im Rahmen der Besorgertätigkeit des Spediteurs notwendig wird. Lagerungen dieser Art fallen unter den Speditionsvertrag und sind bei der Speditionsversicherung nicht gesondert prämienpflichtig. Die Vorschriften zur Lagerhaltung gelten nur, wenn Lagerung und Aufbewahrung zum Betrieb eines gewerblichen Unternehmens gehören.

Vor-, Zwischen- und Nachlagerungen, siehe Seite 40

21.13.1 Die wesentlichen Pflichten des Lagerhalters

- Werden dem Lagerhalter beschädigte Güter übergeben, hat er **Schadenersatzansprüche** des Einlagerers zu sichern und den Einlagerer zu benachrichtigen.
- Der Lagerhalter hat dem Einlagerer die Besichtigung des Gutes und die Entnahme von Proben während der Geschäftsstunden zu gestatten. Das gleiche gilt, wenn zur Erhaltung des Gutes Arbeiten notwendig sind.

- Der Lagerhalter hat das Gut während der Lagerung in ordnungsgemäßem Zustand zu halten. Das hat zur Folge, dass der Lagerhalter den Einlagerer informieren muss, wenn sich **Veränderungen am Gut** eingestellt haben, die zu Schäden führen könnten. Er hat dann vom Einlagerer Weisungen über die weitere Vorgehensweise einzuholen. Treffen diese Weisungen nicht rechtzeitig ein, hat der Lagerhalter geeignete Maßnahmen zum Schutz der ihm anvertrauten Güter zu treffen.
- Will der Lagerhalter **Waren** gleicher Art und Güte **miteinander mischen**, muss er das Einverständnis der beteiligten Einlagerer einholen (Sammellagerung).

- Auf Verlangen des Einlagerers hat der Lagerhalter das Gut zu **versichern**. Hier ist die typische Lagerversicherung gemeint, nicht die Speditionsversicherung (siehe unten).
- Ist ein **Lagerschein** ausgestellt worden (siehe unten), darf der Lagerhalter das Gut nur gegen Rückgabe des Lagerscheins, auf dem die Auslieferung bescheinigt wird, herausgeben. Teilauslieferungen sind auf dem Lagerschein zu vermerken und vom Lagerhalter zu unterschreiben. Erfüllt der Lagerhalter diese Auflagen nicht, haftet er gegenüber dem rechtmäßigen Besitzer des Lagerscheins.

§ 475 HGB

- **Haftung** des Lagerhalters: Der Lagerhalter haftet für
  - Verlust,
  - Beschädigung des Gutes und
  - Vermögensschäden[1]

  in der Zeit von der Übernahme des Lagergutes bis zur Auslieferung, es sei denn, dass der Schaden durch die Sorgfalt eines ordentlichen Kaufmanns nicht abgewendet werden konnte. Der Lagerhalter haftet nur bei Verschulden. Er hat zu beweisen, dass ihn kein Verschulden am Eintritt des Schadens trifft.

  Haftungsgrenzen hat der Gesetzgeber nicht festgelegt.

  Wesentliche Merkmale der Haftung des Lagerhalters sind demnach:

> - Es liegt eine **Verschuldenshaftung mit umgekehrter Beweislast** vor.
> - Die Haftung des Lagerhalters ist **unbegrenzt**.

21.13.2 Die wesentlichen Pflichten des Einlagerers

- Der Einlagerer muss das Gut verpacken, kennzeichnen und erforderliche Urkunden zur Verfügung stellen. Außerdem hat er dem Lagerhalter alle Auskünfte zu erteilen, die der Lagerhalter zur Erfüllung seiner Pflichten benötigt.
- Wird dem Lagerhalter gefährliches Gut übergeben, sind die Gefahren, die von dem Gut ausgehen, rechtzeitig schriftlich mitzuteilen. Auf erforderliche Vorsichtsmaßnahmen ist hinzuweisen.
- Der Einlagerer hat die vereinbarte Vergütung zu bezahlen.
- Der Einlagerer hat verschuldensunabhängig für Schäden und Aufwendungen zu haften, die entstehen, wenn er die oben bezeichneten Pflichten nicht erfüllt.

Einlagerer und Lagerhalter haben das Recht, den Lagervertrag – sofern er auf unbestimmte Zeit abgeschlossen ist – mit einer Frist von einem Monat zu kündigen.

21.14 Lagerschein

> **Lagerschein** = Wertpapier, in dem sich der Lagerhalter verpflichtet, die Güter nur gegen Rückgabe des Lagerscheins an den berechtigten Besitzer auszuliefern

Ladeschein, siehe Seite 108

Konnossement, siehe Seite 293

Der Lagerschein ist auf Verlangen des Einlagerers vom Lagerhalter auszustellen. Er ist in hohem Maße mit dem Ladeschein vergleichbar. Der berechtigte Besitzer des Lagerscheins ist Eigentümer der im Papier beschriebenen Ware. Damit wird der Lagerschein zu einem Wertpapier.

1 § 475 HGB regelt nur Güterschäden (Verlust, Beschädigung). Der Lagerhalter kann aber über das BGB (z. B. Verwahrvertrag nach §§ 688 ff. BGB) für Vermögensschäden haftbar gemacht werden.

Lagervertrag und Lagerschein regeln unterschiedliche Rechtsbeziehungen:

Lagervertrag	Er regelt das Vertragsverhältnis zwischen Einlagerer und Lagerhalter.
Lagerschein	Er ist für die Rechtsbeziehung zwischen Lagerhalter und berechtigtem Besitzer des Lagerscheins maßgebend.

Durch die Ausstellung des Lagerscheins wird die Vermutung begründet, dass
1. der Lagerhalter das **Gut** so **übernommen** hat, wie es im Lagerschein nach äußerem Zustand, Anzahl, Zeichen und Nummern der Packstücke beschrieben worden ist.
   Hat der Lagerhalter das Gut nach Rohgewicht, Menge oder Inhalt geprüft und wurde das Ergebnis dieser Prüfung im Lagerschein festgehalten, kann man von der Vermutung ausgehen, dass
2. **Gewicht, Menge** oder **Inhalt** mit den Angaben im Lagerschein übereinstimmen.

Wird der Lagerschein einem „gutgläubigen Dritten" übertragen, sind die beiden „begründeten Vermutungen" durch den Lagerhalter nicht widerlegbar. Das heißt, wird der Lagerschein vom Einlagerer an eine andere Person weitergegeben (durch Zession oder Indossament), hat der Erwerber des Lagerscheins eine Urkunde mit hoher Beweiskraft in Händen. Diese Regelung dient dem Vertrauensschutz in die Angaben des Lagerscheins.

Der Lagerhalter stellt den Lagerschein als **Namens- oder Orderpapier** aus. Der Lagerhalter darf daher die Güter nur an denjenigen ausliefern, der im Lagerschein namentlich genannt oder durch Indossament dazu legitimiert wurde.

Namens- und Orderladeschein, siehe Seite 110

Durch § 475g HGB („Traditionsfunktion des Lagerscheins") wird zum Ausdruck gebracht, dass das **Eigentum** an der gelagerten Ware durch einen Orderlagerschein übertragen werden kann. Der durch Indossament legitimierte Besitzer des Lagerscheins hat dadurch nicht nur einen Herausgabeanspruch gegenüber dem Lagerhalter, sondern das stärkere Recht als **Eigentümer** der Ware.
Zu den „abweichenden Vereinbarungen" wird im Abschnitt zum Lagerrecht keine Aussage gemacht, weil das Lagerrecht **uneingeschränkt dispositiv** (veränderbar) ist. Weil Haftungsbegrenzungen fehlen, ist es unbedingt notwendig, dass die Vertragsparteien über Haftungsbegrenzungen Einzelvereinbarungen treffen oder ihrem Vertrag geeignete vorformulierte Geschäftsbedingungen zugrunde legen. Da Lagerhalter in der Regel Spediteure sind, sind die ADSp die entsprechenden Allgemeinen Geschäftsbedingungen für Lagerverträge.
Im internationalen Geschäft kann auch ein **FIATA-Lagerschein** (FIATA-Warehouse-Receipt – FWR) ausgestellt werden. Es handelt sich um einen Namenslagerschein auf der Basis der ADSp, der kein Wertpapier darstellt.

21.15 Lagervertrag nach ADSp

In den ADSp werden einige Aussagen des HGB verfeinert und den Bedürfnissen der Praxis stärker angenähert (Ziffer 15 und 22.3 ADSp).

Beispiele:

- *Der Lagerhalter ist verpflichtet, eine Eingangskontrolle durchzuführen (Art, Menge, Beschaffenheit des Gutes u.a.).*
- *Der Lagerhalter hat regelmäßige Kontrollen des eingelagerten Gutes durchzuführen.*
- *Der Lagerhalter kann den Lagerort wählen (eigene oder fremde Lagerräume).*
- *Ist eine Inventurdifferenz bei einem Einlagerer durch gleichzeitige Fehl- und Mehrbestände entstanden, darf der Lagerhalter den Lagerbestand wertmäßig saldieren.*

Beispiel für die Behandlung von Inventurdifferenzen:

	Produkt A	***Produkt B***
Eröffnungsbestand	*2000*	*2000*
– Auslagerung	*100*	*100*
– Auslagerung	*200*	*400*
– Auslagerung	*100*	*100*
Saldo	*1600*	*1400*
Bestand laut Inventur	*1520*	*1420*
Inventurdifferenz	*–80*	*+20*

Der Lagerhalter darf den Mehrbestand von 20 Stück bei Produkt B gegen den Minderbestand von 80 Stück bei Produkt A aufrechnen. Der Schadenersatz bemisst sich folglich nach dem wertmäßigen Saldo zwischen beiden Differenzen. Hätten Produkt A und B denselben Wert, wäre Schadenersatz für 60 Stück (z. B. zu je 10 kg) zu leisten.
60 Stück à 10 kg = 600 kg x Produktwert = Inventurdifferenz

Haftung des Lagerhalters

In Ziffer 24 wird die unbegrenzte HGB-Haftung des Lagerhalters bei verfügter Lagerung summenmäßig begrenzt.

- Für **Güterschäden** haftet der Lagerhalter
  - maximal bis zu 8,33 SZR pro Bruttokilogramm der Sendung,
  - höchstens 35000,00 EUR je **Schadensfall**; besteht der Schaden eines Auftraggebers aus einer **Inventurdifferenz**, ist die Haftungshöhe auf 70000,00 EUR pro Jahr begrenzt, unabhängig von der Zahl und der Form der durchgeführten Inventuren. Dabei bleibt die 8,33 SZR/kg-Höchstgrenze weiterhin wirksam.
- Der Schadenersatz für reine **Vermögensschäden** ist auf 35000,00 EUR je Schadensfall begrenzt.
- Die Höchsthaftung je **Schadensereignis** beträgt 2,5 Millionen EUR.

Der Ersatz von Güterfolgeschäden ist durch Ziffer 22.2 ADSp ausgeschlossen. Das Wertersatzprinzip gilt demnach auch für den Lagerhalter. Siehe Seite 55

Im Falle eines Schadens infolge von **Inventurdifferenzen** ist folgende Reihenfolge zu beachten:

1. Schaden nach dem Saldieren von Plus- und Minusbeständen wertmäßig ermitteln
2. 8,33 SZR/kg-Höchstgrenze anwenden
3. Die Maximalhaftung von 70000,00 EUR pro Jahr darf nicht überschritten werden.

Ähnlich: Werterhöhung nach CMR, siehe Seite 153

Wertdeklaration

Der Auftraggeber kann die Haftungshöchstgrenzen für Güterschäden im Lagergeschäft anheben, indem er – gegen Zahlung eines Zuschlags – einen Wert angibt, der die genannten Haftungshöchstgrenzen für Güterschäden und Inventurdifferenzen (8,33 SZR/kg, 35000,00 EUR pro Schadensfall und 70000,00 EUR für Iventurdifferenzen pro Jahr) übersteigt. Als neue Höchstgrenze gilt dann der angegebene Wert (**Wertangabe, Wertdeklaration**).

Die Haftung des Lagerhalters nach ADSp im Überblick

Haftungserhöhung durch Wertdeklaration

	Güterschäden	**Vermögensschäden**
je Schadensfall	– max. 8,33 SZR/kg – max. 35 000,00 EUR	– max. 35 000,00 EUR
je Lager-Inventurdifferenz	– max. 70 000,00 EUR	
je Schadensereignis	– max. 2,5 Millionen EUR	

Schaden durch Vorsatz oder grobe Fahrlässigkeit

Die oben genannten Haftungsbegrenzungen gelten nicht, wenn dem Lagerhalter Vorsatz oder grobe Fahrlässigkeit vorzuwerfen ist. Er hat dann für den vollen Schaden aufzukommen.

Beispiel:

Die Sprinkleranlage in einer Lagerhalle war so niedrig aufgehängt, dass schon eine leichte Unvorsichtigkeit eines Schubmaststapler-Fahrers die Sprinkleranlage beschädigen und auslösen konnte. Ein Wasserschaden an einer hochwertigen Sendung mit Elektronikartikeln musste der Lagerhalter deshalb komplett ersetzen, ohne die Haftungsbeschränkungen nach ADSp geltend machen zu können. Ihm war wegen der unzureichenden Anbringung der Sprinkleranlage grobe Fahrlässigkeit vorzuwerfen.

Vertragssituation

Im Regelfall wird der Spediteur seine Lagerverträge auf der Grundlage der ADSp als Allgemeine Geschäftsbedingungen schließen. ADSp und HGB bilden dann die Vertragsbasis für die Lagertätigkeit des Spediteurs.

Häufig kommt es in der Praxis aber zu einer Vermischung von speditioneller (z. B. Sammelgut-Umschlag) und Lagerhaltertätigkeit (Dauerlager), sodass zwei Vertragstypen (Speditions- und Lagervertrag) aufeinandertreffen. Da beide nach unterschiedlichen Haftungsprinzipien arbeiten, sind Konflikte möglich.

Umschlaglager	**Dauerlager**
verschuldensunabhängige Gefährdungshaftung – Haftungsbefreiung nur bei unabwendbarem Ereignis	Verschuldenshaftung mit umgekehrter Beweislast – Haftungsbefreiung, wenn der Spediteur beweisen kann, dass er mit der Sorgfalt eines ordentlichen Spediteurs gearbeitet hat

Beispiel:
*Bei einem Einbruch im Lager des Spediteurs werden Güter **eines** Versenders aus dem Umschlaglager und aus dem Dauerlager entwendet. Für den Spediteur ist es nun schwierig, den Diebstahl als „unabwendbar" darzustellen. Viel leichter ist aber der Beweis, dass ihn kein Verschulden trifft und er mit der Sorgfalt eines ordentlichen Spediteurs gearbeitet hat. Letztlich kann eine Handlung (der Einbruch) zu einer Haftung für die Güter im Umschlaglager (Gefährdungshaftung) und zu einer Haftungsablehnung im Dauerlagerbereich (Verschuldenshaftung) führen – eine Situation, die ein Spediteur seinem Kunden nur schwer erklären kann.*

Letztlich aber schaffen die ADSp für Güterschäden ein weitgehend einheitliches Regelwerk:

→ Die Kilogrammhaftung von 8,33 SZR gilt für Güterschäden, die
- auf dem Umschlaglager,
- während des Transports und
- in der Lagerhaltung (Dauerlager) entstehen.

Betrachtet man die Haftungsbegrenzungen des Spediteurs für Beförderung, Umschlag und Lagerung nach ADSp, so ergibt sich folgendes Bild:

Haftungsbegrenzungen des Spediteurs für Beförderung, Umschlag und Lagerung	
durchgehend für Beförderung, Umschlag, Dauerlager	8,33 SZR/kg
maximal pro Vermögensschaden:	125 000,00 EUR
maximal im Lager:	35 000,00 EUR
maximal für Inventurdifferenzen:	75 000,00 EUR
maximal pro Schadensfall:	1 250 000,00 EUR/Minimum 2 SZR/kg
maximal pro Schadensereignis:	2 500 000,00 EUR/Minimum 2 SZR/kg

21.16 Versicherung von Lagergut

21.16.1 Haftungsversicherung des Spediteurs

Die ADSp verpflichten den Spediteur, sich gegen Haftungsansprüche nach HGB und ADSp zu versichern. Die Haftungsversicherung gilt für alle Verkehrsverträge des Spediteurs, also auch für seine Lagerverträge aus verfügter Lagerung. Voraussetzung ist allerdings, dass der Spediteur Lagergeschäfte in seiner Betriebsbeschreibung auch angegeben hat.

Haftungsversicherung für den Spediteur, Güterversicherung für den Einlagerer, siehe Seiten 60 und 68

Die Haftung des Lagerhalters nach HGB ist zwar verschuldensabhängig, der Höhe nach aber unbegrenzt. Daher ist eine Haftungsversicherung – neben einer Haftungsbegrenzung über die ADSp – für den Spediteur unbedingt erforderlich.

Betriebsbeschreibung, siehe Seite 60

21.16.2 Lagerversicherung des Einlagerers

Die relativ niedrigen Haftungsgrenzen der ADSp lassen es auch für den Einlagerer ratsam erscheinen, sein eingelagertes Gut mit einer Versicherung vor Lagerrisiken zu schützen. Über die Güterversicherung sind nur begrenzte Lagerzeiten (30 bis–120 Tage) als **verkehrsbedingte** Vor-, Zwischen- und Nachlagerungen oder **verfügte** Zwischenlagerungen im Rahmen einer Beförderung versicherbar.

Siehe Ziffer 21 ADSp.

Vor-, Zwischen- und Nachlagerungen, siehe Seite 40

Typische Lagerrisiken sind Feuer-, Einbruchdiebstahl-, Sturm- und Wasserschäden **(Elementarrisiken).** Eine Lagerversicherung umfasst gewöhnlich diese vier Teilversicherungen, wenngleich auch einzelne Risiken, mindestens aber die Feuerversicherung, abgedeckt werden können.

Eine Lagerversicherung ersetzt alle Schäden am gelagerten Gut, die aus diesen vier Elementarrisiken entstanden sind, unabhängig von der Frage, ob der Lagerhalter die Schäden verschuldet hat.

Zusammenfassung	Lagerlogistik – Kennzahlen und Lagervertrag	
Kennzahlen:	▪ Ø-Lagerbestand ▪ Umschlagshäufigkeit ▪ Ø Lagerdauer ▪ Lager-Reichweite	▪ Lagerkostensatz ▪ Kosten pro Lagerbewegung ▪ Auslastungsgrad
Lagervertrag:	▪ Umschlaglager ▪ verfügte Lagerung (Dauerlager, Lagervertrag) ▪ Vertragspartner: Einlagerer – Lagerhalter ▪ Vertragsgrundlagen: HGB + ADSp oder spezieller Logistikvertrag	
Haftung:	nach **HGB:** ▪ Haftung für Güterschäden ▪ Haftungshöhe: unbegrenzt ▪ Verschuldenshaftung mit umgekehrter Beweislast	nach **ADSp:** ▪ Güterschäden, maximal bis zu – 8,33 SZR/kg – 35 000,00 EUR (Schadensfall) – 70 000,00 EUR für Inventurdifferenzen – 2,5 Millionen EUR (Schadensereignis) ▪ Vermögensschäden (bis zu 35 000,00 EUR) ▪ Verschuldenshaftung
Lagerschein:	Wertpapier, in dem sich der Lagerhalter verpflichtet, die Güter nur gegen Rückgabe des Lagerscheins an den berechtigten Besitzer auszuliefern. ▪ Namens- oder Orderlagerschein	
Versicherung:	▪ Haftungsversicherung des Spediteurs ▪ Lagerversicherung des Einlagerers (Elementarrisiken: Feuer-, Einbruchdiebstahl-, Sturm- und Wasserschäden)	

Zusammenfassung

Verkehrsversicherungen

Haftungsversicherung

Sie stellt sicher, dass der **Spediteur** seine Haftpflicht

- **nach Gesetz** (z. B. HGB) und
- **nach Vertrag** (über die Allgemeinen Geschäftsbedingungen, im Regelfall ADSp)

erfüllen kann.

Die Versicherung gilt für alle Vertragstypen (Speditions-, Fracht-, Lagervertrag).

Güterversicherung

Versicherung der **Güter nach Ziffer 21 ADSp**, die Gegenstand des Verkehrsvertrages sind. Die Versicherung sorgt dafür, dass der Versender – unabhängig von der Haftung der Beteiligten – ausreichenden Schadenersatz erhält.

Verkehrsbedingte Vor-, Zwischen- und Nachlagerungen bis zu 30 Tagen und verfügte Lagerungen – sofern vereinbart – bis zu 120 Tagen sind eingeschlossen.

Gütertransportversicherung

Versicherung, die alle Gefahren, denen Güter beim Transport ausgesetzt sind, abgedeckt. Durch die Vereinbarung bestimmter Klauseln erwirbt der Versicherungsnehmer einen bedarfsgerechten Versicherungsschutz, einschließlich Güterfolge- und reine Vermögensschäden. Auch Vor-, Zwischen- und Nachlagerungen können – zeitlich begrenzt – einbezogen werden.

Lagerversicherung

Sie ersetzt alle Schäden am gelagerten Gut, die aus den vier Elementarrisiken

- Feuer,
- Einbruchdiebstahl,
- Sturm und
- Wasser

entstanden sind.

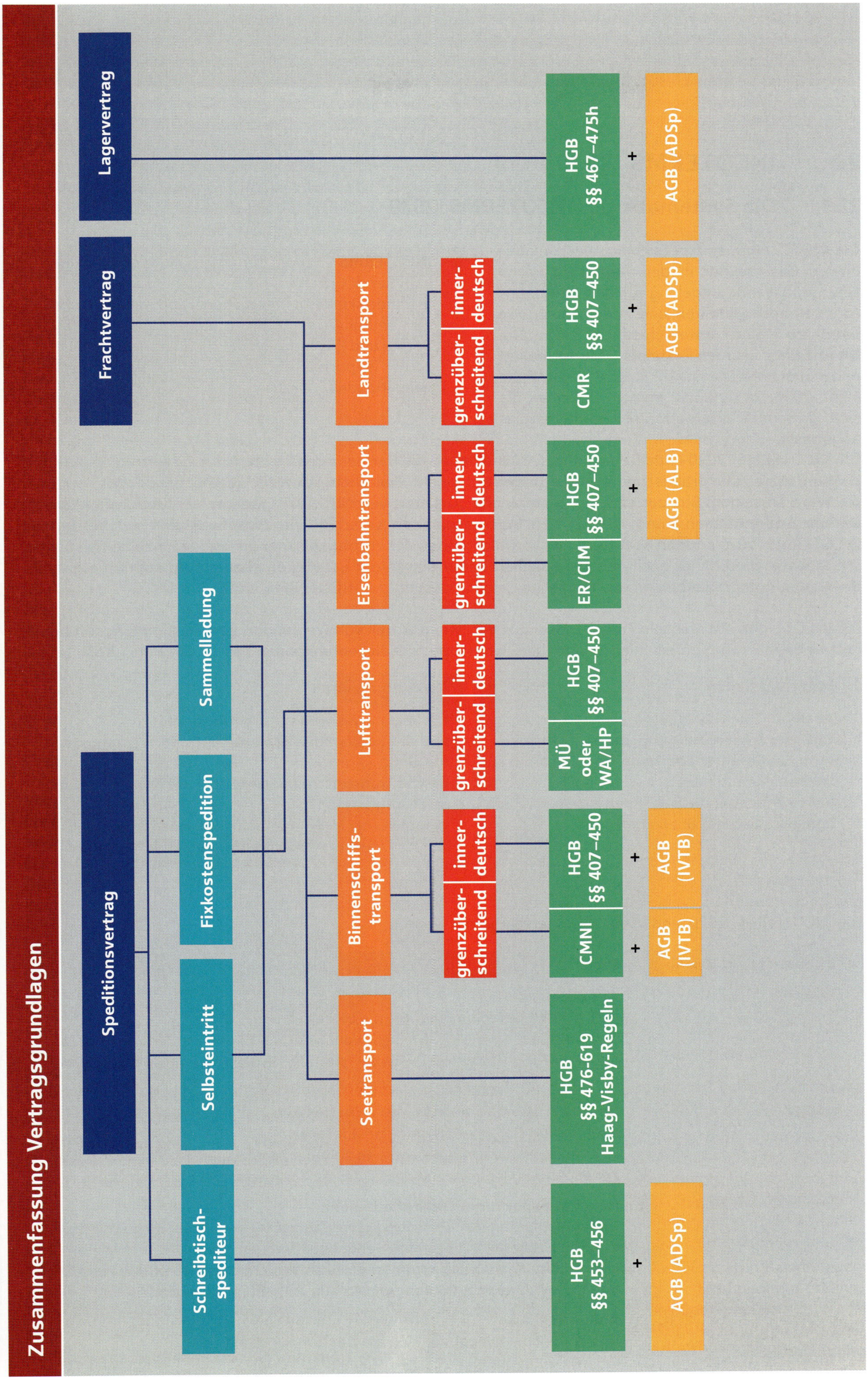
Zusammenfassung Vertragsgrundlagen
Speditionsvertrag
Frachtvertrag
Lagervertrag
Schreibtisch-
spediteur
Selbsteintritt
Fixkostenspedition
Sammelladung
HGB
§§ 453–456
+
AGB (ADSp)
Seetransport
HGB
§§ 476–619
Haag-Visby-Regeln
Binnenschiffs-
transport
grenzüber-
schreitend
inner-
deutsch
CMNI
+
AGB
(IVTB)
HGB
§§ 407–450
+
AGB
(IVTB)
Lufttransport
grenzüber-
schreitend
inner-
deutsch
MÜ
oder
WA/HP
HGB
§§ 407–450
Eisenbahntransport
grenzüber-
schreitend
inner-
deutsch
ER/CIM
HGB
§§ 407–450
+
AGB (ALB)
Landtransport
grenzüber-
schreitend
inner-
deutsch
CMR
HGB
§§ 407–450
+
AGB (ADSp)
HGB
§§ 467–475h
+
AGB (ADSp)

Lernfeld 10
Exportaufträge bearbeiten

22 INCOTERMS® 2020

22.1 Die Systematik der INCOTERMS® 2020

www.iccgermany.de

ICC = International Chamber of Commerce (private Wirtschaftsorganisation)

ICC = Institute Cargo Clauses

Siehe Transportversicherung Seite 392

Die INCOTERMS® sind notwendig, weil die nationalen Gesetze nur in den wenigsten Fällen eine umfassende Regelung für den internationalen Handel enthalten und zudem noch von Land zu Land unterschiedlich sind. Die INCOTERMS® wurden erstmals 1936 formuliert und in den Folgejahren (1953, 1967, 1976, 1980, 1990, 2000, 2010, 2020) immer wieder an die sich ändernde internationale Handelspraxis angepasst.

INCOTERMS® = von der Internationalen Handelskammer (ICC) in Paris herausgegebene internationale Handelsklauseln (International Commercial Terms). Sie enthalten einheitliche Regelungen wichtiger Rechte und Pflichten von Käufer (Importeur) und Verkäufer (Exporteur) im internationalen wie im nationalen Handel.

Die INCOTERMS® 2020 enthalten elf Klauseln, mit denen die Partner ihre Pflichten im Kaufvertrag so aufteilen können, wie es den praktischen Anforderungen entspricht. Zwischen „Ab Werk" (EXW), bei der der Verkäufer die Ware an seinem Sitz zur Verfügung stellt, und „Geliefert verzollt" (DDP), bei der der Käufer die Ware an seinem Sitz entgegennimmt, stehen den Vertragsparteien verschiedene Zwischenstufen zur Verfügung. INCOTERMS® 2020 können aber nicht alle Verpflichtungen der Vertragspartner bis in jede Einzelheit festlegen. Die Klauseln sind daher nach den individuellen Bedürfnissen der Beteiligten abzuändern oder zu ergänzen. Bei Auslegungsproblemen gilt die englische Originalfassung der INCOTERMS® 2020.

Die INCOTERMS® 2020 regeln Fragen, die entstehen, wenn Waren vom Versandort zum Bestimmungsort befördert werden. Es wird unterschieden zwischen den Haupt- und Nebenfunktionen der INCOTERMS® 2020.

Dokumente können auch in elektronischer Form vorliegen.

Hauptfunktionen	Nebenfunktionen
Die INCOTERMS® 2020 regeln, wann der **Kostenübergang** und wann der **Gefahrenübergang** vom Verkäufer auf den Käufer stattfindet. Welche **Pflichten** die Beteiligten jeweils für ihren Transportabschnitt übernehmen.	Darüber hinaus wird vor allem festgelegt, wer welche **Warendokumente** (z. B. ein Ursprungszeugnis) und welche **Transportdokumente** (z. B. ein Konnossement) zu besorgen hat. Wer die Güter in welcher Höhe **versichern** muss und wer den Partner worüber und wann zu **informieren** hat.

Die INCOTERMS® 2020 sind in vier Gruppen eingeteilt worden:

Gruppe	Klauseln	Inhalt
Gruppe E	EXW	**Abholklausel** Kosten- und Gefahrenübergang am **Lieferort** Der Verkäufer hat die Ware lediglich auf seinem Gelände zur Verfügung zu stellen. Der Käufer (Importeur) trägt die gesamten Kosten und das alleinige Transportrisiko.
Gruppe F	FCA, FAS, FOB	**Haupttransport vom Verkäufer nicht bezahlt** Kosten- und Gefahrenübergang am **Lieferort** Der Verkäufer hat die Ware einem vom Käufer beauftragten Frachtführer zu übergeben. Ab der Übergabe hat der Käufer die Kosten und Gefahren zu tragen.
Gruppe C	CFR, CIF, CPT, CIP	**Haupttransport vom Verkäufer bezahlt** Der Verkäufer hat den Beförderungsvertrag auf eigene Kosten abzuschließen. Der Käufer übernimmt das Risiko aber bereits ab der Übergabe der Ware an den Frachtführer (bzw. Schiff im Verschiffungshafen), sodass sich Kosten- und Gefahrenübergang nicht decken (sogenannte Zwei-Punkt-Klauseln).
Gruppe D	DAP, DPU, DDP	**Ankunftsklausel** Kosten- und Gefahrenübergang am **Bestimmungsort** Der Verkäufer übernimmt die Kosten und das Risiko für den Transport bis zur Ankunft der Ware am Bestimmungsort.

INCOTERMS® 2020 im Überblick

Im Anhang ist der INCOTERM® 2020 CIF abgedruckt.

INCOTERMS® 2020			
Gruppe	**Code**	**englisch**	**deutsch**
E	EXW	EX Works ... (named place of delivery)	ab Werk ... (benannter Lieferort)
F	FCA	Free Carrier ... (named place of delivery)	frei Frachtführer ... (benannter Lieferort)
	FAS	Free Alongside Ship ... (named port of shipment)	frei Längsseite Schiff (benannter Verschiffungshafen)
	FOB	Free On Board ... (named port of shipment)	frei an Bord ... (benannter Verschiffungshafen)
C	CFR	Cost and Freight ... (named port of destination)	Kosten und Fracht ... (benannter Bestimmungshafen)
	CIF	Cost, Insurance and Freight ... (named port of destination)	Kosten, Versicherung und Fracht ... (benannter Bestimmungshafen)
	CPT	Carriage Paid To ... (named place of destination)	frachtfrei ... (benannter Bestimmungsort)
	CIP	Carriage and Insurance Paid to ... (named place of destination)	frachtfrei versichert ... (benannter Bestimmungsort)
D	DAP	Delivered at Place ... (named place of destination)	geliefert benannter Ort ... (benannter Bestimmungsort)
	DPU	Delivered at Place unloaded ... (named place of destination)	geliefert benannter Ort entladen ... (benannter Bestimmungsort)
	DDP	Delivered Duty Paid ... (named place of destination)	geliefert verzollt ... (benannter Bestimmungsort)

Die elf Klauseln belasten den Käufer mit EXW zunächst sehr stark mit Kosten und Risiken. Danach werden die Lasten Schritt für Schritt bis zu DDP auf den Verkäufer verschoben.

Jede Klausel ist einheitlich aufgebaut und regelt folgende Bereiche:

Verkäufer	Inhalt	Käufer
A1	Allgemeine Verpflichtungen	B1
A2	Lieferung/Übernahme	B2
A3	Gefahrübergang	B3
A4	Transport	B4
A5	Versicherung	B5
A6	Liefer-/Transportdokument	B6
A7	Ausfuhr-/Einfuhrabfertigung	B7
A8	Prüfung/Verpackung/Kennzeichnung	B8
A9	Kostenverteilung	B9
A10	Benachrichtigungen	B10

22.2 Gefahren- und Kostenübergang

K = Käufer,
V = Verkäufer

INCOTERMS® 2020							
	Exportfreimachung	Importfreimachung	Transportvertrag	Lieferort	Gefahrenübergang Verkäufer → Käufer	Kostenübergang Verkäufer → Käufer	Transportversicherung
EXW	K	K	K	Werk des Verkäufers	Lieferort		
FCA	V	K	K	Ort der Übergabe an den Frachtführer	Lieferort		
FAS	V	K	K	Längsseite Schiff im Verschiffungshafen	Lieferort		
FOB	V	K	K	Schiff im Verschiffungshafen	Verladen an Bord		
CFR	V	K	V	Schiff im Verschiffungshafen	Verladen an Bord	Bestimmungshafen	
CIF	V	K	V	Schiff im Verschiffungshafen	Verladen an Bord	Bestimmungshafen	Mindestdeckung (Verkäufer)
CPT	V	K	V	Ort der Übergabe an den ersten oder benannten Frachtführer	Lieferort	Bestimmungsort	
CIP	V	K	V	Ort der Übergabe an den ersten oder benannten Frachtführer	Lieferort	Bestimmungsort	volle Deckung (Verkäufer)
DAP	V	K	V	Bestimmungsort	Bestimmungsort		
DPU	V	K	V	Bestimmungsort	Bestimmungsort		
DDP	V	V	V	Bestimmungsort	Bestimmungsort		

Transportversicherungsklauseln siehe Seite 394

Exportfreimachung	Übernahme der Kosten der Ausfuhrabfertigung im Exportland
Importfreimachung	Übernahme der Kosten der Einfuhrabfertigung im Importland
Transport	Jene Partei, die für den Abschluss des Transportvertrages und für die Organisation des ordnungsgemäßen Transportes bis zum Punkt des Kostenüberganges zuständig ist; der Abschluss einer Transportversicherung kann von Vorteil sein.
Lieferort	Ort, an dem der Verkäufer zu liefern hat: an diesem Punkt übergibt er die Ware in den Verantwortungsbereich des Käufers.
Gefahrenübergang	Übergang des Risikos vom Verkäufer auf den Käufer: Der Käufer ist ab hier zur Zahlung des Kaufpreises verpflichtet, auch wenn die Ware anschließend untergeht oder sich verschlechtert.
Kostenübergang	Ort, an dem die Kosten (Transport, Zölle, Steuern und andere öffentliche Abgaben sowie die Kosten der Zollformalitäten, die bei der Ausfuhr- oder Einfuhr der Ware und ggf. bei der Durchfuhr durch ein drittes Land anfallen) vom Verkäufer auf den Käufer übergehen
Transportversicherung	Versicherung für den Transport, die der Verkäufer nur bei den Klauseln CIF und CIP auf eigene Kosten zugunsten des Käufers abzuschließen hat. Der Incoterm CIF verlangt nur eine Mindestdeckung (Klausel C der Institute Cargo Clauses), CIP erfordert die volle Deckung (Klausel A, all risk). Die Versicherung muss den Kaufpreis zuzüglich 10% (d.h. 110%) decken und in der Währung des Kaufvertrages abgeschlossen sein. Versichert ist der Transport vom Lieferort/Verschiffungshafen bis zum Bestimmungsort/-hafen. CIF: Mindestdeckung nach Klausel C CIP: volle Deckung nach Klausel A

Erläuterung der einzelnen Klausel

EXW	Der Verkäufer hat seine Lieferpflicht erfüllt, wenn er die Ware auf seinem Gelände (Werk, Lager u. Ä.) zur Verfügung stellt, ohne Verladung auf das abholende Beförderungsmittel. Der Käufer trägt alle Kosten und Gefahren, die mit dem Transport der Ware vom Gelände des Verkäufers zum Bestimmungsort verbunden sind.
FCA	Der Verkäufer hat seine Lieferpflicht erfüllt, wenn er die Ware dem vom Käufer benannten Frachtführer am benannten Ort übergibt. Von diesem Moment an trägt der Käufer Kosten und Gefahr.
FAS	Der Verkäufer hat seine Lieferpflicht erfüllt, wenn sich die Ware längsseits des Schiffes im benannten Verschiffungshafen befindet. Kosten und Gefahren trägt der Verkäufer bis zum Lieferort.
FOB	Die Lieferpflicht ist erfüllt, wenn die Ware an Bord des Schiffes im benannten Verschiffungshafen verladen worden ist. Von diesem Zeitpunkt an trägt der Käufer Kosten und Gefahren.
CFR	Der Verkäufer hat seine Lieferpflicht erfüllt, wenn er die Ware an Bord des Schiffes im Verschiffungshafen verladen hat. Danach gehen Kosten und Gefahren auf den Käufer über.
CIF	Wie CFR, der Verkäufer hat zusätzlich die Pflicht, eine Transportversicherung (Mindestdeckung) abzuschließen und die Prämie dafür zu bezahlen.
CPT	Der Verkäufer trägt die Fracht für die Beförderung bis zum benannten Bestimmungsort. Die Gefahr jedoch trägt der Käufer von dem Moment an, in dem die Ware dem ersten oder dem benannten Frachtführer übergeben worden ist.
CIP	Wie CPT, der Verkäufer hat zusätzlich die Pflicht, eine Transportversicherung (volle Deckung) gegen die vom Käufer getragene Gefahr zu übernehmen.
DAP	Die Lieferverpflichtung des Verkäufers ist erfüllt, wenn er die Ware am benannten Platz **entladebereit** zur Verfügung stellt. Bis zu diesem Punkt trägt der Verkäufer alle Kosten und Gefahren.
DPU	Der Verkäufer hat seine Lieferpflicht erfüllt, sobald er die Ware am vereinbarten Bestimmungsort **entladen** zur Verfügung stellt. Kosten und Gefahren sind vom Verkäufer bis zum Bestimmungsort zu übernehmen.
DDP	Der Verkäufer hat seine Lieferpflicht erfüllt, wenn die verzollte Ware am benannten Ort im Einfuhrland entladebereit zur Verfügung gestellt wird. Er trägt alle Kosten und Gefahren der Beförderung einschließlich aller Einfuhrabgaben und Steuern.

C-Klauseln sind Zweipunktklauseln

Die C-Klauseln haben im Vergleich zu den übrigen INCOTERMS® 2020 eine Besonderheit: Kosten- und Gefahrenübergang fallen auseinander. Der **Verkäufer** hat seine Verpflichtungen aus dem Kaufvertrag erfüllt, wenn er

- den Beförderungsvertrag abgeschlossen,
- die Ware dem Frachtführer übergeben und
- (nur für CIF und CIP) die Ware versichert hat (Mindest- bzw. volle Deckung).

Die Gefahren für Verlust und Beschädigung der Güter sowie weitere Kosten, die nach der Übergabe der Ware an den Frachtführer entstehen, gehen zulasten des **Käufers**.
Da der Verkäufer seine Verpflichtungen im Verschiffungs- bzw. Versandland erfüllt, sind die C-Klauseln keine „Ankunftsklauseln", sondern eher mit den F-Klauseln vergleichbar: C-Klauseln sind **Absendeklauseln**, allerdings bezahlt der Verkäufer den Hauptlauf.

Einpunktklausel: Der Zeitpunkt des Gefahrenübergangs entspricht dem Zeitpunkt des Kostübergangs.

Zweipunktklausel: Es gibt zwei verschiedene Punkte für den Gefahren- und den Kostenübergang.

Wer ist zum Abschluss des Transportvertrages verpflichtet?

Bei den E-Klauseln muss der Käufer immer, bei den F-Klauseln im Normalfall für den Transportvertrag sorgen, sind C- oder D-Klauseln vereinbart worden, hat der Verkäufer diese Pflicht.

E- und F-Klauseln				C- und D-Klauseln						
EXW	FCA	FAS	FOB	CFR	CIF	CPT	CIP	DAP	DPU	DDP
Käufer				Verkäufer						

Wer muss für die Zollabfertigung sorgen?

Die INCOTERMS® 2020 bestimmen für den Regelfall, dass

- der Exporteur die Ware zur Ausfuhr abfertigt und
- der Importeur die Einfuhrabfertigung übernimmt.

Nach EXW ist es jedoch Aufgabe des Käufers, die Ware im Ausfuhrland abfertigen zu lassen. Umgekehrt hat der Verkäufer nach der Klausel DDP die Ware im Importland zu verzollen. Bei den übrigen Incoterms haben sich die Vertragspartner gegenseitig bei der Aus- und Einfuhrabfertigung zu unterstützen.

INCOTERMS®	EXW	FAS	FCA	FOB	CFR	CIF	CPT	CIP	DAP	DPU	DDP
Exportfreimachung	Käufer	Die Exportfreimachung ist Sache des Verkäufers (Exporteurs). Ausnahme: EXW									
Importfreimachung	Die Importfreimachung ist Sache des Käufers (Importeur). Ausnahme: DDP										Verkäufer

22.3 Gliederung der INCOTERMS® 2020 nach Transportarten

Bestimmte INCOTERMS® 2020, z. B. FAS (frei Längsseite Schiff), enthalten seetechnische Begriffe. Folglich sollten diese INCOTERMS® 2020 auch Transporten vorbehalten bleiben, die in Zusammenhang mit einer Schiffsbeförderung stehen. Andere INCOTERMS® 2020 sind verkehrsträgerneutral formuliert. Sie eignen sich daher auch für alle Transportarten.

INCOTERMS® 2020 nach Transportart		
Für alle Transportarten	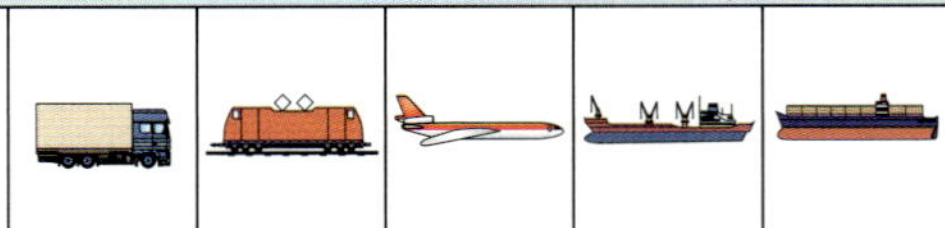	EXW, FCA, CPT, CIP, DAP, DPU, DDP
Lufttransport	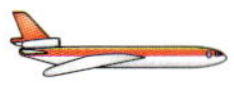	FCA
Eisenbahntransport		FCA
Schiffstransport	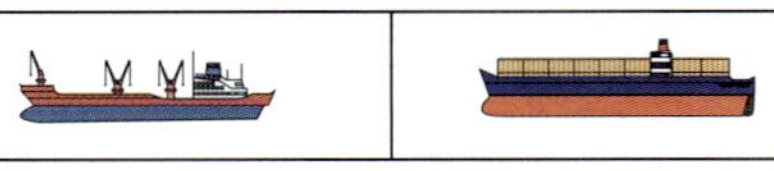	FAS, FOB, CFR, CIF

Die INCOTERMS® 2020 in der offiziellen Version der ICC sind nach Transportarten gegliedert:

Eine grafische Darstellung der INCOTERMS® 2020 befindet sich auf Seite 386.

EXW	FCA	CPT	CIP	DAP	DPU	DDP	FAS	FOB	CFR	CIF
für alle Transportarten							für See- und Binnenschiffstransporte			

22.4 Einzelfragen zu den INCOTERMS® 2020

Wie soll der INCOTERM® 2020 im Kaufvertrag konkretisiert werden?

Vereinbaren Verkäufer und Käufer in ihrem Kaufvertrag den INCOTERM® 2020 FCA Frankfurt Flughafen, ist der Lieferort (Niederlassung einer Luftfrachtspedition) ungenau konkretisiert. Wenn aus den Lieferpapieren nicht eindeutig hervorgeht, an welche genaue Lieferadresse die Ware zu befördern ist, wird es für den Lkw-Fahrer schwer, die Verpflichtung aus dem INCOTERM® 2020 zu erfüllen.
Es wird daher empfohlen, den Lieferort so genau wie möglich zu benennen. Außerdem ist anzugeben, auf welche Version der INCOTERMS® sich die Vertragspartner beziehen. Eine korrekte Formulierung könnte daher lauten:

FCA Frankfurt Main, Cargo City Süd, Gebäude 578d, INCOTERMS® 2020

Routing Order = schriftliche Weisung des Importeurs an den Exporteur, die für den Importeur bestimmte Sendung an einen benannten Spediteur/eine benannte Reederei zu übergeben.

Wer ist Frachtführer?

Nach den F-Klauseln muss der Verkäufer die Güter nach Anweisung des Käufers zur Beförderung übergeben. Da der Käufer den Frachtvertrag abschließt, ist dem Verkäufer mitzuteilen, an wen er die Sendung abzuliefern hat (**Routing Order**). Die INCOTERMS® 2020 verstehen unter „Frachtführer" sowohl den vertraglichen als auch den ausführenden Frachtführer. Ein Spediteur, der Sammelladung- oder Fixkostenspedition betreibt oder als MTO tätig ist, hat die Position eines vertraglichen Frachtführers. Der Verkäufer erfüllt demnach seine Lieferverpflichtung auch dann, wenn er die Sendung einem Spediteur übergibt.
Wird der Spediteur nur besorgend in die Vertragsabwicklung eingebunden und sind die Klauseln CPT oder CIP vereinbart worden, ist „erster Frachtführer" derjenige, der vom Spediteur mit der Durchführung des Transportes beauftragt wird. Sind mehrere Frachtführer für die Durchführung des Transportes notwendig, ist erster Frachtführer derjenige Frachtführer, der die Ware auch tatsächlich als Erster übernimmt (z. B. an der Rampe des Exporteurs).

Wie ist die Ver- und Entladung geregelt?

Die **Verladung** ist grundsätzlich Aufgabe des Verkäufers, weil man davon ausgehen kann, dass er über die notwendigen Fördermittel verfügt. Es gibt aber Ausnahmen: **EXW:** Der Verkäufer muss die Ware lediglich an seinem Werk zur Verfügung stellen. Er soll von Verpflichtungen weitgehend freigestellt werden. Auch die Verladung ist daher durch den Käufer zu veranlassen.
FCA: In der Klausel FCA ist die Verpflichtung zur Ver- und Entladung in Abhängigkeit vom Lieferort geregelt:

- Der Verkäufer ist für die Verladung verantwortlich, wenn die Lieferung bei ihm stattfindet (z.B. der Käufer lässt die Ware durch einen Frachtführer beim Verkäufer abholen). Diese Regelung ist einleuchtend, weil der Verkäufer an seinem Ort (Werk, Lager) über die nötigen Flurfördermittel verfügt.
- Erfüllt der Verkäufer seine Lieferpflicht an einem anderen Ort (z.B. durch die Beförderung der Güter zum Lager eines Luftfrachtführers), ist er nicht zur Entladung verpflichtet. Er hat die Güter lediglich entladebereit zur Verfügung zu stellen. Grund: Dem empfangenden Frachtführer fällt es leichter, die Güter zu entladen, als dem anliefernden Frachtführer (z.B. in der Person des Lkw-Fahrers).

Die Pflicht zum **Entladen** am Bestimmungsort/Bestimmungshafen hat grundsätzlich der **Käufer**, weil man davon ausgeht, dass es dem Käufer leichter fällt, die Entladung selbst zu übernehmen oder am Bestimmungsort/im Bestimmungshafen zu organisieren.
Die einzige Ausnahme ist der Incoterm **DPU**, bei dem das „U" für „Unloaded" (entladen) bereits darauf verweist, dass trotz der Ankunftsklausel der **Verkäufer** für die Entladung zuständig ist. Bei Abschluss des Kaufvertrages muss der Verkäufer sorgfältig überlegen, ob er technisch in der Lage ist, die Ware am Bestimmungsort vom Beförderungsmittel zu entladen. Andernfalls ist es ratsam, auf den Incoterm DAP auszuweichen.

Sonderfall

Ist der Verkäufer verpflichtet, den Beförderungsvertrag abzuschließen (C- und D-Klauseln), ist es möglich, dass die Entladung im Beförderungsvertrag eingeschlossen ist, z.B. bei einer Seebeförderung. Ausnahmsweise trägt dann der Verkäufer die Löschkosten im Bestimmungshafen und er darf dem Käufer diese Kosten nicht in Rechnung stellen.

Ver- und Entladen

	EXW	FCA	FAS	FOB	CFR	CIF	CPT	CIP	DAP	DPU	DDP
Verladen	K	V	V	V	V	V	V	V	V	V	V
Entladen	K	K	K	K	K	K	K	K	K	V	K

V = Verkäufer, K = Käufer

Grafische Darstellung der INCOTERMS® 2020

Die Grafik auf der nächsten Seite zeigt die INCOTERMS® 2020 mit ihren zentralen Unterscheidungsmerkmalen Kosten- und Gefahrenübergang sowie Versicherungspflicht. Bei den E-, F- und D-Terms decken sich Kosten- und Gefahrenübergang, sichtbar durch einen einheitlichen Balken. Die C-Terms als 2-Punkt-Terms unterscheiden nach Kosten- und Gefahrenübergang. Außerdem ist die Reichweite der Versicherungspflicht ergänzt worden.
Zur Versicherungspflicht ist noch anzumerken: Nach der CIF-Klausel sind z. B. nur die Risiken der Seestrecke und diese auch nur nach Mindestbedingungen abzudecken. Im Schadensfall kann es zu Schwierigkeiten kommen, wenn der Schadensort nicht genau ermittelt werden kann. Eine Haus-Haus-Versicherung beseitigt diesen Missstand und gibt dem Importeur deutlich mehr Sicherheit.
Generell ist zu empfehlen, eine Transportversicherung mit folgenden zentralen Merkmalen auszustatten:

- Versicherungs**reichweite:** Haus-Haus (Haus des Versenders – Haus des Empfängers)
- Versicherungs**umfang:** „volle Deckung" („all risks")

Siehe Transportversicherung Seite 392

Zusammenfassung	INCOTERMS®	
Definition:	Standardisierte Lieferbedingungen, die vertraglich zwischen Verkäufer und Käufer vereinbart werden.	
Anwendung:	▪ Kaufvertrags-Vereinbarung ▪ Organisationshinweise für den Spediteur	
Gruppen:	E = Abholklausel F = Hauptlauf → Käufer C = 2-Punkt-Klausel, Hauptlauf → Verkäufer D = Ankunftsklausel	EXW FCA, FAS, FOB CFR, CIF, CPT, CIP DAP, DPU, DDP
Inhalte:	10 geregelte Bereiche	Kostenübergang Gefahrenübergang Informationspflichten usw.
Einsatz:	Seeschifffahrt/Binnenschifffahrt: FAS, FOB, CFR, CIF Lufttransport/Eisenbahntransport: FCA für alle Transportarten: EXW, FCA, CPT, CIP, DAP, DPU, DDP	

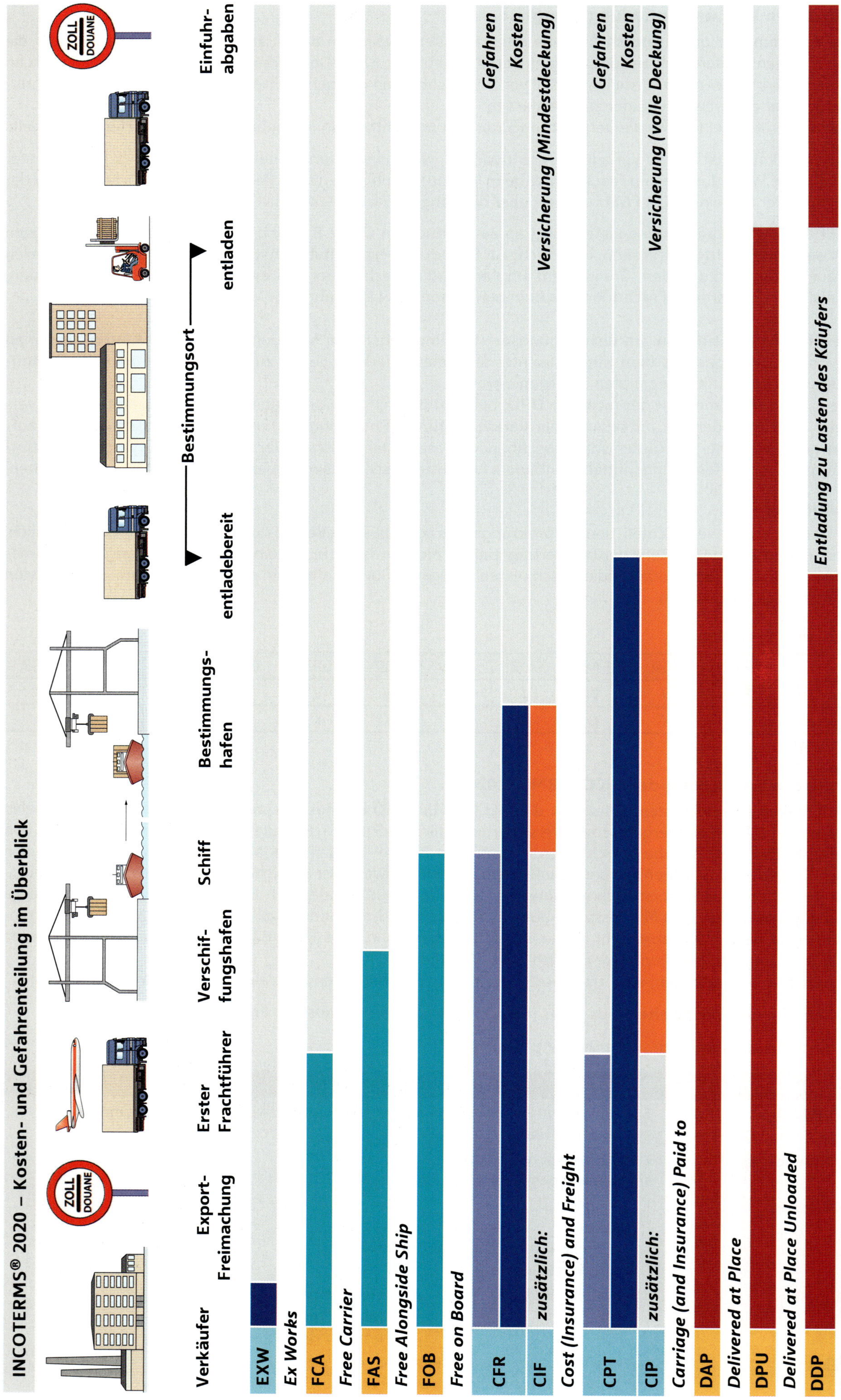

INCOTERMS® 2020 – Kosten- und Gefahrenteilung im Überblick
ZOLL DOUANE
ZOLL DOUANE
Verkäufer
Export-Freimachung
Erster Frachtführer
Verschif-fungshafen
Schiff
Bestimmungs-hafen
entladebereit
Bestimmungsort
entladen
Einfuhr-abgaben
EXW
Ex Works
FCA
Free Carrier
FAS
Free Alongside Ship
FOB
Free on Board
CFR
Gefahren
Kosten
CIF
zusätzlich:
Versicherung (Mindestdeckung)
Cost (Insurance) and Freight
CPT
Gefahren
Kosten
CIP
zusätzlich:
Versicherung (volle Deckung)
Carriage (and Insurance) Paid to
DAP
Delivered at Place
DPU
Delivered at Place Unloaded
DDP
Entladung zu Lasten des Käufers
Delivered Duty Paid

23 Zahlungssicherung im Außenhandel

23.1 Risiken im Auslandsgeschäft

Die Weltwirtschaft rückt immer näher zusammen. Große Unternehmen betätigen sich selbstverständlich über die Ländergrenzen hinweg und fusionieren zu immer größeren multinationalen Einheiten. Aber auch kleinere und mittlere Unternehmen suchen neue Absatz- und Beschaffungsmärkte auf der ganzen Welt. Diese neue Sichtweise wird heute mit dem Schlagwort **Globalisierung** belegt. Trotzdem bleiben Auslandsgeschäfte mit besonderen Risiken behaftet, die geeignete Maßnahmen zur Absicherung dieser Gefahren erfordern.

- **Länderrisiko:** Die Medien machen jeden Tag deutlich, dass es Staaten gibt, die von politischer Instabilität (Regierungskrisen, Bürgerkrieg und Krieg) heimgesucht werden.

  Manche Länder sind auch von besonderen wirtschaftlichen Nöten betroffen, die zur Folge haben, dass Geschäftspartner von Zahlungsunfähigkeit bedroht sind. Diese Risiken kann man zum Teil über Versicherungen (z. B. durch die Kriegsklausel einer Transportversicherung) oder durch eine besondere staatliche Bürgschaft (Hermes-Bürgschaft) abdecken.

www.eulerhermes.de

- **Transportrisiko:** Außenhandelsgeschäfte können den Transport von Gütern über eine große Distanz und über mehrere Umladestellen zur Folge haben. Die Gefahren der Beschädigung und des Verlustes von Gütern steigen dadurch an. Durch die Vereinbarung eines geeigneten INCOTERMS® 2020 kann man dieses Risiko auf den Vertragspartner abwälzen oder man wählt den Weg der Versicherung.

Transportversicherung, siehe Seite 392

INCOTERMS® 2020, siehe Seite 380

- **Lieferungsrisiko:** Mit dem Transportrisiko geht ein Lieferrisiko einher. Die oftmals großen Beförderungsstrecken machen es schwer, Terminzusagen einzuhalten. Die Vertragspartner vereinbaren in solchen Fällen häufig Konventionalstrafen. Vorbeugend kann die Zahlung von der Einhaltung eines bestimmten Verladedatums abhängig gemacht werden, wie das z. B. beim Dokumentenakkreditiv der Fall ist (siehe Seite 388).
- **Qualitätsrisiko:** Wenn der Empfänger bei einem Inlandsgeschäft feststellt, dass die Ware nicht die vereinbarte Qualität aufweist, verweigert er z. B. die Annahme und verlangt eine Neulieferung. Im Auslandsgeschäft, wenn z. B. ein Container mit 20 t Ware zur Entladung zur Verfügung gestellt wird, ist dieser Weg in der Regel nicht möglich. Der Käufer kann sich aber schützen, indem er vom Verkäufer ein Qualitätszertifikat verlangt, in dem ein unabhängiger Gutachter die Übereinstimmung der bestellten mit der gelieferten Ware bestätigt.
- **Abnahmerisiko:** Wenn Güter aufwendig verpackt und mit hohen Kosten zum Empfänger befördert werden, entsteht ein beträchtlicher wirtschaftlicher Schaden, sollte der Empfänger die Annahme der Güter verweigern. Besondere Produkteigenschaften (leichte Verderblichkeit der Ware oder großer Wertverfall im Zeitablauf) können die Kosten in solchen Fällen weiter in die Höhe treiben. Der Verkäufer erhält Sicherheit, wenn er mit seinem Vertragspartner Vorauszahlung, Anzahlungen oder Garantien von Banken vereinbaren kann.
- **Zahlungsrisiko:** Dieses Risiko muss jeder Verkäufer tragen. Im Außenhandel ist es aber oft sehr schwer, Zahlungsansprüche in einem fernen Land mit unbekannter Rechtsordnung durchzusetzen. Der Verkäufer sichert sich ab, indem er Vorauszahlung oder Anzahlung verlangt, ein Zug-um-Zug-Geschäft vereinbart (Dokumenteninkasso, siehe Seite 391) oder die Sicherheiten des Dokumentenakkreditivs nutzt.

23.2 Internationale Zahlungsbedingungen

Zahlungsbedingungen regeln den Zahlungsverkehr zwischen Verkäufer und Käufer einer Ware. Im Außenhandel sind unterschiedliche Zahlungsbedingungen möglich. Die Wahl einer bestimmten Bedingung ist abhängig von der Interessenlage der Beteiligten und von der Verhandlungsstärke im Verhältnis Exporteur/Importeur.

Interessenlage des Exporteurs	Interessenlage des Importeurs
Der Exporteur sucht eine möglichst schnelle, abgesicherte, kreditmittelschonende sowie kosten- und zinsgünstige Form der Zahlungsabwicklung.	Der Importeur möchte eine kosten- und zinsgünstige, möglichst späte, ohne kreditmäßige Vorleistung und am besten aus den Verkaufserlösen der Ware zu leistende Form der Zahlungsabwicklung.

Die Zahlungsbedingung vereinbaren Exporteur und Importeur im Kaufvertrag. Folgende Formen stehen zur Verfügung:

Dokumentenakkreditiv und Dokumenteninkasso, siehe unten

Zahlungsbedingung	Merkmale
Vorauszahlung/ Anzahlung	Der Importeur zahlt bereits vor Versendung der Ware durch den Exporteur. Der Importeur trägt das volle Risiko und seine Liquidität wird in hohem Maße beansprucht.
Zahlung gegen **Dokumentenakkreditiv** (letter of credit, L/C)	Der Importeur beauftragt seine Bank, ein Akkreditiv zugunsten des Exporteurs zu eröffnen. Der Exporteur erhält das Zahlungsversprechen einer Bank und die Zahlung, sobald er die verlangten Dokumente über den Warenversand vorlegen kann. Der Importeur muss zahlen, obwohl er über die Ware noch nicht verfügt.
Zahlung gegen **Dokumenteninkasso** (documents against payment, D/P)	Die Dokumente über den Warenversand werden der Bank des Importeurs vorgelegt, die die Dokumente Zug um Zug (Dokumente gegen Zahlung) an den Importeur weiterleitet. Der Exporteur hat keine Sicherheit, dass die Dokumente auch eingelöst werden, obwohl die Waren schon unterwegs sind. Seine Liquidität wird stark belastet; das Zahlungsrisiko ist groß.
Zahlung gegen Rechnung/ vereinbartes oder offenes Zahlungsziel	Der Exporteur erhält den Kaufpreis erst nach der Warenlieferung. Ob und wann der Importeur bezahlt, ist ungewiss. Die Liquidität des Exporteurs wird beansprucht. Der Importeur zahlt erst, sobald er die Ware erhalten hat. Eventuell hat ihm der Exporteur noch ein Zahlungsziel nach Erhalt der Ware eingeräumt.

Die Risikoverteilung zwischen Exporteur und Importeur bei unterschiedlichen Zahlungsbedingungen macht die nachfolgende Grafik deutlich.

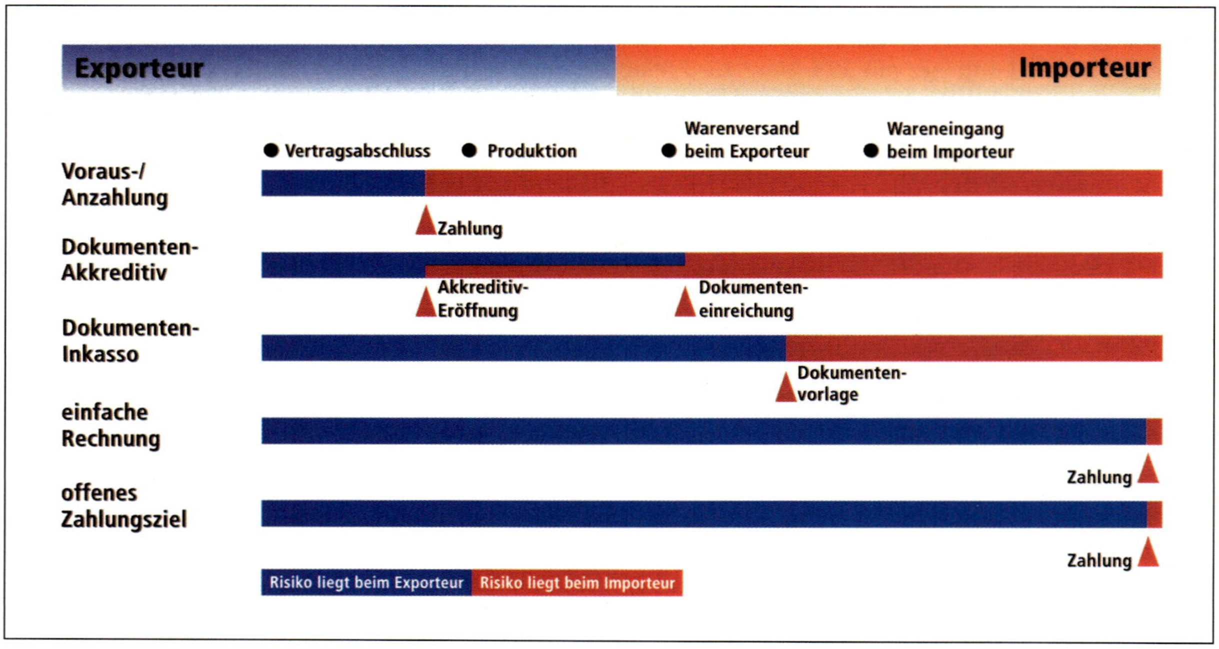

23.3 Dokumentenakkreditiv

Dokumentenakkreditiv = vertragliche Verpflichtung der Bank des Importeurs (**Akkreditivbank**), einem Begünstigten (Exporteur) einen bestimmten Betrag auszuzahle

Englisch: Letter of Credit (L/C) oder Documentary Credits

Die Auszahlung ist an die Bedingung geknüpft, dass der Begünstigte

- die verlangten Dokumente in einer genau festgelegten Qualität vorlegt und auch
- die übrigen Bedingungen des Akkreditivs (Liefertermin, Gültigkeitsdauer u. Ä.) beachtet.

Akkreditivkonforme Dokumente

Das Akkreditiv ist ein abstraktes, d. h. vom eigentlichen Warengeschäft losgelöstes Schuldversprechen der Importbank gegenüber dem Exporteur. Legt der Exporteur die verlangten Dokumente rechtzeitig vor, erhält er den Geldbetrag.

Auszug aus einer Mitteilung der Akkreditivstelle über die Akkreditiveröffnung

DEUTSCHE BANK
Koenigsallee 4547, 40212 Düsseldorf

AKKREDITIVEROEFFNUNG
ISSUE OF A DOCUMENTARY CREDIT

EROEFFNENDE BANK ISSUING BANK	SHANGHAI COMMERCIAL BANK LTD., HONGKONG
FORM DES AKKREDITIVS FORM OF DOKUMENTARY CREDIT	IRREVOCABLE
FREMDE AKKREDITIV-NR. DOCUMENTARY CREDIT NO.	LC BF 048332
AUFTRAGGEBER APPLICANT	MASTERING INVESTMENTS LTD., 2102, WANCHAI COMMERCIAL CENTRE, 134 JOHNSTON ROAD, WANCHAI, HONGKONG
BEGUENSTIGTER BENEFICIARY	BAU-CHEMIE AG, DAIMLERSTRASSE 45, 40235 DUESSELDORF, GERMANY
AKKREDITIVSTELLE NOMINATED BANC	DEUTSCHE BANK, KOENIGSALLEE 45-47, 40212 DUESSELDORF
DATUM DER EROEFFNUNG DATE OF ISSUE	15.10.20(0)
DATUM UND ORT DES VERFALLS DATE AND PLACE OF EXPIRY	30.11.20(0), DUESSELDORF GERMANY
WAEHRUNGSCODE/BETRAG CURRENCY CODE AND AMOUNT	USD/29 500,00
TEILVERLADUNG PARTIAL SHIPMENT	ALLOWED
UMLADUNG TRANSSHIPMENT	ALLOWED
LETZTER VERSCHIFFUNGSTAG LATEST DATE OF SHIPMENT	09.11.20(0)
WARENBESCHREIBUNG DESCRIPTION OF GOODS	PROFILES M-SRL 3676 KGS PROFILES RED M-BR 3200 KGS
INCOTERM	CIF HONGKONG
ERFORDERLICHE DOKUMENTE DOCUMENTS REQUIRED	1. FULL SET OF CLEAN ON BOARD OCEAN BILLS OF LADING MADE OUT TO ORDER OF SHANGHAI COMMERCIAL BANK LTD., HONGKONG NOTIFY: L/C APPLICANT WITH FULL ADDRESS MENTIONING THIS L/C NO. MARKED ‚FREIGHT PREPAID' 2. ...
BESTAETIGUNGSANWEISUNG CONFIRMATION	CONFIRMED
USW.	

SOFERN NICHT AUSDRUECKLICH ETWAS ANDERES BESTIMMT IST, GELTEN FUER DIESES DOKUMENTEN-AKKREDITIV DIE „EINHEITLICHEN RICHTLINIEN UND GEBRAEUCHE FUER DOKUMENTEN-AKKREDITIVE (ERA 600)", WELCHE ZUM ZEITPUNKT DER AKKREDITIEROEFFNUNG GUELTIG SIND.

Durch das Akkreditiv (wenn es von einer namhaften Bank getragen wird) wird das **Zahlungsrisiko** für den Exporteur fast vollständig ausgeschaltet. Sobald der **Exporteur** die geforderten Dokumente der Zahlstelle (in der Regel die Bank des Exporteurs) vorlegt, erhält er den Rechnungsbetrag gutgeschrieben. Außerdem trägt der Exporteur kein **Abnahmerisiko** mehr, weil das Zahlungsversprechen der Bank vom eigentlichen Warengeschäft getrennt ist. Der **Importeur** kann sicher sein, dass die Güter zu ihm unterwegs sind und – bei entsprechender Wahl der Dokumente – dass der Exporteur nicht mehr auf die Sendung zugreifen kann. Damit ist das **Lieferrisiko** für ihn stark vermindert. Durch eine Versicherung des Gutes kann auch das Transportrisiko ausgeglichen werden. Möchte er auch die Qualität der gelieferten Produkte gesichert sehen, muss im Akkreditiv ein entsprechender Qualitätsnachweis verlangt werden.

In der Regel wird ein B/L als Dokument verlangt. Es ist aber auch ein AWB möglich.

Man unterscheidet Akkreditive nach ihrer Bedeutung in

- unwiderruflich unbestätigte,
- unwiderruflich bestätigte

Akkreditive.

ERA, englisch: Uniform Customs and Practice for Documentary Credits, UCP 600

Die **Bestätigung** des Akkreditivs geschieht anlässlich der Avisierung (siehe unten „Ablauf", Punkt 4) durch eine zweite Bank (z. B. durch die Hausbank des Exporteurs, **Exportbank**), sodass ggf. eine **doppelte Zahlungsgarantie** der Banken vorliegt. Rechtsgrundlagen für Akkreditivgeschäfte sind das nationale Recht (für Deutschland BGB und HGB) und vor allem die **Einheitlichen Richtlinien und Gebräuche für Dokumentenakkreditive (ERA)**. Die ERA (in der aktuellsten Fassung ERA 600) regeln detailliert die Tatbestände, die sich auf die Eröffnung und Abwicklung eines Akkreditivs beziehen. Sie wurden unter Federführung der Internationalen Handelskammer Paris entwickelt und sind von den Banken fast aller Staaten anerkannt worden. Die ERA schreiben vor, dass jedes Dokumentenakkreditiv einen Hinweis auf die Geltung der ERA enthalten muss.

Ablauf beim Dokumentenakkreditiv

Ein Dokumentenakkreditiv-Geschäft wird häufig nach folgendem Muster abgewickelt:

Arbeitsschritte	Erläuterungen
1. Kaufvertrag	Im Kaufvertrag vereinbaren Exporteur und Importeur Zahlung gegen Dokumentenakkreditiv und legen die Abwicklungsbedingungen detailliert fest, dass ein unwiderrufliches, bestätigtes Akkreditiv eröffnet werden soll, z. B. welche Bank als Akkreditivstelle und im Regelfall gleichzeitig auch als Zahlstelle fungieren soll und vieles andere mehr. Akkreditivstelle und Zahlstelle ist gewöhnlich die Bank des Exporteurs.
2. Akkreditiveröffnung	Der Importeur beauftragt seine Bank, ein Akkreditiv in Übereinstimmung mit den Bedingungen des Kaufvertrages zu eröffnen. Importeur und Importbank einigen sich gleichzeitig über die Zahlungsmodalitäten. Häufig ist mit dem Akkreditiv eine Kreditzusage der Bank an den Importeur verbunden, d. h., die Importbank finanziert das Geschäft.
3. Information der Bank des Exporteurs	Die Importbank benachrichtigt die Bank des Exporteurs (Akkreditivstelle/Zahlstelle) über die Akkreditiveröffnung.
4. Information des Exporteurs	Die Exportbank wiederum informiert den Exporteur darüber, dass ein Akkreditiv zu seinen Gunsten besteht. Der Exporteur muss nun prüfen, ob er die Akkreditivbedingungen erfüllen kann, z. B. die Einhaltung des Liefertermins.
5. Versand der Güter	Danach kann der Exporteur die Güter (durch seinen Spediteur) versenden und sich die im Akkreditiv geforderten Papiere (z. B. ein B/L) ausstellen lassen.
6. Präsentation der Dokumente/Zahlung	Der Exporteur präsentiert die Dokumente bei seiner Bank und erhält bereits jetzt den vereinbarten Geldbetrag. Dazu hat er bis zu 21 Tage nach dem Verladedatum Zeit. ***Beispiel:*** 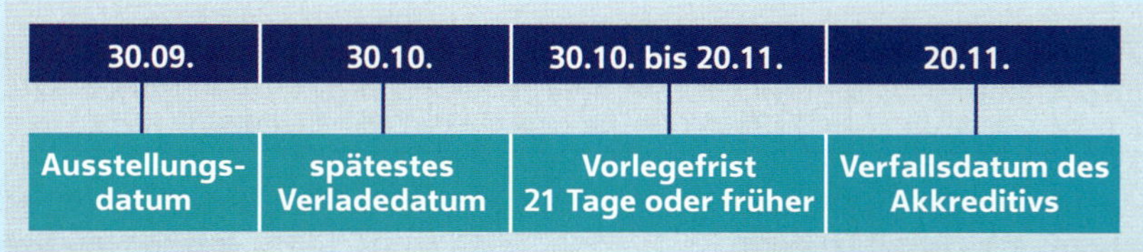 *„Oder früher" heißt: Werden die Güter z. B. am 25.10. verladen, müssen die Papiere spätestens nach 21 Tagen (15.11.) der Bank vorgelegt werden.* Die Tage sind kalendermäßig durchzurechnen; der erste Tag zählt nicht; Sonn- und Feiertage sind mitzurechnen.
7. Dokumente zur Importbank	Die Exportbank übermittelt die Dokumente an die Importbank. Diese zahlt, nachdem sie die Dokumente (sorgfältig) geprüft hat.
8. Dokumente zum Importeur	Der Importeur erhält von der Importbank die Dokumente, damit er sie im Bestimmungshafen präsentieren und sich die Güter aushändigen lassen kann.

Akkreditivstelle = Bank des Exporteurs, die diesen über die Eröffnung eines Akkreditivs informiert (avisierende Bank)

Zahlstelle = Bank, die dem Exporteur nach Vorlage und Prüfung der Dokumente den vereinbarten Geldbetrag auszahlt

Im Regelfall sind Akkreditivstelle und Zahlstelle identisch und gleichzeitig die Bank des Exporteurs. Abweichungen sind aber möglich.

Dieses Verfahren stellt sicher, dass der **Exporteur** seine Zahlung erhält, sobald er die Warenlieferung durch die vereinbarten Dokumente nachweisen kann. Die Zahlungsgarantie stammt nicht von einem (vielleicht unbekannten) Importunternehmen, sondern von einer (vielleicht weltbekannten) Bank (beim bestätigten Akkreditiv liegen sogar zwei Zahlungsgarantien vor). Der **Importeur** hat die Sicherheit, dass nur ihm die vereinbarten Güter ausgehändigt werden, weil ihm die erforderlichen Papiere rechtzeitig zur Verfügung stehen.

Dokumentenakkreditive erfordern größte Sorgfalt.

Der organisierende Spediteur hat zu beachten, dass die Akkreditivbedingungen unbedingt in der geforderten Weise einzuhalten sind, weil sonst die Zahlungsgarantie verfällt. Banken stellen **höchste Anforderungen** an die eingereichten Dokumente. Sie weisen im Rahmen der **Konformitätsprüfung** Dokumente zurück, wenn sie nicht vollständig den Akkreditivbedingungen entsprechen. Dies kann zu großen Schäden für den Exporteur führen. Im Akkreditivgeschäft ist daher größte Sorgfalt angebracht.

konform = übereinstimmend

Bank Payment Obligation (BPO)

Die Bank Payment Obligation (Bankzahlungsverpflichtung) ist ein unwiderrufliches Zahlungsversprechen der Bank des Käufers gegenüber der Bank des Verkäufers, eine vereinbarte Zahlung am Fälligkeitstag zu leisten, nachdem bestimmte Handelsdaten (z. B. Handelsrechnung, Konnossement, Versicherungsdokument) elektronisch abgeglichen worden sind. Der Unterschied zum Dokumentenakkreditiv besteht darin, dass die Dokumente nicht von den Banken geprüft werden.
Es handelt sich daher **nicht** um die elektronische Form des Dokumentenakkreditivs, sondern um eine vereinfachte, schnellere und kostengünstigere Ergänzung des klassischen Akkreditivgeschäfts.

23.4 Spediteurversanddokumente beim Dokumentenakkreditiv

Die ERA verlangen, dass der Aussteller eines Dokuments für das Dokumentenakkreditiv Frachtführer, Eigentümer eines Schiffes o. Ä. sein muss. Die Spediteurversanddokumente FCR und FBL werden in den ERA 600 nicht erwähnt. Falls sich die Vertragspartner auf diese Papiere als zu erbringende Dokumente einigen, sind Spediteurversanddokumente aber einsetzbar. Siehe Seite 388

Auch der **Air Waybill** des Luftfrachtverkehrs kann als Dokument im Akkreditivgeschäft verwendet werden. Zwei Möglichkeiten bestehen:

- Der Absender deponiert sein AWB-Original (drittes, blaues Original) bei einer Bank. Siehe Seite 242
- Die Bank wird als Empfänger im AWB eingetragen.

23.5 Dokumenteninkasso

Dokumenteninkasso = Verfahren zur Zahlungssicherung, bei dem die eingeschaltete Bank Dokumente nur gegen Zahlung eines vereinbarten Geldbetrages übergibt

Beim Dokumenteninkasso hat der Exporteur zunächst eine Vorleistung zu erbringen: Er muss die Ware versenden und Dokumente über den erfolgten Warenversand beschaffen. Anschließend gibt der Exporteur seiner Hausbank den Auftrag, den Gegenwert der eingereichten Dokumente (z. B. ein B/L) beim Zahlungspflichtigen (dem Importeur) einzuziehen (Inkassoauftrag). Dabei wird im Regelfall eine Bank im Land des Importeurs zwischengeschaltet.

Damit wird der wesentliche Unterschied des Dokumenteninkassos im Vergleich zum Dokumentenakkreditiv sichtbar: Das Dokumenteninkasso wird zwar von Banken technisch abgewickelt, sie geben aber keinerlei Zahlungsversprechen.

Man unterscheidet:

- **D/P** = documents against payment
- **D/A** = documents against acceptance

Der Importeur zahlt (oder akzeptiert einen Wechsel), sobald ihm die Dokumente vorgelegt werden. Damit verlagert sich der Zahlungsort an den Geschäftssitz des Importeurs. Für den **Exporteur** ist weder die Abnahme noch die Bezahlung der Ware gesichert. Es wird sich daher auf dieses Verfahren im Regelfall nur bei einer vertrauensvollen Zusammenarbeit mit seinem Vertragspartner einlassen.
Der **Importeur** trägt das Qualitätsrisiko, da ihm die Dokumente, mit denen er die Ware einlösen kann, erst nach der Bezahlung ausgehändigt werden und er die Ware vorher nicht prüfen kann.

Für das Dokumenteninkasso existieren „Einheitliche Richtlinien für das Inkasso von Handelspapieren (ERI)“, die von der Internationalen Handelskammer in Paris entwickelt worden sind.

Merkmale des Dokumenteninkassos

- Es handelt sich um ein Zug-um-Zug-Geschäft: Die Dokumente werden nur gegen Zahlung (oder Akzept) ausgehändigt.
- Kreditinstitute sind in die Zahlungsabwicklung eingeschaltet.
- Die beteiligten Banken prüfen nur die Aufnahmefähigkeit der Dokumente, nicht deren Richtigkeit.
- Der Exporteur geht das Risiko ein, dass die präsentierten Dokumente vom Importeur nicht eingelöst werden, obwohl die Güter bereits unterwegs sind.
- Der Importeur muss bezahlen, ohne die Ware prüfen zu können.

Negoziieren/negotiable (engl.)
Auf Dokumenten zur Zahlungs- und Lieferungssicherung findet man häufig den englischen Ausdruck „negotiable“. Papiere, die so gekennzeichnet sind, können als Wertpapiere übertragen werden. Man sagt auch, sie sind verkäuflich, bankfähig oder begebbar.

FBL 240/05/14 **DE**
NEGOTIABLE FIATA
MULTIMODAL TRANSPORT
BILL OF LADING
issued subject to UNCTAD/ICC Rules for
Multimodal Transport Documents (ICC Publication 481)

Zusammenfassung	Zahlungssicherung	
Risiken im Auslandsgeschäft:	▪ Länderrisiko ▪ Transportrisiko ▪ Lieferungsrisiko	▪ Qualitätsrisiko ▪ Abnahmerisiko ▪ Zahlungsrisiko
Dokumentenakkreditiv:	▪ abstraktes Zahlungsversprechen (Importbank) ▪ bestätigtes – unbestätigtes Akkreditiv (Exportbank) ▪ Konformitätsprüfung (Bank) ▪ Zahlung gegen Vorlage der Dokumente ▪ Rechtsgrundlage: ERA 600	
Beteiligte:	Akkreditivbank = Bank des Importeurs Akkreditivstelle = Bank des Exporteurs (i. d. R. Zahlstelle) Zahlstelle = auszahlende Bank (nach Vorlage der Dokumente)	
Dokumenteninkasso:	▪ bankgestütztes Zug-um-Zug-Geschäft ▪ Aushändigung der Ware gegen Zahlung (≈ Nachnahme) ▪ Risiko für den Exporteur	
Vorauszahlung:	risikoärmste Form der Zahlungssicherung für den Exporteur	

24 Gütertransportversicherung

24.1 Arten der Transportversicherung

Spezielle Versicherungsvereinbarungen, siehe unten.

Es handelt sich dabei um eine Versicherung, die alle Gefahren, denen Güter beim Transport ausgesetzt sind, abdeckt. Allerdings beschränkt sie sich in der Grundform auf **Güterschäden**. Güterfolgeschäden und reine Vermögensschäden werden durch eine Transportversicherung im Regelfall nicht ersetzt, können aber speziell vereinbart werden. Ersetzt werden aber Aufwendungen, die im Zusammenhang mit dem Transport der Güter entstanden sind, z. B. Vor- und Nachlaufkosten, die Fracht und ein entgangener Gewinn (in der Regel bis zu 10 % des Versicherungswertes).
Der Versicherungsschutz besteht gewöhnlich vom Haus des Absenders bis zum Haus des Empfängers (**Haus-Haus-Versicherung**). Eine Verkürzung der Versicherungsdauer kann aber vereinbart werden. So hat der Exporteur z. B. nach dem INCOTERMS® 2020 CIF lediglich eine Transportversicherung ab Verladung der Güter an Bord des Seeschiffes im Verschiffungshafen bis zur Abnahme der Ware im Bestimmungshafen abzuschließen.

Bei internationalen Transporten ist der Abschluss einer Gütertransportversicherung üblich. Kunden mit hohem Sendungsaufkommen entscheiden sich häufig für eine Versicherung ihrer gesamten Sendungen durch eine Transportversicherung mit sogenannter „laufender Versicherungspolice“, die gleichartige Gütertransporte absichert, ohne dass immer wieder ein neuer Versicherungsvertrag abgeschlossen werden muss.
Die Versicherung wird vom Versender/Absender abgeschlossen, kann aber auch vom Spediteur vermittelt werden.

Im Schadensfall leistet die Transportversicherung Ersatz, versucht aber gleichzeitig, den Verursacher des Schadens (z. B. den Spediteur oder einen am Transport beteiligten Frachtführer) haftbar zu machen (in „Regress“ [Rückgriff] zu nehmen).

Regress, siehe Seite 65

24.2 Rechtsgrundlagen und Leistungen der Gütertransportversicherung

24.2.1 Deutsche Bedingungen

Deutsche Versicherer arbeiten gewöhnlich nach den **DTV-Güterversicherungsbedingungen** (**DTV-Güter 2000** in der Fassung von 2011). Es handelt sich um Allgemeine Geschäftsbedingungen, die der Gesamtverband der Deutschen Versicherungswirtschaft (GDV) seinen Mitgliedern zur Anwendung bekannt gibt. Die Formulierung „falls nichts anderes vereinbart wird“, die sich an zahlreichen Stellen der Bedingungen findet, deutet darauf hin, dass individuelle Vereinbarungen hinzutreten können.
Auch andere Allgemeine Geschäftsbedingungen, z. B **Allgemeine Deutsche Seeversicherungsbedingungen** (**ADS**) von 1994, können weiterhin angewendet werden.
Im Titel der DTV-Güter 2000/2011 wurde auf den Zusatz „Transport“ verzichtet, weil auch die Lagerung von Gütern in die Versicherung einbezogen ist. Zwecks deutlicherer Abgrenzung zur Haftungs- und Güterversicherung des Spediteurs wird hier aber weiterhin von der Transportversicherung (Gütertransportversicherung) gesprochen.

DTV = Deutsche Transport-Versicherung

Texte unter www.tis-gdv.de/

Siehe Versicherungen in der Spedition, Seite 59

Die DTV-Güterversicherungsbedingungen 2000/2011 umfassen insgesamt 17 unterschiedliche Regelungen (**Klauseln**) als ein Versicherungspaket, aus dem der Kunde nach seinen Ansprüchen auswählen kann. Die wichtigsten Klauseln sind:

- **Volle Deckung**

  Wenn ein Versicherungsnehmer diese Klausel mit einer Transportversicherungsgesellschaft vereinbart, sind „alle Gefahren gedeckt, denen die **Güter** während der Dauer der Versicherung ausgesetzt sind“. Das heißt, der Kunde erhält einen umfassenden Versicherungsschutz für seine Güter. Unter Ziffer 2.4 und 2.5 der Bedingungen werden allerdings ausdrücklich einige Gefahren genannt, die im Rahmen der „vollen Deckung“ **nicht** versichert sind, nämlich
  - Gefahren aus Krieg, Streik, Beschlagnahme, Kernenergie,
  - Güterfolgeschäden,
  - Schäden durch inneren Verderb, Verzögerungen der Reise u. Ä.

  Die ausgeschlossenen Gefahren können aber durch Vereinbarung spezieller Klauseln (siehe unten) mitversichert werden.

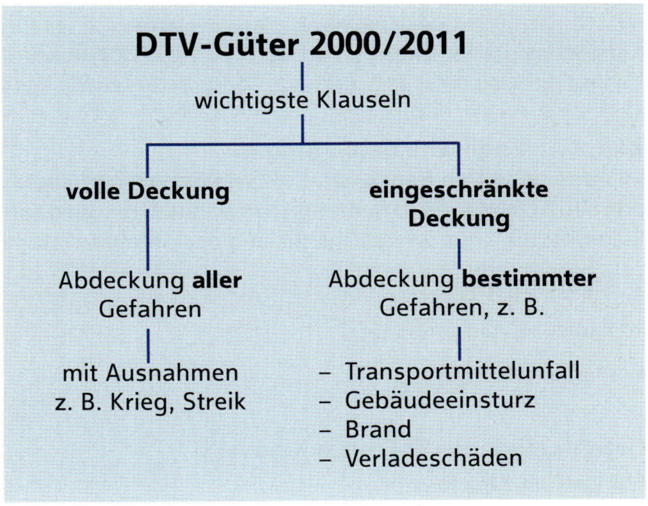

  Da es sich um eine Güterversicherung handelt, sind reine Vermögensschäden nicht eingeschlossen. Die Versicherungsgesellschaft leistet aber Schadenersatz für Frachten, Zölle, Steuern usw., die mit der Güterbeförderung in Verbindung stehen. Auch ein sogenannter **„imaginärer Gewinn“** wird ersetzt. Dabei handelt es sich um einen fiktiven Gewinn, den der Empfänger der Güter erzielt hätte, wenn die Güter unbeschädigt geblieben oder nicht verloren gegangen wären. Standardmäßig wird dieser imaginäre Gewinn mit 10 % des Kaufpreises angesetzt. Der Geschädigte hat aber einen konkreten Schaden nachzuweisen.

  Der Versicherungsschutz besteht von Haus zu Haus, das heißt ab Verladung durch den Absender bis zur Bereitstellung beim Empfänger. Vor-, Zwischen- und Nachlagerungen werden ebenfalls erfasst. Die Versicherungsbedingungen sehen allerdings vor, dass die Vertragspartner für die Lagerung eine zeitliche Begrenzung vereinbaren (Ziffer 9).

- **Eingeschränkte Deckung**

  Während bei der „vollen Deckung“ alle Gefahren versichert sind, die nicht ausdrücklich vom Schadenersatz ausgeschlossen sind, wird im Rahmen der eingeschränkten Deckung Ersatz für Verlust und Beschädigung der versicherten Güter nur für genau definierte Schadensursachen geleistet, z. B.:
  - Unfall des die Güter befördernden Transportmittels (Lkw, Eisenbahn, Schiff usw.),
  - Einsturz von Lagergebäuden,

Siehe Große Haverei, Seite 304

- Brand, Blitzschlag, Erdbeben, Flugzeugabsturz u. Ä.,
- Aufopferung der Güter,
- Schäden beim Be-, Um- und Entladen.

Die oben genannten Haftungsausschlüsse (Krieg, Streik usw.) gelten auch hier.

Siehe Ausführungen zur Generalpolice, Seiten 69 und 395

- **Bestimmungen für die laufende Versicherung**

  Diese Klausel regelt einen Dauer-Versicherungsvertrag, der sich auf alle Güter des Versicherungsnehmers im Rahmen seiner Geschäftstätigkeit bezieht. Der konkrete Versicherungsschutz (z. B. volle oder eingeschränkte Deckung) muss gesondert vereinbart werden.

  Der Versicherungsnehmer hat der Versicherungsgesellschaft den Einzeltransport/die Einzellagerung unverzüglich anzumelden. Er kann den versicherten Umsatz für Transporte und Lagerungen auch in bestimmten Zeitabständen (z. B. monatlich) nachträglich deklarieren.

- **Kriegsklausel**
- **Streik- und Aufruhrklausel**
- **Beschlagnahmeklausel**

  Der Versicherungsnehmer kann die ausgeschlossen Gefahren (siehe oben) durch die Vereinbarung bestimmter Klauseln (z. B. Kriegsklausel) gezielt in den Versicherungsschutz einbeziehen. Auf diese Weise wird sichergestellt, dass die Versicherungsprämie z. B. für Kriegsgefahren auch nur für solche Transporte gezahlt wird, die von einem Kriegsrisiko betroffen sind.

Auszug aus den DTV-Güterversicherungsbedingungen

„2.4 Nicht versicherte Gefahren
2.4.1 Ausgeschlossen sind die Gefahren
2.4.1.1 des Krieges, Bürgerkrieges oder kriegsähnlicher Ereignisse und solche, die sich unabhängig vom Kriegszustand aus der feindlichen Verwendung von Kriegswerkzeugen sowie aus dem Vorhandensein von Kriegswerkzeugen als Folge einer dieser Gefahren ergeben;
2.4.1.2 von Streik, Aussperrung, Arbeitsunruhen, terroristischen oder politischen Gewalthandlungen, unabhängig von der Anzahl der daran beteiligten Personen, Aufruhr und sonstigen bürgerlichen Unruhen;
2.4.1.3 der Beschlagnahme, Entziehung oder sonstiger Eingriffe von hoher Hand;
2.4.1.4 aus der Verwendung von chemischen, biologischen, biochemischen Substanzen oder elektromagnetischen Wellen als Waffen mit gemeingefährlicher Wirkung, und zwar ohne Rücksicht auf sonstige mitwirkende Ursachen;
2.4.1.5 der Kernenergie oder sonstiger ionisierender Strahlung; …“

- **Klausel für die Versicherung von Güterfolge- und reinen Vermögensschäden**

  Die klassische Transportversicherung war fast ausschließlich auf den Ersatz von Güterschäden ausgerichtet. Die DTV-Güterversicherungsbedingungen bieten dem Versicherten die Möglichkeit, auch Güterfolge- und reine Vermögensschäden in den Versicherungsschutz einzubeziehen.

Siehe Seite 70

Hinweis: In der Güterversicherung, die der Spediteur nach Ziffer 21 ADSp für seinen Versender abschließt, sind die Klauseln für Güterfolge- und reine Vermögensschäden automatisch eingeschlossen.

24.2.2 Englische Bedingungen

Im internationalen Handel sind die englischen Versicherungsbedingungen weitverbreitet. Sie werden auch in den INCOTERMS® 2020 namentlich erwähnt. Die sogenannten **Institute Cargo Clauses** (ICC) bestehen aus drei Klauseln, die unterschiedliche Risiken der Gefahrenliste (siehe unten) abdecken:

ICC = Institute Cargo Clauses

- Klausel A: all risks
- Klausel B: Gefahren 1–11
- Klausel C: Gefahren 1–7

ICC = International Chamber of Commerce, siehe INCOTERMS® 2020, Seite 380

Gefahrenliste der ICC nach Klausel C

1 Feuer und Explosion
2 Stranden, Aufgrundlaufen, Kentern
3 Überschlagen und Entgleisen von Landtransportmitteln
4 Kollision oder Berühren des Transportmittels mit anderen Gegenständen, ausgenommen Wasser
5 Entladen von Gütern in einem Nothafen
6 Aufopferung und Seewurf im Havarie-Grosse-Fall
7 Beiträge zur großen Haverei und Bergungskosten

Die Ziffern 1 bis 7 entsprechen der **Mindestdeckung nach CIF** gemäß INCOTERMS® 2020.
Die Ziffern 8 bis 11 umfassen z. B. Überbordspülen, Erdbeben, Vulkanausbruch, Blitzschlag sowie Eindringen von See- und Flusswasser in das Transportmittel, den Container oder den Lagerplatz.

Transportversicherung beim INCOTERM® 2020 CIF/CIP

Im Falle des INCOTERMS® 2020 CIF muss der Verkäufer die Güter auf eigene Kosten versichern. Sind im Kaufvertrag keine ausdrücklichen Vereinbarungen über den Umfang des Versicherungsschutzes getroffen worden, ist die Versicherung mit der Mindestdeckung der Institute Cargo Clauses des Institute of London Underwriters (Klausel C) oder einem ähnlichen Bedingungswerk abzuschließen. Der Käufer, der die Transportgefahr nach CIF trägt, hat daher zu prüfen, ob die in den INCOTERMS® 2020 festgelegte Mindestdeckung für ihn ausreicht oder ob er mit dem Verkäufer einen umfangreicheren Deckungsschutz vereinbaren soll. Der Käufer kann auch einen eigenen Ergänzungsschutz eindecken. Diese Aussagen gelten sinngemäß auch für den INCOTERM® 2020 CIP, bei dem zwar „all risks" nach Klausel A (oder vergleichbare Klauseln) vereinbart werden muss, trotzdem aber keine Haus-Haus-Versicherung vorliegt.

Siehe A3 des INCOTERMS® 2020 CIF, Seite 534

24.3 Versicherungsvertrag

Für den Abschluss eines Versicherungsvertrages mit einer Versicherungsgesellschaft bestehen keine Formvorschriften. Vielfach beantragt der Versicherungsnehmer auf einem Formblatt den Abschluss einer Versicherung. Die Versicherungsgesellschaften verlangen in dem Antrag in der Regel Auskunft über folgende Transportbedingungen:

- Art und Wert der Güter
- Verpackungsart
- Containerversand?
- eingesetzte Beförderungsmittel, Beförderungswege, Reisedauer, eventuelle Umladungen
- Versicherungssumme
- Art der Gefahren, die durch die Versicherung gedeckt werden sollen

Durch eine Bestätigung der Versicherungsgesellschaft kommt der Versicherungsvertrag zustande. Die Annahme des Antrages vom Versicherungsnehmer kann auch darin bestehen, dass die Versicherungsgesellschaft ein Versicherungsdokument ausstellt (siehe unten).

24.4 Transportversicherungsdokument

Ein Transportversicherungsdokument beweist den Umfang des Versicherungsschutzes

- **inhaltlich** (Was ist versichert?) und
- **zeitlich** (Für welchen Zeitraum gilt der Schutz?).

Bei den INCOTERMS® 2020 CIF und CIP muss der Exporteur den Versicherungsschutz

- ab Verladen der Güter an Bord des Seeschiffes im Verschiffungshafen bis zur Abnahme im benannten Bestimmungshafen (**CIF**) bzw.
- von der Übergabe an den ersten Frachtführer bis zur Abnahme der Ware am Bestimmungsort (**CIP**) auf seine Kosten beschaffen.

Arten von Versicherungsdokumenten

Das Versicherungsdokument kann wie folgt ausgestaltet werden:

- **Einzelpolice** (sie dokumentiert den Versicherungsschutz für einen bestimmten Gütertransport)
- **Generalpolice** (auch laufende Police genannt; gleichartige Gütertransporte werden gegen gleichartige Risiken versichert)
- **Versicherungszertifikat** (Versicherung eines bestimmten Gütertransportes auf der Grundlage einer Generalpolice)

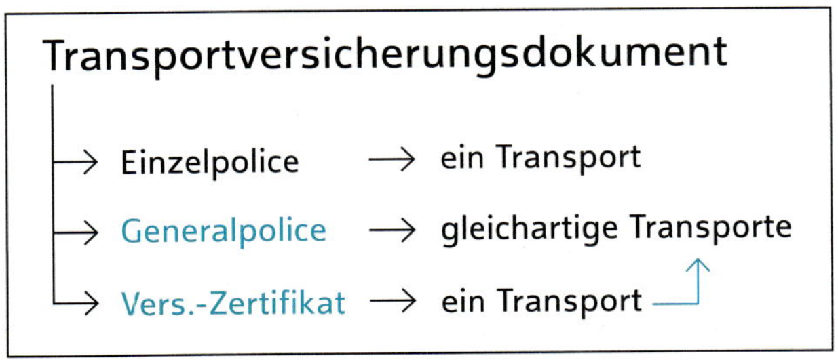

Beispiel (Auszug):

GDV
DIE DEUTSCHEN VERSICHERER

Beispielhaft ausgefülltes Zertifikat (Vorderseite)

Einzelversicherung ☐
Marine/CargoPolicy

Güterversicherungszertifikat ❶ ☒
Cargo Insurance Certificate

Versicherungssumme Sum Insured ❷	Ausfertigungsort/ -tag Place and Date of Issue	Exemplare Issues	Einzelversicherungs-Nr. Policy-No.	
EUR 165.000,00 (=110 %)	*Hamburg, 01.01.2017*	2	General-Police-Nr. Open Cover No. *1000000000*	Zertifikat-Nr. Certificate No. *100000*

Hiermit wird bescheinigt, dass aufgrund der obengenannten Einzelversicherung / General-Police Versicherung übernommen worden ist gegenüber: / This is to certify that insurance has been granted under the above Policy / Open Cover to:
Versicherungsnehmer oder "to whom it may concern" oder "to the holder" ❸

für Rechnung wen es angeht, auf nachstehend näher bezeichnete Güter: / for account of whom it may concern, on following goods:
MACHINE W; TYPE XY
AS PER PURCHASE ORDER NO: 1. (M) DD. 2016-12-01
CREDIT NO. 11110011
CONTAINER NO. TISD 011000 1
GROSS 20.000 KGS

für folgenden Transport (Transportmittel, Transportweg) / for the following transport (means of transport, route):
KATARINA VESSEL
❹ *FROM ROTTERDAM PORT TO ALEXANDRIA PORT* ❺ ❻
Von Haus zu Haus, sofern nicht anderweitig vereinbart, gemäß Ziffer 8 der DTV-Güter 2000/2011, Volle Deckung
From warehouse to warehouse, unless otherwise agreed, in accordance with no. 8 of the DTV Cargo 2000/2011, Full Cover

Schäden zahlbar an den ❼ Inhaber dieser Einzelversicherung / dieses Zertifikates. Mit Schadenzahlung gegen eine ❽ Ausfertigung werden die anderen ungültig. Claims payable to the holder of this Policy / Certificate. Settlement under one copy shall render all others null and void.

Quelle: Gesamtverband der Deutschen Versicherungswirtschaft e. V.: Beispielhaft ausgefülltes Versicherungszertifikat (Vorderseite), abgerufen am 12.12.2018 unter www.tis-gdv.de/tis/bedingungen/zertifikat/beispielzertifikat.pdf (Auszug)

Erläuterungen zum Versicherungsdokument

❶	**Güterversicherungszertifikat**	Es handelt sich um ein Versicherungszertifikat auf der Grundlage einer Generalpolice.
❷	**Versicherungssumme**	Die Versicherungssumme beträgt 110 % des Kaufpreises in Höhe von 150 000,00 €.
❸	**Begünstigter**	Versicherungsschutz wird dem Vertragspartner der Versicherung gewährt (Versicherungsnehmer) oder dem, den es angeht (z. B. eine Bank, die das Geschäft finanziert hat und im Rahmen eines Dokumentenakkreditivs ein Versicherungszertifikat verlangt), oder dem aktuellen Inhaber des Papiers (siehe unten „Inhaberpapier").
❹	**Versicherungsreichweite**	Die Versicherung reicht vom Haus des Versenders (Exporteurs) bis zum Haus des Empfängers (Importeurs).
❺	**DTV-Güter 2000/2011**	Vertragsgrundlage des Zertifikats sind die DTV-Güterversicherungsbedingungen 2000 in der Fassung des Jahres 2011.
❻	**Versicherungsumfang**	Es wurde die Klausel „volle Deckung" gezeichnet, d. h., die Versicherung erstreckt sich auf alle Gefahren, denen die Güter während der Reise ausgesetzt sind, ausgenommen bestimmte Gefahren laut Versicherungsbedingungen.
❼	**Auszahlung des Ersatzes**	Der Ersatz wird an den Inhaber des Zertifikates geleistet (siehe unten „Inhaberpapier").
❽	**kassatorische Klausel**	Wenn aufgrund der Vorlage eines Originals des Zertifikates (ausgestellt wurden zwei) Schadenersatz geleistet worden ist, werden weitere Originale ungültig.

Versicherungsdokumente als Wertpapiere

Versicherungsdokumente begründen im Schadensfall Ansprüche an eine Versicherungsgesellschaft. Bei der Geltendmachung der Ansprüche ist das Versicherungsdokument als Legitimationsgrundlage vorzulegen. Daher ist das Versicherungsdokument ein **Wertpapier**. Es tritt in den bekannten Formen auf:

- **Namenspapier** (es lautet auf den Namen eines bestimmten Begünstigten)
- **Orderpapier** (ein Begünstigter und der Orderzusatz oder nur der Ordervermerk sind genannt)
- **Inhaberpapier** (es lautet auf einen bestimmten Namen; der Zusatz „Für Rechnung, wen es angeht", „Zahlbar an den Inhaber dieses Papiers" oder eine ähnliche Formulierung führt aber dazu, dass das Dokument durch einfache Einigung und Übergabe weitergegeben werden kann; diese Form ist der Regelfall)

Zusammenfassung	Gütertransportversicherung
Rechtsgrundlage:	DTV-Güter 2000/2011 oder Institute Cargo Clauses (ICC) ▪ volle Deckung (all risks, Deckungsform A) ▪ eingeschränkte Deckung (Deckungsform B und C) ▪ C = Mindestdeckung ▪ Risikoeinschluss durch Klauseln (z. B. Kriegsklausel)
Dokument:	▪ Einzelpolice (Dokument für einen bestimmten Gütertransport) ▪ Generalpolice (Dokument für die Versicherung gleichartiger Transporte) ▪ Versicherungszertifikat (Versicherung eines Transports auf der Basis einer Generalpolice) Versicherungsdokument = Wertpapier ▪ Namenspapier ▪ Orderpapier ▪ Inhaberpapier

25 Zoll

25.1 Grundlagen

Auf der Ebene der Europäischen Union gelten folgende zentrale Rechtsvorschriften für die zollrechtliche Überwachung des Warenverkehrs in der Union:

> Die **Europäische Kommission** ist die „Regierung" der Europäischen Union. Sie sorgt für die Umsetzung der vom Europäischen Parlament beschlossenen Gesetze.

www.zoll.de

- **Zollkodex der Union** (Unionszollkodex, UZK)
- Zollkodex-**Durchführungsrecht**
  - **Delegierte Rechtsakte** (delegated acts, UZK-DA)
    Die EU-Kommission wird ermächtigt, den Basisrechtsakt (hier den Zollkodex) in begrenztem Umfang zu ergänzen oder zu verändern, damit das EU-Parlament von Detailregelungen entlastet wird. Die delegierten Rechtsakte sind vor allem für die Wirtschaftsbeteiligten wichtig.
  - **Durchführungsrechtsakte** (implementing acts, UZK-IA)
    Für die Umsetzung von EU-Recht sind grundsätzlich die Regierungen der Mitgliedstaaten verantwortlich. Die EU-Kommission kann jedoch befugt werden, Durchführungsbestimmungen für alle Mitgliedstaaten zu erlassen, vor allem, wenn eine einheitliche Umsetzung von Rechtsvorschriften wichtig ist. Durchführungsrechtsakte betreffen vor allem die Zollbehörden.

An zahlreichen Stellen im Zollkodex findet man diese Ermächtigungen der Kommission, z. B.:

Zollkodex Abschnitt 4 Verfahren für alle Zollanmeldungen

Artikel 175
Befugnisübertragung

Die Kommission wird ermächtigt, delegierte Rechtsakte gemäß Artikel 284 zu erlassen, um – wie in Artikel 174 Absatz 2 vorgesehen – festzulegen, in welchen Fällen eine Zollanmeldung, auch nach Überlassung der Waren für ungültig erklärt werden kann.

Artikel 176
Übertragung von Durchführungsbefugnissen

Die Kommission legt im Wege von Durchführungsrechtsakten die Verfahrensregeln für Folgendes fest:
a) die Abgabe einer Zollanmeldung gemäß Artikel 171,
b) ...

Diese Durchführungsrechtsakte werden nach dem Prüfverfahren gemäß Artikel 285 Absatz 4 erlassen.

Andere Zusammenschlüsse von Staaten:
ASEAN (Association of South East Asian): Brunei, Indonesien, Malaysia, Philippinen, Singapur, Thailand, Vietnam, Laos, Myanmar, Kambodscha

RCEP (Regional Comprehensive Economic Partnership): ASEAN-Staaten plus China, Japan, Südkorea, Australien, Neuseeland

Mercosur (Mercado Común del Sur, gemeinsamer Markt des Südens): Argentinien, Brasilien, Paraguay, Uruguay, Venezuela
BRICS-Staaten: Brasilien Russland Indien China Südafrika

EPA (Economic Partnership Agreement) oder **JEFTA** (Japan-EU Free Trade Agreement) = Freihandelsabkommen zwischen der EU und Japan

USMCA (United States Mexico Canada Agreement)

CETA: Comprehensive Economic and Trade Agreement = Umfassendes Wirtschafts- und Handelsabkommen zwischen der EU und Kanada

Aufbau des Unionszollkodes (UZK)	
Titel I:	Allgemeine Vorschriften (Artikel 1 – 55)
Titel II:	Erhebungsgrundlagen (Art. 56 – 76)
Titel III:	Zollschuld und Sicherheitsleistung (Art. 77 – 126)
Titel IV:	Verbringen von Waren in das Zollgebiet der Union (Art. 127 – 152)
Titel V:	Allgemeine Vorschriften: Status – Überführung – Überprüfung – Überlassung – Verwertung (Art. 153 – 200)
Titel VI:	Überlassung zum zollrechtlich freien Verkehr (Art. 201 – 209)
Titel VII:	Besondere Verfahren (Art. 210 – 262)
Titel VIII:	Verbringen von Waren aus dem Zollgebiet der Union (Art. 263 – 277)
Titel IX:	Elektronische Systeme, Vereinfachungen – Befugnisübertragung – Ausschussverfahren und Schlussbestimmungen (Art. 278 – 288)

Dort, wo keine Vorschriften der EU erlassen worden sind, wendet man nationale Vorschriften an. Für Deutschland sind das z.B.die Abgabenordnung (AO), das Zollverwaltungsgesetz (ZollVG) und die Zollverordnung (ZollV).

Darüber hinaus gelten internationale Regelungen. Als wichtigste sind zu nennen:

- **GATT** (General Agreement on Tariffs and Trade, Allgemeines Zoll- und Handelsabkommen)
  In dem Abkommen haben sich die beteiligten Staaten z.B. zu Zollsenkungen, Beseitigung von Handelshemmnissen und zur Förderung von Entwicklungsländern verpflichtet.
- **WTO** (World Trade Organization, Welthandelsorganisation)
  Seit dem Jahre 1995 werden die GATT-Verträge durch die WTO weiterentwickelt. Die WTO ist eine Sonderorganisation der UNO. rund 160 Staaten sind zurzeit Mitglied der WTO. Sie erwirtschaften zusammen ca. 90 % des Welthandelsvolumens.

Die Europäische Union ist eine **Zollunion** mit freiem Warenverkehr innerhalb der Union und einem gemeinsamen Zolltarif nach außen (gegenüber Drittländern). Das Zollrecht unterscheidet:

Ziele des Unionzollkodex
- elektronischer Datenaustausch als Regelfall
- schnelle, einfache und europaweit einheitliche Verfahren
- eine einzige behördliche Anlaufstelle beim Datenaustausch
- Verfahrenserleichterungen für vertrauenswürdige und zuverlässige Beteiligte
- wirksame Zollkontrollen in der gesamten Lieferkette
- effizientes Risikomanagement zur Terrorismusbekämpfung
- Verbesserung der Zusammenarbeit zwischen Zollbehörden und Wirtschaft

Eingang	Unions- oder Nicht-Unionswaren werden aus einem EU-Mitgliedsland in die Bundesrepublik Deutschland „verbracht“.
Einfuhr	Verbringen von Waren aus einem Drittland in das Zollgebiet der EU
Versendung	Unions- oder Nicht-Unionswaren werden von einem Mitgliedsland der EU in ein anderes verbracht.
Ausfuhr	Verbringen von Waren aus dem Zollgebiet der Union in ein Drittland

Zollgebiet

Das **Zollgebiet** der EU ist im Zollkodex definiert als Auflistung der Gebiete der EU-Mitgliedstaaten.
Freizonen gehören zum Zollgebiet der EU. In ihnen wird **auf den dort befindlichen Gütern** das Zollrecht aber nicht angewandt. Eine Freizone ist einzuzäunen; die Ein- und Ausgänge werden zollamtlich überwacht. Die Mitgliedstaaten können Teile des Zollgebietes zu Freizonen erklären. In Deutschland werden Freizonen als Freihäfen eingerichtet (z.B. in Bremerhaven, Cuxhaven).

Freizone = Teil des Zollgebietes der EU, in dem das Zollrecht auf die dort befindlichen Güter nicht angewandt wird

Unions-/Nicht-Unionswaren

Der Zollkodex unterscheidet in Unionswaren und Nicht-Unionswaren. **Unionswaren sind**
- im Zollgebiet der EU gewonnen bzw. herstellt worden oder
- sie haben ihren Ursprung außerhalb der EU, sind aber durch ein Zollverfahren in den **zollrechtlich freien Verkehr** überführt worden (siehe Seite 400).

Alle übrigen Waren sind Nicht-Unionswaren.

EU-Staaten und Drittländer, siehe Seite 87

Güter, die die Grenzen der Europäischen Union überschreiten, werden zollamtlich überwacht. Sie sind nach dem Verbringen in das Zollgebiet der EU

- der zuständigen **Zollstelle** zu gestellen oder
- unmittelbar in eine **Freizone** zu befördern.

Auch Unionsware, die in ein Drittland überführt werden soll, unterliegt der Überwachung.

Für die Zollüberwachung der EU-Außengrenzen und der Einhaltung des Zollrechts ist die Generaldirektion Steuern und Zollunion zuständig (**TAXUD**, Taxation and Customs Union Directorate-General).

Gestellung

Unter „Gestellung" ist die Mitteilung an die Zollbehörde zu verstehen, dass Waren sich an einem dafür vorgesehenen Ort befinden und für Zollkontrollen zur Verfügung stehen.

Beispiel:
Ein Lkw-Fahrer fährt auf den Amtsplatz der Grenzzollstelle, begibt sich in das Zollbüro und legt Beförderungspapiere vor, aus denen hervorgeht, welche Waren er geladen hat.

Der physische Transport von Waren zur Zollstelle ist vielfach nicht erforderlich. Die Gestellung geschieht dann allein durch die Vorlage von Papieren oder durch elektronische Mitteilung.
Im Ausfuhrverfahren kann eine „**Gestellung außerhalb des Amtsplatzes**" beantragt werden. Die Ware wird dann i. d. R. auf dem Betriebsgelände des Ausführers gestellt.
Der Zoll wird aber eine Gestellung am Amtsplatz verlangen, wenn z. B.

- Zweifel an der inhaltlichen Richtigkeit der Zollanmeldung bestehen,
- die Güter der Dual-use-Verordnung unterliegen (siehe Seite 415),
- ein Handel mit verbotenen Waren vermutet wird oder
- eine Ausfuhrgenehmigung fehlt.

Zollbeschau

Der Zoll ist berechtigt, die gestellten Waren zu prüfen. In einer **Zollbeschau** ermittelt der Zoll, ob die gestellten Waren mit der Warenbeschreibung in den Papieren übereinstimmen. Dazu ist der Zoll aber aus personellen Gründen nur begrenzt in der Lage. Er beschränkt sich daher auf Stichproben oder auf Fälle, in denen Unkorrektheiten vermutet werden. Das Ergebnis der Prüfung wird schriftlich in einem **Zollbefund** festgehalten.

Zollbefund = Ergebnis der Zollbeschau

Zollbeschau = Prüfung von gestellten Waren durch den Zoll in Hinblick auf Übereinstimmung von Ware und Warenbeschreibung nach Art, Menge und Beschaffenheit

Vorübergehende Verwahrung

Nicht-Unionswaren erhalten mit der Gestellung den Status „vorübergehende Verwahrung". In diesem Stadium hat der Anmelder 90 Tage Zeit, sich für ein bestimmtes Zollverfahren zu entscheiden (Zollverfahren siehe nachfolgend). Nur wenn der Anmelder sofort ein Zollverfahren bestimmt, entfällt die vorübergehende Verwahrung.

Vorübergehende Verwahrung bei der Einfuhr, siehe auch Seite 425

25.2 Zollverfahren

Nach der Gestellung kann der Anmelder entscheiden, welches **Zollverfahren** er wünscht. Der Anmelder eines Zollverfahrens wird nach dem Zollkodex als „Inhaber des Verfahrens" bezeichnet. So wird ebenfalls eine Person genannt, der Rechte und Pflichten aus einem Zollverfahren übertragen worden sind.

Inhaber des Verfahrens: Person, die ein Zollverfahren beantragt hat oder der Rechte und Pflichten aus einem Zollverfahren übertragen worden sind.

Der Zollkodex stellt zunächst drei Zollverfahren zur Auswahl:

Zollverfahren = zollrechtliche Behandlung einer Warensendung

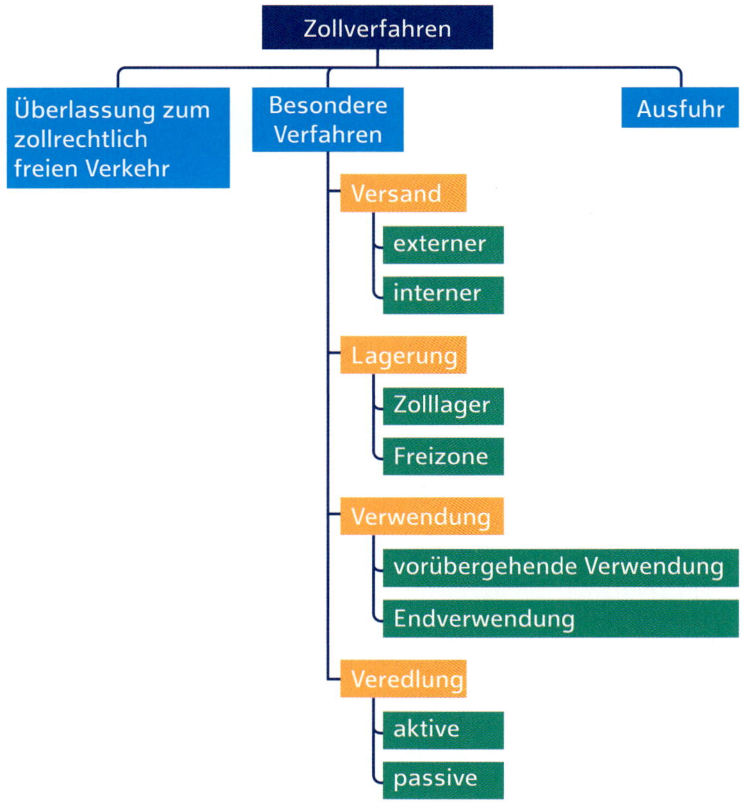

Zollrechtlich freier Verkehr, siehe Seite 424

- **Überlassung zum zollrechtlich freien Verkehr**
  Diese Bestimmung verleiht einer Nicht-Unionsware den zollrechtlichen Status einer Unionsware. Dieses Verfahren wird gewählt, wenn die Ware im Zollgebiet der EU verbleiben und am Warenverkehr teilnehmen soll.

Ausführlich siehe Ausfuhr von Unionswaren, Seite 415

- **Besondere Verfahren**
  (siehe folgenden Abschnitt)
- **Ausfuhr**
  Unionsware wird nach der Prüfung durch die zuständige Zollstelle in ein Drittland ausgeführt.

Besondere Verfahren

Die besonderen Verfahren werden weiter unterteilt in:

Ausführlich zu internem und externem Versand, siehe Seite 442

- **Versand**
  - **externer Versand**
  - **interner Versand**

  Wünscht der Anmelder, dass seine Ware nicht am Grenzzollamt, sondern bei einem Zollamt im Binnenland verzollt wird, kann er das Zollverfahren „Versand" wählen. Die Güter werden dann unter zollamtlicher Überwachung befördert, entweder als
  - **Nicht-Unionsware** zwischen zwei innerhalb des Zollgebietes der Union gelegenen Orten (externer Versand) oder
  - **Unionsware** zwischen zwei innerhalb des Zollgebietes der Union gelegenen Orten, wobei die Beförderung über oder in bestimmte, nicht zum Zollgebiet der EU gehörende Länder führt (interner Versand).
- **Lagerung**
  - **Zolllager**

→ **Zolllager** = Lager für unverzollte Waren, die unter zollamtlicher Überwachung stehen

Bei diesem Zollverfahren können Nicht-Unionswaren zeitlich unbegrenzt gelagert werden, ohne dass Einfuhrabgaben zu zahlen sind.
In der nachfolgenden grafischen Darstellung werden Nicht-Unionswaren zunächst in ein Zolllager (ZL) verbracht ①, in einem anderen Zolllager eingelagert ② und anschließend wieder ausgeführt ④ oder in ein anderes Zollverfahren überführt (z. B. in den zollrechtlich freien Verkehr) ③.

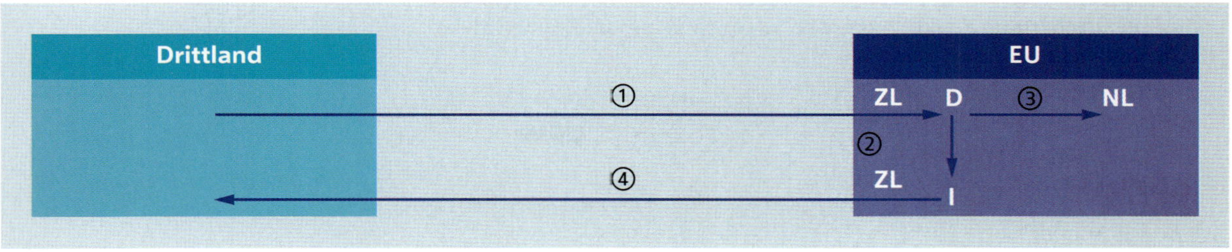

- **Verwendung**
  - **Vorübergehende Verwendung**

    Nicht-Unionswaren, die nur zeitlich begrenzt in der EU verbleiben sollen (z. B. für die Dauer einer Messe) und die von vornherein zur unveränderten Wiederausfuhr bestimmt sind, können in dieses Verfahren überführt werden. Der Anmelder wird von den Einfuhrabgaben ganz oder teilweise befreit. Vollständig abgabenbefreit sind z. B. Berufsausrüstung, Ausstellungsgut, persönliche Gebrauchsgegenstände von Reisenden und Beförderungsmittel (einschließlich Container).

Beispiel:

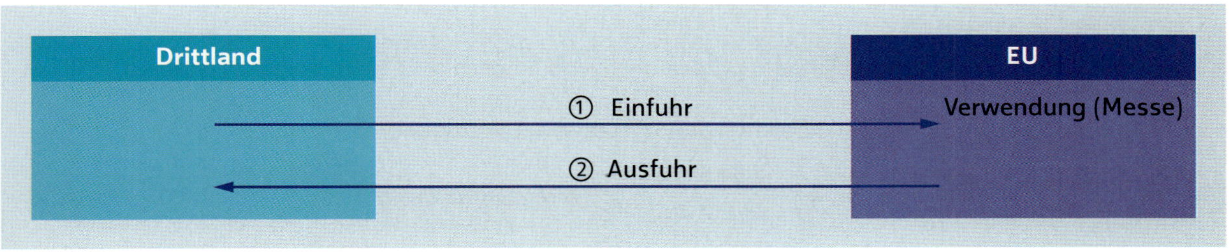

  - **Endverwendung**

    Der Gemeinsame Zolltarif der EU sieht für bestimmte Waren oder bestimmte Verwendungszwecke eine Abgabenbegünstigung vor. Der Anmelder wählt für solche Waren das Zollverfahren „Endverwendung“, damit der Zoll die korrekte Verwendung der Ware überwachen kann.

Gemeinsamer Zolltarif, siehe Seite 430

- **Veredelung**
  - **Aktive Veredlung**

    Nicht-Unionswaren werden in das Zollgebiet der Union eingeführt, dort durch Be- oder Verarbeitungsprozesse veredelt und anschließend wieder ausgeführt. Gewöhnlich wird auf diese Güter kein Zoll erhoben, weil sie letztlich nicht für den EU-Markt bestimmt sind. Die Güter können aber auch in veredelter Form in der EU verbleiben (❸), dann ist die Ware zum freien Verkehr zu verzollen.

Beispiel:

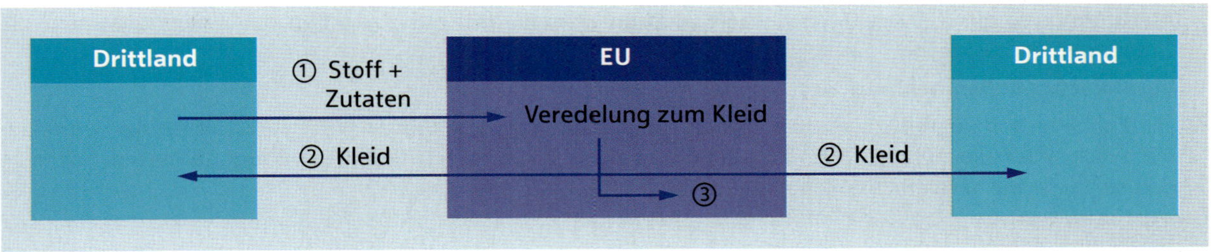

  - **Passive Veredlung**

    Bei der **passiven** Veredlung werden Unionswaren in ein Drittland ausgeführt, dort veredelt und anschließend wieder in die EU eingeführt. Die wieder eingeführten Fertigprodukte erhalten in der EU eine Sonderbehandlung, weil man auf den Anteil an Unionswaren vom Fertigprodukt (z. B. Stoff und Zutaten) keine Abgaben erheben will.

Beispiel:

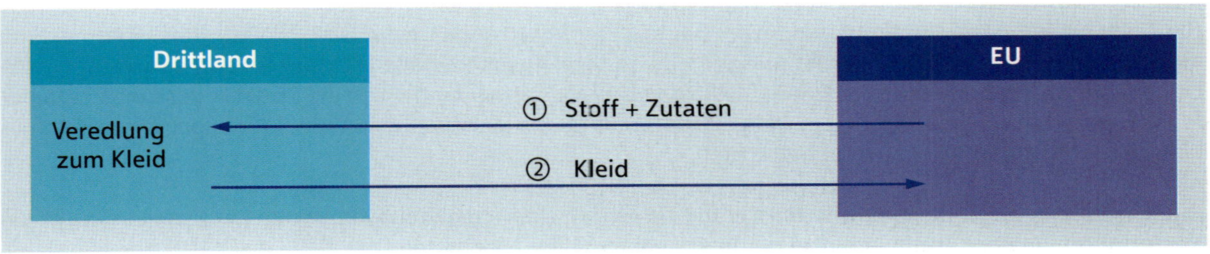

In den nachfolgenden Kapiteln werden vorzugsweise die Zollverfahren

- Ausfuhr,
- Überlassung zum zollrechtlich freien Verkehr und
- Versand

betrachtet.

25.3 Zollanmeldung

25.3.1 Arten der Zollanmeldung

Zollverfahren, siehe Seite 400

Zollanmeldung: Handlung, mit der eine Person gegenüber dem Zoll zum Ausdruck bringt, dass Waren in ein bestimmtes Zollverfahren überführt werden sollen.

Eine Zollanmeldung gilt als Willenserklärung des Anmelders. Sie kann von jeder Person abgegeben werden, die folgende Bedingungen erfüllt:

- Sie ist in der Lage, die notwendigen Informationen für die Zollanmeldung zur Verfügung zu stellen.
- Sie kann die Ware gestellen.
- Sie ist im Zollgebiet der Union ansässig (Ausnahmen sind möglich, z. B. beim Versandverfahren).

Vier Möglichkeiten zur Abgabe einer Zollanmeldung stehen zur Verfügung:

ATLAS, siehe Seite 412

1. **Elektronisches Anmeldeverfahren** über ATLAS
2. **Schriftlich** auf einem für Zollanmeldungen vorgeschriebenen Formular (Einheitspapier, siehe unten).
3. **Mündlich** (bei einer Zollstelle); angewendet bei Waren im Wert bis zu 1 000,00 EUR, vorzugsweise von Kurier- und Expressdiensten
4. Durch **konkludente (schlüssiges) Verhaltensweisen**, vor allem von Privatpersonen angewendet.

Zollanmeldung
- elektronisch
- schriftlich
- mündlich
- konkludent

Beispiel:
Ein Tourist überquert die Grenze in die Schweiz, ohne sich beim Zoll zu melden. Damit bringt die Person nonverbal zum Ausdruck: „Ich habe nichts anzumelden."

Der Zollkodex unterscheidet im Wesentlichen zwei Arten von Zollanmeldungen:

- **Standard-Zollanmeldung**

  Bei dieser Art der Zollanmeldung muss der Anmelder über alle Unterlagen verfügen, die für das angemeldete Zollverfahren erforderlich sind. Die Unterlagen müssen sich in seinem Besitz befinden und für Anforderungen der Zollverwaltung **bereitgehalten** werden. Erst auf Verlangen der Zollbehörde sind die Unterlagen vorzulegen.

- **Vereinfachte Zollanmeldung**

  Die Zollbehörden können zulassen, dass eine Zollanmeldung abgegeben wird, selbst wenn der Anmelder noch nicht über alle erforderlichen Angaben oder alle notwendigen Unterlagen verfügt. In diesem Fall handelt sich um eine vereinfachte Zollanmeldung.

  Beispiel
  Für die Anmeldung einer Ware zu dem Zollverfahren „Überlassung in den zollrechtlich freien Verkehr" fehlt noch die Rechnung des Exporteurs. Trotzdem kann das Zollverfahren bereits mit einer vereinfachten Zollanmeldung in Gang gesetzt werden.

  In einer **ergänzenden Zollanmeldung** muss der Anmelder innerhalb einer bestimmten Frist die fehlenden Angaben nachmelden.

25.3.2 Anmeldung über das Einheitspapier

Siehe elektronische Zollanmeldung, Seite 413

Ausfüllhinweise zum Einheitspapier, siehe Seite 404

Die Zollverwaltung verlangt, dass eine Ware heute elektronisch angemeldet wird. Die schriftliche Anmeldung mithilfe des **Einheitspapiers** (EP) ist nur noch für seltene Ausnahmefälle (Ausfallkonzept) zugelassen (z. B. bei Störungen im Computernetz). Bei der elektronischen Zollanmeldung spielt die Struktur des Einheitspapiers aber weiterhin eine wichtige Rolle. Daher ist es sinnvoll, das Einheitspapier und die dazugehörigen Ausfüllhinweise („Merkblatt") genauer zu betrachten.

Das Einheitspapier ist das amtliche Muster für die schriftliche Anmeldung von Waren zur Überlassung in ein Zollverfahren. Andere Formulare sind nur in Ausnahmefällen zugelassen (z. B. das Carnet-TIR-Formular).

Hinweise zum Ausfüllen des Einheitspapiers

Der achtseitige Formularsatz hat eine Vielzahl von Aufgaben zu erfüllen: Er soll für die verschiedenen zollrechtlichen Bestimmungen und Verfahren geeignet (Einfuhr, Ausfuhr, Versand, Lagerung u.a.) und EU-weit verwendbar sein. Man erreicht die universelle Verwendbarkeit des Papiers, indem

Versandverfahren, siehe Seite 442

- für die unterschiedlichen Aufgaben nur Teilsätze eingesetzt werden (für die Ausfuhr von Gütern z.B. die Exemplare 1, 2 und 3; für den Versand zollpflichtiger Ware die Exemplare 1, 4, 5 und 7),
- jeweils nur bestimmte grün unterlegte Felder auszufüllen sind,
- bestimmte Felder durch x-Zeichen von vornherein gesperrt sind.

Viele Angaben im Einheitspapier sind in codierter Form einzutragen. Werden mehrere Warenpositionen angemeldet, sind Ergänzungsvordrucke erforderlich. Das Einheitspapier gilt auch im Warenverkehr mit den EFTA-Staaten.

Muster Einheitspapier

EUROPÄISCHE GEMEINSCHAFT Nr. M 6926773

Exemplar für das Versendungs-/Ausfuhrland: 1

A VERSENDUNGS-/AUSFUHRZOLLSTELLE

1 ANMELDUNG: EX | A | XXXXX

2 Versender/Ausführer Nr. DE4382596
MODA-TEX
Dammer Mühle 44
40625 Düsseldorf

3 Vordrucke | 4 Ladelisten XXXXX

5 Positionen | 6 Packst. insgesamt XXXXXXX | 7 Bezugsnummer

8 Empfänger Nr.
Brijmohan Parusattambas
204 Maradevi Road
Mumbai 400 002
Indien

9 Verantwortlicher für den Zahlungsverkehr Nr. XXXXXXXXXXXXXXXXXXXXXXXXXXXXXXXXXX

10 Erstes Best. Land XXX | 11 Handels-land | 13 G.L.P. XXXXX

14 Anmelder/Vertreter Nr. DE4682334
[2] INTERSPED GmbH, Merkurstraße 14,
40223 Düsseldorf

15 Versendungs-/Ausfuhrland XXXXXXXXXXXXXXXXX | 15 Vers./Ausf.L.Code a XXX b XX | 17 Bestimm.L.Code a IN b XX

16 Ursprungsland | 17 Bestimmungsland

18 Kennzeichen und Staatszugehörigkeit des Beförderungsmittels beim Abgang XXXXXXXXXXXXXXXXXXXXXXXXXXX XXX | 19 Ctr. 1

20 Lieferbedingung FOB Rotterdam XX

21 Kennzeichen und Staatszugehörigkeit des grenzüberschreitenden aktiven Beförderungsmittels MS Augsburg DE

22 Währung u. in Rechn. gestellter Gesamtbetr. EUR 30.800,00 | 23 Umrechnungskurs XXXXXXXX | 24 Art des Geschäfts 1 1

25 Verkehrszweig an der Grenze 1 | 26 Inländischer Verkehrszweig 3 | 27 Ladeort XXXXXXXXXXXX XXX

28 Finanz- und Bankangaben XXXXXXXXXXXXXXXXXXXXXXXXXXXXXXXXXX

29 Ausgangszollstelle | 30 Warenort XXXXXXXXXXXXXXXXX | XXXXXXXXXXXXXXXXXXXXXXXXXXXXXXXXXX

31 Packstücke und Warenbezeichnung: Zeichen und Nummern - Container Nr. - Anzahl und Art
750 CT in CN Nr. AMSU 239941-8
andere Bettwäsche, bedruckt,
aus 100 % Baumwolle

32 Position Nr. 1 | 33 Warennummer 6302 2100 | XXXX

34 Urspr.land Code a b 05 | 35 Rohmasse (kg) 3657

37 VERFAHREN 1000 | 38 Eigenmasse (kg) | 39 Kontingent XXXXX

40 Summarische Anmeldung/Vorpapier

41 Besondere Maßeinheit

44 Besondere Vermerke/Vorgelegte Unterlagen/Bescheinigungen u. Genehmigungen | Code B.V. XXX

46 Statistischer Wert 30.800,00

47 Abgabenberechnung: Art | Bemessungsgrundlage | Satz | Betrag | ZA
XXXXXXXXXXXXXXXXXXXXXXXXXXXXXXXXXX
Summe:

48 Zahlungsaufschub XXXXXXXXXXXXXXXXXX | 49 Bezeichnung des Lagers

B ANGABEN FÜR VERBUCHUNGSZWECKE
Ausfuhranmeldung
Zollstelle der ergänzenden Anmeldung
Bezeichnung:
Anschrift:

50 Hauptverpflichteter Nr. Unterschrift:
vertreten durch
Ort und Datum:

C ABGANGSSTELLE

51 Vorgesehene Durchgangszollstellen (und Land): XXXXXXXXXXX XXXXXXXXXXX XXXXXXXXXXX XXXXXXXXXXX XXXXXXXXXXX XXXXXXXXXXX

52 Sicherheit nicht gültig für XXXXXXXXXXXXXXXXXXXXXXXXXXXXXXXXXXXXXXXXXX | Code XX | 53 Bestimmungsstelle (und Land) XXXXXXXXXXXXXXXXXXXXXXXX

D PRÜFUNG DURCH DIE ABGANGSSTELLE
Ergebnis:
Angebrachte Verschlüsse: Anzahl:
Zeichen:
Frist (letzter Tag):
Unterschrift:
Stempel:

54 Ort und Datum: Düsseldorf, 28.08.20(0)
Unterschrift und Name des Anmelders/Vertreters:
INTERSPED GmbH
Düsseldorf
Claudia Wagner
Wagner

0733 Einheitspapier (Versendung/Ausfuhr) - III B 1 - (2005)

Merkblatt zum Einheitspapier

Die Bundesfinanzverwaltung gibt in einem umfangreichen Dokument Hilfen für das Ausfüllen des Einheitspapiers bzw. Hinweise zu den verschiedenen Datenelementen bei elektronischen Anmeldungen. Das Dokument trägt den Titel **„Merkblatt für Zollanmeldungen, summarische Anmeldungen und Wiederausfuhrmitteilungen“** und kann unter **www.zoll.de** abgerufen werden.

Die Informationen beziehen sich in großen Teilen auf die Zollverfahren

- Ausfuhr (siehe Seite 415),
- Einfuhr (Überlassung in den zollrechtlich freien Verkehr, siehe Seite 424) und
- Versand (siehe Seite 442)

Außerdem werden Hinweise zur summarischen Ein- und Ausgangsanmeldung gegeben (siehe Seite 418 und 425). Das Dokument enthält ferner Anhänge mit den Codes, die in bestimmte Felder einzutragen sind (siehe Seite 407–410). Die nachfolgenden Hinweise sind dem Merkblatt in verkürzter Form entnommen worden.

Bei den genannten Ländern handelt es sich um die Vertragsstaaten des gemeinsamen Versandverfahrens, siehe Seite 443

EORI-Nummer, siehe Seite 407

Feld 1	1. Unterfeld	Folgende Kurzbezeichnungen sind zu verwenden:
	EU	im Warenverkehr zwischen der **EU** und den **EFTA-Ländern** (Schweiz, Norwegen, Island, Liechtenstein) sowie den Ländern Nordmazedonien, Serbien und Türkei für Einfuhr und Ausfuhr
	EX	im Warenverkehr zwischen der Union und anderen **Drittländern** als den oben genannten Ländern für eine Anmeldung zur Ausfuhr von Unionswaren aus dem Zollgebiet der Union nach einem Drittland
	IM	im Warenverkehr zwischen der EU und anderen **Drittländern** für eine Anmeldung zur Überlassung von Waren in das Zollgebiet der Union (zum freien Verkehr oder einem anderen Zollverfahren)
	CO	Im Warenverkehr zwischen den Mitgliedstaaten der Union. Dieser unterliegt grundsätzlich nicht der zollamtlichen Überwachung. Es handelt sich hier daher um Sonderfälle, z. B. wenn Unionsware in ein Zolllagerverfahren überführt werden soll (unbedeutend).
	2. Unterfeld	In diesem Feld wird das angemeldete Zollverfahren nur allgemein angegeben. Das Unterfeld steht mit Feld 37 in Beziehung. Es bedeuten:
	A	Zollanmeldung (Einfuhr, Ausfuhr, Versand) nach normalem Verfahren
	B	vereinfachte Zollanmeldung
	C, D, E, F, X, Y, Z	verschiedene andere Zollanmeldungen
	3. Unterfeld	Folgende Kurzbezeichnungen sind – neben anderen – beim **Versand** zu verwenden:
	T 1	Waren, die im externen Unionsversandverfahren befördert werden sollen
	T 2	Unionswaren, die im internen Unionsversandverfahren befördert werden sollen
Feld 2	**Ausfuhr:** Als Versender/Ausführer ist die Person anzugeben, die in der EU ansässig ist, für deren Rechnung die Anmeldung abgegeben wird und die zum Zeitpunkt der Anmeldung über die Ausfuhr der Ware bestimmen kann. Im zweiten Unterfeld ist die EORI-Nummer des Versenders/Ausführers einzutragen. **Einfuhr:** Anschrift des Versenders/Verkäufers der Waren **Versand:** Angabe der verantwortlichen Person mit Namen und Adresse. Der Eintrag der EORI-Nummer ist freiwillig.	
Feld 3	Lfd. Nummer in Verbindung mit der Gesamtzahl der verwendeten Vordrucksätze, wenn ein Vordruck für die Zollanmeldung nicht ausreicht, z. B. 2/3, das heißt zweiter von drei Vordrucken (gilt nur, wenn das Einheitspapier im Rahmen des Ausfallkonzepts verwendet wird)	
Feld 5	Anzugeben ist die Gesamtzahl der vom Beteiligten angemeldeten Warenpositionen.	
Feld 7	Betriebsinterne Kennzeichnung durch die Beteiligten; nur bei der Ausfuhr verpflichtend	
Feld 8	Empfängeranschrift; bei der Einfuhr ist unter „Nr.“ die EORI-Nummer des Empfängers einzutragen.	
Feld 14	Anzugeben sind Name und Vorname bzw. Firma und vollständige Anschrift des Anmelders oder seines Vertreters. Durch folgende Codes werden Anmelder/Vertreter gekennzeichnet (siehe Seite 411): [1] Anmelder, z. B. Versender/Ausführer/Importeur [2] Vertreter in direkter Vertretung, z. B. Spediteur [3] Vertreter in indirekter Vertretung Unter „Nr.“ ist die EORI-Nummer des Anmelders bzw. seines Vertreters anzugeben. Die eckigen Klammern sind nur bei Verwendung des Einheitspapiers notwendig, nicht in einem Zollprogramm.	

Feld 15	Anzugeben ist das Land, aus dem die Waren versendet/ausgeführt worden sind. **Ausfuhr:** keine Angabe **Versand:** Ländercode (nach **Anhang 1A**, siehe Seite 407) **Einfuhr:** nur 15 a)	
Feld 17	Feld 17 Bestimmungsland: Land, in das die Waren verbracht werden sollen Feld 17 Bestimmungsland-Code: **Ausfuhr:** Zielland, in dem die Ware gebraucht, verbraucht, bearbeitet oder verarbeitet wird a) Code nach Länderverzeichnis in **Anhang 1A** b) nicht ausfüllen **Einfuhr:** a) nicht ausfüllen b) Anzugeben ist das Bundesland in Deutschland, in dem die Sendung verbleiben soll. Schlüsselnummern:	

01	Schleswig-Holstein	05	Nordrhein-Westfalen	09	Bayern	13	Mecklenburg-Vorpommern
02	Hamburg	06	Hessen	10	Saarland	14	Sachsen
03	Niedersachsen	07	Rheinland-Pfalz	11	Berlin	15	Sachsen-Anhalt
04	Bremen	08	Baden-Württem-berg	12	Brandenburg	16	Thüringen

Feld 18	**Ausfuhr:** keine Angabe **Einfuhr:** Anzugeben ist das Kennzeichen oder der Name des Beförderungsmittels – Lastkraftwagen, Schiff, Waggon –, auf dem die Waren bei ihrer Gestellung bei der Zollstelle unmittelbar verladen sind. Die Staatsangehörigkeit (2. Unterfeld) muss nicht angegeben werden.	
Feld 19	0 – nicht in Containern beförderte Waren; 1 – in Containern beförderte Waren	
Feld 20	Anzugeben ist die Lieferbedingung als INCOTERMS® 2020 nach **Anhang 2**. Im ersten Unterfeld des Feldes wird der INCOTERMS®-2020-Code eingetragen, im zweiten Unterfeld der darauf bezogene Ort. Das dritte Unterfeld bleibt frei.	
Feld 21	1. Unterfeld	Anzugeben ist die **Art** (Lastkraftwagen, Schiff, Waggon, Flugzeug) des aktiven Beförderungsmittels, das beim Überschreiten der Außengrenze der Union benutzt wird. Das Kennzeichen des aktiven Beförderungsmittels, das beim Überschreiten der Außengrenze der Union benutzt wird, ist nur bei Beförderungen im Seeverkehr (Schiffsname) anzugeben.
	2. Unterfeld	Einzutragen ist die Staatszugehörigkeit des aktiven Beförderungsmittels, das beim Überschreiten der Außengrenze der Union benutzt wird (siehe **Anhang 1A**).
Feld 22	1. Unterfeld	Anzugeben ist die Währung, auf die der Geschäftsvertrag lautet, unter Benutzung des Währungscodes (siehe **Anhang 1B**).
	2. Unterfeld	Der für alle angemeldeten Waren in dieser Währung in Rechnung gestellte Betrag ist anzugeben.
Feld 23	**Einfuhr:** gültiger Wechselkurs für die Umrechnung der Rechnungswährung in EUR	
Feld 24	In diesem Feld ist die Art des Geschäfts (Angabe, aus der bestimmte Klauseln des Geschäftsvertrages wie Kauf, Kommission usw. ersichtlich werden) mit der Schlüsselnummer entsprechend **Anhang 3** anzugeben (siehe Seite 408).	
Feld 25	**Ausfuhr:** Hier ist unter Benutzung des nachfolgenden Codes die Art des Verkehrszweiges entsprechend dem aktiven Beförderungsmittel anzugeben, mit dem die Waren das Zollgebiet der Union verlassen. **Einfuhr:** wie bei der Ausfuhr, nur in umgekehrter Betrachtung (Verbringen in die Union) 1. Seeverkehr 2. Eisenbahnverkehr 3. Straßenverkehr 4. Luftverkehr 5. Postsendungen 7. fest installierte Transporteinrichtungen (z. B. Rohrleitungen) 8. Binnenschifffahrt 9. eigener Antrieb (importierte Fahrzeuge)	
Feld 26	Anzugeben ist die Art des Beförderungsmittels (codiert als Verkehrszweig wie in Feld 25), auf dem die Ware bei der Gestellung an der Zollstelle verladen ist. Bei der Ausfuhr ist das die Ausfuhrzollstelle.	
Feld 29	**Ausfuhr:** Hier wird die Ausgangszollstelle genannt, über die die Ware das Zollgebiet der EU verlassen soll. **Einfuhr:** In diesem Feld ist die (deutsche) Eingangszollstelle, über die die Waren in das Zollgebiet der Union verbracht worden sind, mit der Schlüsselnummer gemäß **Anhang 4** anzugeben. Vor die Schlüsselzahl ist jeweils der Zusatz „DE00“ zu setzen.	

Siehe auch Feld 54

Dem Code 6 ist kein Verkehrszweig zugeordnet.

Ausfuhrverfahren, siehe Seite 415

Statistische Warennummer, siehe Seite 410

Zolltarifnummer, siehe Seite 431

Siehe Erläuterungen zu den Feldern 47/48, Seite 409

Feld 31	Einzutragen sind Zeichen und Nummern, Anzahl und Art der Packstücke sowie die zum Erkennen der Waren erforderlichen Angaben. Unter Warenbezeichnung ist die übliche Handelsbezeichnung der Ware zu verstehen, die so genau sein muss, dass die sofortige und eindeutige Identifizierung sowie die Einreihung der Ware in den Zolltarif möglich sind. Die Art des Packstücks ist zu kodieren (z. B. CN für Container, siehe **Anhang 8**, Seite 409).
Feld 32	Positionsnummer: auszufüllen, wenn sich die Anmeldung auf mehr als eine Warenposition bezieht
Feld 33	**Ausfuhr und Versand:** Hier ist nur das erste Unterfeld auszufüllen. 1. Unterfeld: Hier sind die acht Stellen der Warennummer des Warenverzeichnisses für die Ausfuhrstatistik anzugeben. **Einfuhr:** Die elfstellige Zolltarifnummer ist einzutragen. 1. Unterfeld: Stelle 1 – 8 2. Unterfeld: Stelle 9 und 10 5. Unterfeld: Stelle 11 Das 3. und 4. Unterfeld ist für Sonderfälle vorgesehen.
Feld 34	**Ausfuhr:** nur Feld b) ausfüllen **Einfuhr:** nur Feld a) ausfüllen a) Ländernummer des in Feld Nr. 16 angegebenen Ursprungslandes nach dem „Länderverzeichnis für die Außenhandelsstatistik“ (**Anhang 1A**) b) Ländernummer des Ursprungsbundeslandes angeben (siehe Code in Feld 17)
Feld 35	Anzugeben ist die Rohmasse (Bruttogewicht) der in dem entsprechenden Feld Nr. 31 beschriebenen Ware, ausgedrückt in Kilogramm.
Feld 36	Nur bei der **Einfuhr** auszufüllen. Hier wird die Zollpräferenz gemäß Zollkodex beantragt unter Benutzung eines vierstelligen Codes nach **Anhang 5**, siehe Seite 408. Wird keine Abgabenbegünstigung beantragt, so ist hier der Code „100“ anzugeben.
Feld 37	Mit dem hier anzugebenden Code wird das im Feld Nr. 1, zweites Unterfeld allgemein angegebene Zollverfahren (z. B. Code A) näher bestimmt. **Ausfuhr:** Anzugeben ist das Zollverfahren, zu dem die Ware angemeldet werden soll, unter Benutzung eines vierstelligen numerischen Codes entsprechend **Anhang 6**. Das zweite Unterfeld ist für Sonderfälle reserviert. **Einfuhr:** wie bei der Ausfuhr, Code nach **Anhang 6**
Feld 38	Anzugeben ist die Eigenmasse der in dem entsprechenden Feld Nr. 31 beschriebenen Ware der betreffenden Position, ausgedrückt in Kilogramm (Nettogewicht).
Feld 39	**Einfuhr:** Bei Zollkontingentswaren wird die vierstellige Nummer des Zollkontingents aus dem Anhang ZK (Zollkontingente) des Zolltarifs eingetragen (sofern ein Kontingent besteht).
Feld 40	Anzugeben ist das Zollpapier des ggf. vorangegangenen Zollverfahrens (z. B. Versandschein) oder die summarische Anmeldung mit der jeweiligen Registriernummer.
Feld 41	Anzugeben ist die besondere Maßeinheit entsprechend der Angabe im Warenverzeichnis für die Außenhandelsstatistik, z. B. „Stückzahl“.
Feld 44	Hier ist z. B. zu vermerken: ▪ Ausfuhrbewilligungen ▪ Art und ggf. die Nummer des vorgelegten Präferenznachweises (z. B. „EUR.1 ... ist beigefügt“)
Feld 46	**Ausfuhr:** Anzugeben ist der Grenzübergangswert in vollen EUR. Das ist der Rechnungspreis für den Verkauf der Ware, sofern dieser alle Vertriebskosten für die Waren im Landverkehr, Luftverkehr und Binnenschiffsverkehr „frei deutsche Grenze“, im Seeverkehr „FOB deutscher Verladehafen“ umfasst. **Einfuhr**: Grenzübergangswert der gekauften Ware; im Seeverkehr ist das der Preis CIF deutscher Entladehafen.
Feld 47	**Nur Einfuhr:** In der Spalte „Art“ ist für die Abgabenart die entsprechende Schlüsselzahl aus **Anhang 7** anzugeben. In der Spalte „Bemessungsgrundlage“ ist für jede Abgabenart die Bemessungsgrundlage in einer Summe einzutragen, z. B. für den Zollwert aus dem Formular „Anmeldung der Angaben über den Zollwert“. Für die Einfuhrumsatzsteuer sind ebenfalls der Zollwert sowie die Kosten für die Beförderung bis zum ersten Bestimmungsort im Unionsgebiet aufzuführen. Die Spalten „Satz“ und „Betrag“ werden vom Zoll ausgefüllt. Für die Spalte „ZA“ (= Zahlungsart) sind folgende Buchstaben zu verwenden: A = Barzahlung, C = Verrechnungsscheck/Banküberweisung, D = andere, E = Zahlungsaufschub, F = Lastschriftverfahren.

Feld 48	**Nur Einfuhr:** Dieses Feld ist nur bei Zahlungsaufschub auszufüllen. Neben der Nummer des Aufschubkontos ist kenntlich zu machen, ob der Zahlungsaufschub für eigene (E) oder fremde (F) Abgabenschulden des Aufschubnehmers in Anspruch genommen werden soll.
Feld 50	**Nur beim Versandverfahren:** Anzugeben sind Name und Vorname bzw. Firma sowie vollständige Anschrift des **Inhabers des Unionsversandverfahrens**. Gegebenenfalls sind Name und Vorname des bevollmächtigten Vertreters anzugeben, der für den Inhaber des Verfahrens unterzeichnet.
Feld 52	**Nur beim Versandverfahren:** Anzugeben ist (in der oberen Zeile) die Form der Sicherheitsleistung für das betreffende Vorhaben nach dem nachstehend aufgeführten Gemeinschaftscode, ggf. mit der Nummer der Bürgschaftsbescheinigung oder die Bescheinigung über die Befreiung von der Sicherheitsleistung und der Angabe der Stelle der Bürgschaftsleistung. Folgende Codes (Auswahl) sind zu verwenden und im rechten Teilfeld einzutragen:

Sachverhalt	Code	Sachverhalt	Code
Befreiung von der Sicherheitsleistung	0	Barsicherheit	3
Gesamtbürgschaft	1	usw.	
Einzelsicherheit	2		

Feld 53	**Nur Versand:** Zollstelle (und Land), bei dem die Waren zur Beendigung des Versandverfahrens zu gestellen sind
Feld 54	**Ausfuhr:** Die Exemplare Nr. 1 und 2 müssen vom Anmelder bzw. Bevollmächtigten (Vertreter) handschriftlich unterzeichnet werden; neben seiner Unterschrift hat der Anmelder bzw. Vertreter seinen Namen und Vornamen anzugeben. **Einfuhr**: Wie bei der Ausfuhr, allerdings sind hier die Exemplare Nr. 6 und 7 zu unterzeichnen. Bei einer Internet-Zollanmeldung ist das ausgefüllte Formular zweifach auszudrucken, zu unterschreiben und in dieser Form zusammen mit den erforderlichen Unterlagen dem Zollamt vorzulegen.

Der Begriff „Hauptverpflichteter" im Formular ist veraltet.

EORI-Nummer/Zollnummer

Die **EORI-Nummer** (Economic Operators' Registration and Identification Number – Nummer zur Registrierung und Identifizierung von **Wirtschaftsbeteiligten**) wird EU-weit vergeben und dient zur Identifizierung von Unternehmen und Personen gegenüber der Zollverwaltung. Sie besteht aus der bisher verwendeten siebenstelligen **Zollnummer** und dem vorangestellten Länderkürzel, in Deutschland „DE".

Wirtschaftsbeteiligter ist nach UZK eine Person, die im Rahmen zollrechtlicher Vorschriften tätig wird (Art. 5 Nr. 5 UZK).

Beispiel:
DE4682334

Neu erteilte EORI-Nummern haben 15 Stellen (einschließlich des Länderkürzels).

Wenn ein Exporteur/Importeur aus einem Drittland stammt, verfügt er über keine EORI-Nummer. Das Feld bleibt dann frei.

Anhang 1 A: Länderverzeichnis (Auszug)

Länderverzeichnis nach ISO-Alpha-2-Code

NL	Niederlande	CN	Volksrepublik China
DE	Deutschland	KP	Nordkorea
IT	Italien	KR	Südkorea
US	Vereinigte Staaten von Amerika (USA)	JP	Japan

Anhang 1 B: Währungsverzeichnis (Auszug)

Währungsverzeichnis nach ISO-Alpha-3-Code

EUR	EUR	JPY	YEN (Japan)
USD	US-Dollar		

Anhang 2 – zu Feld 20: Aufgelistet sind die offiziellen INCOTERMS® 2020 (siehe Seite 380).

Anhang 3 – zu Feld Nr. 24: Art des Geschäfts (Auszug)

Geschäfte mit Eigentumsübergang und mit Gegenleistung	**Code**
▪ endgültiger Kauf/Verkauf	11
▪ Ansichts- oder Probesendungen	12
▪ Kompensationsgeschäfte (Tauschhandel)	13
Rücksendung von Waren, die bereits mit Code 1 erfasst wurden	
▪ Rücksendung von Waren	21
▪ Ersatz für zurückgesandte Waren	22

Anhang 4 – zu Feld 29: Ausgangszollstelle/Eingangszollstelle

Verzeichnis der Schlüsselnummern (Auszug)	
C. Verzeichnis deutscher Zollstellen im Seeverkehr	
Zollstellen an der Nordsee	**Code**
Hamburg	DE004851

Anhang 5 – zu Feld 36: Präferenz (Auszug)

Präferenznachweis, siehe Seite 434

Abschnitt A: Anzuwendende Codes			
1. Die erste Ziffer des Codes		**2. Die beiden folgenden Ziffern des Codes**	
Code	Abgabenbegünstigung	Code	Abgabenbegünstigung
1	Abgabenbegünstigung ohne Präferenznachweis	00	keiner der nachstehenden Fälle
2	Allgemeine Zollpräferenz für Entwicklungsländer (APS, Erklärung zum Ursprung)	10	Zollaussetzung
3	andere Zollpräferenzen (EUR.1, EUR-MED u. a.)	15	Zollaussetzung mit Endverwendung
4	Abgabenerhebung im Rahmen von Zollunionsabkommen (A.TR, T2, T2L u. a.)		usw.

Abschnitt B: Liste der gebräuchlichsten Codes **Teil I – Ohne Präferenznachweis**	
Code	**Anwendungsbereich**
100	Anwendung des Drittlandszollsatzes (Angabe aus statistischen und dv-technischen Gründen notwendig)
110	vorübergehende Zollaussetzung für bestimmte Waren
	usw.

Teil II – Mit Präferenznachweis Erklärung zum Ursprung	
Code	**Anwendungsbereich**
200	Anwendung des APS-Zollsatzes ohne weitere Bedingungen oder Einschränkungen

Code 400 für Warenverkehrsbescheinigung A.TR. (keine Abgaben wegen bestehender Zollunion)

Teil III – Mit Präferenznachweis EUR.1/EUR-MED oder gleichwertigem Dokument	
Code	**Anwendungsbereich**
300	Anwendung des betreffenden präferenzierten Zollsatzes ohne weitere Bedingungen oder Einschränkungen
320	Anwendung des betreffenden präferenzierten Zollsatzes innerhalb eines Zollkontingents (Angabe der Kontingentnummer [Feld Nr. 39] erforderlich)
	usw.

Anhang 6 – zu Feld 37: Verfahren bei der Versendung/Ausfuhr bzw. beim Eingang/bei der Einfuhr (Auszug)

Abschnitt A – Erstes Unterfeld

Der vierstellige Code besteht aus zwei Elementen:

Ziffern 1 und 2 bezeichnen Zollverfahren.

Ziffern 3 und 4 bezeichnen das vorangegangene Zollverfahren. Wird die Ware zum ersten Mal zollrechtlich behandelt, trägt man an dieser Stelle zwei Nullen ein.

Beispiel:

*Beantragt wird die Überlassung einer Ware in den zoll- und steuerrechtlich freien Verkehr (**40**, siehe unten Verzeichnis der Verfahren); die Ware wird zum ersten Mal beim Zoll gestellt (**00**). Der vierstellige Code im ersten Unterfeld lautet dann: **4000**.*

Verzeichnis der Verfahren zur Codierung (Auszug)

Je zwei von diesen Grundelementen müssen zusammengestellt werden, um einen vierstelligen Code zu erhalten:

Code	Verfahren
00	(als zweites Element) kein vorangegangenes Zollverfahren
01	Überlassung von Waren zum (nur zollrechtlich) freien Verkehr ...
02	Überlassung in den zollrechtlich freien Verkehr zur Durchführung eines aktiven Veredlungsverfahrens
10	endgültige Ausfuhr
21	vorübergehende Ausfuhr im Rahmen der passiven Veredlung
31	Wiederausfuhr
40	Überlassung in den zoll- und steuerrechtlich freien Verkehr
71	Überführung von Waren in das Zolllagerverfahren

In der Praxis treten folgende Verfahrenscodes besonders häufig auf:

Ausfuhr: 1000 Endgültige Ausfuhr ohne vorangegangenes Verfahren
Einfuhr: 4000 Überlassung von Waren in den zoll- und steuerrechtlich freien Verkehr ohne vorangegangenes Verfahren

Abschnitt B – Zweites Unterfeld

Das zweite Unterfeld nimmt Codes für spezielle Zollverfahren auf, z. B. für Veredlung, Zollbefreiungen oder vorübergehende Verwendung. Kommt eine nationale Unterteilung nicht in Betracht, so bleibt das Feld leer.

Anhang 7 – zu Feld Nr. 47:
Schlüsselzahlen für die Abgabenarten (Auszug)

A00	Zölle
B00	Einfuhrumsatzsteuer
300	Tabaksteuer
310	Kaffeesteuer

Anhang 8 – zu Feld 31:
Verpackungscodes (Auszug)

PC	Paket
PX	Palette
PK	Packstück
CN	Container
CT	Karton

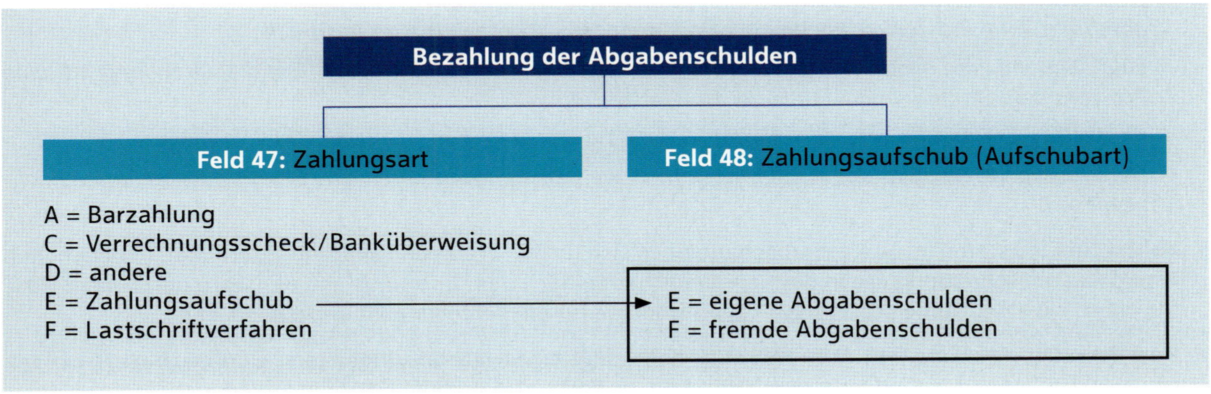

Ermittlung der statistischen Warennummer (Feld 33 des Einheitspapiers)

Statistische Warennummer = achtstellige Nummer zur statistischen Erfassung und Gruppierung der Warenströme im Import und Export. Sie entstammt dem Warenverzeichnis für die Außenhandelsstatistik, das vom Statistischen Bundesamt veröffentlicht wird.

Die statistische Warennummer entspricht den ersten 8 Stellen der Codenummer aus dem Zolltarif, siehe Seite 431.

Siehe Internetseite des Statistischen Bundesamtes www.destatis.de Suchbegriff: „Warenverzeichnis für die Aussenhandelsstatistik, Downloads"

Warenverzeichnis für die Außenhandelsstatistik (Auszug)
Dieses Verzeichnis wird vom Statistischen Bundesamt herausgegeben. Es erleichtert das Auffinden der Warennummern, wenn der korrekte Name des Produktes bekannt ist, weil die Waren alphabetisch geordnet sind.

Warenbezeichnung	Warennummer	besondere Maßeinheit
Elektrische Transformatoren, elektrische Stromrichter (z. B. Gleichrichter) sowie Drossel- und andere Selbstinduktionsspulen:		
■ **Transformatoren mit Flüssigkeitsisolation:**		
– **mit einer Leistung von 650 kVA oder weniger**	8504 21 00	Stück
– **mit einer Leistung von mehr als 650 kVA bis 10000 kVA:**		
– mit einer Leistung von mehr als 650 kVA bis 1600 kVA	8504 22 10	Stück
– mit einer Leistung von mehr als 1600 kVA bis 10000 kVA	8504 22 90	Stück
– **mit einer Leistung von mehr als 10000 kVA**	8504 23 00	Stück
■ **andere Transformatoren:**		
– **mit einer Leistung von 1 kVA oder weniger:**		
– Messwandler:		
– Spannungswandler	8504 31 21	Stück
– andere	8504 31 29	Stück
– andere	8504 31 80	Stück
– **mit einer Leistung von mehr als 1 kVA bis 16 kVA:**		Stück
– Messwandler	8504 32 20	Stück
– andere	8504 32 80	Stück

25.3.3 Andere Anmeldeunterlagen

Neben der Zollanmeldung sind – je nach Ausgangsfall – weitere Unterlagen für die Zollanmeldung bereitzuhalten, z. B.:

- **Handelsrechnung** (Commercial Invoice): Sie ist die Beweisurkunde über die Erfüllung des Kaufvertrages. Sie enthält gewöhnlich folgende Angaben: Warenbezeichnung, Gewicht, Menge, Verpackung, Preise, Lieferbedingungen, Vertragsbeteiligte sowie Fracht- und Versicherungskosten. Die Handelsrechnung ist auch Unterlage für die Zollabfertigung.
  Manchmal wird auch eine **Pro-forma-Rechnung** (pro forma invoice) verlangt. Sie entspricht der Handelsrechnung, löst aber keine Zahlung aus.

  Anwendungsbeispiele:
  - *Eine kostenlose **Mustersendung** wird exportiert. Für die Einfuhrverzollung wird der Wert der Sendung geschätzt. Eine Pro-forma-Rechnung bringt dann den Schätzwert zum Ausdruck.*
  - *Eine Sendung wird gegen **Vorkasse** geliefert und ist bereits bezahlt worden. Für die Verzollung tritt eine Pro-forma-Rechnung an die Stelle der Handelsrechnung.*
  - *Kostenlose **Ersatzteile** erfordern für die Verzollung trotzdem den Nachweis des Warenwertes.*
  - *Der Wert von **Messegut**, das wieder ausgeführt werden soll, wird durch eine Pro-forma-Rechnung nachgewiesen.*

Siehe Ursprungserklärung auf der Rechnung, Seite 436

- **Zollfaktura** (Customs Invoice): Hierbei handelt es sich um ein Wert- und Ursprungszertifikat, in dem neben einer Warenbeschreibung wie in der Handelsrechnung auch das Ursprungsland der Ware bescheinigt wird. Sie dient – wie der Name schon sagt – als Grundlage für die Verzollung im Importland.
- **Packliste:** Die Packliste gibt Auskunft über den Inhalt eines Transportbehälters. Darüber hinaus werden wesentliche Daten des Kaufvertrages (Exporteur, Importeur, Verschiffungs-, Bestimmungshafen u. a.) festgehalten.
- **Zollwertanmeldung** (siehe Seite 426)

- **Präferenzbescheinigung** (siehe Seite 434)
- **Beförderungspapiere** (z. B. Frachtbrief, Konnossement, Lieferschein, Speditionsauftrag)
- **Einfuhrgenehmigungen und -lizenzen** (vorzugsweise bei Textilien und landwirtschaftlichen Produkten)

25.3.4 Der Spediteur als Zollvertreter

Als **Anmelder** wird im Zollrecht eine Person bezeichnet, die in eigenem Namen eine Zollanmeldung abgibt (Code [1]) oder in deren Namen eine Zollanmeldung abgegeben wird (durch einen Vertreter, Code [2] oder [3]).
Als Zollanmelder kann auftreten, wer in der Lage ist, eine Ware bei der zuständigen Zollstelle zu gestellen und über alle erforderlichen Unterlagen verfügt (im Beispiel rechts ist es MODA-TEX). Wichtig:

- Der Anmelder muss im Gebiet der EU ansässig sein.
- Der Anmelder wird beim Einfuhrverfahren grundsätzlich Zollschuldner.

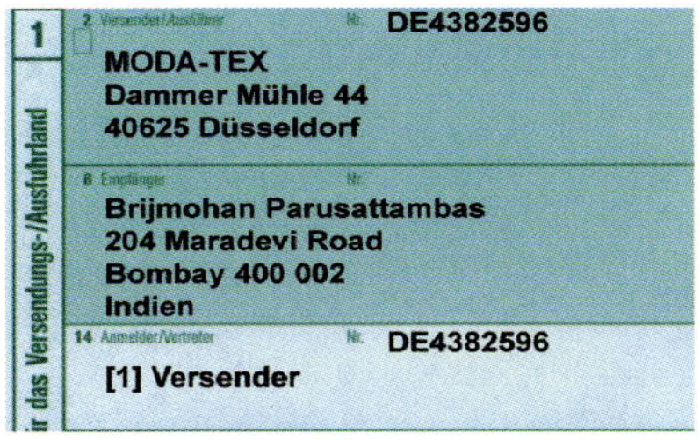
1
2 Versender/Ausführer Nr. DE4382596
MODA-TEX
Dammer Mühle 44
40625 Düsseldorf
8 Empfänger Nr.
Brijmohan Parusattambas
204 Maradevi Road
Bombay 400 002
Indien
14 Anmelder/Vertreter Nr. DE4382596
[1] Versender

54 Ort und Datum:
Düsseldorf, 28.08.20(0)
Unterschrift und Name des Anmelders/Vertreters:
INTERSPED GmbH
Düsseldorf
Claudia Wagner
Wagner

Das Vertretungsverhältnis wird auch im Feld 54 sichtbar, wo die Unterschriften geleistet werden.

Der Anmelder kann sich aber auch vertreten lassen. Das Vertretungsverhältnis wird in Feld 14 des Einheitspapiers sichtbar gemacht. In der Regel werden Speditionen als Vertreter für den Anmelder tätig. Das Zollrecht unterscheidet zwei Arten der Vertretung:

Direkte Vertretung	Der Vertreter handelt im Namen und für Rechnung seines Auftraggebers. In diesem Fall hat das Unternehmen MODA-TEX als Vertretene die **Verantwortung** für die Zollanmeldung. Die Spedition INTERSPED GmbH erbringt lediglich als Vertreterin die **Formalitäten** für den Auftraggeber. In Feld 14 erscheint der Code [2].
Indirekte Vertretung	Der Vertreter handelt **im eigenen Namen**, aber für Rechnung seines Auftraggebers. Der Vertreter selbst wird zum Anmelder, der die **Verantwortung** für die Zollanmeldung übernimmt. Er wird damit – neben dem Vertretenen – zum **Abgabenschuldner** (mit entsprechendem Risiko). In Feld 14 erscheint Code [3].

In beiden Fällen hat der Spediteur das Vertretungsverhältnis in der Zollanmeldung sichtbar zu machen, andernfalls wird er – neben dem Anmelder – zum **Zollschuldner**.
Auch bei direkter Vertretung besteht für den Spediteur ein **Risiko**. Er hat als „Datenlieferant" dafür zu sorgen, dass die Angaben in der Zollanmeldung korrekt sind. Dazu hat er bei seinem Auftraggeber die erforderlichen Informationen einzuholen. Handelt er nicht mit der nötigen Sorgfalt, wird auch der Spediteur in direkter Vertretung beim Einfuhrverfahren zum **Zollschuldner** (siehe nachfolgenden Auszug aus dem UZK).

UZK Artikel 77 (Auszug)

... wird auch die Person zum Zollschuldner, die die für die Zollanmeldung erforderlichen Angaben geliefert hat und die gewusst hat oder vernünftigerweise hätte wissen müssen, dass sie unrichtig waren.

Grundsätzlich aber gilt: Die Verpflichtung zur Zahlung der Einfuhrabgaben trägt der Anmelder. Der Spediteur als direkter Vertreter ist nicht der Anmelder; er wird damit auch nicht zum Zollschuldner.

Grundlage für ein Vertretungsverhältnis ist eine Zollvollmacht, die der Spediteur von seinem Auftraggeber erhält.
In der Praxis handelt der Spediteur in den allermeisten Fällen in direkter Vertretung für seinen Auftraggeber (der als Anmelder auftritt).
Eine Zollvertretung kann unionsweit ausgeübt werden.

Die INTERSPED GmbH als direkter Vertreter

14 Anmelder/Vertreter Nr. DE4682334
[2] INTERSPED GmbH, Merkurstraße 14,
40223 Düsseldorf

54 Ort und Datum:
Düsseldorf, 28.08.20(0)
Unterschrift und Name des Anmelders/Vertreters:
INTERSPED GmbH
Düsseldorf
Claudia Wagner
Wagner

Ausschnitt aus einer Zollvollmacht

ZOLLVOLLMACHT
zum Erstellen von Einfuhranmeldungen

– in direkter Vertretung –

Hiermit beauftragen und bevollmächtigen wir bis zum schriftlichen Widerruf die Firma

Spedition INTERSPED GmbH, Merkurstraße 14, 40223 Düsseldorf

die für uns eingehende(n) Importsendung(en) in unserem Namen und für unsere Rechnung gemäß Art. 18 Unionszollkodex auf Grundlage der ADSp 2017 zollamtlich abzufertigen, die Zollanmeldung und die Zollwertanmeldung abzugeben, diese Papiere rechtsverbindlich zu unterzeichnen, Anträge für Einfuhrdokumente und auf Erstattung und Erlass – soweit erforderlich – in unserem Namen zu stellen sowie an uns ggf. zu erstattende Eingangsabgaben anzunehmen.

...

Quelle: https://www.dslv.org/dslv/web.nsf/gfx/Zollvollmacht_Import_1.pdf/$file/Zollvollmacht_Import_1.pdf (abgerufen am 02.09.2020)

Zollanmeldung und Vertretung			
Anmeldung durch wen?	**Anmelder** – in eigenem Namen – für eigene Rechnung	**Vertreter** – in eigenem Namen – für fremde Rechnung	**Vertreter** – in fremdem Namen – für fremde Rechnung
Art der Vertretung?		indirekte Vertretung	direkte Vertretung
Zollschuldner?	Anmelder	der Vertretene und der indirekte Vertreter	der Vertretene

25.4 Elektronische Zollabwicklung über ATLAS

EDIFACT, siehe Seite 225

Die Zollverwaltung hat sich zum Ziel gesetzt, den gesamten Zollverkehr papierlos umzusetzen. An die Stelle des Einheitspapiers tritt ein Computerprogramm, in dem die Sendungsdaten erfasst werden. Die für ein Zollverfahren erforderlichen Dokumente sind lediglich bereitzuhalten und nur auf besondere Anforderung der Zollbehörde zur Verfügung zu stellen.

Auch ein Datenaustausch mit anderen europäischen Zollverwaltungen ist möglich.

Die Zollanmeldung kann auch vorzeitig, d. h. vor dem Eintreffen der Ware an der Zollstelle, durchgeführt werden, um das Verfahren weiter zu beschleunigen. Der Zoll übermittelt den Abgabenbescheid nicht mehr auf Papier, sondern elektronisch.

Siehe auch www.zoll.de

Das Projekt läuft unter dem Namen ATLAS (**A**utomatisiertes **T**arif- und **l**okales Zoll**a**bwicklungs**s**ystem). Es handelt sich um eine elektronische Kommunikationsplattform der Zollbehörden. Ziel ist es, die verschiedenen Zollverfahren unter einem (elektronischen) Dach zu integrieren und die Prozesse zu automatisieren, zu vereinfachen und zu beschleunigen.

Zurzeit können folgende Zollverfahren über ATLAS abgewickelt werden:

1. Überlassung von Nicht-Unionswaren in den zollrechtlich freien Verkehr (siehe Seite 424), in das Zolllagerverfahren sowie in das Verfahren der Aktiven Veredlung
2. Ausfuhrverfahren (siehe Seite 415)
3. Unionsversandverfahren, das unter dem Namen **N**ew **C**omputerized **T**ransit **S**ystem, **NCTS**, geführt wird (siehe Seite 442)
4. Summarische Eingangs-/Ausgangsanmeldung, SumA bzw. ENS (siehe Seite 418 und Seite 425)

Für die Teilnahme ist eine spezielle Software erforderlich, die die eingegebenen Daten konvertiert und an das ATLAS-Rechenzentrum überträgt. Der Anwender – als registrierter Nutzer – gibt die Daten für den Zollantrag in eine elektronische Maske ein. Der Softwarehersteller verwaltet diese Daten in einem zentralen Datenbanksystem und leitet sie an das ATLAS-Rechenzentrum weiter.

ATLAS: elektronische Kommunikationsplattform der Zollbehörden

Zentrale Zollabwicklung

Bisher wird im Regelfall ein Zollverfahren bei der für den Anmelder „zuständigen“ Zollstelle eröffnet. Dort gestellt er auch die Ware. Der Unionszollkodex sieht vor, dass der Ort, an dem sich die Ware befindet, und der Ort, an dem die Zollanmeldung abgeben wird, entkoppelt werden. Das bedeutet, dass ein Wirtschaftsbeteiligter alle Abfertigungsprozesse (Ausfuhr, Einfuhr, Versand) über „seine“ Zollstelle am Unternehmenssitz steuert, unabhängig von der Frage, wo sich die Ware befindet.

- Die Verantwortung für alle verfahrensrechtlichen Entscheidungen (z. B. Zollanmeldung, Überlassung, Abgabenfestsetzung) liegt bei der örtlichen (überwachenden) Zollstelle.
- Sicherheits- und Kontrollaufgaben (z. B. VuB-Kontrollen) verantwortet hingegen die Zollstelle, bei der die Ware gestellt wird, und zwar irgendwo in der EU. Gewöhnlich handelt es sich dabei um Grenzzollstellen.
- Die überwachende Zollstelle und die Grenzzollstelle stimmen sich untereinander ab, wobei die überwachende Zollstelle die Federführung hat.

VuB = Verbote und Beschränkungen, siehe Seite 415

Beispiel

Ein Hamburger Spediteur erstellt für seinen Kunden eine Zollanmeldung für das Zollverfahren „Überlassung zum freien Verkehr“ bei seinem Hamburger Zollamt. Die Ware befindet sich im Hafen in Genua und wird dort dem Hafenzollamt gestellt.

Da die IT-Ausstattung in den einzelnen EU-Ländern noch nicht durchgängig auf dem erforderlichen Niveau ist, ist die Durchführung einer zentralen Zollabwicklung bisher noch nicht umsetzbar. Bis 2022, zum Teil bis 2025 soll jedoch eine europaweite elektronische Zollabwicklung möglich sein.

Internetzollanmeldung

Darüber hinaus bietet der Zoll jedem (Unternehmen, Privatpersonen) eine **Internetlösung** an, bei der Zollformulare (angelehnt an das Einheitspapier) aus dem Internet geladen und ausgefüllt an die zuständige Zollstelle gesandt werden können. Der Anmelder bekommt vom System automatisch eine Auftragsnummer. Mit dieser und der unterschriebenen Zollanmeldung sowie allen erforderlichen Unterlagen geht der Anmelder zum jeweils zuständigen Zollamt, wo die Zollanmeldung – eventuell korrigiert – in das ATLAS-Programm übernommen wird. Anschließend kann der Steuerbescheid erstellt werden.
Zurzeit steht die Internetzollanmeldung für Einfuhr-, Ausfuhr- und Versandanmeldung zur Verfügung sowie für die summarische Eingangs-/Ausgangsanmeldung. Die Ausfuhranmeldung erfordert eine einmalige Zertifizierung.

www.zoll.de, Stichwort: „Internetzollanmeldung“

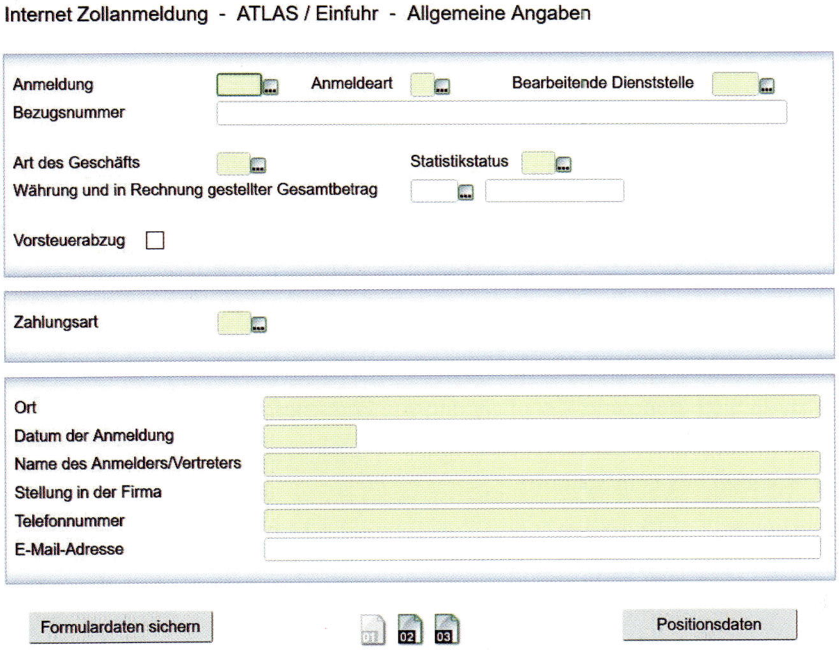

Internet Zollanmeldung - ATLAS / Einfuhr - Allgemeine Angaben

Anmeldung
Anmeldeart
Bearbeitende Dienststelle
Bezugsnummer
Art des Geschäfts
Statistikstatus
Währung und in Rechnung gestellter Gesamtbetrag
Vorsteuerabzug

Zahlungsart

Ort
Datum der Anmeldung
Name des Anmelders/Vertreters
Stellung in der Firma
Telefonnummer
E-Mail-Adresse

Formulardaten sichern
01 02 03
Positionsdaten

Quelle: Zoll

Das Formular entspricht inhaltlich und hinsichtlich der Nummerierung den Positionen des Einheitspapiers. Die zahlreichen Codes aus dem Merkblatt zum Einheitspapier sind nun aber in Drop-down-Menüs hinterlegt.

Punkt 1 im Einheitspapier

1 Anmeldung	
IM	XXXXX

Das Untermenü bietet drei Codes für die Anmeldung an:

- EU
- IM
- CO

Anmeldung

Bezugsnummer

Code	Wert
CO	Warenverkehr zwischen den Mitgliedstaaten der Gemeinschaft
EU	Warenverkehr zwischen der Gemeinschaft und den EFTA-/Visegrad-Ländern
IM	Warenverkehr zwischen der Gemeinschaft und anderen Drittländern als den EFTA-Ländern

Quelle: Zoll

Positionen, die mit einem Stern versehen sind, sind Pflichtangaben.

Zusammenfassung	Ausfuhrabfertigung – Grundlagen	
Rechtsgrundlagen:	Zollkodex der Union (+ Abgabenordnung u. a.)	
	international:	GATT: Allgemeines Zoll- und Handelsabkommen WTO: Welthandelsorganisation
Zollgebiet:	Gebiete der EU-Mitgliedstaaten	
Unionsware:	Ware mit EU-Ursprung oder in den zollrechtlich freien Verkehr überlassene Ware	
Gestellung:	Mitteilung an die Zollbehörde über zollpflichtige Ware	
Zollbeschau:	Prüfverfahren des Zolls auf Übereinstimmung von gestellter Ware mit den Papieren	
Zollverfahren:	▪ Überlassung zum zollrechtlich freien Verkehr ▪ Besondere Verfahren ▪ Ausfuhr	Besondere Verfahren: ▪ Versand (extern, intern) ▪ Lagerung (Zolllager, Freizone) ▪ Verwendung (vorübergehend, Endverwendung) ▪ Veredlung (aktive, passive)
Zollanmeldung:	Erklärung gegenüber dem Zoll, dass Waren in ein Zollverfahren überführt werden sollen.	
	▪ elektronisch (ATLAS) ▪ schriftlich (Einheitspapier) ▪ mündlich ▪ konkludent	vielfach über codierte Eintragungen, z. B. Länder, Währungen, Zollstellen, Verpackungen
EORI-Zollnummer:	Nummer zur Registrierung und Identifizierung von Wirtschaftsbeteiligten	
Statistische Warennummer:	achtstellige Nummer zur Erfassung und Gruppierung der Warenströme (entspricht der Code-Nummer aus dem Zolltarif)	
Anmeldeunterlagen:	Handelsrechnung, Pro-forma-Rechnung, Zollfaktura, Packliste, Frachtbrief u. Ä.; sie sind lediglich für die Zollbehörde bereitzuhalten	
Spediteur als Vertreter:	direkte Vertretung:	Der Vertreter handelt im Namen und für Rechnung seines Auftraggebers.
	indirekte Vertretung:	Der Vertreter handelt im eigenen Namen, aber für Rechnung seines Auftraggebers.
ATLAS:	automatisiertes Tarif- und lokales Zollabwicklungssystem (elektronische Kommunikationsplattform der Zollbehörden)	

25.5 Ausfuhr von Unionswaren

Ausfuhranmeldung = (elektronisches) Dokument, mit dem der Ausführer/Anmelder dem Zoll gegenüber zum Ausdruck bringt, dass Waren in das Zollverfahren „Ausfuhr" überführt werden sollen

25.5.1 Ausfuhranmeldung

Die Ausfuhr von Unionswaren in ein Drittland wird über das Zollverfahren „Ausfuhr" abgewickelt. Bis auf wenige Ausnahmen unterliegen alle Unionswaren, die das EU-Zollgebiet verlassen sollen, diesem Zollverfahren. Ziel des Verfahrens ist es, den Warenverkehr beim Verlassen der EU zu **überwachen**.

Aufgaben der Ausfuhranmeldung:
- Überwachung des Warenverkehrs (VuB)
- Außenhandelsstatistik
- Nachweis für die Umsatzsteuerbefreiung

Verbote und Beschränkungen (VuB)

Sowohl bei der Ausfuhr als auch bei der Einfuhr sind für bestimmte Waren Einschränkungen zu beachten. Der Export/Import von Produkten kann verboten sein oder ist nur unter bestimmten Auflagen (z. B. mit staatlicher Genehmigung) möglich. Die Einschränkungen beziehen sich auf folgende Bereiche:

Bereich	*Beispiele*
Schutz der öffentlichen Ordnung	*Waffen, jugendgefährdende Medien*
Schutz der Umwelt	*gefährliche Güter, Abfälle*
Schutz der menschlichen Gesundheit	*Betäubungsmittel, nicht zugelassene Arzneimittel*
Schutz der Tierwelt	*geschützte Tierarten (z. B. nach dem Washingtoner Artenschutzübereinkommen)*
Schutz der Pflanzenwelt	*Pflanzen mit schädlichen Organismen*
Gewerblicher Rechtsschutz	*gefälschte Markenprodukte*
Schutz des Kulturgutes	*gestohlene Kunstgegenstände*

Dual-use-Güter

Besonders brisant und schwierig zuzuordnen sind Güter, die sowohl militärisch als auch zivil genutzt werden können (**Dual-use-Güter**).

Güter, die einen doppelten Verwendungszweck haben und sowohl militärisch als auch zivil genutzt werden können, unterliegen der staatlichen Überwachung. Das Bundesamt für Wirtschaft und Ausfuhrkontrolle (**BAFA**) ist für die Erteilung von Ausfuhrgenehmigungen zuständig. Die Behörde stellt Güterlisten zur Verfügung, die eine erste Orientierung ermöglichen, ob ein Gut unter die Dual-use-Verordnung fällt.

Unternehmen müssen bei diesen Gütern besonders wachsam sein, weil verbotene Ausfuhren zu Geld- und Haftstrafen führen können.

KOBRA (Kontrolle bei der Ausfuhr) heißt das IT-System, mit dem der Zoll die Ausfuhr sensibler Güter überwacht.

Umsatzsteuer, siehe Seite 418

Dual-use-Güter = Güter mit ziviler und militärischer Nutzung

Die Ausfuhranmeldung ist außerdem die Grundlage für die statistische Erfassung des ausgehenden Warenverkehrs. Darüber hinaus wird über die Ausfuhranmeldung der Nachweis für die Umsatzsteuerbefreiung erbracht.

Beteiligte im Ausfuhrverfahren

Personen
Ausführer: In der EU ansässige Person, die zum Zeitpunkt der Anmeldung befugt ist, über die Ausfuhr der Ware zu bestimmen.
Anmelder: Person, die in der Lage ist, eine Ware bei der zuständigen Zollstelle zu gestellen und über alle erforderlichen Unterlagen verfügt. Die Person muss in der EU ansässig sein. In der Praxis ist im Regelfall der Ausführer auch der Anmelder (und gleichzeitig „Inhaber des Verfahrens").
Vertreter: Person, die Vertretungsmacht (Vollmacht) besitzt und in der EU ansässig ist. Häufig übernehmen Spediteure die Aufgabe des Vertreters. Die Art des Vertretungsverhältnisses muss in der Ausfuhranmeldung angegeben werden (siehe Seite 411).

Inhaber des Verfahrens, siehe Seite 399.
Lässt sich ein Unionsfremder indirekt vertreten, ist der Vertreter der Anmelder und der Unionsfremde Inhaber des Verfahrens.

Zollstellen
Ausfuhrzollstelle: Ausfuhrzollstelle ist die Zollstelle, in deren Bezirk der Ausführer seinen Sitz hat oder in deren Bezirk die Ware verladen oder verpackt wird.
Ausgangszollstelle: Zollstelle, über die die Waren in ein Drittland verbracht werden (letzte Zollstelle vor dem Ausgang der Waren aus dem Zollgebiet der Union).

Ablauf des Ausfuhrverfahrens (Standardverfahren)

Näher vorgestellt wird das elektronische Standardverfahren über ATLAS mit Gestellung der Ware durch den Ausführer/Anmelder bei der Ausfuhrzollstelle. Eine Abwandlung wird weiter unten skizziert.

Das Ausfuhrverfahren verläuft in zwei Stufen (siehe auch die Abbildung auf der nächsten Seite).

MRN siehe Seite 418

Stufe 1	Der Ausführer/Anmelder erstellt eine elektronische Ausfuhranmeldung und übermittelt sie seiner **Ausfuhrzollstelle** ①. Die Ausfuhrzollstelle prüft die eingehende Anmeldung formal und nimmt die Anmeldung entgegen ②. Der Ausführer/Anmelder befördert nun die Waren zur Ausfuhrzollstelle und gestellt sie dort ③. Die Ausfuhrzollstelle überführt die elektronisch angemeldeten Waren in das Ausfuhrverfahren. Dabei überprüft sie die Zulässigkeit der Ausfuhr (Verbote und Beschränkungen). Mit der Annahme der Anmeldung durch die Zollstelle ist die Erlaubnis verbunden, die Ware auszuführen. Gleichzeitig erhält der Ausführer als Bestätigung eine Hauptbezugsnummer (**MRN, Master Reference Number**), die eine Identifizierung des Vorgangs ermöglicht ④. Zusätzlich übermittelt die Ausfuhrzollstelle die Daten der angegebenen **Ausgangs**zollstelle (Vorab-Ausfuhranzeige) ⑤.
Stufe 2	Die auszuführenden Güter werden bei der **Ausgangs**zollstelle unter Angabe der MRN gestellt ⑥. Das Zollamt ruft den Vorgang über die MRN am Computer auf und vergewissert sich, dass die gestellten Waren den angemeldeten entsprechen. Die Ausgangszollstelle überwacht den körperlichen Ausgang der Waren aus dem Zollgebiet der Union ⑦. Ist alles ordnungsgemäß verlaufen, wird der Ausfuhrzollstelle eine elektronische Ausgangsbestätigung/das Kontrollergebnis übersandt ⑧. Das Verfahren ist erledigt, sobald die **Ausfuhr**zollstelle dem Ausführer einen elektronischen „**Ausgangsvermerk**“ (PDF-Dokument mit der ursprünglichen Ausfuhranmeldung und den Feststellungen der Ausfuhrzollstelle) übermittelt hat ⑨. (Siehe unten stehenden Ausschnitt aus einem Ausgangsvermerk.)

Ausfuhrbegleitdokument: In Deutschland kann vom Zoll auch noch ein Ausfuhrbegleitdokument (ABD) ausgestellt werden, auf dem die MRN abgedruckt ist. Der Zollkodex sieht das ABD aber nicht mehr vor, wohl aber die Verfahrensanweisungen von ATLAS.

Ausfuhr-Standardverfahren über ATLAS

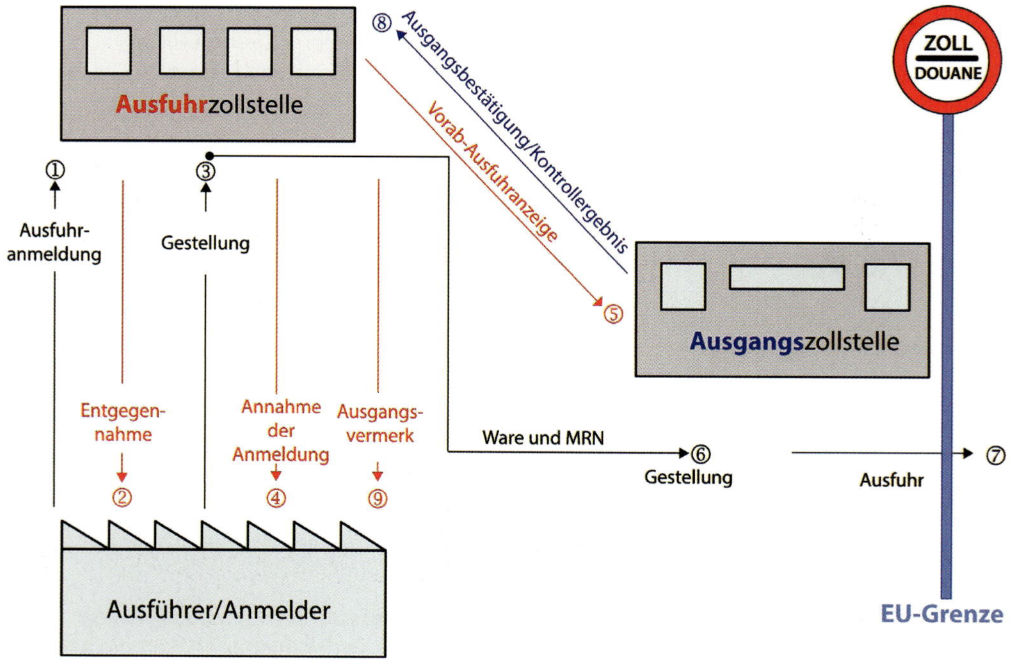

Ausgangsvermerk (Ausschnitt)

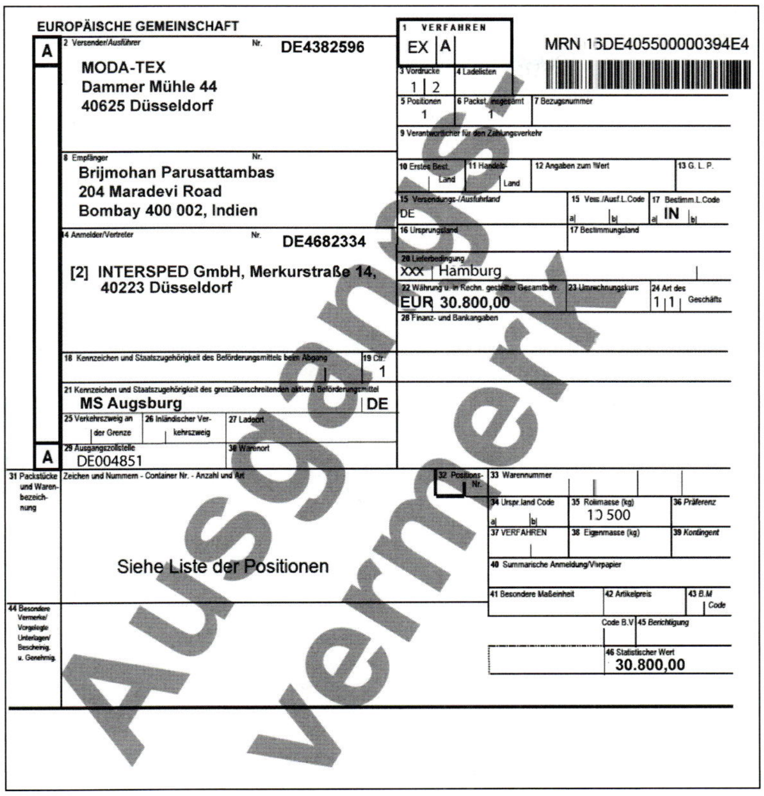
EUROPÄISCHE GEMEINSCHAFT

A

2 Versender/Ausführer Nr. DE4382596
MODA-TEX
Dammer Mühle 44
40625 Düsseldorf

1 VERFAHREN
EX | A

MRN 13DE405500000394E4

3 Vordrucke 1 | 2
4 Ladelisten
5 Positionen 1
6 Packst. insgesamt 1
7 Bezugsnummer
9 Verantwortlicher für den Zahlungsverkehr

8 Empfänger Nr.
Brijmohan Parusattambas
204 Maradevi Road
Bombay 400 002, Indien

10 Erstes Best. Land
11 Handels-Land
12 Angaben zum Wert
13 G. L. P.
15 Versendungs-/Ausfuhrland DE
15 Vers./Ausf.L.Code a| |b|
17 Bestimm.L.Code a| IN |b|
16 Ursprungsland
17 Bestimmungsland

14 Anmelder/Vertreter Nr. DE4682334
[2] INTERSPED GmbH, Merkurstraße 14,
40223 Düsseldorf

20 Lieferbedingung XXX | Hamburg
22 Währung u. in Rechn. gestellter Gesamtbetr. EUR 30.800,00
23 Umrechnungskurs
24 Art des Geschäfts 1 | 1
28 Finanz- und Bankangaben

18 Kennzeichen und Staatszugehörigkeit des Beförderungsmittels beim Abgang
19 Ctr. 1
21 Kennzeichen und Staatszugehörigkeit des grenzüberschreitenden aktiven Beförderungsmittels
MS Augsburg | DE
25 Verkehrszweig an der Grenze
26 Inländischer Verkehrszweig
27 Ladeort
29 Ausgangszollstelle DE004851
30 Warenort

A

31 Packstücke und Warenbezeichnung
Zeichen und Nummern - Container Nr. - Anzahl und Art
Siehe Liste der Positionen
32 Positions-Nr.
33 Warennummer
34 Urspr.land Code a| |b|
35 Rohmasse (kg) 10 500
36 Präferenz
37 VERFAHREN
38 Eigenmasse (kg)
39 Kontingent
40 Summarische Anmeldung/Vorpapier
41 Besondere Maßeinheit
42 Artikelpreis
43 B.M Code
44 Besondere Vermerke/Vorgelegte Unterlagen/Bescheinig. u. Genehmig.
Code B.V
45 Berichtigung
46 Statistischer Wert 30.800,00

Ausgangsvermerk

Abwandlung des Standardverfahrens

In der Praxis ist eine Abwandlung des Standardverfahrens weit verbreitet. Es unterscheidet sich vom oben beschriebenen Ablauf in folgenden Punkten:

- Der Ausführer/Anmelder beantragt in seiner Ausfuhranmeldung „Gestellung außerhalb des Amtsplatzes." Lässt die Ausfuhrzollstelle diese Form der Gestellung zu, bleiben die Waren auf dem Firmengelände des Ausführers/Anmelders und stehen dem Zoll für eine Beschau zur Verfügung.
- Der Zoll entscheidet, ob er bei der gestellten Ware eine Beschau durchführt.
- Nach der Zollbeschau (oder dem Verzicht darauf) erhält der Ausführer/Absender die MRN elektronisch übermittelt.
- Der Ausführer/Anmelder befördert die Ware von seinem Firmengelände zur Ausgangszollstelle, um sie dort unter Angabe der MRN zu gestellen.

Die Besonderheit dieses Verfahrens liegt folglich darin, dass die Ware nicht bei der Ausfuhrzollstelle, sondern auf dem Firmengelände gestellt wird. Das ist für den Ausführer/Anmelder eine wichtige Erleichterung.

Einstufiges/Zweistufiges Ausfuhrverfahren

Einstufiges Verfahren

- Kleinsendungen **bis 1 000,00 EUR** (bzw. 1 000 kg) können **mündlich** an der Ausgangszollstelle unter Vorlage der Handelsrechnung angemeldet werden.
- Ähnliches gilt für Waren im Wert **bis 3000,00 EUR**; der Ausführer kann sie **schriftlich** sofort an der Ausgangszollstelle anmelden.

Zweistufiges Verfahren

- Ab einem Warenwert von **über 3 000,00 EUR** ist das zweistufige Verfahren verpflichtend (siehe Seite 416).

In der Praxis gibt es mehrere vereinfachte Verfahren, die der Beschleunigung dienen. So können Anmeldungen mit reduzierten Einträgen oder in zeitlicher Zusammenfassung abgegeben werden.

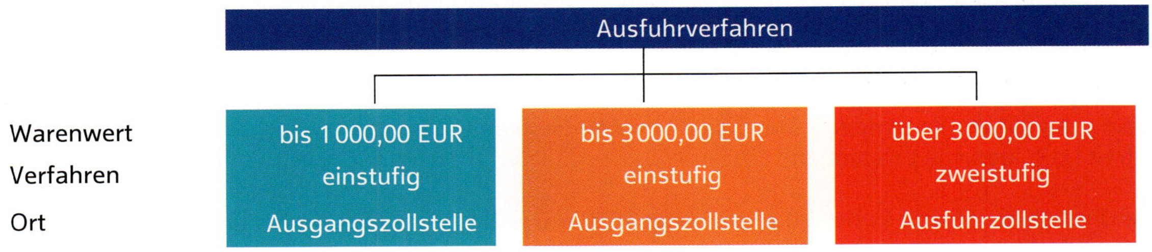

Master Reference Number (MRN)
Die MRN ist die Registrierungsnummer (Hauptbezugsnummer) für bestimmte Zollverfahren. Im Ausfuhrverfahren kann jede Zollstelle mit Hilfe der MRN eine Anmeldung aufrufen und weiterbearbeiten. Dies ermöglicht es Unternehmen, die von mehreren Orten in der EU Ausfuhren durchführen, von ihrem Hauptsitz aus alle Ausfuhrverfahren abzuwickeln. Die zuständige Ausgangszollstelle greift über das Internet (ATLAS) auf die MRN zu und hat den Vorgang zur weiteren Verfügung.

Die MRN im Ausfuhrverfahren ist wie folgt aufgebaut:

Beispiel:
MRN 20DE810300047222E3

Erläuterung	Stellenzahl	Beispiel
Master Reference Number	3	MRN
Jahr der Erzeugung der MRN (2020)	2	20
ISO-Alpha-2-Code des Landes, in dem die MRN erzeugt wurde	2	DE
Dienststelle der Ausfuhrzollstelle, bei der die Ware in das Ausfuhrverfahren überführt wurde.	4	8103
Laufende Nummer, die bundesweit vergeben und pro Jahr hochgezählt wird	8	00047222
Export	1	E
Prüfziffer	1	3

Versandverfahren, siehe Seite 442

Eine MRN wird nicht nur bei der Ausfuhr erteilt, sondern z. B. auch im Versandverfahren. Die Zollbehörden unterrichten den Anmelder einer Zollanmeldung über die Annahme seiner Anmeldung und erteilen ihm eine MRN, mit der dieser Vorgang von jeder Zollbehörde aufgerufen werden kann.

Eine MRN wird auch bei einer summarischen Eingangs- und Ausgangsmeldung (EAS) vergeben (Eingangs- und Ausgangs-SumA).

MRN (Master Reference Number): Hauptbezugsnummer zur Identifizierung und Überwachung einer Zollanmeldung, vor allem im Ausfuhr- und Versandverfahren.

Ausführlich siehe summarische Eingangsmeldung auf Seite 425

Summarische Ausgangsanmeldung (ASumA)
Nach dem Sicherheitskonzept des UZK sind Vorabmeldepflichten zu beachten. Das gilt auch für Waren, die aus dem Zollgebiet der Union ausgeführt werden sollen. Grundsätzlich ist für jede Ausfuhr eine summarische Ausgangsanmeldung in elektronischer Form abzugeben. Diese Voranmeldung soll dem Zoll Gelegenheit geben, vor der Ausfuhr eine Risikoanalyse durchzuführen. Im Regelfall geschieht die Ausgangsanmeldung gleichzeitig mit der Ausfuhranmeldung. Unter bestimmten Umständen, wenn für die Ausfuhr keine Zollanmeldung erforderlich ist, muss eine separate summarische Ausgangsanmeldung abgegeben werden.

Vereinfachte Ausfuhranmeldung

Standard- und verfeinfachte Zollanmeldung, siehe Seite 402

In begründeten Fällen kann der Anmelder eine vereinfachte (unvollständige) Ausfuhranmeldung bei seiner Ausfuhrzollstelle abgeben. Unvollständig sind Ausfuhranmeldungen, bei denen bestimmte Angaben oder Unterlagen fehlen. Der Zoll behandelt diese Anmeldungen wie im normalen Ausfuhrverfahren, d. h., nach der Gestellung der Ware bei der zuständigen Ausfuhrzollstelle erhält der Anmelder eine MRN und kann die Ware an der Ausgangszollstelle zum Ausgang gestellen.
Der Anmelder hat innerhalb einer bestimmten Frist nach Annahme der vereinfachten Anmeldung Zeit, die fehlenden Daten oder Unterlagen nachzumelden.

25.5.2 Umsatzsteuer im grenzüberschreitenden Warenverkehr

Begriffsbestimmung

Der **Umsatzsteuer** unterliegen alle Lieferungen und Leistungen, die ein Unternehmer im Inland gegen Entgelt im Rahmen seines Unternehmens ausführt. Bemessungsgrundlage ist (im Regelfall) das vereinbarte Entgelt. Der Begriff „Mehrwertsteuer“ macht lediglich das System der Besteuerung sichtbar, indem – über den Vorsteuerabzug – nur der jeweilige Mehrwert einer Wirtschaftsstufe steuerlich erfasst wird. Letztlich ist die Umsatzsteuer vom Endverbraucher zu tragen.

Der Regelsteuersatz beträgt 19 % des Entgelts. Für eine Reihe von Umsätzen (Lebensmittel, Verlagserzeugnisse u. a.) gilt der verminderte Steuersatz von 7 %. Bestimmte Leistungen sind völlig von der Umsatzsteuer befreit (z. B. ärztliche Leistungen).

Die Umsatzsteuersätze in der EU reichen von 25 % in Dänemark und Schweden über 20 % in Österreich und bis zu 17 % in Luxemburg.

Erhebungsarten

Zwei Verfahren zur Erhebung der Umsatzsteuer stehen zur Verfügung:

Ursprungslandprinzip: Der grenzüberschreitende Einkauf durch **Privatpersonen** wird nach dem Ursprungslandprinzip abgewickelt. Nach diesem Prinzip wird die Umsatzsteuer in dem Land erhoben, in dem die Ware verkauft wird. Kauft also zum Beispiel ein Österreicher in München ein Fernsehgerät, zahlt er die deutsche Umsatzsteuer von 19% – in Österreich wären 20% zu zahlen (im Versandhandel und bei Fahrzeugen gilt das Ursprungslandprinzip nicht).

Bestimmungslandprinzip: Das Prinzip besagt, dass die Ware im **Einfuhrland** zu versteuern ist. Die Ausfuhr von Waren ist demnach umsatzsteuerfrei, während Importe mit der Umsatzsteuer des Einfuhrlandes belastet werden. Ein deutscher Unternehmer, der Waren aus Schweden bezieht, zahlt den inländischen Steuersatz von 19% (als Vorsteuer) und nicht den schwedischen Satz von 25%. Bei einem Import von Drittlandsware über Rotterdam (NL) nach Deutschland würde die Sendung an der EU-Außengrenze verzollt, aber in Deutschland der Einfuhrumsatzsteuer unterworfen.

Begriffe aus dem Umsatzsteuerrecht

Siehe Seite 398

Das Zollrecht unterscheidet die Begriffe:
- **Einfuhr – Ausfuhr**
- **Eingang – Versendung**

Die ersten beiden Begriffe bezeichnen Warenbewegungen zwischen der EU und Drittländern, während das zweite Begriffspaar für den Warenverkehr innerhalb der Europäischen Union steht.

Die **Ausfuhr** von Gütern in ein Drittland (= Land, das nicht zur Europäischen Union gehört) ist **umsatzsteuerfrei**. Bei der **Einfuhr** von Waren aus Drittländern wird die **Einfuhrumsatzsteuer** erhoben, die dafür sorgt, dass ausländische Produkte den inländischen umsatzsteuerlich gleichgestellt sind.

Siehe Einfuhrumsatzsteuer, Seite 438

Umsatzsteuerrechtlich ist nicht zwischen Eingang und Versendung, sondern zwischen folgenden Begriffen zu unterscheiden:

Beispiel für eine Umsatzsteuer-Identifikationsnummer: DE 458 977 344

Innergemeinschaftliche Lieferung: Sie ist gegeben, wenn Ware aus einem Mitgliedsland der Union in das übrige Unionsgebiet gegen Entgelt geliefert wird. Verkäufer und Käufer müssen Unternehmer sein. Der **Verkäufer** hat die Lieferung nachzuweisen und er muss vor allem die **Umsatzsteuer-Identifikationsnummer (ID-Nummer)** des Käufers aufzeichnen. Die Angabe einer ID-Nummer durch den Kunden zeigt dem Lieferer an, dass der Kunde vorsteuerabzugsberechtigt ist. Der Verkäufer kann daher eine umsatzsteuerfreie Lieferung durchführen. Kann der Käufer keine ID-Nummer angeben, muss der Verkäufer die Ware in seinem Land (Ursprungsland) versteuern.

Innergemeinschaftlicher Erwerb: Er ist das Gegenstück zur innergemeinschaftlichen Lieferung. Ein Unternehmer kauft unter Angabe seiner ID-Nummer Waren steuerfrei in einem anderen EU-Land ein. Die ID-Nummer ist damit praktisch der „Ausweis" eines Unternehmens zum umsatzsteuerfreien Einkauf von Waren in den übrigen EU-Ländern. Allerdings gilt das **Bestimmungslandprinzip**, sodass dieser Unternehmer die eingekauften Waren nun in seinem Heimatland (dem Bestimmungsland) der Umsatzsteuer unterwerfen muss.

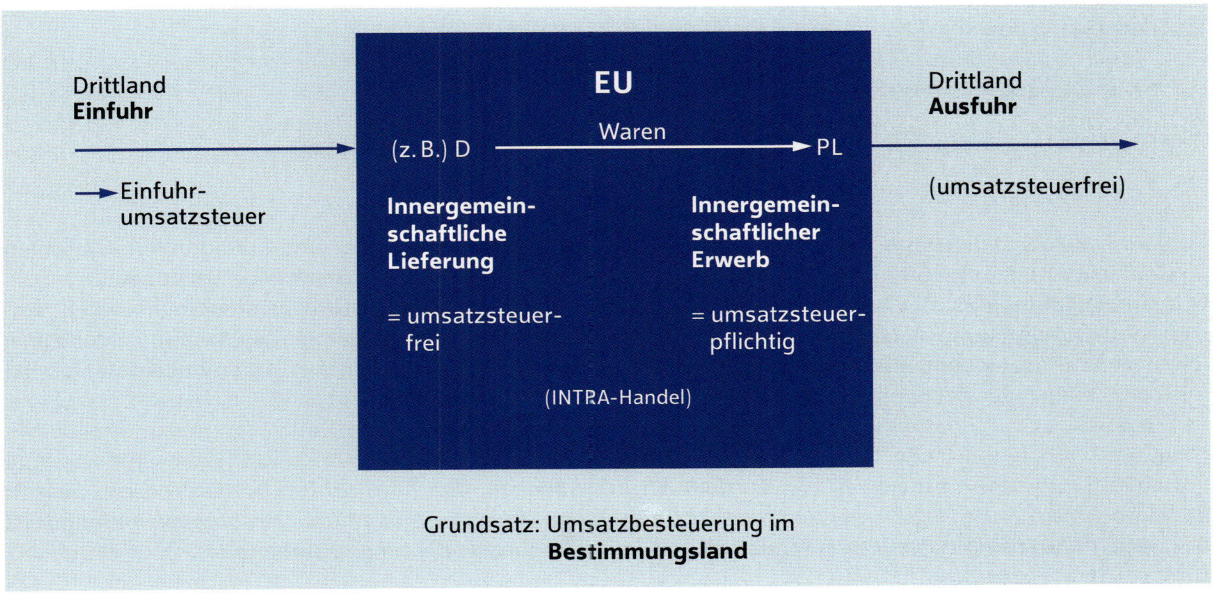

Grundsatz: Umsatzbesteuerung im **Bestimmungsland**

INTRASTAT = Intrahandelsstatistik (Intra bedeutet innerhalb der EU.)

INTRASTAT-Meldungen: Der EU-Binnenmarkt hat (fast) keine Grenzkontrollen mehr. Folglich können grenzüberschreitende Warenbewegungen innerhalb der EU nicht mehr wie früher an den Grenzen erfasst werden. Stattdessen melden „Lieferer" und „Erwerber" ihre Verkäufe und Einkäufe in Deutschland an das Statistische Bundesamt Wiesbaden. Dadurch wird der gegenseitige Warenverkehr mit Unionswaren zwischen Deutschland und den anderen EU-Mitgliedstaaten statistisch erfasst.

→ **Intrastat-Meldungen** = Informationen an das Statistische Bundesamt über Warenbewegungen zwischen den Mitgliedstaaten der Europäischen Union.
Intrastat = innergemeinschaftliche Handelsstatistik

Die INTRASTAT-Meldungen können heute elektronisch über das Internet durchgeführt werden (siehe Abbildung unten).

Warenlieferungen in andere EU-Mitgliedstaaten für die im Bestimmungsland Umsatzsteuer entrichtet werden muss, sind monatlich als **„Zusammenfassende Meldung"** an das Bundeszentralamt für Steuern (BZSt) mitzuteilen. Über diese Meldungen wird die korrekte Besteuerung des innergemeinschaftlichen Handels kontrolliert.

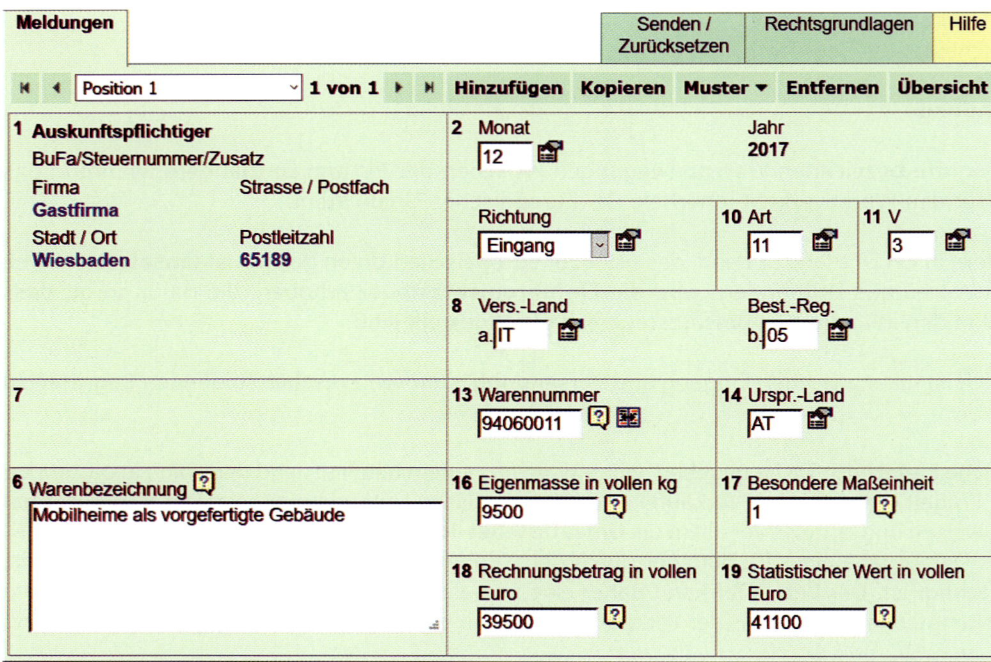
Meldungen | Senden / Zurücksetzen | Rechtsgrundlagen | Hilfe
Position 1 | 1 von 1 | Hinzufügen | Kopieren | Muster | Entfernen | Übersicht
1 Auskunftspflichtiger
BuFa/Steuernummer/Zusatz
Firma: Gastfirma | Strasse / Postfach
Stadt / Ort: Wiesbaden | Postleitzahl: 65189
2 Monat: 12 | Jahr: 2017
Richtung: Eingang | 10 Art: 11 | 11 V: 3
8 Vers.-Land: a. IT | Best.-Reg.: b. 05
7
13 Warennummer: 94060011 | 14 Urspr.-Land: AT
6 Warenbezeichnung: Mobilheime als vorgefertigte Gebäude
16 Eigenmasse in vollen kg: 9500 | 17 Besondere Maßeinheit: 1
18 Rechnungsbetrag in vollen Euro: 39500 | 19 Statistischer Wert in vollen Euro: 41100

Elektronische INTRASTAT-Meldung (Ausschnitt), https://www-idev.destatis.de/idev/OnlineMeldung, Statistisches Bundesamt (Stand: 15.11.2017)

Innergemeinschaftliche Beförderungsleistungen

Eine innergemeinschaftliche Güterbeförderung liegt vor, wenn sie im Gebiet von zwei unterschiedlichen EU-Mitgliedstaaten beginnt oder endet.

Beförderungsleistungen sind umsatzsteuerrechtlich „sonstige Leistungen".

Für die Umsatzsteuer gilt in diesem Fall folgender Grundsatz:

→ Beförderungsleistungen werden am Ort des Leistungsempfängers versteuert.

Zu den **Beförderungsleistungen** zählen Transporte, Vor- und Nachläufe, Be- und Entladungen, Umschlag sowie ähnliche mit einer Güterbeförderung im Zusammenhang stehende selbstständige Leistungen.
Leistungsempfänger ist der Auftraggeber des Spediteurs/Frachtführers. Das Umsatzsteuergesetz sieht vor, dass der **Leistungsempfänger** der Steuerschuldner ist. Er hat seine Unternehmereigenschaft in der Regel durch eine Umsatzsteuer-Identifikationsnummer (USt-IdNr.) nachzuweisen. Der Leistungsempfänger ist gewöhnlich auch der Rechnungsempfänger.

Beispiel 1:
Die INTERSPED GmbH erhält von der KAULMANN KG, Solingen, den Auftrag, Elektromotoren von Belgien nach Stockholm zu befördern. Leistungsort ist Deutschland. Leistungs- und damit Rechnungsempfänger ist die KAULMANN KG. Die INTERSPED GmbH weist in ihrer Rechnung die Umsatzsteuer aus.

Beispiel 2:
Die SVENSKA MOTOR AB, Stockholm, beauftragt die INTERSPED GmbH mit einem Transport von Stockholm nach Solingen. Leistungsort ist nun Schweden. Leistungs- und Rechnungsempfänger ist das schwedische Unternehmen. Die INTERSPED GmbH weist in ihrer Rechnung keine Umsatzsteuer aus. Die SVENSKA MOTOR AB hat die Leistung in Schweden der Umsatzsteuer zu unterwerfen.

Beispiel 3:
Die INTERSPED GmbH erhält von der SVENSKA MOTOR AB, Stockholm, den Auftrag, Güter von Hamburg nach Solingen zu transportieren. Obwohl eine Beförderung in Deutschland vorliegt, ist der Leistungsort Schweden. Leistungs- und Rechnungsempfänger ist das schwedische Unternehmen. Die INTERSPED GmbH erstellt eine Rechnung ohne Umsatzsteuer. Die SVENSKA MOTOR AB hat die Leistung in Schweden zu versteuern.

Beispiel 4:
Die INTERSPED GmbH erhält von der SVENSKA MOTOR AB, Stockholm, den Auftrag, den Lkw eines schwedischen Frachtführers auf ihrem Lager in Düsseldorf mit zu beladen. Die Güter waren vom Empfänger annahmeverweigert und bei der INTERSPED GmbH zwischengelagert worden.

Leistungsort ist Schweden. Leistungs- und Rechnungsempfänger ist SVENSKA MOTOR AB. Die INTERSPED GmbH erstellt eine Rechnung ohne Umsatzsteuer. SVENSKA MOTOR AB versteuert die Leistung in Schweden.

Angaben auf Rechnungen

§ 14 UStG

Das Umsatzsteuergesetz verlangt folgende Angaben auf Rechnungen:

1. Name und Anschrift des Rechnungsausstellers und Rechnungsempfängers
2. Umsatzsteuer-Identifikationsnummer des Rechnungsausstellers
3. Ausstellungsdatum
4. Rechnungsnummer
5. Menge und Art (= handelsübliche Bezeichnung) der gelieferten Gegenstände oder den Umfang der sonstigen Leistung
6. Zeitpunkt der Lieferung oder sonstigen Leistung
7. vereinbartes Entgelt, das – falls gegeben – nach Steuersätzen (7 % oder 19 %) aufzuschlüsseln ist

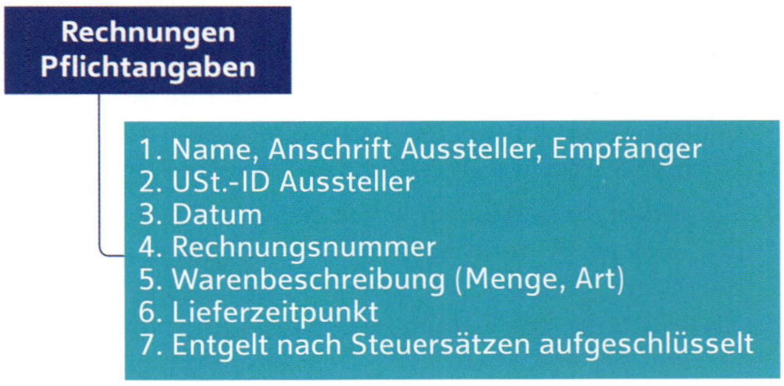

Im Falle einer innergemeinschaftlichen Beförderungsleistung empfiehlt die Finanzverwaltung auch die Angabe der Umsatzsteuer-Identifikationsnummer des Rechnungsempfängers (= Leistungsempfängers), falls der Rechnungsempfänger die Leistung zu versteuern hat.

Grenzüberschreitende Güterbeförderungen von und nach Drittländern

Grenzüberschreitende Güterbeförderungen zwischen dem Inland und einem Drittland (z. B. von Deutschland in die Schweiz) sind umsatzsteuerfrei. Güterbeförderungen bei Importsendungen unterliegen der Einfuhrumsatzsteuer, sofern die Sendung im Binnenland zum zoll- und steuerrechtlich freien Verkehr abgefertigt wird.

Es gilt der Grundsatz: Die Beförderungsleistung (als Nebenleistung) teilt das steuerliche Schicksal der Hauptleistung (des Warenverkaufs). Ist die Ausfuhr von Waren umsatzsteuerfrei, gilt das auch für die in diesem Zusammenhang erbrachten Beförderungsleistungen.

25.5.3 Ausfuhrnachweise

Einfuhrumsatzsteuer, siehe Seite 438

Ausfuhr in ein Drittland

Bei Ausfuhren in ein Drittland erhält der Exporteur als Abschluss des elektronischen Ausfuhrverfahrens über ATLAS von der Zollbehörde das PDF-Dokument „**Ausgangsvermerk**“. Es ist der Nachweis über die tatsächlich durchgeführte Ausfuhr und damit die Grundlage für die Umsatzsteuerbefreiung, denn Ausfuhren in Drittländer unterliegen nicht der Umsatzsteuer. Unter bestimmten Umständen werden aber auch Versendungsbelege (z. B. Frachtbriefe, Konnossemente) oder sonstige handelsübliche Belege (z. B. Versandbestätigung des Lieferers, Empfangsbestätigungen des Empfängers) als Ausfuhrnachweise anerkannt.
Wichtig ist in diesem Zusammenhang auch das Recht des Spediteurs, eine durchgeführte Ausfuhr für seinen Auftraggeber nachzuweisen. Dazu hat die Finanzverwaltung ein Formular entwickelt, das die genau vorgeschriebenen Daten enthält: „Bescheinigung für Umsatzsteuerzwecke“ oder „**(weiße) Spediteurbescheinigung**“.

Ausgangsvermerk, siehe Seite 417

Innergemeinschaftliche Lieferungen

Schwieriger ist der Nachweis bei **innergemeinschaftlichen Lieferungen** (grenzüberschreitende Lieferungen innerhalb der EU). Da in der EU das Bestimmungslandprinzip gilt, werden Exporte im Land des Käufers versteuert. Mithilfe der Umsatzsteuer-Identifikationsnummer kann der Exporteur belegen, dass der Importeur Unternehmer ist (für den das Bestimmungslandprinzip gilt). Außerdem hat der Unternehmer die ausgeführten innergemeinschaftlichen Lieferungen in einer zusammenfassenden Meldung beim Bundeszentralamt für Steuern zu melden. Damit können alle grenzüberschreitenden Lieferungen innerhalb der EU überwacht werden.
Aufgrund eines Urteils des Bundesfinanzhofs genügt es nun nicht mehr, die Lieferungen über die Buchführung und/oder die Vorlage von Belegen nachzuweisen. Vielmehr muss nachgewiesen werden, dass die innergemeinschaftliche Lieferung tatsächlich stattgefunden hat.

Nachweis der innergemeinschaftlichen Lieferung

Wenn ein Spediteur in die Ausfuhr eingebunden ist, stehen ihm folgende Möglichkeiten zur Verfügung, eine Ausfuhr nachzuweisen:

1. **Versendungsbelege:** Frachtbriefe werden von der Finanzverwaltung anerkannt, wenn Absender und Empfänger den Frachtbrief unterzeichnet haben. Gerade die Unterschrift des Empfängers bringt zum Ausdruck, dass er die Ware erhalten hat, und das ist der Zweck des Ausfuhrnachweises. Auch Konnossemente können als Nachweis vorgelegt werden.
2. Die (**weiße) Spediteurbescheinigung** ist einsetzbar, wenn der Spediteur vom **Verkäufer** beauftragt worden ist und aus der Bescheinigung hervorgeht, dass der Käufer aus einem EU-Land die Ware tatsächlich erhalten hat. Spediteurbescheinigungen können auch in elektronischer Form zur Verfügung gestellt werden.
3. Erhält der Spediteur den Auftrag vom **Käufer**, ist ebenfalls eine **Spediteurbescheinigung** möglich. Dann genügt es, wenn aus der Bescheinigung hervorgeht, dass die Ausfuhr beabsichtigt ist. Zusätzlich ist ein Nachweis über die Bezahlung des Kaufpreises über ein Bankkonto zu erbringen.
4. **Gelangensbestätigung:** Darin bescheinigt der **Käufer**, dass die Ware in ein anderes EU-Land gelangt ist. Das Dokument enthält Identifikationsdaten (Name und Anschrift des Abnehmer/Käufers, Beschreibung der Ware, Ausstellungsdatum) sowie die Unterschrift des Abnehmers (entfällt bei elektronischer Übermittlung der Gelangensbestätigung). Besonders wichtig ist die Angabe des Ortes und des Monats, an dem die Beförderung im Gemeinschaftsgebiet **beendet** worden ist.
5. Kann der Sendungsverlauf elektronisch verfolgt werden (**Tracking and Tracing**), genügt als Nachweis der Auftrag des Versenders und ein Protokoll, das den Transport lückenlos nachweist.

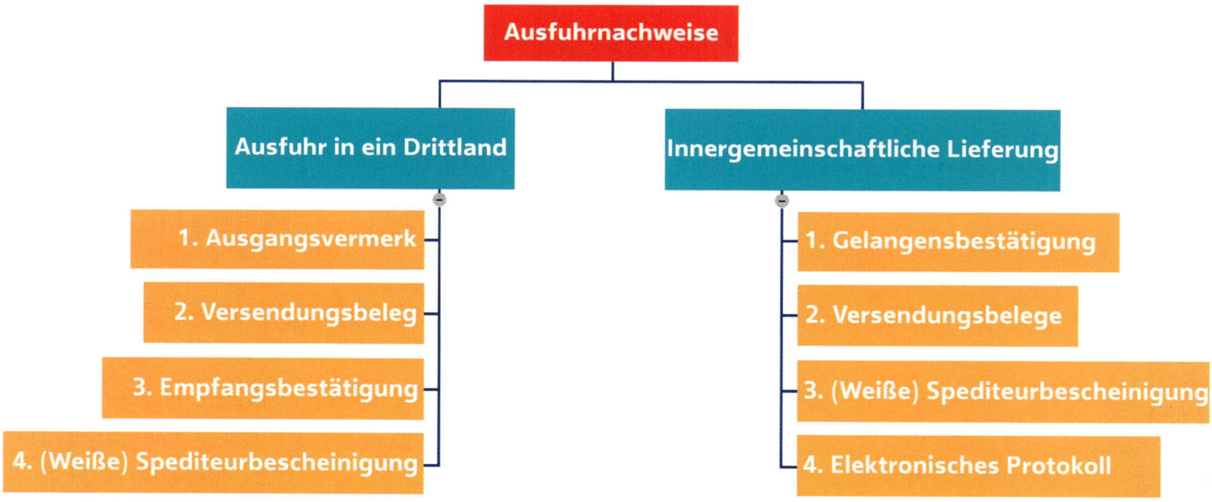

Zusammenfassung	Ausfuhrabfertigung – Verfahren	
Ziele:	▪ Überwachung des Warenverkehrs (Verbote und Beschränkungen, VoB) ▪ Außenhandelsstatistik ▪ Nachweis für die Umsatzsteuerbefreiung	
Dual-Use-Güter:	Güter, die sowohl militärisch als auch zivil genutzt werden können	
Beteiligte:	Ausführer:	Person, für deren Rechnung die Ausfuhranmeldung abgegeben wird und die Eigentümer der Ware ist
	Anmelder:	Person, die Vollmacht besitzt und in der EU ansässig ist.
Zollstellen:	Ausfuhrzollstelle:	Zollstelle, in deren Bezirk der Ausführer seinen Sitz hat
	Ausgangszollstelle:	Zollstelle, über die die Waren in ein Drittland verbracht werden
MRN:	Master Reference Number = Registrierungsnummer der Ausfuhranmeldung	
Ausfuhrerklärung:	▪ Ausfuhr in Drittländer ▪ Anmeldung: i. d. R. Exporteur = Anmelder, Spediteur = direkter Vertreter ▪ i. d. R. elektronische Erklärung über ATLAS (oder: Internet, Einheitspapier)	
Ablauf:	① einstufig: (Warenwert bis 1 000,00 EUR) Ausfuhrerklärung (AE) an der Ausgangszollstelle (mündlich, Handelsrechnung) ② Warenwert bis 3 000,00 EUR: einstufig schriftlich ③ Warenwert über 3 000,00 EUR: Voranmeldung an der Ausfuhrzollstelle, Gestellung an der Ausgangszollstelle mit MRN	
Regelfall:	▪ Aus**fuhr**zollstelle: prüft nach Ausfuhranmeldung und Gestellung die Zulässigkeit der Ausfuhr und erteilt eine MRN ▪ Aus**gangs**zollstelle: bescheinigt die Ausfuhr – Gestellung des Gutes – Identifizierung über die MRN – Abgleich Gut und AE, Freigabe zur Ausfuhr – Rückmeldung an die Ausfuhrzollstelle – Ausfuhrzollstelle: erstellt und übersendet dem Exporteur den Ausgangsvermerk	
Umsatzsteuer:	Die Ausfuhr von Gütern (und die Beförderungsleistung) in ein Drittland ist umsatzsteuerfrei. Beförderungsleistungen zwischen EU-Ländern werden am Ort des Leistungsempfängers versteuert.	
Ausfuhrnachweise:	Ausfuhr in Drittländer: Ausgangsvermerk, (weiße) Spediteurbescheinigung, Versendungsbelege (Frachtbrief, B/L u. Ä.) Innergemeinschaftlich: Gelangensbestätigung, Versendungsbelege u. Ä.	

Lernfeld 11
Importaufträge bearbeiten

26 Die Einfuhr von Nicht-Unionswaren in die EU

26.1 Europäische Zollunion

EU- und EFTA-Staaten, siehe Seite 87

Die Zollunion mit der Türkei bezieht sich aktuell vor allem auf industrielle Güter.

CETA = Comprehensive Economic and Trade Agreement (Umfassendes Wirtschafts- und Handelsabkommen)

EU-Vietnam Freihandelsabkommen

Die **Europäische Zollunion** ist ein einheitlicher Handelsraum, in dem alle Waren frei verkehren können. Das gilt für Waren, die in der EU hergestellt worden sind oder aus Drittländern eingeführt wurden. In der EU wurden Zölle an den Innerunionsgrenzen abgeschafft (**Freiverkehrsprinzip**) und ein einheitliches System zur Abgabenbelastung von Einfuhren entwickelt, d.h., es bestehen gemeinsame Außenzölle gegenüber Drittländern.

Beispiele:
Ein finnisches Mobiltelefon kann nach Spanien versandt werden, ohne dass dabei Zoll entrichtet wird und ohne dass irgendeine Zollkontrolle erfolgt. Ein Smartphone aus Südkorea wird an der EU-Außengrenze verzollt. Danach fallen keine weiteren Zölle und keine Kontrollen mehr an.

Mitgliedstaaten der Zollunion sind die 27 EU-Staaten, die Türkei sowie Andorra, San Marino und Monaco.

Von einer Zollunion ist eine **Freihandelszone** zu unterscheiden. Zwischen den Mitgliedstaaten werden zwar ebenfalls keine Zölle erhoben; es fehlt aber ein einheitliches Zollsystem nach außen.
Ein Beispiel für eine Freihandelszone ist die EFTA. Das neue Freihandelsabkommen CETA zwischen der EU und Kanada wird dazu führen, dass im Warenverkehr der EU mit Kanada Zölle weitgehend abgeschafft werden.

Merkmale von Zollunion und Freihandelszone

Zollunion	keine Binnenzölle	einheitliche Außenzölle
Freihandelszone	keine Binnenzölle	keine einheitlichen Außenzölle

26.2 Überlassung zum zollrechtlich freien Verkehr

Hier wird nur die Standard-Zollanmeldung betrachtet. Nicht-Unionsware wird zu Unionsware.

Wer Nicht-Unionswaren in die Europäische Union einführen möchte, muss die Ware dem Zoll anmelden und in ein Zollverfahren überführen. Soll Nicht-Unionsware in der EU verbleiben und am Warenverkehr der Union teilnehmen, wählt der Zollpflichtige als Zollverfahren die Überlassung zum zollrechtlich freien Verkehr. Dies ist in der Praxis das gebräuchlichste Zollverfahren. Die Güter wechseln dadurch ihren zollrechtlichen Status: Aus Nicht-Unionsware wird Unionsware, die der inländischen Ware gleichgestellt ist.

Die summarische Eingangsanmeldung ist auch über das Internet möglich, siehe www.zoll.de.

Waren aus der Schweiz und aus Norwegen sind von der ESumA ausgenommen.

Luftfrachtsendungen müssen vor der Verladung mit einem Mindestdatensatz der ESumA vorab angemeldet werden, damit ein Verladeverbot noch wirksam werden kann.

Ablauf des Zollverfahrens „Überlassung zum zollrechtlich freien Verkehr“	
Vorabanmeldung	Zur Gefahrenabwehr hat die EU beschlossen, dass alle Waren aus Drittländern vor der Einfuhr in die EU elektronisch beim Eingangszollamt vorangemeldet werden müssen. Dem Zoll soll damit Gelegenheit gegeben werden, die Waren einer Risikoanalyse zu unterwerfen. Die „ summarische Eingangsanmeldung“ (**ESumA**) oder auch Entry Summary Declaration (**ENS**) ist grundsätzlich vom **Beförderer** über das elektronische Import Control System (ICS) abzugeben. Sie kann aber auch von einem Spediteur als Zollvertreter übersandt werden. Die ENS ist für jede Sendung erforderlich, die per Lkw, Schiff, Flugzeug oder Bahn befördert wird und eine Eingangszollstelle in der EU durchläuft. Inhaltlich besteht die ENS vorzugsweise aus einer detaillierten Warenbeschreibung und aus Informationen über Importeur und Exporteur. Da sich diese Daten aber bereits durch die elektronische Zollanmeldung in der Zollsoftware der Frachtführer und Spediteure befinden, ist lediglich die Software auf die Abgabe der ENS umzustellen. Zu beachten sind Fristen für die Zolldatenvoranmeldung, nämlich z. B. im See-Containerverkehr 24 Stunden vor Beginn der Verladung im Abgangshafen, vier Stunden vor Ankunft im ersten Flughafen der EU und eine Stunde vor Eintreffen des Lkw an der Eingangszollstelle der Union. Im Rahmen der Vorprüfung weist der Zoll die Waren einem bestimmten Risikoniveau mit entsprechenden Konsequenzen zu: – Risiko Level A: Verladeverbot („Do Not LOAD“) – Risiko Level B: Zollbeschau im ersten EU-(Flug-)Hafen – Risiko Level C: Zollbeschau im (Flug-)Hafen der Entladung

Ablauf des Zollverfahrens „Überlassung zum zollrechtlich freien Verkehr“	
Verbringung in die EU	Die Ware wird in das Zollgebiet der Union verbracht. In der Regel geschieht das durch den Fahrzeugführer. Er wird als **Verbringer** bezeichnet. Mit der Verbringung der Ware in die EU beginnt die zollamtliche Überwachung.
Gestellung	Die Ware ist nun unverzüglich bei einem Eingangszollamt zu gestellen, und zwar mit Verweis auf die summarische Eingangsanmeldung (Vorabanmeldung, ESumA, ENS). Auf diese Weise wird der physische Eingang der Ware mit der vorab abgegebenen ESumA verknüpft. Der Zollkodex spricht von „**qualifizierter Gestellungsmitteilung**“. Bei der Gestellung wird der Zollbehörde das Eintreffen der Ware bei der Zollstelle in allgemeiner Form mitgeteilt, z. B. durch die Vorlage der Beförderungspapiere oder durch eine elektronische Nachricht über ATLAS. Gestellungspflichtig ist der Verbringer oder eine Person, die die Ware vom Verbringer übernimmt, z. B. ein Spediteur.
Summarische Anmeldung	Mit der Gestellung ist die Abgabe einer summarischen Anmeldung (**SumA**) verbunden (i. d. R. über ATLAS und durch den Verbringer oder einen Spediteur). Mit ihr wird die Ware zur vorübergehenden Verwahrung angemeldet. In der Praxis fallen Gestellung und summarische Anmeldung zusammen: Bei der Gestellung wird die summarische Eingangsmeldung (**ESumA**) durch ATLAS in eine SumA umgewandelt und mit einer Registriernummer (**AT/B**) versehen.
Vorübergehende Verwahrung	Die Ware hat nun den Status „**vorübergehende Verwahrung**“ und befindet sich weiterhin in zollamtlicher Überwachung. Die vorübergehende Verwahrung ist kein Zollverfahren, sondern ein zollrechtliches Durchgangsstadium der Ware zwischen der Gestellung und der Entscheidung für ein Zollverfahren. Diese Entscheidung muss innerhalb von **90 Tagen** durch den Anmelder fallen, weil danach die vorübergehende Verwahrung automatisch endet. Die vorübergehende Verwahrung entfällt, wenn sofort eine Zollanmeldung gemacht wird, verbunden mit der Entscheidung für ein bestimmtes Zollverfahren. Der Verwahrer darf die Ware nur in bewilligten Verwahrlagern oder in anderen, von den Zollbehörden zugelassenen Orten lagern (z. B. im Lager des Importeurs oder des beauftragten Spediteurs). Der Verwahrer trägt die Verantwortung für die Ware. Dazu hat er der Zollbehörde eine Sicherheit zu leisten (siehe Seite 445) und muss den Zustand der Ware durch Aufzeichnungen belegen. Oft ist bei der Gestellung noch nicht klar, welches Zollverfahren gewählt werden soll, oder es fehlen noch Papiere, um eine Zollanmeldung abgeben zu können. Dann ist der Status „vorübergehende Verwahrung“ sinnvoll, weil der Anmelder Zeit gewinnt.
Zollanmeldung	In der Zollanmeldung wird das Zollverfahren „Überlassung zum zollrechtlich freien Verkehr“ durch den Anmelder beantragt. Der Zoll prüft zunächst, ob die vorgelegten Dokumente formell eine weitere Bearbeitung durch den Zoll zulassen. Ist dies der Fall, wird die Zollanmeldung „**angenommen**“. Das heißt: Die Zollstelle übernimmt die Daten der Anmeldung in das ATLAS-System und vermerkt das Datum der Annahme (= Entstehung der Zollschuld).
Inhaltliche Prüfung	Es folgt nun die inhaltliche Prüfung der angenommenen Zollanmeldung. Sie beinhaltet eine **datenmäßige** Kontrolle (Richtigkeit der einzelnen Angaben, Echtheit sowie Gültigkeit der vorgelegten Unterlagen) und eine **körperliche** Überprüfung zur Ermittlung von Menge und/oder Beschaffenheit der angemeldeten Waren (**Zollbeschau**, Dokumentation der Beschau im **Zollbefund**).
Steuerbescheid	Der Anmelder erhält einen Steuerbescheid über die Höhe der **Einfuhrabgaben**. Er kann die Abgaben bar begleichen oder über ein Aufschubkonto abwickeln (siehe Seite 439).
Überlassung	Dem Anmelder wird die Ware überlassen, d. h., die Ware befindet sich im angemeldeten Verfahren (im zollrechtlich freien Verkehr). Durch die Überlassung erfährt die Ware einen **Statuswechsel**: Aus der Nicht-Unionsware wird Unionsware und die zollamtliche Überwachung ist beendet.

Der Zoll hat aber weiterhin das Recht, die Daten der Zollanmeldung in den Geschäftsräumen der Beteiligten nachträglich zu prüfen. Durch die zunehmende Digitalisierung der Daten wird die eigentliche Prüfung der Zollanmeldung immer stärker in die Betriebe verlagert.

Summarische Eingangsmeldung (ESumA): Information der Zollbehörden, dass innerhalb einer bestimmten Frist Waren in das Zollgebiet der Union gebracht werden sollen.
Summarische Anmeldung (SumA): Anmeldung zur vorübergehenden Verwahrung

Einfuhr von Waren – Verfahrensschritte

	❶	ZOLL DOUANE	❷	❸	❹	90 Tage	❺
Schritt	**Vorabanmeldung**		**Verbringen**	**Gestellen**	**vorübergehende Verwahrung**		**endgültige Bestimmung**
Verantwortlicher	Beförderer (Frachtführer)		Verbringer (Frachtführer)	Verbringer oder Spediteur	Verwahrer oder z. B. Spediteur		Anmelder
Dokument	ESumA	EU-Grenze	z. B. Beförderungspapier	SumA			Zollanmeldung

26.3 Zollwert

Mit der Annahme der Zollanmeldung durch die Zollbehörde entsteht die Verpflichtung des Anmelders, die Einfuhrabgaben zu begleichen. Zu diesem Zeitpunkt ist die genaue Höhe der Zollschuld noch nicht bekannt. Sie ist nach den Bestimmungen des Zollkodex zu ermitteln. Eine wesentliche Größe zur Berechnung des Zolls ist der Zollwert. Da die Zollsätze im Zolltarif (siehe Seite 430) überwiegend Wertzollsätze sind (z. B. 5 % des Warenwertes), muss festgelegt werden, wie der Wert der zollpflichtigen Ware (der Zollwert) zu ermitteln ist. Das wichtigste Verfahren legt den **Transaktionswert** der Zollberechnung zugrunde. Transaktionswert ist der Preis für die Ware bei einem Verkauf zur Ausfuhr in die EU. Das ist im Regelfall der Rechnungspreis.

Die Zollwertberechnung nach Artikel 29 Zollkodex geht von einer CIF-Bewertung aus, d. h., Grundlage für die Zollberechnung ist der Wert des Gutes **CIF EU-Grenze**. Kosten bis zur EU-Grenze, die nicht im Rechnungspreis enthalten sind, müssen daher hinzugerechnet werden. Kosten, die innerhalb der EU entstehen, die aber im Rechnungspreis eingeschlossen sind (z. B. bei einer DDP-Lieferung), sind vom Rechnungspreis abzuziehen. Stark vereinfacht (weil eine Vielzahl von Zu- und Abrechnungen, Plus- und Minusfaktoren zu beachten sind) lässt sich folgendes Schema zur Zollwertermittlung festhalten:

Beispiel für Behandlungskosten während der Beförderung: Fütterungskosten für lebende Tiere

		Rechnungspreis
Plusfaktoren:	+	**Verpackungskosten, Lade- und Behandlungskosten während der Beförderung der Ware bis zur EU-Grenze**
	+	**Beförderungskosten, Versicherungskosten bis zur EU-Grenze**
Minusfaktoren:	–	**Beförderungskosten nach Einfuhr in die EU (soweit sie im Rechnungspreis enthalten sind)**
	–	**Zölle und andere EU-Abgaben (soweit sie im Rechnungspreis enthalten sind)**
	=	**anzumeldender Zollwert**

Entlade- und Umschlagkosten am Ort des Verbringens (z. B. im Entladehafen) gehören nicht zum Zollwert, wohl aber zum Einfuhrumsatzsteuerwert (siehe Seite 438).

Ort des Verbringens, siehe Seite 427

Beispiel einer Zollwertberechnung:

Import von Computern aus den USA
Exporteur: CENTRAL DATA Corporation, Plainview, NY
Importeur: COMPUTER-HANDELS GmbH, Siegen
Lieferungsbedingungen: FOB New York
Grenzübergangsort in die EU: Hamburg

Rechnungspreis in EUR	*42 500,00 EUR*
+ Kosten, die dem Käufer entstanden sind (nicht im Rechnungspreis enthalten)	
▪ *Provisionen*	–
▪ *Verpackung*	–
▪ *Lizenzgebühren*	–
▪ *Lieferungskosten*	
– Beförderungskosten bis Hamburg	*390,00 EUR*
– Versicherung	*43,00 EUR*
– Kosten, die im Rechnungspreis enthalten sind	
▪ *Beförderungskosten nach Ankunft am Ort des Einbringens in die EU*	–
▪ *Zölle und Steuern, die in der EU wegen der Einfuhr zu zahlen sind*	–
angemeldeter Zollwert	*42 933,00 EUR*

Beförderungskosten sind aufzuteilen, Versicherungskosten werden nicht aufgeteilt.

Da der tatsächlich gezahlte Preis betrachtet wird, ändert sich die Zollwertberechnung, wenn andere INCOTERMS® 2020 im Kaufvertrag vereinbart werden und man annimmt, dass der Rechnungspreis von 42500,00 EUR unverändert bleibt.

CFR Hamburg:	*Rechnungspreis*	*42500,00 EUR*
	+ Versicherungskosten	*43,00 EUR*
	Zollwert	*42543,00 EUR*
CIF Hamburg:	*Rechnungspreis = Zollwert*	*42500,00 EUR*

Sind Positionen, die der Zollwertermittlung dienen, in einer Fremdwährung ausgedrückt, müssen die Beträge nach einem zollamtlichen Kurs umgerechnet werden. Der Zoll veröffentlicht im Internet die **Umrechnungskurse** für die Zollwertberechnung, die jeweils für einen Monat gültig sind.

www.zoll.de, Stichwort: Umrechnungskurse

Zollwert = Preis, den der Käufer an der EU-Grenze theoretisch für die eingeführte Ware zu zahlen hätte.

Zollwertanmeldung

Die Zoll**wert**anmeldung ist eine Steuererklärung. Unrichtige Angaben können als Steuerstraftat oder Steuerordnungswidrigkeit geahndet werden.
Durch die Zollwertanmeldung soll der Wert des eingeführten Gutes **bis zum Ort des Verbringens in die EU** ermittelt werden. Kosten bis zu dieser Schnittstelle, die nicht im Rechnungsbetrag enthalten sind, müssen demnach hinzugerechnet werden. Kosten, die im Rechnungsbetrag einkalkuliert sind, aber erst nach Überschreiten der EU-Grenze entstehen (z. B. Beförderungskosten beim INCOTERM® 2020 DDP), müssen aus dem Rechnungspreis herausgerechnet werden. Daher sind in der Handelsrechnung Warenwert und Beförderungskosten auch getrennt auszuweisen. Die ausgewiesenen Beträge müssen nachprüfbar sein.
Ab einem Zollwert von 20000,00 EUR ist die Berechnung nach dem Formblatt „Anmeldung der Angaben über den Zollwert D.V.1“ nachzuweisen (siehe nächste Seite).

Merkblatt „Zollwert“ (Auszug)

Feld 2	Der Zollwertanmelder muss nicht mit dem Zollanmelder identisch sein. Wer den Zollwert anmeldet, muss mindestens im Besitz der Ware sein. Ein Spediteur kann die Zollwertanmeldung im fremden Namen abgeben (Unterschrift mit dem Zusatz „Im Auftrag und in Vollmacht“).
Feld 11	Nettopreis ist in der Regel der Rechnungsendbetrag (Bruttorechnungspreis abzüglich Preisermäßigungen und Skonto). Ein Rechnungsbetrag in Fremdwährung ist in EUR umzurechnen.
Feld 14	Hier sind Angaben zu machen, wenn Waren im Rahmen eines Werkvertrages oder Werklieferungsvertrages eingeführt werden.
Feld 17	Es sind die tatsächlich entstandenen Kosten für die Lieferung der Ware – mindestens bis zum Ort des Verbringens in die EU – anzumelden. Ort des Verbringens ist ▪ im Seeverkehr der Hafen, in dem die Waren zuerst im Zollgebiet der Union eintreffen, ▪ im Eisenbahn-, Binnenschiffs- oder Straßenverkehr der Ort der ersten Zollstelle im Zollgebiet der Union, ▪ im Luftverkehr der (gedachte) Punkt, an dem das Flugzeug die EU-Außengrenze überfliegt.
Feld 19	Beförderungskosten, die im Rechnungspreis enthalten sind, die aber erst nach der Verbringung der Ware in das Zollgebiet der Union entstehen, sind hier anzugeben.

Formular Zollwertanmeldung

ANMELDUNG DER ANGABEN ÜBER DEN ZOLLWERT D.V.1

1 NAME UND ANSCHRIFT DES VERKÄUFERS Nycomed Group Marketing & Sales 3-2-8, Hirano-machi 541-0068 Chuo-Kuru Osaka, Japan	Für amtliche Zwecke
2a NAME UND ANSCHRIFT DES KÄUFERS MEDICA PHARMA AG Trojanstraße 167 40474 Düsseldorf	
2b NAME UND ANSCHRIFT DES ANMELDERS INTERSPED GmbH Merkurstraße 14 40223 Düsseldorf	
3 LIEFERUNGSBEDINGUNGEN DAP Düsseldorf	
4 NUMMER UND DATUM DER RECHNUNG NY455-277 vom 18.03.20(0)	
5 NUMMER UND DATUM DES VERTRAGS NY233558 vom 03.02.20(0)	

6 Nummer und Datum der früheren Zollentscheidungen zu den Feldern 7 bis 9

7 a) Sind Käufer und Verkäufer verbunden im Sinne von Artikel 127 der Durchführungsverordnung (EU) 2015/2447? (falls „NEIN“ weiter zu Feld 8)	JA	☒ NEIN
b) Hat die Verbundenheit den Preis der eingeführten Waren BEEINFLUSST?	JA	NEIN
c) Kommt der Transaktionswert der eingeführten Waren einem der Werte in Artikel 134 Absatz 2 der Durchführungsverordnung (EU) 2015/2447 SEHR NAHE (Antwort fakultativ)? (Falls „JA“, Einzelheiten angeben)	JA	NEIN
8 a) Bestehen EINSCHRÄNKUNGEN bezüglich der Verwendung und des Gebrauchs der Waren, ausgenommen solche, die – durch das Gesetz oder von den Behörden in der Union auferlegt oder verlangt werden oder – das Gebiet abgrenzen, innerhalb dessen die Waren weiterverkauft werden können oder – sich auf den Wert der Waren nicht wesentlich auswirken?	JA	☒ NEIN
b) Liegen hinsichtlich des Kaufgeschäfts oder des Preises BEDINGUNGEN vor oder sind LEISTUNGEN zu erbringen, deren Wert im Hinblick auf die zu bewertenden Waren nicht bestimmt werden kann?	JA	☒ NEIN
Art der Einschränkungen, Bedingungen und Leistungen angeben: Falls der Wert der Bedingungen oder Leistungen bestimmt werden kann, Betrag in Feld 11b) angeben.		
9 a) Hat er Käufer unmittelbar oder mittelbar LIZENZGEBÜHREN für die eingeführten Waren nach den Bedingungen des Kaufgeschäfts zu zahlen?	JA	☒ NEIN
b) Unterliegt das Kaufgeschäft oder der Preis einer Vereinbarung, wonach ein Teil des Erlöses aus späteren WEITERVERKÄUFEN, VERFÜGUNGEN oder VERWENDUNGEN der Waren unmittelbar oder mittelbar dem Verkäufer zugutekommt?	JA	☒ NEIN

Falls eine der vorstehenden Fragen mit „JA“ beantwortet wird, die Umstände und, wenn möglich, in den Feldern 15 und 16 die Beträge angeben.

10 a) Anzahl der beigefügten Berechnungsbögen

10 b) Ort, Datum und Unterschrift Düsseldorf, 30.03.20(0)	INTERSPED GmbH Merkurstraße 14 40223 Düsseldorf	*Baumeister*

Seite 2

FÜR AMTLICHE ZWECKE	Berechnungsbogen Nr.		
		Ware	...
A Grundlage der Berechnung	11 a) Tatsächlich gezahlter Preis oder Preis bei Zahlung in der RECHNUNGSWÄHRUNG	3164 000,00	
	b) Mittelbare Zahlungen (siehe Feld 8 b)		
	c) Umrechnungskurs 1 EUR = 156,077 JPY	20272,05	
	12 Summe A in NATIONALER WÄHRUNG	20272,05	
B Hinzurechnungen	13 Für den Käufer entstandene Kosten:		
	a) Provisionen, ausgenommen Einkaufsprovisionen		
	b) Maklerlöhne		
	c) Umschließungen und Verpackung		
	14 Gegenstände oder Leistungen, die vom Käufer unentgeltlich oder zu ermäßigten Preisen für die Verwendung im Zusammenhang mit der Herstellung und dem Verkauf zur Ausfuhr der eingeführten Waren geliefert werden (die aufgeführten Werte sind gegebenenfalls entsprechend aufgeteilt):		
	a) In den eingeführten Waren enthaltene Materialien, Bestandteile und dergleichen		
	b) Bei der Herstellung der eingeführten Waren verwendete Werkzeuge, Matrizen, Gussformen und dergleichen		
	c) Bei der Herstellung der eingeführten Waren verbrauchte Materialien		
	d) Für die Herstellung der eingeführten Waren notwendige Techniken,		
	Entwicklungen, Entwürfe, Pläne und Skizzen, die außerhalb der Union erarbeitet wurden		
	15 Lizenzgebühren (siehe Feld 9 a))		
	16 Erlöse aus späteren Weiterverkäufen, Verfügungen oder Verwendungen, die dem Verkäufer zugutekommen (siehe Feld 9 b))		
	17 Kosten der Lieferung bis zum Ort des Verbringens in die EU:		
	a) Beförderung		
	b) Ladekosten und Behandlungskosten		
	c) Versicherung		
	18 Summe B in NATIONALER WÄHRUNG	0,00	
C Abzüge	19 Beförderungskosten nach Verbringen in die EU	192,00	
	20 Zahlungen für den Bau, die Errichtung, die Montage, die Instandhaltung oder technische Unterstützung nach der Einfuhr		
	21 Andere Zahlungen (bitte angeben)		
	22 Zölle und Steuern, die in der Union aufgrund der Einfuhr oder des Verkaufs der Waren zu zahlen sind		
	23 Summe C in NATIONALER WÄHRUNG	192,00	
	24 ANGEMELDETER ZOLLWERT (A+B+C)	20080,05	

Zollwertberechnung im Luftfrachtverkehr

Das Zollrecht bestimmt, dass von den Luftfrachtkosten nur ein bestimmter Anteil in den Zollwert einzurechnen ist. Die Prozentsätze richten sich nach der Entfernung des Abgangsstaates von der EU. Alle Drittstaaten werden in Abflugzonen kategorisiert, z. B.:

Abflugzone	%-Satz	Abflugzone	%-Satz
Afrika, Zone D: Algerien, Ägypten usw.	33	Asien, Zone K: Kasachstan, Kirgistan usw.	57
Afrika, Zone E: Äthiopien, Nigeria usw.	50	Asien, Zone L: China, Philippinen, Singapur	70

Versicherungskosten werden nicht beachtet; sie werden auch nicht aufgeteilt.

Zu den Luftfrachtkosten gehören neben der reinen Luftfracht (Chargeable Weight multipliziert mit Rate/Charge) alle Kosten, die unmittelbar durch die Beförderung der Ware vom Versandort bis zum Ort des Verbringens in die Union entstanden sind; siehe „Total Other Charges Due Agent" und „Total Other Charges Due Carrier" auf dem Luftfrachtbrief. Ort des Verbringens in der Luftfracht ist der (gedachte) Ort, an dem das Flugzeug die Außengrenze der EU überfliegt. Dies erfordert eine Aufteilung der Luftfrachtkosten auf die Strecken vor und nach Grenzübertritt.
Die Nebengebühren lassen sich den Feldern „Total Other Charges Due Agent" und „Total Other Charges Due Carrier" auf dem Luftfrachtbrief entnehmen.

Beispiel für eine Luftfrachtsendung aus Nigeria (Afrika, Zone E):

Rechnungspreis			*9 500,00 EUR*
Luftfracht	*740,00 EUR*		
Nebengebühren	*380,00 EUR*		
Luftfrachtkosten	*1 120,00 EUR*	*davon 50 %*	*560,00 EUR*
Zollwert			***10 060,00 EUR***

Die übrigen Luftfrachtkosten (im Beispiel 50 %) gehen in die Berechnung des Einfuhrumsatzsteuerwertes ein (Beförderungskosten bis zum 1. inländischen Bestimmungsort, siehe Seite 438).

26.4 Zolltarif

Der Zolltarif bestimmt, ob und in welcher Höhe ein Zollanspruch der Zollbehörde besteht. Die Zollsätze sind vorzugsweise als **Wertzölle** angegeben, d. h. als Prozentsatz des Zollwertes einer Ware. Von **spezifischen Zöllen** spricht man, wenn z. B. das Gewicht, das Volumen oder der Alkoholgehalt als Bemessungsgrundlage genommen wird.

In der EU existiert ein **Gemeinsamer Zolltarif**, der für alle Mitgliedsländer verbindlich ist. Der Zolltarif steht heute in elektronischer Form zur Verfügung (EZT = **elektronischer Zolltarif).**
Der EZT besteht im Wesentlichen aus zwei Teilen:

Teil I	**Warenverzeichnis** (Nomenklatur) Es soll ermöglichen, alle Waren, die es gibt (und zukünftig geben wird), zollrechtlich zu erfassen und mit einer Zolltarifnummer (Warencode, Codenummer) zu versehen.
Teil II	**Maßnahmenteil** Er informiert über die Höhe der Abgabensätze sowie über eventuell bestehende Einfuhrbeschränkungen oder -verbote.

Das Warenverzeichnis ist nach einer bestimmten Systematik gegliedert. Für die Verzollung muss jede Ware einer Zolltarifnummer (Warencode) im Warenverzeichnis zugeordnet werden. Für die Zuordnung ist eine Suchstrategie erforderlich, die sich immer näher an die Codes „herantastet".

Beispiel:

Gliederungsebene	***Warenbeschreibung***	***Codenummer***
Abschnitt	*Spinnstoffe*	*6*
Kapitel	*Bekleidung aus Gewebe*	*62*
Position	*Mäntel für Damen*	*6202*
Unterposition	*Mäntel für Damen aus Wolle*	*6202 11*

Lässt sich eine konkrete Ware nicht in dieser Warenbeschreibung auffinden, muss man auf die Unterposition „andere" zugreifen. Diese Sammelposition **„andere"** ermöglicht es, letztlich jede Ware in den Tarif einzuordnen.

Beispiel:

- 6202 11 - Mäntel (einschließlich Kurzmäntel), Umhänge und ähnliche Waren
- - 6202 11 - - aus Wolle oder feinen Tierhaaren
- - - 6202 11 00 10 - - - handgearbeitete Ponchos
- - - 6202 11 00 20 - - - handgearbeitete Umhänge aus Wolle
- - - 6202 11 00 90 - - - andere
- - 6202 12 - - aus Baumwolle
- - 6202 13 - - aus Chemiefasern
- - 6202 19 - - aus anderen Spinnstoffen
- 6202 91 - andere

Die ersten sechs Stellen des oben abgebildeten Codes entstammen dem sogenannten **harmonisierten System (HS)** der Weltzollorganisation (WZO). Die EU hat diesen Code um zwei Stellen zur **kombinierten Nomenklatur (KN)** erweitert. Mit der neunten und zehnten Stelle erhält man den gemeinsamen Zolltarif (= **integrierten Tarif der Europäischen Union, TARIC**). In den beiden Stellen werden Maßnahmen der EU, z. B. Einfuhrbeschränkungen, verschlüsselt. Die elfte Stelle wird für nationale Zwecke verwendet, z. B. für die Verschlüsselung des Umsatzsteuersatzes. Damit erhält man die elfstellige Codenummer für die deutsche Zolltarifnummer, die heute als EZT-Online zur Verfügung gestellt wird.

Siehe statistische Warennummer, Seite 410

Aufbau der Zolltarifnummer

Code	Beschreibung
620211	6 Stellen: Harmonisiertes System der Weltzollorganisation
620211**00**	8 Stellen: Kombinierte Nomenklatur der EU
62021100**10**	10 Stellen: Integrierter Tarif der EU (TARIC)
6202110010**0**	11 Stellen: Deutsche Zolltarifnummer; als elektronischer Zolltarif (EZT) verfügbar

Anwendung des EZT

www.zoll.de

Über das Internet kann man den EZT nutzen (EZT-Online) und auch Auskunft über die aktuellen „Maßnahmen" (Zollsätze, Zollvergünstigungen, Einfuhrbeschränkungen usw.) bekommen.
Über nachfolgenden Pfad erhält man z. B. Informationen über die Einfuhrbedingungen von handgearbeiteten Ponchos aus Venezuela; es handelt sich um Mäntel, das Material besteht aus Wolle, Zolltarifnummer 62012200100 (11-stellige Codenummer):
www.zoll.de – elektronischer Zolltarif – zur Einfuhr
Daraufhin erhält man eine Eingabemaske für die Angabe der Daten (Maske gekürzt):

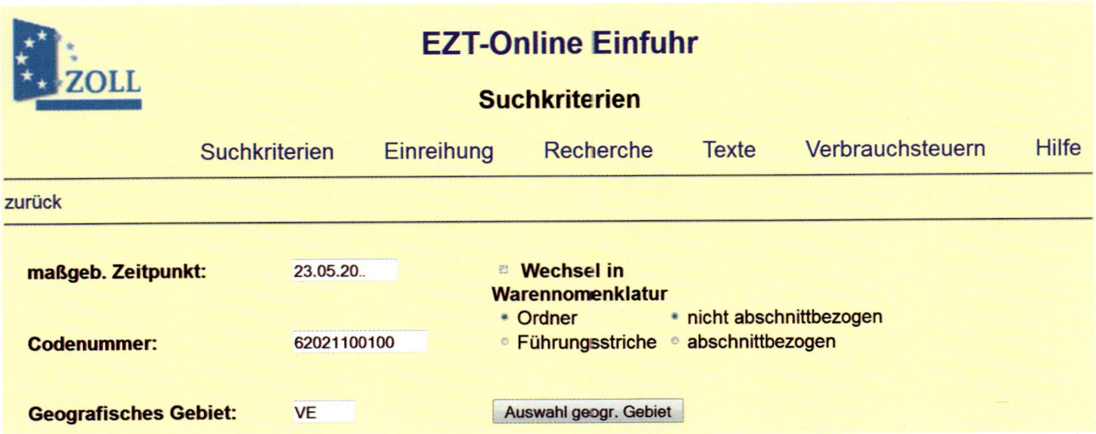

Quelle: Zoll

Über den Button („Suche starten") erhält man die gewünschten Informationen:

- Für handgearbeitete Ponchos, Art Mantel, Material Wolle, stimmt die eingegebene Tarifnummer.
- Der Einfuhrumsatzsteuersatz beträgt 19 %.

eingegebene Suchkriterien:

maßgeb. Zeitpunkt: 23.05.20..
Codenummer: 62021100100 (Endlinie)
Geografisches Gebiet: VE - Venezuela
Suche starten

Einfuhrumsatzsteuer: 19 %
Warenbeschreibung:

- ABS. XI Kap. 50 bis 63: Spinnstoffe und Waren daraus
  - Kap. 62 KLEIDUNG UND BEKLEIDUNGSZUBEHÖR, AUSGENOMMEN AUS GEWIRKEN ODER GESTRICKEN
    - Pos. FS[00] 6202 Mäntel (einschließlich Kurzmäntel), Umhänge, Anoraks, Windjacken, Blousons und ähnliche Waren, für Frauen oder Mädchen, ausgenommen Waren der Position 6204
      - FS[01] 6202 11 Mäntel (einschließlich Kurzmäntel), Umhänge und ähnliche Waren
        - FS[02] 6202 11 aus Wolle oder feinen Tierhaaren
          - FS[03] 6202 1100 10 0 **handgearbeitete Ponchos**

Quelle: Zoll

Aus dem Maßnahmenteil (hier stark gekürzt dargestellt) lässt sich die wichtige Information über den Zollsatz entnehmen (12 %).

Einfuhrmaßnahmen

Historie	ZC	Gebiets-code	MN-Schl.	Maßnahmeart	Maßnahmen	Beginn	Ende	Ordnungs.Nr.	Weitere Informationen
Historie	-	1011	103	Drittlandszollsatz	12	01.01.2005	-	-	-

Quelle: Zoll

Einreihung

Im Benutzerhandbuch „EZT-Online Auskunft" wird die Einreihung detailliert beschrieben. (Siehe unter www.zoll.de)

Kann der Versender die Zolltarifnummer nicht angeben, ist zunächst über den Menüpunkt „Einreihung" die Zolltarifnummer schrittweise zu ermitteln:

62	Kleidung
6202	Mäntel (einschließlich Kurzmäntel) Umhänge, Anoraks, Windjacken usw.
620211	Mäntel
620211	aus Wolle
62021100100	**handgearbeitete Ponchos**

Die Informationen zur Einfuhrverzollung lassen sich auch über den integrierten Tarif der Europäischen Union **(TARIC)** herausfinden. Die Vorgehensweise ist identisch:

http://ec.europa.eu/taxation_customs/dds2/taric/taric_consultation.jsp?Lang=de

1. Warencode (hier 10-stellig) und Importland eingeben

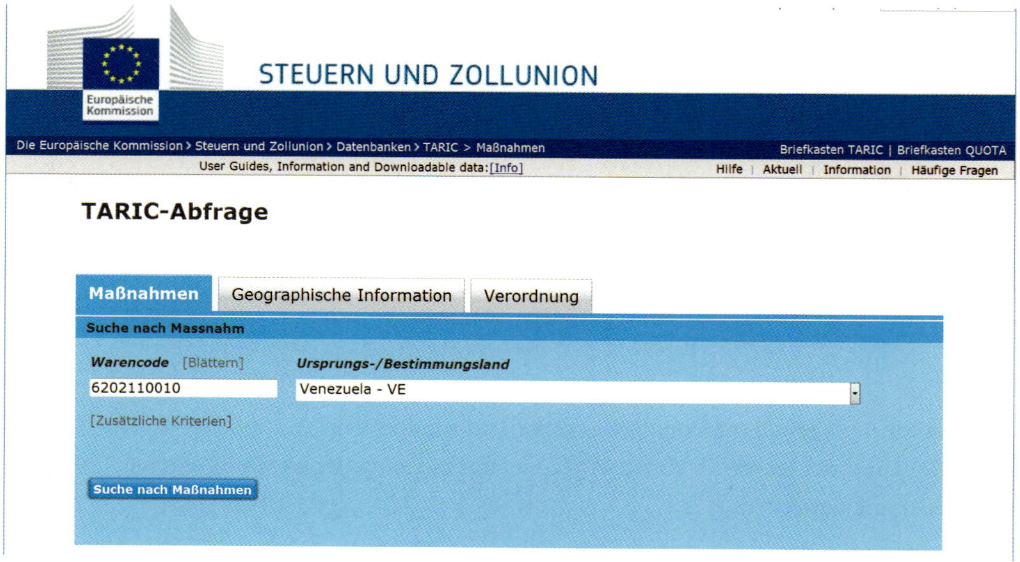

2. Man erhält den Suchpfad und den Zollsatz. Da die Einfuhrumsatzsteuer in den EU-Mitgliedstaaten unterschiedlich ausfällt, gibt es dazu keine Information.

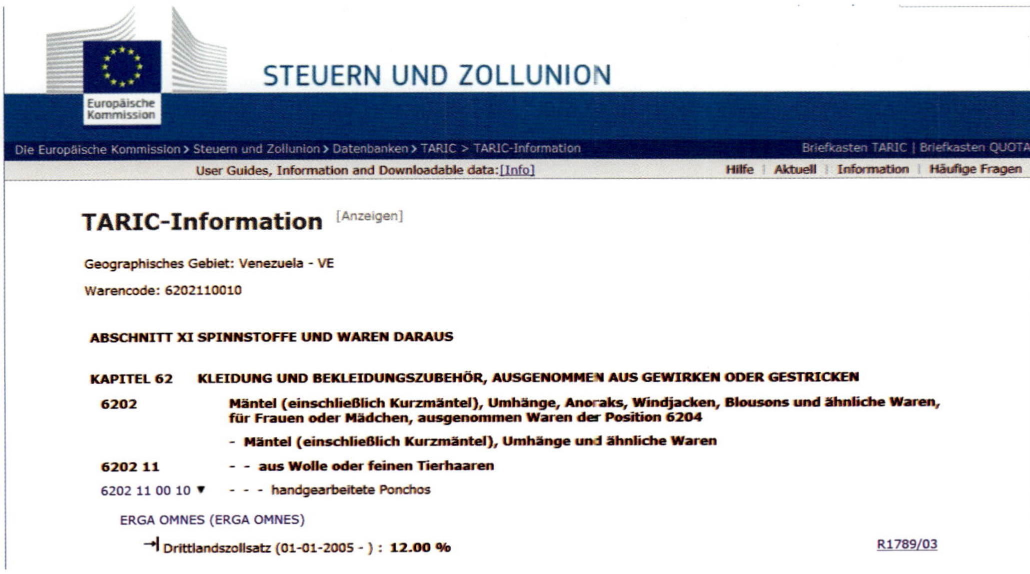
Europäische Kommission

STEUERN UND ZOLLUNION

Die Europäische Kommission > Steuern und Zollunion > Datenbanken > TARIC > TARIC-Information | Briefkasten TARIC | Briefkasten QUOTA

User Guides, Information and Downloadable data: [Info] | Hilfe | Aktuell | Information | Häufige Fragen

TARIC-Information [Anzeigen]

Geographisches Gebiet: Venezuela - VE

Warencode: 6202110010

ABSCHNITT XI SPINNSTOFFE UND WAREN DARAUS

KAPITEL 62 KLEIDUNG UND BEKLEIDUNGSZUBEHÖR, AUSGENOMMEN AUS GEWIRKEN ODER GESTRICKEN

6202 Mäntel (einschließlich Kurzmäntel), Umhänge, Anoraks, Windjacken, Blousons und ähnliche Waren, für Frauen oder Mädchen, ausgenommen Waren der Position 6204

- Mäntel (einschließlich Kurzmäntel), Umhänge und ähnliche Waren

6202 11 - - aus Wolle oder feinen Tierhaaren

6202 11 00 10 ▼ - - - handgearbeitete Ponchos

ERGA OMNES (ERGA OMNES)

Drittlandszollsatz (01-01-2005 -) : 12.00 % R1789/03

ERGA OMNES = gilt gegenüber allen Drittländern

EZT-Online – TARIC

EZT-Online: Es handelt sich um ein Auskunftssystem der Bundesfinanzverwaltung. Es informiert den Nutzer über Zollsätze, Handelsbeschränkungen, Einfuhrumsatzsteuer, Verbrauchsteuern u. Ä. Gleichzeitig ermöglicht es auch eine Einreihung von Waren, wenn die Zolltarifnummer nicht bekannt ist. Das System stellt für die Einfuhr die 11-stellige und für die Ausfuhr die 8-stellige Warennummer zur Verfügung.

TARIC: Das ist ein Auskunftssystem der Europäischen Kommission auf Basis eines 10-stelligen Codes. Es gibt Auskunft über Maßnahmen der EU, zu denen z. B. Zollsätze, Antidumpingregelungen und Zollkontingente gehören. Nationale Regelungen wie z. B. Einfuhrumsatzsteuersätze sowie Verbote und Beschränkungen sind im TARIC nicht zu finden. Auch eine Einreihung von Waren ist über den TARIC möglich.

Statistische Warennummer – Zolltarifnummer

Statistische Warennummer: Achtstellige Nummer zur statistischen Erfassung und Gruppierung der Warenströme im Import und Export.
Sie entstammt dem Warenverzeichnis für die Außenhandelsstatistik, das vom Statistischen Bundesamt veröffentlicht wird. Die Nummer entspricht der Codenummer aus der kombinierten Nomenklatur des Zolltarifs.
Zolltarifnummer (Codenummer, Warencode): Codierung (Identifizierung) von Waren nach dem elektronischen Zolltarif. Ziel ist die Einordnung von Waren (Tarifierung) als Grundlage für die zolltechnische Behandlung („Maßnahmen"). Die Zolltarifnummer umfasst 11 Stellen.

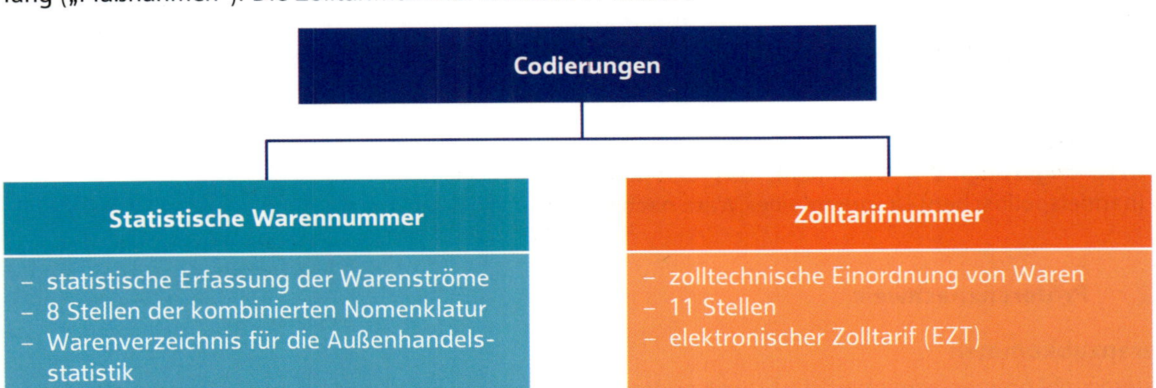

Der Anmelder ist für die Angabe der korrekten Zolltarifnummer in seiner Zollanmeldung verantwortlich. Wenn man unsicher ist, kann man beim Zoll eine verbindliche Zollauskunft beantragen. Die Auskunft ist für drei Jahre EU-weit verbindlich.

Über das Internet kann man das Warenverzeichnis nutzen und auch Auskunft über die aktuellen „Maßnahmen" (Zollsätze, Zollvergünstigungen, Einfuhrbeschränkungen usw.) bekommen.

26.5 Warenursprung und Präferenzen

Der Zollkodex unterscheidet Waren nach ihrem **Ursprung**. Der Ursprung einer Ware richtet sich danach, in welchem Land die Ware vollständig oder in wesentlichem Umfang hergestellt oder gewonnen worden ist (Territorialprinzip). Zwei Möglichkeiten bestehen:

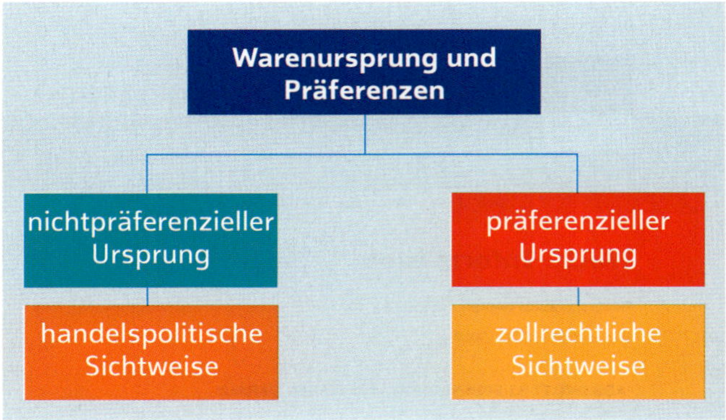

1. **Nichtpräferenzieller Ursprung**: Diese Waren unterliegen dem normalen Zolltarif. Es können aber spezielle Maßnahmen bestehen, bei denen es sich um Handelsschutzinstrumente handelt. Maßgeblich ist das Außenwirtschaftsrecht.

   Beispiele:
   Ein- oder Ausfuhrgenehmigungen sind zu beachten. Antidumpingzölle werden für bestimmte Länder und Waren erhoben. Für bestimmte Waren bestehen Importbeschränkungen (Kontingente).

   Ob diese Maßnahmen im Einzelfall anzuwenden sind, ist durch ein **Ursprungszeugnis** zu belegen.

Antidumping, siehe Seite 438

2. **Präferenzieller Ursprung**: Waren mit präferenziellem Ursprung werden mit einem verringerten Zollsatz belegt oder komplett vom Zoll befreit. Damit erfahren diese Waren eine Vorzugsbehandlung.

   Beispiel:
   Statt des normalen Drittlandszollsatzes von 12 % beträgt der Präferenzzollsatz für eine Ware nur 6 %.

   Maßgeblich ist das Präferenzrecht.
   Die Anwendung einer zolltechnischen Vorzugsbehandlung muss durch einen **Präferenznachweis** geklärt werden, der sichtbar macht, dass die Ware die präferenzielle Ursprungseigenschaft aufweist.

www.wup.zoll.de

> **Ursprung**: Waren, die in einem Land vollständig gewonnen oder hergestellt worden sind, gelten als Ursprungswaren dieses Landes.

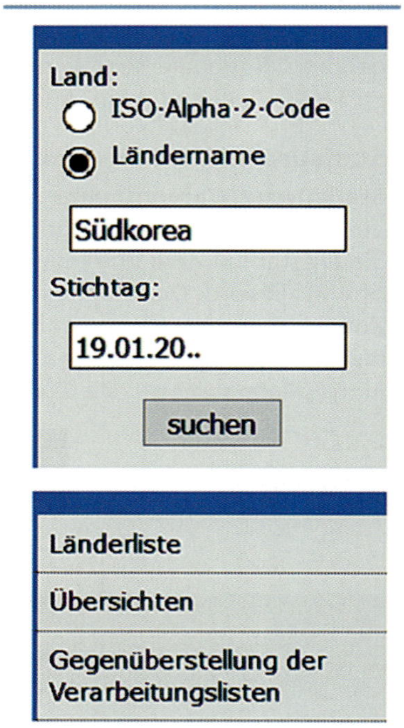

Quelle: Zoll

26.5.1 Ursprungszeugnis

In der Regel verlangt der Importeur vom Exporteur ein Ursprungszeugnis, weil z. B. die (Zoll-)Behörde des Importlandes den Nachweis fordert, dass eine Ware ihren Ursprung in einem EU-Land oder in der EU hat.

Beispiel:
Saudi Arabien verlangt einen Nachweis (Ursprungszeugnis), dass importierte Waren nicht aus Israel stammen.

In Deutschland werden Ursprungszeugnisse von berufsständischen Organisationen (z. B. IHK, Handwerkskammer) ausgestellt (auch in elektronischer Form).

> **Ursprungszeugnis** = Dokument, das den nichtpräferenziellen (handelspolitischen) Ursprung einer Ware nachweist

26.5.2 Präferenznachweis

Präferenzabkommen

In Präferenzabkommen vereinbart die EU mit anderen Staaten bestimmte Vorzugsbehandlungen (Präferenzen) bei der Verzollung. Diese Zollpräferenzen können **gegenseitig** gewährt werden (z. B. EU – Schweiz) oder auch **einseitig** zugunsten eines Partnerlandes (z. B. EU – Ruanda).
In den Präferenzabkommen wird unter anderem festgelegt, welche Waren präferenzberechtigt sind und wie der Ursprung der Waren nachzuweisen ist. Der Zoll stellt ein Auskunftssystem (Warenursprung und Präferenzen online, **WuP**) im Internet zur Verfügung, das die Inhalte der Präferenzabkommen vorstellt.

> **Präferenzabkommen** = Handelsabkommen zwischen der EU und Drittländern, in denen geregelt wird, inwieweit einseitige oder gegenseitige Präferenzen eingeräumt werden.

Präferenzräume

Die EU hat mit zahlreichen Ländern Präferenzabkommen geschlossen. Die Abkommen lassen sich verschiedenen Zonen auf der Erde zuordnen.

Beispiele für Präferenzabkommen und Präferenzräume

Präferenzraum	zweiseitige Präferenz	einseitige Präferenz
Europa	Albanien, Montenegro, Norwegen, Serbien	–
Amerika	Peru, Mexiko	Ecuador
Afrika	Ägypten, Algerien, Marokko, Tunesien	–
Asien	Israel, Jordanien, Libanon, Westjordanland/Gazastreifen	Syrien
Andere Gebiete	West-Pazifik-Staaten, Fidschi, Papua-Neu-Guinea	APS-Staaten

APS siehe unten

Die Abkommen werden regelmäßig angepasst oder neu verhandelt, sodass man sich stets vergewissern muss, welche Präferenzregeln gelten. Die Internetseite „Warenursprung und Präferenzen online" **(WuP)** informiert über den aktuellen Stand, z. B. über Ursprungsregeln (welche Bedingungen muss die Ware z. B. für die Be- und Verarbeitung erfüllen) oder darüber, mit welchen Dokumenten der Ursprung nachgewiesen werden kann (z. B. Warenverkehrsbescheinigung EUR.1 und/oder Ursprungserklärung auf der Rechnung, siehe unten). Bei einseitigen Präferenzabkommen gewährt nur die EU Zollvergünstigungen, daher ist der Präferenznachweis nur beim Import erforderlich. Dem Zoll muss nachgewiesen werden, dass die importierte Ware aus einem begünstigten Land stammt. Liegt ein gegenseitiges Präferenzabkommen vor, ist ein Ursprungsnachweis sowohl beim Import als auch beim Export einsetzbar.

→ **Präferenznachweis**: Dokument, das den Ursprung einer Ware aus einem Land bestätigt, das aufgrund eines Präferenzabkommens Waren zollbegünstigt oder zollbefreit in die EU exportieren kann.

Nachweisdokumente

Wer eine Zollvergünstigung (Präferenz) erreichen will, muss die Begünstigung beim Zoll beantragen und die Waren ordnungsgemäß in den freien Verkehr überführen. Außerdem muss er die Präferenzberechtigung schriftlich nachweisen, indem er einen Präferenznachweis vorlegt, der Folgendes belegt:

- den **Ursprung** der Ware (das Herkunftsland) und
- die Einhaltung der vertraglichen **Ursprungsregeln**, d. h.,
  - die Ware wurde vollständig im Ursprungsland gewonnen bzw. hergestellt oder
  - die Ware wurde in ausreichendem Umfang im Ursprungsland be- oder verarbeitet (wenn Waren mithilfe von Vorprodukten hergestellt worden sind, die die Ursprungseigenschaft nicht besitzen).

Beispiel:
Für Waren, die aus Marokko importiert werden, besteht eine Zollpräferenz. Der marokkanische Hersteller hat allerdings Vorprodukte aus China verwendet, die nicht unter eine Zollpräferenz fallen. Das Präferenzdokument muss deutlich machen, dass die Waren in Marokko in ausreichendem Umfang bearbeitet worden sind und nicht nur pro forma durch Marokko geschleust wurden, um die Präferenz in Anspruch zu nehmen.

Der Zoll oder zugelassene Behörden (z. B. Konsulate) erstellen eines der folgenden Dokumente:

Praxis: Der Exporteur erstellt das Dokument, der Zoll bestätigt und stempelt ab. Siehe auch „Sichtvermerk der Zollbehörde" im EUR.1-Dokument auf Seite 437

- **Warenverkehrsbescheinigung EUR.1**
  Sie wird in den meisten Präferenzabkommen verlangt (z. B. EWR, Israel, Südafrika).
- **Warenverkehrsbescheinigung EUR-MED**
  Präferenznachweis für Länder des Europa-Mittelmeer-Abkommens (Mittelmeerländer wie Marokko, Tunesien, Algerien)
- **Warenverkehrsbescheinigung A.TR.**
  Aufgrund einer bestehenden Zollunion zwischen der EU und der Türkei sind Waren aus der Türkei zollfrei (Ausnahmen bestehen für bestimmte Agrarprodukte sowie Kohle- und Stahlerzeugnisse). Die Warenverkehrsbescheinigung A.TR. bescheinigt, dass die Ware zum freien Verkehr in der Zollunion EU-Türkei zugelassen ist. Es liegt demnach keine Präferenzbescheinigung vor, sondern ein Nachweis der **Freiverkehrseigenschaft**. Das bedeutet, dass türkische (Freiverkehrs-)Waren mit einem A.TR. zollfrei in die EU eingeführt werden können (und umgekehrt).

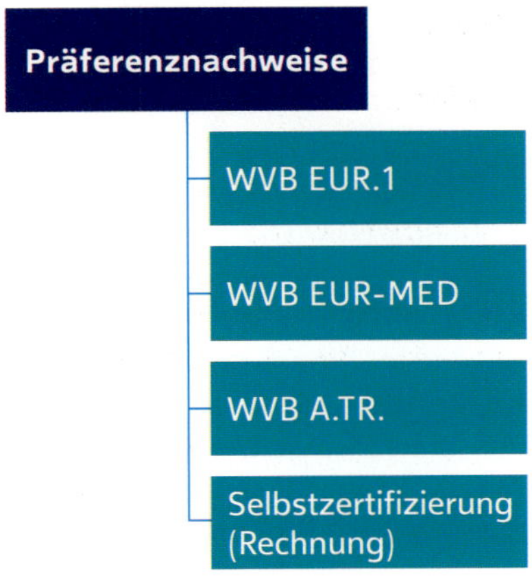

In besonderen Fällen wird auch das T2L oder das T2LF als Nachweis der Freiverkehrseigenschaft eingesetzt.

26.5.3 Vereinfachungen

Neben dem Präferenznachweis über ein spezielles Dokument ist auch eine **Selbstzertifizierung** möglich. Dabei wird der präferenzielle Ursprung der Ware auf der Handelsrechnung durch eine Ursprungserklärung nachgewiesen.

Ursprungserklärung auf der Rechnung

Die Ursprungserklärung kann auf der Rechnung erfolgen:

- bis 6000,00 EUR durch jeden Lieferanten
- über 6000,00 EUR durch einen **Ermächtigten Ausführer**. Dieser Status wird über eine Bewilligung durch die Zollbehörde verliehen. In der Ursprungserklärung, dessen Text vorgeschrieben ist, muss die Bewilligungsnummer genannt werden.
- für Waren aus Südkorea: Ausschließlich auf der Rechnung in unbegrenzter Höhe, weil das Präferenzabkommen nur die Selbstzertifizierung vorsieht. Ähnliche Regelungen gelten für alle neuen Freihandelsabkommen (z. B. für Kanada und Japan, siehe unten).

Verbindlicher Wortlaut der Ursprungserklärung auf der Rechnung

> Der Ausführer (Ermächtigter Ausführer; Bewilligungs-Nr. [xxx]) der Waren, auf die sich dieses Handelspapier bezieht, erklärt, dass diese Waren, soweit nicht anders angegeben, präferenzbegünstigte [Ursprungsland] Ursprungswaren sind.

→ **Ermächtigter Ausführer** = Von der Zollbehörde befugter Ausführer, der Präferenzursprungsnachweise auf der Rechnung ausstellen darf, unabhängig vom Warenwert.

Vereinfachungen für APS-Länder: REX

Das REX-System verwendet den Begriff „Erklärung zum Ursprung" und nicht „Ursprungserklärung auf der Rechnung".

APS-Staaten

(APS = **A**llgemeines **P**räferenz-**S**ystem) Länder mit besonderer, **einseitiger** Bevorzugung dieser Staaten (z. B. Bangladesch, Eritrea, Mosambik). Diese Staaten haben bei nahezu allen Exporten einen zollfreien und mengenmäßig nicht beschränkten (kontingentfreien) Zugang zur EU.

Die EU möchte es den APS-Ländern ermöglichen, zollbegünstigte Exporte in die EU mit möglichst geringem Verwaltungsaufwand abzuwickeln. Dazu gehört, dass Exporteure aus diesen Staaten einen einfachen Präferenznachweis führen können, indem sie eine Ursprungserklärung auf der Rechnung (**„Erklärung zum Ursprung", Eigenbescheinigung**) abgeben. Auf EU-Ebene wird außerdem eine zentrale Datenbank eingerichtet, in der die APS-Staaten sogenannte **Registrierte Ausführer** (**REX**) erfassen. Dazu müssen die Exporteure von APS-Präferenzware bei der Zollbehörde des Ausfuhrlandes einen Antrag auf Registrierung stellen.
Importeure in der EU, die APS-Präferenzen in Anspruch nehmen wollen, müssen vor der Anmeldung ihrer Waren zur Überlassung in den zollrechtlich freien Verkehr prüfen, ob der Exporteur in dieser Datenbank aufgeführt ist.

- **Ermächtigter Ausführer**: Bewilligung durch die Zollbehörde erforderlich.
- **Registrierter Ausführer**: Eintrag in eine zentrale Datenbank genügt.

Auch hier ist der Wortlaut der Rechnungserklärung verbindlich:

> The exporter of the products covered by this document (customs authorization No [xxx]) declares that, except where otherwise clearly indicated, these products are of [Ursprungsland] preferential origin according to rules of origin of the Generalized System of Preferences of the European Union and [eventuell spezielle Ergänzungen].

→ **Registrierter Ausführer** = Ausführer, der durch einfache Registrierung in einer Datenbank berechtigt ist, Präferenzursprungsnachweise auf seinen Rechnungen auszustellen

Das Verfahren des registrierten Ausführers (REX) wird auch in neuen Freihandelsabkommen der EU angewendet, z. B. beim Abkommen mit Kanada (Comprehensive Economic and Trade Agreement, **CETA**) und mit Japan **EPA** (Economic Partnership Agreement) oder **JEFTA** (Japan-EU Free Trade Agreement).

→ **REX** = Verfahren zum Nachweis des präferenziellen Ursprungs von Waren, vorzugsweise gültig für APS-Staaten.

Lieferantenerklärung

Bevor ein Exporteur aus der EU auf seiner Rechnung den EU-Ursprung seiner Ware bescheinigt, muss er sicherstellen, dass die Ware auch tatsächlich aus der EU stammt. Das ist unproblematisch, wenn er die Ware ausschließlich selbst hergestellt hat. Im Regelfall fließen aber Vorprodukte in eine Ware ein oder des Exporteur ist lediglich Händler. Dann gilt nach Zollkodex, dass ein EU-Ursprung nur dann vorliegt, wenn die letzten wesentlichen Produktionsschritte in einem EU-Unternehmen durchgeführt worden sind.
Der Exporteuer lässt sich aus diesem Grund von seinen EU-Vorlieferanten bescheinigen (im Regelfall auf der Rechnung), dass das Vorprodukt einen EU-Ursprung hat. Diese Erklärung des Vorlieferanten nennt man **Lieferantenerklärung.** Der Wortlaut dieser Erklärung ist vorgeschrieben.

Der Exporteur bemüht sich nun, mit Hilfe der Lieferantenerklärungen und des eigenen Produktionsanteils nachzuweisen, dass die letzten wesentlichen Produktionsschritte in der EU vollzogen wurden. Gelingt ihm der Nachweis, ist er berechtigt, die Präferenzursprungseigenschaft seiner Ware auf seiner Exportrechnung zu bescheinigen.
Die Lieferantenerklärung ist damit ein Vorpapier des Exporteurs für den EU-Ursprungsnachweis der eigenen Ware.

→ **Lieferantenerklärung:** Nachweis eines EU-Lieferanten für den EU-Ursprung seiner Vorprodukte als Grundlage für die Präferenzursprungseigenschaft der Ware des Exporteurs.

Gültigkeitsdauer: 2 Jahre

Bestehen regelmäßige Geschäftsverbindungen zwischen Lieferant und Ausführer und sind die Ursprungseigenschaften für alle Sendungen unverändert, ist es möglich, eine **Langzeit-Lieferantenerklärung** abzugeben.

Muster EUR.1

Nachfolgend wird die Warenverkehrsbescheinigung EUR.1 abgebildet. Beim Ausfüllen des Formulars ist insbesondere in Feld 8 zu beachten, dass das Feld so ausgefüllt werden muss, dass jede Möglichkeit eines missbräuchlichen Zusatzes ausgeschlossen ist, d. h.,

- die Warenbezeichnung ist ohne Zwischenraum, einzutragen,
- unter die letzte Zeile ist ein waagerechter Strich zu ziehen und der nicht ausgefüllte Teil ist zu entwerten.

WARENVERKEHRSBESCHEINIGUNG

1. Ausführer/Exporteur (Name, vollständige Anschrift, Staat)
Degener & Lutz
Maschinenfabrik
Holzheimer Weg 33
41464 Neuss
Bundesrepublik Deutschland

EUR. 1 NR. A 313643

Vor dem Ausfüllen Anmerkungen auf der Rückseite beachten

3. Empfänger (Name, vollständige Anschrift, Staat) (Ausfüllung freigestellt)
Glemmer Maschinenfabrik AG
Freiburgstraße 210
3008 Bern
Schweiz

2. Bescheinigung für den Präferenzverkehr zwischen
Europäische Union
und
Schweiz
(Angabe der betreffenden Staaten, Staatengruppen oder Gebiete)

4. Staat, Staatengruppe oder Gebiet, als dessen bzw. deren Ursprungswaren die Waren gelten
Europäische Union

5. Bestimmungsstaat, -staatengruppe oder -gebiete
Schweiz

6. Angaben über die Beförderung (Ausfüllung freigestellt)
LKW

7. Bemerkungen

8. Laufende Nr.; Zeichen, Nummern, Anzahl und Art der Packstücke 1); Warenbezeichnung	**9. Rohgewicht (kg) oder andere Maße (l, m³, usw.)**	**10. Rechnungen** (Ausfüllung freigestellt)
1. DL 1 - 4 4 Paletten Bremssysteme Modell ECX 2410	3 200 kg	
2. DL 5 1 Palette Zubehör ECX 2412	410 kg	

1) Bei unverpackten Waren ist die Anzahl der Gegenstände oder „lose geschüttet" anzugeben.

11. SICHTVERMERK DER ZOLLBEHÖRDE
Die Richtigkeit der Erklärung wird bescheinigt
Ausfuhrpapier: 2)
Art/Muster .... Nr. ....
vom ....
Zollbehörde ....
Ausstellender/s Staat/Gebiet ....
Bundesrepublik Deutschland
....
(Ort und Datum)
Stempel
....
(Unterschrift)

2) in der **Bundesrepublik Deutschland** vom Ausführer auszufüllen.

12. ERKLÄRUNG DES AUSFÜHRERS/EXPORTEURS
Der Unterzeichner erklärt, dass die vorgenannten Waren die Voraussetzungen erfüllen, um diese Bescheinigung zu erlangen.

Neuss, 15.04.20(0)
(Ort und Datum)
Klaus Howe
Degener & Lutz
i.V. Klaus Howe
(Unterschrift)

26.6 Einfuhrabgaben

> **Einfuhrabgaben** = Abgaben, die bei der Einfuhr von Waren in die EU anfallen.

Bei der Einfuhr von Waren können von der Zollverwaltung folgende Abgaben erhoben werden:

- **Zölle**

  Zölle sind Steuern, die von der Zollverwaltung im grenzüberschreitenden Warenverkehr erhoben werden. Zölle werden heute als (Einfuhr-) Schutzzölle erhoben, d.h., sie dienen dem Schutz der inländischen Wirtschaft vor (preisgünstiger) ausländischer Konkurrenz.

  Ein gutes Beispiel für die Schutzfunktion von Zöllen sind **Antidumpingzölle**. „Dumping" heißt Ausfuhr zu Schleuderpreisen. Wenn festgestellt wird, dass ein Land eine Ware zu einem Preise in die EU ausführt, der niedriger liegt, als der Verkaufspreis derselben Ware im Ausfuhrland, wird auf diese Ware ein Antidumpingzoll erhoben. Antidumpingzoll fällt neben dem Regelzoll an und erhöht den Preis für das eingeführte Produkt in der EU auf den üblichen Markpreis. In gleicher Weise wird die EU aktiv, wenn Waren im Ausfuhrland für den Export subventioniert werden, um sie künstlich preisgünstiger zu machen.

  Antidumping-Register, siehe www.hk24.de

  Durch die Vereinbarungen im Rahmen des GATT (und der Nachfolgeorganisation **WTO**) sind die Zölle weltweit stark gesenkt worden. Durch den sogenannten **Meistbegünstigungsgrundsatz** wurde zudem eine hohe Gleichbehandlung aller GATT-Mitglieder erreicht. Der Grundsatz besagt, dass Zollvorteile, die ein GATT-Staat einem anderen einräumt, auch allen anderen Vertragsparteien gewährt werden müssen. Ausnahmen bilden Zollpräferenzen für Entwicklungsländer. In der EU beträgt der Durchschnittszollsatz nur noch 2 % – 3 %, bei Textilien 12 % – 14 %.

  GATT, WTO, siehe Seite 398

  Auf Unionswaren wird kein Zoll erhoben, d.h., im Zollgebiet der EU sind Binnenzölle abgeschafft. Es gibt auch keine Ausfuhrzölle. Eingenommene Zölle werden an die **EU** abgeführt.

> - **Zölle:** Steuern, die von der Zollverwaltung im grenzüberschreitenden Warenverkehr erhoben werden.
> - **Antidumpingzölle:** Einfuhrzölle, die den negativen Wirkungen von Dumpingmaßnahmen eines Ausfuhrlandes entgegenwirken sollen.

- **Einfuhrumsatzsteuer**

  Die Einfuhrumsatzsteuer ist eine Verbrauchsteuer, die von den Zollbehörden erhoben wird. Sie sorgt dafür, dass aus Drittländern eingeführte Produkte mit dem gleichen Steuersatz belastet werden wie inländische Produkte durch die Umsatzsteuer. Der Steuersatz beträgt in Deutschland 19%; für bestimmte Produkte (Lebensmittel, Verlagserzeugnisse u.a.) gilt der ermäßigte Satz von 7%.

  Die Einfuhrumsatzsteuer steht den jeweiligen **EU-Staaten** zu.

  Basis für die Berechnung der Einfuhrumsatzsteuer ist der **Wert des Gutes am ersten inländischen Bestimmungsort**. Erster inländischer Bestimmungsort ist der Ort, an dem die Beförderung endet, also der Ort des Empfängers der Sendung. Daher sind dem Zollwert (Wert des Gutes beim Überschreiten der EU-Grenze nach dem INCOTERM® CIF) – neben dem Zoll – alle Kosten, die bis zu diesem Punkt anfallen, hinzuzurechnen, z. B. die Umschlagkosten im EU-Bestimmungshafen, Spedtionskosten und die Kosten der Lkw-Beförderung bis zum ersten inländischen Bestimmungsort.

Basis für den Zollwert: CIF-Wert EU-Grenze

Basis für EUSt-Wert: Wert des Gutes am ersten inländischen Bestimmungsort

Wer erhebt die Steuer?
EUSt: Zollbehörden
USt.: Finanzämter

	Berechnung der Einfuhrumsatzsteuer (EUSt)
	Zollwert (CIF-Wert EU-Grenze)
+	**Zoll**
+	**andere Einfuhrabgaben (evtl. Verbrauchsteuern, z. B. auf Mineralöle oder Tabakwaren)**
+	**Beförderungskosten (einschließlich Umschlagkosten) bis zum ersten inländischen Bestimmungsort**
=	**EUSt-Wert**
davon	**19% bzw. 7% Einfuhrumsatzsteuer**

Beispiel:

Import von Textilien aus China nach Berlin per Seeschiff bis Hamburg und per Lkw bis Berlin.

Rechnungspreis (umgerechnet)	*25000,00 EUR*	*Fracht Hamburg – Berlin (netto)*	*650,00 EUR*
INCOTERM	*FOB Shanghai*	*Zollsatz*	*12 %*
Fracht Shanghai – Hamburg	*800,00 EUR*	*EUST-Satz*	*19 %*
Transportversicherung	*150,00 EUR*		

Berechnung des Zolls

	EUR
Rechnungspreis	*25 000,00*
+ Seefracht Shanghai – Hamburg	*800,00*
+ Versicherungskosten	*150,00*
= Zollwert	*25 950,00*
Zoll (12 % vom Zollwert)	***3 114,00***

Berechnung der Einfuhrumsatzsteuer (EUSt)

	EUR
Zollwert	*25 950,00*
+ Zoll	*3 114,00*
+ Fracht Hamburg – Berlin	*650,00*
= EUSt-Wert	*29 714,00*
Einfuhrumsatzsteuer (19 %)	***5 645,66***

EUSt: (Verbrauchs-)Steuer, die bei der Einfuhr von Waren aus Drittländern erhoben wird.

- **Verbrauchsteuern**
  Neben der Einfuhrumsatzsteuer, die eine Verbrauchsteuer für alle eingeführten Waren darstellt, werden noch auf folgende Waren spezielle Verbrauchsteuern erhoben:
  - Mineralöl
  - Tabakerzeugnisse
  - alkoholische Getränke (Bier, Wein, Schaumwein)
  - Kaffee

  Es handelt sich hierbei um nationale Steuern, die an den Verbrauch bestimmter Produkte geknüpft sind und die nach dem Bestimmungslandprinzip erhoben werden.

Bestimmungslandprinzip, siehe Seite 419

Bezahlung der Einfuhrabgaben

Eine Einfuhrzollschuld entsteht im Regelfall mit der Überlassung der Nicht-Unionsware zum zollrechtlich freien Verkehr, und zwar zum Zeitpunkt der Annahme der Zollanmeldung.
Zollschuldner ist der Anmelder oder bei indirekter Vertretung die Person, in deren Auftrag die Zollanmeldung abgegeben worden ist, z. B. der Empfänger, für den der Spediteur als indirekter Vertreter tätig wird. Die Zollschuld entsteht an dem Ort, an dem die Zollanmeldung abgegeben worden ist.

Indirekte Vertretung, siehe Seite 411

Im Regelfall sind die Einfuhrabgaben **zehn Tage** nach der Feststellung und der Mitteilung an den Zahlungspflichtigen fällig. Zollschuldner können aber auch am **Aufschubverfahren** teilnehmen. Durch einen Antrag beim zuständigen Hauptzollamt und nach der Bereitstellung einer Sicherheit (z. B. in Form einer Bankbürgschaft) ist der Zollschuldner berechtigt, die in einem Monat entstandenen Zollschulden auflaufen zu lassen und sie bis zum 16. des Folgemonats auszugleichen.

Sicherheiten, siehe Seite 445

Spediteure können fremde Abgabenschulden über ihr Aufschubkonto abwickeln. Im Feld 48 wird der Spediteur dann bei direkter Vertretung ein „F“ eintragen. Er wird dadurch nicht zum Zollschuldner, sondern erleichtert nur den Zahlungsvorgang für seinen Auftraggeber.

Siehe Aufschubarten, Seite 409

Statistischer Wert – Zollwert – Einfuhrumsatzsteuer-Wert

statistischer Wert	Ab-Werk-Preis eines Gutes zuzüglich aller Kosten (z. B. Fracht- und Versicherungskosten) bis zum Grenzort im Erhebungsgebiet (für Deutschland z. B. bis Hamburg bei einer Ausfuhr oder Einfuhr über den Seehafen Hamburg) Der Statistische Wert (Feld 46 im Einheitspapier) wird auch **Grenzübergangswert** genannt.
Zollwert	Der Zollwert ist der Wert der Ware beim Grenzübertritt in das Zollgebiet der europäischen Union. Er entspricht dem INCOTERM® 2020 CIF EU-Grenze. Je nach INCOTERM® 2020 sind vom Rechnungspreis bestimmte Beträge abzuziehen (z. B. gewährter Skonto) oder hinzuzurechnen (z. B. die Fracht und Versicherungskosten bis EU-Grenze).
Einfuhrumsatzsteuer-Wert	Wert des Gutes am ersten inländischen Bestimmungsort Der Wert wird berechnet, indem man zum Zollwert den Zoll (und eventuell andere Einfuhrabgaben) sowie die Beförderungskosten von der EU-Grenze bis zum ersten inländischen Bestimmungsort hinzuzählt.

26.7 Zugelassener Wirtschaftsbeteiligter

Die hohen Steigerungsraten im weltweiten Warenaustausch haben die Zollbehörden gezwungen, nach Vereinfachungen zu suchen, die die aufwendigen Standard-Verzollungen ersetzen. Zahlreiche Aktivitäten, die früher von der Zollverwaltung zu erledigen waren, werden heute von den Zollbeteiligten selber auf Vertrauensbasis bewirkt. **Vereinfachte oder summarische Zollverfahren** können den Zollverwaltungsaufwand beim Import und Export von Produkten erheblich beschleunigen.

Siehe Sicherheitsüberlegungen:
- in der Luftfahrt (Seite 265)
- in der Seeschifffahrt (Seite 309)
- beim Gefahrguttransport (Seite 176)

Darüber hinaus spielen heute Sicherheitsgesichtspunkte im internationalen Warenverkehr eine immer größere Rolle. Auch der Zoll ist aufgefordert, den Warenverkehr zu überwachen, um Gefahren von Menschen und deren Eigentum abzuwehren.

Die Europäische Union hat mit Blick auf zolltechnische Erleichterungen und die Sicherheit im Warenverkehr den Status des zugelassenen Wirtschaftsbeteiligten geschaffen (englisch **Authorized Economic Operator, AEO**). Firmen (Spediteure, Exporteure, Importeure, Frachtführer usw.) können diesen Status beantragen. Dazu müssen sie vor allem nachweisen, dass

- der Warenfluss stets beaufsichtigt wird,
- die Güter nicht zu Terrorzwecken missbraucht werden können,
- Mitarbeiter und Geschäftspartner vorschriftsmäßig handeln,
- zollverantwortliche im Unternehmen benannt sind und
- der Informationsfluss im Unternehmen jederzeit transparent ist.

Dem Zoll müssen dazu die betrieblichen Abläufe und Sicherheitsvorkehrungen dokumentiert werden. Nach einer (bestandenen) Prüfung wird der Status des AEO verliehen. Ein Spediteur, der das AEO-Zertifikat von der Zollbehörde erhalten hat, gilt als besonders zuverlässig und vertrauenswürdig. Er kann dafür besondere Vergünstigungen bei der Zollabfertigung beanspruchen.

Zwei Zertifikatstypen sind zu unterscheiden:

AEO-Zertifikat C	C = **Zollvereinfachungen** **Beispiele:** *Waren oder Unterlagen werden seltener vom Zoll geprüft, verringerte Sicherheitsleistungen, Teilnahme an der zentralen Zollabwicklung, Übernahme von Kontrollaufgaben des Zolls, Verzicht auf Gestellung*
AEO-Zertifikat S	S = **Sicherheitserleichterungen** **Beispiele:** *Verringerter Datenkranz bei Vorabanmeldungen, weniger sicherheitsrelevante Kontrollen*

Beide Zertifikate können gleichzeitig erworben werden in Form einer sogenannten kombinierten Bewilligung (AEO C/S).
Generell werden viele zolltechnische Erleichterungen an das Vorhandensein eines AEO-Zertifikats geknüpft, sodass es heute praktisch unumgänglich ist, sich der Zertifizierung zu unterziehen.

→ **Zugelassener Wirtschaftsbeteiligter (Authorized Economic Operator, AEO):** Zertifizierter Spediteur, der von der Zollverwaltung als besonders zuverlässig und vertrauenswürdig eingestuft wird. Ihm werden Zollvereinfachungen und/oder Sicherheitserleichterungen gewährt.

26.8 Zollverfahren passive Veredlung

→ **Passive Veredlung** = Zollverfahren, bei dem Unionswaren vorübergehend in ein Drittland ausgeführt, dort veredelt und anschließend wieder in die EU eingeführt werden

Vom Grundgedanken her soll das Fertigprodukt bei der Wiedereinfuhr so verzollt werden, dass der Anteil an Unionsware am Fertigprodukt nicht beachtet wird. Um das zu erreichen, wird bei der Zollberechnung die sogenannte Mehrwertmethode angewendet.

Mehrwertmethode

Nach Artikel 75 UZK-DA ist bei der Zollberechnung wie folgt zu verfahren:

Berechnung:

	Zollwert der wiedereingeführten veredelten Ware
–	statistischer Wert der Ware bei der Ausfuhr (unveredelt)
=	Differenz
·	Zoll für die veredelte Ware
:	Zollwert der veredelten Ware

Formel:

$$\frac{(\text{Zollwert} - \text{statistischer Wert}) \cdot \text{Zoll}}{\text{Zollwert}}$$

Beispiel

Ein Sportschuh-Hersteller führt Rohmaterialien (Zuschnitte, Sohlen usw.) im Rahmen der Passiven Veredlung vorübergehend nach Vietnam aus. Der Wert (statischer Wert) der Rohmaterialien beträgt 80 000,00 €. In Vietnam werden aus den Materialien Schuhe hergestellt. Der vietnamesische Veredler berechnet für seine Leistungen 108 000,00 EUR. Für den Transport der Schuhe von Vietnam bis zur EU-Außengrenze entstehen Beförderungskosten in Höhe von 2 000,00 EUR. Der Zollsatz für Sportschuhe beträgt 8 %.

Berechnung des Zollwerts:

Statistischer Wert	*80000,00 €*
+ Veredlungskosten	*108000,00 €*
+ Beförderungskosten	*2000,00 €*
= Zollwert	*190000,00 €*

Berechnung des Zolls für Sportschuhe:
8 % von 190000,00 EUR = 15200,00 EUR
Berechnung des Mehrwerts:
(190000,00 EUR − 80000,00 EUR) · 15200,00 EUR : 190000,00 EUR = ***8800,00 EUR***
Statt 15200,00 EUR Zoll sind bei passiver Veredlung nur 8800,00 EUR an Einfuhrabgaben zu bezahlen (6400,00 EUR Ersparnis).

Abläufe bei der passiven Veredlung

- Antrag an die Zollbehörde auf Bewilligung des Zollverfahrens „Passive Veredlung"
- Der Antrag wird bewilligt. Die Geltungsdauer der Bewilligung, Wiedereinfuhrfrist, Art der Veredlungsarbeiten usw. werden vom Zoll festgelegt.
- Über ATLAS-Ausfuhr wird die Rohware für die „Ausfuhr aus dem Zollgebiet der Union vorübergehende Ausfuhr" angemeldet. Der Anmelder erhält eine MRN.
- Die Rohware wird der Ausfuhrzollstelle gestellt, dort durch Aufruf der MRN geprüft und die Nämlichkeit gesichert.
- Ausfuhr der Rohware in ein Drittland und dortige Veredlung
- Wiedereinfuhr der veredelten Ware (Fertigware) mit Nachweis der vorangegangenen Ausfuhr; Antrag auf „Überlassung der Fertigware zum zollrechtlich freien Verkehr"
- Verzollung der Fertigware nach der Mehrwertmethode

Mehrwertmethode: Es wird lediglich der Mehrwert betrachtet, den die Ware durch die Veredlung im Drittland erfahren hat (Veredlungsentgelt und Beförderungskosten = Zollwert). Der Zoll wird vom so ermittelten Zollwert berechnet.

Zusammenfassung	Einfuhr
Europäische Zollunion:	Einheitlicher Handelsraum mit gemeinsamen Außenzöllen, in dem alle Waren frei verkehren können.
Ablaufbeispiel:	Ware aus Drittland →Überlassung in den zollrechtlich freien Verkehr ▪ Vorabanmeldung summarische Eingangsmeldung (ENS, Entry Summary Declaration) ▪ Gestellung ▪ Ware in vorübergehender Verwahrung ▪ summarische Anmeldung oder Zollanmeldung für den zollrechtlich freien Verkehr ▪ i. d. R.: Importeur = Anmelder, Spediteur = direkter Vertreter, stellt Aufschubkonto zur Verfügung ▪ formelle Vorprüfung der Zollanmeldung und deren Annahme ▪ inhaltliche Prüfung der Zollanmeldung (datenmäßig, körperlich [Zollbeschau, Zollbefund]) ▪ Begleichen der Zollschulden (i. d. R. Aufschubkonto, fremde (F) oder eigene (E) Abgabenschulden ▪ Überlassung (Statuswechsel der Ware, Nicht-Unionsware →Unionsware)
Zollwert:	**Berechnung** ▪ Rechnungspreis ▪ Plusfaktoren ▪ Minusfaktoren **Zolltarif:** ▪ elektronischer Zolltarif (EZT) ▪ Warenverzeichnis ▪ Maßnahmen (z. B. Zölle) Normierung auf CIF-EU-Grenze, Formular: D.V.1
Warenursprung und Präferenzen:	– nichtpräferenzieller Ursprung (Handelsschutzinstrument) – präferenzieller Ursprung (zolltechnische Vorzugsbehandlung)
Ursprungszeugnis:	Nachweis für den nichtpräferenziellen Ursprung
Präferenznachweis:	– Warenverkehrsbescheinigungen (EUR.1, EUR MED, A.TR) – Formblatt A (APS-Staaten) – Erklärung auf der Handelsrechnung – Lieferantenerklärung – Rechnungserklärung (APS-Staaten → Registrierter Ausführer, REX)

Zusammenfassung	Einfuhr
EUSt.:	vom Zoll erhobene Verbrauchsteuer
	Berechnung: Zollwert + Zoll + Beförderungskosten bis zum 1. inländischen Bestimmungsort
Verbrauchssteuern:	Steuer auf den Verbrauch bestimmter Waren, z. B. Alkohol
Einfuhrabgaben:	Abgaben, die bei der Einfuhr von Waren in die EU anfallen. Dazu gehören: Zölle, Einfuhrumsatzsteuer und andere Verbrauchsteuern
AEO:	Authorized Economic Operator (zugelassener Wirtschaftsbeteiligter)
	Erleichterungen in den organisatorischen Abläufen (Typ C und S)
Veredelung:	passive: Veredelung im Drittland (Verzollung: Mehrwertmethode)
	aktive: Veredelung in der EU

27 Versandverfahren

Unionswaren können innerhalb der EU ohne Einschränkungen befördert werden, weil in der EU freier Warenverkehr besteht. Nicht-Unionswaren, die im Gebiet der EU befördert werden sollen, unterliegen der zollamtlichen Überwachung. Auch der grenzüberschreitende Warenverkehr wird vom Zoll überwacht.
Versandverfahren vereinfachen den grenzüberschreitenden Warenverkehr. Mit ihrer Hilfe wird es möglich, die Zollabfertigung von Waren vom Ort des Grenzübertritts auf den endgültigen Bestimmungsort zu verlegen. Während des Versandverfahrens werden keine Einfuhrabgaben erhoben.
Den Wirtschaftsbeteiligten stehen folgende Versandverfahren zur Verfügung:

- Unionsversandverfahren
- Gemeinsames Versandverfahren, sofern bestimmte Nicht-EU-Staaten betroffen sind
- TIR-Transitverfahren
- Carnet-ATA-Verfahren

Die Versandverfahren haben im Wesentlichen zwei Ziele:

- Güter unter Zollverschluss sollen mit möglichst geringem bürokratischen Aufwand befördert werden können.
- Für die Zollbehörden soll eine möglichst große Sicherheit bestehen, dass Zollschulden auch bezahlt werden.

Beide Forderungen widersprechen sich. Deshalb muss ein Gleichgewicht zwischen den Anforderungen der Zollbehörden und den Transportunternehmen gefunden werden.

Warum nehmen Importeure oder die von ihnen beauftragten Spediteure an einem Versandverfahren teil?

- An der EU-Außengrenze ist häufig kein Personal vorhanden, das die Einfuhrformalitäten erledigen kann.
- Das ortsnahe Zollamt kennt die beteiligten Personen und häufig auch die importierten Produkte. Das erleichtert die Zollformalitäten.

Auf der anderen Seite ist zu beachten, dass ein Versandverfahren zusätzliche Mittel erfordert. So sind nur spezielle Fahrzeuge für den Transport zollpflichtiger Waren zugelassen und die Beteiligten müssen Sicherheitsleistungen hinterlegen (z. B. eine Bankbürgschaft), die Geld kosten.

→ **Versandverfahren** = Beförderung unverzollter Waren vom Ort des Grenzübertritts unter zollamtlicher Überwachung zum endgültigen Bestimmungsort der Waren, um die Waren dort einem endgültigen Zollverfahren zu unterwerfen.

27.1 Unionsversandverfahren (UVV)

Bei dem Zollverfahren zur Überwachung des Versandes von zollpflichtigen Waren gibt es zwei Varianten:

- Beim **externen Versandverfahren** wird unverzollte Nicht-Unionsware nach dem Grenzübertritt zu einem anderen Ort innerhalb der EU befördert. Da die Ware nicht an der Zollgrenze der EU verzollt wurde, unterliegt sie für die Dauer des Versandes von der Abgangs- bis zur Bestimmungszollstelle der zollamtlichen Überwachung. Als Dokument wird für den externen Versand das T1 verwendet (**Versandbegleitdokument [VBD]** für Nicht-Unionswaren). Man spricht daher auch vom **T1-Verfahren**.

- Das **„interne Versandverfahren“** ist anzuwenden, wenn Unionswaren zwischen zwei Orten innerhalb der EU transportiert werden, dabei aber ein Vertragsstaat des gemeinsamen Versandverfahrens (EFTA, Nordmazedonien, Serbien, Türkei) durchfahren wird. Besonders bedeutsam ist das für Transporte von Deutschland über die Schweiz nach Italien.

  Das entsprechende Dokument ist das Versandbegleitdokument T2. Man spricht hier vom **T2-Verfahren**.

T1- oder T2-Verfahren?

Es ist zu fragen, welchen **Ursprung** (zollrechtlichen Status) die Ware hat.

T 1	Waren aus Drittländern (Nicht-Unionsware)
T 2	EU-Ware (Unionsware)

Gemeinsames Versandverfahren

Eine abgewandelte Form des Unionsversandverfahrens ist das sogenannte **„gemeinsame Versandverfahren“,** welches die EU mit den EFTA-Staaten und weiteren europäischen Staaten ausgehandelt hat. Es wird analog zum Unionsversandverfahren angewendet, wenn Waren zwischen EU- und EFTA-Ländern sowie der Türkei, Nordmazedonien und Serbien befördert werden.

Das gemeinsame Versandverfahren gilt auch für Liechtenstein, das in einer Zollunion mit der Schweiz verbunden ist.

Auch hier gilt die Unterscheidung zwischen

- externem Verfahren (T1) für Nicht-Unionswaren und
- internem Verfahren (T2) für Unionswaren.

Das gemeinsame Versandverfahren regelt auch den Warenverkehr **zwischen** den Vertragsstaaten (EFTA, Nordmazedonien, Türkei, Serbien).

Beispiele:

1. *Zollpflichtige Ware wird aus der Schweiz nach Deutschland versendet und in Deutschland verzollt: T1-Verfahren, weil es sich um Nicht-Unionsware handelt.*
2. *Zollpflichtige Ware wird von Deutschland in die Schweiz versendet und dort verzollt: T2-Verfahren, weil es sich um Unionswaren handelt.*

Unionsversandverfahren:	Zollverfahren, das die Beförderung zollpflichtiger Waren zwischen zwei Orten der EU ermöglicht. Nicht-Unionswaren erfordern das (externe) T1-Verfahren, Unionswaren das (interne) T2-Verfahren.
Gemeinsames Versandverfahren:	Zollverfahren zur Beförderung zollpflichtiger Waren zwischen der EU und den Ländern des gemeinsamen Versandverfahrens (EFTA, Nordmazedonien, Serbien, Türkei) sowie zwischen den Ländern des gemeinsamen Versandverfahrens untereinander. Je nach zollrechtlichem Status der Ware ist das T1- oder das T2-Verfahren anzuwenden.

Anmeldung über das elektronische NCTS-Verfahren (ATLAS)

Das Versandverfahren kann heute elektronisch von jedem beliebigen Ort aus in Gang gesetzt werden. Es heißt dann **New Computerized Transit System (NCTS)**. Auch eine Anmeldung über das Internet (www.zoll.de) ist möglich.

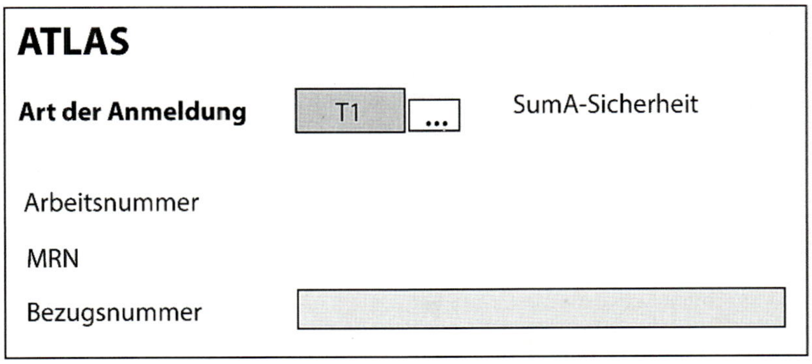
ATLAS

Art der Anmeldung T1 ... SumA-Sicherheit

Arbeitsnummer

MRN

Bezugsnummer

Zollstellen bei der Ausfuhr:
- Ausfuhrzollstelle
- Ausgangszollstelle

Abgangszollstelle = Zollstelle, bei der das Versandverfahren beginnt. Bestimmungszollstelle = Zollstelle, bei der das Versandverfahren endet.

Jede Person, die eine Zollanmeldung abgibt, wird nach UZK „Inhaber des Verfahrens“ genannt.

Ablauf des Unionsversandverfahrens über ATLAS (NCTS)	
Versandanmeldung	Der Inhaber des Verfahrens (z. B. der Spediteur) übermittelt die Daten der Versandanmeldung elektronisch an die Abgangszollstelle ①, die die Angaben in der Anmeldung formell prüft und entgegennimmt sowie eine Arbeitsnummer übermittelt ②.
Gestellung und Annahme	Der Anmelder kann die Ware nun mit den erforderlichen Dokumenten und der Arbeitsnummer an der Abgangszollstelle gestellen ③. Die Zollbehörde prüft, ob die Versandanmeldung alle erforderlichen Daten enthält, die notwendigen Unterlagen vorhanden sind und ob sich die Anmeldung auf die gestellten Waren bezieht. Ist das Prüfungsergebnis positiv, nimmt der Zoll die Versandanmeldung an ④.

Ablauf des Unionsversandverfahrens über ATLAS (NCTS)	
Gestellungsfrist	Die Zollbehörde kann nun eine Zollbeschau vornehmen und den Zollbefund feststellen. Die Abgangszollstelle setzt anschließend eine Frist fest, in der die Güter bei der Bestimmungszollstelle (Zollbehörde, bei der die Waren zur Beendigung des Unionsversandverfahrens zu gestellen sind) eintreffen müssen. Für Beförderungen in Deutschland beträgt die Gestellungsfrist in der Regel acht Tage in Abhängigkeit von der zurückzulegenden Strecke und dem Wetter. Generell gilt, dass die Waren über eine wirtschaftlich sinnvolle Strecke zu befördern sind; in besonderen Fällen (hoher Warenwert, hohes Betrugsrisiko) kann auch die Beförderungsroute festgelegt werden.
Überlassung	Im nächsten Schritt überlässt der Zoll dem Anmelder die Waren zum Versandverfahren ⑤. ATLAS registriert den Verfahrensbeginn, vergibt eine Versandbezugsnummer (**Master Reference Number, MRN**) und druckt ein **Versandbegleitdokument** (VBD, z. B. T1) aus, das die MRN enthält. Damit an der Bestimmungszollstelle dieselbe Ware eintrifft, die die Abgangsstelle verlassen hat, muss die „**Nämlichkeit**" der Ware gesichert werden. Dies geschieht z. B. durch Verplombung des Lkw oder des Packstücks. Die Nämlichkeit kann aber auch durch eine genaue Beschreibung der Ware erreicht werden, die dann eine exakte Identifizierung ermöglicht. Der Anmelder muss auch nachweisen, dass für die zu erwartenden Abgabenschulden eine **Sicherheit** (siehe unten) geleistet wurde. → **Nämlichkeit sichern,** z. B. durch ▪ verplomben ▪ Raumverschluss des Beförderungsmittels ▪ Packstückverschluss ▪ beschreiben der Ware ▪ zollamtliche Bewachung/Begleitung
Vorab-Ankunftsanzeige	Mit dem Ausdruck des Versandbegleitdokuments verschickt die Abgangszollstelle automatisch eine **Vorab-Ankunftsanzeige** an die Bestimmungszollstelle ⑥.
Warenversand	Die Güter befinden sich nun unter zollamtlicher Überwachung. Das Versandbegleitdokument wird dem Inhaber des Verfahrens (Frachtführer/Lkw-Fahrer) ausgehändigt und begleitet die Ware während der Beförderung bis zur Bestimmungszollstelle ⑦.
Gestellung	Sobald die Sendung dort eingetroffen ist, wird sie erneut gestellt ⑧. Das Zollamt ruft die Daten über die MRN im ATLAS-System auf und gleicht die Daten des Systems mit der gestellten Ware ab. Bestehen keine Differenzen, ist das Verfahren für den Inhaber des Verfahrens erledigt.
Eingangsbestätigung	Die Bestimmungszollstelle informiert die Abgangszollstelle über das ATLAS-System darüber, dass die Ware ordnungsgemäß gestellt worden ist (**Eingangsbestätigung**) und – falls die Ware kontrolliert wurde – über das **Kontrollergebnis** ⑨.
Erledigungsmitteilung	Die Abgangszollstelle wiederum schickt eine elektronische **Erledigungsmitteilung** an den Anmelder und gibt die durch das Versandverfahren blockierte Sicherheit wieder frei ⑩.

MRN, siehe Seite 418

Nämlichkeit = Sicherung von Waren, die unter zollamtlicher Überwachung stehen, vor Austausch oder Veränderung

Damit ist das Unionsversandverfahren aus Sicht des Zolls abgeschlossen.

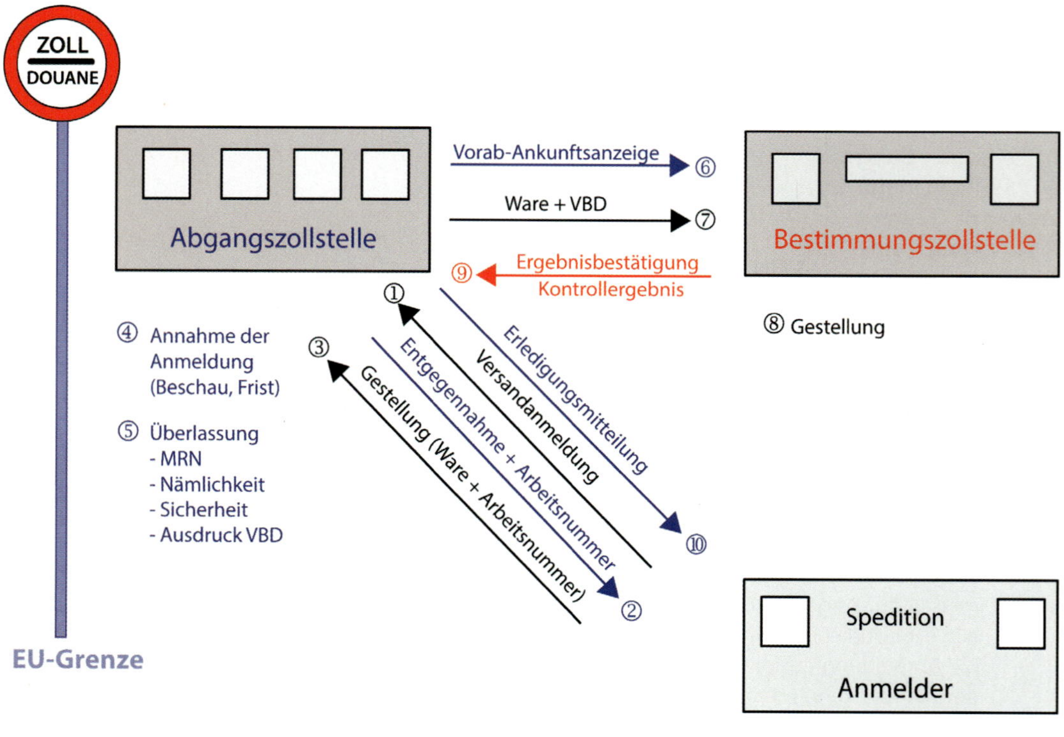

Die Ware befindet sich nun in vorübergehender Verwahrung und wird damit weiterhin vom Zoll überwacht. Der Anmelder kann jetzt ein anderes Zollverfahren beantragen, z. B. die Überlassung zum zollrechtlich freien Verkehr. Ihm stehen dafür 90 Tage zur Verfügung.

Vereinfachtes Verfahren: Ist der Anmelder – auf Antrag – zugelassener Versender, gelten für ihn wesentliche Vereinfachungen. Vor allem braucht er die Waren nicht mehr bei der Abgangsstelle zu gestellen, und alle Abläufe werden elektronisch geregelt. Das Gleiche gilt für den zugelassenen Empfänger, der ebenfalls von der Gestellungspflicht befreit ist (siehe unten).

Inhaber des Verfahrens

Die Person, die den Zollantrag zum Unionsversandverfahren gestellt hat (Inhaber des Verfahrens), hat die zollpflichtige Ware

- innerhalb der vorgeschriebenen Frist
- unter Einhaltung der Maßnahmen zur Nämlichkeitssicherung
- unverändert der Bestimmungsstelle

zu gestellen. Der Inhaber des Verfahrens übernimmt die Verantwortung für den ordnungsgemäßen Ablauf gegenüber der Zollbehörde. Außerdem hat er als Abgabenschuldner sämtliche Abgabenschulden zu tragen, die während des Transportes im Unionsversandverfahren entstehen.

Sicherheiten

Zölle, Einfuhrumsatzsteuern und vor allem Verbrauchsteuern (z. B. auf Tabakerzeugnisse) können sehr hohe Beträge erreichen. Bei einer Lkw-Ladung mit Zigaretten kann der Abgabenwert z. B. mehrere Millionen Euro betragen. Der Zoll ist daher bestrebt, die Zahlung dieser Beträge sicherzustellen. Aus diesem Grunde hat der Inhaber des Verfahrens im Unionsversandverfahren eine Sicherheit in Form einer Bürgschaft zu leisten. Man unterscheidet die Sicherheiten wie folgt:

- **Einzelsicherheit**
  Sie wird nur für **ein** Versandverfahren eingesetzt. Die Höhe des Betrages richtet sich nach der Höhe der zu erwartenden Abgabenbelastung.
- **Gesamtsicherheit**
  Für Spediteure, die ständig als Inhaber des Verfahrens am Unionsversandverfahren teilnehmen, ist eine Gesamtsicherheit sinnvoll. Sie ermöglicht dem Spediteur, von jedem Ort der EU aus Versandverfahren durchzuführen. Die Gesamtsicherheit besteht im Regelfall aus einer Bankbürgschaft. Das zuständige Hauptzollamt stellt eine Bescheinigung aus, die den Abgangsstellen als Sicherheitsnachweis vorgelegt werden kann. Die Höhe der Sicherheit richtet sich nach den Abgaben, die innerhalb eines Jahres für die im Versandverfahren beförderten Waren anfallen. Im Rahmen von NCTS ist die Gesamtsicherheit in ATLAS hinterlegt und wird für jedes Versandverfahren „abgeschrieben". Die Gesamtsicherheit kann auf Antrag reduziert werden (auf 50 %, 30 % oder sogar 0 %).

Sicherheiten sind aber nicht nur bei dem Unionsversandverfahren zu leisten, sondern bei allen besonderen Zollverfahren sowie bei der vorübergehenden Verwahrung.

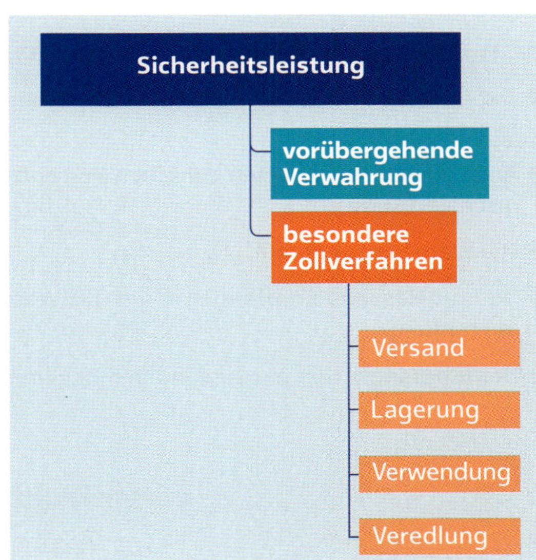

vorübergehende Verwahrung, siehe Seite 399

Zollverfahren, siehe Seite 400

Benennung der Zollstellen

Zollstellen		
Ausfuhr	Aus**fuhr**zollstelle Ausfuhrzollstelle ist die Zollstelle, in deren Bezirk der Ausführer seinen Sitz hat oder in deren Bezirk die Ware verladen oder verpackt wird.	Aus**gangs**zollstelle Zollstelle, über die die Waren in ein Drittland verbracht werden (letzte Zollstelle vor dem Ausgang der Waren aus dem Zollgebiet der Union).
Versand	**Abgangszollstelle** Zollstelle, bei der das Versandverfahren beginnt.	**Bestimmungszollstelle** Zollstelle, bei der das Versandverfahren endet.

Siehe Zugelassener Wirtschaftsbeteiligter (AEO), Seite 439

Zugelassener Versender/Empfänger

Auch beim Unionsversandverfahren ist der Zoll bemüht, die Abläufe zu vereinfachen, um die große Zahl von Güterbewegungen bewältigen zu können. Der Inhaber des Verfahrens (Spediteur, Frachtführer, Exporteur, Importeur u.a.) kann den Status des zugelassenen Versenders und/oder des zugelassenen Empfängers beantragen. Der Antrag kann aber nur von einem AEO gestellt werden. In einer Bewilligung des Zolls werden bestimmte Rahmendaten festgelegt.

Beispiel:
Rahmendaten für eine Bewilligung zum zugelassenen Versender:

- *die zuständige Abgangszollstelle*
- *Gestellungsorte, an denen der Zoll Prüfungen durchführen kann*
- *eine Anzeigefrist, mit der der Zoll vor Beginn der Beförderung über den Versand informiert wird*
- *Einzelheiten zur Nämlichkeitssicherung u. a.*

Mit der Bewilligung kann der Hauptverpflichtete am vereinfachten Versandverfahren teilnehmen. Das heißt für Versender und Empfänger:

Versandverfahren:
Start: Abgangszollstelle
Ende: Bestimmungszollstelle

Zugelassener Versender	Er darf Versandvorgänge durchführen, ohne die Waren bei der Abgangszollstelle (zuständiges Zollamt) zu gestellen und ohne die Versandanmeldung dort vorlegen zu müssen. Im Bewilligungsverfahren zum zugelassenen Versender sind Orte festgelegt worden (z. B. das Lager des Versenders), an denen die Ware gestellt werden muss. Der Zoll entscheidet, ob er dort eventuell doch eine Zollbeschau durchführen will.
Zugelassener Empfänger	Er darf die Waren am Ende des Versandverfahrens direkt in seinem Betrieb in Empfang nehmen und braucht die Waren nicht bei der Bestimmungszollstelle zu gestellen. Der Zoll kann aber eine Zollbeschau der Ware verlangen.

Für die Teilnahme am elektronischen Versandverfahren (NCTS) ist der Status des zugelassenen Versenders/Empfängers zwingend erforderlich. Das vereinfachte Versandverfahren nimmt dann folgenden Verlauf:

❶ Der **zugelassene Versender** erstellt die Versandanmeldung im eigenen Computersystem.

❷ Die Abgangszollstelle erhält die Versandanmeldung elektronisch übermittelt; die Ware wird aber dort nicht gestellt.

❸ Auch weitere Nachrichten zwischen Versender und Zoll (z. B. Änderungsmitteilungen) werden nur elektronisch versandt.

❹ Die Ware wird versandt.

❺ Der **zugelassene Empfänger** nimmt die Waren und die Versandbegleitdokumente direkt in seinem Betrieb in Empfang.

❻ Der Empfänger teilt der zuständigen Bestimmungszollstelle die Ankunft der Ware elektronisch mit.

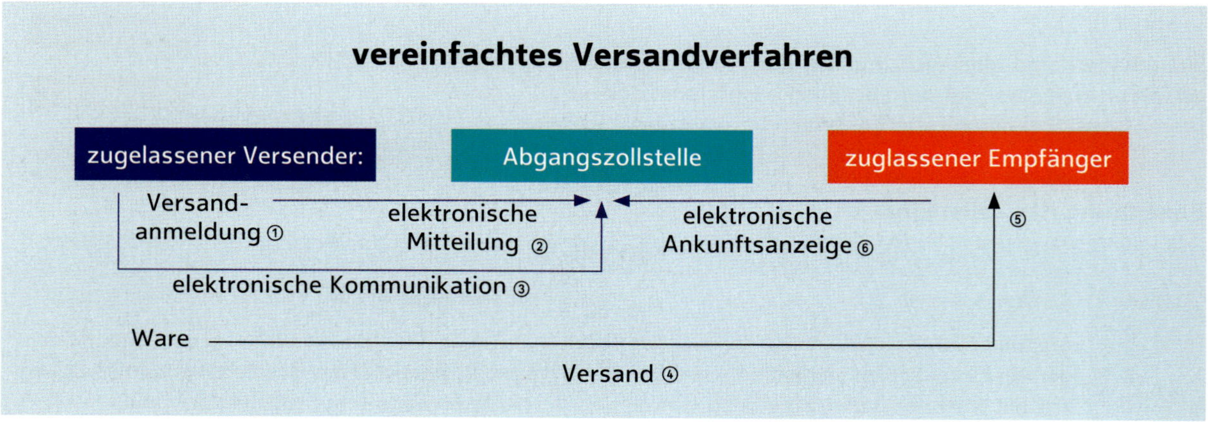

Wirtschaftsbeteiligte mit Sonderstatus

Status	Erläuterungen
Ermächtigter Ausführer	Von der Zollbehörde befugter Ausführer, der Präferenzursprungsnachweise auf der Rechnung ausstellen darf, unabhängig vom Warenwert.
Registrierter Ausführer	Ausführer, der durch einfache Registrierung in einer Datenbank berechtigt ist, Präferenzursprungsnachweise auf seinen Rechnungen auszustellen.
Zugelassener Wirtschaftsbeteiligter (Authorized Economic Operator, AEO)	Zertifizierter Spediteur, der von der Zollverwaltung als besonders zuverlässig und vertrauenswürdig eingestuft wird. Ihm werden zoll- und/oder Sicherheitserleichterungen gewährt (AEO-C, AEO-S).
Zugelassener Versender	Inhaber des Verfahrens (z. B. ein Spediteur), der Versandvorgänge durchführen darf, ohne die Waren bei der Abgangszollstelle (zuständiges Zollamt) zu gestellen und ohne die Versandanmeldung dort vorlegen zu müssen.
Zugelassener Empfänger	Inhaber des Verfahrens, der die Waren am Ende des Versandverfahrens direkt in seinem Betrieb in Empfang nehmen darf und die Waren nicht bei der Bestimmungszollstelle gestellen muss.

27.2 TIR-Transitverfahren

Das TIR-Transitverfahren ist ein Versandverfahren. Es wird vor allem in Europa, Nordafrika sowie im Nahen und Mittleren Osten eingesetzt. Rund 70 Staaten sind Vertragspartner des TIR-Übereinkommens vom 14.11 1975.[1]

TIR = Transport international de Marchandises par la Route

TIR-Transitverfahren: Versandverfahren für die Beförderung zollpflichtiger Ware, die in einem Drittland beginnt, durch ein Drittland führt oder in einem solchen endet.

Für die EFTA-Staaten (Island, Norwegen, Schweiz, Liechtenstein) sowie die Türkei, Nordmazedonien und Serbien ist das Verfahren aus EU-Sicht nicht anzuwenden, da sie dem gemeinsamen Versandverfahren beigetreten sind und somit das T1-bzw. T2-Verfahren anwendbar ist.
Das TIR-Übereinkommen war zunächst für den reinen Straßengüterverkehr konzipiert worden. Neue Verkehrstechniken erforderten jedoch eine Anpassung des Verkehrsabkommens, sodass es heute auch für multimodale Transporte anwendbar ist, solange ein Teil des Beförderungsvorgangs auf der Straße stattfindet. Es ist somit vor allem für den Güterverkehr mit dem Osten, Nahen Osten und Übersee (per Container) von Bedeutung.
Bei der Entwicklung des Übereinkommens wurden fünf grundlegende Vereinbarungen („fünf Säulen") getroffen:

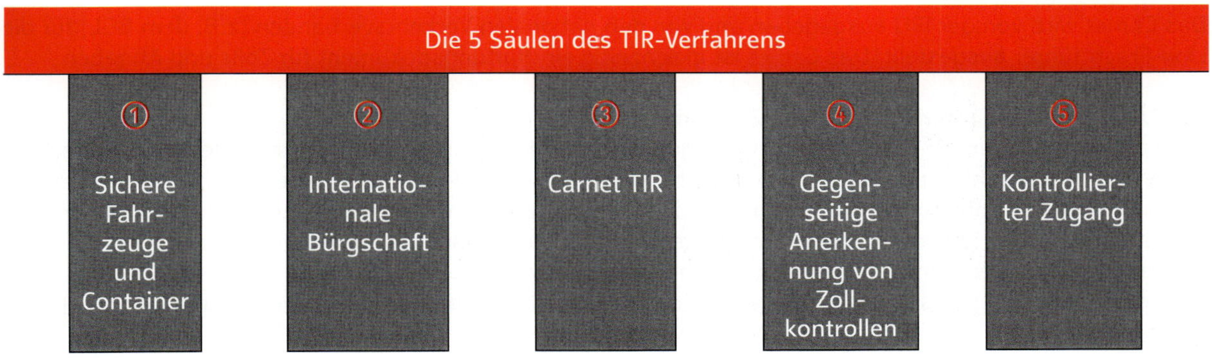

[1] *In folgenden Staaten kann das TIR-Verfahren derzeit durchgeführt werden: Afghanistan Albanien, Armenien, Aserbaidschan, Belarus Bosnien-Herzegowina, China, Georgien, Großbritannien, Indien Iran, Israel, Jordanien, Kasachstan, Kirgisistan, Kuwait, Libanon, Liechtenstein, Marokko, Nordmazedonien, Moldau, Mongolei, Montenegro, Norwegen, Pakistan, Russische Föderation, Schweiz, Serbien, Syrien, Tadschikistan, Tunesien, Türkei, Turkmenistan, Ukraine, Usbekistan, Vereinigte Arabische Emirate sowie in den Ländern der Europäischen Union.*

Zu ①: sichere Fahrzeuge und Container
Im Rahmen des TIR-Verfahrens dürfen Güter nur in Fahrzeugen befördert werden, die einen Zugriff auf das Innere nicht mehr zulassen, sobald der Zollverschluss angebracht worden ist (zollsicheres Fahrzeug). Das Fahrzeug muss deshalb für einen Transport unter Zollverschluss zugelassen sein (**Zollverschlussanerkenntnis**). Diese Zollverschlussanerkenntnis muss während des Transportes mitgeführt werden. Das Übereinkommen sieht dafür detaillierte Konstruktionsstandards und Zulassungsverfahren vor. Während des Transportes muss das Fahrzeug mit dem TIR-Zeichen (Kennzeichnungstafel, siehe oben) versehen sein.

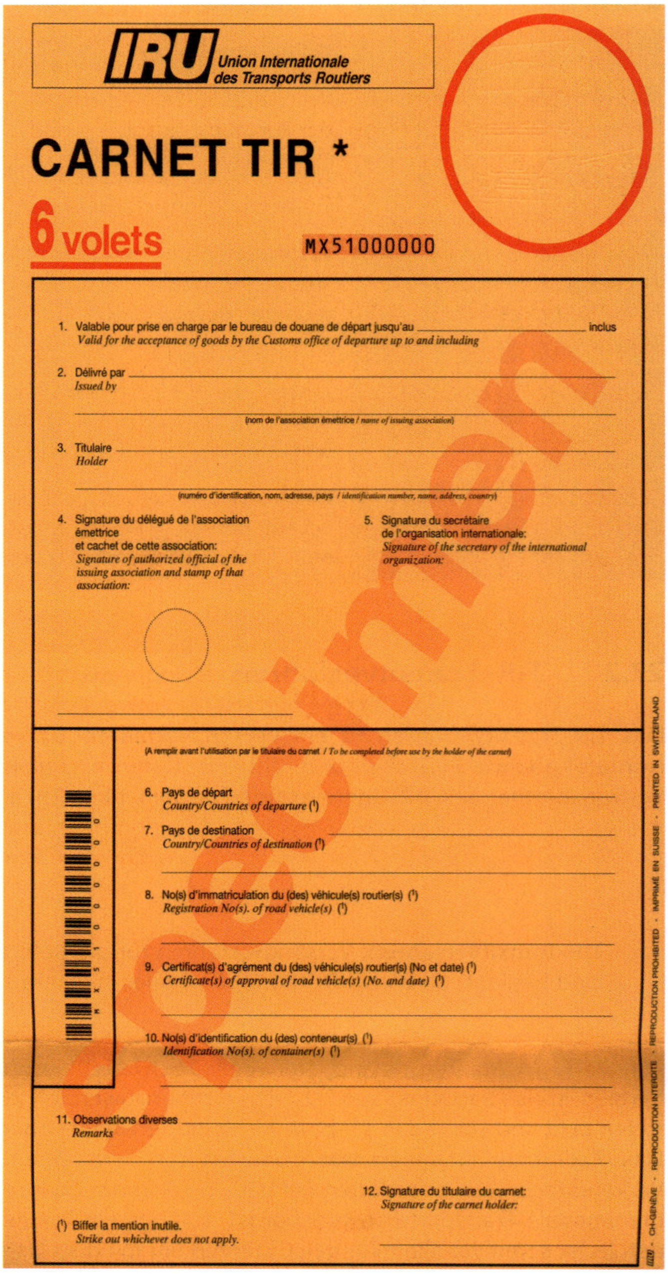
IRU Union Internationale des Transports Routiers

CARNET TIR *

6 volets MX51000000

1. Valable pour prise en charge par le bureau de douane de départ jusqu'au ... inclus
Valid for the acceptance of goods by the Customs office of departure up to and including

2. Délivré par
Issued by
(nom de l'association émettrice / name of issuing association)

3. Titulaire
Holder
(numéro d'identification, nom, adresse, pays / identification number, name, address, country)

4. Signature du délégué de l'association émettrice et cachet de cette association:
Signature of authorized official of the issuing association and stamp of that association:

5. Signature du secrétaire de l'organisation internationale:
Signature of the secretary of the international organization:

(A remplir avant l'utilisation par le titulaire du carnet / To be completed before use by the holder of the carnet)

6. Pays de départ
Country/Countries of departure (¹)

7. Pays de destination
Country/Countries of destination (¹)

8. No(s) d'immatriculation du (des) véhicule(s) routier(s) (¹)
Registration No(s). of road vehicle(s) (¹)

9. Certificat(s) d'agrément du (des) véhicule(s) routier(s) (No et date) (¹)
Certificate(s) of approval of road vehicle(s) (No. and date) (¹)

10. No(s) d'identification du (des) conteneur(s) (¹)
Identification No(s). of container(s) (¹)

11. Observations diverses
Remarks

12. Signature du titulaire du carnet:
Signature of the carnet holder:

(¹) Biffer la mention inutile.
Strike out whichever does not apply.

Zu ②: internationale Bürgschaft
Die Grundüberlegung des TIR-Bürgschaftssystems lautet: Sollte ein Transportunternehmer während des Transitvorgangs nicht in der Lage sein, die fälligen Zölle und Abgaben für die von ihm beförderten Güter zu bezahlen, so tritt ein nationaler Verkehrsverband als Bürge ein. Auf die Bundesrepublik Deutschland bezogen bedeutet das: Der Bundesverband Güterkraftverkehr, Logistik und Entsorgung bürgt für alle Unregelmäßigkeiten, die innerhalb Deutschlands im Rahmen einer TIR-Beförderung auftreten, und zwar sowohl für einheimische als auch für ausländische Frachtführer. Die Zollverwaltung hat daher jederzeit Zugriff auf einen in Deutschland ansässigen Verband. Auf die gesamte Beförderung bezogen ergibt sich eine Bürgschaftskette nationaler Verkehrsverbände, die jeweils eine Zahlungsgarantie gegenüber ihren Zollbehörden aussprechen. Die Bürgschaftssumme beträgt pro Carnet TIR maximal 100 000,00 EUR.

BGL, siehe Seite 233

Zu ③: Carnet TIR
Beim TIR-Verfahren wird das Gut von einem Begleitscheinheft („Carnet") begleitet, das für jede Grenzübergangsstelle ein Formular enthält, auf dem der Ausgang und der Eingang der Ware bescheinigt werden. Anhand des Carnets kann der Zoll den Weg der Güter exakt verfolgen.
Das Carnet wird von der IRU ausgegeben und von den nationalen Verkehrsverbänden (z. B. dem BGL) für die Lkw-Frachtführer ausgestellt. Das Carnet ist gleichzeitig ein Haftungsdokument für Zölle und Abgaben.

IRU = International Road Union, siehe Seite 234

Zu ④: gegenseitige Anerkennung von Zollkontrollen
Grundsätzlich werden die im Abgangsland vorgenommenen Kontrollen in den Transitländern und im Bestimmungsland anerkannt. Dies stellt den wesentlichen Vorteil des TIR-Verfahrens für den Transportunternehmer dar, weil nach der Abfertigung eines Fahrzeugs im Abgangsland von den nachfolgenden Zollstellen nur noch die Papiere und die Zollverschlüsse kontrolliert werden. Ausnahmsweise, wenn Missbrauch vermutet wird, werden während des Transits auch die geladenen Waren überprüft.
Der Zollstelle des Abgangslandes kommt wegen des Vertrauens, das die übrigen Zollverwaltungen in sie setzen, eine besondere Rolle zu. Sie muss insbesondere verhindern, dass

- Waren falsch deklariert werden, um sie unterwegs gegen andere auszutauschen (z. B. Zigaretten werden geladen, aber Zigarettenfilter deklariert);
- Waren geladen werden, die nicht im TIR-Warenmanifest aufgeführt sind (vor allem Zigaretten, Alkohol, Drogen und Waffen);
- ungeeignete Fahrzeuge oder Behälter für den Transport verwendet werden.

Warenmanifest = Ladungsverzeichnis

Zu ⑤: kontrollierter Zugang

Frachtführer/Spediteure, die am TIR-Verfahren teilnehmen wollen, müssen bestimmte Voraussetzungen erfüllen, die Missbrauch verhindern sollen. So hat der Unternehmer seine persönliche Zuverlässigkeit und wirtschaftlich geordnete Verhältnisse nachzuweisen. Außerdem ist eine Bankbürgschaft zur Absicherung etwaiger Zollforderungen beim ausgebenden Verband zu hinterlegen.

Ablauf des TIR-Verfahrens

Der Frachtführer beantragt die Ausstellung eines Carnets bei einer Ausgabestelle (z. B. BGL). Sobald er das Dokument erhalten hat, gestellt er das Fahrzeug mit der Ware beim Zollamt. Nach der Kontrolle des Fahrzeugs und der Ladung wird das Fahrzeug zollsicher vom Abgangszollamt verplombt. Hierfür muss ein gültiges Zollverschlussanerkenntnis für das Fahrzeug vorgelegt werden. Außerdem müssen die TIR-Tafeln am Fahrzeug angebracht sein. Der Zollbeamte eröffnet das Carnet TIR und bestätigt damit, dass in dem Fahrzeug die im Warenmanifest des Dokuments aufgeführten Waren unter Zollverschluss befördert werden. An jeder Abgangs-, Durchgangs- und Bestimmungszollstelle sind das Fahrzeug und das Carnet TIR vorzuführen. Ist alles in Ordnung, wird das Carnet abgestempelt. Zölle und Abgaben fallen nicht an und die Zollplombe bleibt intakt. Erst an der Bestimmungszollstelle wird die Plombe gebrochen und das Fahrzeug geöffnet. Wird die Ware vom Bestimmungszollamt vollständig und in Übereinstimmung mit dem Warenmanifest des Carnet TIR vorgefunden, so wird das Carnet TIR mit Zahlung der Zölle und Abgaben im Bestimmungsland erledigt. Das Carnet ist der ausgebenden Stelle (in Deutschland z. B. dem BGL) zurückzugeben. Während der Beförderung innerhalb der EU wird das TIR-Verfahren parallel im ATLAS-Verfahren (NCTS) elektronisch erfasst und überwacht. Dem Carnet wird daher zusätzlich ein T-Papier beigefügt.

Es gibt im TIR-Verfahren keinen zugelassenen Versender, wohl aber einen zugelassenen Empfänger.

Die Gültigkeitsdauer eines Carnets beträgt i. d. R. 75 Tage.

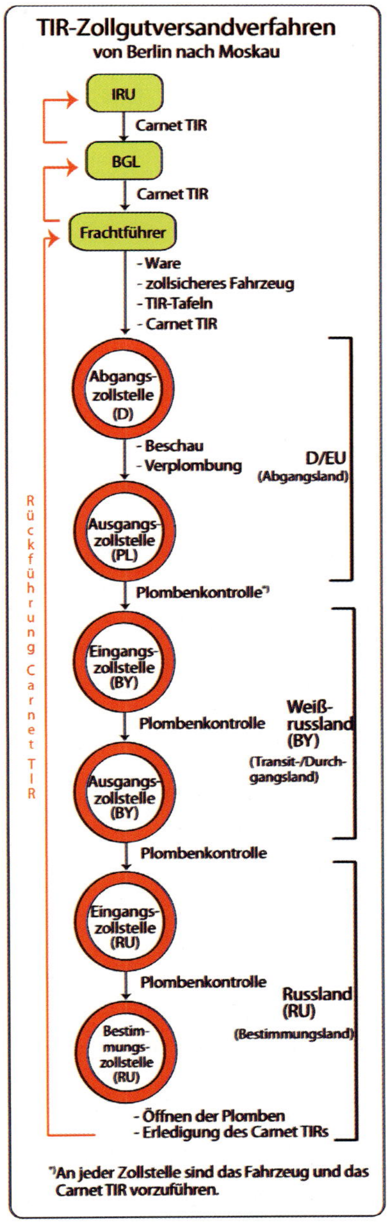

Ausgabestelle ist auch die AIST (Arbeitsgemeinschaft zur Förderung und Entwicklung des internationalen Straßenverkehrs).

Siehe Seite 446

27.3 Carnet-ATA-Verfahren

Das Carnet ATA (ATA = Temporary Admission, vorübergehende Einfuhr) ist ein internationales Zollpassierscheinheft. Das Verfahren ist für Güter vorgesehen, die nur vorübergehend eingeführt und unverändert wieder ausgeführt werden sollen. Dabei kann es sich um **Warenmuster**, **Messegut** oder **Berufsausrüstung** (z. B. tragbare Computer, Fotoausrüstung, die Ausstattung eines Zirkus auf Gastspielreise) handeln. Das Carnet ATA erleichtert die vorübergehende Einfuhr von Waren, weil in den Einfuhrländern keine Zölle oder sonstige Abgaben gezahlt werden müssen. Das Carnet wird von den Industrie- und Handelskammern ausgegeben. Es ist – wie das Carnet-TIR-Verfahren – mit einer Bürgschaft verbunden. In diesem Fall tritt die IHK mit einer selbstschuldnerischen Bürgschaft ein.

Im Vergleich zum EU-Zollverfahren „vorübergehende Verwendung“ ist der Warenkreis für die vollständige Abgabenbefreiung beim ATA-Verfahren stärker eingeschränkt, siehe Seite 401.

Bearbeitungsweg des Carnet ATA

1 Der Antragsteller füllt ein Antragsformular und das Carnet-Formular aus und reicht beides bei der IHK ein (einschließlich diverser Einlageblätter für die Ausfuhr aus dem Abgangsland, Einfuhr im Bestimmungsland und die Wiedereinfuhr/-ausfuhr in beiden Ländern. Eventuell sind auch Transitblätter für Durchfuhrländer erforderlich).

2 Die IHK prüft die Angaben, versieht das Carnet mit Ausstellungs- und Gültigkeitsdatum (maximal für ein Jahr) sowie mit Seitennummerierungen. Anschließend unterschreibt und siegelt sie das Carnet.

3 Das zuständige Zollamt bestätigt die Nämlichkeit der im Carnet aufgeführten Waren.

Beispiel:

Ein deutscher Hersteller von elektronischen Geräten will Güter auf einer Messe in Moskau ausstellen. Er beantragt bei seiner zuständigen IHK ein Carnet ATA, gestellt die Ware beim Zoll, lässt die Nämlichkeit prüfen und führt die Ware nach Russland aus. Nach der Messe gestellt er die Ware erneut beim Zoll mit dem Ziel der Wiedereinfuhr. Der russische Zoll hat die Einfuhr und die Wiederausfuhr der Ware ebenfalls geprüft. In Russland sind keine Einfuhrabgaben zu entrichten.

Versandverfahren

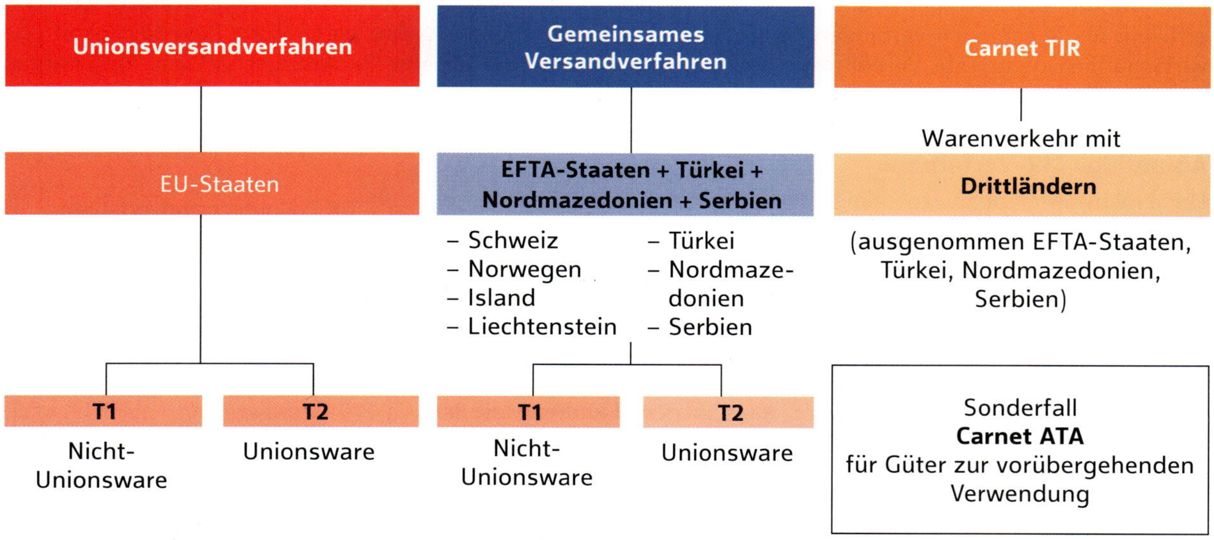

Zusammenfassung	Versandverfahren	
Ziel:	zollpflichtige Ware unter Zollverschluss befördern	
Unionsversandverfahren:	Unionsversandverfahren ■ T1-Verfahren (externer Versand): Nicht-Unionsware ■ T2-Verfahren (interner Versand): Unionsware Abwandlung: Beförderungen zwischen EU- und EFTA-Ländern (+ Türkei, Nordmazedonien, Serbien): gemeinsames Versandverfahren	
Abwicklung:	über das INTERNET (ATLAS) = NCTS = New Computerized Transit System	
	① Versandanmeldung → Abgangsstelle ② Gestellung an der Abgangsstelle ③ Arbeitsnummer + Sicherheitsleistung Sicherung der Nämlichkeit + MRN (= Master Reference Number) + Gestellungsfrist ④ Überlassung der Ware + Versandbegleitdokument (z. B. T1) ⑤ Beförderung zur Bestimmungsstelle ⑥ erneute Gestellung → Bestimmungsstelle ⑦ Rückmeldung an Abgangsstelle → Ergebnisbestätigung/Kontrollergebnis ⑧ Erledigungsmitteilung an Anmelder	
Vereinfachungen:	durch zugelassenen Versender/Empfänger, z. B. Verzicht auf Gestellung	
Spediteur:	= Inhaber des Verfahrens → Garantien durch Sicherheiten ■ Einzelsicherheit ■ Gesamtsicherheit	
TIR-Transitverfahren:	Versandverfahren für die Beförderung zollpflichtiger Ware, die in einem Drittland beginnt, durch ein Drittland führt oder in einem solchen endet (ausgenommen EFTA, Türkei, Nordmazedonien und Serbien)	
	5 Säulen ■ sichere Fahrzeuge (Zollverschlussanerkenntnis) ■ internationale Bürgschaft ■ CARNET TIR (Begleitscheinheft) ■ gegenseitige Anerkennung der Zollkontrollen ■ kontrollierter Zugang	Ablauf ① Antrag für CARNET → BGL ② Gestellung ③ Verplombung + TIR-Tafeln ④ Abstempeln des CARNETs an jedem Grenzübergang ⑤ Gestellung an der Bestimmungsstelle ⑥ Verzollung ⑦ Rückgabe des CARNETs an BGL
CARNET-ATA:	■ Antrag an IHK ■ für Waren zur vorübergehenden Verwendung	

28 Beschaffungslogistik

28.1 Vom Spediteur zum logistischen Dienstleister

In der Vergangenheit erhielten Spediteure Besorgungsaufträge, die gewöhnlich den Transport von Gütern vom Versender zum Empfänger zum Gegenstand hatten. Versender waren Lieferanten von Rohmaterial und Vorprodukten für die Produktion oder Produzenten, die ihre Fertigprodukte an ihre Kunden (i. d. R. Handelsunternehmen oder andere Produzenten) ausliefern wollten. Der Leistungsbereich des Spediteurs war schmal und gut überschaubar.

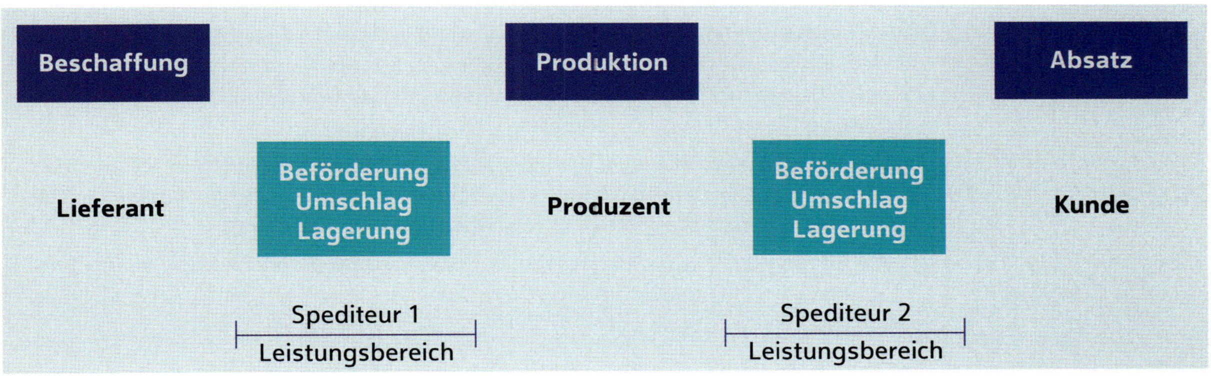

Heute gibt es immer noch den klassischen Spediteur, den Architekten des Verkehrs, der neben seiner Hauptleistung („Besorgen") zahlreiche Nebenleistungen erbringt, z. B. versichern, verzollen, verpacken von Gütern. Zunehmend werden Spediteure aber auch als logistische Dienstleister eingesetzt, die für Produzenten die komplette Beschaffung und den Absatz von Gütern organisieren, und zwar vom Vorlieferanten bis zum Endkunden.

Siehe Nebenpflichten, Seite 30, und „Value-added Services", Seite 359

Supply Chain Management

Auf dem Weg vom Vorlieferanten zum Endkunden erhöht sich der Wert der Güter durch die produktiven Prozesse, die sie durchlaufen (= Wertschöpfung). Daneben existieren auch Teilprozesse, die nicht werterhöhend sind, wie z. B. die Lagerung von Gütern. Häufig beauftragen Industrie und Handel logistische Dienstleister damit, die Wertschöpfungskette aufzubauen sowie möglichst störungsfrei, kostengünstig und mit kurzen Lieferzeiten zu betreiben und zu optimieren. Diesen Prozess bezeichnet man als **Supply Chain Mangement**.

Siehe Lagerlogistik, Seite 350

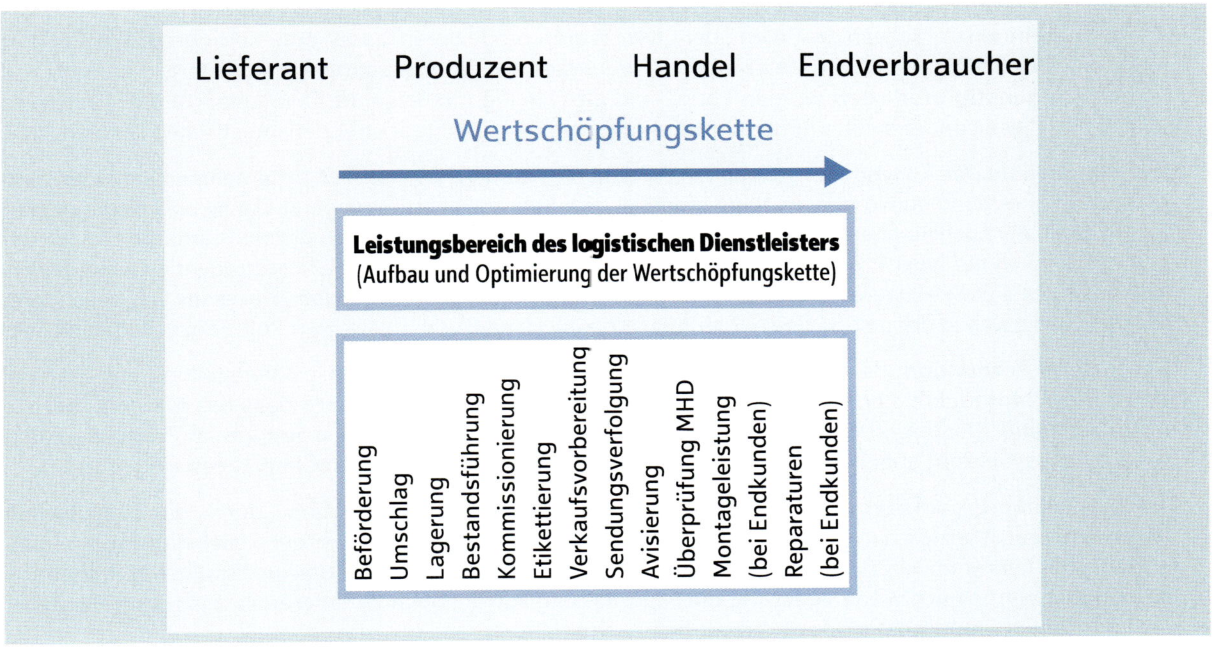

Supply Chain Management = Aufbau und Optimierung des Güter- und Informationsflusses entlang der gesamten Wertschöpfungskette

Logistikdienstleister

Das sind (Speditions-)Betriebe, die logistische Prozesse güterwirtschaftlich, informationstechnisch und organisatorisch im Auftrag von Industrie- und Handelsbetrieben entwickeln und ausführen. Logistikdienstleister sind vielfach aus Speditionen entstanden, die ihren Leistungsbereich kontinuierlich ausgeweitet haben.
Zur Kennzeichnung von Logistikdienstleistern wird heute vielfach eine aus dem amerikanischen stammende Einteilung verwendet, die fünf Gruppen von Dienstleistern unterscheidet:

Kontraktlogistik, siehe Seite 464

Klassifizierung und Bezeichnung	Leistungen
1PL: First-Party-Logistics-Provider	Unternehmen, die einen eigenen Fuhrpark und eigene Lager betreiben.
2PL: Second-Party-Logistics-Provider	Klassische Spediteure, die in erster Linie Transport-, Umschlag- und Lager-Leistungen (= TUL-Leistungen) anbieten.
3PL: Third-Party-Logistics-Provider	**Systemdienstleister**, die über die TUL-Leistungen hinaus weitere Aufgaben (Value Added Services) übernehmen und somit komplexe Logistikaufgaben innerhalb der Supply Chain steuern. Spediteure, die im Rahmen der Kontraktlogistik tätig sind, werden häufig dieser Gruppe zugerechnet.
4PL: Fourth-Party-Logistics-Provider	**Systemintegratoren**, die die Aktivitäten aller Beteiligten im logistischen Ablauf koordinieren und für ein gleichbleibendes Qualitäts- und Leistungsniveau sorgen. Sie stellen gewöhnlich auch die zentrale Softwareplattform zur Verfügung.
5PL: Fifth-Party-Logistics-Provider	Weiterführung des 4PL-Konzeptes, bei der das Management der komplexen Abläufe im Rahmen der Zusammenführung von einzelnen Lieferketten (Supply Chains) zu Liefernetzwerken im Fokus steht.

Beispiel:
Eine große Handelskette hat ein eigenständiges Unternehmen gegründet, das die Versorgung Tausender von Filialen organisiert. Es plant die Versorgungsprozesse der Filialen von den zahlreichen Lieferanten bis unmittelbar zur Belegung der Regale in den Geschäften. Einzelne Frachtführer, Lagerhalter, Sammelgutkooperationen und Systemverkehre (KEP-Dienste) werden exakt in die logistische Kette eingebunden. Der Organisator, ein 4PL-Dienstleister, übernimmt selbst keine Teilfunktion im Ablauf; er versteht sich als Koordinator zwischen seinem Auftraggeber und den eingebundenen logistischen Dienstleistern.

Entwicklungsursachen

Was hat die Veränderung auf dem Markt für speditionelle Dienstleistungen bewirkt? Anhand bestimmter wirtschaftlicher Begriffe, die öffentlich diskutiert werden, lassen sich die Ursachen beschreiben.

Es gibt eine Gegenbewegung zur Globalisierung, die **Deglobalisierung**. Nicht mehr die weltweite Vernetzung **preisgünstiger** Produktionsstandorte steht im Mittelpunkt, sondern die **sichere** Produktion. Das führt zu verstärkter inländischer Produktion und zu größerer Lagerhaltung.

- **Globalisierung** der Beschaffungs- und Absatzmärkte: Das Ende des Ost-West-Konflikts am Ende der 90er-Jahre des 20. Jahrhunderts hat Grenzen beseitigt und neue Staatenkooperationen entstehen lassen. Der **Austausch** von Gütern und Dienstleistungen wurde dadurch erleichtert. Heute erleben wir, dass viele deutsche Unternehmen in Tschechien, Polen oder China Waren produzieren lassen oder Fertigprodukte von dort beziehen. Gleichzeitig haben die Unternehmen ihren Blick auf die **Absatzmärkte** erweitert; die Länder, in denen **preisgünstig** produziert werden kann, sind gleichzeitig interessante Absatzmärkte. Der Transport der Güter in diese Länder stellt erhöhte Anforderungen an den Spediteur oder den logistischen Dienstleister.
- **Lean Production:** Das Konzept der „schlanken Produktion" wurde in japanischen Unternehmen entwickelt und ist weltweit übernommen worden. Es hatte zum Ziel, in kürzerer Zeit auf geringerer Fläche und zu geringeren Kosten qualitativ hochwertigere Produkte ggf. auch in mehreren Varianten herzustellen. Teamarbeit, marktorientiertes Denken auf jeder Produktionsstufe und Qualitätssicherung sind einige hervorragende Elemente dieses Konzeptes. Für Spediteure ist die flussorientierte Organisation des Produktionsprozesses von besonderer Bedeutung, die sich in der Just-in-time-Produktion und im Wandel vom Push- zum Pull-Prinzip widerspiegelt.
- **Just-in-time-Produktion:** Bei der Just-in-time-Produktion von Gütern wird die Bereitstellung von Material (Rohstoffe, Vorprodukte, Fertigteile) an den Orten des Verbrauchs so optimiert, dass das Material „gerade noch rechtzeitig" (just in time) angeliefert wird. Das bedeutet, die Materialien werden im Produktionstakt (produktionssynchron) angeliefert und ohne weitere Lagerung in den Produktionsprozess eingegliedert.

  Die Just-in-time-Produktion (JIT) ist entstanden, weil speziell im Automobilbau durch die Typenvielfalt (jedes Fahrzeug speziell nach Kundenwünschen fertigen) eine „Explosion" in der Teilebevorratung stattfand, die mit herkömmlicher Lagertechnik nicht mehr zu bewältigen war und die auch große Kapitalbeträge band. Daher wurde nach Wegen gesucht, die Lagerhaltung sowohl beim Vorlieferer als auch beim Hersteller des Endprodukts möglichst stark zu reduzieren.

Eng verbunden mit dem Just-in-time-Prinzip ist das **Just-in-sequence-Prinzip (JIS)**. Es bedeutet die Anlieferung von Vorprodukten exakt in der Reihenfolge, in der sie am Produktionsband verbaut werden, z. B. die Anlieferung von Sitzen in einem Automobilwerk nach der Typenfolge, die wiederum von der Reihenfolge der Kundenaufträge bestimmt wird.

> **Just-in-time (JIT)** = zeitpunkt- und mengengenaue Materialversorgung
> **Just-in-sequence (JIS)** = zeitpunkt- und mengengenaue Materialversorgung mit exakter Typenfolge

- **Vom Push- zum Pull-Prinzip:** Traditionell ist die Industrie bemüht, ihre Produkte in den Markt zu „drücken" (zu „pushen"), d. h., den Handel zur Abnahme der hergestellten Produkte zu bewegen (**Push-Prinzip**). Der Handel wiederum „drückt" die Ware in die Verkaufsregale und bemüht sich nun, die Kunden dafür zu begeistern. Am Ende stehen häufig viele unverkaufte Produkte im Regal, die zu Sonderpreisen „verramscht" werden müssen oder die manchmal sogar – bei entsprechender Vereinbarung – zum Hersteller zurückfließen, der dann auf unverkäuflicher Ware „sitzen bleibt".

  Beim **Pull-Prinzip** verstehen sich Hersteller und Händler als logistisches Gesamtsystem, in dessen Rahmen der Händler Abverkaufs- und Bestandsinformationen liefert und der Hersteller im Gegenzug eine kontinuierliche und nachfrageorientierte Warenversorgung sicherstellt. Die Kunden steuern durch ihr Kaufverhalten die Aktivitäten entlang der Wertschöpfungskette. Sie „ziehen" die Ware durch ihre Käufe aus der Produktion, weil der Hersteller über alle Verkäufe informiert wird, die Vorräte beim Einzelhändler kennt und deshalb nachfragegenau produzieren kann. Damit wird das Just-in-time-Prinzip der Herstellung bis zum Endverbraucher verlängert. Industrie und Handel reduzieren auf diese Weise ihre Warenbestände, verhindern Versorgungslücken und minimieren den Bestand an unverkäuflichen Produkten.

  Das Pull-Prinzip setzt aber eine effiziente Informations- und Versorgungskette voraus, in der ein zuverlässiger logistischer Dienstleister eine wichtige Position einnimmt.

- **Outsourcing**: Bestandsarme Fertigungskonzepte nach dem JIT-Prinzip stellen hohe Anforderungen an die Logistik. Unternehmen, die die Beschaffung und häufig auch den Vertrieb in eigener Regie durchführen, fragen sich daher, ob sie diesen Anforderungen gewachsen sind. Auf der anderen Seite führen die hohen Qualitätsansprüche der Verbraucher in einem übersättigten Markt zu einem scharfen Wettbewerb. Dieser zwingt die Unternehmen zu großen Anstrengungen, um wirtschaftlich zu überleben. Zunehmend gehen Industrie und Handel dazu über, logistische Aufgaben an spezialisierte logistische Dienstleister zu übertragen, und konzentrieren sich auf ihre wichtigsten Aufgaben, die Produktion oder den Verkauf von Gütern (**Kernkompetenz**).

  Outsourcing wird hier mit Blick auf logistische Leistungen betrachtet. Outsourcing kann auch als Auslagerung von Teilen der Produktion z. B. in „Billiglohnländer" verstanden werden.

  Auf den logistischen Dienstleister, der die Beschaffungs- und Vertriebsfunktion von Industrie und Handel übernimmt, kommen allerdings besondere Aufgaben zu:
  – Er übernimmt nicht nur Transporte von A nach B, sondern er organisiert die Beschaffung von Rohstoffen und Vorprodukten und/oder den gesamten Vertrieb der Fertigprodukte für ein Unternehmen.
  – Er ist eng an Taktzyklen in der Produktion und an Nachfrageschwankungen im Absatz angebunden.
  – Er muss sich in die Interessenlage seines Auftraggebers und der Empfänger versetzen können.
  – Er muss moderne Informations- und Kommunikationssysteme besitzen und beherrschen, damit die Aktivitäten der Beteiligten koordiniert werden und ein reibungsloser Güterstrom sichergestellt ist, da ein Stillstand zu gewaltigen Schäden führen kann.

Beispiel:
Bandstillstand im Automobilwerk

- **Insourcing:** Weil viele Unternehmen, die ihre Produktion oder Teile davon ausgesourct haben, schlechte Erfahrungen machten, ist ein Trend festzustellen, die Produktion wieder ins Stammwerk zurückzuholen.

  Maßgebend sind dabei folgende Überlegungen:
  – Die Lohn- und Transportkosten steigen und zehren die Preisvorteile auf.
  – Die Qualität der ausgelagerten Leistungen stimmt nicht.
  – Es kommt zu Kommunikationsproblemen zwischen dem Industrieunternehmen und dem Partner.
  – Die notwendigen Transporte führen zu hohen Zeitverlusten.
  – Digitalisierung und Automatisierung verringern den Lohnkostenanteil in der Produktion.

> **Outsourcing** = Übertragung logistischer Aufgaben von Industrie und Handel auf spezialisierte Dienstleister
> **Insourcing** = Rückführung logistischer Aufgaben vom spezialisierten Dienstleister zu den Unternehmen in Industrie und Handel.

Beispiel für Insourcing aus dem Verkehrsbereich:
Ein Tiefkühlkosthersteller übernimmt den Transport vom Kühlcontainer zum Verladehafen in Eigenregie. Bisher wurden die Transporte von externen Frachtführern durchgeführt.

Industrie 4.0 siehe auch Seite 519.

- **Industrie 4.0:** Mit dem Zukunftsprojekt „Industrie 4.0“ soll eine vierte industriellen Revolution eingeleitet werden. Nach der Mechanisierung (1. Stufe), der Massenproduktion durch Elektrifizierung (2. Stufe) und der Automatisierung von Produktionsprozessen durch Elektronik und Informationstechnologien (heutige 3. Stufe) folgt in der 4. Stufe die Digitalisierung der Industrie, die intelligente Fabrik.
  Neuartige, vernetzte Computersysteme verbinden sich mit den Maschinen und setzen sie in die Lage, sich selbst zu steuern, indem sie erforderliche Teile oder Arbeitsschritte eigenständig (z. B. über das Internet) anfordern. Über das „Internet der Dinge“ (Dinge = Maschinen, Produkte usw.) können Daten ausgetauscht und für Produktionsprozesse genutzt werden. Produkte, z. B. durch RFID-Technologie in ihren Eigenschaften beschrieben, sollen den Produktionsprozess automatisch in Gang setzen und selbstständig organisieren.

28.2 Logistikarten

Ganz allgemein hat Logistik die Aufgabe, die bedarfsgerechte Verfügbarkeit von Gütern sicherzustellen. Um dieser Aufgabe gerecht zu werden, ist ein Güterfluss zu organisieren, der von einem Informations- und Wertfluss begleitet wird. Eine konkreter gefasste Definition von „Logistik“ lautet daher wie folgt:

> **Logistik** = Gesamtheit aller Aktivitäten zur Organisation, Planung, Überwachung und Ausführung des Güterflusses, von der Beschaffung über die Fertigung und Verteilung bis zum Endabnehmer

Die 7 R

Anschaulicher lässt sich der Logistikbegriff mit den 7 R beschreiben. Danach soll die Logistik sicherstellen, dass

- das richtige Gut,
- zur richtigen Zeit,
- am richtigen Ort,
- in der richtigen Menge,
- in der richtigen Qualität,
- zu einem richtigen (marktfähigen) Preis,
- dem richtigen Kunden
  übermittelt wird.

Die wichtigsten Teilbereiche der Logistik sind folgende:

Distribution = Verteilung

1. Beschaffungslogistik	Sie betrachtet den Material- und Informationsfluss zur Versorgung von Unternehmen mit Roh-, Hilfs- und Betriebsstoffen sowie mit Fertigwaren.
2. Produktionslogistik	Die Produktionslogistik ist darum bemüht, den Material- und Informationsfluss in der Produktion sicherzustellen.
3. Distributionslogistik	Betrachtet wird die termin- und mengengerechte Verteilung von Fertigprodukten im Absatzmarkt.

Zwischen diesen Teilbereichen sind Lagerungsprozesse erforderlich, die Produktionsstufen abpuffern oder eine kontinuierliche Marktversorgung sicherstellen.

Siehe Lagerlogistik, Seite 350

4. Lagerlogistik	Lagerlogistik gestaltet den Prozess der Zeitüberbrückung im Güterfluss.

Immer bedeutsamer wird die Entsorgung von Produktionsabfällen und Altprodukten, weil das gestiegene Umweltbewusstsein eine umwelt- und rohstoffschonende Wiederaufbereitung oder Endlagerung dieser Stoffe verlangt. Die Entsorgungslogistik kommt in allen Bereichen der logistischen Kette vor.

5. Entsorgungslogistik	Sie hat die mit der Entsorgung und Wertstoffaufbereitung von Verpackungen und Abfallprodukten zusammenhängenden Transport-, Umschlag- und Deponierungsprozesse zum Gegenstand.

Darüber hinaus wird der Begriff Logistik heute vielfältig kombiniert, z. B. Krankenhauslogistik, Baustellenlogistik, Automobillogistik usw. Man spricht in diesem Zusammenhang von Branchenlogistiken.

28.3 Logistik im Rahmen der Beschaffung

28.3.1 Grundüberlegungen

Beschaffungslogistik umfasst die Gestaltung, Planung und Steuerung der logistischen Kette zwischen dem Zulieferer („Lieferant") und dem Fertigungsprozess beim Hersteller („Produzent"). Sie betrachtet den Materialfluss und den begleitenden Informationsfluss zur zielgerechten Versorgung der Produktion beim Hersteller. Zum Aufgabenbereich der Beschaffungslogistik gehören die Übernahme der Güter beim Lieferanten und die Beförderung zum Werk des Herstellers bis zu einem vereinbarten Übergabepunkt. Das kann die Rampe beim Hersteller sein; vielfach endet der Leistungsbereich in der Beschaffungslogistik aber erst am Produktionsband des Herstellers. Häufig müssen die Güter jedoch beim Spediteur zwischengelagert und für die Produktion aufbereitet werden. Der Spediteur als logistischer Dienstleister übernimmt dabei unterschiedliche Aufgaben.

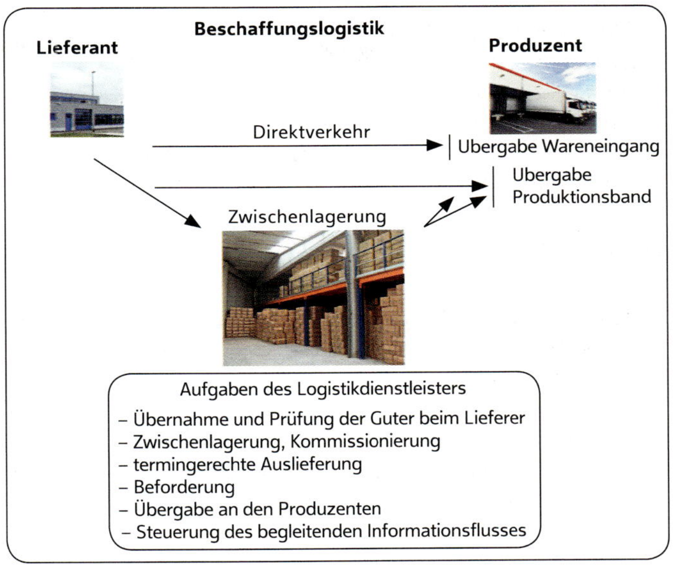

- Das Zwischenlager des Spediteurs hat die Funktion eines **Pufferlagers**. Die in größeren Mengen vom Lieferanten abgeholten Produkte werden in produktionsgerechte Einheiten gestückelt und zeitgerecht der Produktion bereitgestellt.
- Unterschiedliche Güter werden so zusammengestellt (**kommissioniert**), wie der Produktionsablauf es erfordert. Vielfach werden dem Logistikdienstleister der genaue Produktionstakt und die Abfolge der zu produzierenden Fertigungstypen mitgeteilt. Der Spediteur kommissioniert die Materialien und Vorprodukte exakt (synchron) zum Fertigungsablauf.

synchron = gleichzeitig, mit gleicher Geschwindigkeit ablaufend

28.3.2 Anforderungen der Produktionslogistik an die Beschaffungslogistik

Die Produktionslogistik betrachtet die Materialbereitstellung im Unternehmen und den Materialfluss zwischen den Produktionsstellen. Die Materialsteuerung kann grundsätzlich nach zwei Verfahren durchgeführt werden:

- Bei der **bedarfsgesteuerten** (prognose-/programmgesteuerten) Materialbereitstellung werden auf der Grundlage von Kundenaufträgen Produktionsprogramme und Material-Stücklisten erstellt, die im Lager eine Materialauslagerung bewirken. Das Material für die Aufträge wird kommissioniert und an die Produktionsstellen weitergeleitet. Dabei wird für Ausschuss und Fehldisposition gewöhnlich ein gewisser Mehrbestand zur Verfügung gestellt.

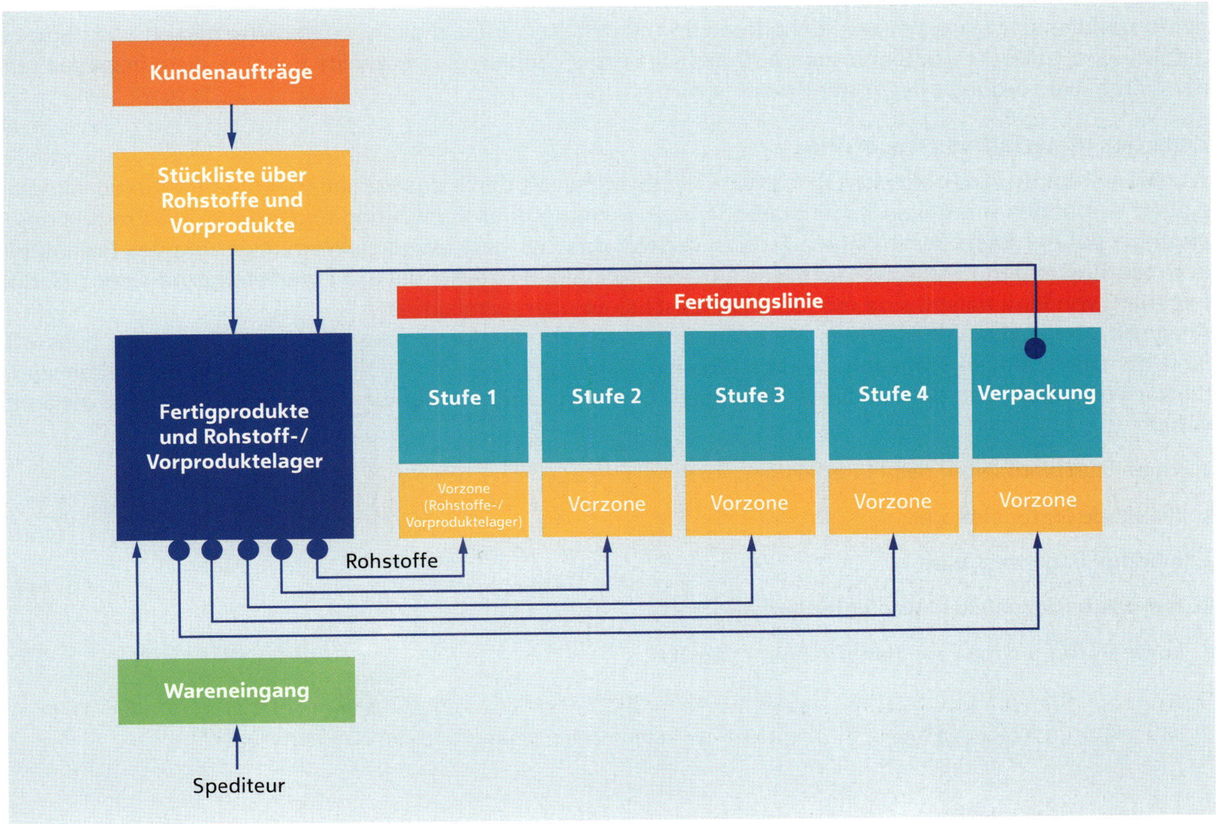

Siehe auch Pull-Prinzip, Seite 453

- Bei der **verbrauchsgesteuerten** Materialbereitstellung wird ein Materialfluss durch einen Verbrauch am Ort der Produktion ausgelöst (Material wird „angesaugt“), und zwar unabhängig von einem bestimmten Kundenauftrag. Das Signal für den Materialfluss kann durch einen leeren Behälter ausgelöst werden, der von der Fertigungsstelle zurückgeführt wird, oder durch einen Beleg, der die Behälter begleitet (siehe „KANBAN-Pufferung“ unten).

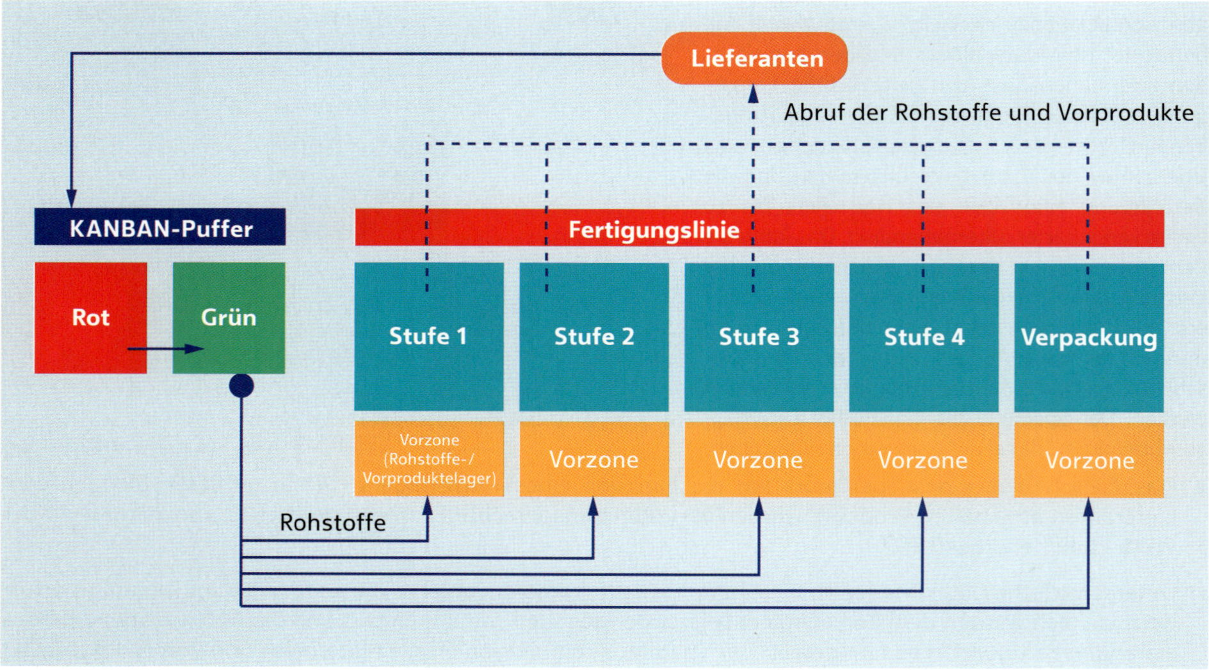

KANBAN-Pufferung

Zyklus = Kreislauf regelmäßig wiederkehrender Ereignisse

Das KANBAN-System (Kanban = Karte [japanisch]) wurde Anfang der 1960er-Jahre von TOYOTA entwickelt. Es handelt sich um eine **verbrauchsgesteuerte** Materialverwaltung. Sobald an einer Produktionsstelle ein Materialbestand aufgebraucht ist, wird durch die Rückgabe einer Karte, auf der die Daten des Materials vermerkt sind, ein Nachfüllen veranlasst. Auf diese Weise entstehen selbstgesteuerte Regelkreise, die einen Materialfluss exakt nach dem Verbrauch in der Produktion sicherstellen. Die Materialsteuerung über Karten wird bis in die Beschaffung und sogar bis in die Produktionsabläufe der Zulieferer ausgedehnt. Dazu müssen die Lieferanten allerdings die Produktionszyklen und die Typenfolge in der Fertigung genau kennen. Im Lager des Lieferers (oder des Beschaffungslogistikers) werden die benötigten Vorprodukte dann zeit- und reihenfolgegenau ausgeliefert und (gewöhnlich am Produktionsband) zur Verfügung gestellt.
Eine Variante des KANBAN-Systems ist die Steuerung über ein Zwei-Behälter-System: Der Materialvorrat an der Produktionsstelle wird in zwei Behältern vorrätig gehalten. Sobald der erste Behälter geleert und zurückgeführt wird, entsteht das Signal zum Auffüllen des ersten Behälters. Der zweite Behälter dient in dieser Zeit der Materialversorgung am Ort der Produktion.

Ziele der Materialflusssteuerung

Traditionell wurde in der Industrie eine hohe Lieferbereitschaft durch das Vorhalten großer Produktionskapazitäten verbunden mit hohen Lagerbeständen zur Sicherung der Versorgung angestrebt. Die Produktionsstrategie auf der Basis der KANBAN-Technik verfolgt das Ziel, eine ständige Wertsteigerung des Produktes in einem **fließenden Produktionsprozess** zu erreichen. Alle Prozesse, die nicht **wertsteigernd** sind, z. B. die Lagerung von Materialien, sind möglichst auszuschalten oder zu minimieren.
Analysen von Durchlaufzeiten des Materials durch den Produktionsprozess haben z. B. gezeigt, dass oft 90 % der Durchlaufzeit Transport- und Lagerzeiten darstellen, aber nur 10 % echte Bearbeitungszeiten sind, die zur Wertsteigerung des Produktes beitragen. Eine Konzentration auf wertschöpfende Prozesse verlangt daher

- kurze Durchlaufzeiten des Materials,
- fließende Materialströme,
- niedrige Lagerbestände,
- nur das fertigzustellen, was gefordert wird und
- kurze Puffer anstelle von (langfristigen) Lägern.

Just-in-time-Prinzip

Die Forderungen zur Materialflusssteuerung münden in eine generelle **Just-in-time-Philosophie:** gerade noch rechtzeitig die Materialien anliefern, die genau jetzt im Produktionsprozess (**taktgenau**) benötigt werden, um eine aktuelle Nachfrage von Kunden nach bestimmten Produkten sofort zufriedenstellen zu können. Dazu sind flexibel einsetzbare Produktionsfaktoren, vor allem aber flexible Mitarbeiter erforderlich, die schnell auf Marktveränderungen reagieren und die richtigen Produkte genau zum richtigen Zeitpunkt zur Verfügung stellen können.

Siehe auch Just-in-time- und Pull-Strategie auf Seite 452 f.

Lieferantenbündelung an der Fertigungslinie

Ein weiterer Schritt nach vorn zur Umsetzung der Just-in-time-Philosophie ist heute in der Automobilproduktion erkennbar. Die **Systemlieferanten** (d.h. die Hersteller von einzelnen Fahrzeugsegmenten/-komponenten) werden aufgefordert, ihre Produktionsstätten in der Nähe der Fahrzeugproduktion (als sogenannte **Lieferantenparks**) oder direkt an der Fertigungslinie anzusiedeln.

Beispiel:
Im unten abgebildeten Beispiel stellt sich der Produktionsablauf wie folgt dar:
1. *Der Karosseriehersteller (Lieferant 1) presst die Blechteile und schweißt die Karosserie zusammen.*
2. *In der Lackiererei (Lieferant 2) wird die Karosserie lackiert.*
3. *Lieferant 3 montiert das selbst entwickelte Cockpit für das Fahrzeug.*
4. *Jetzt erst wird der Fahrzeugrohbau an den eigentlichen Fahrzeughersteller übergeben, der die weitere Fertigung übernimmt, unterstützt von zusätzlichen Systemlieferanten (Lieferanten 4–6) innerhalb der Produktionsstraße, die aus ihrer Produktion Bauteile beisteuern.*
5. *Endmontage und Endkontrolle*

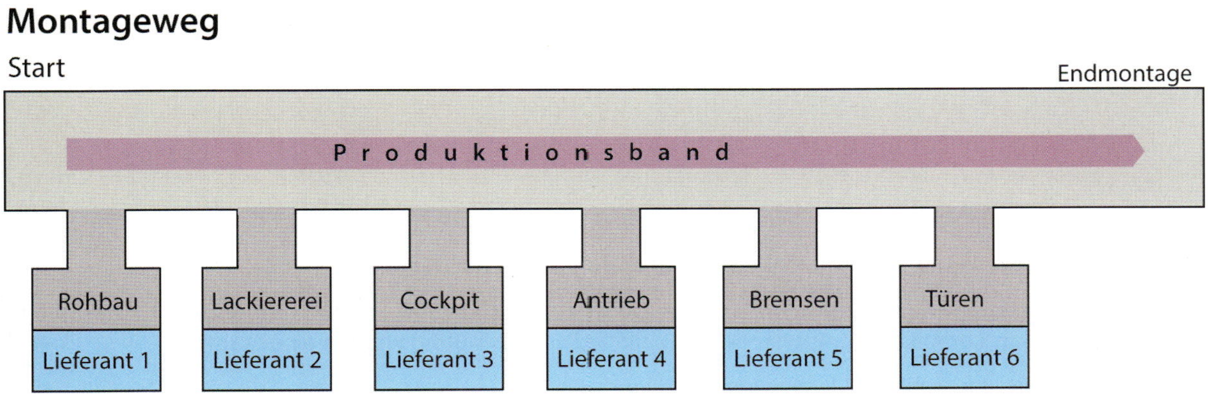

Die Just-in-time-Produktion ist entstanden, weil speziell im Automobilbau durch die Typenvielfalt die herkömmlichen Versorgungsmodelle versagten. Daher wurde nach Wegen gesucht, die Lagerhaltung sowohl beim Vorlieferer als auch beim Hersteller des Endprodukts möglichst stark zu reduzieren.

Probleme: Die JIT-Produktion hat den Automobilbau in hohem Maße rationalisiert. Sie ist daher in den letzten Jahren auch von anderen Wirtschaftszweigen übernommen worden. Die Schwierigkeiten, die mit dieser Produktionsorganisation verbunden sind, dürfen aber nicht unbeachtet bleiben:

1. Die Synchronfertigung ohne Lagerhaltung verlangt eine präzise und zuverlässige Zusammenarbeit mit den Lieferanten, die aufs Engste in den Produktionsprozess eingebunden sind.
2. Diese Zusammenarbeit funktioniert nur reibungslos, wenn ein leistungsfähiges Informationsnetz zwischen den Beteiligten existiert.
3. Der Transport von Vorprodukten zur Fertigungsstraße verlangt kalkulierbare Transportzeiten für den Lkw. Verkehrsstaus können die JIT-Produktion unmöglich machen. Die Verkehrsdichte auf deutschen Straßen behindert bereits die Einführung von JIT-Techniken. Durch herstellernahe Pufferlager können die Transportrisiken aber verringert werden.
4. Der Zwang, minutengenau anzuliefern, und die Risiken im Straßenverkehr führen dazu, dass die Lkw-Fahrstrecke großzügig disponiert wird. Dadurch wird die Autobahn zum Pufferlager für die JIT-Produktion mit entsprechender Belastung für die Umwelt.

Letztlich haben diese Schwierigkeiten und Risiken zu Abwandlungen des JIT-Konzeptes geführt, die sich häufig als eine Kombination alter und neuer Versorgungsmodelle darstellen.

28.3.3 Versorgungsmodelle

Direktbeziehung zum Lieferanten

Traditionell haben die Hersteller direkte Beziehungen zu einer Vielzahl von Lieferanten unterhalten und mit hohem Aufwand die Versorgung ihrer Produktion sichergestellt. Spediteure wurden benötigt, um die Güter vom Lieferer abzuholen und zum Herstellerwerk zu befördern. Dort wurden sie im Wareneingang des Herstellers abgeliefert und für die Produktion gelagert.
Bei Bedarf rief die Fertigungssteuerung die Teile aus dem Lager ab und brachte sie in den Produktionsprozess ein. Dazu wurden die Materialien in der Nähe des Fertigungsbandes gelagert (**Vorzone**). Die Mitarbeiter konnten sich in der Vorzone aus einem Gütervorrat bedienen, der für die Herstellung einer bestimmten Menge (Losgröße) geplant war. Überschüssiges Material kam zurück ins Lager.

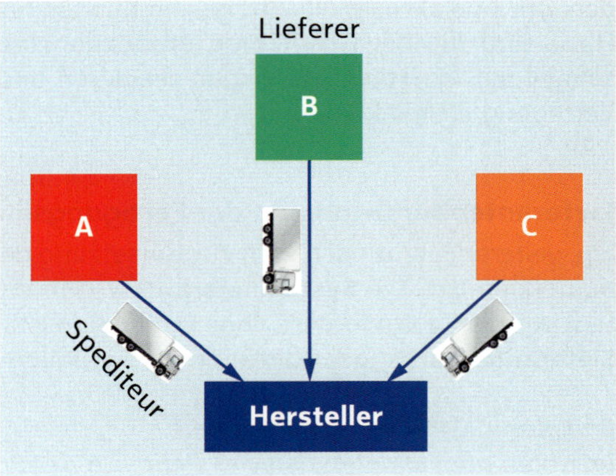

Siehe bedarfsgesteuerte Materialbereitstellung, Seite 455

Das entsprach der bedarfsgesteuerten Materialversorgung, die in Schwierigkeiten geriet, als die benötigten Einzelteile durch die Vielfalt der herzustellenden Produkte nicht mehr zu überschauen und nach diesem Modell zu organisieren waren.

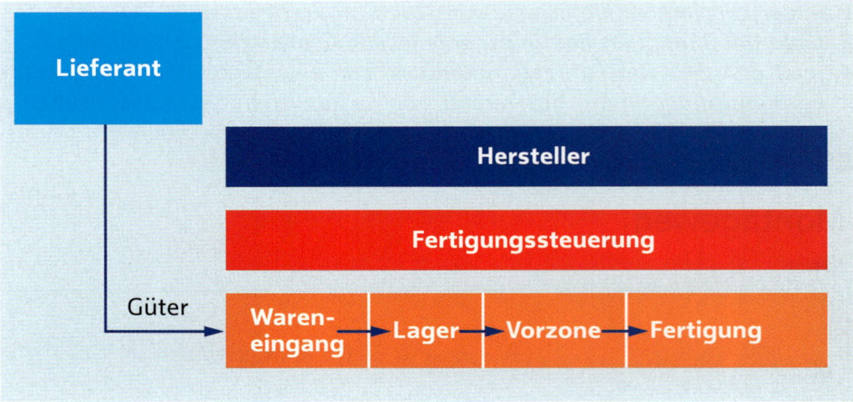

Gebietsspediteur-Konzept

Die industrielle Produktion ist heute gekennzeichnet durch folgende Merkmale:

Siehe Outsourcing, Seite 453

- Die Fertigungstiefe wird verringert, d. h., der Hersteller konzentriert sich auf die Fertigung der Kernprodukte; Vorprodukte (oft komplette Komponenten, z. B. die Sitze eines Autos) werden eingekauft.
- Gleichzeitig wird die Zahl der Lieferanten verkleinert.
- Der Materialfluss wird beschleunigt und der Lagerbestand weitgehend abgebaut.
- Lieferanten werden zeitsynchron an das Fertigungsprogramm des Abnehmers gekoppelt.
- Die Lieferanten oder Logistikdienstleistungsunternehmen (Spediteure) erhalten die wichtige Aufgabe, die Materialversorgung sicherzustellen.
- Die Direktbeziehung der Hersteller zu den Lieferanten wird ersetzt durch regionale Kooperation mit anschließender Transportbündelung durch einen Gebietsspediteur.

Gebietsspediteure sind logistische Dienstleister, die für einen Hersteller in einer Region

- Kleinsendungen zu Ladungen bündeln,
- die Produkte empfängergerecht sortieren und verladen,
- eventuell zwischenlagern und gemäß den Produktionserfordernissen feindisponieren.

Je nach Vereinbarung wird der Gebietsspediteur als logistischer Dienstleister unterschiedlich stark an den Produktionsprozess herangeführt.
Moderne Versorgungskonzepte bringen den Gebietsspediteur ganz nah an den Produktionsprozess heran und binden ihn verantwortlich in die Materialversorgung ein.

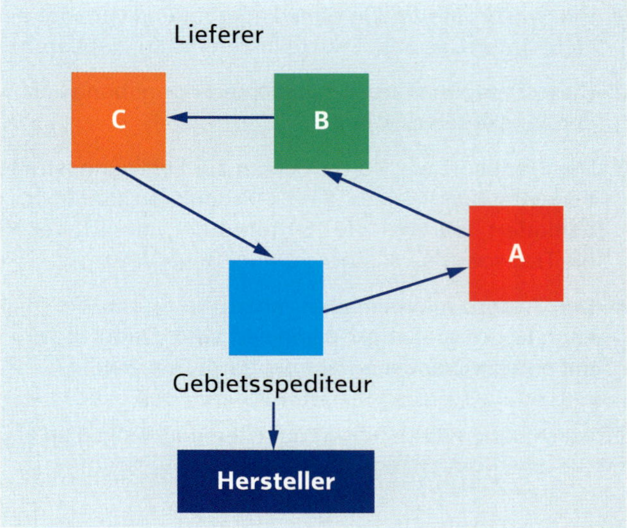

Regionale Kooperation durch einen Gebietsspediteur

Dies entspricht dem Just-in-time-Konzept, bei dem beim Hersteller Wareneingang, Lager und Vorzone übersprungen werden und die Güter direkt an das Produktionsband zu liefern sind (**Ship-to-Line**).

Gebietsspediteur: Logistischer Dienstleister, der für seinen Auftraggeber in einem bestimmten, fest umrissenen Gebiet logistische Dienstleistungen wie Abholen, Bündeln, Zwischenlagern und produktionsnahe Feindisposition von Sendungen übernimmt. Er ist in seinem Gebiet der alleinige Ansprechpartner für alle Lieferanten seines Auftraggebers.

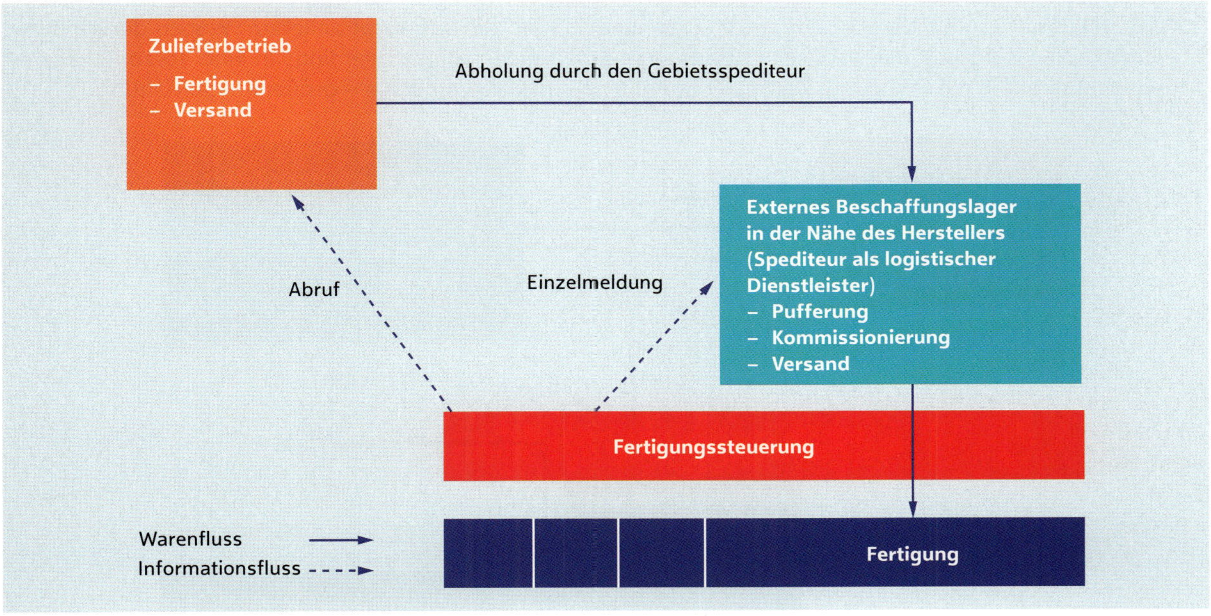

Der Hersteller teilt seinen Lieferanten einige Wochen im Voraus mit, welche Produkttypen produziert werden sollen. Nach diesen Angaben fertigt der Teilelieferant seine Produkte. Anschließend werden die Teile in ein externes Beschaffungslager in der Nähe des Herstellers transportiert. Dort werden die Vorprodukte in der Reihenfolge der Produktion im Herstellerwerk zusammengestellt (kommissioniert) und zum vorgesehenen Bedarfszeitpunkt direkt an die Fertigungsstraße geliefert und eingebaut.
Der Vorlieferant fertigt die Produkte nach den gemeldeten Ausstattungsmerkmalen. Der Spediteur im externen Beschaffungslager, d.h. in der Nähe der Produktionsstätte des Herstellers, übernimmt die entscheidende Verantwortung in der logistischen Kette, nämlich die reihenfolgegenaue Anlieferung der Teile. Das bedeutet im Einzelnen: Abholung der Einbauteile bei den Lieferanten, Transport zum Lager, Kommissionieren, eventuell auch Vormontage, genaues Timing bei der Direktanlieferung. Das Beschaffungslager ist dabei nicht Lager im traditionellen Sinne, sondern nur kurzfristiger Puffer zwischen der Herstellung der Vorprodukte und ihrem Einbau in das Endprodukt.
Dieses logistische Konzept eignet sich besonders für Lieferer, die ihren Sitz nicht in der Nähe des Herstellers haben. Abnehmernahe Vorlieferanten können auch direkt an das Fertigungsband liefern.

Siehe Lieferantenbündelung, Seite 457

Milkrun-Konzept

Gebietsspediteure können die Bündelung von Gütern verschiedener Lieferanten auch erreichen, indem sie auf eine Zwischenlagerung verzichten und die Produkte direkt von den einzelnen Lieferanten zum Empfänger (Hersteller) befördern. Man spricht vom Milkrun-Konzept, weil das Verfahren an das traditionelle Aufholen von Milchkannen über eine Rundtour zur verarbeitenden Molkerei erinnert.
Das Konzept erfordert eine sorgfältig geplante Route. Bei gleichbleibenden Gütermengen der jeweiligen Lieferanten lässt sich eine hohe Auslastung der Lkw erreichen.

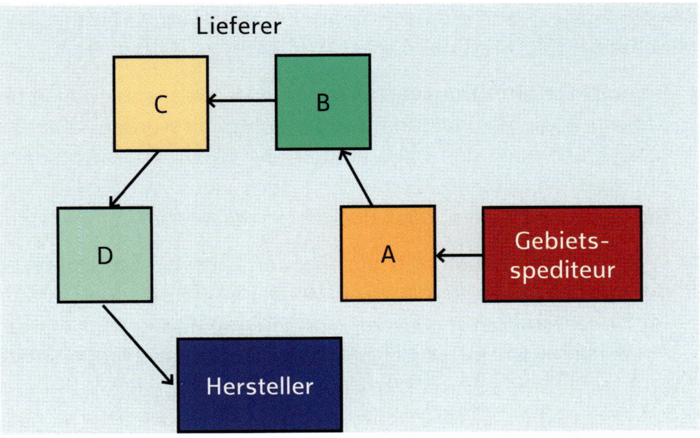

Milkrun-Konzept: Logistischer Versorgungskreislauf (Rundtour), bei dem der Spediteur nacheinander verschiedene Lieferanten in einem definierten Kreislauf anfährt und die Güter **ohne Zwischenlagerung** direkt zum Empfangswerk (Hersteller) befördert.

Abwandlungen des Just-in-time-Konzeptes

Just-in-time muss nicht unbedingt produktionssynchrone Anlieferung bedeuten. „Gerade noch rechtzeitig" kann auch großzügiger aufgefasst werden:

1. Nur abnehmernahe Vorproduzenten liefern direkt an das Fertigungsband. Das externe Beschaffungslager wird abnehmerfern bei den Gebietsspediteuren eingerichtet, die auf Abruf anliefern. Wegen der größeren Terminrisiken aufgrund der weiteren Entfernung werden die Produkte allerdings in eine Vorzone geliefert und nicht direkt in die Fertigung. Daraus entsteht eine – nicht erwünschte – größere Lagerhaltung.

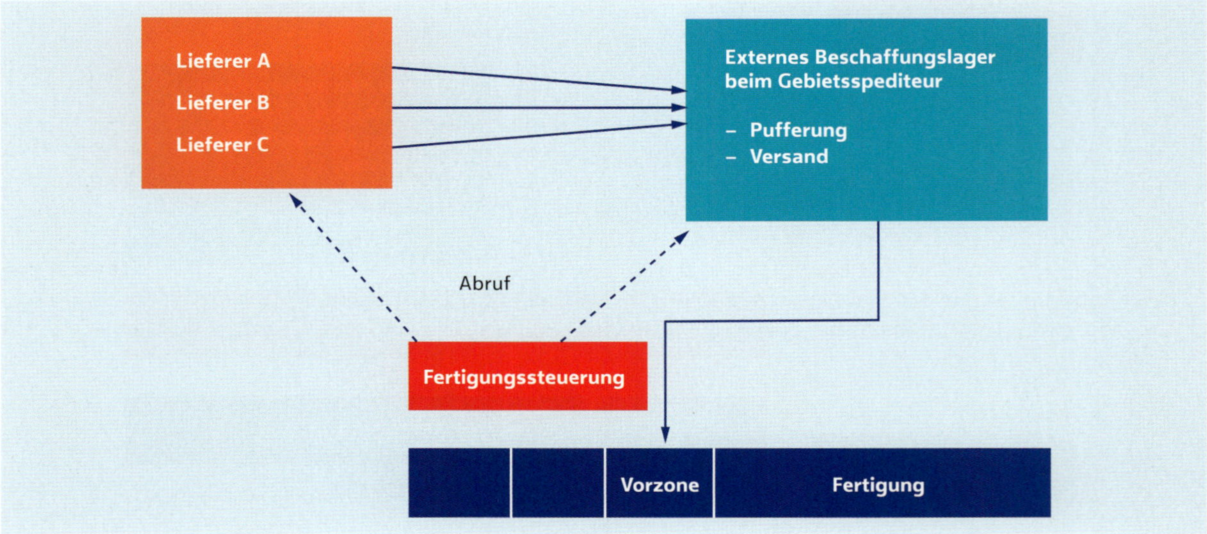

2. Statt einer **takt**genauen (produktionssynchronen) Anlieferung begnügt man sich mit einer **tages-** bzw. **schicht**genauen Versorgung, d. h., der Herstellerbetrieb hält Vorräte für eine Tages- bzw. Schichtproduktion bereit.

Transshipment-Konzept (Transitlager)

Transshipment = Umladung. Siehe Transitlager, Seite 361

Bei diesem Konzept dient das Lager des Logistikdienstleisters ausschließlich als (sehr kurzfristiges) Umschlaglager. Die eingehenden Güter werden sofort mit anderen Produkten zielbezogen neu zusammengestellt und ausgeliefert. Das Lager wird also „bestandslos" (ohne echten Lagerbestand) geführt. Es ist sowohl in der Beschaffungs- als auch in der Distributionslogistik einzusetzen.

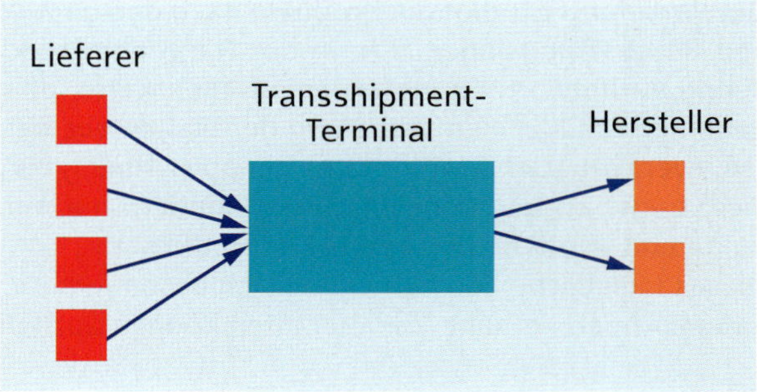

28.3.4 Verfahren zur Bestandsergänzung

Bei der Frage, wann ein bestehender Materialvorrat aufzufüllen ist, um die Lieferbereitschaft sicherzustellen, ohne überhöhte Materialbestände vorrätig zu halten, unterscheidet man zwei Verfahren:

- Beim **Bestellrhythmusverfahren** wird bestellt, sobald eine bestimmte Periode abgelaufen ist. So könnte ein Lager z. B. einmal im Monat wieder aufgefüllt werden. Über die Liefermenge ist gesondert zu entscheiden. Sie richtet sich nach den Lagerkosten, die durch die Vorratshaltung entstehen (z. B. durch die Kapitalbindung), und nach den Kosten, die die Bestellung selbst verursacht. Viele kleine Bestellungen führen leicht zu so hohen Beschaffungskosten, dass die Kosten der Vorratshaltung deutlich übertroffen werden.
- Wird bestellt, sobald ein bestimmter Lagerbestand unterschritten wird, spricht man vom **Bestellpunktverfahren**. Die Materialmenge, bei der eine Bestellung ausgelöst wird, nennt man auch **Meldebestand**. Der Meldebestand berücksichtigt einen Mindestbestand, der immer vorrätig sein soll, die Lieferzeit, die bis zum Materialeingang verstreicht, und den Materialverbrauch in dieser Zeit.

Meldebestand, siehe Seite 356

28.3.5 Beschaffungsstrategien

Lieferantenauswahl nach Sourcing-Konzepten

Source = Quelle, Ursprung

Wie oben bereits dargestellt worden ist, ändern Industrie und Handel ihre Beschaffungspolitik, um Warenvorräte möglichst klein zu halten und die Kosten der Beschaffung zu reduzieren. Dabei spielen die sogenannten

Sourcing-Konzepte eine wesentliche Rolle. Hinsichtlich der Anzahl der Lieferanten sind zwei Vorgehensweisen zu unterscheiden:

- **Single Sourcing:** Das ist die traditionelle Art der Beschaffung von Material und Vorprodukten bei jeweils einem spezialisierten Lieferanten. Vorteilhaft ist dabei die vereinfachte Form der Beschaffung, weil die Güter nur von einem Lieferanten bezogen werden. Die Folge ist häufig eine enge und gute Beziehung zwischen dem Lieferanten und dem Kunden.
  Nachteilig kann sich aber die Abhängigkeit von diesem Lieferanten auswirken, weil man ihn nicht kurzfristig wechseln kann. Der fehlende Wettbewerb hat auch gewöhnlich höhere Preise zur Folge.
- **Multiple Sourcing:** Der Abnehmer bezieht seine Produkte von mehreren (oder auch vielen) Lieferanten, um Vorteile aus dem Wettbewerb der Anbieter zu ziehen. Dies kann zu preislichen, qualitativen und auch zeitlichen Vorteilen für den Abnehmer führen. Zeitliche Vorteile entstehen, wenn ein Anbieter besonders flexibel auf Bedarfsschwankungen reagieren kann. Multiple Sourcing (auch Multisourcing) verhindert aber vor allem eine zu große Abhängigkeit von einem Lieferanten (siehe Single Sourcing).

Eine andere Betrachtungsweise bezieht sich auf die räumliche Entfernung zwischen Lieferanten und Abnehmern. Auch hier gibt es im Wesentlichen zwei Unterscheidungen:

- **Local Sourcing:** Waren werden von Produzenten und Lieferanten bezogen, die ihren Sitz in der Nähe des Abnehmers haben, d. h. am selben Ort oder in derselben Region (auch als Regional Sourcing bezeichnet). Diese eher traditionelle Beschaffungsart ist gekennzeichnet durch kurze Transportwege, niedrige Transportkosten und eine gute Anwendbarkeit von JIT-Konzepten. Die räumliche Nähe ist häufig Basis für eine vertrauensvolle Zusammenarbeit und sorgt für ein positives Image, indem Arbeitsplätze in der Region gesichert werden.
  Als nachteilig gelten auch hier ggf. höhere Preise sowie limitierte Ressourcen und beschränkte Produktionskapazitäten.
- **Global Sourcing:** Im Zuge der Globalisierung der Märkte ist es heute sehr einfach geworden, sich von einer regionalen oder nationalen Orientierung bei der Lieferantenauswahl zu verabschieden und weltweit zu operieren. Die nationalen und europäischen Zulieferer werden dadurch einem großen Wettbewerb ausgesetzt, weil in bestimmten Ländern der Erde (z. B. China) äußerst niedrige Lohnkosten vorzufinden sind.

Siehe Globalisierung, Seite 452

Ein weiteres Sourcing-Konzept bezieht sich auf die Fertigungstiefe im Verhältnis zwischen Lieferant und Abnehmer:

- **Modular Sourcing:** Nach diesem Konzept werden die Zulieferer aufgefordert, nicht nur einzelne Produkte (z. B. Scheinwerfer oder Signalleuchten), sondern fertige Komponenten (Systeme, Module, z. B. die gesamte Fronteinheit eines Pkw) herzustellen. Diese Systemlieferanten erleichtern dem Hersteller die Produktion seiner Ware erheblich, weil er sich darauf beschränken kann, fertige Module zu einem Ganzen zusammenzufügen.
  Als nachteilig sind der hohe Koordinationsaufwand, ein möglicher Verlust von Know-how sowie die Abhängigkeit vom Systemlieferanten anzusehen.

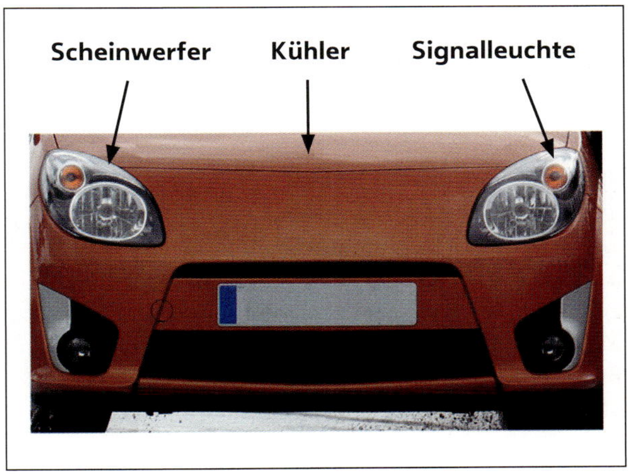

Unterscheidung: Systemlieferanten haben einen höheren Eigenfertigungsgrad als Modullieferanten.

Produkteinteilung mittels ABC-Analyse

Güter können mithilfe der ABC-Analyse nach ihrer Umschlaghäufigkeit (z. B. um die Auswahl von Lagerplätzen zu optimieren) oder nach ihrem Wert klassifiziert werden. Vielfach wird festgestellt, dass eine bestimmte Art von Gütern im Produktionsprozess zwar einen hohen Wertanteil am Gesamtgüterwert besitzt, ihr Mengenanteil aber eher gering ist. Umgekehrt sind häufig viele Kleinteile zu bewegen, die einen hohen Mengen-, aber einen niedrigen Wertanteil haben.

Siehe Seite 355

Aus Gründen der Wirtschaftlichkeit ist es sinnvoll, aufwendige Beschaffungsverfahren, z. B. eine Just-in-time-Beschaffung, nur auf hochwertige Güter (A-Güter) zu konzentrieren, und für geringwertige Güter (C-Güter) eher traditionelle, auf Vorratshaltung ausgerichtete Verfahren anzuwenden. A-Güter mit hohem Wert binden auch hohe Kapitalbeträge. Daher ist es sinnvoll, ihren Bestand möglichst klein zu halten. Geringwertige C-Güter können durchaus in einer gewissen Menge vorrätig gehalten werden, weil die Kapitalbindung durch die Bevorratung relativ gering ausfällt. Die ABC-Analyse ist demnach ein Verfahren, um festzustellen, welchen Gütern man seine besondere Aufmerksamkeit schenken sollte.

Einteilung der Güter nach der Verbrauchsstruktur

Art	Definition	Konsequenzen für die Beschaffung
A-Güter	Güter mit hohem Wert, die zusammen ca. 75 % des Gesamtgüterwertes ausmachen	▪ nur kleinere Mengen beschaffen, damit nur ein geringer Lagerbestand vorhanden ist ▪ den Bestand über fertigungssynchrone Beschaffungsverfahren niedrig halten und sorgfältig überwachen ▪ wenn überhaupt, nur kleine Sicherheitsbestände anlegen
B-Güter	Güter von mittlerem Wert, deren Anteil am Gesamtwert ca. 20 % ausmacht	▪ prüfen, ob diese Güter eher als A- oder als C-Güter einzuschätzen sind ▪ entscheiden, ob die Beschaffung sich nach den Grundsätzen für A- oder C-Güter richten soll
C-Güter	geringwertige Güter mit ca. 5 % Anteil am Gesamtwert	▪ großzügigere Sicherheitsbestände möglich ▪ Beschaffungsaufwand gering halten ▪ größere Mengen einkaufen/einlagern

Beispiel:
A-Güter = 75 %
B-Güter = 20 %
C-Güter = 5 %

Rang	Artikel-Nr.	Güterwert in EUR	Güterwert in %	Güterwert in % summiert	Kategorie A, B oder C
1	09-23-470	345 000,00	20,41	20,41	A
2	09-23-478	310 000,00	18,34	38,76	A
3	09-23-471	295 000,00	17,46	56,21	A
4	09-23-473	260 000,00	15,38	71,60	A
5	09-23-475	180 000,00	10,65	82,25	B
6	09-23-477	125 000,00	7,40	89,64	B
7	09-23-472	83 000,00	4,91	94,56	B
8	09-23-474	54 000,00	3,20	97,75	C
9	09-23-484	23 000,00	1,36	99,11	C
10	09-23-480	15 000,00	0,89	100,00	C
		1 690 000,00	100,00		

28.3.6 Optimale Bestellmenge

Jeder Bestellvorgang verursacht Kosten im Verwaltungsbereich, z. B. Personalkosten durch die Auftragsbearbeitung und Transportkosten. Legt man einen gewissen Jahresverbrauch an Material zugrunde, würde eine einmalige Bestellung die geringsten Bestellkosten verursachen. Dem stünden allerdings hohe Lagerkosten gegenüber, da die Güter durchschnittlich lange Zeit im Lager verbleiben. Würden die benötigten Güter durch mehrmalige Bestellungen geliefert, hätte man geringe Lagerkosten, dagegen aber hohe Bestellkosten.
Die optimale Bestellmenge würde somit dort liegen, wo beide Kostenfaktoren insgesamt (Gesamtkosten) am geringsten sind. Das ist in der nebenstehenden Grafik der Schnittpunkt von Lager- und Bestellkosten.

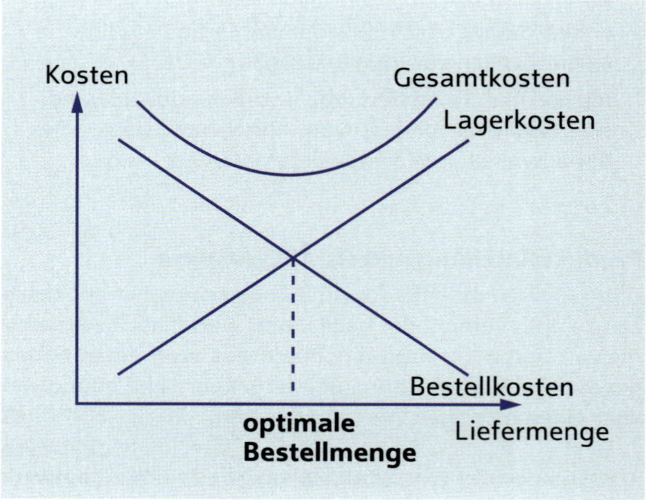

Ø Lagerbestand = (Anfangsbestand + Endbestand) : 2

Maximale Bestellmenge, siehe Seite 356

Beispiel:

Produkt:	*Netzkabel*
Jahresbedarf:	*20 000 Stück*
Stückpreis:	*2,50 EUR*
Kosten je Bestellung:	*150,00 EUR*
Lagerkosten:	*10 % des durchschnittlichen Lagerbestandswertes*

Annahme: gleichmäßiger Abfluss der Güter aus dem Lager

Anzahl Bestel-lungen	Bestell-menge Stück	Ø Lager-bestand Stück	Ø Lagerbe-standswert in EUR	Bestell-kosten in EUR	Lager-kosten in EUR	Gesamt-kosten in EUR
1	20000	10000	25000,00	150,00	2500,00	2650,00
2	10000	5000	12500,00	300,00	1250,00	1550,00
3	6667	3333	8333,33	450,00	833,33	1283,33
4	**5000**	**2500**	**6250,00**	**600,00**	**625,00**	**1225,00**
5	4000	2000	5000,00	750,00	500,00	1250,00
6	3333	1667	4166,67	900,00	416,67	1316,67
7	2857	1429	3571,43	1050,00	357,14	1407,14
8	2500	1250	3125,00	1200,00	312,50	1512,50
9	2222	1111	2777,78	1350,00	277,78	1627,78
10	2000	1000	2500,00	1500,00	250,00	1750,00

28.3.7 Entwicklung eines Beschaffungskonzeptes

Ausschreibung

Wenn Industrie und Handel einen logistischen Dienstleister für die Beschaffung ihrer Güter einschalten wollen, schreiben sie das Projekt gewöhnlich aus. Der Ausschreibung sind die Anforderungen des Auftraggebers zu entnehmen, die oft sehr detailliert vorschreiben, welche Leistungen der Dienstleister zu erbringen hat.

Siehe Lagerlogistikleistungen anbieten, Seite 367

Angebot

Der logistische Dienstleister erstellt daraufhin ein Angebot, das die einzelnen Punkte der Ausschreibung aufgreift. Im Vorfeld ist die Ausschreibung jedoch zunächst sehr sorgfältig zu analysieren. Wesentlich sind vor allem folgende Gesichtpunkte:

- **Tätigkeitsanalyse:** Welche logistischen Dienstleistungen werden vom Spediteur erwartet? Hat er im Kern die Beförderung zu besorgen oder ist er auch mit Mehrwertdiensten (Value-added Services) beauftragt? Daran schließt sich die Frage an, ob er die personellen, sachlichen und finanziellen Ressourcen hat, um diese Mehrwertdienste zu leisten.

Siehe Mehrwertdienste, Seite 359

- **Güterstromanalyse:** Es ist festzustellen, welche Güter in welchen Mengen, Gewichten, Volumina auf welcher Strecke und in welchem Zeitrahmen (Takt) zu befördern sind.
- **Fahrzeugauswahl:** Aus der Güterstromanalyse ergibt sich das Problem, geeignete Fahrzeuge auszuwählen. Sie müssen in der Lage sein, die zu befördernden Mengen/Volumina in der vorgeschriebenen Zeit zu bewältigen. Bei Mehrwertdiensten sind eventuell auch Flurfördermittel anzuschaffen.
- **Wegeplanung:** Die Beförderungsstrecke vom Zulieferer bis zum Herstellerwerk ist sorgfältig zu betrachten und auf Besonderheiten hin zu untersuchen. Da die Liefergenauigkeit bei Logistikprojekten eine große Rolle spielt, sind die Straßenverhältnisse (auch im Winter!) sorgfältig zu analysieren, damit eine realistische Zeitplanung möglich ist.
- **Zeitplanung:** Auf der Basis der Herstellervorgaben (Anliefer-Zeitfenster, Produktionstakte, Produktionssequenzen) ist ein genauer Zeitplan für den Güterumlauf zu entwickeln, der im Regelfall auch die Entsorgung von Leergut beinhaltet. An dieser Stelle sind auch Zeitpuffer für unvorhersehbare Ereignisse einzuplanen.
- **Kalkulation:** Aufgrund der bisherigen Überlegungen lässt sich eine Kalkulation der zu erbringenden Leistungen erstellen. Der Auftraggeber wünscht häufig eine stückbezogene Kalkulation (z. B. den Preis für ein Modul). Alternativen sind aber denkbar, z. B. Tages- und Kilometersätze für die eigentliche Beförderung sowie gesonderte Abrechnung von Value-added Services.
- **Notfallkonzept:** Schließlich wünscht der Auftraggeber auch Aussagen darüber, was der logistische Dienstleister in Störfällen unternehmen will, weil die Produktion beim Hersteller in hohem Maße von der Zuverlässigkeit der Zulieferung abhängt. Zum Konzept gehören folgende Überlegungen:
  - Identifikation möglicher Störfälle
  - Analyse der Störfälle (Ursache, Wirkungen)
  - Entwicklung von Vorschlägen zur Störfallbehandlung
- **Haftung und Versicherung:** Im Angebot ist die Rechtsgrundlage für die Zusammenarbeit festzulegen, falls nicht zwingende Rechtsvorschriften (CMR) angewendet werden müssen. Außerdem sollte der logistische Dienstleister deutlich machen, wie er sich gegen Risiken aus dem Vertrag absichern will. Da dieser Sachverhalt aber sehr schwierig ist (siehe „Logistikverträge“ unten), ist dieser Punkt in der Regel Verhandlungssache.

Ein Angebot des Logistikdienstleisters könnte folgenden Aufbau haben:

Angebot

1. Einleitung (Beschreibung des Projektes)
2. Fahrzeugeinsatz
3. Wegbeschreibung (eventuell mit Alternativen)
4. Zeitplanung
5. Preise
6. Notfallmanagement
7. Haftung/Versicherung

28.4 Logistikverträge

Kontrakt = Vertrag

„Besorgen“, siehe Seite 21; sonstige Geschäfte, siehe Seite 40

Speditionsunübliche Leistungen sind Tätigkeiten, die zu einer Veränderung am Gut führen.

Wenn Spediteure sich zur langfristigen Übernahme komplexer logistischer Dienstleistungen verpflichten, spricht man von **Kontraktlogistik**. Da die Partner in diesen Fällen langfristig zusammenarbeiten und gewöhnlich hohe Güterwerte im Spiel sind, ist es üblich, die Zusammenarbeit in Logistikverträgen zu fixieren.
Ein Spediteur besorgt Güterversendungen. Das HGB hat im § 454 festgelegt, was unter „Besorgen“ zu verstehen ist. Der Spediteur kann im Speditionsvertrag darüber hinaus verpflichtet werden, „auf die Beförderung bezogene Leistungen“ zu erbringen, z. B. verpacken, versichern, kennzeichnen und verzollen von Gütern.
Die ADSp legen den Geltungsbereich dieser Allgemeinen Geschäftsbedingungen für Speditions-, Fracht-, Lagerverträge sowie sonstige Geschäfte des Spediteurs fest. Zu den „sonstigen Geschäften“ gehören u. a. die **speditionsüblichen** logistischen Dienstleistungen. Sie treten vor allem im Zusammenhang mit langfristig angelegten logistischen Rahmenverträgen über die Gesamtorganisation eines Güterstromes auf. Soweit der Rahmenvertrag speditionstypische Leistungen beinhaltet, gelten die speditions-, fracht- und lagerrechtlichen Bestimmungen des Handelsgesetzbuches sowie die ADSp als ergänzende Allgemeine Geschäftsbedingungen. Weil aber in den Logistikverträgen zunehmend **speditionsfremde** Zusatzleistungen vereinbart werden, muss man diese Verträge als **„Mischverträge“** ansehen, in denen unterschiedliche Vertragstypen wirksam sind.
Ein **Logistikvertrag** ist ein **Rahmenvertrag**, der Vereinbarungen über rechtlich verschiedenartige Leistungen enthält. Damit werden für einen Logistikvertrag auch unterschiedliche Rechtsvorschriften wirksam, z. B.:

- Für die **Besorgung** von Güterversendungen, für die Beförderung selber und für das Lagern von Gütern gelten die Bestimmungen des Speditions-, Fracht- und Lagervertrages des Handelsgesetzbuches. Üblicherweise werden für diese Leistungen die ADSp als Allgemeine Geschäftsbedingungen vereinbart.
- Auf **speditionsuntypische** Arbeiten am Gut (z. B. Möbel aufstellen, Textilien aufbereiten, an technischen Geräten Veränderungen vornehmen) ist das Werkvertragsrecht und/oder das Geschäftsbesorgungsvertragsrecht des Bürgerlichen Gesetzbuches anzuwenden.
- Werden dem Auftraggeber **Räume und Grundstücke** überlassen, gelten die miet- und pachtrechtlichen Bestimmungen des BGB.

Vor allem die risikoreichen Fragen der Haftung und Versicherung können in solchen Mischverträgen nicht allein durch die ADSp geregelt werden, weil sie für Teilbereiche des Logistikvertrages nicht anwendbar sind oder keine Aussagen enthalten.
Die Vertragspartner sollten im Logistikvertrag die wichtigsten Vertragsbestimmungen bis in die Einzelheiten aushandeln und schriftlich niederlegen. Folgende Bestandteile sollte ein Logistikvertrag mindestens aufweisen:

- **Vertragsgegenstand:** Hier wird detailliert beschrieben, welche Leistungsbereiche der Spediteur von seinem Auftraggeber übernimmt und welche Aufgaben dem Vertragspartner verbleiben. Da logistische Dienstleistungen regelmäßig zur Obhut des Spediteurs am Gut führen (mit entsprechenden haftungsrechtlichen Konsequenzen), sollten die Orte der Obhutsübernahme, die Schnittstellen, genau definiert werden.
- **Auftragsabwicklung:** Im Logistikvertrag ist nicht nur festzulegen, welche Leistungen zu erbringen sind, sondern auch wie der Spediteur seine Vertragsverpflichtungen erfüllt. Von Bedeutung sind hier z. B. die Gütermenge, die zeitliche Abwicklung und die Organisation des Informationsstromes.
- **Preisvereinbarungen**: Logistikverträge setzen vielfach große Investitionen durch den Spediteur voraus. Häufig wird auch ein beträchtlicher Teil der Betriebskapazität für diesen Komplex bereitgestellt. Es ist daher für den Spediteur von größter Bedeutung, dass Entgeltfragen eindeutig geklärt und auch Preis-Anpassungsklauseln formuliert werden.
- **Haftung und Versicherung:** Die Dimensionen von Logistikverträgen verlangen klare Formulierungen in Fragen der Haftung und Versicherung. Vor allem sind Haftungsbegrenzungen festzulegen. Dies kann dadurch geschehen, dass man für die speditionstypischen Leistungen die ADSp ergänzend in den Logistikvertrag einbezieht. Für die speditionsfremden Tätigkeiten kann man die Geltung der speziell hierfür entwickelten Logistik-AGB vereinbaren (siehe unten).

- **Vertragsdauer:** Die Vertragspartner können den Vertrag von vornherein zeitlich befristen oder auf eine Befristung verzichten. Im letzten Fall ist eine angemessene Kündigungsfrist zu vereinbaren.

Zusammenfassend erhält man folgende Merkmale eines Logistikvertrages:

- Es handelt sich um einen **Rahmenvertrag** über unterschiedliche Leistungen, die auch verschiedenen Rechtsvorschriften unterliegen.
- Er ist auf eine **längere und intensive Zusammenarbeit** der Vertragspartner angelegt.
- Er weist ein **größeres Umsatzvolumen** aus und bündelt eine bestimmte betriebliche Kapazität häufig für einen einzelnen Kunden („Single-User-Geschäft“).

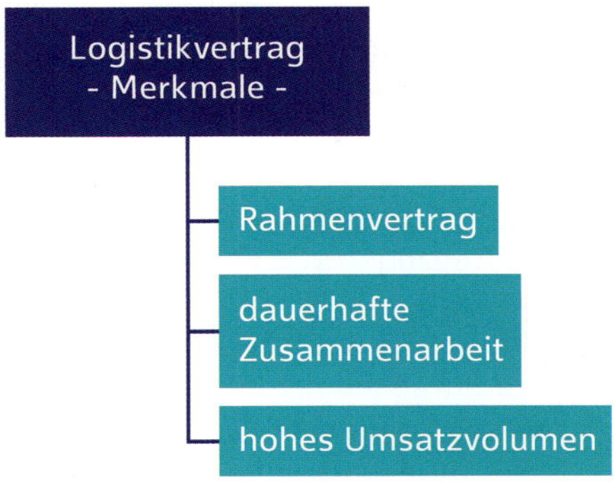

28.5 Logistik-AGB

Damit in Logistikverträgen alle wesentlichen rechtlichen Fragen, insbesondere die der Haftung und Versicherung, eindeutig geklärt sind, hat der DSLV zusammen mit anderen Verbänden sowie dem Institut für Logistikrecht und Riskmanagement in Bremerhaven Allgemeine Geschäftsbedingungen für Logistikverträge entwickelt (Logistik-AGB) und zur Anwendung empfohlen.

DSLV, siehe Seite 233

Logistik-AGB = Regelungen für speditionsuntypische Leistungen, die durch die ADSp nicht erfasst werden, die aber mit einem Verkehrsvertrag im Sinne der ADSp im Zusammenhang stehen.

Anwendung der Logistik-AGB: Verkehrsvertrag + Zusatzleistung

In Ziffer 1.1 der AGB werden speditionsfremde Leistungen beispielhaft aufgeführt, für die die Logistik-AGB gedacht sind:

[...] 1.1 Logistik-AGB

1.1 ...

Diese logistischen Leistungen können Tätigkeiten für den Auftraggeber oder von ihm benannte Dritte sein, wie z. B. die Auftragsannahme (Callcenter), Warenbehandlung, Warenprüfung, Warenaufbereitung, länder- und kundenspezifische Warenanpassung, Montage, Reparatur, Qualitätskontrolle, Preisauszeichnung, Regalservice, Installation oder die Inbetriebnahme von Waren und Gütern oder Tätigkeiten in Bezug auf die Planung, Realisierung, Steuerung oder Kontrolle des Bestell-, Prozess-, Vertriebs-, Verwertungs- und Informationsmanagements. [...]

Quelle: DSLV – Bundesverband Spedition und Logistik e. V., Berlin (Hrsg.): Logistik-AGB. In: www.dslv.org/dslv/web.nsf/id/pa_de_logisitk_agbs.html?OpenDocument&highlight=Logistik AGB [abgerufen am 24.08.2020]

Auftraggeber = Vertragspartner, der die Durchführung der logistischen Leistung in Auftrag gibt.

Auftragnehmer = Dienstleister (Spediteur), der den Auftrag zur Durchführung der logistischen Leistung erhält.

Regalservice: Ware wird bis ins Regal (z. B. des Handels) oder bis in die Wohnung/ins Büro hineingetragen

Die Logistik-AGB eignen sich für einfache logistische Geschäfte, bei denen das Kerngeschäft eines Spediteurs um einige logistische Zusatzleistungen erweitert wird. Dabei handelt es sich um sogenannte **„Zurufgeschäfte“**, d. h., neben den speditionsüblichen Leistungen (Transportbesorgung, Umschlag, Lagerung) erbringt der Spediteur weitergehende Value added Services (siehe Seite 359), die durch die ADSp nicht erfasst sind.
Der Begriff „Zuruf“ leitet sich aus dem Umstand ab, dass solche Geschäfte eher „nebenher“ zustande kommen. Man spricht zwar über Preise und Stückzahlen, nicht aber über Leistungsdetails sowie Haftungs- und Versicherungsfragen. Erst wenn ein Schaden eingetreten ist, stellt der Spediteur fest, dass die gewohnten Haftungsbeschränkungen der ADSp nicht gelten.
Komplexe Logistikverträge, z. B. im Rahmen einer umfangreichen und verantwortungsvollen Einbindung eines Spediteurs in die Beschaffungsprozesse von Großunternehmen, erfordern einen speziell ausgehandelten Logistikvertrag mit projektbezogenen Rechten und Pflichten der Vertragspartner.
Der DSLV empfiehlt, auf allen Geschäftspapieren sowohl auf die ADSp als auch auf die Logistik-AGB zu verweisen, damit sie – sofern der Vertragspartner nicht widerspricht – Bestandteil des Verkehrsvertrages werden.

Textvorschlag (Auszug)

Wir arbeiten ausschließlich auf Grundlage der Allgemeinen Deutschen Spediteurbedingungen 2017 – ADSp 2017 – und – soweit diese für die Erbringung logistischer Leistungen nicht gelten – nach den Logistik-AGB, Stand Juli 2019. **Hinweis:** Die ADSp 2017 weichen in Ziffer 23 ...

Die Logistik-AGB regeln vor allem folgende Sachverhalte:

- **Anwendungspriorität**
  Sind ADSp und Logistik-AGB vereinbart worden, gehen die ADSp vor, wenn sich einzelne Klauseln widersprechen sollten.

- **Vertraulichkeit**
  Aufgrund der engen Kooperation zwischen logistischem Dienstleister und Auftraggeber werden beide dazu verpflichtet, die Daten und Informationen, die sie aus dieser Beziehung gewinnen, vertraulich und nur zweckbezogen zu behandeln.

- **Haftung des Auftragnehmers**
  Der Auftragnehmer (der Spediteur) haftet nur, soweit ihn ein **Verschulden** trifft und es sich um einen vorhersehbaren, typischen Schaden handelt. Darüber hinaus ist der Schadenersatz in mehrfacher Weise begrenzt:
  - für Güterschäden auf **20 000,00 EUR** je **Schadensfall**
  - für Güterschäden aufgrund von Serienschäden auf **125 000,00 EUR** je **Serienschaden**
    Beispiel:
    Wenn mehr als vier Schadensfälle die gleiche Ursache haben, etwa durch einen Montagefehler.
  - für andere als Güterschäden (Vermögensschäden) auf **20 000,00** EUR
  - auf **600 000,00 EUR** für alle **Schadensfälle** innerhalb eines Jahres

  Qualifiziertes Verschulden, siehe Seite 33

  Bei qualifiziertem Verschulden gelten die Haftungsbegrenzungen und Haftungsausschlüsse nicht.

  Der Auftraggeber kann gegen Zahlung einer Gebühr einen Wert zur Erhöhung der Haftung für Güterschäden angeben (**Wertdeklaration**). Für die Angabe ist eine Textform erforderlich. Auch für Vermögensschäden kann ein höherer Ersatzwert angegeben werden (**Interessendeklaration**).

- **Haftungsversicherung**
  Der Auftragnehmer ist verpflichtet, eine Haftungsversicherung abzuschließen, die die oben genannten Haftungssummen abdeckt.

Zusammenfassung	Beschaffungslogistik
Strategien:	▪ Gebietsspedition ▪ Just-In-Time („gerade rechtzeitig“) ▪ Just-In-Sequence: rechtzeitig und in der richtigen Reihenfolge ▪ Systemlieferant: hohe Fertigungstiefe, häufig direkt am Standort des Herstellers
JIS-Kalkulation: Beispiel: Pkw-Produktion:	▪ Grundtakt: Taktzeit der Pkw-Produktion ▪ Lkw-Kapazität: Anzahl Module pro Lkw ▪ Lkw-Takt: Anlieferungen im Werk ▪ Rundlaufzeit: Beladung, Transport, Entladung, Vollgut, Leergut, Gesamtkilometer ▪ Anzahl Lkw ▪ Anzahl Fahrer → Preis pro produzierter Einheit ▪ Variabilisierung von Fixkosten (Sicht des Auftraggebers)
Fertigungssteuerung:	▪ vom Push- zum Pull-Prinzip ▪ KANBAN
Versorgungsmodelle:	▪ Direktbeziehung zum Lieferanten ▪ Gebietsspediteur-Konzept ▪ Transshipment-Konzept (Transitlager)
Bestandsergänzung:	▪ Bestellrhythmusverfahren ▪ Bestellpunktverfahren
Optimale Bestellmenge:	Bestellmenge, bei der die Gesamtkosten aus Lager- und Bestellkosten am niedrigsten sind.
Sourcing-Konzepte:	▪ Single Sourcing: ein Lieferant ▪ Global Sourcing: weltweite Beschaffung ▪ Modular Sourcing: Beschaffung von Komponenten/Baugruppen ▪ Multiple Sourcing: Beschaffung von mehreren/vielen Lieferanten
Logistikvertrag:	Komplexer Rahmenvertrag mit Vereinbarungen über speditionstypische und speditionsuntypische Leistungen, der längerfristig angelegt ist.
Logistik-AGB:	Allgemeine Geschäftsbedingungen, die Regelungen für speditions**untypische** Leistungen enthalten, die durch die ADSp nicht erfasst werden, die aber mit einem Verkehrsvertrag im Sinne der ADSp im Zusammenhang stehen.

Lernfeld 13
Distributionslogistik anbieten und organisieren

29 Distributionslogistik

Die Distributionslogistik betrachtet die termin- und mengengerechte Verteilung von Fertigprodukten im Absatzmarkt. Sie sorgt also im Auftrag des Produzenten dafür, dass der Kunde die richtige Ware zur richtigen Zeit, in der richtigen Menge und in der richtigen Qualität erhält. Dazu werden die vom Produzenten (Hersteller) in großen Mengen bezogenen Produkte zunächst gelagert. Kundenbestellungen werden vom Produzenten an den logistischen Dienstleister weitergeleitet, der dann aufgrund der Aufträge Sendungen aus den vorhandenen Warenbeständen zusammenstellt (kommissioniert) und diese Sendungen schließlich zum Kunden befördert. Gewöhnlich wird der Auftraggeber per DFÜ oder Fax über alle Schritte des Logistikdienstleisters informiert.
Neben diesen Kernaufgaben kann der Logistikdienstleister – je nach vertraglicher Vereinbarung – mit einer Fülle von Mehrwertdiensten beauftragt werden.

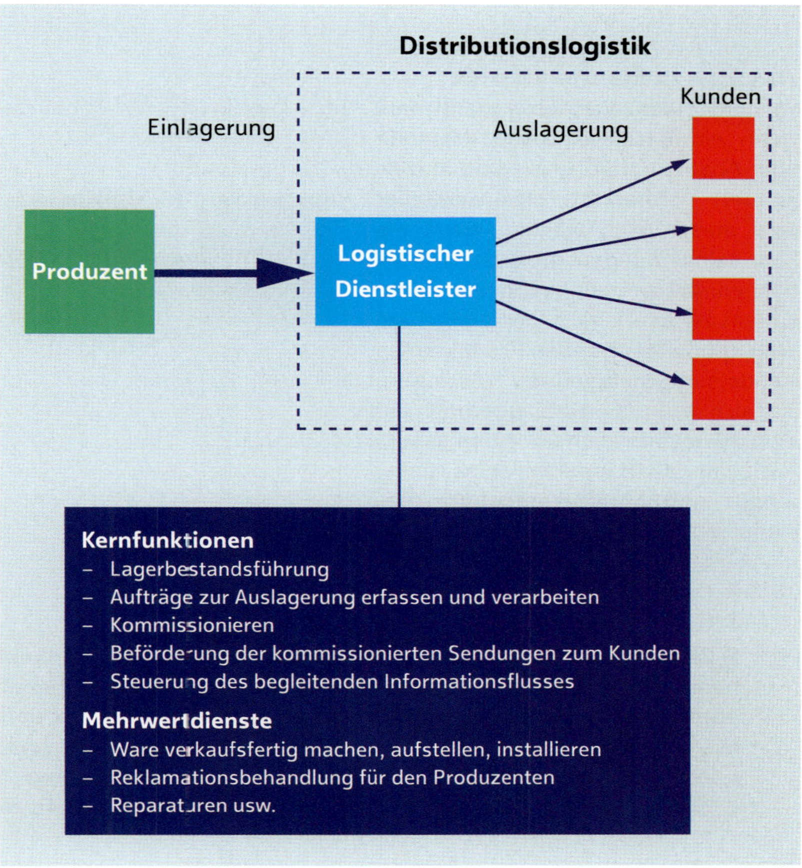

Siehe die 7 R auf Seite 454

Distribution = Verteilung = alle Prozesse, die zwischen Produzenten und Kunden im Absatzkanal ablaufen

Mehrwertdienste, siehe Seite 359

29.1 Distributionskanäle

Die Entscheidung über den Weg, den die Fertigprodukte zum Endempfänger (Verbraucher, Verwender, aber auch Weiterverarbeiter) nehmen, trifft der Hersteller. Der logistische Dienstleister sollte die Vertriebskanäle jedoch kennen, damit er die in der Logistik geforderte ganzheitliche Sicht wahrnehmen kann.

29.1.1 Direkter Vertrieb

Direkter Vertrieb liegt vor, wenn der Hersteller seine Produkte ohne Einschaltung des Handels (Einzel- und/oder Großhandel) verkauft. Der Hersteller wird diesen Vertriebsweg vor allem in folgenden Fällen wählen:

- Die Zahl der Abnehmer ist gering oder konzentriert sich regional.
- Die Produkte sind technisch anspruchsvoll bzw. stark erklärungs- oder servicebedürftig.

Vor allem Abnehmer mit großer Nachfrage wenden sich häufig direkt an den Hersteller, um bessere Konditionen und einen speziellen Service zu erhalten.

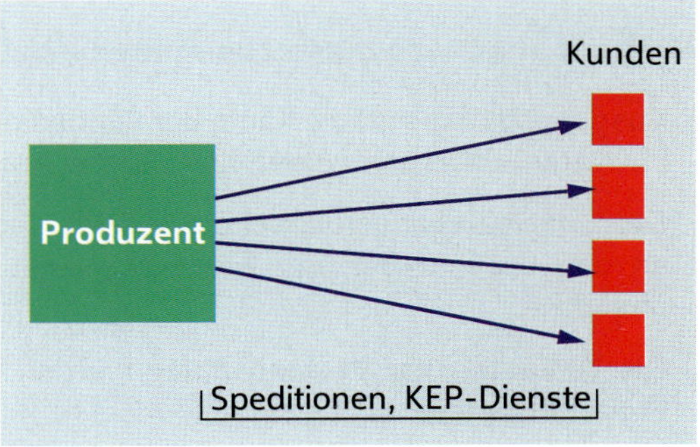

KEP-Dienste, siehe Seite 232

Mit der physischen Warenbewegung beauftragen die Hersteller Speditionen oder KEP-Dienste. Sie können aber auch einem logistischen Dienstleister die Distribution ihrer Produkte übertragen, sodass die oben dargestellten Überlegungen zur Distributionslogistik zum Tragen kommen.

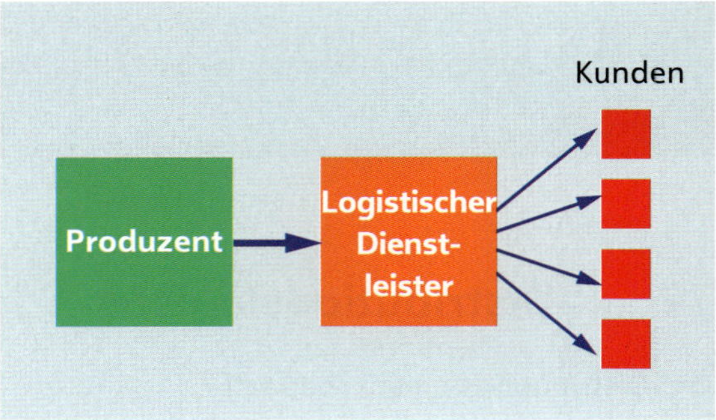

29.1.2 Indirekter Vertrieb

Von indirektem Vertrieb spricht man, wenn ein Hersteller seine Produkte über Absatzmittler (Groß- und Einzelhandel) vermarktet. Der Hersteller wird diesen Weg wählen, wenn die Zahl seiner Kunden groß ist und sie flächenmäßig weit verstreut sind. Zudem ist es vielfach der einfachere Weg, große Mengen von Produkten an Handelsunternehmen zu verkaufen, als sich auf das Detailgeschäft mit dem Endverbraucher einzulassen. Auch kann der Handel mit seiner Beratungs- und Servicekompetenz verkaufsfördernd wirken.

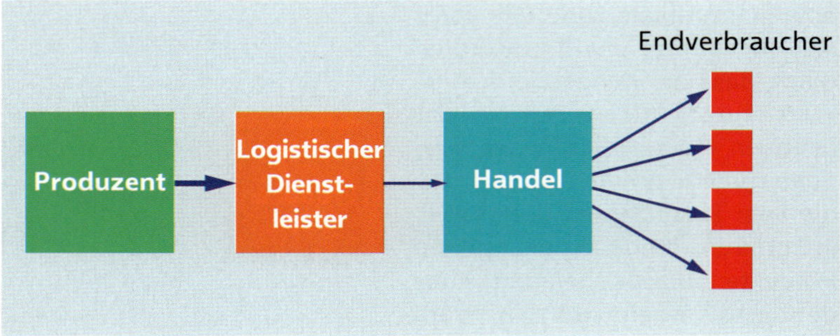

29.1.3 Aktuelle Vertriebsformen

E-Commerce: Eine Sonderform des direkten Vertriebs ist E-Commerce (Electronic Commerce). Dabei handelt es sich um eine spezielle Form des Versandhandels über das Internet. Der Kunde kann am PC oder seinem Smartphone/Tablet-PC Waren auswählen, kaufen und z. B. mit seiner Kreditkarte bezahlen. Den Versand übernehmen in der Regel KEP-Dienste. Man unterscheidet:

- elektronischen Verkauf an Endkunden (Business-to-Consumer, B2C) und
- elektronischen Verkauf an andere Unternehmen (Business-to-Business, B2B).

B2B und B2C, siehe Seite 501

Efficient Consumer Response (ECR): ECR kann übersetzt werden mit „effiziente Reaktion auf Kundennachfrage“. Es handelt sich um ein umfassendes Managementkonzept auf der Basis einer intensiven Kooperation von Industrie und Handel mit dem Ziel einer effizienteren Befriedigung von Konsumentenbedürfnissen.

Ausgangspunkt ist die Überlegung, dass Kunden fehlerfreie Produkte möglichst schnell, zu günstigen Preisen und mit hohem Servicegrad ausgestattet erwerben wollen. Um hier ein Optimum zu erreichen, müssen Hersteller, Handel und Logistikdienstleister über die gesamte Logistikkette eng miteinander kooperieren und den Kundennutzen ständig im Auge behalten.

Wie kann man sich diese Zusammenarbeit vorstellen?

- Ausgangspunkt sind die Käufe der Kunden an der Kasse des Einzelhändlers (Point of Sale). Der Verkauf wird im Warenwirtschaftssystem des Händlers registriert und der Warenbestand entsprechend verringert.
- Der Einzelhändler verdichtet diese Verkaufsdaten (z. B. täglich, wöchentlich oder monatlich) und sendet sie an den Großhändler, der wiederum seine Bestandsinformationen mit denen des Logistikdienstleisters abgleicht.
- Die Verkaufs- und Bestandsdaten werden dem Hersteller übermittelt, der aufgrund dieser Zahlen seine Produktion steuert.
- Sind beim Einzel- oder Großhändler bestimmte Meldebestände erreicht, werden Nachbestellungen beim Hersteller veranlasst, der auf diese Aufträge frühzeitig vorbereitet worden ist. Er hat bereits die erforderlichen Produktmengen unter Berücksichtigung der Bestände des logistischen Dienstleisters und des Handels produziert, sodass die Bestellung sofort vom Logistikdienstleister ausgeführt werden kann.

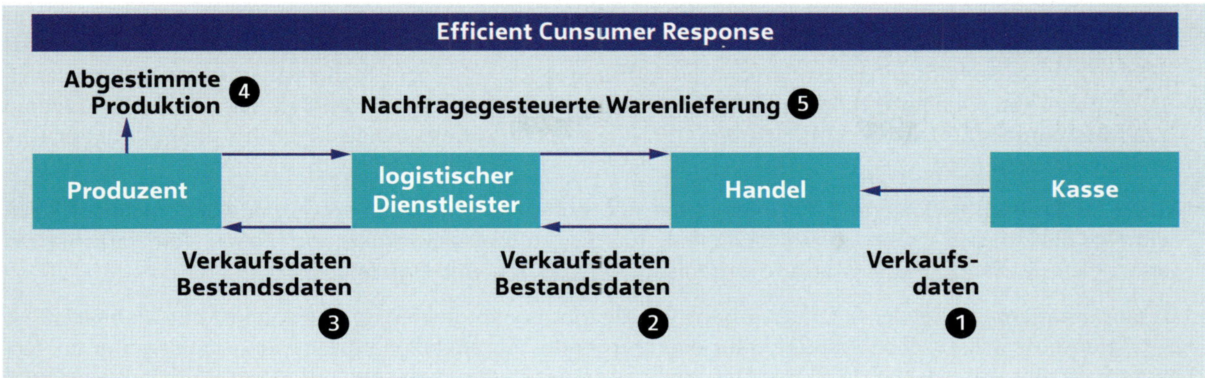

Die Erfahrungen mit ECR zeigen, dass

- Fehlbestände (out of stocks) im Handel weitgehend vermieden werden,
- die Lagerbestände bei allen Beteiligten in der logistischen Kette deutlich verringert werden und
- fühlbare Kosteneinsparungen erreicht werden können.

Die Optimierung der logistischen Abläufe in der gesamten Kette vom Produzenten über den logistischen Dienstleister bis zum Endabnehmer bezeichnet man als **Supply-Chain-Management**.

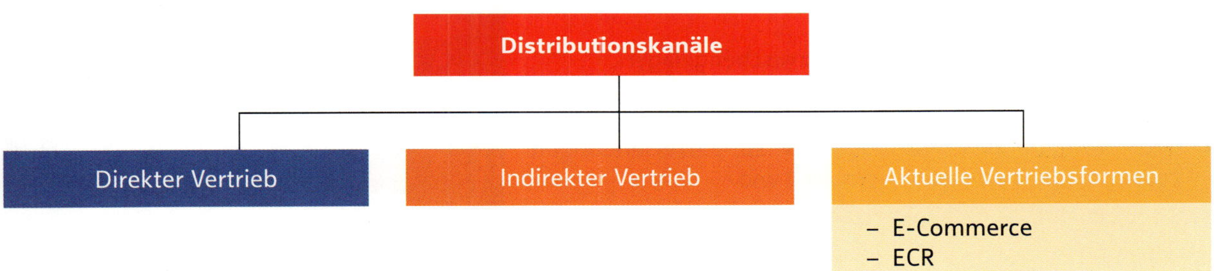

Für den Logistikdienstleister hat die Vertriebsweg-Entscheidung des Herstellers Einfluss auf die Lagergröße und Lagereinrichtung, die Lagerbewegungen sowie die Größe der Versandeinheiten. Ein E-Commerce-Konzept führt z. B. zu sehr vielen Kleinsendungen an Endverbraucher, während der indirekte Vertrieb bedeutend größere Versandeinheiten zur Folge hat.

29.2 Anforderungen an den Logistikdienstleister

Industrie und Handel stehen heute unter starkem Druck, ihre Leistungen intensiv auf die Kundenwünsche auszurichten (Kundenorientierung). Der logistische Dienstleister ist in diesen Prozess eingebunden, d. h., von ihm hängt es in hohem Maße ab, ob die Kunden die erwünschte Zufriedenheit auch erreichen. Dies gelingt vor allem dann, wenn er folgende Anforderungen zuverlässig erfüllt:

- **Verfügbarkeit der Waren:** Der Kunde soll jederzeit auf das Warenangebot des Herstellers zugreifen können. Das setzt zunächst eine ausreichende Bevorratung voraus (siehe Lagerlogistik), damit es nicht zu Fehlbeständen kommt. Darüber hinaus hat der Logistikdienstleister eine flächendeckende Versorgung der Kunden sicherzustellen. Angesichts der Mobilität der Kunden und der elektronischen Bestellmöglichkeiten (z. B. E-Commerce) erfordert dies häufig auch eine internationale Ausrichtung des Verteilnetzes.

Die Aussagen zum Hersteller treffen auch auf den Handel zu.

- **Zuverlässigkeit:** Die verbrauchsgesteuerte Produktion führt zu einem deutlichen Abbau von Lagerbeständen, aber auch zu einer Reduktion der Liefermenge pro Auftrag, verbunden mit der Erhöhung der Sendungszahl (Lieferfrequenz). Dies stellt erhöhte organisatorische Anforderungen an die logistischen Dienstleister, große Mengen von relativ kleinen Aufträgen zuverlässig abzuarbeiten. Er muss auch auf Schwankungen in der Kundennachfrage und auf saisonal bedingte erhöhte Produktionsmengen **flexibel** reagieren können. Das heißt, er muss in der technischen Ausstattung Reserven für Produktions- und Nachfragespitzen eingeplant haben und über eine personelle Ausstattung verfügen, die variabel einsetzbar ist.

Qualitätsmanagement, siehe Seite 511

- Für den Auftraggeber ist eine geringe **Fehlerquote** bei der Erledigung der Aufträge von besonderer Bedeutung. Gewöhnlich wird vereinbart, dass eine bestimmte Fehlerquote nicht überschritten werden darf (z. B. 3 %). Viele Speditionen garantieren ihren Auftraggebern einen vom Technischen Überwachungsverein (TÜV) geprüften Qualitätsstandard bei der Auftragsabwicklung. Dazu werden alle Abläufe in einem **Qualitätshandbuch** exakt beschrieben und z. B. in Form von Arbeitsanweisungen für die Mitarbeiter verbindlich gemacht.
- **Kurze Laufzeiten:** Reduzierte Sendungsgrößen und hohe Lieferfrequenz sowie der Kundenwunsch nach schneller Belieferung haben kurze Laufzeiten für die Auftragsabwicklung zur Folge. Vom logistischen Dienstleister verlangt dies eine straffe Organisation des Güter- und Datenflusses.
- **Datenmanagement:** Bei der Auftragsvergabe von Distributionsprojekten ist die Fähigkeit des Dienstleisters, die Daten unterschiedlicher Systeme über entsprechende Schnittstellenanpassungen miteinander zu vernetzen, oft eine entscheidende Größe. Der Spediteur muss in der Lage sein, mit seinem Auftraggeber kontinuierlich Daten über die aktuellen Bestände, die erledigten Aufträge und den Zustellstatus der Sendungen (Tracking and Tracing) auszutauschen.
- **Breites Leistungsspektrum:** Der Hersteller gibt einen wesentlichen Teil seiner Vertriebsaktivitäten an einen logistischen Dienstleister. Die Aktivitäten reichen oft bis zum Endkunden (z. B. Regalpflege im Einzelhandelsgeschäft, Belieferung von Endkunden über E-Commerce). Folglich erweitert sich der Aufgabenbereich des Dienstleisters beträchtlich um speditionsuntypische Leistungen. Hier muss der Logistikdienstleister die Bereitschaft zeigen, sich auf ungewohntes Terrain zu begeben und Aufgaben von Industrie und Handel zu übernehmen.

29.3 Distributionslager

Siehe Lagerlogistik Seite 350

Das Lager in der Distributionslogistik muss die Voraussetzungen dafür schaffen, dass Waren

- vom Hersteller übernommen und zwischengelagert,
- eventuell bearbeitet,
- nach Vorgabe des Auftraggebers zu Einzelsendungen zusammengestellt (kommissioniert) und
- an die Empfänger (Handel, Verbraucher) ausgeliefert werden können.

Die Art der Waren und die Sendungsstrukturen (Anzahl, Volumen, Gewicht, Umschlagsgeschwindigkeit) bestimmen, welche Anforderungen an das Lager zu stellen sind (Boden- oder Regallagerung, Abmessungen der Regale, Klimatisierung, Ausrüstung für Gefahrgut usw.). Danach richtet sich auch die technische Ausstattung des Lagers, z. B. die Zahl der Flurfördermittel und Kommissioniergeräte.

Distributionslager: Güter werden vom Hersteller übernommen, zwischengelagert, nach den Kundenwünschen kommissioniert und ausgeliefert.

29.4 Kommissionieren

Kommissionieren ist das Zusammenstellen einer Güterauswahl aus dem vorhandenen Lagerbestand aufgrund eines Kundenauftrages.

Der Kundenauftrag löst einen entsprechenden Kommissionierauftrag des Herstellers gegenüber dem logistischen Dienstleister aus. Der Auftrag kommt gewöhnlich vom Hersteller der Produkte, der einen Auftrag seines Kunden weiterreicht. Auch der Endabnehmer selbst könnte den Auftrag direkt an den Spediteur richten. Dies ist aber eher die Ausnahme.

Grundsätzlich sind zwei **Kommissioniersysteme** zu unterscheiden:

- **Mann (Person)- zur- Ware:** Der Kommissionierer bewegt sich an den Regalen entlang, in denen die Ware gelagert wird **(statische Bereitstellung)**.
- **Ware-zum-Mann (Person):** Die in beweglichen Regalen gelagerte Ware bewegt sich auf Anforderung per computergesteuertem Fördermittel zum Kommissionierer hin **(dynamische Bereitstellung)**.

Es ist dem logistischen Dienstleister überlassen, wie er die Verteilung der Waren aus seinem Lager organisiert. Vielfach sind aber folgende Arbeitsschritte bei der Kommissionierung festzustellen:

1. Auftragseingang

Beispiel:
*Der Auftrag des Herstellers trifft per DFÜ im Lagerverwaltungsprogramm von INTERSPED ein. Der Auftrag wird zunächst in eine „Sendung" umgewandelt, die zur Auslieferung bestimmt ist. Damit liegt ein Duplikat des Auftrages vor. Das System setzt den **Status** auf „Sendung angelegt".*
Die spätere Behandlung der Sendung (die Art des Warenausgangs) wird bereits an dieser Stelle bestimmt.

Auftrag RAAB Nr. 6243

Auftrag Nr.	12555610	Belegdatum	02.09.20(0)
Empfänger	INTERKAUF	Status	Sendung angelegt

Position	Artikel-Nummer Artikelbezeichnung	Packstück	Einheit
1	0001097600 Orangensaft	1	Karton
2	0002104990 Apfel-Kirschsaft	2	Karton
usw.			

Möglichkeiten:

- **„Nahverkehr":** Die Sendung wird im regionalen Umfeld mit eigenen Fahrzeugen zugestellt.
- **„HUB":** Die Sendung wird über die Kooperation (HUB-Verkehr) einem Empfangsspediteur zugeleitet, der die Zustellung zum Empfänger übernimmt.
- **„Direktsendung":** Wegen des Gewichts (z. B. über 1,5 t) ist es vorteilhafter, die Sendung außerhalb der Kooperation im Direktverkehr zu befördern und bei den Endempfängern zuzustellen.

2. Erstellen der Kommissionierliste

Die Positionen des Auftrages werden nun in eine Kommissionierliste umgewandelt. Dabei werden die Positionen so angeordnet, dass sich ein möglichst kurzer Kommissionierweg ergibt. Gewöhnlich sind die Güter bereits bei der Einlagerung nach ihrer Umschlaghäufigkeit der Kommissionierzone zugeordnet worden. A-Güter befinden sich demnach in der Nähe der Kommissionierzone, C-Güter im hinteren Bereich. Die Kommissionierliste ist folglich nach Stellplätzen gegliedert.

Siehe Kommissionierzone und ABC-Analyse, Seite 355

In den Regalen sind die unteren Regalreihen jeweils die Kommissionierplätze, aus denen der Kommissionierer die Sendung zusammenstellt.
Die darüber liegenden Stellplätze dienen der eigentlichen Lagerung der Güter. Bei Bedarf werden die Kommissionierplätze aus den übrigen Stellplätzen aufgefüllt (siehe Punkt 3).

Beispiel:

Kommissionierliste

Kunde: **81**
Relation: **72**
Datum: **02.09.20..**
Zustellart: **HUB**

Stellplatz	Paletten-ID	Artikel-Nr.	Menge	Einheit	Bezeichnung	Gewicht/kg
38-02-001-1	13245162	0002180400	2	Karton	Apfelsaft 0,5 l	10,15
38-02-014-1	36578831	0001097600	1	Karton	Orangensaft 0,75 l	10,81
38-02-016-1	28552831	0003100230	1	Karton	Kirschsaft 0,75 l	9,31

Legende:

Relation:	Aus der Zuordnung zu einer speziellen Art des Warenausgangs ergibt sich eine bestimmte Relationsnummer (hier 72 für das HUB).
Paletten-ID:	Identifikationsnummer der Palette, auf der sich die zu kommissionierende Ware befindet
Stellplatz:	Nummer des Kommissionierplatzes
Artikel-Nr.:	Nummer des Produktes, wie es im Lagerverwaltungsprogramm und beim Hersteller geführt wird

Einheit: Die Einheit ist die Verpackungseinheit (hier der Karton); es könnte auch eine Vollpalette sein.

Gewicht: Die jeweiligen Gewichte (Flasche, Karton, Palette) sind im Lagerverwaltungsprogramm hinterlegt und werden hier ausgewiesen; sie sind wichtig für die Kontrolle des Kommissioniervorgangs (siehe unten).

Sofern die Kommissionierliste dem Kommissionierer als Papierausdruck zum Abhaken mitgegeben wird, spricht man auch von **Pick by Paper**. Heute wird gewöhnlich beleglos kommissioniert. Die Kommissionierliste erscheint als Abfolge von Zugriffen (Picks) auf dem Display des Kommissionierfahrzeugs.

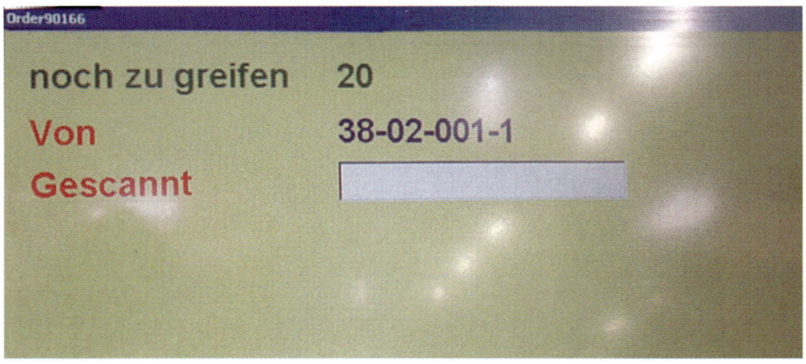

Display des Kommissionierfahrzeugs

Im oben stehenden Beispiel hat der Kommissionierer 20 Zugriffe abzuarbeiten (Pickmenge = 20 Karton). Der erste Zugriff beginnt am Stellplatz 38-02-001-1. Zu diesem Platz muss der Kommissionierer als Erstes fahren.

Kommissionierfahrzeug

3. Kommissioniervorgang

Sobald der Kommissionierer den ersten Stellplatz erreicht hat, scannt er die Nummer des Stellplatzes ein.

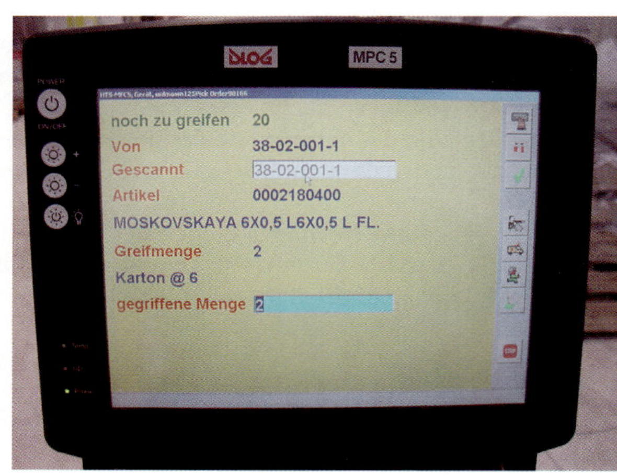

Auf dem Display erscheint die Nummer im Feld „Gescannt“ und zeigt die Übereinstimmung von Kommissioniervorgabe und Stellplatz.

Des Weiteren ist zu erkennen, dass zwei Kartons (= zwei Zugriffe, Picks) zu entnehmen sind. Nach einer Bestätigung auf dem (Touchscreen-)Display erscheint in der Zeile „gegriffene Menge“ die „2“.

Gleichzeitig überprüft der Kommissionierwagen das Gewicht der zugeladenen Kartons. Sie müssen mit den im System hinterlegten Gewichten (Artikelstammdaten) übereinstimmen. Im Beispiel müssen die beiden Kartons zusammen 10,15 kg wiegen (siehe Kommissionierliste oben). Andernfalls erhält der Kommissionierer eine Fehlermeldung. Nun kann der Kommissionierer die nächste Position auf seinem Display anfahren.

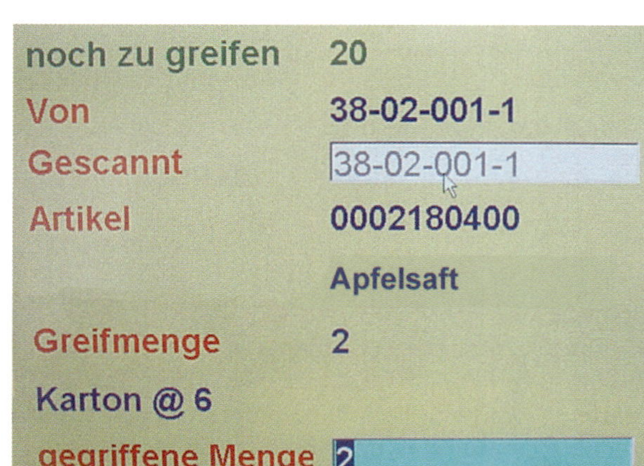

Sollte er an einen leeren Stellplatz kommen, fordert er von einem Gabelstaplerfahrer „Nachschub“ an. Er braucht nun aber nicht zu warten, sondern kann seine Kommissionierarbeiten fortsetzen. Der ausgesparte Platz wird zum Schluss erneut angefahren.

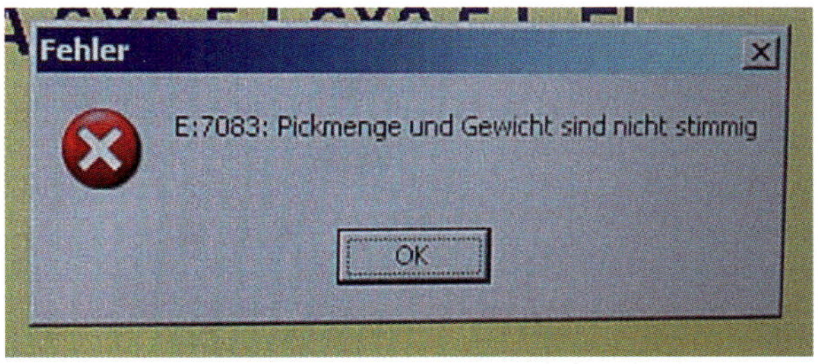

4. Sendung versandfertig machen

Am Ende der Kommissioniertätigkeit (im Beispiel nach der 20. Position) wird dem Kommissionierer vom System ein Wickelplatz zugewiesen, auf dem die Palette mit Folie umwickelt wird. Gleichzeitig wird ein Versandetikett mit den notwendigen Angaben für den Warenausgang gedruckt (Absender, Empfänger, Gewicht, Nummer der Versandeinheit usw.).

Der Kommissionierer fährt die versandfertige Palette nun zum Bereitstellungsplatz im Warenausgang (wie im Display angegeben) und stellt sie dort ab.

Im Lagerverwaltungssystem erscheint im Feld „Status“ der Hinweis „verpackt“. Im Büro können nun die Lieferscheine für alle kommissionierten Sendungen ausgedruckt werden. Sie sind damit bereit für den Versand.

Beleglose Kommissionierverfahren

Neben dem oben beschriebenen Verfahren mittels eines mobilen Datenterminals sind nachstehende beleglose Kommissionierverfahren zu unterscheiden:

- **Pick by Barcode** (Pick by Scan): Kommissionierauftrag und Kommissionierbehälter werden durch scannen miteinander verbunden („verheiratet“). Bei der anschließenden Entnahme wird jeder Artikel gescannt und somit direkt online überprüft.
- **Pick by RFID:** Ablauf analog zu Pick by Barcode mit dem Unterschied, dass die Waren anstatt mit einem Barcode mit einem RFID-Tag versehen sind und der Kommissionierer ein entsprechendes Lesegerät mit sich führt.
- **Pick by Light:** vorwiegend bei Kleinteilen eingesetztes optisches Verfahren, bei der ein Lichtsignal auf das jeweils nächste Lagerfach hinweist. Am Fach selbst zeigt ein Display die Menge der Artikel an, welche nach Entnahme per Tastendruck bestätigt wird.
- **Pick by Voice:** akustisch gesteuertes Verfahren, bei der dem Kommissionierer Stellplätze und Entnahmemengen per Sprachbefehl über ein Headset mitgeteilt werden (z. B. „Lagerplatz 12-07“). Die Quittierung erfolgt ebenfalls per Spracheingabe (z. B. „Lagerplatz 12-07, o. k.“). Sprache, Dialekt und Akzent eines Mitarbeiters können vom System nach kurzem Training erkannt werden. Der Mitarbeiter hat stets beide Hände für seine Arbeit frei.
- **Pick by Vision:** der Kommissionierer erhält alle notwendigen Informationen wie Stellplatz, Artikel und Menge per WLAN über eine Datenbrille, die ihn visuell auch zum Lagerort führt. Das Quittieren kann über Display, Scanner oder Headset erfolgen.

RFID = Radio Frequency Identification, siehe Seite 224

Pick by Light

Pick by Voice

Pick by Vision

29.5 Preisbildung

Siehe Fahrzeugkalkulation, Seite 132

Eine Beförderungsleistung vom Versender bis zum Empfänger zu kalkulieren ist vergleichsweise überschaubar, obwohl bei der Berechnung eines Tages- und Kilometersatzes durchaus detaillierte Überlegungen zur exakten Kostenerfassung notwendig sind. Das Leistungsspektrum in der Distributionslogistik ist aber sehr breit und vielfältig und bezieht sich auf den Transport, die Lagerung und die Verteilung von Gütern sowie auf eine Vielfalt von Mehrwertdiensten.

Siehe Seite 363

Bei der Lagerlogistik ist dargestellt worden, wie Leistungen eines Logistikdienstleisters in kleinste Schritte aufgeteilt und zeitlich bewertet werden können. Diese Aussagen gelten auch für die Distributionslogistik. Das unten stehende Beispiel für die Kalkulation des Kommissionierprozesses zeigt die gleiche Vorgehensweise.

Beispiel:

Basisdaten	
kaufmännische Mitarbeiter (pro Stunde inkl. Lohnnebenkosten)	20,00 EUR
gewerbliche Mitarbeiter (pro Stunde inkl. Lohnnebenkosten)	15,00 EUR
Arbeitstage pro Jahr	250
Wege und Verteilzeiten	18 %
Zeiten der Abwesenheit	20 %
Elektro-Kommissioniergerät je Stunde	1,60 EUR
allgemeine Verwaltungskosten	10 %
Gewinn	5 %

Annahme: Ein Auftrag enthält durchschnittlich fünf Positionen mit jeweils vier Zugriffen = 20 Picks.

Siehe auch Transaktionskostenrechnung beim Wareneingang Seite 364

Kommissionierung					
Tätigkeit/Transaktion	**Minuten**	**Faktor**	**Minuten/ Auftrag**	**EUR/Auftrag**	**EUR/Pick (Karton) (20 Picks pro Auftrag)**
Administration (Bestandscheck, Druck Pickliste, allgemeine Kommunikation etc.)	5	1	5	5 · 20,00 EUR : 60 Min. = 1,67 EUR	1,67 EUR : 20 Picks = **0,09** EUR
Auftragsbeginn (Aufnahme Pickliste, Koordination)	2	1	2	2 · 15,00 EUR : 60 Min. = 0,5 EUR	0,50 EUR : 20 Picks = **0,03** EUR
Ladehilfsmittel (Palette oder Karton) vorbereiten	2	1	2	2 · 15,00 EUR : 60 Min. = 0,5 EUR	0,50 EUR : 20 Picks = **0,03** EUR
Fahrzeit je Auftrag (ca. 400 m)	2,5	1	2,5	2,5 · 15,00 EUR : 60 Min. = 0,63 EUR	0,63 EUR : 20 Picks = **0,03** EUR
Orientierungszeit je Position	0,2	5	1	1 · 15,00 EUR : 60 Min. = 0,25 EUR	0,25 EUR : 20 Picks = **0,01** EUR
Greifzeit je Pick	0,1	20	2	2 · 15,00 EUR : 60 Min. = 0,5 EUR	0,5 EUR : 20 Picks = **0,03** EUR
Kommissioniergerät (Summe)	4	1	4	4 · 1,60 EUR : 60 Min. = 0,11 EUR	0,11 EUR : 20 Picks = **0,01** EUR
Übergabe Versandstation WA	1	1	1	15,00 EUR : 60 Min. = 0,25 EUR	0,25 EUR : 20 Picks = **0,02** EUR
Gewerblicher Mitarbeiter: Verteilzeiten [18 %] + Abwesenheit [20 %]			10,5	10,5 · 38 % · 15,00 EUR : 60 Min. = 1,00 EUR	1,00 EUR : 20 Picks = **0,05** EUR
Kaufmännischer Mitarbeiter: Verteilzeiten [18 %] + Abwesenheit [20 %]			5	5 · 38 % · 20,00 EUR : 60 Min. = 0,63 EUR	0,63 EUR : 20 Picks = **0,03** EUR
				EUR/Pick	**0,33** EUR

Kommissionierung					
Tätigkeit/Transaktion	**Minuten**	**Faktor**	**Minuten/ Auftrag**	**EUR/Auftrag**	**EUR/Pick (Karton) (20 Picks pro Auftrag)**
	allgemeine Verwaltungskosten 10 %				**0,03** EUR
	Zwischensumme				**0,37** EUR
	Gewinn 5 %				**0,02** EUR
	Nettopreis pro Pick (Karton)				**0,39** EUR

Steht fest, wie viele Picks pro Auftrag durchschnittlich anfallen (im Beispiel oben 20 Picks), kann ein Kommissionierpreis pro Karton (oder auch pro Palette) ermittelt werden, der wiederum zu einem Gesamtpreis für alle Transaktionen (zuzüglich eines Preises für die eigentliche Lagerung) verdichtet werden kann.

Beispiel:

Kalkulation eines Preises für logistische Dienstleistungen pro Karton (in EUR)		
	Wareneingang	0,45
+	Kommissionierung	0,39
+	Warenausgang	0,89
+	Lagergeld	0,08
=	Kartonpreis	1,81

Diese Art der Preisbildung ist für einen Logistikdienstleister aber nicht unproblematisch. Die einmal ermittelten Durchschnittszahlen zur Sendungsstruktur (z. B. Anzahl der Positionen pro Auftrag und der Picks) können sich im Laufe der Zeit verändern. Die Preisvereinbarung mit dem Auftraggeber muss dann rechtzeitig angepasst werden. Ohnehin beinhalten Logistikverträge i. d. R. eine Preisanpassungsklausel. Sie besagt, dass der Preis in regelmäßigen Zeitabständen (häufig pro Jahr) neu vereinbart wird.

29.6 Kennzahlen

Die wichtigsten Logistikkennzahlen sind bereits im Kapitel „Lagerlogistik" vorgestellt worden. Für die Distributionslogistik ist noch der **Lieferbereitschaftsgrad** besonders bedeutsam, weil er Aussagen über die Zuverlässigkeit des Logistikdienstleisters macht. Diese Kennzahl stellt die Zahl der terminlich korrekt ausgeführten Aufträge der Gesamtzahl der Aufträge gegenüber. Man erhält dann eine Zahl, die darstellt, wie viel Prozent der Aufträge termingerecht erledigt worden sind.

Lagerkennzahlen, Seite 371

$$\text{Lieferbereitschaftsgrad in \%} = \frac{\text{Anzahl termingemäß erfüllter Aufträge} \cdot 100}{\text{Gesamtzahl eingegangener Aufträge}}$$

Beispiel:
Zahl der Aufträge insgesamt: *55 700*
termingerecht erledigte Aufträge: *54 586*

$$\textit{Lieferbereitschaftsgrad in \%} = \frac{54\,586 \cdot 100}{55\,700} = 98\,\%$$

29.7 Distribution im Onlinehandel

Ungeliebtes Endkundengeschäft

Siehe Probleme der letzten Meile auf Seite 230

Speditionen bevorzugen Aufträge mit gewerblichen Empfängern, weil Zustellungen an Endkunden spezielle Schwierigkeiten aufweisen:

- Meist ist nur eine Sendung pro Stopp zuzustellen.
- Es besteht ein hoher Abstimmungsaufwand mit privaten Empfängern wegen eines geeigneten Zustelltermins oder bei einer Retourenabwicklung.
- Die Einkäufe der Endkunden sind unregelmäßig und damit wenig planbar.
- Letztlich entstehen im Endkundengeschäft höhere Kosten als bei der Belieferung von gewerblichen Kunden.

Dynamischer Onlinehandel

B2B/B2C siehe Seite 501

Neben den traditionellen Projekten zur B2B-Distributionslogistik bemühen sich Logistikdienstleister verstärkt um Aufträge von Konsumgüterherstellern, die neben den Lieferungen an den Handel (B2B) auch die Belieferung von Endverbrauchern einschließt (B2C). Noch einen Schritt weiter gehen Logistiker, die für Onlinehändler die gesamte Distribution übernehmen, denn das beinhaltet vor allem die Bedienung von Endkunden.

Fulfillment

Fulfillment (engl.) = Erfüllung, Ausführung

Wenn logistische Dienstleister für Onlinehändler den gesamten Prozess der Auftragsabwicklung übernehmen, spricht man von **Fulfillment**. Das Leistungsspektrum ist dabei breit aufgestellt und umfasst z. B.:

- Lagerung, Kommissionierung, Transport, Auslieferung der Waren
- Lagerbestandsverwaltung für Onlinehändler
- Sendungsverfolgung durch Endkunden
- Retourenmanagement und Reklamationsabwicklung
- Bezahlen der Ware (Inkasso)
- Verpacken und Etikettieren der Ware
- Aufstellen von Geräten und Möbeln
- Entsorgung von Altgeräten und Verpackungsmaterial

Onlineshop-Betreiber können sich so vollständig auf den Onlineshop konzentrieren. Außerdem ist die Distribution durch Logistikdienstleister für Onlinehändler oft kostengünstiger und schneller als Lagerhaltung und Versand in Eigenregie. Onlinehändler haben die Ware gewöhnlich nur zu verpacken und an den Logistikdienstleister zu übergeben. Ein großer Vorteil sind skalierbare Lagerkapazitäten beim Logistikdienstleister. Entwickelt sich der Shop eines Onlinehändlers ungewöhnlich gut, braucht er sich keine Sorgen wegen der Lagerkapazität zu machen. Bei einem eigenen Lager könnte die Kapazitätsgrenze schnell erreicht sein. Umgekehrt wird der Onlinehändler nicht mit konstanten fixen Lagerkosten belastet, wenn die Umsätze zurückgehen.

Beispiel Amazon:

Amazon ist im Grunde ein Versandhändler, der aber anderen Onlinehändlern anbietet, ihre Produkte auf seiner Plattform (Amazon Market Place) zu vertreiben (Fulfillment by Amazon, FBA). In diesem Zusammenhang übernimmt Amazon Fulfillment-Funktionen, die die einzelnen Onlinehändler in unterschiedlicher Intensität nutzen können.
Für die Zustellung zu den Endkunden bedient sich Amazon verschiedener KEP-Dienstleister, baut aber zunehmend auch eigene Vertriebswege auf. Amazon ist damit zugleich Partner und Konkurrent der Logistikdienstleister.

→ **Fulfillment** = Umfassende Auftragsabwicklung logistischer Dienstleister für Onlinehändler.

Organisation des Versands an Endkunden

Logistikdienstleister, die Fulfillment für Onlinehändler betreiben, haben verschiedene Möglichkeiten, den Versand an Endkunden zu organisieren.

- Falls auch größere Produktmengen an Gewerbetreibende zu versenden sind (B2B), werden diese im eigenen Stückgutsystem wie normale Stückgutsendungen behandelt.

- B2C-Stückgüter können an Privatkundensysteme wie z. B. DHL, GEL oder Hermes zum Transport übergeben werden. Sie sind dann aus dem normalen Stückgutgeschäft auszusondern und den KEP-Dienstleistern getrennt bereitzustellen.
- Fulfillment-Betreiber können aber auch selbst in den B2C-Versand einsteigen und die Güter bis zu den Endkunden ausliefern. In diesem Fall spezialisieren sich Logistikdienstleister aber in der Regel auf bestimmte Produkte wie Küchengeräte (weiße Ware), Möbel und Unterhaltungselektronik (braune Ware). Diese Güter zeichnen sich durch ein höheres Gewicht und höheres Volumen im Vergleich zu Standard-B2C-Sendungen aus. Die Zustellung ist gewöhnlich mit weiteren Dienstleistungen (Value-added-Services) wie Möbelaufbau, Geräteinstallation und Altgeräte-Entsorgung verbunden.

Endkundenzustellung im Onlinehandel

① B2B: eigenes Stückgutsystem
② B2C: Übergabe an KEP-Dienstleister
③ B2C: eigene Endkundenzustellung für schwere und voluminöse Güter

Weitere Serviceleistungen

- Zustellavis per SMS, Telefon oder E-Mail
- Wunschtermin-Anlieferung
- Anbindung an das Warenwirtschaftssystem des Onlinehändlers für schnelle Kommunikation
- europaweite Zustellung

Beispiel:
Ein Transport- und Logistikdienstleister stellt online bestellte Haushaltsgeräte, Unterhaltungselektronik und Möbel direkt bis in die Wohnung eines Endverbrauchers zu. Eine Zwei-Mann-Fahrzeugbesatzung schließt die elektronischen Geräte an und baut Möbel auf. Altgeräte, Altmöbel und Verpackungsmaterial werden entsorgt.

Dropshipping

Logistikdienstleister können Versandaufträge im Rahmen des Onlinehandels auch von den Herstellern der Produkte bekommen. Man spricht von Dropshipping. Dabei lagert der Onlinehändler die von ihm im Onlineshop angebotene Ware nicht ein, sondern leitet eingehende Bestellungen sofort an den Hersteller weiter. Dieser veranlasst dann den Versand der Ware direkt an den Kunden.

Zusammenfassung	Distributionslogistik
Distributionskanäle:	▪ direkter Vertrieb: Produzent → Kunde Sonderform: E-Commerce über Speditionen/KEP-Dienste ▪ indirekter Vertrieb: Produzent → Handel → Kunde ▪ Efficient Consumer Response (ECR): intensive Kooperation von Industrie und Handel/Datenaustausch)
Kommissionieren:	▪ Auftragseingang (→ Lagerverwaltungssystem) ▪ Kommissionierliste (häufig beleglos) ▪ Kommissionieren (häufig rechnergesteuert) ▪ Versandvorbereitung (z. B. wickeln, labeln, Warenausgang) ▪ Rückmeldung Lagerverwaltungsprogramm (Statusänderung) ▪ Versand
Preiskalkulation:	▪ Preisbestandteile: Wareneingang + Kommissionieren + Warenausgang + Lagergeld ▪ häufig Paletten-/Karton-/Stückpreis ▪ Kalkulation: Transaktionskostenrechnung/Prozesskostenrechnung
Kennzahlen:	▪ durchschnittlicher Lagerbestand ▪ Umschlagshäufigkeit ▪ durchschnittliche Lagerdauer ▪ Lagerreichweite ▪ Lagerkostensatz ▪ Kosten pro Lagerbewegung ▪ Auslastungsgrad/Beschäftigungsgrad ▪ Lieferbereitschaftsgrad
Fulfillment:	umfassende Auftragsabwicklung für Onlinehändler

30 Entsorgungslogistik

Die Produktion von Gütern und deren Verbrauch führt zwangsläufig zur Entstehung von Rückständen und Abfällen, die in irgendeiner Weise entsorgt werden müssen. Unter Entsorgung sind dabei alle Maßnahmen zu verstehen, die der Wiederverwendung bzw. -verwertung oder der umweltgerechten Beseitigung von Abfällen dienen.

Da dieses Handling von Abfällen und deren Beseitigung stets mit hohen Kosten verbunden ist, beginnt der Prozess der **Entsorgungslogistik** grundsätzlich schon bei der Planung von Produktions- und Verpackungsprozessen. Die weiteren wesentlichen operativen Aufgaben der Entsorgungslogistik umfassen das Sammeln, Sortieren, Lagern, Verpacken und Transportieren von Abfällen aller Art.

Entsorgungslogistik = Planung und Steuerung von Verpackungs- und Abfallströmen mit dem Ziel einer umweltgerechten Verwertung oder Beseitigung

Verschiedene Gesetze und Verordnungen verpflichten Unternehmen und Verbraucher zum schonenden Umgang mit natürlichen Ressourcen, insbesondere im Zusammenhang mit dem Handling von Abfällen.

30.1 Kreislaufwirtschaftsgesetz

Abfälle von Erzeugnissen und deren Verpackungen enthalten Rohstoffe und Energie, die wirtschaftlich genutzt werden können. Nicht sachgerecht entsorgter Abfall gefährdet Mensch und Umwelt.

Wesentlicher Zweck des Kreislaufwirtschaftsgesetzes ist daher die Förderung der Kreislaufwirtschaft, um die natürlichen Ressourcen zu schonen sowie Mensch und Umwelt beim Umgang mit Abfällen zu schützen.

Kreislaufwirtschaft = System, in dem Produkte und Materialien so oft wie möglich die Stufen Produktion, Gebrauch und Recycling durchlaufen, um die anfallende Abfallmenge auf ein Minimum zu reduzieren

Grundsätzlich gilt: wer Erzeugnisse entwickelt, herstellt, verarbeitet oder vertreibt, trägt die Produktverantwortung zur Erfüllung der Ziele der Kreislaufwirtschaft. Das Kreislaufwirtschaftsgesetz fordert, im Rahmen der Herstellung und des Gebrauchs von Erzeugnissen die Menge der Abfälle möglichst gering zu halten; trotzdem entstandene Abfälle sollen umweltverträglich verwertet oder beseitigt werden.

Folgerichtig definiert das Gesetz eine fünfstufige **Abfallhierarchie**:

1. **Vermeidung**: die Entstehung von Abfall, insbesondere Verpackungsabfall, soll möglichst von vornherein vermieden werden. So muss z. B. Gemüse im Supermarkt nicht in Plastik verpackt oder eingeschweißt sein.
2. Vorbereitung zur **Wiederverwendung**: durch die mehrfache Verwendung von Verpackungen, z. B. in Pfandsystemen bei Getränkeflaschen oder Tauschsystemen bei Packmitteln wie Europaletten, wird Verpackungsabfall vermieden.
3. **Recycling**: Produkte und Verpackungen, die nicht wiederverwendet werden können, sollen der stofflichen Verwertung zugeführt werden. So werden aus Altglas und Altpapier wieder die Rohstoffe Glas bzw. Papier zur industriellen Nutzung.
4. **Sonstige Verwertung**: hier steht die energetische Verwertung, also vor allem die Energiegewinnung durch Verbrennung von (Verpackungs-)Abfall in Kraftwerken im Vordergrund.
5. **Beseitigung**: Abfälle, die nicht einer der vier vorherigen Stufen zugeführt werden können, sind sicher und umweltfreundlich zu beseitigen, dies erfolgt für gewöhnlich auf Mülldeponien.

30.2 Verpackungsgesetz

Das Verpackungsgesetz ist im Januar 2019 als Nachfolgeregelung der bis dahin gültigen Verpackungsverordnung in Kraft getreten. In diesem Gesetz wird die im Kreislaufwirtschaftsgesetz verankerte Produktverantwortung konkret auf die Anforderungen an Produktverpackungen angewendet; dabei findet die oben genannte fünfstufige Abfallhierarchie eine analoge Anwendung.

Wesentliche Eckpunkte des Verpackungsgesetzes sind neben der Erhöhung bestimmter **Recyclingquoten** eine **Registrierungspflicht** bei der öffentlich einsehbaren „Zentralen Stelle Verpackungsregister" sowie die **Lizenzierungspflicht** bei einem Dualen System.

Duales System = haushaltsnahe Sammlung, Sortierung und Verwertung von gebrauchten Verpackungen. Der Begriff „Dual" steht dabei für die Schaffung eines zweiten Entsorgungssystems neben der öffentlichen Müllabfuhr.

Das Gesetz unterscheidet zahlreiche Arten von Verpackungen. Zu den wichtigsten gehören:

- **Verkaufsverpackungen**: sie werden dem Endverbraucher zusammen mit der enthaltenen Ware als Verkaufseinheit angeboten.

  Beispiele:
  Joghurtbecher, Zahnpastatuben, Getränkeflaschen, Konservendosen (jeweils samt Inhalt)

- **Umverpackungen**: sie umhüllen mehrere Verkaufsverpackungen, um den Verkauf mehrerer Einheiten an den Endverbraucher zu fördern oder um die Regalbestückung zu erleichtern.

  Beispiele:
  Getränkekisten, Taschentücher im 12er-Pack, Tray mit Joghurtbechern

- **Transportverpackungen**: sie erleichtern Transport und Lagerung bei gleichzeitigem Schutz der Ware und gelangen für gewöhnlich nicht bis zum Endverbraucher.

  Beispiele:
  Paletten, Kartonagen, Kunststoffbehälter, Kisten, Schrumpffolien, Füllmaterial wie z. B. Verpackungschips

Das Verpackungsgesetz stellt zudem ausdrücklich auch **Versandverpackungen**, die durch den boomenden Online-Handel in immer größerer Menge beim Endverbraucher anfallen, den Verkaufs- und Umverpackungen gleich.

Während für Transportverpackungen nach dem Verpackungsgesetz nach wie vor eine Rücknahmepflicht für den Hersteller bzw. Händler besteht, gilt diese für Verkaufs- und Umverpackungen sowie für Versandverpackungen nicht mehr in gleicher Form. Verwertung bzw. Beseitigung dieser Verpackungsarten werden durch die gesetzlich vorgeschriebene Beteiligung am neuartigen zentralen Entsorgungssystem sichergestellt.

30.3 Der Spediteur in der Entsorgungslogistik

Über den Tausch von **Paletten** sind Spediteure grundsätzlich damit vertraut, zyklische Systeme für die Rückführung und Wiederverwendung dieser Ladehilfsmittel zu organisieren. Palettentauschverfahren sind aber häufig von Zufällen geprägt, weil es vom Empfänger abhängt, ob er Tauschpaletten zur Rückführung anbieten kann.

Moderne Logistikkonzepte stellen erheblich höhere Anforderungen an die Logistikdienstleister. In der Kraftfahrzeugindustrie liefern z. B. Systemlieferanten umfangreiche Baugruppen an den Hersteller, die vom Dienstleister bis an das Produktionsband zu befördern sind. Dies geschieht mit speziellen Ladehilfsmitteln, auf denen die Baugruppe gelagert ist. Zur Gewährleistung der Prozesssicherheit ist die regelmäßige Rückführung des **Ladehilfsmittels** wesentlicher Bestandteil des Logistikauftrages.

Auch der Handel verwendet, nicht zuletzt aufgrund der Forderungen des Kreislaufwirtschafts- und des Verpackungsgesetzes, **Mehrwegbehälter**, deren Rücktransport ebenfalls sichergestellt werden muss. Dem Güterstrom vom Hersteller zum Handel entspricht demnach ein entgegengesetzt gerichteter Strom von Transportverpackungen. Der logistische Dienstleister hat **Verpackungskreisläufe** zu organisieren sowie terminlich und kostenmäßig nach den Wünschen seines Auftraggebers zu gestalten.

In Bezug auf den Güterstrom vom (Online-)Händler zum Endverbraucher und die damit verbundene Verwertungspflicht bei Verkaufs-, Versand- und Umverpackungen können sich logistische Dienstleister generell an allen Stufen eines Dualen Systems einbringen.

Die Bandbreite reicht beispielsweise von der Einrichtung eines Wertstoffhofes zum Sammeln und Sortieren derartiger Verpackungen (**Redistributionslogistik**) über das Lagern und Befördern der Verpackungen zur stofflichen Verwertung bei spezialisierten Verwertungsunternehmen (**Aufbereitungslogistik**) bis hin zur endgültigen Verteilung der recycelten Produkte zurück in den Wirtschaftskreislauf bzw. der nicht wiederverwertbaren Reststoffe zur umweltgerechten Entsorgung auf Deponien (**Wiedereinsatzlogistik**).

Gemäß § 55 KrWG haben Sammler und Beförderer von Abfällen ihre Lkw bei der Beförderung von Abfall auf öffentlichen Straßen vorn und hinten mit der **Abfall-Warntafel** („A-Schild") zu kennzeichnen.

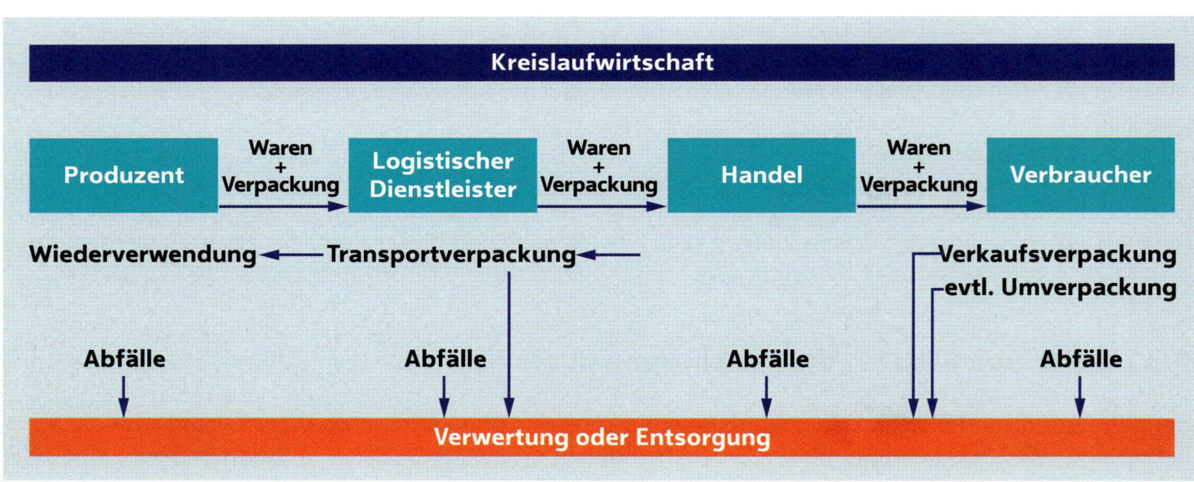

Zusammenfassung	Entsorgungslogistik
Kreislaufwirtschaftsgesetz:	Abfallhierarchie: ▪ Abfallvermeidung ▪ Wiederverwendung ▪ Recycling ▪ sonstige Verwertung ▪ Beseitigung
Verpackungsarten:	▪ Transportverpackungen ▪ Umverpackungen ▪ Verkaufsverpackungen

31 Nachhaltigkeit

Auf der UNO-Konferenz „Umwelt und Entwicklung" in Rio de Janeiro im Jahre 1992 wurde die Weltgemeinschaft erstmals zu nachhaltigem Handeln aufgefordert, um „die menschlichen Grundbedürfnisse zu befriedigen, den Lebensstandard aller Menschen zu verbessern und die Ökosysteme wirkungsvoller zu schützen und zu verwalten". Vor allem sollte erreicht werden, dass die heutige Generation mit den vorhandenen Vorräten der Natur (Wasser, Energie, Rohstoffe usw.) verantwortungsbewusst umgeht, um die Lebensmöglichkeiten nachfolgender Generationen nicht zu beschränken.

→ **Nachhaltigkeit** = Handlungskonzept, das darauf ausgerichtet ist, den Bedürfnissen der jetzigen Generation zu dienen, ohne die Lebenschancen künftiger Generationen zu gefährden

Überträgt man diesen Grundgedanken auf die Wirtschaft, lässt sich „Nachhaltigkeit" wie folgt definieren:

→ **Nachhaltigkeit im Unternehmen** = Managementkonzept, das unternehmerischen Erfolg mit der Berücksichtigung sozialer und ökologischer Aspekte verbindet

Vom Verkehrssektor gehen vielfältige Umweltbelastungen aus. Im Vordergrund der Diskussion steht heute die Produktion von **Treibhausgasen** durch den Betrieb der Verkehrsmittel. Treibhausgase, vor allem CO_2, werden für die Klimaerwärmung und deren negative Folgen verantwortlich gemacht. Verbrennungsmotoren erzeugen aber auch **Feinstaub**, der gesundheitsbelastend ist. Darüber hinaus werden die begrenzten Vorräte an fossilen **Rohstoffen** (Öl, Erdgas) in hohem Maße vom Verkehr in Anspruch genommen. Als umweltbelastend gilt auch der **Flächenverbrauch** durch Straßen, Betriebsgebäude, Lagerhallen, Umschlagsanlagen und Parkplätze.

Siehe CO_2-Fußabdruck, Seite 483, sowie die Emissionsklassen von Lkws, Seite 143

Die Verkehrsbetriebe sind daher aufgefordert (und, wie Umfragen beweisen, auch bereit), durch nachhaltiges Handeln zur Schonung unseres Lebensraumes beizutragen. Dabei geht es aber nicht nur um eine ökologische Sichtweise. Nachhaltiges Handeln zeigt sich im Verkehrssektor vorzugsweise auf drei Ebenen:

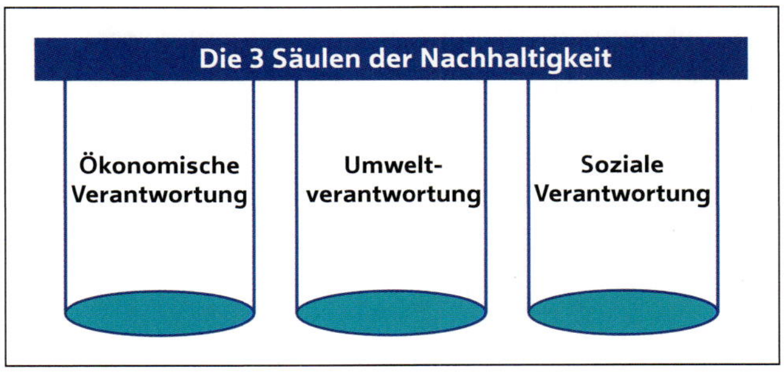

31.1 Ökonomische Verantwortung

→ **Ökonomische Verantwortung** = nachhaltiges Handeln, das die Leistungsfähigkeit eines Unternehmens langfristig sichert, indem die vorhandenen Ressourcen (Güter, Waren, Kapital und Dienstleistungen) schonend eingesetzt werden

Der effiziente Einsatz der Ressourcen eines Verkehrsbetriebes (Energie, Wasser, Materialen) dient durch die Verbrauchsreduktion der Umwelt, fördert aber auch das wirtschaftliche Wohlergehen eines Unternehmens. Es gibt viele Beispiele, wie nachhaltiges Handeln gleichzeitig ökonomische Vorteile erbringt:

- Eine Verminderung von Leerfahrten verringert den Energieverbrauch und schafft ökonomischen Nutzen, weil auch die Kosten sinken.
- Eine Erhöhung der Umschlagsgeschwindigkeit im Lager ist energieeffizient und wirtschaftlich vorteilhaft.
- Der Ersatz eines Bestandslagers durch ein Transitlager spart Energie für die Unterhaltung des Lagers und senkt gleichzeitig die Lagerkosten.
- Eine Modernisierung der Gebäude senkt Energiekosten.
- Eine Modernisierung des Fuhrparks führt zur Schadstoffreduktion und zu besseren Verbrauchswerten.
- Nutzung des kombinierten Verkehrs, um den CO_2-Ausstoß zu senken.

Konzept einer Sattelzugmaschine, die zusammen mit einem aerodynamisch gestalteten Auflieger bis zu 25 % weniger Kraftstoff verbraucht

© MAN Truck & Bus AG, München

Weitere ökonomische und ökologische Vorteile verspricht das sogenannte **Platooning**. Bei dieser insbesondere für Autobahnen geeigneten Art der digitalen Vernetzung fahren zwei oder mehr Lkw in einem Abstand von nur jeweils 15 – 20 m hintereinander, wobei der Fahrer des ersten Lkw Geschwindigkeit und Richtung vorgibt. Fahrerassistenz- und Steuersysteme sorgen dafür, dass alle vernetzten Fahrzeuge im Gleichtakt lenken, beschleunigen und bremsen und selbst im Falle einer Vollbremsung rechtzeitig zum Stehen kommen.

Die erwarteten positiven Effekte beruhen auf einer Treibstoffeinsparung von bis zu 10 %, einem geringeren CO_2-Verbrauch sowie einer effizienteren Platzausnutzung und damit verbunden weniger Staus und mehr Sicherheit auf Autobahnen. Während bei den laufenden Tests die hinterherfahrenden Lkw noch mit Fahrern besetzt sind, die im Notfall manuell eingreifen können, ist eine vollständig ausgereifte Fahrzeugautonomie mit der Einsparung dieser Fahrer und den entsprechenden Personalkosten verbunden.

31.2 Umweltverantwortung

Umweltverantwortung = nachhaltiges Handeln, das die natürlichen Lebensgrundlagen nur in dem Maße beansprucht, wie diese sich erneuern können

Für Speditionen bedeutet Umweltverantwortung nicht zuletzt der Einsatz alternativer Lkw-Antriebsformen, um den hohen CO_2-Ausstoß herkömmlicher Dieselmotoren zu kompensieren. Neben Erdgas oder Wasserstoff bestimmen batteriebetriebene Fahrzeuge die aktuelle Diskussion, wobei allerdings selbst die leistungsstärksten Batterien aufgrund ihrer Reichweite von maximal 200 km nur einen Einsatz im Nahverkehr zulassen.

Hybrid = Kombination von zwei Technologien in einem System; z. B. Lkw mit Elektro- und Dieselmotor

Eine Alternative für den Lkw-Fernverkehr verspricht der sogenannte **E-Highway**, auf dem **Hybrid-Lkw** per ausfahrbarem Stromabnehmer mit Strom aus Oberleitungen versorgt werden. In Deutschland wurden drei Teststrecken eingerichtet, auf denen seit Januar 2020 ein Feldversuch stattfindet.

Auf Strecken ohne Oberleitung wird das Fahrzeug von der bordeigenen Batterie oder dem herkömmlichen Diesel angetrieben. Das gilt auch für Überholmanöver, bei denen der Stromabnehmer automatisch abgekoppelt wird; kehrt der Lkw anschließend auf die Oberleitungsspur zurück, erkennt ein Sensor die Leitung und der Stromabnehmer fährt wieder aus.

Weitere Beispiele:

- Eine Lagerhalle erhält eine Trägerkonstruktion aus nachwachsenden Rohstoffen (Holzbinder).
- Reifen mit optimiertem Rollwiderstand anschaffen
- Ersatz der EURO-3- und EURO-4-Fahrzeuge durch Fahrzeuge der Emissionsklasse 5 oder 6
- Sendungsverdichtung und Optimierung der Fahrzeugauslastung, Verlagerung von Transporten auf Seeschiff, Binnenschiff, Eisenbahn und den kombinierten Verkehr
- Abfälle vermeiden, trennen, verwerten
- umweltverträgliche Materialien/Verpackungen verwenden
- Energiegewinnung durch Fotovoltaik-Anlagen auf den Betriebsgebäuden
- Kunden für „grüne Logistik" sensibilisieren
- eigene „grüne Produkte" entwickeln und anbieten (z. B. CO_2-neutrale Beförderungen)
- Flächenverbrauch bei der Planung von Gebäuden möglichst gering halten

31.3 Soziale Verantwortung

Soziale Verantwortung = nachhaltiges Handeln, das die Förderung sozialer Sicherheit der Arbeitnehmer im Auge hat (z. B. Arbeitsschutz, Arbeitsplatzsicherheit, Fortbildung, Motivation, Gleichberechtigung, Integration ausländischer, älterer sowie behinderter Mitarbeiter) und das Unternehmen auch durch soziales Engagement (z. B. Sponsoring) nach außen darstellen will.

Beispiele:

- Fahrer für energieeffizientes Fahren schulen
- Umweltbewusstsein der Mitarbeiter fördern
- sozialverträgliche Arbeitszeitmodelle schaffen
- Unfallgefahren vermindern (durch sichere Werkzeuge und Schulung der Mitarbeiter)
- die Gesundheit der Mitarbeiter aktiv fördern (z. B. durch Schulungen über das richtige Tragen schwerer Lasten)
- Lehrstellen anbieten
- Gleichstellung von Mann und Frau
- Integration von Mitarbeiter/-innen mit ihren Unterschiedlichkeiten in Bezug auf Geschlecht, Ethnie, Alter, Behinderung, soziale Herkunft, sexuelle Orientierung, Migrationshintergrund
- das offene Gespräch mit kritischen Umweltschutzgruppen und anderen suchen, um gegenseitiges Verständnis zu fördern

31.4 Compliance

Compliance bedeutet im engeren Sinne, dass sich Unternehmen in allen Ländern, in denen sie ihre Unternehmenstätigkeit ausüben, an Recht und Gesetz halten müssen. Im weiteren Sinne bedeutet Compliance, dass Unternehmen verstärkt auch gesellschaftliche Erwartungen zu erfüllen haben. Da diese Erwartungen, wie beispielsweise die Schonung natürlicher Ressourcen, die Einhaltung von Sozialstandards in der Lieferkette, die Bekämpfung von Korruption und nicht zuletzt der Klimaschutz immer häufiger in gesetzliche Regelungen münden, ist insbesondere die erweiterte Definition des Compliance-Begriffes für nachhaltiges Handeln von Bedeutung.

Compliance = Einhaltung von gesetzlichen Bestimmungen und Richtlinien sowie die Erfüllung weiterer, von einem Unternehmen selbst gesetzter ethischer Standards und Anforderungen

Die Gesamtheit der Grundsätze und Maßnahmen eines Unternehmens zur Einhaltung bestimmter Regeln wird als **Compliance-Management-System** bezeichnet. Seit Dezember 2014 gilt mit der Norm ISO 19600 eine weltweit empfohlene Richtlinie für den Einsatz solcher Systeme. Als Leitfaden für die Implementierung stellt die Norm ein geeignetes Instrument zur Risikominimierung und zur Vermeidung von Regelverstößen im Unternehmen dar.

Auch die ADSp 2017 stellen in Ziffer 32 den Compliance-Begriff heraus und verpflichten die Vertragsparteien zur Einhaltung der Allgemeinen Erklärung der Menschenrechte der Vereinten Nationen, des „Global Compact" („UNGC"). Folgende Prinzipien werden in den ADSp angeführt:

ADSp 2017, siehe Seite 525

- Verbot der Beschäftigung von Kindern oder Zwangsarbeitern
- Einhaltung von Vorschriften zu Arbeitszeiten und Mindestlöhnen
- Erhaltung geltender Arbeits- und Gesundheitsbestimmungen
- Unterlassung der Diskriminierung aufgrund Rasse, Religion, Behinderung, Alter, sexueller Orientierung oder Geschlecht
- Einhaltung internationaler Antikorruptionsstandards
- Einhaltung von Umweltgesetzen und -regelungen

Somit haben die ADSp vor allem die soziale Verantwortung als wesentlichen Baustein nachhaltigen Handelns in ihrem Regelwerk verbindlich festgelegt.

31.5 CO_2-Fußabdruck (Carbon Footprint)

Carbon (engl.) = Kohlenstoff

Weltweit werden Klimaveränderungen beobachtet, die sich in einem Ansteigen der Durchschnittstemperatur sowie in einer Zunahme von Umweltkatastrophen wie Dürren, Überschwemmungen und Stürmen darstellen. Ursache des Klimawandels ist vor allem die übermäßige Produktion von Treibhausgasen, die z. B. bei der Verbrennung von Öl, Kohle und Gas entstehen. Das wichtigste Treibhausgas, das für die Klimaerwärmung verantwortlich gemacht wird, ist Kohlenstoffdioxid (chemische Bezeichnung: CO_2), ein Gas, das vor allem durch das Verhalten der Menschen entsteht (z. B. durch Verkehr, Heizen und Stromerzeugung). Jeder Bürger in Deutschland verursacht z. B. durchschnittlich 11 t CO_2 im Jahr.

Auch bei der Produktion von Konsumgütern entsteht CO_2, und zwar entlang der gesamten Produktionskette.

CO_2-Fußabdruck = Menge der CO_2-Emissionen, die von der Produktion bis zur Entsorgung eines Produkts anfällt auch ökologischer Fußabdruck oder Ökobilanz genannt

Beispiel: Wie viel CO_2 entsteht bei der Produktion, Nutzung und Entsorgung von Bettwäsche?

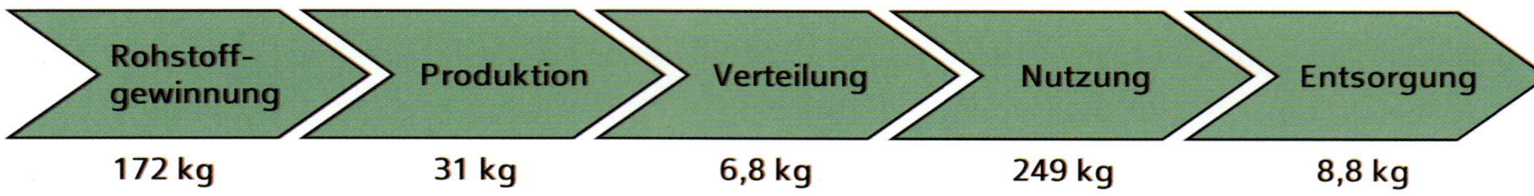

Quelle: vgl. Öko-Institut e. V. (Hrsg.): CO_2-Einsparpotenziale für Verbraucher, veröff. am 12.07.2010, unter www.oeko.de/oekodoc/1029/2010-081-de.pdf, S. 52

Die Grafik zeigt, dass die Beförderung des Produktes („Verteilung" = 6,8 kg) nur einen geringen Anteil am CO_2-Fußabdruck hat. Trotzdem können Verkehrsbetriebe die CO_2-Emission beeinflussen, indem sie z. B. umweltschonende Verkehrsmittel einsetzen.

Beispiel:
CO_2-Emission unterschiedlicher Verkehrsmittel bei der Beförderung eines T-Shirts von Hongkong nach Hamburg
Die CO_2-Emission eines Lufttransportes ist in diesem Fall rund 16-mal größer als bei einer Beförderung per Seeschiff.

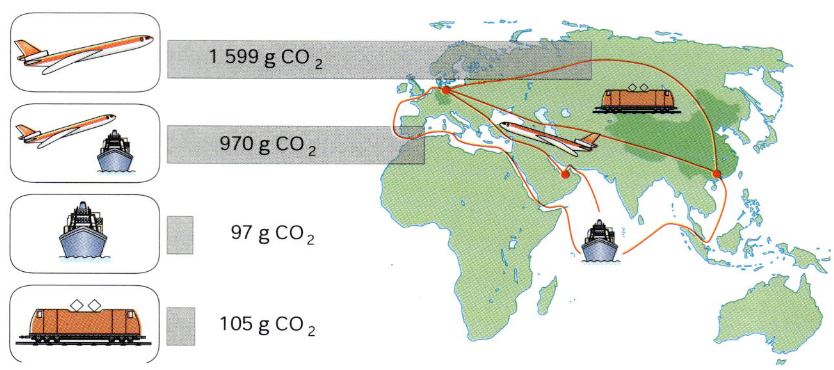

Vgl. Systain Consulting GmbH: Umweltschutzmaßnahmen entlang der Logistikkette. Case Study: Klimaschutz in der Logistik, veröff. am 24.04.2009, unter www.spedilehrer.de/fileadmin/user_upload/Brementexte/Systain_Vortrag_Holstenwall_090424.pdf, S. 9

Da ein erheblicher Anteil der CO_2-Emissionen in der Lieferkette entsteht, fordern Endprodukthersteller zunehmend CO_2-Emissionsdaten von ihren Vorlieferanten. Dazu zählen auch die Verkehrsbetriebe. Es ist Spediteuren und Frachtführern daher anzuraten, Konzepte zu entwickeln, die die CO_2-Emissionen nachweisbar machen (CO_2-Management). Eine Hilfe dazu bieten frei zugängliche Programme im Internet, mit denen der Schadstoffausstoß einzelner Beförderungen ermittelt werden kann.

www.ecotransit.org/calculation.de.html

Beispiel: Ecotransit-World
Das Programm ermittelt die Umweltauswirkungen von Transporten für die Verkehrsmittel Lkw, Bahn, Seeschiff, Flugzeug und für kombinierte/intermodale Verkehre. In mehreren Schritten sind die Transportdaten detailliert einzugeben. Im letzten Schritt wird dem Anwender die Auswertung zur Verfügung gestellt.

Berechnungsmethoden

Es gibt grundsätzlich zwei Methoden, um die CO_2-Emissionen von Beförderungsleistungen zu ermitteln.

1. **Verbrauchsorientierte Methode:** Der Dieselverbrauch eines Lkw lässt sich leicht feststellen. Da es bekannt ist, wie viel CO_2 durch das Verbrennen eines Liters Diesel entsteht (im Durchschnitt 2,6 kg), kann man für eine bestimmte Beförderungsstrecke, aber auch für die gesamte Fahrzeugflotte, die CO_2-Emissionen mithilfe des Umrechnungsfaktors berechnen.

   Beispiel:
   16 t Sammelgut werden per Lkw über eine Strecke von 460 km befördert. Der Lkw verbraucht 30 l Diesel pro 100 km.
   460 km : 100 · 30 l · 2,6 kg = **358,8 kg CO_2**

   Diese Betrachtung kann man auf andere Energieträger übertragen und z. B. die CO_2-Bilanz von eingelagerten Gütern ermitteln, weil die Umrechnungsfaktoren für Elektrizität und Gas ebenfalls bekannt sind (0,621 bzw. 0,219 kg CO_2/kWh).

2. **Leistungsorientierte Methode:** Die verbrauchsbasierte Berechnung wird problematisch, wenn Fremdunternehmer eingeschaltet werden. Das gilt nicht nur für den Lkw, sondern auch für andere Verkehrsmittel. Ein Spediteur, der eine CO_2-Bilanz seiner Verkehrsleistungen erstellen will, wird kaum

Einblick in den Energieverbrauch des Luftfracht-, Seeschifffahrts- oder Eisenbahnfrachtführers bekommen. Die Lösung des Problems liegt in der Betrachtung der erbrachten Verkehrsleistung. Sie ist das Produkt aus Sendungsgewicht und zurückgelegter Entfernung (= Tonnenkilometer, tkm). Für alle Verkehrsmittel liegen gesicherte, durchschnittliche Umrechnungsfaktoren vor, z. B.:

CO_2-Ausstoß pro tkm	Binnenschiff: 15 g	Seeschiff: 14 g
Lkw: 60 g	Eisenbahn: 21 g	Flugzeug: 810 g

Quelle: VERBAND DER CHEMISCHEN INDUSTRIE e.V., VCI-Leitfaden zur Ermittlung der CO_2-Emissionen in der Logistik der chemischen Industrie, Frankfurt 2010, Seite 7

Beispiel:
25 t Elektronik-Artikel werden in einem Container per Seeschiff von Singapur nach Hamburg und von dort per Lkw nach Dresden befördert. Seestrecke 18 500 km, Lkw-Beförderung 480 km.
25 t · 18 500 km · 14 g = 6 475 kg CO_2; 25 t · 480 km · 60 g = 720 kg CO_2; Summe: ***7 195 kg CO_2***

Es ist zu beachten, dass die angegebenen Umrechnungsfaktoren Durchschnittswerte sind. Die CO_2-Emissionsmessung für Transport- und Logistikunternehmen ist in einer europäischen Norm, der **EN 16258**, standardisiert worden.

31.6 CO_2-neutrale Logistik

Mit der Ermittlung des durch Logistikprozesse verursachten jährlichen CO_2-Ausstoßes legen nachhaltig handelnde Unternehmen den Grundstein für die Umsetzung einer CO_2-neutralen Logistik. Da eine Reduzierung des CO_2-Ausstoßes auf Null nicht realisierbar ist, kann als Ersatz eine **CO_2-Kompensation** betrieben werden. Hierbei wird der in Tonnen ermittelte CO_2-Ausstoß in einen Geldbetrag umgerechnet, der in die Unterstützung von Projekten zur Einsparung von Treibhausgasen fließt.

CO_2-Kompensation = Kompensation von CO_2-Emissionen an anderer Stelle als am Verursachungsort

Es gibt diverse sogenannte Standards, die durch die Förderung von Klimaschutzprojekten einen Ausgleich des von Unternehmen verursachten CO_2-Ausstoßes anbieten. Ein führender unabhängiger Qualitätsstandard für Klimaschutzprojekte ist der Gold Standard, gegründet von namhaften Organisationen wie dem WWF.
Die Projekte werden ständig weiterentwickelt und unterstützen beispielsweise die Reduzierung von Abwassermengen, verhindern die unnötige Abholzung von Wäldern oder sorgen für regenerative Stromerzeugung durch Sonne, Wind und Wasser. Während ein Großteil der Projekte in Entwicklungs- und Schwellenländern angesiedelt ist, existieren gleichwohl auch Projekte in Deutschland, die z. B. durch die Erhaltung von Mischwäldern oder Mooren die natürliche Speicherung von CO_2 fördern.
Der Umrechnungsfaktor zum Ausgleich einer Tonne CO_2 beträgt zumeist mehrere Euro. Beim Gold Standard liegt er mit 15,00 EUR pro Tonne CO_2 vergleichsweise hoch. Das bedeutet in diesem Fall, dass ein Unternehmen für jede Tonne ausgestoßenes CO_2 15,00 EUR in ein Projekt investiert, das ohne diese Investitionen nicht realisiert werden könnte. Es kommt somit zu real messbaren Verminderungen von Treibhausemissionen.

WWF = World Wildlife Fund

Siehe auch: www.arktik.de

Beispiel:
Ein Unternehmen verursacht durch die deutschlandweite Distribution seiner Waren 850 Tonnen CO_2. Durch die Investition von 12 750,00 EUR (= 850 to. x 15,00 EUR) in ein Gold Standard Projekt gelten die Emissionen zu 100 Prozent als ausgeglichen, auch wenn die Einsparung an einem ganz anderen Ort geschieht als die Verursachung.

31.7 Umweltmanagement

Nachhaltiges Handeln, das den Schutz der Umwelt und die Schonung von Ressourcen zum Kern hat, ist in erster Linie eine Managementaufgabe. Die Vorgaben der Unternehmensleitung bilden zusammen mit den geltenden gesetzlichen Vorschriften und Normen (z. B. Emissionsgrenzwerten oder Lärmschutzbestimmungen) die Basis eines betrieblichen Umweltmanagements.

Umweltmanagement = Methode zur Unternehmensführung mit dem Ziel, den Umweltschutz als systematische und dauerhafte Aufgabe zu organisieren

Ein darauf aufbauendes Umweltmanagementsystem kann ein Unternehmen frei gestalten oder gemäß einer Vorgabe wie der Umweltmanagementnorm **DIN EN ISO 14001** aufbauen. In diesem Leitfaden finden sich Grundsätze, Empfehlungen und Hilfsinstrumente zum Aufbau eines solchen Systems, das durch ein Audit eines externen Zertifizierungsunternehmens regelmäßig überprüft wird.

DIN EN ISO 9001, siehe Seite 512

Ein Speditionsbetrieb formuliert im Rahmen des Umweltmanagements demnach Vorgaben in Form von Prozessbeschreibungen sowie Verfahrens- und Arbeitsanweisungen. Diese werden im Managementhandbuch festgelegt. Das Umweltmanagementsystem sorgt für ihre Umsetzung durch konkrete Planung und Durchführung von Maßnahmen, deren Kontrolle sowie einer eventuellen Anpassung der Vorgaben.

PDCA-Zyklus, siehe Seite 513

Beispiel:

- Vorgabe/Ziel: Senkung des Dieselverbrauchs des Lkw-Fuhrparks um 5 Prozent
- Umsetzung: Fahrerschulung „Umweltschonendes Fahren“
- Kontrolle: Messung des Dieselverbrauchs in einem Vergleichszeitraum nach den Schulungen
- Anpassung: Bei Zielerreichung Implementierung der Fahrerschulung im zweijährigen Rhythmus

Durch aktives Umweltmanagement können Kosten reduziert und die Produktivität gesteigert werden. Zudem können Unternehmen ihr Umweltmanagementsystem als Differenzierungsmerkmal herausstellen und somit Wettbewerbsvorteile erzielen.

Zusammenfassung	Nachhaltigkeit	
Ökonomische Verantwortung:	effizienter Einsatz der Ressourcen (z. B. Energie, Wasser, Materialien)	
Beispiele:	▪ Leerfahrten vermindern ▪ Durchlaufzeiten im Lager beschleunigen	▪ Transitlager anstelle von Bestandslager ▪ Fuhrpark modernisieren
Umweltverantwortung: Beispiele:	▪ Fahrzeugauslastung erhöhen ▪ EURO-5- und EURO-6-Fahrzeuge ▪ Kombinierter Verkehr	▪ Abfälle umweltgerecht behandeln ▪ Fotovoltaik ▪ CO_2-neutrale Beförderungen
Soziale Verantwortung: Beispiele:	▪ sozialverträgliche Arbeitszeitmodelle ▪ Unfallgefahren vermindern ▪ Gesundheitsschulung	▪ Gleichberechtigung ▪ Integration (Migranten)
Compliance	Einhaltung von gesetzlichen Bestimmungen und Richtlinien sowie die Erfüllung weiterer, von einem Unternehmen selbst gesetzter ethischer Standards und Anforderungen	
CO_2-Fußabdruck (Carbon Footprint):	CO_2-Emissionen entlang der Produktionskette	▪ CO_2-Bilanzen
	CO_2 = Kohlenstoffdioxid	▪ CO_2-Fußabdruck
Verkehrsmittel:	**Lkw:**	**andere Verkehrsmittel:**
	▪ verbrauchsbezogen: 1 l Diesel ≈ 2,6 kg CO_2	▪ Seeschiff: 14 g CO_2/tkm ▪ Eisenbahn: 21 g CO_2/tkm
	▪ leistungsbezogen (Tonnenkilometer, tkm): 60 g CO_2 pro tkm	▪ Flugzeug: 810 g CO_2/tkm

Lernfeld 14
Marketingmaßnahmen entwickeln und durchführen

32 Dienstleistungsmarketing

32.1 Unternehmensziele

Die Absatzbemühungen von Unternehmen können verschiedene Zielsetzungen haben. Zu den wichtigsten Unternehmenszielen zählen:

- **Gewinnmaximierung:** Das Unternehmen ist bemüht, eine möglichst hohe Verzinsung des eingesetzten Eigenkapitals zu erreichen.
- **Marktmacht:** Ein Unternehmen strebt eine bestimmte Stellung im Markt an. Es setzt sich zum Ziel, einen gewissen Anteil aller in diesem Markt verkauften Produkte und Dienstleistungen zu erreichen.
- **Sicherheit:** Durch Gewinnung eines breiten Kundenkreises bei gleichmäßiger Auslastung der betrieblichen Kapazitäten ist das Unternehmen bestrebt, das langfristige Überleben des Betriebes zu sichern.

Diese Ziele verfolgen vor allem **erwerbswirtschaftlich** ausgerichtete Betriebe, die von privaten Inhabern betrieben werden.
Genossenschaftliche Betriebe haben die **Förderung ihrer Mitglieder** zum Ziel. Straßenverkehrsgenossenschaften (SVG) erzielen für ihre Mitglieder bessere Konditionen beim Einkauf von Produkten. Darüber hinaus beraten und betreuen die Genossenschaften die Mitgliedsbetriebe in betriebswirtschaftlichen Fragen.

www.svg.de

Gemeinwirtschaftliche Betriebe wie kommunale Verkehrsbetriebe haben als Unternehmensziel die **Kostendeckung**. Sie sind durch ihren Träger (Stadt, Kreis) gehalten, die Preise so zu setzen, dass die entstandenen Kosten möglichst gedeckt werden.

Betriebsziele

- **erwerbswirtschaftlich**
  - Gewinnmaximierung
  - Marktmacht
  - Sicherheit
- **genossenschaftlich**
  - Förderung der Mitglieder
- **gemeinwirtschaftlich**
  - Kostendeckung

32.2 Veränderte Rahmenbedingungen auf dem Güterverkehrsmarkt

Ebenso wie andere Märkte und Branchen unterliegt auch der Markt für Gütertransportleistungen ständigen Veränderungen. Einige wesentliche Veränderungen werden nachstehend beschrieben.

Deregulierung

Bis in die 1990er-Jahre war der Transportmarkt durch eine deutliche Regulierung gekennzeichnet. Sie zeigte sich vor allem in der staatlichen Festsetzung von Preisen in Form von Tarifen sowie in detaillierten gesetzlichen Regelungen zu Fragen des Verkehrsvertrages und des Marktzugangs. Im Zuge der Transportrechtsreform von 1998 wurden umfangreiche Rechtsverordnungen wie z. B. die Kraftverkehrsordnung abgeschafft und durch HGB-Regelungen ersetzt, die von den Vertragspartnern in hohem Maße gestaltet werden können.

Dienstleistungsfreiheit

Der von der Europäischen Union geschaffene einheitliche Binnenmarkt ermöglicht es Unternehmen, in jedem EU-Land seine Dienstleistungen anzubieten. Für den Verkehrsmarkt bedeutet das u. a. eine weitgehende Kabotagefreiheit. Mit dem Binnenmarkt verbunden sind die Vereinheitlichung der Wettbewerbsbedingungen sowie die Aufhebung von Marktzugangsbeschränkungen in Form von Kontingenten für Berechtigungen im Güterkraftverkehr.

Beispiel:
Die EU-Lizenz ist mengenmäßig nicht beschränkt; wer die Voraussetzungen erfüllt, hat Anspruch auf die Erteilung.

Vom Verkäufer- zum Käufermarkt

Die heutige Wirtschaft ist gekennzeichnet durch ein äußerst reichhaltiges Angebot unterschiedlichster Produkte und Dienstleistungen. Die Konsumenten bewegen sich in attraktiven Warenlandschaften, die den Eindruck einer fast unbegrenzten Auswahl vermitteln. In großer Zahl umwerben Anbieter die Kunden mit immer neuen Produktideen und attraktiven Preisen. Die Kunden befinden sich in einer bevorzugten Position, weil zahlreiche Anbieter im Wettbewerb um die Kaufentscheidung der Kunden stehen. Man spricht daher auch von einem Käufermarkt, auf dem die Konsumenten (Nachfrager) eine starke Stellung einnehmen.

Käufermarkt:

Die Käufer bestimmen die Marktbedingungen.

Verkäufermarkt:

Anbieter können die Marktbedingungen, wie z. B. Preise, Angebotsmengen und die Qualität der Produkte aufgrund einer hohen Nachfrage bestimmen.

E-Commerce

Die unendliche Produktvielfalt eines weltweiten Angebotes, verbunden mit der Möglichkeit, 24 Stunden am Tag und 7 Tage die Woche von zu Hause aus einkaufen zu können, sind die wesentlichen Erfolgsfaktoren von E-Commerce, dem Einkaufen im Internet. Für den Transportsektor bedeutet dies eine Vervielfachung der Transportaufträge bei insgesamt kleineren Sendungsgrößen. Allein in Deutschland werden täglich rund 10 Millionen Pakete verteilt.

Beispiel:
Während früher eine Palette mit 200 Büchern als eine einzige Sendung an einen Buchhändler geliefert wurde (von wo aus die Kunden die gekauften Bücher selbst nach Hause trugen), werden heute stattdessen u. U. 200 einzelne Pakete an die Privatadressen der Kunden versendet.

B2C, B2B, siehe Seite 501

Insbesondere KEP-Dienstleister profitieren von dieser Entwicklung. Im Zuge von E-Commerce gewinnt die Zustellung von Sendungen bei Privatkunden (**B2C** = Business-to-Consumer) immer mehr an Bedeutung. Während geschäftliche Kunden (**B2B** = Business-to-Business) für gewöhnlich problemlos anzutreffen sind, trifft dies für private Empfänger häufig nicht zu. Avisierung und Terminvereinbarungen sind unbedingt angezeigt.

Letzte Meile, siehe Seite „Organisation der letzten Meile“ auf Seite 230

Logistische Dienstleister sind aufgefordert, für die sogenannte „Letzte Meile“ vom Umschlagdepot zum Empfänger Konzepte zu entwickeln, welche die Anzahl vergeblicher Zustellversuche möglichst gering halten soll. Einer hohen Leistungserwartung der Kunden – die umgehende Zustellung der bestellten Ware – steht eine geringe Bereitschaft, dafür auch angemessen zu bezahlen, gegenüber.

Fahrermangel

Dem wachsenden Sendungsaufkommen steht ein immer größerer Mangel an qualifizierten Lkw-Fahrern gegenüber. Schätzungen zufolge fehlen in Deutschland inzwischen mehr als 100 000 Fahrer und Fahrerinnen. Als Gründe gelten ungünstige Arbeitszeiten mit teils langer Abwesenheit vom Heimatstandort, die permanente Überwachung per GPS, unzureichende Bezahlung und nicht zuletzt das teils nach wie vor schlechte Image der Logistikbranche und die damit verbundene mangelnde Wertschätzung des Fahrpersonals.

Vor allem die Abschaffung der Wehrpflicht hat maßgeblich zu diesem Mangel beigetragen, hat doch früher die Bundeswehr als „Fahrschule der Nation“ vielen Wehrpflichtigen den kostenlosen Erwerb des Lkw-Führerscheins ermöglicht. Mittlerweile ist qualifiziertes Fahrpersonal selbst im EU-Ausland kaum noch zu akquirieren; Speditionen versuchen daher, Fahrpersonal aus Drittstaaten wie z. B. Bosnien, Serbien oder der Türkei mit großzügigen Angeboten wie Wohnungsgestellung, Sprachkursen und Familiennachzug nach Deutschland zu locken.

Der Fahrermangel ist mithin auch ein Impulsgeber für Speditionen, einerseits die Arbeitsbedingungen für Kraftfahrer attraktiver zu gestalten und andererseits Technologien zu forcieren, die eine Einsparung von Fahrpersonal ermöglichen.

Beispiel:
Der Einsatz von Lang-Lkw bietet den Fahrern modernste Fahrzeugtechnik verbunden mit hoher Verantwortung für Ladung und Verkehrssicherheit; zugleich können drei Lang-Lkw zwei Standard-Lkw ersetzen und somit einen Fahrer einsparen.

32.3 Produkte und Dienstleistungen vermarkten

Nicht zuletzt durch die einschneidenden Veränderungen der Rahmenbedingungen hat sich auch der Güterverkehrsmarkt zu einem Käufermarkt entwickelt, auf dem eine große Zahl von Anbietern (Spediteure, Frachtführer) die Nachfrager (Industrie und Handelsunternehmen) intensiv umwirbt, um Aufträge zu erhalten.

Die Kunden erwarten heute die Umsetzung komplexer logistischer Dienstleistungskonzepte in weltweiten Prozessketten, die zwar nach wie vor Beförderungen von Gütern beinhalten, den Spediteuren jedoch ein erheblich erweitertes Leistungsspektrum abverlangen (z. B. Just-in-Sequence-Belieferung, Value-Added Services, Fulfillment)

Just in Sequence, siehe Seite 453
Value Added Service, siehe Seite 359
Fulfillment, siehe Seite 476

Die Vermarktung dieser Dienstleistungen ist daher von zentraler Bedeutung für das wirtschaftliche Überleben eines Unternehmens, welches sich regelmäßig folgende Fragen stellen muss:

- Welche Dienstleistungen erwarten meine Kunden?
- Welche davon soll ich in mein Sortiment aufnehmen?
- Zu welchem Preis kann ich die Leistungen anbieten?
- Wie informiere ich die Kunden über mein Angebot?
- Wie kann ich die Kunden langfristig an mein Unternehmen binden?

Antworten auf diese Fragen zu liefern, ist Aufgabe des **Marketings**.

32.3.1 Marketing

Der Begriff Marketing leitet sich aus dem Englischen „market“ (Markt) oder „to market a product“ (ein Produkt vermarkten) ab. Er ist Ausdruck einer bestimmten Art zu denken, nämlich zu fragen, welche Produkte der Markt verlangt und wie diese am zweckmäßigsten abgesetzt werden können. Im Mittelpunkt aller Überlegungen stehen die Ansprüche des Käufers.

> **Marketing:** Unternehmerische Denkhaltung, die die Befriedigung der Kundenansprüche in den Vordergrund stellt. Marketing umfasst auch alle Maßnahmen eines Unternehmens, die dazu dienen, sich einen Markt zu schaffen, ihn zu erhalten oder zu vergrößern.

32.3.2 Kundenorientierung

Marketingdenken schlägt sich in einer ausgeprägten Kundenorientierung nieder. Sie bedeutet, dass alle unternehmerischen Aktivitäten und Prozesse auf die Bedürfnisse der Kunden ausgerichtet werden. Das ist eine Aufgabe, die Bestandteil der Unternehmensphilosophie sein muss und die von jedem Mitarbeiter mitgetragen wird. Ziel der Kundenorientierung ist es, ein hohes Maß an Kundenzufriedenheit zu erhalten; denn zufriedene Kunden lassen sich besonders stark an das eigene Unternehmen binden. Es ist bedeutend leichter, den Umsatz mit bestehenden Kunden zu steigern, als den gleichen Effekt mit Neukunden zu erreichen.
Die Kundenorientierung zeigt sich konkret in zwei Dimensionen:

Unternehmensphilosophie, siehe Seite 503

Corporate Identity, Seite 503

- Im kundenbezogenen **Leistungsangebot**, das sich durch kundengerechte Qualität und durch Flexibilität im Eingehen auf Kundenwünsche auszeichnet. Kundenorientierung zeigt sich oft darin, dass Leistungen erbracht werden, die über die vertragliche Vereinbarung hinausgehen, die aber die unausgesprochenen Erwartungen eines Kunden treffen.

  Beispiel:
  Der Kunde wird frühzeitig über eine zu erwartende Lieferverzögerung informiert und man wartet nicht, bis der Kunde die Verzögerung bemerkt und sich beschwert.

- Im alltäglichen **Verhalten der Mitarbeiter** gegenüber den Kunden (freundliche Grundhaltung, Umgang mit Kundenbeschwerden, frühzeitige Information usw.). Freundlichkeit im Gespräch mit Kunden ist eine Selbstverständlichkeit. Wichtig für den Kunden sind aber auch Gesichtspunkte wie Schnelligkeit in der Reaktion auf Kundenanfragen und die Kompetenz der Mitarbeiter zur Problemlösung.

Das Ausmaß der Kundenzufriedenheit zeigt das Bild, das der Kunde vom Verkehrsunternehmen und von den angebotenen Leistungen hat. Dabei sind sogenannte „harte“ und „weiche“ Faktoren zu unterscheiden:

- **Harte Faktoren:** Sie beziehen sich auf die reine Transportleistung und betreffen die Termingenauigkeit, die Zuverlässigkeit in der Auftragsabwicklung, die Dichte des Verkehrsnetzes u. Ä. Hier haben sich auf dem Markt gewisse Standards etabliert, die im Grunde von jedem Spediteur/Frachtführer eingehalten werden. Mit harten Faktoren können sich Unternehmen daher kaum am Markt profilieren, wenngleich die Erfüllung der Standards heute eine Voraussetzung für die erfolgreiche Marktteilnahme ist.
- **Weiche Faktoren:** Damit unterscheiden sich Unternehmen individuell und erhalten somit ein Profil gegenüber den Mitbewerbern.

Beispiele:

- *ein als ausgewogen empfundenes Preis-Leistungs-Verhältnis*
- *Qualität von Angeboten und Rechnungen*
- *Kulanz (d.h. Entgegenkommen ohne rechtliche Verpflichtung) bei Kundenanliegen (z.B. bei der Schadensabwicklung oder in Ausnahmesituationen)*
- *Mitarbeiterverhalten im Kundenkontakt*
- *Erreichbarkeit von Mitarbeitern (direkt ansprechbar oder verweilt der Kunde in der Warteschleife eines Callcenters?)*
- *Auftreten der Fahrer, Erscheinungsbild der Fahrzeuge*

Unter **Kundenorientierung** versteht man drei Dinge:

- Die Kundenansprüche (Wünsche) werden umfassend und dauerhaft ermittelt.
- Der Hersteller (der Handel) bietet alle Leistungen an, die diese Kundenansprüche erfüllen.
- Der Anbieter möchte damit eine langfristig stabile und wirtschaftlich vorteilhafte Kundenbeziehung erreichen.

32.3.3 Dienstleistungsmarketing in der Spedition

Speditionen produzieren Dienstleistungen, die sich vor allem durch folgende Eigenschaften auszeichnen:

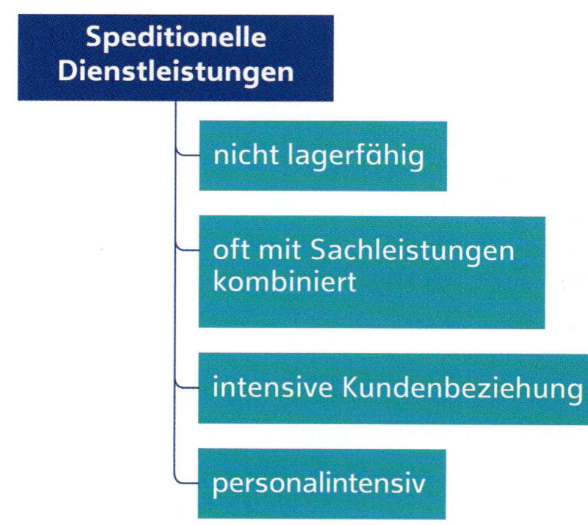

- Dienstleistungen sind nicht lagerfähig, häufig einmalig und damit sehr individuell auf den Kunden bezogen.
- Dienstleistungen sind vielfach mit Sachleistungen kombiniert.

  Beispiel:
  Ein Spediteur übernimmt die Organisation eines Transportes und gleichzeitig auch die Durchführung mit eigenem Lkw.

- Der Kunde ist gewöhnlich intensiv in den Dienstleistungsprozess eingebunden und oft am Erstellungsprozess durch eigene Aktivitäten beteiligt (z.B. als Belader eines Fahrzeugs, Aussteller des Frachtbriefes usw.).
- Die Produktion von Dienstleistungen ist in der Regel sehr personalintensiv.

Die direkte und intensive Beziehung, die der Kunde als Empfänger der Dienstleistung erfährt, führt dazu, dass die Erfassung der Kundenzufriedenheit im Mittelpunkt des Dienstleistungsmarketings steht:

- Welche Ansprüche hat der Kunde?
- Wie muss mein Leistungsangebot beschaffen sein, damit es den Ansprüchen des Kunden gerecht wird?

Dies sind zentrale Fragen im Dienstleistungsmarketing, die aber permanent gestellt werden müssen, damit Speditionen ihr Leistungsangebot dauerhaft den sich wandelnden Kundenansprüchen anpassen können.

32.3.4 Marketingziele

Wer am Markt erfolgreich sein will, muss Ziele festlegen, die er erreichen will. Erst eine Zielplanung ermöglicht es, Gegenmaßnahmen zu ergreifen, wenn angestrebte Ziele nicht erreicht werden. Grundsätzlich werden Marketingziele nach folgenden Kriterien gebildet:

1. Zielinhalt (z.B. Umsatz, Kundenzahl)
2. Zielausmaß (z.B. 5 Millionen EUR)
3. Zielzeitpunkt oder -zeitraum (z.B. im kommenden Geschäftsjahr)
4. Zielgruppe (z.B. Industrieunternehmen, die Logistikleistungen outsourcen wollen)
5. Zielobjekt (z.B. Leistungsangebot im Bereich Beschaffungslogistik)
6. Zielgebiet (z.B. standortnah oder bundesweit)

Zielgrößen sind aber auch das Image oder der Bekanntheitsgrad eines Unternehmens. Allerdings sind diese Zielinhalte nicht so leicht messbar.

32.3.5 Kunden-ABC-Analyse

Lohnt es sich eigentlich, für jeden Kunden den gleichen Servicegrad bereitzuhalten? Es ist sinnvoll, für Kunden, die nur gelegentlich eine Standardleistung in Anspruch nehmen (z.B. eine reine Beförderungsleistung), weniger Betreuungsaufwand zu betreiben als für Kunden, die das Leistungsangebot einer Spedition in erheblichem Maß nutzen.

Mit der ABC-Analyse lassen sich auch Kunden klassifizieren. A-Kunden sind Kunden, die zahlenmäßig die höchsten Umsätze erbringen (z. B. 20 % der Kunden erbringen 80 % des Umsatzes), B-Kunden erbringen geringere Umsätze, sind jedoch zahlenmäßig größer (z. B. 30 % Kunden erbringen 15 % Umsatz). Die C-Kundengruppe ist die zahlenmäßig größte Gruppe, erbringt jedoch den geringsten Umsatzanteil (z. B. 50 % erbringen 5 % Umsatz).

Siehe auch ABC-Analyse nach der Umschlagshäufigkeit, Seite 355

Hieraus folgt eine Abstufung der Serviceaktivitäten bei diesen Gruppen.

Von zentraler Bedeutung sind die A-Kunden. Die Dienstleistungen für diese Gruppe sollten sehr individuell gestaltet werden und durch hohe Servicequalität und Zuverlässigkeit gekennzeichnet sein. Daraus ergibt sich eine enge und langfristige Kundenbindung. Der logistische Dienstleister sollte die Prozessverläufe und auch die Probleme des A-Kunden genau kennen und entsprechende Problemlösungen möglichst ganzheitlich anbieten.

Siehe Key-Account-Manager auf Seite 506

32.4 Marktforschung

32.4.1 Verfahren der Marktforschung

Um die gegenwärtigen und zukünftigen Absatzchancen von Produkten zu beurteilen, lassen Anbieter **Marktuntersuchungen** von speziellen **Marktforschungsinstituten** oder durch die eigene Marketingabteilung durchführen. Von einer **Marktanalyse** spricht man, wenn der gegenwärtige Zustand eines Marktes erforscht wird. Sollen die laufenden Veränderungen des Marktes erfasst werden, handelt es sich um eine **Marktbeobachtung**. Die **Marktforschung** gibt Unternehmen Aufschluss über Trends im Nachfrageverhalten, ansprechbare Zielgruppen und Anforderungen an Produkte/Dienstleistungen. Die Absatzchancen ihrer Produkte werden dadurch für Unternehmen überschaubarer. Mithilfe der Marktforschung möchte ein Unternehmen möglichst viele Ansprüche der Kunden an ein Produkt in Erfahrung bringen.

→ **Marktanalyse** = Erforschung des gegenwärtiges Zustands eines Marktes

→ **Markbeobachtung** = Erfassung der laufenden Veränderungen eines Marktes

32.4.2 Methoden

Primärforschung

Im Rahmen der Primärforschung wird Datenmaterial erstmalig für einen bestimmten Zweck erhoben und anschließend aufbereitet und ausgewertet. Bei diesem sehr aufwendigen Verfahren zur Marktinformationsgewinnung werden folgende Methoden unterschieden:

- **Test:** Produkte und Dienstleistungen können vor ihrer Markteinführung von ausgesuchten Kunden getestet oder auf begrenzten Testmärkten probeweise angeboten werden, um Aufschluss über die zukünftigen Marktchancen zu erhalten.
- **Befragung:** Diese weit verbreitete Erhebungsmethode veranlasst ausgewählte Personen durch gezielte Fragen zur Abgabe von Informationen und Meinungen. Nach der jeweils gewählten Art der Kommunikation lassen sich folgende Befragungsformen unterschieden:

Art der Kommunikation	Vorteile	Nachteile
Persönlich	▪ direkte Kommunikation (face-to-face) ▪ Einsatz von Hilfsmitteln möglich	▪ teuer durch den Einsatz von Interviewern ▪ Verzerrungen aufgrund von Beeinflussung durch den Interviewer möglich
Telefonisch	▪ schnell und kostengünstig (Einsatz von Call-Centern) ▪ geringere Hemmschwelle als bei persönlicher Befragung	▪ häufig Verweigerung der Teilnahme am Telefon ▪ Befragung sollte wegen Gefahr einer Monotonie kurz gehalten werden

Art der Kommunikation	Vorteile	Nachteile
Schriftlich	▪ standardisierter Fragebogen ▪ relativ kostengünstig ▪ hohe Anonymität	▪ geringe Rücklaufquote ▪ keine Kontrolle über den Befragten
Online	▪ wie bei schriftlich, zusätzlich ▪ computergestützte Benutzerführung möglich ▪ Hilfsmittel möglich ▪ schnelle Auswertung	▪ wie bei schriftlich, zusätzlich ▪ Risiko einer Mehrfachteilnahme

Sekundärforschung

Auf die aufwendige Primärerhebung von Marktdaten kann häufig verzichtet werden, weil auf bereits vorliegende Informationen zurückgegriffen werden kann, z. B.:

- **Informationen aus dem eigenen Unternehmen**
  - Umsatz-, Absatzstatistik
  - Berichte der Außendienstmitarbeiter
  - Kundendateien
  - Daten aus dem Rechnungswesen
- **unternehmensfremde Informationen**
  - Veröffentlichungen des Statistischen Bundesamtes
  - Mitteilungen von Verbänden
  - Marketingstudien, die Zeitschriften für ihre Inserenten erstellen oder in Auftrag geben
  - Fachzeitschriften

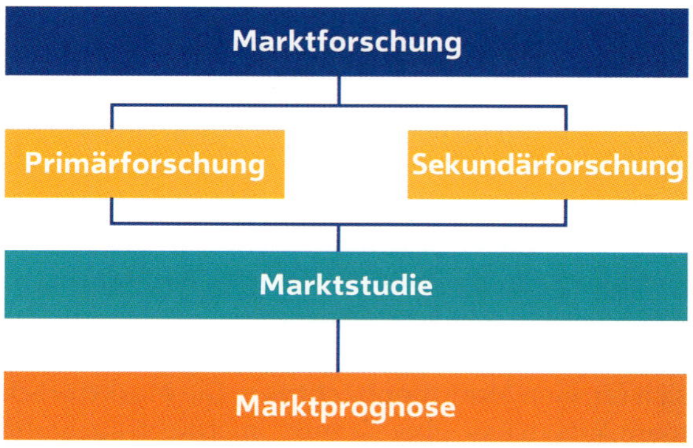

Diese Informationen sind häufig ausreichend, um Aufgabenstellungen aus der täglichen Praxis zu lösen.

Marktstudie

Marktforschungsergebnisse werden gewöhnlich in einer Marktstudie festgehalten. Sie stehen dann den Auftraggebern oder Interessierten in Schriftform zur Verfügung.

Marktprognosen

Gesamtwirtschaftliche und einzelwirtschaftliche Zahlen aus der Vergangenheit lassen sich als Grundlage für Aussagen über die zukünftige Entwicklung eines Marktes (Marktprognose) heranziehen. Dazu versucht man, die Entwicklungstendenz von Zahlenreihen, den **Trend**, zu erkennen.
Neben der Auswertung von Vergangenheitszahlen sind auch **Annahmen** über die zukünftige Entwicklung eines Marktes zu machen. So müssen z. B. Vermutungen darüber angestellt werden, welche Produkte und Dienstleistungen mit welchen Eigenschaften Kunden in Zukunft wünschen. Aussagen über die Zukunft sind allerdings immer mit Unsicherheiten belastet. Marktprognosen müssen daher kritisch behandelt werden.

32.5 Vorgehensweisen im Marketing

Erfolgreiches Marketing besteht gewöhnlich aus drei Phasen:

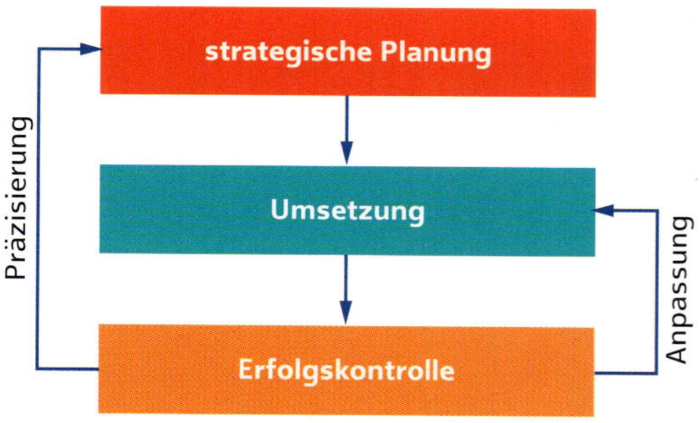

1. **Strategische Planung**: Sie steht am Anfang einer Marketingmaßnahme und beinhaltet eine Analyse der Mitbewerber (Konkurrenzanalyse), der Kunden (durch Marktforschung) sowie eine Selbstanalyse (über eine Stärken-/Schwächenanalyse).

   Nach dieser Analyse können die Ziele der Maßnahme definiert werden:
   - Was will ich mit der Marketingmaßnahme erreichen (kommunikative Zielsetzung)?

   Beispiele:
   Einführung eines neuen Produktes, Verbesserung des Firmenimages, Gewinnung von Neukunden

- Zielgruppe?

  Beispiel:
  Einkaufsleiter in Industrieunternehmen

- Festlegung der Kommunikationskanäle (z. B. Fachzeitschriften, Messen, Internet)
- Bestimmung des Werbebudgets
- Festlegung von messbaren Größen für die Erfolgsmessung (z. B. Zahl der Rückläufe eines Werbebriefes)

Werbung im Internet, siehe Seite 501

❷ **Umsetzung des Marketingprogramms:** Die Planungen werden nun im Detail realisiert, indem die einzelnen Werbemaßnahmen in einen genauen zeitlichen Ablauf gebracht werden.

❸ **Erfolgskontrolle:** Die in der Planung festgelegten Messgrößen werden nun erfasst und mit den Planzahlen verglichen. Abweichungen führen zu einer Änderung der Marketingstrategie.

32.6 Marketinginstrumente

Alle Mittel, mit denen sich Unternehmen am Markt behaupten können, nennt man Marketinginstrumente. Diese Instrumente sind sehr vielfältig. Man hat sie deshalb zu Gruppen zusammengefasst und als unterschiedliche „Politiken" bezeichnet. „Politik" wird hier sehr weit definiert und bezeichnet alles, was nicht entschieden ist und Gestaltungsspielraum lässt.

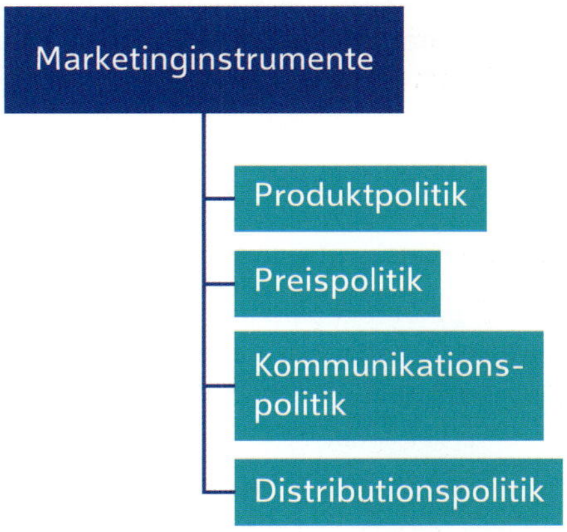

32.6.1 Produktpolitik

> **Produktpolitik** (bzw. Sortimentspolitik) = alle Maßnahmen zur marktgerechten Gestaltung des Dienstleistungsprogramms einer Spedition

Der Spediteur hat dafür Sorge zu tragen, dass sein Leistungsangebot den Wünschen der Kunden entspricht; nur dann kann er erfolgreich am Markt und im Wettbewerb bestehen.

Beispiel:
Eine Spedition betreibt nationalen Sammelgutverkehr sowie europaweiten Ladungsverkehr.

Bei der Betrachtung der Produktpolitik werden im Wesentlichen folgende Maßnahmen unterschieden:

- **Produktinnovation:** Wörtlich umschreibt der Begriff Innovation eine völlig neue Dienstleistung, welche erstmalig auf dem Markt angeboten wird. Für gewöhnlich wird als Innovation ebenfalls eine Dienstleistung bezeichnet, die bereits auf dem Markt existiert, die aber das betrachtete Unternehmen zum ersten Mal anbietet. Man spricht in diesem Fall auch von einem „Me-too-Produkt".

  Me too = (engl.) „ich auch"

  Beispiel:
  - *„Echte" Innovation: die oben genannte Spedition nimmt die Zustellung von Sammelgutsendungen mittels Drohnen vor.*
  - *Me-too-Produkt: die Spedition bietet im Ladungsverkehr künftig auch Frische- und Tiefkühltransporte an.*

Produktinnovationen spielen auch insbesondere dann eine Rolle, wenn sich ein Spediteur – den Kundenwünschen entsprechend – mit der Übernahme speditionsuntypischer Zusatzleistungen zum logistischen Dienstleister entwickelt.

Siehe auch Value added services, Seite 359

- **Produktvariation** (auch: **Produktmodifikation** oder **Produktdifferenzierung**): die Spedition passt ihre vorhandene Dienstleistungspalette veränderten Kundenwünschen an.

  Beispiel:
  Im Rahmen der Sammelgutverkehre bietet die Spedition neben dem üblichen 24-Stunden-Service (= Zustellung am nächsten Tag) auch eine garantierte Zustellung bis 10.00 Uhr bzw. 12.00 Uhr an.

- **Produktelimination**: Ein Spediteur sortiert Leistungen aus seinem Angebotskatalog aus, die vom Markt bzw. seinen Kunden nicht mehr verlangt werden oder die sich kostenrechnerisch für ihn nicht mehr lohnen.

  Beispiel:
  Aufgrund der starken und preisgünstigen Konkurrenz aus Osteuropa bietet die Spedition Transporte in diese Relationen nicht mehr an.

Produktqualität

Während die Qualität eines Sachgutes z. B. an der Lebensdauer und der Funktionstüchtigkeit gemessen wird, gelten für die Qualität einer Dienstleistung andere Kriterien:

- **Lieferzeit:** Übereinstimmung der tatsächlichen Lieferzeit mit der Vereinbarung bzw. dem Standardangebot (z. B. 24-Stunden-Lieferung)
- **Lieferqualität:** Anteil der einwandfreien Lieferungen an der Gesamtzahl der Lieferungen
- **Lieferflexibilität:** Anteil der erfüllten Änderungswünsche von Kunden
- **Informationsbereitschaft:** Anteil der Aufträge am Gesamtvolumen, für die ein Sendungsstatus in Echtzeit angegeben werden kann

In allen Fällen ist ein Wert von 100 % anzustreben, was einem Maximum an Kundenorientierung entspricht.

32.6.2 Preispolitik

> **Preispolitik** = alle Maßnahmen, die ein Unternehmen in die Lage versetzen, den (optimalen) Preis für ein Produkt bzw. eine Dienstleistung festzulegen

Kostenorientierung

Bei der Preisbildung im Güterverkehr lassen sich die Unternehmen in erster Linie von der Methode der **Kostenorientierung** leiten. Diesbezüglich gibt es zwei Herangehensweisen:

- Der Spediteur kalkuliert seine Preise auf der Basis einer **Kostenrechnung** und ermittelt den Selbstkostenpreis, welcher noch um einen Gewinnzuschlag erhöht wird. Das Ergebnis können Haustarife sein (z. B. im Sammelgutverkehr) oder auch individuell für einen Kunden ermittelte Preise. Insbesondere bei logistischen Dienstleistungen sind individuelle Preisvereinbarungen die Regel.
- Der Spediteur orientiert sich an ehemaligen **Tarifen**, wie z. B. dem Güterfernverkehrstarif (GFT), obwohl diese bereits seit 1994 nicht mehr verbindlich anzuwenden sind. Auf dieser Basis werden dann mit dem Versender – häufig sehr hohe – Minusmargen vereinbart. Diese Vorgehensweise ist mitunter bei Versendern verbreitet, die die Preiskalkulation im Verkehrsgewerbe nicht durchschauen und deshalb einen alten Tarif als Orientierungshilfe nehmen. Diesen ehemaligen Tarifen sowie auch den Preisempfehlungen von Verbänden liegt die Kostenbelastung eines Durchschnittsbetriebes zugrunde.

Marktorientierung

Diese beschriebene Kostenorientierung ist einseitig auf (entstandene oder nicht entstandene) Kosten bezogen. Preise entwickeln sich am Markt aber aus dem Zusammenspiel von Angebot und Nachfrage. Daher muss der Markt in die Preisbildung einbezogen werden. Im Rahmen dieser **Marktorientierung** ergeben sich zwei weitere Verfahren der Preisbildung:

1. **Konkurrenzorientierung**: hier steht die Frage im Mittelpunkt, welcher Preis von den Mitbewerbern verlangt wird. Je austauschbarer die Dienstleistung (wie z. B. ein Transport von A nach B), desto weniger kann ein Unternehmen einen Preis verlangen, der über dem der Konkurrenz liegt.
2. **Nachfrageorientierung**: hier lautet die Überlegung nicht „Was kostet die Leistungserstellung?", sondern „Welchen Preis sind Kunden bereit, für diese Leistung zu bezahlen?". Diese Frage stellt sich eher bei komplexen logistischen Dienstleistungen, weil die Kunden sich bei einfachen Aufträgen wiederum am Wettbewerbspreis orientieren.

Bei aller Orientierung am Markt darf ein logistischer Dienstleister natürlich nicht die eigenen Kosten vernachlässigen. Das Überleben des Unternehmens kann nur gesichert werden, wenn die langfristige Preisuntergrenze, bestehend aus Fixkosten und variablen Kosten, auf Dauer nicht unterschritten wird. Nur in Ausnahmenfällen kann die kurzfristige Preisuntergrenze, bestehend aus den variablen Kosten (wie z. B. den Kraftstoffkosten), den Preis für eine Dienstleistung darstellen.

Preisdifferenzierung

Einmal festgelegte Preise müssen nicht lange Bestand haben. Vor allem sollte ein logistischer Dienstleister immer wieder alle Möglichkeiten prüfen, gleichartige Dienstleistungen zu unterschiedlichen Preisen zu verkaufen. Diesbezüglich sind zu unterscheiden:

- **Personelle** Preisdifferenzierung: Stammkunden erhalten für Sendungen gleicher Struktur (hinsichtlich Art der Ware, Gewicht und Entfernung) günstigere Preise als Einmalkunden.

- **Räumliche** Preisdifferenzierung: eine Ladung in eine Industrieregion kostet weniger als die gleiche Ladung in ein strukturschwaches Gebiet, weil dort weniger Rückladungsmöglichkeiten existieren.
- **Zeitliche** Preisdifferenzierung: die Einhaltung eines bestimmten Termins oder Zeitfensters kostet mehr als der allgemeine 24-Stunden-Service.

32.6.3 Kommunikationspolitik

Kommunikationspolitik = Gesamtheit aller Maßnahmen, mit denen eine Spedition Kunden zu beeinflussen sucht

Dazu gehören im Einzelnen:

- **Werbung**
- **Verkaufsförderung (Sales Promotion)**
- **Online-Marketing**
- **Corporate Identity**
- **Öffentlichkeitsarbeit (Public Relations – PR)**
- **Sponsoring**

Mit Hilfe eines Werbeplans legt ein Unternehmen fest, welche Elemente der Kommunikationspolitik im Zuge einer Werbekampagne zum Einsatz kommen sollen.

Werbeplan = schriftliche Darstellung aller beabsichtigten Werbemaßnahmen in systematischer Form

In einem Werbeplan werden folgende Punkte festgehalten:

<table>
<tr><th colspan="2">Inhalte eines Werbeplans</th><th>Beispiele</th></tr>
<tr><td colspan="2">Das Ziel der Werbeaktion, denn danach richtet sich die inhaltliche Ausgestaltung der Werbemaßnahme.</td><td>ein Unternehmen am Markt bekannt machen, eine neue Dienstleistung einführen, neue Kunden gewinnen</td></tr>
<tr><td colspan="2">Die Beschreibung der Zielgruppe, weil Werbung nur dann wirksam ist, wenn der Angesprochene einen Bezug zum Produkt/zur Dienstleistung hat.</td><td>Stammkunden, Kunden, denen ein komplettes Logistik-Paket angeboten werden soll, Einlagerer</td></tr>
<tr><td>Das Werbegebiet, damit die Zielgruppe möglichst exakt erreicht wird.</td><td rowspan="2">Werbeplan
1. Ziel
2. Zielgruppe
3. Werbegebiet
4. Werbebotschaft
5. Werbeetat
6. Werbemedien
7. Timing</td><td>Kunden im näheren Umkreis einer Spedition, Kunden im Raum München, um Rückladung zu gewinnen, bundesweite Streuung der Werbung</td></tr>
<tr><td>Die Werbebotschaft, d. h. die Informationen, die dem Empfänger der Werbung übermittelt werden sollen.</td><td>Termintreue, komplexe Logistikleistungen, Preiswürdigkeit, Schnelligkeit, Zuverlässigkeit</td></tr>
<tr><td colspan="2">Der Werbeetat, also der Geldbetrag, der für die Werbung zur Verfügung steht.</td><td>Z. B. 15 000,00 EUR für ein Jahr</td></tr>
<tr><td colspan="2">Die Werbemedien, die die Werbebotschaft zur Zielgruppe überbringen sollen.</td><td>Persönliche Gespräche, Anzeigen, Broschüren, Homepage im Internet</td></tr>
<tr><td colspan="2">Das Timing für den Einsatz der ausgewählten Werbemedien.</td><td>einmalig, monatlich, anlässlich einer Messe, zu bestimmten Jahreszeiten</td></tr>
</table>

32.6.3.1 Werbung

Werbung = Übermittlung von Produktinformationen über unterschiedliche Medien an die Kunden

Erfolgreiche Werbung beeinflusst das Kaufverhalten der Zielgruppe im positiven Sinne und steigert somit die Absatzzahlen.

Klassische Werbung

Zu den klassischen **Werbeträgern** gehören in erster Linie Anzeigen in Tageszeitungen und Fachzeitschriften, Werbebriefe, Plakate, Prospekte und Broschüren sowie Rundfunk- und Fernsehspots.
Da sich die Werbemaßnahmen von Speditionen und logistischen Dienstleistern in der Regel an einen relativ kleinen Kundenkreis wenden, kommen Plakate sowie die Massenmedien Tageszeitung, Radio und Fernsehen als Werbeträger eher nicht in Frage. Massenmedien werden vor allem von Verbrauchern wahrgenommen, die für gewöhnlich keinen Bedarf an speditionellen Dienstleistungen haben. Somit kommt es hier – bei sehr hohen Kosten – zu großen **Streuverlusten**, d. h. die Werbemaßnahme verpufft.

→ **Streuverlust** = Ansprache von Personen, die nicht der anvisierten Zielgruppe angehören

Der ideale Werbeträger für eine Spedition mit eigenem Fuhrpark sind die Lkw-Planen. So verfügt z. B. ein Sattelauflieger auf jeder Seite über mehr als 30 m^2 Fläche, die mit Bildern, Slogans und Logo des Unternehmens werbewirksam gestaltet werden können. Ein besonderes Augenmerk sollte auf die Gestaltung der Lkw-Rückseite gelegt werden, da diese von anderen Verkehrsteilnehmern für gewöhnlich am längsten wahrgenommen wird. Daher sollten hier unbedingt auch die Kontaktdaten des Unternehmens angegeben werden.

Werbebriefe (Mailings)

Das Dienstleistungsangebot einer Spedition richtet sich nach den Wünschen der Kunden, indem es für die Probleme der Kunden geeignete Lösungen zur Verfügung stellt. Der Werbebrief hat die Aufgabe, die Problemlösung an den Kunden heranzuführen und eventuell den Besuch eines Außendienstmitarbeiters vorzubereiten.

→ **Werbebrief** = direkte schriftliche Ansprache eines Kunden, um ein Produkt oder eine Dienstleistung anzubieten

Textverarbeitungssysteme machen es einfach, ausgewählte Kunden gezielt anzuschreiben. Die direkte Ansprache des Kunden (Direktwerbung) ist besonders wirksam, weil man auf die speziellen Probleme eines bestimmten Kundenkreises eingehen kann.

Werbebriefe unterscheiden sich vom normalen kaufmännischen Brief, weil sie nicht von vornherein die Aufmerksamkeit des Briefempfängers finden. Viele stehen der Werbung ablehnend gegenüber. Daher ist es erforderlich, die Aufmerksamkeit des Lesers zu wecken und ein Interesse an der angebotenen Leistung zu erzeugen.

Entwurf eines Werbebriefes

1. das Kundenproblem aus der Sicht des Kunden formulieren:
   Der Einstieg darf auch ruhig saloppe und überraschende Textpassagen enthalten, weil er das Interesse des Lesers wecken muss.
2. Problemlösungen aufzeigen, dabei immer Kundenvorteile herausstellen
   Beispiel: *„Ein maßgeschneidertes Konzept steht Ihnen ab sofort zur Verfügung ... preisgünstig ... höchste Termintreue ... Leistungsmerkmale: ...“*
3. den Kunden zu einer Handlung auffordern, damit der Kontakt hergestellt wird; kleine Geschenke erhöhen die Rücklaufquote (durchschnittlich nur 3 %) beträchtlich
   Beispiel: *„Ein Antwort-Fax ... beigefügt ... PS: Als Dankeschön für Ihr Antwort-Fax erhalten Sie ...“*
4. die Headline (den Betreff) entwerfen

In einem zweiten Durchgang ist der Rohtext zu straffen, damit der Text nicht mehr als eine Seite umfasst.

Als Grobgliederung bietet es sich grundsätzlich an, die Werbebriefe nach dem **AIDA-Konzept** aufzubauen:

AIDA-Konzept: Modell zur Beschreibung von Werbewirkungen im Marketing

Attention	**Aufmerksamkeit** erregen! Die Werbebotschaft soll die Aufmerksamkeit des Kunden finden.
Interest	**Interesse** wecken! Die flüchtige Wahrnehmung einer Werbebotschaft erzielt keine Wirkung. Erst wenn das Interesse des Kunden sich auf den Inhalt der Werbung konzentriert, besteht eine Chance zum Kauf.
Desire	**Drang** zum Kauf schaffen! Der Kunde muss den Wunsch verspüren, das Produkt zu besitzen/die Dienstleistung in Anspruch zu nehmen, weil es seinen Ansprüchen gerecht wird.
Action	**Abschluss** herbeiführen! Ein Tätigwerden des Briefempfängers soll herbeigeführt werden (er lässt sich auf eine Terminvereinbarung ein, meldet sich aktiv zurück oder kauft das Produkt/die Dienstleistung).

Grundhaltung: sich in die Situation des Kunden versetzen

Zum Inhalt und zur Sprache von Werbebriefen

Regeln	Beispiele
Positiv schreiben	*statt „nicht teuer" besser „preisgünstig"*
Vorteile für den Kunden nennen	*sparen, gewinnen, gratis, sofort, neu, individuell, Erfolg, einfach, schnell, Service, Leistungen usw.*
Kurze Sätze, pro Satz ein Gedanke, wenig Nebensätze, keine „dass"-Sätze; einfache Wörter	*statt „Besuch abstatten" besser „besuchen"*
Keine Hilfsverben	*„möchten", „können", „dürfen" vermeiden*
Aktive Verben (möglichst an den Satzanfang)	*nicht „Deshalb möchten wir Sie mit unserem Logistik-Konzept bekannt machen", sondern: „Lernen Sie unser Logistik-Konzept kennen"*
Persönlich schreiben	*wenig „ich, wir, uns", dafür häufig „Sie, Ihr, Ihnen"*
Etwas Zeitdruck ausüben	*„Rufen Sie uns noch heute an." „... in den nächsten Tagen besuchen"*

- Bildhafte Sprache, übertreibende Adjektive und abgedroschene Phrasen vermeiden, bei der Wahrheit bleiben
- Bei gewünschten Besuchsterminen eigenen Terminvorschlag machen (z. B. einen konkreten Tag vorschlagen, dem Kunden aber die Wahl der Uhrzeit überlassen)
- Headline: kurz (drei bis sieben Wörter), lebendig, positiv, ungewöhnlich

Beispiel für den Inhalt eines Werbebriefs:

Aufmerksamkeit wecken

Great Britain – mit Schirm, Charme und Melone

Guten Tag, Frau Maisel,

Interesse schaffen

Lieferservice und Markterfolg stehen in unmittelbarem Zusammenhang. Wir lassen Sie nicht im Regen stehen und bieten für Ihren England-Versand die optimale Lösung:

- sechs Abfahrten pro Woche
- fahrerbegleitete Transporte
- Jeder Fahrer verfügt über Laptop und Smartphone.

Das bedeutet für Sie: äußerst flexible Disposition Ihrer Sendungen. Außerdem erreichen Sie gegenüber Ihren Kunden eine hohe Termintreue, weil wir die Durchverladung der Lkw per DFÜ sichern und die Regellaufzeit daher nur 48 Stunden beträgt.

Drang zum Kauf wecken

Bieten Sie jetzt Ihren Kunden diesen durchschlagenden Service und Sie werden mit Sicherheit in dem immer härter werdenden Wettbewerb die Nase vorn haben.

Abschluss herbeiführen

Finden Sie nicht auch, dass dies gute Argumente sind, unser Leistungspaket kennenzulernen? Senden Sie noch heute die Fax-Antwort an uns zurück. Als Dankeschön erhalten Sie einen Automatik-Stockschirm.

Wir freuen uns auf ein Gespräch mit Ihnen.

Einen erfolgreichen Tag wünscht Ihnen

Schmidt GmbH – Internationale Spedition

Briefe gestalten mit Textverarbeitungsprogrammen

- **DIN 5008 als Maßstab für die Gestaltung von Geschäftsbriefen**

Die Gestaltung kaufmännischer Briefe richtet sich nach den Schreib- und Gestaltungsregeln für die Textverarbeitung (DIN 5008), die nachfolgend in den Grundzügen erläutert werden.

Briefkopf

In der Praxis ist der Absender im Briefkopf vorgedruckt. Im schulischen Schriftverkehr wird der Absender in die entsprechende Zeile eingetragen.

❶ **Anschriftenfeld**

Das Anschriftenfeld besteht aus zwei Teilen

Teil 1: Zusätze und Vermerke sowie die Absenderanschrift in den Zeilen 5 – 1 (absteigend)
Hier ist Raum für Bemerkungen wie „Nicht nachsenden“ oder „Einschreiben.“ Die Absenderanschrift steht immer an höchster Stelle. Die Schrift ist kleiner als das nachfolgende Anschriftenfeld, z. B. 8 Punkt.

Teil 2: Empfängeranschrift in den Zeilen 1 – 6 (aufsteigend)

Muster (allgemein)

5
4
3
2 Absenderanschrift
1 Zusätze und Vermerke
1 Anrede
2 Empfängerbezeichnung
3 Straße, Hausnummer bzw. Postfach
4 Postleitzahl mit Bestimmungsort
5 Bestimmungsland
6

Beispiel 1

Baumann Logistik GmbH, Postfach 16453, 65915 Frankfurt
Einschreiben
Hiller Transport GmbH
Herr Stelzer
Charlottenstraße 15
28703 Bremen

Beispiel 2

Baumann Logistik GmbH, Postfach 16453, 65915 Frankfurt
Frau
Katja Lindner
Düsternortstraße 115
27755 Delmenhorst

Informationsblock mit Bezugszeichen und Kommunikationsangaben

Durch die Bezugszeichen und die Kommunikationsangaben soll der Schriftverkehr erleichtert werden. Die Daten werden in kleinerem Schriftgrad in einem Block rechts neben der Anschrift festgehalten.

❷ **Ihr Zeichen**: Kurzzeichen des Sachbearbeiters/der Sachbearbeiterin beim Empfänger (klein geschrieben)
Ihre Nachricht vom: Datum eines Briefes des Empfängers, der dem heutigen Brief eventuell vorausgegangen ist

❸ **Unser Zeichen**: Bearbeiterzeichen im Absenderunternehmen
unsere Nachricht vom: Datum eines eigenen vorausgegangenen Briefes

❹ Eventuell den **Namen** des Sachbearbeiters/der Sachbearbeiterin und die **Telefon-**/Telefax-Durchwahl sowie die individuelle **E-Mail-Adresse** im Unternehmen. Telefon- und Fax-Nummern werden funktionsbezogen gegliedert und durch ein Leerzeichen getrennt. Vor der Durchwahlnummer steht ein Bindestrich.

Beispiel für einen Informationsblock

Ihr Zeichen:	eh
Ihre Nachricht vom:	2020-12-10
Unser Zeichen:	sch
Unsere Nachricht vom:	2020-12-04
Name:	Beyer
Telefon:	0391 22567-11
Telefax:	0391 22568
E-Mail:	beyer@baumann.de
Datum:	15. Dezember 2020

Beispiel: +049 0341 22567-244

Landesvorwahl	Ortskennzahl	Einzelanschluss	Durchwahl
+049	0341	22567-	244

Inhalt des Briefes

❺ **Aktuelles Datum** in zwei möglichen Schreibweisen:
- numerisch: absteigend: Jahr-Monat-Tag, verbunden durch einen Bindestrich (JJJJ-MM-TT)
- alphanumerisch: Tag Monat Jahr, ohne Bindestrich oder Komma

Beispiele
numerisch: 2020-12-15
alphanumerisch: 15. Dezember 2020

❻ **Kurzfassung** des Briefinhalts:
In der ersten Textzeile wird der Inhalt des Briefes in Kurzform wiedergegeben. Der Text beginnt zwei Zeilen unter dem Informationsblock.

❼ **Anrede**: Die – möglichst persönliche – Anrede beginnt nach zwei Leerzeilen und wird mit einem Komma abgeschlossen.

❽ **Brieftext**: Der Text wird durch Absätze gegliedert, die durch Leerzeilen voneinander getrennt sind. Auch Einrückungen werden durch Leerzeilen vom übrigen Text abgesetzt.

⑨ **Briefschluss**: Nach einer Leerzeile wird der Brief durch einen Gruß abgeschlossen. Üblich sind die Grußformeln „Mit freundlichen Grüßen“ oder „Hochachtungsvoll“. Danach werden etwa drei Zeilen Platz für die Unterschrift gelassen. Der Absender kann nach der Grußformel (und einer Leerzeile) noch einmal wiederholt werden.
In der Schule sind unterschriftsreife Briefe anzufertigen, die keine Unterschrift enthalten.

⑩ **Anlagenvermerk**: Er weist auf beigefügte Anlagen hin, die unter dem Vermerk aufgeführt werden. Der Anlagenvermerk kann aus Platzgründen auch rechts neben dem Gruß stehen.

Absätze werden durch eine Leerzeile gebildet.

Gerd Berger Spedition e. K.

Gerd Berger Spedition e. K., Merkurstraße 14, 40223 Düsseldorf

Einschreiben
Logistik-Verlag GmbH
Abonnentenverwaltung
Liebigstraße 72 ①
10234 Berlin

Anschriftenfeld

Ihr Zeichen:	ks-mo	
Ihre Nachricht vom:	20(0)-02-10	②
Unser Zeichen:	be-th	
Unsere Nachricht vom:	20(0)-01-15	③
Name:	Marianne Theben	
Telefon:	0211 56742-11	
Telefax:	0211 56733	④
E-Mail:	theben@berger.de	
Datum:	20(0)-04-15	⑤

Informationsblock

•
•
Kündigung unseres Abonnements der Zeitschrift „Der Logistiker“ ⑥

Kurzfassung des Briefinhalts

•
•
Sehr geehrter Herr Kaiser, ⑦

Anrede

•
wir kündigen mit Wirkung zum Jahresende unser Abonnement der Zeitschrift „Der Logistiker“. Seit nunmehr drei Jahren haben wir diese Zeitschrift bezogen. In dieser Zeit hat sie sich immer weiter davon entfernt, einem Praktiker Anregungen und Informationen zu geben. Sie hat sich vielmehr zu einer theorielastigen Publikation entwickelt, die nicht mehr unseren Bedürfnissen entspricht. Dementsprechend mussten wir feststellen, dass sie in unserem Hause immer weniger gelesen wurde.

In Zeiten, in denen die Gewinnmargen von Speditions- und Transportunternehmen am Markt immer schwieriger durchzusetzen sind, stehen alle Ausgabenpositionen eines Unternehmens auf dem Prüfstand. Daher haben wir uns entschieden, Ihre Zeitschrift nicht weiter zu beziehen.

⑧ **Brieftext**

•
Mit freundlichen Grüßen
•
GERD BERGER
Spedition e. K.
•
•
•
Gerd Berger

⑨ **Briefschluss**

•
Anlage
Kopie der Bestellung

⑩ **Anlagenvermerk**

Geschäftsräume:
Merkurstraße 14
40223 Düsseldorf

Telefon: 0211 56742
E-Mail: info@berger.de

Bankverbindung:
Commerzbank Düsseldorf

IBAN: DE02 3004 0000 4865 0510 00
BIC: COBADEDDXXX

Umsetzung der Regeln im Musterbrief

In dem Brief, der oben abgedruckt ist, sind diese Regeln angewendet worden. Dabei wurde ein Briefvordruck verwendet, der den DIN-Regeln entspricht. Dem Brief liegt die Situation zugrunde, dass eine Zeitschrift abbestellt werden soll, die das Unternehmen bereits mehrere Jahre bezogen hat. Dem Kündigungsschreiben geht ein Briefwechsel über die Frage der Kündigungsfristen – Briefe vom 15.01.20(0) und vom 10.02.20(0) – voraus, auf den im Informationsblock hingewiesen wird. Die Kurzfassung des Briefinhaltes gibt den Grund des Briefes („Kündigung") in eindeutiger Weise an. Der Brief selbst, wie auch die Anrede, ist freundlich und sachlich gehalten. Im Text des Briefes werden die Kündigung und das Datum der Wirksamkeit genau benannt. Die Äußerungen zu den Gründen der Abbestellung sollen den Schritt begründen, sind jedoch für die rechtliche Wirksamkeit nicht notwendig. Im Briefschluss unterschreibt Herr Berger als Inhaber des Unternehmens. Da er in dieser Funktion das Unternehmen nach außen alleine vertreten kann, wird kein Hinweis auf eine Vollmacht gegeben.

Anzeigen

> **Anzeige:** = Werbemittel zur zielgerichteten Veröffentlichung von Werbebotschaften in einem Print- oder elektronischen Medium.

Spediteure annoncieren gewöhnlich in Fachzeitschriften, weil sie mögliche Geschäftspartner ansprechen wollen. Die Zielgruppe besteht daher aus Kaufleuten, die ökonomisch aufgeklärt sind und den „Verführungen" der Werbung nicht so leicht erliegen wie Endverbraucher. Folglich sind Anzeigen von Spediteuren häufig sehr sachlich aufgebaut.

Zuverlässige Sammelgutverteilung in Berlin/Brandenburg

Bei Anlieferung Ihrer Sammelgüter bis 6.00 Uhr erfolgt die Verteilung in den Regionen 10-16999 am Eingangstag!

- **Alle Fahrzeuge GPS und ADR sowie Hebebühne**
- **Nutzlast von 1 t–13 t**
- **DFÜ-Anbindung sowie permanentes Tracking & Tracing**
- **Lagerflächen sowie Büroflächen frei**

Müller KG Transport – Lagerei – Logistik
14469 Potsdam
Telefon 0331 – 6821115
www.mueller-potsdam.de

Bewertung von Werbeanzeigen

Werbung ist teuer – vor allem wenn in Massenmedien mit einem großen Verbreitungsgebiet geworben wird. Die Werbeagenturen, die die Werbemaßnahmen erstellen, testen daher häufig geplante Werbeprojekte zunächst bei einer ausgewählten Zahl von Personen, die als Zielgruppe für die Werbung infrage kommen.
Die nachfolgenden Fragen werden Lesern von Zeitungsanzeigen vorgelegt, um die Wirksamkeit einer Anzeigenwerbung zu testen. Die Fragen können auch auf andere Werbemaßnahmen übertragen werden.

Fragen an die Betrachter von Werbeanzeigen

- Fällt die Anzeige auf und weckt sie dabei meine Aufmerksamkeit?
- Wirkt sie freundlich und sympathisch, weckt sie Vertrauen?
- Ist sie informativ und vermittelt sie etwas Neues?
- Passt sie zum Image des Werbenden und zum dargestellten Produkt?
- Hebt sich die Werbung von anderen Anzeigen ab, ist sie originell und einzigartig?

Broschüre/Prospekt/Zeitungsbeilage

Diese Werbemedien werden in der Regel aufwendig hergestellt und erfordern daher professionelle Unterstützung. Werden Broschüren/Prospekte/Zeitungsbeilagen mit moderner **Text- und Bildverarbeitungssoftware** nach einheitlichem Konzept erstellt, sind folgende Gestaltungsgrundsätze beachtenswert:

- Der erste Eindruck ist entscheidend. Die Titelseite ist daher besonders sorgfältig zu gestalten. Der Leser soll angeregt werden, den gesamten Text zu lesen.
- Eine originelle und einprägsame Überschrift (Headline) hat die Funktion eines „Türöffners".
- Hinweise oder optische Symbole können den Leser auf die Innenseiten aufmerksam machen.
- Ein Leitbild/eine Leitfigur (Foto, Zeichnung) mit freundlicher Ausstrahlung lockert die Seite auf, damit sie nicht zu sachlich und unpersönlich (als Ansammlung von Leistungsbeschreibungen) wirkt. Leitbilder/-figuren schaffen Vertrauen und Akzeptanz beim Leser.
- Eine einprägsame und deutliche Abbildung des Firmenlogos ist unbedingt auf der Titelseite erforderlich. Dieses Erkennungszeichen muss auch bei allen Werbemaßnahmen auftauchen, damit es sich im Bewusstsein der Kunden einprägt. Das Unternehmen gewinnt auf diese Weise ein Profil gegenüber den Mitbewerbern.
- Grundsätzlich gilt, dass Bilder leichter zu erfassen sind als Texte. Bilder haben daher eine größere Werbewirkung.
- Kompetenz und Serviceleistungen herausstellen, insbesondere auf den Innenseiten

Beispiel:
Seiten 1 und 2 einer Werbebroschüre

32.6.3.2 Verkaufsförderung

Die Verkaufsförderung (Sales promotion) wird im Allgemeinen der Kommunikationspolitik zugerechnet, obwohl sich die Maßnahmen häufig auch anderen Marketinginstrumenten zuordnen lassen. Generell umfasst Verkaufsförderung die Schaffung zusätzlicher Anreize, die einen Kunden zum spontanen Kauf anregen sollen. Die Aktionen gehen über den Einsatz der üblichen – . d. R. mittel- bzw. langfristig angelegten – Werbemaßnahmen hinaus.

→ **Verkaufsförderung** = zeitlich begrenzte Aktivität zur Verstärkung des Kaufanreizes

Klassische Verkaufsförderungsmaßnahmen für einen Konsumgüterhersteller sind z. B. Verkostungen, Displays oder Sonderangebote im Handel.
Für eine Spedition, deren Leistungsangebote nicht über einen Handelspartner vertrieben werden, müssen Maßnahmen der Verkaufsförderung auf anderen Wegen an die Kunden gebracht werden, um diese zur Vergabe eines konkreten Auftrages zu bewegen. So kommen als Maßnahmen beispielsweise in Frage:

- Messeauftritte
- Events, z. B. Tag der offenen Tür
- Gewinnspiele und Preisausschreiben
- Sonderpreise und Probeverladungen
- kleine Geschenke wie z. B. Kugelschreiber, Kaffeetassen oder Lkw-Modelle
- Bereitstellen von Videomaterial über das eigene Unternehmen
- Bereitstellung von Hard- und/oder Software zur Auftragsübermittlung
- Schulungen von Kundenmitarbeitern, z. B. zu den Themen Ladungssicherung oder Gefahrguthandling

Auch bei betriebsinternen Maßnahmen, wie z. B. einem Verkaufstraining für Außendienstmitarbeiter oder einer Schulung zum Thema Telefonverkauf für Innendienstmitarbeiter, handelt es sich um Maßnahmen zur Verkaufsförderung.

32.6.3.3 Online-Marketing

Das **Internet** spielt in der Kommunikationspolitik mittlerweile eine unverzichtbare Rolle. Sowohl Endkunden (Business-to-Consumer, **B2C**) als auch andere Unternehmen (Business-to-Business, **B2B**) sowie Behörden (Business-to-Government **B2G**) werden über diesen Kanal angesprochen. Von den klassischen, „analogen" Werbekanälen unterscheidet sich das Internet vor allem durch die Möglichkeit der interaktiven Kommunikation, bei der Internetnutzer eine aktive Rolle übernehmen.

Zuordnung der Akteure		Nachfrageseite		
		privat	gewerblich	öffentliche Verwaltung
Anbieterseite	privat	Consumer-**to**-Consumer (kurz: **C2C**)	Consumer-**to**-Business (kurz: **C2B**)	Consumer-**to**-Government (kurz: **C2G**)
	gewerblich	Business-**to**-Consumer (kurz: **B2C**)	Business-**to**-Business (kurz: **B2B**)	Business-**to**-Government (kurz: **B2G**)
	öffentliche Verwaltung	Government-**to**-Consumer (kurz: **G2C**)	Government-**to**-Business (kurz: **G2B**)	Government-**to**-Government (kurz: **G2G**)

Eine **Homepage** als zentrale Internetpräsenz ist für Unternehmen zumeist der Ausgangpunkt der digitalen Kommunikation mit ihren Kunden. Wesentliche Funktionen einer Homepage sind die Unternehmensdarstellung, die Präsentation der Produkte bzw. Dienstleistungen, die Darstellung von Neuigkeiten rund um das Unternehmen sowie die Möglichkeit der Nutzer, aktiv mit dem Unternehmen in Kontakt zu treten. Speditionen bieten ihren Kunden über die Homepage zumeist auch die Möglichkeit, interaktiv – über einen geschützten Zugang – Tracking & Tracing durchzuführen.

→ **Online-Marketing:** Vermarktung von Produkten über das Internet

Online-Marketinginstrumente

Zu den wichtigsten Möglichkeiten, online zu werben, zählen folgende:

- **E-Mail-Marketing:** E-Mails sind elektronische Briefe. Der Kontakt zwischen Briefschreiber und Briefempfänger lässt sich in der Regel sehr schnell herstellen, weil auf den Internetseiten von Unternehmen entsprechende Kontaktadressen angegeben sind. Darüber hinaus lassen sich E-Mails äußerst einfach gleichzeitig an einen großen Empfängerkreis versenden. Dadurch kann eine Spedition z. B. eine große Zahl potenzieller Neukunden ansprechen.
- **Newsletter:** Zahlreiche Unternehmen verbreiten aktuelle Nachrichten aus dem Unternehmen und der Branche über Newsletter, die regelmäßig per E-Mail an interessierte Dritte versendet werden. Diese zum Bereich der Public Relations zählende Maßnahme bietet ebenfalls die Möglichkeit, zeitgleich einen großen Empfängerkreis zu erreichen. Bei nachlassendem Interesse lässt sich ein Newsletter vom Empfänger problemlos durch einen Mausklick abbestellen.
- **Bannerwerbung:** Es handelt sich um Werbeflächen unterschiedlicher Größe, die in das Angebot einer Webseite integriert werden. Sie sind interaktiv, d. h., durch Anklicken kann man mit dem Werbenden Kontakt aufnehmen, indem man auf dessen Webseite weitergeleitet wird. Diese Art der Internetwerbung ist besonders weit verbreitet, weil sie sehr einfach zu handhaben ist. Für Spediteure bietet es sich an, Bannerwerbung z. B. im Vorfeld von Messen auf der Webseite des Messeveranstalters oder auf der Webseite von Fachzeitschriften zu platzieren.
- **Unterbrecherwerbung:** Mit dem Aufruf einer Internetseite erhält der Nutzer automatisch eine Werbefläche eingeblendet. Diese Form der Internetwerbung erzielt eine große Aufmerksamkeit, viele Internetnutzer fühlen sich davon aber gestört.
- **Suchmaschinenmarketing:** Die Auffindbarkeit einer Internetpräsenz im World Wide Web kann sich unter Umständen schwierig gestalten. Maßnahmen, die Abhilfe schaffen können, sind die Suchmaschinenwerbung und die Suchmaschinenoptimierung.
  - Bei der **Suchmaschinenwerbung** schaltet ein Unternehmen eine bezahlte Anzeige auf den ersten Ergebnisseiten einer Suchmaschine. Eine Spedition mit dem Schwerpunkt Seefracht kann z. B. eine Anzeige schalten, die bei den Suchbegriffen „Seefracht" oder „Containerschiff" ganz oben auf der Ergebnisseite erscheint.
  - Die **Suchmaschinenoptimierung** hat die Verbesserung der Position der Webpräsenz bei den Ergebnissen einer Suchmaschine zum Ziel. Dies wird z. B. durch die Verwendung bestimmter Schlüsselbegriffe erreicht.
- **Social Media Marketing (SMM):** Unter SMM versteht man den Marketingauftritt eines Unternehmens über soziale Medien und Netzwerke wie z. B. Facebook, Twitter, Youtube oder XING. Während beim klassischen Internetmarketing die Kommunikation nach wie vor vom Unternehmen gesteuert wird, entsteht im SMM ein öffentlicher Dialog, dessen Inhalte von allen Usern gemeinsam bestimmt werden, durchaus mit dem Risiko, dass auf diesem Wege im Internet geäußerte Meinungen nicht mit denen des Unternehmens übereinstimmen.

  Als Ausgangspunkt für Unternehmen, die sich im Bereich SMM engagieren, eignen sich zunächst die Bereiche Public Relations und Marketing. Der wesentliche Nutzen dieses Kommunikationsinstruments stellt sich allerdings erst im intensiven Austausch mit Kunden und Partnern ein. So kann zum Beispiel ein neues Produkt in Echtzeit mit allen Beteiligten diskutiert werden. Eine Spedition kann sich bespielsweise über die Qualität der Dienstleistung in einer neuen Relation (z.B. Transporte nach Osteuropa) mit Versendern, Empfängern und den am Transport beteiligten Partnern austauschen und aus den Äußerungen Schlüsse zur Verbesserung des Dienstleistungsangebotes ziehen.

- **Mobile Commerce:** Der Einsatz mobiler Endgeräte wie Smartphone oder Tablet-Computer bei geschäftlichen Transaktionen wird häufig unter dem Begriff Mobile Commerce (M-Commerce) zusammengefasst. Eine Spedition kann beispielsweise ihren Kunden über eine sogenannte Applikation (kurz: **App**) das Sendungsverfolgungssystem zur Verfügung stellen.

32.6.3.4 Unternehmensleitbild – Corporate Identity

Erfolgreiches Handeln muss zielgerichtet sein. Nur wer sich konkrete Ziele setzt, hat eine Chance, diese auch zu erreichen. Man unterscheidet **kurzfristige Ziele**, die einen Zeithorizont von bis zu einem Jahr aufweisen und **langfristige Ziele**, die für mehrere Jahre gesetzt werden.

Beispiele:

- *Kurzfristiges Ziel: der Umsatz der Abteilung Luftfracht soll im kommenden Geschäftsjahr um 10 % gesteigert werden.*
- *Langfristiges Ziel: Erreichung eines Marktanteils von 25 % im Geschäftsfeld für logistische Dienstleistungen in der Region West in den nächsten 5 Jahren.*

Beispiele:

Unternehmensleitbild einer Spedition

„Für Sie bereit zu jeder Zeit"

Als Mittelstandsunternehmen sehen wir unsere Chance in der aktuellen Marktsituation vor allem in der individuellen und zuverlässigen Betreuung unserer Kunden.
Verlässlichkeit und Pünktlichkeit sind die Größen, mit denen wir seit Jahrzehnten operieren. Der Umwelt und Sicherheit gilt dabei aber ebenfalls unser verstärktes Augenmerk.
Der Einsatz moderner Transport- und Kommunikations-technologien kommen dem ebenso entgegen wie die ständige Fortbildung unserer Mitarbeiter auf Lehrgängen zur Sicherheit und Qualitätssicherung.
Durch den hohen Anteil der mit unserem eigenen Fuhrpark im Selbsteintritt durchgeführten Transporte können wir den Großteil unserer Kunden mit unseren Qualitätsmaßstäben unmittelbar zufriedenstellen.

Insbesondere die langfristige Ausrichtung am Markt ist Teil der **Unternehmensphilosophie.** Diese umfasst die Leitgedanken der Unternehmensführung und stellt bestimmte Werte wie z. B. Verlässlichkeit, Qualität oder Vertrauen in den Mittelpunkt.
Die Wertvorstellungen der Führung werden im **Unternehmensleitbild** schriftlich festgehalten und die Mitarbeiter darauf verpflichtet. Je mehr die Wertvorstellungen der Mitarbeiter mit diesem Leitbild übereinstimmen, umso erfolgreicher kann das Unternehmen am Markt agieren.

→ **Unternehmensleitbild** = schriftliche Erklärung über die Wertvorstellungen eines Unternehmens, die an Mitarbeiter und an die Öffentlichkeit gerichtet ist

Das Unternehmensleitbild, auch als **Corporate Vision** bezeichnet, wird durch folgende Konzepte konkretisiert:

- **Corporate Behaviour:** beschreibt, welchen Umgangston die Mitarbeiter untereinander sowie gegenüber den Kunden, Lieferanten und Geschäftspartnern pflegen. Der angemessen positive Umgang mit Kritik, z. B.

bei Reklamationen, fällt ebenfalls unter diesen Begriff. Weiterhin umfasst Corporate Behaviour einen bestimmten Führungsstil durch die Geschäftsleitung sowie Grundsätze der Personalentwicklung, Personalentlohnung und Personalbeurteilung.

- **Corporate Communications:** belegen, wie sich das Unternehmen selbst nach innen und nach außen darstellt. Corporate Communications findet sich mithin insbesondere auf der Homepage im Internet sowie in Werbeslogans, in Mitarbeiter- und Kundenzeitschriften oder Presseveröffentlichungen.
- **Corporate Design:** zeigt das Erscheinungsbild eines Unternehmens mittels Farben, Formen und Zeichen. Ein einheitlicher Stil kennzeichnet Briefbögen und Visitenkarten, Firmenfahrzeuge, die Arbeitskleidung der Mitarbeiter oder die Anzeigengestaltung. Auch die Architektur der Gebäude oder die Ausgestaltung der Eingangshalle im Verwaltungsgebäude können das Corporate Design widerspiegeln.

Verfügt ein Unternehmen über ein Logo mit hohem Wiedererkennungswert (wie z. B. den Mercedes-Stern oder das stilisierte McDonalds-„M"), hat es damit ein überaus wertvolles Instrument der Kommunikationspolitik geschaffen.

Corporate Behaviour, Communications und Design bilden gemeinsam die **Corporate Identity**, auch als **Unternehmensidentität** bezeichnet. Eine gelebte Unternehmensidentität in Form eines ausgeprägten Wir-Bewusstseins wirkt motivierend auf die Mitarbeiter und wird durch diese nach außen getragen.

Logo der INTERSPED GmbH

Corporate Identity = einheitliches und unverwechselbares Unternehmensbild gegenüber den Mitarbeitern und der Öffentlichkeit

Idealerweise deckt sich die Corporate Identity mit dem **Corporate Image**, dem Fremdbild des Unternehmens, welches die Wahrnehmung von außen umschreibt. Die Übereinstimmung von Selbst- und Fremdbild ist eine wesentliche Grundlage für erfolgreiches Handeln und die damit verbundene Erreichung der Unternehmensziele.

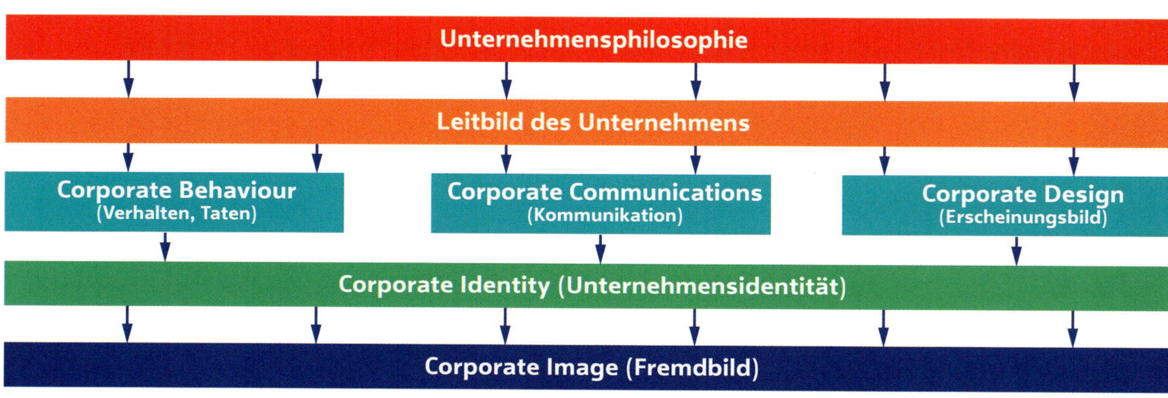

Wirkungsweise einer Unternehmenskultur

32.6.3.5 Public Relations

Während sich ein Unternehmen im Rahmen von Corporate Identity-Maßnahmen in seiner Gesamtheit darstellt, zielt die aktive Öffentlichkeitsarbeit (Public Relations) darauf ab, das Image des Unternehmens durch einzelne Maßnahmen positiv darzustellen.
Das Ziel von Public Relations ist nicht – wie bei der Werbung – den Absatz einzelner Waren zu steigern. Vielmehr sollen alle, die mit der Spedition in geschäftlicher Verbindung stehen, über das Unternehmen als Ganzes im positiven Sinne informiert werden. Letztlich geht es um die gesellschaftliche Einbindung eines Unternehmens. „Tue Gutes und rede darüber" ist das Leitmotiv der PR.

Public Relations (PR) = Kommunikation von Unternehmen mit der Öffentlichkeit über Medien, um ein positives Bild vom Unternehmen in der Öffentlichkeit zu vermitteln

Beispiel:
Eine Spedition informiert die Redaktion der lokalen Tageszeitung in einer Pressemitteilung über eine Spende für ein neues Klettergerüst des örtlichen Kindergartens. Ziel ist es, dass diese Nachricht in der Zeitung veröffentlicht wird und die Spedition so ein positives Bild abgibt.

Die Wirkung einer solchen Meldung hängt davon ab, wo sie innerhalb der Tageszeitung erscheint. Wenn sie nicht im Anzeigenteil der Zeitung, sondern neben anderen Artikeln im redaktionellen Teil zu lesen ist, wird sie von mehr Lesern wahrgenommen und wirkt auch glaubwürdiger. Daher ist es entscheidend, die Journalisten davon zu überzeugen, dass gerade diese Nachricht für ihre Zeitungsleser interessant ist.
Der Kontakt zur Presse ist das wichtigste Instrument der Öffentlichkeitsarbeit, weil Pressearbeit leicht und regelmäßig zu organisieren und sowohl regional als auch überregional verbreitet ist. **Pressemitteilungen** sind das am meisten genutzte PR-Instrument und das entscheidende Verbindungselement zwischen einem Unternehmen, den Medien und der Zielgruppe. Sie informieren vor allem über Veränderungen im Unternehmen, neue Produkte oder Veranstaltungen.
Unternehmen sind aber nicht nur bestrebt, in der Presse in einem bestimmten Licht zu erscheinen. Vielmehr soll der gesamten Öffentlichkeit ein positives Bild über das Unternehmen vermittelt werden. Die Zahl der Ansprechpartner ist daher groß und breit gestreut.

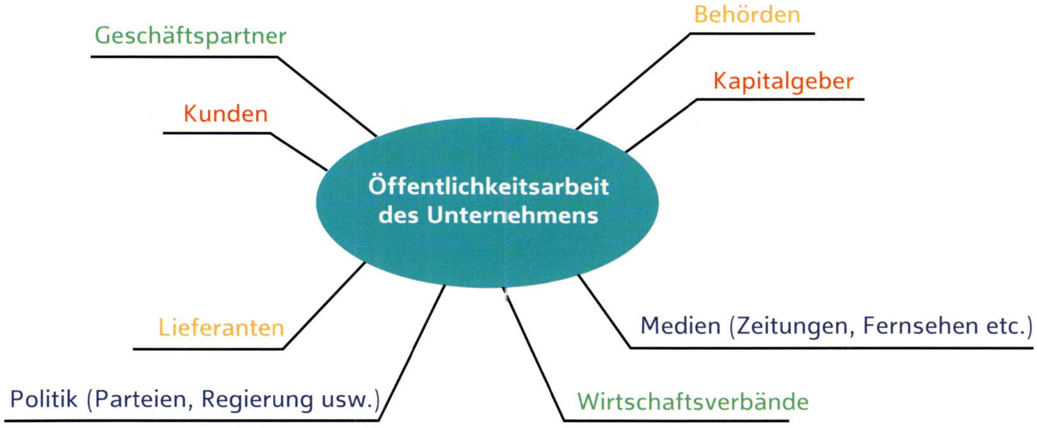

Unternehmen können sich zusätzlich durch folgende Maßnahmen positiv in der Öffentlichkeit darstellen:

- Veröffentlichung von Geschäftsberichten
- Darstellung des Unternehmens auf der eigenen Webseite im Internet
- Publikumsveranstaltungen, wie Tage der offenen Tür oder Hausmessen
- Pressekonferenzen, z. B. zu Fusionen oder Allianzen, zu Firmenjubiläen, zur Eröffnung einer neuen Speditionsanlage
- Entsendung von Unternehmensvertretern zu Fachkonferenzen oder Podiumsdiskussionen
- persönliche Kontaktpflege zu Politikern und Organisationen wie IHK oder Wirtschaftsverbänden

Mit zunehmender Unternehmensgröße wird Öffentlichkeitsarbeit immer bedeutsamer, weil die gegenseitige Abhängigkeit zwischen Unternehmen sowie Behörden, Parteien und Geschäftspartnern zunimmt.

32.6.3.6 Sponsoring

Einige Fußball-Bundesliga-Spiele finden statt

- in der Allianz-Arena in München,
- in der Mercedes Benz-Arena in Stuttgart oder
- in der Veltins-Arena in Gelsenkirchen.

In allen drei Fällen haben Unternehmen die Namensrechte an den Stadien gekauft. Stadionbesucher und Fernsehzuschauer sollen so eine positiv besetzte Sportart mit dem Namen des Unternehmens verbinden (man spricht von **Image-Transfer**).
Im Rahmen ihrer Kommunikationspolitik betreiben Unternehmen Sponsoring, um anlässlich medienwirksamer Ereignisse auf sich aufmerksam zu machen. Letztlich dient das Sponsoring jedoch der Absatzförderung von Produkten und Dienstleistungen.

→ **Sponsoring** = Instrument der Kommunikationspolitik, bei dem der Sponsor Personen, Organisationen oder Veranstaltungen mit dem Ziel der Absatzsteigerung unterstützt

Die wichtigsten Arten von Sponsoring sind:

Art	Beispiele
Sportsponsoring	*Unterstützung von Sportvereinen, Mannschaften, Einzelsportlern oder Sportveranstaltungen, wie z. B. Tennisturniere.*
Kultursponsoring	*Unternehmen unterstützen kulturelle Veranstaltungen im Bereich Musik, Theater, Literatur usw.*
Sozialsponsoring	*Hier reicht das Engagement der Unternehmen von der Unterstützung örtlicher Kindergärten bis zu Entwicklungsprojekten in armen Ländern.*
Ökosponsoring	*Unternehmen profilieren sich als Umweltschützer, indem sie sich – häufig in Zusammenarbeit mit einer Umweltorganisation – z. B. an einem Wiederaufforstungsprogramm beteiligen. Oder sie unterstützen die Einrichtung eines ökologischen Schulhofes bzw. organisieren Schutz- und Pflegeaktionen für Wald und Gewässer.*
Mediensponsoring	*In diesem Fall geben Unternehmen finanzielle Unterstützung z. B. für Sendungen im Fernsehen. Im Textvorspann wird auf das Unternehmen verwiesen (z. B. vor der Wetterkarte).*

Sponsoring kann auf unterschiedliche Weise durchgeführt werden. Am häufigsten wird Geld eingesetzt. Es sind aber auch Sach- oder Dienstleistungen möglich.

Beispiel:

- ***Geldleistung:*** *Eine Spedition beteiligt sich finanziell an der Ausrichtung eines Stadtteilfestes. Das Unternehmen wird auf dem Einladungs-Flyer zu diesem Fest namentlich erwähnt.*
- ***Sachleistung:*** *Die Spedition stellt für das Stadtteilfest kostenlos die Getränke zur Verfügung.*
- ***Dienstleistungen:*** *Das Speditionsunternehmen stellt für das Stadtteilfest einen Kleinbus mit Fahrer zur Verfügung, welcher Gäste des Festes kostenlos nach Hause fährt.*

Ziele des Sponsorings

An erster Stelle steht der Wunsch, die **Sympathie**, die z. B. einer Sportart entgegengebracht wird, auf das Unternehmen ausstrahlen zu lassen. Vielfach wollen Unternehmen über Sponsoring aber einfach nur auf sich aufmerksam machen, damit ihr Name (die Firma) bekannter wird.
Während Werbung von vielen Menschen abgelehnt wird, wird Sponsoring viel stärker toleriert. Damit verschaffen sich Unternehmen Zugang zu Menschen, die sie auf anderen Wegen kaum erreichen können.

32.6.4 Distributionspolitik/Verkauf

Distributionspolitik = alle Maßnahmen, die den Verkauf und Vertrieb speditioneller Dienstleistungen betreffen

Der Vertrieb speditioneller Dienstleistungen wird in erster Linie durch die Verkaufsmitarbeiter im Innen- und Außendienst bewerkstelligt. Zum einen ermitteln sie die Kundenwünsche und zum anderen machen sie die Kunden auf die Leistungen einer Spedition aufmerksam.

32.6.4.1 Distributionskonzepte

Kundenorientierung ist heute ein zentraler Erfolgsfaktor für Unternehmen. Dementsprechend ist die Schnittstelle zu den Kunden mit besonderer Sorgfalt zu betrachten. Hier ist vor allem die Pflege der A-Kunden hervorzuheben, für die stark individualisierte Leistungen erstellt werden und die demgemäß auch ein gesteigertes Kommunikationsbedürfnis zwischen Spediteur und Kunden erfordern. Darüber hinaus wird der Spediteur als logistischer Dienstleister immer stärker in die Organisation der gesamten Wertschöpfungskette einbezogen. Dies erfordert zwangsläufig erhöhten Abstimmungsbedarf und damit besondere Anforderungen an den Vertrieb. Schließlich eröffnen die modernen Informations- und Kommunikationstechnologien völlig neue Kommunikationswege für alle Beteiligten. Dies stellt für den Vertrieb, der in der Vergangenheit vorzugsweise das persönliche Gespräch pflegte, eine weitere Herausforderung dar. Speditionen reagieren mit unterschiedlichen Konzepten auf diese neuen Anforderungen zum Kundenbeziehungsmanagement:

Key-Account-Manager

Sie kümmern sich um bestimmte Kundengruppen, z. B. die A-Kunden, und sprechen diese Kunden äußerst differenziert an, indem sie sich um die speziellen Belange jedes einzelnen dieser wichtigen Kunden kümmern. Gleichzeitig erhalten sie von den Kunden wertvolle Informationen über Trends und zu erwartende Veränderungen, sodass sich die Spedition rechtzeitig auf diese Neuerungen einstellen kann.

Produktmanager

Der Produktmanager entwickelt Marketingpläne für ein bestimmtes Produkt oder eine Produktgruppe (z. B. Osteuropaverkehre), realisiert diese Pläne und beobachtet den Ereignisverlauf, um ggf. korrigierend einzugreifen. Er ist auch für die Kundenbeziehungen bezogen auf ihre Produkte zuständig. Durch die Spezialisierung wird er zu einem kompetenten Problemlöser für diese Kunden.

Teamkonzept

Häufig werden Teams aus Mitarbeitern des Innen- und des Außendienstes gebildet. Dies hat den Vorteil, dass die für komplexe Aufgaben notwendigen unterschiedlichen Kompetenzen zusammengefasst werden können. Die enge Zusammenarbeit im „magischen Dreieck" von Innendienst, Außendienst und Kunde ist gewöhnlich sehr erfolgreich.

32.6.4.2 Telefonmarketing

→ **Telefonmarketing** = direkte Ansprache von Kunden per Telefon, um z. B. einen Besuch des Außendienstmitarbeiters vorzubereiten und terminlich zu fixieren

Folgende Planungsschritte sind bei werblichen Telefongesprächen angebracht:

Planungsschritte	Erläuterungen und Beispiele
1. Gespräch vorbereiten	▪ Alle Informationen über den Kunden und für den Gesprächsanlass liegen bereit. ▪ Der Anrufende hat sich eine Gesprächseröffnung (siehe unten) und wichtige Verkaufsargumente überlegt. ▪ Wer mit einem Lächeln zum Telefonhörer greift, gibt seiner Stimme einen freundlichen Klang.
2. Gesprächspartner begrüßen	▪ Die Reihenfolge aus erstens Name (Firmenname, eigener Name) und zweitens Gruß gibt dem Gesprächspartner etwas mehr Zeit, sich eventuell an den Anrufenden zu erinnern.
3. Gespräch eröffnen	▪ Bei unbekannten Gesprächspartnern ist zunächst zu überprüfen, ob man mit dem richtigen Mitarbeiter verbunden ist. ***Beispiel:*** *„Spreche ich mit Herrn ..., dem Leiter der ...?"* ▪ Dies gibt bereits Gelegenheit zu einer persönlichen Kundenansprache, die die emotionale Gesprächsbereitschaft des Dialogpartners verbessert. ***Beispiel:*** *„Wir haben in der Vergangenheit ... gelegentliche Aufträge ..."* ▪ Der wichtigste Schritt ist der nun folgende Einstieg in das Kontaktthema. Er muss den individuellen Bedarf des Kunden ansprechen. ***Beispiel:*** *„Uns ist bekannt, ... hohes Aufkommen bei Sendungen bis 30 kg ... Termintreue ... auch Zustellungen außerhalb der normalen Geschäftszeiten erforderlich ..."*
4. Angebot demonstrieren	▪ Nicht Produkte (Dienstleistungen), sondern Problemlösungen für den Kunden werden angeboten. ***Beispiel:*** *„Wir können Ihnen ... IKLO – für termingebundene Kleingutsendungen ... Preis ... Extra-Service ..."* ▪ Das Angebot wird unter der Fragestellung vorgestellt: Welche Vorteile hat der Kunde, wenn er das Angebot nutzt? Daher wird immer aus der Sicht des Kunden argumentiert („Sie"-Formulierungen, positive Sprache, vgl. auch weiter oben Sprache in Werbebriefen). ▪ Beispiele veranschaulichen das Angebot.

Planungsschritte	Erläuterungen und Beispiele
	Beispiel: *„Wenn Sie z. B. eine 25-kg-Sendung von Düsseldorf nach Hamburg ... Laufzeit ... Kosten ... Sonderleistungen ...“* ▪ Den Kunden möglichst zu Fragen veranlassen, damit ein echter Dialog entsteht und der Kunde seine Probleme in das Gespräch einbringt. ***Beispiel:*** *„Vielleicht fragen Sie sich ...“; „Interessieren Sie sich ...?“*
5. Abschluss herbeiführen	Ziel muss ein konkreter Termin für den Außendienstmitarbeiter sein. Ausweichende Formulierungen des Gesprächspartners sind daher möglichst terminlich zu konkretisieren, ohne aufdringlich zu wirken. ***Beispiel:*** *„Ich werde mir die Unterlagen in den nächsten Tagen einmal genauer ansehen.“, „Sehr gerne – Sie werden feststellen ... „Welchen Termin schlagen Sie vor?“... Detailfragen klären*
6. Sich verabschieden	▪ Ein abschließender Dank für das Vertrauen/die Zusammenarbeit/für die Zeit, die man sich genommen hat bzw. sich für den Akquisiteurbesuch nimmt, ist unerlässlich. ▪ Man empfiehlt sich dem Angerufenen als zukünftiger Ansprechpartner.

32.6.4.3 Verkaufsgespräche mit Kunden

Verkaufsgespräch = zielgerichtete Dialogführung eines Verkäufers/Außendienstmitarbeiters mit der Absicht, einen Vertragsabschluss mit dem Kunden herbeizuführen

Planung des Verkaufsgespräches

Gespräch sorgfältig vorbereiten

Ein erfolgreiches Verkaufsgespräch will sorgfältig vorbereitet sein. Zunächst muss sich der Mitarbeiter einer Spedition darüber im Klaren sein, was er überhaupt erreichen will; anschließend sind die Grundlagen für das Gespräch durch intensive Informationsbeschaffung zu legen.

Ziele formulieren

Kurzfristige Ziele eines Verkaufsgespräches können z. B. sein: Kontakt mit einem möglichen Kunden aufnehmen, der Abschluss eines konkreten Geschäftes, die Erledigung einer Reklamation, Kunden zu bestimmten Verhaltensweisen veranlassen (z. B. bei der Verpackung von Gütern), Wünsche des Kunden kennenzulernen oder Leistungen einer Spedition vorzustellen.
Langfristige Ziele bestehen z. B. darin, Hausspediteur eines Unternehmens zu werden, die Logistik eines Kunden komplett zu übernehmen, sich als kompetenter Problemlöser darzustellen.

Informationen sammeln

Der nächste Schritt besteht in der Informationsgewinnung über den Kunden und das Marktsegment, in dem der Kunde tätig ist.

Verkaufsphasen
1. Eröffnungsphase
2. Informationsphase
3. Argumentationsphase
4. Abschlussphase

Durchführung des Verkaufsgespräches

vier Phasen im Verkaufsgespräch

Der Verlauf eines Verkaufsgespräches lässt sich in vier Abschnitte einteilen:

1. **Eröffnungsphase**
   In dieser Phase muss es gelingen, das Interesse des Kunden an einem Gespräch zu wecken und durch das eigene Auftreten möglichst viel Sympathie zu erzeugen. Diese Phase wird häufig durch ein allgemeines Thema („Small Talk“) eingeleitet.
2. **Informationsphase**
   Im zweiten Schritt sind die Ansprüche des Kunden herauszufinden. Dazu muss man den Kunden veranlassen, sein Problem darzulegen.
3. **Argumentationsphase**
   Der Verkäufer präsentiert die Problemlösung, indem er dem Kunden die Vorteile sichtbar macht, die sich aus der Nutzung des Leistungsangebotes der Spedition ergeben. Eine positive und sachliche Sprache überzeugt einen Kunden eher als das Erzeugen von Ängsten oder eine marktschreierische Leistungsdarbietung. Die oben beschriebenen Regeln zum Werbebrief und zum Telefonmarketing gelten auch für das Verkaufsgespräch mit dem Kunden.

4. Abschlussphase
Der Kunde muss dazu gebracht werden, das Angebot der Spedition zu nutzen. Die Vorteile des speditionellen Leistungsangebotes sind eventuell noch einmal zusammenzufassen und auf die Problemlage des Kunden zuzuschneiden. Danach muss die Zustimmung des Kunden eingeholt werden.

32.6.4.4 Phasen der Kundenansprache

Die Auftragsabwicklung in einem Speditions- oder Logistikprojekt lässt sich in die Phasen Pre-Sales, Leistungserstellung und After-Sales einteilen. In der **Pre-Sales-Phase** kommt es vor allem darauf an, mit seinen Marketingbemühungen das Unternehmen am Markt bekannt zu machen, das Leistungsvermögen des Unternehmens und die sich daraus ergebenden Kundenvorteile darzustellen und für ein positives Image im Bewusstsein des Kunden zu sorgen.
Während der **Leistungserstellung** sollte der Kunde in den Erstellungsprozess integriert werden, indem ein intensiver Datenaustausch über Auftragsdaten, Termine und Terminerfüllung (z. B. über ein Sendungsverfolgungssystem) gepflegt wird. Dem Kunden muss jederzeit deutlich gemacht werden, dass seine Erwartungen bestätigt oder sogar übertroffen werden.
In der **After-Sales-Phase** geht es um die Festigung und Verstetigung der Kundenbeziehungen, indem Kunden durch Marketingmaßnahmen weiterhin angesprochen und für Folgeaufträge gewonnen werden.

Pre-Sales = vor dem Kauf

After-Sales = nach dem Kauf

32.7 Präsentationstechniken

In einer Präsentation werden Informationen von einer Person oder einer Personengruppe in zusammenhängender Weise an andere Personen herangetragen.
Bei der Vorbereitung einer Präsentation hat der Präsentator grundlegende Regeln zu beachten.

Tipps für die Präsentation

1. Das Dargebotene (Texte, Grafiken usw.) muss lesbar sein.
2. Vermeiden Sie Verlegenheitsgesten (mit Gegenständen spielen, ständig die Kleidung korrigieren, immer wieder Brille, Ohrläppchen, Nase usw. berühren).
3. Zeitvorgaben niemals überziehen
4. sich kurz fassen; es gilt der Grundsatz: Weniger ist mehr!
5. Wenden Sie sich den Zuhörern zu und schauen Sie sie an.
6. Sprechen Sie langsam und deutlich.
7. Lesen Sie keine Texte ab, sondern sprechen Sie frei.
8. Wenn Sie auf eine Stelle der Grafik aufmerksam machen, geben Sie den Zuhörern Zeit, die Stelle zu finden.
9. Stockungen, Versprecher und Fehler sind bei einem mündlichen Vortrag gewöhnlich nicht zu vermeiden. Gehen Sie über diese Unzulänglichkeiten ruhig hinweg.
10. Es ist ratsam, nach 15 Minuten das Thema, die Präsentationsmethode oder den Präsentator zu wechseln.
11. Eine abschließende Zusammenfassung rundet die Präsentation ab.
12. Geben Sie den Zuhörern am Ende Gelegenheit, Fragen zu stellen.

Beispiel für die Gestaltung eines Textes:
Der nachfolgende Text wurde von einer Schülergruppe für eine Präsentation aufbereitet:

Der Gefahrgutbeauftragte

Unternehmen, die an der Beförderung gefährlicher Güter beteiligt sind, haben laut Gefahrgutbeauftragtenverordnung einen Gefahrgutbeauftragten zu benennen. In der Firma INTERSPED ist Herr Klaßen mit dieser Aufgabe betraut worden. Er hat nach seiner fachlichen Schulung zum Gefahrgutbeauftragten folgende Aufgaben:
- Gefahrgutbewegungen im Betrieb zu überwachen
- sicherzustellen, dass die Beteiligten am Gefahrguttransport die ihnen zugewiesenen Pflichten erfüllen
- Personal zu schulen oder schulen zu lassen, das mit Gefahrgut zu tun hat
- jährliche Gefahrgutstatistiken erstellen

Der Text und seine optische Aufbereitung sind vor allem in folgenden Punkten zu kritisieren:
- *Die Schriftart der Überschrift ist exotisch und schlecht lesbar (Schriftart „Alba Super").*
- *Die Überschrift ist fett unterlegt und unterstrichen (d. h. doppelt „ausgezeichnet").*
- *Der Text ist nur geschrieben, kaum gestaltet (allenfalls durch die Spiegelstriche im zweiten Teil).*
- *In Überschrift und Text werden drei unterschiedliche Schriftarten verwendet.*
- *Die Schriftarten sind zu klein für eine Präsentation; der Text ist zu lang.*
- *Es fehlen optische Anregungen, die die Aufnahmefähigkeit und Merkbarkeit des Inhalts verbessern.*

Verbesserte Fassung:

- *gut lesbare Schrift (Arial)*
- *keine Doppelauszeichnung (nur fett)*
- *Schriftgröße 18 Punkt*
- *einheitliche Schriftart (Arial)*
- *abgestufte Schriftgröße (16 Punkt)*
- *Text gestrafft*
- *nur das Wesentliche*
- *übersichtlich gegliedert*
- *zusätzliche Anregungen (Grafiken)*

Zusammenfassung	Dienstleistungsmarketing	
Marketing:	Ausrichtung des gesamten Unternehmens an den Ansprüchen des Marktes	
Kundenorientierung:	**harte Faktoren** ▪ Termineinhaltung ▪ Zuverlässigkeit ▪ Angebotsdichte usw.	**weiche Faktoren** ▪ Qualität von Angeboten ▪ Kulanz ▪ Mitarbeiterverhalten im Kundenkontakt ▪ ausgewogenes Preis-Leistungs-Verhältnis
Marktforschung:	Untersuchung eines Marktes zur Erforschung zukünftiger Absatzchancen ▪ Marktanalyse: Erforschung des gegenwärtigen Zustands eines Marktes ▪ Markbeobachtung: Erfassung der laufenden Veränderungen eines Marktes	
Methoden:	▪ Primärforschung: Befragungen/Tests ▪ Sekundärforschung: eigene oder unternehmensfremde Daten	
Marktstudie:	▪ schriftliche Fixierung von Marktforschungsergebnissen	
Marktprognose:	▪ Aussagen über die zukünftige Entwicklung eines Marktes	
Marketingphasen:	strategische Planung → Umsetzung → Erfolgskontrolle (mit Rückkopplungen)	
Marketing-instrumente (= Teilbereiche des Marketing):	**Produktpolitik** ▪ Dienstleistungsprogramm ▪ Produktqualität	**Preispolitik** ▪ Kostenorientierung ▪ Konkurrenzorientierung ▪ Nachfrageorientierung
	Distributionspolitik/Verkauf ▪ Key-Account-Manager ▪ Produktmanager ▪ Teamkonzept ▪ Telefonmarketing ▪ Verkaufsgespräche	**Kommunikationspolitik** ▪ Werbung ▪ Verkaufsförderung ▪ Online-Marketing ▪ Corporate Identity ▪ Public Relations ▪ Sponsoring
Werbeplan:	Ziele→ Zielgruppe→ Gebiet→ Botschaft→ Etat→ Medien→ Timing	
Telefonmarketing:	▪ Gespräch vorbereiten ▪ Gesprächspartner begrüßen ▪ Gespräch eröffnen	▪ Angebot demonstrieren ▪ Abschluss herbeiführen ▪ sich verabschieden
Verkaufsgespräche:	Planung→ Ziele formulieren→ Informationen sammeln→ Durchführung	
	Durchführung: Eröffnungs-, Informations-, Argumentations-, Abschlussphase	
Onlineinstrumente:	▪ E-Mail-Marketing ▪ Newsletter ▪ Bannerwerbung ▪ Unterbrecherwerbung	▪ Suchmaschinenmarketing ▪ Social Media Marketing (SMM) ▪ Mobile Commerce

Phasen der Kundenansprache:	■ Pre-Sales-Phase ■ Leistungserstellung	■ After-Sales-Phase
Unternehmensleitbild:	■ Corporate Behaviour ■ Corporate Communications ■ Corporate Design	Corporate Identity→Corporate Image

33 Qualitätsmanagement in der Spedition

33.1 Definitionen

Qualitätsbegriff

Spediteure als logistische Dienstleister sind verantwortlich in Beschaffung, Produktion und Distribution von Industrie und Handel eingebunden. Daher verlangen die Auftraggeber vermehrt, dass genau definierte Qualitätsstandards eingehalten werden; denn auch die Auftraggeber der Spediteure haben ihren jeweiligen Kunden eine bestimmte Qualität ihrer Produkte und Dienstleistungen zugesichert.

Was heißt „Qualität" in Bezug auf eine speditionelle Dienstleistung?

In den Normen zum Qualitätsmanagement (ISO 9000, siehe unten) wird festgelegt, was ganz allgemein unter „Qualität" zu verstehen ist:

→ **Qualität** = Grad, in dem ein Produkt oder eine Dienstleistung gestellte Anforderungen erfüllt

Aus dieser Definition wird sichtbar, dass „Qualität" nicht etwas ist, das man exakt aus einer Norm ablesen kann. Qualität liegt vor, wenn die erbrachte Dienstleistung mit den Qualitätsansprüchen der Kunden übereinstimmt. Welche Ansprüche stellen Kunden (Versender) gewöhnlich an speditionelle Dienstleistungen? Hier sind die Dinge zu nennen, die aus der täglichen Speditionspraxis bekannt sind, z. B.

- Pünktlichkeit,
- Zuverlässigkeit,
- kurze Beförderungszeiten,
- Vermeiden von Transportschäden,
- schnelle Informationen über den Status einer Sendung (durch Sendungsverfolgungssysteme),
- schnelle, unbürokratische Reklamationsbearbeitung,
- Umweltverträglichkeit.

Qualitätsmanagement

→ **Qualitätsmanagement (QM)** = Alle Bemühungen der Führung eines Unternehmens, Geschäftsprozesse zu optimieren. Dies geschieht z. B. durch Qualitätsplanung, Qualitätslenkung, Qualitätssicherung und Qualitätsverbesserung.

Als **Qualitätsmanagementsystem** bezeichnet man eine Methode der Unternehmensführung, an der sich das Qualitätsmanagement orientiert. Damit soll sichergestellt werden, dass die Geschäftsprozesse zuverlässig geprüft und verbessert werden. „System" bedeutet an dieser Stelle, dass hier ein umfangreiches Anforderungsprofil entwickelt worden ist. Letztlich geht es darum, **die Aufbau- und Ablauforganisation eines Unternehmens systematisch zu dokumentieren.**

→ **Qualitätsmanagementsystem** = Methode zur Unternehmensführung mit dem Ziel, das Qualitätsmanagement als systematische und dauerhafte Aufgabe zu organisieren

Von Total Quality Management (**TQM**) spricht man, wenn die Unternehmensleitung anstrebt, alle Bereiche des Unternehmens durchgängig und fortlaufend einem kontinuierlichen Verbesserungsprozess zu unterziehen und die Qualität zu einer zentralen Zielgröße zu machen.

33.2 Nachweis der Qualitätssicherung

In der Vergangenheit zeigte sich der Qualitätsruf eines Unternehmens (oder gar eines ganzen Landes: Made in Germany!) an der Zuverlässigkeit des Endproduktes oder der erbrachten Dienstleistung. Danach trat ein völlig neuer Gedanke in den Vordergrund: Unternehmen mussten ihren Kunden **nachweisen**, dass sie bestimmte Qualitätsanforderungen (Zuverlässigkeit, Pünktlichkeit, Sicherheit) erfüllen können, und zwar nicht, indem man erstklassige Produkte vorzeigte oder einige Probeaufträge zur Zufriedenheit erledigte, sondern durch eine **Dokumentation** über ein bestehendes Qualitätsmanagementsystem. In einheitlichen Normen wurde festgelegt, wie ein Qualitätsmanagementsystem aufzubauen und zu unterhalten ist. Maßgebend sind die

DIN	EN	ISO	9000:	2015	
DIN					**D**eutsche **I**ndustrie **N**orm
	EN				**E**uropäische **N**orm
		ISO			**I**nternational **O**rganization for **S**tandardization, Internationale Organisation für Normung
			9000		9000er Norm-Familie, die sich aus den Normen 9000, 9001 und 9004 zusammensetzt
				2015	Fassung der ISO-Norm aus dem Jahre 2015

Die DIN EN ISO 9000 legen fest, welche Anforderungen an ein Qualitätsmanagementsystem gestellt werden, wie es einzurichten, aktiv zu steuern und systematisch zu verbessern ist.

33.3 Die Normfamilie DIN EN ISO 9000

Zertifizierung, siehe Seite 516

Wichtig für den Spediteur: ISO 9000 und 9001

Das Regelwerk besteht aus den Normen 9000, 9001 und 9004.

DIN EN ISO 9000	DIN EN ISO 9001	DIN EN ISO 9004
Diese Norm beschreibt die Grundlagen für Qualitätsmanagementsysteme und legt die Begriffe fest.	Diese Norm definiert die Anforderungen an ein QM-System vor allem mit dem Ziel der Zertifizierung.	Diese Norm gibt Anleitungen für das Ziel, über die Anforderungen der ISO 9001 hinauszugehen und ein Unternehmen auf Total Quality Management (TQM) auszurichten.

Wesentlich sind die Normen DIN EN ISO 9000 und 9001. Insbesondere die DIN EN ISO 9001 gibt an, welche Forderungen ein Unternehmen zu erfüllen hat, damit es die Bedingungen eines qualitätszertifizierten Unternehmens erfüllt.

Aufbau der DIN EN ISO 9001

Verbesserungskreislauf

Bei der Organisation kontinuierlicher Verbesserungsprozesse in Unternehmen wird heute vielfach die Problemlösungstechnik des **PDCA-Kreislaufs** (PDCA-Zyklus) verwendet.

Problemlösungstechnik	PDCA-Zyklus
1. Die Ist-Situation wird analysiert und Verbesserungen werden geplant.	1. **P**lan
2. Die Verbesserungen werden ausgeführt.	2. **D**o
3. Die Wirkungen der durchgeführten Verbesserungen wird überprüft.	3. **C**heck
4. Zyklus-Wiederholung, wenn die Ziele nicht erreicht worden sind. Waren die Verbesserungen erfolgreich, wird der Prozess als Standard-Prozess definiert.	4. **A**ct

Die vier Schritte zeigen, dass ein kontinuierlicher Verbesserungsprozess ein „ewiger“ Prozess ist, denn auch Standard-Prozesse werden regelmäßig überprüft und für weitere Verbesserungen geöffnet.

Beispiel

PDCA-Zyklus	Erläuterungen
1. **P**lan	In der Spedition INTERSPED werden Sendungen auch an Privatkunden ausgeliefert. Den Kunden werden die Sendungen telefonisch avisiert, um sicherzustellen, dass jemand zu Hause ist. Die Analyse der Ist-Situation zeigt, dass dieser Vorgang sehr aufwendig ist. Es entsteht die Idee, die Sendungen aus dem Auftragsbearbeitungsprogramm automatisch per E-Mail zu avisieren, indem ein Zustelltermin vorgeschlagen wird.
2. **D**o	Der Vorschlag wird probeweise für sechs Monate umgesetzt.
3. **C**heck	Nach sechs Monaten wird festgestellt, dass die meisten Kunden den vorgeschlagenen Termin akzeptieren. Nur selten müssen alternative Termine vereinbart werden. Der Vorgang ist deutlich zeitsparender.
4. **A**ct	Der Vorschlag war erfolgreich. Die Avisierung von Privatkunden per E-Mail wird zum neuen Standard erklärt.

DIN EN ISO 9001

Die Norm ist entsprechend dem PDCA-Kreislauf aufgebaut. Die nachfolgende Übersicht zeigt, dass die ersten drei Abschnitte eine grundlegende Einleitung der Norm darstellen. Die Abschnitte 4 – 7 beziehen sich auf die Planung des Qualitätsmanagementprozesses. Abschnitt 8 stellt die Durchführung („Do“) dar, während der Abschnitt 9 dem „Check“ und Abschnitt 10 dem „ACT“ im PDCA-Zyklus entspricht. Damit wird die ausgeprägte Prozessorientierung der Norm deutlich.

Aufbau der DIN EN ISO 9001

Abschnitt		
1. Anwendungsbereich	grundlegende Einleitung	
2. Normative Leistungen		
3. Begriffe		
4. Kontext (Umfeld) der Organisation	PLAN	P
5. Führung		
6. Planungen		
7. Unterstützung		
8. Betrieb (Durchführung)	DO	D
9. Bewertung der Leistungen	CHECK	C
10. Verbesserung	ACT	A

33.4 Dokumentation des Qualitätsmanagementsystems

Das Qualitätsmanagementsystem eines Unternehmens schlägt sich nieder in einer umfangreichen Dokumentation. Vor allem folgende Arten von Dokumenten unterscheidet die DIN EN ISO 9000:

Dokument	Beschreibung/Inhalt
Qualitätsmanagementhandbuch (QMH) (im engeren Sinne)	Das QMH stellt Informationen über das Qualitätsmanagementsystem nach innen und außen zur Verfügung.
Verfahrensanweisungen	Anweisungen, die sich über mehrere Bereiche eines Unternehmens erstrecken, z. B. für alle Unternehmensbereiche, die selbstständig Einkäufe veranlassen können oder für gleichartige Arbeitsplätze, die z. B. mit Montagearbeiten betraut sind
Arbeitsanleitungen	Anweisungen, die sich detailliert auf einen Arbeitsplatz beziehen
Mitgeltende Unterlagen	Dokumente, die einen objektiven Nachweis über ausgeübte Tätigkeiten oder erreichte Ergebnisse liefern
QMH im weiteren Sinne	Alle Dokumente, die Gesamtheit der Aufzeichnungen

Qualitätsmanagementhandbuch

Das Handbuch beschreibt das Qualitätsmanagementsystem eines Unternehmens, das von der Leitung entwickelt, in Kraft gesetzt und dessen praktische Anwendung laufend überwacht und angepasst wird. Es handelt sich damit um ein Dokument mit Weisungscharakter. Es bezieht sich auf das Unternehmen als Ganzes. Es kann in Papierform oder elektronisch angelegt sein. Im engeren Sinne gibt das Qualitätsmanagementhandbuch (QMH) lediglich einen Überblick über die Qualitätsziele eines Unternehmens und die Funktionsweise des Qualitätsmanagementsystems. Im weiteren Sinne ist das QMH die komplette Dokumentation des Qualitätsmanagementsystems.

Verfahrensanweisungen

In ihnen werden Grundzüge von organisatorischen Abläufen festgelegt. Sie richten sich an die Abteilungen eines Unternehmens. Mithilfe von Verfahrensanweisungen wird auch dem einzelnen Mitarbeiter das Unternehmen transparent gemacht. Er kann dadurch seinen Platz im Gesamtbetrieb erkennen und die Bedeutung seiner qualitätsgerechten Aufgabenerfüllung einschätzen.

Beispiel: Verfahrensanweisung „Beschaffung“

INTERSPED **Verfahrensanweisung Beschaffung**

1 Zweck

Diese Verfahrensanweisung soll sicherstellen, dass bei der Beschaffung von Dienstleistungen und dem Einkauf von Betriebsmitteln festgelegte Forderungen erfüllt werden.
Qualitätswirksame Dienstleistungen werden von Frachtführern, Empfangsspediteuren, Werkstätten und anderen Dienstleistern erbracht.

2 Begriffe

Liste zugelassener Lieferanten: von der Geschäftsleitung genehmigte Auflistung von Frachtführern, die nicht regelmäßig eingesetzt werden

3 Vorgehensweise

Lieferanten von qualitätswirksamen Dienstleistungen sind einmal jährlich durch die Abteilungsleitung Beschaffung zu bewerten. Die Bewertung ist mithilfe von Checklisten durchzuführen und zu dokumentieren. Die Dokumentation ist aufzubewahren.

Lieferanten von Produkten oder Dienstleistungen werden nach folgenden Kriterien beurteilt:

- Qualität
- Zuverlässigkeit
- Preis
- Lieferbedingungen
- Zahlungsbedingungen

Anforderungen an Empfangsspediteure:

- definiertes Zustellgebiet
- definierte Anlaufstellen
- Kommunikationsfähigkeit (DFÜ)
- Meldewesen (Empfangsbestätigung bis 12:00 Uhr, Unzustellbarkeit/Annahmeverweigerung unverzüglich am selben Tag)

Anforderungen an Nahverkehrsunternehmer:

- technische Ausstattung (Hebebühne)
- Erreichbarkeit des Fahrzeugs (Telefon, E-Mail u. a.)
- Gefahrgutausrüstung
- definiertes Zustellgebiet

Lieferanten, die als geeignet bewertet wurden, werden in der Liste der zugelassenen Lieferanten geführt. Die Liste enthält mindestens zwei Lieferanten für dasselbe Produkt.
Die Beschaffung von Anlagegegenständen und Gebrauchsgütern ist bei der Geschäftsleitung zu beantragen. Dies gilt nicht für Verbrauchsgüter des täglichen Bedarfs.

4 Mitgeltende Unterlagen

Arbeitsanweisungen
Checklisten
Liste zugelassener Lieferanten

Verfahrensanweisung: Dokument, mit dem die Grundzüge organisatorischer Abläufe in Unternehmen festgelegt werden.

Verfahrensanweisungen werden i. d. R. in einem Flussdiagramm festgehalten.

Verfahrensanweisung „Beschaffung" als Flussdiagramm (vereinfacht)

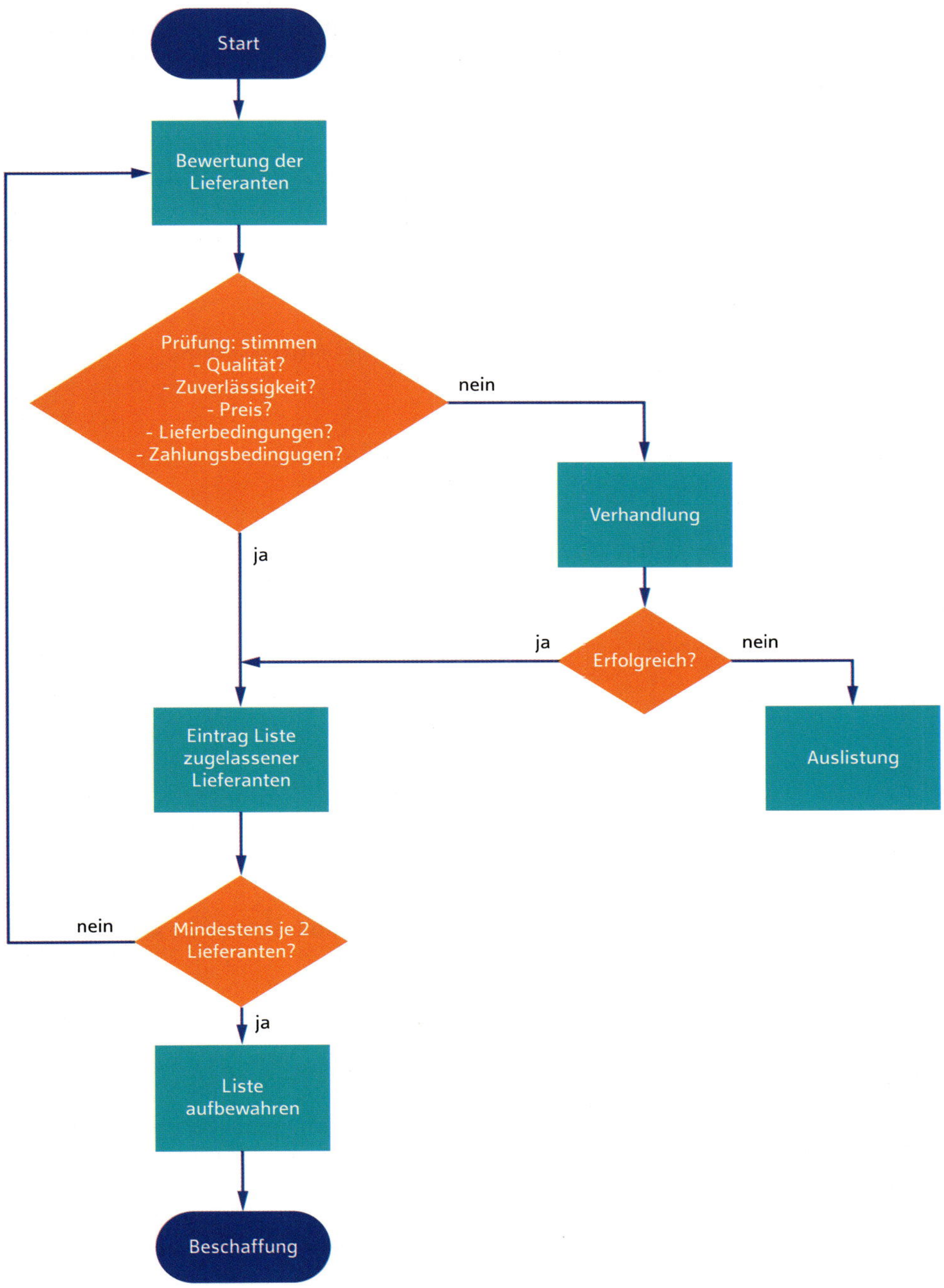

Legende

Symbol	Bezeichnung	Erläuterungen
	Start, Ende	Das Symbol (Rechteck mit gerundeten Ecken) steht jeweils am Anfang und am Ende eines Flussdiagramms.
	Tätigkeit, Bearbeitung	Operation, Prozess: Das Feld enthält die konkrete Beschreibung eines Vorgangs.
	Flussrichtung (senkrecht); Ablauflinien	Pfeile und Linien verbinden die Arbeitsschritte und machen dadurch die Reihenfolge der Bearbeitung deutlich.
	Verzweigung	Die Verzweigung erfordert eine Ja-Nein-Entscheidung.

Arbeitsanweisung

Während Verfahrensanweisungen die Beschaffungsvorgänge in allgemeiner Form beschreiben (Lieferantenauswahl, Anforderungen an Lieferanten, Instanzenweg usw.), regeln Arbeitsanweisungen detailliert, wie bestimmte Arbeitsaufgaben durchzuführen sind. Arbeitsanweisungen gelten für einen konkreten Arbeitsplatz. Sie sind ein Hilfswerkzeug für jeden Mitarbeiter, damit er seine Aufgaben qualitätsgerecht erfüllen kann. Eine Arbeitsanweisung für den Einkauf von Bürobedarf würde dem Mitarbeiter deutlich machen, welchen Entscheidungsweg und welche Formalien er zu beachten hat, wenn Bürobedarf (nach-)bestellt werden soll.
Wie bei der Verfahrensanweisung werden auch bei der Arbeitsanweisung die einzelnen Arbeitsschritte häufig in Flussdiagrammen festgehalten.

Beispiel: Arbeitsanweisung für die Beschaffung von Betriebsmitteln

INTERSPED **Arbeitsanweisung Beschaffung Betriebsmittel** **Freigegeben: Frau Keller**

1 Zweck

Diese Arbeitsanweisung beschreibt die Vorgehensweise bei der Beschaffung von Betriebsmitteln.

2 Geltungsbereich

Gesamtspedition/Einkauf

3 Mitgeltende Unterlagen

Verfahrensanweisung Nr. QM-V-8.1

4 Begriffe

Beschaffungsantrag: Formular, mit dem die Beschaffung von Anlagegütern und Gebrauchsgegenständen bei der Geschäftsleitung zu beantragen ist

5 Zuständigkeiten

Erstellen des Beschaffungsantrages: Abteilungsleiter

6 Verfahren

Siehe Übersicht „Arbeitsschritte beim Einkauf".

7 Anlagen

Liste zugelassener Lieferanten
Beschaffungsantrag
Übersicht über die Arbeitsschritte beim Einkauf

→ **Arbeitsanweisung:** Dokument, in dem festgelegt wird, wie bestimmte Arbeitsabläufe im Detail auszuführen sind.

33.5 Zertifizierung

audire (lateinisch) = hören

Bei der Zertifizierung handelt es sich um die Begutachtung eines Qualitätsmanagementsystems in einem speziellen Verfahren (externes Qualitätsaudit) durch einen unabhängigen Dritten, z. B. durch den TÜV. So wie bei einer Kfz-Hauptuntersuchung die Funktionsfähigkeit eines Fahrzeugs überprüft wird, stellt hierbei ein Team von Fachleuten fest, ob ein funktionsfähiges QM-System existiert. Dazu befragen die Fachleute (das sogenannte „Audit-Team") die Unternehmensleitung, werten das QM-Handbuch aus und vergleichen in Stichproben die in Verfahrens- und Arbeitsanweisungen beschriebenen Abläufe mit den Vorgängen in der Praxis. Abweichungen zwischen den schriftlichen Unterlagen und der Realität werden protokolliert und müssen vom Unternehmen überarbeitet werden. Sind alle Korrekturen durchgeführt worden, wird ein **Zertifikat** für die Dauer von drei Jahren erteilt. Während dieser Zeit wird in Zwischenprüfungen festgestellt, ob der im Zertifikat bescheinigte Qualitätsstandard auch eingehalten wird. Auch die DEKRA, der Germanische Lloyd oder das Büro Veritas sind z. B. Zertifizierungsstellen, die diese europaeinheitlichen Prüfverfahren durchführen dürfen.

→ **Externes Audit** = Untersuchungsverfahren, mit dem durch unabhängige Dritte festgestellt werden soll, ob geforderte Standards eingehalten werden

→ **Zertifizierung** = Verfahren, mit dem die Einhaltung bestimmter Anforderungen an ein Qualitätsmanagementsystem nachgewiesen wird

33.6 Entwicklung eines Qualitätsmanagementsystems

Ein Qualitätsmanagementsystem aufzubauen ist eine komplexe Aufgabe, die eine Herausforderung für das gesamte Unternehmen darstellt. Folgende Aufbauschritte sind gewöhnlich festzustellen:

1. Die Unternehmensleitung entschließt sich, ein QM-System zu entwickeln.
2. Die Qualitätsanforderungen der Kunden werden erfasst.
3. Die betriebliche Ausgangslage wird ausgelotet. Zu diesem Zweck wird eine Projektorganisation unter der Leitung eines Qualitätsbeauftragten ins Leben gerufen. Dieser wiederum stellt Arbeitsgruppen zusammen, in denen jede Abteilung des Unternehmens vertreten ist.
4. Die Projektorganisation entwickelt ein Konzept, das der Unternehmensleitung vorzulegen und von ihr zu genehmigen ist.
5. Nach der Genehmigung können das QM-Handbuch sowie die Verfahrens- und Arbeitsanweisungen entworfen werden. Dazu tragen die Mitarbeiter die in ihrem Aufgabenbereich vorhandenen Unterlagen zusammen, entwickeln daraus Beschreibungen der organisatorischen Abläufe und stimmen sie untereinander ab. Die Anweisungen werden schließlich nach den Elementen der DIN EN ISO-Norm gegliedert.
6. Sobald die Dokumentation erstellt ist, kann das QM-System im Unternehmen umgesetzt werden. Die Veränderungen in den Arbeitsabläufen und in den Kommunikationswegen machen oftmals eine Schulung der Mitarbeiter notwendig. Ganz wichtig ist es auch, bei allen Mitarbeitern die Motivation für das neue Qualitätsbewusstsein zu erzeugen.
7. Die Zertifizierung wird beantragt.

33.7 Qualitätsmanagement als permanente Aufgabe

Mit der Zertifizierung sind die Aufgaben des Qualitätsmanagements nicht erledigt. Die DIN EN ISO 9000 hat zum Ziel, die Produktqualität permanent zu verbessern und die Arbeitsabläufe immer wirksamer zu machen. Der Qualitätsbeauftragte hat dazu **interne Qualitätsaudits** durchzuführen, in denen die Mitarbeiter regelmäßig befragt werden, mit dem Ziel,

- die Wirksamkeit des QM-Systems zu überprüfen,
- Abweichungen zu dokumentieren und Korrekturen zu veranlassen sowie
- Verbesserungsvorschläge aufzugreifen und umzusetzen.

Die Ergebnisse der internen Audits fließen ein in das **Management-Review**. Dabei handelt es sich um ein Bewertungsverfahren der Unternehmensleitung, bei dem der Stand und die Angemessenheit des Qualitätsmanagementsystems in Bezug auf die Qualitätspolitik des Unternehmens bewertet werden. Dieses umfassende Review wird gewöhnlich zweimal jährlich durchgeführt. Gegenstände der Betrachtung sind

- Ergebnisse externer Audits (wenn Fremde in Befragungen eingebunden worden sind),
- Ergebnisse interner Audits,
- Analysen von Kundenreklamationen und korrigierenden Maßnahmen,
- die Effizienz bestehender Verfahrens- und Arbeitsanweisungen,
- die Feststellung des Bedarfs an Aus- und Weiterbildung.

Internes Audit = Untersuchungsverfahren, mit dem durch die Befragung der eigenen Mitarbeiter festgestellt werden soll, ob geforderte Standards eingehalten werden

33.8 Beurteilung eines QM-Systems

Obwohl sich die Zertifizierung von Unternehmen immer mehr durchsetzt, nicht zuletzt auch deshalb, weil Großunternehmen als Auftraggeber von Speditionen die Zertifizierung verlangen, steht das Qualitätsmanagement in der Kritik. Dabei wird natürlich nicht der Grundgedanke, das Streben nach einem möglichst hohen Qualitätsniveau, kritisiert, sondern der hohe Aufwand, der mit der Einrichtung (Implementierung) eines QM-Systems verbunden ist (Bürokratisierung). Auch befürchten viele, ein einmal festgelegtes Anforderungsprofil, wie es im QM-System dokumentiert ist, neige auf Dauer zur Starrheit und verhindere eine flexible Anpassung des Unternehmens an neue technische und ökonomische Erfordernisse. Außerdem wird zu bedenken gegeben, dass die Qualität von Dienstleistungen nur sehr schwer zu erfassen sei.

Diesen Kritikpunkten ist allerdings entgegenzuhalten:

- Der Aufbau eines QM-Systems schafft ein hohes Maß an Transparenz für alle betrieblichen Abläufe.
- Oft werden erstmals im Rahmen eines QM-Systems die Betriebsprozesse systematisch durchleuchtet und schriftlich fixiert.
- Dadurch, dass Zuständigkeiten, Rechte und Pflichten der Mitarbeiter festgehalten werden, ist die Organisation eines Unternehmens personenunabhängig funktionsfähig.
- Fehlerquellen werden im Anfangsstadium erkannt. Die Fehlervermeidung erhält Vorrang vor der Fehlerbeseitigung. Und nur durch eine systematische Durchleuchtung des Unternehmens kann der hohe Anspruch, möglichst fehlerfrei zu arbeiten **(Null-Fehler-Produktion)**, erreicht werden.
- Eine geringere Fehlerquote spart zudem Kosten ein, führt zu mehr Kundenzufriedenheit und kann auch Einsparungen bei Versicherungsprämien bedeuten.
- Vor allem aber wird das Firmenimage aufgewertet, weil die Zertifizierung werbewirksam herausgestellt werden kann.
- Letztlich wird auch die **Zukunftssicherheit** eines Unternehmens durch ein von allen Mitarbeitern angewandtes Qualitätsmanagementsystem gefördert.

Zusammenfassung	Qualitätsmanagement
Qualitätsbegriff:	Qualität ist der Grad, in dem ein Produkt oder eine Dienstleistung gestellte Anforderungen erfüllt.
Qualitätsmanagement (QM):	Alle Bemühungen der Führung eines Unternehmens, Geschäftsprozesse zu optimieren (durch Qualitätsplanung, -lenkung, -sicherung und -verbesserung).
TQM:	Alle Bereiche des Unternehmens kontinuierlich verbessern.
Nachweis der Qualitätssicherung:	Normfamilie DIN EN ISO 9000:2015 (ISO 9000 mit Stand des Jahres 2015) ISO = International Organization for Standardization wichtig für Speditionen: ISO 9001
Dokumentation:	Qualitätsmanagementhandbuch ▪ Verfahrensanweisungen (legen die Grundzüge organisatorischer Abläufe fest) ▪ Arbeitsanweisungen (regeln detailliert, wie bestimmte Arbeitsaufgaben durchzuführen sind) ▪ mitgeltende Unterlagen ▪ Abläufe als Flussdiagramme
Zertifizierung:	Begutachtung eines Qualitätsmanagementsystems in einem speziellen Verfahren durch einen unabhängigen Dritten.

34 Digitalisierung

Der digitale Wandel ist ein Prozess, der das Verkehrsgewerbe schon seit Jahren durchzieht. Zwar stehen in der Praxis oft noch analoge, d. h., papiergebundene oder per Hand vollzogene Prozesse im Vordergrund, digitale (elektronische) Prozesse halten aber mehr und mehr Einzug.

34.1 Realisierte digitale (elektronische) Anwendungen

Die nachfolgend beschriebenen Anwendungen werden entweder seit Jahren in der speditionellen Praxis eingesetzt oder sie sind so weit ausgereift, dass sie jederzeit eingesetzt werden könnten.
Formulare: Zunehmend werden Formulare in Papierform durch elektronische Versionen ersetzt, z. B. Frachtbrief, Ladeschein, CMR-Frachtbrief, Luftfrachtbrief (eFright, eAWB, eCSD, eHM, eDGD), Konnossement, Seefrachtbrief, Bank Payment Obligation (BPO).

Sendungserfassung und -verfolgung: Sendungsscannung mit Barcode oder RFID-Technik, Sendungsverfolgung mittels Tracking and Tracing, Kommissioniertechniken wie Pick by Light, Pick by Voice oder Pick by Vision.
Kommunikation: Nachrichtenübermittlung per EDIFACT, Mautbuchung und -Abrechnung, elektronische Frachtenbörsen, digitaler Tachograf, digitale Kommunikation mit der Zollverwaltung über ATLAS, elektronischer Zolltarif (EZT), laufende Erfassung von Fahrzeugdaten über Telematik-Systeme, E-Mail, Newsletter.

Kommissionierverfahren, siehe Seite 473

Datenerfassung über Telematik-Systeme

- Lkw-Tracking and -Tracing, d. h., Ortung und Verfolgung in Echtzeit
- Beobachtung und Analyse des Fahrverhaltens (Fuhrparkoptimierung)
- Anbindung an die Unternehmenssoftware
- Fahrzeugnavigation
- Auftragsmanagement durch direkte Kommunikation mit dem Fahrpersonal
- zurückgelegte Strecke und Lenk-/Arbeitszeiten (elektronisches Fahrtenbuch)

34.2 Folgen der Digitalisierung

Die Digitalisierung von Unternehmen führt zu einer zunehmenden **Vernetzung** von Daten innerhalb des Unternehmens und auch mit Geschäftspartnern.

Beispiel Telematik:
Fahrzeugdaten sowie Lenk- und Ruhezeiten der Fahrer werden laufend erfasst und in die Speditionssoftware übernommen. Ein elektronisch erteilter Speditionsauftrag eines Versenders kann als Anschlussauftrag oder für Rückladung an das Fahrpersonal weitergeleitet werden.

Geschäftsprozesse werden durch die Digitalisierung **effizienter**, weil z. B. Daten nur einmal in das Verwaltungsprogramm einer Spedition eingegeben werden müssen. Sie stehen dann für viele Anwendungen zur Verfügung.

Beispiel Speditionsauftrag:
Die Daten eines elektronisch übermittelten Speditionsauftrages werden direkt in die Speditionssoftware übernommen und z. B. für das Bordero und die Rechnungserstellung verwendet.

Effizienzgewinne werden auch durch eine bessere Auslastung der Fahrzeuge oder der Lagerflächen erwartet. Letztlich stellen sich Logistikdienstleister durch die Digitalisierung des gesamten Unternehmens auf ähnliche Bemühungen in der Industrie ein, Produktionsprozesse weitgehend zu automatisieren, indem die Prozessbeteiligten (auch Maschinen) miteinander kommunizieren. Ziel ist es, selbstgesteuerte, autonome Prozessabläufe zu realisieren. Die Stichpunkte dazu lauten: Industrie 4.0 und Internet of Things bzw. bezogen auf das Verkehrsgewerbe Logistik 4.0 und Smart Logistics.
Damit wird die (digitale) Logistik zu einem notwendigen Verbindungselement innerhalb der vernetzten Wertschöpfungskette von Industrie und Handel mit dem Ziel, schneller und flexibler zu agieren.

Beispiel:
Maschinen melden selbstständig, sobald sie neues Material benötigen und stoßen damit den Versand dieses Materials an. Industrieproduktion und Logistik sind optimal („smart") miteinander vernetzt.

Industrie 4.0: Bezeichnung für eine intelligente Vernetzung von Maschinen und industriellen Prozessen mit Hilfe digitaler Informations- und Kommunikationstechniken. Maschinen, aber auch z. B. Ladebehälter, bekommen eine eigene Intelligenz.

Internet of Things (IoT), „Internet der Dinge": Vernetzung von Gegenständen („Things") mit dem Internet. Eine Maschine stellt z. B. einen bestimmten Zustand („Material-Meldebestand erreicht") auf eine Internet-Plattform. Diese Information kann (automatisch) abgerufen werden und einen Materialfluss veranlassen. IoT und Industrie 4.0 ähneln sich; IoT ist aber umfassender.

Industrie 4.0, siehe auch Seite 454

Logistik 4.0

Damit Logistikdienstleister zu einem Verbindungselement innerhalb der Wertschöpfungskette (Supply Chain) werden können, setzt man heute auf Cloud-Lösungen. Dabei werden die relevanten Informationen aller Beteiligten auf einer Cloud-Plattform im Internet gesammelt und allen Beteiligten (evtl. mit bestimmten Einschränkungen) verfügbar gemacht. Die Unternehmen kooperieren also über die Cloud mit dem Ziel, die Prozessabläufe zu optimieren.

Cloud oder Cloud Computing (engl.: Datenwolke) stellt Daten und auch Anwendersoftware im Internet zur Verfügung.

Logistik 4.0: Vernetzung von Prozessen und Daten aller an der Wertschöpfungskette beteiligter Unternehmen, d. h., von den Produzenten über die Logistikdienstleister bis zu den Kunden über eine Cloud.

Digitalisierung: Sie wird heute unter zwei Gesichtspunkten verstanden:
1. Ersatz papierbasierter (analoger) Informationen durch digitale mit dem Ziel, die Effizienz von Geschäftsprozessen zu steigern.
2. Durchgängige Computerisierung und Vernetzung des gesamten Unternehmens, um es fit zu machen für die Herausforderungen von Industrie 4.0 und Internet of Things.

34.3 Neue Anwendungen

Start-Up-Unternehmen (engl. to start up = in Gang setzen) = Unternehmensgründung zur Realisierung einer neuen Geschäftsidee

Die Digitalisierung der Logistikunternehmen befindet sich in einem stürmischen Entwicklungsprozess. Zahlreiche Ideen (auch vielfach von Start-up-Unternehmen) befinden sich in der Entwicklungsphase, manche sind bereits realisiert und bemühen sich um die Durchsetzung am Markt. Nachfolgend werden die wichtigsten vorgestellt.

KI = Computerprogramme, die Probleme eigenständig lösen können und dabei menschliche Denkstrukturen nachahmen

Anwendung	Beschreibung
Internet of Things	Spezielle IoT-Sensoren senden permanent Informationen über den Zustand und die aktuelle Position von Fahrzeugen, Lademitteln oder auch einzelnen Gütern an das Internet. Das Logistikunternehmen kann sich durch Abruf der Daten jederzeit einen Überblick verschaffen und falls notwendig einschreiten, z. B. Fahrweise und Route eines Fahrzeugs anpassen. ***Beispiel:*** *Kühlcontainer sind mit einer GPS-Ortung in Echtzeit ausgestattet, senden laufend Informationen zur Temperatur im Inneren des Containers und geben ein Alarmsignal bei Unterschreitung der vorgegebenen Kühltemperatur.*
Autonomes Fahren	Moderne Lkw sind heute **teilautomatisiert**, d. h., **Assistenzsysteme** übernehmen bestimmte Funktionen wie automatisches Spurhalten, Beschleunigen und Bremsen. **Vollautomatisiert** sind Lkw, die vom Fahrpersonal nicht mehr dauerhaft überwacht werden müssen. Die Fahrer werden vom System gewarnt, wenn ein Eingreifen als notwendig angesehen wird. Erst wenn kein menschliches Eingreifen für die Steuerung des Fahrzeugs mehr notwendig ist, spricht man von **autonomem** Fahren. Die Fahrer haben dann lediglich das System zu starten und das Fahrziel festzulegen. Man vermutet, dass autonomes Fahren in nächster Zeit nur auf langen Autobahnstrecken eingesetzt werden kann, weil innerstädtische Verkehre kaum autonom gesteuert werden können. Eine Variante des automatisierten Fahrens ist das Platooning (siehe Seite 482). Autonomes Fahren wird auch für andere Verkehrsträger als Zukunftstechnologie angesehen. ***Beispiel Eisenbahn:*** *Im S- und U-Bahnverkehr (Personenverkehr) ist autonomes Fahren bereits realisiert. Auch im Güterbereich gibt es wichtige technische Hilfsmittel wie automatische Zugsicherung und die automatische Zugsteuerung, die als Voraussetzung für die Einführung von autonomem Fahren gelten. Zudem erzeugt der Lokführermangel großen Druck, sich der neuen Technologie zuzuwenden.* Wenn es gelingt, autonomes Fahren und IoT miteinander zu koppeln, könnten in Zukunft autonom agierende Verkehrsträger Informationen untereinander austauschen und auf diese Weise ein autonomes, durch **künstliche Intelligenz** (KI) gesteuertes multimodales Verkehrssystem bilden.

Augmented Reality (AR, erweiterte Realität, auch Mixed Reality)	Mitarbeiter erhalten z. B. über eine Datenbrille (AR-Brille, Smart Glasses) zusätzliche (erweiterte) Informationen, damit sie eine Aufgabenstellung, z. B. einen Kommissioniervorgang, besser oder leichter bewältigen können. Die Anwender bleiben in der realen Welt, erhalten aber zusätzlich digitale Informationen.  ***Beispiel:*** *Einem Lkw-Fahrer werden Informationen in sein Sichtfeld in der Frontscheibe projiziert, z. B. die Geschwindigkeit oder Navigationsdaten. Er kann seine Blickrichtung beibehalten und wird nicht abgelenkt. Man spricht von Head-up-Display, HUD (Kopf-oben-Anzeige).*
Virtuelle Realität (VR, simulierte Realität)	Im Gegensatz zur AR wird in einer VR-Anwendung die Realität nachgebildet, also simuliert. Dazu dient gewöhnlich eine VR-Brille, die die Anwender in eine künstliche Welt versetzt. VR wird im Verkehrsgewerbe vorzugsweise zur Mitarbeiterschulung eingesetzt, z. B. für das effiziente Beladen von Zustellfahrzeugen (E-Learning). 
Roboter	Im Gegensatz zu Automaten, die gewöhnlich vorgegebene Arbeitsschritte ausführen, sind Roboter aufgrund eingebauter Sensoren in der Lage, auf ihre Umgebung zu reagieren und z. B. Hindernissen auszuweichen. **Transportroboter** können daher z. B. im Lager für Güterbewegungen eingesetzt werden und Mitarbeiter entlasten. Flugroboter werden zukünftig vielleicht die Inventur im Lager übernehmen. 
Blockchain	Blockchain (engl. Blockkette) ist eine Liste von Datenblöcken, die auf allen Computern der Teilnehmer eines Netzwerkes gespeichert werden. Die Teilnehmer dieses Netzwerkes erweitern die Liste permanent. Da jeder Block mit seinem Vorgänger verkettet ist, kann man einen einmal gespeicherten Block nicht mehr verändern, ohne die nachfolgenden Blöcke zu zerstören. Die Kette ist für alle Teilnehmer einsehbar, Veränderungen würden also sofort auffallen. Das macht die Blockchain äußerst transparent und fälschungssicher. Veränderte Daten werden innerhalb der Blockchain auf ihre Gültigkeit geprüft und dann an die bestehende Liste angehängt. Eine Blockchain wendet man vor allem dort an, wo die Fälschungssicherheit gewährleistet sein muss, damit die Netzwerkteilnehmer sich gegenseitig vertrauen können.

Datenbrillen und auch Datenhandschuhe werden als Wearables bezeichnet. Das sind kleine, vernetzte Computer, die am Körper getragen werden. Sie unterstützen die Träger z. B. bei der Kommissionierung.

	Beispiel: *Die Daten aus dem Tracking und Tracing einer Sendung werden in einer Blockchain in Echtzeit gespeichert. Die Beteiligten können den Sendungsverlauf jederzeit verfolgen, ohne dass eine Verfälschung der Daten möglich wäre. Am Ende bildet die Blockchain den gesamten Transport vertrauenswürdig ab. Zeitgleich mit dem in der Blockchain gespeicherten Ablieferungscode könnte z. B. automatisch die Zahlung an den Versender veranlasst werden.* Blockchain beim Palettentausch siehe Seite 117.
Datenanalyse (Data-Analytics, Big Data)	Geschäftsprozesse in Speditionen erzeugen heute riesige Datenmengen in digitaler Form, weil die Prozesse vielfach elektronisch unterstützt werden. Die erfassten Daten lassen sich ordnen, nach speziellen Gesichtspunkten untersuchen sowie rechnerisch und grafisch auswerten. Technologien, die großen Datenmengen verarbeiten und analysieren, werden auch als **Big Data** bezeichnet. Die **Datenanalyse** (Data Analytics) ermöglicht es, speditionelle Prozesse zu optimieren und eine zukunftsorientierte Kapazitätsplanung zu betreiben. Gerade die Integration von Logistikunternehmen in die Steuerprozesse von Industrie 4.0 bzw. IoT macht es erforderlich, große Datenmengen schnell zu verarbeiten und eigene Steuerbefehle anzustoßen. ***Beispiele:*** **1.** *In Stoßzeiten bewältigen Paketdienstleister pro Tag Millionen von Sendungen. Jede Sendung muss dabei identifizierbar und für die Sendungsverfolgung verfügbar gemacht werden. Das erfordert einen gewaltigen Aufwand zur Datenerfassung und -analyse.* **2.** *Ein großer Versandhändler ermittelt aus der Analyse zurückliegender Kundenbestellungen das zukünftige Einkaufsverhalten und löst Warenbewegungen aus, bevor überhaupt Kundenbestellungen vorliegen.*
Online-Speditionen	Sie ähneln den digitalen Frachtenbörsen, bieten aber auf einer Internetplattform ein größeres Leistungsspektrum an, indem sie nicht nur Transportaufträge vermitteln, sondern komplette Beförderungsaufträge besorgen. Verlader stellen ihre Sendungsdaten auf der Plattform ein und erhalten sekundenschnell ein Preisangebot. Dabei handelt es sich um einen tagesaktuellen Marktpreis, den die Online-Spedition aus Marktdaten (mit Hilfe künstlicher Intelligenz) errechnet hat. Ist der Verlader mit dem Preis einverstanden, kann er sofort online buchen. Damit ist ein Speditionsvertrag zwischen der Online-Spedition und dem Verlader zustande gekommen. Die Online-Spedition sucht nun einen Frachtführer, der den Transport durchführt. Sendungsverfolgung, Güterversicherung und Dokumentenmanagement sind weitere Leistungen der Online-Spedition. Der Verlader kann den gesamten Beförderungsprozess auf der Plattform des Online-Spediteurs verfolgen. ***Beispiele für Online-Speditionen:*** *Instafreight, Sennder, Cargonexx, Forto*

Digitale Transformation im Verkehrsgewerbe

Eine häufige Kritik an der Digitalisierung im Verkehrsgewerbe lautet, dass ineffiziente analoge Prozesse allein durch die Digitalisierung nicht effizienter werden. Daher muss am Anfang einer digitalen Transformation eines Unternehmens zunächst eine genaue Analyse der eigenen Strukturen stehen. Außerdem muss insbesondere auf der Leitungsebene ein Bewusstsein vorhanden sein, die weitreichenden Veränderungen, die durch eine Digitalisierung der Geschäftsprozesse entstehen, auch zu akzeptieren und umzusetzen. Aber auch die Mitarbeiter müssen frühzeitig auf die Digitalisierung vorbereitet werden.

Zusammenfassung	Digitalisierung
Bereits realisiert:	– elektronische Formulare – Sendungserfassung und -verfolgung – Kommunikation
Folgen:	– Vernetzung – höhere Effizienz – Integration in die Wertschöpfungskette von Industrie 4.0 und Internet of Things
Industrie 4.0:	Vernetzung von Maschinen und industriellen Prozessen durch IT-Technologie
Digitalisierung:	1. Ersatz analoger Informationen durch digitale (Ziel: Effizienzgewinn) 2. Durchgängige Computerisierung und Vernetzung eines Unternehmens
neue Anwendungen:	
– Internet of Things:	Vernetzung von Gegenständen mit dem Internet zwecks autonomer Prozesssteuerung
– Autonomes Fahren:	Steuerung eines Fahrzeugs ohne menschliches Eingreifen
– Augmented Reality:	Bereitstellung von zusätzlichen Informationen für eine Person, z. B. über eine Datenbrille. Die Person bleibt in der realen Welt.
– Virtuelle Realität:	Hineinversetzen einer Person in eine künstliche Welt mittels VR-Brille
– Roboter:	Werkzeuge, die durch Sensoren autonom auf ihre Umgebung reagieren
– Blockchain:	Liste von Datenblöcken, die auf allen Computern eines Netzwerkes von Teilnehmern gespeichert werden. Die Daten sind transparent und fälschungssicher.
– Datenanalyse:	Große Datenmengen (Big Data) werden zur Prozessoptimierung ausgewertet und für die vorausschauende Planung eines Unternehmens eingesetzt.
– Online-Speditionen:	Speditionen, die über eine Online-Plattform Güterversendungen rein digital besorgen.

Übersicht zu nationalen und internationalen Haftungsbestimmungen

	Spedition	Lagerhalter	Frachtführer national	Frachtführer Straße international	Luftfracht international	Seefracht international
Rechtsgrundlage	§§ 453–466 HGB	§§ 467–475h HGB	§§ 407–450 HGB	CMR	Montrealer Übereinkommen (MÜ)	§§ 476–619 HGB
Haftungsgrundsatz	Verschuldenshaftung mit umgekehrter Beweislast; bei Obhut, Fixkosten, Sammelladung, Selbsteintritt: Gefährdungshaftung	Verschuldungshaftung mit umgekehrter Beweislast	überwiegend Gefährdungshaftung	Gefährdungshaftung	– Güterschäden: Gefährdungshaftung – Verspätungsschäden: Verschuldenshaftung	Verschuldenshaftung mit umgekehrter Beweislast (vermutete Verschuldenshaftung)
Haftungsumfang	Güterschäden, Vermögensschäden	Güterschäden, Vermögensschäden	Güterschäden, Vermögensschäden	Güterschäden, Vermögensschäden	Güterschäden, Vermögensschäden	Güterschäden
Haftungsgrenzen	unbegrenzte Haftung durch AGB (z. B. ADSp) einschränkbar; anders bei Obhut, Fixkosten, Sammelladung, Selbsteintritt: – Güterschäden: Wert, max. 8,33 SZR/kg – Lieferfristüberschreitung: dreifacher Verlustersatz,	unbegrenzte Haftung durch AGB (z. B. ADSp) einschränkbar	– Güterschäden: Wert, max. 8,33 SZR/kg – Lieferfristüberschreitung: dreifache Fracht – sonstige Vermögensschäden: dreifacher Betrag, der bei Verlust zu zahlen wäre – Nachnahme: Höhe der Nachnahme	– Güterschäden: Wert, max. 8,33 SZR/kg – Lieferfristüberschreitung: Höhe der Fracht – Nachnahme: Höhe der Nachnahme	22 SZR/kg	2 SZR/kg oder 666,67 SZR je Stück oder Einheit, je nachdem, welcher Betrag höher ist
Veränderung der Haftungsgrenzen	– durch Individualabrede: ohne Einschränkung – durch AGB: in einem Korridor zwischen 2 und 40 SZR/kg	durch Individualabrede sowie durch AGB (z. B. ADSp) möglich	– durch Individualabrede: ohne Einschränkung – durch AGB: in einem Korridor zwischen 2 und 40 SZR/kg	– Wertdeklaration, Artikel 24 CMR – Interessendeklaration, Artikel 26 CMR	Deklaration des Lieferinteresses (Interessendeklaration, Artikel 22 MÜ)	– durch Individualvereinbarung – durch AGB (nur eingeschränkt möglich)
Wegfall der Haftungsgrenzen	bei Obhut etc: Vorsatz/Leichtfertigkeit und in dem Bewusstsein, dass ein Schaden mit Wahrscheinlichkeit eintreten werde		– Vorsatz – Leichtfertigkeit und in dem Bewusstsein, dass ein Schaden mit Wahrscheinlichkeit eintreten werde	– Vorsatz – Leichtfertigkeit und in dem Bewusstsein, dass ein Schaden mit Wahrscheinlichkeit eintreten werde (nationales Recht)	durch vertragliche Vereinbarung möglich (Artikel 25 MÜ)	– Absicht – Leichtfertigkeit und in dem Bewusstsein, dass ein Schaden mit Wahrscheinlichkeit eintreten werde
Haftungsausschlüsse	– mangelndes Verschulden – bei Obhut, Fixkosten, Sammelladung, Selbsteintritt: unabwendbares Ereignis etc.	mangelndes Verschulden	– unabwendbares Ereignis – ungenügende Kennzeichnung – mangelhafte Verpackung etc.	– unabwendbares Ereignis – ungenügende Kennzeichnung – mangelhafte Verpackung etc.	– Eigenart der Güter – mangelhafte Verpackung – bewaffneter Konflikt etc.	– Schäden durch Krieg, Streik u. Ä. – aus Gefahren oder Unfällen der See – Handlungen oder Unterlassung des Abladers etc.
Reklamationsfristen	– äußerlich erkennbare Schäden: sofort – äußerlich nicht erkennbare Schäden: sieben Tage nach Ablieferung – Lieferfristüberschreitung: 21 Tage nach Ablieferung (Ausschlussfrist)		– äußerlich erkennbare Schäden: sofort – äußerlich nicht erkennbare Schäden: sieben Tage nach Ablieferung – Lieferfristüberschreitung: 21 Tage nach Ablieferung (Ausschlussfrist)	– äußerlich erkennbare Schäden: sofort – äußerlich nicht erkennbare Schäden: sieben Tage nach Ablieferung – Lieferfristüberschreitung: 21 Tage nach Ablieferung (Ausschlussfrist)	– offene Mängel: sofort – versteckte Mängel: 14 Tage nach Annahme – Lieferfristüberschreitung: 21 Tage nach Annahme – Verlustvermutung: sieben Tage nach planmäßiger Ablieferung	– äußerlich erkennbare Schäden: sofort – äußerlich nicht erkennbare Schäden: drei Tage nach Auslieferung der Güter an den Empfänger

Allgemeine Deutsche Spediteurbedingungen 2017 (ADSp 2017)

Stand 01.01.2017

Präambel

Die Allgemeinen Deutschen Spediteurbedingungen 2017 (ADSp 2017) werden zur Anwendung ab dem 1. Januar 2017 empfohlen vom Bundesverband der Deutschen Industrie (BDI), Bundesverband Großhandel, Außenhandel, Dienstleistungen (BGA), Bundesverband Güterkraftverkehr Logistik und Entsorgung (BGL), Bundesverband Möbelspedition und Logistik (AMÖ), Bundesverband Wirtschaft, Verkehr und Logistik (BWVL), Deutschen Industrie- und Handelskammertag (DIHK), Deutschen Speditions- und Logistikverband (DSLV) und Handelsverband Deutschland (HDE). Diese Empfehlung ist unverbindlich. Es bleibt den Vertragsparteien unbenommen, vom Inhalt dieser Empfehlung abweichende Vereinbarungen zu treffen.

1. Begriffsbestimmungen

1.1 Ablieferung

Der Begriff der Ablieferung umfasst auch die Auslieferung bei Lagergeschäften.

1.2 Auftraggeber

Die Rechtsperson, die mit dem Spediteur einen Verkehrsvertrag abschließt.

1.3 Diebstahlgefährdetes Gut

Gut, das einem erhöhten Raub- und Diebstahlrisiko ausgesetzt ist, wie Geld, Edelmetalle, Schmuck, Uhren, Edelsteine, Kunstgegenstände, Antiquitäten, Scheckkarten, Kreditkarten oder andere Zahlungsmittel, Wertpapiere, Valoren, Dokumente, Spirituosen, Tabakwaren, Unterhaltungselektronik, Telekommunikationsgeräte, EDV-Geräte und -Zubehör sowie Chip-Karten.

1.4 Empfänger

Die Rechtsperson, an die das Gut nach dem Verkehrsvertrag oder aufgrund wirksamer Weisung des Auftraggebers oder eines sonstigen Verfügungsberechtigten abzuliefern ist.

1.5 Fahrzeug

Ein zum Transport von einem Gut auf Verkehrswegen eingesetztes Beförderungsmittel.

1.6 Gefährliche Güter

Güter, von denen auch im Rahmen einer normal verlaufenden Beförderung, Lagerung oder sonstigen Tätigkeit eine unmittelbare Gefahr für Personen, Fahrzeuge und Rechtsgüter Dritter ausgehen kann. Gefährliche Güter sind insbesondere die Güter, die in den Anwendungsbereich einschlägiger Gefahrgutgesetze und -verordnungen sowie gefahrstoff-, wasser- oder abfallrechtlicher Vorschriften fallen.

1.7 Lademittel

Mittel zur Zusammenfassung von Packstücken und zur Bildung von Ladeeinheiten, z. B. Paletten, Container, Wechselbrücken, Behälter.

1.8 Ladestelle/Entladestelle

Die postalische Adresse, soweit die Parteien nicht eine genauere Ortsbestimmung getroffen haben.

1.9 Leistungszeit

Die Zeit (Datum, Uhrzeit), zu der eine bestimmte Leistung zu erbringen ist, z. B. ein Zeitfenster oder ein Zeitpunkt.

1.10 Packstücke

Einzelstücke oder vom Auftraggeber zur Abwicklung des Auftrags gebildete Einheiten mit und ohne Lademittel, die der Spediteur als Ganzes zu behandeln hat (Frachtstücke im Sinne von §§ 409, 431, 504 HGB).

1.11 Schadenfall/Schadenereignis

Ein Schadenfall liegt vor, wenn ein Geschädigter aufgrund eines äußeren Vorgangs einen Anspruch aus einem Verkehrsvertrag oder anstelle eines verkehrsvertraglichen Anspruchs geltend macht; ein Schadenereignis liegt vor, wenn aufgrund eines äußeren Vorgangs mehrere Geschädigte aus mehreren Verkehrsverträgen Ansprüche geltend machen.

1.12 Schnittstelle

Nach Übernahme und vor Ablieferung des Gutes durch den Spediteur jede Übergabe des Gutes von einer Rechtsperson auf eine andere, jede Umladung von einem Fahrzeug auf ein anderes, jede (Zwischen-) Lagerung.

1.13 Spediteur

Die Rechtsperson, die mit dem Auftraggeber einen Verkehrsvertrag abschließt. Spediteure in diesem Sinne sind insbesondere Frachtführer im Sinne von § 407 HGB, Spediteure im Sinne von § 453 HGB, Lagerhalter im Sinne von § 467 HGB und Verfrachter im Sinne von §§ 481, 527 HGB.

1.14 Verkehrsverträge

Verträge des Spediteurs über alle Arten von Tätigkeiten, gleichgültig ob sie Speditions-, Fracht-, Seefracht-, Lager- oder sonstige üblicherweise zum Speditionsgewerbe gehörende Geschäfte (z. B. Zollabwicklung, Sendungsverfolgung, Umschlag) betreffen.

Diese umfassen auch speditionsübliche logistische Leistungen, wenn diese mit der Beförderung oder Lagerung von Gütern in Zusammenhang stehen, insbesondere Tätigkeiten wie Bildung von

Ladeeinheiten, Kommissionieren, Etikettieren und Verwiegen von Gütern und Retourenabwicklung.

Als Frachtverträge gelten auch Lohnfuhrverträge über die Gestellung bemannter Kraftfahrzeuge zur Verwendung nach Weisung des Auftraggebers.

1.15 Verlader

Die Rechtsperson, die das Gut nach dem Verkehrsvertrag oder aufgrund wirksamer Weisung zur Beförderung übergibt.

1.16 Vertragswesentliche Pflichten

Pflichten, deren Erfüllung die ordnungsgemäße Durchführung des Verkehrsvertrags (Ziffer 1.14) erst ermöglicht und auf deren Einhaltung der Vertragspartner regelmäßig vertrauen darf.

1.17 Wertvolles Gut

Gut mit einem tatsächlichen Wert am Ort und zur Zeit der Übernahme von mindestens 100 Euro/kg.

1.18 Zeitfenster

Vereinbarter Leistungszeitraum für die Ankunft des Spediteurs an der Lade- oder der Entladestelle.

1.19 Zeitpunkt

Vereinbarter Leistungszeitpunkt für die Ankunft des Spediteurs an der Lade- oder der Entladestelle.

2. Anwendungsbereich

2.1 Die ADSp gelten für alle Verkehrsverträge des Spediteurs als Auftragnehmer.

2.2 Gesetzliche Bestimmungen, von denen im Wege vorformulierter Vertragsbedingungen nicht abgewichen werden darf, gehen den ADSp vor.

2.3 Die ADSp gelten nicht für Geschäfte, die ausschließlich zum Gegenstand haben

2.3.1 Verpackungsarbeiten,

2.3.2 die Beförderung und Lagerung von abzuschleppendem oder zu bergendem Gut,

2.3.3 die Beförderung und Lagerung von Umzugsgut im Sinne von § 451 HGB,

2.3.4 Lagerung und Digitalisierung von Akten; Akten sind alle Arten von verkörperten und digitalisierten Geschäftspapieren, Dokumenten, Datenträgern sowie von gleichartigen der Sammlung von Informationen dienenden Sachen,

2.3.5 Schwer- oder Großraumtransporte, deren Durchführung eine verkehrsrechtliche Transporterlaubnis bzw. Ausnahmegenehmigung erfordert, Kranleistungen und damit zusammenhängende Montagearbeiten.

2.4 Die ADSp finden keine Anwendung auf Verkehrsverträge mit Verbrauchern i.S.v. § 13 BGB.

3. Pflichten des Auftraggebers bei Auftragserteilung; Informationspflichten, besondere Güterarten

3.1 Der Auftraggeber unterrichtet den Spediteur rechtzeitig über alle ihm bekannten, wesentlichen, die Ausführung des Auftrages beeinflussenden Faktoren. Hierzu zählen

3.1.1 Adressen, Art und Beschaffenheit des Gutes, das Rohgewicht (inklusive Verpackung und vom Auftraggeber gestellte Lademittel) oder die anders angegebene Menge, Kennzeichen, Nummern, Anzahl und Art der Packstücke, besondere Eigenschaften des Gutes (wie lebende Tiere, Pflanzen, Verderblichkeit), der Warenwert (z. B. für zollrechtliche Zwecke oder eine Versicherung des Gutes nach Ziffer 21), und Lieferfristen,

3.1.2 alle öffentlich-rechtlichen, z. B. zollrechtlichen, außenwirtschaftsrechtlichen (insbesondere waren-, personen- oder länderbezogenen Embargos) und sicherheitsrechtlichen Verpflichtungen,

3.1.3 im Falle von Seebeförderungen alle nach den seerechtlichen Sicherheitsbestimmungen (z. B. SOLAS) erforderlichen Daten in der vorgeschriebenen Form,

3.1.4 Dritten gegenüber bestehende gewerbliche Schutzrechte, z. B. marken- und lizenzrechtliche Beschränkungen, die mit dem Besitz des Gutes verbunden sind, sowie gesetzliche oder behördliche Hindernisse, die der Auftragsabwicklung entgegenstehen,

3.1.5 besondere technische Anforderungen an das Beförderungsmittel und spezielle Ladungssicherungsmittel, die der Spediteur gestellen soll.

3.2 Bei gefährlichem Gut hat der Auftraggeber rechtzeitig dem Spediteur in Textform die Menge, die genaue Art der Gefahr und – soweit erforderlich – die zu ergreifenden Vorsichtsmaßnahmen mitzuteilen. Handelt es sich um Gefahrgut im Sinne des Gesetzes über die Beförderung gefährlicher Güter oder um sonstige Güter, für deren Beförderung oder Lagerung besondere gefahrgut- oder abfallrechtliche Vorschriften bestehen, so hat der Auftraggeber die für die ordnungsgemäße Durchführung des Auftrags erforderlichen Angaben, insbesondere die Klassifizierung nach dem einschlägigen Gefahrgutrecht, mitzuteilen und spätestens bei Übergabe des Gutes die erforderlichen Unterlagen zu übergeben.

3.3 Bei wertvollem oder diebstahlgefährdetem Gut hat der Auftraggeber im Auftrag den Spediteur in Textform über Art und Wert des Gutes und das bestehende Risiko zu informieren, so dass der Spediteur über die Annahme des Auftrags entscheiden oder angemessene Maßnahmen für eine sichere und schadenfreie Abwicklung des Auftrags treffen kann. Nimmt er diesen Auftrag an, ist der Spediteur verpflichtet, geeignete Sicherungsmaßnahmen zum Schutz des Gutes zu ergreifen.

3.4 Der Auftraggeber hat dem Spediteur alle Urkunden und sonstigen Unterlagen zur Verfügung zu stellen und Auskünfte (z. B. Eintarifierung) zu erteilen, die insbesondere für die ordnungsgemäße Zoll- oder sonstige gesetzlich vorgeschriebene Behandlung – hierzu zählen auch Sicherheitskontrollen z. B. für Luftfrachtsendungen – des Gutes notwendig sind.

4. Rechte und Pflichten des Spediteurs

4.1 Der Spediteur hat die Interessen des Auftraggebers wahrzunehmen. Er hat den ihm erteilten Auftrag auf offensichtliche Mängel zu prüfen und dem Auftraggeber alle ihm bekannten Gefahrumstände für die Ausführung des Auftrages unverzüglich anzuzeigen. Erforderlichenfalls hat er Weisungen einzuholen.

4.2 Der Spediteur hat dafür Sorge zu tragen, dass die von ihm zur Transportabwicklung eingesetzten Fahrzeuge, Ladungssicherungsmittel und, soweit die Gestellung von Lademitteln vereinbart ist, diese in technisch einwandfreiem Zustand sind, den gesetzlichen Vorschriften und den im Verkehrsvertrag gestellten Anforderungen für das Gut entsprechen. Fahrzeuge und Lademittel sind mit den üblichen Vorrichtungen, Ausrüstungen oder Verfahren zum Schutz gegen Gefahren für das Gut, insbesondere Ladungssicherungsmitteln, auszustatten. Fahrzeuge sollen schadstoffarm, lärmreduziert und energiesparend sein.

4.3 Der Spediteur hat zuverlässiges und entsprechend der Tätigkeit fachlich geschultes, geeignetes und ordnungsgemäß beschäftigtes Fahrpersonal und, soweit erforderlich, mit Fahrerbescheinigung einzusetzen.

4.4 Der Spediteur hat auf einem fremden Betriebsgelände eine dort geltende und ihm bekanntgemachte Haus-, Betriebs- oder Baustellenordnung zu befolgen. § 419 HGB bleibt unberührt.

4.5 Der Spediteur ist berechtigt, die zollamtliche Abwicklung von der Erteilung einer schriftlichen Vollmacht abhängig zu machen, die ihm eine direkte Vertretung ermöglicht.

4.6 Wird der Spediteur mit der grenzüberschreitenden Beförderung des Gutes oder der Import- oder Exportabfertigung beauftragt, so beinhaltet dieser Auftrag im Zweifel auch die zollamtliche oder sonst gesetzlich vorgeschriebene Behandlung des Gutes, wenn ohne sie die grenzüberschreitende Beförderung bis zum Bestimmungsort nicht ausführbar ist.

Er darf hierbei

4.6.1 Verpackungen öffnen, wenn dies zum Zweck der Durchführung einer gesetzlich vorgeschriebenen Kontrolle (z. B. Spediteur als Reglementierter Beauftragter) erforderlich ist, und anschließend alle zur Auftragsabwicklung erforderlichen Maßnahmen treffen, z. B. das Gut neu verpacken,

4.6.2 die zollamtlich festgesetzten Abgaben auslegen.

4.7 Bei einem Güter- oder Verspätungsschaden hat der Spediteur auf Verlangen des Auftraggebers oder Empfängers diesem unverzüglich alle zur Sicherung von Schadensersatzansprüchen erforderlichen und ihm bekannten Informationen zu verschaffen.

4.8 Der dem Spediteur erteilte Auftrag umfasst mangels ausdrücklicher Vereinbarung nicht

4.8.1 die Gestellung und den Tausch von Paletten oder sonstigen Lademitteln,

4.8.2 die Ver- und Entladung der Güter, es sei denn, aus den Umständen oder der Verkehrssitte ergibt sich etwas anderes,

4.8.3 ein Umladeverbot (§ 486 HGB findet keine Anwendung),

4.8.4 die Bereitstellung eines Sendungsverfolgungssystems, es sei denn, dies ist branchenüblich, wobei Ziffer 14 unberührt bleibt,

4.8.5 Retouren, Umfuhren und verdeckte Beiladungen.

Werden in Abweichung vom Auftrag vom Auftraggeber ein oder mehrere weitere Packstücke zum Transport übergeben und nimmt der Spediteur dieses oder diese Packstücke zum Transport an, so schließen der Spediteur und der Auftraggeber über dieses Gut einen neuen Verkehrsvertrag ab. Bei Retouren oder verdeckten Beiladungen gelten mangels abweichender Vereinbarungen die Bestimmungen des ursprünglichen Verkehrsvertrages. Ziffer 5.2 bleibt unberührt.

4.9 Weitergehende Leistungs- und Informationspflichten, z. B. über Qualitätsmanagementmaßnahmen und deren Einhaltung (Audits) sowie Monitoring- und Bewertungssysteme und Leistungskennzahlen, bedürfen der ausdrücklichen Vereinbarung.

5 Kontaktperson, elektronische Kommunikation und Dokumente

5.1 Auf Verlangen einer Vertragspartei benennt jede Vertragspartei für den Empfang von Informationen, Erklärungen und Anfragen für die Vertragsabwicklung eine oder mehrere Kontaktpersonen und teilt Namen und Kontaktadressen der anderen Partei mit. Diese Angaben sind bei Veränderung zu aktualisieren. Bestimmt eine Partei keine Kontaktperson, gilt diejenige Person als Kontaktperson, die den Verkehrsvertrag für die Partei abgeschlossen hat.

Über das Gesetz hinausgehende Informationspflichten, z. B. über Maßnahmen des Spediteurs im Falle von Störungen, insbesondere einer drohenden Verspätung in der Übernahme oder Ablieferung, bei Beförderungs- oder Ablieferungshindernissen, bei Schäden am Gut oder anderen Störungen (Notfallkonzept) bedürfen der ausdrücklichen Vereinbarung.

5.2 Mangels ausdrücklicher Vereinbarung bedürfen vertragliche Erklärungen des Lager- und Fahrpersonals zu ihrer Wirksamkeit der Genehmigung der jeweiligen Vertragspartei.

5.3 Der Auftraggeber hat dafür Sorge zu tragen, dass der Verlader oder Empfänger für den Auftraggeber die an der Lade- oder Entladestelle zur Abwicklung des Verkehrsvertrags erforderlichen Erklärungen abgibt und tatsächliche Handlungen, wie die Übergabe oder Übernahme des Gutes, vornimmt.

5.4 Wenn dies zwischen dem Auftraggeber und dem Spediteur vereinbart ist, werden die Parteien per EDI (Electronic Data Interchange)/DFÜ (Datenfernübertragung) Sendungsdaten einschließlich der Rechnungserstellung übermitteln bzw. empfangen. Die übermittelnde Partei trägt die Gefahr für den Verlust, die Vollständigkeit und die Richtigkeit der übermittelten Daten.

5.5 Bei einer Vereinbarung nach Ziffer 5.4 stellen die Parteien sicher, dass das eigene IT-System betriebsbereit ist und die üblichen Sicherheits- und Kontrollmaßnahmen durchgeführt werden, um den elektronischen Datenaustausch vor dem Zugriff Dritter zu schützen sowie der Veränderung, dem Verlust oder der Zerstörung elektronisch übermittelter Daten vorzubeugen. Jede Partei ist verpflichtet, der anderen Partei rechtzeitig Änderungen ihres IT-Systems mitzuteilen, die Auswirkungen auf den elektronischen Datenaustausch haben können.

5.6 Elektronisch oder digital erstellte Dokumente, insbesondere Abliefernachweise, stehen schriftlichen Dokumenten gleich.

Zudem ist jede Partei berechtigt, schriftliche Dokumente lediglich elektronisch oder digital zu archivieren und unter Beachtung der gesetzlichen Vorschriften die Originale zu vernichten.

6. Verpackungs- und Kennzeichnungspflichten des Auftraggebers

6.1 Das Gut ist vom Auftraggeber zu verpacken und, soweit dies erforderlich ist, mit deutlich und haltbar angebrachten Kennzeichen für ihre auftragsgemäße Behandlung zu versehen. Alte Kennzeichen sind zu entfernen oder unkenntlich zu machen. Gleiches gilt für Packstücke.

6.2 Darüber hinaus ist der Auftraggeber verpflichtet,

6.2.1 zu einer Sendung gehörende Packstücke als zusammengehörig erkennbar zu kennzeichnen,

6.2.2 Packstücke – soweit erforderlich – so herzurichten, dass ein Zugriff auf den Inhalt ohne Hinterlassen äußerlich sichtbarer Spuren nicht möglich ist.

7. Ladungssicherungs- und Kontrollpflichten des Spediteurs

7.1 Erfolgt die Ver- oder Entladung an mehr als einer Lade- oder Entladestelle, stellt der Spediteur nach Abschluss der beförderungssicheren Verladung eines Gutes die Ladungssicherung durchgehend bis zur letzten Entladestelle sicher.

7.2 Der Spediteur ist verpflichtet, an jeder Schnittstelle Kontrollen durchzuführen. Er hat das Gut auf Vollzähligkeit und Identität sowie äußerlich erkennbare Schäden und Unversehrtheit von Label, Plomben und Verschlüssen zu überprüfen und Unregelmäßigkeiten zu dokumentieren.

8. Quittung

8.1 Der Spediteur hat die Übernahme des Gutes – gegebenenfalls mit Vorbehalt – zu quittieren.

Mit der Übernahmequittung bestätigt der Spediteur im Zweifel nur die Anzahl und Art der Packstücke, nicht jedoch deren Inhalt, Wert, Gewicht oder anders angegebene Menge.

8.2 Bei vorgeladenen oder geschlossenen Ladeeinheiten wie Containern oder Wechselbrücken und vorab vom Auftraggeber übermittelten Daten gilt die Richtigkeit einer Übernahmequittung über Anzahl und Art der geladenen Packstücke als widerlegt, wenn der Spediteur dem Auftraggeber unverzüglich (Mengen-) Differenzen und Beschädigungen meldet, nachdem er die Ladeeinheit entladen hat.

8.3 Als Ablieferungsnachweis hat der Spediteur vom Empfänger eine Ablieferungsquittung über die im Auftrag oder in sonstigen Begleitpapieren genannten Packstücke zu verlangen. Weigert sich der Empfänger, die Ablieferungsquittung zu erteilen, so hat der Spediteur Weisung einzuholen.

Der Auftraggeber kann die Herausgabe der Ablieferungsquittung innerhalb eines Jahres nach Ablieferung des Gutes verlangen.

8.4 Als Übernahme- oder Ablieferungsquittung dienen alle die Auftragsdurchführung nachweisenden, unterzeichneten Dokumente, wie Lieferscheine, Spediteurübernahmescheine, Fracht- und Seefrachtbriefe, Ladescheine oder Konnossemente.

8.5 Die Übernahme- oder Ablieferungsquittung kann auch elektronisch oder digital erstellt werden, es sei denn, der Auftraggeber verlangt die Ausstellung eines Fracht- oder Seefrachtbriefs, Ladescheins oder Konnossements.

9. Weisungen

Der Spediteur ist verpflichtet, jede ihm nach Vertragsschluss erteilte Weisung über das Gut zu beachten, es sei denn, die Ausführung der Weisung droht Nachteile für den Betrieb seines Unternehmens oder Schäden für die Auftraggeber oder Empfänger anderer Sendungen mit sich zu bringen. Beabsichtigt der Spediteur, eine ihm erteilte Weisung nicht zu befolgen, so hat er denjenigen, der die Weisung gegeben hat, unverzüglich zu benachrichtigen.

10. Frachtüberweisung, Nachnahme

Die Mitteilung des Auftraggebers, der Auftrag sei unfrei abzufertigen oder z. B. nach Maßgabe der Incoterms für Rechnung des Empfängers oder eines Dritten auszuführen, berührt nicht die Verpflichtung des Auftraggebers gegenüber dem Spediteur, die Vergütung sowie die sonstigen Aufwendungen (Frachten, Zölle und sonstige Abgaben) zu tragen. Nachnahmeweisungen z. B. nach § 422 HGB, Art. 21 CMR bleiben unberührt.

11 Nichteinhaltung von Lade- und Entladezeiten, Standgeld

11.1 Hat der Auftraggeber das Gut zu verladen oder entladen, ist er verpflichtet, die vereinbarte, ansonsten eine angemessene Lade- oder Entladezeit einzuhalten.

11.2 Wird im Straßengüterverkehr für die Gestellung eines Fahrzeugs ein Zeitpunkt oder ein Zeitfenster vereinbart oder vom Spediteur avisiert, ohne dass der Auftraggeber, Verlader oder Empfänger widerspricht, beträgt die Lade- oder Entladezeit bei Komplettladungen (nicht jedoch bei schüttbaren Massengütern) unabhängig von der Anzahl der Sendungen pro Lade- oder Entladestelle bei Fahrzeugen mit 40 Tonnen zulässigem Gesamtgewicht pauschal jeweils maximal 2 Stunden für die Verladung bzw. die Entladung. Bei Fahrzeugen mit niedrigerem Gesamtgewicht reduzieren sich diese Zeiten einzelfallbezogen in angemessenen Umfang.

11.3 Die Lade- oder Entladezeit beginnt mit der Ankunft des Straßenfahrzeugs an der Lade- oder Entladestelle (z. B. Meldung beim Pförtner) und endet, wenn der Auftraggeber oder Empfänger seinen Verpflichtungen vollständig nachgekommen ist.

Ist für die Gestellung des Straßenfahrzeugs an der Lade- oder Entladestelle eine konkrete Leistungszeit vereinbart, so beginnt die Lade- oder Entladezeit nicht vor der für die Gestellung vereinbarten Uhrzeit.

11.4 Wird die Lade- oder Entladezeit aufgrund vertraglicher Vereinbarung oder aus Gründen, die nicht dem Risikobereich des Spediteurs zuzurechnen sind, überschritten, hat der Auftraggeber dem Spediteur das vereinbarte, ansonsten ein angemessenes Standgeld als Vergütung zu zahlen.

11.5 Die vorstehenden Bestimmungen finden entsprechende Anwendung, wenn der Spediteur verpflichtet ist, das Gut zu ver- oder entladen und der Auftraggeber ausschließlich verpflichtet ist, das Gut zur Verladung bereitzustellen oder nach Entladung entgegenzunehmen.

12. Leistungshindernisse, höhere Gewalt

12.1 Kann der Spediteur das Gut nicht oder nicht rechtzeitig übernehmen, so hat er dies dem Auftraggeber oder Verlader unverzüglich anzuzeigen und entsprechende Weisungen einzuholen. § 419 HGB findet entsprechende Anwendung. Der Auftraggeber bleibt berechtigt, den Verkehrsvertrag zu kündigen, ohne dass der Spediteur berechtigt ist, Ansprüche nach § 415 Abs. 2 HGB geltend zu machen.

12.2 Leistungshindernisse, die nicht dem Risikobereich einer Vertragspartei zuzurechnen sind, befreien die Vertragsparteien für die Dauer der Störung und den Umfang ihrer Wirkung von den Leistungspflichten.

Als solche Leistungshindernisse gelten höhere Gewalt, Unruhen, kriegerische oder terroristische Akte, Streiks und Aussperrungen, Blockade von Beförderungswegen sowie sonstige unvorhersehbare, unabwendbare und schwerwiegende Ereignisse.

Im Falle eines Leistungshindernisses ist jede Vertragspartei verpflichtet, die andere Partei unverzüglich zu unterrichten; der Spediteur ist zudem verpflichtet, Weisungen des Auftraggebers einzuholen.

13. Ablieferung

13.1 Wird nach Ankunft an der Entladestelle erkennbar, dass die Entladung nicht innerhalb der Entladezeit durchgeführt werden kann, hat der Spediteur dies dem Auftraggeber unverzüglich anzuzeigen und entsprechende Weisungen einzuholen. § 419 HGB findet Anwendung.

13.2 Kann der Spediteur die vereinbarte Leistungszeit oder – mangels Vereinbarung – eine angemessene Zeit für die Ablieferung des Gutes nicht einhalten, hat er Weisungen bei seinem Auftraggeber oder dem Empfänger einzuholen.

13.3 Wird der Empfänger in seiner Wohnung, in dem Geschäftsraum oder in einer Gemeinschaftseinrichtung, in der der Empfänger wohnt, nicht angetroffen, kann das Gut, soweit nicht offenkundige Zweifel an deren Empfangsberechtigung bestehen, abgeliefert werden

13.3.1 in der Wohnung an einen erwachsenen Familienangehörigen, eine in der Familie beschäftigten Person oder einen erwachsenen ständigen Mitbewohner,

13.3.2 in Geschäftsräumen an eine dort beschäftigte Person,

13.3.3 in Gemeinschaftseinrichtungen dem Leiter der Einrichtung oder einem dazu ermächtigten Vertreter.

13.4 Wenn der Spediteur mit dem Auftraggeber oder Empfänger eine Vereinbarung getroffen hat, wonach die Ablieferung ohne körperliche Übergabe an den Empfänger erfolgen soll (z. B. Nacht-, Garagen- oder Bandanlieferung), erfolgt die Ablieferung mit der tatsächlichen Bereitstellung des Gutes am vereinbarten Ort.

13.5 Die Ablieferung darf nur unter Aufsicht des Auftraggebers, Empfängers oder eines dritten Empfangsberechtigten erfolgen. Die Ziffern 13.3 und 13.4 bleiben unberührt.

14. Auskunfts- und Herausgabepflicht des Spediteurs

14.1 Der Spediteur ist verpflichtet, dem Auftraggeber die erforderlichen Nachrichten zu geben, auf Verlangen über den Stand des Geschäftes Auskunft zu geben und nach dessen Ausführung Rechenschaft abzulegen; zur Offenlegung der Kosten ist er jedoch nur verpflichtet, wenn er für Rechnung des Auftraggebers tätig wird.

14.2 Der Spediteur ist verpflichtet, dem Auftraggeber alles, was er zur Ausführung des Geschäfts erhält und was er aus der Geschäftsführung erlangt, herauszugeben.

15 Lagerung

15.1 Der Auftraggeber hat das Gut, soweit erforderlich, zu verpacken und zu kennzeichnen und Urkunden zur Verfügung zu stellen sowie alle Auskünfte zu erteilen, die der Spediteur zur sachgerechten Lagerung benötigt.

15.2 Die Lagerung erfolgt nach Wahl des Spediteurs in dessen eigenen oder, soweit dies nicht vertraglich ausgeschlossen ist, in fremden Lagerräumen. Lagert der Spediteur bei einem fremden Lagerhalter ein, so hat er dessen Namen und den Lagerort dem Auftraggeber unverzüglich schriftlich bekanntzugeben oder, falls ein Lagerschein ausgestellt ist, auf diesem zu vermerken.

15.3 Der Spediteur hat für die ordnungsgemäße Instandhaltung und Pflege von Lagerhallen und anderen Lagerflächen, der Zufahrten auf den Betriebsflächen und die Sicherung des Gutes, insbesondere gegen Diebstahl, zu sorgen. Weitergehende Sicherungsmaßnahmen, die z. B. über die gesetzlichen Brandschutzvorschriften hinausgehen, bedürfen der ausdrücklichen Vereinbarung.

15.4 Mangels abweichender Vereinbarung

15.4.1 beginnt die Übernahme des Gutes zur Lagerung mit dem Beginn der Entladung des Fahrzeugs durch den Spediteur und die Auslieferung des Gutes endet mit dem Abschluss der Verladung durch den Spediteur,

15.4.2 erfolgt die Bestandsführung durch das Lagerverwaltungssystem des Spediteurs,

15.4.3 erfolgt eine physische Inventur pro Jahr. Auf Weisung des Auftraggebers führt der Spediteur weitere physische Inventuren gegen Aufwandserstattung durch.

15.5 Der Spediteur verpflichtet sich, bei Übernahme des Gutes, wenn ihm angemessene Mittel zur Überprüfung zur Verfügung stehen, eine Eingangskontrolle nach Art, Menge und Beschaffenheit des Gutes, Zeichen, Nummern, Anzahl der Packstücke sowie äußerlich erkennbare Schäden gemäß § 438 HGB durchzuführen.

15.6 Zur Sicherung des Gutes sind regelmäßig Kontrollen durch geeignetes Personal des Spediteurs durchzuführen.

15.7 Bei Fehlbeständen und zu befürchtenden Veränderungen am Gut hat der Spediteur den Auftraggeber unverzüglich zu informieren und Weisung einzuholen. § 471 Abs. 2 HGB bleibt unberührt.

15.8 Weitergehende Leistungs- und Informationspflichten bedürfen der ausdrücklichen Vereinbarung.

16 Vergütung

Mit der vereinbarten Vergütung, die die Kosten der Beförderung und Lagerung einschließt, sind alle nach dem Verkehrsvertrag zu erbringenden Leistungen abgegolten. Nachforderungen für im regelmäßigen Verlauf der Beförderung oder Lagerhaltung anfallende und zum Zeitpunkt der Angebotsabgabe vorhersehbare Kosten können nicht gesondert geltend gemacht werden, es sei denn, es ist etwas anderes vereinbart. Kalkulationsfehler gehen zu Lasten des Kalkulierenden. §§ 412, 418, 419, 491, 492 588 bis 595 HGB und vergleichbare Regelungen aus internationalen Übereinkommen bleiben unberührt.

17. Aufwendungs- und Freistellungsansprüche

17.1 Der Spediteur hat Anspruch auf Ersatz der Aufwendungen, die er den Umständen nach für erforderlich halten durfte und nicht zu vertreten hat, insbesondere Beiträge zu Havereiverfahren, Detention- oder Demurrage-Kosten, Nachverpackungen zum Schutz des Gutes.

17.2 Wenn der Auftraggeber den Spediteur beauftragt, Gut in Empfang zu nehmen und bei der Ablieferung an den Spediteur Frachten, Wertnachnahmen, Zölle, Steuern oder sonstige Abgaben oder Spesen gefordert werden, ist der Spediteur berechtigt, aber nicht verpflichtet, diese – soweit er sie den Umständen nach für erforderlich halten durfte – auszulegen und vom Auftraggeber Erstattung zu verlangen, es sei denn, es ist etwas anderes vereinbart worden.

17.3 Von Aufwendungen wie Frachtforderungen, Beiträgen zu Havereiverfahren, Zöllen, Steuern und sonstigen Abgaben, die an den Spediteur, insbesondere als Verfügungsberechtigten oder als Besitzer fremden Gutes gestellt werden, hat der Auftraggeber den Spediteur auf Aufforderung zu befreien, wenn sie der Spediteur nicht zu vertreten hat.

18. Rechnungen, fremde Währungen

18.1 Vergütungsansprüche des Spediteurs erfordern den Zugang einer den gesetzlichen Anforderungen genügenden Rechnung oder Zahlungsaufstellung. Mangels abweichender Vereinbarung erfordert die Fälligkeit bei unstreitiger Ablieferung nicht die Vorlage eines Ablieferungsnachweises.

18.2 Der Spediteur ist berechtigt, von ausländischen Auftraggebern oder Empfängern nach seiner Wahl Zahlung in ihrer Landeswährung oder in Euro zu verlangen.

18.3 Schuldet der Spediteur fremde Währung oder legt er fremde Währung aus, so ist er berechtigt, entweder Zahlung in der fremden Währung oder in Euro zu verlangen. Verlangt er Zahlung in Euro, so erfolgt die Umrechnung zu dem am Tage der Zahlung des Spediteurs amtlich festgesetzten Kurs, den der Spediteur nachzuweisen hat.

18.4 Eine Zahlungsabwicklung im Gutschriftenverfahren ist ausdrücklich zu vereinbaren. Im Zweifel hat der Auftraggeber Gutschriften nach Leistungserbringung sofort zu erteilen. Ziff. 18.1 Satz 1 findet auf das Gutschriftenverfahren keine Anwendung.

19. Aufrechnung, Zurückbehaltung

Gegenüber Ansprüchen aus dem Verkehrsvertrag und damit zusammenhängenden außervertraglichen Ansprüchen ist eine Aufrechnung oder Zurückbehaltung nur zulässig, wenn der Gegenanspruch fällig, unbestritten, entscheidungsreif oder rechtskräftig festgestellt ist.

20. Pfand- und Zurückbehaltungsrecht

20.1 Zur Absicherung seiner Forderungen aus verkehrsvertraglichen Leistungen darf der Spediteur sich auf die ihm zustehenden gesetzlichen Pfand- und Zurückbehaltungsrechte berufen.

20.2 Die Pfandverwertung erfolgt nach den gesetzlichen Bestimmungen mit der Maßgabe, dass

20.2.1 bei Ausübung des gesetzlichen Pfandrechts des Frachtführers oder Verfrachters die Androhung des Pfandverkaufs und die erforderlichen Benachrichtigungen an den Empfänger zu richten sind,

20.2.2 an die Stelle der in § 1234 BGB bestimmten Frist von einem Monat die von einer Woche tritt.

20.3 Der Auftraggeber ist berechtigt, die Ausübung des Pfandrechts zu untersagen, wenn er dem Spediteur ein hinsichtlich seiner Forderungen gleichwertiges Sicherungsmittel (z. B. selbstschuldnerische Bankbürgschaft) einräumt.

21. Versicherung des Gutes

21.1 Der Spediteur besorgt die Versicherung des Gutes (z. B. Transport- oder Lagerversicherung) bei einem Versicherer seiner Wahl, wenn der Auftraggeber ihn damit vor Übergabe des Gutes beauftragt.

21.2 Der Spediteur hat die Versicherung des Gutes zu besorgen, wenn dies im Interesse des Auftraggebers liegt. Der Spediteur darf dies insbesondere vermuten, wenn

21.2.1 der Spediteur bei einem früheren Verkehrsvertrag im Rahmen noch laufender Geschäftsbeziehung eine Versicherung besorgt hat,

21.2.2 der Auftraggeber im Auftrag einen „Warenwert für eine Versicherung des Gutes“ angegeben hat.

21.3 Die Vermutung des Interesses an der Eindeckung einer Versicherung nach Ziffer 21.2 besteht insbesondere nicht, wenn

21.3.1 der Auftraggeber die Eindeckung untersagt,

21.3.2 der Auftraggeber ein Spediteur, Frachtführer oder Lagerhalter ist.

21.4 Der Spediteur hat bei der Besorgung einer Versicherung Weisungen des Auftraggebers insbesondere hinsichtlich Versicherungssumme und der zu deckenden Gefahren zu befolgen. Erhält er keine Weisung, hat der Spediteur nach pflichtgemäßem Ermessen über Art und Umfang der Versicherung zu entscheiden und sie zu marktüblichen Bedingungen abzuschließen.

21.5 Kann der Spediteur wegen der Art der zu versichernden Güter oder aus einem anderen Grund keinen Versicherungsschutz eindecken, hat der Spediteur dies dem Auftraggeber unverzüglich mitzuteilen.

21.6 Besorgt der Spediteur nach Vertragsabschluss auf Weisung des Auftraggebers eine Versicherung, übernimmt er die Einziehung eines Entschädigungsbetrags oder sonstige Tätigkeiten bei Abwicklung von Versicherungsfällen und Havareien, so steht ihm auch ohne Vereinbarung eine ortsübliche, ansonsten angemessene Vergütung neben dem Ersatz seiner Auslagen zu.

22. Haftung des Spediteurs, Abtretung von Ersatzansprüchen

22.1 Der Spediteur haftet für Schäden nach Maßgabe der gesetzlichen Vorschriften. Es gelten jedoch die folgenden Regelungen, soweit zwingende oder AGB-feste Rechtsvorschriften nichts anderes bestimmen.

22.2 In allen Fällen, in denen der Spediteur nach den Ziffern 23.3 und 24 verschuldensabhängig für Verlust oder Beschädigung des Gutes (Güterschäden) haftet, hat er statt Schadenersatz Wert- und Kostenersatz entsprechend den §§ 429, 430, 432 HGB zu leisten.

22.3 Bei Inventurdifferenzen kann der Spediteur bei gleichzeitigen Fehl- und Mehrbeständen desselben Auftraggebers zur Ermittlung des Wertersatzes in den von Ziffer 24 erfassten Fällen eine wertmäßige Saldierung des Lagerbestands vornehmen.

22.4 Hat der Spediteur aus einem Schadenfall, für den er nicht haftet, Ansprüche gegen einen Dritten oder hat der Spediteur gegen einen Dritten seine eigene Haftung übersteigende Ersatzansprüche, so hat er diese Ansprüche dem Auftraggeber auf dessen Verlangen abzutreten, es sei denn, dass der Spediteur aufgrund besonderer Abmachung die Verfolgung der Ansprüche für Rechnung und Gefahr des Auftraggebers übernimmt. §§ 437, 509 HGB bleiben unberührt.

23. Haftungsbegrenzungen

23.1 Die Haftung des Spediteurs für Güterschäden in seiner Obhut gemäß § 431 Abs. 1, 2 und 4 HGB ist mit Ausnahme von Schäden aus Seebeförderungen und verfügten Lagerungen der Höhe nach wie folgt begrenzt:

23.1.1 auf 8,33 Sonderziehungsrechte für jedes Kilogramm, wenn der Spediteur

- Frachtführer im Sinne von § 407 HGB,
- Spediteur im Selbsteintritt, Fixkosten- oder Sammelladungsspediteur im Sinne von §§ 458 bis 460 HGB

oder

- Obhutsspediteur im Sinne von § 461 Abs. 1 HGB

ist;

23.1.2 auf 2 statt 8,33 Sonderziehungsrechte für jedes Kilogramm, wenn der Auftraggeber mit dem Spediteur einen Verkehrsvertrag über eine Beförderung mit verschiedenartigen Beförderungsmitteln unter Einschluss einer Seebeförderung geschlossen hat und der Schadenort unbekannt ist.

Bei bekanntem Schadenort bestimmt sich die Haftung nach § 452a HGB unter Berücksichtigung der Haftungsausschlüsse und Haftungsbegrenzungen der ADSp.

23.1.3 Übersteigt die Haftung des Spediteurs aus Ziffer 23.1.1. einen Betrag von 1,25 Millionen Euro je Schadenfall, ist seine Haftung außerdem begrenzt aus jedem Schadenfall höchstens auf einen Betrag von 1,25 Millionen Euro oder 2 Sonderziehungsrechte für jedes Kilogramm, je nachdem, welcher Betrag höher ist.

23.2 Die Haftung des Spediteurs bei Güterschäden in seiner Obhut ist bei einem Verkehrsvertrag über eine Seebeförderung und bei grenzüberschreitenden Beförderungen auf den für diese Beförderung gesetzlich festgelegten Haftungshöchstbetrag begrenzt. Ziffer 25 bleibt unberührt.

23.3 In den von Ziffern 23.1 und 23.2 nicht erfassten Fällen (wie § 461 Abs. 2 HGB, §§ 280 ff BGB) ist die Haftung des Spediteurs für Güterschäden entsprechend § 431 Abs. 1, 2 und 4 HGB der Höhe nach begrenzt

23.3.1 bei einem Verkehrsvertrag über eine Seebeförderung oder eine Beförderung mit verschiedenartigen Beförderungsmitteln unter Einschluss einer Seebeförderung auf 2 Sonderziehungsrechte für jedes Kilogramm,

23.3.2 bei allen anderen Verkehrsverträgen auf 8,33 Sonderziehungsrechte für jedes Kilogramm.

23.3.3 Außerdem ist die Haftung des Spediteurs begrenzt aus jedem Schadenfall höchstens auf einen Betrag von 1,25 Millionen Euro.

23.4 Die Haftung des Spediteurs für andere als Güterschäden mit Ausnahme von Schäden bei verfügten Lagerungen, Personenschäden und Sachschäden an Drittgut ist der Höhe nach begrenzt auf das Dreifache des Betrags, der bei Verlust des Gutes nach Ziffer 23.3.1 bzw. 23.3.2 zu zahlen wäre. Außerdem ist die Haftung des Spediteurs begrenzt aus jedem Schadenfall höchstens auf einen Betrag von 125 000 Euro.

23.4.1 Die §§ 413 Abs. 2, 418 Abs. 6, 422 Abs. 3, 431 Abs. 3, 433, 445 Abs. 3, 446 Abs.2, 487 Abs. 2, 491 Abs. 5, 520 Abs. 2, 521 Abs. 4, 523 HGB sowie entsprechende Haftungsbestimmungen in internationalen Übereinkommen, von denen im Wege vorformulierter Vertragsbedingungen nicht abgewichen werden darf, bleiben unberührt.

23.4.2 Ziffer 23.4 findet keine Anwendung auf gesetzliche Vorschriften wie Art. 25 MÜ, Art. 5 CIM oder Art. 20 CMNI, die die Haftung des Spediteurs erweitern oder zulassen, diese zu erweitern.

23.5 Übersteigt die Haftung des Spediteurs aus den Ziffern 23.1, 23.3 und 23.4 einen Betrag von 2,5 Millionen Euro je Schadenereignis, ist seine Haftung unabhängig davon, wie viele Ansprüche aus einem Schadenereignis erhoben werden, außerdem begrenzt höchstens auf 2,5 Millionen

Euro je Schadenereignis oder 2 Sonderziehungsrechte für jedes Kilogramm der verlorenen und beschädigten Güter, je nachdem, welcher Betrag höher ist; bei mehreren Geschädigten haftet der Spediteur anteilig im Verhältnis ihrer Ansprüche.

24. Haftungsbegrenzungen bei verfügter Lagerung, Inventuren und Wertdeklaration

24.1 Die Haftung des Spediteurs bei Güterschäden ist bei einer verfügten Lagerung der Höhe nach begrenzt

24.1.1 entsprechend § 431 Abs. 1, 2 und 4 HGB auf 8,33 Sonderziehungsrechte für jedes Kilogramm,

24.1.2 höchstens 35000 Euro je Schadenfall.

24.1.3 Besteht der Schaden eines Auftraggebers in einer Differenz zwischen Soll- und Ist-Bestand des Lagerbestands, ist die Haftung des Spediteurs abweichend von Ziffer 24.1.2 der Höhe nach auf 70000 Euro pro Jahr begrenzt, unabhängig von Anzahl und Form der durchgeführten Inventuren und von der Zahl der für die Inventurdifferenz ursächlichen Schadenfälle.

24.2 Der Auftraggeber kann gegen Zahlung eines zu vereinbarenden Zuschlags vor Einlagerung in Textform einen Wert zur Erhöhung der Haftung angeben, der die in Ziffer 24.1 bestimmten Höchstbeträge übersteigt. In diesem Fall tritt der jeweils angegebene Wert an die Stelle des betreffenden Höchstbetrages.

24.3 Die Haftung des Spediteurs für andere als Güterschäden mit Ausnahme von Personenschäden und Sachschäden an Drittgut ist bei einer verfügten Lagerung begrenzt auf 35000 Euro je Schadenfall.

24.4 Die Haftung des Spediteurs – mit Ausnahme von Personenschäden und Sachschäden an Drittgut – ist in jedem Fall, unabhängig davon, wie viele Ansprüche aus einem Schadenereignis erhoben werden, bei einer verfügten Lagerung auf 2,5 Millionen Euro je Schadenereignis begrenzt; bei mehreren Geschädigten haftet der Spediteur anteilig im Verhältnis ihrer Ansprüche. Ziffer 24.2 bleibt unberührt.

25. Haftungsausschluss bei See- und Binnenschiffsbeförderungen

25.1 Gemäß § 512 Abs. 2 Nr. 1 HGB ist vereinbart, dass der Spediteur in seiner Stellung als Verfrachter ein Verschulden seiner Leute und der Schiffsbesatzung nicht zu vertreten hat, wenn der Schaden durch ein Verhalten bei der Führung oder der sonstigen Bedienung des Schiffes, jedoch nicht bei der Durchführung von Maßnahmen, die überwiegend im Interesse der Ladung getroffen wurden, oder durch Feuer oder Explosion an Bord eines Schiffes entstanden ist.

25.2 Gemäß Art. 25 Abs. 2 CMNI ist vereinbart, dass der Spediteur in seiner Stellung als Frachtführer oder ausführender Frachtführer nicht für Schäden haftet, die

25.2.1 durch eine Handlung oder Unterlassung des Schiffsführers, Lotsen oder sonstiger Rechtspersonen im Dienste des Schiffes oder eines Schub- oder Schleppbootes bei der nautischen Führung oder der Zusammenstellung oder Auflösung eines Schub- oder Schleppverbandes verursacht werden, vorausgesetzt, der Spediteur hat seine Pflichten nach Art. 3 Abs. 3 CMNI hinsichtlich der Besatzung erfüllt, es sei denn, die Handlung oder Unterlassung wird in der Absicht, den Schaden herbeizuführen, oder leichtfertig und in dem Bewusstsein begangen, dass ein solcher Schaden mit Wahrscheinlichkeit eintreten werde,

25.2.2 durch Feuer oder Explosion an Bord des Schiffes verursacht worden, ohne dass nachgewiesen wird, dass das Feuer oder die Explosion durch ein Verschulden des Spediteurs, des ausführenden Frachtführers oder ihrer Bediensteten oder Beauftragten oder durch einen Mangel des Schiffes verursacht wurde,

25.2.3 auf vor Beginn der Reise bestehende Mängel seines oder eines gemieteten oder gecharterten Schiffes zurückzuführen sind, wenn er beweist, dass die Mängel trotz Anwendung gehöriger Sorgfalt vor Beginn der Reise nicht zu entdecken waren.

25.3 Ziffer 22.4 bleibt unberührt.

26. Außervertragliche Ansprüche

Die vorstehenden Haftungsausschlüsse und -begrenzungen finden nach Maßgabe der §§ 434, 436 HGB auch auf außervertragliche Ansprüche Anwendung. Ziffer 23.4.1 findet entsprechende Anwendung.

27. Qualifiziertes Verschulden

27.1 Die in den Ziffern 22.2, 22.3, 23.3 und 23.4 i.V.m. 23.5, 24 sowie 26 genannten Haftungsausschlüsse und -begrenzungen gelten nicht, wenn der Schaden verursacht worden ist

27.1.1 durch Vorsatz oder grobe Fahrlässigkeit des Spediteurs oder seiner Erfüllungsgehilfen oder

27.1.2 durch Verletzung vertragswesentlicher Pflichten, wobei Ersatzansprüche in letzterem Fall begrenzt sind auf den vorhersehbaren, typischen Schaden.

27.2 Abweichend von Ziffer 27.1.2 entfallen die Haftungsbegrenzungen in Ziffer 24.1 und 24.2 nur bei einer grob fahrlässigen oder vorsätzlichen Verletzung vertragswesentlicher Pflichten.

27.3 §§ 435, 507 HGB bleiben in ihrem jeweiligen Anwendungsbereich unberührt.

27.4 Ziffer 27.1 findet keine Anwendung auf gesetzliche Vorschriften wie Art. 25 MÜ, Art. 36 CIM oder Art. 20, 21 CMNI, die die Haftung des Spediteurs erweitern oder zulassen, diese zu erweitern, oder die Zurechnung des Verschuldens von Leuten oder sonstigen Dritten ausdehnen.

28. Haftungsversicherung des Spediteurs

28.1 Der Spediteur ist verpflichtet, bei einem Versicherer seiner Wahl eine Haftungsversicherung zu marktüblichen Bedingungen abzuschließen und aufrecht zu erhalten, die mindestens im Umfang der Regelhaftungssummen seine verkehrsvertragliche Haftung nach den ADSp und nach dem Gesetz abdeckt. Die Vereinbarung einer Höchstersatzleistung je Schadenfall, Schadenereignis und Jahr ist zulässig; ebenso die Vereinbarung einer angemessenen Selbstbeteiligung des Spediteurs.

28.2 Der Spediteur hat dem Auftraggeber auf Verlangen das Bestehen eines gültigen Haftungsversicherungsschutzes durch die Vorlage einer Versicherungsbestätigung nachzuweisen. Erbringt er diesen Nachweis nicht innerhalb einer angemessenen Frist, kann der Auftraggeber den Verkehrsvertrag außerordentlich kündigen.

28.3 Der Spediteur darf sich gegenüber dem Auftraggeber auf die Haftungsbestimmungen der ADSp nur berufen, wenn er bei Auftragserteilung einen ausreichenden Versicherungsschutz vorhält.

29. Auftraggeberhaftung

29.1 Die Haftung des Auftraggebers aus §§ 414, 455, 468 und 488 HGB ist begrenzt auf 200000 Euro je Schadenereignis.

29.2 Die vorstehende Haftungsbegrenzung findet keine Anwendung bei Personenschäden, also Verletzung des Lebens, des Körpers oder der Gesundheit, oder wenn der Schaden verursacht worden ist durch Vorsatz oder grobe Fahrlässigkeit des Auftraggebers oder seiner Erfüllungsgehilfen oder durch Verletzung vertragswesentlicher Pflichten, wobei Ersatzansprüche in letzterem Fall begrenzt sind auf den vorhersehbaren, typischen Schaden.

30. Anzuwendendes Recht, Erfüllungsort, Gerichtsstand

30.1 Für die Rechtsbeziehung zwischen Spediteur und Auftraggeber gilt deutsches Recht.

30.2 Der Erfüllungsort ist für alle Beteiligten der Ort derjenigen Niederlassung des Spediteurs, an die der Auftrag oder die Anfrage gerichtet ist.

30.3 Der Gerichtsstand für alle Rechtsstreitigkeiten, die aus dem Verkehrsvertrag, seiner Anbahnung oder im Zusammenhang damit entstehen, ist für alle Beteiligten, soweit sie Kaufleute sind, entweder der Ort der Niederlassung des Auftraggebers oder derjenigen Niederlassung des Spediteurs, an die der Auftrag oder die Anfrage gerichtet ist. Die vorstehende Gerichtsstandsvereinbarung gilt im Fall der Art. 31 CMR und 46 § 1 CIM als zusätzliche Gerichtsstandsvereinbarung, im Falle der Art. 39 CMR, 33 MÜ, 28 WA nicht.

31 Geheimhaltung

Die Parteien sind verpflichtet, sämtliche ihnen bei der Durchführung des Verkehrsvertrages bekannt werdenden, nicht öffentlich zugänglichen Informationen vertraulich zu behandeln. Die Informationen dürfen ausschließlich zum Zwecke der Leistungserbringung genutzt werden. Die Parteien haben andere Rechtspersonen, deren sie sich bei Erfüllung ihrer verkehrsvertraglichen Pflichten bedienen, diese Geheimhaltungsverpflichtung aufzuerlegen.

32. Compliance

32.1 Der Spediteur verpflichtet sich, Mindestlohnvorschriften und Vorschriften über Mindestbedingungen am Arbeitsplatz einzuhalten und bestätigt dies auf Verlangen des Auftraggebers in Textform. Der Spediteur stellt den Auftraggeber von seiner Haftung auf den Mindestlohn frei, wenn der Spediteur oder ein im Rahmen des Verkehrsvertrages mit dem Auftraggeber eingesetzter Nachunternehmer oder Entleiher Arbeitnehmern nicht den gesetzlichen Mindestlohn zahlt und der Auftraggeber in Anspruch genommen wird.

32.2 Der Spediteur hat im Fall von Beförderungen sicherzustellen, dass er oder der die Beförderung ausführende Unternehmer

32.2.1 im Anwendungsbereich des GüKG Inhaber einer Erlaubnis nach § 3 GüKG oder einer Berechtigung nach § 6 GüKG oder einer Gemeinschaftslizenz ist oder eine solche Erlaubnis, Berechtigung oder Lizenz nicht unzulässig verwendet,

32.2.2 im Anwendungsbereich des GüKG bei der Beförderung Fahrpersonal einsetzt, das die Voraussetzungen des § 7b Abs. 1 Satz 1 GüKG erfüllt,

32.2.3 auf Anforderung alle bei der Beförderung gesetzlich mitzuführenden Dokumente vorlegt, soweit der Auftraggeber oder Dritte gesetzlichen Kontrollpflichten genügen müssen.

32.3 Der Spediteur oder der die Beförderung ausführende Unternehmer ist verpflichtet, die Tätigkeit seines Fahrpersonals so zu organisieren, dass die vorgeschriebenen Arbeits-, Lenk- und Ruhezeiten eingehalten werden können. Es besteht ein generelles Alkohol- und Drogenverbot beim Führen des Fahrzeugs.

32.4 Beide Parteien verpflichten sich, die für ihr Unternehmen geltenden gesetzlichen Vorschriften einzuhalten. Sie unterstützen und achten die Grundsätze des „Global Compact" („UNGC"), der allgemeinen Erklärung der Menschenrechte der Vereinten Nationen und die Erklärung der International Labor Organization über grundlegende Prinzipien und Rechte bei der Arbeit von 1998 („Declaration on Fundamental Principles and Rights at Work") in Übereinstimmung mit nationalen Gesetzen und Gepflogenheiten. Insbesondere werden beide Parteien in ihren Unternehmen

32.4.1 keine Kinder beschäftigen oder Zwangsarbeiter einsetzen,

32.4.2 die jeweiligen nationalen Gesetze und Regelungen über Arbeitszeiten, Löhne und Gehälter und sonstige Arbeitgeberverpflichtungen einhalten,

32.4.3 die geltenden Arbeits- und Gesundheitsbestimmungen einhalten und für ein sicheres und gesundheitsförderliches Arbeitsumfeld sorgen, um die Gesundheit der Beschäftigten zu erhalten und Unfälle, Verletzungen sowie arbeitsbedingte Erkrankungen zu vermeiden,

32.4.4 jegliche Diskriminierung aufgrund Rasse, Religion, Behinderung, Alter, sexueller Orientierung oder Geschlecht unterlassen,

32.4.5 die internationalen Antikorruptionsstandards, wie sie im UNGC und lokalen Antikorruptions- und -bestechungsgesetzen festgelegt sind, beachten,

32.4.6 alle geltenden Umweltgesetze und -regelungen einhalten,

32.4.7 ihren Geschäftspartnern und Nachunternehmern antragen, die zuvor genannten Grundsätze auch ihrem Handeln zugrunde zu legen.

Quelle: DSLV Bundesverband Spedition und Logistik e. V. (Hrsg.): Allgemeine Deutsche Spediteurbedingungen 2017 (ADSp 2017). In: www.dslv.org/dslv/web.nsf/id/pa_de_adsp.html [abgerufen am 24.08.2020]

INCOTERM® CIF 2020

CIF

Kosten, Versicherung und Fracht

A Verpflichtungen des Verkäufers	B Verpflichtungen des Käufers
A1 Allgemeine Verpflichtungen Der Verkäufer hat die Ware und die Handelsrechnung in Übereinstimmung mit dem Kaufvertrag bereitzustellen und jeden sonstigen vertraglich vereinbarten Konformitätsnachweis zu erbringen. Jedes vom Verkäufer bereitzustellende Dokument kann in Papierform oder in elektronischer Form vorliegen, je nachdem, wie dies zwischen den Parteien vereinbart wird oder handelsüblich ist.	**B1 Allgemeine Verpflichtungen** Der Käufer hat den im Kaufvertrag genannten Preis der Ware zu zahlen. Jedes vom Käufer bereitzustellende Dokument kann in Papierform oder in elektronischer Form vorliegen, je nachdem, wie dies zwischen den Parteien vereinbart wird oder handelsüblich ist.
A2 Lieferung Der Verkäufer hat die Ware zu liefern, entweder, indem er sie an Bord des Schiffs verbringt oder die so gelieferte Ware beschafft. In beiden Fällen hat der Verkäufer die Ware zum vereinbarten Zeitpunkt oder innerhalb des vereinbarten Zeitraums und in der im Hafen üblichen Weise zu liefern.	**B2 Übernahme** Der Käufer muss die gemäß A2 gelieferte Ware übernehmen und von dem Frachtführer im benannten Bestimmungshafen entgegennehmen.
A3 Gefahrübergang Der Verkäufer trägt bis zur Lieferung gemäß A2 alle Gefahren des Verlusts oder der Beschädigung der Ware, mit Ausnahme von Verlust oder Beschädigung unter den in B3 beschriebenen Umständen.	**B3 Gefahrenübergang** Der Käufer trägt ab dem Zeitpunkt der Lieferung gemäß A2 alle Gefahren des Verlusts oder der Beschädigung der Ware. Falls der Käufer es versäumt, eine Benachrichtigung gemäß B10 zu erteilen, trägt er alle Gefahren des Verlusts oder der Beschädigung der Ware ab dem für die Verschiffung vereinbarten Zeitpunkt oder ab dem Ende der hierfür vereinbarten Frist, vorausgesetzt, die Ware ist eindeutig als die vertragliche Ware kenntlich gemacht worden.
A4 Transport Der Verkäufer muss einen Vertrag über die Beförderung der Ware von der gegebenenfalls vereinbarten Lieferstelle am Lieferort bis zum benannten Bestimmungshafen oder einer gegebenenfalls vereinbarten Stelle in diesem Hafen abschließen oder beschaffen. Der Beförderungsvertrag ist zu den üblichen Bedingungen auf Kosten des Verkäufers abzuschließen und hat die Beförderung auf der üblichen Route mit einem Schiff der Bauart zu gewährleisten, die normalerweise für den Transport der verkauften Warenart verwendet wird. Der Verkäufer muss alle transportbezogenen Sicherheitsanforderungen für die Beförderung der Waren bis zum Bestimmungsort erfüllen.	**B4 Transport** Der Käufer hat gegenüber dem Verkäufer keine Verpflichtung, einen Beförderungsvertrag abzuschließen.

Quelle: International Chamber of Commerce (Hrsg.): Incoterms 2020. Die Regeln der ICC zur Auslegung nationaler und internationaler Handelsklauseln, Hamburg: DVV Media Group GmbH 2020

A5 Versicherung

Sofern nicht anders vereinbart oder handelsüblich, hat der Verkäufer auf eigene Kosten eine Transportversicherung abzuschließen, die der vorgeschriebenen Deckungshöhe gemäß den Klauseln (C) der Institute Cargo Clauses (LMA/IUA) oder ähnlichen Klauseln entspricht. Die Versicherung ist bei Einzelversicherern oder Versicherungsgesellschaften mit einwandfreiem Leumund abzuschließen und muss den Käufer oder jede andere Person mit einem versicherbaren Interesse an der Ware berechtigen, Ansprüche direkt bei dem Versicherer geltend zu machen.

Der Verkäufer muss auf Verlangen und Kosten des Käufers, vorbehaltlich der durch den Käufer zur Verfügung zu stellenden vom Verkäufer benötigten Informationen, zusätzlichen Versicherungsschutz beschaffen, falls erhältlich, z. B. Deckung entsprechend den Institute War Clauses und/oder Institute Strikes Clauses (LMA/IUA) oder ähnlichen Klauseln (es sei denn, ein derartiger Versicherungsschutz ist bereits in der im vorhergehenden Absatz beschriebenen Transportversicherung inkludiert).

Die Versicherung muss zumindest den im Vertrag genannten Preis zuzüglich zehn Prozent (d. h. 110 %) decken und in der Währung des Vertrags ausgestellt sein.

Der Versicherungsschutz für die Ware muss ab der Lieferstelle, wie in A2 festgelegt, bis mindestens zum benannten Bestimmungshafen wirksam sein.

Der Verkäufer muss dem Käufer die Versicherungspolice oder -Urkunde bzw. einen sonstigen Nachweis über den Versicherungsschutz aushändigen.

Ferner hat der Verkäufer dem Käufer auf dessen Verlangen, Gefahr und Kosten jene Informationen zur Verfügung zu stellen, die der Käufer für den Abschluss etwaiger zusätzlicher Versicherungen benötigt.

B5 Versicherung

Der Käufer hat gegenüber dem Verkäufer keine Verpflichtung, einen Versicherungsvertrag abzuschließen. Allerdings muss der Käufer dem Verkäufer auf dessen Verlangen hin alle Informationen übermitteln, die zum Abschluss der vom Käufer gemäß A5 ggf. verlangten zusätzlichen Versicherung benötigt werden.

A6 Liefer-/Transportdokument

Der Verkäufer hat dem Käufer auf eigene Kosten das übliche Transportdokument für den vereinbarten Bestimmungshafen zur Verfügung zu stellen.

Dieses Transportdokument muss über die vertragliche Ware lauten, ein innerhalb der für die Verschiffung vereinbarten Frist liegendes Datum tragen, den Käufer berechtigen, die Herausgabe der Ware im Bestimmungshafen von dem Frachtführer zu verlangen und, sofern nichts anderes vereinbart wurde, es dem Käufer ermöglichen, die Ware während des Transports an einen nachfolgenden Käufer durch Übertragung des Dokuments oder durch Mitteilung an den Frachtführer zu verkaufen.

Wird ein solches Transportdokument als begebbares Dokument und in mehreren Originalen ausgestellt, muss dem Käufer ein vollständiger Satz von Originalen übergeben werden.

B6 Liefer-/Transportdokument

Der Käufer hat das gemäß A6 zur Verfügung gestellte Transportdokument anzunehmen, wenn es mit dem Vertrag übereinstimmt.

A7 Ausfuhr-/Einfuhrabfertigung

a) Ausfuhrabfertigung

Gegebenenfalls hat der Verkäufer alle Ausfuhrabfertigungsformalitäten durchzuführen und zu bezahlen, die von dem jeweiligen Ausfuhrland vorgeschrieben sind, z. B.:

- Ausfuhrgenehmigung;
- Sicherheitsfreigabe für die Ausfuhr;
- Warenkontrolle vor der Verladung; und
- sonstige behördliche Genehmigungen.

b) Unterstützung bei der Einfuhrabfertigung

Gegebenenfalls hat der Verkäufer den Käufer auf dessen Verlangen, Gefahr und Kosten bei der Beschaffung von Dokumenten und/oder Informationen für alle Transit-/Einfuhrabfertigungsformalitäten zu unterstützen, einschließlich Sicherheitsanforderungen und Warenkontrollen vor der Verladung, die von den Transit-/Einfuhrländern vorgeschrieben sind.

B7 Ausfuhr-/Einfuhrabfertigung

a) Unterstützung bei der Ausfuhrabfertigung

Gegebenenfalls hat der Käufer den Verkäufer auf dessen Verlangen, Gefahr und Kosten bei der Beschaffung von Dokumenten und/oder Informationen für alle Ausfuhrabfertigungsformalitäten, zu unterstützen, einschließlich Sicherheitsanforderungen und Warenkontrollen vor der Verladung, die von dem betreffenden Ausfuhrland vorgeschrieben sind.

b) Einfuhrabfertigung

Gegebenenfalls hat der Käufer alle Formalitäten durchzuführen und zu bezahlen, die von dem betreffenden Transit- und Einfuhrland vorgeschrieben sind, z. B.:

- Einfuhrgenehmigung und ggf. erforderliche Durchfuhrgenehmigungen;
- Sicherheitsfreigabe für die Einfuhr und etwaige Durchfuhr;
- Warenkontrolle vor der Verladung; und
- sonstige behördliche Genehmigungen.

Quelle: International Chamber of Commerce (Hrsg.): Incoterms 2020. Die Regeln der ICC zur Auslegung nationaler und internationaler Handelsklauseln, Hamburg: DVV Media Group GmbH 2020

A8 Prüfung/Verpackung/Kennzeichnung

Der Verkäufer hat die Kosten jener Prüfvorgänge (z. B. Qualitätsprüfung, Messen, Wiegen und Zählen) zu tragen, die notwendig sind, um die Ware gemäß A2 zu liefern.
Der Verkäufer hat auf eigene Kosten die Ware zu verpacken, es sei denn, es ist handelsüblich, die jeweilige Art der verkauften Ware unverpackt zu transportieren. Der Verkäufer muss die Ware in der für ihren Transport geeigneten Weise verpacken und kennzeichnen, es sei denn, die Parteien haben genaue Verpackungs- oder Kennzeichnungsanforderungen vereinbart.

B8 Prüfung/Verpackung/Kennzeichnung

Der Käufer hat gegenüber dem Verkäufer keine Verpflichtung.

A9 Kostenverteilung

Der Verkäufer muss

a) bis zur Lieferung gemäß A2 alle die Ware betreffenden Kosten tragen, ausgenommen die gemäß B9 vom Käufer zu tragenden Kosten;
b) die Frachtkosten und alle sonstigen gemäß A4 entstehenden Kosten tragen, einschließlich der Kosten für die Verladung der Ware sowie der transportbezogenen Sicherheitskosten;
c) alle Gebühren für die Entladung am vereinbarten Entladehafen entrichten, die laut Beförderungsvertrag zu Lasten des Verkäufers gehen;
d) die Kosten der Durchfuhr tragen, die gemäß Beförderungsvertrag zu Lasten des Verkäufers gehen;
e) die Kosten für die Erbringung des üblichen Nachweises für den Käufer gemäß A6 tragen, aus dem hervorgeht, dass die Ware geliefert wurde;
f) die sich aus A5 ergebenden Kosten der Versicherung tragen;
g) gegebenenfalls Zölle, Steuern und sonstige Kosten für die Ausfuhrabfertigung gemäß A7(a) tragen; und
h) dem Käufer alle Kosten und Gebühren erstatten, die dem Käufer durch die Unterstützung bei der Beschaffung der erforderlichen Dokumente und Informationen gemäß B7(a) entstanden sind.

B9 Kostenverteilung

Der Käufer muss

a) alle die Ware betreffenden Kosten ab dem Zeitpunkt der Lieferung gemäß A2 tragen, mit Ausnahme der gemäß A9 vom Verkäufer zu übernehmenden Kosten;
b) die Kosten der Durchfuhr tragen, sofern diese Kosten nicht gemäß dem Beförderungsvertrag zu Lasten des Verkäufers gehen;
c) die Entladekosten tragen, einschließlich der Kosten für Leichterung und Kaigebühren, es sei denn, diese Kosten und Gebühren gehen nach dem Beförderungsvertrag zu Lasten des Verkäufers;
d) die Kosten für jede zusätzliche auf Verlangen des Käufers nach A5 und B5 abgeschlossene Versicherung tragen;
e) dem Verkäufer alle Kosten und Gebühren erstatten, die dem Verkäufer durch die Unterstützung bei der Beschaffung der erforderlichen Dokumente und Informationen gemäß A5 und A7(b) entstanden sind;
f) gegebenenfalls Zölle, Steuern und sonstige Kosten in Zusammenhang mit der Transit- oder Einfuhrabfertigung gemäß B7(b) zahlen; und
g) alle zusätzlichen Kosten tragen, die ab dem vereinbarten Termin für die Versendung oder ab dem Ende des hierfür vereinbarten Zeitraums entstehen, falls er es versäumt, eine Benachrichtigung gemäß B10 zu erteilen, vorausgesetzt, die Ware wurde eindeutig als die vertragliche Ware kenntlich gemacht.

A10 Benachrichtigungen

Der Verkäufer muss den Käufer benachrichtigen, dass die Ware gemäß A2 geliefert wurde.
Der Verkäufer muss den Käufer über alles Nötige benachrichtigen, damit dieser die Ware übernehmen kann.

B10 Benachrichtigungen

Wenn vereinbart wird, dass der Käufer berechtigt ist, den Zeitpunkt für die Verschiffung der Ware und/oder die Stelle für die Entgegennahme der Ware innerhalb des benannten Bestimmungshafens zu bestimmen, muss er den Verkäufer in hinreichender Weise von diesem Zeitpunkt und/oder der betreffenden Stelle in Kenntnis setzen.

Quelle: International Chamber of Commerce (Hrsg.): Incoterms 2020. Die Regeln der ICC zur Auslegung nationaler und internationaler Handelsklauseln, Hamburg: DVV Media Group GmbH 2020

Bildquellenverzeichnis

B+S GmbH Logistik und Dienstleistungen, Borgholzhausen: 473.4.
Brauner, Angelika, Hohenpeißenberg: 14.1, 14.2, 15.1, 15.2, 16.1, 84.1, 85.1, 86.2, 87.1, 119.1, 119.2, 119.3, 120.1, 120.2, 125.1, 158.1, 158.3, 158.4, 161.1, 164.1, 164.2, 164.3, 164.4, 165.2, 165.4, 190.1, 190.2, 197.2, 197.3, 218.1, 218.2, 219.1, 219.2, 239.1, 239.2, 239.4, 239.5, 240.1, 249.1, 250.1, 267.1, 267.2, 269.1, 273.2, 284.1, 286.1, 286.3, 287.1, 287.2, 288.1, 288.2, 288.3, 288.4, 288.5, 288.6, 289.1, 289.2, 289.3, 289.4, 290.1, 290.2, 313.1, 314.1, 314.2, 315.1, 321.1, 337.1, 338.1, 338.2, 338.3, 339.1, 354.3, 354.5, 355.4, 358.1, 358.2, 358.3, 358.4, 359.1, 359.2, 359.3, 360.1, 360.2, 384.1, 384.2, 384.3, 384.4, 384.5, 384.6, 384.7, 384.8, 384.9, 386.2, 386.3, 386.4, 386.5, 386.6, 386.7, 386.8, 386.10, 484.2.
Bundesministerium für Verkehr und digitale Infrastruktur, Berlin: 181.1, 181.2, 181.3, 181.4, 181.5, 181.6, 181.7, 181.8, 181.9, 181.10, 181.11, 182.1, 188.1, 188.2, 188.3, 188.4, 188.5, 188.6, 188.7, 188.8, 188.9, 188.10, 188.11, 188.12, 188.13, 188.14, 188.15, 189.1, 189.2, 189.3, 189.4, 189.5, 189.6, 189.7, 189.8, 189.9, 189.10, 189.11, 189.12, 189.13, 189.14, 189.15, 198.1.
Bundesverband der Deutschen Binnenschifffahrt e.V. (BDB), Duisburg: 332.1.
Bundesverband Güterkraftverkehr Logistik und Entsorgung (BGL) e.V., Frankfurt am Main: 13.1, 233.1.
Bundesverband Paket und Expresslogistik e.V. (BIEK), Berlin: 232.1.
CargoLine GmbH & Co. KG, Frankfurt: 208.1, 225.1; KG Bursped Speditions GmbH & Co. 204.1.
Continental AG, Hannover: 123.1, 123.2, 124.1, 124.2, 125.2, 126.1, 126.2, 126.3.
DB Cargo AG, Mainz: 318.1, 319.1, 319.2, 319.3, 320.1, 320.2, 320.3, 321.2, 323.1, 326.1.
DEKRA Akademie GmbH, Bremen: 172.1, 172.2, 172.3, 173.1, 173.2, 173.3.
DIN-Deutsches Institut für Normung e.V., Berlin: 248.3, 248.4, 248.5, 248.6, 248.7.
DSLV Bundesverband Spedition und Logistik e.V., Berlin, Berlin: 233.2.
fotolia.com, New York: 274.1; Amith, Ilan 115.3; Barker, Andrew 236.1; Bonnel, Stephane 461.1; Fatman73 325.1; Fischer, Irina 330.1; Gerhard1302 285.1; J. Lund 521.2; KELENY 26.2; Krüttgen, Matthias 316.1; Makuba 323.3; Marco2811 491.1; openwater 224.1; panalot 286.2; Piccoli, B. 353.3; Sascha F 455.3; Tavani, Romolo 212.1, 504.1.
Generaldirektion Wasserstraßen- und Schifffahrtsverwaltung (WSV), Mainz: www.WSV.de 333.2.
Generalzolldirektion, Bonn: 413.1, 414.2, 431.2, 432.1, 432.2, 434.1.
Gesamtverband der Deutschen Versicherungswirtschaft e. V., Berlin: Gesamtverband der Deutschen Versicherungswirtschaft e.V.: Beispielhaft ausgefülltes Versicherungszertifikat, abgerufen am 28.09.2020 unter http://www.tis-gdv.de/wp-content/uploads/tis/bedingungen/zertifikat/beispielzertifikat.pdf 396.1.
IDS Logistik GmbH, Kleinostheim: 208.2.
International Air Transport Association (IATA), Montreal H4Z 1MI: © 2019 International Air Transport Association. All rights reserved. Reproduced under license by American Public Health Association 272.1.
iStockphoto.com, Calgary: AlexSava 237.1; KrivosheevV 173.4; Matheus Obst 238.4; typhoonski 238.1.
Jouve Germany GmbH & Co. KG, München: 20.1, 21.1, 22.1, 22.2, 23.1, 23.2, 24.1, 24.2, 24.3, 24.4, 26.1, 27.1, 27.2, 28.1, 28.2, 31.1, 32.1, 33.1, 33.2, 35.1, 36.1, 41.1, 44.1, 46.1, 48.1, 50.1, 52.2, 53.1, 54.1, 56.1, 57.1, 61.1, 62.1, 63.1, 64.1, 66.1, 67.1, 67.2, 69.1, 74.1, 75.1, 79.1, 82.1, 82.2, 83.1, 86.1, 91.1, 92.1, 93.1, 93.2, 94.1, 94.2, 98.1, 100.1, 102.1, 105.1, 110.1, 111.1, 112.1, 117.1, 118.2, 128.1, 130.1, 147.1, 155.1, 156.1, 160.1, 162.1, 165.1, 167.1, 171.1, 180.1, 182.2, 182.3, 183.1, 184.1, 185.1, 185.2, 186.1, 186.2, 191.1, 192.1, 197.1, 198.2, 198.3, 202.1, 206.1, 207.1, 214.1, 216.1, 218.3, 220.1, 220.2, 221.1, 221.2, 222.2, 223.1, 226.1, 226.2, 235.1, 241.1, 241.2, 241.3, 241.4, 244.1, 244.2, 244.3, 244.4, 245.1, 245.2, 245.3, 245.4, 245.5, 245.6, 245.7, 245.8, 245.9, 245.10, 245.11, 245.12, 245.13, 245.14, 245.15, 245.16, 245.17, 245.18, 245.19, 246.1, 252.1, 259.1, 262.1, 263.1, 264.1, 268.3, 273.1, 276.1, 277.1, 278.1, 291.1, 292.2, 292.3, 293.1, 294.1, 295.1, 295.2, 295.3, 295.4, 295.5, 295.6, 295.7, 295.8, 295.9, 295.10, 296.1, 297.1, 297.2, 299.1, 303.1, 304.1, 306.1, 316.2, 323.2, 323.4, 324.2, 328.1, 328.2, 333.1, 334.1, 343.1, 346.1, 350.1, 353.1, 353.2, 356.1, 361.1, 362.1, 362.2, 363.1, 373.1, 376.1, 376.2, 378.1, 379.1, 383.1, 386.1, 386.9, 388.1, 389.1, 389.2, 390.1, 392.1, 392.2, 400.1, 401.1, 401.2, 401.3, 401.4, 403.1, 416.1, 417.1, 419.1, 419.2, 421.1, 422.1, 426.1, 431.1, 437.1, 443.1, 444.1, 445.1, 447.1, 448.1, 449.1, 451.1, 451.2, 454.1, 455.4, 456.1, 457.1, 458.1, 458.2, 458.3, 459.1, 460.1, 460.2, 462.1, 465.1, 467.1, 467.2, 468.1, 468.2, 469.1, 480.2, 481.1, 484.1, 487.1, 490.1, 492.1, 492.2, 493.1, 500.1, 503.1, 504.2, 510.1, 513.1, 515.1.
Kombiverkehr GmbH & Co. KG, Frankfurt/Main: 161.2, 162.2 165.3, 166.1, 166.2, 166.3, 168.1.
Lehrstuhl für Fördertechnik Materialfluss Logistik, Technische Universität München, Garching: 473.5.
Lufthansa Cargo AG, Frankfurt am Main: 239.7, 260.1, 279.1.
MAN Truck & Bus SE, München, München: 481.2.
mauritius images GmbH, Mittenwald: Merten, Hans-Peter 237.2.
PantherMedia GmbH (panthermedia.net), München: Zech, Tony 285.2.
Picture-Alliance GmbH, Frankfurt/M.: zb/Förster 91.2.
Shutterstock.com, New York: Vytautas Kielaitis 238.2, 238.3.
Spedition Bode GmbH & Co. KG, Reinfeld: 482.1.
stock.adobe.com, Dublin: 116.1; contrastwerkstatt 17.1; Eisenhans 518.1; fotofuerst 113.2, 114.3; Furian, Peter Hermes 311.2, 311.3; gänserich grafik 130.2; hakinmhan 268.1; Idey 267.3; industrieblick 455.2; jojoo64 158.2; joyfotoliakid 476.1; Kneschke, Robert Titel; lesniewski 311.1; MaciejBledowski 476.2; Mustafa, Arthur 478.1; nerthuz 268.2; next143 267.4; Norman75 114.5; Raths, Alexander 1.1; Reichartz, Hans-Peter 52.1; Sinuswelle 455.1; Syda Productions 521.1; Taras Livyy 265.1; Tavani, Romolo 499.1; Torsten 114.2; vgstudio 507.1; xiaoliangge 521.3.
United Parcel Service Deutschland S.à r.l. & Co. OHG, Neuss: 239.3, 239.6, 240.2.
Verein Hamburger Spediteure e.V., Hamburg: „Abdruck mit freundlicher Genehmigung des Verein Hamburger Spediteure e.V." 348.1, 349.1.
Voth, Martin, Heiden / Köln: 114.1, 114.4, 115.1, 115.2, 118.1 120.3, 120.4, 169.1, 173.5, 222.1, 224.2, 229.1, 248.1, 248.2, 281.1, 291.2, 292.1, 324.1, 327.1, 354.1, 354.2, 354.4, 355.1, 355.2, 355.3, 358.5, 374.1, 411.1, 411.2, 411.3, 411.4, 414.1, 470.1, 471.1, 472.1, 472.2, 472.3, 472.4, 472.5, 473.1, 473.2, 480.1.
Walter Eckhardt GmbH – Spedition + Logistik, Korntal-Münchingen: 501.1, 501.2.
York Publishing Solutions Pvt. Ltd., Noida: 113.1.
© Europäische Union: 1995-2019 432.3, 433.1.
© Statistisches Bundesamt (Destatis), Wiesbaden: 2019 420.1.
©KBS Industrieelektronik GmbH, Freiburg: 473.3.

Wir arbeiten sehr sorgfältig daran, für alle verwendeten Abbildungen die Rechteinhaberinnen und Rechteinhaber zu ermitteln. Sollte uns dies im Einzelfall nicht vollständig gelungen sein, werden berechtigte Ansprüche selbstverständlich im Rahmen der üblichen Vereinbarungen abgegolten.

Stichwortverzeichnis

T

U

V